제23판
[2025년]

# 행정법론(하)
行 政 法 論 (下)

박균성

박영사

# 제23판 머리말

이번 개정에서는 2024년 1월 25일 간행된 제22판 이후의 이론 및 판례의 발전과 법령의 개정을 모두 반영하였다. 2022년판부터 개별행정법의 폭과 깊이를 더하고자하는 개정방침에 따라 2022년판에서 사회보장행정법을 추가하였고, 2023년판에서는 국민건강보험법제를 대폭 추가하였는데, 이번 개정에서는 교육행정법을 추가하였다.

행정법령이나 행정법이론 및 판례는 사회통념상 타당하면서도 미래지향적인 객관적인 행정법질서를 형성하는 것이어야 한다. 행정법학과 행정법이론은 행정법학자에 의해 형성되는 것이지만, 행정법학자의 개인적이고 주관적인 법학과 이론이어서는 안 되며 타당한 연구방법론에 따라 공동체의 바람직한 객관적인 법질서를 형성하고자 하는 객관적인 법학과 이론이어야 한다. 해석론뿐만 아니라 입법론도 그러하여야 한다. 이에 따라 통설·판례를 중심으로 '객관적 행정법'을 서술하려고 하면서 통설·판례와 다른 견해 및 필자 개인의 비판적 견해도 최대한 소개하는 것으로 하였다. 그리고, 이번 제23판부터 세부 주제에 관한 참고할만한 관련 논문을 적시하는 것으로 하였다.

마지막으로 편집을 담당해 준 장유나 차장님, 개정작업을 지원해 준 안상준 사장님, 박세기 부장님 등 박영사 관계자 여러분에게 깊이 감사드린다.

2024년 12월 21일

著 者 씀

-i-

# 머 리 말

이 책은 2002년 2월에 출간된 행정법론(상)의 속편이다. 1999년 5월 행정법총론이, 2000년 5월 행정구제법이 발간되었으므로 이 시점에서 행정법론(상)의 집필은 거의 끝난 것이었으며 이 때부터 행정법론(하)의 집필이 본격적으로 시작된 셈이다. 그러나 실제에 있어서 행정법론(하)는 지난 13년간의 강의와 연구의 결과물이라고 할 수 있다.

행정법론(하)의 저술방침은 행정법론(상)과 공통된 것과 행정법론(하)에 고유한 것이 있다. '우리나라의 행정법'을 정립하여야 한다는 사명감, 판례 및 실정법령을 고려한 이론의 전개, 행정법총론 및 행정구제법과 행정법각론의 체계적 연관성의 유지 등이 행정법론(상)과 공통된 행정법론(하)의 저술방침이다.

행정법론(하)에 고유한 저술방침을 논하기에 앞서 행정법론(하)의 성격을 규명할 필요가 있다. 종래 "행정법각론"이라는 명칭을 사용하기도 하였는데, 행정법각론이라 함은 행정법총론에 대응하는 말이며 행정분야별 행정법이론을 의미한다고 할수 있다. 따라서, 행정법각론은 행정법총론의 일반이론이 개별 행정분야에 어떻게 적용되는지를 고찰하는 것을 주된 대상으로 하여야 할 것이다. 그런데, "행정법각론"에서 다루는 내용 중에는 엄밀한 의미에서의 행정법각론이라고 할 수 없는 행정법의 일반이론에 해당하는 부분이 상당히 있었다. 행정조직법이 대표적인 예이며 지방자치법, 공물법, 공무원법 등도 그러하다. 따라서, 현재 행정법각론이라는 명칭보다는 "행정법 Ⅱ" 또는 "행정법론(하)"라는 명칭이 사용되고 있다. 그런데, 오늘날 행정법의 전문화의 요청에 따라 개별행정분야별로 연구와 저술이 행해져야 한다는 요청이 강하게 제기되고 있다. 이에 따라 행정법론(하)의 체계와 적용범위에 대한 재검토가 요청되고 있다. 한편으로는 행정법론(하) 중에서 행정법의 일반이론에 해당하는 부분을 전반부에서 서술하고, 후반부에서는 중요한 개별행정법분야를 나열·서술하는 입장이 있고, 다른 한편으로는 행정법론(하)의 창조적 재구성을 위하여 일단 그 체계성을 포기하고 행정법론(하)를 분야별로 나열·서술하는 입장도 있고, 저서명도 "개별행정법"으로 하는 경우도 있다. 이에 대하여 저자는 행정법론(하) 중에서 행정법의 일반이론에 해당하는 부분을 우선 서술하고, 경제행정, 개발행정, 환경행정, 조세행정 등 주요한 개별행정분야는 "개별행정법"이라는 이름하에 서술하고자 하였다. 그리고, 저자의 개인적인 의견으로는 엄밀한 의미의 개별행정법은 행정법론(하)의 대상에서 제외하여 특별행정법으로 각각 독립시키는 것이 바람직하다. 이에 관한 행정법학계의 입장정리가 요망된다.

그리고, 행정법론(하)에서는 행정법총론의 일반이론이 행정법분야의 특수성에 따라 어떻게 변용, 적용되는가에 관한 점과 개별행정법분야에 특유한 이론이 무엇인가에 중점을 두어 서술하고자 하였다.

행정법론(상)보다 행정법론(하)에 대하여 독자들의 눈이 더 두려워진다. 다 쓰고 나니 보완하여야 할 점이 보이기도 한다. 앞으로 독자들의 질책과 저자 개인의 연구노력에 따라 계속 보완해 나가기로 하며 일단 행정법론(하)의 마침표를 찍기로 한다. 현재로서는 더 이상 추가할 힘도 생각도 없이 모든 것이 소진된 느낌이다. 이제 재충전이 필요하다.

운 좋게도 저자는 행정법론(하)를 마치고 연구년을 갖게 되었다. 17년 전 행정법의 발생지인 프랑스에서 행정법을 연구하고자 서쪽으로 연구의 길을 떠났었다. 이제는 우리나라 동쪽에 있는 미국으로 가서 미국의 행정법을 연구하고자 한다. 그 이후에도 기회가 된다면 다른 곳으로도 연구여행을 떠날 것이다. 그러나, 연구의 중심과 종착역은 한반도가 될 것이다. 세계 속에서 한국행정법을 어떻게 자리매김할 수 있을까.

이 책을 출간함에는 많은 분들의 도움이 있었기에 이에 감사드리고자 한다. 먼저 이 책을 저술할 수 있는 힘, 지혜, 기회를 주신 하느님께 감사드린다. 그리고, 어려운 상황 속에서도 가정을 잘 맡아 주고 힘이 되어 준 사랑하는 아내와 많은 관심을 주지 못했음에도 잘 커 준 두 자녀, 준구와 자연에게 고마움을 전한다. 지금 연로하신 두 부모님, 큰 힘이 되어 주신 장모님과 고인이 되신 장인어른께 자주 찾아 뵙지 못한 죄송한 마음과 함께 감사의 마음을 전해 드리고 싶다.

행정법론(하)의 집필에 도움을 준 제자들에게 고마움을 표하고자 한다. 조세행정법부분의 집필에 실질적 도움을 준 상명대학교 김영조 교수, 개발행정법의 집필에 조언을 해 준 박정훈 박사, 환경행정법의 집필에 조언을 해 준 함태성 박사, 색인작업을 맡아 준 한국법제연구원의 김재광 부연구위원, 이상훈 석사, 최회승 석사에게 고마운 마음을 표한다. 그리고, 경희대학교를 졸업하고 일본 히도쯔바시대학교에서 박사학위를 취득하였으며 현재는 한국법제연구원에 있는 김치환 박사가 공물법의 집필에 도움을 주었다는 것을 밝히며 이에 고마운 마음을 전한다.

마지막으로 이 책의 출판을 승낙해 주신 박영사 安鍾萬 회장님과 이 책이 잘 출판될 수 있도록 노력해 주신 편집부 홍석태 대리 등 박영사 직원 여러분에게 깊이 감사드린다.

2002년 12월 18일
寓居에서
著 者 씀

# 목 차

## 제 4 편 행정조직법

### 제 1 장 행정조직법 개설

### 제 2 장 행정기관

### 제 3 장 행정청의 권한

#### 제 1 절 권한의 의의

#### 제 2 절 행정권한법정주의

#### 제 3 절 권한의 한계

#### 제 4 절 권한의 효과

## 제 4 장  행정기관 상호간의 관계

### 제 1 절  상하행정관청간의 관계

# 제 5 편   지방자치법

## 제 1 장   지방자치법 총설

### 제 1 절   지방자치의 의의
### 제 2 절   지방자치의 보장

### 제 3 절   지방자치단체의 의의, 종류, 법적 지위

## 제 3 절  지방자치단체의 집행기관

## 제 4 절  지방의회와 지방자치단체의 장의 관계

## 제 5 절　지방교육자치

## 제 6 절　자체감사기구

## 제 7 절　자치경찰

# 제 3 장　지방자치단체의 사무

## 제 1 절　지방자치단체 사무배분의 기본원칙

## 제 2 절　자치사무

# 제 3 절  조   례

# 제 4 절  규   칙

# 제 5 장  지방자치단체에 대한 국가의 통제, 관여 및 상호협력

## 제 1 절  개   설

## 제 2 절  국회에 의한 통제

## 제 3 절  행정적 통제

## 제 4 절  사법적 통제

## 제 5 절  국가와 지방자치단체의 협력

## 제 6 절  국가와 지방자치단체간의 분쟁해결

## 제6장　서울특별시 등 대도시와 세종특별자치시 및 제주특별자치도의 행정특례

## 제6편　공무원법

## 제1장　공무원법 총설

### 제1절　공무원의 개념과 지위

### 제2절　공무원법의 법원(法源)

### 제3절　공무원의 종류

### 제4절　공무원의 근무관계

## 제2장　공무원관계의 변동

### 제1절　개　설

# 제 3 장  공무원의 권리와 의무

## 제 1 절  공무원의 권리

## 제 2 절  공무원의 의무

## 제 4 장　공무원의 책임

### 제 1 절　징계책임

### 제 2 절　변상책임

### 제 3 절  공무원의 배상책임

## 제 5 장  불이익처분에 대한 구제

### 제 1 절  소    청

### 제 2 절  행정소송

## 제 7 편  공적 시설법

## 제 1 장  공물법

### 제 1 절  공물의 개념
### 제 2 절  공물법의 체계

## 제 2 장   영조물법

### 제 1 절   영조물의 개념

### 제 2 절   영조물의 종류

### 제 3 절   영조물의 이용관계

## 제 3 장   공기업법

### 제 1 절   공기업의 개념

## 제 8 편　공용부담법

## 제 1 장　공용부담법 총설

## 제 4 절　공용환지 · 공용환권

## 제 9 편  개별행정법

## 제 1 장  개별행정법의 체계

### 제 1 절  개별행정법 체계론
### 제 2 절  급부행정법

### 제 3 절  규제행정법

## 제 2 장  경찰행정법

### 제 1 절  경찰행정법 개설

## 제 2 절   행정경찰권의 근거

## 제 3 절   경찰권의 행사(발동)

## 제 4 절   경찰권행사의 한계

## 제 5 장   경제행정법

### 제 1 절 개   설

### 제 2 절   경제행정법의 기본원칙

### 제 3 절   경제행정분야에서의 법적 행위형식

## 제 4 절  국가의 경제개입에 대한 재판적 통제

# 제 6 장  개발행정법

## 제 1 절  국토계획과 법

## 제 2 절  도시계획과 법

## 제 7 장　환경행정법

### 제 1 절　개　　설

### 제 2 절　환경법의 기본원칙

# 행정조직법

# 제 1 장  행정조직법 개설

## Ⅰ. 행정조직법의 의의

행정조직법(行政組織法)은 행정주체의 조직에 관한 법을 말한다. 보다 구체적으로
정의하면 행정조직법은 행정기관의 설치, 폐지, 구성, 권한 및 행정기관 상호간의 관
계를 정한 법이다.

### 1. 공무원법 및 공물법과의 구분 및 관계

과거에는 행정조직의 인적 요소를 이루는 공무원에 관한 법과 행정조직의 물적
요소를 이루는 공물, 영조물에 관한 법을 행정조직법에 포함시켰다.

그러나, 오늘날에 있어서는 공무원과 행정기관은 법적으로 구분되고 있고, 공무
원관계에 있어서 특별권력관계이론이 부정되고 공무원관계도 법에 의해 규율되고 있
는 점, 공무원법이 공무원의 근무관계를 주된 규율대상으로 하고 있는 점, 공무원법
의 주된 연구대상이 되는 공무원의 법적 지위, 공무원의 권리와 의무, 공무원의 권익
침해에 대한 구제 등 공무원의 복무관계는 행정조직의 내부문제라고 할 수 없는 점
및 공무원법의 중요성에 비추어 공무원법을 별개의 독립된 법분야를 형성하는 것으
로 보고 있다.

또한, 공물과 영조물은 행정조직의 물적 요소를 이루므로 공물법 및 영조물법은
행정조직법의 일부를 구성한다고 할 수도 있으나 그의 중심적 문제는 공물의 설치
및 이용관계라는 행정작용법적 관계이고, 공물법 및 영조물법이 행정작용법상의 독
립된 법분야로 논의되고 있으므로 공물이나 영조물에 관한 법적 규율을 행정조직법
에 포함시키지 않는 것이 일반적 견해이다.

### 2. 행정작용법과의 구별 및 관계

행정조직법은 행정의 내부조직을 규율하는 법으로서 행정작용을 규율하는 행정
작용법과 구별된다.

행정작용이란 행정주체의 대국민관계에서의 활동을 말한다. 그리고 행정작용법

은 행정주체와 국민 간의 법률관계를 규율하는 법이다.

이에 반하여 행정조직법은 행정주체의 내부조직과 내부관계를 규율하는 법으로서 행정조직의 기본원칙 및 기본원리를 규명하는 것을 내용으로 한다. 다만, 행정조직에 관한 사항 중 행정기관의 권한 및 행정규칙 등은 국민의 권리의무에 법상 또는 사실상 일정한 영향을 미치므로 그 한도 내에서는 행정작용법상의 법적 통제의 대상이 될 수 있다.

또한, 행정내부에서의 의사형성과정과 결정과정도 종래에는 결정의 준비단계로서 행정조직의 내부문제만으로 보고 행정작용법적 고찰의 대상으로 보지 않았지만, 오늘날에는 행정절차법적 통제, 다단계행정론 및 행정과정론에 의한 행정작용법적 고찰의 대상이 되고 있다. 즉, 행정결정이 내려지기 위하여는 여러 절차를 거치게 되는데 그 절차 중 국민의 권익과 관련이 있는 절차를 행정절차로 보아 법적 통제의 대상으로 하고 있고, 의사형성과정 중 부분적인 완결부분마다 처분성을 인정하여 작용법적 통제를 가하고 있다(예, 사전결정, 공시지가결정 등). 또한, 행정작용을 하나의 동태적인 행정과정으로 보는 행정과정론에 의하면 행정의 의사형성과정은 전체로서 행정작용법의 고찰대상이 된다. 이와 같이 오늘날 내부법인 행정조직법과 외부법인 행정작용법의 구별이 애매한 경우 및 양자 사이에 상호 교착하는 부분이 늘고 있다.

행정주체에 관한 법은 행정조직법의 문제이면서 행정작용법의 문제이기도 하다. 행정조직법은 행정주체의 조직에 관한 법이므로 그 한도 내에서 행정주체의 문제는 행정조직법에 포함시킬 수 있다. 그런데, 행정주체는 법적인 관점에서 행정작용을 행하는 주체이며 행정작용의 법적 효과가 귀속되는 주체이다. 사실상으로는 행정기관이 행정권을 행사하지만 행정기관이 행한 행위의 효과는 행정주체에게 귀속된다. 이 점에서 보면 행정주체는 행정작용법의 문제가 된다.

행정주체 상호간의 관계는 행정기관 상호간의 관계와 달리 독립된 법인격체 사이의 관계라는 점에서 법적 관계이며 법치주의의 적용대상 및 사법적 통제의 대상이 된다. 그런데, 다른 한편으로 행정주체 상호간의 관계는 행정을 효율적으로 수행하기 위한 기관 상호간의 관계로서의 측면도 갖고 있으므로 행정조직법적 측면도 갖는다. 국가와 지방자치단체와의 관계를 행정주체와 일반국민간의 관계와 같이 순수한 행정작용법적 문제로만 볼 수는 없다.

## Ⅱ. 행정조직법의 법적 성질

### 1. 행정내부법

행정조직법은 행정조직의 내부문제를 규율하는 법인 점에서 행정의 외부관계를 규율하는 행정작용법과 구별된다. 그러나, 전술한 바와 같이 행정조직의 내부문제가 외부문제로서의 성격을 갖는 경우도 있어 행정내부법과 행정외부법의 구별은 반드시 명확한 것은 아니다.

### 2. 행정조직법의 법규성

실질적 법규개념을 취하여 법규를 행정주체와 국민 사이의 권리의무관계를 규율하는 법규범으로 이해하는 견해에 의하면 행정조직에 관한 법규정은 법규가 아니다. 다만, 행정조직법 중 행정청의 권한에 관한 규정은 국민에 대한 행정청의 공권력 발동의 근거를 정하는 법규범이므로 실질적 의미의 법규라고 볼 수 있다.

이에 반하여 형식적 법규개념을 취하여 법규를 입법권자에 의해 법규의 형식으로 제정된 규범으로 보는 견해에 의하면 행정조직법규정도 법규라고 할 수 있다.

## Ⅲ. 행정조직법정주의

### 1. 의    의

행정조직에 관한 사항은 기본적으로 법률로 정하여야 한다는 원칙을 행정조직법정주의(行政組織法定主義)라고 한다. 행정조직법정주의는 행정권한법정주의를 포함하지만, 행정권한법정주의는 그 나름의 문제를 가지고 있으므로 별도로 후술하기로 한다.

### 2. 이론적 근거

과거에는 행정조직은 내부관계의 문제로서 법규사항이 아니므로 행정조직의 구성은 군주의 자율권에 속하는 것으로 보았다. 행정조직은 엄밀히 말하면 그 자체가 직접 국민의 권리·의무에 영향을 미치는 실질적 의미의 법규에 속하는 사항은 아니므로 법률로 정하여야 하는 것은 아니라고 보는 견해도 있었다.

그러나, 다음과 같은 법이론적·법정책적 논거에 비추어 행정조직법정주의를 인정하는 것이 타당하다. ① 국회입법의 원칙에 비추어 행정조직법정주의가 타당하다. 민주주의국가에서 국가, 공동체 및 국민에 관한 중요한 사항은 입법권에 속하는 것으로 보아야 하므로 행정조직에 관한 기본적인 사항은 법률로 정하는 것이 국회입법의 원칙에 비추어 타당하다. ② 법치주의의 원칙에 비추어 보아도 행정조직법정주의가 타당하다. 법률유보의 원칙 중 중요사항유보설을 취하는 경우 행정조직 중 기본적인 사항은 중요사항이므로 법률의 근거가 있어야 한다. 특히 행정기관의 성립 및 권한에 관한 사항은 국민의 권익에 중대한 영향을 미치므로 법률로 정하여야 할 것이다. ③ 행정의 민주적 통제를 위하여 행정조직법정주의가 인정되어야 한다. 행정의 민주적 통제의 요청은 행정작용뿐만 아니라 행정조직에 대하여도 타당하여야 하기 때문이다.

### 3. 실정법적 근거

현행 헌법 제96조는 "행정각부의 설치·조직과 직무범위는 법률로 정한다"고 규정하여 행정조직법정주의를 채택하고 있다. 이에 근거하여 정부조직법이 제정되었다. 정부조직법은 중앙행정기관(부·처·청 및 外局)의 설치와 직무범위는 법률로 정하도록 하고 있다(동법 제2조).

행정조직법정주의하에서도 정부조직에 관한 세부적인 사항에 관하여는 법률에서 구체적 범위를 정하여 명령에 위임할 수 있다(헌법 제75조, 제95조). **대통령령인 「행정기관의 조직과 정원에 관한 통칙」**은 「정부조직법」과 다른 법령에 의하여 설치되는 국가행정기관의 조직 및 정원의 합리적인 책정과 관리를 위한 기준을 정하고 있다. 과 또는 이에 상당하는 보좌기관의 설치와 사무분장을 정하는 총리령 또는 부령의 명칭은 특별한 사유가 없는 한 ○○직제 시행규칙(이하 **"직제시행규칙"**이라 한다)으로 한다(행정기관의 조직과 정원에 관한 통칙 제4조의2 제1항).

실제로 정부조직법은 특별지방행정기관, 보조기관(차관, 차장, 실장, 국장(실장·국장의 명칭을 본부장·단장·부장·팀장 등으로 달리 정할 수 있다)), 부속기관, 시험연구기관, 교육훈련기관, 문화기관, 의료기관, 제조기관, 자문기관 등은 법률이 정한 경우를 제외하고 대통령령으로 설치할 수 있도록 하고 있다(동법 제2조, 제3조, 제4조). 다만, 대통령령이 정하는(실장, 국장 밑의) 보조기관(과, 팀, 반 등)의 설치와 사무분장은 총리령 또는 부령으로 정할 수 있고, 대통령령이 정하는 보조기관에 상당하는 보좌기관은 총리령 또는 부령으로 둘 수 있다(제2조 제4항 단서, 제2조 제5항 단서). 다만, 법규명령에 의하여 설치되는 행정기관의 경우에도 예산상의 조치가 병행되어야 하기 때문에 국회의 예산심의권에 의한 제약을 받는다.

법령에서 정한 행정조직보다 세부적인 행정조직에 관한 사항은 행정규칙에 의해 정하여질 수도 있다. 행정조직에 관한 사항을 정하는 행정규칙을 '조직규칙'이라 한다.

## 4. 행정조직법정주의의 규범적 효력

행정조직법정주의는 헌법상의 원칙이다. 따라서, 실정법령에서 행정조직법정주의에 반하는 규정을 두고 있는 경우에는 그 법령은 위헌인 법령이 된다. 어느 행정조직까지 법률로 정하여야 하는가는 행정조직법정주의의 요청과 행정조직의 탄력성의 요청을 조정하는 선에서 결정되어야 한다.

# 제 2 장  행정기관

## I. 행정기관의 개념

행정기관(行政機關)이라 함은 행정권한을 행사하는 행정조직의 구성단위를 말한다. 행정기관은 행정기관의 구성자인 공무원과는 구별된다. 행정기관은 그를 구성하는 공무원의 변경과 관계없이 통일적인 일체로서 존속한다.

행정기관의 개념은 크게 나누어 행정작용법적 관점과 행정조직에서의 사무배분의 관점에서 논해진다.

### 1. 행정작용법적 행정기관 개념

행정작용법적 관점에서는 대외적으로 행정권한을 행사하는 행정기관을 중심으로 행정기관 개념을 구성한다. 그리하여 행정작용법적 관점에서 행정기관을 논하는 경우에는 소관사무에 관하여 스스로 의사를 결정하고 이를 자기의 이름으로 외부에 표시하는 권한을 가진 행정청이라는 개념이 행정기관 개념의 중핵을 이루고, 행정청과의 관계하에서 보조기관, 보좌기관, 자문기관, 집행기관, 지원기관 등의 행정기관이 행정청의 주위에 설치된다.

행정작용법적 행정기관 개념은 행정기관에 의한 행정작용에 대한 법적 통제를 실효성 있게 하기 위하여 유용한 개념이다. 즉, 대외적으로 행정권한을 행사하는 행정청을 명확히 함으로써 대외적인 책임주체를 명확히 하고 행정소송 등 법적 통제의 대상을 명확히 할 수 있다.

### (1) 행정청

행정관청이라 함은 국가의사를 결정하여 이를 자기의 이름으로 외부에 표시하는 권한을 가진 행정기관을 말한다. 행정청(行政廳)이라 함은 국가뿐만 아니라 지방자치단체의 의사를 결정하여 자신의 이름으로 외부에 표시할 수 있는 권한을 가진 행정기관을 말한다.

행정청의 예로는 독임제 행정청으로 장관, 처장, 청장 및 외국(外局)의 장(경찰서장, 소방서장 등), 지방자치단체의 장(특별시장, 광역시장, 도지사, 시장, 군수), 권한의 위임을 받은 행정기관이 있다.

합의제 행정청으로 행정심판위원회, 토지수용위원회, 중앙선거관리위원회, 감사원, 배상심의회, 노동위원회, 소청심사위원회, 금융통화위원회가 있다.

위원회 중 의사를 결정하여 그 결정된 의사를 자기의 이름으로 대외적으로 표시할 수 있는 권한을 가진 위원회만 행정청이다. 대외적인 표시권이 없이 심리권이나 의결권만 갖고 있는 위원회는 행정청이 아니다.

행정작용법상 행정청은 위와 같은 국가와 지방자치단체의 행정청뿐만 아니라 공공단체(이들을 본래의 행정청이라 한다) 그리고 이들 본래의 행정청으로부터 행정권한의 위임 또는 위탁을 받은 행정기관·공공단체 및 그 기관 또는 사인을 포함한다.

행정기본법은 "행정청"을 '행정에 관한 의사를 결정하여 표시하는 국가 또는 지방자치단체의 기관 및 그 밖에 법령등에 따라 행정에 관한 의사를 결정하여 표시하는 권한을 가지고 있거나 그 권한을 위임 또는 위탁받은 공공단체 또는 그 기관이나 사인(私人)'이라고 정의하고 있고(제2조 제2호), 행정소송법 제2조 제2항은 "이 법을 적용함에 있어서 행정청에는 법령에 의하여 행정권한의 위임 또는 위탁을 받은 행정기관, 공공단체 및 그 기관 또는 사인이 포함된다"라고 규정하고 있는데, 행정기본법, 행정소송법 및 행정심판법상 행정청은 행정작용법상의 행정청의 개념을 말한다.

### (2) 보조기관

보조기관(補助機關)이라 함은 국가와 지방자치단체의 행정청에 소속되어 행정청의 권한행사를 보조하는 것을 임무로 하는 기관을 말한다.

행정 각부의 차관, 차장, 실장, 국장, 과장, 팀장, 반장, 계장 및 지방자치단체의 부지사, 부시장, 국장, 과장 등이 이에 해당한다.

보조기관은 독자적으로 의사를 결정하고 외부에 대하여 표시하는 권한을 갖지 못한다. 다만, 예외적으로 보조기관이 대외적으로 행정작용을 행하는 경우가 있다.

① 보조기관이 행정청의 위임을 받아 대외적으로 행정권한을 행사하는 경우에는 행정청이 된다.

② 보조기관이 보조기관의 지위에서 대외적으로 국민에 대하여 일정한 행정권한을 행사하는 경우가 있다. i) 국민에 대하여 행정지도를 행하는 권한을 갖는다. ii) 행정청이 아닌 보조기관이 한 언동도 신뢰보호원칙의 적용대상이 될 수 있다.

③ 보조기관에 대한 위임전결의 경우 보조기관은 내부적으로 최종적인 의사를 결정하는 권한을 가지지만, 그 결정에 따라 대외적으로 처분을 할 때에는 행정청의 서명날인으로 처분을 하여야 한다. 다만, 전자정부법은 전자적 방식에 의한 전자공문서의 발송에 대한 예외규정을 두고 있다. 즉, 보조기관이나 보좌기관이 위임전결 또

는 대결한 전자공문서를 전자적 방식으로 발송할 때에는 보조기관이나 보좌기관의 행정전자서명으로 발송할 수 있다(제26조 제2항). 다만, 이 경우에도 날인은 보조기관이나 보좌기관의 행정전자서명으로 하지만 서명은 행정청의 이름으로 하여야 한다.

### (3) 보좌기관

보좌기관(補佐機關)이라 함은 국가와 지방자치단체의 행정청 또는 그 보조기관을 보좌하는 기관을 말한다. 보좌기관은 참모기관 또는 막료기관이라고도 한다.

대통령실, 국무총리실, 행정 각부의 차관보, 담당관 등이 이에 해당한다.

보조기관은 행정청을 보조하면서 행정업무에 직접 참여하지만, 보좌기관은 행정청 및 보조기관을 지원함으로써 행정업무에 간접적으로 참여한다는 점에서 양자는 구별된다. 그러나, 실제에 있어서는 양자의 구별이 엄격하지 않다. 예를 들면, 보좌기관은 이론상 결재권이 없지만 실제에 있어 보좌기관이 결재를 행하는 경우가 적지 않다.

### (4) 의결기관

행정주체의 의사를 결정하는 권한만을 가지고 이를 외부에 표시할 권한은 가지지 못하는 기관을 말한다. 의결기관은 외부에 표시할 권한이 없는 점에서 그러한 권한이 있는 합의제 행정청과 구별된다.

각종 징계위원회, 지방의회, 교육위원회 등이 이에 해당한다.

의결기관의 결정은 행정청을 구속한다. 행정청은 의결기관의 결정에 구속되며 그 결정에 따라 처분을 행한다.

의결기관의 의결을 거치지 않은 처분은 무권한의 처분으로 당연무효이고, 의결기관의 의결에 반하는 처분도 원칙상 무효이다.

### (5) 심의기관

심의기관은 심의·의결을 하는데, 그 의결은 법적 구속력이 없다. 다만, 행정청은 심의기관의 의결을 존중하는 것이 바람직하다. 심의기관의 예로는 교육환경법상 지역교육환경보호위원회를 들 수 있다.

### (6) 자문기관

행정청에 의견(자문)을 제시하는 것을 임무로 하는 기관을 말한다. 자문기관은 합의제인 것이 보통이나 독임제인 것도 있다.

행정청은 자문기관의 의견에 구속되지 않는다. 그러나, 적어도 자문절차가 법령에 의해 규정되어 있는 경우에 자문절차를 거치지 않고 한 처분은 절차의 하자가 있는 위법한 행위이며 원칙적으로 취소할 수 있는 행위이다. 자문절차를 거쳤지만 충실히 거치지 않고 형식에 그친 것도 취소사유인 절차의 하자로 보아야 한다.

### (7) 집행기관

실력을 행사하여 행정청의 의사를 집행하는 기관을 말한다. 경찰공무원, 소방공무원, 세무공무원 등이 이에 해당한다.

### (8) 감사기관

행정기관의 회계처리 및 사무집행을 감시하고 검사하는 권한을 가진 기관을 말한다. 감사원이 이에 해당한다.

### (9) 공기업기관 및 영조물기관

국가기업의 경영을 담당하는 기관을 공기업기관이라 하고 영조물(공공시설)의 관리를 담당하는 기관을 영조물기관(또는 공공시설기관)이라 한다. 공기업기관은 현업기관이라고도 한다. 체신관서는 공기업기관에 해당하고, 국립병원, 국립대학, 국립도서관은 영조물기관에 해당한다. 영조물기관은 법인격을 갖고 있지 못한 점에서 영조물법인과 구별된다.

### (10) 부속기관

행정기관에 부속하여 그 기관을 지원하는 기관을 말한다.

부속기관에는 자문기관(수도권정비위원회 등), 시험연구기관(국립환경연구원, 국립과학수사연구소, 국립보건연구원 등), 교육훈련기관(중앙공무원교육원, 지방행정연수원 등), 문화기관(도서관, 박물관, 극장 등), 의료기관(국립의료원, 국립정신병원 등), 휴양기관(요양소 등), 제조공작기관(국립영상제작소 등), 관리보존기관(정부기록보존소) 등이 있다.

## 2. 사무배분적 관점에서의 행정기관 개념

행정기관은 사무배분적 관점에서 정의할 때에는 행정사무를 수행하는 단위가 되는 행정주체의 기관을 말한다.

사무배분적 관점에서는 어떻게 하면 행정업무를 적정하고 효율적으로 수행하도록 할 것인가라는 관점에서 행정기관을 구성하고 그 권한을 정한다. 사무배분적 기관 개념은 행정작용법적 기관 개념에 대응하여 행정조직법적 행정기관 개념으로 부른다.

행정사무는 수평적으로 또한 수직적으로 배분된다.

### (1) 수평적 업무배분

국가행정조직의 예를 들면 행정 각부별로 업무가 수평적으로 배분되어 있다. 정부조직법은 행정 각부의 업무를 정하고 있다.

행정기관은 상호 타기관의 권한을 존중하여야 한다. 그리고, 행정기관은 업무의 처리에 있어 상호 협력하여야 한다.

### (2) 수직적 업무배분

행정업무는 상하행정기관 사이에 수직적으로 배분된다. 행정기관의 장－국－과－계에 업무가 배분되는 것이 전형적인 예이다.

상급기관은 하급기관에 대한 지휘감독권을 갖고, 하급기관은 상급기관의 지휘명령에 복종하여야 한다.

## 3. 현행 실정법

행정작용법적 행정기관 개념과 사무배분적 행정기관 개념은 독자의 의의와 기능을 가지고 있다. 따라서, 행정기관 개념은 이 두 관점에서 적절히 규율되어야 한다. 현행 실정법도 위의 두 행정기관 개념을 동시에 채용하고 있다.

정부조직법은 국가기관의 행정조직에 대하여 규율하고 있다. 정부조직법은 기본적으로 사무배분적 행정기관 개념을 채택하고 있다.

지방자치단체의 행정조직에 대하여는 지방자치법이 규율하고 있다.

행정절차법(제2조 제1호), 행정심판법(제2조 제4호)과 행정소송법(제2조 제2항)은 행정작용법적 행정기관 개념을 채용하고 있다.

## 4. 독임제 행정기관과 합의제 행정기관

행정기관은 그 구성원의 수에 따라 독임제 행정기관과 합의제 행정기관으로 나누어진다.

### (1) 독임제 행정기관

독임제 행정기관(獨任制 行政機關)이라 함은 그 구성원이 1명인 행정기관을 말한다. 독임제 행정기관은 행정기관의 책임을 분명히 하고 신속한 행정을 할 수 있도록 하는 장점을 가지고 있다. 이러한 점 때문에 행정기관은 독임제가 원칙이다.

### (2) 합의제 행정기관
#### 1) 의      의

합의제 행정기관(合議制 行政機關)이라 함은 그 구성원이 2명 이상이며 행정기관의 의사결정이 복수인 구성원의 합의에 의해 이루어지는 행정기관을 말한다. 합의제 행정기관은 위원회라고도 한다.

행정기관 소속 위원회의 설치·운영에 관한 법률(약칭 '행정기관위원회법'이라 한다)은 합의제행정기관을 위원회로 부른다. 행정기관위원회법에 따르면 위원회를 "위원회, 심의회, 협의회 등 명칭을 불문하고 행정기관의 소관 사무에 관하여 자문에 응하거나 조정, 협의, 심의 또는 의결 등을 하기 위한 복수의 구성원으로 이루어진 합의제 기관"을 말하는 것으로 규정하고 있다(제2조).

### 2) 필요성

합의제 행정기관은 행정기관의 독립성과 행정결정의 공정성이 요구되는 경우 또는 대립되는 이해의 공평한 조정이 요구되는 경우 등에 설치된다.

### 3) 설치근거 및 적용법령

설치근거가 헌법인 경우, 법률인 경우, 대통령령인 경우, 조례인 경우, 행정규칙인 경우가 있다. 중앙행정기관인 위원회의 설치와 직무범위는 법률로 정한다(정부조직법 제2조 제1항, 제2항). 행정기관 소관사무의 일부를 독립하여 수행할 필요가 있는 때에 설치하는 행정위원회 등 합의제행정기관은 법률로 정하는 바에 따른다(정부조직법 제5조). 지방자치단체는 그 소관 사무의 일부를 독립하여 수행할 필요가 있으면 법령이나 그 지방자치단체의 조례로 정하는 바에 따라 합의제행정기관을 설치할 수 있다(지방자치법 제116조 제1항). 그러나, 이론상 행정수반인 대통령으로부터 독립된 합의제 행정기관(예, 중앙선거 관리위원회)의 설치는 권력분립의 문제이므로 헌법으로 정하여야 한다.

자문기관의 성질을 갖는 합의제 행정기관은 대통령령에 근거하여 설치할 수 있다(정부조직법 제4조). 지방자치단체는 그 소관 사무의 범위에서 법령이나 그 지방자치단체의 조례로 정하는 바에 따라 심의회·위원회 등의 자문기관을 설치·운영할 수 있다(지방자치법 제116조의2 제1항).

행정기관위원회법(「행정기관 소속 위원회의 설치·운영에 관한 법률」)은 행정기관(대통령과 그 소속 기관, 국무총리와 그 소속 기관, 「정부조직법」 제2조 제2항에 따른 중앙행정기관과 그 소속 기관) 소속 위원회의 설치 및 운영에 필요한 사항을 규정하고 있다(제1조, 제3조 제2항). 다만, 「헌법」에 따라 설치되는 위원회 및 「정부조직법」 제2조 제2항에 따라 다른 법률에 의하여 중앙행정기관으로 설치되는 위원회에 대하여는 이 법을 적용하지 아니한다(제3조 제2항).

### 4) 종 류

합의제 행정기관에는 보유 권한의 내용에 따라 의결권과 함께 대외적인 표시권을 갖는 행정청인 경우(예, 공정거래위원회, 노동위원회, 금융위원회, 소청심사위원회 등) 의결권만을 갖는 의결기관인 경우(예, 징계위원회), 동의기관인 경우(예, 인사위원회 등), 심의권만을 갖는 심의기관(예, 정보공개심의회)인 경우와 자문권만을 갖는 자문기관인 경우가 있다.

[판례] 법학교육위원회는 피고의 심의기관에 해당할 뿐 의결기관의 지위를 가진다고 할 수는 없다(대판 2009. 12. 10, 2009두8359[로스쿨예비인가처분취소]).

정부조직법 및 행정기관위원회법에 따르면 합의제행정기관은 다음과 같이 구별된다. ① 헌법에 따라 설치된 위원회(예, 중앙선거관리위원회). ② 정부조직법 제2조 제2항에 따라 설치된 중앙행정기관인 위원회(예, 공정거래위원회, 국민권익위원회, 국가인권위원회 등). ③「정부조직법」제5조 및 행정기관위원회법에 따라 행정기관 소관사무의 일부를 독립하여 수행할 필요가 있는 때 행정기관위원회법 등 법률로 정하는 바에 따라 설치된 합의제행정기관(행정기관위원회법 제5조 제1항은 "행정위원회"라 부르는 것으로 규정하고 있다). 의결기관, 동의기관, 심의의결기관인 위원회가 이에 해당한다. ④ 정부조직법 제4조 및 행정기관위원회법에 따라 자문기관으로 설치된 위원회(합의제행정기관).

### 5) 결정의 구속력 등

의결기관의 결정은 구속력을 갖는다. 행정청이 의결기관의 결정과 다른 결정을 내리면 그 결정은 원칙상 무권한의 하자로 무효이다. 동의기관의 동의 없이 한 결정도 그러하다.

재량처분이 의결기관의 결정에 따른 것이라 하더라도 사회통념상 현저히 타당성을 잃었다고 볼 만한 특별한 사정이 있는 경우에는 재량권의 일탈·남용이 인정될 수 있다고 할 수 있다. 동의기관에 있어서도 그러하다.

[판례] 대학교수의 임용 여부는 임용권자가 교육법상 대학교수 등에게 요구되는 고도의 전문적인 학식과 교수능력 및 인격 등을 고려하여 합목적적으로 판단할 자유재량에 속하고, 특히 교육공무원법 제25조에서 대학의 장이 교수를 임용 또는 임용제청함에 있어 대학 인사위원회의 동의를 얻도록 한 것은 교수 임용권자 또는 임용제청권자의 자의를 억제하고 객관적인 기준에 따른 인사질서를 확립함으로써 우수한 교원을 확보함과 동시에 대학의 자치 및 자율권과 교원의 신분보장을 도모하고자 하는 데 있으므로, 대학의 장이 대학 인사위원회에서 임용동의안이 부결되었음을 이유로 하여 교수의 임용 또는 임용제청을 거부하는 행위는 그것이 사회통념상 현저히 타당성을 잃었다고 볼 만한 특별한 사정이 없는 이상 재량권을 일탈·남용하였다고 볼 수 없다(대판 2006. 09. 28, 2004두7818).

심의기관과 자문기관의 결정은 법적 구속력은 없다. 다만, 심의기관의 결정은 구속력은 없지만, 행정청에 의해 존중되어야 한다. 자문기관인 합의제 행정기관에서는 통상 결정이 내려지지 않지만, 결정이 있는 경우에도 행정청은 그 결정으로부터 전적으로 자유롭다.

### 6) 결정절차의 하자

의결기관의 의결은 의무적 절차이고, 심의기관의 심의는 통상 의무적인 절차인 반면에 자문기관의 자문은 의무적 절차인 경우도 있지만, 임의절차인 경우도 있다.

의결기관 또는 동의기관의 의결을 거치지 않은 행정청의 결정은 무효이다.

심의기관의 심의를 거치지 않은 행정청의 결정도 원칙상 무효라고 보아야 한다. 그러나, 판례는 심의기관의 심의를 거치지 않은 것을 원칙상 취소사유로 본다.

[판례] 금지행위 및 시설의 해제 여부에 관한 행정처분을 하면서 절차상 위와 같은 **학교환경위생정화위원회의 심의를 누락한 흠이 있다면** 그와 같은 흠을 가리켜 위 행정처분의 효력에 아무런 영향을 주지 않는다거나 경미한 정도에 불과하다고 볼 수는 없으므로, 특별한 사정이 없는 한 이는 행정처분을 위법하게 하는 **취소사유가 된다**(대판 2007. 03. 15, 2006두15806: 학교환경위생정화구역 내 금지행위 및 시설해제 신청거부처분취소). 〈해설〉 판례는 심의기관의 심의를 거치지 않은 처분을 항상 취소할 수 있는 처분으로 보는 것으로 보이는데, 중대명백설에 비추어 볼 때 경우에 따라서는 무효라고 할 수 있는 경우도 있다고 보는 것이 타당하다.

의무적인 절차인 자문절차를 거치지 않은 행위는 원칙상 취소할 수 있는 행위로 보는 것이 타당하다.

### 5. 행정주체와 행정기관

행정주체는 행정을 담당하는 법적 주체이며 행정법상 국민과의 관계에서 권리의무의 주체가 된다.

행정주체에는 국가, 지방자치단체와 공공단체 및 공무수탁사인이 있다. 이 중 국가와 지방자치단체를 일반행정주체, 공공단체 및 공무수탁사인을 특별행정주체라고 할 수 있다.

행정주체 중 국가와 지방자치단체는 스스로 행정작용을 하는 것이 아니라 행정기관을 통하여 행정작용을 행한다. 국가와 지방자치단체의 경우 국민과의 관계에서 행위를 하는 것은 행정기관이며 행정기관의 행위의 효과는 행정기관이 아니라 행정주체에게 귀속된다.

행정주체 중 지방자치단체 이외의 공공단체도 실제에 있어서는 그 기관을 통하여 행정작용을 하지만 공공단체의 기관은 행정기관이 아니며 그 기관구성은 행정조직의 문제가 아니다. 공공단체는 독립된 공법인이며 대외적인 행정작용을 할 때 공공단체 자체가 행정청이 된다. 공무수탁사인은 법인인 경우와 자연인인 경우가 있는데, 공무수탁사인이 행정작용을 행함에 있어서도 공무수탁사인 자체가 행정청이 된다. 즉, 공공단체와 공무수탁사인은 그 자신이 행정주체이면서 행정청이 된다.

## Ⅱ. 국가행정기관과 지방행정기관

행정기관의 소속을 기준으로 국가행정기관과 지방행정기관으로 분류된다.

### 1. 국가행정기관

국가에 속하여 국가사무를 수행하는 행정기관을 국가행정기관이라 한다. 국가행정기관은 관할에 따라 중앙행정기관과 국가지방행정기관으로 구분된다. **중앙행정기관**은 전국을 관할하는 행정기관이며 국가지방행정기관은 지방에 설치된 국가행정기관으로서 일정한 지역에 한하여 관할이 미치는 기관을 말한다. **정부조직법 제2조 제2항에 따르면** 중앙행정기관은 정부조직법에 따라 설치된 부ㆍ처ㆍ청과 다음의 행정기관으로 한다. 방송통신위원회, 공정거래위원회, 국민권익위원회, 금융위원회, 원자력안전위원회, 개인정보보호위원회, 행정중심복합도시건설청, 새만금개발청.

**국가지방행정기관**은 국가의 보통지방행정기관과 국가의 특별지방행정기관으로 나눈다.

**국가의 보통지방행정기관**이라 함은 관할구역 내에서 수행되는 국가의 행정사무를 일반적으로 관장하는 지방행정기관을 말한다. 우리나라에서는 국가의 보통지방행정기관을 별도로 설치하지 않고 지방자치단체의 장에게 국가사무를 기관위임하여 처리하도록 하고 있다(지방자치법 제102조). 지방자치단체의 장은 국가의 기관위임사무를 처리하는 한도 내에서는 국가기관, 즉 국가의 보통지방행정기관의 지위를 갖는다.

**국가의 특별지방행정기관**이라 함은 특정 국가사무를 시행하기 위하여 지방에 설치된 국가행정기관을 말한다. 지방국토관리청, 지방환경관리청, 지방경찰청, 경찰서, 세관 등이 이에 해당한다.

### 2. 지방행정기관

지방행정기관이라 함은 지방자치단체에 속하여 지방자치단체의 사무를 수행하는 행정기관을 말한다. 지방자치단체의 집행기관(예, 지방자치단체의 장, 교육감), 지방의회, 시ㆍ도경찰위원회 등이 이에 해당한다.

# 제3장 행정청의 권한

## 제1절 권한의 의의

행정청의 권한(權限)이라 함은 행정청이 행정주체를 대표하여 의사를 결정하고 표시할 수 있는 범위를 말한다.

행정청의 권한에는 일반적 권한과 개별적인 작용법적 권한이 있다. 행정청의 일반적 권한이라 함은 행정청이 가지는 일반적인 사항적, 지역적, 대인적 권한을 말하며 행정조직법상의 권한이다. 개별적 작용법적 권한이라 함은 행정청이 국민에 대하여 행사할 수 있는 개별적인 권한을 의미한다.

## 제2절 행정권한법정주의

행정청의 권한은 원칙상 법률에 의해 정해져야 한다. 이를 행정권한법정주의(行政權限法定主義)라 한다.

행정권한법정주의는 행정조직법정주의에 포함되지만 행정권한법정주의는 별도의 문제를 가지고 있다. 즉, 행정청의 권한에 관한 사항은 국민의 권익에 중대한 영향을 미치므로 특히 법률로 정하여야 할 필요가 있다. 다만, 권한에 관한 세부적인 사항은 명령에 위임할 수 있다.

행정청은 조직규범에서 정한 소관사무의 범위 내에서 일반적인 권한을 갖는다. 소관사무의 범위는 국가에 있어서는 정부조직법에서 정하고, 지방자치단체의 경우에는 지방자치법에서 정하고 있다.

법률유보의 원칙에 따라 다른 법주체에 대한 특정한 권한의 행사에 있어서는 작용법적인 법률의 근거가 있어야 한다. 작용법적 권한은 각 개별법에 의해 정해진다.

권한의 위임에도 법률의 근거가 있어야 한다. 권한의 위임에 있어서의 행정권한법정주의의 문제에 관하여는 후술하기로 한다.

## 제 3 절  권한의 한계

행정청의 권한에는 사항, 지역, 상대방, 형식에 따른 일정한 한계가 있다.


## Ⅰ. 사항적 한계

행정권은 사무의 내용에 따라 각 행정청에게 분배된다. 따라서 행정청은 법령에 의해 정해진 일정한 사무에 관한 권한만을 갖는다. 즉, 행정청의 권한에는 사항적으로 일정한 한계가 있다.

행정청의 권한의 사항적 한계 중 일반적·포괄적 권한의 한계, 즉 소관사무의 범위는 국가에 있어서는 정부조직법에 의해 정해지고 지방자치단체의 경우에는 지방자치법에 의해 정해진다. 예를 들면, 산업자원부장관은 상업·무역 및 무역진흥·공업·에너지 및 지하자원에 관한 사무를 관장한다(정부조직법 제37조 제1항).

행정청의 권한 중 대외적인 개별적 권한은 개별작용법에 의해 정해진다. 행정법규 위반에 대한 허가의 취소권, 영업정지권 등이 그 예이다.

행정청은 법률유보의 원칙이 적용되는 경우 작용법에서 정한 권한의 범위 내에서 권한을 행사하여야 하고, 행정지도와 같이 작용법적 법률의 근거가 필요 없는 경우에 행정청은 조직규범에 의해 정해진 사항적 한계(소관사무의 범위) 내에서 권한을 행사하여야 한다.

[판례] 보조금 교부결정을 취소하고 보조금을 반환받는 업무도 교부기관의 업무에 포함된다고 볼 수 있다(대판 2018. 08. 30, 2017두56193; 대판 2023. 08. 18, 2021두41495).


## Ⅱ. 지역적 한계

행정청의 권한은 지역적으로 미치는 범위가 한정되어 있다. 국가의 중앙행정관청의 권한은 전국적으로 미치지만 국가의 특별지방행정관청 및 지방자치단체의 행정청의 권한은 일정한 지역에 한정된다. 다만, 행정청에 의한 처분의 효과가 처분행정청의 관할구역을 넘어 미치는 경우도 있다. 예를 들면, A지방경찰청장이 부여한 운전면허는 전국적으로 효력을 갖는다.

## Ⅲ. 대인적 한계

행정청의 권한이 미치는 인적 범위가 한정되는 경우가 있다. 지방자치단체의 장의 권한은 원칙상 지방자치단체의 주민에 한정되고, 국공립대학교 총장의 권한은 그 소속직원과 학생에게만 행사될 수 있다.

## Ⅳ. 형식적 한계

행정청의 권한에 권한행사의 형식에 따른 한계가 정해져 있는 경우가 있다.

예를 들면, 행정 각부 장관과 총리에 한하여 법규명령제정권이 있기 때문에 행정 각부 장관이 아닌 청장이나 처장은 법규명령제정권이 없고, 소관사무에 관한 법규명령을 제정하고자 하는 경우에는 소속 총리나 장관의 법규명령의 형식으로 제정할 수밖에 없다. 다만, 법령의 구체적 위임을 받은 경우에는 행정규칙의 형식으로 새로운 법규사항을 정할 수 있다(법령보충적 행정규칙).

# 제 4 절 권한의 효과

## Ⅰ. 외부적 효과

행정청은 독립된 법인격을 갖지 않고 행정주체를 대표하는 기관이므로 행정청의 대외적인 권한행사의 법적 효과는 행정청 자신이 아니라 행정주체에 귀속된다.

법령에서 정해진 행정권한의 한계를 벗어난 행정권 행사는 주체의 하자(무권한의 하자)가 있는 위법한 행위가 되며 무권한의 하자는 원칙상 무효사유가 된다.

## Ⅱ. 내부적 효과

행정청의 권한은 행정청 상호간에 있어서 활동범위의 한계를 정한다. 즉, 행정청은 권한의 범위 내에서 활동할 수 있고, 다른 행정청의 권한에 속하는 행위를 할 수 없다.

이러한 제한은 대등한 행정청 사이에서뿐만 아니라 상하관계의 행정청 사이에서도 타당하다. 즉, 상급관청이라 하여도 법령의 명시적인 규정이 없는 한 하급관청의 권한 내에 속하는 행위를 할 수 없다.

# 제 5 절  권한의 대리

## 제 1 항  권한의 대리의 의의

### Ⅰ. 개    념

권한의 대리(代理)라 함은 행정청의 권한의 전부 또는 일부를 다른 행정기관(다른 행정청 또는 보조기관)이 대신 행사하고 그 행위가 피대리행정청의 행위로서 효력을 발생하는 것을 말한다.

### Ⅱ. 유사개념과의 구별

권한의 대리는 다음의 개념과 구별된다.

#### 1. 대표와의 구별

대리와 대표는 모두 대외적인 권한행사를 대신하며 그 행위의 효과가 대표 또는 대리되는 기관의 행위로서 효력이 있는 행위인 점에서는 동일하지만, 다음과 같이 구별된다. 대표는 대표기관(예, 지방자치단체의 장, 대통령 등)의 행위가 직접 대표되는 기관(행정주체)의 행위가 되는 것인 반면에, 대리는 피대리기관과 구별되는 기관의 행위로서 그 효과가 피대리기관에 귀속될 뿐인 점에서 구별된다. 국가를 당사자로 하는 소송에 관한 법률 제2조에서 "법무부장관이 국가를 대표한다"는 규정의 "대표"도 대리가 아니라 대표에 해당한다.

#### 2. 권한의 위임과의 구별

권한의 대리와 권한의 위임은 양자 모두 행정청의 행위를 다른 행정기관이 대신하여 행사한다는 점에서 공통점을 가지지만, 다음과 같이 구별된다. ① 권한의 위임에 있어서는 위임청의 권한이 수임 행정기관에 이전되는 데 반하여 권한의 대리는 행정청이 그의 권한을 일시적으로 대리기관으로 하여금 대신하여 행사하게 하는 것에 지나지 않으며 권한 자체가 이전되는 것은 아니다. ② 권한의 위임은 법령상 정해진 권한분배를 변경하는 것이므로 법적 근거를 요하지만, 권한의 대리 중 수권대리는 통설에 의하면 법적 근거를 요하지 않는다. ③ 권한의 위임에 있어서 수임자는 보통 하급행정기관(특히 하급행정청)이지만, 권한의 대리에 있어서 대리자는 보통 보조기관이다.

### 3. 위임전결, 내부위임과의 구별

대리와 위임전결(委任專決) 및 내부위임에 있어서 모두 권한이 이전되지 않고, 다른 행정기관이 행정청을 대신하여 권한행사를 위한 최종적인 결정을 내린다는 점에서는 동일하지만, 다음과 같이 구별된다.

대리는 대외적인 권한행사에 관한 것이고, 수권대리의 경우 법적 근거의 필요성에 관하여 견해의 대립이 있다. 이에 반하여 위임전결 및 내부위임은 기본적으로 행정조직 내부의 권한분배에 관한 것이며 법률의 근거를 요하지 않는다. 또한, 대외적인 권한행사에 있어서 위임전결이나 내부위임의 경우 전결권자나 수임기관은 대외적으로 권한 있는 행정청과의 관계를 명시함이 없이 권한 있는 행정청의 이름으로 행위를 하지만, 대리의 경우에는 원칙상 대리행위임을 표시하고 행정청의 권한을 자신의 명의로 행한다. 다만, 대리의 경우에도 대리관계를 표시함이 없이 피대리청의 이름으로 행정권을 행사하는 것도 가능하다.

### 4. 대결과의 구별

대리와 대결(代決)은 모두 권한의 이전이 없고, 다른 행정기관이 행정기관을 대신하여 권한행사를 한다는 점에서는 동일하지만, 다음과 같이 구별된다. 대결은 결재권자의 부재시 및 사고가 있는 경우 등에 권한 있는 기관이 대신 결재하는 것인 행정조직상 내부행위인 반면에 대리는 행정권한의 대외적인 권한행사를 대신하는 것이다.

## 제 2 항 종　류

대리는 발생원인에 따라 수권대리(임의대리)와 법정대리로 구분된다.

### Ⅰ. 수권대리(임의대리)

#### 1. 의　의

수권대리(授權代理)라 함은 피대리관청의 수권에 의해 대리관계가 발생하는 경우를 말한다. 임의대리라고도 한다.

## 2. 근   거

수권대리를 인정하는 명문의 근거가 있는 경우도 있지만, 수권대리를 인정하는 법적 근거가 없는 경우에도 수권대리가 허용될 것인지가 문제된다. 이에 관하여 적극설과 소극설이 대립하고 있다.

### (1) 적극설

적극설의 논거는 다음과 같다.

① 권한의 대리는 권한의 이전을 가져오는 것은 아니므로 권한의 위임과 달리 반드시 법적 근거를 요하지는 않는다.

② 법령에서 개별적으로 지정되어 있는 권한은 당해 관청 자신이 행할 것이 요구되고 있다고 해석하여야 할 것이므로 이를 임의로 수권할 수 없으나, 일반적이며 포괄적으로 부여된 권한은 그에 관한 모든 행위를 반드시 당해 관청이 스스로 행사할 것을 법이 요구하는 것은 아니라고 해석하는 것이 타당하므로 수권이 가능하다고 보아야 한다.[1]

### (2) 소극설

소극설의 논거는 다음과 같다. 대리도 법령에 의해 정해진 행정기관 상호간의 권한분배에 변경을 가져오는 것이므로 법령에 의한 명시적인 근거가 있어야 한다.[2]

### (3) 결   어

권한의 대리에 있어서는 권한의 이전이 있는 것이 아니고 권한의 대리는 행정청의 권한행사의 한 방법이라고 할 수 있으며 대리권을 행사함에 있어 대리관계가 표시되므로 적극설이 타당하다.

## 3. 수권의 범위 및 한계

대리권의 수권은 권한분배를 정한 법령의 취지에 반하는 것이 되어서는 안 되므로 다음과 같은 한계 내에서만 인정된다.

① 수권은 일반적·포괄적 권한에 한하여서만 인정된다. 행정청의 권한이 법령에서 개별적으로 특정되어 부여된 경우(예, 부령을 발하는 권한)에는 당해 행정청이 스스로 행할 것이 요구되고 있다고 해석되므로 그 수권은 허용되지 않는다.

② 수권은 권한의 일부에 한하여 인정되며 권한의 전부를 대리시킬 수는 없다.

---

1) 김도창, 75면.
2) 박윤흔, 35면.

그 이유는 권한 전부의 대리를 허용하는 것은 그 권한을 당해 행정청에 준 입법취지에 반하는 것이 되며 수권한 행정청의 권한이 전혀 없게 되어 수권행정청의 존재이유가 없어지기 때문이다.

### 4. 수권행정청(피대리행정청)과 대리기관과의 관계

수권행정청과 대리기관 사이에는 대리관계가 형성된다. 대리기관은 수권받은 권한을 수권행정청에 대신하여 행사하되 대리관계를 표시하여야 하며 대리행위는 피대리행정청의 행위로서 효력을 발생한다.

수권행정청은 대리기관을 지휘감독하는 권한을 가지며 대리기관의 권한행사에 대하여 책임을 진다.

## Ⅱ. 법정대리

### 1. 의  의

법정대리(法定代理)는 일정한 법정사실이 발생한 경우에 수권행위 없이 법령의 규정에 의하여 대리관계가 발생하는 경우를 말한다.

직무대리규정(대통령령)은 "기관장, 부기관장이나 그 밖의 공무원에게 사고가 발생한 경우에는 직무상의 공백이 생기지 아니하도록 해당 공무원의 직무를 대신 수행하는 것"을 "직무대리"라 정의하고 있는데(제2조 제1호), 동규정상의 직무대리는 법정대리이다.

### 2. 종  류

법정대리에는 대리자의 결정방법에 따라 지정대리, 서리와 협의의 법정대리가 있다.

#### (1) 지정대리

지정대리(指定代理)라 함은 일정한 법정사실이 발생한 경우(예, 피대리행정청에 사고가 발생하여 피대리 행정청이 그 권한을 행사할 수 없는 경우)에 일정한 자가 대리자를 지정함으로써 법상 정해진 대리관계가 발생하는 경우를 말한다.

지정대리는 원래 행정청의 구성자가 존재하고 다만 그에게 사고가 있는 경우에 행하여지는 것이다.

### (2) 서   리

#### 1) 서리의 의의

행정청구성자가 사망·면직 등 사유로 궐위된 경우 정식으로 후임자를 임명하기 전에 임시로 대리자를 임명하는 경우가 있는데, 이를 서리(署理)라 한다.

서리와 본래의 지정대리는 법정사실이 발생하여 행정청이 그 권한을 행사할 수 없게 된 경우에 법령의 규정에 따라 대리자가 지정되고, 대리자는 피대리행정청의 권한 전부를 행사한다는 점에서는 동일하나, 피대리행정청의 지위에 있는 자가 본래의 지정대리에 있어서는 존재하고, 서리에 있어서는 존재하지 않는다는 점에서는 차이가 있다.

#### 2) 국무총리서리제도의 합헌성

국무총리서리제도가 헌법에 합치하는지에 관하여는 합헌설, 위헌설, 예외적 합헌설이 대립하고 있다.[3]

#### 3) 서리의 법적 성질

서리가 지정대리의 일종인가에 관하여 견해가 대립하고 있다.

**가. 부정설**    부정설의 논거는 다음과 같다. 기관의 인격을 인정하고 권한의 대리의 본질을 인격의 대리로 보아야 하며 그러하다면 피대리행정청의 지위에 있는 자가 궐위된 경우에는 대리관계가 성립되지 아니한다.[4]

**나. 긍정설**    긍정설의 논거는 다음과 같다. 행정청의 대리는 일반적으로 인격의 대리가 아니라 직무(권한)의 대리이며 따라서 행정청 구성자인 자연인의 존부는 대리관계의 성립에 아무런 영향이 없다. 그러므로 서리도 일종의 법정대리(지정대리)로 보아야 한다. 긍정설이 통설이다.

**다. 결   어**    긍정설이 타당하다. 직무대리규정은 서리를 지정대리로 규정하고 있다(법 제3조, 제4조).

#### 4) 서리의 법적 지위

서리는 잠정적으로 행정청의 지위를 갖는다. 서리는 서리라는 지위를 표시하여 자기의 이름과 책임으로 당해 행정청에 부여되는 모든 권한을 행사한다.

### (3) 협의의 법정대리

협의의 법정대리라 함은 법정사실이 발생한 경우 법률상 당연히 대리관계가 발생하는 경우를 말한다. 대리자가 법령에 의해 정해져 있어 지정행위가 요구되지 않는다.

---

3) 성낙인, 861~862면.
4) 윤세창, 518면.

예를 들면, 국무총리가 사고로 인하여 직무를 수행할 수 없고 대통령의 지명이 없는 경우에는 정부조직법 제22조 제1항에 규정된 순서에 따라 국무위원이 총리의 직무를 대행한다(정부조직법 제19조).

## 3. 근  거

법정대리는 본질상 당연히 법령에 근거가 명시되어 있다. 법정대리의 일반법으로는 직무대리규정(대통령령)이 있다. 그리고, 각 개별법에서 법정대리를 규정하고 있는 경우가 있다(헌법 제71조, 정부조직법 제19조 등).

## 4. 대리권의 범위

법정대리는 특별한 규정이 없는 한 피대리행정청의 권한 전부에 미친다.

## 5. 피대리행정청과 대리기관과의 관계

법정대리의 경우 원칙상 피대리행정청은 대리자를 지휘감독할 수 없고, 대리자는 자기의 책임으로 그 권한을 행사한다. 그러나, 피대리행정청의 국외여행 등으로 인한 법정대리에 있어서는 오늘날 통신기술의 발달로 피대리행정청이 대리자에 대하여 지휘감독권을 행사할 수 있을 것이며 피대리행정청은 그 한도 내에서 책임을 진다.

# 제 3 항  권한의 복대리

## I. 의  의

복대리(複代理)라 함은 권한의 대리에 있어 대리자가 그 대리권의 행사를 다른 자로 하여금 대리하게 하는 것을 말한다.

## II. 복대리의 가능성

복대리가 가능한가 하는 것이 문제된다. 법령에 명문의 규정이 있는 경우에는 그에 따른다. 복대리에 관한 명문의 규정이 없는 경우에는 수권대리와 법정대리를 나누어 다르게 보아야 할 것이다.

### 1. 수권대리의 경우

수권대리에 있어서는 권한의 일부에 한하여 대리가 행하여지며 대리인의 구체적 사정을 고려한 대리인에 대한 신임에 기초하여 행하여지는 점 등에 비추어 볼 때 복대리는 원칙상 인정되지 않는다고 보아야 한다.

## 2. 법정대리의 경우

이에 대하여 법정대리의 경우에는 피대리행정청의 대리자에 대한 신임에 기초한 것이 아니고 일정한 법정사실의 발생에 따라 성립되는 것이며 피대리행정청의 권한 전부에 미치고 대리자가 자기의 책임으로 대리행위를 하는 것이므로 대리자는 그 대리권의 일부에 대하여 복대리자를 선임할 수 있다고 보아야 할 것이다.[5]

## 제 4 항   대리권의 행사방식

권한의 대리에는 민법 제114조의 현명주의(顯名主義) 및 제125조 및 제126조의 표현대리에 관한 규정이 유추적용된다.

① 현명주의: 대리자는 피대리관청과의 대리관계를 표시하여 대리권을 행사하여야 한다. 이와 같은 현명을 하지 않고 대리자 자신의 이름으로 행정권을 행사한 경우에는 대리자의 행위는 대리자 자신의 무권한의 행위로 보면 무효라고 볼 수 있지만, 대리권 행사방식에 하자가 있는 행위로서 형식의 하자가 있는 행위로 보는 것이 타당하므로 취소할 수 있는 행위로 보는 것이 타당하다.

② 표현대리: 대리자가 자신의 이름으로 행정권을 행사한 경우에도 이해관계인이 피대리행정청의 행위로 믿을 만한 사정이 있을 때에는 민법상 표현대리에 관한 규정을 유추적용하여 적법한 대리행위로 볼 수 있을 것이다.

③ 또한, 대리자가 피대리행정청의 이름으로 대리권을 행사한 경우에도 적법하다고 보아야 할 것이다.

## 제 5 항   대리권 행사의 효과

법상 권한은 여전히 수권행정청이 가지며 대리권 행사의 법적 효과는 피대리행정청이 속한 행정주체에 귀속된다. 따라서, 처분청은 피대리관청이며 대리행위에 대한 항고소송은 피대리관청을 피고로 하여 제기하여야 한다.

---

5) 박윤흔, 37면; 이상규, 65면.

## 제 6 항   대리권의 소멸

수권대리의 경우에 대리권은 피대리행정청에 의한 대리권 부여의 철회에 의하여 소멸하고, 법정대리의 경우에 대리권은 대리권을 발생하게 한 법정사실의 소멸에 따라 소멸한다.

## 제 7 항   대리권 없는 대리자의 행위의 효력

대리권 없는 자가 대리자로서 행한 행위는 무권한의 행위로 원칙상 무효이다(대판 1967. 01. 29, 67다1694). 다만, 상대방이 행위자에게 대리권이 있다고 믿을 만한 상당한 이유가 있을 때에는 표현대리가 성립되어 당해 행정행위가 유효하게 된다.

## 제 8 항   대리기관의 처분에 대한 권리구제

대리기관이 대리관계를 밝히고 처분을 한 경우 피대리행정청이 처분청으로 피고가 된다.

대리권을 수여받은 행정기관이 대리관계를 밝힘이 없이 자신의 명의로 행정처분을 한 경우, 처분명의자인 당해 행정기관(대리기관)이 항고소송의 피고가 되어야 하는 것이 원칙이다. 다만, 비록 대리관계를 명시적으로 밝히지는 아니하였다 하더라도 처분명의자가 피대리행정청 산하의 행정기관으로서 실제로 피대리행정청으로부터 대리권한을 수여받아 피대리행정청을 대리한다는 의사로 행정처분을 하였고 처분명의자는 물론 그 상대방도 그 행정처분이 피대리행정청을 대리하여 한 것임을 알고서 이를 받아들인 예외적인 경우에는 피대리행정청이 피고가 되어야 한다(대결 2006. 02. 23, 2005부46)).

---

6) 근로복지공단의 이사장으로부터 보험료의 부과 등에 관한 대리권을 수여받은 지역본부장이 대리의 취지를 명시적으로 표시하지 않고서 산재보험료 부과처분을 한 경우, 그러한 관행이 약 10년간 계속되어 왔고, 실무상 근로복지공단을 상대로 산재보험료 부과처분에 대한 항고소송을 제기하여 온 점 등에 비추어 지역본부장은 물론 그 상대방 등도 근로복지공단과 지역본부장의 대리관계를 알고 받아들였다는 이유로, 위 부과처분에 대한 항고소송의 피고적격이 근로복지공단에 있다고 한 사례.

# 제 6 절 권한의 위임

## 제 1 항 권한의 위임의 의의

### I. 개 념

권한의 위임(委任)이란 행정청이 그의 권한의 일부를 다른 행정기관에 위양(委讓)하여 수임기관의 권한으로 행사하게 하는 것을 말한다. 광의의 권한의 위임 중 지휘감독하에 있는 행정기관에 대한 위임을 협의의 권한의 위임이라 하고, 지휘감독하에 있지 않는 행정기관이나 단체에 대한 위임을 권한의 위탁이라 한다.

촉탁이란 권한의 위탁 중에서 등기, 소송에 관한 사무를 위탁하는 것을 말한다.

이론적으로는 권한의 위탁의 경우에 위탁기관은 하급기관이 아닌 수탁기관에 대해 감독권만 가지며 지휘권은 없다고 보아야 할 것이지만, 『행정권한의 위임 및 위탁에 관한 규정』은 권한의 위탁의 경우에도 권한의 위임에서와 같이 위탁기관이 수탁기관을 지휘감독할 수 있다고 규정하고 있다.

### II. 유사개념과의 구별

권한의 위임은 다음과 같은 개념과 구별된다.

#### 1. 권한의 대리와의 구별

이에 관하여는 전술한 바와 같다.

#### 2. 내부위임과의 구별

내부위임이란 행정청이 보조기관 또는 하급행정기관에게 내부적으로 일정한 사항의 결정권을 위임하여 수임기관이 위임청의 이름으로 그의 권한을 사실상 대리행사하도록 하는 것을 말한다. 내부위임에서는 대외적으로 권한의 이전이 없는 점에서 권한의 위임과 구별된다. 따라서, 내부위임은 법률의 근거가 없이도 가능하나 위임은 법률의 근거를 요한다(대판 1995. 11. 28, 94누6475).

권한위임의 경우에는 수임자가 자기의 이름으로 그 권한을 행사할 수 있다 할 것이나 내부위임의 경우에는 수임자는 위임관청의 이름으로 이를 할 수 있을 뿐 자기의 이름으로는 할 수 없다.

[판례] (1) 위임과 내부위임에서의 권한행사의 방식: 행정권한의 위임은 위임관청이 법률에 따라 특정한 권한을 수임관청에 이전하는 권한에 대한 법적 귀속의 변경임에 대하여 그 내부위임은 행정관청의 내부적인 사무처리의 편의를 도모하기 위하여 그 보조기관 또는 하급행정관청으로 하여금 그 권한을 사실상 행하게 하는 데 그치는 것이므로 권한위임의 경우에는 수임자가 자기의 이름으로 그 권한을 행사할 수 있다 할 것이나 내부위임의 경우에는 **수임자는 위임관청의 이름으로 이를 할 수 있을 뿐 자기의 이름으로는 할 수 없다.** (2) 내부위임을 받은 자가 자기의 이름으로 한 처분은 권한 없는 자에 의하여 행하여진 **위법무효의 처분**이다(대판 1986. 12. 09, 86누569; 1995. 11. 28, 94누6475). 〈해설〉 내부위임을 받은 자가 자신의 이름으로 처분을 한 경우 무권한으로 무효라는 것이 판례의 입장이나 내부위임을 받은 자가 행정청의 지위를 갖는 경우 형식의 하자로 취소할 수 있는 행위로 보는 견해도 있다. 후자의 견해가 타당하다. 다만, 위임전결의 경우 전결권자는 보조기관이므로 자신의 이름으로 처분을 하면 무효라고 보아야 할 것이다.

## 3. 위임전결과의 구별

위임전결(委任專決)이라 함은 행정청 내의 의사결정권을 보조기관에 위임하여 당해 보조기관의 결재로써 행정청의 내부적인 의사결정이 확정되도록 하는 것을 말한다. 위임전결에서는 대외적으로 권한의 이전이 없는 점에서 권한의 위임과 구별된다.

위임전결과 내부위임을 동일하게 보는 견해와 이를 구별하는 견해가 있는데, 양자는 동일한 개념은 아닌 것으로 보아야 한다.

### (1) 동일한 점

① 위임전결과 내부위임은 모두 행정청의 권한이 내부적으로만 이전되고 대외적으로는 위임행정청이 여전히 권한을 가지고 있으며 따라서 외부적으로 권한행사를 함에 있어서는 위임행정청의 이름으로 하여야 하는 점에서는 동일하다.

② 내부위임과 위임전결에는 법적 근거를 요하지 않는다. 그 이유는 내부위임과 위임전결의 경우 권한이 대외적으로 이전되는 것은 아니며 내부적으로만 이전되기 때문이다.

[판례] 권한의 내부위임에 있어서는 권한이 내부적으로만 이전되며 법률에서 정한 권한분배에 변경이 가해지는 것이 아니므로 법률의 근거가 없어도 가능하다(대판 1998. 02. 27, 97누1105).

위임전결과 내부위임에 관한 사항은 행정규칙으로 정할 수 있다. 행정업무의 효율적 운영에 관한 규정은 위임전결사항은 당해 기관의 장이 훈령 또는 지방자치단체의 규칙으로 정한다고 규정하고 있다(제16조 제2항).

[판례] [1] 전결과 같은 행정권한의 내부위임은 법률이 위임을 허용하지 않는 경우에도 인정되는 것이고, 따라서 설사 행정관청 내부의 사무처리규정에 불과한 **전결규정에 위반하여 원래의 전결권자 아닌 보조기관 등이 처분권자인 행정관청의 이름으로 행정처분을 하였다고 하더라도 그 처분이 위법할지라도 권한 없는 자에 의하여 행하여진 무효의 처분이라고는 할 수 없다.** [2] 이 사건에서

태안군사무전결처리규칙상 공유재산의 사용허가는 원래 부군수의 전결사항으로 규정되어 있으나 이 사건 거부처분 당시 부군수에게 직무를 담당할 수 없는 사정이 발생하여 재무과장이 태안군직무대리규칙에 의하여 직무대행자로 지정되어 이에 따라 보조기관인 재무과장이 전결권자로서 처분권자인 피고 이름으로 이 사건 거부처분을 한 것임이 명백하므로, 처분을 한 재무과장은 정당한 전결권자이다(대판 1998. 02. 27, 97누1105).

### (2) 상이점

위임전결과 내부위임은 다음과 같이 구별된다.

① 우선 양자는 제도의 의의가 다르다. 위임전결은 행정청의 의사를 전결권을 부여받은 보조기관의 결재로 최종적으로 결정하도록 하여 행정청의 업무부담을 경감시킬 목적으로 행해지는 것이며 일종의 결재권의 위양에 그 핵심이 있다고 할 수 있다. 다만, 위임전결의 결과 권한도 내부적으로 전결권자에게 위양된다. 즉, 위임전결에는 당연히 내부위임이 수반된다.

이에 반하여 내부위임은 행정청(예, 도지사)의 권한을 행정청의 보조기관(예, 과장, 국장 등) 또는 하급행정기관(예, 자치 구청장)에게 내부적으로 이전하는 데 그 제도의 목적이 있다. 내부위임 중 하급행정청에 대한 위임은 위임청의 행정부담의 경감보다는 행정의 효율적이고 적정한 수행에 그 취지가 있다.

② 위임전결은 원칙상 결재단계에 있는 행정청의 보조기관에 대하여 부여되지만, 내부위임은 행정청의 보조기관뿐만 아니라 하급행정청에 대하여도 행하여진다. 그 결과 위임전결은 내부위임에 포함되지만 내부위임이 항상 위임전결인 것은 아니다.

### 4. 대결과의 구별

대결이라 함은 결재권자가 휴가·출장 기타의 사유로 결재할 수 없는 때에 그 직무를 대리하는 자가 그에 갈음하여 외부에 표시함이 없이 결재하는 것을 말한다. 내용이 중요한 문서에 대하여는 결재권자에게 사후 보고하여야 한다(행정업무의 효율적 운영에 관한 규정 제10조 제3항). 대결에서는 권한의 이전이 없는 점에서 권한의 위임과 구별된다. 대결에 관한 사항은 행정규칙으로 정한다.

대결은 권한을 내부적으로 대신 행사한다는 점에서는 위임전결이나 내부위임과 동일하지만, 내부적으로라도 권한의 이전이 없고 결재를 대리하는 것이고, 또한 대결은 일시적으로만 행하여진다는 점에서 계속적으로 권한이 내부적으로 이전되는 위임전결 및 내부위임과 구별된다.

## 5. 권한의 이양과의 구별

권한의 위임이나 권한의 이양이나 대외적으로 권한의 이전이 있는 점에서는 같지만, 권한의 위임의 경우에는 권한을 정하는 법령의 규정은 그대로 둔 채 별도의 위임규정에 근거하여 권한이 위임되는 경우를 말하고, 권한의 이양(移讓)이란 권한을 정하는 법령 자체를 개정하여 권한을 다른 행정기관의 고유한 권한으로 이관시키는 것을 말한다. 예를 들면, 국가의 권한을 지방자치단체에 이전함에 있어서 국가의 권한을 지방자치단체의 장에게 이전하는 것은 협의의 권한의 위임이고, 지방자치단체에게 위임하는 것은 권한의 위탁이며 법령을 개정하여 국가사무를 지방자치단체의 고유사무(자치사무)로 변경하는 것은 권한의 이양이다.

권한의 위임의 경우에 위임기관은 수임기관의 권한행사를 지휘감독할 수 있으나, 권한의 이양의 경우에는 지휘감독관계가 성립하지 않는다.

# 제 2 항  위임의 근거

권한의 위임은 법률이 정한 권한분배를 대외적으로 변경하는 것이므로 법률의 명시적 근거를 필요로 한다.

**[판례]** 행정권한의 위임은 행정관청이 법률에 따라 특정한 권한을 다른 행정관청에 이전하여 수임관청의 권한으로 행사하도록 하는 것이어서 권한의 법적인 귀속을 변경하는 것이므로 법률이 위임을 허용하고 있는 경우에 한하여 인정된다(대판 1992. 04. 24, 91누5792).

위임의 근거는 당해 권한을 부여하는 개별법률 자체에서 정하여 하는 것이 원칙이지만, 권한의 위임에 관한 사항을 정하는 다른 특별법률로 정하는 것도 가능하다.

위임의 근거법령으로는 일반적인 위임근거법령으로서 정부조직법 제6조와 이에 근거를 둔 『행정권한의 위임 및 위탁에 관한 규정』이 있는 외에 지방자치단체의 장에 대한 국가사무의 위임에 관한 지방자치법 제102조와 지방자치단체의 장의 권한의 위임의 근거규정인 지방자치법 제104조가 있고, 개별적인 위임근거법령으로 여러 개별 법령의 규정이 있다.

문제는 포괄적 위임 및 재위임의 근거를 정하고 있는 정부조직법 제6조 제1항과 행정권한의 위임 및 위탁에 관한 규정(이하 '권한위임규정'이라 한다) 제3조 또는 제4조가 위임 또는 재위임의 일반적 근거가 될 수 있는가 하는 것이다. 이에 관하여 긍정설과 부정설이 대립하고 있다.

## Ⅰ. 긍정설

정부조직법 제6조 제1항과 권한위임규정 제4조가 권한의 위임 및 재위임의 근거가 될 수 있다고 해석하는 견해의 논거는 다음과 같다.

① 국민의 권리 또는 의무에 직접적으로는 관계 없는 행정조직에 있어서는 어느 정도 포괄적인 위임도 가능하다.

② 정부조직법 제6조 제1항 및 권한위임규정의 입법배경을 고려하여야 한다. 즉, 1981년 4월 8일 정부조직법 제5조 제1항(현 제6조 제1항) 및 권한위임규정을 제정하게 된 배경은 1970년대 초부터 중앙행정기관에 집중된 권한을 지방에 이전할 필요가 있었는데, 종래와 같은 개별법령에 의한 위임만으로는 이러한 수요에 응할 수 없어 정부조직법에 일반적 근거조항을 두고 이에 근거한 권한위임규정에 의하여 여러 법령에 의해 부여된 중앙행정기관의 권한을 일괄하여 지방에 이관하고자 하는 것이었다. 이러한 입법배경이 고려되어야 한다.

## Ⅱ. 부정설

부정설은 정부조직법 제6조 제1항 및 권한위임규정 제3조 및 제4조는 권한의 위임이나 수임권한의 재위임에 관한 근거규정이 되지 아니한다고 본다.[7] 그 논거는 다음과 같다.

① 정부조직법 제6조 제1항은 권한의 위임 및 재위임의 기준을 정함이 없이 권한의 위임 및 재위임이 가능하다는 원칙만을 선언하고 있는 데 불과하므로 이 규정이 권한의 위임의 근거가 되는 법률이라고 볼 수 없다.

② 만일 정부조직법 제6조 제1항이 대통령령인 행정권한의 위임 및 위탁에 관한 규정에 대한 위임규정이라고 한다면 행정권한법정주의에 반하는 포괄적 수권을 한 것이므로 위헌·위법인 법률규정이라고 보아야 한다. 따라서 행정권한의 위임 및 위탁에 관한 규정은 법률에 근거가 없는 무효인 명령이라고 보아야 한다.

## Ⅲ. 판    례

대법원 판례는 긍정설을 취하고 있다.

---

7) 박규하, "행정권한의 위임·재위임," 『행정판례연구』, 제1집, 207면 이하.

[판례] ① 정부조직법 제6조 제1항은 "법문상 권한의 위임 및 재위임의 근거규정임이 명백하고, 권한의 위임 및 위탁에 관한 규정은 이 법률규정에 근거하여 권한의 위임 및 위탁에 관한 구체적 근거를 규정하고 있다"(대판 1990. 02. 27, 89누5287). 〈해설〉 그러나, 하급심인 서울고등법원(서울고판 1989. 06. 02, 88구12235, 제3특별부 판결)은 이러한 대법원의 입장과 달리 부정적인 견해를 취하였다.
② 구 건설업법 제57조 제1항, 같은 법 시행령 제53조 제1항 제1호에 의하면 건설부장관의 권한에 속하는 같은 법 제50조 제2항 제3호 소정의 영업정지 등 처분권한은 서울특별시장·직할시장 또는 도지사에게 위임되었을 뿐 시·도지사가 이를 구청장·시장·군수에게 재위임할 수 있는 근거규정은 없으나, 정부조직법 제5조 제1항과 이에 기한 행정권한의 위임 및 위탁에 관한 규정 제4조에 재위임에 관한 일반적인 근거규정이 있으므로 시·도지사는 그 재위임에 관한 일반적인 규정에 따라 위임받은 위 처분권한을 구청장 등에게 재위임할 수 있다(대판 전원합의체 1995. 07. 11, 94누4615).

## Ⅳ. 결  어

행정권한법정주의에 비추어 부정설이 타당하다. 법률로 위임에 관한 사항을 명령에 위임하는 것은 가능하지만 법률에 의한 위임은 행정권한법정주의를 침해하는 정도의 포괄적인 위임이 되어서는 안 된다. 예를 들면, 식품위생법 제72조는 "이 법에 의한 보건복지부장관·식품의약품안전청장의 권한은 그 일부를 시·도지사 또는 지방식품의약품안전청장에게, 시·도지사의 권한은 그 일부를 시장·군수 또는 구청장 또는 보건소장에게 대통령령이 정하는 바에 의하여 각각 위임할 수 있다"라고 대통령령에 위임에 관한 사항을 포괄적으로 위임하고 있다. 그런데, 이에 따라 대통령령에서 법률에서 명시적으로 정해진 권한을 다른 행정청에 위임한 경우에 권한을 명시적으로 정하고 있는 법률규정을 신뢰한 국민이 위의 대통령령에 의한 위임을 예측하는 것이 가능하지 않은 문제가 있다.

## 제 3 항  위임의 방식

권한의 위임은 권한을 대외적으로 변경하는 것이므로 권한을 위임함에 있어서는 그것을 국민에게 주지시킬 수 있는 방식에 의하여야 한다. 권한의 위임은 수임행정기관과 위임사항을 직접 법령으로 정하거나 법령에 근거한 위임관청의 의사결정으로 행하여진다. 법령으로 위임하는 경우에는 법령이 관보에 게재되어 국민에게 공시된다. 권한의 위임이 법형식으로 되지 않고 위임기관의 의사결정에 의하는 경우에는 고시의 형식으로 국민에게 권한의 위임을 공시하여야 할 것이다.

법령에 정해진 위임방식을 위반한 위임은 위법하다.

**[판례]** ① [1] '가'항의 영업정지 등 처분에 관한 사무는 국가사무로서 지방자치단체의 장에게 위임된 이른바 **기관위임사무에 해당**하므로 시·도지사가 지방자치단체의 조례에 의하여 이를 구청장 등에게 재위임할 수는 없고 행정권한의 위임 및 위탁에 관한 규정 제4조에 의하여 위임기관의 장의 승인을 얻은 후 **지방자치단체의 장이 제정한 규칙이 정하는 바에 따라 재위임하는 것만이 가능**하다. [2] 조례 제정권의 범위를 벗어나 국가사무를 대상으로 한 무효인 서울특별시행정권한위임조례의 규정(법령상 시·도지사의 규칙으로 위임을 하여야 하는데 조례로 위임한 경우의 당해 위임조례규정)에 근거하여 구청장이 건설업영업정지처분을 한 경우, 그 처분은 결과적으로 적법한 위임 없이 권한 없는 자에 의하여 행하여진 것과 마찬가지가 되어 **그 하자가 중대하나**, 지방자치단체의 사무에 관한 조례와 규칙은 조례가 보다 상위규범이라고 할 수 있고, 또한 헌법 제107조 제2항의 "규칙"에는 지방자치단체의 조례와 규칙이 모두 포함되는 등 이른바 규칙의 개념이 경우에 따라 상이하게 해석되는 점 등에 비추어 보면 위 처분의 위임 과정의 하자가 객관적으로 **명백한 것이라고 할 수 없으므로** 이로 인한 하자는 결국 당연무효사유는 아니라고 봄이 상당하다(대판 전원합의체 1995. 07. 11, 94누4615). 〈해설〉 법령상 규칙으로 위임하여야 함에도 조례로 위임한 위법한 위임에 따라 행해진 수임기관의 처분을 판례는 위법하다고 하면서도 중대명백설에 따를 때 취소할 수 있는 행위로 보았다.

② [1] 사립학교법 제4조 제1항, 제20조의2 제1항에 규정된 **교육감의 학교법인 임원취임의 승인취소권**은 교육감이 지방자치단체의 교육·학예에 관한 사무의 특별집행기관으로서 가지는 권한(자치권한)이고 정부조직법상의 국가행정기관의 일부로서 가지는 권한이라고 할 수 없으므로 국가행정기관의 사무나 지방자치단체의 기관위임사무 등에 관한 권한위임의 근거규정인 정부조직법 제5조 제1항, 행정권한의위임및위탁에관한규정 제4조에 의하여 교육장에게 권한위임을 할 수 없고, 구 지방교육자치에관한법률 제36조 제1항, 제44조에 의하여 **조례에 의하여서만 교육장에게 권한위임**이 가능하다 할 것이므로, 행정권한의위임및위탁에관한규정 제4조에 근거하여 **교육감의 학교법인 임원취임의 승인취소권을 교육장에게 위임함을** 규정한 대전직할시교육감소관행정권한의위임에관한규칙 제6조 제4호는 조례로 정하여야 할 사항을 규칙으로 정한 것이어서 **무효**이다. [2] 위 [1]항의 규칙 제6조 제4호에 근거하여 한 **교육장의 임원취임의 승인취소처분**은 결과적으로 적법한 위임 없이 권한 없는 자에 의하여 행하여진 것과 마찬가지가 되어 **그 하자가 중대하다** 할 것이나, 현행법상 교육감은 지방자치단체의 교육·학예에 관한 사무의 특별집행기관임과 동시에 국가의 기관위임사무를 처리하는 범위 내에서 국가행정기관으로서의 지위를 아울러 가지고 지방자치단체의 사무와 기관위임사무를 함께 관장하고 있어 행위의 외관상 양자의 구분이 쉽지 아니하고, 사립학교법 제4조에 사립학교를 설치·운영하는 학교법인 등에 대한 관할청으로서 교육부장관이 교육감과 함께 규정되어 있을 뿐만 아니라 학교법인 임원취임의 승인 및 그 취소권은 교육감의 관장사무를 규정한 지방교육자치에관한법률 제27조에 규정되어 있지 아니하고 사립학교법 제20조, 제20조의2에서 '관할청'의 권한으로 규정되어 있는 관계로 교육감의 학교법인 임원취임의 승인 및 그 취소권은 본래 교육부장관의 권한으로서 교육감에게 기관위임된 것으로 오인할 여지가 없지 아니하며, 또한 헌법 제107조 제2항의 '규칙'에는 지방자치단체의 조례와 규칙이 모두 포함되는 등 이른바 규칙의 개념이 경우에 따라 상이하게 해석되는 **점 등에 비추어, 임원취임의 승인취소처분에 관한 권한위임 과정의 하자가 객관적으로 명백하다고 할 수는 없으므로 당연무효인 처분은 아니다.** [3] 행정소송에 있어서 처분청의 처분권한 유무는 직권조사사항이 아니다(대판 전원합의체 1997. 06. 19, 95누8669).

## 제 4 항  위임의 한계

위임은 위임청의 권한의 일부에 한하여 인정되며 권한의 전부 또는 위임청의 존립근거를 위태롭게 하는 주요부분의 위임은 인정되지 않는다.

법령에 의해 특정적·개별적으로 정하여진 권한을 위임하는 것은 당해 권한을 정하는 법률을 사실상 폐지하는 결과를 가져오므로 인정될 수 없다.

## 제 5 항  위임의 형태

### Ⅰ. 보조기관 및 하급행정청에 대한 위임

보조기관이나 하급행정청에 대한 위임은 위임에 있어 수임기관의 동의를 요하지 않는다.

위임청은 이들 수임기관에 대한 상급기관이므로 상급기관으로서 이들 수임기관에 대하여 지휘감독권을 가지며 수임사무에 대하여도 상급기관으로서 지휘감독할 수 있다.

### Ⅱ. 지방자치단체 등의 기관에 대한 위임

행정기관의 권한의 일부를 다른 행정기관에 위임하는 것을 기관위임이라 하며 기관위임된 사무를 기관위임사무라 한다.

국가가 국민과 보다 가까이에서 국가행정을 수행하기 위하여는 지방에 국가행정기관을 설치하는 방법[8]도 있지만 재정 등 사정을 고려하여 지방자치단체의 행정조직을 차용하는 방법도 있다. 우리나라의 경우 후자의 방법을 취하고 있다. 즉, 국가의 일반지방행정기관을 두지 않고, 국가사무를 지방자치단체에 위임하고 있다. 지방자치단체에 대한 위임이 단체위임이고, 지방자치단체의 장에 대한 위임이 기관위임이다. 예를 들면, 국가사무가 지방자치단체의 장에게 위임된 경우 및 광역자치단체의 사무가 기초자치단체의 장에게 위임된 경우가 기관위임에 해당한다. 지방자치단체의 기관은 국가의 기관위임사무를 수행함에 있어서는 국가기관의 지위에 서고 위임청의 지휘감독을 받는 하급행정기관이 된다고 보는 것이 일반적 견해이다. 따라서,

---

8) 프랑스의 경우에는 일반지방행정기관(도(Préfecture), 군청(sous-préfecture))을 두고 있다.

위임청은 기관위임사무의 수행에 대하여 지방자치단체의 기관을 지휘감독할 수 있다. 그러나, 이러한 이론구성은 지방자치의 법리에 비추어 타당하지 않다는 비판이 가능하다. 기관위임사무를 원칙상 폐지하고 단체위임사무로 하는 것이 타당하다. 보다 일반적으로 말하면 이론상 독립한 행정주체 상호간(국가와 지방자치단체 상호간, 지방자치단체 상호간)에는 사무의 위임은 인정하지 않고 사무의 위탁만을 인정하는 것이 타당하다.

지방자치단체의 사무가 국가기관에게 기관위임된 경우도 있다(예, 신호등의 관리가 지방경찰청장에게 위임된 경우).

기관위임의 경우 수임기관은 위임청이 속한 행정주체의 기관의 지위를 가지며 수임기관의 기관위임사무 처리의 법적 효과는 관리주체인 위임청이 속한 행정주체에 귀속된다.

## 제 6 항   수임사무처리비용의 부담

수임사무의 처리에 드는 비용은 위임기관이 부담하는 것이 원칙이다.

권한의 위임이 국가기관간에 이루어지는 경우에는 위임기관은 위임 및 위탁하기 전에 수임기관의 수임능력 여부를 점검하고 필요한 인력 및 예산을 이관하도록 하여야 한다(행정권한의 위임 및 위탁에 관한 규정 제3조 제2항).

지방재정법은 "국가가 스스로 행하여야 할 사무를 지방자치단체 또는 그 기관에 위임하여 수행하는 경우에, 그 소요되는 경비는 국가가 그 전부를 당해 지방자치단체에 교부하여야 한다"라고 규정하고 있고(제18조 제2항), 지방자치법은 "국가사무 또는 지방자치단체사무를 위임하는 때에는 이를 위임한 국가 또는 지방자치단체에서 그 경비를 부담하여야 한다"라고 규정하고 있다(제132조 단서). 그러나, 현실적으로 위임에 따른 경비의 교부가 적정하게 행하여지지 않는 경우가 많다. 이를 보완하는 하나의 방안으로 지방자치법은 위임사무의 처리에 수반되는 수수료를 당해 지방자치단체에 귀속시키도록 규정하고 있다(제128조 제2, 3항).

그런데, 기관위임사무에 대하여도 당해 지방자치단체가 경비를 부담하도록 규정하고 있는 경우도 있다(예, 도로법 제56조).

# 제 7 항  위임의 효과

## I. 권한의 이전과 권한행사방식

### 1. 권한의 위임의 경우

권한이 위임되면 그 권한은 수임기관의 권한이 된다. 위임기관은 그 사무를 처리할 권한을 잃고 수임기관의 권한으로 되며 수임기관은 자기의 이름과 책임 아래 그 권한을 행사한다.

### 2. 내부위임의 경우

내부위임의 경우에 권한이 대내적으로 이전될 뿐이며 대외적으로는 이전되지 않는다. 따라서 수임기관은 수임사무의 처리를 위해 처분을 할 때에는 위임청의 이름으로 하거나 내부위임관계를 명시하여야 한다.

### 3. 내부위임을 받은 자가 자신의 이름으로 처분을 한 경우

만일 내부위임의 경우 수임기관이 자신의 이름으로 처분을 한 경우 당해 처분은 위법하다. 문제는 이 위법이 무효사유인가 아니면 취소사유에 불과한 것인가 하는 것이다.

#### (1) 무효설

내부위임의 경우 수임기관이 자신의 이름으로 한 처분은 무권한의 행위로서 무효인 행위가 된다(대판 1986. 12. 09, 86누569; 1995. 11. 28, 94누6475).

**[판례]** 시장으로부터 체납취득세에 대한 압류처분권한을 내부위임받은 구청장이 자신의 이름으로 한 압류처분의 효력(무효): 체납취득세에 대한 압류처분권한은 도지사로부터 시장에게 권한위임된 것이고 시장으로부터 압류처분권한을 내부위임받은 데 불과한 구청장으로서는 시장 명의로 압류처분을 대행처리할 수 있을 뿐이고 자신의 명의로 이를 할 수 없다 할 것이므로 구청장이 자신의 명의로 한 압류처분은 권한 없는 자에 의하여 행하여진 위법무효의 처분이다(대판 1993. 05. 27, 93누6621).

#### (2) 취소설

수임기관은 처분권한을 내부적으로는 위임받고 있으므로 무권한은 아니고 권한행사의 형식에 하자가 있는 것에 불과한 것으로 보아야 할 것이며 따라서 당해 처분은 중대하고 명백한 위법이 있는 행위로 볼 수 없고 취소할 수 있는 행위에 불과하

다고 보아야 한다.9)

### (3) 예외적 취소설

내부위임을 받은 수임기관이 보조기관인 경우 보조기관의 이름으로 처분을 하였다면 그 위법이 중대하고 명백하므로 무효이지만, 행정청의 지위를 갖는 기관(예, 지방경찰청장)인 경우에는 수임행정기관의 이름으로 처분을 하였다면 그 위법이 중대하고 명백한 위법이 있는 것으로 볼 수 없으므로 취소할 수 있는 행위라고 보아야 한다는 견해이다. 이 견해가 타당하다.

### (4) 항고소송의 피고

처분을 함에 있어 실제로 처분청으로 표시된 자가 행정소송법상 항고소송의 피고가 되는 처분청이 된다. 따라서, 내부위임의 경우 수임기관이 자기의 이름으로 처분을 한 경우 항고소송의 피고는 실제로 처분을 한 기관인 수임기관이 되고(대판 1991. 10. 08, 91누520), 수임기관이 위임청의 이름으로 처분을 한 경우에는 위임청이 항고소송의 피고가 된다.

## II. 위임기관의 지휘감독

위임청이 위임된 사무의 처리에 관하여 수임기관을 지휘감독할 수 있는지가 문제된다.

### 1. 이  론

이를 긍정하는 견해도 있지만, 권한이 위임되면 위임청은 권한을 잃고 그 권한이 수임기관에 이전되므로 위임기관은 위임기관의 지위에서 수임기관의 위임된 사무의 처리에 관하여 지휘감독할 수 없다는 부정설이 오늘날의 일반적 견해이다.

생각건대, 권한이 위임되면 법상이 권한이 위임기관에서 수임기관으로 이전되므로 위임기관의 지휘감독을 부정하는 부정설이 타당하다. 다만, 수임기관이 위임기관의 보조기관이나 지휘감독하에 있는 하급행정기관인 경우에는 이러한 행정조직법상의 상급기관의 지휘감독권에 의해 수임기관의 위임된 사무의 처리에 관하여 지휘감독할 수 있다. 따라서, 수임기관이 행정조직법상 위임기관의 지휘감독하에 있지 않는 기관인 경우에는 이론상 위임기관에게 수임기관을 지휘감독할 권한이 없다.

---

9) 김남진, 『행정법의 기본문제』, 889~895면.

## 2. 실정법규정

그러나, 행정권한의 위임 및 위탁에 관한 규정 제6조는 이러한 두 경우를 구분하지 않고 모든 경우에 있어서 "위임 및 위탁기관은 수임 및 수탁기관의 수임 및 수탁사무 처리에 대하여 지휘·감독하고, 그 처리가 위법하거나 부당하다고 인정될 때에는 이를 취소하거나 정지시킬 수 있다"라고 규정하고 있다. 그러나, "수임 및 수탁사무의 처리에 관하여 위임 및 위탁기관은 수임 및 수탁기관에 대하여 사전승인을 받거나 협의를 할 것을 요구할 수 없다(행정권한의 위임 및 위탁에 관한 규정 제7조).

## 제 8 항   위임의 종료

위임은 위임의 해제 또는 기간의 도래 등에 의하여 종료되고 당해 권한은 위임청의 권한으로 환원된다. 위임의 해제에는 법령의 근거가 필요하지 않다고 보아야 할 것이다.

위임의 해제는 위임과 동일한 방식에 의해 행해진다. 위임이 법령의 형식으로 행하여진 경우에는 법령의 형식으로 행해지고, 위임이 법령에 근거한 위임청의 의사에 의하여 행해진 경우에는 위임청의 의사에 의하여 행하여야 하고 그 해제를 공시하여야 한다.

## 제 7 절   권한의 위탁

### 제 1 항   권한의 위탁의 의의

권한의 위탁(委託)이라 함은 국가 또는 지방자치단체가 행정권한을 독립적 지위에 있는 자(공공단체, 사인 등)에게 이전하는 것을 말한다. 수탁받는 자(공무수탁자)는 단체(사단 또는 재단)인 경우도 있고, 개인인 경우도 있다.

오늘날 행정의 효율성을 위하여 행정권한을 민간 등에 위탁하는 경우가 늘고 있다.

# 제 2 항  법적 근거

권한의 위탁은 법률이 정한 권한을 이전하는 것이므로 법률의 근거가 있어야한다.

정부조직법 제6조 제3항과 대통령령인 행정권한의 위임 및 위탁에 관한 규정(이하 '위임위탁규정'이라 한다) 제11조 제1항, 지방자치법 제104조 제3항은 다음과 같이 국민의 권리 · 의무와 직접 관계되지 아니하는 사무의 위탁의 일반적 근거를 규정하고있다. 국민 또는 주민의 권리 · 의무와 직접 관련되는 사무의 위탁에는 개별법령의 근거가 필요하다.

행정기관은 법령으로 정하는 바에 따라 그 소관사무 중 조사 · 검사 · 검정 · 관리 업무 등 국민의 권리 · 의무와 직접 관계되지 아니하는 사무를 지방자치단체가 아닌 법인 · 단체 또는 그 기관이나 개인에게 위탁할 수 있다(정부조직법 제6조 제3항).

행정기관은 법령으로 정하는 바에 따라 그 소관사무 중 조사 · 검사 · 검정 · 관리 사무 등 국민의 권리 · 의무와 직접 관계되지 아니하는 다음 각호의 사무를 민간위탁할 수 있다. ① 단순사실행위인 행정작용, ② 공익성보다 능률성이 현저히 요청되는 사무, ③ 특수한 전문지식 및 기술이 필요한 사무, ④ 그 밖에 국민생활과 직결된 단순 행정사무(위임위탁규정 제11조 제1항).

지방자치단체의 장은 조례나 규칙으로 정하는 바에 따라 그 권한에 속하는 사무 중 조사 · 검사 · 검정 · 관리업무 등 주민의 권리 · 의무와 직접 관련되지 아니하는 사무를 법인 · 단체 또는 그 기관이나 개인에게 위탁할 수 있다(지방자치법 제104조 제3항).

또한, 위임위탁규정 제10조가 "민간위탁사무에 관하여는 다른 법령에 특별한 규정이 없으면 이 영에서 정하는 바에 따른다"라고 규정하고 있듯이 위임위탁규정은 민간위탁의 규율에 관한 일반법의 지위를 갖는다.

# 제 3 항  위탁의 유형

위탁은 위탁기관과 수탁사인 사이의 관계를 기준으로 위탁, 대행, 보조위탁으로구분할 수 있다. 실정법률상 대행이라는 용어를 사용하는 경우에도 실질에 있어서는권한의 대행이 아니라 권한의 위탁인 경우도 있고(예, 고속국도법 제6조상의 한국도로공사에 의한 고속국도에 관한 건설교통부장관의 권한의 대행), 행정보조에 불과한 경우도 있다.

도로교통법 제36조의 차의 견인 및 보관업무 등의 대행이 위탁인지 대행인지가 문제된다. 도로교통법 제35조 제2항은 주 · 정차위반차량의 견인조치의 결정은 경찰서장 또는 시장 등이 행하는 것으로 규정하고 있다. 다만, 견인하는 것으로 결정한 차의 사실상의 견인 · 보관 및 반환업무는 스스

로 할 수도 있고, 그 업무의 전부 또는 일부를 필요한 인력·시설·장비등 자격요건을 갖춘 대행업
자(법인·단체 또는 개인)로 하여금 **대행**하게 할 수 있다(제36조 제1항). 이러한 점에 비추어 대행업
자의 견인조치는 강학상 대행이라고 보는 것이 타당하다. 고속국도법 제6조 제1항은 "국토교통부
장관은 이 법과 도로법 기타 도로에 관한 법률에 규정된 고속국도에 관한 그의 권한의 일부를 대
통령령이 정하는 바에 의하여 한국도로공사로 하여금 대행하게 할 수 있다"라고 규정하고 있는데,
동조 제2항에서 "한국도로공사는 제1항의 규정에 의하여 고속국도에 관한 국토교통부장관의 권한
을 대행하는 경우에 그 대행하는 범위 내에서 이 법과 도로법 기타 도로에 관한 법률의 적용에 있
어서는 당해 고속국도의 관리청으로 본다"라고 규정하고 있는 점에 비추어 강학상 위탁으로 보는
것이 타당하다.

정부조직법 제6조 제3항, 지방자치법 제104조 제3항, 행정권한의 위임 및 위탁
에 관한 규정은 협의의 위탁, 대행위탁과 보조위탁을 구분함이 없이 광의의 위탁 개
념을 사용하고 있다.

대행을 위탁의 독자적인 유형으로 보지 않고, 실정법상 대행 중 권한의 이전이
있는 것은 협의의 위탁, 그리고 권한의 이전이 없는 것은 보조위탁으로 보는 견해도
있는데, 대행은 아래에서 보는 바와 같이 협의의 위탁과 구별하고, 보조위탁과도 구
별하는 것이 타당하므로 대행을 위탁의 독자적인 유형으로 분류하는 것이 타당하다.
권한의 대행을 독자적인 유형으로 분류하지 않는 견해 중에는 위탁을 협의의 위탁과
보조위탁으로 2분하고, 권한의 대행에 해당하는 경우를 '독립적인 행정보조자'로 분
류하는 견해도 있다.


# Ⅰ. 협의의 위탁

협의의 위탁이라 함은 행정기관의 권한이 위탁에 의해 공공단체 또는 사인에게
법적으로 이전하는 경우를 말한다. 협의의 위탁의 경우 행정권한이 독립된 법주체인
공무수탁자에게 법적으로 이전되는 것이므로 공무수탁자는 자율적으로 의사를 결정
하여 자신의 이름으로 행정권한을 행사할 수 있고, 그 행정권행사의 법적 효과는 공
무수탁자에게 귀속된다.

[판례] 구 한국철도시설공단(현 국가철도공단)이 甲 구청에 철도부지로 사용하던 국유재산인 토지에
도로를 설치하여 사용허가 없이 점용·사용하고 있다는 이유로 변상금을 부과한 사안에서, 구 철도
산업발전기본법(2013. 3. 23. 법률 제11690호로 개정되기 전의 것) 제19조 제2항, 제3항, 제23조 제4
항 및 구 철도산업발전기본법 시행령(2013. 3. 23. 대통령령 제24443호로 개정되기 전의 것) 제28조
제2호의 각 규정 내용과 이에 따라 국토해양부장관과 한국철도시설공단 사이에 체결된 일반철도의
시설자산 관리위탁계약의 내용, 국가가 철도시설의 건설 및 관리와 그 밖에 이와 관련된 사업을
체계적이고 효율적으로 추진하기 위하여 집행조직으로서 법인 형태의 한국철도시설공단을 설립한

점 등을 종합해 보면 행정재산인 위 토지에 관한 관리청인 **국토해양부장관의 변상금 부과권한이** 한국철도시설공단에 위탁되어 이전되었다고 보아야 하므로, 한국철도시설공단의 변상금부과처분은 권한이 있는 자에 의한 처분으로서 적법하다고 한 사례(대판 2014. 07. 10, 2012두23358[변상금부과 처분취소]).

협의의 위탁의 경우에 위탁기관의 공무수탁자에 대한 감독은 원칙상 적법성 통제에 한정되는 것으로 보는 것이 타당하며 위탁기관의 포괄적이고 후견적인 지휘감독은 인정되지 않는 것으로 보는 것이 타당하다.

그러나, 행정권한의 위임 및 위탁에 관한 규정 제14조 제1항은 "위탁기관은 민간위탁사무의 처리에 대하여 민간수탁기관을 지휘·감독하며, 필요하다고 인정될 때에는 민간수탁기관에 민간위탁사무에 관하여 필요한 지시를 하거나 조치를 명할 수 있다"라고 규정하고 있어 문언대로 해석하면 협의의 위탁의 경우에도 위탁기관이 민간수탁기관에 대해 일반적인 지휘·감독권을 갖는 것으로 볼 수도 있다. 그러나, 협의의 위탁의 경우 권한이 법적으로 이전되며 협의의 위탁의 취지가 독립된 법주체로 하여금 자율적으로 행정권한을 행사하도록 하는 것이므로 행정권한의 위임 및 위탁에 관한 규정 제14조 제1항을 협의의 위탁에 문언대로 적용하는 것에는 문제가 있고, 협의의 위탁을 규율하는 개별법률이 행정권한의 위임 및 위탁에 관한 규정에 대하여 상위법 내지는 특별법에 해당하므로 행정권한의 위임 및 위탁에 관한 규정 제14조 제1항이 협의의 위탁에도 그대로 적용된다고 볼 수는 없다.

## Ⅱ. 권한의 대행(대행위탁)

행정권한의 대행(代行)이라 함은 대행자에게 행정권 행사를 사실상 독립적으로 행하는 권한이 주어지지만, 위탁기관의 권한이 법적으로는 이전되지 않는 경우를 말한다.[10]

민간위탁에서 대행은 권한의 대리와 유사한 것으로 볼 수 있다. 대행의 경우 대행자가 대신 권한을 행사하고, 법적으로 그 권한행사는 피대행기관(위탁기관)이 한 것으로 보게 되고 그 행위의 직접적인 법적 효과가 피대행기관이 속한 행정주체에 귀속된다는 점에서 대리와 동일하나 통상 대행권이 법령에 규정되어 있고, 통상 대행을 함에 있어 피대행기관과의 관계를 명시하지는 않고 자신의 이름으로 권한을 행사하는 점에서 대리와 구별된다. 대행의 경우 대행권한을 대행기관이 독립적으로 행사

---

10) 동지: 최철호, "행정권한의 민간위탁에 관한 법적 기준의 설정과 한계,"『법학논총』제20집, 숭실대학교 법학연구소, 2008. 8, 273면.

한다는 점에서 위탁기관의 지시에 따라 행정권한을 행사하는 행정보조자와 구별된다. 피대행기관은 지휘감독권한을 갖지만, 통상 대행기관의 권한행사를 지시하지는 않는다.

권한의 대행에서는 권한의 행사가 사실상 대행기관으로 이전되지만, 법상의 처분권이 이전되는 것은 아닌 점에서 협의의 위탁과 구별된다. 권한의 위탁의 경우에는 수탁자가 자신의 이름으로 권한을 행사하고, 그 권한행사의 효과는 수탁자에게 귀속된다. 이에 반하여 권한의 대행에 있어서 대행기관은 자신의 이름으로 권한을 행사하지만, 대행의 법적 효과는 피대행기관이 속한 행정주체에 귀속된다.

### Ⅲ. 보조위탁

보조위탁(補助委託)이라 함은 위탁에 의해 행정기관의 권한이 수탁자에게 이전되지 않고, 수탁자는 위탁기관의 행정보조자로서 활동하는 경우를 말한다. 보조수탁자는 권한행사를 독립적으로 할 수 없고, 위탁기관의 지시를 받아 권한을 행사한다. 보조수탁자는 위탁기관을 보조하는 지위를 가지며 위탁기관의 도구에 불과하다. 보조위탁의 경우 행정권한 행사의 법적 효과는 위탁기관이 속한 행정주체에 귀속되며 공무수탁자는 행정권한의 상대방 및 제3자와의 관계에서 권리의무의 주체가 되지 않는다.

보조위탁은 법률의 근거 없이도 가능하다.

## 제4항  법적 통제

### Ⅰ. 민간위탁의 한계

민간위탁(民間委託)할 수 있는 권한에 헌법상 또는 조리상 한계가 있는지가 문제된다. 헌법상 행정권이 행정부 및 지방자치단체에 부여되고 있는 점에 비추어 행정권 중 공권력적 성격이 강한 권한 등 핵심적인 권한은 민간(공공단체 또는 사인)에 위탁(협의의 위탁 및 대행)될 수 없다고 보아야 한다. 예를 들면, 대집행의 협의의 위탁은 공공단체에는 가능하지만, 사인에 대해서는 인정될 수 없고, 사인에 대해서는 보조위탁만이 가능하다.

정부조직법은 "조사·검사·검정·관리업무 등 국민의 권리·의무와 직접 관계되지 아니하는 사무"를 민간위탁할 수 있는 것으로 규정하고 있고(제6조 제3항), 행정권한의 위임 및 위탁에 관한 규정은 "소관사무 중 조사·검사·검정·관리업무 등 국민의 권리·의무와 직접 관계되지 아니하는 사무 1. 단순사실행위인 행정작용, 2. 공익성보다 능률성이 현저히 요청되는 사무, 3. 특수한 전문지식 및 기술을 요하는 사무, 4. 기타 국민생활과 직결된 단순행정사무"를 위탁할 수 있는 것으로 규정하고 있다(제11조 제1항).

**[판례]** 수산업협동조합이 구 대외무역법에 의하여 구 수산청장으로부터 위탁받은 뱀장어수출추천권한의 한계: 행정권한의위임및위탁에관한규정에 따라 단순사실행위인 행정작용을 위탁받은 조합으로서는 뱀장어수출추천요령에 부합되게 수출추천신청이 있는 경우에는, 내수성만 양식용의 원료 조달을 위하여 필요하다고 인정되어 수산청장의 사전 승인을 받아 수출 물량을 조정·제한하는 경우 이외에는, 기계적으로 수출추천을 하여줄 의무만 있고, 조합 스스로 내수성만 양식용의 원료 조달에 지장을 줄 수 있다는 이유로 구 수산청장의 사전 승인 없이 그 추천을 거부할 수는 없다(대판 2003. 11. 14, 2002다55304).

그러나, 민간위탁은 특별한 법률의 규정이 있는 경우에는 헌법 및 조리상 인정되는 한계 내에서 국민의 권리의무와 직접 관계되는 사무도 대상으로 할 수 있다. 예를 들면, 교도소의 민간위탁 등이 허용되고 있다.

## Ⅱ. 위탁기관의 감독

통상 위탁에 관한 법령은 위탁기관은 수탁자에 대해 지휘감독권을 갖는 것으로 규정하고 있다. 위탁기관과 공무수탁자 사이에는 특별권력관계(특별행정법관계)가 형성된다.

행정권한의 위임 및 위탁에 관한 규정은 "위탁기관은 민간위탁사무의 처리에 대하여 민간수탁기관을 지휘·감독하며, 필요하다고 인정되는 때에는 민간수탁기관에 대하여 위탁한 사무에 관하여 필요한 지시를 하거나 조치를 명할 수 있다"고 규정하고 있다(제13조 제1항).

## Ⅲ. 행정절차법

행정절차법은 수탁자의 행정권 행사에도 행정절차법이 적용되는 것으로 규정하고 있다(제2조 제1항 등). 즉, 행정권한을 위임 또는 위탁받은 공공단체나 그 기관 또는 사인도 행정절차법상의 "행정청"에 해당한다(행정절차법 제2조 제1호).

## Ⅳ. 행정실체법

수탁자가 수탁받은 권한을 행사함에 있어서는 수탁받은 권한의 행사에 관한 법령의 구속을 그대로 받는다.

# 제 5 항  수탁자의 권한행사에 대한 권리구제

## Ⅰ. 민사소송

수탁자의 행정권한의 행사가 사법적 형식으로 행해지는 경우에 그에 관한 법적 분쟁은 민사소송의 대상이 된다.

## Ⅱ. 항고소송

수탁자의 행위가 처분의 성질을 갖는 경우에는 항고소송으로 이를 다툴 수 있다. 이 경우에 위탁의 경우에는 공무수탁자가 처분청이므로(행정소송법 제2조 제2항, 행정심판법 제2조 제4호) 공무수탁자를 피고로, 대행과 보조의 경우에는 위탁기관이 처분청이므로 위탁기관을 피고로 하여야 한다.

## Ⅲ. 국가배상

최근(2009. 10. 21) 국가배상법 개정으로 국가배상법 제2조의 법문언상으로 보면 공무를 수탁받은 사인의 공무집행상의 불법행위로 인한 손해에 대해 국가나 지방자치단체가 국가배상책임을 지도록 하였다고 주장할 수 있는데, 이러한 해결에는 문제가 있다. 보조위탁의 경우는 이러한 해결이 타당하나 공무를 수탁받은 사인이 독립적으로 권한을 행사하는 대행이나 특히 행정주체의 지위를 갖는 공무수탁사인의 경우에는 문제가 있으며 이 경우에는 그럼에도 불구하고 국가 또는 지방자치단체는 개정 전과 동일하게 감독상의 과실이 있는 경우에 한하여 배상책임을 지는 것으로 보아야 할 것이다(이견 있을 수 있음). 최근(2009. 10. 21)의 국가배상법 개정은 공무를 수탁받은 사인도 국가배상법상의 공무원이라는 종래의 판례와 학설의 입장을 명문화한 것에 그치는 것으로 해석하는 것이 타당하다.

## 1. 협의의 위탁의 경우

수탁기관의 공행정작용으로 손해를 발생시킨 경우 협의의 위탁의 경우 공무수탁자는 행정주체이므로 공무수탁자가 배상책임자가 된다. 그 손해가 위탁기관의 감독과실로 인한 경우에는 위탁기관이 속한 행정주체도 배상책임자가 된다. 공무수탁자의 행정주체성을 부정하는 견해에 의하면 위탁기관이 속한 행정주체가 배상책임자가 된다.

판례는 협의의 위탁의 경우 행정주체인 수탁자를 일차적 배상책임자로 보고 있다.

**[판례]** 대법원은 대집행권한을 위탁받은 한국토지공사의 대집행상의 불법행위로 인한 손해에 대해 배상책임의 주체를 행정주체인 한국토지공사로 보고 있다(대판 2010. 01. 28, 2007다82950, 82967).

공무수탁자인 공공단체 또는 공무수탁사인이 배상책임자가 되는 경우 민법에 따라 손해배상을 청구하여야 하는지 국가배상법을 유추적용하여 국가배상청구를 하여야 하는지에 관하여 견해가 대립되고 있다(자세한 것은 국가배상, 공무수탁사인 참조).

## 2. 대행의 경우

대행의 경우 대행자의 행위는 피대행기관(위탁기관)의 행위로 간주되므로 피대행기관(위탁기관)이 속한 행정주체가 배상책임자가 된다고 보는 견해가 있다. 그러나, 강학상 대행의 경우 행정주체는 위탁기관이 속한 국가나 지방자치단체이고, 공무수탁자는 행정주체가 아니지만, 공무대행자는 원칙상 독립적으로 대행권한을 행사한다. 다만, 대행의 경우에는 위탁기관의 공무대행자에 대한 감독은 협의의 위탁의 경우보다 강한 것이 보통이다. 따라서, 대행의 경우에는 위탁기관이 속한 행정주체는 행정주체로서 배상책임을 지고, 공무대행자는 독립적으로 불법행위를 한 자로서 배상책임을 지는 것으로 보는 것이 타당하다. 따라서, 위탁자와 공무대행자는 일종의 공동불법행위책임을 지는 것으로 볼 수 있다. 공무수탁자가 위탁기관과 공무를 공동으로 수행하는 경우에는 당연히 공동불법행위책임을 지는 것으로 보아야 한다.

선박안전법 제67조 제1항은 "국가는 공단, 선급법인, 컨테이너검정등대행기관 및 위험물검사등대행기관(이하 "대행검사기관"이라 한다)이 해당대행업무를 수행함에 있어 위법하게 타인에게 손해를 입힌 때에는 그 손해를 배상하여야 한다"라고 규정하고 있고, 동조 제2항은 "국가는 제1항의 규정에 따른 손해배상에 있어 대행검사기관에 고의 또는 중대한 과실이 있는 경우에는 해당대행검사기관에 구상할 수 있다"고 규정하고 있다.

대행자가 배상책임을 지는 경우에 민법에 따라 손해배상을 청구하여야 하는지 국가배상법을 유추적용하여 국가배상청구를 하여야 하는지에 관한 것은 위탁의 경우와 동일하다.

## 3. 보조위탁의 경우

보조자의 공행정작용으로 인한 손해에 대해서는 위탁기관이 속한 행정주체가 배상책임자가 되며 피해자는 국가배상을 청구하여야 한다. 이 경우 보조자는 국가배상법상 공무원이다.

**[판례]** 지방자치단체가 '교통할아버지 봉사활동 계획'을 수립한 후 관할 동장으로 하여금 '교통할아버지'를 선정하게 하여 어린이 보호, 교통안내, 거리질서 확립 등의 공무를 위탁하여 집행하게 하던 중 '교통할아버지'로 선정된 노인이 위탁받은 업무 범위를 넘어 교차로 중앙에서 교통정리를 하다가 교통사고를 발생시킨 경우, 지방자치단체가 국가배상법 제2조 소정의 배상책임을 부담한다고 인정한 원심의 판단을 수긍한 사례(대판 2001. 01. 05, 98다39060).

# 제 4 장   행정기관 상호간의 관계

## 제 1 절   상하행정관청간의 관계

상급관청은 하급관청 또는 보조기관(이하 '하급기관'이라 한다)을 지휘감독하는 관계에 있다. 상급관청의 지휘감독권의 내용으로는 감시권, 지휘권(훈령권), 인가·승인권, 취소·정지권, 권한쟁의결정권 등이 있다.

### 제 1 항   감시권

상급관청은 하급기관의 업무처리에 관하여 조사할 수 있다. 상급관청은 하급기관의 업무처리상황을 파악하기 위하여 보고를 받고, 서류·장부를 검사하고, 사무감사를 행할 수 있다.

감시권의 발동에는 개별적인 법적 근거를 요하지 않으나 관계법령(행정업무의 효율적 운영에 관한 규정, 행정감사규정)의 구속을 받는다.

### 제 2 항   훈령권

Ⅰ. 훈령의 의의

훈령(訓令)이라 함은 상급청이 하급기관의 권한행사를 지휘하기 위하여 발하는 명령을 말한다. 훈령은 개별적·구체적 처분에 대하여 발령되기도 하고, 동종의 처분에 대하여 일반적·추상적 규범의 형식으로 발령되기도 한다.

훈령은 다음과 같이 직무명령과 구별된다.

① 훈령은 상급청이 하급기관에 대하여 그 소관사무에 관하여 발하는 명령인 반면에 직무명령은 상관이 부하인 공무원 개인에 대하여 그 직무에 관하여 발하는 명령이다.

② 훈령은 행정기관에 대하여 발령된 것이기 때문에 행정기관을 구성하는 공무원이 변경된 경우에도 계속 효력을 갖지만, 직무명령은 직무명령을 받은 공무원 개인에 대하여서만 효력을 갖기 때문에 공무원이 그 지위에서 물러나면 효력을 상실한다.

③ 훈령은 하급기관의 소관사무에 관한 권한행사를 대상으로 하는 반면에 직무명령은 공무원의 직무를 대상으로 한다. 따라서, 직무명령은 공무원의 소관사무에 관한 권한행사뿐만 아니라 공무원의 직무수행과 관련한 활동(예, 출장명령, 제복착용명령, 직무태도 등)도 대상으로 한다.

④ 이와 같이 훈령과 직무명령은 구별되지만, 훈령은 하급기관을 구성하는 공무원에 대하여는 동시에 직무명령으로서의 성질도 갖는다.

[판례] 공증인이 직무수행을 하면서 공증인의 감독기관인 법무부장관이 제정한 '집행증서 작성사무 지침'을 위반한 경우, 공증인법 제79조 제1호에 근거한 직무상 명령을 위반한 것인지 여부(적극): 공증인의 감독기관인 법무부장관이 제정한 **집행증서 작성사무 지침**은 공증인의 감독기관인 법무부장관이 상위법령의 구체적인 위임 없이 공증인이 직무수행에서 준수하여야 할 세부적인 사항을 규정한 '행정규칙'이라고 보아야 한다. 따라서 **공증인이 직무수행에서 위 지침을 위반한 경우에는** 공증인법 제79조 제1호에 근거한 **직무상 명령**을 위반한 것이다(대판 2020. 11. 26, 2020두42262).

## Ⅱ. 훈령의 근거

상급기관의 훈령권은 특별한 법적 근거를 요하지 아니하고 감독권의 당연한 결과로서 인정된다.

[판례] 일반적으로 상급행정기관은 소속 공무원이나 하급행정기관에 대하여 업무처리지침이나 법령의 해석·적용 기준을 정해주는 '행정규칙'을 제정할 수 있다. 공증인은 직무에 관하여 공무원의 지위를 가지고, 법무부장관은 공증인에 대한 감독기관이므로 공증인법 제79조 제1호에 근거한 직무상 명령을 개별·구체적인 지시의 형식으로 할 수도 있으나, 행정규칙의 형식으로 일반적인 기준을 제시하거나 의무를 부과할 수도 있다(대판 2020. 11. 26, 2020두42262[과태료부과처분취소]).

## Ⅲ. 훈령의 종류

훈령에는 행정규칙의 성질을 갖는 것도 있고 그렇지 않은 것도 있다. 훈령중 개별적·구체적 처분에 대하여 발령되는 것은 행정규칙이라 할 수 없고, 일반적·추상적 규범의 형식으로 발령되는 것은 행정규칙이라고 할 수 있다.

행정업무운영규정 제7조에서 규정하고 있는 지시문서(훈령·지시·예규 및 일일명령 등 행정기관이 그 하급기관 또는 소속공무원에 대하여 일정한 사항을 지시하는 문서) 중 행정기관에 발령되는 것은 훈령에 속한다고 할 수 있고 소속공무원에 발령되는 것은 직무명령이라 할 수 있다.

행정업무운영규정 시행규칙 제3조에 의하면 지시문서는 다음 구분에 의하여 작성한다.

## 1. 훈  령

상급기관이 하급기관에 대하여 장기간에 걸쳐 그 권한의 행사를 일반적으로 지시하기 위하여 발하는 명령으로서 조문형식 또는 별지 제1호의2 서식의 시행문형식에 의하여 작성하고, 누년 일련번호를 사용한다.

## 2. 지  시

상급기관이 직권 또는 하급기관의 문의에 의하여 하급기관에 개별적·구체적으로 발하는 명령으로서 시행문형식에 의하여 작성하고, 연도표시 일련번호를 사용한다.

## 3. 예  규

행정사무의 통일을 기하기 위하여 반복적 행정사무의 처리기준을 제시하는 법규문서 외의 문서로서 조문형식 또는 시행문형식에 의하여 작성하고, 누년 일련번호를 사용한다.

## 4. 일일명령

당직·출장·시간외 근무·휴가 등 일일업무에 관한 명령으로서 시행문형식 또는 별지 제2호 서식의 회보형식 등에 의하여 작성하고, 연도별 일련번호를 사용한다.

## Ⅳ. 훈령의 요건

훈령은 다음과 같은 형식적·실질적 요건을 갖추어야 적법한 훈령이 된다.

### 1. 형식적 요건

① 훈령권이 있는 상급관청이 발령하여야 한다.
② 하급기관의 권한에 속하는 사항에 대하여 발령하여야 한다.
③ 권한행사의 독립성이 보장되는 하급관청(예, 감사원)에 대한 것이 아니어야 한다.

## 2. 실질적 요건

① 적법·타당한 것이어야 한다.
② 가능하고 명백한 것이어야 한다.

## V. 훈령의 형식 · 절차

훈령은 문서 또는 구술로 발할 수 있다. 행정업무의 효율적 운영에 관한 규정 및 동규정 시행규칙은 훈령의 형식을 정하고 있는데, 이 형식에 관한 규정은 훈시적 규정에 불과하다고 보아야 할 것이다.

관보규정은 일정한 훈령을 관보에 게재하도록 하고 있으나, 관보에의 게재나 공표는 훈령의 효력요건은 아니다.

처분의 기준이 되는 훈령은 공표하여야 한다(행정절차법 제20조).

## Ⅵ. 훈령의 성질 및 구속력

### 1. 훈령의 성질과 대내적 구속력

훈령은 하급기관에 대한 지시 내지 명령의 성질을 가지며 하급기관은 훈령에 구속된다. 훈령 위반은 명령복종의무 위반이 되므로 훈령 위반자는 징계의 대상이 된다.

### 2. 훈령에 대한 하급기관의 심사권

하자 있는 훈령에도 하급기관은 구속되는가, 달리 말하면 하급기관이 위법한 훈령을 심사하여 위법한 훈령을 따르지 않을 수 있는가하는 문제가 제기된다.

하급기관이 훈령의 형식적 요건에 대한 심사권을 가진다고 보는 것이 일반적 견해이나 실질적 요건에 대하여 심사권을 가지는가에 관하여는 다음과 같이 견해가 대립되고 있다.

① 하급행정기관은 훈령의 실질적 요건에 대한 심사권을 가지지 않으며 훈령이 실질적 요건을 충족하지 못하여 위법하더라도 그에 복종하여야 한다는 견해(부정설).

② 훈령의 하자가 중대하고 명백한 경우에는 무효이고 이 경우에 하급기관은 복종을 거부하여야 한다는 견해(중대명백설).[11]

---

11) 김동희, 31면.

③ 훈령의 위법이 명백한 경우에는 복종하여서는 아니 된다는 견해(명백설). 이 견해의 논거는 다음과 같다. 법치주의의 관점에서 공무원의 법령준수의무를 복종의 무에 우선시켜야 한다.[12]

④ 판    례: 판례는 명백설을 취하고 있다.

**[판례] 상관의 위법 내지 불법한 명령과 하관의 복종의무:** 공무원이 그 직무를 수행함에 있어 상관은 하관에 대하여 범죄행위 등 위법한 행위를 하도록 명령할 직권이 없는 것이고, 하관은 소속상관의 적법한 명령에 복종할 의무는 있으나 그 명령이 참고인으로 소환된 사람에게 가혹행위를 가하라는 등과 같이 **명백한 위법 내지 불법한 명령인 때에는** 이는 벌써 직무상의 지시명령이라 할 수 없으므로 이에 따라야 할 의무는 없다(대판 1988. 02. 23, 87도2358).

⑤ 결    어: 상호 충돌하는 공무원의 법령준수의무와 복종의무라는 두 가치를 적절하게 조정하는 명백설이 타당하다. 즉, 훈령의 위법이 명백하지 않은 경우에는 복종의무를 우선시키고, 훈령의 위법이 명백한 경우에는 법령준수의무를 복종의무에 우선시키는 것이 타당하다.

### 3. 훈령의 대외적 구속력

훈령은 대내적 구속력은 있으나 원칙상 대외적 구속력은 없다. 따라서, 훈령에 위반하여 행한 행위가 훈령에 위반하였다는 사실만으로 위법하게 되지 않는다.

훈령 중 일반적이고 추상적인 규범의 형식을 취하는 것은 행정규칙의 성질을 가지며 행정규칙의 유형(해석규칙, 재량준칙 등)에 따른 구속력을 갖는다.

훈령이 대외적 구속력이 있는 행정규칙인 경우 당해 훈령에 위반한 행위는 위법한 행위가 된다.

### Ⅶ. 훈령의 경합

둘 이상의 상급관청의 훈령이 상호 모순되는 경우에 하급기관은 주관상급관청의 훈령을 따라야 한다. 주관상급관청이 불명확한 경우에는 주관쟁의결정의 방법에 의해 해결하여야 한다.

상호 모순되는 훈령을 발한 상급관청이 서로 상하의 관계에 있는 경우에는 행정조직의 계층적 질서를 보장하기 위하여 직근 상급관청의 훈령에 따라야 한다.

---

12) 박윤흔, 53면.

# 제 3 항  승인권

## Ⅰ. 의    의

행정청이 일정한 권한행사를 하는 경우에 상급관청 또는 감독관청의 인가 또는 승인(이하 '승인'이라 한다)을 받도록 하고 있는 경우가 있다. 이 승인은 사전적인 감독 수단의 하나이다.

## Ⅱ. 승인요건 결여의 효력

법령에 의해 하급관청이 어떠한 행위를 하기 전에 승인을 받도록 규정되어 있는 경우에 승인을 받지 않고 행위를 하면 당해 행위는 위법·무효가 된다. 그러나, 승인이 법령에 근거한 것이 아닌 때에는 승인을 받지 않고 행한 행위는 위법·무효가 되지 않는다.

## Ⅲ. 승인받은 행위의 효력

승인을 받은 행위가 하자가 있는 경우에는 승인이 있다 하더라도 그 하자가 치유되는 것은 아니며 그 행위는 무효가 되거나 또는 취소될 수 있다.

## Ⅳ. 승인의 성질

승인은 행정조직법상의 내부행위이며 행정행위인 승인과는 성질이 다르다. 따라서, 승인이 거부되었다고 하더라도 승인을 받지 못한 하급관청은 승인의 거부에 대해 항고소송을 제기할 수 없다.

**[판례]** [1] 상급행정기관의 하급행정기관에 대한 승인·동의·지시 등이 행정처분에 해당하는지 여부(소극): 상급행정기관의 하급행정기관에 대한 승인·동의·지시 등은 행정기관 상호간의 내부 행위로서 국민의 권리 의무에 직접 영향을 미치는 것이 아니므로 항고소송의 대상이 되는 행정처분에 해당한다고 볼 수 없다. [2] 지방자치단체장이 개발제한구역 안에서의 혐오시설 설치허가에 앞서 건설부훈령인 "개발제한구역관리규정"에 의하여 사전승인신청을 함에 따라 건설교통부장관이 한 승인행위는 건설교통부장관이 위 "개발제한구역관리규정"에 따라 허가권자인 지방자치단체장에 대한 지도·감독작용으로서 행한 것으로서 행정기관 내부의 행위에 불과하여 국민의 구체적인 권리·의무에 직접적인 변동을 초래하는 것이 아닐 뿐 아니라, 건설교통부장관의 승인행위에 의하

여 직접적으로 도시계획이 변경되는 효력이 발생하는 것이 아니므로 결국 건설교통부장관의 위 승인행위는 항고소송의 대상이 되는 **행정처분에 해당한다고 볼 수 없다**(대판 1997. 09. 26, 97누 8540[개발제한구역내행위허가승인처분취소등]).

## 제 4 항　주관쟁의결정권

### Ⅰ. 의　　의

상급행정청은 하급행정청 상호간에 권한에 관한 다툼이 있을 때에 권한 있는 기 관을 결정하는 권한을 갖는다. 이 권한을 주관쟁의결정권(主管爭議決定權)이라 한다.

### Ⅱ. 주관쟁의결정방법

행정청 사이의 권한쟁의는 행정조직 내부의 문제이므로 원칙상 소송의 대상이 되지 않는다. 행정청간에 권한에 관한 다툼이 있는 경우에는 당해 행정청을 공통으 로 감독하는 상급행정청이 그 관할을 결정하며, 공통으로 감독하는 상급행정청이 없 는 경우에는 각 상급행정청의 협의로 그 관할을 결정한다(행정절차법 제6조). 공통의 상급관청 사이에 협의가 이루어지지 않을 때에는 최종적으로는 행정 각부간의 주관 쟁의가 되어 국무회의의 심의를 거쳐 대통령이 결정한다(헌법 제89조 제10호).

주관쟁의를 결정할 상급기관이 없는 경우 중 일정한 경우에는 기관소송 또는 권 한쟁의심판에 의해 해결된다.

## 제 5 항　취소·정지권

상급행정청은 법적 근거가 없는 경우에도 지휘감독권에 근거하여 하급행정청의 위법 또는 부당한 행위를 취소 또는 정지할 수 있는가에 관하여 이를 긍정하는 적극 설과 이를 부정하는 소극설이 대립하고 있다.

### Ⅰ. 적극설

적극설은 위법 또는 부당한 하급행정청의 행위를 상급행정청이 취소하거나 정 지시키는 것은 법적 근거 없이도 가능하다고 본다. 그 논거는 다음과 같다. 하급행정 청의 행위가 위법 또는 부당한 경우에 당해 행위를 취소하거나 정지시키는 것은 상급행정청의 지휘감독 목적을 달성하기 위하여 필수적인 것이며 따라서 상급행정청의 지휘감독권에 당연히 포함된다. 이 견해가 우리나라의 다수설이다.

## Ⅱ. 소극설

소극설은 상급행정청이 법적 근거 없이 위법 또는 부당한 하급행정청의 행위를 취소하거나 정지시키는 것은 인정될 수 없으며 단지 취소 또는 정지를 명령할 수 있을 뿐이라고 본다. 그 논거는 다음과 같다. 상급행정청에 의한 하급행정청의 행위의 취소 또는 정지는 실질적으로 하급행정청의 권한을 대행하는 것이므로 법령에 명시적인 근거가 있어야 한다.13)

## Ⅲ. 결    어

권한법정주의의 원칙상 소극설이 타당하다. 상급행정청은 하급행정청에 대하여 취소·정지명령권만을 갖는다고 보아야 한다.

그러나 정부조직법은 대통령과 국무총리의 일반적인 취소·정지권을 인정하고 있다(정부조직법 제19조 제2항). 그리고, 행정권한의 위임 및 위탁에 관한 규정 제6조는 위임 및 위탁기관은 수임 및 수탁기관의 수임 및 수탁사무 처리가 위법하거나 부당하다고 인정될 때에는 이를 취소하거나 정지시킬 수 있다고 규정하고 있다.

[판례] 수임 및 수탁사무의 처리가 부당한지 여부의 판단은 위법성 판단과 달리 합목적적·정책적 고려도 포함되므로, 위임 및 위탁기관이 그 사무처리에 관하여 일반적인 지휘·감독을 하는 경우는 물론이고 나아가 수임 및 수탁사무의 처리가 부당하다는 이유로 그 사무처리를 취소하는 경우에도 광범위한 재량이 허용된다고 보아야 한다. 다만 그 사무처리로 인하여 이해관계 있는 제3자나 이미 형성된 법률관계가 존재하는 경우에는 위임 및 위탁기관이 일반적인 지휘·감독을 하는 경우와 비교하여 그 사무처리가 부당하다는 이유로 이를 취소할 때 상대적으로 엄격한 재량통제의 필요성이 인정된다. 따라서 위임 및 위탁기관이 이러한 취소 여부를 결정할 때에는 위임 및 위탁의 취지, 수임 및 수탁기관 사무처리의 부당한 정도, 취소되는 사무의 성격과 내용, 취소로 이익이 제한·침해되는 제3자의 존재 여부 및 제한·침해의 정도 등을 종합적으로 고려하여야 하고, 이러한 취소에 재량권 일탈·남용이 인정된다면 취소처분은 위법하다고 판단할 수 있다(대판 2017. 09. 21, 2016두55629).

---

13) 박윤흔, 55~56면.

## 제6항 대집행권

법령의 근거가 없는 한 상급행정청에게 하급행정청의 권한을 대집행할 권한은 없다고 보는 데 이론이 없다. 그 논거는 다음과 같다. 상급행정청이 하급행정청의 권한을 대집행하는 것은 하급행정청의 권한을 박탈하는 것이 되므로 상급행정청의 대집행에는 법률의 명시적인 근거가 있어야 한다.

지방자치법 제170조 제2항은 일정한 요건하에 감독청(주무부장관 또는 시·도지사)에 의한 지방자치단체의 장의 기관위임사무의 대집행을 인정하고 있다.

# 제2절 대등행정관청간의 관계

## 제1항 권한의 상호 존중

대등한 행정청은 서로 다른 행정청의 권한을 존중하여야 하며 그를 침범하여서는 아니 된다. 권한존중의 원칙은 행정법상 법의 일반원칙이라고 할 수 있다.

행정청의 행위는 권한존중의 원칙에 근거하여 무효가 아닌 한 구성요건적 효력(또는 공정력)을 가지므로 다른 행정청은 이에 구속된다.

대등행정청 사이의 권한쟁의는 전술한 바와 같이 상급행정청의 주관쟁의결정권에 의해 해결된다.

## 제2항 상호 협력관계

행정청은 행정의 원활한 수행을 위하여 서로 협조하여야 한다(행정절차법 제7조 제1항). 행정청은 업무의 효율성을 높이고 행정서비스에 대한 국민의 만족도를 높이기 위하여 필요한 경우 **행정협업**(다른 행정청과 공동의 목표를 설정하고 행정청 상호 간의 기능을 연계하거나 시설·장비 및 정보 등을 공동으로 활용하는 것을 말한다)의 방식으로 적극적으로 협조하여야 한다(제2항). 대통령령인 「행정효율과 협업 촉진에 관한 규정」은 제41조 이하에서 행정협업의 촉진에 관한 사항을 규정하고 있다.

## I. 협의·동의·공동결정

행정청의 사무가 다른 행정청의 사무 또는 권한과 관련이 있는 경우 관계행정청 사이에 협력이 필요하다. 관계행정청 사이의 협력은 크게 협의·동의·공동결정의 세 방식으로 나눌 수 있다.

### 1. 협　의

#### (1) 의　의

협의라 함은 행정업무가 둘 이상의 행정기관의 권한에 속하는 경우에 그 행정업무의 처리에 관하여 관계행정기관이 의견을 교환하는 것을 말한다. 예를 들면, 행정업무가 여러 행정청의 권한과 관련된 경우에 하나의 행정청이 주된 지위에 있고 다른 행정청은 부차적인 지위에 있는 경우에 주된 지위에 있는 행정청이 주무행정청이 되고 부차적인 지위에 있는 행정청은 관계행정청이 된다. 이 경우에 주무행정청이 업무처리에 관한 결정권을 갖게 되며 관계행정청은 협의권을 갖게 된다.

#### (2) 협의의견의 구속력

관계기관의 협의의견은 원칙상 주무행정청을 구속하지 않는다. 다만, 법령상 "협의"로 규정되어 있다 하더라도 해석상 동의라고 보아야 하는 경우에 그 '협의'의견은 실질적으로는 동의의견으로서 법적 구속력을 갖는다(대판 1995. 03. 10, 94누12739).

[판례] ① 구 택지개발촉진법 제3조에서 건설부장관이 택지개발예정지구를 지정함에 있어 미리 관계중앙행정기관의 장과 협의를 하라고 규정한 의미는 그의 자문을 구하라는 것이지 그 의견을 따라 처분을 하라는 의미는 아니라 할 것이므로 이러한 협의를 거치지 아니하였다고 하더라도 이는 위 지정처분을 취소할 수 있는 원인이 되는 하자 정도에 불과하고 위 지정처분이 당연무효가 되는 하자에 해당하는 것은 아니다(대판 2000. 10. 13, 99두653).
② 환경영향평가에 대한 환경부장관의 협의의견의 승인기관의 장에 대한 구속력을 부인한 사례(대판 2001. 07. 27, 99두2970).
③ 건설공사시 문화재보존의 영향 검토에 관한 문화재보호법 제74조 제2항 및 같은 법 시행령 제43조의2 제1항에서 정한 '문화재청장과 협의'가 '문화재청장의 동의'를 말한다고 한 사례(대판 2006. 03. 10, 2004추119).
④ 군사기지 및 군사시설 보호구역내에서의 건축 및 토지형질의 변경에 대한 국방부장관 및 관할부대장의 협의를 동의로 본 사례(대판 1995. 03. 10, 94누12739; 대판 2020. 07. 09, 2017두39785).

#### (3) 협의절차의 하자

법상 명시적으로 규정된 협의절차를 이행하지 않고 처분을 한 경우 당해 처분은 협의의 중요성에 따라 무효 또는 취소할 수 있는 행위로 보아야 할 것이다. 주무기관이 협의절차를 이행하기는 하였지만 형식에 그치고 실질적인 협의가 이루어지지 않은 경우에도 협의절차상 위법의 하자가 있다고 보아야 할 것이다. 판례는 협의를 거치지 않은 처분을 원칙상 취소할 수 있는 행위로 본다.

협의절차가 법령에 의해 정해진 것이 아닌 경우에는 협의절차를 이행하지 않고 처분을 하여도 그것만으로 당해 처분이 위법하다고 할 수 없다.

## 2. 동    의

### (1) 의    의

행정업무가 둘 이상의 행정청의 권한과 관련되어 있고 관계행정청 모두 주된 지위에 있는 경우에 업무처리의 편의를 위하여 보다 업무와 깊은 관계가 있는 행정청을 주무행정청으로 하는 경우가 있다. 이 경우에 다른 행정청은 관계행정청이 된다. 이러한 경우에 주무행정청은 업무처리에 관한 결정을 함에 있어 주된 지위에 있는 다른 행정청의 동의를 받아야 한다. 예를 들면, 건축허가는 시장·군수가 권한을 갖지만 소방서장의 동의를 얻어야 한다.

### (2) 동의의견의 구속력

처분청은 동의기관의 동의의견 또는 부동의의견에 구속된다.

### (3) 동의 없는 처분의 효력

동의를 받아야 함에도 동의 없이 한 처분은 취소할 수 있는 행위에 불과하다고 보는 견해도 있지만, 무권한의 하자로 원칙상 무효로 보아야 한다.

### (4) 부동의에 대한 권리구제

부동의는 내부행위로 처분이 아니므로 그 자체를 다투는 항고소송을 제기할 수 없고, 처분청이 동의기관의 부동의의견을 이유로 거부처분을 한 경우에 당해 거부처분의 취소를 구하면서 처분사유가 된 부동의를 다투어야 한다.

[판례] 건축허가권자가 건축불허가처분을 하면서 그 처분사유로 건축불허가 사유뿐만 아니라 구 소방법(2003. 5. 29. 법률 제6916호로 개정되기 전의 것) 제8조 제1항에 따른 소방서장의 건축부동의 사유를 들고 있다고 하여 **그 건축불허가처분 외에 별개로 건축부동의처분이 존재하는 것이 아니므로**, 그 건축불허가처분을 받은 사람은 그 건축불허가처분에 관한 쟁송에서 건축법상의 건축불허가 사유뿐만 아니라 소방서장의 부동의 사유에 관하여도 다툴 수 있다(대판 2004. 10. 15, 2003두6573). 〈해설〉 건축부동의의 위법을 다투고자 하는 경우에도 건축불허가처분에 대한 항고소송을 제기하여야 한다.

### 3. 공동결정

행정업무가 둘 이상의 행정청의 권한과 관련되어 있고 관계행정청 모두 주된 지위에 있으며 동일하게 업무와 깊은 관계가 있는 경우에는 모든 관계행정청이 주무행정청이 되며 이 경우에 업무처리는 공동의 결정에 의해 공동의 명의로 하게 된다.

우리나라에는 그 예가 적지만 선진외국에서는 이러한 협력방식이 적지 않게 사용되고 있다.

그리고, 입법론으로 예를 들어 원자력시설과 같이 환경에 중대한 영향을 미치는 시설을 설치하고자 하는 경우 개발사업의 승인기관의 장과 환경부장관의 공동결정에 의한 하나의 승인을 받도록 규정할 수 있을 것이다.

### II. 사무위탁(촉탁)

행정청이 사무를 스스로 처리하지 않고 그의 지휘감독하에 있지 아니하고 대등한 지위에 있는 다른 행정청에 맡기고자 하는 경우에 전술한 사무위탁의 방식에 의해 다른 행정청의 협력을 받을 수 있다. 사무위탁 중에서 등기·소송에 관한 사무의 이양을 촉탁이라 한다.

### III. 행정응원

### 1. 의    의

행정응원(行政應援)이라 함은 대등한 행정청 상호간에 있어서 직무수행상 필요한 특정행위(예, 통계자료의 제공), 필요한 공무원의 파견(국가공무원법 제32조의4, 공무원임용령 제41조, 국가공무원복무규정 제7조), 기타 협력을 다른 행정청에 요청하고 다른 행정청은 이 요청에 응하여 협력을 제공하는 것을 말한다. 간단히 정의하면 대등한 행정청 상호간의 협력의 요청과 이에 따른 협력의 제공을 행정응원이라 한다.

이러한 행정응원 중 비상시의 응원(재해·사변 기타 비상시에 처하여, 하나의 행정관청의 고유한 기능만으로는 행정목적을 달성할 수 없을 때에, 보통은 당해 관청의 요청에 의하여 다른 관청이 자기의 기능의 전부 또는 일부를 동원하여 이를 응원하는 것)만을 좁은 의미의 행정응원으로 보는 견해[14]도 있다.

---

14) 박윤흔, 57면.

## 2. 법적 근거

행정응원에는 법적 근거가 필요 없다. 그러나, 명문의 규정이 있는 경우가 있고 이 경우에는 응원요청에 대하여 응원요청을 받은 행정청은 거부하지 못한다는 규정을 두는 것이 보통이다. 행정응원의 법적 근거로는 개별법상의 근거와 행정응원의 일반적 근거조항을 두고 있는 행정절차법(제8조)이 있다. 개별법상 규정된 행정응원으로는 경찰응원(경찰직무응원법 제1조), 소방응원(소방기본법 제11조), 군사응원(위수령 제 7, 8, 12, 18조) 등이 있다.

## 3. 행정절차법상 행정응원

### (1) 응원요청

행정청은 다음 각 호에 해당하는 경우에는 다른 행정청에 행정응원을 요청할 수 있다(동법 제8조 제1항). ① 법령 등의 이유로 독자적인 직무수행이 어려운 경우, ② 인원·장비의 부족 등 사실상의 이유로 독자적인 직무수행이 어려운 경우, ③ 다른 행정청에 소속되어 있는 전문기관의 협조가 필요한 경우, ④ 다른 행정청이 관리하고 있는 문서·통계 등 행정자료가 직무수행을 위하여 필요한 경우, ⑤ 다른 행정청의 응원을 받아 처리하는 것이 보다 능률적이고 경제적인 경우.

행정응원은 당해 직무를 직접 응원할 수 있는 행정청에 요청하여야 한다(동법 제8조 제3항).

### (2) 응원의 거부

행정응원을 요청받은 행정청은 다음 각 호의 1에 해당하는 경우에는 이를 거부할 수 있다(동법 제8조 제2항). ① 다른 행정청이 보다 능률적이거나 경제적으로 응원할 수 있는 명백한 이유가 있는 경우, ② 행정응원으로 인하여 고유의 직무수행이 현저히 지장받을 것으로 인정되는 명백한 이유가 있는 경우.

행정응원을 요청받은 행정청이 응원을 거부하는 경우에는 그 사유를 응원요청한 행정청에 통지하여야 한다(동법 제8조 제4항).

### (3) 지휘·감독

행정응원을 위하여 파견된 직원은 응원을 요청한 행정청의 지휘·감독을 받는다. 다만, 당해 직원의 복무에 관하여 다른 법령 등에 특별한 규정이 있는 경우에는 그에 의한다(동법 제8조 제5항).

## (4) 비용부담

행정응원에 소요되는 비용은 응원을 요청한 행정청이 부담하며, 그 부담금액 및 부담방법은 응원을 요청한 행정청과 응원을 행하는 행정청이 협의하여 결정한다(동법 제8조 제6항).

제**5**편

# 지방자치법

# 제1장 지방자치법 총설

## 제1절 지방자치의 의의

지방자치(地方自治)의 의의는 국가에 따라 다르다. 세계의 입법례를 보면 지방자치의 관념에 있어 주민자치와 단체자치라는 두 흐름이 있다.

주민자치는 일정한 지역사회에 고유한 공적 사무는 그 지역사회의 주민이 참가하여 자율적으로 처리하여야 한다는 관념을 말한다. 주민자치의 관념은 영국에서 형성되어 미국에서도 수용되었다.

단체자치는 지역공동체에 기반을 둔 국가로부터 독립된 단체를 인정하고, 지역공동체에 고유한 공적 사무가 이 단체에 의해 자율적으로 처리되도록 하는 것을 말한다. 단체자치의 관념은 프랑스, 독일 등 대륙법계 국가에서 형성되고 수용되었다.

우리나라의 지방자치의 관념에는 주민자치와 단체자치가 혼합되어 있다. 지방자치단체가 존재하고 지방자치단체가 자치권을 향유하는 점 등은 단체자치의 관념에 근거한 것이며 주민이 지방의원 및 지방자치단체의 장을 선출하고, 조례의 제정·개폐의 청구, 주민투표 등을 통하여 자치행정에 직접 참여하는 점 등은 주민자치의 관념에 근거한 것이다.

## 제2절 지방자치의 보장

### I. 지방자치권의 본질

지방자치단체의 자치권이 국가로부터 전래된 것인가 아니면 국가 이전에 존재하는 지방자치단체에 고유한 것인가에 관하여 견해가 대립하고 있다.

고유권설은 지방자치단체의 자치권은 국가 이전부터 인정되고 있는 지방자치단체에 고유한 권리라고 한다. 그 논거는 역사적으로 지방자치단체는 국가 이전부터 지역공동체의 이익을 위하여 형성되어 지역공동체에 고유한 문제를 자율적으로 처리하여 왔다는 역사적 사실에 둔다.

이에 대하여 전래권설(자치위임설)은 지방자치단체의 자치권은 국가의 통치권의 일부가 지방자치단체에 부여된 것이라고 한다. 그 논거는 연방제가 아닌 중앙집권국가에서는 국가의 통치권으로부터 독립된 자치조직을 인정할 수는 없으며 모든 권력은 국가권력으로부터 나올 수밖에 없다는 데 있다. 이 견해가 우리나라에서의 지백적 견해이다.

생각건대, 우리나라의 경우에는 오랜 중앙집권의 전통을 가지고 있어 고유권설이 성립할 기반이 거의 존재하지 않으며 국가의 통일성을 보장하기 위하여는 지방자치단체의 자치권은 국가에 의해 부여된 것으로 보는 것이 타당하다.

## Ⅱ. 지방자치의 헌법적 보장과 지방자치의 기본원리

헌법은 제117조 이하에서 지방자치를 보장하고 있다. 이 헌법에 의한 지방자치의 보장을 제도적 보장으로 이해하는 것이 일반적 견해이고 판례의 입장(헌재 1994. 04. 28, 91헌바15; 2006. 02. 23, 2005헌마403)이다.

헌법에 의한 지방자치의 제도적 보장은 '지방자치의 본질적 내용'의 헌법적 보장을 의미한다. 따라서, 입법권은 지방자치제도의 형성에 있어 재량을 갖지만 헌법이 보장한 지방자치의 본질적인 내용을 침해하여서는 아니 된다.

헌법 제117조 및 제118조가 보장하고 있는 지방자치의 본질적 내용은 자치단체의 존재의 보장, 자치기능의 보장 및 자치사무의 보장을 말한다(헌재 2001. 06. 28, 2000헌마735).

지방자치의 본질 및 유형에 관하여는 주민에 의한 자치로 보는 **주민자치설**과 지방자치단체에 의한 자치로 보는 **단체자치설**이 있는데, 헌법재판소는 우리 헌법상 자치단체의 보장은 **단체자치와 주민자치를 포괄**하는 것으로 본다(헌재 2006. 02. 23, 2005헌마403). 지방자치법은 단체자치로 출발하여 단체자치를 기본으로 하면서도 주민자치를 확대·강화해가고 있다.

보충성의 원칙이 헌법상 원칙인가에 관하여는 의문이 있다. 그러나, 보충성의 원칙은 지방자치의 기본원리가 되어야 한다. 지방자치법에서 보충성의 원칙이라 함은 지역에 고유한 문제는 우선 지방자치단체에 의해 해결하도록 하여야 하고 국가는 지방자치단체가 지방자치단체에 고유한 문제를 스스로 적절하게 해결하지 못할 경우에만 보충적으로 개입하여야 한다는 원칙을 말한다.

생각건대, 보충성의 원칙은 헌법상 보장되는 지방자치의 본질적 내용은 아니지만 지방자치의 정신에 비추어 요청되는 지방자치의 기본원리라고 보아야 한다. 지방자치법 제10조 제1항 제1호 마(시·군 및 자치구가 독자적으로 처리하기에 부적당한 사무를 시·도의 사무로 하고 있다)와 제11조 제3항(시·도와 시·군 및 자치구의 사무가 서로 경합되는 경우에는 시·군 및 자치구에서 우선적으로 처리하는 것으로 규정하고 있다)은 시·도와 시·군 및 자치구 사이의 사무배분에 있어 보충성의 원칙을 규정하고 있다. 중앙행정권한의 지방이양촉진에 관한 법률은 국가와 지방자치단체의 사무배분에 있어 보충성의 원칙을 실현하고자 하는 법률이다. 그러나, 자치입법에 관하여는 보충성의 원칙이 충분히 보장되고 있지 못하다. 즉, 자치사무에 관한 입법에 있어 조례우선규율의 원칙이 채택되고 있지 않다. 법률은 자치사무에 관하여도 헌법에 반하지 않는 한 자유롭게 정할 수 있고, 조례는 이 법률에 반하여서는 아니 된다(헌법 제117조, 지방자치법 제15조).

## Ⅲ. 실정법적 보장

지방자치는 헌법에 반하지 않는 한도 내에서 입법권에 의해 보장된다. 지방자치법과 여러 개별법률에 의해 지방자치제도가 형성되고 있다. 입법권은 최소한의 지방자치가 아니라 현실여건하에서의 최대한의 지방자치가 보장되도록 하여야 한다.

지방자치에 관한 법률로는 지방자치에 관한 기본법인 지방자치법과 지방공무원법, 주민투표법, 주민소환에 관한 법률, 지방재정법, 지방공기업법, 지방자치단체 출자·출연 기관의 운영에 관한 법률, 지방세법, 지방교부세법, 지방자치단체 기금관리기본법, 주민등록법, 서울특별시행정특례에 관한 법률, 제주도행정체제 등에 관한 특별법, 국제자유도시조성을 위한 특별법, 지방교육자치에 관한 법률, 지방교육재정교부금법, 지방자치분권과 지역균형발전에 관한 특별법(약칭: 지방분권균형발전법) 등이 있다. 이외에 도로법, 하천법 등에도 지방자치에 관한 규정이 있다.

## Ⅳ. 대표제와 주민참여

헌법은 대표제(代表制) 지방자치를 보장하고 있다(헌재 2001. 06. 28, 2000헌마735). 지방자치법도 의회대표제를 채택하고 있다(제30조).

[판례] 지방자치단체의 자치권으로 헌법은 지역 주민들이 자신들이 선출한 자치단체의 장과 지방의회를 통하여 자치사무를 처리할 수 있는 대의제 또는 대표제 지방자치를 보장하고 있을 뿐이고,

지방자치법이 주민에게 부여한 주민투표권(제13조의2)과 조례의 제정 및 개폐청구권(제13조의3) 및 감사청구권(제13조의4)은 어디까지나 입법자의 결단에 의하여 채택된 것일 뿐 헌법이 이러한 제도의 도입을 보장하고 있는 것은 아니다(헌재 2001. 06. 28, 2000헌마735).

그러나, 헌법상 대표제 지방자치에 있어서 주민참여가 금지되는 것은 아니다. 대표제의 본질을 침해하지 않는 한 법률에 의해 주민참여가 인정될 수 있다. 지방자치법은 주민투표, 주민의 조례제정 · 개폐청구, 감사청구, 주민소송, 주민소환 등을 인정하고 있다.

대법원은 현행 지방자치법이 의회대표제를 채택하고 있다고 보면서 주민이 본회의 또는 위원회의 안건심의 도중 안건에 관하여 발언하는 것은 현행법상 대표제원리에 위반되는 것으로 보고, 의회대표제의 본질을 해하지 않고 의회의 기능수행을 저해하지 아니하는 범위 내에서 주민이 의회의 기능에 참여하는 것(예를 들면, 공청회에서 발언하거나 또는 본회의 · 위원회에서 참고인, 증인, 청원인의 자격으로 발언하는 것)은 허용된다고 보았다(대판 1993. 02. 26, 92추109).


# 제 3 절   지방자치단체의 의의, 종류, 법적 지위

## Ⅰ. 지방자치단체의 의의

지방자치단체는 국가로부터 독립하여 자치권을 행사하는 법인격이 부여된 지역적 단체를 말한다. 지방자치단체는 구역, 주민, 자치권 및 법인격을 본질적 구성요소로 한다.


## Ⅱ. 지방자치단체의 종류

지방자치단체는 그 조직 및 권한의 일반성 또는 특수성에 따라 보통지방자치단체와 특별지방자치단체로 나누어진다. 이에 대하여 특별지방자치단체를 권한의 한정성, 의회의 구성, 자치재정권의 불인정, 관할구역의 성격 등에 비추어 지방자치단체가 아닌 지방자치단체간 강화된 협력체인 공공단체로 보는 견해(김지영, 특별지방자치단체에 대한 공법적 고찰, 공법연구, 2022.10, 339면 이하)도 있다.

## 1. 보통지방자치단체

보통지방자치단체로는 광역자치단체인 특별시, 광역시, 특별자치시, 도 및 특별자치도와 기초자치단체인 시·군 및 자치구가 있다(제2조 제1항). 지방자치단체인 구(자치구)는 특별시와 광역시의 관할 구역 안의 구만을 말하며, 자치구의 자치권의 범위는 법령으로 정하는 바에 따라 시·군과 다르게 할 수 있다(제2조 제2항). 기초자치단체인 시 중 인구 50만 이상 대도시의 행정, 재정운영 및 국가의 지도·감독에 대해서는 그 특성을 고려하여 관계법률이 정하는 바에 따라 특례를 둘 수 있다(제198조 제2항).

제주특별자치도 내에는 자치단체인 시·군을 두지 않는다(제주도 행정체제등에 관한 특별법 제3조). 강원특별자치도는 「강원특별자치도 설치 등에 관한 특별법」(약칭: 강원특별법)에 따라 특례를 부여받고, 강원자치도의 시·군은 특례를 부여받을 수 있다(제22조).

본래 선진외국의 입법례를 보면 기초자치단체는 자연적으로 형성된 동질적인 생활공동체를 말한다. 따라서, 기초자치단체에는 조그만 마을에서부터 서울과 같은 대도시까지 그 규모가 매우 다르다.

그러나, 우리나라에서는 자연적으로 형성된 생활공동체라고 할 수 있는 리, 읍을 자치단체로 하지 않고 일정한 구역과 주민수를 갖고 있는 군을 기초자치단체로 하고 있다. 이와 같이 리, 읍이 아니라 군을 기초자치단체로 한 것은 지방자치의 본래의 정신에는 맞지 않지만 기초자치단체의 규모를 일정한 정도 이상으로 함으로써 지방자치행정의 효율성을 제고하기 위한 것이다.

그리고, 자치구를 기초자치단체로 한 것은 광역시나 특별시를 하나의 기초자치단체로 하기에는 규모가 너무 크다고 보아 자치구를 기초자치단체로 하고 광역시나 특별시를 광역자치단체로 한 것이다. 그러나, 시는 규모가 크더라도 하나의 동질적인 생활공동체를 이루고 있고, 자치구의 지역적 특수성은 그다지 크지 않기 때문에 자치구를 독립된 자치단체로 한 것에는 문제가 있다. 입법론으로는 특별시와 광역시의 구에는 제한적인 자치권한만을 부여하는 것이 타당하다.

## 2. 특별지방자치단체

특정한 목적을 수행하기 위하여 필요하면 따로 특별지방자치단체를 설치할 수 있다. 이 경우 특별지방자치단체의 설치 등에 관하여는 지방자치법 제12장에서 정하는 바에 따른다(제2조 제3항).

특별지방자치단체는 특별한 목적을 위하여 설립되며 하나 또는 그 이상의 일정한 분야에 한정된 권한만을 갖는다.

지방자치단체조합을 특별지방자치단체의 일종으로 보는 견해(홍정선, 신지방자치법, 605면)도 있지만, 지방자치단체조합은 특별지방자치단체로 볼 수 없다(문상덕, 특별행정법(김철용 편), 43-44면).

### (1) 특별지방자치단체의 설치

2개 이상의 지방자치단체가 공동으로 특정한 목적을 위하여 광역적으로 사무를 처리할 필요가 있을 때에는 특별지방자치단체를 설치할 수 있다. 이 경우 특별지방자치단체를 구성하는 지방자치단체(이하 "구성 지방자치단체"라 한다)는 상호 협의에 따른 규약을 정하여 구성 지방자치단체의 지방의회 의결을 거쳐 행정안전부장관의 승인을 받아야 한다(제199조 제1항). 행정안전부장관은 제1항 후단에 따라 규약에 대하여 승인하는 경우 관계 중앙행정기관의 장 또는 시·도지사에게 그 사실을 알려야 한다(제2항).

특별지방자치단체의 설립목적이 되는 광역적 사무처리의 예로는 공항, 광역교통, 광역적 폐기물처리 등 광역적 환경관리를 들 수 있다.

특별지방자치단체는 법인으로 한다(제3항).

특별지방자치단체를 설치하기 위하여 국가 또는 시·도 사무의 위임이 필요할 때에는 구성 지방자치단체의 장이 관계 중앙행정기관의 장 또는 시·도지사에게 그 사무의 위임을 요청할 수 있다(제4항). 행정안전부장관이 국가 또는 시·도 사무의 위임이 포함된 규약에 대하여 승인할 때에는 사전에 관계 중앙행정기관의 장 또는 시·도지사와 협의하여야 한다(제5항). 구성 지방자치단체의 장이 제1항 후단에 따라 행정안전부장관의 승인을 받았을 때에는 규약의 내용을 지체 없이 고시하여야 한다. 이 경우 구성 지방자치단체의 장이 시장·군수 및 자치구의 구청장일 때에는 그 승인사항을 시·도지사에게 알려야 한다(제6항).

행정안전부장관은 공익상 필요하다고 인정할 때에는 관계 지방자치단체에 대하여 특별지방자치단체의 설치, 해산 또는 규약 변경을 권고할 수 있다. 이 경우 행정안전부장관의 권고가 국가 또는 시·도 사무의 위임을 포함하고 있을 때에는 사전에 관계 중앙행정기관의 장 또는 시·도지사와 협의하여야 한다(제200조).

### (2) 특별지방자치단체의 구역

특별지방자치단체의 구역은 구성 지방자치단체의 구역을 합한 것으로 한다. 다만, 특별지방자치단체의 사무가 구성 지방자치단체 구역의 일부에만 관계되는 등 특별한 사정이 있을 때에는 해당 지방자치단체 구역의 일부만을 구역으로 할 수 있다 (제201조).

### (3) 특별지방자치단체의 규약

특별지방자치단체의 규약에는 법령의 범위에서 다음 각 호의 사항이 포함되어 야 한다. 1. 특별지방자치단체의 목적, 2. 특별지방자치단체의 명칭, 3. 구성 지방자 치단체, 4. 특별지방자치단체의 관할 구역, 5. 특별지방자치단체의 사무소의 위치, 6. 특별지방자치단체의 사무, 7. 특별지방자치단체의 사무처리를 위한 기본계획에 포함 되어야 할 사항, 8. 특별지방자치단체의 지방의회의 조직, 운영 및 의원의 선임방법, 9. 특별지방자치단체의 집행기관의 조직, 운영 및 장의 선임방법, 10. 특별지방자치 단체의 운영 및 사무처리에 필요한 경비의 부담 및 지출방법, 11. 특별지방자치단체 의 사무처리 개시일, 12. 그 밖에 특별지방자치단체의 구성 및 운영에 필요한 사항 (제202조 제1항).

구성 지방자치단체의 장은 제1항의 규약을 변경하려는 경우에는 구성 지방자치 단체의 지방의회 의결을 거쳐 행정안전부장관의 승인을 받아야 한다. 이 경우 국가 또는 시·도 사무의 위임에 관하여는 제199조제4항 및 제5항을 준용한다(제2항). 구 성 지방자치단체의 장은 제2항에 따라 행정안전부장관의 승인을 받았을 때에는 지체 없이 그 사실을 고시하여야 한다. 이 경우 구성 지방자치단체의 장이 시장·군수 및 자치구의 구청장일 때에는 그 승인사항을 시·도지사에게 알려야 한다(제3항).

### (4) 의회의 조직 등

특별지방자치단체의 의회는 규약으로 정하는 바에 따라 구성 지방자치단체의 의회 의원으로 구성한다(제204조 제1항). 제1항의 지방의회의원은 제43조 제1항에도 불구하고 특별지방자치단체의 의회 의원을 겸할 수 있다(제2항).

특별지방자치단체의 의회가 의결하여야 할 안건 중 대통령령으로 정하는 중요 한 사항에 대해서는 특별지방자치단체의 장에게 미리 통지하고, 특별지방자치단체의 장은 그 내용을 구성 지방자치단체의 장에게 통지하여야 한다. 그 의결의 결과에 대 해서도 또한 같다(제3항).

### (5) 집행기관의 조직 등

특별지방자치단체의 장은 규약으로 정하는 바에 따라 특별지방자치단체의 의회 에서 선출한다(제205조 제1항).

구성 지방자치단체의 장은 제109조에도 불구하고 특별지방자치단체의 장을 겸 할 수 있다(제2항). 특별지방자치단체의 의회 및 집행기관의 직원은 규약으로 정하는 바에 따라 특별지방자치단체 소속인 지방공무원과 구성 지방자치단체의 지방공무원 중에서 파견된 사람으로 구성한다(제3항).

## Ⅲ. 지방자치단체의 성질과 법적 지위

### 1. 행정조직, 자치조직

지방자치단체는 넓게 보면 국가의 행정조직이다. 그러나, 지방자치단체는 단순한 행정조직에 불과한 것이 아니라 통치권을 갖는 자치조직이다.

### 2. 법    인

지방자치단체는 법인(法人)으로서(제3조 제1항) 국가로부터 조직적으로 독립되어 있을 뿐만 아니라 실질적으로도 국가로부터 독립되어 있다.

지방자치단체는 법인으로서 권리의무의 주체가 된다.

**[판례]** **지방자치단체가 양벌규정의 적용대상인 법인에 해당하는지 여부(한정적극):** 국가가 본래 그의 사무의 일부를 지방자치단체의 장에게 위임하여 처리하게 하는 기관위임사무의 경우 지방자치단체는 국가기관의 일부로 볼 수 있고, 지방자치단체가 그 고유의 자치사무를 처리하는 경우에는 지방자치단체는 국가기관의 일부가 아니라 국가기관과는 별도의 독립한 공법인이므로, **지방자치단체 소속 공무원이 지방자치단체 고유의 자치사무를 수행하던 중** 도로법 제81조 내지 제86조의 규정에 의한 **위반행위를 한 경우**에는 지방자치단체는 도로법 제86조의 양벌규정에 따라 처벌대상이 되는 법인에 해당한다고 할 것이다(대판 2005. 11. 10. 2004도2657; 지방자치단체 소속 공무원이 압축트럭 청소차를 운전하여 고속도로를 운행하던 중 제한축중을 초과 적재 운행함으로써 도로관리청의 차량운행제한을 위반한 사안에서, 해당 지방자치단체가 도로법 제86조의 양벌규정에 따른 처벌대상이 된다고 한 사례; 대판 2009. 06. 11, 2008도6530). 〈해설〉 판례에 따르면 공무원이 국가의 기관위임사무를 처리하는 경우 국가기관의 일부이므로 벌금이나 과태료를 부과할 수 없지만, 자치사무를 처리하는 경우에는 지방자치단체에 대해서도 벌금이나 과태료를 부과할 수 있다. 또한, 기초자치단체의 공무원이 도의 기관위임사무를 처리하는 경우 도에 대해서도 벌금이나 과태료를 부과할 수 있고, 국가공무원이 지방자치단체의 기관위임사무를 처리하는 경우 지방자치단체에 대해서 벌금이나 과태료를 부과할 수 있다.

### 3. 소송당사자

지방자치단체는 독립된 법주체이므로 소송의 당사자가 될 수 있다. 읍·면은 지방자치단체의 하부 행정구역에 불과하여 민사소송에 있어 당사자능력을 인정할 수 없다(대판 2002. 03. 29, 2001다83258).

지방자치단체가 처분의 상대방이고, 지방자치단체에게 항고소송을 제기할 법률상 이익이 있는 경우 항고소송의 원고적격이 인정된다.

**[판례]** 구 건축법(2011. 5. 30. 법률 제10755호로 개정되기 전의 것) 제29조 제1항, 제2항, 제11조 제1항등의 규정 내용에 의하면, 건축협의의 실질은 지방자치단체 등에 대한 건축허가와 다르지 않으므로, 지방자치단체 등이 건축물을 건축하려는 경우 등에는 미리 건축물의 소재지를 관할하는 허가권자인 지방자치단체의 장과 건축협의를 하지 않으면, 지방자치단체라 하더라도 건축물을 건축할 수 없다. ...... 따라서 건축협의 취소는 상대방이 다른 지방자치단체 등 행정주체라 하더라도 '행정청이 행하는 구체적 사실에 관한 법집행으로서의 공권력 행사'(행정소송법 제2조 제1항 제1호)로서 처분에 해당한다고 볼 수 있고, 지방자치단체인 원고가 이를 다툴 실효적 해결 수단이 없는 이상, 원고는 건축물 소재지 관할 허가권자인 (다른) 지방자치단체의 장을 상대로 항고소송을 통해 건축협의 취소의 취소를 구할 수 있다(대판, 2014. 02. 27, 2012두22980).

지방자치단체의 자치권이 주관적 공권으로서 지방자치단체의 항고소송제기권의 근거가 될 수 있는지에 관하여 견해가 대립하고 있다.

지방자치단체의 자치권을 행정소송법상의 법률상 이익으로 보지 않고(지방자치단체의 자치권을 주관적 공권이 아니라 행정기관의 권한으로 보고), 항고소송제기권을 부정하는 견해(부정설)와 지방자치단체의 헌법 및 법률상 자치권을 지방자치단체의 주관적 공권으로 보고 국가 등의 공권력 행사에 의해 이 자치권이 침해된 경우에는 당해 공권력 행사를 다투는 항고소송 또는 헌법소원을 제기할 원고적격을 갖는다고 보는 견해(긍정설: 조성규, 판례를 통해서 본 지방자치단체의 항고소송의 법적 쟁점, 행정법연구 제66호, 2021.11, 35면 이하 등)가 있다.

생각건대, 법률상 이익(주관적 공권)을 법에 의해 보호된 사익으로 한정하면 지방자치단체의 자치권은 사익을 위한 것이 아니므로 법률상 이익(주관적 공권)이 아니고, 따라서 지방자치단체의 자치권 침해를 이유로 항고소송을 제기할 원고적격을 인정하지 않는 것이 논리적이고, 법률상 이익(주관적 공권)을 법에 의해 보호된 개인적 이익으로 보고, 법인의 존재근거가 되는 이익(법인의 존재근거가 되는 이익이 공익을 추구하는 것인 경우도 포함)도 포함하는 것으로 본다면 지방자치단체의 자치권은 법률상 이익(주관적 공권)으로 볼 수 있으므로 지방자치단체의 자치권 침해를 이유로 항고소송을 제기할 원고적격을 인정하는 것이 논리적으로 타당하다. 후자의 견해(긍정설)가 타당하다. 부정설에 따르면 지방자치단체의 자치권 침해에 대해서는 기관소송이나 권한쟁의심판을 제기하여야 한다.

## 4. 기본권주체성

지방자치단체의 기본권주체성을 인정하지 않고, 따라서 헌법소원제기권을 인정하지 않는 것이 헌법재판소의 입장이다(헌재 1998. 03. 26, 96헌마345).

## Ⅳ. 기초자치단체와 광역자치단체의 관계

기초자치단체와 광역자치단체는 법적으로는 대등한 지위를 갖는다. 광역자치단체는 기초자치단체의 상급기관은 아니며 광역자치단체의 지위에서 기초자치단체를 지휘감독하는 권한을 갖지 않는다.

그러나, 현행 지방자치법은 다음과 같은 제도를 규정함으로써 광역자치단체가 사실상 부분적으로 기초자치단체의 상급기관의 지위를 갖는 결과를 가져오고 있다.

① 지방자치법은 광역자치단체의 장을 기초자치단체의 감독기관으로 규정하고 있다. 이 경우 광역자치단체의 장은 국가기관의 지위에서 기초자치단체를 감독하는 것이지만 이를 통하여 광역자치단체의 장이 기초자치단체의 상급기관인 것으로 잘못 인식될 수 있다.

② 지방자치법은 광역자치단체의 조례와 규칙은 기초자치단체의 조례와 규칙보다 우월한 효력을 갖는 것으로 규정하고 있다. 이 규정이 두어진 것은 국가법질서의 통일성을 보장하기 위한 것인데, 그 결과 광역자치단체의 조례와 규칙을 통하여 기초자치단체를 통제할 수 있는 여지가 있다.

③ 지방자치법은 광역자치단체의 장의 업무를 기초자치단체의 장에게 기관위임할 수 있는 것으로 규정하고 있다(법 제117조 제2항). 기초자치단체의 장이 광역자치단체의 사무를 기관위임받아 처리하는 경우에는 광역자치단체의 장의 일반적 지휘감독을 받는다(법 제185조 제2항).

④ 지방자치법상 광역자치단체의 장은 기초자치단체 상호간 또는 기초자치단체의 장 상호간의 분쟁을 조정하는 권한을 가진다(법 제165조, 제166조).

## Ⅴ. 지방자치단체의 관할 및 구성

특별시, 광역시, 특별자치시, 도, 특별자치도(이하 '시·도'라 한다)는 정부의 직할로 두고, 시는 도 또는 특별자치도의 관할구역 안에, 군은 광역시·도 또는 특별자치도의 관할구역 안에 두며, 자치구는 특별시와 광역시의 관할구역 안에 둔다. 다만, 특별자치도의 경우에는 법률이 정하는 바에 따라 관할 구역 안에 시 또는 군을 두지 아니할 수 있다(법 제3조 제2항). 특례시는 기초자치단체이지만, 광역자치단체에 준하는 행·재정 특례를 부여받는 대도시이다.

특별시, 광역시 및 특별자치시가 아닌 인구 50만 이상의 시에는 자치구가 아닌 구를 둘 수 있고, 군에는 읍·면을 두며, 시와 구(자치구를 포함한다)에는 동을, 읍·면에는 리를 둔다(법 제3조 제3항).

제10조 제2항에 따라 설치된 시(도농복합형태의 시)에는 도시의 형태를 갖춘 지역에는 동을, 그 밖의 지역에는 읍·면을 두되, 자치구가 아닌 구를 둘 경우에는 그 구에 읍·면·동을 둘 수 있다(법 제3조 제4항).

특별자치시와 특별자치도의 하부행정기관에 관한 사항은 따로 법률로 정한다(제3조 제5항).

자치구가 아닌 구와 읍·면·동의 명칭과 구역은 종전과 같이 하고, 자치구가 아닌 구와 읍·면·동을 폐지하거나 설치하거나 나누거나 합칠 때에는 행정안전부장관의 승인을 받아 그 지방자치단체의 조례로 정한다. 다만, 명칭과 구역의 변경은 그 지방자치단체의 조례로 정하고, 그 결과를 특별시장·광역시장·도지사에게 보고하여야 한다(제7조 제1항). 인구 감소 등 행정여건 변화로 인하여 필요한 경우 그 지방자치단체의 조례로 정하는 바에 따라 2개 이상의 면을 하나의 면으로 운영하는 등 행정운영상 면(행정면)을 따로 둘 수 있다(제3항).

시는 그 대부분이 도시의 형태를 갖추고 인구 5만 이상이 되어야 한다(법 제10조 제1항).

다음의 1에 해당하는 지역은 이를 **도농복합형태의 시**로 할 수 있다(법 제10조 제2항): ① 제1항에 따라 설치된 시와 군을 통합한 지역, ② 인구 5만 이상의 도시형태를 갖춘 지역이 있는 군, ③ 인구 2만 이상의 도시형태를 갖춘 2개 이상의 지역의 인구가 5만 이상인 군. 이 경우 군의 인구가 15만 이상으로서 대통령령이 정하는 요건을 갖추어야 한다. ④ 국가의 정책으로 인하여 도시가 형성되고, 제128조에 따라 도의 출장소가 설치된 지역으로서 그 지역의 인구가 3만 이상이며, 인구 15만 이상의 도농복합형태의 시의 일부인 지역.

읍은 그 대부분이 도시의 형태를 갖추고 인구 2만 이상이 되어야 한다. 다만, 다음의 어느 하나에 해당하면 인구 2만 미만인 경우에도 읍으로 할 수 있다(법 제10조 제3항): ① 군사무소 소재지의 면, ② 읍이 없는 도농복합형태의 시에서 그 시에 있는 면 중 1개면.

리의 구역은 자연 촌락을 기준으로 하되, 그 명칭과 구역은 종전과 같이하고, 명칭과 구역을 변경하거나 리를 폐지하거나 설치하거나 나누거나 합칠 때에는 그 지방자치단체의 조례로 정한다(법 제7조 제2항).

동·리에서는 행정능률과 주민의 편의를 위하여 그 지방자치단체의 조례로 정하는 바에 따라 하나의 동·리를 2개 이상의 동·리로 운영하거나 2개 이상의 동·리를 하나의 동·리로 운영하는 등 행정운영상 동·리('행정동·리')를 따로 둘 수 있다(법 제

7조 제4항). 행정동·리에 그 지방자치단체의 조례로 정하는 바에 따라 하부조직을 둘
수 있다(법 제7조 제5항, 제6항).

## Ⅵ. 지방자치단체 상호간의 협력 및 분쟁해결

### 1. 지방자치단체 상호간의 협력

지방자치단체는 다른 지방자치단체로부터 사무의 공동처리에 관한 요청이나 사
무처리에 관한 협의·조정·승인 또는 지원의 요청을 받으면 법령의 범위에서 협력하
여야 한다(제164조 제1항).

#### (1) 사무의 위탁

지방자치단체나 그 장은 소관사무의 일부를 다른 지방자치단체나 그 장에게 위탁
하여 처리하게 할 수 있다(제168조 제1항).

지방자치단체나 그 장은 제1항에 따라 사무를 위탁하려면 관계 지방자치단체와
의 협의에 따라 규약을 정하여 고시하여야 한다(제2항).

지방자치단체나 그 장이 사무위탁을 변경하거나 해지하려면 관계 지방자치단체
나 그 장과 협의하여 그 사실을 고시하여야 한다(제4항).

사무가 위탁된 경우 위탁된 사무의 관리와 처리에 관한 조례나 규칙은 규약에
다르게 정하여진 경우 외에는 사무를 위탁받은 지방자치단체에 대하여도 적용한다
(제5항).

#### (2) 행정협의회
##### 1) 행정협의회의 구성

지방자치단체는 2개 이상의 지방자치단체에 관련된 사무의 일부를 공동으로 처
리하기 위하여 관계지방자치단체간의 행정협의회(이하 '협의회'라 한다)를 구성할 수 있
다. 이 경우 지방자치단체의 장은 시·도가 구성원이면 행정안전부장관과 관계중앙행
정기관의 장에게, 시·군 또는 자치구가 구성원이면 시·도지사에게 이를 보고하여야
한다(제169조 제1항).

지방자치단체는 협의회를 구성하려면 관계지방자치단체간의 협의에 따라 규약
을 정하여 관계 지방의회에 각각 보고한 다음 고시하여야 한다(제2항).

행정안전부장관이나 시·도지사는 공익상 필요하면 관계 지방자치단체에 대하여
협의회를 구성하도록 권고할 수 있다(제3항).

## 2) 협의회의 조직

협의회는 회장과 위원으로 구성한다(제170조 제1항). 회장과 위원은 규약으로 정하는 바에 따라 관계 지방자치단체의 직원 중에서 선임한다(제2항). 회장은 협의회를 대표하며 회의를 소집하고 협의회의 사무를 총괄한다(제3항).

## 3) 협의회의 규약

협의회의 규약에는 다음의 사항이 포함되어야 한다: ① 협의회의 명칭, ② 협의회를 구성하는 지방자치단체, ③ 협의회가 처리하는 사무, ④ 협의회의 조직과 회장 및 위원의 선임방법, ⑤ 협의회의 운영과 사무처리에 필요한 경비의 부담이나 지출방법, ⑥ 그 밖에 협의회의 구성과 운영에 관하여 필요한 사항(제171조).

## 4) 협의회의 자료제출요구 등

협의회는 사무를 처리하기 위하여 필요하다고 인정하면 관계 지방자치단체의 장에게 자료 제출, 의견 제시, 그 밖에 필요한 협조를 요구할 수 있다(제172조).

## 5) 협의사항의 조정

협의회에서 합의가 이루어지지 아니한 사항에 대하여 관계 지방자치단체의 장이 조정을 요청하면 시·도간의 협의사항에 대해서는 행정안전부장관이, 시·군 및 자치구 간의 협의사항에 대해서는 시·도지사가 조정할 수 있다. 다만, 관계되는 시·군 및 자치구가 2개 이상의 시·도에 걸치는 경우에는 행정안전부장관이 조정할 수 있다(제173조 제1항).

행정안전부장관이나 시·도지사가 제1항에 따라 조정하려면 관계 중앙행정기관의 장과의 협의를 거쳐 분쟁조정위원회의 의결에 따라 조정하여야 한다(제2항).

## 6) 협의회의 협의 및 사무처리의 효력

협의회를 구성한 관계 지방자치단체는 협의회가 결정한 사항이 있으면 그 결정에 따라 사무를 처리하여야 한다(제174조 제1항).

제173조 제1항에 따라 행정안전부장관이나 시·도지사가 조정한 사항에 관하여는 제165조 제3항부터 제6항까지의 규정을 준용한다(제2항).

협의회가 관계 지방자치단체나 그 장의 명의로 한 사무의 처리는 관계 지방자치단체나 그 장이 한 것으로 본다(제3항).

## 7) 협의회의 규약변경 및 폐지

지방자치단체가 협의회의 규약을 변경하거나 협의회를 없애려는 경우에는 제169조 제1항 및 제2항을 준용한다(제175조).

### (3) 지방자치단체조합

#### 1) 지방자치단체조합의 설립

2개 이상의 지방자치단체가 하나 또는 둘 이상의 사무를 공동으로 처리할 필요가 있을 때에는 규약을 정하여 그 지방의회의 의결을 거쳐 시·도는 행정안전부장관의, 시·군 및 자치구는 시·도지사의 승인을 받아 지방자치단체조합을 설립할 수 있다. 다만, 조합의 구성원인 시·군 및 자치구가 2개 이상의 시·도에 걸쳐 있는 지방자치단체조합은 행정안전부장관의 승인을 받아야 한다(제176조 제1항).

조합은 법인으로 한다(제2항).

#### 2) 지방자치단체조합의 조직

지방자치단체조합에는 지방자치단체조합회의와 지방자치단체조합장 및 사무직원을 둔다(제177조 제1항). 지방자치단체조합회의의 위원과 지방자치단체조합장 및 사무직원은 지방자치단체조합규약으로 정하는 바에 따라 선임한다(제2항).

관계 지방의회의원과 관계 지방자치단체의 장은 제43조 제1항과 제109조 제1항에도 불구하고 지방자치단체조합회의의 위원이나 지방자치단체조합장을 겸할 수 있다(제3항).

#### 3) 지방자치단체조합회의와 지방자치단체조합장의 권한

지방자치단체조합회의는 지방자치단체조합의 규약으로 정하는 바에 따라 지방자치단체조합의 중요 사무를 심의·의결한다(제178조 제1항). 지방자치단체조합회의는 지방자치단체조합이 제공하는 서비스에 대한 사용료·수수료 또는 분담금을 제156조 제1항에 따른 조례의 범위 안에서 정할 수 있다(제2항).

지방자치단체조합장은 지방자치단체조합을 대표하며 지방자치단체조합의 사무를 총괄한다(제3항).

#### 4) 지방자치단체조합의 규약

지방자치단체조합의 규약에는 다음의 사항이 포함되어야 한다: ① 지방자치단체조합의 명칭, ② 지방자치단체조합을 구성하는 지방자치단체, ③ 사무소의 위치, ④ 지방자치단체조합의 사무, ⑤ 지방자치단체조합회의의 조직 및 위원의 선임방법, ⑥ 집행기관의 조직과 선임방법, ⑦ 지방자치단체조합의 운영 및 사무처리에 필요한 경비의 부담과 지출방법, ⑧ 그 밖에 지방자치단체조합의 구성과 운영에 관한 사항(제179조).

#### 5) 지방자치단체조합의 지도·감독

시·도가 구성원인 지방자치단체조합은 행정안전부장관의, 시·군 및 자치구가 구성원인 지방자치단체조합은 1차로 시·도지사, 2차로 행정안전부장관의 지도·감독을 받는다. 다만, 지방자치단체조합의 구성원인 시·군 및 자치구가 2개 이상의 시·도에 걸쳐 있는 지방자치단체조합은 행정안전부장관의 지도·감독을 받는다(제180조 제1항). 행정안전부장관은 공익상 필요하면 지방자치단체조합의 설립이나 해산 또는 규약의 변경을 명할 수 있다(제2항).

### 6) 지방자치단체조합의 규약 변경 및 해산

지방자치단체조합의 규약을 변경하거나 지방자치단체조합을 해산하려는 경우에는 제176조 제1항을 준용한다(제181조 제1항).

지방자치단체조합을 해산한 경우에 그 재산의 처분은 관계 지방자치단체의 협의에 따른다(제2항).

### (4) 지방자치단체의 장 등의 협의체

지방자치단체의 장이나 지방의회의 의장은 상호간의 교류와 협력을 증진하고, 공동의 문제를 협의하기 위하여 다음의 구분에 따라 각각 전국적 협의체를 설립할 수 있다: ① 시·도지사, ② 시·도의회의 의장, ③ 시장·군수·자치구의 구청장, ④ 시·군·자치구의회의 의장(제182조 제1항). 제1항 각 호의 전국적 협의체는 그들 모두가 참가하는 지방자치단체 연합체를 설립할 수 있다(제2항).

## 2. 지방자치단체 상호간의 분쟁조정

### (1) 행정안전부장관 또는 시·도지사의 분쟁조정

지방자치단체 상호간이나 지방자치단체의 장 상호간 사무를 처리할 때 의견이 달라 다툼(이하 '분쟁'이라 한다)이 생기면 다른 법률에 특별한 규정이 없으면 행정안전부장관이나 시·도지사가 당사자의 신청을 받아 조정(調整)할 수 있다. 다만, 그 분쟁이 공익을 현저히 해쳐 조속한 조정이 필요하다고 인정되면 당사자의 신청이 없어도 직권으로 조정할 수 있다(제165조 제1항). 제1항 단서에 따라 행정안전부장관이나 시·도지사가 분쟁을 조정하는 경우에는 그 취지를 미리 당사자에게 알려야 한다(제2항).

[판례] [1] 지방자치법 제148조 제1항, 제3항, 제4항의 내용 및 체계에다가 지방자치법이 분쟁조정 절차를 둔 입법 취지가 지방자치단체 상호 간이나 지방자치단체의 장 상호 간 사무처리 과정에서 분쟁이 발생하는 경우 당사자의 신청 또는 직권으로 구속력 있는 조정절차를 진행하여 이를 해결하고자 하는 데 있는 점, 분쟁조정 대상에서 자치사무를 배제하고 있지 않은 점 등을 종합하면, 지방자치단체의 자치사무라도 당해 지방자치단체에 내부적인 효과만을 발생시키는 것이 아니라 그 사무로 인하여 다른 지방자치단체나 그 주민의 보호할 만한 가치가 있는 이익을 침해하는 경우에는 지방자치법 제148조에서 정한 분쟁조정 대상 사무가 될 수 있다. [2] 영주시가 2012. 3. 15. 지방자치법 제4조의2 제1항 단서에 따라 영주시 '단산면'의 명칭을 '소백산면'으로 바꾸는 내용으로 '영주시 읍·면·동 명칭과 구역에 관한 조례'를 개정·공포한 것에 대해 영주시가 그 관할구역

안의 면의 명칭을 변경하는 것이 자치사무라고 하더라도, '단산면'의 명칭을 '소백산면'으로 변경하는 것은 지방자치법 제148조에서 정한 분쟁조정 대상 사무에 해당하고, '단양군수가 영주시에서 단산면을 소백산면으로 사용하지 않도록 조정하여 줄 것을 요구한 분쟁조정신청을 인용한다'고 한 분쟁조정결정의 내용 또한 위법하다고 볼 수 없다고 한 사례. [3] 영주시에서 명칭변경 시행을 중단하고 관계기관에 명칭변경 시행중단을 통보하여 사실상 '소백산면'의 명칭을 사용하지 않고 있음에도 지방자치단체의 장인 영주시장에 대하여 위 조례를 개정하도록 한 2012. 6. 26.자 직무이행명령이 적법하다고 한 사례(대판 2016. 07. 22, 2012추121).

행정안전부장관이나 시·도지사가 제1항의 분쟁을 조정하려는 경우에는 관계 중앙행정기관의 장과의 협의를 거쳐 제166조에 따른 지방자치단체중앙분쟁조정위원회나 지방자치단체지방분쟁조정위원회의 의결에 따라 조정하여야 한다(제3항).

행정안전부장관이나 시·도지사는 제3항에 따라 조정을 결정하면 서면으로 지체 없이 관계 지방자치단체의 장에게 통보하여야 하며, 통보를 받은 지방자치단체의 장은 그 조정 결정 사항을 이행하여야 한다(제4항).

제3항에 따른 조정 결정 사항 중 예산이 필요한 사항에 대해서는 관계 지방자치단체는 필요한 예산을 우선적으로 편성하여야 한다. 이 경우 연차적으로 추진하여야 할 사항은 연도별 추진계획을 행정안전부장관이나 시·도지사에게 보고하여야 한다(제5항).

행정안전부장관이나 시·도지사는 제3항의 조정 결정에 따른 시설의 설치 또는 서비스의 제공으로 이익을 받거나 그 원인을 일으켰다고 인정되는 지방자치단체에 대해서는 그 시설비나 운영비 등의 전부나 일부를 행정안전부장관이 정하는 기준에 따라 부담하게 할 수 있다(제6항).

행정안전부장관이나 시·도지사는 제4항부터 제6항까지의 규정에 따른 조정 결정 사항이 성실히 이행되지 아니하면 그 지방자치단체에 대하여 제189조를 준용하여 이행하게 할 수 있다(제7항).

[판례] 지방자치법 제148조 제7항, 제170조 제1항에 의하면, 지방자치법 제148조에서 정한 분쟁조정 대상 사무가 될 수 있는 자치사무에 관하여 **분쟁조정결정이 있었음에도 조정결정사항을 성실히 이행하지 않은** 지방자치단체에 대하여는 **제148조 제7항에 따라 제170조를 준용하여** 지방자치단체를 대표하는 **지방자치단체의 장에 대하여** 조정결정사항의 이행을 위하여 **직무이행명령을 할 수 있다**(대판 2016. 07. 22, 2012추121).

따라서, 행정안전부장관 등의 분쟁조정결정에 대하여는 그 후속의 이행명령을 기다려 대법원에 이행명령을 다투는 소를 제기한 후 그 사건에서 이행의무의 존부와 관련하여 분쟁조정결정의 위법까지 함께 다투는 것이 가능할 뿐, 별도로 분쟁조정결정 자체의 취소를 구하는 소송을 대법원에 제기하는 것은 지방자치법상 허용되지 아니한다. 또한, 분쟁조정결정은 그 상대방이나 내용 등에 비추어 행정소송법상 항고소송의 대상이 되는 처분에 해당한다고 보기 어려우므로, 통상의 항고소송을 통한 불복의 여지도 없다(대판 2015. 09. 24, 2014추613[충남 남포지구 부사공구 매립지 귀속 지방자치단체 결정 취소]).

[판례] (1) 지방자치법상 분쟁조정결정이 지방자치법 제170조 제3항에 따른 대법원 직접 제소사항에 해당하거나 통상의 항고소송의 대상이 되는지 여부(소극): 지방자치법 제148조는 제4항에서 분쟁조정결정의 통보를 받은 지방자치단체장은 조정결정사항을 이행하여야 한다고 규정하고, 제7항에서 행정자치부장관 등은 조정결정사항이 성실히 이행되지 아니하면 국가위임사무 등의 직무이행명령에 관한 지방자치법 제170조를 준용하여 해당 지방자치단체의 장으로 하여금 이를 이행하게 할 수 있도록 규정하고 있다. 한편, 지방자치법은 제170조 제3항에서 이행명령에 이의가 있는 지방자치단체의 장은 이행명령서를 접수한 날부터 15일 이내에 대법원에 소를 제기할 수 있다고 규정하고 있으나, 분쟁조정결정에 대한 불복방법은 별도로 규정하고 있지 아니하다. 이러한 지방자치법 규정의 내용과 체계, 분쟁조정결정의 법적 성격 및 분쟁조정결정과 이행명령 사이의 관계 등에 비추어 보면, 행정자치부장관 등의 분쟁조정결정에 대하여는 그 후속의 이행명령을 기다려 대법원에 이행명령을 다투는 소를 제기한 후 그 사건에서 이행의무의 존부와 관련하여 분쟁조정결정의 위법까지 함께 다투는 것이 가능할 뿐, 별도로 분쟁조정결정 자체의 취소를 구하는 소송을 대법원에 제기하는 것은 지방자치법상 허용되지 아니한다고 보아야 한다. 나아가 분쟁조정결정은 그 상대방이나 내용 등에 비추어 행정소송법상 항고소송의 대상이 되는 처분에 해당한다고 보기 어려우므로, 통상의 항고소송을 통한 불복의 여지도 없다. (2) 원고가 피고(행정자치부장관)의 분쟁조정결정의 취소를 구한 데 대하여, 분쟁조정결정에 대하여는 그 후속의 이행명령을 기다려 그 이행명령을 다투는 소를 대법원에 제기하는 것이 가능할 뿐, 분쟁조정결정 자체의 취소를 구하는 소를 대법원에 제기하거나 통상의 항고소송을 통한 불복의 여지가 없음을 전제로, 이 사건 분쟁조정결정 취소청구 부분의 소를 부적법 각하한 사안(대판 2015. 09. 24, 2014추613[충남 남포지구 부사공구 매립지 귀속 지방자치단체 결정 취소]).

## (2) 지방자치단체분쟁조정위원회 등의 설치와 구성 등

### 1) 설　　치

제165조 제1항에 따른 분쟁의 조정과 제173조 제1항에 따른 협의사항의 조정에 필요한 사항을 심의·의결하기 위하여 행정안전부에 지방자치단체중앙분쟁조정위원회(이하 '중앙분쟁조정위원회'라 한다)와 시·도에 지방자치단체지방분쟁조정위원회(이하 '지방분쟁조정위원회'라 한다)를 둔다(제166조 제1항).

### 2) 심의·의결사항

중앙분쟁조정위원회는 다음에 해당하는 분쟁을 심의·의결한다: ① 시·도 간 또는 그 장 간의 분쟁, ② 시·도를 달리하는 시·군 및 자치구 간 또는 그 장 간의 분쟁, ③ 시·도와 시·군 및 자치구 간 또는 그 장 간의 분쟁, ④ 시·도와 지방자치단체조합 간 또는 그 장 간의 분쟁, ⑤ 시·도를 달리하는 시·군 및 자치구와 지방자치단체조합 간 또는 그 장 간의 분쟁, ⑥ 시·도를 달리하는 지방자치단체조합 간 또는 그 장 간의 분쟁(제2항).

지방분쟁조정위원회는 제2항 각 호에 해당하지 아니하는 지방자치단체·지방자치단체조합 간 또는 그 장 간의 분쟁을 심의·의결한다(제3항).

### 3) 구    성

중앙분쟁조정위원회와 지방분쟁조정위원회(이하 '분쟁조정위원회'라 한다)는 각각 위원장 1명을 포함한 11명 이내의 위원으로 구성한다(제4항).

### 4) 분쟁조정위원회의 운영 등

분쟁조정위원회는 위원장을 포함한 위원 7명 이상의 출석으로 개의하고, 출석위원 3분의 2 이상의 찬성으로 의결한다(제167조 제1항). 분쟁조정위원회의 위원장은 분쟁의 조정과 관련하여 필요하다고 인정하면 관계 공무원, 지방자치단체조합의 직원 또는 관계 전문가를 출석시켜 의견을 듣거나 관계 기관이나 단체에 대하여 자료 및 의견제출 등을 요구할 수 있다. 이 경우 분쟁의 당사자에게는 의견을 진술할 기회를 주어야 한다(제2항). 이 법에서 정한 사항 외에 분쟁조정위원회의 구성과 운영 등에 필요한 사항은 대통령령으로 정한다(제3항).

### (3) 권한쟁의심판

지방자치단체 상호간에 권한의 존부 또는 범위에 관하여 다툼이 있을 때에는 당해 지방자치단체는 헌법재판소에 권한쟁의심판(權限爭議審判)을 청구할 수 있다(헌법재판소법 제61조 제1항). 제1항의 심판청구는 피청구인의 처분 또는 부작위가 헌법 또는 법률에 의하여 부여받은 청구인의 권한을 침해하였거나 침해할 현저한 위험이 있는 때에 한하여 이를 할 수 있다(제2항).

지방자치단체 상호간의 권한쟁의심판의 종류는 다음과 같다: ① 특별시·광역시 또는 도 상호간의 권한쟁의심판, ② 시·군 또는 자치구 상호간의 권한쟁의심판, ③ 특별시·광역시 또는 도와 시·군 또는 자치구간의 권한쟁의심판(동법 제62조 제1항 제3호).

권한쟁의가 지방교육자치에 관한 법률 제2조의 규정에 의한 교육·학예에 관한 지방자치단체의 사무에 관한 것인 때에는 교육감이 제1항 제3호의 당사자가 된다(제62조 제2항).

**[판례]** 경기도가 2020. 6. 4. 남양주시를 경기도형 재난기본소득(지급일로부터 3개월이 지나면 소멸하는 지역화폐) 사업에 동참하는 시·군을 대상으로 한 특별조정교부금 배분에서 제외한 행위가 헌법 및 지방자치법에 의하여 부여된 남양주시의 지방자치권(지방재정권)을 침해하지 않는다는 사례(헌재 2022. 12. 22. 2020헌라3).

# 제 4 절   지방자치단체의 구역

## I. 의     의

지방자치단체의 구역(區域)이라 함은 지방자치단체의 권한이 미치는 공간적 범위를 말한다. 지방자치단체의 구역은 지방자치단체의 구성요소이다. 지방자치단체는 구역을 갖고 있는 점에서 구역을 갖지 않는 다른 공공단체와 구별된다.

그 구역에 주소를 가지는 자가 주민이 되고 그 구역 내에서 지방자치단체의 권한이 미친다. 지방자치단체의 구역은 소유권의 귀속과는 별개의 문제이다.

**[판례]** [1] 지방자치단체의 관할구역은 본래 지방자치제도 보장의 핵심영역, 본질적 부분에 속하는 것이 아니라 입법형성권의 범위에 속한다. [2] 지방자치법 제4조 제3항부터 제7항이 행정안전부장관 및 그 소속 위원회의 매립지 관할 귀속에 관한 의결·결정의 실체적 결정기준이나 고려요소를 구체적으로 규정하지 않았다고 하더라도 지방자치제도의 본질을 침해하였다거나 명확성원칙, 법률유보원칙에 반한다고 볼 수 없다(대판 2021. 02. 04, 2015추528).

## II. 구역의 획정

지방자치단체의 구역은 그 획정(劃定)이 어려우므로 종전의 구역을 그대로 받아들이는 것으로 하였다(법 제5조 제1항). 종전의 구역이란 원칙상 1948. 8. 15 당시 관습법상 정해진 구역을 말한다.

**[판례]** ① 구 지방자치법 제4조(현행 제5조) 제1항은 지방자치단체의 관할구역 경계를 결정함에 있어서 '종전'에 의하도록 하고 있고, 지방자치법 제4조 제1항의 개정 연혁에 비추어 보면 위 '종전'이라는 기준은 최초로 제정된 법률조항까지 순차 거슬러 올라가게 되므로 1948. 8. 15. 당시 존재하던 관할구역의 경계가 원천적인 기준이 된다(헌재 2006. 08. 31, 2003헌라1).
② (1) 기선권현망어업의 조업구역의 경계가 되는 '경상남도와 전라남도의 도 경계선'은 지방자치법 제4조 제1항에 따라 결정되는 경상남도와 전라남도의 관할구역의 경계선을 의미한다고 보아야 한다. (2) 지방자치법 제4조 제1항은 **지방자치단체의 관할구역 경계**를 결정함에 있어서 '종전'에 의하도록 하고 있고, 지방자치법 제4조 제1항 등의 개정연혁에 비추어 보면 그 '종전'이라는 기준은 최초로 제정된 법률조항까지 순차 거슬러 올라가게 되므로, 1948. 8. 15. 당시 존재하던 관할구역의 경계가 원천적인 기준이 된다고 할 수 있으며, 공유수면에 대한 **지방자치단체의 관할구역 경계** 역시 위와 같은 기준에 따라 1948. 8. 15. 당시 존재하던 경계가 먼저 확인되어야 할 것인데, 이는 결국 당시 해상경계선의 존재와 형태를 확인하는 사실인정의 문제라고 할 수 있다(헌재 2011. 09. 29, 2009헌라5 등 참조). (3) 피고인들이 허가된 조업구역의 서쪽 경계인 '경상남도와 전라남도의 도 경계선'을 넘어가 전라남도 해역에서 멸치를 포획하다가 수산업법위반으로 기소된 사건에

서, 국토지리정보원이 발행한 국가기본도(지형도) 중 1948. 8. 15.에 가장 근접한 1973년 지형도상
의 해상경계선이 이 사건 허가 조업구역의 경계선인 '경상남도와 전라남도의 도 경계선(해상경계
선)'이 되고 피고인들은 직접 또는 그 사용인이 모두 위 해상경계선을 넘어가 조업을 하였으므로
이 사건 공소사실은 모두 유죄라고 한 원심의 판단을 수긍한 사례(대판 2015. 06. 11, 2013도14334).
〈해설〉 이러한 국가기본도(지형도)상의 해상경계선의 구속력을 인정하는 대법원의 견해는 헌법재
판소의 새로운 견해와 배치된다.

지방자치단체의 구역은 육지와 그 지하 및 상공을 포함한다.
해면도 포함하는가에 관하여는 견해가 대립되고 있다.

### 1. 긍정설

영해에도 지방자치단체의 구역이 정해지는 것으로 보아야 한다는 견해의 논거
는 다음과 같다. ① 주권에는 행정권도 포함되므로 국가의 주권이 미치는 영역은 모
두 지방자치단체의 구역에 속한다고 보아야 한다. ② 지방자치단체가 영해에서도 수
산업법상 보호수면의 지정 등 행정권한 및 과세권을 행사하고 있으므로 영해에도 지
방자치단체의 구역이 정해지는 것으로 보는 것이 타당하다. 긍정설이 타당하다.

### 2. 부정설

바다가 지방자치단체의 구역에 속하지 않는다는 견해의 논거는 다음과 같다. ①
지방자치법 제5조 제1항이 지방자치단체의 구역은 종전에 의한다고 규정하고 있는
데, 영해에 있어 지방자치단체의 구역은 정해져 있지 않으므로 영해는 지방자치단체
의 구역에 속하는 것으로 볼 수 없다. ② 지방자치단체의 장이 어업 등에 관한 행정
권한을 행사하는 것은 국가의 지방행정기관으로서 권한을 행사하는 것이지 지방자치
단체의 집행기관으로서 권한을 행사하는 것은 아니다.

### 3. 판   례

판례는 긍정설을 취하고 있다.

[판례] ① 지방자치단체의 구역은 주민·자치권과 함께 자치단체의 구성요소이며, 자치권이 미치
는 관할 구역의 범위에는 육지는 물론 바다도 포함되므로, 공유수면에 대한 지방자치단체의 자치
권한이 존재한다(헌재 2004. 09. 23, 2000헌라2).
② 충청남도 연해를 조업구역으로 하여 어업허가를 받은 어선이 전라남도 연해에서 근해형망어업
조업을 한 행위를 유죄로 인정한 사례(대판 2002. 09. 24, 2002도1032).

헌법재판소는 해상의 경계에 관하여 종래 국가기본도상의 해상경계선을 불문법
상 해상경계선으로 인정하여 이 해상경계선을 토대로 지방자치단체의 관할구역을 확

정하였으나 선례를 변경하여 해상경계에 관한 불문법(관습법)이 있으면 그에 따르고, 그에 관한 불문법이 없으면 형평의 원칙에 따라 공유수면의 해상경계선을 확정하여야 한다고 보면서, 등거리 중간선 원칙, 관련 법령의 현황, 연혁적인 상황, 행정권한 행사 내용, 사무 처리의 실상, 주민의 사회·경제적 편익 등을 종합적으로 고려하여 합리적이고 공평하게 해상경계선을 획정해야 한다고 본다(헌재 2015. 07. 30, 2010헌라2[해상경계획정 사건]; 헌재 2019. 04. 11, 2016헌라8, 2018헌라2(병합)).

**[판례]** ① 공유수면에 대한 지방자치단체의 관할구역 경계획정 원리: 공유수면에 대한 지방자치단체의 관할구역 경계획정은 명시적인 법령상의 규정이 존재한다면 그에 따르고, 명시적인 법령상의 규정이 존재하지 않는다면 불문법상 해상경계에 따라야 한다. 불문법상 해상경계마저 존재하지 않는다면, 주민·구역·자치권을 구성요소로 하는 지방자치단체의 본질에 비추어 지방자치단체의 관할구역에 경계가 없는 부분이 있다는 것은 상정할 수 없으므로, 권한쟁의심판권을 가지고 있는 헌법재판소가 형평의 원칙에 따라 합리적이고 공평하게 해상경계선을 획정하여야 한다. (2) 불문법상 해상경계의 성립 기준: 지방자치단체 사이의 불문법상 해상경계가 성립하기 위해서는 관계 지방자치단체·주민들 사이에 해상경계에 관한 일정한 관행이 존재하고, 그 해상경계에 관한 관행이 장기간 반복되어야 하며, 그 해상경계에 관한 관행을 법규범이라고 인식하는 관계 지방자치단체·주민들의 법적 확신이 있어야 한다. (3) 국가기본도에 표시된 해상경계선은 그 자체로 불문법상 해상경계선으로 인정되는 것은 아니나, 관할 행정청이 국가기본도에 표시된 해상경계선을 기준으로 하여 과거부터 현재에 이르기까지 반복적으로 처분을 내리고, 지방자치단체가 허가, 면허 및 단속 등의 업무를 지속적으로 수행하여 왔다면 국가기본도상의 해상경계선은 여전히 지방자치단체 관할 경계에 관하여 불문법으로서 그 기준이 될 수 있다. (4) 불문법상 해상경계의 성립을 인정한 사례: 쟁송해역에 대하여 1948. 8. 15. 당시 존재하던 불문법상 해상경계를 확인할 수 있는 주요한 근거가 되는 조선총독부 육지측량부 간행의 1918년 지형도에 표시된 경계선은 국립지리원 발행의 1956년 국가기본도를 거쳐 1973년 국가기본도에 이르기까지 대체로 일관되게 표시되어 있고, 피청구인들은 1973년 국가기본도상 해상경계선을 기준으로 관할권한을 행사하여 왔으며, 해양수산부장관 역시 피청구인들의 관할권한 행사를 승인하여 왔다. 또한 수산업법 위반행위에 대한 단속 역시 1973년 국가기본도상 해상경계선을 기준으로 이루어졌음이 인정되는바, 이 사건 쟁송해역이 피청구인들의 관할구역에 속한다는 점을 전제로 장기간 반복된 관행이 존재하는 것으로 보이고, 그에 대한 각 지방자치단체와 주민들의 법적 확신이 존재한다는 점 역시 인정된다. 이상의 사정들을 종합하여 보면 쟁송해역에 대한 관할권한이 청구인들에게 귀속된다고 볼 수 없고, 따라서 피청구인들이 이 사건 쟁송해역에서 행사할 장래처분으로 인하여 헌법상 및 법률상 부여받은 청구인들의 자치권한이 침해될 현저한 위험성이 존재한다고 볼 수 없다(헌재 2021. 02. 25, 2015헌라7) 〈해설〉 이 사건은 헌법재판소가 2010헌라2 결정에서 공유수면에서의 해상경계 획정기준에 관한 새로운 법리를 설시한 이후, 등거리 중간선 등 형평의 원칙에 따라 해상경계선을 획정하지 아니하고 불문법상 해상경계를 확인한 최초의 결정이다.

② (1) 지방자치법 제4조 제1항은 지방자치단체의 관할구역 경계를 결정함에 있어서 '종전'에 의하도록 하고 있고, 지방자치법의 개정연혁에 비추어 보면 위 '종전'이라는 기준은 최초로 제정된 법률조항까지 순차 거슬러 올라가게 되므로 1948. 8. 15. 당시 존재하던 관할구역의 경계가 원천적인 기준이 된다. 공유수면에 대한 지방자치단체의 관할구역 경계 역시 위와 같은 기준에 따라 1948. 8. 15. 당시 존재하던 경계가 먼저 확인되어야 할 것인데, 지금까지 우리 법체계에서는 공유수면

의 행정구역 경계에 관한 명시적인 법령상의 규정이 존재한 바 없으므로, **공유수면에 대한 행정구역 경계가 불문법상으로 존재한다면 그에 따라야 한다.** 그리고 만약 해상경계에 관한 불문법도 존재하지 않으면, 주민, 구역과 자치권을 구성요소로 하는 지방자치단체의 본질에 비추어 지방자치단체의 관할구역에 경계가 없는 부분이 있다는 것을 상정할 수 없으므로, 헌법재판소가 지리상의 자연적 조건, 관련 법령의 현황, 연혁적인 상황, 행정권한 행사 내용, 사무 처리의 실상, 주민의 사회·경제적 편익 등을 종합하여 형평의 원칙에 따라 합리적이고 공평하게 해상경계선을 획정할 수밖에 없다. (2) 그런데 종래 선례는 도서 등의 소속을 명시하기 위한 표시에 불과한 국가기본도상 해상경계선을 공유수면에 대한 불문법상 해상경계선으로 보아왔지만, **본 결정에서는 국가기본도상 해상경계선에 대하여 규범적 효력을 더 이상 인정하지 않기로 하는바**, 이 사건에서 달리 해상경계선에 관한 불문법이 성립되어 있다고 볼 사정이 보이지 않는다. 그렇다면, 이 사건에서는 양 지방자치단체의 이익을 동등하게 다루고자 하는 규범적 관념에 기초한 등거리 중간선 원칙, 안면도와 황도, 죽도와 같이 이 사건 공유수면에 위치한 도서들의 존재, 서산군에 편제되어 있던 죽도리가 홍성군 소속으로 변경되는 것을 내용으로 하는 관련 행정구역의 관할 변경, 행정권한의 행사 연혁이나 사무 처리의 실상, 죽도와 이 사건 쟁송해역이 지리적으로나 생활적으로 긴밀히 연계되어 있는 상황 등을 고려하여 형평의 원칙에 따라서 해상경계선을 획정해야 한다. (3) 이 사건에서 문제되는 어업면허사무는 자치사무이므로, 만약 태안군수의 어업면허처분 중 청구인의 관할구역에 대하여 이루어진 부분이 있다면 이로 인해 청구인의 권한이 침해될 가능성이 있다. 따라서 이 사건 심판청구는 청구인의 권한에 속하는 사무에 관한 권한쟁의심판청구로서 적법하다. (4) 천수만 내에 있는 일부 해역(이하 '이 사건 쟁송해역')에 대하여 홍성군이 태안군을 상대로 자치권한이 침해되었음을 이유로 관할권한의 확인 및 어업면허처분의 무효 확인을 구한 권한쟁의 심판사건에서 지방자치단체의 해상경계에 관한 명시적인 법령이 없고 이 사건에서 불문법상 해상경계선도 부재하므로, 형평의 원칙에 따라 **등거리 중간선 원칙, 죽도리의 관할이 종래 서산군에서 홍성군으로 변경된 점 등을 고려하여 이 사건 공유수면의 해상경계선을 획정하고 어업면허처분 중 청구인의 관할구역에 대해서 이루어진 부분이 청구인의 지방자치권을 침해한 것이므로 무효임을 확인하는 결정을 선고한 사례**(헌재 2015. 07. 30, 2010헌라2[해상경계획정 사건]) 〈해설〉 공유수면의 해상경계선에 관한 분쟁에서 종래 헌법재판소는 국가기본도상의 해상경계선을 불문법상 해상경계선으로 인정하여 이 해상경계선을 토대로 지방자치단체의 관할구역을 확정하였다. 그러나 이 사건에서는 위와 같은 선례의 법리를 변경하여, 형평의 원칙에 따라 공유수면의 해상경계선을 확정하여야 한다고 보면서, 등거리 중간선 원칙, 관련 법령의 현황, 연혁적인 상황, 행정권한 행사 내용, 사무 처리의 실상, 주민의 사회·경제적 편익 등을 종합적으로 고려하여 합리적이고 공평하게 해상경계선을 획정해야 한다고 판시하였다. 이 사건은 위의 새로운 법리를 공유수면의 해상경계선에 관한 권한쟁의심판사건에 적용한 최초의 사례이다. 이에 대하여는 공유수면에 대한 지방자치단체의 자치권한이 존재하지 않고, 영해구역에 관한 경계규정이 존재하지 않는다는 재판관 이진성의 반대의견이 있다.

③ 피청구인(고창군)의 공유수면 점용·사용료 부과처분으로 인하여 청구인(부안군)의 자치권한이 침해되었다고 주장하는 권한쟁의심판에서 피청구인의 공유수면 점용·사용료 부과처분 중 청구인의 관할권한에 속하는 해역에 대한 부분은 모두 무효임을 확인한다는 결정을 한 사례(헌재 2019. 04. 11, 2016헌라8 등). 〈해설〉 이 사건은 ① 헌재 2015. 7. 30. 2010헌라2 결정에서 판시된 지방자치단체 사이의 해상경계 확정 법리를 기본으로 하여 등거리 중간선에 따라 고창군과 부안군 사이의 해상경계를 획정함을 원칙으로 하되, ② 지리상의 자연적 조건과 주민들의 생업·편익 등을 고려하여 **등거리 중간선의 예외를 인정한 사례**이다.

## Ⅲ. 경계에 관한 분쟁

지방자치단체의 경계에 관한 분쟁의 해결에 관하여 명문의 규정이 존재하지 않는데, 구역의 경계가 불명확한 경우에는 우선 관계 지방자치단체, 상급지방자치단체 및 행정안전부 사이의 협의에 의해 그 구역이 정해져야 한다.

구역의 경계에 관한 협의가 이루어지지 않는 경우에는 경계에 관한 분쟁도 지방자치단체 상호간의 분쟁의 하나이므로 지방자치법 제165조에 따라 시·도가 분쟁당사자가 되는 경우에는 행정안전부장관이, 시·군 및 자치구가 분쟁당사자가 되는 경우에는 시·도지사가 당사자의 신청에 의하여 이를 조정한다.

그리고, 경계에 관한 분쟁은 일종의 지방자치단체 상호간의 권한쟁의라고 할 수도 있으므로 조정에 의해 경계에 관한 분쟁이 해결되지 못하는 경우에 권한쟁의심판이 제기될 수 있다.

## Ⅳ. 폐치(廢置)·분합(分合) 및 경계변경

### 1. 결정권자·결정형식

지방자치단체의 명칭과 구역을 바꾸거나 지방자치단체를 폐지하거나 설치하거나 나누거나 합칠 때에는 법률로 정한다(법 제5조 제1항). 제1항에도 불구하고 지방자치단체의 구역변경 중 관할 구역 경계변경(이하 "경계변경"이라 한다)과 지방자치단체의 한자 명칭의 변경은 대통령령으로 정한다. 이 경우 경계변경의 절차는 제6조에서 정한 절차에 따른다(법 제5조 제2항).

지방자치단체의 구역을 변경할 때 "법률로 정한다"는 것이 법률로 정하는 바에 의한다는 것인지 아니면 법률 자체로 그 변경을 결정한다는 것인지 명확하지 않으나 후자 즉, 법률 자체로 결정한다는 의미로 해석하는 것이 타당하다.

제1항의 규정에 의하여 지방자치단체를 폐지하거나 설치하거나 나누거나 합칠 때 또는 그 명칭(한자 명칭 변경 포함)이나 구역을 변경(경계변경 제외)할 때에는 관계 지방의회의 의견을 들어야 한다. 다만, 주민투표법 제8조에 따라 주민투표를 한 경우에는 그러하지 아니하다(제5조 제3항).

매립지와 지적공부에 등록이 누락되어 있는 토지가 속할 지방자치단체는 후술하는 바와 같이 제5항부터 제8항까지의 규정에 따라 행정안전부장관이 결정한다(제5조 제4항).

[판례] (1) 2009. 개정 전 구 지방자치법 하에서 공유수면 매립지의 경계 획정이 문제된 경우 종래

에는 헌법재판소가 위 '종전'이 무엇인지 살펴본 후 공유수면 해상경계선을 기준으로 매립지가 속할 지방자치단체를 결정하여 왔다. 그러나 2009년 개정 지방자치법에서는 제4조 제3항을 신설하여 공유수면 매립지가 속할 지방자치단체를 행정안전부장관이 결정하도록 하고, 이러한 결정을 위한 신청을 의무로 규정하며, 개정 지방자치법 시행 전에 이미 준공검사를 받은 매립지라 하더라도 법 시행 후에 지적공부에 등록하려면 그 전에 행정안전부장관에의 신청 및 결정 절차를 반드시 거치도록 하였다. (2) 신생 매립지는 개정 지방자치법 제4조 제3항에 따라 같은 조 제1항이 처음부터 배제되어 종전의 관할구역과의 연관성이 단절되고, 행정안전부장관의 결정이 확정됨으로써 비로소 관할 지방자치단체가 정해지며, 그 전까지 해당 매립지는 어느 지방자치단체에도 속하지 않는다 할 것이다. 그렇다면 이 사건 매립지의 매립 전 공유수면에 대한 관할권을 가졌을 뿐인 청구인들이, 그 후 새로이 형성된 이 사건 매립지에 대해서까지 어떠한 권한을 보유하고 있다고 볼 수 없으므로, 이 사건에서 청구인들의 자치권한이 침해되거나 침해될 현저한 위험이 있다고 보기는 어렵다. (3) 충남과 당진시가 행정안전부장관과 평택시 등을 상대로 낸 권한쟁의심판에서 각하한 사례(헌재 2020. 07. 16, 2015헌라3).

## 2. 법적 효과

지방자치단체의 구역을 변경하거나 지방자치단체를 폐지하거나 설치하거나 나누거나 합칠 때에는 새로 그 지역을 관할하게 된 지방자치단체가 그 사무와 재산을 승계한다(제8조 제1항). 이 경우에 지역에 의하여 지방자치단체의 사무와 재산을 구분하기 곤란하면 시·도에서는 행정안전부장관이, 시·군 및 자치구에서는 시·도지사가 그 사무와 재산의 한계 및 승계할 지방자치단체를 지정한다(제2항).

[판례] ① 지방자치단체의 구역변경이나 폐치·분합에 따라 새로 그 지역을 관할하게 된 지방자치단체가 승계하게 되는 '재산'이라 함은 현금 외의 모든 재산적 가치가 있는 물건 및 권리만을 의미하고, 채무는 이에 포함되지 않는다(대판 2008. 02. 01, 2007다8914).
② 종전의 두 지방자치단체가 완전히 폐지되고 그 지방자치단체들이 관할하는 전 구역을 그 관할구역으로 하여 새로운 지방자치단체가 설치되는 흡수합병 내지 합체의 경우에는, 그 채무를 부담할 주체인 기존의 지방자치단체는 소멸되었으므로 그 기존의 지방자치단체가 부담하고 있던 채무는 새로운 지방자치단체가 이를 승계한다(대판 1995. 12. 08, 95다36053).

## 3. 주민의 헌법소원

지방자치단체의 폐치·분합은 주민의 기본권과 관련이 있으므로 주민은 헌법소원을 제기할 수 있다.

[판례] 지방자치단체의 폐치·분합에 관한 것은 지방자치단체의 자치행정권 중 지역고권의 보장문제이나, 대상지역 주민들은 그로 인하여 인간다운 생활공간에서 살 권리, 평등권, 정당한 청문권, 거주이전의 자유, 선거권, 공무담임권, 인간다운 생활을 할 권리, 사회보장·사회복지수급권 및 환경권 등을 침해받게 될 수도 있다는 점에서 기본권과도 관련이 있어 주민은 헌법소원을 제기할 수 있다. 헌법재판소는 이렇게 보면서 중원군과 충주시의 지리적 위치, 역사, 생활권의 동일 여부 등을 고려하여 중원군을 충주시에 편입시키기로 하는 법률(경기도 남양주시 등 33개 도농복합형태의

시 설치 등에 관한 법률)은 중원군 주민들이 기존에 누리고 있던 각종 혜택을 그대로 유지시키고 그로 인한 기본권제한의 여지를 필요 최소한도로 그치도록 하고 있으므로, 국회가 위 법률을 제정함에 있어서 공공복리적합성 판단과 비례원칙 적용에 있어서 명백히 잘못되었거나 헌법상의 가치질서를 침해하였다고 볼 수 없고, 위 법률의 제정과정에서 주민투표를 실시하지 아니하였다 하여 적법절차원칙을 위반하였다고 할 수 없다고 결정하였다(헌재 1994. 12. 29, 94헌마201).

### 4. 지방자치단체의 폐치·분합과 지방자치단체의 장의 직무대행자의 지정

지방자치단체를 폐지하거나 설치하거나 나누거나 합쳐 새로 지방자치단체의 장을 선출하여야 하는 경우에는 그 지방자치단체의 장이 선출될 때까지 시·도지사는 행정안전부장관이, 시장·군수 및 자치구의 구청장은 시·도지사가 각각 그 직무를 대행할 사람을 지정하여야 한다. 다만, 둘 이상의 동격의 지방자치단체를 통·폐합하여 새로운 지방자치단체를 설치하는 경우에는 종전의 지방자치단체의 장 중에서 해당 지방자치단체의 장의 직무를 대행할 사람을 지정한다(제110조).

## V. 공유수면매립지 등의 구역결정

### 1. 공유수면매립지의 구역결정기준

공유수면매립 후 형성된 육지에 대한 지방자치단체의 구역을 어떻게 결정할 것인지에 관하여 다음과 같이 견해가 대립하고 있다.

#### (1) 바다에 대한 지방자치단체의 구역에 따라 매립 후의 육지에 대한 구역을 결정하는 것이 타당하다는 견해(제1설)

이 견해는 바다에 지방자치단체의 구역이 설정되어 있는 경우에는 바다의 구역에 따라 공유수면매립지의 관할구역을 결정하고, 바다의 구역 설정이 명확하지 않은 경우 바다의 구역결정기준에 따라 바다의 구역을 결정하고 그 바다의 구역에 따라 공유수면매립지의 관할구역을 정하는 것이 타당하다고 한다. 과거 헌법재판소가 취한 견해이다(헌재 2006. 08. 31, 2003헌라1: 해상경계선에 따라야 한다고 한 사례).

이 견해의 문제점은 바다와 육지의 성질상 차이에 따라 바다의 구역결정기준과 육지의 구역결정기준은 다를 수밖에 없는데, 바다의 구역결정기준에 의해 새롭게 형성된 육지의 구역을 결정하는 것은 타당하지 않다는 점이다.

#### (2) 육지의 구역결정기준에 따라 새롭게 구역을 결정하여야 한다는 견해(제2설)

이 견해는 매립된 토지는 전혀 새롭게 형성된 토지이므로 주민의 편의 및 행정의 효율성을 가장 중요한 구역결정기준으로 하여 육지의 구역결정기준에 따라 그 구역을 새롭게 결정하는 것이 타당하다는 것에 근거한다.

이 견해에 대하여는 바다의 구역을 전혀 무시하고 바다를 매립하여 조성된 매립지의 구역을 정하는 것은 지방자치단체의 영토고권을 침해하는 것이라는 비판이 제기된다.

### (3) 절충설

이 견해는 바다의 구역과 함께 육지인 행정구역의 일반적 설정기준을 고려하여 공유수면매립지가 속한 지방자치단체의 구역을 판단하여야 한다는 견해이다. 왜냐하면 바다를 매립하여 조성된 토지는 바다의 구역을 소멸시키면서 그 위에 조성된 것이며 다른 한편으로 조성된 매립지는 이제 바다는 아니며 육지이므로 기존의 육지와의 연결 등이 중요한 요소라고 보아야 하기 때문이다.

### (4) 판    례

대법원 판례는 기본적으로 절충설을 취한 것으로 보인다. 즉, 종래 매립지 등 관할 결정의 준칙으로 적용되어 온 지형도상 해상경계선 기준이 가지던 관습법적 효력은 2009. 4. 1. 지방자치법의 개정에 의하여 변경 내지 제한되었다고 보고, 여러 가지 공익과 사익 및 관련 지방자치단체의 이익을 종합적으로 고려하여 매립지가 속할 지방자치단체를 결정해야 한다고 본다.

[판례] ① 「공간정보의 구축 및 관리 등에 관한 법률」(이하 '공간정보관리법'이라고 한다) 제67조, 같은 법 시행령 제58조 제17호, 제18호, 제19호에 의하면, 육상의 공유수면은 물권의 객체인 '토지' 위에 존재하는 수면(水面) 또는 수류(水流)로서 그 토지를 기준으로 관할 지방자치단체가 결정된다. 그러나 해상의 공유수면의 밑바다(海底, sea bed)은 물권의 객체인 '토지'로 보지 않으므로 여기에 매립공사를 시행하여 매립지를 조성하면 종전에 존재하지 않았던 토지가 새로 생겨난 경우에 해당하며, 새로 생겨난 토지는 종전에 어느 지방자치단체에도 속하지 않았으므로 국가가 지방자치법 제4조 제1항 본문에 의하여 법률의 형식으로 또는 지방자치법 제4조 제3항에 의하여 행정안전부장관의 결정의 형식으로 관할 지방자치단체를 정하여야 하며, 그 전까지는 어느 지방자치단체에도 속하지 않는다. 따라서 '해상 공유수면'과 그 '매립지'는 법적 성질을 전혀 달리하는 것이며, 공유수면의 이용과 매립지의 이용은 그 방법과 내용을 달리하므로, 공유수면의 해상경계기준을 매립지의 관할 귀속 결정에까지 그대로 적용할 수는 없다(헌재 2020. 07. 16, 2015헌라3 등 참조). ② [1] 하나의 계획으로 전체적인 매립사업계획이 수립되고 그 구도하에서 사업내용이나 지구별로 단계적, 순차적으로 진행되는 매립 사업에서 매립이 완료된 일부 지역에 대한 관할귀속 결정을 먼저 하는 경우 고려해야 할 사항: 하나의 계획으로 전체적인 매립사업계획이 수립되고 그 구도하에서 사업내용이나 지구별로 단계적, 순차적으로 진행되는 매립 사업에서 매립이 완료된 부분에 대한 행정적 지원의 필요 등 때문에 전체 매립 대상 지역이 아니라 매립이 완료된 일부 지역에 대한 관할귀속 결정을 먼저 할 수밖에 없는 경우에도 그 부분의 관할 결정은 나머지 매립 예정 지역의 관할 결정에도 상당한 영향을 미칠 수 있다. 따라서 일부 구역에 대해서만 관할 결정을 할 경우에도 당해 매립사업의 총체적 추진계획, 매립지의 구역별 토지이용계획 및 용도, 항만의 조성과 이용계획 등을 종합적으로 고려하여 매립 예정 지역의 전체적인 관할 구도의 틀을 감안한 관할 결정

이 이루어지도록 하는 것이 합리적이다. … 이와 같은 제반 사정에 비추어 매립 대상 지역 중 완공이 된 일부 지역에 대하여 관할 결정을 할 경우에도 전체 매립 대상 지역의 관할 구분 구도에 어긋나지 아니하는 관할 결정이 이루어져야 한다. 〈해설〉 매립이 완료된 일부 지역에 대한 관할귀속 결정은 부분허가에 준하는 '부분결정'의 성질을 갖는다고 볼 수 있다. [2] 종래 매립지 등 관할 결정의 준칙으로 적용되어 온 지형도상 해상경계선 기준이 가지던 관습법적 효력이 2009. 4. 1. 개정된 지방자치법에 의하여 변경 내지 제한되는지 여부(적극) 및 안전행정부장관이 매립지가 속할 지방자치단체를 정할 때에 가지는 재량권의 한계: 지방자치법 제4조 제3항, 제5항, 제6항, 제7항, 제8항, 제9항 등 관계 법령의 내용, 형식, 취지 및 개정 경과 등에 비추어 보면, 2009. 4. 1. 법률 제9577호로 지방자치법이 개정되기 전까지 종래 매립지 등 관할 결정의 준칙으로 적용되어 온 지형도상 해상경계선 기준이 가지던 관습법적 효력은 위 지방자치법의 개정에 의하여 변경 내지 제한되었다고 보는 것이 타당하고, 안전행정부장관은 매립지가 속할 지방자치단체를 정할 때에 상당한 형성의 자유를 가지게 되었다. 다만 그 관할 결정은 계획재량적 성격을 지니는 점에 비추어 위와 같은 형성의 자유는 무제한의 재량이 허용되는 것이 아니라 여러 가지 공익과 사익 및 관련 지방자치단체의 이익을 종합적으로 고려하여 비교·교량해야 하는 제한이 있다. 따라서 안전행정부장관이 위와 같은 이익형량을 전혀 행하지 않거나 이익형량의 고려 대상에 마땅히 포함시켜야 할 사항을 누락한 경우 또는 이익형량을 하였으나 정당성·객관성이 결여된 경우에는 그 매립지가 속할 지방자치단체 결정은 재량권을 일탈·남용한 것으로서 위법하다고 보아야 한다. 〈해설〉 과거 구 지방자치법하에서 헌법재판소는 제1설을 취하였다(헌재 2004. 09. 23, 2000헌라2). [3] 매립지가 속할 지방자치단체를 결정할 때 고려해야 할 관련 이익의 범위: 매립지가 속할 지방자치단체를 정할 때 고려해야 할 관련 이익의 범위 등은 2009. 4. 1. 법률 제9577호 지방자치법 개정의 취지 등에 비추어 일반적으로 다음과 같은 사항이 포함되어야 한다. ① 매립지 내 각 지역의 세부 토지이용계획 및 인접 지역과의 유기적 이용관계 등을 고려하여 관할구역을 결정함으로써 효율적인 신규토지의 이용이 가능하도록 해야 한다. ② 공유수면이 매립에 의하여 육지화된 이상 더는 해상경계선만을 기준으로 관할 결정을 할 것은 아니고, 매립지와 인근 지방자치단체 관할구역의 연결 형상, 연접관계 및 거리, 관할의 경계로 쉽게 인식될 수 있는 도로, 하천, 운하 등 자연지형 및 인공구조물의 위치 등을 고려하여 매립지가 토지로 이용되는 상황을 전제로 합리적인 관할구역 경계를 설정하여야 한다. ③ 매립지와 인근 지방자치단체의 연접관계 및 거리, 도로, 항만, 전기, 수도, 통신 등 기반시설의 설치·관리, 행정서비스의 신속한 제공, 긴급상황 시 대처능력 등 여러 요소를 고려하여 행정의 효율성이 현저히 저해되지 않아야 한다. ④ 매립지와 인근 지방자치단체의 교통관계, 외부로부터의 접근성 등을 고려하여 매립지 거주 주민들의 입장에서 어느 지방자치단체의 관할구역에 편입되는 것이 주거생활 및 생업에 편리할 것인지를 고려해야 한다. ⑤ 매립으로 인근 지방자치단체들 및 그 주민들은 그 인접 공유수면을 상실하게 되므로 이로 말미암아 잃게 되는 지방자치단체들의 해양 접근성에 대한 연혁적·현실적 이익 및 그 주민들의 생활기반 내지 경제적 이익을 감안해야 한다(대결 2013. 11. 14, 2010추73[새만금방조제일부구간귀속지방자치단체결정취소]).

헌법재판소 결정례는 이미 소멸되어 사라진 종전 공유수면의 해상경계선을 매립지의 관할경계선으로 인정해 온 헌재 2011. 9. 29. 2009헌라5 결정 등을 변경하여 "공유수면의 매립 목적, 그 사업목적의 효과적 달성, 매립지와 인근 지방자치단체의 교통관계나 외부로부터의 접근성 등 지리상의 조건, 행정권한의 행사 내용, 사무 처리의 실상, 매립 전 공유수면에 대한 행정권한의 행사 연혁이나 주민들의 사회적·경제적 편익 등을 모두 종합하여 **형평의 원칙**에 따라 합리적이고 공평하게 그 경계를 획정할 수밖에 없다."고 한다(헌재 2019. 04. 11, 2015헌라2).

**[판례]** 피청구인(고성군)이 행할 장래처분이 매립지 등에 대한 청구인(사천시)의 자치권한을 침해할 위험이 있다고 주장하면서 청구한 권한쟁의 심판사건에서 형평의 원칙에 비추어 쟁송매립지에 대한 관할권한이 청구인에게 귀속된다고 볼 수 없고, 따라서 피청구인이 이 사건 쟁송매립지에서 행사할 장래처분으로 인하여 헌법상 및 법률상 부여받은 청구인의 자치권한이 침해될 현저한 위험성이 존재한다고 볼 수 없다고 기각한 사례(헌재 2019. 04. 11, 2015헌라2).

### (5) 결   어

종전의 구역획정을 무시할 수 없으나 바다구역의 결정기준과 육지구역의 결정기준은 달라야 하므로 이 양자의 요청을 조화시키는 절충설이 타당하다.

### 2. 공유수면매립지 등의 구역결정절차

2009. 4. 1. 구 지방자치법 제4조(현행 제5조) 개정 전에는 공유수면 매립지의 관할 귀속이 주로 '기초 지방자치단체들 상호 간'의 권한쟁의심판 절차를 통해 결정되었고, 그에 따른 문제점을 해소하기 위하여 2009. 4. 1. 지방자치법 제4조가 개정되어 행정안전부장관의 매립지 관할 귀속 결정 절차가 신설되었다(대판 2021. 02. 04, 2015추528). 개정된 구 지방자치법 제4조가 시행된 이후로는 공유수면 매립지의 관할 귀속 문제는 헌법재판소가 관장하는 권한쟁의심판의 대상에 속하지 않는다(헌재 2020. 07. 16, 2015헌라3). 따라서 개정된 구 지방자치법 제4조가 헌법재판소의 권한쟁의심판 권한을 침해한다고 볼 수 없다(대판 2021. 02. 04, 2015추528).

### (1) 공유수면매립지 등의 관할구역 결정권자

공유수면 관리 및 매립에 관한 법률」에 따른 매립지 및 「측량·수로조사 및 지적에 관한 법률」 제2조 제19호의 지적공부에 등록이 누락되어 있는 토지의 지역이 속할 지방자치단체는 제4항부터 제7항까지의 규정에 따라 행정안전부장관이 결정한다(제5조 제4항).

**[판례]** 해상 공유수면에 매립공사를 시행하여 조성한 매립지의 경우 새로 생겨난 토지로서 국가가 지방자치법 제4조 제1항 본문에 의하여 법률의 형식으로 또는 구 지방자치법 제4조 제3항에 의하여 행정안전부장관의 결정의 형식으로 관할 지방자치단체를 정하는 것이 필요하며, 그 전까지는 어느 지방자치단체에도 속하지 않는 것이므로 토지 신규등록을 하여 지적공부를 관리할 '지적소관청'(공간정보관리법 제2조 제18호)도 존재하지 않는다. 따라서 국가가 매립지가 속할 지방자치단체를 결정하지 않은 상태에서, 토지소유자 또는 매립면허취득자가 임의로 특정 지방자치단체의 장에게 토지 신규등록을 신청하여 지적공부 등록을 마쳤더라도 이는 권한 없는 행정청에 의한 처분

으로서 당연무효라고 보아야 한다(대판 2021. 02. 04, 2015추528)

### (2) 지방자치단체의 결정 신청

공유수면매립지의 경우에는 공유수면매립법 제28조에 따른 매립면허관청 또는 관련 지방자치단체의 장이 같은 법 제45조에 따른 준공검사 전에, 지적공부에 등록이 누락되어 있는 토지의 경우에는 「공간정보의 구축 및 관리 등에 관한 법률」 제2조 제18호에 따른 지적소관청(이하 '지적소관청'이라 한다)이 지적공부에 등록하기 전에 각각 해당 지역의 위치, 귀속희망 지방자치단체(복수인 경우를 포함한다) 등을 명시하여 행정안전부장관에게 그 지역이 속할 지방자치단체의 결정을 신청하여야 한다. 이 경우 제4항 제1호에 따른 매립지의 매립면허를 받은 자는 면허관청에 해당 매립지가 속할 지방자치단체의 결정 신청을 요구할 수 있다(제5조 제5항).

구 지방자치법 제4조 제4항(현행 제5조 제5항)에서 정한 신청기간을 도과하여 신청이 이루어진 경우에도 행정안전부장관의 매립지에 대한 관할 귀속 결정은 위법하지 않다(대판 2021. 02. 04, 2015추528).

**[판례]** (1) 지방자치법 제4조 제4항은 매립지 관할 귀속에 관하여 이해관계가 있는 매립면허관청이나 관련 지방자치단체의 장이 준공검사 전까지 행정안전부장관에게 관할 귀속 결정을 신청하도록 함으로써 행정안전부장관으로 하여금 가급적 신속하고 적절한 시점에 매립지 관할 귀속 결정을 하도록 촉구하고, 이를 통해 행정안전부장관의 매립지 관할 귀속 결정 전에 토지소유자 또는 매립면허취득자가 임의로 특정지방자치단체의 장에게 토지 신규등록을 신청하여 당연무효인 지적공부 등록이 이루어지는 상황을 예방하려는 데에 입법 취지가 있다. 해상 공유수면 매립지의 경우 지방자치법 제4조 제1항 본문에 의하여 법률의 형식으로 관할 지방자치단체를 정하지 않는 이상 지방자치법 제4조 제3항에 의하여 행정안전부장관의 관할 귀속 결정이 반드시 있어야 하므로, 지방자치법 제4조 제4항이 정한 대로 신청이 이루어지지 않았다고 하더라도 해당 매립지에 관하여 관할 귀속 결정을 하여야 할 행정안전부장관의 권한·의무에 어떤 영향을 미친다고 볼 수 없다. 매립면허관청이나 관련 지방자치단체의 장이 준공검사 전까지 관할 귀속 결정을 신청하지 않았다고 하더라도 그것이 행정안전부장관의 관할 귀속 결정을 취소하여야 할 위법사유는 아니라고 보아야 한다(대판 2021. 02. 04, 2015추528).

어떤 매립지가 특정 기초 지방자치단체의 관할구역으로 결정되면 그와 동시에 그 기초 지방자치단체가 속한 광역 지방자치단체의 관할구역에도 포함되는 것으로 보아야 하는 점 등을 고려하면, 지방자치법 제4조 제4항에서 매립지 관할 귀속 결정의 신청권자로 규정한 '관련 지방자치단체의 장'에는 해당 매립지와 인접해 있어 그 매립지를 관할하는 지방자치단체로 결정될 가능성이 있는 '기초 및 광역 지방자치단체의 장'을 모두 포함한다(대판 2021. 02. 04, 2015추528).

### (3) 공지 및 의견제출 등

행정안전부장관은 제5항에 따른 신청을 받은 후 지체 없이 제5항에 따른 신청내용을 20일 이상 관보나 인터넷 등의 방법으로 널리 알려야 한다. 이 경우 알리는 방법, 의견의 제출 등에 관하여는 행정절차법 제42조·제44조 및 제45조를 준용한다(제5조 제6항).

### (4) 행정안전부장관의 결정 및 공고

행정안전부장관은 제6항에 따른 기간이 끝나면 제6항에 따른 기간 내에 신청내용에 대하여 이의가 제기된 경우 제166조에 따른 지방자치단체중앙분쟁조정위원회(이하 이 조에서 '위원회'라 한다)의 심의·의결에 따라 제4항 각 호의 지역이 속할 지방자치단체를 결정하고, 제6항에 따른 기간 내에 신청내용에 대하여 이의가 제기되지 아니한 경우 위원회의 심의·의결을 거치지 아니하고 신청내용에 따라 제4항 각 호의 지역이 속할 지방자치단체를 결정하고, 그 결과를 면허관청이나 지적소관청, 관계 지방자치단체의 장 등에게 통보하고 공고하여야 한다(제5조 제7항).

위원회의 위원장은 제7항 제1호에 따른 심의과정에서 필요하다고 인정되면 관계 중앙행정기관 및 지방자치단체의 공무원 또는 관련 전문가를 출석시켜 의견을 듣거나 관계기관이나 단체에 자료 및 의견 제출 등을 요구할 수 있다. 이 경우 관계 지방자치단체의 장에게는 의견을 진술할 기회를 주어야 한다(제5조 제8항).

지방자치법 제5조 제5항, 공유수면 관리 및 매립에 관한 법률 제45조에 따르면 행정안전부장관은 매립공사가 완료된 토지에 대해서만 준공검사 전에 그 귀속 지방자치단체를 결정할 수 있고, 매립이 예정되어 있기는 하지만 매립공사가 완료되지 않은 토지에 대해서는 귀속 지방자치단체를 결정할 수 없다(대판 2013. 11. 14, 2010추73[새만금방조제일부구간귀속지방자치단체결정취소]).

행정안전부장관은 제4항 각 호의 지역이 속할 지방자치단체 결정과 관련하여 제7항 제1호에 따라 위원회의 심의를 할 때 같은 시·도 안에 있는 관계 시·군 및 자치구 상호 간 매립지 조성 비용 및 관리 비용 부담 등에 관한 조정(調整)이 필요한 경우 제165조 제1항부터 제3항까지의 규정에도 불구하고 당사자의 신청 또는 직권으로 위원회의 심의·의결에 따라 조정할 수 있다. 이 경우 그 조정 결과의 통보 및 조정 결정 사항의 이행은 제165조 제4항부터 제7항까지의 규정에 따른다(제11항).

### (5) 행정안전부장관의 결정에 대한 불복

관계 지방자치단체의 장은 제4항부터 제7항까지의 규정에 따른 행정안전부장관의 결정에 이의가 있으면 그 결과를 통보받은 날부터 15일 이내에 **대법원에 소송을**

제기할 수 있다(제5조 제9항). 행정안전부장관은 제9항에 따른 소송결과 대법원의 인용결정이 있으면 그 취지에 따라 다시 결정하여야 한다(제10항).

**[판례]** ① [1] 매립지가 속할 지방자치단체를 정하는 결정에 대하여 대법원에 소송을 제기할 수 있는 주체(=지방자치단체장): 지방자치단체의 구역에 관하여 지방자치법은, 공유수면 관리 및 매립에 관한 법률에 따른 매립지가 속할 지방자치단체는 안전행정부장관이 결정한다고 규정하면서(제4조 제3항), 관계 지방자치단체의 장은 그 결정에 이의가 있으면 결과를 통보받은 날로부터 15일 이내에 대법원에 소송을 제기할 수 있다고 규정하고 있다(제4조 제8항). 따라서 매립지가 속할 지방자치단체를 정하는 결정에 대하여 대법원에 소송을 제기할 수 있는 주체는 관계 지방자치단체의 장일 뿐 지방자치단체가 아니다. [2] 안전행정부장관이 매립지가 속할 지방자치단체를 결정할 때 관계 지방의회의 의견청취 절차를 거쳐야 하는지 여부(소극): 지방자치법 제4조 제2항, 제3항, 제7항에 따르면, 안전행정부장관은 공유수면 관리 및 매립에 관한 법률에 따른 매립지가 속할 지방자치단체를 지방자치법 제4조 제4항부터 제7항까지의 규정 및 절차에 따라 결정하면 되고, 관계 지방의회의 의견청취 절차를 반드시 거칠 필요는 없다. [3] 안전행정부장관이 매립공사가 완료되지 않은 토지에 대하여 귀속 지방자치단체를 결정할 수 있는지 여부(소극): 지방자치법 제4조 제4항, 공유수면 관리 및 매립에 관한 법률 제45조에 따르면 안전행정부장관은 매립공사가 완료된 토지에 대해서만 준공검사 전에 그 귀속 지방자치단체를 결정할 수 있고, 매립이 예정되어 있기는 하지만 매립공사가 완료되지 않은 토지에 대해서는 귀속 지방자치단체를 결정할 수 없다고 보아야 한다(대결 2013. 11. 14, 2010추73).
② 원고들이 피고(행정안전부장관)가 지방자치법 제4조에 근거하여 평택·당진항 매립지 중 대부분을 평택시 관할로 결정한 것에 관하여 이 사건 결정의 취소를 구한 사안에서, 지방자치법 제4조 제3항이 위헌이 아니고 평택시장이 지방자치법 제4조 제4항에서 정한 신청기간을 도과하여 신청하였더라도 이 사건 결정이 위법하다고 볼 수 없으며, 신청권자에 기초 지방자치단체의 장도 포함되고, 이 사건 결정에 이를 취소하여야 할 정도의 절차적 하자가 있다고 볼 수 없으며, 위 결정에 재량권 일탈·남용의 위법이 있다고 볼 수 없다고 판단하여 청구를 기각한 사례(대판 2021. 02. 04, 2015추528).

# 제 5 절 지방자치단체의 명칭

지방자치단체의 명칭은 종전과 같이 하고 이를 바꿀 때에는 법률로 정한다(법 제5조 제1항). 다만, 지방자치단체의 한자 명칭의 변경은 대통령령으로 정한다(법 제5조 제2항). 지방자치단체의 명칭을 변경할 때(한자 명칭을 변경할 때를 포함한다)에는 관계 지방자치단체의 의회의 의견을 들어야 한다. 다만, 「주민투표법」 제8조에 따라 주민투표를 한 경우에는 그러하지 아니하다(법 제5조 제3항).

자치구가 아닌 구와 읍·면·동의 명칭은 종전과 같이 하고, 이를 바꿀 때에는 그 지방자치단체의 조례로 정하고, 그 결과를 특별시장·광역시장·도지사에게 보고하여야 한다(법 제7조 제1항).

## 제 6 절 지방자치단체의 사무소의 소재지

지방자치단체의 사무소의 소재지와 자치구가 아닌 구 및 읍·면·동의 사무소의 소재지는 종전과 같이 하고, 이를 변경하거나 새로 설정하려면 지방자치단체의 조례로 정한다. 이 경우 면·동은 행정면·행정동을 말한다(제9조 제1항). 제1항의 사항을 조례로 정할 때에는 그 지방의회의 재적의원 과반수의 찬성이 있어야 한다(제2항).

## 제 7 절 주 민

### 제 1 항 주민의 의의

지방자치단체의 구역 안에 주소를 가진 자는 그 지방자치단체의 주민(住民)이 된다(법 제16조). 여기에서 자연인에 있어서 '주소'는 '주민등록지'를 의미한다는 견해, '객관적으로 생활의 근거가 되는 것'을 의미한다고 보는 견해 등이 대립하고 있다(이진수, 「지방자치법상 '주민'(住民)의 개념 – 지방자치법 제138조의 분담금 부과·징수대상이 되는 주민 개념과 관련하여 –」, 행정법연구 제56호, 2019.2 참조). **전자**는 주민등록법은 다른 법률에 특별한 규정이 없으면 주민등록지를 공법관계의 주소로 간주하는 것으로 규정하고 있으므로 자연인의 경우 주민등록지를 주민의 요건이 되는 주소로 보는 것이 타당하다는 견해이다. **후자**는 '주민등록법에 의한 주민등록은 주민이 되는 요건이 아니고, 주민의 거주관계를 파악하고 인구동태를 명확히 함으로써 적정한 행정사무를 수행할 수 있도록 하기 위한 절차에 그친다고 보면서 객관적으로 생활의 본거로 인정되는 주소를 가진 사실에 의하여 등록과 같은 공증행위를 요하지 않고 당연히 주민의 지위가 인정된다.'고 보는 견해이다(김동희, 행정법 II, 60면).

생각건대, 민법상 주소는 생활의 근거가 되는 곳을 말하는데, 주민등록법은 다른 법률에 특별한 규정이 없으면 주민등록지를 공법관계의 주소로 하고 있으므로(제23조 제1항, 대판 1974. 11. 12, 74도2676) 주민등록지가 주민의 요건이 되는 주소가 된다. 법인의 주소는 그 주된 사무소 또는 본점의 소재지에 있는 것으로 한다(민법 제36조, 상법 제171조). 따라서, 지방자치단체의 관할구역 내에 주민등록지를 갖고 있는 자연인 및 그 주된 사무소 또는 본점의 소재지가 있는 법인은 지방자치단체의 주민이 된다.

외국인도 지방자치단체의 주민이 된다. 다만, 외국인에게는 참정권 등의 권리가 제한되기도 한다. 외국인등록과 체류지 변경신고로 주민등록과 전입신고를 갈음한다 (출입국관리법 제88조의2 제2항). 재외국민의 국내거소신고와 거소이전신고가 주민등록과 전입신고를 갈음한다는 명문의 규정은 없지만, 출입국관리법 제88조의2 제2항을 유추적용하여 재외국민이 구 재외동포법 제6조에 따라 마친 국내거소신고와 거소이전신고도 외국국적동포의 그것과 마찬가지로 주민등록과 전입신고를 갈음한다고 보아야 한다(대판 2019. 04. 11, 2015다254507).

[판례] ① (1) 지방자치법에 '주민'의 개념을 구체적으로 정의하는 규정이 없는데, 그 입법목적, 요건과 효과를 달리하는 다양한 제도들이 포함되어 있는 점을 고려하면, 지방자치법이 단일한 주민 개념을 전제하고 있는 것으로 보기 어렵다. 자연인이든 법인이든 누군가가 지방자치법상 주민에 해당하는지 여부는 개별 제도별로 제도의 목적과 특성, 방자치법뿐만 아니라 관계 법령에 산재해 있는 관련 규정들의 문언, 내용과 체계 등을 고려하여 개별적으로 판단할 수밖에 없다. (2) 지방자치법 제138조에 따른 분담금 납부의무와 관련하여 법인의 주소가 주된 사무소나 본점의 소재지로 한정된다고 볼 것은 아니다. 어떤 법인이 해당 지방자치단체에서 인적 · 물적 설비를 갖추고 계속적으로 사업을 영위하면서 해당 지방자치단체의 재산 또는 공공시설의 설치로 특히 이익을 받는 경우에는 지방자치법 제138조에 따른 분담금 납부의무자가 될 수 있다(대판 2021. 04. 29, 2016두45240).
② 구 지방자치법(2021. 1. 12. 법률 제17893호로 전부 개정되기 전의 것, 이하 같다) 제138조에 따른 분담금 납부의무자인 '주민'은 구 지방세법(2020. 12. 29. 법률 제17769호로 개정되기 전의 것)에서 정한 균등분 주민세의 납부의무자인 '주민'과 기본적으로 동일한 의미이므로, 법인이 해당 지방자치단체의 구역 안에 주된 사무소 또는 본점을 두고 있지 않더라도(주소가 없더라도) '사업소'를 두고 있다면 구 지방자치법 제138조에 따른 분담금 납부의무자인 '주민'에 해당한다. 따라서 어떤 법인이 특정한 지방자치단체에서 인적·물적 설비를 갖추고 계속적으로 사업을 영위하면서 해당 지방자치단체의 재산 또는 공공시설의 설치로 특히 이익을 받는 경우에는 구 지방자치법 제138조에 따른 분담금 납부의무자가 될 수 있고, 구 지방자치법 제138조에 따라 분담금 제도를 구체화한 조례에서 정한 부과요건을 충족하는 경우에는 이중부과 등과 같은 특별한 사정이 없는 한 그 조례에 따라 분담금을 납부할 의무가 있다(대판 2022. 04. 14, 2020두58427[상수도시설분담금부과처분무효확인]).

# 제 2 항  주민의 권리

주민이 지방자치단체에 대하여 가지는 권리는 크게 서비스를 받고 공공시설 등을 이용할 권리, 정치 · 행정에 참가하는 권리, 지방행정의 통제 · 감시를 위한 권리 및 주민의 권리구제를 위한 권리, 기타의 권리로 나눌 수 있다.

## I. 재산 · 공공시설을 이용할 권리와 행정의 혜택을 받을 권리

주민은 법령으로 정하는 바에 따라 소속 지방자치단체의 재산과 공공시설을 이용할 권리와 그 지방자치단체로부터 균등하게 행정의 혜택을 받을 권리를 가진다(제

17조 제2항).

## 1. 재산·공공시설을 이용할 권리

주민은 법령으로 정하는 바에 따라 소속지방자치단체의 재산과 공공시설을 이용할 권리를 가진다(제17조 제2항).

### (1) 이용권의 의의

주민의 재산·공공시설이용권이라 함은 주민이 지방자치단체의 재산 및 공공시설을 이용할 수 있는 권리를 말한다. 지방자치법은 주민의 복리증진과 편익의 증진을 위하여 주민의 재산·공공시설의 이용을 단순한 반사적 이익으로 보지 않고 주민의 권리로 규정하고 있다. 따라서, 지방자치단체는 정당한 사유가 없는 한 주민에게 재산 및 공공시설의 이용을 거부하여서는 아니 된다.

### (2) 이용권의 대상

이용의 대상은 지방자치단체의 재산 및 공공시설이다.

지방자치법상 '재산'이란 현금 외의 모든 재산적 가치가 있는 물건과 권리를 말한다(법 제159조 제1항).

지방자치법상 '공공시설'이란 지방자치단체가 주민의 복지를 증진하기 위하여 설치한 시설을 말한다(제161조 제1항).

이용권의 대상이 되는 재산이나 공공시설에는 지방자치단체의 소유에 속하는 것뿐만 아니라 지방자치단체가 사용권 등 권원을 가지고 있는 것이면 모두 포함된다. 재산은 물적인 것인데 공적 목적에 제공된 것에 국한하지 않는다. 이에 반하여 공공시설은 일반 주민의 이용에 제공된 시설로서 물적인 것인 공물, 인적·물적 종합시설인 영조물, 공익사업을 제공하는 공기업을 포함한다.

지방자치법 제17조 제2항에서의 재산과 공공시설의 관계에 관하여는 양자를 동일한 것으로 보는 견해와 양자를 다른 것으로 보는 견해가 있다.

양자를 동일한 것으로 보는 견해는 지방자치법 제17조 제2항의 재산은 주민의 이용에 제공되어 있는 것만을 의미한다 할 것이므로 결국 공공시설과 같은 것을 의미한다고 본다(박윤흔, 111면 등).

양자를 다른 것으로 보는 견해는 재산과 공공시설은 동일한 개념이 아니며 공공시설이 아닌 재산으로서 주민의 이용에 제공되는 경우가 있다는 것에 근거하고 있다(류지태, 670면). 즉, 공공시설이 아닌 행정재산도 그 용도 또는 목적에 장해가 없는 한도 내에서 사용 또는 수익을 허가할 수 있고(공유재산 및 물품관리법 제20조 제1항), 지방

자치단체 소유의 일반재산을 주민에 대해 임대할 수 있다(공유재산 및 물품관리법 제28조
제1항). 따라서, 양자를 다른 것으로 보는 견해가 타당하다.

### (3) 이용권의 주체

#### 1) 주    민

이용권의 주체는 모든 주민이다. 자연인인 주민뿐만 아니라 법인인 주민도 이용
권을 향유한다.

#### 2) 주민이 아닌 자

주민이 아닌 자도 지방자치단체의 재산이나 공공시설을 이용하는 것이 금지되
지는 않지만 지방자치법 제17조의 이용권을 향유하지는 못한다. 주민이 아닌 자의
지방자치단체의 재산이나 공공시설의 이용은 지방자치법 제17조에 근거한 이용이 아
니라 지방재정법, 사법상 계약 등 별도의 근거에 의한 것이다.

#### 3) 이용의 조정

주민은 공공시설 등의 이용에 있어 균등한 권리를 갖는다. 주민의 이용과 주민
이 아닌 자의 이용이 경합되는 경우에 그 이용의 조정은 이용의 대상이 되는 재산이
나 공공시설의 종류에 따라 다르다. 시립복지관, 시립유치원 등 특별히 주민의 복리
증진을 위해 제공된 재산이나 공공시설은 우선적으로 주민의 이용에 제공되어야 하
지만, 도로 등 일반공중의 이용에 제공된 것은 주민과 주민이 아닌 자 사이에 그 이
용에 우선순위가 두어져서는 안 된다. 다만, 이용료를 징수하는 경우에 이용료에 차
등을 둘 수 있다.

### (4) 이용관계의 성질 및 내용

이용관계의 성질은 이용관계의 설정행위의 성질에 따라 다르다. 이용관계가 허
가 또는 특허 등 행정행위에 의해 형성된 경우에는 공법관계이며 사법상 계약에 의
해 설정된 경우에는 사법관계가 된다.

예를 들면, 지방재정법상 행정재산의 사용허가는 강학상 특허의 성질을 가지며(대판 1998. 02. 27,
97누1105) 그에 의해 형성된 이용관계는 공법관계이고, 일반재산의 대부행위는 사법상 계약이며
그에 의해 형성되는 이용관계는 사법관계이다.

이용관계의 내용은 이용관계의 설정행위에 의해 정해진다.

### (5) 이용권의 한계

주민의 이용권은 법령으로 정하는 바에 따라 인정된다(제17조 제2항). 법령에는
국가의 법률과 명령뿐만 아니라 지방자치단체의 조례와 규칙도 포함된다.

주민의 이용권은 재산 및 공공시설에 부여된 공적 목적에 지장을 주지 않는 한

도 내에서 가능하다.

또한, 주민의 이용권은 공공시설 등의 수용능력의 한계에 의해 사실상 제한될
수 있다. 이 경우에는 주민이 당해 공공시설 등을 균등하게 이용할 수 있도록 이용자
의 선정기준을 정하여 이용하도록 하여야 한다.

주민의 이용권은 공공시설 등의 관리목적 및 경찰행정목적상 제한될 수 있다.

### (6) 이용수수료의 징수

당해 공공시설 등의 이용으로 일반 주민에 비하여 특별한 혜택을 주는 경우에는
이용수수료를 징수할 수 있다. 예를 들면, 일정한 요건하에 도로의 통행료 징수가 가
능하다.

이용시설의 수수료는 이용시설의 설치 및 관리비용의 한도 내에서 징수되어야
한다. 이용시설의 설치 및 관리가 이용수수료 등 시설운영수입으로만 충당되지 않고
지방자치단체가 그 경비를 분담하는 경우에는 주민과 주민이 아닌 자 사이에 이용수
수료에 차등을 둘 수 있다.

## 2. 균등하게 행정의 혜택을 받을 권리

주민은 지방자치단체로부터 균등하게 행정의 혜택을 받을 권리를 가진다(제17조
제2항). 이 권리는 구체적인 권리가 아니다(대판 2009. 10. 15, 2008추32).

[판례] 지방자치법 제13조 제1항은 주민은 지방자치단체로부터 균등하게 행정의 혜택을 받을 권
리를 가진다고 규정하고 있는데, 이 규정은 주민이 지방자치단체로부터 행정적 혜택을 균등하게
받을 수 있다는 권리를 추상적이고 선언적으로 규정한 것으로서 위 규정에 의하여 주민에게 구체
적이고 특정한 권리가 발생하는 것이 아닐 뿐만 아니라, 지방자치단체가 주민에 대하여 균등한 행
정적 혜택을 부여할 구체적인 법적 의무가 발생하는 것도 아니므로(대법원 2008. 6. 12. 선고 2007추
42 판결 참조) 이 사건 조례안 규정으로 인하여 주민들 가운데 일정 조건에 해당하는 일부 주민이
지원을 받는 일이 발생하였다 하더라도 이것이 지방자치법 제13조 제1항을 위반한 것이라고 볼
수 없다. 따라서 이 사건 조례안 제6조 제2호가 혁신·기업도시 주민에게 임대아파트의 임대 보증
금을 2천만 원의 한도에서 지원하도록 하고 있는 것은 지방자치법 제13조 제1항에 위반된다는 원
고의 위 주장은 이유 없다(대판 2009. 10. 15, 2008추32[조례안재의결무효확인]).

자치행정의 혜택을 받을 권리는 주민에 한정된다. 주민이 아닌 자도 자치행정의
혜택을 받을 수 있지만 이에 대한 권리를 갖는 것은 아니다.

주민은 행정의 혜택을 받음에 있어 합리적인 이유 없이 차별취급을 받아서는 안
된다. 이는 평등의 원칙상 당연히 인정되는 것이다.

## Ⅱ. 정치·행정에 참가하는 권리

지방자치의 본질상 주민이 지방자치단체 차원에서의 정치 및 행정에 참여하는 것을 최대한 보장하여야 한다. 이를 위하여 선거권, 피선거권, 주민투표권, 조례의 제정·개폐청구권, 청원권 등이 보장되고 있다.

### 1. 정책의 결정 및 집행 과정에 참여할 권리

주민은 법령으로 정하는 바에 따라 주민생활에 영향을 미치는 지방자치단체의 정책의 결정 및 집행 과정에 참여할 권리를 가진다(제17조 제1항).

### 2. 선거권

19세 이상의 국민으로서 선거인명부작성기준일 현재 당해 지방자치단체의 관할 구역 안에 주민등록이 되어 있는 자 및 영주의 체류자격 취득일 후 3년이 경과한 19세 이상의 외국인으로서 선거인명부작성기준일 현재 당해 지방자치단체의 외국인등록대장에 등재된 자는 그 구역에서 선거하는 지방의회의원 및 지방자치단체의 장의 선거권이 있다(공직선거법 제15조 제2항).

### 3. 피선거권

선거일 현재 계속하여 60일 이상(공무로 외국에 파견되어 선거일전 60일 후에 귀국한 자는 선거인명부작성기준일부터 계속하여 선거일까지) 당해 지방자치단체의 관할구역 안에 주민등록이 되어 있는 주민으로서 25세 이상의 국민은 그 지방의회 의원 및 지방자치단체의 장의 피선거권이 있다. 이 경우 60일의 기간은 그 지방자치단체의 설치·폐지·분할·합병 또는 구역변경(제28조(임기중 지방의회의 의원정수의 조정 등)의 규정에 의한 경우를 포함한다)에 의하여 중단되지 아니한다(동법 제16조 제3항).

제3항의 경우에 지방자치단체의 사무소 소재지가 다른 지방자치단체의 관할구역 안에 있어 당해 지방자치단체의 장의 주민등록이 그 다른 지방자치단체의 관할구역 안에 있게 된 때에는 당해 지방자치단체의 관할구역 안에 주민등록이 되어 있는 것으로 본다(동법 제16조 제4항).

### 4. 주민투표권

#### (1) 주민투표의 의의

지방자치법 제18조 및 주민투표법은 주민투표(住民投票)에 대하여 규정하고 있다.

주민투표는 지방자치단체의 주요 결정사항 또는 국가정책 중 지방자치단체와 중대한 이해관계가 있는 사항의 결정에 주민의 의사를 물어 반영하려는 목적을 갖는 주민참여의 한 방식이다.

주민투표권은 그 성질상 선거권, 공무담임권, 국민투표권과 전혀 다른 것이어서 이를 법률이 보장하는 참정권이라고 할 수 있을지언정 헌법이 보장하는 참정권이라고 할 수는 없다(판례).

**[판례]** 우리 헌법은 법률이 정하는 바에 따른 '선거권'과 '공무담임권' 및 국가안위에 관한 중요정책과 헌법개정에 대한 '국민투표권'만을 헌법상의 참정권으로 보장하고 있으므로, 지방자치법 제 13조의2에서 규정한 주민투표권은 그 성질상 선거권, 공무담임권, 국민투표권과 전혀 다른 것이어서 이를 법률이 보장하는 참정권이라고 할 수 있을지언정 헌법이 보장하는 참정권이라고 할 수는 없다(헌재 2001. 06. 28, 2000헌마735: 주민투표에 관련된 구체적인 절차와 사항에 대하여 입법하여야 할 헌법상 의무가 국회에게 없다고 한 사례).

주민투표법은 주민투표를 지방자치단체의 주요결정사항에 관한 주민투표와 국가정책에 관한 주민투표로 구분하여 규율하고 있다. 즉, 국가정책에 관한 주민투표에 관하여는 제7조, 제16조, 제24조 제1항·제5항·제6항, 제25조 및 제26조의 규정이 적용되지 아니한다(제8조 제4항).

### (2) 정보의 제공

지방자치단체의 장은 주민투표와 관련하여 주민이 정확하고 객관적인 판단과 합리적인 결정을 할 수 있도록 지방자치단체의 공보, 일간신문, 인터넷 등 다양한 수단을 통하여 주민투표에 관한 각종 정보와 자료를 제공하여야 한다(주민투표법 제4조 제1항). 관할 선거관리위원회는 주민투표에 관한 정보를 제공하기 위하여 설명회·토론회 등을 개최하여야 한다(제4조 제2항).

### (3) 투표권자

주민투표권자는 18세 이상의 주민으로 하고, 외국인도 일정한 자격을 갖춘 때에는 지방자치단체의 조례가 정하는 바에 따라 주민투표권을 부여할 수 있도록 규정하고 있다(동법 제5조). 18세 이상의 주민 중 투표인명부 작성기준일 현재 ① 그 지방자치단체의 관할 구역에 주민등록이 되어 있는 사람 또는 「재외동포의 출입국과 법적 지위에 관한 법률」 제6조에 따라 국내거소신고가 되어 있는 재외국민 또는 ② 출입국관리 관계법령에 따라 대한민국에 계속 거주할 수 있는 자격(체류자격변경허가 또는 체류기간연장허가를 통하여 계속 거주할 수 있는 경우를 포함한다)을 갖춘 외국인으로서 지방자치단체의 조례로 정한 사람에 해당하는 사람에게는 주민투표권이 있다. 다만, 「공직선거법」 제18조에 따라 선거권이 없는 사람에게는 주민투표권이 없다.

(4) 주민투표의 대상

① 지방자치단체의 주요결정사항에 관한 주민투표의 대상은 주민에게 과도한 부담을 주거나 중대한 영향을 미치는 지방자치단체의 주요결정사항이다. 주민투표에 부치기에 부적합한 다음 사항은 대상에서 제외된다. i) 법령에 위반되거나 재판중인 사항, ii) 국가 또는 다른 지방자치단체의 권한 또는 사무에 속하는 사항, iii) 지방자치단체의 예산·회계·계약 및 재산관리에 관한 사항과 지방세·사용료·수수료·분담금 등 각종 공과금의 부과 또는 감면에 관한 사항, iv) 행정기구의 설치·변경에 관한 사항과 공무원의 인사·정원 등 신분과 보수에 관한 사항, v) 다른 법률에 의하여 주민대표가 직접 의사결정주체로서 참여할 수 있는 공공시설의 설치에 관한 사항. 다만, 제9조 제5항의 규정에 의하여 지방의회가 주민투표의 실시를 청구하는 경우에는 그러하지 아니하다. vi) 동일한 사항(그 사항과 취지가 동일한 경우를 포함한다)에 대하여 주민투표가 실시된 후 2년이 경과되지 아니한 사항(동법 제7조).

② 중앙행정기관의 장은 지방자치단체를 폐지하거나 설치하거나 나누거나 합치는 경우 또는 지방자치단체의 구역을 변경하거나 주요시설을 설치하는 등 국가정책의 수립에 대한 주민의 의견을 듣기 위하여 필요하다고 인정하는 때에는 주민투표의 실시구역을 정하여 지방자치단체의 장에게 주민투표의 실시를 요구할 수 있다. 이 경우 중앙행정기관의 장은 미리 행정안전부장관과 협의하여야 한다(제8조).

③ 이 이외에 지방자치단체에 중요한 문제에 대한 주민의 의견을 묻는 차원의 주민투표는 법적 근거 없이도 지방의회의 결정이나 지방자치단체의 장의 결정에 의해 실시할 수 있다고 보아야 한다.

[판례] [1] 구 지방자치법 제13조의2(현행 지방자치법 제18조)의 규정 취지: 지방자치법 제13조의2의 규정의 취지는 지방자치단체의 장이 권한을 가지고 결정할 수 있는 사항에 대하여 주민투표에 붙여 주민의 의사를 물어 행정에 반영하려는 데에 있다. [2] 미군부대이전은 지방자치단체의 장의 권한에 의하여 결정할 수 있는 사항이 아님이 명백하므로 지방자치법 제13조의2 소정의 주민투표의 대상이 될 수 없다고 한 사례(대판 2002. 04. 26, 2002추23[조례안재의결무효확인]). 〈해설〉 중앙행정기관의 장의 요구에 따라 주민투표를 행하였다면 적법할 수 있다.

(5) 주민투표의 제한

주민투표는 지방자치단체기관의 책임회피의 도구가 될 수도 있고, 주민투표가 지방선거에 혼란을 가져올 수도 있다. 또한, 주민투표가 정쟁이나 주민의사의 대립의 장이 될 수도 있다. 따라서, 주민투표가 남용되어 지방자치조직의 정상적인 운영이 저해되는 것을 막기 위하여 주민투표의 개최에 대하여 일정한 제한이 가해질 필요가 있다.

주민투표법은 주민투표운동의 명목으로 사실상 선거운동을 하는 등의 부작용을 방지하기 위하여 공직선거일 전 60일부터 선거일까지는 주민투표를 발의할 수 없도록 하고 있다(제13조). 이 이외에 주민투표가 선거에 관한 재판에 대해 영향을 미치는 것을 막기 위하여 지방선거가 법원에서 다투어지고 있는 경우에는 주민투표가 실시될 수 없도록 할 필요가 있다.

### (6) 주민투표의 청구, 실시요건 및 실시결정

주민투표의 실시 여부는 지방자치단체의 장이 결정한다.

#### 1) 주민 또는 지방의회의 청구에 의한 주민투표, 지방자치단체의 장의 직권에 의한 주민투표

지방자치단체의 장은 주민 또는 지방의회의 청구에 의하거나 직권에 의하여 주민투표를 실시할 수 있다(제9조 제1항). 이는 지방자치단체의 주요결정사항에 관한 주민투표이다.

① 청구에 의한 주민투표의 경우 청구권자는 일정 수 이상의 주민 또는 지방의회이다. 즉, 18세 이상 주민 중 제5조 제1항 각 호의 어느 하나에 해당하는 사람(같은 항 각 호 외의 부분 단서에 따라 주민투표권이 없는 사람은 제외한다. 이하 "주민투표청구권자"라 한다)은 주민투표청구권자 총수의 20분의 1 이상 5분의 1 이하의 범위 안에서 지방자치단체의 조례로 정하는 수 이상의 서명으로 그 지방자치단체의 장에게 주민투표의 실시를 청구할 수 있다. 지방의회는 재적의원 과반수의 출석과 출석의원 3분의 2 이상의 찬성으로 그 지방자치단체의 장에게 주민투표의 실시를 청구할 수 있다(제9조 제5항).

② 지방자치단체의 장의 직권에 의한 주민투표의 경우 지방자치단체의 장은 그 지방의회 재적의원 과반수의 출석과 출석의원 과반수의 동의를 얻어야 한다(제9조 제6항).

#### 2) 중앙행정기관의 요구에 의한 주민투표

중앙행정기관의 요구에 의한 주민투표는 국가정책에 관한 주민투표이다. 중앙행정기관의 장은 지방자치단체를 폐지하거나 설치하거나 나누거나 합치는 경우 또는 지방자치단체의 구역을 변경하거나 주요시설을 설치하는 등 국가정책의 수립에 관하여 주민의 의견을 듣기 위하여 필요하다고 인정하는 때에는 주민투표의 실시구역을 정하여 관계 지방자치단체의 장에게 주민투표의 실시를 요구할 수 있다. 이 경우 중앙행정기관의 장은 미리 행정안전부장관과 협의하여야 한다(제8조 제1항). 지방자치단체의 장은 제1항의 규정에 의하여 주민투표의 실시를 요구받은 때에는 지체없이 이를 공표하여야 하며, 공표일로부터 30일 이내에 그 지방의회의 의견을 들어야 한다

(제8조 제2항). 제1항의 규정에 의한 주민투표에 관하여는 제7조(주민투표의 대상), 제16조(주민투표실시구역), 제24조(주민투표결과의 확정) 제1항·제5항·제6항, 제25조(주민투표소송 등) 및 제26조(재투표 및 투표연기)의 규정을 적용하지 아니한다(제8조 제4항).

### 3) 실시결정의 재량

단체장의 주민투표의 실시 여부의 결정은 재량행위이다(법 제14조).

**[판례]** 지방자치법은 지방의회와 지방자치단체의 장에게 독자적 권한을 부여하고 상호 견제와 균형을 이루도록 하고 있으므로, 법률에 특별한 규정이 없는 한 조례로써 견제의 범위를 넘어서 고유권한을 침해하는 규정을 둘 수 없다 할 것인바, 위 지방자치법 제13조의2 제1항에 의하면, 주민투표의 대상이 되는 사항이라 하더라도 주민투표의 시행 여부는 **지방자치단체의 장의 임의적 재량**에 맡겨져 있음이 분명하므로, 지방자치단체의 장의 재량으로서 투표실시 여부를 결정할 수 있도록 한 법규정에 반하여 지방의회가 조례로 정한 특정한 사항에 관하여는 일정한 기간 내에 반드시 투표를 실시하도록 규정한 조례안은 지방자치단체의 장의 고유권한을 침해하는 규정이다(대판 2002. 04. 26, 2002추23).

### (7) 주민투표실시구역

주민투표는 그 지방자치단체의 관할구역 전체를 대상으로 실시한다. 다만, 특정한 지역 또는 주민에게만 이해관계가 있는 사항인 경우 지방자치단체의 장이 지방의회의 동의를 얻은 때에는 그 지방자치단체의 관할구역 중 일부를 대상으로 주민투표를 실시할 수 있다(제16조).

### (8) 투표방법

주민투표는 직접 또는 우편으로 하되, 1인 1표로 한다(제18조 제2항).

### (9) 주민투표결과의 확정 및 효력

#### 1) 지방자치단체의 주요결정사항에 관한 주민투표의 경우

**가. 확  정**    주민투표에 부쳐진 사항은 주민투표권자 총수의 4분의 1 이상의 투표와 유효투표수 과반수의 득표로 확정된다. 다만, 전체 투표수가 주민투표권자 총수의 4분의 1에 미달되는 경우와 주민투표에 부쳐진 사항에 관한 유효득표수가 동수인 경우에는 찬성과 반대 양자를 모두 수용하지 아니하거나, 양자택일의 대상이 되는 사항 모두를 선택하지 아니하기로 확정된 것으로 본다(제24조 제1항).

**나. 효  력**    지방자치단체의 장 및 지방의회는 주민투표 결과 확정된 내용대로 행정·재정상의 필요한 조치를 하여야 한다(제24조 제5항).

지방자치단체의 장 및 지방의회는 주민투표 결과 확정된 사항에 대하여 2년 이내에는 이를 변경하거나 새로운 결정을 할 수 없다. 다만, 제1항 단서의 규정에 의하여 찬성과 반대 양자를 모두 수용하지 아니하거나, 양자택일의 대상이 되는 사항 모두를 선택하지 아니하기로 확정된 때에는 그러하지 아니하다(제24조 제6항).

이와 같이 주민투표의 결과에 법적 구속력을 부여한 것은 타당하지 않다. 입법론으로는 주민투표의 결과에 정치적 구속력만을 인정하여야 할 것이다.

주민투표 후 중대한 사정의 변경이 있는 경우에는 해석상 지방의회나 지방자치단체의 장은 주민투표의 결과에 구속되지 않는다고 보아야 한다.

### 2) 국가정책에 관한 주민투표의 경우

주민투표법 제8조 제4항은 "국가정책에 관한 주민투표에 대하여는 제24조 제1항·제5항·제6항의 규정을 적용하지 아니한다"고 규정하면서 국가정책에 관한 주민투표의 결과에는 법적 구속력을 부여하지 않았다.

### (10) 지방자치단체의 주요결정사항에 관한 주민투표에서의 주민투표쟁송

주민투표의 효력에 관하여 이의가 있는 주민투표권자는 주민투표권자 총수의 100분의 1 이상의 서명으로 시·군 및 자치구에 있어서는 특별시·광역시·도 선거관리위원회에, 특별시·광역시 및 도에 있어서는 중앙선거관리위원회에 소청할 수 있고(제25조 제1항), 제1항의 소청에 대한 결정에 관하여 불복이 있는 소청인은 특별시·광역시 및 도에 있어서는 대법원에, 시·군 및 자치구에 있어서는 관할 고등법원에 소를 제기할 수 있다(제25조 제2항).

## 5. 조례의 제정·개폐청구권 등

### (1) 의    의

주민은 지방자치단체의 조례를 제정하거나 개정하거나 폐지할 것을 청구할 수 있다(제19조 제1항).

조례의 제정·개폐청구(制定·改廢請求)는 주민발의(住民發議)의 일종이다.

조례의 제정·개정 또는 폐지 청구의 청구권자·청구대상·청구요건 및 절차 등에 관한 사항은 「주민조례발안에 관한 법률」(약칭: 주민조례발안법)로 정하고 있다.

### (2) 주민조례청구권자

18세 이상의 주민으로서 다음 각 호의 어느 하나에 해당하는 사람(「공직선거법」제18조에 따른 선거권이 없는 사람은 제외한다. 이하 "청구권자"라 한다)은 해당 지방자치단체의 의회(이하 "지방의회"라 한다)에 조례를 제정하거나 개정 또는 폐지할 것을 청구(이하 "주민조례청구"라 한다)할 수 있다. 1. 해당 지방자치단체의 관할 구역에 주민등록이 되어 있는 사람, 2. 「출입국관리법」 제10조에 따른 영주(永住)할 수 있는 체류자격 취득일 후 3년이 지난 외국인으로서 같은 법 제34조에 따라 해당 지방자치단체의 외국인

등록대장에 올라 있는 사람(주민조례발안법 제2조).

### (3) 주민조례청구의 대상

조례의 제정·개폐청구의 대상이 되는 사항은 조례제정권에 속하는 사항이다. 다만, 다음 각 호의 사항은 주민조례청구 대상에서 제외한다. 1. 법령을 위반하는 사항, 2. 지방세·사용료·수수료·부담금을 부과·징수 또는 감면하는 사항, 3. 행정기구를 설치하거나 변경하는 사항, 4. 공공시설의 설치를 반대하는 사항(제4조)

### (4) 주민조례청구의 요건

청구권자가 주민조례청구를 하려는 경우에는 다음 각 호의 구분에 따른 기준 이내에서 해당 지방자치단체의 조례로 정하는 청구권자 수 이상이 연대 서명하여야 한다. 1. 특별시 및 인구 800만 이상의 광역시·도: 청구권자 총수의 200분의 1, 2. 인구 800만 미만의 광역시·도, 특별자치시, 특별자치도 및 인구 100만 이상의 시: 청구권자 총수의 150분의 1, 3. 인구 50만 이상 100만 미만의 시·군 및 자치구: 청구권자 총수의 100분의 1, 4. 인구 10만 이상 50만 미만의 시·군 및 자치구: 청구권자 총수의 70분의 1, 5. 인구 5만 이상 10만 미만의 시·군 및 자치구: 청구권자 총수의 50분의 1, 6. 인구 5만 미만의 시·군 및 자치구: 청구권자 총수의 20분의 1(주민조례발안법 제5조 제1항).

청구권자 총수는 전년도 12월 31일 현재의 주민등록표 및 외국인등록표에 따라 산정한다(제2항).

### (5) 규칙의 제정, 개정 또는 폐지와 관련된 의견제출권

주민은 제29조에 따른 지방자치단체의 장의 규칙(권리·의무와 직접 관련되는 사항으로 한정한다)의 제정, 개정 또는 폐지와 관련된 의견을 해당 지방자치단체의 장에게 제출할 수 있다(지방자치법 제20조 제1항). 법령이나 조례를 위반하거나 법령이나 조례에서 위임한 범위를 벗어나는 사항은 제1항에 따른 의견 제출 대상에서 제외한다(제2항).

## 6. 청원권

주민은 권리구제를 위하여 청원을 할 수도 있지만 정책건의를 위하여 청원을 할 수도 있다.

## Ⅲ. 지방행정의 통제·감시를 위한 권리

주민이 지방행정을 통제하고 감시하도록 하기 위하여 주민감사청구권(住民監査請

求權), 주민소송제기권, 주민소환권, 방청 및 감시권, 정보공개청구권이 인정되고 있다.

## 1. 주민감사청구권

### (1) 의    의

지방자치단체의 18세 이상의 주민(선거권이 없는 자 제외 이하 동일)으로서 ① 해당 지방자치단체의 관할 구역에 주민등록이 되어 있는 사람 및 ②「출입국관리법」제10 조에 따른 영주(永住)할 수 있는 체류자격 취득일 후 3년이 경과한 외국인으로서 같은 법 제34조에 따라 해당 지방자치단체의 외국인등록대장에 올라 있는 사람은 시·도는 300명, 제198조에 따른 인구 50만 이상 대도시는 200명, 그 밖의 시·군 및 자치구는 150명 이내에서 그 지방자치단체의 조례로 정하는 수 이상의 18세 이상의 주민이 연대 서명하여 그 지방자치단체와 그 장의 권한에 속하는 사무의 처리가 법령에 위반되거나 공익을 현저히 해친다고 인정되면 시·도에서는 주무부장관에게, 시·군 및 자치구에서는 시·도지사에게 감사를 청구할 수 있다(제21조 제1항).

### (2) 요    건

주민감사청구를 위하여는 다음의 요건을 충족하여야 한다.

① 시·도는 300명, 제198조에 따른 50만 이상 대도시는 200명, 그 밖의 시·군 및 자치구는 150명을 초과하지 아니하는 범위 안에서 당해 지방자치단체의 조례로 정하는 18세 이상의 주민수 이상의 연서가 있어야 한다.

② 주민들이 주민감사를 청구를 할 때에는 '해당 사무의 처리가 법령에 반하거나 공익을 현저히 해친다고 인정될 **가능성**'을 **주장**하는 것으로 족하다. '해당 사무의 처리가 법령에 반하거나 공익을 현저히 해친다고 인정될 것'은 주민감사청구 또는 주민소송의 적법요건이라고 볼 수 없다(대판 2020. 06. 25, 2018두67251).

**[판례]** 구 지방자치법 제16조 제1항에서 규정한 '해당 사무의 처리가 법령에 위반되거나 공익을 현저히 해친다고 인정되면'이란 감사기관이 감사를 실시한 결과 피감기관에 대하여 시정요구 등의 조치를 하기 위한 요건 및 주민소송에서 법원이 **본안**에서 **청구를 인용하기 위한 요건**일 뿐이고, 주민들이 주민감사를 청구하거나 주민소송을 제기하는 단계에서는 '해당 사무의 처리가 법령에 반하거나 공익을 현저히 해친다고 인정될 가능성'을 주장하는 것으로 족하며, '해당 사무의 처리가 법령에 반하거나 공익을 현저히 해친다고 인정될 것'이 **주민감사청구 또는 주민소송의 적법요건**이라고 볼 수는 없다(대판 2020. 06. 25, 2018두67251).

### (3) 범위와 한계

### 1) 대상사무

주민감사청구의 대상이 되는 사무는 지방자치단체 또는 지방자치단체의 장에 의해 행해지는 모든 사무이다. 따라서, 자치사무, 단체위임사무, 기관위임사무가 모두 주민감사청구의 대상이 된다.

2) 감사청구의 제외사항

다음의 1에 해당하는 사항은 감사청구의 대상에서 제외한다. ① 수사나 재판에 관여하게 되는 사항, ② 개인의 사생활을 침해할 우려가 있는 사항, ③ 다른 기관에서 감사하였거나 감사중인 사항. 다만, 다른 기관에서 감사한 사항이라도 새로운 사항이 발견되거나 중요사항이 감사에서 누락된 경우와 주민소송의 대상이 되는 경우에는 그러하지 아니하다. ④ 동일한 사항에 대하여 제22조 제2항 각 호의 어느 하나에 해당하는 소송이 진행 중이거나 그 판결이 확정된 사항(제21조 제2항).

감사청구의 대상에서 제외되는 사항 중 ②의 경우를 절대적인 제외사항으로 한 것은 타당하지 않다. 감사할 중대한 공익이 있는 경우에는 감사하도록 하여야 하며 다만, 개인의 사생활이 가능한 한 보호되도록 하면 될 것이다.

3) 감사청구기간

감사청구는 사무처리가 있었던 날이나 끝난 날부터 3년이 지나면 제기할 수 없다(제3항).

(4) 감사기관

감사기관은 시·군·자치구에 대하여는 시·도지사가, 시·도에 대하여는 주무부장관이 된다. 그런데, 자치사무에 대하여는 일반 감독기관인 국가기관(시·도지사도 이 경우에는 국가기관의 지위에 있다고 보아야 함)이 감사하는 것과 특히 공익에 관한 사항까지 감사하는 것에는 지방자치의 관점에서 문제가 없지 않다. 또한, 감사기관의 전문성도 부족하다고 할 수 있다.

(5) 감사절차

주무부장관이나 시·도지사는 감사청구를 수리한 날부터 60일 이내에 감사청구된 사항에 대하여 감사를 끝내야 하며, 감사결과를 청구인의 대표자와 해당 지방자치단체의 장에게 서면으로 알리고 공표하여야 한다. 다만, 그 기간에 감사를 끝내기가 어려운 정당한 사유가 있으면 그 기간을 연장할 수 있다. 이 경우 이를 미리 청구인의 대표자와 해당 지방자치단체의 장에게 알리고 공표하여야 한다(제21조 제9항).

주무부장관이나 시·도지사는 주민이 감사를 청구한 사항이 다른 기관에서 이미 감사한 사항이거나 감사중인 사항이면 그 기관에서 한 감사 결과 또는 감사 중인 사실과 감사가 끝난 후 그 결과를 알리겠다는 사실을 청구인의 대표자와 해당 기관에 지체 없이 알려야 한다(제10항).

주무부장관이나 시·도지사는 주민감사청구를 처리(각하를 포함한다)할 때 청구인의 대표자에게 반드시 증거 제출 및 의견 진술의 기회를 주어야 한다(제11항).

### (6) 감사결과의 이행

감사기관이 감사를 실시한 결과 '해당 사무의 처리가 법령에 위반되거나 공익을 현저히 해친다고 인정되면' 해당 지방자치단체의 장에게 시정요구 등의 필요한 조치를 요구할 수 있다. 이 경우 그 지방자치단체의 장은 이를 성실히 이행하여야 하고 그 조치결과를 지방의회와 주무부장관 또는 시·도지사에게 보고하여야 한다(제21조 제12항).

주무부장관 또는 시·도지사는 제12항에 따른 조치 요구 내용과 지방자치단체의 장의 조치 결과를 청구인의 대표자에게 서면으로 알리고 공표하여야 한다(제21조 제13항).

## 2. 주민소송

### (1) 의   의

주민소송(住民訴訟)이라 함은 주민이 지방자치단체의 위법한 재무회계행위를 시정하기 위하여 법원에 제기하는 소송을 말한다.

주민소송은 미국, 프랑스 등의 납세자소송에 비교되는 소송이다.

주민소송 제도는 지방자치단체 주민이 지방자치단체의 위법한 재무회계행위의 방지 또는 시정을 구하거나 그로 인한 손해의 회복 청구를 요구할 수 있도록 함으로써 지방자치단체의 재무행정의 적법성과 지방재정의 건전하고 적정한 운영을 확보하려는 데 목적이 있다(대판 2016. 05. 27, 2014두8490[도로점용허가처분무효확인등]).

### (2) 성   질

주민소송은 지방자치단체의 위법한 재무회계행위를 시정하고자 하는 공익목적을 가지고 제기되는 소송으로서 민중소송(공익소송)이며 구체적인 권익의 침해 없이도 제기되고 적법성 통제를 목적으로 하는 소송으로서 객관소송이다.

주민소송은 행정소송법상 민중소송에 해당한다. 주민소송은 민사소송등인지법 제2조 제4항에 따른 비재산권을 목적으로 하는 소송으로 본다(제22조 제16항).

### (3) 종   류

주민이 제기할 수 있는 소송은 다음과 같다(제22조 제2항).

#### 1) 중지청구소송(제1호 소송)

해당 행위를 계속하면 회복하기 곤란한 손해를 발생시킬 우려가 있는 경우에는 그 행위의 전부나 일부를 중지할 것을 요구하는 소송. 이 중지청구소송은 해당 행위를 중지할 경우 생명이나 신체에 중대한 위해가 생길 우려가 있거나 그 밖에 공공복리를 현저하게 해칠 우려가 있으면 이를 제기할 수 없다(제22조 제3항).

제1호 소송은 행위의 중지를 내용을 하는 가처분이 인정되지 않아 그 실효성이 낮다.

### 2) 처분취소 · 무효등확인소송(제2호 소송)

행정처분인 해당 행위의 취소 또는 변경을 요구하거나 그 행위의 효력 유무 또는 존재 여부의 확인을 요구하는 소송.

주민소송은 국민의 권리구제를 목적으로 하는 소송이 아니라 지방자치단체의 재정 보호라는 공익목적을 갖는 객관소송이므로 제2호 소송의 대상인 행정처분은 항고소송의 처분개념과 달리 지방자치단체의 재정에 상당한 영향을 미치는 행위를 의미하는 것으로 해석하는 것이 타당하다.

주민소송에 대해서는 일반 취소소송의 제소기간이 적용되지 않는다(대판 2019. 10. 17, 2018두104).

[판례] [서울특별시 서초구청장의 '사랑의 교회'에 대한 도로점용허가처분에 대하여 서초구 주민들이 도로점용허가에 관하여 주위적으로 무효확인을 구하고, 예비적으로 그 취소를 구하는 주민소송을 제기한 사건] (1) 주민소송에서 다툼의 대상이 된 처분의 위법성은 행정소송법상 항고소송에서와 마찬가지로 헌법, 법률, 그 하위의 법규명령, 법의 일반원칙 등 객관적 법질서를 구성하는 모든 법규범에 위반되는지 여부를 기준으로 판단하여야 하는 것이지, 해당 처분으로 인하여 지방자치단체의 재정에 손실이 발생하였는지만을 기준으로 판단할 것은 아니다. (2) 예배당, 성가대실, 방송실과 같은 지하구조물 설치를 위한 도로점용허가는 그 유지 · 관리에 상당한 책임이 수반될 뿐 아니라 점용기간 만료 후 원상회복이 어려운 사정이 있고, 향후 도로 주변의 상황 변화에 탄력적 · 능동적으로 대처하기 곤란해진다는 이유로 비례의 원칙을 위반하였다고 판단한 원심을 수긍한 사례. (3) 이 사건 주민소송에서 이 사건 도로점용허가를 취소하는 판결이 확정되면, 피고는 취소판결의 기속력에 따라 위법한 결과를 제거하는 조치의 일환으로서 피고 보조참가인에 대하여 도로법 제73조, 제96조, 제100조등에 의하여 이 사건 도로의 점용을 중지하고 원상회복(불법점유상태인 교회 일부의 철거 · 복토조치등)할 것을 명령하고, 이를 이행하지 않을 경우 행정대집행이나 이행강제금 부과 조치를 하는 등 이 사건 도로점용허가로 인한 위법상태를 제거하는 것이 가능하게 된다. 또한, 취소판결의 직접적인 효과로 이 사건 건축허가가 취소되거나 그 효력이 소멸되는 것은 아니지만, 이 사건 도로점용허가가 유효하게 존재함을 전제로 이루어진 이 사건 건축허가는 그 법적 · 사실적 기초를 일부 상실하게 되므로, 피고는 수익적 행정행위의 직권취소 제한에 관한 법리를 준수하는 범위 내에서 일정한 요건하에 직권으로 그(건축허가) 일부를 취소하거나 변경하는 등의 조치를 할 의무가 있다. 따라서 이 사건 주민소송에서 원고들이 이 사건 건축허가의 효력을 직접 다툴 수 없다고 하더라도, 건축허가의 불가쟁력이 원고들이 이 사건 도로점용허가의 취소를 구할 소의 이익을 부정하는 근거는 될 수 없다(대판 2019. 10. 17, 2018두104). 〈참고사항〉 동일 사건의 파기환송판결인 대판 2016. 05. 27, 2014두8490 참조.

### 3) 해태사실위법확인소송(제3호 소송)

게을리한 사실의 위법확인을 요구하는 소송.

제3호 소송은 공금의 부과·징수, 변상금부과처분 등 재정보호조치를 게을리한 사실의 위법확인을 요구하는 소송이다.

### 4) 손해배상청구등이행소송(제4호 소송)

지방자치단체의 장에게 해당 지방자치단체의 장 및 직원, 지방의회 의원, 해당 행위와 관련이 있는 상대방에게 **손해배상청구 또는 부당이득반환청구를** 할 것을 요구하는 소송. 다만, 그 지방자치단체의 직원이 「회계관계직원 등의 책임에 관한 법률」 제4조에 따른 변상책임을 져야 하는 경우에는 **변상명령을** 할 것을 요구하는 소송을 말한다.

**[판례]** ① [1] 구 지방자치법 시행령 제34조 제1항에서 지방자치단체의 의정비심의위원회의 위원을 선정할 때 학계 등으로부터 추천을 받도록 규정한 취지는 심의회 구성의 다양성과 객관성을 확보하기 위한 데 있다고 할 것이므로, 심의위원 선정절차가 위 규정에 엄격히 부합하지 아니하더라도 심의회의 구성에 관한 위와 같은 입법 취지를 실질적으로 훼손하였다고 평가할 정도에 이르지 아니하는 한 해당 심의회의 의결이 위법하다거나 이를 기초로 한 의정활동비 등에 관한 조례가 위법하다고 판단할 수는 없다. [2] 지방자치단체의 의정비심의위원회가 관계 법령에서 정한 절차에 의하여 구성되고 자율적으로 '의정활동비 등의 상한액'을 결정한 경우에는 결정 과정에서 주민들의 정서나 여론조사 결과에 일부 부합하지 아니한 부분이 있다고 하더라도 법령에서 심의회의 의결을 반영하는 절차를 둔 입법 취지를 달성할 수 없을 정도로 형식적인 절차를 거친 것에 불과하여 실질적으로 절차를 거치지 아니한 것과 다름없다고 볼 정도에 이르지 아니한다면, 심의회가 행한 '의정활동비 등의 상한액' 결정이 위법하다고 볼 수는 없다(대판 2014. 02. 27, 2011두7489 [주민소송(부당이득반환)]). 〈해설〉 이 사건 조례(의정활동비 등에 관한 조례)가 위법·무효라고 주장하면서 의원들이 위 조례에 따라 2008. 1.부터 2008. 12.까지 피고(서울특별시 성동구청장)로부터 지급받은 월정수당 중 이 사건 조례로 개정되기 전의 서울특별시 성동구의회 의원의 의정활동비 등 지급에 관한 조례(2007. 2. 1. 조례 제737호로 개정된 것, 이하, '이 사건 구 조례'라고 한다) 소정의 월 1,521,660원의 비율에 의한 월정수당을 초과하는 금액 24,040,080원{ = (3,525,000원 - 1,521,660원) × 12}을 부당이득으로 반환할 의무가 있으므로, 피고는 이 사건 의원들에게 위 금액 상당의 부당이득반환을 청구하여야 할 의무가 있다고 제기한 주민소송에서 1심법원인 서울행정법원은 심의위원회의 월정수당 지급기준액 결정은 지방자치법 시행령 제33조 제1항 제3호, 제34조 제6항의 규정에 위반되어 위법하다고 할 것이고 이를 직접적인 원인으로 하여 제정된 이 사건 조례 역시 위법하여 무효라고 할 것이며, 이와 같이 위법한 위 조례에 따라 이루어진 피고의 월정수당 지급행위는 위 조례의 의결자이자 그 급부를 받게 되는 이 사건 의원들과의 관계에 있어서 법률상 원인을 결한 것으로서 무효라고 할 것이기 때문에 이 사건 의원들은 이 사건 조례에 따라 2008. 1.부터 2008. 12.까지 지급받은 월 3,525,000원의 비율에 의한 월정수당 중 이 사건 구 조례 소정의 월 1,521,660원의 비율에 의한 월정수당을 초과하는 금액인 합계 24,040,080원{ = (3,525,000원 - 1,521,660원) × 12}은 법률상 원인 없이 수익한 부당이득으로 피고에게 이를 반환할 의무가 있으므로, 피고는 지방자치법 제17조 제2항 제4호의 규정에 따라 이 사건 의원들에게 각 위 금원 상당의 부당이득반환을 청구해야 할 의무가 있다고 인용판결을 하였지만(서울행정법원 2009. 06. 10. 선고

2008구합50445 판결[주민소송(부당이득반환)]), **원심판결인 서울고등법원은** 원고들의 청구는 이유 없다고 하면서 제1심 판결을 취소하고, 원고들의 청구를 기각하는 판결을 하였다(서울고등법원 2011. 02. 15. 선고 2009누20597 판결[주민소송(부당이득반환)]). **대법원은** 원심판결을 지지하며 상고를 기각하였다.

② 서울특별시 성동구의회 의원의 의정활동비 등 지급에 관한 조례(2008. 1. 10. 조례 제774호로 개정된 것, 이하 '이 사건 조례'라고 한다)는 위법·무효라고 할 것이므로, 의원들이 위 조례에 따라 피고로부터 지급받은 월정수당 중 이 사건 조례로 개정되기 전의 서울특별시 성동구의회 의원의 의정활동비 등 지급에 관한 조례(2007. 2. 1. 조례 제737호로 개정된 것, 이하, '이 사건 구 조례'라고 한다) 소정의 월정수당을 초과하는 금액을 부당이득으로 반환할 의무가 있으므로, 피고(서울특별시 성동구청장)는 이 사건 의원들에 위 금액 상당의 부당이득반환을 청구하여야 할 의무가 있다고 주민감사청구를 거쳐 제기한 주민소송에서 1심법원인 서울행정법원은 "심의위원회의 월정수당 지급기준액 결정은 지방자치법 시행령 제33조 제1항 제3호, 제34조 제6항의 규정에 위반되어 위법하다고 할 것이고 이를 직접적인 원인으로 하여 제정된 이 사건 조례 역시 위법하여 무효라고 할 것이며, 이와 같이 위법한 위 조례에 따라 이루어진 피고의 월정수당 지급행위는 위 조례의 의결자이자 그 급부를 받게 되는 이 사건 의원들과의 관계에 있어서 법률상 원인을 결한 것으로서 무효라고 할 것이다. 따라서 이 사건 의원들은 이 사건 조례에 따라 2008. 1.부터 2008. 12.까지 지급받은 월 3,525,000원의 비율에 의한 월정수당 중 이 사건 구 조례 소정의 월 1,521,660원의 비율에 의한 월정수당을 초과하는 금액인 합계 24,040,080원{=(3,525,000원－1,521,660원)×12}은 법률상 원인 없이 수익한 부당이득으로 피고에게 이를 반환할 의무가 있으므로, 피고는 지방자치법 제17조 제2항 제4호의 규정에 따라 이 사건 의원들에게 각 위 금원 상당의 부당이득반환을 청구해야 할 의무가 있다고 할 것이다"라고 인용판결을 내렸으나(서울행정법원 2009. 06. 10. 선고 2008구합50445 판결[주민소송(부당이득반환)]) 원심법원인 서울고등법원(서울고등법원 2011. 02. 15. 선고 2009누20597 판결)과 대법원은 "지방자치단체의 의정비심의위원회가 관계 법령에서 정한 절차에 의하여 구성되고 자율적으로 '의정활동비 등의 상한액'을 결정한 경우에는 결정 과정에서 주민들의 정서나 여론조사 결과에 일부 부합하지 아니한 부분이 있다고 하더라도 법령에서 심의회의 의결을 반영하는 절차를 둔 입법 취지를 달성할 수 없을 정도로 형식적인 절차를 거친 것에 불과하여 실질적으로 절차를 거치지 아니한 것과 다름없다고 볼 정도에 이르지 아니한다면, 심의회가 행한 '의정활동비 등의 상한액' 결정이 위법하다고 볼 수는 없다"고 보고, 이 사건 조례를 무효로 볼 수 없다고 하였다(대판 2014. 02. 27, 2011두7489[주민소송(부당이득반환)]).

### (4) 요    건
#### 1) 감사청구전치주의

주민소송을 제기하기 위하여는 주민감사청구를 하였어야 하고, 주민감사청구를 한 주민이 제기할 수 있다(제22조 제1항). 주민감사청구를 한 주민이면 1인이라도 가능하다.

제21조 제1항에 따라 공금의 지출에 관한 사항, 재산의 취득·관리·처분에 관한 사항, 해당 지방자치단체를 당사자로 하는 매매·임차·도급 계약이나 그 밖의 계약의 체결·이행에 관한 사항 또는 지방세·사용료·수수료·과태료 등 공금의 부과·징수

를 게을리 한 사항을 감사청구하였어야 한다.

　감사전치주의는 주민소송의 소송요건이다. 따라서, 감사청구를 하지 않고 주민소송을 제기한 경우 또는 감사청구된 사항과 무관한 사항에 대하여 주민소송을 제기한 경우에는 각하판결을 하여야 한다. 다만, 사실심 변론종결일까지 적법한 감사청구가 통지되거나 60일 이내에 감사결과가 통지되지 않는 경우에는 하자가 치유된다는 것이 일반적 견해이다.

　감사청구가 감사청구전치주의의 요건을 충족하기 위해서는 감사청구가 적법한 감사청구이어야 한다.

　주민감사청구가 적법함에도 감사기관이 부적법하다고 오인하여 위법한 각하결정을 내린 경우에는 '주민감사청구 전치 요건'을 충족한 것으로 보아야 한다(대판 2020. 06. 25, 2018두67251). 이 경우 감사청구한 주민은 위법한 각하결정 자체를 별도의 항고소송으로 다툴 필요 없이, 지방자치법이 규정한 다음 단계의 권리구제절차인 주민소송을 제기할 수 있다.

**[판례]** [감사기관이 감사 청구를 각하했음에도 시민들이 주민소송을 낼 수 있는지 여부가 쟁점] (1) '주민감사청구 전치'를 주민소송의 소송요건으로 규정하고 있으므로, 주민감사청구 전치 요건을 충족하였는지 여부는 주민소송의 수소법원이 직권으로 조사하여 판단하여야 한다. (2) 주민소송이 주민감사청구 전치 요건을 충족하였다고 하려면 주민감사청구가 지방자치법 제16조에서 정한 적법요건을 모두 갖추고, 나아가 지방자치법 제17조 제1항 각 호에서 정한 사유에도 해당하여야 한다. (3) 지방자치법 제17조 1항에 따른 **주민소송**은 주민들이 해당 지자체의 장을 상대로 감사청구한 사항과 관련이 있는 조치나 부작위의 당부를 다투어 위법한 조치나 부작위를 시정하거나 또는 해당 지자체에 손해를 야기한 행위자들을 상대로 손해배상청구 등을 할 것을 요구하는 소송이고, **감사기관이 한 감사결과의 당부를 다투는 소송이 아니다.** (4) 주민감사를 청구한 주민에 한해 주민소송을 제기할 수 있도록 '주민감사청구 전치 요건'을 규정한 것은 감사기관에게 스스로 전문지식을 활용해 간이·신속하게 문제를 1차적으로 시정할 수 있는 기회를 부여하고 이를 통해 법원의 부담도 경감하려는 데 **입법취지**가 있다. (5) 감사기관이 주민감사청구를 기각하거나 부당하게 각하한 경우 지방자치법이 규정한 다음 단계의 권리구제절차인 주민소송을 제기할 수 있도록 하는 것이 분쟁의 1회적이고 효율적인 해결 요청과 주민감사청구 전치를 규정한 지방자치법의 입법취지에 부합한다. (6) 지방자치법 제17조 제1항 제2호에 정한 '**감사결과**'에는 감사기관이 주민감사청구를 수리하여 일정한 조사를 거친 후 주민감사청구사항의 실체에 관하여 본안판단을 하는 내용의 결정을 하는 경우뿐만 아니라, 감사기관이 주민감사청구가 부적법하다고 오인하여 **위법한 각하결정을 하는 경우**까지 포함한다. 따라서, 주민감사청구가 **지방자치법에서 정한 적법요건을 모두 갖추었음에도,** 감사기관이 해당 **주민감사청구가 부적법하다고** 오인하여 더 나아가 구체적인 조사·판단을 하지 않은 채 **각하**하는 결정을 한 경우에는, 감사청구한 주민은 위법한 각하결정 자체를 별도의 항고소송으로 다툴 필요 없이, 지방자치법이 규정한 다음 단계의 권리구제절차인 **주민소송**을 제기할 수 있다고 보아야 한다. (7) 감사기관이 지방자치법 제16조 제1항의 '해당 사무의 처리가 법령에 위반되거나 공익을 현저히 해친다고 인정되면'이 주민감사청구의 적법요건에 해당한다고 오인하여 이 사건 감사청구가 주민감사청구의 적법요건을 모두 갖추고 있음에도 불구하고 동

법 제16조 제1항을 근거로 이 사건 **각하결정을 한 사안**(문체부는 "인천시의 지원행위는 국제대회지
원법률에 위반되지 않는다"며 감사 청구를 각하했다)에서, 1,2심 **법원**은 감사기관이 주민감사청구를
수리해 실제 감사가 진행된 경우에 한해 '주민감사청구 전치 요건'을 충족한 것으로 보아야 한다
고 보았다. 대법원은 해당 사무의 처리가 법령에 위반되거나 공익을 현저히 해친다고 인정되는지
여부'는 감사기관이 본안 전 단계에서 검토·판단하여야 할 주민감사청구의 적법요건이 아니라 주
민감사청구사항의 실체에 관하여 본안에서 판단하여야 할 사항이므로, 이 사건 각하결정은 위법
하고, 원고들은 위법한 이 사건 각하결정에도 불구하고 곧바로 주민소송을 제기할 수 있다고 한 사
례(대판 2020. 06. 25, 2018두67251). 〈해설〉 이 사건에서 주민감사청구는 인천시가 2014 인천아시
안게임을 준비하면서 완산마리나 요트경기장 조성사업을 위해 왕산레저개발에 지원한 지원금 반
환을 요구하는 것이고, 주민소송은 인천광역시장을 상대로 낸 손해배상청구소송이다.

### 2) 주민소송의 제기요건

다음의 어느 하나에 해당하여야 한다. ① 주무부장관이나 시·도지사가 감사 청
구를 수리한 날부터 60일(제21조 제9항 단서에 따라 감사기간이 연장된 경우에는 연장된 기
간이 끝난 날을 말한다)이 지나도 감사를 끝내지 아니한 경우, ② 제21조 제9항 및 제
10항에 따른 감사 결과 또는 제21조 제12항에 따른 조치 요구에 불복하는 경우, ③
제21조 제12항에 따른 주무부장관이나 시·도지사의 조치 요구를 지방자치단체의 장
이 이행하지 아니한 경우, ④ 제21조 제12항에 따른 지방자치단체의 장의 이행 조치
에 불복하는 경우(제22조 제1항).

제2항 제1호의 중지청구소송은 해당 행위를 중지할 경우 생명이나 신체에 중대
한 위해가 생길 우려가 있거나 그 밖에 공공복리를 현저하게 저해할 우려가 있으면
제기할 수 없다(제3항). 제2항 각 호의 소송이 진행 중이면 다른 주민은 같은 사항에
대하여 별도의 소송을 제기할 수 없다(제5항).

**[판례]** (1) 지방자치법 제17조 제2항 제1호부터 제3호까지의 주민소송은 해당 지방자치단체의 장
을 상대방으로 하여 위법한 재무회계행위의 방지, 시정 또는 확인 등을 직접적으로 구하는 것인데
반하여, **제4호 주민소송**은 감사청구한 사항과 관련이 있는 위법한 행위나 업무를 게을리 한 사실
에 대하여 지방자치단체의 장 및 직원, 지방의회의원, 해당 행위와 관련이 있는 상대방(이하 '상대
방'이라고 통칭한다)에게 손해배상청구, 부당이득반환청구, 변상명령 등을 할 것을 요구하는 소송이
다. 따라서 제4호 주민소송 판결이 확정되면 지방자치단체의 장인 피고는 상대방에 대하여 그 판
결에 따라 결정된 손해배상금이나 부당이득반환금의 지불 등을 청구할 의무가 있으므로, **제4호 주
민소송을 제기하는 자는 상대방, 재무회계행위의 내용, 감사청구와의 관련성, 상대방에게 요구할 손
해배상금 내지 부당이득금 등을 특정하여야 한다.** (2) 주민소송의 상대방인 지방자치단체의 장이나
공무원은 국가배상법 제2조 제2항, 회계직원책임법 제4조 제1항의 각 규정 내용 및 취지 등에 비
추어 볼 때, 그 위법행위에 대하여 고의 또는 중대한 과실이 있는 경우에 한하여 제4호 주민소송의
**손해배상책임을 부담하는 것으로 보아야 한다.** (3) 용인시 주민들로 구성된 원고들이 민간투자사업
(BTO 방식)인 용인경전철 사업의 추진·실시 과정에서 용인시장 등 용인시 공무원, 민간투자사업
관련자들의 불법행위로 인하여 용인시에 손해가 발생하였다면서, 피고에게 그 관련자들을 상대로
손해배상청구 등을 할 것을 요구하는 주민소송을 제기한 사안에서, ① 원고들이 주장한 사유들을

전체적으로 포괄하여 하나의 위법한 재무회계행위로서 민사상 불법행위책임 등을 지는 행위로 볼 수 있다면 이는 주민소송의 대상에 해당하는 것으로 법원으로서는 그 위법 여부를 판단하여야 하고, ② 용인시가 한국교통연구원 등으로부터 수요예측 등의 용역보고서를 제출받는 행위가 재무회계행위에 해당하고, 그 용역업무 수행이 민사상 채무불이행이나 불법행위에 해당할 때에는 그 상대방인 한국교통연구원이나 그 연구원들에게 손해배상청구 등을 하여야 한다고 보아, 원고들이 주장한 사유들을 개별적으로 나누어 주민소송의 대상 해당 여부 등을 판단하여 그 중 일부를 부적법하다고 보거나, 한국교통연구원 등의 수요예측행위 자체를 재무회계행위에 해당하지 않는다고 본 원심판결을 파기(일부)하되, 제4호 주민소송에서의 상대방인 공무원의 주관적 책임요건으로 고의·중과실로 한정하는 것으로 본 원심의 판단은 정당하다고 본 사례(대판 2020. 07. 29, 2017두63467[용인경전철사건]). 〈해설〉(1) 이 사건 소송의 심판대상은 원고들이 주장하는 소외 1의 위와 같은 행위가 이 사건 감사청구사항과 관련 있는 행위인지, 그러한 행위가 위법한 재무회계행위로서 민사상 불법행위책임이나 부당이득반환책임 또는 「회계관계직원 등의 책임에 관한 법률」(이하 '회계직원책임법'이라고 한다)에 의한 변상책임 등을 지는 행위인지 여부 및 요구 대상 손해배상액 등을 확정하는 것이다. (2) 이 사건 감사청구는 이 사건 용인 경전철 실시협약 체결을 비롯하여 이 사건 사업과 관련하여 그 추진과정으로부터 공사완료 이후에 이르기까지 제반 문제점을 대상으로 하고 있고, 여기에 원고들이 주장하는 위와 같은 행위들이 모두 적시되어 있음을 알 수 있다. 따라서 이러한 행위들은 모두 이 사건 감사청구사항의 기초인 사회적 사실관계와 기본적인 점에서 동일한 것으로서, 이 사건 감사청구한 사항과 관련 있는 행위들로 봄이 타당하다. (3) 법원으로서는 이 사건 실시협약 체결행위와 관련이 있는 모든 적극적·소극적 행위들을 확정하고 거기에 법령 위반 등의 잘못이 있는지 여부를 구체적으로 따져 본 다음 전체적으로 보아 그 위법 여부를 판단하여야 한다. (4) 이 사건 용역계약은 한국교통연구원이 용인시에 용인경전철의 수요예측 등을 내용으로 하는 용역보고서를 작성하고 이에 대하여 용인시가 한국교통연구원에 용역대금을 지급하는 내용의 계약으로서, 이를 체결하고 그에 따라 수요예측 등의 내용을 담은 용역결과물을 제출받는 행위는 지방자치법 제17조 제1항에 정한 계약의 체결·이행에 관한 사항으로서 재무회계행위에 해당한다. 그리고 연구원들로부터 오류가 있는 용역보고서를 제출받은 것은 재무회계행위와 관련이 있는 위법한 행위이거나 업무를 게을리한 사실이고, 이러한 용역업무의 수행이 민사상 채무불이행이나 불법행위에 해당할 때에는 용인시는 그 상대방인 한국교통연구원이나 그 연구원들에게 손해배상청구 등을 하여야 한다. (5) 소외 4가 용인경전철의 자금을 횡령한 행위, 소외 5가 소외 1 전 시장을 앞세워 용인경전철로부터 공사수주를 받은 행위, 용인경전철 시공업체들이 건설하도급 비율을 준수하지 않은 행위, 위 시공업체들이 조경공사를 수행하지 않았음에도 공사비를 지급받은 행위 등은 모두 주민소송의 대상이 될 수 없다(대판 2020. 07. 29, 2017두63467).

## (5) 원고적격

감사청구한 주민이 주민소송을 제기할 수 있다. 즉, 감사청구전치주의가 적용된다. 감사청구전치주의는 주민소송의 남용을 막고, 주민감사기관의 전문성을 활용하고 법원의 부담을 줄이기 위하여 도입되었다. 주민감사청구의 실효성이 확보되지 않는 경우 주민소송제기권이 제약되는 결과를 가져오므로 주민감사청구의 실효성을 강화하는 조치가 있어야 한다.

전술한 바와 같이 감사청구를 할 수 있는 주민은 선거권이 있는 자에 한정되므로 선거권이 없는 외국인, 법인 등 단체는 주민소송을 제기할 당사자적격이 없다.

## (6) 대    상

① 주민소송의 대상은 감사청구한 일정한 재무회계사항(공금의 지출에 관한 사항, 재산의 취득·관리·처분에 관한 사항, 해당 지방자치단체를 당사자로 하는 매매·임차·도급계약이나 그 밖의 계약의 체결·이행에 관한 사항 또는 지방세·사용료·수수료·과태료 등 공금의 부과·징수를 게을리한 사항)과 관련이 있는 위법한 행위나 업무를 게을리한 사실이다(제22조 제1항).

[판례] 주민소송은 원칙적으로 지방자치단체의 재무회계에 관한 사항의 처리를 직접 목적으로 하는 행위에 대하여 제기할 수 있고, 지방자치법 제17조 제1항에서 주민소송의 대상으로 규정한 '재산의 취득·관리·처분에 관한 사항', '해당 지방자치단체를 당사자로 하는 계약의 체결·이행에 관한 사항' 등에 해당하는지 여부도 그 기준에 의하여 판단하여야 한다(대판 2020. 07. 29, 2017두63467[용인경전철사건]).

주민소송의 대상이 되는 위법한 행위나 해태사실은 감사청구한 사항과 동일할 필요는 없고 관련성이 있으면 된다(대판 2020. 07. 29, 2017두63467).

주민감사를 청구한 사항과 관련성이 있는지 여부는 주민감사청구사항의 기초인 사회적 사실관계와 기본적인 점에서 동일한지 여부에 따라 결정되는 것이며 그로부터 파생되거나 후속하여 발생하는 행위나 사실은 주민감사청구사항과 관련이 있다고 보아야 한다(대판 2020. 07. 29, 2017두63467).

주민소송은 지방자치법 제22조 제1항에서 정한 재무회계사항에 한정된다. 지방자치법 제22조 제1항에서 정한 재무회계사항이 아닌 사항을 대상으로 하여 제기된 주민소송은 부적법하고, 각하되어야 한다(대판 2015. 09. 10, 2013두16746).

[판례] ① [1] 구 지방자치법 제13조의5 제1항에서 주민소송 대상으로 정한 '공금의 지출에 관한 사항'의 의미 및 여기에 지출원인행위 등에 선행하는 지방자치단체의 장 및 직원, 지방의회 의원의 결정 등이 포함되는지 여부(원칙적 소극): 구 지방자치법(2007. 5. 11. 법률 제8423호로 전부 개정되기 전의 것, 이하 '구 지방자치법'이라 한다) 제13조의4 제1항, 제13조의5 제1항, 제2항 제4호, 구 지방재정법(2006. 10. 4. 법률 제8050호로 개정되기 전의 것) 제67조 제1항, 제69조, 제70조의 내용, 형식 및 취지 등을 종합해 보면, 구 지방자치법 제13조의5 제1항에 규정된 주민소송의 대상으로서 '공금의 지출에 관한 사항'이란 지출원인행위, 즉 지방자치단체의 지출원인이 되는 계약 그 밖의 행위로서 당해 행위에 의하여 지방자치단체가 지출의무를 부담하는 예산집행의 최초 행위와 그에 따른 지급명령 및 지출 등에 한정되고, 특별한 사정이 없는 한 이러한 지출원인행위 등에 선행하여 그러한 지출원인행위를 수반하게 하는 당해 지방자치단체의 장 및 직원, 지방의회 의원의 결정 등과 같은 행위는 포함되지 않는다고 보아야 한다. [2] 구 지방자치법 제13조의5 제1항에서 주민소송 대상으로 정한 '공금의 지출에 관한 사항'에 해당하는지 판단할 때 지출원인행위의 선행행위에 위법사유가 존재하는지 심사할 수 있는 경우 및 이때 위법사유가 존재하는지 판단하는 방법: 구 지방자치법(2007. 5. 11. 법률 제8423호로 전부 개정되기 전의 것) 제13조의5 제1항에 규정된 주민소

송의 대상인 '공금의 지출에 관한 사항'에는 지출원인행위에 선행하는 당해 지방자치단체의 장 및 직원, 지방의회 의원의 결정 등과 같은 행위가 포함되지 않으므로 선행행위에 위법사유가 존재하더 라도 이는 주민소송의 대상이 되지 않는다. 그러나 지출원인행위 등을 하는 행정기관이 선행행위 의 행정기관과 동일하거나 선행행위에 대한 취소·정지권을 갖는 경우 지출원인행위 등을 하는 행 정기관은 지방자치단체에 직접적으로 지출의무를 부담하게 하는 지출원인행위 단계에서 선행행위 의 타당성 또는 재정상 합리성을 다시 심사할 의무가 있는 점, 이러한 심사를 통하여 선행행위가 현저하게 합리성을 결하고 있다는 것을 확인하여 이를 시정할 수 있었음에도 그에 따른 지출원인 행위 등을 그대로 진행하는 것은 부당한 공금 지출이 되어 지방재정의 건전하고 적정한 운용에 반하는 점, 지출원인행위 자체에 고유한 위법이 있는 경우뿐만 아니라 선행행위에 간과할 수 없는 하자가 존재하고 있음에도 이에 따른 지출원인행위 등 단계에서 심사 및 시정의무를 소홀히 한 경우에도 당해 지출원인행위를 위법하다고 보아야 하는 점 등에 비추어 보면, 선행행위가 현저하 게 합리성을 결하여 그 때문에 지방재정의 적정성 확보라는 관점에서 지나칠 수 없는 하자가 존재 하는 경우에는 지출원인행위 단계에서 선행행위를 심사하여 이를 시정해야 할 회계관계 법규상 의 무가 있다고 보아야 한다. 따라서 이러한 하자를 간과하여 그대로 지출원인행위 및 그에 따른 지 급명령·지출 등 행위에 나아간 경우에는 그러한 지출원인행위 등 자체가 회계관계 법규에 반하여 위법하다고 보아야 하고, 이러한 위법사유가 존재하는지를 판단할 때에는 선행행위와 지출원인행 위의 관계, 지출원인행위 당시 선행행위가 위법하여 직권으로 취소하여야 할 사정이 있었는지 여 부, 지출원인행위 등을 한 당해 지방자치단체의 장 및 직원 등이 선행행위의 위법성을 명백히 인 식하였거나 이를 인식할 만한 충분한 객관적인 사정이 존재하여 선행행위를 시정할 수 있었는지 등을 종합적으로 고려해야 한다. [3] 시장 갑이 도시개발에 따른 교통난을 해소하기 위해 도로확 장공사계획을 수립하고, 건설회사와 공사도급계약을 체결하여 공정을 마무리하였으나 해당 도로 가 군용항공기법 제8조에 반하여 비행안전구역에 개설되었다는 이유로 개통이 취소되자, 주민 을 등이 갑을 비롯한 시청 소속 공무원들이 도로 개설 사업을 강행함으로써 예산을 낭비하였다며 구 지방자치법(2007. 5. 11. 법률 제8423호로 전부 개정되기 전의 것, 이하 '구 지방자치법'이라 한다) 제13조의4에 따른 주민감사청구를 한 후 시장을 상대로 구 지방자치법 제13조의5 제2항 제4호에 따라 갑에게 손해배상청구를 할 것을 요구하는 소송을 제기한 사안에서, 선행행위인 도로확장계 획 등에 일부 위법사유가 존재하더라도 현저하게 합리성을 결하여 지출원인행위인 공사도급계약 체결에 지나칠 수 없는 하자가 있다고 보기 어렵고, 공사도급계약 체결 단계에서 선행행위를 다시 심사하여 이를 시정해야 할 회계관계 법규상 의무를 위반하여 그대로 지출원인행위 등으로 나아 간 경우에 해당한다고 보기 어렵다는 이유로, 을 등의 청구를 배척한 원심의 결론을 정당하다고 한 사례(대판 2011. 12. 22, 2009두14309[손해배상청구]). 〈해설〉 판례는 선행행위의 위법은 주민소 송의 대상이 되지 않는다고 본다. 다만, 예외적으로 선행행위가 현저하게 합리성을 결하여 그 때 문에 지방재정의 적정성 확보라는 관점에서 지나칠 수 없는 하자가 존재하는 경우에는 지출원인 행위 단계에서 선행행위를 심사하여 이를 시정해야 할 회계관계 법규상 의무가 있다고 본다. 자세 한 것은 함인선, 주민소송에 있어서 이른바 '위법성의 승계'에 관한 검토, 공법연구 제42집 제4호, 2014. 6, 343면 이하 참조.
② (1) 지방자치법 제17조 제1항, 제2항에서 정한 주민소송의 대상인 '재산의 관리·처분에 관한 사 항' 및 '공금의 부과·징수를 게을리 한 사항'의 의미(=재무회계행위): 주민소송의 대상이 되는 '재 산의 관리·처분에 관한 사항'이나 '공금의 부과·징수를 게을리 한 사항'이라 함은, 지방자치단체 의 소유에 속하는 재산의 가치를 유지·보전 또는 실현함을 직접 목적으로 하는 행위 또는 그와 관련된 공금의 부과·징수를 게을리한 행위를 말하고, 그 밖에 재무회계와 관련이 없는 행위는 설

령 그것이 지방자치단체의 재정에 어떤 영향을 미친다고 하더라도, 주민소송의 대상이 되는 '재산의 관리·처분에 관한 사항' 또는 '공금의 부과·징수를 게을리 한 사항'에 해당하지 않는다. (2) 이 행강제금의 부과가 주민소송의 대상이 되는 '공금의 부과·징수를 게을리 한 사항'에 해당하는지 여부(적극): 이행강제금은 지방자치단체의 재정수입을 구성하는 재원 중 하나로서 '지방세외수입금의 징수 등에 관한 법률'에서 이행강제금의 효율적인 징수 등에 필요한 사항을 특별히 규정하는 등 그 부과·징수를 재무회계 관점에서도 규율하고 있으므로, 이행강제금의 부과·징수를 게을리 한 행위는 주민소송의 대상이 되는 공금의 부과·징수를 게을리 한 사항에 해당한다. (3) 지방자치법 제17조 제1항, 제2항 제3호의 주민소송 요건인 위법하게 공금의 부과·징수를 게을리한 사실이 인정되기 위해서는 전제로서, **관련 법령상의 요건이 갖추어져 지방자치단체의 집행기관 등의 공금에 대한 부과·징수가 가능하여야 한다.** (4) 원고가 부설주차장 설치에 관한 위법 등을 이유로 피고의 소외 회사에 대한 건축법상의 사용승인처분의 취소 또는 무효확인(지방자치법 제17조 제2항 제2호), 사용승인의 취소 또는 시정명령, 건축물대장에의 위반내용 기재 처분, 원상회복, 대집행, 시정조치 건축법상의 이행강제금의 부과·징수를 게을리 한 사실에 대한 위법확인(지방자치법 제17조 제2항 제3호)을 **구하는 주민소송을 제기한 사안**에서, 이행강제금의 부과를 게을리 한 사실은 주민소송의 대상에 해당하나, 이를 제외한 나머지 처분이나 조치 등은 주민소송의 대상이 되는 재무회계행위에 해당하지 아니하므로 그 부분 소가 부적법하다고 판단한 사례(불이익변경금지 원칙에 의하여 상고기각)(대판 2015. 09. 10, 2013두16746[행정부작위위법]).

③ [피고(서초구청장)는 도로점용허가처분에 관여한 서초구청 공무원들 및 참가인(사랑의교회)에 대하여 손해배상청구의 소제기를 이행하라는 주민소송을 제기한 사건] (1) 도로 등 공물이나 공공용물의 **점용허가**가 도로 등의 본래 기능 및 목적과 무관하게 **그 사용가치를 실현·활용하기 위한 것으로 평가되는 경우에는 주민소송의 대상이 되는 재산의 관리·처분에 해당한다.** (2) 이 사건 도로점용허가(도로 지하 부분을 2010. 4. 9.부터 2019. 12. 31.까지 참가인이 점용할 수 있도록 하는 내용의 도로점용허가처분)는 실질적으로 위 도로 지하부분의 사용가치를 제3자로 하여금 활용하도록 하는 임대 유사한 행위로서, 이는 앞서 본 법리에 비추어 볼 때, 지방자치단체의 재산인 도로부지의 재산적 가치에 영향을 미치는 지방자치법 제17조 제1항의 '재산의 관리·처분에 관한 사항'에 해당한다(대판 2016. 05. 27, 2014두8490[도로점용허가처분무효확인등]). 〈해설〉 공물관리행위와 재산관리행위는 구별되고, 공물의 점용허가는 공물관리행위의 하나이지만, 주로 재산관리행위의 성질을 가질 경우에는 주민소송의 대상이 된다고 한 사례이다.

④ 지방의회의원의 의정활동비를 인상한 조례의 위법·무효를 전제로 그 조례에 따라 지급된 의정활동비를 부당이득으로 보고 부당이득의 반환을 구하는 주민소송을 제기한 것에 대해 지방의회의원에게 지급할 의정활동비 등의 지급기준을 정한 조례를 공금의 지출에 관한 사항 즉 지출원인행위로 보고, 본안 판단을 한 사례(대판 2014. 02. 27, 2011두7489).

② 감사청구전치주의를 취하는 결과 전술한 감사청구의 제외대상(지방자치법 제21조 제2항)은 주민소송의 대상이 될 수 없다.

③ 주민소송이 계속중인 경우 다른 주민은 같은 사항에 대하여 별도의 소송을 제기할 수 없다(제22조 제5항).

## (7) 피고적격

주민소송의 피고는 해당 지방자치단체의 장(당해 사항의 사무처리에 관한 권한을 소속기관의 장에게 위임한 경우에는 그 소속기관의 장)이다(제22조 제1항).

(8) 출소기간

주민소송은 다음의 어느 하나에 해당하는 날부터 90일 이내에 제기하여야 한다
(제22조 제4항).

① 제1항 제1호의 경우: 해당 60일이 끝난 날(제21조 제9항 단서에 따라 감사기간이 연장된 경우에
   는 연장기간이 끝난 날을 말한다)
② 제1항 제2호의 경우: 해당 감사 결과나 조치 요구 내용에 대한 통지를 받은 날
③ 제1항 제3호의 경우: 해당 조치를 요구할 때에 지정한 처리기간이 끝난 날
④ 제1항 제4호의 경우: 해당 이행 조치 결과에 대한 통지를 받은 날

(9) 관   할

주민소송은 해당 지방자치단체의 사무소 소재지를 관할하는 행정법원(행정법원이
설치되지 아니한 지역에서는 행정법원의 권한에 속하는 사건을 관할하는 지방법원 본원을 말한
다)의 관할로 한다(제22조 제9항).

(10) 소송절차

1) 원고의 사망 또는 주민자격의 상실

소송의 계속중에 소송을 제기한 주민이 사망하거나 제16조에 따른 주민의 자격
을 잃으면 소송절차는 중단된다. 소송대리인이 있는 경우에도 또한 같다(제22조 제6
항). 이 경우 감사청구에 연대 서명한 다른 주민은 제6항에 따른 사유가 발생한 사실
을 안 날부터 6개월 이내에 소송절차를 수계(受繼)할 수 있다. 이 기간에 수계(受繼)절
차가 이루어지지 아니할 경우 그 소송절차는 종료된다(동조 제7항). 법원은 제6항에
따라 소송이 중단되면 감사청구에 연서한 다른 주민에게 소송절차를 중단한 사유와
소송절차 수계 방법을 지체 없이 알려야 한다. 이 경우 법원은 감사청구에 적힌 주소
로 통지서를 우편으로 보낼 수 있고, 우편물이 통상 도달할 수 있을 때에 감사청구에
연서한 다른 주민은 제6항의 사유가 발생한 사실을 안 것으로 본다(동조 제8항).

2) 이해관계있는 제3자의 권익보호

해당 지방자치단체의 장은 제2항 제1호부터 제3호의 규정에 따른 소송이 제기
된 경우 그 소송 결과에 따라 권리나 이익의 침해를 받을 제3자가 있으면 그 제3자
에 대하여, 제2항 제4호에 따른 소송이 제기된 경우 그 직원, 지방의회의원 또는 상
대방에 대하여 소송고지를 하여 줄 것을 법원에 신청하여야 한다(제22조 제10항).

제2항 제4호에 따른 소송이 제기된 경우에 지방자치단체의 장이 한 소송고지신
청은 그 소송에 관한 손해배상청구권 또는 부당이득반환청구권의 시효중단에 관하여

민법 제168조 제1호에 따른 청구로 본다(동조 제11항). 제11항에 따른 시효중단의 효력은 그 소송이 끝난 날부터 6월 이내에 재판상 청구, 파산절차 참가, 압류 또는 가압류, 가처분을 하지 아니하면 효력이 생기지 아니한다(동조 제12항).

### 3) 소송참가

국가, 상급 지방자치단체 및 감사청구에 연서한 다른 주민과 제10항에 따라 소송고지를 받은 자는 법원에서 계속중인 소송에 참가할 수 있다(동조 제13항).

### 4) 소의 취하, 소송의 화해 또는 청구의 포기 제한

당사자는 법원의 허가를 받지 아니하고는 소의 취하, 소송의 화해 또는 청구의 포기를 할 수 없다(제14항). 이 경우 법원은 제14항에 따른 허가를 하기 전에 감사청구에 연대서명한 다른 주민에게 그 사실을 알려야 하며, 알린 때부터 1개월 이내에 허가 여부를 결정하여야 한다. 이 경우 통지방법 등에 관하여는 제8항 후단을 준용한다(동조 제15항).

## (11) 소송비용

소송을 제기한 주민은 승소(일부 승소를 포함한다)한 경우 그 지방자치단체에 대하여 변호사보수 등의 소송비용, 감사 청구절차의 진행 등을 위하여 사용된 여비 그 밖에 실제로 든 비용의 보상을 청구할 수 있다. 이 경우 지방자치단체는 청구된 금액의 범위에서 그 소송을 진행하는 데에 객관적으로 사용된 것으로 인정되는 금액을 지급하여야 한다(제17조 제17항).

## (12) 판결의 효력

### 1) 중지명령판결의 효력

제17조 제2항 제1호의 금지청구소송의 인용판결인 금지판결이 있으면 기속력에 의해 관계 행정청은 당해 행위를 중지할 부작위의무를 진다.

### 2) 취소·무효확인판결의 효력

동조 제2항 제2호의 취소소송 또는 무효등확인소송의 인용판결은 행정소송법상의 취소판결 또는 무효등확인판결과 같은 효력을 갖는다.

### 3) 해태사실위법확인판결의 효력

동조 제2항 제3호의 부작위위법확인소송에서 부작위위법확인판결이 있으면 기속력에 의해 관계행정청에게 판결의 취지에 따른 작위의무가 생긴다.

### 4) 제4호 이행판결의 효력

동조 제2항 제4호의 소송에서 이행판결이 내려지면 다음과 같은 효력이 발생한다.

① 지방자치단체의 장(해당 사항의 사무처리에 관한 권한을 소속 기관의 장에게 위임한

경우에는 그 소속 기관의 장을 말한다. 이하 이 조에서 같다)은 제22조 제2항 제4호 본문에 따른 소송에 대하여 손해배상청구나 부당이득반환청구를 명하는 판결이 확정되면 그 판결이 확정된 날부터 60일 이내를 기한으로 하여 당사자에게 그 판결에 따라 결정된 손해배상금이나 부당이득반환금의 지급을 청구하여야 한다. 다만, 손해배상금이나 부당이득반환금을 지급하여야 할 당사자가 지방자치단체의 장이면 지방의회의장이 지급을 청구하여야 한다(제23조 제1항). 지방자치단체는 제1항에 따라 지급청구를 받은 자가 같은 항의 기한까지 손해배상금이나 부당이득반환금을 지급하지 아니하면 손해배상·부당이득반환의 청구를 목적으로 하는 소송을 제기하여야 한다. 이 경우 그 소송의 상대방이 지방자치단체의 장이면 그 지방의회 의장이 그 지방자치단체를 대표한다(동조 제2항). 이때 상대방인 지방자치단체의 장이나 공무원은 국가배상법 제2조 제2항, 회계직원책임법 제4조 제1항의 각 규정 내용 및 취지 등에 비추어 볼 때, 그 위법행위에 대하여 고의 또는 중대한 과실이 있는 경우에 제4호 주민소송의 손해배상책임을 부담하는 것으로 보아야 한다(대판 2020. 07. 29, 2017두63467).

② 지방자치단체의 장은 제22조 제2항 제4호 단서에 따른 소송에 대하여 변상할 것을 명하는 판결이 확정되면 그 판결이 확정된 날부터 60일 이내를 기한으로 하여 당사자에게 그 판결에 따라 결정된 금액을 변상할 것을 명령하여야 한다(제24조 제1항). 제1항의 규정에 따라 변상할 것을 명령 받은 자가 같은 항의 기한까지 변상금을 지불하지 아니하면 지방세 체납처분의 예에 따라 징수할 수 있다(동조 제2항). 제1항에 따라 변상할 것을 명령받은 자는 이에 불복하는 경우 행정소송을 제기할 수 있다. 다만, 행정심판법에 따른 행정심판청구는 제기할 수 없다(동조 제3항).

### (13) 법적 규율

주민소송에 관하여는 지방자치법에 규정된 것 외에는 행정소송법에 따른다(제22조 제18항). 주민소송에 대한 행정소송법의 적용에 있어서는 주민소송의 종류별로 그 성질에 따라 그 적용규정이 다르다.

① 제1호의 중지청구소송은 현행 행정소송법상 인정하고 있지 않은 소송유형이다. 중지의 대상이 처분인 경우에는 항고소송의 규정이 준용되고, 중지의 대상이 비권력적 행위인 경우에는 당사자소송을 준용하는 것으로 하여야 할 것이다.

② 제2호의 행정처분에 대한 취소 또는 무효확인소송은 항고소송인 취소소송 또는 무효확인소송과 유사한 성질을 갖는다. 따라서, 제2호의 행정처분에 대한 취소 또는 무효확인소송에는 취소소송 또는 무효확인소송에 관한 규정이 준용된다.

③ 제3호의 해태사실의 위법확인소송은 부작위위법확인소송과 유사한 성질을 가지므로 제3호의 해태사실의 위법확인소송에는 부작위위법확인소송에 관한 규정이

준용된다.

④ 제4호의 손해배상청구소송 등의 소송은 공법상 당사자소송과 유사하므로 제4호의 소송에는 공법상 당사자소송에 관한 규정이 준용된다.

## 3. 정보공개청구권

공공기관의 정보공개에 관한 법률로 국민의 정보공개청구권이 인정되고 있는데, 이 법률의 적용대상에 지방자치단체도 포함된다(정보공개법 제2조 제3호 등, 지방자치법 제26조 제1항). 그리고 조례로 이 법률보다 주민의 정보공개청구권을 강화하는 조례를 제정할 수 있다. 정보공개청구권은 국민의 알 권리를 실현하기 위하여 인정된 것인데, 주민의 자치행정에의 참여, 자치행정의 통제를 위하여 필수적으로 인정되어야 하는 권리이다.

정보공개청구조례는 국민의 권리를 제한하거나 의무를 부과하는 조례가 아니고 알권리를 구체적으로 보장하는 조례이므로 법률의 위임이 없어도 가능하다.

## 4. 주민소환권

### (1) 주민소환의 의의

주민소환(住民召還)이라 함은 주민이 투표를 통하여 선출직 지방공직자의 직을 상실시키는 것을 말한다.

주민은 그 지방자치단체의 장 및 지방의회의원(비례대표 지방의회의원은 제외한다)을 소환할 권리를 가진다(지방자치법 제25조 제1항). 주민소환의 투표 청구권자·청구요건·절차 및 효력 등에 관한 사항은 따로 법률로 정한다(제2항). 주민소환에 관한 법률이 2006년 5월 24일 제정되어 1년 후부터 시행되었다. 제주특별자치도에서의 주민소환은 「제주특별자치도 설치 및 국제자유도시 조성을 위한 특별법」에 의해 규율된다.

주민소환제는 선출직 지방공직자인 지방자치단체의 장 및 지방의회의원의 위법·부당행위, 직무유기 또는 직권남용 등을 통제하고 주민의 직접 참여를 확대함으로써 지방자치행정의 민주성·책임성을 제고하고, 주민복리의 증진을 도모하려는 것을 목적으로 한다.

### (2) 주민소환의 대상

주민소환투표의 대상은 선출직 지방공직자인 해당 지방자치단체의 장 및 지방의회의원을 대상으로 한다. 다만, 비례대표시·도의원 및 비례대표자치구·시·군의원은 제외한다(법 제7조).

### (3) 주민소환청구의 요건

주민소환법은 주민소환사유를 제한하지 않고 있다. 헌법재판소는 주민소환의 청구사유에 관하여 아무런 규정을 두지 아니한 것이 과잉금지원칙을 위반하여 소환대상자의 공무담임권을 침해하는 것이 되지 않는다고 보고 있다.

**[판례]** [1] 법 제7조 제1항 제2호 중 시장에 대한 부분이 주민소환의 청구사유에 제한을 두지 않은 것은 주민소환제를 기본적으로 정치적인 절차로 설계함으로써 위법행위를 한 공직자뿐만 아니라 정책적으로 실패하거나 무능하고 부패한 공직자까지도 그 대상으로 삼아 공직에서의 해임이 가능하도록 하여 책임정치 혹은 책임행정의 실현을 기하려는데 그 입법목적이 있다. [2] 입법자는 주민소환제의 형성에 광범위한 입법재량을 가지고, 주민소환제는 대표자에 대한 신임을 묻는 것으로 그 속성이 재선거와 같아 그 사유를 묻지 않는 것이 제도의 취지에도 부합하며, 비민주적, 독선적인 정책추진 등을 광범위하게 통제한다는 주민소환제의 필요성에 비추어 청구사유에 제한을 둘 필요가 없고, 업무의 광범위성이나 입법기술적인 측면에서 소환사유를 구체적으로 적시하기 쉽지 않으며, 청구사유를 제한하는 경우 그 해당 여부를 사법기관에서 심사하게 될 것인데 그것이 적정한지 의문이 있고 절차가 지연될 위험성이 크므로, 법이 주민소환의 청구사유에 제한을 두지 않는 데에는 나름대로 상당한 이유가 있고, 청구사유를 제한하지 아니한 입법자의 판단이 현저하게 잘못되었다고 볼 사정 또한 찾아볼 수 없다. 또 위와 같이 청구사유를 제한하지 않음으로써 주민소환이 남용되어 공직자가 소환될 위험성과 이로 인하여 주민들이 공직자를 통제하고 직접참여를 고양시킬 수 있는 공익을 비교하여 볼 때, 법익의 형량에 있어서도 균형을 이루었으므로, 위 조항이 과잉금지의 원칙을 위반하여 청구인의 공무담임권을 침해하는 것으로 볼 수 없다(헌재 2009. 03. 26, 2007헌마843).

주민소환투표의 청구 서명인 수는 시·도지사는 당해 지방자치단체의 주민소환투표청구권자 총수의 100분의 10 이상, 시장·군수·자치구의 구청장은 당해 지방자치단체의 주민소환투표청구권자 총수의 100분의 15 이상, 지역구시·도의원 및 지역구자치구·시·군의원은 당해 지방의회의원의 선거구 안의 주민소환투표청구권자 총수의 100분의 20 이상으로 한다(법 제7조 제1항).

시·도지사에 대한 주민소환투표를 청구함에 있어서는 당해 지방자치단체 관할구역 안의 시·군·자치구 전체의 수가 3개 이상인 경우에는 3분의 1 이상의 시·군·자치구에서 각각 주민소환투표청구권자 총수의 10000분의 5 이상 1000분의 10 이하의 범위 안에서 대통령령이 정하는 수 이상의 서명을 받도록 하여야 한다. 다만, 당해 지방자치단체 관할구역 안의 시·군·자치구 전체의 수가 2개인 경우에는 각각 주민소환투표청구권자 총수의 100분의 1 이상의 서명을 받아야 한다(동조 제2항).

시장·군수·자치구의 구청장 및 지역구지방의회의원에 대하여는 당해 시장·군수·자치구의 구청장 및 당해 지역구지방의회의원 선거구 안의 읍·면·동에서 시·도지사의 경우와 동일한 기준으로 서명을 받아야 한다(동조 제3항).

주민소환투표권자는 주민소환투표인명부작성기준일 현재 ① 19세 이상의 **주민**으로서 당해 지방자치단체 관할구역에 주민등록이 되어 있는 자(「공직선거법」 제18조의 규정에 의하여 선거권이 없는 자를 제외한다) 및 ② 19세 이상의 **외국인**으로서 「출입국관리법」 제10조의 규정에 따른 영주의 체류자격 취득일 후 3년이 경과한 자 중 같은 법 제34조의 규정에 따라 당해 지방자치단체 관할구역의 외국인등록대장에 등재된 자로 한다(법 제3조).

### (4) 주민소환투표의 청구기간

선출직 지방공직자가 임기개시일부터 1년이 경과하지 아니한 때, 선출직 지방공직자의 임기만료일부터 1년 미만인 때, 해당 선출직 지방공직자에 대한 주민소환투표를 실시한 날부터 1년 이내인 때에는 주민소환투표의 실시를 청구할 수 없다(법 제8조).

### (5) 권한행사의 정지 및 권한대행

주민소환투표대상자는 주민소환투표안을 공고한 때부터 주민소환투표결과를 공표할 때까지 그 권한행사가 정지되며, 지방자치단체의 장의 권한이 정지된 경우에는 부자치단체장(副自治團體長)이 그 권한을 대행하고, 부단체장이 권한을 대행할 수 없는 경우에는 「지방자치법」 제124조 제5항의 규정을 준용하여 그 권한을 대행한다(법 제21조).

### (6) 주민소환투표결과의 확정

주민소환투표권자 총수의 3분의 1 이상의 투표와 유효투표 총수 과반수의 찬성으로 확정된다(법 제22조 제1항).

### (7) 주민소환투표의 효력

주민소환이 확정된 때에는 주민소환투표대상자는 그 결과가 공표된 시점부터 그 직을 상실한다(제23조 제1항). 제1항의 규정에 의하여 그 직을 상실한 자는 그로 인하여 실시하는 이 법 또는 「공직선거법」에 의한 해당보궐선거에 후보자로 등록할 수 없다(동조 제2항).

### (8) 주민소환투표소송 등

주민소환투표의 효력에 관하여 이의가 있는 해당 주민소환투표대상자 또는 주민소환투표권자(주민소환투표권자 총수의 100분의 1 이상의 서명을 받아야 한다)는 주민소환투표결과가 공표된 날부터 14일 이내에 관할선거관리위원회 위원장을 피소청인으로 하여 지역구시·도의원, 지역구자치구·시·군의원 또는 시장·군수·자치구의 구청장

을 대상으로 한 주민소환투표에 있어서는 특별시·광역시·도선거관리위원회에, 시·
도지사를 대상으로 한 주민소환투표에 있어서는 중앙선거관리위원회에 소청할 수 있
다(법 제24조 제1항).

제1항의 규정에 따른 소청에 대한 결정에 관하여 불복이 있는 소청인은 관할선
거관리위원회 위원장을 피고로 하여 그 결정서를 받은 날(결정서를 받지 못한 때에는「공
직선거법」제220조 제1항의 규정에 의한 결정기간이 종료된 날을 말한다)부터 10일 이내에 지
역구시·도의원, 지역구자치구·시·군의원 또는 시장·군수·자치구의 구청장을 대상
으로 한 주민소환투표에 있어서는 그 선거구를 관할하는 고등법원에, 시·도지사를
대상으로 한 주민소환투표에 있어서는 대법원에 소를 제기할 수 있다(동조 제2항).

# 제 3 항  주민의 의무

## Ⅰ. 비용분담의무

### 1. 의    의

주민은 법령으로 정하는 바에 따라 그 소속 지방자치단체의 비용을 분담하여야
하는 의무를 진다(제27조). 주민의 비용분담의무는 자치권 인정에 대응하여 당연히 요
구되는 의무이다.

### 2. 종    류

주민의 비용분담의 내용으로는 지방세의 납부, 사용료, 수수료 및 분담금의 납
부 등이 있다(제152조 내지 제155조).

#### (1) 지방세

지방세는 지방자치단체의 자주재정의 확보를 위하여 부과되는 세금이다. 지방세
는 지방자치단체의 특정한 반대급부에 대응하여 부과되는 것이 아니다. 지방세의 납
부의무는 지방행정에 대한 주민참여의 전제조건이며 그 근거가 된다.

지방세는 보통세와 목적세로 구분되는데, 그 세목은 지방세기본법, 지방세관계
법 및 조례에 의해 정해진다(지방세기본법 제5조 내지 제9조).

#### (2) 사용료

사용료는 공공시설의 이용 또는 재산의 사용의 대가로 부과·징수하는 것을 말
한다(지방자치법 제153조).

### (3) 수수료

수수료는 특정인을 위한 지방자치단체의 행정서비스에 대한 대가로서 징수하는 것을 말한다. 수수료에는 지방자치단체의 사무에 대한 대가로서 부과되는 것(제154조 제1항)과 국가 또는 다른 지방자치단체의 위임사무에 대한 대가로서 부과되는 것(제154조 제2항)이 있다. 제2항에 따른 수수료는 그 지방자치단체의 수입으로 한다. 다만, 법령에 달리 정해진 경우에는 그러하지 아니하다(제3항).

### (4) 분담금

분담금(分擔金)이라 함은 지방자치단체의 재산 또는 공공시설의 설치로 인하여 주민의 일부가 특히 이익을 받는 경우에는 이익을 받는 자로부터 그 이익의 범위에서 징수하는 것을 말한다(제155조).

## 3. 법적 근거

주민의 비용분담의무는 법률에 근거하여야 한다.

지방세법은 지방자치단체가 지방세의 세목, 과세객체, 과세표준, 세율 기타 부과·징수에 관하여 필요한 사항을 정함에 있어서는 지방세법이 정하는 범위 안에서 조례로써 하도록 하고 있다(제3조).

사용료·수수료 또는 분담금의 징수에 관한 사항은 조례로 정한다. 다만, 국가가 지방자치단체나 그 기관에 위임한 사무와 자치사무의 수수료 중 전국적으로 통일할 필요가 있는 수수료는 다른 법령의 규정에도 불구하고 대통령령으로 정하는 표준금액으로 징수하되, 지방자치단체가 다른 금액으로 징수하려는 경우에는 표준금액의 50퍼센트 범위에서 조례로 가감 조정하여 징수할 수 있다(제156조 제1항).

## 4. 법적 통제 및 한계

지방세도 세금이므로 조세법의 기본원칙, 지방세법 등 조세에 대한 법적 통제와 한계에 따른다.

본래 지방자치단체의 재산 또는 공공시설의 사용 및 행정서비스의 제공은 무료임이 원칙이다. 다만, 재산 또는 공공시설의 사용 및 행정서비스의 제공으로 특정인이 특별한 이익을 얻는 경우에 수익자부담의 원칙 및 공평의 원칙상 그 실비를 징수하는 것이다. 사용료와 수수료는 행정에 필요한 실제비용을 초과하여 부과될 수 없다.

### 5. 부과징수와 권리구제

지방세, 사용료·수수료 또는 분담금의 부과행위는 부담적 행정행위이다.

지방자치단체의 장은 사용료·수수료 또는 분담금을 내야 할 자가 납부기한까지 그 사용료·수수료 또는 분담금을 내지 아니하면 지방세 체납처분의 예에 따라 징수할 수 있다(제156조 제7항).

사용료·수수료 또는 분담금의 부과나 징수에 대하여 이의가 있는 자는 그 처분을 통지받은 날로부터 90일 이내에 그 지방자치단체의 장에게 이의신청할 수 있다(제156조 제2항). 지방자치단체의 장은 제2항의 이의신청을 받은 날부터 60일 이내에 이를 결정하여 알려야 한다(제3항). 제2항과 제3항에 따른 이의신청의 방법과 절차 등에 관하여는 「지방세기본법」 제90조와 제94조부터 제100조까지의 규정을 준용한다(제6항).

사용료·수수료 또는 분담금의 부과나 징수에 대하여 행정소송을 제기하려면 제3항에 따른 결정을 통지 받은 날부터 90일 이내에 처분청을 당사자로 하여 소를 제기하여야 한다(제157조 제4항). 제3항에 따른 결정기간 내에 결정의 통지를 받지 못하면 제4항에도 불구하고 그 결정기간이 지난 날부터 90일 이내에 소를 제기할 수 있다(제5항).

판례는 이 이의신청을 행정심판법상 행정심판이 아니라고 본다(대판 2012. 03. 29, 2011두26886).

## Ⅱ. 이용강제의무

### 1. 의     의

공적인 필요가 있는 경우에 주민에게 하수도 등 일정한 시설의 이용이 강제될 수 있다. 공공시설의 이용강제는 위생, 환경 등의 공익목적과 함께 공공시설의 설치 및 이용의 경제성 보장을 위한 것이다.

### 2. 법적 근거

이용강제의 일반적 법적 근거는 없고, 개별법에서 이용강제를 규정하는 경우가 있다. 하수도법은 공공하수도의 이용강제와 사용료 징수를 규정하고 있다(제27조 제1항, 제65조).

## 3. 이용관계의 성질

이용강제에 의한 공공시설의 이용관계는 그 권력성 및 공익성에 비추어 공법관계로 보아야 할 것이다.

# 제 2 장  지방자치단체의 조직

## 제 1 절  개  설

지방자치단체의 기관에는 의결기관과 집행기관이 있다. 그런데, 비교법적 고찰을 하면 의결기관과 집행기관이 통합되어 있는 입법례도 있고, 의결기관과 집행기관이 상호 독립되어 있는 경우도 있다. 전자를 기관통합형이라 하고, 후자를 기관대립형이라 할 수 있다.

우리나라는 기관대립형을 취하고 있다. 의결기관으로서의 지방의회와 집행기관으로서의 지방자치단체의 장이 상호 독립되어 있고 지방의회의원과 지방자치단체의 장을 주민이 직접 선출하고 있다. 지방의회와 지방자치단체의 장은 상호 대등한 지위에서 견제와 균형을 유지하고 있다.

지방자치단체의 의회(지방의회)와 집행기관에 관한 지방자치법의 규정에도 불구하고 따로 법률로 정하는 바에 따라 지방자치단체의 장의 선임방법을 포함한 지방자치단체의 기관구성 형태를 달리 할 수 있다(제4조 제1항). 제1항에 따라 지방의회와 집행기관의 구성을 달리하려는 경우에는「주민투표법」에 따른 주민투표를 거쳐야 한다(제2항).

## 제 2 절  지방의회

### 제 1 항  지방의회의 지위

#### I. 헌법기관

지방의회는 헌법에서 인정한 헌법기관이다(헌법 제118조). 따라서, 법률에 의해 지방의회를 두지 않거나 이를 다른 조직으로 대체하는 것은 가능하지 않다.

## Ⅱ. 주민의 대표기관

지방의회는 주민에 의해 선출된 의원으로 구성되므로 주민의 대표기관(대의기관)이라 할 수 있다(제37조). 주민의 대표기관이라 함은 주민의 의사를 대표한다는 것이며 지방자치단체를 대표한다는 것을 의미하는 것은 아니다. 지방자치법은 지방의회를 주민의 대의기관이라고 규정하고 있다(제37조).

지방자치법은 헌법 제118조에 따라 지방자치단체에 의회를 두고(제37조) 지방의회가 조례의 개폐, 예산심의 확정 등 중요사항에 대한 의결권 및 기타 행정사무감사 등의 권한을 행사하도록(제47조 이하) 규정하고 있으므로 우리나라는 지방자치에 있어서 주민총회제가 아닌 의회대표제를 채택하고 있다고 보여진다. 따라서, 방청인의 발언내용에 관하여 막연히 지역발전이나 주민 복리증진에 관한 사항이라고만 규정하고 있을 뿐, 심의안건과의 관련 여부에 대하여 아무런 제한을 두지 아니한 채 그 발언내용의 적부를 전적으로 의장의 판단에 맡기고 있는 회의규칙 개정안은 대표제원리에 위반된다고 할 수밖에 없다(대판 1993. 02. 26, 92추109[완주군 의회회의규칙 중 개정규칙재의결취소 등]).

## Ⅲ. 의결기관

지방의회는 조례, 예산, 결산 등 지방자치단체의 중요한 문제에 관하여 의결권을 갖는다(제47조 제1항). 지방자치단체는 지방자치법 제47조 제1항 각 호의 사항 외에 조례로 정하는 바에 따라 지방의회에서 의결되어야 할 사항을 따로 정할 수 있다(제47조 제2항). 지방의회의 의결은 지방자치단체의 장이나 기타 기관을 구속한다.

지방의회의 의결사항을 의결없이 한 행위는 무효이다(대판 2024. 07. 11, 2024다211762: 지방의회 의결을 받아야 하는 중요 재산의 취득·처분에 해당함에도 지방의회의 의결을 받지 아니한 채 중요 재산에 관한 매매계약을 체결하였다면 이는 강행규정인 지방자치법령에 위반된 계약으로서 무효가 된다고 한 사례).

## Ⅳ. 자치입법기관

지방의회는 지방자치단체의 사무에 관한 조례를 제정하고 개폐하는 권한을 가진다(제47조 제1항 제1호).

## V. 집행기관의 감시 · 통제기관

지방의회는 집행기관을 감시하고 통제하는 권한을 갖는다. 지방의회의 집행기관에 대한 감시통제권으로는 서류제출요구권(제48조), 행정사무감사 및 조사권(제49조), 지방자치단체의 장 또는 관계공무원의 출석 · 답변요구권(제51조), 예산 · 결산의 승인 등 중요사항 의결권(제47조)이 규정되어 있다.

## VI. 행정기관

지방자치단체는 행정조직의 하나라고 할 수 있는데, 지방의회는 지방자치단체의 구성부분이므로 행정기관으로서의 지위를 갖는다.

# 제 2 항   지방의회의 구성과 운영

지방의회는 지방의회의원으로 구성되는데, 지방의회의원은 주민이 보통 · 평등 · 직접 · 비밀선거에 따라 선출한다(제38조). 지방의회의원의 수와 선거에 관한 것은 공직선거 및 선거부정방지법 제20조 이하에서 규정하고 있다.

## I. 지방의회의 회의

지방의회의 의결은 지방의회의 회의에서 행해진다. 지방의회의 회의에는 정례회와 임시회가 있다. 지방의회의 개회 · 휴회 · 폐회와 회기는 지방의회가 의결로 이를 정한다(제56조 제1항). 연간 회의 총일수와 정례회 및 임시회의 회기는 해당 지방자치단체의 조례로 정한다(제56조 제2항).

### 1. 정례회

정례회는 매년 2회 개최한다(제53조 제1항). 정례회의 집회일 기타 정례회의 운영에 필요한 사항은 해당 지방자치단체의 조례로 정한다(제53조 제2항).

### 2. 임시회

총선거 후 최초로 집회되는 임시회는 지방의회 사무처장 · 사무국장 · 사무과장이 지방의회의원 임기 개시일부터 25일 이내에 소집한다(제54조 제1항).

지방의회의장은 지방자치단체의 장이나 조례로 정하는 수 이상의 지방의회의원
이 요구하면 15일 이내에 임시회를 소집하여야 한다. 다만, 의장과 부의장이 부득이
한 사유로 임시회를 소집할 수 없을 때에는 의원 중 최다선의원이, 최다선의원이 2
명 이상인 경우에는 그 중 연장자의 순으로 소집할 수 있다(제54조 제3항).

임시회의 소집은 집회일 3일 전에 공고하여야 한다. 다만, 긴급할 때에는 그러
하지 아니하다(제54조 제4항).

## 3. 정족수

정족수에는 지방의회가 의사를 여는 데 필요한 의원수를 말하는 의사정족수와
의결에 필요한 의원수를 말하는 의결정족수가 있다.

의사정족수는 재적의원 3분의 1 이상이다(제72조 제1항). 회의중 의사정족수에 미
치지 못할 때에는 의장은 회의를 중지하거나 산회를 선포한다(제72조 제2항).

의결정족수는 특별히 규정된 경우를 제외하고는 재적의원 과반수의 출석과 출
석의원 과반수의 찬성이다(제73조 제1항). 의장은 의결에서 표결권을 가지며 찬성과
반대가 같으면 부결된 것으로 본다(제73조 제2항).

## 4. 회의의 원칙

### (1) 회의의 공개원칙

지방의회의 회의는 공개하는 것을 원칙으로 한다(제75조 본문).

회의의 공개는 방청의 자유, 보도의 자유 및 회의록의 공개를 내용으로 한다. 방
청의 자유는 명문의 규정은 없지만, 지방자치법 제75조 본문의 회의의 공개에 당연
히 포함된다. 위원회에서 해당 지방의회의원이 아닌 자는 위원장의 허가를 얻어 방
청할 수 있다(제69조 제1항). 위원장은 질서를 유지하기 위하여 필요할 때에는 방청인
의 퇴장을 명할 수 있다(제69조 제2항).

회의록은 공개하지 아니하기로 한 것(비밀로 할 필요가 있다고 의장이 인정하거나 지
방의회에서 의결한 사항(제84조 제4항))을 제외하고는 정보공개청구의 대상이 된다고 보
아야 한다.

회의는 공개가 원칙이지만, 의원 3명 이상의 발의로 출석의원 3분의 2 이상이
찬성한 경우 또는 의장이 사회의 안녕질서 유지를 위하여 필요하다고 인정하는 경우
에는 공개하지 아니할 수 있다(제75조 단서).

### (2) 회기계속의 원칙

지방의회에 제출된 의안은 회기중에 의결되지 못한 것 때문에 폐기되지 아니

한다. 다만, 지방의회의원의 임기가 끝나는 경우에는 그러하지 아니하다(제79조).

### (3) 일사부재의의 원칙

지방의회에서 부결된 의안은 같은 회기중에 다시 발의하거나 제출할 수 없다(제80조).

## 5. 회의의 절차

### (1) 회의의 소집

회의의 소집은 정례회와 임시회 모두 의장이 소집한다.

### (2) 의안의 발의

지방의회에서 의결할 의안은 지방자치단체의 장이나 조례로 정하는 수 이상의 지방의회의원의 찬성으로 발의한다(제76조 제1항). 위원회는 그 직무에 속하는 사항에 관하여 의안을 제출할 수 있다(제76조 제2항). 의안은 그 안을 갖추어 의장에게 제출하여야 한다(제76조 제3항).

예산안과 추가경정예산안은 지방자치단체의 장이 제출한다(제142조 제1항, 제145조 제1항).

지방자치단체의 장이 지방의회에 부칠 안건은 지방자치단체의 장이 미리 공고하여야 한다. 다만, 회의중 긴급한 안건을 부의할 때에는 그러하지 아니하다(제55조). 위원회에서 본회의에 부칠 필요가 없다고 결정된 의안은 본회의에 부칠 수 없다. 다만, 위원회의 결정이 본회의에 보고된 날부터 폐회나 휴회중의 기간을 제외한 7일 이내에 의장이나 재적의원 3분의 1 이상이 요구하면 그 의안을 본회의에 부쳐야 한다(제81조 제1항). 제1항 단서의 요구가 없으면 그 의안은 폐기된다(제81조 제2항).

### (3) 의    결

의결은 지방의회 회의에서의 의사결정을 말한다. 의결은 지방의회의 최종적 의사이다. 그런데, 의결은 내부적인 효력만 가지므로 처분이 아니고 항고소송의 대상이 되지 않는다.

그러나, 지방의회 의장의 불신임결의, 지방의원징계의결 등은 행정행위로서 항고소송의 대상이 된다.

**[판례]** ① 지방의회에 의한 지방의회 의장의 불신임결의는 의장으로서의 권한을 박탈하는 행정처분의 일종으로서 항고소송의 대상이 된다(대결 1994. 10. 11, 94두23). 〈해설〉 불신임결의를 함에 있어서 지방의회는 행정기관의 지위를 갖는다.
② 지방의회의 의원징계의결은 그로 인해 의원의 권리에 직접 법률효과를 미치는 행정처분의 일종으로서 행정소송의 대상이 된다(대판 1993. 11. 26, 93누7341[의원제명취소무효확인등]).

## 6. 회의록

지방의회는 회의록을 작성하고 회의의 진행내용 및 결과와 출석의원의 성명을 적어야 한다(제84조 제1항). 회의록에는 의장과 의회에서 선출한 의원 2인 이상이 서명하여야 한다(제84조 제2항). 의장은 회의록의 사본을 첨부하여 회의의 결과를 그 지방자치단체의 장에게 알려야 한다(제84조 제3항). 지방의회의 의장은 회의록을 지방의회의원에게 배부하고, 주민에게 공개한다. 다만, 비밀로 할 필요가 있다고 의장이 인정하거나 지방의회에서 의결한 사항은 공개하지 아니한다(제84조 제4항).

## 7. 회의규칙

지방의회는 회의의 운영에 관하여 이 법에 정한 것 외에 필요한 사항은 회의규칙으로 정한다(제83조). 회의규칙은 지방자치법 제52조의 의회규칙의 하나이다.

## Ⅱ. 위원회

지방의회는 조례로 정하는 바에 따라 위원회를 둘 수 있다(제64조 제1항). 위원회의 종류는 소관 의안과 청원 등을 심사·처리하는 상임위원회와 특정한 안건을 심사·처리하기 위한 특별위원회의 두 가지로 한다(제64조 제2항). 위원회의 위원은 본회의에서 선임한다(제64조 제3항).

위원회는 그 소관에 속하는 의안과 청원 등 또는 지방의회가 위임한 특정한 안건을 심사한다(제67조).

위원회는 본회의의 의결이 있거나 의장 또는 위원장이 필요하다고 인정할 때, 재적위원 3분의 1 이상의 요구가 있는 때에 개회한다(제70조 제1항). 폐회 중에는 지방자치단체의 장도 의장 또는 위원장에게 이유서를 붙여 위원회의 개회를 요구할 수 있다(제2항).

위원회에 관하여 이 법에 정한 것 외에 필요한 사항은 조례로 정한다(제71조).

## Ⅲ. 의장과 부의장

### 1. 의장의 직무상 지위

#### (1) 회의의 주재자

의장은 회의의 주재자로서 의사를 정리하고, 회의장 내의 질서를 유지하며(제58

조), 회의의 중지 또는 산회를 선포한다(제72조 제2항).

### (2) 지방의회의 대표자

지방의회의 의장은 의회를 대표한다(제58조).

### (3) 행정청

의장은 의회의 사무를 감독하고(제58조), 지방의회 소속의 공무원에 대하여 지휘 감독권을 갖는데, 이 권한의 행사에 있어서 의장은 행정청의 지위를 갖는다(홍정선, 52면).

## 2. 의장과 부의장의 선거·임기

지방의회는 의원 중에서 시·도의 경우 의장 1명과 부의장 2명을, 시·군 및 자치구의 경우 의장과 부의장 각 1명을 무기명투표로 선출하여야 한다(제57조 제1항). 지방의회의원 총선거 후 처음으로 선출하는 의장·부의장 선거는 최초집회일에 실시한다(제57조 제2항). 의장과 부의장의 임기는 2년으로 한다(제57조 제2항).

지방의회의 의장 또는 부의장이 궐위된 때에는 보궐선거를 실시한다(제61조 제1항). 보궐선거로 당선된 의장 또는 부의장의 임기는 전임자 임기의 남은 기간으로 한다(제61조 제2항).

제57조 제1항·제60조 또는 제61조 제1항에 따라 선거(의장 등의 선거)를 실시하는 경우에 의장의 직무를 수행할 사람이 없으면 출석의원 중 최다선의원이, 최다선의원이 2명 이상인 경우에는 그 중 연장자가 그 직무를 대행한다. 이 경우 직무를 대행하는 의원이 정당한 사유 없이 의장 등의 선거를 실시할 직무를 이행하지 아니할 때에는 다음 순위의 의원이 그 직무를 대행한다(제63조).

지방의회의 의장과 부의장이 모두 부득이한 사유로 직무를 수행할 수 없을 때에는 임시의장을 선출하여 의장의 직무를 대행하게 한다(제52조).

## 3. 의장불신임의 의결

지방의회의 의장 또는 부의장이 법령을 위반하거나 정당한 사유 없이 직무를 수행하지 아니하면 지방의회는 불신임을 의결할 수 있다(제62조 제1항). 불신임의결은 재적의원 4분의 1 이상의 발의와 재적의원 과반수의 찬성으로 행한다(제62조 제2항). 불신임의결이 있으면 의장 또는 부의장은 그 직에서 해임된다(제62조 제3항).

### 4. 의장과 부의장의 권한

의장은 다음과 같은 권한을 갖는다. 의결된 조례안의 지방자치단체의 장에게의 이송권(제32조 제1항), 확정된 조례의 예외적인 공포권(제32조 제6항), 정례회·임시회소집공고권(제54조), 지방의회대표권(제58조), 회의의 중지·산회선포권(제72조 제2항), 폐회중 의원의 사직허가권(제89조), 회의장내 질서유지권(제94조), 의회사무지휘·감독권(제103조 제1항).

부의장은 의장이 부득이한 사유로 직무를 수행할 수 없을 때에는 그 직무를 대리한다(제59조).

## Ⅳ. 사무기구와 직원

### 1. 사무처 등의 설치

시·도의회에는 사무를 처리하기 위하여 조례로 정하는 바에 따라 사무처를 둘수 있으며, 사무처에는 사무처장과 직원을 둔다(제102조 제1항). 시·군 및 자치구의회에는 사무를 처리하기 위하여 조례로 정하는 바에 따라 사무국이나 사무과를 둘 수있으며, 사무국·사무과에는 사무국장 또는 사무과장과 직원을 둘 수 있다(제2항).

### 2. 사무직원

지방의회에 두는 사무직원의 수는 인건비 등 대통령령으로 정하는 기준에 따라 조례로 정한다(제103조 제1항).

지방의회의 의장은 지방의회 사무직원을 지휘·감독하고 법령과 조례·의회규칙으로 정하는 바에 따라 그 임면·교육·훈련·복무·징계 등에 관한 사항을 처리한다(제103조 제2항).

### 3. 의원의 정책지원 전문인력

지방의회의원의 의정활동을 지원하기 위하여 지방의회의원 정수의 2분의 1 범위에서 해당 지방자치단체의 조례로 정하는 바에 따라 지방의회에 정책지원 전문인력을 둘 수 있다(제41조 제1항). 정책지원 전문인력은 지방공무원으로 보하며, 직급·직무 및 임용절차 등 운영에 필요한 사항은 대통령령으로 정한다(제2항).

## 4. 전문위원

위원회에는 위원장과 위원의 자치입법활동을 지원하기 위하여 지방의회의원이 아닌 전문지식을 가진 위원(이하 "전문위원"이라 한다)을 둔다(제68조 제1항). 전문위원은 위원회에서 의안과 청원 등의 심사, 행정사무감사 및 조사, 그 밖의 소관 사항과 관련하여 검토보고 및 관련 자료의 수집·조사·연구를 한다(제2항). 위원회에 두는 전문위원의 직급과 수 등에 관하여 필요한 사항은 대통령령으로 정한다(제3항).

# 제 3 항   지방의회의원의 권리와 의무

## I. 지방의회의원의 권리

### 1. 직무상 권리

지방의회의원은 질문권, 의안발의권(제76조 제1항), 회의에서의 발언 및 표결권, 의장·부의장 및 위원회 위원의 선거권과 피선거권 등을 갖는다.

그러나, 지방의회의 의장이나 의원은 본인·배우자·직계존비속 또는 형제자매와 직접 이해관계가 있는 안건에 관하여는 그 의사에 참여할 수 없다. 다만, 의회의 동의가 있으면 의회에 출석하여 발언할 수 있다(제82조).

지방의회의원에 대하여 유급 보좌 인력을 두는 것은 입법사항이므로 수권없이 유급보좌관을 두도록 하는 조례는 위법하다는 것이 판례의 입장이다(대판 2017. 03. 30, 2016추5087 등).

### 2. 재산상 권리

지방의회의원은 일종의 보수를 지급받는다. 즉, 직무활동에 대해 대통령령으로 정하는 기준을 고려하여 해당 지방자치단체의 의정비심의위원회에서 결정하는 금액 이내에서 조례로 정하는 월정수당을 지급받는다(제40조 제1항 제2호, 제2항). 그런데, 지방의회 의원에게 지급되는 비용 중 적어도 월정수당(제2호)은 지방의회 의원의 직무활동에 대한 대가로 지급되는 보수의 일종이다(대판 2009. 01. 30, 2007두13487[본회의개의및본회의제명의결처분취소]). 따라서, 지방의회의원은 명예직이 아니라 유급직으로 보아야 한다.

또한, 지방의회의원은 직무수행상 발생한 실비(實費)에 대한 지급청구권을 갖는다. 즉, 지방의회의원에게는 다음의 비용이 지급된다. ① 의정자료를 수집하고 연구하거나 이를 위한 보조활동에 사용되는 비용을 보전하기 위하여 매월 지급하는 의정활동비(의정자료수집·연구비 및 보조활동비), ② 본회의 의결, 위원회의 의결 또는 의장의 명에 따라 공무로 여행할 때 지급하는 여비, ③ 지방의회의원의 직무활동에 대하여 지급하는 월정수당(제40조 제1항).

**[판례]** 지방자치법 제33조 제1항 제3호에 따라 지방의회의원에게 지급하는 월정수당이 지방의회의원의 직무활동에 대한 대가로 지급되는 보수인지 여부(적극): 월정수당은 지방의회의원의 직무활동에 대하여 매월 지급되는 것으로서, 지방의회의원이 전문성을 가지고 의정활동에 전념할 수 있도록 하는 기틀을 마련하고자 하는 데에 그 입법 취지가 있다는 점을 고려해 보면, 지방의회의원에게 지급되는 비용 중 적어도 월정수당은 지방의회의원의 직무활동에 대한 대가로 지급되는 보수의 일종으로 봄이 상당하다(대판 2009. 01. 30, 2007두13487[본회의개의및본회의제명의결처분취소]).

지방의회의원이 회기중 직무로 인하여 신체에 상해를 입거나 사망한 경우와 그 상해 또는 직무로 인한 질병으로 사망한 경우에는 보상금을 지급할 수 있다(제42조 제1항). 보상금의 지급기준은 대통령령으로 정하는 범위에서 해당 지방자치단체의 조례로 정한다(제42조 제2항).

## Ⅱ. 지방의회의원의 의무

지방의회의원은 다음과 같은 의무를 진다.

① 지방의회의원은 공공의 이익을 우선하여 양심에 따라 그 직무를 성실히 수행하여야 한다(제44조 제1항).

② 지방의회의원은 청렴의 의무를 지며, 의원으로서의 품위를 유지하여야 한다(제44조 제2항).

③ 지방의회의원은 지위를 남용하여 재산상의 권리·이익 또는 직위를 취득하거나 다른 사람을 위하여 그 취득을 알선해서는 아니 된다(제44조 제3항).

④ 지방의회의원은 해당 지방자치단체, 제43조 제5항 각 호의 어느 하나에 해당하는 기관·단체 및 그 기관·단체가 설립·운영하는 시설과 영리를 목적으로 하는 거래를 하여서는 아니 된다(제44조 제4항).

⑤ 지방의회의원은 소관 상임위원회의 직무와 관련된 영리행위를 할 수 없으며, 그 범위는 해당 지방자치단체의 조례로 정한다(제44조 제5항).

⑥ 지방의회의원은 다음의 어느 하나에 해당하는 직을 겸할 수 없다. i) 국회의원, 다른 지방의회의 의원, ii) 헌법재판소재판관, 각급 선거관리위원회 위원, iii) 국가공무원법 제2조에 규정된 국가공무원과 지방공무원법 제2조에 규정된 지방공무원

(정당법 제22조의 규정에 의하여 정당의 당원이 될 수 있는 공무원을 제외한다), iv) 「공공기관의 운영에 관한 법률」 제4조에 따른 공공기관(한국방송공사, 한국교육방송공사 및 한국은행을 포함한다)의 임·직원, v) 지방공기업법 제2조에 규정된 지방공사와 지방공단의 임·직원, vi) 농업협동조합·수산업협동조합·산림조합·엽연초생산협동조합·신용협동조합·새마을금고(이들 조합·금고의 중앙회와 연합회를 포함한다)의 임·직원과 이들 조합·금고의 중앙회장이나 연합회장, vii) 정당법 제22조의 규정에 의하여 정당의 당원이 될 수 없는 교원, viii) 다른 법령에 따라 공무원의 신분을 가지는 직, ix) 그 밖에 다른 법률에서 겸임할 수 없도록 정하는 직(제43조 제1항).

⑦ 지방의회의원이 다음 각 호의 기관·단체 및 그 기관·단체가 설립·운영하는 시설의 대표, 임원, 상근직원 또는 그 소속 위원회(자문위원회는 제외한다)의 위원이 된 경우에는 그 겸한 직을 사임하여야 한다. 1. 해당 지방자치단체가 출자·출연(재출자·재출연을 포함한다)한 기관·단체, 2. 해당 지방자치단체의 사무를 위탁받아 수행하고 있는 기관·단체, 3. 해당 지방자치단체로부터 운영비, 사업비 등을 지원받고 있는 기관·단체, 4. 법령에 따라 해당 지방자치단체의 장의 인가를 받아 설립된 조합(조합 설립을 위한 추진위원회 등 준비단체를 포함한다)의 임직원(제43조 제5항).

## Ⅲ. 지방의회의원의 신분보장

지방의회의원에게는 면책특권이나 불체포특권이 인정되지 않는다. 다만, 수사기관의 장은 체포되거나 구금된 지방의회의원이 있으면 지체 없이 해당 지방의회의 의장에게 영장의 사본을 첨부하여 그 사실을 알려야 하고(제45조 제1항), 각급 법원장은 지방의회의원이 형사사건으로 공소가 제기되어 그 판결이 확정되면 지체없이 해당 지방의회의 의장에게 그 사실을 알려야 한다(제45조 제2항).

# 제 4 항  지방의회의 권한

지방의회는 의결권, 조례제정권, 집행기관에 대한 감시·통제권, 자율권 등의 권리를 갖는다.

## Ⅰ. 의결권

지방의회는 다음 사항을 의결한다.

① 조례의 제정·개정 및 폐지
② 예산의 심의·확정
③ 결산의 승인
④ 법령에 규정된 것을 제외한 사용료·수수료·분담금·지방세 또는 가입금의 부과와 징수
⑤ 기금의 설치·운용
⑥ 대통령령으로 정하는 중요재산의 취득·처분
⑦ 대통령령으로 정하는 공공시설의 설치·처분
⑧ 법령과 조례에 규정된 것을 제외한 예산 외 의무부담이나 권리의 포기
⑨ 청원의 수리와 처리
⑩ 외국 지방자치단체와의 교류협력
⑪ 그 밖에 법령에 의하여 그 권한에 속하는 사항(제47조 제1항).

지방자치단체는 제1항 각 호의 사항 외에 조례로 정하는 바에 따라 지방의회에서 의결되어야 할 사항을 따로 정할 수 있다(제47조 제2항).

지방의회의 의결사항을 의결 없이 한 행위는 무효가 된다(대판 2024. 07. 11, 2024다211762).

## Ⅱ. 조례제정권

지방의회는 조례안을 확정하는 권한을 갖는다.

## Ⅲ. 감시·통제권

### 1. 출석·답변 및 서류제출요구권

지방자치단체의 장 또는 관계공무원은 지방의회나 그 위원회가 요구하면 출석·답변하여야 한다. 다만, 특별한 이유가 있으면 지방자치단체의 장은 관계공무원에게 출석·답변하게 할 수 있다(제51조 제2항). 제2항에 따라 지방의회 또는 그 위원회에 출석하여 답변할 수 있는 관계 공무원은 조례로 정한다(제51조 제3항).

본회의 또는 위원회는 그 의결로 안건의 심의와 직접 관련된 서류의 제출을 해당 지방자치단체의 장에게 요구할 수 있다(제48조 제1항). 위원회가 제1항의 요구를 할 때에는 의장에게 그 사실을 보고하여야 한다(제48조 제2항).

### 2. 사무감사 및 조사권

#### (1) 의    의

지방의회의 행정사무감사 및 조사권은 지방의회의 집행기관에 대한 중요한 통

제수단이다. 행정사무감사·조사권은 지방의회 자체의 권한이고 의원 개개인의 권한은 아니다. 따라서, 의원은 의회의 본회의 및 위원회의 활동과 아무런 관련 없이 의원 개인의 자격에서 집행기관의 사무집행에 간섭할 권한이 없으며, 이러한 권한은 법이 규정하는 의회의 권한 밖의 일로서 집행기관과의 권한한계를 침해하는 것이어서 허용될 수 없다(대판 1992. 07. 28, 92추31).

사무감사는 지방자치단체의 사무 전반에 대하여 실시되는 것이고, 사무조사는 특정한 사안에 대하여 실시되는 것이다.

### (2) 사무감사

#### 1) 자치사무에 대한 연례감사

자치사무는 지방의회의 연례감사의 대상이 된다. 즉, 지방의회는 매년 1회 그 지방자치단체의 사무에 대하여 시·도에 있어서는 14일, 시·군 및 자치구에서는 9일의 각 범위에서 감사를 실시하고, 지방자치단체의 사무 중 특정 사안에 관하여 본회의 의결로 본회의나 위원회에서 조사하게 할 수 있다(제49조 제1항).

지방자치법 제49조 제1항은 지방의회는 '지방자치단체의 사무'에 대하여 감사를 실시한다고 규정하여 단체위임사무에 대하여도 감사가 실시될 수 있는 것으로 볼 여지도 있으나 동조 제3항이 단체위임사무(지방자치단체가 위임받아 처리하는 사무)에 대하여는 국회와 시·도의회가 직접 감사하기로 한 사무를 제외하고 당해 시·도의회와 시·군 및 자치구의회가 감사하는 것으로 규정하고 있는 점에 비추어 지방자치법 제49조 제1항에 의해 연례 감사의 대상이 되는 것은 자치사무에 한한다고 보아야 한다.

#### 2) 위임사무 대한 감사

국가 또는 시·도로부터 위임받은 단체위임사무와 기관위임사무에 대한 지방의회의 감사는 국회와 시·도의회가 직접 감사하기로 하지 않은 경우에 한하여 그 감사를 각각 당해 시·도의회와 시·군 및 자치구의회가 행할 수 있다. 이 경우 국회와 시·도의회는 그 감사결과에 대하여 그 지방의회에 필요한 자료를 요구할 수 있다(제49조 제3항).

기관위임사무는 그 실질이 국가사무이므로 국회와 감독기관인 시·도 의회의 감사의 대상이 된다. 그런데, 기관위임사무에 대하여도 지방의회의 감사의 대상이 될 수 있는 것으로 하고 있는 이유는 기관위임사무가 지방자치단체의 예산에 의해 행해진다는 점, 기관위임사무가 주민의 이해와 관련이 있고, 그 집행이 지방자치단체의 조직에 의해 행해진다는 것에 근거한다.

### (3) 사무조사

사무조사는 지방자치단체의 사무 중 특정 사안에 대하여 행해진다(제49조 제1

항). 여기에서 지방자치단체의 사무는 자치사무와 단체위임사무를 말한다. 사무조사
는 특정사안에 관하여 본회의 의결로 본회의 또는 위원회로 하여금 행하도록 한다.
조사를 발의하고자 할 때에는 이유를 명시한 서면으로 하여야 하며, 재적의원 3분
의 1 이상의 찬성이 있어야 한다(제49조 제2항).

### (4) 감사 및 조사의 방법

감사 또는 조사를 위하여 필요하면 현지확인을 하거나 서류제출을 요구할 수 있
으며, 지방자치단체의 장 또는 관계공무원이나 그 사무에 관계되는 사람을 출석하게
하여 증인으로서 선서한 후 증언하게 하거나 참고인으로서 의견을 진술하도록 요구
할 수 있다(제49조 제4항). 제4항에 따른 증언에서 거짓증언을 한 사람은 고발할 수 있
으며, 제4항에 따라 서류제출을 요구받은 자가 정당한 사유 없이 서류를 정해진 기
한까지 제출하지 아니한 경우, 같은 항에 따라 출석요구를 받은 증인이 정당한 사유
없이 출석하지 아니하거나 선서 또는 증언을 거부한 경우에는 500만원 이하의 과태
료를 부과할 수 있다(제49조 제5항). 과태료 부과절차는 제34조를 따른다(제49조 제6항).
감사 또는 조사를 위하여 필요한 사항은 「국정감사 및 조사에 관한 법률」에 준하여
대통령령으로 정하고, 제4항 및 제5항의 선서·증언·감정 등에 관한 절차는 「국회에
서의 증언·감정 등에 관한 법률」에 준하여 대통령령으로 정한다(제49조 제7항).

### (5) 행정사무 감사 또는 조사 보고에 대한 처리

지방의회는 본회의의 의결로 감사 또는 조사 결과를 처리한다(제50조 제1항). 지
방의회는 감사 또는 조사 결과 해당 지방자치단체나 기관의 시정이 필요한 사유가
있을 때에는 그 시정을 요구하고, 그 지방자치단체나 기관에서 처리함이 타당하다고
인정되는 사항은 그 지방자치단체나 기관으로 이송한다(제2항). 지방자치단체나 기관
은 제2항에 따라 시정 요구를 받거나 이송받은 사항을 지체 없이 처리하고 그 결과
를 지방의회에 보고하여야 한다(제3항).

## Ⅳ. 승인권

지방자치단체의 장은 출납 폐쇄 후 80일 이내에 결산서와 증빙서류를 작성하고
지방의회가 선임한 검사위원의 검사의견서를 첨부하여 다음 해 지방의회의 승인을
받아야 한다. 결산의 심사 결과 위법하거나 부당한 사항이 있는 경우에 지방의회는
본회의 의결 후 지방자치단체 또는 해당 기관에 변상 및 징계 조치 등 그 시정을 요
구하고, 지방자치단체 또는 해당 기관은 시정 요구를 받은 사항을 지체 없이 처리하

여 그 결과를 지방의회에 보고하여야 한다(제150조 제1항).

지방자치단체의 장의 선결처분은 지체 없이 지방의회에 보고하여 승인을 받아야 한다(제122조 제2항).

## V. 선거권

지방의회는 의장, 부의장, 임시의장을 선출하고(지방자치법 제57조, 제60조), 위원회의 위원을 선임하고(제64조 제3항), 결산검사위원을 선임한다(제150조 제1항).

## VI. 청원의 심사 · 처리권

지방의회는 다음과 같이 청원을 심사·처리한다. 지방의회의 의장은 청원서를 접수하면 이를 소관 위원회 또는 본회의에 회부하여 심사를 하게 한다(제87조 제1항). 위원회가 청원을 심사하여 본회의에 부칠 필요가 없다고 결정하면 그 처리결과를 의장에게 보고하고, 의장은 청원한 자에게 알려야 한다(제87조 제 3항). 지방의회가 채택한 청원으로서 그 지방자치단체의 장이 처리하는 것이 타당하다고 인정되는 청원은 의견서를 첨부하여 지방자치단체의 장에게 이송한다(제88조 제1항).

## VII. 자율권

지방의회는 지방의회의 조직과 운영에 관하여 자율권을 갖는다.

### 1. 운영에 관한 자율권

지방의회는 회의의 운영에 관하여 이 법에 정한 것을 제외하고 필요한 사항은 회의규칙으로 정한다(제83조).

지방의회는 내부운영에 관하여 이 법에 정한 것을 제외하고 필요한 사항을 의회규칙으로 정할 수 있다(제52조).

### 2. 조직에 관한 자율권

지방의회는 지방의회의 조직에 관하여 자율권을 갖는다. 지방의회는 의장, 부의장, 임시의장을 선출하고(제57조 제1항, 제60조), 의장이나 부의장을 불신임할 수 있다(제62조 제1항). 지방의회는 위원회를 둘 수 있고, 위원회의 위원을 선임한다(제64조).

조례로 정하는 바에 따라 사무처를 둘 수 있다(제102조).

사무직원의 임면·교육·훈련·복무·징계 등에 관한 사항은 지방의회의 의장이 법령과 조례·의회규칙으로 정하는 바에 따라 처리한다(제103조 제2항).

### 3. 내부질서유지에 관한 자율권

의장 또는 위원장은 회의의 질서유지를 위한 권한을 갖는다. 의장 또는 위원장은 의원에 대하여 발언금지명령, 퇴장명령 등을 발하고, 회의를 중지하거나 산회를 선포하는 권한 등을 갖는다(제94조). 의장은 회의장 안의 질서를 방해하는 방청인에 대하여 퇴장을 명하는 권한 등을 갖는다(제97조).

### 4. 의원신분과 관련된 자율권

지방의회는 의원의 자격을 심사하고, 자격상실을 의결하는 권한을 갖는다(제91, 92조). 지방의회는 의원이 이 법 또는 자치법규에 위배되는 행위를 하면 윤리특별위원회의 심사를 거쳐 의결로써 징계할 수 있다(제98조). 징계의 종류로는 ① 공개회의에서의 경고, ② 공개회의에서의 사과, ③ 30일 이내의 출석정지, ④ 제명이 있다(제100조 제1항). 의원의 징계에 관한 결정은 지방의회가 행하며 제명에는 재적의원 3분의 2 이상의 찬성이 있어야 한다(제100조 제2항).

지방의회의 징계결정은 처분이므로 항고소송의 대상이 된다.

**[판례]** 구 지방자치법 제78조 내지 제81조의 규정에 의거한 지방의회의 의원징계의결은 그로 인해 의원의 권리에 직접 법률효과를 미치는 행정처분의 일종으로서 행정소송의 대상이 된다(대판 1993. 11. 26, 93누7341).

지방의회에서 의원에 대한 징계에 관하여도 일반 징계처분에서의 재량권의 한계법리가 적용된다(대판 2015. 01. 29, 2014두40616[제명의결처분무효확인]).

## 제 3 절 지방자치단체의 집행기관

지방자치단체의 집행기관이라 함은 지방자치단체의 의사를 외부에 표시하고 그 의사를 집행하는 기관을 말한다. 지방자치단체의 집행기관에는 지방자치단체의 장, 교육감, 그 보조기관, 소속기관 및 각종 위원회가 있다.

# 제 1 항　지방자치단체의 장의 법적 지위 및 권한

지방자치단체의 장은 지방자치단체의 최고집행기관으로서 지방자치단체를 대표하고, 지방자치단체의 사무를 총괄하고 관리·집행한다(제114조, 제116조).

다른 한편으로 지방자치단체의 장은 국가 등의 권한을 기관위임받아 처리하는 경우에는 국가 등의 기관이 된다.

그리고, 광역자치단체의 장은 기초자치단체에 대한 감독권을 갖는다(제185조 이하).

또한, 지방자치단체의 장은 지방의회를 견제하는 권한을 갖는다.

## I. 지방자치단체의 최고집행기관으로서의 권한

지방자치단체의 장은 지방자치단체의 최고집행기관으로서 지방자치단체를 대표하고, 지방자치단체의 사무를 총괄하고 관리·집행한다(제114조, 제116조).

### 1. 지방자치단체의 대표기관으로서의 권한

지방자치단체의 장은 지방자치단체를 대표한다. 따라서, 지방자치단체의 모든 대외적 행위는 지방자치단체의 장이 대표하여 행하며 그 행위의 효과는 지방자치단체에 귀속된다.

### 2. 지방자치단체사무의 통할·관리·집행기관으로서의 권한

#### (1) 사무의 통할권

지방자치단체의 장은 지방자치단체의 사무를 통할한다. 이를 위하여 하급행정기관에 대한 지휘감독권을 갖는다.

#### (2) 사무의 관리집행권

지방자치단체의 장은 지방자치단체의 사무(자치사무와 단체위임사무)를 관리하고 집행하는 최고기관이다.

#### (3) 소속직원의 임명 및 감독권

지방자치단체의 장은 소속직원을 지휘·감독하고 법령과 조례·규칙이 정하는 바에 따라 그 임면·교육훈련·복무·징계 등에 관한 사항을 처리한다(제118조).

#### (4) 규칙제정권

지방자치단체의 장은 법령 또는 조례가 위임한 범위에서 그 권한에 속하는 사무에 관하여 규칙을 제정할 수 있다(제29조).

### (5) 주민투표부의권

지방자치단체의 장은 주민에게 과도한 부담을 주거나 중대한 영향을 미치는 지방자치단체의 주요 결정사항 등에 대하여 주민투표에 붙일 수 있다(제18조).

## Ⅱ. 국가 등의 행정기관으로서의 권한

지방자치단체의 장이 국가 또는 시·도의 사무를 위임받아 처리하는 경우에는 국가 또는 시·도의 기관으로서의 지위를 갖는다. 따라서, 기관위임사무를 처리함에 있어 지방자치단체의 장은 주무부장관 또는 시·도지사의 하급기관으로서 이들의 지도·감독을 받는다(제185조).

다만, 지방자치단체의 장이 지방자치단체의 기관이라는 점을 고려하여 일부 특별한 규정(제189조 등)이 두어지고 있다.

## Ⅲ. 광역자치단체의 장의 기초자치단체에 대한 감독기관으로서의 권한

시·도지사는 기초자치단체에 대한 감독을 행한다(제185조 이하). 이 감독권은 광역자치단체의 장의 자격으로서 행하는 것이 아니라 법률의 규정에 의해 그 권한이 인정된 것이다. 기초자치단체에 대한 감독권을 행사함에 있어서 시·도지사는 일종의 국가기관의 지위에 선다고 보아야 한다.

시·군 및 자치구 또는 그 장이 위임받아 처리하는 시·도의 사무에 관하여는 시·도지사의 지도·감독을 받는다(제185조 제2항). 이 경우 시·도지사는 사무의 위임기관으로서 시·군 및 자치구 또는 그 장에 대하여 지휘·감독권을 행사하는 것이다.

## Ⅳ. 지방의회의 견제기관

지방자치단체의 장은 지방의회의 견제기관으로서 재의요구 및 소송제기권과 선결처분권을 갖는다.

### 1. 재의요구 및 소송제기권

지방자치단체의 장은 지방의회의 의결이 월권 또는 법령에 위반되거나 공익을 현저히 해친다고 인정되면 그 의결사항을 이송받은 날부터 20일 이내에 이유를 붙여 재의(再議)를 요구할 수 있다(제120조 제1항).

제1항의 요구에 대하여 재의한 결과 재적의원 과반수의 출석과 출석의원 3분의 2 이상의 찬성으로 전과 같은 의결을 하면 그 의결사항은 확정된다(제120조 제2항). 지방자치단체의 장은 제2항에 따라 재의결된 사항이 법령에 위반된다고 인정되면 대법원에 소를 제기할 수 있다. 이 경우에는 제192조 제4항의 규정을 준용한다(제120조 제3항). 지방자치단체의 장은 법령에 위반된다고 인정되는 재의결에 대하여 대법원에 지방의회를 상대로 재의결의 무효확인을 구하는 기관소송을 제기한다.

지방자치단체의 장은 지방의회의 의결이 예산상 집행할 수 없는 경비가 포함되어 있다고 인정되는 때 및 지방의회가 일정한 경비(법령에 따라 지방자치단체에서 의무적으로 부담하여야 할 경비 또는 비상재해로 인한 시설의 응급 복구를 위하여 필요한 경비)를 삭감하는 의결을 한 때에는 그 의결사항을 이송받은 날부터 20일 이내에 이유를 붙여 재의를 요구할 수 있다(제121조 제1, 2항). 제1항 및 제2항의 경우에 있어서는 제120조 제2항의 규정을 준용한다(제121조 제3항).

지방자치법 제120조 및 제121조의 재의요구 및 소송제기권은 지방자치단체의 장의 지방의회에 대한 견제권의 성질을 갖는다.

감독기관의 요구 또는 지시에 따른 재의요구(제192조 제1항) 및 제소권(제192조 제3, 6항)은 견제권이라기보다는 국가기관의 감독권의 대행이라고 보아야 한다.

## 2. 선결처분권

### (1) 선결처분권의 의의

지방자치단체의 장이 처분을 함에 있어 지방의회의 의결을 요하는 경우에 지방의회가 의결정족수에 미달되거나 긴급한 경우 지방자치단체의 장은 예외적으로 지방의회의 의결 없이 처분을 할 권한을 갖는데, 이를 지방자치단체의 장의 선결처분권(先決處分權)이라 한다.

이 제도는 지방자치단체의 장의 집행권을 보장해 주기 위한 제도로 지방의회에 대한 견제의 기능을 갖는 것이다. 특히 긴급한 상황하에서 지방자치단체의 장에 의한 주민의 생명과 재산의 보호를 보장하기 위하여 인정된 것이다.

### (2) 선결처분의 요건

지방자치단체의 장의 선결처분의 요건은 지방의회가 의결정족수에 미달될 경우와 긴급한 경우로 나누어 보아야 한다.

#### 1) 지방의회가 의결정족수에 미달될 경우

지방의회가 지방의회의원이 구속되는 등의 사유로 제73조에 따른 의결정족수에 미달될 때(제122조 제1항). 의원의 수가 의결정족수에 미달한 때에는 그것만으로 지방의회의 의결사항의 선결처분이 가능하다.

### 2) 긴급한 경우

이 경우에는 다음의 네 요건을 충족하여야 한다. ① 지방의회의 의결사항이어야 한다. ② 주민의 생명과 재산의 보호를 위하여 필요하여야 한다. ③ 시간적으로 긴급하여야 한다. 선결처분권은 지방의회의 권한을 제한하고 예외적으로 인정되는 것이므로 긴급성의 요건은 엄격히 해석되어야 한다. ④ 지방의회를 소집할 시간적 여유가 없거나 지방의회에서 의결이 지체되어 의결되지 아니할 때이어야 한다(제122조 제1항).

### (3) 선결처분권의 대상(범위)

#### 1) '선결처분'에서 '처분'의 의미

선결처분의 대상이 되는 처분은 행정소송법이나 행정절차법상의 처분이 아니라 지방자치단체의 장의 결정을 의미한다.

#### 2) 지방의회가 의결정족수에 미달될 경우

이 경우에 선결처분은 지방자치단체의 장의 결정을 요하는 사항 중 지방의회의 의결사항이면 가능하다.

#### 3) 긴급한 경우

이 경우에 선결처분은 '지방의회의 의결사항 중 주민의 생명과 재산보호를 위하여 긴급하게 필요한 사항'에 한한다(제122조 제1항).

### (4) 선결처분에 대한 통제 및 불복

#### 1) 지방의회의 승인

선결처분은 지체 없이 지방의회에 보고하여 승인을 얻어야 한다(제122조 제2항). 지방의회에서 승인을 얻지 못한 때에는 그 선결처분은 그때부터 효력을 상실한다(제122조 제3항).

#### 2) 선결처분에 대한 기타 통제수단

선결처분은 지방자치단체의 장의 결정이므로 지방자치법상의 지방자치단체의 장의 처분에 대한 감독기관, 주민 등의 통제를 받는다. 그 이외에 선결처분이 행정소송법상 처분에 해당하는 경우에 권익을 침해받은 자는 선결처분에 대하여 항고소송을 제기할 수 있다.

### (5) 승인거부에 대한 불복 및 통제

#### 1) 항고소송

선결처분이 수익적 행정행위이거나 제3자효 행정행위인 경우에 지방의회의 승인거부는 이들 행위의 효력을 상실시키므로 행정소송법상 처분이라고 볼 수 있다. 따라서, 수익적 행정행위의 상대방이거나 제3자효 행정행위로 인하여 이익을 받은 자는 지방의회의 승인거부에 대하여 항고소송을 제기할 수 있다.

### 2) 지방자치단체의 장 및 감독기관 등의 통제

지방의회의 승인거부는 지방의회의 의결에 해당한다. 따라서, 지방의회의 의결에 대해 지방자치법상의 지방자치단체의 장의 재의요구 및 감독기관의 재의요구지시, 제소지시, 직접제소가 가능하다고 보아야 한다. 입법론으로는 지방의회의 승인거부에 대한 지방자치단체의 장 및 감독기관 등의 통제에 관하여 명문의 규정을 두어야 할 것이다.

## Ⅴ. 겸임 등의 제한

지방자치단체의 장은 다음의 어느 하나에 해당하는 직을 겸임할 수 없다(제109조 제1항): ① 대통령, 국회의원, 헌법재판소재판관, 각급 선거관리위원회 위원, 지방의회의원, ② 국가공무원법 제2조에 규정된 국가공무원과 지방공무원법 제2조에 규정된 지방공무원, ③ 다른 법령의 규정에 따라 공무원의 신분을 가지는 직, ④ 「공공기관의 운영에 관한 법률」 제4조에 따른 공공기관(한국방송공사, 한국교육방송공사 및 한국은행을 포함한다)의 임직원, ⑤ 농업협동조합, 수산업협동조합, 산림조합, 엽연초생산협동조합, 신용협동조합 및 새마을금고(이들 조합·금고의 중앙회와 연합회를 포함한다)의 임직원, ⑥ 교원, ⑦ 「지방공기업법」 제2조에 규정된 지방공사와 지방공단의 임직원, ⑧ 그 밖에 다른 법률이 겸임할 수 없도록 정하는 직.

지방자치단체의 장은 재임 중 그 지방자치단체와 영리를 목적으로 하는 거래를 하거나 그 지방자치단체와 관계있는 영리사업에 종사할 수 없다(제2항).

# 제 2 항  사무의 위임 또는 위탁

## Ⅰ. 하급행정기관에의 위임

지방자치단체의 장은 조례나 규칙으로 정하는 바에 따라 그 권한에 속하는 사무의 일부를 보조기관, 소속 행정기관 또는 하부행정기관에 위임할 수 있다(제117조 제1항).

**[판례]** [1] 구 지방자치법 제95조(현행 지방자치법 제117조) 제1항에 따른 권한위임의 의미: 구 지방자치법 제95조 제1항에 따른 권한의 위임은 내부적으로 집행사무만을 위임한 것이라기보다는

이른바 **외부적 권한 위임**에 해당한다. [2] 군수가 군사무위임조례의 규정에 따라 무허가 건축물에 대한 철거대집행사무를 하부 행정기관인 읍·면에 위임하였다면, 읍·면장에게는 관할구역 내의 무허가 건축물에 대하여 그 철거대집행을 위한 계고처분을 할 권한이 있다(대판 1997. 02. 14, 96누 15428).

## Ⅱ. 관할지방자치단체 또는 공공단체 등에의 위임 또는 위탁

지방자치단체의 장은 조례나 규칙으로 정하는 바에 따라 그 권한에 속하는 사무의 일부를 관할 지방자치단체나 공공단체 또는 그 기관(사업소·출장소를 포함한다)에 위임 또는 위탁할 수 있다(제117조 제2항).

**[판례]** 도지사가 하천구역에서의 점용료나 부당이득금 등의 징수권을 행사하는 것은 국가기관의 지위에서 수행하는 사무가 아니라 **지방자치단체 자체의 사무이므로, 구 지방자치법 제95조(현행 지방자치법 제117조) 제2항에 따라 조례 또는 규칙에 의하여 시장·군수에게 그 권한의 위임이 가능하다**(대판 2006. 09. 08, 2004두947).

## Ⅲ. 민간위탁

지방자치단체의 장은 조례나 규칙으로 정하는 바에 따라 그 권한에 속하는 사무 중 조사·검사·검정·관리업무 등 주민의 권리·의무와 직접 관련되지 아니하는 사무를 법인·단체 또는 그 기관이나 개인에게 위탁할 수 있다(제117조 제3항). 주민의 권리·의무와 직접 관련되는 사무를 민간위탁함에 있어서는 별도의 법률의 근거가 있어야 한다.

**[판례]** ① '원주 혁신도시 및 기업도시 편입지역 주민지원 조례안' 제6조 제3호 규정이 정하고 있는 혁신·기업도시 주민고용센터 설립사업 등은 지방자치단체의 사무로서, 주민의 권리·의무와 직접 관련되는 사무로는 볼 수 없고, 그 위탁에 있어서도 주민생계회사가 법령에서 정하는 자격요건을 충족할 경우에 한하여 재량으로서 할 수 있도록 하고 있으므로, 위 조례안 규정에서 이를 주민생계회사에 위탁할 수 있다고 규정한다 하여 지방자치법 제104조에 의한 위임의 한계를 벗어난 것이라고 할 수 없다(대판 2009. 10. 15, 2008추32[조례안재의결무효확인]).
② (1) 지방자치단체장이 민간위탁 수탁기관의 사업비 집행이 적정하였는지 여부를 검토하는 업무는 지방자치단체장이 그 사무를 민간위탁한 후 이를 관리·감독하는 업무로서, 지방자치법 제13조 제2항 제1호 다목에서 규정한 '산하 행정기관 및 단체의 지도·감독'에 해당하는 사무, 즉 '자치사무'이다. 따라서 지방의회는 법률에 특별한 규정이 없는 한 수탁기관의 사업비 집행에 관한 관리·감독에 관하여 조례를 제정할 수 있다. (2) 지방자치단체장의 권한 중 일부를 민간위탁하는 경우 수탁기관은 자신의 책임으로 사무를 처리하며, 그 효과는 지방자치단체장에게 귀속된다. 이 경우 지방자치단체장의 수탁기관에 대한 관리·감독에는 위법성 판단은 물론 합목적적·정책적 고려도 포함된다. (3) 민간위탁사업의 사업비 결산서가 적절히 집행되었는지 검토하는 것을 '사업비 결산

서 검사로 정의하고 이를 기존 공인회계사 또는 회계법인뿐 아니라 세무사 또는 세무법인도 수행할 수 있게 한 이 사건 조례안이 공인회계사법 제50조를 위반한 것으로 볼 수 없다고 한 사례(대판 2024. 10. 25, 2022추5125).

## Ⅳ. 재위임·위탁시의 승인

지방자치단체의 장이 위임받거나 위탁받은 사무의 일부를 제1항부터 제3항까지의 규정에 따라 다시 위임하거나 위탁하려면 미리 그 사무를 위임 또는 위탁한 기관의 장의 승인을 얻어야 한다(제117조 제4항).

특별시장·광역시장·도지사(특별시·광역시 및 도의 교육감을 포함한다) 또는 시장·군수·구청장(자치구의 구청장을 말한다. 이하 같다)은 행정의 능률향상과 주민의 편의를 위하여 필요하다고 인정되는 때에는 수임사무의 일부를 그 위임기관의 장의 승인을 얻어 규칙이 정하는 바에 따라 시장·군수·구청장(교육장을 포함한다) 또는 읍·면·동장 기타 소속기관의 장에게 다시 위임할 수 있다(행정권한의 위임 및 위탁에 관한 규정 제4조).

**[판례]** '가'항의 영업정지 등 처분에 관한 사무는 국가사무로서 지방자치단체의 장에게 위임된 이른바 기관위임사무에 해당하므로 시·도지사가 지방자치단체의 조례에 의하여 이를 구청장 등에게 재위임할 수는 없고 행정권한의 위임 및 위탁에 관한 규정 제4조에 의하여 위임기관의 장의 승인을 얻은 후 지방자치단체의 장이 제정한 **규칙**이 정하는 바에 따라 재위임하는 것만이 가능하다(대판 1995. 07. 11, 94누4615).

## 제 3 항   보조기관

특별시·광역시 및 특별자치시에 부시장, 도와 특별자치도에 부지사, 시에 부시장, 군에 부군수, 자치구에 부구청장을 두며, 그 수는 다음 각 호의 구분과 같다. 1. 특별시의 부시장의 수: 3명을 넘지 아니하는 범위에서 대통령령으로 정한다. 2. 광역시와 특별자치시의 부시장 및 도와 특별자치도의 부지사의 수: 2명(인구 800만 이상의 광역시나 도는 3명)을 넘지 아니하는 범위에서 대통령령으로 정한다. 3. 시의 부시장, 군의 부군수 및 자치구의 부구청장의 수: 1명으로 한다(제123조 제1항).

시·도의 부시장과 부지사, 시의 부시장·부군수·부구청장은 해당 지방자치단체의 장을 보좌하여 사무를 총괄하고, 소속 직원을 지휘·감독한다(제5항).

지방자치단체의 장이 다음 각 호의 어느 하나에 해당되면 부지사·부시장·부군수·부구청장(이하 이 조에서 "부단체장"이라 한다)이 그 권한을 대행한다. 1. 궐위된 경우, 2. 공소 제기된 후 구금상태에 있는 경우, 3. 「의료법」에 따른 의료기관에 60일 이상 계속하여 입원한 경우(제124조 제1항). 지방자치단체의 장이 그 직을 가지고 그 지방자치단체의 장 선거에 입후보하면 예비후보자 또는 후보자로 등록한 날부터 선거일까지 부단체장이 그 지방자치단체의 장의 권한을 대행한다(제2항). 지방자치단체의 장이 출장·휴가 등 일시적 사유로 직무를 수행할 수 없으면 부단체장이 그 직무를 대리한다(제3항). 제1항부터 제3항까지의 경우에 부지사나 부시장이 2명 이상인 시·도에서는 대통령령으로 정하는 순서에 따라 그 권한을 대행하거나 직무를 대리한다(제4항). 제1항부터 제3항까지의 규정에 따라 권한을 대행하거나 직무를 대리할 부단체장이 부득이한 사유로 직무를 수행할 수 없으면 그 지방자치단체의 규칙에 정해진 직제 순서에 따른 공무원이 그 권한을 대행하거나 직무를 대리한다(제5항).

지방자치단체는 그 사무를 분장하기 위하여 필요한 행정기구와 지방공무원을 둔다(제125조 제1항). 지방자치단체에는 제1항에도 불구하고 법률로 정하는 바에 따라 국가공무원을 둘 수 있다(제5항).

## 제 4 항  소속 행정기관

지방자치단체는 소관 사무의 범위에서 필요하면 대통령령이나 대통령령으로 정하는 범위에서 그 지방자치단체의 조례로 자치경찰기관(제주특별자치도만 해당한다), 소방기관, 교육훈련기관, 보건진료기관, 시험연구기관 및 중소기업지도기관 등을 직속기관으로 설치할 수 있다(제126조 제1항).

지방자치단체는 특정 업무를 효율적으로 수행하기 위하여 필요하면 대통령령으로 정하는 범위에서 그 지방자치단체의 조례로 사업소를 설치할 수 있다(제127조).

지방자치단체는 외진 곳의 주민의 편의와 특정지역의 개발 촉진을 위하여 필요하면 대통령령으로 정하는 범위에서 그 지방자치단체의 조례로 출장소를 설치할 수 있다(제128조).

지방자치단체는 소관 사무의 일부를 독립하여 수행할 필요가 있으면 법령이나 그 지방자치단체의 조례로 정하는 바에 따라 합의제행정기관을 설치할 수 있다(제129조 제1항). 제1항의 합의제행정기관의 설치·운영에 필요한 사항은 대통령령이나 그 지방자치단체의 조례로 정한다(제2항).

지방자치단체는 소관 사무의 범위에서 법령이나 그 지방자치단체의 조례로 정하는 바에 따라 자문기관(소관 사무에 대한 자문에 응하거나 협의, 심의 등을 목적으로 하는 심의회, 위원회 등을 말한다)을 설치·운영할 수 있다(제130조 제1항).

## 제 5 항   하부행정기관

자치구가 아닌 구에 구청장, 읍에 읍장, 면에 면장, 동에 동장을 둔다. 이 경우 면·동은 행정면·행정동을 말한다(제131조).

자치구가 아닌 구의 구청장은 시장, 읍장·면장은 시장이나 군수, 동장은 시장(구가 없는 시의 시장을 말한다)이나 구청장(자치구의 구청장을 포함한다)의 지휘·감독을 받아 소관 국가사무와 지방자치단체의 사무를 맡아 처리하고 소속 직원을 지휘·감독한다(제133조).


# 제 4 절   지방의회와 지방자치단체의 장의 관계

지방의회와 지방자치단체의 장은 상호 독립되어 있으며 견제와 균형을 도모하는 관계에 있다.

또한, 지방의회와 지방자치단체의 장은 모두 지방자치단체의 기관으로서 지방자치행정의 수행을 위하여 상호 협력하여야 한다.


## 제 1 항   상호 독립

지방의회를 구성하는 지방의회의원과 지방자치단체의 장은 모두 주민에 의해 선출된다. 그리고, 지방의회는 의결기관이고 지방자치단체의 장은 집행기관으로서 그 권한이 독립되어 있고, 상호 감독을 받지 않는다. 따라서, 법령의 근거없이 상호간에 부여된 권한을 변경하는 것은 원칙상 인정되지 않는다.

지방의회와 지방자치단체의 장을 상호 독립된 기관으로 하는 것은 권력의 집중을 막고 자의적인 권력행사를 통제하는 기능을 갖는다.


## 제 2 항   상호 견제와 균형

Ⅰ. 일반적 고찰

지방자치법상 지방의회와 지방자치단체의 장은 상호 독립되어 있으면서도 일정한 한도 내에서 상호 견제(牽制)함으로써 상호간에 자의적인 권력행사를 막고 있다.

① 지방의회와 지방자치단체의 장은 상호 독립되어 있으므로 상호간에 대한 견제는 법률에 근거가 있어야 한다. 조례로 법률에 규정이 없는 새로운 견제장치를 만드는 것은 지방자치단체의 장의 고유권한을 침해하는 것이 된다(대판 1997. 03. 11, 96추60: 행정심판청구지원조례안재의결무효확인1)).

또한 상호간의 견제에 관한 기존의 권한에 변경을 가져오는 경우에도 법률에 근거가 있어야 한다.

**[판례]** 지방의회가 선임한 검사위원이 결산에 대한 검사 결과, 필요한 경우 결산검사의견서에 추징, 환수, 변상 및 책임공무원에 대한 징계 등의 시정조치에 관한 의견을 담을 수 있고, 그 의견에 대하여 시장이 시정조치 결과나 시정조치 계획을 의회에 알리도록 하는 내용의 개정조례안은, 사실상 지방의회가 단체장에 대하여 직접 추징 등이나 책임공무원에 대한 징계 등을 요구하는 것으로서 지방의회가 법령에 의하여 주어진 권한의 범위를 넘어서 집행기관에 대하여 새로운 견제장치를 만드는 것에 해당하여 위법하다고 한 사례(대판 2009. 04. 09, 2007추103[개정조례안재의결무효확인청구]).

② 지방자치단체의 장과 지방의회는 법상 인정된 상호 견제의 범위 내에서만 상대방의 권한행사에 대한 제한이 허용된다(대판 2000. 11. 14, 2000추36). 상호 견제와 균형을 이루는 관계이므로 법률에 특별한 규정이 없는 한 조례로써 견제의 범위를 넘어서 상대방의 고유권한을 침해하는 규정을 제정할 수 없다. 법령에 규정이 없는 새로운 견제장치를 만드는 것은 집행기관의 고유권한을 침해하는 것이 되어 허용할 수 없다(대판 2012. 11. 29, 2011추87).

**[판례]** '성남시 사무의 민간위탁촉진 및 관리조례 일부 개정조례안' 제7조 제2항에서 성남시장이 그 권한에 속하는 민간위탁사무와 관련하여 수탁기관의 선정권한을 가지는 민간위탁적격자심사위원회의 위원 6 내지 9명 중 2인을 반드시 시의원 중에서 위촉하여야 한다고 규정한 조례규정이 법령상 근거 없는 새로운 견제장치에 해당하거나 성남시장의 위원 위촉권한에 대한 적극적 개입인지 여부(소극): (1) 지방자치법은 지방자치단체의 의사를 내부적으로 결정하는 최고의결기관으로 지방의회를, 외부에 대하여 지방자치단체의 대표로서 지방자치단체의 의사를 표명하고 그 사무를 통할하는 집행기관으로 단체장을 독립한 기관으로 두고, **의회와 단체장에게 독자적인 권한을 부여하여 상호 견제와 균형을 이루도록** 하고 있으므로, 법률에 특별한 규정이 없는 한 **조례로써 견제의 범위를 넘어서 상대방의 고유권한을 침해하는 규정을 제정할 수 없다.** (2) 지방의회는 조례의 제정 및 개폐, 예산의 심의·확정, 결산의 승인, 기타 지방자치법 제39조 제1항에 규정된 사항에 대한 의결권을 가지는 외에 지방자치법 제41조 등의 규정에 의하여 지방자치단체사무에 관한

---

1) 이 판결에서 대법원은 "당해 지방자치단체의 주민을 상대로 한 모든 행정기관의 행정처분에 대한 행정심판청구를 지원하는 것을 내용으로 하는 조례안은 …… 그 조례안이 당해 지방자치단체의 행정처분에 대한 행정심판청구만을 지원한다는 의미로 이해한다고 하더라도, 그 지원 여부를 결정하기 위한 전제로서 당해 행정처분의 정당성 여부를 지방의회에서 판단하도록 규정하고 있다면 이는 결국 지방의회가 스스로 행정처분의 정당성 판단을 함으로써 자치단체의 장을 견제하려는 것으로서 이는 법률에 규정이 없는 새로운 견제장치를 만드는 것이 되어 지방자치단체의 장의 고유권한을 침해하는 것이 되어 효력이 없다"라고 판시하였다.

행정사무 감사권 및 조사권 등을 가지므로, 이처럼 법령에 의하여 주어진 권한의 범위 내에서 집행기관을 견제할 수 있는 것이지 법령에 규정이 없는 새로운 견제장치를 만드는 것은 집행기관의 고유권한을 침해하는 것이 되어 허용할 수 없다. (3) 그런데 지방자치단체는 그 소관 사무의 일부를 독립하여 수행할 필요가 있을 때 합의제 행정기관을 설치할 수 있고(지방자치법 제116조 제1항), 합의제 행정기관의 설치·운영에 관하여 필요한 사항은 조례로 정할 수 있다(지방자치법 제116조 제2항). 이와 같이 지방자치법에서 합의제 행정기관의 설치·운영에 관하여 필요한 사항을 조례로 정하도록 위임한 취지는 각 지방자치단체의 특수성을 고려하여 그 실정에 맞게 합의제 행정기관을 조직하도록 한 것이어서, 당해 지방자치단체가 합의제 행정기관의 일종인 민간위탁적격자심사위원회의 공평한 구성 및 그 운영에 대한 적절한 통제를 위하여 민간위탁적격자심사위원회 위원의 정수 및 그 위원의 구성비를 어떻게 정할 것인지는 당해 지방의회가 조례로써 정할 수 있는 입법재량에 속하는 문제로서 조례제정권의 범위 내라고 봄이 타당하다. 따라서 이 사건 조례안 규정에서 민간위탁적격자심사위원회의 위원 중 2명을 시의원 중에서 위촉하도록 정하고 있다고 하더라도, 이것만으로는 이 사건 조례안 규정이 법령상 근거 없는 새로운 견제장치에 해당한다고 볼 수 없다. (4) 집행기관 구성원의 전부 또는 일부를 지방의회가 임면하도록 하는 것은 지방의회가 집행기관의 인사권에 사전에 적극적으로 개입하는 것이어서 원칙적으로 허용되지 아니하지만, 이 사건 조례안 규정에서 민간위탁적격자심사위원회의 위원장과 부위원장 각 1인을 포함한 6 내지 9명의 위원 중 2명을 시의원 중에서 위촉하도록 정한 것은 상호 견제와 균형의 원칙에 입각한 집행기관과 의결기관과의 권한 분리 및 배분의 범위 등에 비추어 볼 때, 집행기관의 인사권에 소극적으로 개입하는 것으로서 지방자치법이 정하고 있는 지방의회의 집행기관에 대한 견제권의 범위 안에 포함되어 허용된다고 봄이 타당하다(대판 2012. 11. 29, 2011추87[조례안재의결무효확인]).

③ 지방의회는 집행기관의 고유권한에 속하는 사항의 행사에 관하여는 견제의 범위 내에서 소극적으로 또는 사후적으로 개입하는 것은 허용되지만, 지방의회가 사전에 적극적으로 개입하는 내용을 지방자치단체의 조례로 정하는 것은 허용되지 않는다.

**[판례]** ① [1] 지방자치법은 지방의회와 지방자치단체의 장에게 독자적 권한을 부여하고 상호견제와 균형을 이루도록 하고 있으므로, 지방의회는 법률에 특별한 규정이 없는 한 견제의 범위를 넘어서 상대방의 고유권한을 침해하는 내용의 조례를 제정할 수 없다. [2] 정부업무평가기본법 제18조에서 지방자치단체의 장의 권한으로 정하고 있는 자체평가업무에 관한 사항에 대하여 **지방의회가 견제의 범위 내에서 소극적·사후적으로 개입한 정도가 아니라 사전에 적극적으로 개입하는 내용을 지방자치단체의 조례로 정하는 것은 허용되지 않는다**(대판 2007. 02. 09, 2006추45[조례안재의결무효]).
② 지방의회가 합의제 행정기관의 설치에 관한 조례안을 발의하여 이를 의결, 재의결하는 것이 허용되는지 여부(소극): 지방자치단체의 장은 합의제 행정기관을 설치할 고유의 권한을 가지며 이러한 고유권한에는 그 설치를 위한 조례안의 제안권이 포함된다고 봄이 상당하므로, 지방의회가 합의제 행정기관의 설치에 관한 조례안을 발의하여 이를 그대로 의결, 재의결하는 것은 **지방자치단체장의 고유권한에 속하는 사항의 행사에 관하여 지방의회가 사전에 적극적으로 개입하는 것으로서** 관련 법령에 위반되어 허용되지 않는다(대판 2009. 09. 24, 2009추53).

④ 지방자치단체장의 고유권한이 아닌 사항에 대하여도 지방의회가 그 사무집행에 관한 집행권을 본질적으로 침해하는 것은 지방자치법의 관련 규정에 위반되어 허용될 수 없다(대판 2001. 11. 27, 2001추57).

**[판례]** ① 지방자치단체가 그 자치사무에 관하여 조례로 제정할 수 있다고 하더라도 상위 법령에 위배할 수는 없고(지방자치법 제15조), 특별한 규정이 없는 한 지방자치법이 규정하고 있는 **지방자치단체의 집행기관과 지방의회의 고유권한에 관하여는 조례로 이를 침해할 수 없고, 나아가 지방의회가 지방자치단체장의 고유권한이 아닌 사항에 대하여도 그 사무집행에 관한 집행권을 본질적으로 침해하는 것은 지방자치법의 관련 규정에 위반되어 허용될 수 없다**(대판 2001. 11. 27, 2001추57).
② 가스공급시설 설치지역의 우선 순위도 그 시설 설치를 위한 공사비 소요 규모, 기존 공급시설과의 거리, 공사의 난이도, 가스 수요의 예상량, 가스공급의 사업성 여부 등에 대한 고려 없이 민원을 제기한 지역의 주민의 수만으로 결정하게 하는 것은 시장의 공급시설 설치지역과 규모 등에 관한 우선 순위 결정에 관한 집행기관으로서의 권한을 본질적으로 침해하는 것으로 위 관련 법령에 위배된다(대판 2001. 11. 27, 2001추57).
③ '순천시 지방공기업단지 조성 및 분양에 관한 조례 일부개정 조례안' 등이 지방자치단체 사무의 민간위탁에 관하여 지방의회의 사전 동의를 받도록 한 것은 지방자치단체장의 민간위탁에 대한 일방적인 독주를 제어하여 민간위탁의 남용을 방지하고 그 효율성과 공정성을 담보하기 위한 장치에 불과하고, 민간위탁 권한을 지방자치단체장으로부터 박탈하려는 것이 아니므로, 지방자치단체장의 집행권한을 본질적으로 침해하는 것으로 볼 수 없다고 한 사례(대판 2009. 12. 24, 2009추121).

## Ⅱ. 판례 검토

### 1. 지방의회 권한의 제한에 관한 판례

**[판례]** 지방자치단체의 집행기관의 사무집행에 관한 감시·통제기능은 지방의회의 고유권한이므로 이러한 지방의회의 권한을 제한·박탈하거나 제3의 기관 또는 집행기관 소속의 어느 특정 행정기관에 일임하는 내용의 조례를 제정한다면 이는 지방의회의 권한을 본질적으로 침해하거나 그 권한을 스스로 저버리는 내용의 것으로서 지방자치법령에 위반되어 무효이다(대판 1997. 04. 11, 96추138[옴부즈만조례안재의결무효확인]2)).

### 2. 지방자치단체의 장의 권한의 제한에 관한 판례

#### (1) 지방의회에 의한 지방자치단체의 장의 인사권 제한

① 상위법령에서 단체장에게 기관구성원의 임명위촉의 권한을 부여한 경우에는

---

2) 그러나, 이 사건 조례안은 이와 같은 지방의회의 행정 감시·통제기능을 옴부즈맨에게 일임하도록 정하고 있지 아니할 뿐 아니라 지방의회에 관한 사항은 옴부즈맨의 관할로 하지 않고 있으므로, 집행기관 내에 독립성을 갖는 옴부즈맨이라는 합의제 행정기관을 설치하여 행정 감시·통제기능을 수행하도록 하는 것은 지방의회의 감시·통제기능과는 별도로 집행기관 스스로 사무집행의 공평·정확성을 확보하려는 것으로서 지방의회의 감시·통제기능을 보완하는 것일 뿐 지방의회의 감시·통제권한을 제한·박탈하거나 그 권한을 옴부즈맨에게 일임하는 것이 아니라 할 것이어서, 이 사건 조례안이 지방의회의 감시·통제기능을 스스로 저버리는 위법한 것이라고 할 수 없다.

특별한 규정이 없는 한 그 임명위촉권은 단체장에게 전속적으로 부여된 것이라고 보아야 하며 하위법규인 조례로서 위 단체장의 임명위촉권을 제한할 수 없고(대판 1992. 02. 09, 92추93; 2002. 03. 15, 2001추95), 지방의회의 지방자치단체 사무에 대한 비판, 감시, 통제를 위한 행정사무감사 및 조사권의 행사의 일환으로 위와 같은 제약을 규정하는 조례를 제정할 수도 없다(대판 2017. 12. 13, 2014추644; 대판 2023. 03. 09, 2022추5118).

[판례] ① 지방자치단체의 장으로 하여금 지방자치단체가 설립한 지방공기업 등의 대표에 대한 임명권의 행사에 앞서 지방의회의 인사청문회를 거치도록 한 조례안이 지방자치단체의 장의 임명권에 대한 견제나 제약에 해당한다는 이유로 법령에 위반된다고 한 사례(대판 2004. 07. 22, 2003추44).
② 지방자치단체의 장이 재단법인 광주비엔날레의 업무수행을 지원하기 위하여 소속공무원을 위 재단법인에 파견함에 있어 그 파견기관과 인원을 정하여 지방의회의 동의를 얻도록 하고, 이미 위 재단법인에 파견된 소속 지방공무원에 대하여는 조례안이 조례로서 시행된 후 최초로 개회되는 지방의회에서 동의를 얻도록 규정한 조례안은 지방자치단체의 장의 고유권한에 속하는 소속 지방공무원에 대한 임용권 행사에 대하여 지방의회가 동의 절차를 통하여 단순한 견제의 범위를 넘어 적극적으로 관여하는 것을 허용하고 있으므로 법령에 위반된다(대판 2001. 02. 23, 2000추67[재단법인광주비엔날레지원조례중개정조례안재의결무효확인]).
③ 지방의회의원이 지방자치단체의 장이 조례안으로서 제안한 행정기구를 종류 및 업무가 다른 행정기구로 전환하는 수정안을 발의하여 지방의회가 의결 및 재의결하는 것이 허용되는지 여부(소극): 지방자치법령은 지방자치단체의 장으로 하여금 지방자치단체의 대표자로서 당해 지방자치단체의 사무와 법령에 의하여 위임된 사무를 관리·집행하는데 필요한 행정기구를 설치할 고유한 권한과 이를 위한 조례안의 제안권을 가지도록 하는 반면 지방의회로 하여금 지방자치단체의 장의 행정기구의 설치권한을 견제하도록 하기 위하여 지방자체단체의 장이 조례안으로서 제안한 행정기구를 종류 및 업무가 다른 행정기구로 전환하는 수정안을 발의하여 지방의회가 의결 및 재의결하는 것은 지방자치단체의 장의 고유 권한에 속하는 사항의 행사에 관하여 사전에 적극적으로 개입하는 것으로서 허용되지 아니한다(대판 2005. 08. 19, 2005추48).
④ [1] 상위 법령에서 지방자치단체의 장에게 기관구성원 임명·위촉권한을 부여하면서도 임명·위촉권의 행사에 대한 지방의회의 동의를 받도록 하는 등의 견제나 제약을 규정하고 있거나 그러한 제약을 조례 등에서 할 수 있다고 규정하고 있지 아니하는 한, 당해 법령에 의한 임명·위촉권은 지방자치단체의 장에게 전속적으로 부여된 것이라고 보아야 한다. 따라서 하위 법규인 조례로써는 지방자치단체장의 임명·위촉권을 제약할 수 없고, 지방의회의 지방자치단체 사무에 대한 비판, 감시, 통제를 위한 행정사무감사 및 조사권 행사의 일환으로 위와 같은 제약을 규정하는 조례를 제정할 수도 없다. [2] 전라북도지사가 도지사 임명 출연기관장 등에 대한 도의회의 인사검증을 내용으로 하는 '전라북도 출연기관 등의 장에 대한 인사검증 조례안'에 대하여 상위 법령에 반하여 자신의 인사권한 행사를 침해한다는 이유를 들어 재의결을 요구하였으나 전라북도의회가 원안대로 재의결한 사안에서, 위 조례안 중 인사검증에 관한 조례 규정 등이 위법하여 조례안에 대한 재의결은 전부의 효력이 부정된다고 한 사례(대판 2017. 12. 13, 2014추644).
⑤ '부산광역시 공공기관 인사검증 운영에 관한 조례안 중 인사검증에 관한 규정들은 법령에 의하여 지방자치단체의 장에게 부여된 임명·위촉권을 상위법령의 근거 없이 제약하여 위법하다고 한 사례(대판 2023. 03. 09, 2022추5118).

② 의회와 단체장의 권한의 분리 및 배분의 취지에 비추어 단체장의 기관구성원의 임명·위촉권한이 조례에 의해 비로소 부여되는 경우는 조례에 의하여 단체장의 임명권한에 견제나 제한을 가하는 규정을 둘 수 있다고 할 것이나, 이 경우 지방의회는 견제의 범위 내에서 소극적 또는 사후적으로 개입할 수 있을 뿐 집행기관의 인사권을 독자적으로 행사하거나 동등한 지위에서 합의하여 행사할 수 없고, 사전에 적극적으로 개입하는 것은 허용되지 아니한다(대판 2000. 11. 14, 2000추36).

**[판례]** ① [1] 단체장의 임명·위촉권이 조례에 의해 비로소 부여되는 경우에도 집행기관의 구성원의 전부 또는 일부를 지방의회가 임면하도록 하는 것은 지방의회가 집행기관의 인사권에 사전에 적극적으로 개입하는 것이어서 원칙적으로 허용되지 않지만, 지방자치단체의 집행기관의 구성원을 집행기관의 장이 임면하되 다만 그 임면에 지방의회의 동의를 얻도록 하는 것은 지방의회가 집행기관의 인사권에 소극적으로 개입하는 것으로서 지방자치법이 정하고 있는 지방의회의 집행기관에 대한 견제권의 범위 안에 드는 적법한 것이다. [2] 지방의회가 조례로써 옴부즈맨의 위촉(임명)·해촉시에 지방의회의 동의를 얻도록 정하였다고 해서 집행기관의 인사권을 침해한 것이라 할 수 없다. [3] 조례안이 집행기관의 하나인 옴부즈맨에 4급 이상의 지방공무원 1명을 상임 옴부즈맨으로 임명하도록 하고 있고, 그 조례안이 당해 지방자치단체에 두는 지방공무원의 현 정원이 지방자치법령상의 산식에 의한 총정원을 초과하고 있는 상태에서 의결됨으로써 지방자치단체에 두는 지방공무원의 총정원을 결과적으로 늘리는 것을 내용으로 하고 있으므로 그 의결시 내무부장관의 사전승인을 얻어야 하는데 얻지 아니하여 무효라고 한 사례(대판 1997. 04. 11, 96추138[옴부즈맨조례안재의결무효확인]).
② 지방의회가 집행기관의 인사권에 관하여 견제의 범위 내에서 소극적·사후적으로 개입하는 것은 허용되나, 집행기관의 인사권을 독자적으로 행사하거나 동등한 지위에서 합의하여 행사할 수는 없고, 그에 관하여 사전에 적극적으로 개입하는 것도 원칙적으로 허용되지 아니한다(대판 2009. 09. 24, 2009추53: '제주특별자치도 연구위원회 설치 및 운영에 관한 조례안'은, 제주특별자치도지사의 고유권한에 속하는 사항과 인사권에 관하여 제주특별자치도의회가 사전에 적극적으로 개입한 것으로서 그 일부가 법령에 위배되어 위법하므로, 그 조례안에 대한 재의결은 효력이 없다고 한 사례).
③ [1] 조례로써 지방자치단체의 공유재산심의회 위원의 수와 범위를 정한 것의 위법 여부(소극): 지방재정법에서 공유재산심의회의 구성과 운영에 관하여 당해 지방자치단체의 조례로 정하도록 위임한 취지는 공유재산심의회의 구성과 운영에 있어서 각 지방자치단체의 특수성을 고려하여 그 실정에 맞게 조직하도록 한 것이고, 따라서 당해 지방자치단체의 공유재산심의회의 구성, 즉 공유재산심의회 위원의 정수 및 그 위원의 구성비를 어떻게 정할 것인지는 당해 지방의회가 조례로써 정할 입법재량에 관한 문제로서 조례제정권의 범위 내라고 할 것인바, 지방의회가 개정조례안에서 "시 공유재산심의회는 12명의 위원으로 구성하며 위원은 시의원 9명, 관계 공무원 3명으로 한다"고 규정한 것은, 시 공유재산심의회 위원 12명 중 9명을 시의원으로 구성하도록 함으로써 시의회의 참여비율이 상대적으로 높은 것은 틀림없으나, 이는 **지방의회의 입법재량**에 속하는 문제로서 이것만 가지고는 개정 조례안이 **상호견제와 균형의 원칙에 입각한 집행기관과 의결기관과의 권한 분리 및 배분의 범위를 유월한 위법**이 있다고는 할 수 없다. [2] 시의회 의장에게 공유재산심의회 위원의 추천권을 부여한 조례규정의 적법 여부(소극): 지방자치법은 지방의회와 지방자치단체의 장에게 독자적 권한을 부여하고 상호견제와 균형을 이루도록 하고 있으므로, 법률에 특별한 규정이 없는 한 조례로써 견제의 범위를 넘어서 고유권한을 침해하는 규정을 할 수 없고, 일방의 고유권한을 타방이 행사하게 하는 내용의 조례는 지방자치법에 위배된다. 그러므로 지방의회가 집행

기관의 인사권에 관하여 소극적, 사후적으로 개입하는 것은 그것이 견제의 범위 안에 드는 경우에는 허용되나, 집행기관의 인사권을 독자적으로 행사하거나 동등한 지위에서 합의하여 행사할 수 없고, 사전에 적극적으로 개입하는 것도 원칙적으로 허용되지 아니한다. 따라서 지방의회 의장과 의원 개인의 지위 및 권한에 비추어 볼 때 집행기관의 인사권에 의장 개인의 자격으로는 관여할 수 있는 권한이 없고, 조례로서 이를 허용할 수도 없다. 그렇다면 공유재산심의회 위원 중 9명을 시의원으로 구성하고 그 위원이 될 시의원을 의장이 추천하여 시장이 위촉하도록 한 것은 사실상 인사권을 공동 행사하자는 것으로서, 공유재산심의회가 시장의 자문에 응하여 또는 자발적으로 시장의 의사결정에 참고가 될 의견을 제공하는 것에 불과하고 시장이 그 의견에 기속되는 것은 아니라고 하더라도, 공유재산심의회의 활동은 지방자치단체의 집행사무에 속하고, 그에 대한 책임은 궁극적으로 집행기관의 장이 지게 되는 것임에 비추어 볼 때, **공유재산심의회 위원이 될 시의원 9명을 의장이 추천하게 하는 것은 집행기관의 인사권에 사전에 적극적으로 개입하는 것으로서 특별한 사정이 없는 한 허용될 수 없다.** [3] 조례안의 일부가 위법한 경우 법원의 조치: 개정 조례안은 일부가 위법한 경우에는 개정 조례안에 대한 재의결은 전부 효력이 부인되어야 한다(대판 1996. 05. 14, 96추15[공유재산관리조례중개정조례안재의결무효확인]).

④ 지방의회가 집행기관의 인사권에 관하여 소극적 사후적으로 개입하는 것은 그것이 견제의 범위 안에 드는 경우에는 허용되나, 집행기관의 인사권을 독자적으로 행사하거나 동등한 지위에서 합의하여 행사할 수는 없으며, 사전에 적극적으로 개입하는 것도 원칙적으로 허용되지 아니하므로 조례안에 규정된 행정불만처리조정위원회 위원의 위촉, 해촉에 지방의회의 동의를 받도록 한 것은 사후에 소극적으로 개입하는 것으로서 지방의회의 집행기관에 대한 견제권의 범위에 드는 **적법한 규정**이라고 보아야 될 것이나, 그 일부를 지방의회 의장이 위촉하도록 한 것은 지방의회가 집행기관의 인사권에 사전에 적극적으로 개입하는 것으로서 지방자치법이 정한 의결기관과 집행기관 사이의 권한분리 및 배분의 취지에 배치되는 **위법한 규정**이며, 또 집행기관의 인사권에 의장 개인의 자격으로는 관여할 수 있는 권한이 없고 조례로써 이를 허용할 수도 없으며, 따라서 의장 개인이 위원의 일부를 위촉하도록 한 조례안의 규정은 그 점에서도 위법하다(대판 1994. 04. 26, 93추175[전라북도행정불만처리조례안무효확인]).

### (2) 지방의회의원에 의한 집행기관의 인사권 제한

집행기관을 비판·감시·견제하기 위한 의결권·승인권·동의권 등의 권한은 지방자치법상 의결기관인 지방의회에 있는 것이지 의원 개인에게 있는 것이 아니므로 지방의회의원 개인이 구청장의 고유권한인 인사권 행사에 사전에 관여할 수 있도록 규정하고 있는 것은 지방자치법상 허용되지 아니 한다(대판 2000. 11. 14, 2000추36).

**[판례]** ① 동정자문위원의 위촉과 해촉의 권한을 동장에게 부여하면서 이 권한의 행사에 있어서 의회의 구성원이 아닌 개인자격의 당해 지역구 의원과 협의하도록 한 규정은 집행기관과의 권한 한계를 침해하는 것이어서 허용될 수 없다(대판 1992. 07. 28, 92추31: 광주시서구동정자문위원회조례안를 위법하다고 본 사례).
② 주민자치센터 설치·운영 조례안에서 당해 동 구의원 개인이 그 운영위원회의 당연직 위원장이 된다고 규정하고 있는 것은 지방의회의원 개인이 하부 행정기관인 동장의 권한에 속하는 주민자치센터의 설치와 운영을 심의하는 보조기관인 운영위원회의 구성과 운영에 적극적·실질적으로 사전에 개입하여 관여할 수 있게 함을 내용으로 하는 것으로서 지방의회의원의 법령상 권한 범위

를 넘어 법령에 위반된다(대판 2001. 12. 11, 2001추64).

그러나, 의원의 자격이라기보다는 전체 주민대표의 자격으로 지방의회의원을 행정정보공개심의위원회의 위원이 되게 할 수 있다(대판 1992. 06. 23, 92추17[청주시정보공개조례]).

### (3) 지방자치단체의 장의 고유권한의 침해

지방자치단체장의 고유권한에 속하는 사항의 행사에 관하여 지방의회가 사전에 적극적으로 개입하는 것은 허용되지 않는다.

**[판례]** ① [1] 지방의회가 합의제 행정기관의 설치에 관한 조례안을 발의하여 이를 의결, 재의결하는 것이 허용되는지 여부(소극): 지방자치법 제116조에 그 설치의 근거가 마련된 합의제 행정기관은 지방자치단체의 장이 통할하여 관리·집행하는 지방자치단체의 사무를 일부 분담하여 수행하는 기관으로서 그 사무를 독립하여 수행한다 할지라도 이는 어디까지나 집행기관에 속하는 것이지 지방의회에 속한다거나 집행기관이나 지방의회 어디에도 속하지 않는 독립된 제3의 기관에 해당하지 않는 점, 지방자치단체의 행정기구와 정원기준 등에 관한 규정 제3조 제1항의 규정에 비추어 지방자치단체의 장은 집행기관에 속하는 행정기관 전반에 대하여 조직편성권을 가진다고 해석되는 점을 종합해 보면, 지방자치단체의 장은 합의제 행정기관을 설치할 고유의 권한을 가지며 이러한 고유권한에는 그 설치를 위한 조례안의 제안권이 포함된다고 봄이 상당하므로, 지방의회가 합의제 행정기관의 설치에 관한 조례안을 발의하여 이를 그대로 의결, 재의결하는 것은 지방자치단체장의 고유권한에 속하는 사항의 행사에 관하여 지방의회가 사전에 적극적으로 개입하는 것으로서 관련 법령에 위반되어 허용되지 않는다. [2] 지방의회가 집행기관의 인사권을 독자적으로 행사하거나 동등한 지위에서 합의하여 행사할 수 있는지 및 그에 관하여 사전에 적극적으로 개입하는 것이 허용되는지 여부(소극): 지방의회가 집행기관의 인사권에 관하여 견제의 범위 내에서 소극적·사후적으로 개입하는 것은 허용되나, 집행기관의 인사권을 독자적으로 행사하거나 동등한 지위에서 합의하여 행사할 수는 없고, 그에 관하여 사전에 적극적으로 개입하는 것도 원칙적으로 허용되지 아니한다(대판 2009. 09. 24, 2009추53[조례안재의결무효확인]: 제주특별자치도의회가 발의하여 의결 및 재의결한 '제주특별자치도 연구위원회 설치 및 운영에 관한 조례안'은 그 일부가 법령에 위배되어 위법하므로, 그 조례안에 대한 재의결은 효력이 없다고 한 사례).
② 지방의회의원이 지방자치단체의 장이 조례안으로서 제안한 행정기구를 종류 및 업무가 다른 행정기구로 전환하는 수정안을 발의하여 지방의회가 의결 및 재의결하는 것이 허용되는지 여부(소극): 지방자치법령은 지방자치단체의 장으로 하여금 지방자치단체의 대표자로서 당해 지방자치단체의 사무와 법령에 의하여 위임된 사무를 관리·집행하는 데 필요한 행정기구를 설치할 고유한 권한과 이를 위한 조례안의 제안권을 가지도록 하는 반면 지방의회로 하여금 지방자치단체의 장의 행정기구의 설치권한을 견제하도록 하기 위하여 지방자치단체의 장이 조례안으로서 제안한 행정기구의 축소, 통폐합의 권한을 가지는 것으로 하고 있으므로, 지방의회의원이 지방자치단체의 장이 조례안으로서 제안한 행정기구를 종류 및 업무가 다른 행정기구로 전환하는 수정안을 발의하여 지방의회가 의결 및 재의결하는 것은 **지방자치단체의 장의 고유 권한에 속하는 사항의 행사에 관하여 사전에 적극적으로 개입하는 것으로서 허용되지 아니한다**(대판 2005. 08. 19, 2005추48).
③ "지방자치법 제13조의2상의 주민투표의 시행 여부는 지방자치단체의 장의 재량이므로 지방의

회가 조례로 정한 특정한 사항에 관하여는 일정한 기간 내에 반드시 투표를 실시하도록 규정한 조례안은 지방자치단체의 장의 고유권한을 침해하는 규정이다"(대판 2002. 04. 26, 2002추23).

④ [1] 지방자치법 제22조 본문, 제113조, 지방자치법 시행령 제75조, 지방교육자치에관한 법률 제18조 제1항, 제32조, 지방교육행정기관의 행정기구와 정원기준 등에 관한규정 제3조 제1항 제2호, 제3호, 제25조 제1항, 제2항의 규정 내용을 종합하면, 시·도교육청의 직속기관을 포함한 지방교육행정기관의 행정기구(이하 '기구'라 한다)의 설치는 기본적으로 법령의 범위 안에서 조례로써 결정할 사항이다. 교육감은 시·도의교육·학예에 관한 사무를 집행하는 데 필요한 때에는 법령 또는 조례가 정하는 바에 따라 기구를 직접 설치할 권한과 이를 위한 조례안의 제안권을 가지며, 설치된 기구전반에 대하여 조직편성권을 가질 뿐이다. 지방의회는 교육감의 지방교육행정기구 설치권한과 조직편성권을 견제하기 위하여 조례로써 직접 교육행정기관을 설치·폐지하거나 교육감이 조례안으로써 제안한 기구의 축소, 통폐합, 정원 감축의 권한을 가진다. 지방자치법상 지방자치단체의 집행기관과 지방의회는 서로 분립되어 각기 그 고유권한을 행사하되 상호 견제의 범위 내에서 상대방의 권한 행사에 대한 관여가 허용된다. 지방의회는 집행기관의 고유 권한에 속하는 사항의 행사에 관하여 사전에 적극적으로 개입하는 것은 허용되지 않으나, 견제의 범위 내에서 소극적·사후적으로 개입하는 것은 허용된다. [2] 전라북도의회가 의결한 '전라북도교육청 행정기구 설치 조례 일부 개정조례안'에 대하여 전라북도 교육감이 재의를 요구하였으나 전라북도의회가 위 조례 개정안을 원안대로 재의결함으로써 확정한 사안에서, 위 조례 개정안은 직속기관들이 전라북도교육청 소속임을 분명하게 하기 위하여 해당 직속기관의 명칭에 '교육청'을 추가하거나 지역 명칭을 일부 변경하는 것에 불과한데, 관계 법령의 규정 내용에 따르면, 직속기관의 명칭을 결정하는 것이 교육감의 고유 권한에 해당한다고 볼 만한 근거가 없는 반면, 지방의회가 '이미 설치된 교육청의 직속기관'의 명칭을 변경하는 것은 사후적·소극적 개입에 해당하므로, 위 조례 개정안이 자치사무에 관하여 법령의 범위 안에서 조례를 제정할 수 있는 '지방의회의 포괄적인 조례 제정 권한'의 한계를 벗어난 것이라고 보기는 어렵다는 이유로, 위 조례 개정안이 교육감의 지방교육행정기관 조직편성권을 부당하게 침해한다고 볼 수 없다고 한 사례(대판 2021. 09. 16, 2020추5138).

### (4) 집행기관에 대한 새로운 견제장치의 신설

지방의회는 법령에 의하여 주어진 권한의 범위를 넘어서 집행기관에 대하여 새로운 견제장치를 만들 수 없다.

[판례] 지방의회가 선임한 검사위원이 결산에 대한 검사 결과, 필요한 경우 결산검사의견서에 추징, 환수, 변상 및 책임공무원에 대한 징계 등의 시정조치에 관한 의견을 담을 수 있고, 그 의견에 대하여 시장이 시정조치 결과나 시정조치 계획을 의회에 알리도록 하는 내용의 개정조례안은, 사실상 지방의회가 단체장에 대하여 직접 추징 등이나 책임공무원에 대한 징계 등을 요구하는 것으로서 지방의회가 법령에 의하여 주어진 권한의 범위를 넘어서 집행기관에 대하여 새로운 견제장치를 만드는 것에 해당하여 위법하다(대판 2009. 04. 09, 2007추103[개정조례안재의결무효확인청구]).

### (5) 지방자치단체의 장의 권한의 본질적 침해 금지

지방자치단체의 장의 권한을 본질적으로 침해하는 조례안은 위법하다.

[판례] ① 예산낭비 사례 등을 공개하도록 하고 예산성과금의 지급 한도를 제한하는 내용의 조례

안이 지방자치단체장의 예산집행 등에 관한 권한 및 예산성과금 지급에 관한 권한을 **본질적으로 침해한다고 볼 수 없다**고 한 사례(대판 2014. 02. 13, 2013추67[조례안재의결무효확인]).

② "시장으로 하여금 가스사업자에 대하여 가스공급계획에 의한 가스공급시설의 미설치 승인시 일정 규모 이상의 가스공급시설을 추가 설치할 수 있도록 가스공급계획을 변경하도록 하고, 가스 공급시설 설치지역의 우선순위도 민원을 제기한 지역의 주민의 수만으로 결정하도록 규정한 지방 자치단체의 조례안은 시장의 집행권을 본질적으로 침해하는 것으로 법령에 위배되지만, 시장으로 하여금 가스공급시설 공사계획의 수립 또는 도시가스의 공급조건에 관한 공급규정의 승인이나 변경시 시의회에 보고하고 의견을 청취하도록 규정한 지방자치단체의 조례안은 시장의 집행권을 본 질적으로 침해하는 것은 아니며 법령에 위배되지 않는다"(대판 2001. 11. 27, 2001추57).

③ 화천군의회가 의결한 '화천군 관내 고등학교 학생 교육비 지원 조례안' 제6조 제3항이 교육비 지원대상에 해당하는 경우에는 군수로 하여금 교육비를 지급하도록 규정하였다는 이유만으로 집 행기관인 지방자치단체장 고유의 재량권을 침해하였다거나 예산배분의 우선순위 결정에 관한 지 방자치단체장의 권한을 본질적으로 침해하여 위법하다고 볼 수 없다고 한 사례(대판 2013. 04. 11, 2012추22[조례안재의결무효확인]).

④ '서울특별시 교육경비 보조에 관한 조례 일부개정조례안'에 대한 재의결에 대하여 서울시장이 무효확인을 구한 사안으로, 위 조례안 제5조 제1항에서 교육경비 보조금의 상한(보통세의 1000분 의 6 이내)만 규정하고 있던 종전 조례와 달리 하한(보통세의 1000분의 4 이상)을 새롭게 추가한 것 이 서울시장의 예산안 편성권을 본질적으로 제약하여 위법하다고 판단한 후, 조례안의 일부가 효 력이 없는 경우 조례안에 대한 재의결의 효력이 전부 부인된다는 법리에 따라 이 사건 조례안에 대한 재의결의 효력을 부인한 사례(대판 2022. 06. 30, 2022추5040).

⑤ '서울특별시 중구 사무의 민간위탁에 관한 조례' 제4조 제3항 등이 지방자치단체 사무의 민 간위탁에 관하여 **지방의회의 사전 동의를 받도록 한 것**(대판 2009. 12. 24, 2009추121[조례안재의결 무효확인])과 지방자치단체장이 동일 수탁자에게 위탁사무를 재위탁하거나 기간연장 등 기존 위탁 계약의 중요한 사항을 **변경**하고자 할 때 지방의회의 동의를 받도록 한 것은, **지방자치단체장의 집 행권한을 본질적으로 침해하는 것으로 볼 수 없다**고 한 사례(대판 2011. 02. 10, 2010추11[조례안재 의결무효확인]).

⑥ '부산광역시 생활임금 조례 일부개정조례안'에 대한 재의결에 대하여 부산광역시장이 무효확인 을 구한 사안으로, 대법원은 부산광역시장으로 하여금 **생활임금 적용대상 전직원을 대상으로 호봉 재산정을 통해 생활임금을 반영하도록 규정한 조례안 규정**이 원고의 예산안 편성권이나 인사권을 **본질적으로 침해하지 아니하고 근로기준법 제4조에 위반된다고 볼 수 없다**고 한 사례(대판 2023. 07. 13, 2022추5156).

## (6) 기   타

**[판례]** ① 공유재산의 대부와 같은 관리행위를 지방의회의 의결사항으로 정한 조례는 적법하다(대 판 2000. 11. 24, 2000추29: 단양군 공유재산관리조례 중 개정조례안에 대한 재의결).

② "집행기관인 구청장에게 예산안 편성과 관련하여 국·시비보조금의 예산계상 신청을 함에 있어 구의회의 사전 의결 또는 사후 승인을 받도록 하는 조례안은 법령에 없는 의무를 부과함과 동시에 구의회로 하여금 집행기관의 사무집행에 사전에, 실질적으로 관여하도록 함으로써 집행기관의 권 능을 제약하는 것이어서 각 법률 및 광역시 조례의 관계 규정에 위반된다"(대판 1996. 05. 10, 95추 87[국·시비보조금 신청절차에 관한 조례안 무효확인]).

## Ⅲ. 지방의회의 지방자치단체의 장에 대한 견제

### 1. 출석답변요구권

지방자치단체의 장 또는 관계공무원은 지방의회나 그 위원회가 요구하면 출석·답변하여야 한다. 다만, 특별한 이유가 있으면 지방자치단체의 장은 관계 공무원으로 하여금 출석·답변하게 할 수 있다(제51조 제2항).

### 2. 행정사무감사·조사권

지방의회는 매년 1회 당해 지방자치단체의 사무에 대하여 시·도에 있어서는 14일, 시·군 및 자치구에 있어서는 9일의 각 범위 내에서 감사를 실시하고, 지방자치단체의 사무 중 특정사안에 관하여 본회의 의결로 본회의 또는 위원회에서 조사하게 할 수 있다(제49조 제1항). 제1항의 조사를 발의할 때에는 이유를 명시한 서면으로 하여야 하며, 재적의원 3분의 1 이상의 찬성이 있어야 한다(제49조 제2항).

지방자치단체 및 그 장이 위임받아 처리하는 국가사무와 시·도의 사무에 대하여 국회와 시·도의회가 직접 감사하기로 한 사무를 제외하고는 그 감사를 각각 당해 시·도의회와 시·군 및 자치구 의회가 할 수 있다. 이 경우 국회와 시·도의회는 그 감사 결과에 대하여 그 지방의회에 필요한 자료를 요구할 수 있다(제49조 제3항).

제1항의 감사 또는 조사와 제3항의 감사를 위하여 필요하면 현지확인을 하거나 서류제출을 요구할 수 있으며, 지방자치단체의 장 또는 관계 공무원이나 그 사무에 관계되는 사람을 출석하게 하여 증인으로서 선서한 후 증언하게 하거나 참고인으로서 의견을 진술하도록 요구할 수 있다(제49조 제4항). 제4항에 따른 증언에서 거짓증언을 한 사람은 고발할 수 있으며, 제4항에 따라 서류제출을 요구받은 자가 정당한 사유 없이 서류를 정해진 기한까지 제출하지 아니한 경우, 같은 항에 따라 출석요구를 받은 증인이 정당한 이유 없이 출석하지 아니하거나 선서 또는 증언을 거부하는 때에는 500만원 이하의 과태료를 부과할 수 있다(제49조 제5항). 제5항의 규정에 의한 과태료 부과절차는 제34조를 따른다(제49조 제6항).

제1항의 감사 또는 조사와 제3항의 감사를 위하여 필요한 사항은 「국정감사 및 조사에 관한 법률」에 준하여 대통령령으로 정하고, 제4항 및 제5항의 선서·증언·감정 등에 관한 절차는 「국회에서의 증언·감정 등에 관한 법률」에 준하여 대통령령으로 정한다(제49조 제7항).

### 3. 지방의회의장의 조례공포권

지방자치단체의 장은 지방자치법 제32조 제4항 또는 제5항에 따라 확정된 조례를 지체 없이 공포하여야 한다. 이 경우 동조 제5항에 따라 조례가 확정된 후 또는 동조 제4항에 따라 확정된 조례가 지방자치단체의 장에게 이송된 후 5일 이내에 지방자치단체의 장이 공포하지 아니하면 지방의회의 의장이 이를 공포한다(제32조 제6항).

## IV. 지방자치단체의 장의 지방의회에 대한 견제

지방자치단체의 장은 지방의회에 대한 견제수단으로 조례공포권(제32조 제1, 2, 6항)과 전술한 재의요구 및 제소권과 선결처분권을 가진다.

# 제 3 항   협력관계

지방의회와 지방자치단체의 장의 협력은 현행과 같은 두 기관의 관계하에서는 두 기관의 견제와 균형을 통하여 행하여지는 것이 원칙이지만, 현행 지방자치법은 두 기관 사이의 협력을 도모하기 위하여 몇 가지 장치를 규정하고 있다.

## I. 서류제출요구권

본회의 또는 위원회는 그 의결로 안건의 심의와 직접 관련된 서류의 제출을 당해 지방자치단체의 장에 대하여 요구할 수 있다(제48조 제1항). 위원회가 제1항의 요구를 할 때에는 의장에게 그 사실을 보고하여야 한다(제48조 제2항). 제1항에도 불구하고 폐회 중에는 지방의회의 의장이 서류의 제출을 해당 지방자치단체의 장에게 요구할 수 있다(제3항).

## II. 행정사무처리상황의 보고와 질문응답

지방자치단체의 장 또는 관계공무원은 지방의회나 그 위원회에 출석하여 행정사무의 처리상황을 보고하거나 의견을 진술하고 질문에 답변할 수 있다(제51조 제1항).

## Ⅲ. 임시회소집요구권

지방자치단체의 장은 임시회소집요구권을 갖는다. 지방의회의장은 지방자치단체의 장의 요구가 있는 때에는 15일 이내에 임시회를 소집하여야 한다(제54조 제3항).

## Ⅳ. 의안발의권

지방자치단체의 장은 의안발의권을 갖는다(제76조).

# 제 5 절   지방교육자치

## 제 1 항   지방교육자치의 의의

지방교육자치(地方敎育自治)는 지방교육행정의 자치를 말한다. 지방교육자치는 교육자치와 구별된다. 교육자치는 교육에 있어서의 교육단위인 학교(학교 구성원)의 자치를 말하고, 지방교육자치는 교육행정에서의 지방자치단체 및 기관의 자치를 말한다. 교육자치와 지방교육자치의 법적 근거가 다르다. 지방교육자치는 지방자치를 보장하는 헌법 제117조 및 제118조 그리고 지방자치법, 지방교육자치에 관한 법률에 근거하지만, 교육자치는 교육의 자주성·전문성·정치적 중립성 및 대학의 자율성을 보장하는 헌법 제31조 제4항에 근거한다.

[판례] ① 교육의 자주성·전문성·정치적 중립성을 헌법이 보장하고 있는 이유는 교육이 국가의 백년대계의 기초인만큼 국가의 안정적인 성장 발전을 도모하기 위해서는 교육이 외부세력의 부당한 간섭에 영향받지 않도록 교육자 내지 교육전문가에 의하여 주도되고 관할되어야 할 필요가 있다는 데서 비롯된 것이라고 할 것이다. 그러기 위해서는 교육에 관한 제반정책의 수립 및 시행이 교육자에 의하여 전담되거나 적어도 그의 적극적인 참여하에 이루어져야 함은 물론 교육방법이나 교육내용이 종교적 종파성과 당파적 편향성에 의하여 부당하게 침해 또는 간섭당하지 않고 가치중립적인 진리교육이 보장되어야 할 것이다. 특히 교육의 자주성이 보장되기 위하여서는 교육행정기관에 의한 교육내용에 대한 부당한 권력적 개입이 배제되어야 할 이치인데, 그것은 대의정치(代議政治), 정당정치하에서 다수결의 원리가 지배하는 국정상의 의사결정방법은 당파적인 정치적 관념이나 이해관계라든가 특수한 사회적 요인에 의하여 좌우되는 경우가 많기 때문이다. 인간의 내면적 가치증진에 관련되는 교육문화 관련분야에 있어서는 다수결의 원리가 그대로 적용되는 것이 바람직하지 않다는 의미에서 국가의 교육내용에 대한 권력적 개입은 가급적 억제되는 것이 온당하다(헌재 1992. 11. 12. 89헌마88).

② 일반적으로, **교육의 자주성**이란 교육내용과 교육기구가 교육자에 의하여 자주적으로 결정되고 행정권력에 의한 통제가 배제되어야 함을 의미한다. 이는 교사의 교육시설 설치자·교육감독권자로부터의 자유, 교육내용에 대한 교육행정기관의 권력적 개입의 배제 및 교육관리기구의 공선제 등을 포함한다. 또한 교육의 전문성이란 교육정책이나 그 집행은 가급적 교육전문가가 담당하거나, 적어도 그들의 참여하에 이루어져야 함을 말한다(헌재 2001. 11. 29. 2000헌마278).
③ 교육의 치적 중립성이란, 교육이 특정 정파적 이해관계나 영향력으로부터 떨어져 중립적인 입장에서 이루어져야 한다는 것으로, 교육이 국가나 정치권력으로부터 부당하게 간섭을 받아서도 안 되고, 교육이 그 본연의 기능을 벗어나서 정치영역에 개입해서도 안 된다는 것을 뜻한다. 왜냐하면 교육은 그 본질상 이상적이고 비권력적인 것임에 반하여, 정치는 현실적이고 권력적인 것이기 때문에 교육과 정치는 일정한 거리를 유지하는 것이 바람직하기 때문이다(헌재 2004. 3. 25. 2001헌마710, 판례집 16-1, 422, 437 참조). 나아가 교육의 정치적 중립성을 보장하기 위하여는, 교육내용의 정치적 중립성이나 교사의 정치적 중립성 뿐만 아니라 교육을 운영하고 감독하는 교육행정의 정치적 중립성도 요구된다 할 것이다(헌재 2008. 06. 26. 2007헌마1175).

헌법재판소는 지방교육자치와 교육자치의 관계에 관하여 "지방교육자치는 교육자치라는 영역적 자치와 지방자치라는 지역적 자치가 결합한 형태로서, 교육자치를 지방교육의 특수성을 살리기 위해 지방자치단체의 수준에서 행하는 것을 말한다고 할 것이다."라고 선언하였듯이(헌재 2002. 03. 28, 2000헌마283 등) 지방교육자치를 교육자치와 지방자치가 결합한 것으로 이해한다. 또한, "지방교육자치도 지방자치권 행사의 일환으로 보장되는 것으로서 중앙권력에 대한 지방적 자치로서의 속성을 지니고 있지만, 동시에 그것은 헌법 제31조 제4항이 보장하고 있는 교육의 자주성·전문성·정치적 중립성을 구현하기 위한 것이므로 정치권력에 대한 문화적 자치로서의 속성도 아울러 지니고 있는 것이다. 이러한 '이중의 자치'의 요청으로 말미암아 지방교육자치의 민주적 정당성 요청은 어느 정도 제한이 불가피하게 되고, 결국 지방교육자치는 '민주주의·지방자치·교육자주'라고 하는 세 가지의 헌법적 가치를 골고루 만족시킬 수 있어야만 하는 것이다"(헌재 2000. 03. 30. 99헌바113; 헌재 2006. 02. 23. 2003헌바84; 헌재 2008. 06. 26. 2007헌마1175)라고 선언하였다.

그렇지만, 교육자치(교육의 자주성과 자율성)와 교육분야에서의 지방자치는 그 본질, 법적 근거 및 내용이 다르므로 구별하는 것이 타당하다. 또한, 지방교육에서는 교육자치와 지방자치가 결합하는 경우도 있지만, 그렇지 않은 경우도 있고, 국가교육에서는 교육자치만이 문제된다. 이러한 점에서 지방교육자치에 관한 법률 제1조가 지방교육의 특수성뿐만 아니라 교육의 자주성 및 전문성을 지방교육자치에 관한 법률의 목적 내지 정당화사유로 들고 있는 것은 타당하지 않다.

## 제 2 항   지방교육자치의 법원

「지방교육자치에 관한 법률」로는 지방교육자치에 관한 법률, 지방자치법 등이 있다.

지방교육자치에 관한 법률은 지방교육자치에 관하여 지방자치법에 우선하여 적용된다. 그리고, 지방자치단체의 교육·학예에 관한 사무를 관장하는 기관의 설치와 그 조직 및 운영 등에 관하여 지방교육자치에 관한 법률에서 규정한 사항을 제외하고는 그 성질에 반하지 않는 한 「지방자치법」의 관련 규정을 준용한다. 이 경우 "지방자치단체의 장" 또는 "시·도지사"는 "교육감"으로, "지방자치단체의 사무"는 "지방자치단체의 교육·학예에 관한 사무"로, "자치사무"는 "교육·학예에 관한 자치사무"로, "행정안전부장관"·"주무부장관" 및 "중앙행정기관의 장"은 "교육부장관"으로 본다(지방교육자치에 관한 법률 제3조).

지방교육자치가 헌법적 보장에 속하는지에 관하여는 견해의 대립이 있다. 지방교육자치는 법률적 보장에 불과하다고 보는 견해도 있다(조성규, 지방교육자치의 본질과 교육감의 권한, 행정법이론실무학회 제231회 정기학술발표회, 9면).

헌법재판소는 "현행 지방교육자치제도의 헌법적 근거는 헌법상 보장되고 있는 지방자치제도의 이념과 함께 헌법 제31조 제4항의 "교육의 자주성·전문성·정치적 중립성 및 대학의 자율성은 법률이 정하는 바에 의하여 보장된다."는 규정에서 찾을 수 있다"라고 보고 있다(헌재 2002. 08. 29. 2002헌마4).

## 제 3 항   지방교육자치의 인정범위

지방교육자치에 관한 법률(이하 '지방교육자치법'이라 한다)은 시·도 단위에서 지방교육자치를 실시하는 것으로 하고 있다.

그런데, 현재의 지방교육자치는 특별교육자치단체의 설립에까지는 이르고 있지 않다. 지방교육·학예사무를 시·도의 사무로 보고(동법 제2조), 교육의원을 폐지하고 지방의회가 교육에 관한 중요한 사항을 의결하는 것으로 하면서, 다만 교육사무를 담당하는 집행기관인 교육감을 별도로 설치하고 교육위원회를 시·도의회의 상임위원회로 두고 있다.

그리고 지방교육자치는 초·중등교육에서 인정되고 있으며 고등교육은 국가교육으로 하고 있다.

# 제 4 항 교육감

## Ⅰ. 집행기관의 지위와 권한

교육감은 시·도의 교육행정에 관한 집행기관이며 당해 자치단체의 교육·학예에 관한 사무를 관리·집행한다.

교육감은 주민직선으로 선출한다(제43조).

교육감은 법령 또는 조례의 범위 안에서 그 권한에 속하는 사무에 관하여 교육규칙을 제정할 수 있다(제25조 제1항).

## Ⅱ. 지방자치단체의 대표기관의 지위와 권한

교육감은 교육행정에 있어 당해 시·도를 대표한다. 지방교육자치법은 "교육감은 교육·학예에 관한 소관사무로 인한 소송이나 재산의 등기 등에 대하여 당해 시·도를 대표한다"라고 규정하고 있다(제18조 제2항). 그러나, 이는 예시적인 것에 불과하다.

## Ⅲ. 조례에 관한 권한

교육감은 교육·학예에 관한 조례에 관한 작성·제출권, 재의요구권 및 공포권을 갖는다(제20조, 제28조).

교육학예에 관한 조례(예, 두밀분교 폐교조례)에 대한 취소소송의 피고는 당해 조례를 공포한 교육감이 된다.

## Ⅳ. 국가기관의 지위

국가행정사무 중 시·도에 위임하여 시행하는 사무로서 교육·학예에 관한 사무는 교육감에게 위임하여 행한다. 다만 법령에 다른 규정이 있는 경우에는 그러하지 아니하다(제19조). 이 규정에 의해 국가사무를 위임받은 교육감은 국가기관의 지위에서 당해 사무를 수행한다.

## 제 5 항   자치교육사무

「지방교육자치에 관한 법률」 제2조는 "지방자치단체의 교육·과학·기술·체육 그 밖의 학예(이하 "교육·학예"라 한다)에 관한 사무는 특별시·광역시 및 도(이하 "시·도"라 한다)의 사무로 한다."라고 규정하고 있다. 동법 제20조는 "교육감은 교육·학예에 관한 다음 각 호의 사항에 관한 사무를 관장한다."라고 규정하고 있다. 1. 조례안의 작성 및 제출에 관한 사항 2. 예산안의 편성 및 제출에 관한 사항 3. 결산서의 작성 및 제출에 관한 사항 4. 교육규칙의 제정에 관한 사항 5. 학교, 그 밖의 교육기관의 설치·이전 및 폐지에 관한 사항 6. 교육과정의 운영에 관한 사항 7. 과학·기술교육의 진흥에 관한 사항 8. 평생교육, 그 밖의 교육·학예진흥에 관한 사항 9. 학교체육·보건 및 학교환경정화에 관한 사항 10. 학생통학구역에 관한 사항 11. 교육·학예의 시설·설비 및 교구(教具)에 관한 사항 12. 재산의 취득·처분에 관한 사항 13. 특별부과금·사용료·수수료·분담금 및 가입금에 관한 사항 14. 기채(起債)·차입금 또는 예산 외의 의무부담에 관한 사항 15. 기금의 설치·운용에 관한 사항 16. 소속 국가공무원 및 지방공무원의 인사관리에 관한 사항 17. 그 밖에 당해 시·도의 교육·학예에 관한 사항과 위임된 사항.

지방자치법 제13조 제2항 제5호는 지방자치단체의 자치사무인 '교육에 관한 사무'를 "유아원·유치원·초등학교·중학교·고등학교 및 이에 준하는 각종 학교의 설치·운영·지도"로 규정하고 있다.

자치교육사무와 국가교육사무의 구별은 자치사무와 국가사무의 구별기준에 따른다.

판례에 따르면 자치교육사무는 다음과 같다.

[판례] ① 학기당 2시간 정도의 인권교육의 편성·실시가 지방자치법 제9조 제2항 제5호에서 지방자치단체의 사무로 예시한 교육에 관한 사무로서 초등학교·중학교·고등학교 등의 운영·지도에 관한 사무에 속하는지 여부(적극): 초·중등교육법 제7조, 제23조, 교육부장관이 고시한 '초·중등학교 교육과정' Ⅱ.4.가.(1)항, Ⅲ.1.나.(15)항의 내용 및 체계와 아울러, 학교는 교육과정을 운영하는 주체로서 대통령령이 정하는 교과를 포함하여 교육부장관이 고시하는 기본적인 교육과정을 구성하는 과목 외의 내용을 교육내용에 포함시킬 수 있는 재량이 있다고 보이는 점, 교육감은 지방자치단체의 교육·학예에 관한 사무를 담당하는 주체로서 교육부장관이 정한 교육과정의 범위 안에서 지역의 실정에 맞는 교육과정의 기준과 내용을 정할 수 있을 뿐만 아니라 관할구역 내 학교의 교육과정 운영에 대한 장학지도를 할 수 있는 점, 교육부장관이 정한 기본적인 교육과정과 대통령령에 정한 교과 외의 교육내용에 관한 결정 및 그에 대한 지도는 전국적으로 통일하여 규율되어야 할 사무가 아니라 각 지역과 학교의 실정에 맞는 규율이 허용되는 사무라고 할 것인 점 등에 비추어 보면, 학기당 2시간 정도의 인권교육의 편성·실시는 지방자치법 제9조 제2항 제5호가

지방자치단체의 사무로 예시한 교육에 관한 사무로서 초등학교·중학교·고등학교 등의 운영·지도에 관한 사무에 속한다(대판 2015. 05. 14, 2013추98[조례안의결무효확인][학생인권조례안 사건]).
② 지방자치단체가 설립·경영하는 학교의 부지 확보, 부지의 사용료 지급 등의 사무가 지방자치단체의 고유사무인 자치사무인지 여부(원칙적 적극): 헌법 제31조 제2항, 제3항, 제4항, 제6항, 지방자치법 제9조 제2항 제5호 (가)목, 초·중등교육법 제12조 제1항, 제2항, 구 지방교육자치에 관한 법률(2006. 12. 20. 법률 제8069호로 전부 개정되기 전의 것) 제39조 제1항, 제40조, 제41조 제1항, 교육기본법 제5조 제1항, 제7조 제1항 및 지방교육재정교부금법의 관련 규정들의 취지를 종합하여 보면, 지방자치단체가 설립·경영하는 학교의 부지 확보, 부지의 사용료 지급 등의 사무는 특별한 사정이 없는 한 지방교육자치의 주체인 지방자치단체의 고유사무인 자치사무이다(대판 2014. 12. 24, 2010다69704).

판례에 따르면 국가교육사무는 다음과 같다.

[판례] ① 구 교육공무원법(2012. 12. 11. 법률 제11527호로 개정되어 2013. 6. 12. 시행되기 전의 것, 이하 같다)은 교육을 통하여 국민 전체에 봉사하는 교육공무원의 직무와 책임의 특수성에 비추어 그 자격·임용·보수 및 신분보장 등에 관하여 특례를 규정함을 목적으로 마련되었다(제1조). 이러한 구 교육공무원법의 입법 목적과 그 구체적인 규정 내용에 비추어 보면, 교육공무원법령이 규율하는 교육공무원의 징계 사무는 교육공무원의 자격, 임용 방법이나 절차, 보수, 재교육이나 연수, 신분보장 등에 관한 사무와 더불어 국민 전체의 이익을 위하여 통일적으로 처리되어야 할 성격의 사무라 할 것이다. ...... 교육공무원 징계사무의 성격, 그 권한의 위임에 관한 교육공무원법령의 규정 형식과 내용 등에 비추어 보면, 국가공무원인 교육장, 시·도 교육청 교육국장 및 그 하급자인 장학관, 장학사에 대한 징계는 국가사무이고, 그 일부인 징계집행 역시 국가사무에 해당한다고 봄이 타당하다. 따라서 교육감이 담당 교육청 소속 국가공무원인 교육장, 시·도교육청 교육국장 및 그 하급자들에 대하여 하는 징계집행 사무는 기관위임 국가사무라고 보아야 한다(대판 2015. 09. 10, 2013추524[직무이행명령(2013. 4. 18.)취소]).
② [1] 교육감의 담당 교육청 소속 국가공무원인 도교육청 교육국장 및 그 하급자들에 대한 징계의결요구 신청 사무가 기관위임 국가사무인지 여부(적극): 교육공무원 징계사무의 성격, 권한의 위임에 관한 교육공무원법령의 규정 형식과 내용 등에 비추어 보면, 국가공무원인 도교육청 교육국장 및 그 하급자인 장학관, 장학사에 대한 징계는 국가사무이고, 그 일부인 징계의결요구의 신청 역시 국가사무에 해당한다. 따라서 교육감이 담당 교육청 소속 국가공무원인 도교육청 교육국장 및 그 하급자들에 대하여 하는 징계의결요구 신청 사무는 기관위임 국가사무라고 보아야 한다.
[2] 공립·사립학교의 장이 행하는 학교생활기록부 작성에 관한 교육감의 지도·감독 사무가 시·도 교육감에게 위임된 국가사무인지 여부(적극): 학교생활기록에 관한 초·중등교육법, 고등교육법 및 각 시행령의 규정 내용에 의하면, 어느 학생이 시·도 상호 간 또는 국립학교와 공립·사립학교 상호 간 전출하는 경우에 학교생활기록의 체계적·통일적인 관리가 필요하고, 중학생이 다른 시·도 지역에 소재한 고등학교에 진학하는 경우에도 학교생활기록은 고등학교의 입학전형에 반영되며, 고등학생의 학교생활기록은 피고의 지도·감독을 받는 대학교의 입학전형자료로 활용되므로, 학교의 장이 행하는 학교생활기록의 작성에 관한 사무는 국민 전체의 이익을 위하여 통일적으로 처리되어야 할 성격의 사무이다. 따라서 전국적으로 통일적 처리를 요하는 학교생활기록의 작성에 관한 사무에 대한 감독관청의 지도·감독 사무도 국민 전체의 이익을 위하여 통일적으로 처리되어야 하므로, 공립·사립학교의 장이 행하는 학교생활기록부 작성에 관한 교육감의 지도·감독 사무는 국립학교의 장이 행하는 학교생활기록부 작성에 관한 교육부장관의 지도·감독 사무와 마

찬가지로 국가사무로서, 시·도 교육감에 위임된 사무이다(대판 2015. 09. 10, 2013추517[직무이행명령(2013. 4. 10)취소]).

# 제 6 절 자체감사기구

지방자치단체에는 자체감사기구(自體監査機構)를 둔다. 다만, 지방자치단체의 규모, 관장 사무 또는 자체감사 대상기관의 수 등을 고려하여 관계법령에서 정하는 경우에는 자체감사업무를 전담하여 수행하는 자체감사기구로 두어야 한다(공공감사에 관한 법률 제5조 제1항).

지방자치단체는 조례로 정하는 바에 따라 자체감사기구를 합의제감사기구로 둘 수 있다(제5조 제2항). 합의제감사기구는 위원장 1명을 포함한 3명 이상 7명 이하의 위원으로 구성한다(제5조 제1항).

감사기구의 장은 자체감사활동에서 독립성이 최대한 보장되어야 한다(제7조 제1항).

제주특별자치도의 자치감사 수행은 도지사 소속하의 합의제 행정기관으로서 그 직무 독립성을 갖는 감사위원회에 맡기고 있다(「제주특별자치도 설치 및 국제자유도시 조성을 위한 특별법」(이하 '제주도특별법'이라 한다) 제66조 제1항). 감사위원회의 설치 목적은 감사원 감사 및 국회의 국정 조사·감사, 주민감사청구에 의한 감사를 제외한 중앙행정기관의 외부감사를 없앰으로써 중앙감사의 과다 및 중복 등의 폐해를 해소하고, 자치이념에 부합되는 민주적·자율적 내부통제 시스템을 구축하는 한편, 자치사무에 대한 감사를 감사위원회로 일원화하여 감사의 독립성, 전문성, 책임성, 공정성, 투명성을 도모하고, 감사로 인한 업무 부담과 비효율을 해소하고자 하는 데 있다고 할 수 있다. 이와 같은 관련법 규정의 문언 내용 및 감사위원회의 설치 목적, 감사위원회의 자치감사는 외부기관에 의해 이루어지는 감사가 아니라 제주특별자치도 내의 독립된 합의제 행정관청에 의해 이루어지는 내부감사에 해당하므로 합목적성 감사를 포함하더라도 자치단체의 자치권한을 침해할 염려가 없다는 점 등을 종합하여 보면, 제주특별자치도에서의 감사위원회 자치감사 범위는 합법성 감사에서 더 나아가 합목적성 감사도 포함된다(대판 2010. 03. 11, 2009추176).

# 제 7 절   자치경찰

## I. 개설

「국가경찰과 자치경찰의 조직 및 운영에 관한 법률」(약칭: 경찰법)의 전부 개정으로 2021년 7월 1일부터 자치경찰이 전국적으로 시행되었다.

자치경찰은 경찰권한의 분권화와 함께 지역특성에 적합한 치안서비스의 제공을 목적으로 도입되었다. 또한, 검찰과 경찰의 수사권 조정 시행에 따라 비대해진 경찰권을 효율적으로 분산하여야 한다는 것도 자치경찰제의 도입의 현실적인 이유이었다.

자치경찰 도입의 주요 내용은 다음과 같다. ① 경찰사무를 국가경찰사무와 자치경찰사무로 나눈다. ② 자치경찰조직으로 시·도지사 소속 시·도자치경찰위원회와 시·도경찰청을 둔다. ③ 시·도자치경찰위원회가 자치경찰사무를 지휘·감독하도록 하는 등 자치경찰의 독립성을 보장하되 각 사무별로 지휘·감독권자를 분산하여 규정한다.

세종특별자치시 자치경찰과 제주특별자치도 자치경찰에 대해서는 일부 특례가 인정되고 있다(경찰법 제36조 제1항, 제주특별법 제88조 제1항, 제90조 등).

## II. 경찰법상 국가경찰사무와 자치경찰사무의 구분

경찰법상 국가경찰사무와 자치경찰사무는 다음과 같이 구분한다(경찰법 제4조 제1항).

---

**경찰법**

제4조(경찰의 사무) ① 경찰의 사무는 다음 각 호와 같이 구분한다.

1. 국가경찰사무: 제3조에서 정한 경찰의 임무를 수행하기 위한 사무. 다만, 제2호의 자치경찰사무는 제외한다.
2. 자치경찰사무: 제3조에서 정한 경찰의 임무 범위에서 관할 지역의 생활안전·교통·경비·수사 등에 관한 다음 각 목의 사무

   가. 지역 내 주민의 생활안전 활동에 관한 사무

   1) 생활안전을 위한 순찰 및 시설의 운영
   2) 주민참여 방범활동의 지원 및 지도
   3) 안전사고 및 재해·재난 시 긴급구조지원

> 4) 아동·청소년·노인·여성·장애인 등 사회적 보호가 필요한 사람에 대한 보호 업무 및 가정폭력·학교폭력·성폭력 등의 예방
> 5) 주민의 일상생활과 관련된 사회질서의 유지 및 그 위반행위의 지도·단속. 다만, 지방자치단체 등 다른 행정청의 사무는 제외한다.
> 6) 그 밖에 지역주민의 생활안전에 관한 사무
> 나. 지역 내 교통활동에 관한 사무
> 　1) 교통법규 위반에 대한 지도·단속
> 　2) 교통안전시설 및 무인 교통단속용 장비의 심의·설치·관리
> 　3) 교통안전에 대한 교육 및 홍보
> 　4) 주민참여 지역 교통활동의 지원 및 지도
> 　5) 통행 허가, 어린이 통학버스의 신고, 긴급자동차의 지정 신청 등 각종 허가 및 신고에 관한 사무
> 　6) 그 밖에 지역 내의 교통안전 및 소통에 관한 사무
> 다. 지역 내 다중운집 행사 관련 혼잡 교통 및 안전 관리
> 라. 다음의 어느 하나에 해당하는 수사사무
> 　1) 학교폭력 등 소년범죄
> 　2) 가정폭력, 아동학대 범죄
> 　3) 교통사고 및 교통 관련 범죄
> 　4) 「형법」 제245조에 따른 공연음란 및 「성폭력범죄의 처벌 등에 관한 특례법」 제12조에 따른 성적 목적을 위한 다중이용장소 침입행위에 관한 범죄
> 　5) 경범죄 및 기초질서 관련 범죄
> 　6) 가출인 및 「실종아동등의 보호 및 지원에 관한 법률」 제2조제2호에 따른 실종아동등 관련 수색 및 범죄
> ② 제1항 제2호 가목부터 다목까지의 자치경찰사무에 관한 구체적인 사항 및 범위 등은 대통령령으로 정하는 기준에 따라 시·도조례로 정한다.
> ③ 제1항 제2호 라목의 자치경찰사무에 관한 구체적인 사항 및 범위 등은 대통령령으로 정한다.

　　제4조 제2호 '가'목부터 '다'목까지의 사무는 행정경찰사무이고, '라'목은 사법경찰사무이다.

　　자치경찰사무는 자치사무로서 자치경찰사무의 귀속주체는 시·도이고, 국가경찰사무는 국가사무로서 국가경찰사무의 귀속주체는 국가이다.

## Ⅲ. 자치경찰행정조직

### 1. 시·도자치경찰위원회

시·도자치경찰위원회는 특별시장·광역시장·특별자치시장·도지사·특별자치도지사(이하 "시·도지사"라 한다) 소속 합의제 행정기관으로서 그 권한에 속하는 업무를 독립적으로 수행한다(경찰법 제18조).

### (1) 시·도자치경찰위원회의 소관 사무

시·도자치경찰위원회의 소관 사무는 다음과 같다(경찰법 제24조).

---

**경찰법**

제24조(시·도자치경찰위원회의 소관 사무) ① 시·도자치경찰위원회의 소관 사무는 다음 각 호로 한다.

1. 자치경찰사무에 관한 목표의 수립 및 평가
2. 자치경찰사무에 관한 인사, 예산, 장비, 통신 등에 관한 주요정책 및 그 운영지원
3. 자치경찰사무 담당 공무원의 임용, 평가 및 인사위원회 운영
4. 자치경찰사무 담당 공무원의 부패 방지와 청렴도 향상에 관한 주요 정책 및 인권침해 또는 권한남용 소지가 있는 규칙, 제도, 정책, 관행 등의 개선
5. 제2조에 따른 시책 수립
6. 제28조 제2항에 따른 시·도경찰청장의 임용과 관련한 경찰청장과의 협의, 제30조 제4항에 따른 평가 및 결과 통보
7. 자치경찰사무 감사 및 감사의뢰
8. 자치경찰사무 담당 공무원의 주요 비위사건에 대한 감찰요구
9. 자치경찰사무 담당 공무원에 대한 징계요구
10. 자치경찰사무 담당 공무원의 고충심사 및 사기진작
11. 자치경찰사무와 관련된 중요사건·사고 및 현안의 점검
12. 자치경찰사무에 관한 규칙의 제정·개정 또는 폐지
13. 지방행정과 치안행정의 업무조정과 그 밖에 필요한 협의·조정
14. 제32조에 따른 비상사태 등 전국적 치안유지를 위한 경찰청장의 지휘·명령에 관한 사무
15. 국가경찰사무·자치경찰사무의 협력·조정과 관련하여 경찰청장과 협의
16. 국가경찰위원회에 대한 심의·조정 요청
17. 그 밖에 시·도지사, 시·도경찰청장이 중요하다고 인정하여 시·도자치경찰위원회의 회의에 부친 사항에 대한 심의·의결

② 시·도자치경찰위원회의 업무와 관련하여 시·도지사는 정치적 목적이나 개인적 이익

을 위해 관여하여서는 아니 된다.

**(2) 심의 · 의결권**

시 · 도자치경찰위원회는 제24조의 사무에 대하여 심의 · 의결한다(경찰법 제25조 제1항).

시 · 도지사는 제1항에 관한 시 · 도자치경찰위원회의 의결이 적정하지 아니하다고 판단할 때에는 재의를 요구할 수 있다(제3항). 위원회의 의결이 법령에 위반되거나 공익을 현저히 해친다고 판단되면 행정안전부장관은 미리 경찰청장의 의견을 들어 국가경찰위원회를 거쳐 시 · 도지사에게 제3항의 재의를 요구하게 할 수 있고, 경찰청장은 국가경찰위원회와 행정안전부장관을 거쳐 시 · 도지사에게 재의를 요구하게 할 수 있다(제4항). 시 · 도자치경찰위원회의 위원장은 재의요구를 받은 날부터 7일 이내에 회의를 소집하여 재의결하여야 한다. 이 경우 재적위원 과반수의 출석과 출석위원 3분의 2 이상의 찬성으로 전과 같은 의결을 하면 그 의결사항은 확정된다(제5항).

**(3) 시 · 도 경찰청창 지휘감독권**

시 · 도자치경찰위원회는 자치경찰사무에 대해 심의 · 의결을 통하여 시 · 도경찰청장을 지휘 · 감독한다(경찰법 제28조 제3항, 제4항). 다만, 시 · 도자치경찰위원회가 심의 · 의결할 시간적 여유가 없거나 심의 · 의결이 곤란한 경우 대통령령으로 정하는 바에 따라 시 · 도자치경찰위원회의 지휘 · 감독권을 시 · 도경찰청장에게 위임한 것으로 본다(제4항).

시 · 도경찰청장은 국가경찰사무에 대해서는 경찰청장의 지휘 · 감독을 받는데, 수사에 관한 사무에 대해서는 국가수사본부장의 지휘 · 감독을 받는다(경찰법 제28조 제3항).

**(4) 시 · 도자치경찰위원회의 운영 등**

시 · 도자치경찰위원회의 회의는 정기적으로 개최하여야 한다. 다만 위원장이 필요하다고 인정하는 경우, 위원 2명 이상이 요구하는 경우 및 시 · 도지사가 필요하다고 인정하는 경우에는 임시회의를 개최할 수 있다(경찰법 제26조 제1항). 그 밖에 시 · 도자치경찰위원회의 운영 등에 필요한 사항은 대통령령으로 정하는 기준에 따라 시 · 도조례로 정한다(제4항).

**(5) 시 · 도자치경찰위원회의 구성**

시 · 도자치경찰위원회는 위원장 1명을 포함한 7명의 위원으로 구성하되, 위원장과 1명의 위원은 상임으로 하고, 5명의 위원은 비상임으로 한다(경찰법 제10조 제1항).

위원은 특정 성(性)이 10분의 6을 초과하지 아니하도록 노력하여야 한다(제2항). 위원 중 1명은 인권문제에 관하여 전문적인 지식과 경험이 있는 사람이 임명될 수 있도록 노력하여야 한다(제3항).

### (6) 시 · 도자치경찰위원회 위원장의 직무

시 · 도자치경찰위원회 위원장은 시 · 도자치경찰위원회를 대표하고 회의를 주재하며 시 · 도자치경찰위원회의 의결을 거쳐 업무를 수행한다(경찰법 제22조 제1항).

## 2. 집행기관: 시 · 도 경찰청창과 경찰서장 등

### (1) 시 · 도 경찰청과 시 · 도 경찰청창

시 · 도 경찰청의 소속에 관해 경찰법은 명시적인 규정을 두고 있지 않지만, 대통령령인 경찰청과 그 소속기관 직제는 시 · 도 경찰청을 경찰청의 소속기관으로 규정하고 있다(제2조 제3항). 따라서, 시 · 도 경찰청은 국가기관인 경찰청 소속의 **국가기관**(국가의 지방행정기관기관)이다.

시 · 도 경찰청창은 경찰사무(국가경찰사무와 지방경찰사무)의 집행기관이다. 시 · 도 경찰청창은 기본적으로 국가기관이지만, 자치경찰사무를 수행하는 경우에는 지방자치단체의 집행기관의 지위를 갖는다. 시 · 도 경찰청창은 **자치경찰사무에 대해 시 · 도 자치경찰위원회의 지휘 · 감독**을 받는다.

시 · 도 경찰청창은 관할구역의 소관 사무를 관장하고 소속 공무원 및 소속 경찰기관의 장을 지휘 · 감독한다(제28조 제3항).

시 · 도경찰청장은 「경찰공무원법」 제7조에도 불구하고 경찰청장이 시 · 도자치경찰위원회와 협의하여 추천한 사람 중에서 행정안전부장관의 제청으로 국무총리를 거쳐 대통령이 임용한다(제2항).

### (2) 경찰서장

경찰서장은 시 · 도경찰청장의 지휘 · 감독을 받아 관할구역의 소관 사무를 관장하고 소속 공무원을 지휘 · 감독한다(경찰법 제30조 제2항). 경찰서장 소속으로 지구대 또는 파출소를 두고, 그 설치기준은 치안수요 · 교통 · 지리 등 관할구역의 특성을 고려하여 행정안전부령으로 정한다. 다만, 필요한 경우에는 출장소를 둘 수 있다(제3항).

### (3) 시 · 도경찰공무원

시 · 도경찰공무원은 자치경찰집행기관이다.

자치경찰사무를 수행하는 경찰공무원의 신분은 국가공무원 신분을 그대로 유지한다(경찰법 · 경찰공무원임용령 참조).

시 · 도경찰공무원의 임용권은 법령상 국가(경찰청장)에게 있다. 다만, 시 · 도자치경찰위원회의 지휘 · 감독권 보장을 위해 경찰청장의 일부 임용권을 시 · 도지사와 시 · 도자치경찰위원회에 위임하고 있다(「경찰법」 제7조 제3항).

「경찰법」 제24조 제1항 제3호는 시 · 도자치경찰위원회의 소관사무로 "자치경찰 사무 담당 공무원의 임용"을 규정하고 있다. 「경찰법」 제7조 제3항은 "경찰청장은 대통령령으로 정하는 바에 따라 경찰공무원의 임용에 관한 권한의 일부를 특별시장 · 광역시장 · 도지사 · 특별자치시장 또는 특별자치도시자(이하 "시 · 도지사"라 한다), 국가수사본부장, 소속 기관의 장, 시 · 도경찰청장에게 위임할 수 있다. 이 경우 시 · 도지사는 위임받은 권한의 일부를 대통령령으로 정하는 바에 따라 「경찰법」 제18조에 따른 시 · 도자치경찰위원회, 시 · 도경찰청장에게 다시 위임할 수 있다."라고 규정하고 있다.

한편 「경찰공무원임용령」 제4조 제1항은 "경찰청장은 법 제7조 제3항 전단에 따라 특별시장 · 광역시장 · 특별자치시장 · 도지사 또는 특별자치도지사(이하 "시 · 도지사"라 한다)에게 해당 특별시 · 광역시 · 특별자치시 · 도 또는 특별자치도(이하 "시 · 도"라 한다)의 자치경찰사무를 담당하는 경찰공무원[「경찰법」 제18조 제1항에 따른 시 · 도자치경찰위원회(이하 "시 · 도자치경찰위원회"라 한다), 시 · 도경찰청 및 경찰서(지구대 및 파출소는 제외한다)에서 근무하는 경찰공무원을 말한다] 중 경정의 전보 · 파견 · 휴직 · 직위해제 및 복직에 관한 권한과 경감 이하의 임용권(신규채용 및 면직에 관한 권한은 제외한다)을 위임한다."고 규정하고 있다.

「경찰공무원임용령」 제4조 제4항은 "제1항에 따라 임용권을 위임받은 시 · 도지사는 「경찰법」 제7조 제3항 후단에 따라 경감 또는 경위로의 승진임용에 관한 권한을 제외한 임용권을 시 · 도자치경찰위원회에 다시 위임한다."라고 규정하고 있으며, 「경찰공무원임용령」 제4조 제5항은 "제4항에 따라 임용권을 위임받은 시 · 도자치경찰위원회는 시 · 도지사와 시 · 도경찰청장의 의견을 들어 그 권한의 일부를 시 · 도경찰청장에게 다시 위임할 수 있다."라고 규정하고 있다. 「경찰공무원임용령」 제4조 제8항은 "시 · 도자치경찰위원회는 임용권을 행사하는 경우에는 시 · 도경찰청장의 추천을 받아야 한다."라고 규정하고 있고, 「경찰공무원임용령」 제4조 제9항은 "시 · 도경찰청장 및 경찰서장은 지구대장 및 파출소장을 보직하는 경우에는 시 · 도자치경찰위원회의 의견을 사전에 들어야 한다."라고 규정하고 있다.

## 3. 시 · 도지사의 권한

시 · 도지사는 일부 인사권 외에도 시도자치경찰위원회 위원 1명 지명권 및 위원장·상임위원 포함 위원 임명권, 위원추천위원회 설치·구성권, 사무기구 조직권, 회의 안건 제안권, 재의요구권, 개최 요구권, 자치경찰사무 수행 예산 수립권 등의 권한을 갖게 된다.

## 4. 시·도의회의 권한

시·도의회는 관련 예산의 효율적인 관리를 위하여 의결로써 자치경찰사무에 대해 시·도자치경찰위원장의 출석 및 자료 제출을 요구할 수 있다(경찰법 제35조 제3항).

## 5. 비상사태 등 전국적 치안유지를 위한 경찰청장의 지휘·명령

경찰청장은 다음 각 호의 경우에는 제2항에 따라 자치경찰사무를 수행하는 경찰공무원(제주특별자치도의 자치경찰공무원을 포함한다)을 직접 지휘·명령할 수 있다. 1. 전시·사변, 천재지변, 그 밖에 이에 준하는 국가 비상사태, 대규모의 테러 또는 소요사태가 발생하였거나 발생할 우려가 있어 전국적인 치안유지를 위하여 긴급한 조치가 필요하다고 인정할 만한 충분한 사유가 있는 경우, 2. 국민안전에 중대한 영향을 미치는 사안에 대하여 다수의 시·도에 동일하게 적용되는 치안정책을 시행할 필요가 있다고 인정할 만한 충분한 사유가 있는 경우, 3. 자치경찰사무와 관련하여 해당 시·도의 경찰력으로는 국민의 생명·신체·재산의 보호 및 공공의 안녕과 질서유지가 어려워 경찰청장의 지원·조정이 필요하다고 인정할 만한 충분한 사유가 있는 경우(경찰법 제32조 제1항).

경찰청장은 제1항에 따른 조치가 필요한 경우에는 시·도자치경찰위원회에 자치경찰사무를 담당하는 경찰공무원을 직접 지휘·명령하려는 사유 및 내용 등을 구체적으로 제시하여 통보하여야 한다(제2항). 제2항에 따른 통보를 받은 시·도자치경찰위원회는 정당한 사유가 없으면 즉시 자치경찰사무를 담당하는 경찰공무원에게 경찰청장의 지휘·명령을 받을 것을 명하여야 하며, 제1항에 규정된 사유에 해당하지 아니한다고 인정하면 시·도자치경찰위원회의 의결을 거쳐 경찰청장에게 그 지휘·명령의 중단을 요청할 수 있다(제3항).

경찰청장은 제1항에 따라 지휘·명령할 수 있는 사유가 해소된 때에는 경찰공무원에 대한 지휘·명령을 즉시 중단하여야 한다(제6항).

# 제 3 장   지방자치단체의 사무

## 제 1 절   지방자치단체 사무배분의 기본원칙

### Ⅰ. 지방자치단체의 사무의 의의

지방자치단체의 사무(事務)라 함은 지방자치단체가 사무의 관리주체가 되는 사무를 말한다. 지방자치단체의 사무는 지방자치단체가 책임을 지고 처리한다. 따라서, 지방자치단체의 사무에 대하여 지방의회가 원칙적으로 개입할 수 있으며 사무처리의 효과는 지방자치단체에 귀속된다.

지방자치단체의 사무에는 자치사무와 단체위임사무가 있다. 기관위임사무는 지방자치단체의 장이 처리하지만 그 성질은 국가의 사무이며 지방자치단체의 사무는 아니다. 따라서, 기관위임사무의 처리효과는 국가에 귀속된다.

지방자치법 제13조 제1항은 "지방자치단체는 관할 구역의 자치사무와 법령에 따라 지방자치단체에 속하는 사무를 처리한다"라고 규정하고 있는데, '법령에 따라 지방자치단체에 속하는 사무'라 함은 단체위임사무를 말한다.

### Ⅱ. 국가와 지방자치단체 사이 사무배분의 기본원칙

① **중복회피의 원칙**: 국가는 지방자치단체가 사무를 종합적·자율적으로 수행할 수 있도록 국가와 지방자치단체 간 또는 지방자치단체 상호 간의 사무를 주민의 편익증진, 집행의 효과 등을 고려하여 서로 중복되지 아니하도록 배분하여야 한다(지방자치법 제11조 제1항, 지방분권법 제9조 제1항).

② **보충성의 원칙**: 국가는 제1항에 따라 사무를 배분하는 경우 지역주민생활과 밀접한 관련이 있는 사무는 원칙적으로 시·군 및 자치구의 사무로, 시·군 및 자치구가 처리하기 어려운 사무는 시·도의 사무로, 시·도가 처리하기 어려운 사무는 국가의 사무로 각각 배분하여야 한다(지방자치법 제11조 제2항, 지방분권법 제9조 제2항). 국가 및 지방자치단체는 제1항부터 제3항까지의 규정에 따라 사무를 배분하는 때에는

민간부문의 자율성을 존중하여 국가 또는 지방자치단체의 관여를 최소화하여야 하며, 민간의 행정참여기회를 확대하여야 한다(지방분권법 제9조 제4항).

③ **전권한성의 원칙**: 국가가 지방자치단체에 사무를 배분하거나 지방자치단체가 사무를 다른 지방자치단체에 재배분할 때에는 사무를 배분받거나 재배분받는 지방자치단체가 그 사무를 자기의 책임하에 종합적으로 처리할 수 있도록 관련 사무를 포괄적으로 배분하여야 한다(지방자치법 제11조 제3항, 지방분권법 제9조 제3항).

## Ⅲ. 지방자치단체 사무규정의 입법방식

현행 지방자치법은 자치사무를 포괄적으로 수권하면서도(제13조 제1항) 지방자치단체의 사무를 예시하고 있는(제13조 제2항) 절충적 입법방식을 취하고 있다. 즉, 지방자치법 제13조 제1항은 "지방자치단체는 그 관할구역의 자치사무 … 를 처리한다"라고 규정하고 있고, 제13조 제2항에서 자치사무를 다음과 같이 예시하고 있다.

다음의 사무는 법률에 이와 다른 규정이 없는 한 자치사무에 속한다(제13조 제2항).

① 지방자치단체의 구역, 조직, 행정관리 등에 관한 사무
　　가. 관할 구역 안 행정구역의 명칭·위치 및 구역의 조정
　　나. 조례·규칙의 제정·개정·폐지 및 그 운영·관리
　　다. 산하(傘下) 행정기관의 조직관리
　　라. 산하 행정기관 및 단체의 지도·감독
　　마. 소속 공무원의 인사·후생복지 및 교육
　　바. 지방세 및 지방세 외 수입의 부과 및 징수
　　사. 예산의 편성·집행 및 회계감사와 재산관리
　　아. 행정장비관리, 행정전산화 및 행정관리개선
　　자. 공유재산관리(公有財産管理)
　　차. 주민등록 관리
　　카. 지방자치단체에 필요한 각종 조사 및 통계의 작성
② 주민의 복지증진에 관한 사무
　　가. 주민복지에 관한 사업
　　나. 사회복지시설의 설치·운영 및 관리
　　다. 생활이 어려운 사람의 보호 및 지원
　　라. 노인·아동·장애인·청소년 및 여성의 보호와 복지증진
　　마. 공공보건의료기관의 설립·운영
　　바. 감염병과 그 밖의 질병의 예방과 방역
　　사. 묘지·화장장(火葬場) 및 봉안당의 운영·관리
　　아. 공중접객업소의 위생을 개선하기 위한 지도
　　자. 청소, 생활폐기물의 수거 및 처리
　　차. 지방공기업의 설치 및 운영

③ 농림·수산·상공업 등 산업 진흥에 관한 사무
　가. 못·늪지·보(洑) 등 농업용수시설의 설치 및 관리
　나. 농산물·임산물·축산물·수산물의 생산 및 유통지원
　다. 농업자재의 관리
　라. 복합영농의 운영·지도
　마. 농업 외 소득사업의 육성·지도
　바. 농가 부업의 장려
　사. 공유림 관리
　아. 소규모 축산 개발사업 및 낙농 진흥사업
　자. 가축전염병 예방
　차. 지역산업의 육성·지원
　카. 소비자 보호 및 저축 장려
　타. 중소기업의 육성
　파. 지역특화산업의 개발과 육성·지원
　하. 우수지역특산품 개발과 관광민예품 개발
④ 지역개발과 자연환경보전 및 생활환경시설의 설치·관리에 관한 사무
　가. 지역개발사업
　나. 지방 토목·건설사업의 시행
　다. 도시·군계획사업의 시행
　라. 지방도(地方道), 시도(市道)·군도(郡道)·구도(區道)의 신설·개선·보수 및 유지
　마. 주거생활환경 개선의 장려 및 지원
　바. 농어촌주택 개량 및 취락구조 개선
　사. 자연보호활동
　아. 지방하천 및 소하천의 관리
　자. 상수도·하수도의 설치 및 관리
　차. 소규모급수시설의 설치 및 관리
　카. 도립공원, 광역시립공원, 군립공원, 시립공원 및 구립공원 등의 지정 및 관리
　타. 도시공원 및 공원시설, 녹지, 유원지 등과 그 휴양시설의 설치 및 관리
　파. 관광지, 관광단지 및 관광시설의 설치 및 관리
　하. 지방 궤도사업의 경영
　거. 주차장·교통표지 등 교통편의시설의 설치 및 관리
　너. 재해대책의 수립 및 집행
　더. 지역경제의 육성 및 지원
⑤ 교육·체육·문화·예술의 진흥에 관한 사무
　가. 유아원·유치원·초등학교·중학교·고등학교 및 이에 준하는 각종 학교의 설치·운영·
　　　지도
　나. 도서관·운동장·광장·체육관·박물관·공연장·미술관·음악당 등 공공교육·체육·문
　　　화시설의 설치 및 관리
　다. 지방문화재의 지정·등록·보존 및 관리
　라. 지방문화·예술의 진흥
　마. 지방문화·예술단체의 육성

⑥ 지역민방위 및 지방소방에 관한 사무
　가. 지역 및 직장 민방위조직(의용소방대를 포함한다)의 편성과 운영 및 지도 · 감독
　나. 지역의 화재예방 · 경계 · 진압 · 조사 및 구조 · 구급
⑦ 국제교류 및 협력
　가. 국제기구 · 행사 · 대회의 유치 · 지원
　나. 외국 지방자치단체와의 교류 · 협력

　　지방자치법 제15조는 특별한 규정이 없는 한 지방자치단체가 처리할 수 없는
국가사무를 아래와 같이 예시 · 열거하고 있다.

① 외교, 국방, 사법, 국세 등 국가의 존립에 필요한 사무
② 물가정책, 금융정책, 수출입정책 등 전국적으로 통일적 처리를 할 필요가 있는 사무
③ 농산물 · 임산물 · 축산물 · 수산물 및 양곡의 수급조절과 수출입 등 전국적 규모의 사무
④ 국가종합경제개발계획, 국가하천, 국유림, 국토종합개발계획, 지정항만, 고속국도 · 일반국도,
　국립공원 등 전국적 규모나 이와 비슷한 규모의 사무
⑤ 근로기준, 측량단위 등 전국적으로 기준을 통일하고 조정할 필요가 있는 사무
⑥ 우편, 철도 등 전국적 규모나 이와 비슷한 규모의 사무
⑦ 고도의 기술이 필요한 검사 · 시험 · 연구, 항공관리, 기상행정, 원자력개발 등 지방자치단체의
　기술 및 재정능력으로 감당하기 어려운 사무

# 제 2 절   자치사무

## 제 1 항   자치사무의 의의

　　자치사무(自治事務)는 지방자치단체의 존립목적이 되는 사무이다. 지방자치단체
는 지역적 이해관계가 있는 지역에 고유한 사무를 자율적으로 처리하도록 창설되었
다. 그러므로 자치사무는 지방자치단체에 고유한 사무이며 고유사무라고도 불린다.
　　헌법은 자치사무를 주민의 복리에 관한 사무와 재산관리사무라고 규정하고 있
다(제117조 제1항).

## 제 2 항   자치사무의 종류

### Ⅰ. 의무적 자치사무와 임의적 자치사무

　　의무적 자치사무는 법률에 의해 지방자치단체의 수행의무가 부과되어 있는 자

치사무를 말한다. 필요사무라고도 한다.

임의적 자치사무는 지방자치단체가 사무를 수행할 것인지 여부를 임의적으로 결정할 수 있는 사무를 말한다. 수의사무라고도 한다.

## Ⅱ. 광역자치단체의 자치사무와 기초자치단체의 자치사무

광역자치단체와 기초자치단체에 공통된 사무도 있고, 광역자치단체와 기초자치단체에 배타적으로 속하는 사무도 있다.

# 제3항  자치사무의 범위

## Ⅰ. 전권한성의 원칙

자치사무는 실정법령에 의해 명시적으로 규정된 경우도 있다. 그러나, 명문의 규정이 없더라도 지역적 이해관계가 있는 지역에 고유한 사무는 자치사무로서 지방자치단체의 권한에 속한다. 이를 전권한성(全權限性)의 원칙(原則)이라 한다.

헌법 제117조에 따라 지방자치단체의 주민복리사무 및 재산관리 사무에 대해서는 전권한성과 자기책임성을 보장하여야 한다.

## Ⅱ. 자치사무와 국가사무의 구분

자치사무는 지역적 이익에 관한 사무이며 국가적 이익에 관한 사무인 국가사무와 구별된다. 그런데, 어떠한 사무가 지역적 이익에 관한 사무이고 어떠한 사무가 국가적 이익에 관한 사무인가 그 판단이 어려운 경우가 적지 않다. 따라서, 자치사무와 국가사무를 명확히 하기 위하여 자치사무에 속하는 것을 가능한 한 법령으로 일일이 열거하는 것이 바람직하다. 그러나, 다른 한편으로 국가사무와 지방사무를 구분하여 일일이 열거한다는 것은 어려운 일이다.

또한 환경, 복지 등 동일한 종류의 사무가 부분적으로는 지역적 이익과 관련이 있고, 부분적으로는 국가 전체의 이익과 관련이 있어 국가와 지방자치단체에 의해 중첩적으로 수행되는 경우도 있다.

현행 지방자치법은 자치사무를 예시적으로 열거함에 그치고, 자치사무를 포괄적으로 규정하면서도 다른 법률에 규정이 있으면 국가사무가 된다고 규정하고 있으므로 구체적인 사무가 국가사무인지 고유사무인지 애매한 경우가 있을 수 있다.

## 1. 자치사무와 기관위임사무(국가사무)의 구별실익

### (1) 관리주체의 결정

자치사무의 관리주체는 지방자치단체이며 기관위임사무(국가사무)의 관리주체는 국가이다. 지방자치단체와 국가 사이에 권한쟁의가 있는 경우에 그 계쟁사무의 관리주체를 정하기 위하여 자치사무와 국가사무를 구분할 필요가 있다.

### (2) 지방의회의 관여

자치사무는 지방자치단체의 사무이므로 지방의회의 사무감사 및 조사, 회계감사 등의 대상이 된다.

이에 대하여 기관위임사무는 국가사무이며 그 사무를 집행하는 지방자치단체의 집행기관은 기관위임사무를 수행하는 경우에는 지방자치단체의 기관이 아니라 국가기관의 지위를 가지므로 지방의회는 원칙상 기관위임사무에 관여할 수 없다. 다만, 지방자치단체에서 기관위임사무의 비용을 부담하는 경우에 그 비용의 통제에 관하여 지방의회가 관여할 수 있다. 그리고, 국가 또는 시·도의 기관위임사무에 대하여 국회와 시·도의회가 직접 감사하기로 한 사무를 제외하고는 그 감사를 각각 당해 시·도의회와 시·군 및 자치구의회가 행할 수 있다(제49조 제3항).

### (3) 조례제정

자치사무는 지방자치단체의 사무로서 법률의 수권 없이도 조례제정의 대상이 된다. 다만, 국민의 권리를 제한하거나 의무를 부과하거나 벌칙을 정하는 조례는 법령의 위임이 있어야 한다. 다만, 자치사무에 관한 조례는 자치조례로서 법률에 준하는 성질을 가지므로 그 위임은 포괄적 위임도 가능하다(대판 2000. 11. 24, 2000추29).

이에 반하여 기관위임사무는 지방자치단체의 사무가 아니라 국가의 사무이므로 명문의 규정이 없는 한 조례제정의 대상이 되지 않는다(대판 2014. 02. 27, 2012추145[조례안재의결무효확인청구의소]). 법령의 수권이 있는 경우에 기관위임사무에 대하여도 조례가 제정될 수 있다. 기관위임사무에 관한 조례는 위임조례이며 행정입법의 성질을 갖는다.

[판례] 지방자치단체의 자치사무나 단체위임사무에 관한 자치조례의 제정 한계: 지방자치법 제9조 제1항과 제15조 등의 관련 규정에 의하면 지방자치단체는 원칙적으로 그 고유사무인 자치사무와 법령에 의하여 위임된 단체위임사무에 관하여 이른바 자치조례를 제정할 수 있는 외에, 개별법령에서 특별히 위임하고 있을 경우에는 그러한 사무에 속하지 아니하는 기관위임사무에 관하여도 그 위임의 범위 내에서 이른바 위임조례를 제정할 수 있지만, 조례가 규정하고 있는 사항이 그 근

거 법령 등에 비추어 볼 때 자치사무나 단체위임사무에 관한 것이라면 이는 자치조례로서 지방자치법 제15조가 규정하고 있는 '법령의 범위 안'이라는 사항적 한계가 적용될 뿐, 위임조례와 같이 국가법에 적용되는 일반적인 위임입법의 한계가 적용될 여지는 없다(대판 2000. 11. 24, 2000추29).

### (4) 비용부담

자치사무의 수행에 필요한 경비는 지방자치단체가 그 전액을 부담하는 것이 원칙이다(지방자치법 제141조, 지방재정법 제20조).

이에 대하여 기관위임사무는 본래 국가사무이므로 위임자인 국가가 사무처리비용을 부담하여야 한다(지방자치법 제158조 단서). 다만, 도로법 등 개별법에서 예외규정을 둔 경우가 있다.

**[판례]** 甲지방자치단체장은 국토교통부장관과 수중보 건설 사업시행 위치를 변경하면서 **수중보 건설비용 일부와 운영·유지비용 전부를 甲지방자치단체가 부담하도록** 하는 **협약**을 체결하였는데, 이후 甲지방자치단체가 협약의 무효확인과 위치 변경에 따라 지출한 실시설계비 및 이에 대한 지연손해금을 부당이득으로서 반환할 것을 청구한 사안에서, 甲지방자치단체에 수중보 건설비용 일부와 운영·유지비용 전부를 부담하도록 한 협약이 **위법·무효라고 볼 수 없다**고 한 사례(대판 2020. 12. 30, 2020두37406[협약무효확인등청구의소]).

### (5) 사무수행의 자율성과 국가의 감독

자치사무의 수행에 있어 지방자치단체에게 자율권이 인정되고, 따라서 자치사무에 대한 국가의 감독은 후술하는 바와 같이 적법성 통제에 그친다.

이에 대하여 기관위임사무는 국가사무이므로 지방자치단체의 장에게 자율권이 인정될 수 없고, 기관위임사무에 대하여는 국가의 적법성 통제뿐만 아니라 합목적성의 통제도 행해진다.

### (6) 감독기관의 감사

자치사무 일반에 대한 감독기관의 포괄감사는 인정되지 않지만, 기관위임사무에 대해서는 감독기관의 포괄감사가 인정된다.

### (7) 국가배상법상 피해자에 대한 배상책임자 및 종국적 배상책임자

자치사무의 경우 사무의 관리주체와 비용부담주체 모두 지방자치단체이므로 피해자에 대하여는 지방자치단체가 배상책임을 진다.

이에 대하여 기관위임사무에 있어서는 사무의 관리주체(귀속주체)인 국가는 관리주체로서 피해자에 대하여 배상책임을 지고, 지방자치단체는 형식적 비용부담자이므로 피해자에 대하여 배상책임을 진다. 기관위임사무의 경우 관리주체도 국가이고 실질적 비용부담자도 특별한 규정(예, 도로법 제67조)이 없는 한 국가이므로 국가가 최종적 배상책임자가 되고 따라서 국가배상을 한 지방자치단체는 국가에 대하여 구상할 수 있다.

### (8) 권한쟁의심판청구의 당사자

지방자치단체는 자치사무의 집행에 관한 권한의 존부 및 범위에 관한 권한분쟁을 이유로 국가기관 또는 다른 지방자치단체를 상대로 **권한쟁의심판을 청구할 수 있다.** 이에 반하여 지방자치단체의사무 중 국가가 지방자치단체의 장등에게 위임한 기관위임사무는 그 처리의 효과가 국가에 귀속되는 국가의 사무로서 지방자치단체의 사무라 할 수 없고, 지방자치단체의 장등은 기관위임사무의 집행권한과 관련된 범위에서는 그 사무를 위임한 국가기관의 지위에 서게 될 뿐 지방자치단체의 기관이 아니므로, 지방자치단체는 기관위임사무의 집행에 관한 권한의 존부 및 범위에 관한 권한분쟁을 이유로 기관위임사무를 집행하는 국가기관 또는 다른 지방자치단체의 장을 상대로 **권한쟁의심판을 청구할 수 없다**(헌재 2004. 09. 23, 2000헌라2; 헌재 2008. 12. 26, 2005헌라11).

**지방자치단체의 장은** 원칙적으로 권한쟁의 심판청구의 당사자가 될 수 없다. 다만 지방자치단체의 장이 국가위임 사무에 대해 국가기관의 지위에서 처분을 행한 경우에는 권한쟁의 심판청구의 당사자가 될 수 있다(헌재 2006. 08. 31, 2003헌라1).

## 2. 자치사무와 국가사무(기관위임사무)의 구별기준

법령에서 자치사무인가 국가사무인가를 명확히 정한 경우에는 그에 따른다. 문제는 법령에 이에 관한 명문의 규정이 없는 경우이다. 이 경우에는 관계규정(권한규정, 비용부담규정, 감독규정), 사무귀속주체 및 책임귀속주체와 함께 사무의 성질 등을 종합적으로 고려하여 당해 사무가 자치사무인가 국가사무인가를 결정하여야 한다.

사무의 성질을 보아 문제의 사무가 주로 지역적 이익에 관한 사무이며 지역의 특성에 따라 다르게 처리되는 것이 타당한 사무인 경우에는 자치사무로 보아야 하고, 문제의 사무가 국가적 이익에 관한 사무이고 국가적으로 통일적으로 처리될 사무이면 국가의 기관위임사무라고 보아야 한다. 이와 함께 비용부담, 최종적인 책임귀속의 주체, 지휘감독 등에 관한 관련법규정을 고려하여 개별사무별로 판단하여야 한다.

[판례] ① 법령상 지방자치단체의 장이 처리하도록 규정하고 있는 사무가 자치사무 또는 기관위임사무에 해당하는지 여부의 판단방법: 법령상 지방자치단체의 장이 처리하도록 규정하고 있는 사무가 자치사무인지 아니면 기관위임사무인지를 판단함에 있어서는 그에 관한 법령의 규정 형식과 취지를 우선 고려하여야 하지만 그 외에도 그 사무의 성질이 전국적으로 통일적인 처리가 요구되

는 사무인지 여부나 그에 관한 경비부담과 최종적인 책임귀속의 주체 등도 아울러 고려하여야 한다(대판 2003. 04. 22, 2002두10483: 서울신용보증재단의 사무 중 특히, 업무감독과 감독상 필요한 명령에 관한 사무는 중소기업청장의 위임에 의하여 국가사무가 지방자치단체의 장에게 위임된 기관위임사무에 해당한다고 한 사례; 2010. 12. 09, 2008다71575; 대판 2017. 12. 05, 2016추5162).

② 국가하천에 관한 사무는 다른 법령에 특별한 정함이 없는 한 국가사무로 보아야 한다. 지방자치단체가 비용 일부를 부담한다고 해서 국가사무의 성격이 자치사무로 바뀌는 것은 아니다(대판 2020. 12. 30, 2020두37406, 시의 공공기관 소속 근로자, 시와 공공계약을 체결한 기관·단체 또는 업체에 소속된 근로자 등에 대하여 생활임금을 지급하도록 하는 사무(대판 2023. 07. 13, 2022추5156)).

③ (1) 구 약사법(2011. 3. 30. 법률 제10512호로 개정되기 전의 것, 이하 같다)에 따른 시장 등의 약국 개설자에 대한 업무정지 및 이를 갈음하는 과징금부과 사무가 지방자치단체 고유의 자치사무인지 여부(적극): 구 약사법(2011. 3. 30. 법률 제10512호로 개정되기 전의 것, 이하 같다) 제76조 제1항 제3호, 제81조 제1항에 의하면, 시장·군수 또는 구청장(이하 '시장 등'이라고 한다)은 약국 개설자가 구 약사법을 위반한 경우 업무의 정지를 명하거나 그 업무정지처분을 갈음하여 과징금을 부과할 수 있는바, 이러한 시장 등의 사무는 ① 구 지방자치법(2011. 7. 14. 법률 제10827호로 개정되기 전의 것, 이하 같다) 제9조 제2항 제2호 (가)목의 '주민복지에 관한 사업'으로서 주민의 복지증진에 관한 사무에 해당한다고 볼 수 있는 점, ② 그 사무의 성질이 반드시 전국적으로 통일적인 처리가 요구되는 사무라고 볼 수 없는 점, ③ 과징금을 내야 할 자가 납부하지 아니하는 경우 지방세 체납처분의 예에 따라 징수하고(구 약사법 제81조 제4항) 징수한 과징금은 징수한 시장 등이 속한 지방자치단체에 귀속되는 점(구 약사법 제81조 제5항) 등을 고려하면, 지방자치단체 고유의 자치사무라고 봄이 타당하다. (2) 구청장의 약국 개설자에 대한 업무정지 및 이를 갈음하는 과징금의 부과 등의 사무를 보건소장에게 위임한다고 규정하고 있는 조례조항이 적법하고, 따라서 피고에게 과징금 부과처분을 할 권한이 있다고 보아 같은 취지의 원심판결에 대한 상고를 기각한 사안(대판 2014. 10. 27, 2012두15920[약사법위반업소행정처분무효확인등청구]).

④ 인천광역시의회가 의결한 '인천광역시 공항고속도로 통행료지원 조례안'이 규정하고 있는 인천국제공항고속도로를 이용하는 지역주민에게 **통행료를 지원하는 내용의 사무**는, 주민복지에 관한 사업으로서 지방자치사무이다(대판 2008. 06. 12, 2007추42).

⑤ 건축허가 사무에 관한 근거 규정의 형식·체제, 내용 및 입법 취지와 아울러 실제의 경비 부담, 수수료의 납부 및 귀속 등에 관한 사정들을 종합하여 보면 **건축허가에 관한 사무는 물론이고 건축허가를 의제하는 건축협의에 관한 사무도** 지방자치단체의 **자치사무이다**(대판 2014. 03. 13. 2013두15934[건축협의불가처분취소]).

⑥ 교권보호와 교육활동 지원에 필요한 제반 사항을 정한 조례안에 대하여 교육부장관의 재의요구 지시에 따라 교육감이 재의를 요구하였으나 시의회가 원안대로 재의결한 사안에서, **교원의 지위에 관한 사항은 법률로 정하여 전국적으로 통일적인 규율이 필요한 것이고 국가가 이를 위하여 상당한 경비를 부담하고 있으므로, 이에 관한 사무는 국가사무로 보아야 하는데**, 위 조례안 제5조가 교원의 지위에 관한 사항에 속하는 교원의 차별 및 불이익 금지 등에 관하여 규정하고, 제6조, 제9조, 제10조가 교원의 지위 보호를 위하여 교권보호위원회 및 교권보호지원센터의 설치·구성·운영에 관한 사항 등을 규정한 것은 **국가사무에 관하여 법령의 위임 없이 조례로 정한 것으로 조례제정권의 한계를 벗어나 위법**하다고 한 사례(대판 2014. 02. 27, 2012추145[조례안재의결무효확인청구의소]).

**[기타 판례]** 판례가 자치사무로 본 것은 다음과 같다. 종중 등이 설치하는 묘지 등의 허가사무(도의 자치사무)(대판 1995. 12. 22, 95추32), 지방자치단체의 자치사무 및 단체위임사무와 관련된 행정정보의 공개사무(대판 1992. 06. 23, 92추17), 학교급식시설의 지원에 관한 사무(시·군·구의 자치사

무)(대판 1996. 11. 29, 96추84), 지방자치단체가 설립·경영하는 학교의 부지 확보, 부지의 사용료 지급 등의 사무(대판 2014. 12. 24, 2010다69704), 지방자치단체의 세 자녀 이상 세대 양육비등 지원에 관한 사무(대판 2006. 10. 12, 2006추38), 수업료, 입학금의 지원에 관한 사무(대판 2013. 04. 11, 2012추22), 전기요금, 수도요금 등 공공요금 일부지원 사무(대판 2016. 05. 12, 2013추531). 사립 초등학교·중학교·고등학교 및 이에 준하는 각종 학교를 설치·경영하는 학교법인의 임시이사선임에 관한 교육감의 사무(대판 2020. 09. 03, 2019두58650), 시의 공공기관 소속 근로자, 시와 공공계약을 체결한 기관단체 또는 업체에 소속된 근로자 등에 대하여 생활임금을 지급하도록 하는 사무(대판 2023. 07. 13, 2022추5156).

판례가 기관위임사무로 본 것은 다음과 같다. 공증사무(대판 2019. 12. 13, 2018두41907), 종중 등이 설치하는 묘지 등의 시장·군수의 허가 사무(대판 1995. 12. 22, 95추32), 읍·면·동·출장소가 주택임대차계약서에 확정일자를 부여하는 업무 및 읍·면·동·출장소의 주민등록 담당공무원이 전입신고 수리시 주택임대차계약서의 확정일자에 관하여 고지, 안내, 확정일자부여 청구 여부를 확인하는 업무(대판 1999. 04. 13, 98추40), 주택건설촉진법 제33조의 규정에 의한 사업계획승인(대판 1992. 07. 28, 92추31), 부랑인선도시설 및 정신질환자요양시설에 대한 지방자치단체장의 지도·감독사무(대판 2006. 07. 28, 2004다759), 구 사립학교법 제54조 제3항에서 정한 사립 초등·중·고등학교 교사의 징계에 관한 교육감의 징계요구 사무(대판 2013. 06. 27, 2009추206[직무이행명령취소], 교육감의 소속 교육공무원에 대한 징계사무(대판 2015. 09. 10, 2013추524[직무이행명령(2013. 04. 18.)취소]), 교육감의 담당 교육청 소속 국가공무원인 도교육청 교육국장 및 그 하급자들에 대한 징계의결요구 신청 사무 및 학교의 장이 행하는 학교생활기록의 작성에 관한 사무(대판 2015. 09. 10, 2013추517[직무이행명령(2013. 04. 10)취소]), 지방자치단체 소속 공무원의 지정항만순찰 등의 업무(대판 2009. 06. 11, 2008도6530), 도로교통법상 주정차위반행위에 대한 과태료 부과 관련 사무(대판 2022. 04. 28, 2021추5036).

구 호적법하에서 대법원 판례는 호적사무를 국가의 기관위임사무가 아니고 지방자치법 제9조가 정하는 지방자치단체의 사무라고 보고 있다(대판 1995. 03. 28, 94다45654). 판례가 호적사무를 지방자치단체의 사무 중 자치사무로 본 것인지 단체위임사무로 본 것인지 애매한데, 판례가 호적 사무를 자치사무로 보았다고 해석하는 견해도 있지만, 판례는 호적사무가 기관위임사무가 아니라는 것을 분명히 하는 데 그 중점이 있었고, 자치사무인지 단체위임사무인지를 명시하지 않고 단지 지방자치단체의 사무에 해당한다고 본 것으로 해석하는 것이 타당하다.

생각건대, 구 호적법은 호적사무를 단체위임사무로 규정하고 있다고 보는 것이 타당하다. 그 이유는 다음과 같다.

① 구 호적법 제2조는 호적에 관한 사무는 시장(특별시, 광역시의 경우에는 구청장), 읍, 면의 장이 이를 관장한다고 규정되어 있는데, 이는 관장기관을 정한 것이지 시장(특별시, 광역시의 경우에는 구청장), 읍, 면의 장이 법률상의 본래의 권한을 가진 자라는 것을 말하는 것은 아니다. 이 규정(특히 읍, 면의 장이 관장기관인 점)에 비추어 볼 때 호적사무는 자치사무는 아니라고 보아야 한다. ② 구 호적법 제7조는 호적에 관한 사무의 비용부담자를 지방자치단체로 하고 있다. 자치사무인 경우 사무처리비용은 지방자치단체가 부담하고, 단체위임사무의 경우에는 국가와 지방자치단체가

분담하고, 기관위임사무의 경우에는 국가가 부담하는 것이 원칙이나 실정법에서는 이것이 절대적이 아니라 예외가 인정되고 있다. 예를 들면, 시지역을 통과하는 국도의 관리청은 시장으로서 이 관리사무를 기관위임사무(국가사무)로 보는 것이 일반적 견해인데, 도로법 제56조는 지방자치단체를 비용부담자로 규정하고 있다. 그리고, 호적법 제6조가 수수료 및 과태료를 지방자치단체의 수입으로 규정한 것과 함께 호적법 제7조를 해석하면 지방자치단체를 호적사무처리의 본래의(실질적인) 비용부담자로 규정한 것이 아니라 호적사무처리의 비용을 수수료와 과태료로 충당하도록 규정하고 있는 것으로 해석하는 것이 타당하다. 다만, 현재 대법원규칙으로 정하는 수수료액이 호적사무처리를 위한 실제의 비용에 크게 못 미친다면 이는 문제이며 국가가 그 부족액을 보전하여 주도록 하여야 할 것이다. 다만, 지방자치단체의 고유사무인 주민등록사무를 적절히 수행하기 위한 자료를 호적으로부터 획득할 수 있으므로 호적사무로부터 이익을 보는 지방자치단체도 호적사무처리비용의 일부를 부담하는 것으로 하는 것은 가능할 것이다.
③ 호적사무에 대하여 가정법원장 또는 가정법원지원장이 감독하는 점에 비추어 호적사무는 국가사무로 보는 것이 타당하다.

호적법을 대체하여 제정된 「가족관계의 등록에 관한 법률」은 가족관계 등록사무를 국가사무로 규정하고 있다(제2조, 제3조, 제7조).

## Ⅲ. 광역자치단체와 기초자치단체간 사무의 배분기준

광역자치단체와 기초자치단체의 사무의 배분에는 사무의 종류에 따라 일정 사무는 광역자치단체의 사무로 하고 일정 사무는 기초자치단체의 사무로 하는 방식이 있다. 그러나, 현행 지방자치법은 사무의 종류에 따르기보다는 사무가 미치는 영향의 범위를 기본적인 기준으로 하여 구분하고 있다. 따라서, 동일한 종류의 사무가 중첩적으로 광역자치단체의 사무이면서 동시에 기초자치단체의 사무가 될 수 있다.

지방자치법은 다음과 같이 광역자치단체와 기초자치단체의 사무를 배분하고 있다.

### 1. 각 지방자치단체에 공통된 사무

제13조 제2항 제1호의 사무(지방자치단체의 구역, 조직, 행정관리 등에 관한 사무)는 각 지방자치단체에 공통된 사무로 한다(지방자치법 제14조 제1항 단서).

### 2. 광역자치단체의 사무

다음의 사무는 시·도의 사무로 한다(지방자치법 제14조 제1항 제1호).

가. 행정처리 결과가 2개 이상의 시·군 및 자치구에 미치는 광역적 사무
나. 시·도 단위로 동일한 기준에 따라 처리되어야 할 성질의 사무

다. 지역적 특성을 살리면서 시·도 단위로 통일성을 유지할 필요가 있는 사무
라. 국가와 시·군 및 자치구간의 연락·조정 등의 사무
마. 시·군 및 자치구가 독자적으로 처리하기 어려운 사무
바. 2개 이상의 시·군 및 자치구가 공동으로 설치하는 것이 적당하다고 인정되는 규모의 시설을 설치하고 관리하는 사무

### 3. 기초자치단체의 사무

자치사무 중 시·도가 처리하는 것으로 되어 있는 사무를 제외한 사무는 시·군 및 자치구의 사무로 한다. 다만, 인구 50만 이상의 시에 대하여는 도가 처리하는 사무의 일부를 직접 처리하게 할 수 있다(지방자치법 제14조 제1항 제2호).

### 4. 사무의 경합시 해결기준

시·도와 시·군 및 자치구는 그 사무를 처리할 때 서로 겹치지 아니하도록 하여야 하며(불경합의 원칙), 그 사무가 서로 겹치면 시·군 및 자치구에서 먼저 처리한다(보충성의 원칙)(제14조 제3항).

보충성의 원칙에 따라 기초자치단체 차원의 이익과 관련이 있고 기초자치단체에서 수행할 수 있는 사무는 기초자치단체의 사무로 하고, 그렇지 않은 사무를 보충적으로 광역자치단체가 담당하도록 하여야 한다.

# 제 4 항   중앙행정권한의 지방이양

법령에 의한 자치사무와 국사사무의 배분을 보면 자치사무로 하여야 할 것을 국가사무로 하고 있는 경우가 적지 않다. 그리고, 국가사무가 지방자치단체의 장에게 위임되어 행해지는 사무, 즉 기관위임사무 중에는 자치사무로 하는 것이 적당한 사무도 있다.

지방분권균형발전법은 국가에게 그 권한 및 사무를 적극적으로 지방자치단체에 이양하고 기관위임사무를 원칙적으로 폐지할 책무를 부과하고 있다(제33조).

기관위임사무를 폐지하고, 기관위임사무를 모두 단체위임사무(단체수탁사무)로 하는 방안이 주장되고 있다.

# 제 3 절  위임사무

위임사무(委任事務)라 함은 국가 또는 지방자치단체 등으로부터 지방자치단체 또는 지방자치단체의 장에게 위임된 사무를 말한다. 위임사무 중 지방자치단체에 위임된 사무가 단체위임사무이고, 지방자치단체의 장에게 위임된 사무가 기관위임사무이다.

# 제 1 항  단체위임사무

## Ⅰ. 의    의

단체위임사무(團體委任事務)라 함은 국가 또는 지방자치단체 등으로부터 지방자치단체에게 위임된 사무를 말한다. 지방자치법 제13조 제1항의 '법령에 따라 지방자치단체에 속하는 사무'는 단체위임사무를 말한다.[3]

## Ⅱ. 성    질

단체위임사무는 본질적으로는(실질은) 위임자인 국가 또는 지방자치단체의 사무이지만 위임자인 국가 또는 지방자치단체 등과 수임자인 지방자치단체가 함께 이해관계를 가지는 사무인 경우도 적지 않다.

그러나, 단체위임사무는 법적으로는 지방자치단체가 책임을 지고 처리하며 그 효과도 지방자치단체에 귀속되는 지방자치단체의 사무이다.

## Ⅲ. 법적 근거

단체위임사무의 위임의 일반적 근거를 정하는 법률은 없다. 정부조직법 제6조 제1항 및 지방자치법 제117조 제2항은 지방자치단체에 대한 위임을 정하고 있지만, 지나치게 포괄적이고 일반적으로 규정하고 있어 단체위임의 일반원칙을 정한 것일 뿐 단체위임의 법적 근거로 볼 수 없다. 단체위임사무를 위임함에 있어서는

---

3) 이에 대하여 '법령에 의하여 지방자치단체에 속하는 사무'란 법령에 의해 지방자치단체에 속하는 자치사무, 단체위임사무, 기관위임사무를 포함한다고 보는 견해도 있다.

개별법률의 근거가 필요하다.

　단체위임사무의 예는 많지 않은데, 다음과 같은 사무를 단체위임사무로 볼 수 있다. 시·도의 국가하천의 점용료의 징수(하천법 제37조 제1항), 시·군의 도세징수사무(지방세기본법 제67조) 등.

## 제 2 항  기관위임사무

### Ⅰ. 의    의

　기관위임사무(機關委任事務)라 함은 국가 또는 지방자치단체 등으로부터 지방자치단체의 장에게 위임된 사무를 말한다.

### Ⅱ. 성    질

　기관위임사무는 지방자치단체의 집행기관에 의해 행해지지만 그 사무의 성질은 국가 등의 사무이며 그 사무를 집행하는 지방자치단체의 집행기관은 기관위임사무를 수행하는 경우에는 지방자치단체의 기관이 아니라 위임자인 국가 또는 지방자치단체의 기관의 지위를 가진다.

### Ⅲ. 법적 근거

　기관위임사무는 개별법령에 의해 그 위임이 정해지는 경우도 있지만 정부조직법 제6조 제1항과 행정권한의 위임 및 위탁에 관한 규정은 기관위임에 관한 일반적 근거를 규정하고 있다.

## 제 3 항  단체위임사무와 기관위임사무의 구분

　현행법은 단체위임사무와 기관위임사무를 구별하고 단체위임사무와 기관위임사무에 대한 법적 규율에 일정한 차이가 있기 때문에 양자를 구별할 실익이 있다. 그런데 실제에 있어서 단체위임사무와 기관위임사무의 구별은 용이하지 않다.

## Ⅰ. 단체위임사무와 기관위임사무의 구별실익

### 1. 사무의 관리주체 및 귀속주체

단체위임사무는 지방자치단체의 사무로서 지방자치단체가 관리주체이고, 그 사무처리의 법적 효과도 지방자치단체에 귀속된다. 이에 대하여 단체위임사무의 관리주체는 국가이고, 그 사무처리의 법적 효과가 국가에 귀속된다는 견해도 있다.

이에 반하여 기관위임사무는 국가사무로서 국가가 관리주체이고, 그 사무처리의 법적 효과도 국가에 귀속된다.

**[판례]** 구 공공용지의 취득 및 손실보상에 관한 특례법에 의하여 이주대책을 수립실시하여야 할 건설부장관이 그 사무를 관할 지방자치단체의 장에게 위탁하고, 그 자치단체의 장이 다시 관할 하위 자치단체의 장에게 재위탁한 경우, 이주대책의 수립실시사무의 귀속주체: 정부조직법 제6조 제1항, 구 공공용지의 취득 및 손실보상에 관한 특례법(2002. 2. 4. 법률 제6656호로 폐지) 제8조 제4항, 구 공공용지의 취득 및 손실보상에 관한 특례법 시행령(2002. 12. 30. 대통령령 제17854호로 폐지) 제6조의 관련 규정을 종합하여 보면, 이주자를 위한 토지 등의 매수 및 이주대책의 수립실시사무(이하 '이주대책사무'라고 한다)의 위탁과 재위탁은 그 수탁자가 관할 지방자치단체나 관할 하위 자치단체가 아닌 관할 지방자치단체의 장과 관할 하위 자치단체의 장으로서 기관위탁에 해당한다고 할 것이고, 따라서 이주대책사무의 실시에 있어서 수탁기관인 관할 지방자치단체의 장이나 관할 하위 자치단체의 장은 위탁자인 교통부장관이 속한 대한민국의 산하 행정기관의 지위에서 그 사무를 처리하는 것이고 그 위탁으로 인하여 사무귀속의 주체가 달라진다고 할 수 없으므로, **지방자치단체는 이주대책사무에 따른 권리의무의 귀속주체가 될 수 없고**, 이주대책대상자들과의 이주대책사무와 관련된 택지의 공급가액을 둘러싼 분쟁의 당사자가 될 수도 없다(대판 2003. 07. 25, 2001다57778).

### 2. 지방의회의 관여

단체위임사무는 지방자치단체의 사무이므로 지방의회가 사무감사 및 사무조사 등으로 관여할 수 있다. 단체위임사무는 국가사무의 실질을 가지므로 국회도 관여할 수 있어 이중 관여의 문제가 있다.

이에 대하여 기관위임사무는 지방자치단체의 집행기관에게 위임된 사무로서 지방자치단체의 집행기관에 의해 행해지지만 그 사무의 성질은 국가 등의 사무이므로 국회 또는 시·도의회의 사무감사 및 조사의 대상이 될 수 있다. 그런데, 기관위임사무는 실제에 있어 지방자치단체의 집행기관에 의해 행해지므로 지방의회의 관여 필요성도 있다.

지방자치법은 이중관여 문제에 대한 해결책으로 국가 또는 시·도의 단체위임사무 및 기관위임사무에 대하여 국회와 시·도의회가 직접 감사하기로 한 사무를 제외하고는 그 감사를 각각 해당 시·도의회와 시·군 및 자치구의회가 행할 수 있다고 규정하고 있다(제49조 제3항).

## 3. 조례제정

단체위임사무는 지방자치단체의 사무로서 법률의 수권 없이도 조례제정의 대상
이 된다. 다만, 국민의 권리를 제한하거나 의무를 부과하거나 벌칙을 정하는 조례는
법령의 위임이 있어야 한다. 다만, 그 위임은 포괄적 위임도 가능하다. 단체위임사무
에 관한 조례는 자치조례로서 법률에 준하는 성질을 갖는다.

이에 반하여 기관위임사무는 지방자치단체의 사무가 아니라 국가의 사무이므로
명문의 규정이 없는 한 조례제정의 대상이 되지 않는다. 법령의 수권이 있는 경우에
기관위임사무에 대하여도 조례가 제정될 수 있는데, 그 위임은 구체적 위임이어야
한다. 기관위임사무에 관한 조례는 위임조례이며 행정입법의 성질을 갖는다.

**[판례]** 지방자치단체의 자치사무나 단체위임사무에 관한 자치조례의 제정 한계: 지방자치법 제9조
제1항과 제15조 등의 관련 규정에 의하면 지방자치단체는 원칙적으로 그 고유사무인 자치사무와
법령에 의하여 위임된 단체위임사무에 관하여 이른바 자치조례를 제정할 수 있는 외에, 개별법령
에서 특별히 위임하고 있을 경우에는 그러한 사무에 속하지 아니하는 기관위임사무에 관하여도
그 위임의 범위 내에서 이른바 위임조례를 제정할 수 있지만, 조례가 규정하고 있는 사항이 그 근
거 법령 등에 비추어 볼 때 자치사무나 단체위임사무에 관한 것이라면 이는 자치조례로서 지방자
치법 제15조가 규정하고 있는 '법령의 범위 안'이라는 사항적 한계가 적용될 뿐, 위임조례와 같이
국가법에 적용되는 일반적인 위임입법의 한계가 적용될 여지는 없다(대판 2000. 11. 24, 2000추29).

## 4. 비용부담

### (1) 기관위임사무

기관위임사무는 본래 국가사무이므로 위임자인 국가가 사무처리비용을 부담하
여야 한다(지방자치법 제158조 단서). 다만, 예외적으로 개별법에서 기관위임사무의 비
용을 일부 수임기관이 속한 지방자치단체가 부담하는 것으로 규정하고 있는 경우(예,
도로법 제85조)가 있다.

### (2) 단체위임사무

단체위임사무에 있어서의 비용부담에 관하여는 견해가 갈리고 있다.

#### 1) 국가부담설

단체위임사무를 실질적으로는 국가사무로 보고 국가가 그 비용 전부를 부담하
는 것이 타당하다고 보는 견해이다(홍정선, 105면; 류지태 658면).

#### 2) 분담설

단체위임사무를 자치사무와 기관위임사무의 중간적인 성질의 사무로 보고 이해
관계의 정도에 따라 국가와 지방자치단체가 그 경비를 분담하는 것이 타당하다고 보

는 견해(유상현, 96면)이다. 그 논거는 단체위임사무는 국가와 지방자치단체가 함께 이해관계를 가지는 사무라는 점에 두고, 실정법적 근거를 지방재정법 제21조 제1항에 두고 있다.

### 3) 결어(국가부담원칙설)

단체위임사무의 경비부담은 원칙상 국가가 부담하여야 하지만 위임사무에 관하여 지방자치단체가 이해관계를 가지는 경우에는 개별법에서 이해관계의 정도에 따라 지방자치단체가 일부 부담하는 것으로 규정할 수 있다.

### (3) 현행법규정

단체위임사무와 기관위임사무에서의 경비부담에 관한 현행법에는 불명확한 점이 없지 않다.

### 1) 지방자치법

지방자치법 제158조는 단체위임사무와 기관위임사무를 모두 포함하여 위임자인 국가가 비용부담을 하여야 한다는 원칙을 규정하고 있다고 해석하여야 한다. 그러나, 개별법에서 지방자치단체의 비용부담을 규정하고 있는 경우에는 그 개별법이 우선한다.

지방자치법 제206조 제3항은 국가 또는 시 · 도가 특별지방자치단체에 사무를 위임하는 경우에도 사무를 위임한 국가 또는 시 · 도가 그 사무를 수행하는 데 필요한 경비를 부담하여야 한다고 규정하고 있다.

### 2) 지방재정법

지방재정법 제21조 제1항은 "지방자치단체 또는 그 기관이 법령에 의하여 처리하여야 할 사무로서 국가와 지방자치단체 상호간에 이해관계가 있는 경우에, 그 원활한 사무처리를 위하여 국가에서 부담하지 아니하면 아니되는 경비는 국가가 그 전부 또는 일부를 부담한다"라고 규정하고 있고, 동조 제2항은 "국가가 스스로 행하여야 할 사무를 지방자치단체 또는 그 기관에 위임하여 수행하는 경우에, 그 소요되는 경비는 국가가 그 전부를 당해 지방자치단체에 교부하여야 한다"라고 규정하고 있다.

지방재정법 제21조의 해석에 관하여 아래와 같이 견해가 대립하고 있는데, 지방재정법은 위임이 법정위임인가 아니면 임의위임인가에 따라 단체위임사무와 기관위임사무의 구분 없이 위임사무의 비용부담을 규정하고 있다고 해석된다.

① 생각건대, 지방재정법 제21조 제1항은 지방자치단체 또는 그 기관이 법령에 의하여 처리하여야 사무(법정위임사무)로서 국가와 지방자치단체 상호간에 이해관계가 있는 경우에 그 원할한 사무처리를 위하여 국가에서 부담하지 아니하면 아니 되는 경비는 국가가 그 전부 또는 일부를 부담하는 것으로 규정하고 있고, 동법 제21조 제2항은 국가가 스스로 행하여야 할 사무를 지방자치

단체 또는 그 기관에 위임하여 수행하는 경우(임의위임사무)에 그 소요되는 경비는 국가가 그 전부를 당해 지방자치단체에 교부하여야 한다고 규정하고 있다고 보아야 한다.

② 이에 반하여 지방재정법 제21조 제2항을 단체위임사무를 포함하여 위임사무의 경우에는 국가가 비용을 전부 부담하여야 하는 것을 규정한 것으로 해석하는 견해가 있다(홍정선, 105면). 그러나, 이 견해는 동법 제21조 제1항을 간과하고 있다.

③ 일부 견해는 동법 제21조 제1항은 단체위임사무에 관한 것으로 보고 따라서 국가와 지방자치단체가 비용을 분담하는 것으로 규정한 것으로 해석하고, 동법 제18조 제2항은 기관위임사무에 있어서 국가가 비용의 전부를 부담하여야 하는 것을 규정한 것으로 해석하고 있는데 법규정상 피위임자가 '지방자치단체 또는 그 기관'이라고 명시하고 있는 것을 간과한 것으로 이 견해도 타당하지 않다.

### 3) 문제점 및 해결방안

이와 같이 지방자치법(제158조), 지방재정법(제21조) 및 개별법(도로법 제85조)의 규정이 위임사무의 비용부담에 관하여 불일치하고 있는 문제가 있다. 이는 지방자치의 실시에 따라 관련법이 정비되어야 하는데 그렇게 되지 못한 것에 연유한다고 보여진다. 앞으로 관련법의 개정을 통하여 법 상호간의 모순을 제거하여야 할 것이다(입법론). 현행법하에서는 지방재정법이 지방자치법에 대하여 특별법이라고 할 수 있으므로 지방재정법이 우선 적용된다고 해석하는 것이 타당하다(해석론).

## 5. 국가의 감독

단체위임사무와 기관위임사무는 국가의 적법성 통제뿐만 아니라 합목적성의 통제도 받는다는 점에서는 같지만, 감독의 법적 근거와 감독의 범위에 관하여는 약간의 차이가 있다.

지방자치법 제185조는 단체위임사무와 기관위임사무에 대한 국가의 일반적 감독권을 규정하고 있는데, 단체위임사무에 대하여 국가의 일반적 감독권을 인정하는 것은 타당하지 않다.

지방자치법 제188조 제1항은 단체위임사무에 관한 처분이 법령에 위반되거나 현저히 부당하여 공익을 해하는 경우에 국가의 시정명령과 취소 또는 정지권을 규정하고 있다. 기관위임사무의 경우 행정권한의 위임 및 위탁에 관한 규정 제6조는 위임기관의 수임기관에 대한 지휘감독권과 수임사무의 처리가 위법 또는 부당하다고 인정되는 경우의 취소·정지권을 인정하고 있다.

지방자치법 제189조는 지방자치단체에 대한 직무이행명령제도와 대집행제도를 규정하고 있는데 이 규정이 기관위임사무에 대하여만 적용된다는 견해가 일반적 견해이다(홍정선, 128면; 류지태, 672면). 이렇게 해석한다면 이와 관련하여서도 기관위임사무와 단체위임사무를 구별할 실익이 있다.

## 6. 국가배상법상 피해자에 대한 배상책임자 및 종국적 배상책임자

### (1) 피해자에 대한 배상책임자

단체위임사무의 경우 지방자치단체는 사무의 관리주체 및 형식적 비용부담자로서 피해자에 대하여 배상책임을 진다. 또한 단체위임사무에 있어서 국가가 비용을 전부 또는 일부 부담하는 경우에 국가는 실질적 비용부담자로서 피해자에 대하여 배상책임을 진다. 이에 반하여 단체위임사무에서 국가가 사무귀속주체로서 책임을 지고, 지방자치단체는 비용부담주체로서 책임을 진다는 견해(홍정선)도 있다.

이에 대하여 기관위임사무에 있어서는 사무의 관리주체(귀속주체)인 국가는 관리주체로서 피해자에 대하여 배상책임을 지고, 지방자치단체는 형식적 비용부담자이므로 피해자에 대하여 배상책임을 진다. 기관위임사무의 경우 실질적 비용부담자는 원칙상 국가이므로 국가가 최종적 배상책임자가 되고 따라서 국가배상을 한 지방자치단체는 국가에 대하여 구상할 수 있다.

### (2) 종국적 배상책임자

종국적 배상책임과 관련하여 관리주체설에 의하면 단체위임사무의 경우 종국적 배상책임자는 지방자치단체이고, 기관위임사무의 경우 국가 등이 된다. 비용부담자설에 의하면 단체위임사무의 경우 국가와 지방자치단체 사이의 실질적 비용부담에 비례하여 책임을 분담한다. 기관위임사무의 경우 원칙상 국가가 종국적 배상책임자가 된다.

## Ⅱ. 단체위임사무와 기관위임사무의 구별기준

일반적으로 단체위임사무와 기관위임사무의 구별기준을 수임자가 지방자치단체인가 아니면 지방자치단체의 집행기관인가에 두고 있다. 단체위임사무는 지방자치단체에게 위임된 사무이고, 기관위임사무는 지방자치단체가 아닌 지방자치단체의 기관에 위임된 사무라고 본다.

그런데 법령에서 지방자치단체의 장에게 위임하고 있는 경우에도 사무의 성질, 비용부담, 위임기관의 감독 등에 관한 관련규정들을 고려하면 실제에 있어서는 지방자치단체에 위임된 단체위임사무라고 해석하는 것이 타당한 경우도 있다.

예를 들면, 도로법 제23조 제2항에 의한 시 관할구역 내의 국도에 대한 관리사무의 법적 성격이 단체위임사무인가 기관위임사무인가에 관하여 견해의 대립이 있다. 관리대상이 국도인 점 및 관리청을 지방자치단체의 장으로 규정하고 있는 점에서는 기관위임사무로 볼 수 있지만(기관위임사무설), 시를 통과하는 국도는 국가보다 시에게 이해관계가 더 크다는 점, 도로법 제85조가 관리비용을 원칙상 지방자치단체가 부담하는 것으로 규정되어 있는 점, 법률 자체에서 국토교통부장관을 관리청으로 규정하지 않고 직접 시장을 관리청으로 규정하고 있고, 이는 시에 위임된 것으로 해석할 수 있다는 점 등을 고려하면 단체위임사무로 볼 수 있다(단체위임사무설). 판례 및 다수견해는 기관위임사무로 보고 있지만 단체위임사무로 보는 것이 타당하다.4) 그러나, **판례**는 시 관할 구역내의 국도의 관리사무를 기관위임사무로 보고 있다.

**[판례] ①** 도로법 제22조 제2항에 의하여 지방자치단체의 장인 시장(서귀포시장)이 국도의 관리청이 되었다 하더라도 이는 시장이 국가로부터 관리업무를 위임받아 국가행정기관의 지위에서 집행하는 것(기관위임사무)이므로 국가는 도로관리상 하자로 인한 손해배상책임을 면할 수 없다(대판 1993. 01. 26, 92다2684[구상금]).
**②** 단체위임사무로 본 사례: 시·도지사의 지역별 가스공급시설의 공사계획 수립·공고나 도시가스의 공급조건에 관한 공급규정의 승인에 관한 업무(대판 2001. 11. 27, 2001추57).

# 제 4 항  입법론

입법론상 기관위임사무를 폐지하고, 국가사무를 지방자치단체에 위임할 때에는 단체위임사무로 위임하도록 하는 것이 타당하다.

---

4) 도로법 제20조 제2항은 권한의 위임규정이 아니라 국가와 지방자치단체 사이의 권한배분에 관한 규정으로 보면서 자치사무로 보는 견해(홍정선)도 있다.

# 제 4 장  지방자치단체의 자치권

## 제 1 절  자치권의 성질

지방자치단체의 자치권(自治權)은 지방자치의 본질적인 내용을 이루는 것이다.

전술한 바와 같이 지방자치단체의 자치권의 성질에 관하여 고유권설, 전래권설이 대립하고 있는데, 전래권설이 우리나라에서의 지배적인 견해이다.

자치권의 중요한 내용으로 전권능성의 원칙과 자기책임성의 원칙이 있다. 전권능성의 원칙이라 함은 헌법이나 법률이 국가나 그 밖의 공공단체의 권한으로 유보하고 있지 않는 한 지방자치단체는 지방에 고유한 사무를 임의로 처리하고 규율하는 권한을 갖는다는 것을 말한다. 자기책임성의 원칙이라 함은 지방자치단체는 지방사무를 처리함에 있어 국가의 후견적 감독 없이 자기의 책임하에 자율적으로 처리할 수 있다는 것을 말한다.

자치권은 자치조직권, 자치행정권, 자치입법권 및 자치재정권을 내용으로 한다.

자치권은 기본권은 아니지만 법상의 권리이므로 국가기관의 공권력행사에 의해 자치권이 침해된 경우에 당해 지방자치단체는 항고소송을 제기할 수 있다(다른 견해 있음).

## 제 2 절  자치권의 종류

### 제 1 항  자치조직권

지방자치단체는 헌법과 법률의 범위 내에서 자기의 조직을 자주적으로 정할 수 있는데, 이러한 권능을 지방자치단체의 자치조직권(自治組織權)이라 한다.

지방자치단체의 행정사무를 분장하기 위하여 필요한 행정기구를 두되, 이는 대통령령이 정하는 기준에 따라 당해 지방자치단체의 조례로 정한다(법 제125조).

## 제2항 자치행정권

지방자치단체는 지방자치단체의 사무를 처리함에 있어서 국가의 후견적 감독 없이 자율적으로 처리할 수 있는데, 이를 자치행정권(自治行政權)이라 한다. 그러나, 지방자치단체의 행정은 국가법질서를 위반하여서는 안 된다.

지방자치단체에 대한 후견적 감독은 인정될 수 없으며 지방자치단체의 행정에 대한 국가의 감독은 원칙상 적법성통제에 한정되어야 한다(후술 지방자치단체에 대한 국가의 통제 및 관여 참조).

지방자치단체의 행정에 대한 국가의 감독은 법령에 근거가 있어야 하며 지방자치단체의 행정에 대한 국가의 감독을 규정하는 법령은 자치행정권의 본질적 내용을 침해해서는 안 된다.

## 제3항 자치입법권

자치입법권(自治立法權)이라 함은 지방자치단체가 자치행정에 관하여 법령의 수권 없이 자율적으로 법규를 제정하는 권한을 말한다. 자치입법권에는 조례제정권과 규칙제정권이 있다(후술 조례 참조).

자치입법권은 헌법에 의해 보장되고 있다. 즉, 헌법 제117조 제1항은 "지방자치단체는 …… 법령의 범위 안에서 자치에 관한 규정을 제정할 수 있다"라고 규정하고 있다. 지방자치법은 이 헌법규정을 구체화하여 자치법규로서 조례와 규칙을 규정하고 있고, 지방교육자치에 관한 법률은 교육규칙을 규정하고 있다.

자치조례와 자치규칙은 본래 자치법규로서 국가의 법령으로부터 독립되어 있지만 국가법질서의 통일을 위하여 자치법규는 국가의 법령을 위반하지 않아야 한다. 그리고, 규칙이나 교육규칙은 조례에 위반하지 않아야 한다.

## 제4항 자치재정권

### I. 의    의

지방자치단체의 사무를 집행하기 위하여는 재원이 필요하다. 따라서, 지방자치가 이루어지기 위하여는 지방자치단체가 자주적으로 재원을 취득하고, 재산을 관리하고, 재원을 지출할 권한이 인정되어야 하는데, 이 권한을 자치재정권(自治財政權)이라 한다. 지방재정이라 함은 지방자치단체의 재원의 취득, 재산의 관리, 재원의 지출을 의미한다.

그런데, 우리나라의 경우 지방재정이 열악하고 국가재정에 대한 의존율이 높다. 지방자치단체의 재정이 국가에 지나치게 의존되는 것은 지방자치의 장애요인이 된다. 왜냐하면 국가는 자신이 지방자치단체에 지원하는 재정에 대한 통제를 통하여 지방자치단체의 자치행정을 통제할 수 있기 때문이다.

다른 한편 지방자치단체의 재정이 적절하게 통제될 필요가 있다. 지방자치단체가 재정을 제대로 관리하지 않고 낭비하게 되면 그 부담은 주민에게 돌아오고, 국가의 재정과 달리 지방자치단체의 재정규모는 크지 못하므로 지방자치단체가 파산하게 될 수도 있다.

## Ⅱ. 예   산

예산(豫算)이라 함은 1회계연도에 있어서의 수입과 지출의 계획을 말한다. 예산안은 지방자치단체의 장이 편성하고 지방의회의 의결을 받아야 한다(제142조).

## Ⅲ. 지방자치단체의 수입

지방자치단체의 수입(收入)으로는 지방세, 사용료, 수수료, 지방교부세, 지방양여금, 보조금, 지방채와 일시차입금 등이 있다.

### 1. 지방세

지방세(地方稅)는 지방자치단체의 수입 중 가장 자주적인 재원이다. 일본에서는 지방세가 조례에 의해 부과징수될 수 있는 것으로 되어 있지만, 현행 지방세법이나 지방자치법은 조례로 지방세를 부과징수할 수 있다는 규정을 두고 있지 않다. 지방세도 조세이므로 조세법률주의가 적용된다. 따라서, 법률에 명문의 규정이 없는 한 조례에 의한 지방세의 부과징수는 인정될 수 없다. 지방자치법도 "지방자치단체는 법률이 정하는 바에 따라 지방세를 부과·징수할 수 있다"라고 규정하고 있다(제152조).

지방세기본법 제5조 제1항은 "지방자치단체는 지방세의 세목, 과세대상, 과세표준, 세율 그밖에 부과·징수에 관하여 필요한 사항을 정할 때에는 이 법 또는 지방세 관계법에서 정하는 범위에서 조례로 정하여야 한다"라고 규정하고 있다. 지방자치단체의 장은 제1항의 조례의 시행에 따르는 절차 그밖에 그 시행에 필요한 사항을 규칙으로 정할 수 있다(지방세기본법 제5조 제2항).

현행법상 지방세의 부과징수는 지방세기본법에 의해 규율되고 있다. 다만, 지방세기본법은 지방세에 관한 법령규정의 시행에 필요한 세부적인 사항(세율, 납기 등)을 조례에 위임하는 경우가 있다.

지방세의 종류는 다음과 같다(지방세기본법 제7조).

① 특별시세와 광역시세: i) 보통세: 취득세, 레저세, 담배소비세, 지방소비세, 주민세, 지방소득세, 자동차세. ii) 목적세: 지역자원시설세, 지방교육세(제8조 제1항). 다만, 광역시의 군지역에서는 제2항의 규정에 의한 도세를 광역시세로 한다(제8조 제1항 단서).
② 도　　세: i) 보통세: 취득세, 등록면허세, 레저세, 지방소비세. ii) 목적세: 지역자원시설세, 지방교육세(제8조 제2항).
③ 구　　세: 보통세: 등록면허세, 재산세.
④ 시·군세(광역시의 군세를 포함): 보통세: 담배소비세, 주민세, 지방소득세, 재산세, 자동차세(제8조 제4항).

## 2. 고향사랑 기부금

고향사랑 기부금에 관한 법률(약칭: 고향사랑기부금법)은 고향사랑 기부금의 모금·접수 및 사용 등에 관하여 규정하고 있다.

"고향사랑 기부금"이란 지방자치단체가 주민복리 증진 등의 용도로 사용하기 위한 재원을 마련하기 위하여 해당 지방자치단체의 주민이 아닌 사람으로부터 자발적으로 제공받거나 모금을 통하여 취득하는 금전을 말한다(고향사랑기부금법 제2조 제1호).

## 3. 사용료·수수료·분담금

사용료(使用料)는 공공시설의 이용 또는 재산의 사용의 대가로 부과·징수하는 것을 말한다(제153조). 수수료(手數料)는 특정인에 대하여 제공되는 행정서비스에 대한 대가로서 징수되는 것을 말한다(제154조 제1항).

분담금(分擔金)이라 함은 지방자치단체의 재산 또는 공공시설의 설치로 인하여 주민의 일부가 특히 이익을 받는 경우에는 이익을 받는 자로부터 그 이익의 범위 안에서 징수하는 것을 말한다(제155조). 이 분담금은 강학상 부담금에 해당한다.

**[판례]** ① [수도 급수조례에 따른 시설분담금 사건] (1) **지방자치법** 제13조 제2항, 제14조, 제15조, 제16조, 제17조, 제20조에 따른 **참여권** 등의 경우 지방자치법 자체나 관련 법률에서 일정한 연령 이상 또는 주민등록을 참여자격으로 정하고 있으므로(공직선거법 제15조, 주민투표법 제5조, 주민소환에 관한 법률 제3조 참조) 자연인만을 대상으로 함이 분명하다. 그러나 제13조 제1항에서 정한 재산·공공시설 이용권, 균등한 혜택을 받을 권리와 제21조에서 정한 **비용분담 의무의 경우** 자연인만을 대상으로 한 규정이라고 볼 수 없다. (2) 지방자치법 제138조에 따른 분담금 제도의 취

지와 균등분 주민세 제도와의 관계 등을 고려하면, 지방자치법 제138조에 따른 분담금 납부의무자인 '주민'은 균등분 주민세의 납부의무자인 '주민'과 기본적으로 동일하되, 다만 '지방자치단체의 재산 또는 공공시설의 설치로 주민의 일부가 특히 이익을 받은 경우'로 한정된다는 차이점이 있을 뿐이라고 보아야 한다. 따라서 법인의 경우 해당 지방자치단체의 구역 안에 주된 사무소 또는 본점을 두고 있지 않더라도 '사업소'를 두고 있다면 지방자치법 제138조에 따른 분담금 납부의무자인 '주민'에 해당한다. 지방자치법 제12조가 '주민의 자격'을 '지방자치단체의 구역 안에 주소를 가진 자'로 정하고 있으나 이는 위에서 본 바와 같이 주로 자연인의 참여권 등을 염두에 두고 만들어진 규정이고, 지방자치법은 주소의 의미에 관하여 별도의 규정을 두고 있지 않다. 민법 제36조가 '법인의 주소'를 '주된 사무소의 소재지'로, 상법 제171조는 '회사의 주소'를 '본점 소재지'로 정하고 있으나, 이는 민법과 상법의 적용에서 일정한 장소를 법률관계의 기준으로 삼기 위한 필요에서 만들어진 규정이다. 따라서 지방자치법 제138조에 따른 분담금 납부의무와 관련하여 법인의 주소가 주된 사무소나 본점의 소재지로 한정된다고 볼 것은 아니다. 어떤 법인이 해당 지방자치단체에서 인적·물적 설비를 갖추고 계속적으로 사업을 영위하면서 해당 지방자치단체의 재산 또는 공공시설의 설치로 특히 이익을 받는 경우에는 지방자치법 제138조에 따른 분담금 납부의무자가 될 수 있다고 보아야 한다. 특히 지방자치법 제138조에 근거하여 분담금 제도를 구체화한 조례에서 정한 분담금 부과 요건을 충족하는 경우에는 부담금 이중부과 등과 같은 특별한 사정이 없는 한 조례 규정에 따라 분담금을 납부할 의무가 있다고 보아야 한다. (3) 원고가 혁신도시 택지개발사업을 시행하고 택지개발지구 일부에 아파트를 건축하는 과정에서 피고에게 급수공사를 신청하였는데 피고가 지방자치법 제138조, 제139조, 「진주시 수도 급수조례」 제14조에 근거하여 시설분담금을 부과하자 위 시설분담금의 무효확인을 구한 사안에서, 대법원은, 이 사건 시설분담금의 징수를 규정한 위 조례 제14조는 지방자치법 제138조, 제139조 제1항의 위임에 근거한 것이므로 위 시설분담금의 납부의무자는 기본적으로 해당 지방자치단체의 '주민'이어야 하나, 주민에 자연인만 포함되는 것은 아니고 주된 사무소 또는 본점을 두고 있지 않은 법인이라도 해당 지방자치단체에서 인적·물적 설비를 갖추고 계속적으로 사업을 영위하면서 해당 지방자치단체의 재산 또는 공공시설의 설치로 특히 이익을 받는 경우에는 지방자치법 제138조에 의한 분담금 납부의무자가 될 수 있다고 한 사례(대판 2021. 04. 29, 2016두45240[시설분담금(상수도원인자부담금)부과처분무효확인]).
② [1] 수도법 제71조 및 수도법 시행령 제65조에서 정한 '원인자부담금'은 주택단지 등의 시설이 설치됨에 따라 상수도시설의 신설·증설 등이 필요한 경우에 그 원인을 제공한 자를 상대로 새로운 급수지역 내에서 설치하는 상수도시설의 공사비용을 부담시키는 것이고, 구 지방자치법 제138조, 제139조 및 이에 근거한 조례에서 정한 '시설분담금'은 이미 상수도시설이 설치된 급수지역 내에서 전용급수설비의 신설 등 새롭게 급수를 신청하는 자를 상대로 기존 상수도시설의 잔존가치를 기준으로 그 공사에 소요된 건설비를 징수하는 것이어서, 각각 근거 법령, 부과 목적·대상, 산정기준 등을 달리한다. [2] 구 지방자치법 제138조에 따른 분담금 납부의무자인 '주민'은 구 지방세법에서 정한 균등분 주민세의 납부의무자인 '주민'과 기본적으로 동일한 의미이므로, 법인이 해당 지방자치단체의 구역 안에 주된 사무소 또는 본점을 두고 있지 않더라도 '사업소'를 두고 있다면 구 지방자치법 제138조에 따른 분담금 납부의무자인 '주민'에 해당한다. [3] 따라서 어떤 법인이 특정한 지방자치단체에서 인적·물적 설비를 갖추고 계속적으로 사업을 영위하면서 해당 지방자치단체의 재산 또는 공공시설의 설치로 특히 이익을 받는 경우에는 구 지방자치법 제138조에 따른 분담금 납부의무자가 될 수 있고, 구 지방자치법 제138조에 따라 분담금 제도를 구체화한 조례에서 정한 부과 요건을 충족하는 경우에는 이중부과 등과 같은 특별한 사정이 없는 한 그 조례에 따라 분담금을 납부할 의무가 있다(대판 2022. 04. 14, 2020두58427[상수도시설분담금부과처분무효확인]).

사용료·수수료 또는 분담금의 징수에 관한 사항은 조례로 정한다. 다만, 국가가 지방자치단체나 그 기관에 위임한 사무와 자치사무의 수수료 중 전국적으로 통일할 필요가 있는 수수료에 관한 사항은 다른 법령의 규정에도 불구하고 대통령령으로 정하는 표준금액으로 징수하되, 지방자치단체가 다른 금액으로 징수하고자 하는 경우에는 표준금액의 50퍼센트의 범위에서 조례로 가감 조정하여 징수할 수 있다(제156조 제1항).

지방세, 분담금, 사용료 및 지방자치단체의 사무에 대한 대가인 수수료가 지방자치단체의 수입으로 되는 것은 당연하다. 다만, 국가 또는 다른 지방자치단체의 위임사무에 대한 대가로서 지급되는 수수료가 당연히 지방자치단체의 수입으로 되는 것은 아니다. 이 수수료는 위임자인 국가 또는 다른 지방자치단체의 수입으로 들어가고, 위임자가 수임지방자치단체에 사무처리비용을 지급하는 것이 원칙이지만, 편의상 수수료수입으로 위임된 사무처리비용을 대체하는 경우가 적지 않다. 그리하여 지방자치법은 국가 또는 다른 지방자치단체의 위임사무에 대한 대가로서 징수되는 수수료는 법령에 달리 정하여진 경우를 제외하고는 당해 지방자치단체의 수입으로 하도록 규정하고 있다(제154조 제3항). 또한, 지방자치단체나 그 지방자치단체의 장이 관리하는 국가의 공공시설 중 지방자치단체가 그 관리에 드는 경비를 부담하는 공공시설에 대하여는 법령에 특별한 규정이 있는 경우를 제외하고는 그 지방자치단체나 지방자치단체의 장은 조례나 규칙으로 정하는 바에 따라 그 공공시설의 사용료를 징수할 수 있다(지방재정법 제31조 제1항). 제1항에 따라 징수한 사용료는 그 지방자치단체의 수입으로 한다(제2항).

## 4. 지방교부세

지방교부세(地方交付稅)라 함은 지방재정의 지역간 불균형을 시정하기 위하여 국가가 내국세의 일부를 재정적 결함이 있는 자치단체에 교부하는 금액을 말한다. 지방교부금이라고도 한다. 지방교부세는 국세총액의 일정액을 반드시 교부하여야 하는 것으로 지방세의 부족을 보충하는 기능을 갖는다. 따라서, 지방교부세는 간접적으로 징수되는 지방세라고도 할 수 있다. 지방교부세는 지방자치단체의 자주재원으로서 그 사용에 대하여 국가의 감독을 받지 않는다.

지방교부세의 재원은 당해 연도의 내국세 총액의 100분의 15에 해당하는 액과 내국세예산액과 결산액과의 차액으로 인한 교부세의 차액으로 조성한다(지방교부세법 제4조 제1항). 보통교부세의 재원은 교부세총액의 11분의 10에 해당하는 액으로 하고,

특별교부세의 재원은 교부세총액의 11분의 1에 해당하는 액으로 한다(제4조 제2항).

지방교부세에는 보통교부세, 특별교부세, 분권교부세 및 부동산교부세가 있는데 (지방교부세법 제3조), 그 배분은 다음과 같다. 보통교부세는 매년도의 기준재정수입액 이 기준재정수요액에 미달하는 자치단체에 대하여 그 미달액을 기초로 하여 교부한 다. 다만, 자치구에 대하여는 기준재정수요액과 기준재정수입액을 각각 당해 특별시 또는 광역시의 기준재정수요액 및 기준재정수입액에 합산하여 산정하고, 이를 당해 특별시 또는 광역시에 교부한다(제6조 제1항).

특별교부세는 다음의 경우에 교부한다. ① 기준재정수요액의 산정방법으로써 포착할 수 없는 특별한 재정수요가 있을 때, ② 보통교부세의 산정기일 후에 발생한 재해로 인하여 특별한 재정수요가 있거나 재정수입의 감소가 있을 때, ③ 자치단체 의 청사 또는 공공복지시설의 신설, 복구, 확장, 보수 등의 사유로 인하여 특별한 재 정수요가 있을 때(지방교부세법 제9조 제1항).

**[판례]** [기초 지방자치단체(양구군)가 학교법인을 통해 사립고교(강원외고)를 설립한 사건] 기초 지 방자치단체가 재산을 출연하여 학교법인을 설립한 다음 사립 고등학교를 설치한 것이 지방교부세 감액사유('법령을 위반하여 지나치게 많은 경비를 지출한 경우')에 해당하는지 여부(적극): (1) 교부세 를 교부받은 지방자치단체가 '법령을 위반하여 지나치게 많은 경비를 지출한 경우'(이하 '법령위반 지출'이라고 한다)에는 행정안전부장관이 교부세를 감액하거나 반환명령을 할 수 있으며(지방교부 세법 제11조 제2항), 관련 법령에서 해당 항목의 경비 지출을 명시적으로 금지하고 있거나 명시적 인 금지 규정이 없지만 관련 규정의 내용과 취지 등에 비추어 그 지출을 금지하는 취지로 해석됨 에도 지방자치단체가 경비를 지출한 경우에는 여기서 교부세의 감액 또는 반환명령 사유로 정한 법령위반 지출에 해당한다. (2) 지방자치법령은 '학교의 설립·운영·지도'에 관한 자치사무 중 고 등학교에 관한 것은 광역 지방자치단체의 사무로, 초·중학교에 관한 것은 기초 지방자치단체의 사무로 각각 배분하고 있다. 교육 관련 법령은 학교를 설립주체에 따라 국립학교·공립학교·사립 학교로 구분하고, 사립학교의 설립주체를 '학교법인 또는 공공단체 외의 법인 기타 사인'으로 규정 하여 '공공단체'를 명시적으로 설립주체에서 제외하고 있으므로, 이러한 교육 관련 법령상 사립학 교의 개념 자체가 국가·지방자치단체 등 공적 영역이 아니라 민간 영역에서 설립·경영될 것을 예정하고 있다. 그리고 사립학교 설립·경영의 주체인 학교법인을 설립하려는 자에 대하여는 관련 법령상 그 자격을 제한하는 규정을 찾을 수 없으나, 국가 또는 지방자치단체가 학교법인을 설립하 여 실질적으로 사립학교를 직접 설립·운영하는 것은 위와 같이 교육 관련 법령에서 설립주체에 따 라 학교를 구분하여 규정한 취지에 위배된다. 위와 같은 지방자치법령과 교육 관련 법령의 문언과 취지 등을 종합하여 보면, 기초 지방자치단체가 교육에 관한 사무로서 설립·운영할 수 있는 학교 는 공립학교 형태의 초등학교나 중학교라고 해석되며, 이에 불구하고 기초 지방자치단체가 그 재 산을 출연하여 학교법인을 직접 설립·운영하면서 그 학교법인을 통하여 실질적으로 사립 고등학 교를 설치·경영하는 행위는 지방자치법령 및 교육 관련 법령의 해석상 허용되지 아니하는 행위로 서 결국 이를 위반한 행위라고 보아야 한다. (3) 그리고 구 지방재정법(2013. 7. 16. 법률 제11900호 로 개정되기 전의 것, 이하 '지방재정법'이라고 한다) 제17조는 지방자치단체의 개인 또는 단체에 대 한 기부·보조·출연 그 밖의 공금 지출(이하 '출연 등'이라고 한다)을 원칙적으로 금지하고 있다.

다만 지방재정법 제17조 제1항 단서 제4호는 '보조금을 지출하지 아니하면 사업을 수행할 수 없는 경우로서 지방자치단체가 권장하는 사업을 위하여 필요하다고 인정되는 경우'에는 출연 등을 허용하고 있으나, 위 단서는 그 출연 등이 '지방자치단체의 소관에 속하는 사무와 관련하여' 이루어져야 함을 전제로 하고 있다. 그런데 위와 같이 지방자치법령과 교육 관련 법령을 위반하여 사립 고등학교 설치를 위한 학교법인을 설립하는 행위는 '지방자치단체의 소관에 속하는 사무'라 할 수 없으므로, 그 설립을 위한 출연행위는 구 지방재정법에 의하여 허용될 수 없다. (4) 강원도교육감이 강원외국어고등학교 설립 추진계획을 공고하자, 기초 지방자치단체인 원고(=양구군)가 학교법인 양록학원을 설립하여 공모에 참여하여 그 설립자로 선정되었고, 이후 강원외고를 설립한 사안임. 원고는 양록학원에 348억여 원을 출연하였음. 이에 피고(=행정자치부장관)은 원고에 대하여 위 출연행위가 '법령위반 지출'에 해당한다는 이유로 교부세 161억여 원을 감액함(=이 사건 처분)(대판 2017. 09. 25, 2014두43073[2013년도지방교부세감액결정취소청구의소]).

## 5. 지방재정법상 조정교부금

조정교부금이라 함은 지방자치단체간의 재정력의 격차를 조정하기 위해 광역자치단체가 기초자치단체에 교부하는 금액을 말한다. 시·도지사(특별시장은 제외한다. 이하 이 조에서 같다)가 교부하는 시·군 조정교부금(지방재정법 제29조)과 특별시장 및 광역시장이 교부하는 자치구 조정교부금(제29조의2)이 있다. 제29조 및 제29조의2에 따른 조정교부금은 일반적 재정수요에 충당하기 위한 일반조정교부금과 특정한 재정수요에 충당하기 위한 특별조정교부금으로 구분하여 운영하되, 특별조정교부금은 보조사업의 재원으로 사용할 수 없다(지방재정법 제29조의3).

## 6. 지방양여금

지방양여금(地方讓與金)이라 함은 국세를 지방자치단체의 일정한 사업을 위하여 양여하는 금액을 말한다.

지방양여금법의 폐지로 지방양여금은 2005년 1월 1일부터 폐지되었다.

## 7. 보조금

보조금(補助金)은 국가나 시·도가 시책상 필요하다고 인정할 때 또는 지방자치단체의 재정사정상 특히 필요하다고 인정할 때에는 예산의 범위 안에서 지방자치단체에 교부하는 금액을 말한다(지방재정법 제23조).

보조금예산의 편성·교부신청·교부결정 및 사용 등은 보조금의예산및관리에관한법률에 의하여 규율되고 있다. 보조금의 교부결정, 교부결정의 취소 등에 있어 보조금을 제공하는 국가기관 등에 일정한 재량이 인정되고 있고(동법 제17~21조), 보조금의 사용에 대한 검사권이 부여되고 있다(동법 제36조).

## 8. 지방채

지방자치단체의 장이나 지방자치단체조합은 따로 법률로 정하는 바에 따라 지방채를 발행할 수 있는데(지방자치법 제139조 제1항), 지방재정법 제11조 이하의 규정에 따라야 한다.

## Ⅳ. 재산의 관리

지방자치단체의 재산의 관리에 관하여는 지방자치법(제159조 이하)과 「공유재산 및 물품관리법」이 규율하고 있다.

## Ⅴ. 결  산

지방자치단체의 장은 출납 폐쇄 후 80일 이내에 결산서 및 증빙서류를 작성하고 지방의회가 선임한 검사위원의 검사의견서를 첨부하여 다음 해 지방의회의 승인을 받아야 한다. 결산(決算)의 심사결과 위법 또는 부당한 사항이 있는 경우에 지방의회는 본회의 의결 후 지방자치단체 또는 해당 기관에 변상 및 징계 조치 등 그 시정을 요구하고, 지방자치단체 또는 해당 기관은 시정요구를 받은 사항을 지체 없이 처리하여 그 결과를 지방의회에 보고하여야 한다(제150조 제1항). 지방자치단체의 장은 제1항에 따른 승인을 받으면 5일 이내에 시·도에서는 행정안전부장관에게, 시·군 및 자치구에서는 시·도지사에게 각각 보고하고 그 내용을 고시하여야 한다(제150조 제2항).

지방자치단체를 폐지하거나 설치하거나 나누거나 합쳐 없어진 지방자치단체의 수입과 지출은 없어진 날로써 마감하되, 그 지방자치단체의 장이었던 사람이 이를 결산하여야 한다(제151조 제1항). 제1항의 결산은 제150조 제1항에 따라 사무를 인수한 지방자치단체의 의회의 승인을 받아야 한다(제2항).

## Ⅵ. 지방재정법

[판례] [1] 지방자치단체가 지방자치법 제9조 제2항 제2호에 정한 주민의 복지증진에 관한 사무로서 특정 개인이나 단체가 아니라 일정한 조건을 충족한 주민 일반을 대상으로 일정한 지원을 하겠다는 것은 그 조건이 사실상 특정 개인이나 단체를 위해 설정한 것이라는 등의 특별한 사정이 없는 한 구 지방재정법 제17조 제1항에서 정한 '개인 또는 단체에 대한 공금 지출'에 해당하지 아니한다. [2] 지방의회가 주민의 복지증진을 위해 조례를 제정하는 것을 제한할 수 있는지 여부(원

칙적 소극): 지방의회가 주민의 복지증진을 위해 조례를 제정·시행하는 것은 지방자치제도의 본질에 부합하므로 이로 인하여 지방자치단체 재정의 건전한 운영에 막대한 지장을 초래하는 것이 아니라면 조례 제정을 무조건 제한할 수는 없다(대판 2016. 05. 12, 2013추531[조례안재의결무효확인]).

# 제 3 절 조   례

## 제 1 항  조례의 의의와 성질

조례(條例)는 지방자치단체가 지방의회의 의결로 제정하는 법규이다.

조례는 넓게 보면 행정기관인 지방의회에 의해 제정되는 법이므로 행정입법에 속한다. 그런데, 조례 중 위임조례가 행정입법의 성질을 갖는다고 보는 것에는 문제가 없지만, 자치조례는 행정입법과 구별되어야 한다. 조례는 주민의 대표기관인 지방의회가 제정하는 법규범인 점에서 지방자치단체의 자치법이며 법률에 준하는 성질을 갖는다. 따라서, 법규명령의 제정에는 원칙상 상위 법령의 위임이 있어야 하며 그 위임은 구체적 위임이어야 하지만 조례의 제정에 있어서는 원칙상 법령의 근거를 요하지 않고, 법령의 수권을 요하는 경우(권리를 제한하거나 의무를 부과하거나 벌칙을 정하는 경우)에도 법률의 구체적 위임이 반드시 요구되는 것은 아니며 어느 정도 포괄적 위임도 가능하다.

## 제 2 항  조례의 종류

### I. 주민의 권리의무에 관한 조례와 지방자치단체의 내부조직이나 운영에 관한 조례

주민의 권리의무에 관한 사항을 정하는 조례는 주민에 대하여 구속력을 미치지만 지방자치단체의 내부조직이나 운영에 관한 조례는 주민에 대하여 직접적인 구속력을 미치지는 않는다. 그러나, 지방자치단체의 조직에 관한 조례에 위반한 행위는 위법하게 되므로 이 점에서 조직에 관한 조례도 대외적인 구속력을 갖는다.

### II. 위임조례와 직권조례, 자치조례

위임조례(委任條例)는 법령의 위임에 의해 제정되는 조례를 말하고, 직권조례(職權條例)는 법령의 위임 없이 제정되는 조례를 말한다.

기관위임사무에 관한 조례 및 지방자치단체의 사무에 관한 조례 중 주민의 권리를 제한하거나 의무를 부과하거나 벌칙을 정하는 조례는 법령의 위임이 있어야 한다.

자치조례(自治條例)는 지방자치단체의 사무에 관한 조례를 말한다. 자치조례에는 직권조례와 지방자치단체의 사무에 관한 위임조례가 있다.

## Ⅲ. 필요적 조례와 임의적 조례

조례는 원칙상 지방의회가 임의로 정할 수 있는 것이 원칙이지만 법령에서 조례로 정하도록 규정하고 있는 경우도 있다. 필요적 조례는 법령에 의해 조례로 정하도록 규정한 사항에 대하여 제정된 조례를 말하고, 임의적 조례는 지방의회의 재량에 의해 임의적으로 제정된 조례를 말한다.

# 제 3 항   조례제정권의 범위와 한계

지방자치법 제28조 제1항은 "지방자치단체는 법령의 범위에서 그 사무에 관하여 조례를 제정할 수 있다. 다만, 주민의 권리 제한 또는 의무 부과에 관한 사항이나 벌칙을 정할 때에는 법률의 위임이 있어야 한다"라고 규정하고 있고, 동조 제2항은 "법령에서 조례로 정하도록 위임한 사항은 그 법령의 하위 법령에서 그 위임의 내용과 범위를 제한하거나 직접 규정할 수 없다"고 규정하고 있다.

지방자치단체는 조례를 위반한 행위에 대하여 조례로써 1천만원 이하의 과태료를 정할 수 있다(제34조 제1항). 제1항에 따른 과태료는 해당 지방자치단체의 장이나 그 관할구역의 지방자치단체의 장이 부과·징수한다(제2항). 사기나 그 밖의 부정한 방법으로 사용료·수수료 또는 분담금의 징수를 면한 자에게는 그 징수를 면한 금액의 5배 이내의 과태료를, 공공시설을 부정사용한 자에게는 50만원 이하의 과태료를 부과하는 규정을 조례로 정할 수 있다(제156조 제2항).

## Ⅰ. 조례제정사무

조례는 지방자치단체의 사무, 즉 고유사무와 단체위임사무에 관하여는 법령의 위임 없이도 제정될 수 있다. 그러나, 기관위임사무는 국가사무이므로 법령의 위임이 있는 경우에 한하여 조례가 제정될 수 있다.

[판례] [1] 구 지방자치법 제15조(현행 지방자치법 제22조) 본문에 의하여 지방자치단체가 조례를 제정할 수 있는 사항은 지방자치단체의 고유사무인 자치사무와 개별 법령에 의하여 지방자치단체

에 위임된 이른바 단체위임사무에 한하고, 국가사무로서 지방자치단체의 장에게 위임되거나 상위 지방자치단체의 사무로서 하위 지방자치단체의 장에게 위임된 이른바 기관위임사무에 관한 사항은 조례제정의 범위 밖이라고 할 것이다(대판 2017. 12. 05, 2016추5162). [2] 도지사로부터 시장·군수에게 묘지 등의 허가권을 위임한 것은 단체위임이 아니라 기관위임이라고 보아야 할 것이다. [3] 도지사로부터 묘지 등 허가사무를 위임받은 주체는 지방자치단체인 군이 아니라 도의 하위 행정기관인 군수이고, 매장및묘지등에관한법률이나 도사무위임조례에 특별히 위임받은 기관인 시장·군수가 소속된 시·군의 조례로 사무처리에 관한 규정을 정할 수 있다는 위임근거 규정도 없기 때문에 군의회가 그 사무를 규율하는 조례를 제정할 수 없으므로, 군의회에서 의결된 '묘지 등설치허가시주민의견청취에관한조례안' 제3조는 구 지방자치법 제15조(현행 지방자치법 제22조) 본문에 위반된다(대판 1995. 12. 22, 95추32[조례안재의결무효확인]).

## Ⅱ. 법률유보의 문제

지방자치법 제28조 제1항에 의하면 지방자치단체는 그 내용이 주민의 권리의 제한 또는 의무의 부과에 관한 사항이거나 벌칙에 관한 사항이 아닌 한 법률의 위임이 없더라도 그의 사무에 관하여 조례를 제정할 수 있다(대판 2006. 10. 12, 2006추38). 주민의 권리제한 또는 의무부과에 관한 사항이나 벌칙을 정하는 조례는 그 조례의 성질을 묻지 아니하고 법률의 위임이 있어야 하고(제28조 단서), 그러한 위임 없이 주민의 권리제한 또는 의무부과에 관한 사항을 정한 조례는 위법하여 효력이 없다(대판 2018. 11. 29, 2016두35229).

[판례] ① [1] 학기당 2시간 정도의 인권교육의 편성·실시는 지방자치법 제9조 제2항 제5호가 지방자치단체의 사무로 예시한 교육에 관한 사무로서 초등학교·중학교·고등학교 등의 운영·지도에 관한 사무에 속한다. [2] 교육부장관이 관할 교육감에게, 甲 지방의회가 의결한 학생인권조례안에 대하여 재의요구를 하도록 요청하였으나 교육감이 이를 거절하고 **학생인권조례**를 공포하자, 조례안 의결에 대한 효력 배제를 구하는 소를 제기한 사안에서, 위 조례안은 …… 학교운영자나 학교의 장, 교사 등에게 새로운 의무를 부과하고 있는 것이 아니고, 정규교과 시간 외 교육활동의 강요 금지, 학생인권 교육의 실시 등의 규정 역시 교육의 주체인 학교의 장이나 교사에게 학생의 인권이 학교 교육과정에서 존중되어야 함을 강조하고 그에 필요한 조치를 권고하고 있는 데 지나지 아니하여, 그 규정들이 교사나 학생의 권리를 새롭게 제한하는 것이라고 볼 수 없으므로, 국민의 기본권이나 주민의 권리 제한에서 요구되는 **법률유보원칙**에 위배된다고 할 수 없고, 내용이 법령의 규정과 모순·저촉되어 **법률우위원칙**에 어긋난다고 볼 수 없다고 한 사례(대판 2015. 05. 14, 2013추98[조례안의결무효확인]).
② 교육부장관이 전자파 취약계층의 보호를 위해 경기도 내 유치원 및 초등학교 등을 전자파 안심지대로 지정하고 그곳에서는 누구든지 기지국을 설치할 수 없도록 하는 내용의 '경기도교육청 전자파 취약계층보호 조례안'에 대하여 법령에 반한다는 이유로 재의결을 요구하였으나 경기도의회가 원안대로 재의결한 사안에서, 위 조례안 중 지방자치단체의 공유재산이 아니고 초·중등교육법의 적용대상도 아닌 '사립유치원과 개인이 소유하거나 관리하는 복합 건물'에 관한 부분은 기지국 설치와 관련하여 기지국 설치자가 가지는 영업의 자유와 그 상대방이 가지는 계약의 자유를 제한할 수 있도록 조례에 위임하는 법령 규정이 존재하지 않으므로, 사립유치원과 복합 건물에 관하여 법

률의 위임 없이 주민의 권리 제한에 관한 사항을 규정하고 있다는 이유로 효력을 인정할 수 없다고 한 사례(대판 2017. 12. 05, 2016추5162). 〈해설〉 공유재산인 초등학교내에 기지국을 설치할 수 없도록 하는 조례는 주민의 권리를 제한하거나 의무를 부과하는 조례가 아니므로 법령의 수권 없이도 제정할 수 있다.

❸ '부산광역시 공공기관 인사검증 운영에 관한 조례안 중 증인 · 참고인에게 **출석의무 및 자료제출요구를 인정한 규정**들은 법률의 위임 없이 주민의 의무 부과에 관한 사항을 조례로 규정하여 **위법**하다고 한 사례(대판 2023. 03. 09, 2022추5118).

이와 같이 조례제정권을 제한하고 있는 지방자치법 제28조 단서에 대하여 위헌이라는 주장이 제기되고 있다. 지방자치법 제28조 단서의 위헌 여부에 관하여는 '주민의 권리제한 또는 의무부과'의 경우와 '벌칙'을 정하는 경우를 구분하여 논하여야 한다.

## 1. 주민의 권리제한 또는 의무부과에 관한 사항에 관한 조례제정에 법률의 위임을 요하는 규정의 위헌성

### (1) 위헌설

지방자치법 제28조 단서를 위헌이라고 하는 견해는 다음과 같은 논거를 가지고 있다. 즉, 헌법 제117조 제1항은 지방자치단체의 사무에 관하여는 '법령의 범위 안에서' 즉, 법령에 위반되지 않는 한 조례를 제정할 수 있는 것으로 자치입법권을 보장하고 있는데, 지방자치법 제28조 단서는 지방자치단체의 사무에 있어서도 주민의 권리제한 등에 관한 사항에 관하여는 법률의 위임이 있어야 조례가 제정될 수 있는 것으로 헌법에서 정하지 아니한 추가적 제한을 규정하고 있으므로 헌법 제117조 제1항에 반한다.[5]

### (2) 합헌설

지방자치법 제28조 단서가 합헌이라는 견해는 다음과 같은 논거를 가지고 있다. ① 국민의 전체의사로서의 법률과 제한적 지역단체 주민의 의사의 표현인 조례와의 사이에는 그 민주적 정당성에 차이가 있다. 따라서, 기본권 기타 국민의 자유나 권리의 제한적 규율은 전국민적인 민주적 정당성이 있는 법률에 의하여만 이를 할 수 있고, 조례에 의한 이들 사항의 규율은 법률의 위임이 있는 경우에만 가능하다고 보아야 한다. ② 헌법 제37조 제2항이 '국민의 모든 자유와 권리는 … 법률로써 제한할 수 있으며'라고 규정하여, 기본권의 제한에 대한 법률유보의 원칙을 명시하고 있는 바, 여기서의 법률은 국회가 제정한 형식적 의미의 법률이다.[6]

---

5) 박윤흔, 131면.
6) 김동희, 87~88면.

합헌설은 일반적으로 주민의 권리제한 또는 의무부과 및 벌칙을 정하는 조례는 법률의 근거가 있어야 한다는 입장을 취한다. 그러나, 합헌설을 취하면서도 주민의 권리제한 또는 의무부과 및 벌칙을 정하는 조례에 법률의 근거를 필요한 것으로 할 것인지는 입법정책에 속하는 문제라고 보는 견해도 있다.

### (3) 판  례

대법원은 지방자치법 제28조 단서는 기본권 제한에 대하여 법률유보원칙을 선언한 헌법 제37조 제2항의 취지에 부합한다고 판시하여 합헌설을 취하고 있다(대판 1995. 05. 12, 94추28; 1997. 04. 25, 96추251). 헌법재판소도 지방자치법 제28조 단서가 합헌이라고 보고 있다(헌재 1995. 04. 20, 92헌마264).

**[판례]** ① 정보공개조례는 권리를 제한하거나 의무를 부과하는 조례가 아니므로 법률의 위임이 필요없다(대판 1992. 06. 23. 92추17: 청주시정보공개조례사건).
② 담배자판기설치금지조례는 권리를 제한하는 조례이므로 법률의 위임이 필요한 조례이다(헌재 1995. 04. 20, 92헌마264).
③ 법률의 위임 없이 보육시설 종사자의 정년을 규정한 '서울특별시 중구 영유아 보육조례 일부개정조례안' 제17조 제3항은, 법률의 위임 없이 헌법이 보장하는 직업을 선택하여 수행할 권리의 제한에 관한 사항을 정한 것이어서 그 효력을 인정할 수 없으므로, 위 조례안에 대한 재의결은 무효라고 한 사례(대판 2009. 05. 28, 2007추134[조례안재의결무효확인청구]).

### (4) 사견(합헌설, 입법정책설)

다음과 같은 이유에서 지방자치법 제28조 단서는 위헌은 아니라고 보는 것이 타당하다. ① 헌법 제117조 제1항은 지방자치단체의 자치입법권을 보장하고 있지만, 원칙을 정한 것에 불과하며 법령의 범위 안에서, 즉 법령에 위반하지 않는 한 자치입법권이 절대적으로 보장된다는 것을 규정한 것은 아니며 자치입법권의 구체적인 범위는 헌법의 범위 안에서 법률로 구체화되는 것이다. 다만, 자치입법권의 범위와 한계를 정함에 있어서 법률은 지방자치를 제도적으로 보장하고 있는 헌법에 위반하면 안 된다. 그런데, 지방자치법 제28조 단서는 헌법이 보장한 자치입법권을 본질적으로 제한하는 것은 아니다. ② 국민의 권리제한이나 의무부과에 관한 사항을 법률의 위임에 의해 제정하도록 할 것인지 여부는 입법정책에 속하는 것으로 보아야 한다. 따라서, 일본의 경우와 같이 주민의 권리를 제한하거나 의무를 부과하는 조례도 법률이 위임 없이 제정될 수 있는 것으로 규정하여도 헌법에 반하는 것은 아니다. ③ 헌법 제37조 제1항이 국민의 기본권의 제한은 법률로 정하도록 하고 있지만, 헌법 제37조 제2항을 지방자치와 자치입법권을 인정한 헌법 제117조의 규정과 조화롭게 해석하여야 하고, 조례는 법률에 준하는 것이며 전국민을 구속하는 것이 아니라 지역주민만을

구속하는 것이고 또한 법령에 반하여서는 안 된다는 한계가 있으므로 주민의 권리제
한이나 의무부과를 법률의 근거 없이 조례가 제정하는 것으로 하더라도 헌법 제37조
제1항이나 헌법의 기본권보장의 취지에 반하지 않는다고 보아야 한다.

다만, 입법론으로는 지방자치법 제28조 단서를 개정하여 형벌을 정하는 조례에
한정하여 법률의 근거를 요하는 것으로 규정하는 것이 바람직하다. 지방자치의 취지
에 비추어 보면 권리를 제한하거나 의무를 부과하거나 과태료를 부과하는 조례도 법
률의 근거 없이 제정될 수 있는 것으로 규정하는 것이 바람직하다.

## 2. 조례로 벌칙을 정함에 있어 법률의 위임을 요하는 규정의 위헌성

벌칙의 제정에 법률의 위임이 있어야 한다는 제28조 단서의 규정이 위헌인지
여부를 논함에 있어서는 형벌과 형사벌칙이 아닌 과태료를 구별하여 논하여야 한다.

벌칙 중 형벌(형사벌칙)을 정하는 것은 국가사무이며 또한 죄형법정주의에 비추어
개별적·구체적 법률의 위임이 없이는 형벌을 조례로 정할 수는 없다(박윤흔, 132면).

벌칙 중 형사벌칙이 아닌 과태료를 조례로 정하기 위하여 법률의 위임이 있어야
한다고 규정한 지방자치법 제28조 단서가 위헌인지의 여부의 문제는 과태료의 부과
는 의무를 부과하는 조례이므로 의무를 부과하는 조례와 같게 보아야 한다.

## 3. 위임의 정도

법령에서 조례에 위임하는 경우에 구체적 위임을 하여야 하는지 아니면 포괄적
위임도 가능한지가 문제되는데, 이에 관하여 견해가 대립되고 있다.

### (1) 포괄적 위임가능설

이 견해는 조례는 자치법규이고, 조례제정기관인 지방의회가 민주적으로 선출·
구성되는 주민의 대표기관이므로 조례에 대하여는 포괄적인 수권도 가능하다고 한다.

### (2) 구체적 수권필요설

조례는 위임행정입법이고, 특별규정이 없으므로 일반론에 따라 조례에 대하여도
개별적·구체적 수권이 필요하다는 견해이다. 이 견해는 소수견해이다.

### (3) 절충설

자치조례에는 포괄적 수권이 가능하지만, 기관위임사무에 관한 위임조례에는 구
체적 수권이 필요하다는 견해이다.

### (4) 판 례

판례는 절충설을 취하는 것으로 보인다.

**[판례]** ① 지방자치단체의 자치사무나 단체위임사무에 관한 자치조례의 제정 한계: 조례가 규정하고 있는 사항이 그 근거 법령 등에 비추어 볼 때 자치사무나 단체위임사무에 관한 것이라면 이는 자치조례로서 지방자치법 제15조가 규정하고 있는 '법령의 범위 안'이라는 사항적 한계가 적용될 뿐, 위임조례와 같이 국가법에 적용되는 일반적인 위임입법의 한계가 적용될 여지는 없다(대판 2000. 11. 24, 2000추29).
② 지방자치단체의 세 자녀 이상 세대 양육비 등 지원에 관한 조례안은 저출산 문제의 국가적·사회적 심각성을 십분 감안하여 향후 지방자치단체의 출산을 적극 장려토록 하여 인구정책을 보다 전향적으로 실효성 있게 추진하고자 세 자녀 이상 세대 중 세 번째 이후 자녀에게 양육비 등을 지원할 수 있도록 하는 것으로서, 위와 같은 사무는 지방자치단체 고유의 자치사무 중 주민의 복지증진에 관한 사무를 규정한 지방자치법 제9조 제2항 제2호 (라)목에서 예시하고 있는 아동·청소년 및 부녀의 보호와 복지증진에 해당되는 사무이고, 또한 위 조례안에는 주민의 편의 및 복리증진에 관한 내용을 담고 있어 그 제정에 있어서 반드시 법률의 개별적 위임이 따로 필요한 것은 아니다(대판 2006. 10. 12, 2006추38).
③ 구 하천법 제33조 제4항이 부당이득금의 금액과 징수방법 등에 관하여 구체적으로 범위를 정하지 아니한 채 포괄적으로 조례에 위임하고 있고, 위 법률규정에 따라 지방자치단체의 하천·공유수면 점용료 및 사용료 징수조례가 부당이득금의 금액과 징수방법 등에 관하여 필요한 사항을 구체적으로 정하였다 하여, 위 법률규정이 포괄위임금지의 원칙에 반하는 것으로서 헌법에 위반된다고 볼 수 없다(대판 2006. 09. 08, 2004두947).
④ 법률이 주민의 권리의무에 관한 사항에 관하여 구체적으로 범위를 정하지 않은 채 조례로 정하도록 포괄적으로 위임한 경우, 지방자치단체가 주민의 권리의무에 관한 사항을 조례로 제정할 수 있는지 여부(한정 적극): 법률에서 조례에 위임하는 방식에 관해서는 법률상 제한이 없다. 조례의 제정권자인 지방의회는 선거를 통해서 지역적인 민주적 정당성을 지니고 있는 주민의 대표기관이다. 헌법 제117조 제1항은 지방자치단체에 포괄적인 자치권을 보장하고 있다. 따라서 조례에 대한 법률의 위임은 법규명령에 대한 법률의 위임과 같이 반드시 구체적으로 범위를 정하여 할 필요가 없다. 법률이 주민의 권리의무에 관한 사항에 관하여 구체적으로 범위를 정하지 않은 채 조례로 정하도록 포괄적으로 위임한 경우에도 지방자치단체는 법령에 위반되지 않는 범위 내에서 주민의 권리의무에 관한 사항을 조례로 제정할 수 있다(대판 2017. 12. 05, 2016추5162; 대판 2019. 10. 17, 2018두40744[태양광발전시설 설치 시 이격거리 기준을 정한 조례에 관한 사건]).

### (5) 사견(절충설)

다음과 같은 이유에서 자치조례에는 포괄적 수권이 가능하지만, 기관위임사무에 관한 위임조례에는 구체적 수권이 필요하다는 절충설이 타당하다. ① 지방자치단체의 사무에 관한 조례 즉 자치조례는 주민의 대표기관인 지방의회가 제정하는 자치법규로서 법률에 준하는 성질을 가지며 행정입법과는 구별되어야 하므로 자치조례에는 국가법에 적용되는 일반적인 위임입법의 한계(포괄위임의 금지)가 적용될 여지는 없다(대판 2000. 11. 24, 2000추29). 즉, 권리를 제한하거나 의무를 부과하거나 벌칙을 정하는 자치조례에는 법률의 위임이 있어야 하지만, 이 경우 법률의 위임은 어느 정도 포괄적인(일반적인) 위임도 가능하다고 보아야 한다(대판 1991. 08. 27, 90누6613; 헌재 1995. 04. 20, 92헌마264). 구체적 위임을 정하는 헌법 제75조는 자치조례에는 적용되지 않는다고 보아야 한다.

따라서, 현행 지방자치법 제33조 제1항은 "지방자치단체는 조례로써 조례위반 행위에 대하여 1천만 원 이하의 과태료를 정할 수 있다"라고 조례에 의한 과태료의 제정을 일반적으로 위임하고 있는데 이 규정은 헌법에 반하지 않는다고 본다.[7]

② 그러나, 기관위임사무에 관한 위임조례는 행정입법의 일종으로서 행정입법에 관한 일반적인 위임의 한계가 적용된다. 즉, 기관위임사무에 관한 사항을 조례에 위임하는 경우에는 구체적으로 위임하여야 한다.

③ 법률로 형벌에 관한 사항을 조례에 위임함에 있어서는 구체적으로 조례에 위임하여야 하며 죄형법정주의에 위반하여서는 안 된다.

## 4. 법률의 위임 없이 제정된 권익침해조례의 효력

판례에 의하면 법률의 위임 없이 주민의 권리제한 또는 의무부과에 관한 사항을 정한 조례는 법률유보의 원칙에 위배되고 지방자치법 제28조 단서위반으로 효력이 없다. 즉 무효이다(대판 전원합의체 2012. 11. 22, 2010두19270[건축허가신청불허가처분취소]).

## 5. 현행 헌법상 자치입법권 강화방안

**입법론**으로 전국적으로 통일적으로 규율할 필요가 없고, 지방의 특성을 고려하여 정하는 것이 바람직한 사항은 명령으로 정하지 않고, 조례 등으로 정하는 것으로 하는 것이 바람직하다. 법률에서 자치사무에 관한 사항을 위임하는 경우 명령으로 정하도록 위임하지 않고 조례나 규칙에 위임하도록 하여야 한다. 조례로 정할 사항을 명령으로 정하는 것은 지방자치의 정신에도 반한다. 자치입법권 침해시 권한쟁의가 가능하도록 하는 방안도 고려할 수 있다.

## Ⅲ. 법률우위의 문제

### 1. 의     의

조례는 국가의 法令(헌법, 법률, 명령 등 국가가 정립하는 법)에 위반할 수 없다. 지방

---

7) 구 지방자치법 제20조 제1항은 "시·도의 조례로는 3월 이하의 징역·금고, 10만 원 이하의 벌금·구류·과료 또는 50만원 이하의 과태료의 벌칙을 정할 수 있다"라고 형사벌칙제정권을 일반적으로 위임하는 규정을 두고 있었는데, 이 규정의 죄형법정주의의 위반 여부 등 위헌성에 관하여 학설이 대립되었다(박윤흔, 133; 김동희, 75). 형사벌칙제정권을 일반적으로 위임한 구 지방자치법 제20조 제1항이 위헌이라는 헌법소원이 제기되는 등 위헌에 관한 논란이 일자 동 규정을 개정하여 형사벌칙제정권을 일반적으로 위임하는 규정은 삭제하고 그 대신 현행 지방자치법 제20조 제1항과 같이 지방자치단체의 조례로 정할 수 있는 과태료의 상한을 대폭 상향하였다.

자치법 제28조 본문은 "지방자치단체는 법령의 범위 안에서 그 사무에 관하여 조례를 제정할 수 있다"라고 규정하고 있는데, '법령의 범위 안에서'라 함은 '법령에 위반되지 아니하는 범위 내에서'라고 해석된다(대판 2009. 04. 09, 2007추103). 국가 법령의 조례에 대한 우위는 통일적인 국가법질서를 유지하기 위하여 요구된다.

## 2. 법률우위의 원칙의 내용

법률의 우위는 국가법령의 자치법규에 대한 우위를 의미한다. 국가법령에는 법률뿐만 아니라 헌법, 법의 일반원칙, 명령이 포함된다.

조례가 법령에 위반되면 위법인 조례가 되며 법원 및 헌법재판소에 의한 직접적 통제 및 간접적 통제의 대상이 된다(후술 참조).

위법한 조례는 효력이 없다(무효이다).

**[판례]** 지방자치단체가 제정한 조례가 법령을 위반하는 경우에는 효력이 없다(무효이다)(대판 2008. 06. 12, 2007추42)[공항고속도로통행료사건]; 2009. 10. 15, 2008추32). 〈해설〉이 경우 조례의 무효가 행정행위의 무효와 동일한 것인지는 의문이다.

## 3. 조례의 위법(법률우위의 원칙 위반)의 판단기준

### (1) 조례의 내용이 법령에 위반하는지 여부의 판단기준

조례의 상위법령에의 위반은 법령의 상위법령에의 위반과 동일하다는 견해가 있지만, 조례가 자치법규인 점에 비추어 자치권 보장을 위해 법률우위의 원칙을 완화하여야 한다는 견해(법률선점이론의 수정론, 양립가능성론)가 다수견해이다. 양립가능성론은 조례의 법령에 대한 위반 여부는 조례의 규정이 당해 법령의 규정과 양립가능한 것인지 여부에 의해 판단된다고 하는 견해이다.

**[판례]** ① 조례가 법령을 위반하는지 여부는 법령과 조례 각각의 규정 취지, 규정의 목적과 내용 및 효과 등을 비교하여 둘 사이에 모순·저촉이 있는지의 여부에 따라서 개별적·구체적으로 결정하여야 한다(대판 2008. 06. 12, 2007추42[공항고속도로통행료사건]; 2009. 10. 15, 2008추32). 〈해설〉명확하지는 않지만, 양립가능성론에 입각한 판례로 볼 수 있다.
② 법령에서 특정사항에 관하여 조례에 위임을 한 경우, 조례가 위임의 한계를 준수하고 있는지 판단하는 기준: 법령에서 특정사항에 관하여 조례에 위임을 한 경우 조례가 위임의 한계를 준수하고 있는지를 판단할 때는 당해 법령 규정의 입법 목적과 규정 내용, 규정의 체계, 다른 규정과의 관계 등을 종합적으로 살펴야 하고, 위임 규정 자체에서 그 의미 내용을 정확하게 알 수 있는 용어를 사용하여 위임의 한계를 분명히 하고 있는데도 그 문언적 의미의 한계를 벗어났는지, 수권 규정에서 사용하고 있는 용어의 의미를 넘어 그 범위를 확장하거나 축소하여 위임 내용을 구체화하는 정도를 벗어나 새로운 입법을 하였는지 등도 아울러 고려해야 한다(대판 2017. 04. 07, 2014두37122; 대판 2019. 01. 31, 2018두43996).

③ 조례 규정이 상위법령의 가능한 해석범위를 넘어 이를 확장함으로써 위임의 한계를 벗어난 새로운 입법을 한 것과 다름없으면 효력이 없다(대판 2018. 11. 29, 2016두35229).

④ [1] 가축분뇨의 관리 및 이용에 관한 법률 제8조 제1항 제1호(위임조항)가 가축사육의 제한구역 지정기준에 대하여 추상적·개방적 개념으로만 규정한 취지: 가축분뇨의 관리 및 이용에 관한 법률(이하 '가축분뇨법'이라 한다) 제8조 제1항 제1호(이하 '**위임조항**'이라 한다)는 지역주민의 생활환경보전 또는 상수원 수질보전이라는 목적을 위하여 가축사육 제한구역을 지정할 수 있도록 하면서 지정 대상을 주거밀집지역, 수질환경보전지역 등으로 한정하되, **지정기준으로는** 주거밀집지역에 대하여는 '생활환경의 보호가 필요한 지역', 수질환경보전지역에 대하여는 '상수원보호구역 등에 준하는 수질환경보전이 필요한 지역'이라고 하여 **추상적·개방적 개념으로만 규정하고 있다.** 가축분뇨법의 입법 목적 등에 비추어 볼 때, 위임조항이 그와 같은 규정 형식을 취한 것은 가축사육 제한구역 지정으로 인한 지역주민의 재산권 제약 등을 고려하여 법률에서 지정기준의 대강과 한계를 설정하되, **구체적인 세부기준은 각 지방자치단체의 실정 등에 맞게 전문적·기술적 판단과 정책적 고려에 따라 합리적으로 정하도록** 한 것이다. [2] 가축분뇨의 관리 및 이용에 관한 법률 제8조 제1항 제1호의 위임에 따라 닭의 가축사육제한구역을 '주거밀집지역으로부터 900m'로 규정한 '금산군 가축사육 제한구역 조례' 제3조 제1항 제1호 [별표 2] '주거밀집지역 설정에 따른 가축종류별 거리제한'이 위임조항의 위임범위를 벗어난 것인지가 문제 된 사안에서, **위 조례 조항은** 위임조항의 '지역주민의 생활환경보전'을 위하여 '주거밀집지역으로 생활환경의 보호가 필요한 지역'을 그 의미 내에서 **구체화한 것이고**, 위임조항에서 정한 가축사육 제한구역 지정의 목적 및 대상에 부합하고 위임조항에서 **위임한 한계를 벗어났다고 볼 수 없음에도**, 이와 달리 본 원심판단에 법리를 오해한 잘못이 있다고 한 사례(대판 2019. 01. 31, 2018두43996).

⑤ 청송군 도시계획 조례 제23조의2 제1항 제1호, 제2호가 상위법령의 위임한계를 일탈하였는지 문제 된 사안에서, 위 조례 조항의 위임근거가 되는 국토의 계획 및 이용에 관한 법령 규정들의 문언과 내용, 체계, 입법 취지 및 지방자치단체가 개발행위에 관한 세부기준을 조례로 정할 때 형성의 여지가 보다 넓게 인정되어야 하는 점, 태양광발전시설이 가져올 수 있는 환경훼손의 문제점과 청송군의 지리적·환경적 특성, 조례 조항에 따른 이격거리 기준을 적용하지 않는 예외사유를 인정하고 있는 점, 국토의 계획 및 이용에 관한 법령에서 개발행위허가기준의 대강과 한계만을 정하고 구체적인 세부기준은 각 지방자치단체가 지역의 특성, 주민 의견 등을 고려하여 지방자치단체의 실정에 맞게 정할 수 있도록 위임하고 있는 취지 등을 관련 법리에 비추어 살펴보면, 위 조례 조항이 '고속도로, 국도, 지방도, 군도, 면도 등 주요도로에서 1,000미터 내'와 '10호 이상 주거밀집지역, 관광지, 공공시설 부지 경계로부터 500미터 내'의 태양광발전시설 입지를 제한하고 있다고 하여 국토의 계획 및 이용에 관한 법령에서 위임한 한계를 벗어난 것이라고 볼 수 없다고 한 사례(대판 2019. 10. 17, 2018두40744).

⑥ 독서실 열람실 내 남녀별 좌석을 구분 배열하도록 하고 그 위반 시 교습정지처분을 할 수 있도록 한 「전라북도 학원의 설립·운영 및 과외교습에 관한 조례」(이하 '이 사건 조례'라 한다) 제11조 제1호, 위 조례 시행규칙 제15조 제1항 [별표 3]('이 사건 조례 조항'이라 한다)은 과잉금지원칙에 반하여 독서실 운영자의 직업수행의 자유와 독서실 이용자의 일반적 행동자유권 내지 자기결정권을 침해하는 것으로 헌법에 위반된다(대판 2022. 01. 27, 2019두59851).

⑦ 서초구의회가 의결한 '시가표준액 9억 원 이하의 1가구 1개 주택을 소유한 개인에 대하여 지방세법이 정한 재산세의 세율을 표준세율의 100분의 50으로 감경하는' 내용의 '서울특별시 서초구 구세 조례 일부 개정 조례안'에 대하여 서울특별시장이 지방세법 위반의 소지가 있다는 이유로 재의요구를 지시하였으나 구청장이 따르지 않고 공포하자 조례안 의결의 효력 배제를 구하는 무효

확인의 소를 제기한 사안에서, 위 조례안이 근거조항의 위임범위의 한계를 일탈하였다거나 조세법률주의, 포괄위임금지 원칙, 조세법률의 명확성 원칙, 지방세특례제한법의 절차, 조세평등주의 등에 위배되어 무효라고 볼 수 없다고 한 사례(대판 2022. 04. 14, 2020추5169).

## (2) 법령에서 이미 정하고 있는 사항에 대하여 조례로 정할 수 있는지 여부

### 1) 엄격한 법률선점론(국법선점론)

엄격한 법률선점론(法律先占論)은 국가법령이 이미 정한 사항에 대하여 조례로 정하는 것은 위법하다고 보는 견해이다. 이러한 결론은 국가법령의 조례에 대한 우위로부터 당연히 도출된다고 본다.

이러한 엄격한 법률선점론은 일본에서 과거에 주장되었는데, 오늘날은 자치입법권을 제약한다는 점에서 비판을 받고 있다.

### 2) 완화된 법률(국법)선점론(법률선점론의 수정론)

이 견해는 지역의 실정에 맞는 공해규제 등 지방자치단체의 자치입법권을 보장하기 위하여 국가법령이 정한 사항이라도 지역의 특수성을 고려하여 조례로 달리 정할 수 있다는 견해로 법률선점론을 완화하는 이론이다. 오늘날 다수견해이다.

### 3) 판 례

판례는 조례가 법령이 이미 정하고 있는 사항에 대하여 법령과 동일한 목적으로 규율하고 있는 경우에도 국가법령이 조례로 지역의 실정에 맞게 별도로 규율하는 것을 용인하는 경우에는 당해 조례가 법령이 정한 기준을 초과하여도 위법하지 않다고 하면서 법률우위의 원칙을 완화하고 있다.

**[판례]** 조례로 정하고자 하는 특정사항에 관하여 이미 법령이 존재하는 경우, 조례의 적법요건: 지방자치단체는 법령에 위반되지 아니하는 범위 내에서 그 사무에 관하여 조례를 제정할 수 있는 것이고, 조례가 규율하는 특정사항에 관하여 그것을 규율하는 국가의 법령이 이미 존재하는 경우에도 조례가 법령과 별도의 목적에 기하여 규율함을 의도하는 것으로서 그 적용에 의하여 법령의 규정이 의도하는 목적과 효과를 전혀 저해하는 바가 없는 때, 또는 양자가 동일한 목적에서 출발한 것이라고 할지라도 국가의 법령이 반드시 그 규정에 의하여 전국에 걸쳐 일률적으로 동일한 내용을 규율하려는 취지가 아니고 각 지방자치단체가 그 지방의 실정에 맞게 별도로 규율하는 것을 용인하는 취지라고 해석되는 때에는 그 조례가 국가의 법령에 위반되는 것은 아니다(대판 1997. 04. 25, 96추244: 일정한 자활보호대상자에 대한 생계비 지원을 규정한 조례가 구 생활보호법상의 자활보호대상자 보호제도와 모순·저촉되지 않는다고 본 사례; 2006. 10. 12, 2006추38: 군민의 출산을 적극 장려하기 위하여 세 자녀 이상의 세대 중 세 번째 이후 자녀에게 양육비 등을 지원할 수 있도록 하는 내용의 '정선군 세 자녀 이상 세대 양육비 등 지원에 관한 조례안'이 법령에 위반되지 않는다고 한 사례).

## (3) 조례의 유형(조례와 법률의 관계)에 따른 구체적 검토

### 1) 조례에 의한 지방의회 또는 지방자치단체의 장의 권한의 제한의 위법 여부

이에 관하여는 전술한 바와 같다(지방의회와 지방자치단체의 장의 관계 참조).

2) 추가조례

국가의 법령과 규율대상 내지 규율사항을 달리하는 조례(이를 '추가조례(追加條例)'
라 한다)는 원칙상 당해 국가법령에 위반하는 것으로 볼 수 없다.

그런데, 현행 지방자치법은 일본의 지방자치법과 달리 권리를 제한하거나 의무
를 부과하거나 벌칙을 정하는 조례는 법률의 근거가 있어야 하므로 조례가 주민의
권리를 제한하거나 의무를 부과하거나 벌칙을 정하는 내용인 경우에는 법령의 위임
이 없는 한 당해 조례는 국가법령에의 위반 여부를 판단할 것도 없이 지방자치법 제
28조 단서에 위반하여 위법하다.

**[판례]** 甲 지방자치단체 내 대중교통 소외지역에 거주하는 주민들의 사전요청에 따른 택시 운행과
해당 주민에 대한 운행요금의 보조 등에 관한 사항을 정한 '甲 지방자치단체 대중교통 소외지역
주민 교통복지 증진에 관한 조례안'에 대하여 甲 지방자치단체장이 법령에 위배된다는 등의 이유
로 재의를 요구하였으나 甲 지방의회가 재의결한 사안에서, 위 조례안의 보조금 지급사무는 지방
자치법 제9조 제2항 제2호 (가)목에서 정한 '주민복지에 관한 사업'에 속하는 것으로 지방자치단체
가 법령의 위임 없이도 조례로 규율할 수 있는 자치사무에 해당하고, 합승을 허용하거나 권장한다
고 볼 만한 규정을 두고 있지 않고 택시 운송사업자의 합승금지를 전제로 한 것이며, 마을택시란
'운행계통을 정하지 않고' 운행되는 것임을 명문으로 규정하고 있는 점 등을 종합하면, 위 조례안
이 마을택시를 '운행계통을 정하여' 운행하도록 규정하였다고 볼 수 없으므로, 여객자동차 운수사
업법상 합승금지 조항 및 여객자동차 운수사업법 시행령상 구역 여객자동차운송사업의 사업형태
에 관한 규정에 위배되지 않는다고 한 사례(대판 2015. 06. 24, 2014추545 [조례안재의결무효확인]).

3) 규율목적이 상이한 조례

조례가 국가의 법령과 동일한 사항을 정하고 있는 경우에도 법령과 규율목적이
다르고 조례의 규정이 국가법령의 입법목적을 저해하지 않는 경우에도 조례는 당해
법령에 위반하는 것으로 볼 수 없다.

**[판례]** 조례가 규율하는 특정사항에 관하여 그것을 규율하는 국가의 법령이 이미 존재하는 경우에도
조례가 법령과 별도의 목적에 기하여 규율함을 의도하는 것으로서 그 적용에 의하여 법령의 규정이
의도하는 목적과 효과를 전혀 저해하는 바가 없는 때에는 그 조례가 국가의 법령에 위반되는 것은
아니다(대판 1997. 04. 25, 96추244[조례안재의결무효확인]).

4) 초과조례

문제가 되는 것은 법령과 조례가 동일한 사항을 동일한 규율목적으로 규정하고
있는 경우에, 법령이 정한 기준을 초과하여 보다 강화되거나 보다 약화된 기준을 정
한 조례(이를 '초과조례(超過條例)'라 한다)가 법률우위의 원칙에 반하는가 하는 것이다.

초과조례에는 법령보다 강하게 국민의 권익을 보장하는 조례(이를 '수익초과조례

(授益超過條例)'라 한다)와 법령보다 강하게 국민의 권익을 제한하는 조례(이를 '침익초과 조례(侵益超過條例)'라 한다)가 있고, 기타 침익조례도 아니고 수익조례도 아닌 것(예를 들면, 공유재산의 관리행위를 규율하는 조례)도 있다.

조례가 법령이 이미 정하고 있는 사항에 대하여 법령과 동일한 목적으로 규율하고 있는 경우에도 명문의 규정으로 또는 해석상 국가법령이 조례로 지역의 실정에 맞게 별도로 규율하는 것을 용인하는 경우에는 당해 조례는 법령이 정한 기준을 초과하여도 위법하지 않다(양립가능하다)고 보아야 하고, 이것이 판례의 입장이다.

**[판례]** 조례로 정하고자 하는 특정사항에 관하여 이미 법령이 존재하는 경우, 조례의 적법요건: 지방자치단체는 법령에 위반되지 아니하는 범위 내에서 그 사무에 관하여 조례를 제정할 수 있는 것이고, 조례가 규율하는 특정사항에 관하여 그것을 규율하는 국가의 법령이 이미 존재하는 경우에도 조례가 법령과 별도의 목적에 기하여 규율함을 의도하는 것으로서 그 적용에 의하여 법령의 규정이 의도하는 목적과 효과를 전혀 저해하는 바가 없는 때, 또는 양자가 동일한 목적에서 출발한 것이라고 할지라도 국가의 법령이 반드시 그 규정에 의하여 전국에 걸쳐 일률적으로 동일한 내용을 규율하려는 취지가 아니고 각 지방자치단체가 그 지방의 실정에 맞게 별도로 규율하는 것을 용인하는 취지라고 해석되는 때에는 그 조례가 국가의 법령에 위반되는 것은 아니다(대판 1997. 04. 25, 96추244; 2006. 10. 12, 2006추38).

**가. 침익초과조례**    ① 현행 지방자치법 제28조 단서로 인하여 법령에 근거가 없는 한 침익초과조례는 인정될 수 없다.
② 당해 초과조례가 법령에 근거가 있는 경우에는 법령에 위반하여서는 안 된다(대판 1997. 04. 25, 96추251).

**[판례]** ① [1] 차고지확보제도 조례안이 자동차·건설기계의 보유자에게 차고지확보의무를 부과하는 한편 자동차관리법에 의한 자동차등록(신규·변경·이전) 및 건설기계관리법에 의한 건설기계등록·변경신고를 하려는 자동차·건설기계의 보유자에게 차고지확보 입증서류의 제출의무를 부과하고 그 입증서류의 미제출을 위 등록 및 신고수리의 거부사유로 정함으로써 결국 등록·변경신고를 하여 자동차·건설기계를 운행하려는 보유자로 하여금 차고지를 확보하지 아니하면 자동차·건설기계를 운행할 수 없도록 하는 것을 그 내용으로 하고 있다면, 이는 주민의 권리를 제한하고 주민에게 의무를 부과하는 것임이 분명하므로 지방자치법 제15조 단서의 규정에 따라 그에 관한 법률의 위임이 있어야만 적법하다. [2] 도시교통정비촉진법 제19조의10 제3항에서 교통수요관리에 관하여 법에 정한 사항을 제외하고는 조례로 정하도록 규정하고 있고, 차고지확보제도는 차고지를 확보하지 아니한 자동차·건설기계의 보유자로 하여금 그 자동차·건설기계를 운행할 수 없도록 하는 것으로서 결과적으로 자동차 등의 통행량을 감소시키는 교통수요관리(그중 주차수요관리) 방안의 하나에 해당하므로, 같은 법 제19조의10 제3항의 규정은 비록 포괄적이고 일반적인 것이기는 하지만 차고지확보제도를 규정한 조례안의 법률적 위임근거가 된다. 〈해설〉 차고지확보사무가 자치사무이므로 그에 관하여 포괄적 위임이 가능하다. [3] 차고지확보 대상을 자가용자동차 중 승차정원 16인 미만의 승합자동차와 적재정량 2.5t 미만의 화물자동차까지로 정하여 자동차운수사업법령이 정한 기준보다 확대하고, 차고지확보 입증서류의 미제출을 자동차등록 거부사유로 정하

여 자동차관리법령이 정한 자동차 등록기준보다 더 높은 수준의 기준을 부가하고 있는 **차고지확보제도에 관한 조례안은 비록 그 법률적 위임근거는 있지만 그 내용이 차고지 확보기준 및 자동차등록기준에 관한 상위법령의 제한범위를 초과하여 무효**라고 한 사례(대판 1997. 04. 25, 96추251). ② [1] 특정 사안과 관련하여 법령에서 조례에 위임을 한 경우, **조례가 위임의 한계를 준수하고 있는지 판단하는 기준**: 특정 사안과 관련하여 법령에서 조례에 위임을 한 경우 조례가 위임의 한계를 준수하고 있는지를 판단할 때는 당해 법령 규정의 입법 목적과 규정 내용, 규정의 체계, 다른 규정과의 관계 등을 종합적으로 살펴야 하고, 위임 규정 자체에서 그 의미 내용을 정확하게 알 수 있는 용어를 사용하여 위임의 한계를 분명히 하고 있는데도 그 문언적 의미의 한계를 벗어났는지나, 수권 규정에서 사용하고 있는 용어의 의미를 넘어 그 범위를 확장하거나 축소하여서 위임 내용을 구체화하는 단계를 벗어나 새로운 입법을 하였는지 등도 아울러 고려해야 한다. [2] 구 서울특별시 도시 및 주거환경 정비조례 제4조 제1항 제2호가 시행령 [별표 1] 제2호의 범위 안에서 정비구역 지정요건을 구체화한 것이므로, 수권 규정의 위임 한계를 일탈하였다거나 그 지정요건을 완화한 것이라 보기 어렵다고 한 사례(대판 2012. 10. 25, 2010두25077[재정비촉진계획결정취소]).

지역의 실정에 맞게 규제를 강화할 필요가 있는 사항에 관하여는 법령은 전국적으로 규율할 사항 또는 전국적으로 적용되는 최소한의 규제기준만을 정하고 조례로 지역의 특성에 맞게 법령에서 정한 사항을 초과하여 정할 수 있도록 그 사항에 관한 규율을 조례에 위임한 것으로 보여지는 경우 초과조례는 법령에 반하지 않는다.

**나. 수익초과조례**    수익초과조례는 법령의 위임 없이 제정될 수 있는데, 법령이 최소한의 기준을 정하고 있고, 조례로 지방의 실정에 맞게 별도로 급부를 강화하는 규율을 허용하고 있다고 해석되는 경우에는 당해 조례는 법령에 반하지 않는다고 보아야 한다.

**[판례]** ① "조례안의 내용은 생활유지의 능력이 없거나 생활이 어려운 자에게 보호를 행하여 이들의 최저생활을 보장하고 자활을 조성함으로써 구민의 사회복지의 향상에 기여함을 목적으로 하는 것으로서 생활보호법과 그 목적 및 취지를 같이 하는 것이나, 보호대상자 선정의 기준 및 방법, 보호의 내용을 생활보호법의 그것과는 다르게 규정함과 동시에 생활보호법 소정의 자활보호대상자 중에서 사실상 생계유지가 어려운 자에게 생활보호법과는 별도로 생계비를 지원하는 것을 그 내용으로 하는 것이라는 점에서 생활보호법과는 다른 점이 있고, 당해 조례안에 의하여 생활보호법 소정의 자활보호대상자 중 일부에 대하여 생계비를 지원한다고 하여 생활보호법이 의도하는 목적과 효과를 저해할 우려는 없다고 보여지며, 비록 생활보호법이 자활보호대상자에게는 생계비를 지원하지 아니하도록 규정하고 있다고 할지라도 그 규정에 의한 자활보호대상자에게는 전국에 걸쳐 일률적으로 동일한 내용의 보호만을 실시하여야 한다는 취지로는 보이지 아니하고, **각 지방자치단체가 그 지방의 실정에 맞게 별도의 생활보호를 실시하는 것을 용인하는 취지라고 보아야 할 것이므로, 당해 조례안의 내용이 생활보호법의 규정과 모순·저촉되는 것이라고 할 수 없다**"(대판 1997. 04. 25, 96추244: 생활보호법과는 별도로 생활곤궁자를 보다 보호하는 내용의 조례).
② 군민의 출산을 적극 장려하기 위하여 세 자녀 이상의 세대 중 세 번째 이후 자녀에게 양육비 등을 지원할 수 있도록 하는 내용의 '정선군 세 자녀 이상 세대 양육비 등 지원에 관한 조례안'이 법령에 위반되지 않는다고 한 사례(대판 2006. 10. 12, 2006추38).

**다. 기    타**      초과조례 중 수익조례도 아니고 침익조례도 아닌 경우에는 지방자치법 제28조 단서에의 위반 여부는 문제되지 않는다. 이 경우 수익초과조례와 같이 당해 초과조례가 법령이 정한 기준을 초과하여 양자가 동일한 규율목적을 가지고 있는 경우에도 국가의 법령의 규정이 전국에 걸쳐 일률적으로 동일한 내용을 규율하려는 취지가 아니고 각 지방자치단체가 그 지방의 실정에 맞게 별도로 규율하는 것을 용인하는 취지라고 해석되는 경우에는 당해 조례는 법령에 반하는 것이 아니라고 본다(대판 2000. 11. 24, 2000추29: 단양군 공유재산관리조례 중 개정조례안에 대한 재의결8)).

그런데, 실제에 있어 문제된 조례가 기존의 법령에서 정한 사항과 다른 사항을 규율하는 추가조례인가 아니면 기존의 법령에서 정한 사항과 동일한 사항을 규율하는 초과조례인가 명확하지 않은 경우가 있다.9)

추가조례와 초과조례의 논의는 위임조례에서도 있을 수 있으나 자치조례에서 그 의의가 크다. 위임조례에서 추가조례와 초과조례의 위법 문제는 위임 여부 및 한계, 수권 위반의 문제로 제기된다.

## Ⅳ. 지방자치단체의 입법권의 보장

법령에서 조례로 정하도록 위임한 사항은 그 법령의 하위 법령에서 그 위임의 내용과 범위를 제한하거나 직접 규정할 수 없다(제28조 제2항).

---

8) 이 판결의 요지는 다음과 같다. 지방자치법과 지방재정법 등의 국가 법령에서 위와 같이 중요재산의 취득과 처분에 관하여 지방의회의 의결을 받도록 규정하면서 공유재산의 관리행위에 관하여는 별도의 규정을 두고 있지 아니하더라도 이는 공유재산의 관리행위를 지방의회의 의결사항으로 하는 것을 일률적으로 배제하고자 하는 취지는 아니고 각각의 지방자치단체에서 그에 관하여 조례로써 별도로 정할 것을 용인하고 있는 것이라고 보아야 한다. 지방자치법 제9조 제2항 제1호 (자)목 등의 규정에 의하면 조례안에서 규정하고 있는 공유재산의 관리는 지방자치단체의 자치사무에 해당하는 것임이 분명하고, 조례안에서 그 소정의 공유재산 관리행위를 지방의회의 의결사항으로 규정하고 있는 것은 지방자치법 제35조 제2항의 규정에 기한 것으로서 같은 법 제15조에서 정하고 있는 법령의 범위 안이라는 자치조례의 사항적 한계 내의 규정이라고 할 것이므로, 이를 들어 법령에 위반된 조례 규정이라고 할 수가 없다.

9) 지방자치법 제35조 제1항 제6호 및 그 시행령 제15조의3과 지방재정법 제77조 및 그 시행령 제84조는 일정한 중요재산의 취득과 처분에 관하여는 관리계획으로 정하여 지방의회의 의결을 받도록 규정하면서도 공유재산의 대부와 같은 관리행위가 지방의회의 의결사항인지 여부에 관하여는 명시적으로 규정하지 아니한데, 조례에서 공유재산의 대부와 같은 관리행위를 지방의회의 의결사항으로 정하고 있는 경우 이 규정이 추가조례인지 초과조례인지 명확하지 않다. 판례는 이 경우 이 조례의 적법성을 인정하고 있다(대판 2000. 11. 24, 2000추29: 단양군공유재산관리조례).

## V. 기초자치단체의 조례와 광역자치단체의 조례의 관계

지방자치법 제30조는 "시·군 및 자치구의 조례나 규칙은 시·도의 조례나 규칙을 위반하여서는 아니 된다"라고 규정하고 있다.

본래 광역자치단체의 사무와 기초자치단체의 사무는 구분되고 있으므로 기초자치단체의 조례와 광역자치단체의 조례가 충돌하는 경우는 없을 것이지만 현행 지방자치법상 광역자치단체의 사무와 기초자치단체의 사무가 그 구분이 명백하지 않고 동일한 사무에 관하여 광역자치단체와 기초자치단체가 중첩적으로 권한을 갖는 경우도 있으므로 법질서의 통일을 기하기 위하여 이러한 규정을 둔 것이다.

[판례] (1) 시·군 및 자치구의 조례나 규칙이 시·도의 조례나 규칙에 위반되는지 여부를 판단하는 기준: 시·군 및 자치구의 조례 등이 규율하는 특정사항에 관하여 그것을 규율하는 시·도의 조례 등이 이미 존재하는 경우에도 시·군 및 자치구의 조례 등이 시·도의 조례 등과 별도의 목적에 기하여 규율함을 의도하는 것으로서 그 규정을 적용하더라도 시·도의 조례 등의 규정이 의도하는 목적과 효과를 저해하는 바가 없는 때에는 그 조례 등이 시·도의 조례 등에 위반된다고 볼 것은 아니다(대법원 2007. 12. 13. 선고 2006추52 판결, 대법원 2014. 2. 27. 선고 2012두15005 판결 등 참조). (2) 보은군이 충청북도의 이 사건 충북조례 제정 후 충청북도에 재원분담 동의서를 제출하지 않아 충청북도로부터 농업인 공익수당을 지급받을 수 없게 될 것으로 예상되자, 보은군 자체적으로 농업인 공익수당 지원사업을 시행하도록 하기 위하여 피고(보은군의회)가 이 사건 조례안을 의결, 재의결하였고, 이에 원고(보은군수)가 피고를 상대로 이 사건 조례안 의결의 무효확인을 청구한 사안에서 이 사건 보은군조례안은 보은군 자체적으로 농업인 공익수당 지원사업을 시행하기 위하여 마련된 것으로서, 현실적으로 예산 확보 및 보건복지부장관과의 협의 및 조정절차를 거쳐야 하므로 사업의 실제 집행 가능성은 별론으로 하더라도, 이 사건 충북조례와 구별되는 별개의 독자적인 농업인 공익수당 사업을 목적으로 하는 것이므로, 비록 이 사건 조례안 제8조에서 이 사건 충북조례보다 그 지급대상 요건을 완화하고 있더라도, 이는 보은군 자체의 농업인 공익수당 지원사업을 시행할 때 적용되는 것으로서 이 사건 충북조례에 따른 농업인 공익수당의 지급 여부에는 영향을 미치지 아니하므로, 이 사건 조례안을 적용하더라도 이 사건 충북조례가 의도하는 목적과 효과를 저해하는 바가 없다고 본 사례(대판 2024. 06. 27, 2022추5132[조례안재의결무효확인]).

## 제 4 항  조례제정절차

## I. 제    안

조례안을 제안할 수 있는 자는 다음과 같다. ① 지방자치단체의 장, ② 조례로 정하는 수 이상의 지방의회의원의 찬성(지방자치법 제76조), ③ 교육·학예에 관한 조례안에 있어서는 시·도교육감(지방교육자치법 제20조 제1호).

교육감이 시·도의회에 조례안을 제출할 때에는 교육위원회의 의결을 거쳐 제출하여야 한다(교자법 제13조 제1항).

지방자치단체의 장이 예산상 또는 기금상의 조치를 수반하는 의안을 발의할 경우에는 그 의안의 시행에 수반될 것으로 예상되는 비용에 대한 추계서와 이에 따른 재원조달방안에 관한 자료를 의안에 첨부하여야 한다(제78조 제1항).

## Ⅱ. 조례안예고

지방의회는 심사대상인 조례안에 대하여 5일 이상의 기간을 정하여 그 취지, 주요 내용, 전문을 공보나 인터넷 홈페이지 등에 게재하는 방법으로 예고할 수 있다(제77조 제1항). 조례안 예고의 방법, 절차, 그 밖에 필요한 사항은 회의규칙으로 정한다(제2항).

## Ⅲ. 의    결

조례는 지방의회의 의결로써 제정된다.

## Ⅳ. 이    송

조례안이 지방의회에서 의결되면 의장은 의결된 날로부터 5일 이내에 그 지방자치단체의 장에게 이를 이송하여야 한다(제32조 제1항).

## Ⅴ. 조례안 거부

지방자치단체의 장은 이송받은 조례안에 대하여 이의가 있으면 20일 이내에 이유를 붙여 지방의회로 환부하고 그 재의를 요구할 수 있다. 이 경우 지방자치단체의 장은 조례안의 일부에 대하여 또는 조례안을 수정하여 재의를 요구할 수 없다(제32조 제3항).

재의 요구를 받으면 지방의회는 조례안을 재의에 부치고 재적의원 과반수의 출석과 출석의원 3분의 2 이상의 찬성으로 전과 같은 의결을 하면 그 조례안은 조례로서 확정된다(제32조 제4항).

지방자치단체장의 조례안 거부는 지방의회에 대한 통제수단이 아니라 지방의회에 대한 견제수단이다.

## Ⅵ. 보    고

조례나 규칙을 제정하거나 개정하거나 폐지할 경우 조례는 지방의회에서 이송된 날부터 5일 이내에, 규칙은 공포예정 15일 전에 시·도지사는 행정안전부장관에게, 시장·군수 및 자치구의 구청장은 시·도지사에게 그 전문을 첨부하여 각각 보고하여야 하며, 보고를 받은 행정안전부장관은 이를 관계 중앙행정기관의 장에게 통보하여야 한다(제35조).

## Ⅶ. 공    포

지방자치단체의 장(교육조례의 경우 교육감)은 조례안을 이송받으면 20일 이내에 이를 공포하여야 한다(제32조 제2항, 교자법 제14조 제3항). 지방자치단체의 장이 제2항의 기간 내에 공포나 재의의 요구를 하지 아니한 때에도 그 조례안은 조례로서 확정된다(제32조 제5항).

지방자치단체의 장은 제4항과 제5항의 규정에 의하여 확정된 조례를 지체없이 공포하여야 한다. 제5항에 따라 조례가 확정된 후 또는 제4항에 따라 확정된 조례가 지방자치단체의 장에게 이송된 후 5일 이내에 지방자치단체의 장이 공포하지 아니하면 지방의회의 의장이 이를 공포한다(제32조 제6항).

## Ⅷ. 조례의 효력발생

조례는 특별한 규정이 없으면 공포한 날로부터 20일이 지나면 효력을 발생한다(제32조 제8항).

# 제5항   조례의 통제

위법 또는 부당한 조례에 대한 통제(統制)에는 여러 방법이 있다. 조례의 공포 전 통제와 공포 후의 통제가 있고, 행정적 통제와 사법적 통제가 있으며 여러 통제기관이 존재한다. 이하에서는 통제기관에 따라 조례에 대한 통제를 논하기로 한다.

## Ⅰ. 지방자치단체의 장에 의한 통제

지방자치단체의 장은 지방의회의 의결이 월권이거나 법령에 위반되거나 공익을 현저히 해친다고 인정되면 그 의결사항을 이송받은 날부터 20일 이내에 이유를 붙여 재의를 요구할 수 있는데(제120조 제1항), 지방자치법 제120조 제1항의 지방의회의 의결에는 조례안의 의결도 포함된다.

제1항의 요구에 대하여 재의의 결과 재적의원 과반수의 출석과 출석의원 3분의 2 이상의 찬성으로 전과 같은 의결을 하면 그 의결사항은 확정된다(제120조 제2항).

지방자치단체의 장은 제2항에 따라 재의결된 사항이 법령에 위반된다고 인정되면 대법원에 소를 제기할 수 있다. 이 경우에는 제192조 제4항의 규정을 준용한다(제120조 제3항).

현행법상 조례안의 재의결에 대한 무효확인소송은 조례가 공포된 경우에도 소의 이익이 있으므로 제소기간 이내이면 제기될 수 있다.

지방자치단체의 장이 제기하는 소송은 기관소송의 성질을 갖는다.

## Ⅱ. 국가 등의 감독기관에 의한 통제

조례나 규칙을 제정 또는 개폐하는 경우 조례에 있어서는 지방의회에서 이송된 날로부터 5일 이내에, 규칙에 있어서는 공포 예정일 15일 전에 시·도지사는 행정안전부장관에게, 시장·군수 및 자치구의 구청장은 시·도지사에게 그 전문을 첨부하여 각각 보고하여야 하며, 보고를 받은 행정안전부장관은 그 내용을 관계 중앙행정기관의 장에게 통보하여야 한다(제35조).

지방의회의 의결이 법령에 위반되거나 공익을 현저히 해친다고 판단되면 시·도에 대해서는 주무부장관이, 시·군 및 자치구에 대해서는 시·도지사가 지방자치단체의 장에게 재의를 요구하게 할 수 있고, 재의의 요구 지시를 받은 지방자치단체의 장은 의결사항을 이송받은 날부터 20일 이내에 지방의회에 이유를 붙여 재의를 요구하여야 한다(제192조 제1항). 시·군 및 자치구의회의 의결이 법령에 위반된다고 판단됨에도 불구하고 시·도지사가 제1항에 따라 재의를 요구하게 하지 아니한 경우 주무부장관이 직접 시장·군수 및 자치구의 구청장에게 재의를 요구하게 할 수 있고, 재의 요구 지시를 받은 시장·군수 및 자치구의 구청장은 의결사항을 이송받은 날부터 20일 이내에 지방의회에 이유를 붙여 재의를 요구하여야 한다(제2항).

제1항 또는 제2항의 요구에 대하여 재의한 결과 재적의원 과반수의 출석과 출

석의원 3분의 2 이상의 찬성으로 전과 같은 의결을 하면 그 의결사항은 확정된다(제 192조 제3항).

지방자치단체의 장은 제3항에 따라 재의결된 사항이 법령에 위반된다고 판단되면 재의결된 날로부터 20일 이내에 대법원에 소를 제기할 수 있다. 이 경우 필요하다고 인정되면 그 의결의 집행을 정지하게 하는 집행정지결정을 신청할 수 있다(제192조 제4항). 지방의회의 의결과 재의결에는 조례안의 의결과 재의결도 포함된다. 제소의 대상은 지방의회의 재의결이 된다.

주무부장관 또는 시·도지사는 재의결된 사항이 법령에 위반된다고 판단됨에도 해당 지방자치단체의 장이 소를 제기하지 아니하면 시·도에 대해서는 주무부장관이, 시·군 및 자치구에 대해서는 시·도지사(제2항에 따라 주무부장관이 직접 재의 요구 지시를 한 경우에는 주무부장관을 말한다. 이하 이 조에서 같다)가 그 지방자치단체의 장에게 제소를 지시하거나 직접 제소 및 집행정지결정을 신청할 수 있다(제192조 제5항). 제5항에 따른 제소의 지시는 제4항의 기간이 지난 날부터 7일 이내에 하고, 해당 지방자치단체의 장은 제소 지시를 받은 날부터 7일 이내에 제소하여야 한다(제192조 제6항).

주무부장관 또는 시·도지사는 제6항의 기간이 지난 날부터 7일 이내에 직접 제소 및 집행정지결정을 신청할 수 있다(제192조 제7항).

제192조의 권한을 행사함에 있어서 시·도지사는 국가기관의 지위를 갖는다고 보아야 한다(자세한 것은 후술 참조).

## Ⅲ. 법원에 의한 통제

### 1. 조례안재의결에 대한 무효확인 소송

지방자치단체의 장, 주무부장관 또는 시·도지사에 의해 제기되는 위법한 조례안의 재의결에 대한 무효확인 소송은 대법원에 제기된다.

조례안재의결 무효확인 소송에서의 심리대상은 지방의회에 재의를 요구할 당시 이의사항으로 지적되어 재의결에서 심의의 대상이 된 것에 국한된다(대판 2007. 12. 13, 2006추52).

조례안은 그 일부가 위법한 경우에 위법한 부분만의 일부무효확인은 불가능하며 그 경우에는 조례안에 대한 재의결은 전부 효력이 부인되어야 한다(대판 1996. 10. 25, 96추107; 대판 2022. 04. 28, 2021추5036).

조례안재의결 무효확인 소송은 조례에 대한 사전적·추상적 규범통제의 성질을 갖는다.

**[판례]** (1) 조례안무효확인의 소 제기 이후 판단대상이 되었던 조례안 규정이 개정되었는데도 개정 전 조례안에 대한 소의 이익을 인정할 수 있는 요건: 판단대상이 되었던 조례안이 개정되었다 하더라도 개정된 조례안의 내용이 사실상 변경된 바 없이 동일하게 유지되고 있을 경우에는 개정 전 조례안에 대한 소의 이익은 소멸되지 아니한다. 나아가 조례안의 개정 등으로 법률우위의 원칙 등에 따라 조례안의 위법성을 직접적으로 논할 여지가 소멸하게 되었더라도, 개정 전 조례안에 의하여 형성된 법률관계가 남아 있거나 또는 다른 지방자치단체에서 해당 조례안과 유사한 내용으로의 조례로 제·개정될 가능성이 있거나 실제 그러한 조례가 여러 지방의회에서 의결된 바 있어 해당 조례안의 위법성 확인에 대한 해명이 필요한 경우에는 예외적으로 소의 이익을 인정할 수 있다. (2) 조례안무효확인의 소 제기 후 변론종결 전 관련 법령이 개정된 경우 판단기준이 되어야 할 법령(= 개정법령): 지방자치법 제192조 제8항에 근거한 이 사건 소송은, 조례가 헌법 및 법률 등 상위법규와의 관계에서 효력을 갖는지 여부를 다툴 수 있도록 마련된 것으로 **일종의 추상적 규범통제의 성격**을 가진다. 그리고 그 취지는 '조례에 대한 관계에서 법령의 우위' 내지 '조례의 적법성'을 관철함으로써 헌법이 상정하고 있는 전체 법질서의 통일성을 확보하기 위한 것으로 볼 수 있다. 따라서 가령 조례안이 그 의결 당시의 법령에 위배된다고 보더라도 이후 법 개정으로 법령 위반의 여지가 사라지면 그런 이유를 들어 조례안의 유효를 선언하고, 반대로 의결 당시의 법령에 부합하는 조례안이더라도 이후 법 개정으로 법령에 위반된다고 평가되면 조례안의 무효를 선언하는 것이 이 사건 소송 유형을 제도적으로 마련한 지방자치법 제192조 제8항의 취지에 부합한다. 결국 지방자치법 제192조 제8항에 의해 **조례안이 법령에 위반되는지** 여부가 문제된 소송에서 그에 관한 심사는 **변론종결 당시 규범적 효력을 갖는 법령을 기준으로** 하여야 한다. (3) 정당 현수막의 설치·표시에 관하여 옥외광고물법령 보다 엄격하게 별도의 기준을 정한 조례(**초과조례**)안 규정이 법령의 위임 없이도 조례로 규율할 수 있는 사항으로 평가하기 어렵고, 개정 옥외광고물법령에 위반되어 위법하여 이 사건 조례안에 대한 의결은 그 효력이 전부 부인된다는 이유로, 이 사건 조례안에 대한 의결의 효력 배제를 구하는 원고의 청구를 인용한 사례(대판 2024. 07. 25, 2023추5177[조례안의결무효확인]).

## 2. 조례에 대한 간접적(부수적) 통제

조례는 헌법 제107조 제2항에 의한 간접적 규범통제의 대상이 된다. 즉, 위법한 조례에 근거하여 내려진 처분에 의해 권익을 침해받은 경우에 권익을 침해받은 주민은 그 처분에 대하여 항고소송을 제기하여 당해 항고소송에서 당해 처분의 위법사유로서 그 근거법규인 조례의 위법을 주장할 수 있고, 항고소송의 수소법원은 전제문제가 된 조례의 위법을 확인할 수 있다.

## 3. 항고소송

조례가 처분성을 갖는 경우, 즉 조례가 그 자체로서 직접 국민의 권익에 영향을 미치는 경우에는 항고소송의 대상이 된다. 이 경우에 피고는 조례를 공포한 집행기관인 지방자치단체의 장(교육·학예에 관한 조례에 있어서는 시·도 교육감)이 된다(대판 1996. 09. 20, 95누8003: 두밀분교폐교조례를 처분으로 보고 피고를 교육감으로 본 사례).

조례에 대한 항고소송은 조례의 직접적·구체적 통제이다(이견있음).

**항고소송의 대상**은 조례 전체가 아니라 그 위법성이 다투어지는 개별조항이다. 다투어진 개별조항이 위법하고 가분적인 경우 당해 개별조항만 무효확인(또는 취소)되지만, 불가분의 경우에는 불가분관계에 있는 규정 전체가 무효확인(또는 취소)된다.

판례는 지방자치단체가 제정한 조례가 법령에 위배되는 경우에는 효력이 없는(무효인) 것으로 보고 있고(대판 2009. 10. 15, 2008추32[조례안재의결무효확인]), 따라서 실무상으로도 처분적 조례를 직접 다투는 소송은 무효확인소송으로 행해지고 있다.

## Ⅳ. 헌법재판소에 의한 통제(헌법소원)

조례 자체에 의해 직접 기본권을 침해받은 자는 조례 자체에 대하여 헌법소원을 제기할 수 있다(헌재 1994. 12. 29, 92헌마216).

조례에 대한 헌법소원은 조례의 직접적·구체적 통제이다(이견 있음).

# 제4절  규    칙

## Ⅰ. 의    의

규칙(規則)은 지방자치단체의 장이 법령 또는 조례가 위임한 범위 안에서 그 권한에 속하는 사무에 관하여 제정한 법을 말한다(제29조).

규칙은 조례와 같이 자치법규에 속하지만 그 성질은 조례와 달리 행정입법과 같다.

규칙은 대외적인 구속력을 갖는 법규사항을 정하는 것도 있고 행정조직 내부에서만 구속력을 갖는 것도 있다. 후자는 형식은 규칙이지만 그 효력은 행정규칙과 유사하다.

## Ⅱ. 근    거

규칙으로 새로운 법규사항을 정하기 위하여는 법령 또는 조례의 개별적이고 구체적인 위임이 있어야 한다. 법령이나 조례의 위임을 받아 제정된 규칙을 위임규칙이라 한다. 이에 대하여 지방자치단체의 장은 규칙을 독자적으로 정립할 수 있다고 보는 견해도 있다.

규칙이 새로운 법규사항을 정하지 않고 단지 법령이나 조례를 시행하기 위하여 제정되는 경우에는 법령의 위임 없이 직권으로 제정될 수 있다. 직권으로 제정된 규칙을 직권규칙이라 한다.

## Ⅲ. 규칙제정의 범위와 한계

### 1. 규칙제정사항

교육규칙의 대상이 되는 교육·학예에 관한 사항을 제외하고 지방자치단체의 장의 권한에 속하는 모든 사무에 관하여 제정될 수 있다. 자치사무 및 단체위임사무는 물론 기관위임사무에 관하여도 제정될 수 있다.

다만, 새로운 법규사항을 정하기 위하여는 법령이나 조례의 개별적이고 구체적인 위임이 있어야 한다.

### 2. 상위법령에 위반하지 않을 것

규칙은 법령이나 조례에 위반할 수 없고(제29조), 시·군 및 자치구의 규칙은 시·도의 조례나 규칙을 위반해서는 아니 된다(제30조).

## Ⅳ. 공포 및 효력발생

규칙은 특별한 규정이 없는 한 공포한 날로부터 20일을 경과함으로써 효력을 발생한다(제32조 제8항).

## Ⅴ. 보고 및 승인

규칙을 제정 또는 개폐하는 경우 공포 예정일 15일 전에 시·도지사는 행정안전부장관에게, 시장·군수 및 자치구의 구청장은 시·도지사에게 그 전문을 첨부하여 각각 보고하여야 하며, 보고를 받은 행정안전부장관은 그 내용을 관계 중앙행정기관의 장에게 통보하여야 한다(제35조).

# 제 5 장  지방자치단체에 대한 국가의 통제, 관여 및 상호 협력

## 제 1 절  개  설

지방자치단체에 대한 국가의 후견적 감독은 지방자치와는 양립하지 않는다. 현행 지방자치법에서도 자치사무의 경우 국가의 후견적 감독은 배제되고 있다. 지방자치의 실시 후에 있어서는 지방자치단체와 국가는 상하의 관계에 있는 것이 아니다. 또한, 지방자치단체에 대한 국가의 통제만 있는 것이 아니라 국가의 지원도 확대되고 있다.

이러한 관점에서 종래 논해진 지방자치단체에 대한 국가의 감독 또는 통제는 국가와 지방자치단체 상호간의 관계 내지는 지방자치단체에 대한 국가의 관여라는 논의에 의해 대체되어야 한다는 견해가 유력해지고 있다.

이러한 견해에 일리가 없지 않지만, 현행 지방자치법상 국가의 지방자치단체에 대한 감독 및 통제가 아직도 국가와 지방자치단체와의 관계에서 중요한 부분을 차지하고 있는 것은 부인할 수 없다. 물론 현행 지방자치법상의 지방자치단체에 대한 국가의 통제가 지방자치라는 관점에서 다소 지나친 점이 없지 않고 이들에 대하여는 적절한 지적을 통하여 지방자치에 배치되는 규정은 향후 개정되도록 하여야 할 것이다. 감독이라는 말은 통상 상하관계를 전제로 하고 합법성뿐만 아니라 합목적성에 대한 통제를 포함하는 의미로 사용되므로 지방자치의 관점에서는 가능한 한 사용이 자제되는 것이 바람직하다. 그러나, 지방자치법은 감독이라는 용어를 사용하고 있다.

이러한 점에 비추어 본서에서는 지방자치단체에 대한 국가의 감독, 통제 및 관여에 관하여 논하기로 한다.

## I. 국가의 통제 및 관여의 정당성

다음과 같은 이유에서 국가기관의 관여(關與)가 인정될 수 있다. ① 지방자치단체의 자치행정은 국가통치질서 내에서 인정되는 것이다. 따라서 지방자치는 국가법질서의 한계 내에서 인정되어야 하며 최소한 지방자치행정의 국가법질서에 대한 위반은 통제되어야 한다. ② 지방자치행정은 다른 지방자치단체의 자치행정 및 국가행정과 조화를 이루고 협력관계를 유지하여야 한다. ③ 지방자치단체의 행정이 적정하게 행해지기 위하여는 지방자치단체의 행정에 대한 국가의 행정적 · 재정적 · 기술적 지원도 필요하다.

## Ⅱ. 국가의 통제 및 관여의 유형

지방자치실시 이전에는 지방자치단체에 대한 국가의 일반적 · 후견적 감독이 인정되었지만 지방자치가 실시된 지금 지방자치단체에 대한 국가의 일반적 · 후견적 감독은 폐지되었다.

지방자치단체에 대한 국가의 통제는 합법성 통제를 원칙으로 하여야 한다. 지방자치도 국가법질서 내에서 인정되는 것이기 때문에 합법성 통제는 당연히 보장되어야 한다. 지방자치단체는 국가법질서 내에서는 원칙상 자기의 책임하에 자치행정을 수행하는 것이 보장되어야 한다. 합목적성의 통제는 필요한 경우에 한하여 예외적으로만 인정되어야 한다.

국가의 통제는 통제의 시점에 따라 사전적 통제와 사후적 통제로 나눌 수 있다. 지방자치단체에 대한 통제는 원칙상 사후적 통제이어야 한다. 다만, 예외적으로 승인, 협의 등과 같은 사전적 통제가 인정될 수 있다.

국가의 통제는 통제수단에 따라 권력적 통제와 비권력적 통제로 나눌 수 있다. 권력적 통제에는 개별적인 법적 근거가 필요하다. 이에 반하여 비권력적 통제에는 원칙상 법적 근거가 없어도 불가능한 것은 아니지만 가능한 한 법률에 근거를 두는 것이 바람직하다. 다만, 비권력적 통제의 근거는 다소 일반적 · 포괄적일 수도 있다.

국가의 지원에는 행정적 지원, 재정적 지원 및 기술적 지원이 있다.

이하에서는 통제 및 관여기관별로 지방자치단체에 대한 국가의 통제 및 관여를 고찰하기로 한다.

# 제 2 절  국회에 의한 통제

국회는 법률의 제 · 개정, 예산의결, 국정감사 및 국정조사를 통하여 지방자치단체를 통제할 수 있다.

① 지방자치단체의 조직, 권한 및 운영에 관한 중요한 사항은 법률로 정해진다. 지방자치제도의 본질을 침해하지 않는 한 지방자치단체에 관한 사항은 국회의 입법 정책에 속한다.

② 지방자치단체에 대한 국가의 재정지원에 관한 사항은 국회의 예산의결권에 의해 통제된다.

③ 국회는 일정한 한계 내에서 지방자치단체의 사무에 관하여 국정감사권과 국 정조사권을 갖는다.

i) 국회는 지방자치단체 중 특별시·광역시·도에 대하여는 국가위임사무(단체위 임사무와 기관위임사무)와 고유사무 중 국가가 보조금 등 예산을 지원하는 사업에 대하 여 국정감사를 할 수 있다(국정감사 및 조사에 관한 법률 제7조 제2호).

ii) 기초지방자치단체에 대해서는 동법 제7조 제4호가 본회의가 특히 필요하다 고 의결한 경우에만 국회의 감사의 대상으로 할 수 있다고 규정하고 있다. 그런데, 본회의의 의결이 있으면 자치사무에 대하여도 국회의 감사가 가능한 것으로 해석할 수 있는지가 문제되는데, 다음과 같이 국가가 보조금 등 예산을 지원하는 사업에 대 하여만 국회의 감사가 가능한 것으로 보는 것이 타당하다. 동규정을 문자대로 해석 하면 이를 긍정할 수 있지만, 논리적 해석을 하면 이를 부정하는 것이 타당하다. 즉, 동법 제7조 제2호의 규정은 광역지방자치단체의 자치사무에는 국정감사권이 미치지 않는 것으로 규정하고 있는데, 보다 하위의 자치단체인 기초자치단체의 자치사무에 대하여 국정감사권을 인정하는 것은 논리적으로 타당하지 않다. 또한, 자치사무에 대 하여 지방의회의 감사가 인정되는데, 이에 더하여 국회의 감사를 인정하는 것은 지 방자치의 기본원리의 하나인 보충성의 원칙 및 자치의 원칙에 반한다.

그리고, 국회는 지방자치단체에 지원한 국가의 예산이 어떻게 쓰여졌는지를 감 사할 수 있다고 보아야 한다. 따라서, 결론적으로 말하면 기초자치단체에 대하여는 국가위임사무(단체위임사무와 기관위임사무)와 고유사무 중 국가가 보조금 등 예산을 지 원하는 사업에 대하여 본회의가 특히 필요하다고 의결한 경우에 한하여 국정감사권 을 갖는다(동법 제7조 제4호, 지방자치법 제49조 제3항).

iii) 지방자치단체에 대한 국정조사에 관하여는 특별한 명문의 규정이 없다. 국 정조사는 국정의 특정한 사안에 대하여 행하는 것이므로 지방자치단체의 사무 중 고 유사무를 제외하고 단체위임사무와 기관위임사무 및 국가가 보조금 등 예산을 지원 하는 사업에 대하여 행할 수 있다.

# 제 3 절   행정적 통제

지방자치단체에 대한 국가의 행정적 통제에는 승인, 보고요구 등 사전적인 것과 시정명령 등 사후적인 것이 있다.

지방자치단체에 대한 국가의 행정적 통제는 합법성에 대한 통제와 합목적성에 대한 통제가 있다. 합목적성에 대한 통제의 가능 여부 및 정도는 지방자치단체의 사무의 종류에 따라 다르다.

지방자치단체에 대한 국가의 행정적 통제의 수단은 다양하다. 권력적 수단도 있고 비권력적 수단도 있다.

이하에서는 지방자치단체에 대한 국가의 행정적 통제를 감독 및 통제수단에 따라 고찰하기로 한다.

그리고, 국가의 행정기관은 지방자치단체에 대하여 소극적으로 감독하고 통제하는 임무만을 수행하는 것이 아니라 지방자치단체에 대하여 행정적·재정적·기술적 지원을 해주고 있다.

## 제 1 항   감독기관

감독기관은 지방자치법 등에서 정하고 있다. 일반적으로 지방자치법은 시·도에 대하여는 주무부장관을 감독기관으로 정하고 있고, 시·군 및 자치구에 대하여는 1차로 시·도지사를 2차로 주무부장관을 감독기관으로 정하고 있다(제185조 제1항). 이 경우 시·도지사는 국가기관의 지위에서 감독을 행한다.

시·군 및 자치구 또는 그 장이 위임받아 처리하는 시·도의 사무에 관하여는 시·도지사가 감독기관이 된다(제185조 제2항). 이 경우 시·도지사는 지방자치단체를 대표하여 감독을 행한다.

교육감에 대한 감독기관은 교육부장관이다.

감사원은 지방자치단체의 회계검사와 지방자치단체의 사무와 그에 소속한 지방공무원의 직무의 감찰에 관한 권한을 가진다(감사원법 제22, 24조).

## 제 2 항   감독방법

국가기관의 지방자치단체에 대한 감독은 일반적인 감독과 개별적인 감독으로 나눌 수 있다.

## I. 일반적 감독

### 1. 일반적·후견적 감독의 인정 여부

지방자치단체 또는 그 장이 위임받아 처리하는 국가사무, 즉 단체위임사무와 기관위임사무에 한하여 국가기관의 일반적·후견적 감독(一般的·後見的 監督)이 인정되고 있다.

즉, 지방자치법 제185조 제1항은 "지방자치단체나 그 장이 위임받아 처리하는 국가사무에 관하여 시·도에서는 주무부장관, 시·군 및 자치구에서는 1차로 시·도지사, 2차로 주무부장관의 지도·감독을 받는다"라고 규정하고 있다. 주무부장관이라 함은 정부조직법상의 권한 있는 장관을 말한다. 예를 들면, 환경행정에 대하여는 환경부장관, 문화행정에 대하여는 문화체육관광부장관이 주무부장관이 되고, 행정안전부장관은 자치행정에 대한 주무부장관으로서 지방자치단체에 대한 일반적인 감독권을 갖는다.
시·군 및 자치구 또는 그 장이 위임받아 처리하는 시·도의 사무에 관하여는 시·도지사의 지도·감독을 받는다(제185조 제2항).
교육감은 국가의 사무로서 위임된 사무에 관하여는 교육부장관의 일반적인 지휘·감독을 받는다(교자법 제3조, 지방자치법 제185조 제1항).

그러나, 지방자치단체의 고유사무에 대하여는 지방자치를 보장하기 위하여 국가의 일반적·후견적 감독은 인정되지 않는다. 지방자치의 원칙상 고유사무에 대한 국가의 감독을 위하여는 명문의 규정이 필요하다. 지방자치법 제184조 제1항은 후술하는 바와 같이 고유사무에 대한 중앙행정기관 또는 시·도지사의 비권력적인 일반적 감독권을 인정하고 있다. 고유사무에 대한 국가의 권력적 감독은 원칙상 위법행위에 한정되고, 명문의 근거가 있어야 한다.[10]

단체위임사무와 기관위임사무에 대한 국가기관의 일반적·후견적 감독은 원칙상 감독기관의 일반적인 지휘감독권을 내용으로 하지만 위임사무의 주체가 지방자치단체의 기관인 점에서 후술하는 바와 같이 시정명령과 직무이행명령 등에 관하여는 특별한 제한을 가하고 있다.

---

10) 지방자치법 제169조 제1항은 "지방자치단체의 사무에 관한 그 장의 명령이나 처분이 법령에 위반되거나 현저히 부당하여 공익을 해친다고 인정되면 시·도에 대하여는 주무부장관이, 시·군 및 자치구에 대하여는 시·도지사가 기간을 정하여 서면으로 시정할 것을 명하고, 그 기간에 이행하지 아니하면 이를 취소하거나 정지할 수 있다. 이 경우 자치사무에 관한 명령이나 처분에 대하여는 법령을 위반하는 것에 한한다"라고 규정하고 있다. 지방공무원법 제81조는 "교육부장관 또는 행정안전부장관은 시·도의 인사행정이 이 법에 따라 운영되도록 지도·감독하고, 시·도지사는 해당 시·도의 관할 구역 시·군·구의 인사행정이 이 법에 따라 운영되도록 지도·감독한다"라고 규정하고 있다.

**[판례]** 건설교통부장관은 지방자치단체의 장이 기관위임사무인 국토이용계획 사무를 처리함에 있어 자신과 의견이 다를 경우 행정협의조정위원회에 협의·조정 신청을 하여 그 협의·조정 결정에 따라 의견불일치를 해소할 수 있고, 법원에 의한 판결을 받지 않고서도 행정권한의 위임 및 위탁에 관한 규정이나 구 지방자치법에서 정하고 있는 지도·감독을 통하여 직접 지방자치단체의 장의 사무처리에 대하여 시정명령을 발하고 그 사무처리를 취소 또는 정지할 수 있으며, 지방자치단체의 장에게 기간을 정하여 직무이행명령을 하고 지방자치단체의 장이 이를 이행하지 아니할 때에는 직접 필요한 조치를 할 수도 있으므로, 국가가 국토이용계획과 관련한 지방자치단체의 장의 기관위임사무의 처리에 관하여 지방자치단체의 장을 상대로 취소소송을 제기하는 것은 허용되지 않는다(대판 2007. 09. 20, 2005두6935[국토이용계획변경신청거부처분취소]).

## 2. 지방자치단체의 사무에 대한 지도

중앙행정기관의 장 또는 시·도지사는 지방자치단체의 사무에 관하여 조언 또는 권고하거나 지도(指導)할 수 있으며, 이를 위하여 필요하면 지방자치단체에 대하여 자료의 제출을 요구할 수 있다(지방자치법 제184조 제1항). 즉, 이 규정은 지방자치단체의 사무, 즉 고유사무와 단체위임사무에 대한 중앙행정기관의 장 또는 시·도지사의 비권력적인 일반적인 감독권한을 인정하고 있다.

이 규정의 의의는 중앙행정기관의 장 또는 시·도지사에게 지방자치단체의 고유사무에 대한 일반적인 지도권을 인정하고 있다는 점이다. 단체위임사무도 이 규정의 적용범위에 들어가지만 단체위임사무는 동법 제185조 제1항에 의해 주무부장관이나 시·도지사의 일반적 후견적 감독의 대상이 되므로 이 규정이 없더라도 동법 제185조 제1항에 의해 중앙행정기관의 장 또는 시·도지사의 일반적인 지도를 받게 될 것이기 때문이다.

다만, 지방자치단체의 고유사무에 대하여 비권력적이기는 하지만 중앙행정기관의 장 또는 시·도지사에게 일반적인 감독을 인정한 것은 지방자치의 취지에는 맞지 않는다.

**[판례]** (1) 행정안전부장관이 이 사건 총투표와 관련하여 공무원 복무관리 지침을 정한 취지는 공무원의 복무에 관한 사무를 관장하는 기관으로서 이 사건 총투표 과정에서 발생할 수 있는 복무규정 등 위반 사태를 미연에 방지하려는 데에 있는바, 위 지침을 각 지방자치단체에 통보한 행위는 지방자치법 제166조 제1항의 지방자치단체의 사무에 관한 권고 또는 지도에 해당하는 것으로 행정안전부장관의 권한 범위 내에 속하는 행위라고 봄이 타당하다. (2) 그리고 행정안전부장관이 위 복무관리 지침을 통해 각 지방자치단체에 권고 또는 지도한 사항이 제대로 이행되는지를 확인하기 위하여 그 소속 공무원들을 각 지방자치단체에 파견하여 복무규정의 위반 사례 등이 있는지 점검하도록 한 것은, 그것이 지방공무원에 대한 직접적인 지휘·감독을 의미하는 것이 아닌 이상 위와 같은 권한에 수반되는 행위로 보아야 할 것이다. 따라서 A가 행정안전부장관의 지시에 따라 이 사건 점검행위를 한 것은 적법한 공무집행에 해당한다고 볼 수 있다(대판 2013. 02. 15, 2010도11281).

## Ⅱ. 개별적 감독

### 1. 명령·처분의 시정명령 및 취소·정지

#### (1) 지방자치법 제188조의 의의

지방자치법 제188조는 국가법질서의 통일 및 공익의 보호를 위하여 국가기관에 의한 지방자치단체의 장의 명령이나 처분에 대한 행정적 통제를 규정하는 한편, 지방자치단체의 자치행정권을 보장하기 위하여 국가기관의 통제의 한계 및 위법한 통제에 대한 불복을 규정하고 있다. 즉, 지방자치단체의 사무에 관한 지방자치단체의 장(제103조 제2항에 따른 사무의 경우에는 지방의회의 의장을 말한다. 이하 이 조에서 같다)의 명령이나 처분이 법령에 위반되거나 현저히 부당하여 공익을 해친다고 인정되면 시·도에 대해서는 주무부장관이, 시·군 및 자치구에 대해서는 시·도지사가 기간을 정하여 서면으로 시정(是正)할 것을 명하고 그 기간 내에 이행하지 아니하면 이를 취소(取消)하거나 정지(停止)할 수 있다(제188조 제1항). 이 경우 자치사무에 관한 명령이나 처분에 있어서는 법령에 위반하는 것에 한한다(제188조 제5항).

#### (2) 통제(시정)의 대상

① 지방자치단체의 사무(자치사무와 단체위임사무)가 제188조에 의한 통제의 대상이 된다. 지방자치법 제188조 제1항의 '지방자치단체의 사무'에 기관위임사무가 포함되는지에 관하여 이를 긍정하는 견해(김동희, 107면 등)가 있지만 '지방자치단체의 사무'는 자치사무와 단체위임사무를 지칭하는 개념이므로 이를 부정하는 것이 타당하다. 판례도 이러한 견해를 취하고 있다.

**[판례]** [1] 구 교원 등의 연수에 관한 규정(2011. 10. 25. 대통령령 제23246호로 개정되기 전의 것) 제18조에 따른 교원능력개발평가 사무와 관련된 법령의 규정 내용과 취지, 그 사무의 내용 및 성격 등에 비추어 보면, **교원능력개발평가는 국가사무로서 각 시·도 교육감에게 위임된 기관위임사무**라고 보는 것이 타당하다. [2] 교육부장관이 '2011년 교원능력개발평가제 시행 기본계획(이하 '2011년 기본계획'이라 한다)'을 수립한 후 각 시·도에 대하여 교원능력개발평가제 추진계획을 제출하게 하자 전라북도교육감이 '2011년 교원능력개발 평가제 추진계획(이하 '전북추진계획'이라 한다)'을 제출하였으나 교육부장관이 전북추진계획이 교원 등의 연수에 관한 규정(이하 '교원연수규정'이라고 한다) 등에 위반된다는 이유로 위 추진계획을 취소하고 시정하여 새로 제출하라는 시정명령과 2011년 전북교육청 교원능력개발평가 추진계획에 대한 직무이행명령을 한 사안에서, 위 **시정명령은 기관위임사무에 관하여 행하여진 것이어서, 구 지방자치법 제169조 제2항(현행 제188조 제6항)** 소정의 소를 제기할 수 있는 대상에 해당하지 않으므로, 시정명령에 대한 취소청구 부분은 부적법하고, 전북추진계획이 여러 항목에서 교원연수규정과 이에 따른 2011년 기본계획에 반하므로, 전라북도교육감으로서는 교원연수규정 및 2011년 기본계획을 준수한 2011년 교원능력개발평가 추진계획을 제출하지 않았다고 볼 수 있고 전라북도교육감이 교육부장관으로부터 교원연수규정 등을 준수한 추진계획을 제출하라는 취지의 시정명령을 받았으나 이를 제대로 이행하지

않았으므로, 전라북도교육감은 기관위임사무인 교원능력개발평가 사무의 관리와 집행을 명백히게을리하였다고 인정할 수 있어 **직무이행명령은 구 지방자치법 제170조(현행 제189조) 제1항에정해진 요건을 충족한 것으로서 적법**하다고 한 사례(대판 2013. 05. 23, 2011추56[취소처분등취소]).

〈해설〉 지방자치법 제188조 제6항 소정의 소를 제기할 수 있는 대상은 자치사무에 관한 명령이나처분의 취소 또는 정지에 한정된다.

기관위임사무는 지방자치법 제185조 및 행정권한의 위임 및 위탁에 관한 규정제6조에 의해 국가기관의 일반적인 지휘감독을 받으므로 명문의 규정이 없더라도 감독기관은 기관위임사무가 위법하거나 부당한 경우 시정명령을 발하고 취소 또는 정지할 수 있다고 해석하여야 한다. 다만, 입법론으로는 기관위임사무가 국가사무이기는 하지만 지방자치단체의 장에 의해 행해지므로 단순히 부당한 경우가 아니라 심히부당한 경우에 한하여 국가감독기관의 시정명령이나 취소·정지의 대상이 되는 것으로 규정하는 것이 바람직할 것이다.

② '장의 명령이나 처분'이 시정명령과 취소·정지의 대상이 되는데, "장의 명령"은 장의 규칙을 말한다.

시정명령과 취소·정지의 대상이 되는 '장의 처분'은 행정소송법상의 처분보다는넓은 개념이다(대판 2017. 03. 30, 2016추5087).

**[판례]** [행정자치부장관이 서울특별시장의 채용공고를 직권으로 취소한 사건] [1] 이 사건 (지방의회의원의 유급 보좌 인력) 채용공고는 지방공무원의 임용을 위한 것으로서 지방자치법 제9조 제2항제1호 마목에 정한 **지방자치단체의 사무**에 속한다. [2] 구 **지방자치법 제169조(현행 제188조) 제1항**에 따른 자치사무에 관한 명령이나 처분에 대한 취소 또는 정지의 적용대상이 항고소송의 대상이 되는 행정처분으로 제한되는지 여부(소극): 행정소송법상 항고소송은 행정청이 행하는 구체적사실에 관한 법집행으로서의 공권력의 행사 또는 거부와 그 밖에 이에 준하는 행정작용을 대상으로 하여 위법상태를 배제함으로써 국민의 권익을 구제함을 목적으로 하는 것과 달리, **구 지방자치법 제169조(현행 제188조) 제1항**은 지방자치단체의 자치행정 사무처리가 법령 및 공익의 범위 내에서 행해지도록 감독하기 위한 규정이므로 적용대상을 항고소송의 대상이 되는 행정처분으로 제한할 이유가 없다. 그렇다면 이 사건 채용공고는 지방자치법 제169조 제1항의 직권취소의 대상이될 수 있는 지방자치단체의 사무에 관한 '처분'에 해당한다고 봄이 타당하다. [3] 지방의회의원에대하여 유급 보좌 인력을 두는 것은 지방의회의원의 신분·지위 및 처우에 관한 현행 법령상의 제도에 중대한 변경을 초래하는 것으로서 국회의 법률로 규정하여야 할 입법사항이다. [4] **지방자치단체 인사위원회위원장**이 시간선택제임기제공무원 40명을 '정책지원요원'으로 임용하여 지방의회사무처에 소속시킨 후 상임위원회별 입법지원요원(입법조사관)에 대한 업무지원 업무를 담당하도록 한다는 내용의 채용공고를 하자, 행정자치부장관이 위 채용공고가 법령에 위반된다며 지방자치단체장에게 채용공고를 취소하라는 내용의 시정명령을 하였으나 이에 응하지 않자 채용공고를 직권으로 취소한 사안에서, 위 공무원의 담당업무, 채용규모, 전문위원을 비롯한 다른 사무직원들과의 업무 관계와 채용공고의 경위 등을 종합하면, **지방의회에 위 공무원을 두어 의정활동을 지원하게 하는 것은 지방의회의원에 대하여 전문위원이 아닌 유급 보좌 인력을 두는 것과 마찬가지로 보아야 하므로,** 위 공무원의 임용은 개별 지방의회에서 정할 사항이 아니라 국회의 법률로써 규정하

여야 할 **입법사항에 해당**하는데, 지방자치법은 물론 다른 법령에서도 위 공무원을 지방의회에 둘 수 있는 **법적 근거를 찾을 수 없으므로, 위 공무원의 임용을 위한 채용공고는 위법**하고, 이에 대한 직권취소처분이 적법하다고 한 사례(대판 2017. 03. 30, 2016추5087).

### (3) 통제(시정)의 범위

① 자치사무에 대한 시정명령이나 취소 또는 정지는 당해 자치사무가 위법한 경우에 한한다. 이와 같이 자치사무에 대하여는 적법성통제만을 하도록 한 것은 지방자치단체의 자치권을 보장하기 위한 것이다.

② 이에 대하여 단체위임사무는 지방자치단체의 사무이면서도 국가사무로서의 성질도 가지므로 위법한 경우뿐만 아니라 합목적성(부당성)도 통제하도록 하되 다만 현저히 부당하여 공익을 해하는 경우에 한하여 통제하도록 하였다.

③ 지방자치법 제188조 제1항에서 정한 지방자치단체장의 명령·처분의 취소요건인 '법령위반'에 '재량권의 일탈·남용'이 포함되는지 여부가 문제된다. 이에 관한 전원합의체 판결(대판 전원합의체 2007. 03. 22, 2005추62[울산 북구청 승진처분취소 사건][11])에서 긍정설(다수의견)과 부정설(반대의견)이 대립하였다.

i) 긍정설(다수의견): 지방자치법 제188조 제1항 전문 및 후문에서 규정하고 있는 지방자치단체의 사무에 관한 그 장의 명령이나 처분이 법령에 위반되는 경우라 함은 명령이나 처분이 현저히 부당하여 공익을 해하는 경우, 즉 합목적성을 현저히 결하는 경우와 대비되는 개념으로, 시·군·구의 장의 사무의 집행이 명시적인 법령의 규정을 구체적으로 위반한 경우뿐만 아니라 그러한 사무의 집행이 재량권을 일탈·남용하여 위법하게 되는 경우를 포함한다고 할 것이다(대판 2018. 07. 12, 2014추33).

ii) 부정설(소수의견): 헌법이 보장하는 지방자치제도의 본질상 재량판단의 영역에서는 국가나 상급 지방자치단체가 하급 지방자치단체의 자치사무 처리에 개입하는 것을 엄격히 금지하여야 할 필요성이 있으므로, 지방자치법 제188조 제1항 후문은 지방자치제도의 본질적 내용이 침해되지 않도록 헌법합치적으로 조화롭게 해석하여야 하는바, 일반적으로 '법령위반'의 개념에 '재량권의 일탈·남용'도 포함된다고 보고 있기는 하나, 지방자치법 제188조 제1항에서 정한 취소권의 행사요건은 위임사무에 관하여는 '법령에 위반되거나 현저히 부당하여 공익을 해한다고 인정될 때', 자치사

---

11) 전국공무원노조의 불법파업에 참가한 울산광역시 북구 공무원들의 행위는 임용권자의 징계의결 요구 의무가 인정될 정도의 징계사유에 해당함이 명백함에도 울산광역시 북구청장(=원고)이 위 공무원들에 대하여 관할 인사위원회에 징계의결의 요구를 하지도 않고 오히려 그들을 승진임용시키자, 울산광역시장(=피고)이 위 공무원들에 대한 승진처분을 취소한 사안에서, 원고가 행한 이 사건 승진처분은 법률이 임용권자에게 부여한 승진임용에 관한 재량권의 범위를 현저하게 일탈한 것으로서 위법한 처분이므로, 피고가 이 사건 승진처분을 취소한 것은 적법하다고 한 사례.

무에 관하여는 '법령에 위반하는 때'라고 규정되어 있어, 여기에서의 '법령위반'이라는 문구는 '현저히 부당하여 공익을 해한다고 인정될 때'와 대비적으로 쓰이고 있고, 재량권의 한계 위반 여부를 판단할 때에 통상적으로는 '현저히 부당하여 공익을 해하는' 경우를 바로 '재량권이 일탈·남용된 경우'로 보는 견해가 일반적이므로, 위 법조항에서 '현저히 부당하여 공익을 해하는 경우'와 대비되어 규정된 '법령에 위반하는 때'의 개념 속에는 일반적인 '법령위반'의 개념과는 다르게 '재량권의 일탈·남용'은 포함되지 않는 것으로 해석하여야 한다. 가사 이론적으로는 합목적성과 합법성의 심사가 명확히 구분된다고 하더라도 '현저히 부당하여 공익을 해한다는 것'과 '재량권의 한계를 일탈하였다는 것'을 실무적으로 구별하기 매우 어렵다는 점까지 보태어 보면, 지방자치법 제188조 제1항 후문의 '법령위반'에 '재량권의 일탈·남용'이 포함된다고 보는 다수의견의 해석은 잘못된 것이다.

### (4) 통제(시정)의 주체 및 절차

위법·부당한 명령·처분의 시정은 시정명령과 취소 또는 정지처분에 의한다.

#### 1) 시정명령

지방자치단체의 사무에 관한 그 장의 명령이나 처분이 법령에 위반되거나 현저히 부당하여 공익을 해친다고 인정되면(자치사무에 관한 명령이나 처분에 있어서는 법령에 위반하는 것에 한한다.) 기간을 정하여 서면으로 시정을 명할 수 있다(제188조 제1항).

#### 2) 취소·정지처분

지방자치단체의 장이 시정의 기간 내에 시정명령을 이행하지 아니할 때에는 시·도에 대하여는 주무부장관이, 시·군 및 자치구에 대하여는 시·도지사가 이를 취소하거나 정지할 수 있다(제188조 제1항).

**[판례]** [1] 광역시장이 구청장의 구청 소속 공무원들에 대한 승진임용 처분을 취소한 경우, 당해 공무원들에게 위 처분의 취소를 구할 법률상 이익이 있다고 한 사례. [2] 상급지방자치단체장의 행정처분에 대하여 하급지방자치단체장이 지방자치법상의 기관소송을 제기한 경우, 행정처분의 직접 상대방이 아닌 제3자가 위 기관소송과 별도로 항고소송의 형태로 당해 행정처분의 취소를 구할 소의 이익이 있는지 여부(적극): 지방자치법상의 기관소송과 행정소송법상의 항고소송은 제도의 취지·성격·절차를 달리하는 점, 당해 행정처분의 취소를 구하는 행정처분의 직접 상대방이 아닌 제3자들의 소가 기관소송이 제기되었는지 여부에 따라 소의 이익이 인정되기도 하고 인정되지 않기도 한다는 것은 행정처분의 취소를 구할 법률상의 이익이 있는 위 제3자들의 소송상의 지위를 불안정하게 하는 점, 기관소송이 제기된 경우에는 위 기관소송과 별도로 항고소송을 제기할 수 없다고 하면 위 제3자들로서는 기관소송에 있어서의 지방자치단체장의 소송수행의 결과에 따라 자신들의 지위가 정하여져서 재판을 받을 권리를 빼앗기는 결과를 초래하는 점 등을 종합하면, 하급지방자치단체의 장에 의하여 이미 기관소송이 제기되었다고 하더라도 행정처분의 직접 상대방이 아닌 제3자들은 위 기관소송과 별도로 항고소송의 형태로 행정처분의 취소를 구하는 소를 제기할 이익

이 있다(부산고법 2006. 11. 10, 2006누3001).

### 3) 시정명령 및 취소 또는 정지처분의 주체

일차적으로 시·도에 대해서는 주무부장관이, 시·군 및 자치구에 대해서는 시·도지사가 시정할 것을 명하고, 그 기간에 이행하지 아니하면 이를 취소하거나 정지할 수 있다(제188조 제1항).

주무부장관은 최종적인 시정명령 및 취소 또는 정지처분의 권한을 갖는다. 즉, 주무부장관은 지방자치단체의 사무에 관한 시장·군수 및 자치구의 구청장의 명령이나 처분이 법령에 위반되거나 현저히 부당하여 공익을 해침에도 불구하고 시·도지사가 제1항에 따른 시정명령을 하지 아니하면 시·도지사에게 기간을 정하여 시정명령을 하도록 명할 수 있다(제188조 제2항). 주무부장관은 시·도지사가 제2항에 따른 기간에 시정명령을 하지 아니하면 제2항에 따른 기간이 지난 날부터 7일 이내에 직접 시장·군수 및 자치구의 구청장에게 기간을 정하여 서면으로 시정할 것을 명하고, 그 기간에 이행하지 아니하면 주무부장관이 시장·군수 및 자치구의 구청장의 명령이나 처분을 취소하거나 정지할 수 있다(제3항). 주무부장관은 시·도지사가 시장·군수 및 자치구의 구청장에게 제1항에 따라 시정명령을 하였으나 이를 이행하지 아니한 데 따른 취소·정지를 하지 아니하는 경우에는 시·도지사에게 기간을 정하여 시장·군수 및 자치구의 구청장의 명령이나 처분을 취소하거나 정지할 것을 명하고, 그 기간에 이행하지 아니하면 주무부장관이 이를 직접 취소하거나 정지할 수 있다(제4항).

### (5) 시정에 대한 불복: 감독청의 직권취소에 대한 이의의 소

지방자치단체의 장은 제1항부터 제4항까지의 규정에 따른 자치사무에 관한 명령이나 처분의 취소 또는 정지에 대하여 이의가 있으면 그 취소처분 또는 정지처분을 통보받은 날부터 15일 이내에 대법원에 소를 제기할 수 있다(지방자치법 제188조 제6항).

**[판례]** ① 광역자치단체장이 지방자치법 제169조 제1항 소정의 기간을 정하여 기초자치단체장의 위법한 승진임용(지방자치단체장이 지방공무원법 위반 등으로 처벌된바 있는 산하 공무원에 대하여 징계의결요구를 하지 않고 오히려 행한 승진임용)의 시정을 명하고 기초자치단체장이 그 기간 내에 이를 이행하지 아니하자 그 승진임용을 취소한 것이 적법하다고 본 사례(대판 1998. 07. 10, 97추67). ② 하급 지방자치단체장이 전국공무원노동조합의 불법 총파업에 참가한 소속 지방공무원들에 대하여 징계의결을 요구하지 않은 채 승진임용하는 처분을 한 것이 재량권의 범위를 현저히 일탈한 것으로서 위법한 처분이라고 보고, 상급 지방자치단체장이 지방자치법 제157조 제1항에 따라 위 승진임용처분을 취소한 것이 적법하다고 한 사례(대판 전원합의체 2007. 03. 22, 2005추62).

### 1) 소송의 대상

자치사무에 관한 취소 또는 정지처분에 한하여 지방자치단체의 장이 대법원에 그에 불복하는 소송을 제기할 수 있는 것으로 규정하고 있다.

단체위임사무에 관한 명령이나 처분의 취소 또는 정지에 대하여는 취소소송을 인정하고 있지 않다.

지방자치법 제188조 제6항은 시정명령에 대하여는 취소소송의 제기를 규정하고 있지 않다.

판례는 명문의 규정이 없으므로 시정명령의 취소를 구하는 소송은 허용되지 않는다고 본다(대판 2017. 10. 12, 2016추5148[시정명령취소청구의소]).

**[판례]** [1] 지방자치법 제169조 제1항에 따른 시정명령에 대하여 같은 법 제169조 제2항에 따른 취소청구를 할 수 있는지 여부(소극): 「지방교육자치에 관한 법률」 제3조에 의하여 준용되는 지방자치법 제169조 제2항은 자치사무에 관한 명령이나 처분의 취소 또는 정지에 대하여서만 소를 제기할 수 있다고 규정하고, 주무부장관이 지방자치법 제169조 제1항에 따라 시·도에 대하여 행한 시정명령에 관하여도 대법원에 소를 제기할 수 있다는 규정을 두고 있지 않으므로, 이러한 시정명령의 취소를 구하는 소송은 허용되지 않는다고 보아야 한다(대법원 2011. 01. 27. 선고 2010추42 판결 참조). [2] 공립·사립 학교의 장이 행하는 학교생활기록부 작성에 관한 교육감의 지도·감독 사무는 국가사무로서 교육감에 위임된 사무라고 해석함이 타당하다. [3] 학교생활기록부에 학교폭력 가해사실 기록을 보류하도록 한 경기도 교육감의 지시를 교육부장관이 직권으로 취소한 처분은 기관위임된 국가사무에 관하여 행하여진 것이라는 이유로 경기도 교육감이 지방자치법 제169조에 따라 취소청구의 소를 제기할 수 없다는 보아 소를 각하한 사례(대판 2014. 02. 27, 2012추183[시정명령및직권취소처분취소청구]). 〈해설〉 지방자치단체의 자치권을 보다 실효적으로 보장하기 위하여는 시정명령의 처분성을 인정하여 명문의 규정이 없는 경우에도 지방자치단체의 자치권 침해에 근거하여 시정명령에 대해 항고소송을 제기할 수 있는 것으로 해석하여야 할 것이다. 다만, 시정명령의 처분성을 부정하거나 지방자치단체의 자치권에 근거한 취소소송을 인정하지 않는 견해 또는 시정명령에 대한 소송을 기관소송 등으로 보는 견해에 의하면 해석을 통하여서는 시정명령에 대한 항고소송을 인정할 수 없을 것이다.

## 2) 소송의 성질

판례는 지방자치법 제188조의 소송의 성질을 기관소송으로 보고 있는 것으로 보인다. 판례가 시정명령에 대하여 소를 제기할 수 있다는 규정을 두고 있지 않으므로 시정명령의 취소를 구하는 소송은 허용되지 않는다고 판시하고 있는 것(전술 대판 2014. 02. 27, 2012추183[시정명령및직권취소처분취소청구])은 대법원이 지방자치법 제188조의 소송의 성질을 기관소송으로 보고 있기 때문이다.

취소·정지에 대한 지방자치단체의 장의 소송의 성질을 기관소송으로 보는 견해도 있지만, 항고소송으로 보는 것이 타당하다. 왜냐하면 자치사무에 관한 명령이나 처분의 취소 또는 정지는 지방자치단체의 자치권을 침해하는 행정소송법상의 처분에 해당한다고 볼 수 있고, 지방자치단체의 장이 원고가 되지만 이 때의 지방자치단체의 장은 지방자치단체를 대표하여 소송을 제기하는 것이며 지방자치단체는 자치권을 갖는 독립된 법주체이므로 항고소송을 제기할 수 있는 원고적격이 있다고 볼 수 있기 때문이다.

### 3) 집행정지신청

현행법하에서 지방자치단체의 장은 명문의 규정은 없지만, 감독기관의 취소·정지에 대한 집행정지를 신청할 수 있다고 보아야 할 것이다. 왜냐하면, 위의 소송을 항고소송으로 보면 행정소송법상의 집행정지에 관한 규정이 이 소송에도 적용되는 것으로 볼 수 있을 것이기 때문이다. 또한, 위의 소송을 기관소송으로 보더라도 처분 등의 취소를 구하는 기관소송에는 그 성질에 반하지 않는 한 취소소송에 관한 규정을 준용하도록 하고 있으므로(행정소송법 제46조 제1항) 행정소송법의 집행정지에 관한 규정을 이 소송에 준용할 수 있을 것이다.

### (6) 문제점 및 개선방안

지방자치단체의 장의 명령·처분의 시정명령 및 취소·정지에 관한 지방자치법 제188조의 규정은 지방자치의 관점에서 볼 때 문제가 있다. 입법론으로는 지방자치단체의 장이 시정명령에 대해 이의를 제기하는 경우에 감독기관이 직접 취소·정지처분을 하지 못하도록 하고, 감독기관이 대법원에 소송을 제기하여 대법원의 결정에 의해 당해 명령·처분이 취소·정지되도록 하고, 필요한 경우 감독기관이 당해 명령·처분의 집행정지를 신청할 수 있는 것으로 하여야 할 것이다.

## 2. 지방자치단체의 장에 대한 직무이행명령 및 대집행

### (1) 의   의

지방자치법 제189조는 지방자치단체의 장에 대한 감독기관의 직무이행명령(職務履行命令)을 규정하고 있다. 지방자치단체의 장이 기관위임사무의 관리 및 집행을 명백히 해태하고 있다고 인정되는 때에는 감독기관은 이행명령을 내릴 수 있고, 이에 따르지 않는 경우 대집행(代執行)하거나 행정·재정상 필요한 조치를 취할 수 있다.

이 규정이 두어진 이유는 기관위임사무를 수행함에 있어 지방자치단체의 장은 국가의 하급행정기관이지만 민선기관으로서 국가의 상급기관에 의한 징계의 대상이 되지 않기 때문에 기관위임사무의 집행을 태만히 할 수도 있고 이 경우에는 당해 기관위임사무의 집행을 실현시킬 방법이 없기 때문에 기관위임사무의 집행의 실효성을 확보하기 위한 것이다.

[판례] 직무이행명령 및 이에 대한 이의소송 제도의 취지는 국가위임사무나 시·도위임사무의 관리·집행에서 위임기관과 수임기관 사이의 지위와 권한, 상호 관계 등을 고려하여, 수임기관인 지방자치단체의 장이 해당 사무에 관한 사실관계의 인식이나 법령의 해석·적용에서 위임기관과 견해

를 달리하여 해당 사무의 관리·집행을 하지 아니할 때, 위임기관에는 사무집행의 실효성을 확보하기 위하여 수임기관인 지방자치단체의 장에 대한 직무이행명령과 그 불이행에 따른 후속 조치를 할 권한을 부여하는 한편, 해당 지방자치단체의 장에게는 직무이행명령에 대한 이의의 소를 제기할 수 있도록 함으로써, 기관위임사무의 관리·집행에 관한 양 기관 사이의 분쟁을 대법원의 재판을 통하여 합리적으로 해결하고 사무집행의 적법성과 실효성을 보장하려는 데 있다(대판 2020. 03. 27, 2017추5060[직무이행명령취소청구]).

## (2) 대    상

직무이행명령의 대상은 '법령의 규정에 의하여 지방자치단체의 장의 의무에 속하는 국가위임사무 또는 시·도위임사무'이다. 이 사무를 단체위임사무까지 포함하는 것으로 해석하는 견해도 있으나 입법취지에 비추어 기관위임사무로 보는 것이 타당하다. 판례도 기관위임 국가사무로 본다.

**[판례]** ① [1] 교육부장관이 교육감에 대하여 할 수 있는 직무이행명령의 대상사무인 '국가위임사무'의 의미: 지방교육자치에 관한 법률 제3조, 지방자치법 제170조 제1항에서의 국가위임사무란 교육감 등에 위임된 국가사무, 즉 기관위임 국가사무를 뜻한다고 보는 것이 타당하다. [2] 교육공무원 징계사무의 성격, 그 권한의 위임에 관한 교육공무원법령의 규정 형식과 내용 등에 비추어 보면, 국가공무원인 교사에 대한 징계는 국가사무이고, 그 일부인 징계의결요구 역시 국가사무에 해당한다고 보는 것이 타당하다. 따라서 교육감이 담당 교육청 소속 국가공무원인 교사에 대하여 하는 징계의결요구 사무는 국가위임사무라고 보아야 한다. [3] 사립학교 교원의 복무나 징계 등은 국·공립학교 교원과 같이 전국적으로 통일하여 규율되어야 한다. 이를 고려할 때, 구 사립학교법 (2012. 1. 26. 법률 제11216호로 개정되기 전의 것) 제54조 제3항이 사립 초등·중·고등학교 교사의 징계에 관하여 규정한 교육감의 징계요구 권한은 위 사립학교 교사의 자질과 복무태도 등을 국·공립학교 교사와 같이 일정 수준 이상 유지하기 위한 것으로서 국·공립학교 교사에 대한 징계와 균형 있게 처리되어야 할 국가사무로서 시·도 교육감에 위임된 사무라고 보아야 한다(대판 2013. 06. 27, 2009추206[직무이행명령취소]).

## (3) 요    건

지방자치단체의 장이 법령의 규정에 따라 그 의무에 속하는 국가위임사무나 시·도위임사무의 관리와 집행을 명백히 게을리하고 있다고 인정되어야 한다(제189조 제1항).

① 법령의 규정에 따라 지방자치단체의 장에게 특정 기관위임사무를 관리·집행할 의무가 있어야 한다.

판례에 의하면 '법령의 규정에 따라 지방자치단체의 장에게 특정 국가위임사무를 관리·집행할 의무가 있는지' 여부의 판단대상은 문언대로 그 법령상 의무의 존부이지, 지방자치단체의 장이 그 사무의 관리·집행을 하지 아니한 데 합리적 이유가 있는지 여부가 아니다. 그 법령상 의무의 존부는 원칙적으로 직무이행명령 당시의 사실관계에 관련 법령을 해석·적용하여 판단하되, 직무이행명령 이후의 정황도 고려할 수 있다(대판 2013. 06. 27, 2009추206[직무이행명령취소]; 대판 2020. 03. 27, 2017추5060).

[판례] ① 교육감이 학교생활기록 작성 사무에 대한 지도·감독 사무의 성격에 관한 선례 등이 확립되지 않은 상황에서 이를 자치사무로 보아 사무를 집행하였는데 사후에 기관위임 국가사무임이 밝혀진 경우, 기존에 행한 사무의 구체적인 집행행위가 징계사유에 해당한다고 볼 수는 없다(대판 2015. 09. 10, 2013추517[직무이행명령(2013. 04. 10)취소]).

② [1] 교육공무원법령이 규율하는 교육공무원의 징계 사무의 성격(국가사무). [2] 국가공무원인 '교육장, 시·도교육청 교육국장 및 그 하급자들'에 대한 교육감의 징계의결요구의 신청 사무의 성격(기관위임 국가사무). 〈해설〉 교육공무원은 국가공무원이다. [3] 교육감의 학교생활기록의 작성에 관한 지도·감독 사무의 법적 성질(기관위임 국가사무). [4] 구 초·중등교육법(2013. 3. 23. 법률 제11690호로 개정되기 전의 것) 등 관계 법령의 해석에 의하면 교육감의 학교생활기록의 작성에 관한 사무에 대한 지도·감독 사무는 기관위임 국가사무에 해당하지만, 지방자치법 제169조에 규정된 취소처분에 대한 이의소송의 입법 취지 등을 고려할 때, 교육감이 위와 같은 지도·감독 사무의 성격에 관한 선례나 학설, 판례 등이 확립되지 않은 상황에서 이를 자치사무라고 보아 사무를 집행하였는데, 사후적으로 사법절차에서 그 사무가 기관위임 국가사무임이 밝혀졌다는 이유만으로 곧바로 기존에 행한 사무의 구체적인 집행행위가 위법하다고 보아 징계사유에 해당한다고 볼 수는 없다. [5] 교육과학기술부장관이 교육감에게 담당 교육청 소속 교육공무원들이 교육과학기술부 방침에 반하여 학교폭력 가해학생 학교생활기록부 기재 관련 업무 처리를 부당하게 하고 학교폭력 조치사항의 학교생활기록부 기재 반대 등을 요구하는 호소문을 담당 교육청 홈페이지에 발표한 행위에 대하여 징계의결 요구를 신청하도록 요청하였으나 이에 응하지 않자 징계의결 요구를 신청할 것을 내용으로 하는 직무이행명령을 한 사안에서, 징계대상자들이 학교생활기록의 작성에 관한 지도·감독 사무를 집행하면서 사무의 법적 성질을 자치사무라고 보고 직무상 상관인 교육감의 방침에 따라 교육부장관의 '학교생활기록 작성 및 관리지침'의 시행을 보류하는 내용으로 직무를 수행하였으나 그 행위가 결과적으로 법령을 위반한 것이라는 평가를 받게 되더라도, 그러한 사정만으로 징계대상자들의 직무집행 행위가 징계사유를 구성한다고 보기는 어렵고, 호소문 발표행위가 국가공무원법 제66조 제1항에서 금지하는 '공무 외의 일을 위한 집단행위'에 해당하거나 국가공무원 복무규정 제3조 제2항 또는 공무원의 성실의무를 규정한 국가공무원법 제56조를 위반한 것으로 볼 수 없어, 징계대상자들에 대한 징계사유가 성립되지 않으므로 교육감에게 징계의결요구를 신청할 의무가 없고 직무이행명령도 위법하다고 한 사례(대판 2014. 02. 27, 2012추213[직무이행명령취소청구]). 〈해설〉 공무원은 직근 상급기관의 명령에 복종하여야 한다. 또한, 상관의 명령이 명백히 위법하지 않는 한 상관의 명령에 따른 행위는 위법하더라도 징계사유가 되지 않는다.

③ [청양군 비봉면 강정리 건설폐기물 불법매립·보관과 관련하여 충청남도지사가 청양군수에게 해당 폐기물처리업체에 대하여 필요한 행정조치를 취하라는 직무이행명령을 하자, 청양군수가 대법원에 지방자치법 제170조 제3항에 따른 직무이행명령 취소소송을 제기한 사건] 원고(청양군수)는, 보민환경이 매립한 순환토사와 순환골재는 '건설폐기물'에 해당하지 않고, 이를 매립한 행위가 '보관'에도 해당하지 않아 보민환경이 건설폐기물법을 위반한 바 없으므로, 피고(충청남도지사)가 '보민환경이 건설폐기물법상 건설폐기물 보관방법을 위반하였음'을 전제로 원고에 대하여 한 직무이행명령은 위법하다고 주장하였으나 대법원은, 보민환경이 매립한 순환토사와 순환골재는 '건설폐기물'에 해당하고, 건설폐기물법령이 예외적으로 허용하고 있는 재활용 방법을 준수하지 않은 경우에는 불법매립에 해당하여 건설폐기물법 및 폐기물관리법상 행정조치가 필요하므로, 피고가 원고에 대하여 보민환경의 건설폐기물법 위반 여부를 확인하여 필요한 행정조치를 이행하라고 명

령한 것은 적법하다고 판단하여 원고의 청구를 기각한 사례(대판 2020. 03. 27, 2017추5060).

② 그 의무에 속하는 기관위임사무의 관리와 집행을 명백히 게을리하고 있다고 인정되어야 한다.

판례에 의하면 지방자치단체의 장은 그 의무에 속한 국가위임사무를 이행하는 것이 원칙이므로, 지방자치단체의 장이 특별한 사정이 없이 그 의무를 이행하지 아니한 때에는 '국가위임사무의 관리와 집행을 명백히 게을리하고 있다'는 요건을 충족한다고 해석하여야 한다. 여기서 특별한 사정이란, 국가위임사무를 관리·집행할 수 없는 법령상 장애사유 또는 지방자치단체의 재정상 능력이나 여건의 미비, 인력의 부족 등 사실상의 장애사유를 뜻한다고 보아야 하고, 지방자치단체의 장이 특정 국가위임사무를 관리·집행할 의무가 있는지 여부에 관하여 주무부장관과 다른 견해를 취하여 이를 이행하고 있지 아니한 사정은 이에 해당한다고 볼 것이 아니다. 왜냐하면, 직무이행명령에 대한 이의소송은 그와 같은 견해의 대립을 전제로 지방자치단체의 장에게 제소권을 부여하여 성립하는 것이므로, 그 소송의 본안판단에서 그 사정은 더는 고려할 필요가 없기 때문이다(대판 2013. 06. 27, 2009추206[직무이행명령취소]).

[판례] (1) 교육기관·교육행정기관·지방자치단체 또는 교육연구기관의 장이 징계위원회에서 징계의결서를 통보받은 경우에는 **징계의결을 집행할 수 없는 법률상·사실상의 장애가 있는 등 특별한 사정이 없는 이상 법정 시한 내에 이를 집행할 의무가 있다.** (2) 교육부장관은 교육감의 신청이 있어야만 교육장 및 시·도 교육청에 근무하는 국장 이상인 장학관 등에 대하여 징계의결을 요구할 수 있고, 이러한 **교육감의 (징계의결요구)신청 없이 교육부장관이 한 징계의결요구는 그 효력이 없다**고 보아야 한다. 그렇다면 원고(교육감)의 징계의결요구신청 없이 피고가 한 징계의결요구는 절차상 흠으로 인하여 무효이고, 이에 기초하여 이루어진 특별징계위원회의 징계의결은 이를 집행할 수 없는 법률상의 장애가 있다고 보아야 한다. 따라서 원고가 위 징계의결을 집행하지 않았다고 하더라도 법령의 규정에 따라 그 의무에 속하는 국가위임사무의 관리와 집행을 명백히 게을리하고 있다고 볼 수 없다. (3) 지방교육자치에 관한 법률 제3조, 지방자치법 제170조 제2항에 따르면, 교육부장관은 교육감이 직무이행명령을 이행하지 아니하면 지방자치단체의 비용부담으로 대집행하거나 행정상·재정상 필요한 조치를 할 수 있지만, 교육감의 징계의결요구신청은 의사의 진술에 해당하고 이러한 의사의 진술을 명하는 직무이행명령을 이행하지 않았다고 하여 법령의 근거 없이 의사의 진술이 있는 것으로 의제할 수는 없는 점을 고려할 때, 교육부장관이 할 수 있는 (지방자치법 제170조 제2항의) 행정상 필요한 조치에 교육감의 징계의결요구신청 없이 곧바로 징계의결요구를 하는 것이 포함된다고 볼 수 없다(대판 2015. 09. 10, 2013추524[직무이행명령(2013. 04. 18.)취소])〈해설〉 교육부장관은 교육감의 신청이 있어야만 교육장 및 시·도 교육청에 근무하는 국장 이상인 장학관 등에 대하여 징계의결을 요구할 수 있고, 이러한 교육감의 신청 없이 교육부장관이 한 징계의결요구는 그 효력이 없다고 판단한 최초의 사안

### (4) 명령의 주체 및 내용

일차적으로 시·도에 대하여는 주무부장관이, 시·군 및 자치구에 대하여는 시·

도지사가 명령을 내린다.

주무부장관은 최종적으로 이행명령권을 갖는다. 즉, 주무부장관은 시장·군수 및 자치구의 구청장이 법령에 따라 그 의무에 속하는 국가위임사무의 관리와 집행을 명백히 게을리하고 있다고 인정됨에도 불구하고 시·도지사가 제1항에 따른 이행명령을 하지 아니하는 경우 시·도지사에게 기간을 정하여 이행명령을 하도록 명할 수 있다(제189조 제3항). 주무부장관은 시·도지사가 제3항에 따른 기간에 이행명령을 하지 아니하면 제3항에 따른 기간이 지난 날부터 7일 이내에 직접 시장·군수 및 자치구의 구청장에게 기간을 정하여 이행명령을 하고, 그 기간에 이행하지 아니하면 주무부장관이 직접 대집행등을 할 수 있다(제4항). 주무부장관은 시·도지사가 시장·군수 및 자치구의 구청장에게 제1항에 따라 이행명령을 하였으나 이를 이행하지 아니한 데 따른 대집행등을 하지 아니하는 경우에는 시·도지사에게 기간을 정하여 대집행등을 하도록 명하고, 그 기간에 대집행등을 하지 아니하면 주무부장관이 직접 대집행등을 할 수 있다(제5항).

명령의 내용은 지방자치잔체의 장이 기관위임사무의 관리 및 집행을 적극적으로 행하기 위하여 이행할 사항 및 이행기간이다. 감독기관은 당해 지방자치단체의 장이 이행기간 내에 이행명령을 이행하지 아니하면 그 지방자치단체의 비용부담으로 대집행하거나 행정·재정상 필요한 조치(대집행 등)를 할 수 있다(제2항). 대집행과 기타 행정상·재정상 필요한 조치를 병행할 수 있는지에 관하여는 다툼이 있다.

### (5) 직무이행명령에 대한 이의소송

지방자치단체의 장은 제1항 또는 제4항에 따른 이행명령에 이의가 있으면 이행명령서를 접수한 날부터 15일 이내에 대법원에 소를 제기할 수 있다. 이 경우 지방자치단체의 장은 이행명령의 집행을 정지하게 하는 집행정지결정을 신청할 수 있다(제189조 제3항).

이 소송의 성질에 관하여 견해가 대립하고 있다.

#### 1) 특수소송설

직무이행명령은 행정내부의 행위이므로 이 소송을 항고소송으로 볼 수 없고, 동일한 행정주체 내의 기관 상호간의 소송이 아니므로 기관소송으로도 볼 수 없고, 지방자치법이 특별히 인정한 특수한 소송이라고 보는 견해이다(홍정선, 259면).

#### 2) 항고소송설

직무이행명령을 처분으로 보고, 직무이행명령에 대한 소송을 항고소송의 일종으로 보는 견해이다(지방자치법주해, 729~730면).

### 3) 기관소송설

직무이행명령은 내부행위이고, 행정기관 상호간의 권한의 존부 및 그 행사에 관한 다툼이고, 더욱이 기관위임사무를 수행함에 있어 지방자치단체의 장은 국가기관(또는 위임시·도의 기관)의 지위를 가지므로 실질상 동일한 행정주체 내부의 기관 상호간의 다툼을 대상으로 하는 소송이기 때문에 기관소송으로 본다.

### 4) 권한쟁의심판설

지방자치법 제189조 제6항의 소송은 행정소송의 문제로 이해하기보다는 권한쟁의심판의 문제로 이해하는 것이 타당하고, 따라서 입법론상 삭제하여 권한쟁의심판이 제기될 수 있도록 하여야 한다는 견해이다.[12] 이에 대하여 지방자치법 제189조 제6항의 소송의 대상은 헌법재판소의 권한쟁의의 대상으로 할 만한 헌법적 사항은 아니므로 지방자치법 제189조 제6항의 소송을 권한쟁의심판의 대상으로 하여야 한다는 주장은 타당하지 않다는 견해가 있다.[13]

### 5) 결   어

다음과 같은 이유에서 기관소송설이 타당하다. 기관위임사무를 수행함에 있어 지방자치단체의 장은 국가기관의 지위를 가지므로 기관위임사무에 관한 지방자치단체의 장과 국가기관(또는 위임시·도의 기관) 사이의 다툼은 실질상 동일한 행정주체 내부의 기관 상호간의 다툼이라고 할 수 있으므로 기관소송으로 보는 것이 타당하다. 또한 직무이행명령은 내부행위이므로 항고소송의 대상이 될 수 없다.

이 규정에서와 같이 지방자치단체의 장이 국가감독기관의 기관위임사무의 이행명령에 대하여 대법원에 소송을 제기하도록 하고 있는 것은 현재와 같이 기관위임사무를 수행하는 경우에 지방자치단체의 장은 국가기관의 지위에 선다고 보는 한 이론적으로는 타당하지 않다. 즉, 상급기관의 명령을 하급기관인 지방자치단체의 장이 소송으로 다투도록 하는 것은 행정조직의 법리에 맞지 않는다. 그럼에도 불구하고 이 소송을 인정한 것은 지방자치단체의 장이 현실적으로 국가기관이나 시·도지사로부터 독립된 지위를 갖고 있다는 점을 고려한 것이다.

### (6) 대집행 등

주무부장관 또는 시·도지사는 해당 지방자치단체의 장이 제1항의 기간 내에 이행명령을 이행하지 아니하면 그 지방자치단체의 비용부담으로 대집행하거나 행정·재정상 필요한 조치를 할 수 있다. 이 경우 행정대집행에 관하여는 「행정대집행법」을 준용한다(제189조 제2항).

---

12) 류지태.
13) 홍정선, 259면.

**[판례]** 교육부장관이 직무이행명령을 이행하지 않는 경우에 할 수 있는 행정상 필요한 조치에 교육감의 징계의결요구신청 없이 곧바로 징계의결요구를 하는 것이 포함된다고 볼 수 없다(대판 2015. 09. 10, 2013추524).

대집행과 행정·재정상 필요한 조치를 병과할 수 있다는 견해(홍정선)가 있으나 법률문언상 병과할 수 없는 것으로 보는 것이 타당하다. 대집행에 대한 불복소송을 기관소송으로 본다면 명문의 규정이 없으므로 대집행에 불복하는 소송은 불가능하다.

### 3. 감독청의 재의요구 지시, 제소 지시 및 직접 제소

#### (1) 재의요구 지시

##### 1) 의    의

지방의회의 의결이 법령에 위반되거나 공익을 현저히 해친다고 판단되면 시·도에 대해서는 주무부장관이, 시·군 및 자치구에 대해서는 시·도지사가 재의를 요구하게 할 수 있다(지방자치법 제192조 제1항). 시·군 및 자치구의회의 의결이 법령에 위반된다고 판단됨에도 불구하고 시·도지사가 제1항에 따라 재의를 요구하게 하지 아니한 경우 주무부장관이 직접 시장·군수 및 자치구의 구청장에게 재의를 요구하게 할 수 있고, 재의 요구 지시를 받은 시장·군수 및 자치구의 구청장은 의결사항을 이송받은 날부터 20일 이내에 지방의회에 이유를 붙여 재의를 요구하여야 한다(제2항).

이 재의요구지시(再議要求指示)는 지방의회에 대한 국가기관의 통제이며 동시에 지방자치단체의 장의 재의요구에 대한 감독의 성질을 갖는다. 이 재의요구지시는 지방자치단체의 장에 의한 재의요구에 대하여 보충적인 것이다.

##### 2) 재의요구사유

지방의회의 의결이 법령에 위반되거나 공익을 현저히 해친다고 판단될 때에 재의요구가 가능하다. 다만, 자치사무에 관한 의결은 법령에 위반한 경우에 한하는 것으로 해석하여야 한다.[14]

##### 3) 재의요구 지시의 주체와 상대방

시·도에 대하여는 주무부장관이, 시·군 및 자치구에 대하여는 시·도지사가 지방자치단체의 장에게 재의를 요구하게 할 수 있고, 재의의 요구를 받은 지방자치단체의 장은 지방의회에 이유를 붙여 재의를 요구하여야 한다. 시·도지사가 제1항에 따라 재의를 요구하게 하지 아니한 경우 주무부장관이 직접 시장·군수 및 자치구의 구청장에게 재의를 요구하게 할 수 있다.

---

14) 김남진, 183면.

#### 4) 재의요구 지시의 성질

재의요구 지시를 행정처분으로 보는 견해[15]도 있으나, 내부적 감독작용으로 보는 것이 타당하다.

#### 5) 재의요구 지시의 기간

재의의 요구를 받은 지방자치단체의 장은 의결사항을 이송받은 날부터 20일 이내에 지방의회에 재의를 요구하여야 하므로(제192조 제1항) 재의요구명령도 이 기간 내에 하여야 한다.

#### 6) 재의요구 지시의 효과

**가. 재의요구**　　재의의 요구를 받은 지방자치단체의 장은 의결사항을 이송받은 날부터 20일 이내에 지방의회에 이유를 붙여 재의를 요구하여야 한다(지방자치법 제192조 제1항).

**나. 불응시 대응조치(직접 제소)**　　지방자치단체의 장이 재의를 요구하지 않는 경우에 재의요구를 지시한 감독기관은 직접 재의요구를 할 수 없고, 제1항 또는 제2항에 따라 지방의회의 의결이 법령에 위반된다고 판단되어 주무부장관 또는 시·도지사로부터 재의요구지시를 받은 지방자치단체의 장이 재의를 요구하지 아니하는 경우(법령에 위반되는 지방의회의 의결사항이 조례안인 경우로서 재의요구지시를 받기 전에 그 조례안을 공포한 경우를 포함한다)에는 주무부장관 또는 시·도지사는 제1항 또는 제2항에 따른 기간이 지난 날부터 7일 이내에 대법원에 직접 제소(直接 提訴) 및 집행정지결정을 신청할 수 있다(제192조 제8항).

**다. 재의결**　　재의 결과 재적의원 과반수의 출석과 출석의원 3분의 2 이상의 찬성으로 전과 같은 의결을 하면 그 의결사항은 확정된다(지방자치법 제192조 제3항).

**라. 단체장의 제소**　　지방자치단체의 장은 제3항에 따라 재의결된 사항이 법령에 위반된다고 판단되면 재의결된 날부터 20일 이내에 대법원에 지방의회를 상대로 소(재의결 무효확인의 소)를 제기할 수 있다. 이 경우 필요하다고 인정되면 그 의결의 집행을 정지하게 하는 집행정지결정을 신청할 수 있다(지방자치법 제192조 제4항).

### (2) 감독청의 제소 지시와 직접 제소

#### 1) 의　　의

① 지방의회의 의결이 법령에 위반된다고 판단되어 주무부장관 또는 시·도지사로부터 재의요구지시를 받은 지방자치단체의 장이 재의를 요구하지 아니하는 경우(법령에 위반되는 지방의회의 의결사항이 조례안인 경우로서 재의요구지시를 받기 전에 당해 조

---

15) 홍정선, 『지방자치법학』, 514면.

례안을 공포한 경우를 포함한다)에는 주무부장관이나 시·도지사는 제1항 또는 제2항에 따른 기간이 지난 날부터 7일 이내에 대법원에 직접 제소 및 집행정지결정을 신청할 수 있다(제192조 제8항).

**[판례]** [1] 학기당 2시간 정도의 인권교육의 편성·실시는 지방자치법 제9조 제2항 제5호가 지방자치단체의 사무로 예시한 교육에 관한 사무로서 초등학교·중학교·고등학교 등의 운영·지도에 관한 사무에 속한다. [2] 교육부장관이 관할 교육감에게, 甲 지방의회가 의결한 학생인권조례안에 대하여 재의요구를 하도록 요청하였으나 교육감이 이를 거절하고 **학생인권조례를 공포하자, 조례안 의결에 대한 효력 배제를 구하는 소를** 제기한 사안에서, 위 조례안은 ······ 학교운영자나 학교의 장, 교사 등에게 새로운 의무를 부과하고 있는 것이 아니고, 정규교과 시간 외 교육활동의 강요 금지, 학생인권 교육의 실시 등의 규정 역시 교육의 주체인 학교의 장이나 교사에게 학생의 인권이 학교 교육과정에서 존중되어야 함을 강조하고 그에 필요한 조치를 권고하고 있는 데 지나지 아니하여, 그 규정들이 교사나 학생의 권리를 새롭게 제한하는 것이라고 볼 수 없으므로, 국민의 기본권이나 주민의 권리 제한에서 요구되는 **법률유보원칙에 위배된다고** 할 수 없고, 내용이 법령의 규정과 모순·저촉되어 **법률우위원칙에 어긋난다고** 볼 수 없다고 한 사례. [3] **조례안재의결 무효확인소송에서의 심리대상은 지방자치단체의 장이 지방의회에 재의를 요구할 당시 이의사항으로 지적하여 재의결에서 심의의 대상이 된 것에 국한된다.** 이러한 법리는 주무부장관이 지방자치법 제172조 제7항에 따라 지방의회의 의결에 대하여 직접 제소함에 따른 조례안의결 무효확인소송에도 마찬가지로 적용되므로, **조례안의결 무효확인소송의 심리대상은 주무부장관이 재의요구 요청에서 이의사항으로 지적한 것에 한정된다**(대판 2015. 05. 14, 2013추98[조례안의결무효확인]).

② 또한, 주무부장관이나 시·도지사는 재의결된 사항이 법령에 위반된다고 판단됨에도 해당 지방자치단체의 장이 소를 제기하지 아니하면 시·도에 대해서는 주무부장관이, 시·군 및 자치구에 대해서는 시·도지사(제2항에 따라 주무부장관이 직접 재의 요구 지시를 한 경우에는 주무부장관을 말한다. 이하 이 조에서 같다)가 그 지방자치단체의 장에게 제소를 지시하거나 직접 제소 및 집행정지결정을 신청할 수 있다(지방자치법 제192조 제5항).

이 제소지시 및 직접 제소는 지방의회에 대한 국가기관의 통제권이며 동시에 지방자치단체의 장에 대한 감독권의 성질을 갖는다. 제192조의 권한을 행사함에 있어서 시·도지사는 국가기관의 지위를 갖는다고 보아야 한다.

이 제소지시 및 직접 제소는 지방자치단체의 장에 의한 제소에 대하여 보충적인 것으로 규정되어 있다. 그러나, 입법론상 감독청의 제소권은 독자적인 통제권으로 구성되어야 한다.

2) 제192조 제8항에 따른 제소권자

지방자치법 제192조 제8항에서 지방의회 의결에 대하여 직접 제소할 수 있는 주체로 규정된 '주무부장관이나 시·도지사'는 시·도에 대하여는 주무부장관을, 시·

군 및 자치구에 대하여는 재의요구를 지시한 시·도지사 또는 주무부장관을 각 의미
한다고 해석하는 것이 다음과 같은 이유에서 타당하다.

① 주무부장관 또는 시·도지사의 직접 제소는 주무부장관과 시·도지사의 재의
요구지시에 따라 재의요구가 행해지지 않은 것을 전제로 하는 후속절차에 관한 규정
이므로 재의요구를 지시한 감독기관이 제소권한을 갖는 것으로 보는 것이 지방자치
법 제192조 제8항의 취지(법령을 위반한 지방의회의 의결에 대한 감독청 통제의 실효성 확보)
및 제192조 제1항, 제2항 및 제8항의 체계에 부합한다.

② 주무부장관과 시·도지사 모두 시·군 및 자치구의회의 재의결에 대하여 제
소할 수 있다고 본다면, 주무부장관과 시·도지사의 제소권한이 중복되므로 제소기
간, 중복제소 문제, 권한의 선후관계 등 여러 가지 복잡한 문제가 발생하게 되는데,
지방자치법은 그에 대하여 아무런 규정을 두고 있지 않아 소송상 법률관계를 불안정
하게 만들 우려가 있다(대판 전원합의체 2016. 09. 22, 2014추521[조례안재의결무효확인]).

[참조 판례] 행정자치부장관이 원고가 되어 강화군의회를 상대로 '강화군 도서지역 주민들에게 정
주지원금을 지급하기로 하는 강화군의 조례안이 지방재정법 등에 위배된다'고 주장하면서 조례안
재의결의 무효확인을 청구한 사건에서, 구 지방자치법 제172조(현행 192조)에 따라 **군의회를 상대
로 조례안재의결 무효확인의 소를 제기할 수 있는 원고적격은 시·도지사에게 있을 뿐이고 행정자
치부장관은 군의회를 상대로 한 소의 원고가 될 수 없다**고 보아 소를 각하한 사안(대판 전원합의체
2016. 09. 22, 2014추521[조례안재의결무효확인]). 〈해설〉 이 사건은 강화군의회의 조례안에 대하여
재의요구지시는 인천광역시장이 하였던 반면, 제소는 행정자치부장관이 직접 한 사례이다. 주무부
장관에게도 기초자치단체 의회의 재의결에 대하여 직접 제소할 수 있는 권한이 있다고 보아야 한
다는 **반대의견(대법관 김창석, 대법관 권순일)**은 이 사건 법률조항이 문언상 지방의회의 재의결에
대한 제소권자를 주무부장관 또는 시·도지사로 병렬적으로 규정하고 있고, 이 사건 법률조항의
취지는 국가가 지방자치행정의 합법성을 감독하고 국가법질서의 통일성을 유지하려는 데 있다는
점, 주무부장관에게 '시·군 및 자치구' 의회의 조례안 재의결에 대하여 제소할 권한이 없다고 해
석한다면, 주무부장관은 조례안 재의결이 법령에 위반된다고 판단하는 경우에도 시·도지사가 제
소하지 아니하면 그 위법한 상태를 용인할 수밖에 없게 된다는 점을 그 논거로 들고 있다. 관련
법령이 개정되어 이 판결을 참조할 수는 있지만, 그대로 적용할 수는 없다.

### 3) 제소지시 및 직접제소의 요건

① 법 제192조 제5항의 제소지시 또는 직접제소가 가능하기 위하여는 재의결된
사항이 법령에 위반된다고 판단되고, 해당 지방자치단체의 장이 소를 제기하지 아니
하였어야 한다.

② 법 제192조 제8항의 직접 제소가 가능하기 위하여는 i) 지방의회의 의결이
법령에 위반된다고 판단되어 주무부장관 또는 시·도지사로부터 재의요구지시를 받
은 지방자치단체의 장이 재의를 요구하지 아니하였거나, ii) 또는 법령에 위반되는

지방의회의 의결사항이 조례안인 경우로서 재의요구지시를 받기 전에 당해 조례안을 공포하였어야 한다.

### 4) 기간의 제한

지방자치단체의 장에 대한 제소의 지시는 제4항의 기간(재의결된 날부터 20일)이 경과한 날부터 7일 이내에 하고, 해당 지방자치단체의 장은 제소지시를 받은 날부터 7일 이내에 제소하여야 한다(제192조 제6항). 지방자치법 제192조 제5항의 감독기관의 직접 제소는 제6항의 기간(제소지시 후 7일)이 지난 날부터 7일 이내에 하여야 한다(지방자치법 제192조 제7항). 지방자치법 제192조 제8항의 감독기관의 직접 제소는 지방자치단체의 장이 의결사항을 이송받은 날부터 20일이 경과한 날부터 7일 이내에 하여야 한다.

**[판례]** 지방자치단체의 장이 지방의회의 재의결된 사항에 관하여 **행정자치부장관 또는 시·도지사의 제소지시를 받고 제소를 하였다가 시·도지사 등의 동의 없이 이를 취하한 경우**, 소취하의 소급효에 의하여 처음부터 소가 제기되지 아니한 셈이므로, 이는 결국 구 지방자치법 제172조 제4항(현행 제192조 제5항)의 '당해 지방자치단체의 장이 소를 제기하지 아니하는 때'에 준하는 경우로 볼 수 있고, 따라서 시·도지사 등은 직접 제소할 수 있다 할 것인데, 이 경우의 시·도지사의 직접 제소기간은 구 지방자치법 제172조 제6항(현행 제192조 제7항)에서 시·도지사 등의 독자적인 제소기간을 당해 지방자치단체의 장의 제소기간 경과일부터 7일로 규정한 취지에 비추어 지방자치단체의 장에 의한 소취하의 효력발생을 안 날로부터 7일 이내로 봄이 상당하다(대판 2002. 05. 31, 2001추88).

### 5) 소송의 성질

제192조의 소송 중 지방자치단체의 장이 제기하는 조례안재의결의 무효확인소송은 기관소송이라는 것이 일반적 견해이다.

주무부장관 또는 시·도지사가 제기하는 소송은 지방의회를 상대로 제기하는데, 그의 성질은 기관소송을 어떻게 이해하는가에 따라 다르게 된다. 기관소송을 동일한 법주체 내의 기관간의 분쟁으로 이해하면 기관소송이 아닌 특수한 소송으로 보게 되고,16) 상이한 법주체 사이에서도 기관소송이 가능하다고 보면 기관소송으로 보게 된다. 후자의 견해가 타당하다.

### 6) 법적 규율

조례안재의결 무효확인소송에는 행정소송법상 무효확인소송에 관한 규정이 준용된다고 본다(행정소송법 제40조 제2항). 이에 대하여 지방의회의 재의결은 행정소송법상 처분이 아니므로 행정소송법 제46조 제3항에 따라 조례안재의결의 무효확인소송에는 공법상 당사자소송에 관한 규정을 준용하여야 한다(행정소송법 제46조 제3항)는

---

16) 홍정선, 249면.

견해가 있다. 지방의회의 조례안재의결은 행정소송법상 처분은 아니지만 공권력 행사이고, 조례안재의결의 무효확인소송은 공법상 당사자소송보다는 무효확인소송과 유사한 구조를 가지고 있으므로 조례안재의결의 무효확인소송에는 공법상 당사자소송보다는 무효확인소송에 관한 규정을 준용하는 것이 보다 타당하다고 본다.

### 7) 일부무효판결 불인정 등

재의결은 가분적이 아니므로 일부가 위법한 경우에도 전부무효판결을 내려야 한다(일부무효부정설).

**[판례]** 의결의 일부에 대한 효력배제는 결과적으로 전체적인 의결의 내용을 변경하는 것에 다름 아니어서 의결기관인 지방의회의 고유권한을 침해하는 것이 될 뿐 아니라, 그 일부만의 효력배제는 자칫 전체적인 의결내용을 지방의회의 당초의 의도와는 다른 내용으로 변질시킬 우려가 있으며, 또 재의요구가 있는 때에는 재의요구에서 지적한 이의사항이 의결의 일부에 관한 것이라고 하여도 의결 전체가 실효되고 재의결만이 의결로서 효력을 발생하는 것이어서 의결의 일부에 대한 재의요구나 수정재의 요구가 허용되지 않는 점에 비추어 보아도 재의결의 내용 전부가 아니라 그 일부만이 위법한 경우에도 대법원은 의결 전부의 효력을 부인할 수밖에 없다(대판 1992. 07. 28, 92추31; 대판 2017. 12. 05, 2016추5162).

이에 대하여 의결 중 일부만의 효력배제가 조례의 전체적인 의미를 변질시키는 것이 아닌 한 일부무효를 인정하는 것이 새로운 조례제정을 위한 지방의회절차의 무용한 반복을 피할 수 있다는 점에서, 그리고 만약 법원에 의한 일부만의 효력배제가 조례의 전체적인 의미를 변질시켰다고 당해 지방의회가 판단하는 경우에는 조례의 개정을 통해 지방의회의사를 바로잡을 수 있다는 점에서 볼 때, 일부무효를 부인하는 판례의 태도는 정당하지 않다는 견해가 있다(일부무효긍정설).

### 8) 집행정지신청

감독기관은 직접 제소하는 경우 당해 재의결의 집행정지를 신청할 수 있다(지방자치법 제192조 제5, 8항).

### 9) 재의결 무효확인판결의 효력

재의결 무효확인판결이 내려지면 재의결은 처음부터 효력이 없었던 것이 되고, 공포 · 시행되고 있는 조례도 효력을 상실한다.

### (3) 재의요구 및 제소권자

재의요구 및 제소권자는 원칙상 주무부장관 또는 시 · 도지사이다. 다만, 지방의회의 의결 또는 재의결된 사항이 2 이상의 부처와 관련되거나 주무부장관이 불분명한 때에는 행정안전부장관이 재의 요구 또는 제소를 지시하거나 직접 제소 및 집행정지결정을 신청할 수 있다(제192조 제9항).

**[판례]** 지방의회에 의하여 재의결된 사항이 둘 이상의 부처와 관련되거나 주무부장관이 불분명하면 행정안전부장관이 재의요구 또는 제소를 지시하거나 직접 제소와 집행정지결정을 신청할 수 있도록 한 지방자치법 제172조 제8항의 규정 취지는 주무부처가 중복되거나 주무부장관이 불분명한 경우에 행정안전부장관이 소송상의 필요에 따라 재량으로 주무부장관의 권한을 대신 행사할 수 있다는 것일 뿐이고, 언제나 주무부장관의 권한행사를 배제하고 오로지 **행정안전부장관만이 그러한 권한을 전속적으로 행사하도록 하려는 취지가 아니다**(대판 2017. 12. 05, 2016추5162[조례안재의결무효확인]).

## 4. 승    인

지방자치법 및 각 개별법 규정에서 지방자치단체의 개별적 행위에 대하여 사전에 감독기관의 승인 또는 동의를 받도록 규정하고 있는 경우가 있다. 예를 들면, 지방자치단체조합 설립승인(지방자치법 제176조), 지방자치단체의 외채 및 일정 규모 이상의 지방채의 발행(지방재정법 제11조) 등이 있다.

### (1) 승인의 근거

승인은 지방자치단체의 자치권을 제한하는 것이기 때문에 법률의 근거가 있어야 한다.

### (2) 승인의 법적 성질과 권리구제

#### 1) 행정절차법 적용 여부

지방자치단체의 자치사무와 관련하여 발령되는 감독기관의 승인행위는 형성적 행정행위인 처분이라고 보고 그 절차에는 개별법률상 특별한 규정이 없는 한 행정절차법이 적용된다는 견해[17]와 자치사무에 대한 감독기관의 승인은 넓은 의미에서 조직법상의 문제이며 처분이 아니므로 그에 행정절차법이 적용되지 않는다는 견해가 대립되고 있다. 전자의 견해가 타당하다.

#### 2) 항고소송 가능 여부

국가감독관청의 승인거부를 처분으로 보지 않고 조직법상의 내부조치로 보는 견해에 의하면 당해 승인의 거부를 다툴 수 있는 길은 기관소송이 될 것인데, 현행 행정소송법상 기관소송은 개별 법률에서 인정한 경우에만 인정되는 것으로 되어 있어 명문의 규정이 없는 한 국가감독청의 승인거부에 대하여 기관소송을 제기할 수 없다.

그러나, 지방자치단체의 자치권 행사에 대한 감독기관의 승인은 행정주체간의 관계에서 행해지는 행위인 점에 비추어 승인거부를 처분으로 보는 것이 타당하므로 행정소송법에 근거하여 항고소송을 제기할 수 있다.

---

17) 홍정선, 245면.

## (3) 승인에 의한 통제의 범위

감독기관의 승인 여부를 결정함에 있어 승인의 대상이 되는 행위의 적법성 심사 뿐만 아니라 합목적성도 심사할 수 있는가 하는 것이 문제된다.

이에 관하여 특별한 제한이 없는 한 적법성 여부뿐만 아니라 타당성 여부도 검 토할 수 있다는 견해[18]도 있고, 일률적으로 말할 수 없고 승인의 유형에 따라 적법 성 심사에 한정되는 경우도 있고, 합목적성까지 심사할 수 있는 경우(예, 지방자치단체 의 기채에 대한 승인과 같이 국가와 지방자치단체가 공동결정의 의미를 갖는 경우)도 있다고 보 는 견해[19]도 있다. 생각건대, 승인은 자치권에 대한 중대한 제한이므로 자치사무에 대한 승인은 특별한 규정이 없는 한 합법성의 통제에 한정된다고 보아야 한다.

## (4) 승인 없는 행위의 효력

지방자치단체의 공법적 행위(예, 지방자치 단체조합 설립)에 승인이 없는 경우에는 그 공법적 행위는 무효이지만, 지방채발행과 같은 사법상 법률행위에 있어서는 승인 이 없더라도 반드시 무효가 되는 것은 아니다.[20]

## 5. 감    사

### (1) 감사원의 감사

감사원은 지방자치단체의 회계를 검사하고, 지방자치단체의 사무와 그에 소속한 지방공무원의 직무를 감찰한다(감사원법 제22, 24조). 감사원의 감사(監査)의 결과에 따 라 변상책임의 판정(제31조), 징계의 요구(제32조), 시정 등의 요구(제33조), 개선 등의 요구(제34조), 권고 등(제34조의2), 고발(제35조)을 행할 수 있다. 다만, 지방자치단체의 장에 대하여는 어떠한 징계도 할 수 없다.

감사원법은 지방자치단체의 위임사무나 자치사무의 구별 없이 합법성 감사뿐만 아니라 합목적성 감사도 허용하고 있다(헌재 2008. 05. 29, 2005헌라3; 강남구청 등과 감사 원 간의 권한쟁의).

### (2) 감독기관의 감사

지방자치법 제190조는 행정안전부장관 또는 시·도지사에게 자치사무에 대한 감사권을 부여하고 있다. 그러나 자치사무에 대한 감사권은 법령위반사항에 한한다 (제190조 제1항).

---

18) 박윤흔, 193면; 김남진, 188면.
19) 홍정선, 245면.
20) 박윤흔, 193면; 홍정선, 246면.

[**판례**] (1) 지방자치단체의 자치권 보장을 위하여 자치사무에 대한 감사는 합법성 감사로 제한되어야 하는바, 포괄적·사전적 일반감사나 법령위반사항을 적발하기 위한 감사는 합목적성 감사에 해당하므로 구 지방자치법 제171조 제1항 후문 상 허용되지 않는다(헌재 2009. 05. 28, 2006헌라6). (2) 경기도가 2021. 4. 1. 남양주시에 통보한 종합감사 실시계획에 따른 자료제출요구 중, 자치사무에 관한 부분(이 사건 자료제출요구)은 헌법재판소가 위 결정에서 허용될 수 없다고 확인한 자치사무에 대한 포괄적·사전적 감사나 법령위반사항을 적발하기 위한 감사 절차와 그 양태나 효과가 동일하고, 감사자료가 아닌 사전조사자료 명목으로 해당 자료를 요청하였다고 하여 그 성질이 달라진다고 볼 수 없다. 따라서, 이 사건 자료제출요구는 합법성 감사로 제한되는 자치사무에 대한 감사의 한계를 벗어난 것으로서 헌법상 청구인에게 보장된 **지방자치권**을 침해한다(헌재 2022. 08. 31. 2021헌라1).

행정안전부장관 또는 시·도지사는 제1항에 따라 감사를 실시하기 전에 해당 사무의 처리가 법령에 위반되는지 여부 등을 확인하여야 한다(제190조 제2항).

지방자치단체의 자치사무에 대한 감독기관의 감사권은 사전적·포괄적인 감사권이 아니라 특정한 법령위반행위에 대한 사후적·개별적 감사권이다. 따라서, 감독기관이 감사에 착수하기 위해서는 자치사무에 관하여 특정한 법령위반행위가 확인되었거나 위법행위가 있었으리라는 합리적 의심이 가능한 경우이어야 하고, 또한 그 감사대상을 특정해야 하며, 위법사항을 특정하지 않고 개시하는 감사 또는 법령위반사항을 적발하기 위한 감사는 허용될 수 없다(헌재 2023. 03. 23, 2020헌라5).

당초 특정된 감사대상과 관련성이 인정되는 것으로서 감사대상 지방자치단체가 절차적인 불이익을 받을 우려가 없는 등의 사항에 대하여는 감사대상의 확장 내지 추가가 허용된다(헌재 2023. 03. 23, 2020헌라5).

[**판례**] ① [1] 중앙행정기관의 지방자치단체의 자치사무에 대한 감사를 법령위반사항으로 한정하는 구 지방자치법 제158조 단서규정이 사전적·일반적인 포괄감사권인지 여부(소극): 지방자치제 실시를 유보하던 개정 전 헌법 부칙 제10조를 삭제한 현행헌법 및 이에 따라 자치사무에 관한 감사규정은 존치하되 '위법성 감사'라는 단서를 추가하여 자치사무에 대한 감사를 축소한 구 지방자치법 제158조 신설경위, 자치사무에 관한 한 중앙행정기관과 지방자치단체의 관계가 상하의 감독관계에서 상호보완적 지도·지원의 관계로 변화된 지방자치법의 취지, 중앙행정기관의 감독권 발동은 지방자치단체의 구체적 법위반을 전제로 하여 작동되도록 제한되어 있는 점, 그리고 국가감독권 행사로서 지방자치단체의 자치사무에 대한 감사원의 사전적·포괄적 합목적성 감사가 인정되므로 국가의 중복감사의 필요성이 없는 점 등을 종합하여 보면, 중앙행정기관의 지방자치단체의 자치사무에 대한 구 지방자치법 제158조(현행 제190조 제1항) 단서규정의 감사권은 사전적·일반적인 포괄감사권이 아니라 그 대상과 범위가 한정적인 제한된 감사권이라 해석함이 마땅하다. [2] 구 지방자치법 제158조 단서규정이 중앙행정기관의 지방자치단체의 자치사무에 대한 감사개시요건을 규정한 것인지 여부(적극): 중앙행정기관이 구 지방자치법 제158조 단서규정상의 감사에 착수하기 위해서는 자치사무에 관하여 특정한 법령위반행위가 확인되었거나 위법행위가 있었으리라는 합리적 의심이 가능한 경우이어야 하고, 또한 그 감사대상을 특정해야 한다. 따라서 전반기 또는 후반기 감사와 같은 포괄적·사전적 일반감사나 위법사항을 특정하지 않고 개시하는 감사 또는 법령위반사항을 적발하

기 위한 감사는 모두 허용될 수 없다. [3] 서울특별시의 거의 모든 자치사무를 감사대상으로 하고 구체적으로 어떠한 자치사무가 어떤 법령에 위반되는지 여부를 밝히지 아니한 채 개시한 행정안전부장관 등의 합동감사는 구 지방자치법 제158조 단서규정상의 감사개시요건을 전혀 충족하지 못하였다 할 것이므로 헌법 및 지방자치법에 의하여 부여된 서울특별시의 지방자치권을 침해한 것이다 (헌재 2009. 05. 28, 2006헌라6). 〈재판관 이동흡, 재판관 목영준의 반대의견〉 '지방자치단체의 자치사무에 대한 감사'라는 표목하에 규정되어 있는 구 지방자치법 제158조의 입법경위, 자치사무에 대한 조언·권고·지도 등을 위하여도 자료의 제출 요구가 가능하도록 규정하고 있는 구 지방자치법 제155조 제1항과의 관계 등에 비추어 볼 때, 구 지방자치법 제158조는, '행정안전부장관 또는 시·도지사는 자치사무에 관한 법령위반 여부를 판단하기 위한 절차로서 이 사건 관련규정에 의하여 제한 없이 피감사대상으로부터 보고를 받거나 자료의 제출을 요구할 수 있되, 감사의 진행단계에서 법령위반의 가능성이 없으면 감사를 중단하고, 감사에 따른 조치는 위법사항에 한한다'라고 해석하는 것이 타당하고, 그 규정이 감사개시요건을 규정한 것이라고는 도저히 볼 수 없다.

② 〈남양주시 자치사무 감사에 관한 권한쟁의 사건〉 (1) 지방자치단체의 자치권 보장을 위하여 자치사무에 대한 감사는 합법성 감사로 제한되어야 하는바, 포괄적·사전적 일반감사나 법령위반 사항을 적발하기 위한 감사는 합목적성 감사에 해당하므로 구 지방자치법 제171조 제1항 후문 상 허용되지 않는다. (2) 경기도가 2021. 4. 1. 남양주시에 통보한 종합감사 실시계획에 따른 자료요구 서식에 의한 자료제출요구 중, 자치사무에 관한 부분은 피청구인의 청구인에 대한 감사 절차의 일환으로서 청구인의 자치사무 전반에 대한 사전적·일반적 자료제출요청이고, 피청구인은 이를 통하여 청구인의 자치사무 처리와 관련된 문제점을 발견하거나 취약 분야를 확인하여 감사대상을 발굴할 목적이 있었음을 인정할 수 있으므로 이 사건 자료제출요구는 그 목적이나 범위에서 감독관청의 일상적인 감독권 행사를 벗어난 것으로 구 지방자치법 제171조(현행 제190조) 제1항 전문 전단에서 예정하고 있는 보고수령 권한의 한계를 준수하였다고 볼 수 없으며, 사전조사 업무에 대한 수권조항인 구 '지방자치단체에 대한 행정감사규정' 제7조 제2항 제3호를 근거로 적법하다고 볼 여지도 없다. 따라서, 이 사건 자치사무에 대한 자료제출요구는 헌법 및 지방자치법에 의하여 부여된 남양주시의 지방자치권을 침해한다는 인용결정을 선고한 사례(헌재 2022. 08. 31, 2021헌라1).

③ (1) 광역지방자치단체가 자치사무에 대한 감사에 착수하기 위해서는 감사대상을 특정하여야 하나, 특정된 감사대상을 사전에 통보할 것까지 요구된다고 볼 수는 없다. (2) 감사항목 9에 대한 감사, 즉 '기타 언론보도, 현장제보 사항 등'은 감사대상이 특정되었다고 볼 수 없다. (3) 위법성의 확인 정도에 관하여 보면, 시·도지사 등이 제보나 언론보도 등을 통해 자치사무의 위법성에 관한 정보를 수집하고, 객관적인 자료에 근거하여 해당 정보가 믿을만하다고 판단함으로써 위법행위가 있었으리라는 합리적 의심이 가능한 경우라면, 감사를 개시할 수 있을 정도의 위법성 확인은 있었다고 봄이 타당하다. (4) 경기도의 남양주시에 대한 감사에서 감사항목 1 내지 8에 대한 감사는 감사 착수 시에 감사대상이 특정되고 감사 개시에 필요한 정도의 법령 위반 여부 확인도 있어 감사 개시의 요건을 갖추었으나, 감사항목 9 내지 14에 대한 감사는 감사대상이 특정되지 않거나 당초 특정된 감사대상과의 관련성이 인정되지 않아 감사 개시의 요건을 갖추지 못하였다는 이유로, 이 사건 감사 중 감사항목 9 내지 14에 대한 감사는 청구인의 지방자치권을 침해한 것이라고 판단한 사례(헌재 2023. 03. 23. 2020헌라5).

위임사무에 대한 감사권의 소재를 직접 밝히는 규정은 지방자치법에 존재하지 않는다. 그러나 감사권은 감독권에 포함되는 것이기 때문에 위임사무에 대한 일반적인 사무감독권을 규정하고 있는 지방자치법 제185조의 규정이 동시에 위임사무에 대한 감사권에 대한 근거규정이 된다.

주무부장관, 행정안전부장관 또는 시·도지사는 이미 감사원 감사 등이 실시된 사안에 대해서는 새로운 사실이 발견되거나 중요한 사항이 누락된 경우 등 대통령령으로 정하는 경우를 제외하고는 감사대상에서 제외하고 종전의 감사결과를 활용하여야 한다(제191조 제1항).

주무부장관과 행정안전부장관은 제185조에 따른 주무부장관의 위임사무 감사 또는 제190조에 따른 행정안전부장관의 자치사무 감사의 어느 하나에 해당하는 감사를 하려고 할 때에는 지방자치단체의 수감부담을 줄이고 감사의 효율성을 높이기 위하여 같은 기간 동안 함께 감사를 실시할 수 있다(제191조 제2항).

## Ⅲ. 지 원

국가 또는 시·도는 지방자치단체가 그 지방자치단체의 사무를 처리함에 있어서 필요하다고 인정할 경우 재정지원 또는 기술지원을 할 수 있다(제184조 제2항).

지방자치단체에 대한 지원은 지방자치단체가 재정 및 기술이 부족한 경우가 있으므로 국가가 이를 지원하여 지방자치단체의 행정능력을 보강하는 기능을 갖는다. 지방자치단체에 대한 지원은 지방자치단체에 대한 통제수단은 아니지만 이를 통하여 간접적인 통제가 가해질 우려도 없지 않다.

# 제4절 사법적 통제

## Ⅰ. 행정심판

지방자치단체장의 위법 또는 부당한 처분 또는 부작위에 대하여 행정심판이 제기된 경우에 행정심판의 재결에 의해 지방자치단체의 자치사무, 단체위임사무 및 기관위임사무의 집행에 있어서의 처분 또는 부작위에 대한 합법성 및 합목적성의 통제가 행해진다.

지방자치단체의 자치사무에 관한 처분이 행정심판의 인용재결에 의해 취소된 경우에 당해 처분을 한 지방자치단체의 장은 당해 인용재결에 대하여 취소소송을 제기할 수 있다고 보아야 한다(판례·다수설은 부정). 지방자치단체는 자치사무의 집행에 관하여 자치권을 가지며 인용재결이 위법한 경우에 이 자치권이 침해되는 것으로 볼 수 있기 때문이다.

## Ⅱ. 행정소송

### 1. 항고소송

지방자치단체의 장의 처분 또는 부작위에 대하여 취소소송, 무효등확인소송 또는 부작위위법확인소송이 제기된 경우에 법원은 지방자치단체의 장의 처분 또는 부작위에 대하여 적법성 통제를 행한다.

### 2. 기관소송

지방자치단체의 장의 명령 또는 처분에 대한 주무부장관 또는 시·도지사의 취소 또는 정지에 대한 지방자치단체의 장의 소송이 제기된 경우에 대법원은 지방자치단체의 장의 자치사무에 관한 처분의 적법성 여부에 대하여 최종적인 판단을 내린다.

지방의회의 재의결에 대하여 지방자치단체의 장 또는 감독기관에 의해 소송이 제기된 경우에 법원은 지방의회의 재의결의 적법성에 대하여 통제하게 된다. 감독기관이 지방의회의 재의결에 대하여 제기하는 소송은 기관소송이 아니라 일종의 항고소송이라는 견해도 있지만 전술한 바와 같이 기관소송으로 보는 것이 타당하다.

기관위임사무에 관한 주무부장관의 직무이행명령에 대하여 지방자치단체의 장이 소송을 제기한 경우(제189조 제6항)에 대법원은 지방자치단체의 장의 기관위임사무의 집행해태의 적법 여부를 통제한다.

### 3. 민중소송

2006년 1월 1일부터 주민소송이 도입되었는데, 이 주민소송은 민중소송이다. 주민소송은 미국, 프랑스 등의 납세자소송에 비교되는 소송이다.

공직선거법상 지방의회의원 및 지방자치단체의 장의 선거에 관하여 선거인이 제기하는 선거소송(제222조 제2항)은 민중소송에 속한다.

## Ⅲ. 헌법소송

### 1. 권한쟁의심판

국가기관과 지방자치단체간 및 지방자치단체 상호간에 권한의 존부 또는 범위

에 관하여 다툼이 있을 때에는 당해 국가기관 또는 지방자치단체는 헌법재판소에 권
한쟁의심판을 청구할 수 있다(헌법재판소법 제61조 제1항). 이 심판청구는 피청구인의
처분 또는 부작위가 헌법 또는 법률에 의하여 부여받은 청구인의 권한을 침해하였거
나 침해할 현저한 위험이 있는 때에 한하여 이를 할 수 있다(제61조 제2항).

### 2. 헌법소원

지방자치단체에 의한 공권력 행사로 직접 기본권을 침해받은 자는 헌법재판소
에 헌법소원을 제기할 수 있다. 헌법재판소는 헌법소원의 심판을 통하여 지방자치단
체의 장 및 지방의회의 공권력 행사의 적법 여부를 통제할 수 있다. 헌법재판소에 의
해 헌법소원에 대한 인용결정이 내려지면 다투어진 지방자치단체의 공권력행사는 효
력을 상실하거나 배제된다.

헌법재판소는 지방자치단체는 기본권 주체가 될 수 없으므로 헌법소원을 제기
할 수 없다고 보고 있다(헌재 1998. 03. 26, 96헌마345).

# 제5절 국가와 지방자치단체의 협력

자치사무에 관한 한 국가와 지방자치단체는 상하의 관계가 아니라 상호 대등한
관계이다. 국가와 지방자치단체는 필요한 경우 상호 협력하여야 한다. 국가와 지방자
치단체는 주민에 대한 균형적인 공공서비스 제공과 지역 간 균형발전을 위하여 협력
하여야 한다(제183조).

국가와 지방자치단체 간의 협력을 도모하고 지방자치 발전과 지역 간 균형발전
에 관련되는 중요 정책을 심의하기 위하여 중앙지방협력회의를 둔다(제186조 제1항).
제1항에 따른 중앙지방협력회의의 구성과 운영에 관한 사항은 따로 법률(중앙지방협력
회의의 구성 및 운영에 관한 법률(약칭: 중앙지방협력회의법))로 정한다(제2항).

# 제 6 절  국가와 지방자치단체간의 분쟁해결

## Ⅰ. 중앙행정기관과 지방자치단체간 협의조정

중앙행정기관의 장과 지방자치단체의 장이 사무를 처리할 때 의견을 달리하는

경우 이를 협의·조정하기 위하여 국무총리 소속으로 행정협의조정위원회를 둔다(제 187조 제1항).

## Ⅱ. 권한쟁의심판

국가기관과 지방자치단체 간에 권한의 존부 또는 범위에 관하여 다툼이 있을 때에는 당해 지방자치단체는 헌법재판소에 권한쟁의심판을 청구할 수 있다(헌법재판소법 제61조 제1항). 제1항의 심판청구는 피청구인의 처분 또는 부작위가 헌법 또는 법률에 의하여 부여받은 청구인의 권한을 침해하였거나 침해할 현저한 위험이 있는 때에 한하여 이를 할 수 있다(제2항).

국가기관과 지방자치단체 간의 권한쟁의심판의 종류는 다음과 같다: ① 정부와 특별시·광역시 또는 도간의 권한쟁의심판, ② 정부와 시·군 또는 지방자치단체인 구(이하 '자치구'라 한다)간의 권한쟁의심판(동법 제62조 제1항 제2호).

권한쟁의가 지방교육자치에 관한 법률 제2조의 규정에 의한 교육·학예에 관한 지방자치단체의 사무에 관한 것인 때에는 교육감이 제1항 제2호의 당사자가 된다(제62조 제2항).

# 제 6 장   서울특별시 등 대도시와 세종특별자치시 및 제주특별자치도의 행정특례

## I. 자치구의 재원

특별시장이나 광역시장은 「지방재정법」에서 정하는 바에 따라 해당 지방자치단체의 관할 구역 안의 자치구 상호간의 재원을 조정하여야 한다(제196조).

## II. 서울특별시에 대한 특례의 인정

서울특별시의 지위·조직 및 운영에 대해서는 수도로서의 특수성을 고려하여 법률로 정하는 바에 따라 특례를 둘 수 있다(제197조 제1항).

## III. 세종특별자치시와 제주특별자치도에 대한 특례의 인정

세종특별자치시와 제주특별자치도의 지위·조직 및 행정·재정 등의 운영에 대해서는 행정체제의 특수성을 고려하여 법률로 정하는 바에 따라 특례를 둘 수 있다(제197조 제2항).

## IV. 대도시에 대한 특례인정

서울특별시·광역시 및 특별자치시를 제외한 인구 50만 이상 대도시의 행정, 재정 운영 및 국가의 지도·감독에 대해서는 그 특성을 고려하여 관계 법률로 정하는 바에 따라 특례를 둘 수 있다(제198조 제1항). 제1항에도 불구하고 서울특별시·광역시 및 특별자치시를 제외한 다음 각 호의 어느 하나에 해당하는 대도시 및 시·군·구의 행정, 재정 운영 및 국가의 지도·감독에 대해서는 그 특성을 고려하여 관계 법률로 정하는 바에 따라 추가로 특례를 둘 수 있다. 1. 인구 100만 이상 대도시(이하 "특례시"라 한다), 2. 실질적인 행정수요, 국가균형발전 및 지방소멸위기 등을 고려하여 대통령령으로 정하는 기준과 절차에 따라 행정안전부장관이 지정하는 시·군·구(제198조 제2항).

# 공무원법

# 제 1 장  공무원법 총설

## 제 1 절  공무원의 개념과 지위

### I. 공무원의 개념

공무원(公務員)의 개념은 법령마다 상이하다.

공무원법상의 공무원은 국가배상법상 공무원 및 형법상의 공무원과 그 개념이 다르게 규정되어 있다.

#### 1. 광의의 공무원 개념

공무원은 광의로는 **공무를 수행하는 자**를 말한다. 공무원관계법령상 신분이 공무원인 자에 한정되지 않는다. 공무(공적인 업무)를 수탁받아 공무를 수행하는 자도 광의의 공무원에 포함된다.

헌법 제7조 제1항의 공무원(국민 전체에 대한 봉사자로서의 공무원)은 일체의 공무수행자(신분이 공무원인 자 및 공무수행 공공단체 및 사인)를 말한다. 이와 달리 헌법 제7조 제2항의 공무원은 직업공무원제도의 대상인 경력직공무원을 의미하는 것으로 보는 것이 통설과 판례인데, 이에 대하여 헌법 제7조 제2항의 공무원도 국민 전체의 봉사자로 이해하여 법률의 규정에 의거하여 직업공무원의 범위를 경력직공무원에 한정하지 않을 수 있도록 해야 한다는 견해(우미형, 헌법상 직업공무원제도에 관한 연구 - '공무'와의 관계를 중심으로 -, 행정법연구 제58호, 2019.8, 27면 이하)가 있다.

국가배상법상의 공무원은 공무원법상의 공무원뿐만 아니라 널리 '실질적으로 공무를 수행하는 자'를 말한다.

#### 2. 협의의 공무원

공무원은 협의로는 **공무원법상 신분이 공무원인 자**를 말한다.

공무원법상 공무원은 행정조직의 인적 구성요소로서 사법상 근로자와는 다른 공무원법상의 특별한 특권을 갖고 특별한 의무를 부담하는 자이다.

공무원법상의 공무원은 국가공무원법이나 지방공무원법상의 공무원에 한정되지 않는다.

**[판례]** ① 국가나 지방자치단체에 근무하는 청원경찰은 국가공무원법이나 지방공무원법상의 공무원은 아니지만, 다른 청원경찰과는 달리 그 임용권자가 행정기관의 장이고, 국가나 지방자치단체로부터 보수를 받으며, 산업재해보상보험법이나 근로기준법이 아닌 공무원연금법에 따른 재해보상과 퇴직급여를 지급받고, 직무상의 불법행위에 대하여도 민법이 아닌 국가배상법이 적용되는 등의 특질이 있으며 그 외 임용자격, 직무, 복무의무 내용 등을 종합하여 볼 때, 그 근무관계를 사법상의 고용계약관계로 보기는 어려우므로 그에 대한 징계처분의 시정을 구하는 소는 행정소송의 대상이지 민사소송의 대상이 아니다(대판 1993. 07. 13, 92다47564).
② 교육부장관(당시 문교부장관)의 권한을 재위임 받은 공립교육기관의 장에 의하여 **공립유치원의 임용기간을 정한 전임강사로 임용**되어 지방자치단체로부터 보수를 지급받으면서 공무원복무규정을 적용받고 사실상 유치원 교사의 업무를 담당하여 온 **유치원 교사의 자격이 있는 자**는 교육공무원에 준하여 신분보장을 받는 정원 외의 **임시직 공무원**으로 봄이 상당하므로 그에 대한 해임처분의 시정 및 수령지체된 보수의 지급을 구하는 소송은 행정소송의 대상이지 민사소송의 대상이 아니다(대판 1991. 05. 10, 90다10766[해임처분무효확인등]).
③ (1) 국가공무원법 제2조 제2항 제2호, 교육공무원법 제2조 제1항 제1호, 제3항, 제8조, 제26조 제1항, 제34조 제2항, 교육공무원임용령 제5조의2 제4항에 의하면, 일정한 자격을 갖추고 소정의 절차에 따라 대학의 장에 의하여 임용된 **조교**는 법정된 근무기간 동안 신분이 보장되는 **교육공무원법상의 교육공무원 내지 국가공무원법상의 특정직공무원 지위**가 부여되고, 근무관계는 사법상의 근로계약관계가 아닌 공법상 근무관계에 해당한다. (2) 조교에 대한 보수 등의 근무조건에 관하여는 교육공무원법 내지 국가공무원법과 그 위임에 따라 제정된 개별 법령이 적용됨으로써, 공무원인 조교의 근무관계에 관하여도 공무원의 '근무조건 법정주의'에 따라 기본적으로 법령에 의해 권리의무의 내용이 정해지고 있다. (3) 조교에 대하여는, 기간제 및 단시간근로자 보호 등에 관한 법률(이하 '기간제법'이라 한다)이 그대로 적용된다고 볼 수 없다. 특히 기간제법 제4조 제1항, 제2항은 사용자가 기간제근로자를 사용할 수 있는 기간의 허용가능한 범위를 정함과 동시에 일정 요건 하에 기간의 정함이 없는 근로계약을 체결한 근로자로 간주하는 규정으로서, 이를 국가와 공무원 신분인 조교 간의 근무관계에 곧바로 적용하는 것은 임용주체의 임명행위에 의해 설정되는 공법상 근무관계의 성질은 물론, 조교의 근무기간이 1년으로 법정된 취지 등에도 반하는 것이어서 허용될 수 없다고 봄이 타당하다. 이는 국가 또는 지방자치단체의 기관에 대하여도 기간제법을 적용하도록 기간제법 제3조 제3항이 규정하고 있다거나, 공무원도 임금을 목적으로 근로를 제공하는 근로기준법상의 근로자라고 하여 달리 볼 것은 아니다(대판 2019. 11. 14, 2015두52531).

행정조직을 구성하고 행정을 수행하지만 그 신분이 사법상 근로자인 자는 공무원법의 적용대상이 되는 공무원이 아니다. 이른바 행정조직내의 '무기계약직(공무직)'은 공무원법상의 공무원이 아니라 사법상 계약에 근거한 근로자이다. 행정의 사법상 근로자는 일반 노동관계법의 적용을 받고 그에 관한 소송은 민사소송의 대상이 된다.

**[판례]** ① [주·정차 단속업무를 담당한 공무직 근로자에 대한 전보명령의 무효 확인 등을 구한

사건] 공무직 근로자로서 주·정차 단속업무를 담당하다가 다른 부서로 전보 조치된 원고들이 피고가 한 이 사건 전보명령이 업무상 필요성이 없고, 생활상 불이익이 현저하다는 등의 이유로 무효라고 주장하면서 이 사건 전보명령의 무효 확인 등을 구하는 사안에서 도로교통법상 주차방법의 변경 및 이동지시, 범칙금 통고처분 등의 업무를 수반하는 주·정차단속업무는 피고가 임명하는 공무원만이 할 수 있으므로, 주·정차 단속업무의 합법성을 확보하기 위하여 공무직 근로자인 원고들의 부서 및 담당 업무를 변경할 필요성이 있었고, 이로 인하여 원고들에게 발생하는 생활상의 불이익은 근로자로서 수인해야 하는 범위를 현저하게 벗어난 것이라고 평가하기 어렵다는 등의 이유로 원고들의 청구를 기각한 사례(대판 2023. 09. 21, 2022다286755).

② (1) 개별 근로계약에 따른 고용상 지위는 공무원과의 관계에서 근로기준법 제6조가 정한 차별적 처우 사유인 '사회적 신분'에 해당한다고 볼 수 없고, 공무원은 동일한 근로자 집단에 속한다고 보기 어려워 공공부문 무기계약직 근로자의 비교대상 집단이 될 수 없다. (2) 무기계약직 국도관리원인 원고들이 공무원을 비교대상으로 삼아 사용자인 국가를 상대로 차별적 처우를 주장하는 이 사건에서 원고들의 고용상 지위가 공무원에 대한 관계에서 사회적 신분에 해당한다거나 공무원이 원고들의 비교대상이 될 수 없으므로 피고가 공무원에게 지급하는 가족수당, 성과상여금 등을 원고들(공공부문 무기계약직 근로자)에게 지급하지 않은 것이 근로기준법이 금지하는 차별적 처우에 해당한다고 볼 수 없다고 한 사례(대판 전원합의체 2023. 09. 21, 2016다255941). 〈해설〉 다음과 같은 반대의견(5명: 대법관 민유숙, 대법관 김선수, 대법관 노정희, 대법관 이흥구, 대법관 오경미)이 있다: 비교대상 근로자는 같은 종류의 업무 또는 유사한 업무에 종사하는 근로자인지를 기준으로 판단해야 하므로, 공무원을 비교대상 근로자로 삼을 수 있고, 원고들의 무기계약직 근로자라는 고용상 지위는 사회적 신분에 해당함. 피고가 원고들에게 가족수당과 성과상여금을 지급하지 않은 것에는 합리적 이유가 없으므로 피고는 위 각 수당에 상당하는 손해를 배상할 책임이 있다. 판례공보에서 제시한 판결의 의의: 1) 국가와 근로계약을 체결한 무기계약직 근로자가 공무원을 비교대상자로 하여 근로기준법 제6조에 따른 차별을 인정할 수 있는지 여부에 관하여 명시적으로 판단한 첫 대법원 사례이다. 2) 이 판결은 공무원을 비교대상자로 지목한 차별 사안에 관한 판단이고, 공무원이 아닌 일반 근로자(정규직, 무기계약직 등)를 비교대상으로 하여 차별을 주장하는 사안에 관한 판단은 아니며, 무기계약직의 사회적 신분을 일반적으로 부정한 것도 아니다. 3) 이 판결은 근로기준법 제6조의 차별이 문제되는 사안에서 일반 근로자에 대한 공무원의 비교대상성을 부정하고, 공무원에 대한 관계에서 무기계약직과 같은 개별 근로계약에 따른 고용상 지위는 사회적 신분에 해당하지 않는다고 판단함으로써, 근로기준법 제6조의 적용 범위를 명확히 하였다는 의미가 있다.

그런데 실제에 있어서 행정의 사법상 근로자와 공무원 특히 계약직공무원과의 구별은 쉽지 않다. 그 구별기준은 채용계약의 성질과 담당 업무의 성질 등이다. 임명에 의해 채용된 경우 및 채용계약이 공법상 계약인 경우 공무원이고, 채용계약이 사법상 계약인 경우 사법상 근로자이다. 당사자가 공무를 직접 수행하면 공무원으로, 당사자가 행정에 특유한 업무를 수행하지 않는 경우에는 사법상 근로자로 판단될 수 있다. 지방자치단체와 근로계약을 체결하고 지방자치단체의 관할구역 내에 있는 각급 학교에서 근무한 학교회계직원을 공무원이 아닌 사법상 근로자로 본 사례(대판 2018. 05. 11, 2015다237748)가 있다.

공무수탁사인, 행정보조인, 공법상 사무관리를 행하는 자, 화재진압에 동원된 사인 등 사인으로서 공무수행에 협력하는 공무협력자는 공무원법상의 공무원이 아니다. 그러나, 계약에 의해 계속적으로 공무를 수행하는 자(계약공무원)는 공무원법상의 공무원에 속한다.

집행관과 같이 공무를 수행하지만 행정조직을 구성하지 않는 자는 공무원법상 공무원이 아니다.

## Ⅱ. 공무원의 3중적 지위

공무원은 공무를 수행하는 지위를 갖는다. 따라서, 공무원은 사법상의 피용자와는 다른 특별한 법적 규율을 받는다. 공무원은 특수한 권리를 가지고 반면에 특수한 의무를 부담한다. 헌법 제7조 제1항은 "공무원은 국민 전체에 대한 봉사자이며 국민에 대하여 책임을 진다"라고 규정하고 있다.

**[판례]** 공무원 지위의 특수성: 공무원은 국민 전체에 대한 봉사자로서 헌법이 정한 직업공무원제도에 따라 국가 또는 지방자치단체와 공법상 신분관계를 형성하고, 청렴의무, 종교중립의 의무 등 여러 법률상 의무를 부담하며, 정치운동이나 집단행위도 금지되는 등 일반 근로자보다 무거운 책임과 윤리성을 요구받는 지위에 있다(대판 전원합의체 2023. 09. 21, 2016다255941).

그러나, 공무원도 근로자이므로 성질에 반하지 않는 한 근로기준법 등 노동관계법의 적용을 받는다.

또한, 공무원은 동시에 인간으로서의 지위를 가지고 이러한 지위에서 사생활을 가지며 인간으로서의 권리를 향유한다. 공무원의 사생활 및 인간으로서의 권리는 존중되고 보장되어야 한다. 다만, 공무원의 공무수행을 보장하기 위하여 공무원의 사생활과 인간으로서의 권리는 일정한 제한을 받을 수 있다.

**[판례]** 공무원은 공직자인 동시에 국민의 한 사람이기도 하므로 **국민전체에 대한 봉사자로서의 지위와 기본권을 향유하는 기본권주체로서의 지위라는 이중적 지위를 가지는바**, 공무원이라고 하여 기본권이 무시되거나 경시되어서는 안 되지만, 공무원의 신분과 지위의 특수성상 공무원에 대해서는 일반 국민에 비해 보다 넓고 강한 기본권 제한이 가능하게 된다(헌재 2012. 03. 29. 2010헌마97).

## Ⅲ. 국민 전체에 대한 봉사자로서의 공무원의 지위

최초의 국가공무원법(1949. 8. 12. 법률 제44호) 이래 공무원의 '국민 전체의 봉사자'로서의 지위가 국가공무원법에서 규정되어 오고 있다. 헌법에서는 1962. 12. 26.

헌법 제6조 제1항에서 "공무원은 국민전체에 대한 봉사자이며, 국민에 대하여 책임을 진다."라고 규정한 이래 이 규정은 현행 헌법에서도 유지되고 있다.

공무원을 국민 전체에 대한 봉사자로 규정한 것을 민주적 공무원제도의 근거로 보는 견해가 많다. 공무원의 국민 전체에 대한 봉사자로서의 지위는 공무원이 주권자인 국민의 수임자라는 것을 전제로 하는 것으로 볼 수도 있다.

공무원의 '국민전체의 봉사자'로서의 지위는 공무원법상 공무원의 의무의 이념적 근거가 될 수 있다. 국가공무원법상 성실의무를 공무원의 국민전체의 봉사자로서의 지위에서 도출되는 것으로 보는 견해(김도창, 일반행정법론(하)(1976), 143면)가 있다. 품위유지의무, 영리업무·겸직금지업무도 공무원의 '국민전체의 봉사자'로서의 지위에 이념적 기초를 두고 있는 것으로 볼 수 있다(김철용, 행정법Ⅱ, 224면).

국민 전체의 봉사자라는 지위에서 공무원이 공법상의 특별권력관계에 있는 것, 각종의 특별한 의무와 책임을 지고 일정한 범위안에서 기본권의 향유가 제한되는 것의 근거를 찾는 견해(김도창, 일반 행정법론(하)(1976), 126면; 김철용, 행정법Ⅱ, 181면)도 있다. 국민 전체의 봉사자라는 지위에서 공무원의 근무관계가 사법상의 근무관계와는 다른 일정한 공법적 특수성이 인정되는 것을 도출하는 견해도 있다. 다만, 그것이 사법상의 근로관계와 비교하여 본질적인 차이가 있는 것은 아니라고 본다(김동희, 행정법Ⅱ, 박영사, 2019, 132면).

최근 국민 전체의 봉사자라는 지위에서 공무원의 적극행정의 헌법상의 근거를 찾는 견해도 있다.[1]

'국민 전체에 대한 봉사자'라는 개념은 매우 추상적이고 모호한 개념이다. 민주주의의 발전, 공무원의 관념과 지위의 변화 등 사회의 변화에 따라 공무원의 국민 전체에 대한 봉사자로서의 지위를 현재적으로 재해석할 필요가 있다. 공무원을 국민전체에 대한 봉사자로 규정짓는 것은 우선 공무원의 '공익'에 대한 봉사자로서의 지위를 규정한 것으로 볼 수 있다. 공무원은 공익을 위해 직무를 수행하여야 하고, 임명권자에 대한 봉사자가 아니고, 일부의 국민이나 특정 정당이나 정파의 이익을 위해 업무를 처리해서는 안 된다는 것을 선언한 것이다.[2] 또한, 이는 국민 전체에 대한 '공무원의 적극적 헌신'을 강조한 것으로 보아야 한다.

공무원의 국민전체에 대한 봉사는 공무원의 구체적인 법적 의무를 규정한 것은 아니다. 공무원법상의 일정한 법적 의무가 국민의 국민 전체에 대한 봉사자로서의

---

1) 박균성·김중권·문상덕, 적극행정 조장을 위한 감사의 과제, 한국공법학회 감사원 정책연구과제 보고서, 2009. 10. 30, 45－46면.
2) 김철수, 헌법개설 제11판, 박영사, 2011, 77면; 정하중·김광수, 앞의 책, 585면.

지위에서 도출될 수 있지만,3) 공무원의 국민 전체에 대한 봉사자 자체가 공무원의 법적 의무는 아니다. 공무원을 국민전체에 대한 봉사자로 규정한 것은 공무원의 일반적 지위 내지 공익실현임무를 규정한 것이고 공무원의 강한 직무상 윤리성을 선언한 것으로 보아야 한다.

공무원의 국민 전체에 대한 헌신이 강조될수록 실제에 있어서 공무원의 의무가 강조되고 공무원 개인의 권리는 약화되는 결과를 가져올 수 있지만, 공무원의 국민 전체에 대한 봉사자로서의 지위가 공무원 개인의 권리에 대한 제한의 직접적 근거로 보는 것은 타당하지 않다. 공무원의 국민전체에 대한 봉사자로서의 지위는 공무원의 직무상 윤리성을 강조하는 것일뿐으로 공무원의 기본권 등 권리를 제한하거나 약화시키는 사유가 되어서는 안 된다.

## Ⅳ. 직업공무원제의 보장과 한계

### 1. 직업공무원제도의 보장

직업공무원제도는 정치적으로 독립되고 신분이 보장된 공무원이 전문성을 갖고 공무를 적정하고 효율적으로 수행하도록 보장하는 제도를 말한다. 직업공무원제도는 공무원의 신분보장, 계급제, 능력주의 · 성과주의, 공정한 인사제도, 정치적 중립의 보장 등에 의해 보장된다(헌재 2004. 11. 25, 2002헌바8; 대판 2024. 01. 04, 2022두65092).

직업공무원제도는 정권 교체에도 불구하고 공무수행이 안정적이고 계속적으로 수행될 수 있도록 할 수 있다. 또한, 직업공무원제를 통해 공무원은 정권에 충성하는 것이 아니라 국민전체에 대한 봉사자로 공익을 추구할 수 있다.

1960. 6. 15. 헌법 개정에서 직업공무원제도가 최초로 규정된 이래 조문의 위치만 바뀌었을 뿐 여러 번의 헌법 개정에도 불구하고 직업공무원제도는 헌법상 동일하게 규정되어 왔다. 현행 헌법 제7조 제2항은 "공무원의 신분과 정치적 중립성은 법률이 정하는 바에 의하여 보장된다."라고 직업공무원제도를 규정하고 있다.

### 2. 직업공무원제도의 한계

직업공무원제는 다음과 같은 문제점을 갖고 있다. 우선 공무원의 신분이 보장된 가운데 공무원세력이 집단화되고, 공무원은 자신과 자신이 속한 부처의 이익을 우선 추구할 수 있다. 그리고, 새로운 정권이 채택한 정책의 실현에 적극적으로 나서지 않

---

3) 달리 말하면 공무원의 국민 전체에 대한 봉사자는 일정한 공무원의 공무원법상 의무의 헌법적, 이념적 근거가 될 수 있다.

고 기존의 행정관행에 따라 보수적으로 행정을 수행하는 경향이 있을 수 있다.

이러한 직업공무원제의 문제에 대응하여 대통령의 정책을 공무원조직이 제대로 이행할 수 있도록 하기 위해 최고위직을 정무직으로 하고, 고위 공무원(5등급제하에서는 3급 이상의 공무원, 9등급제하에서는 5급 이상의 공무원)에 대한 인사권을 대통령에게 부여하여 왔다. 별정직 공무원은 직업공무원제도상 신분보장이 되지 않으므로 별정직 공무원을 확대하는 것은 직업공무원제를 약화시키는 효과를 가져온다. 고위공무원단4)제도는 고위공무원 인사운영에서의 융통성을 높일 수 있지만, 직업공무원제도를 약화시킬 수도 있다.

고위공무원단제도는 2005. 12. 29. 국가공무원법 개정에서 도입되었다. 2006. 6. 12. 「고위공무원단 인사규정」(대통령령 제19513호)이 제정되어 2006. 7. 1.부터 시행되었다.5) 실·국장급 공무원들에 대해 계급을 폐지하고(국가공무원법 제4조 제1항 단서) 고위공무원단으로 일원화하였다. 이들에게는 직위별로 직무의 곤란성과 책임성 등을 반영하여 직무등급이 설정된다. 이들은 종전의 계급 대신 직무의 중요도·난이도 및 성과에 따라 보수를 차등 지급받게 된다. 계급에 구애되지 않는 폭넓은 인선으로 인재를 적재적소에 활용하는 것이 가능해진다. 2010. 3. 22. 국가공무원법 개정에서는 고위공무원단에 속하는 공무원의 직위에 상응하는 책임성을 확보하기 위하여 직무등급이 가장 높은 등급의 직위에 임용된 고위공무원을 신분보장의 적용대상에서 배제하였다(국가공무원법 제68조 단서). 고위공무원단제도는 부처간 폐쇄성을 극복하여 고위공무원의 부처간 이동을 가능하게 하는 제도이다. 그리고 계급제적 제약이나 직위분류제적 제약을 약화하고 능력과 성과관리적 요소를 강화하는 제도이다.6) 고위공무원

---

4) 고위공무원단이란 부처간 이동을 가능하게 하는 고위직 공무원의 인력풀을 말한다(국가공무원법 제2조의2 제2항). 고위공무원단은 정무직과 일반직의 중간에 위치한다.

5) 고위공무원단제도의 도입을 처음으로 검토한 것은 '문민정부'시절인 1990년대 중반이었는데, 여러 가지 이유로 도입에까지는 이르지 못하였다. 1997년 IMF 외환위기 이후 '국민의 정부'도 정부개혁 방안의 하나로 고위공무원단 도입을 추진하였지만, 공직사회에 불안을 초래하고 계급제적 전통에 부합하지 않는다는 주장과 반발에 부딪쳐 국장급 이상 직위의 20%를 개방형으로 채우는 개방형직위제도와 성과급제도 등을 도입하는데 그치고 고위공무원단제도를 전면적으로 도입하는 데는 실패하였다. '참여정부'가 들어서면서 고위공무원단제도가 재추진되어 2006년 7월 1일부터 시행에 들어가게 되었다(권영주, 고위공무원단제도 도입의 정치과정, 한국정책과학학회 학술대회 발표논문집, 2008. 1, 32면).

6) 고위공무원단에 속하는 공무원에 대하여 5년마다 적격심사를 하되, 계속하여 2년 이상 또는 총 3년 이상 근무성적평정이 최하위등급이거나, 정당한 사유없이 총 2년 이상 보직을 받지 못하는 경우에는 그 때마다 적격심사를 하여 직무수행이 곤란하다고 판단되는 경우에는 해당자를 직권면직할 수 있다(법 제70조 제1항 제9호 및 제70조의2 신설). 고위공무원의 업무성과와 능력에 따른 책임성을 강화하기 위하여 고위공무원의 수시적격심사 요건을 근무성적평정에서 최하위 등급을 연속해서 2년 또는 총 3년 이상 받은 경우에서 최하위 등급을 총 2년 이상 받은 경우로 강화하였다(법 제70조의2 제1항 제2호 전단).

단제도는 고위공무원 인사운영의 융통성을 높일 수 있다. 그러나, 고위공무원단제도는 엽관·정실 개입 및 신분불안의 위험성 등의 문제점이 있고(김렬, 인사행정론, 박영사, 2016, 130면), 개방성과 성과관리, 그리고 계약제 등을 강조하고 있기 때문에 신분의 불안정성이 증대될 가능성이 큰 점 등에서 직업공무원제도를 약화시킬 수 있다.

    공직의 폐쇄성과 전문성 부족의 문제를 해결하기 위해 개방형임용제,[7] 공직과 민간의 교류(공직자의 민간부분근무제, 민간전문가의 공직파견근무제, 민간경력채용제)가 추진되었다. 이러한 공무원 개혁에는 1980년대부터 영·미 국가들을 중심으로 유행한 신공공관리론[8]의 영향도 있었다. 신공공관리론은 영국 대처정부에서 행정개혁모델로 태동되어 1990년대 영미국가에서 발전된 행정개혁이론인데, 신자유주의에 기반을 두고 정부서비스에 시장운영원리(경쟁과 고객주의)를 도입하는 입장으로서 기업가적 정부를 지향하는 행정개혁이론이다. 김대중 정부는 외환위기라는 국가적 위기를 극복하기 위해 신공공관리론을 국가개혁의 모델로 도입하였다.[9] 신공공관리론에서는 시장(민간)이 행정보다 더 생산적이고 효율적이라고 보기 때문에 행정에 시장원리를 도입하고, 행정 중 비효율적인 부분은 민간에 맡기는 것을 주장하였다. 그리하여 신공공관리론에서는 행정개혁수단으로 개방형임용제, 성과주의, 책임운영기관제, 민간위탁, 민영화 등을 주장하였다. 그런데, 신공공관리론이 그 문제점이나 우리나라 행정제도와의 정합성에 대한 심도있는 검토없이 도입되어 신공공관리적 행정개혁은 그 한계를 노정하였다. 신공공관리론의 문제로는 영미와 우리나라 사이의 문화의 차이, 정부와 시장의 차이를 간과한 점, 행정과 경영의 차이를 무시했다는 비판 등이 있다.[10] 우리나라에서의 신공공관리적 행정개혁의 실패 요인으로는 행정주도형 국가개발의 전통, 관료주도의 행정개혁, 관료의 개입주의, 계급주의와 성과주의의 미흡 등이 거론되고 있다.[11] 신공공관리론의 문제와 한계를 극복하기 위해 후기신공공관리론이 등장하였다. 후기신공공관리론은 신공공관리론의 문제와 한계를 극복하고 대안

---

7) 개방형임용제는 전문지식이 요구되는 개방형 직위를 지정하고, 지정된 각 직위별로 직무수행요건과 자격요건을 정하고 그 채용요건에 부합하는 공무원 및 민간전문가를 대상으로 공개 경쟁을 통해 선발임용하는 제도이다. 그러나, 개방형임용제는 직업공무원제를 약화시키는 부작용이 있다. 개방형임용직은 5년의 임기로 채용되며 신분보장이 되지 않는다. 정치적 정실인사 등을 통해 정치적 중립을 침해할 가능성도 있다.
8) 그러나, 신공공관리론에 대해서는 정부와 기업의 차이, 적법절차의 요구, 민주적 정책결정의 요구를 간과하고 공익 달성을 소홀히 할 우려가 있다는 비판이 있다.
9) 권인석, 신공공관리론의 논리, 한계, 그리고 극복, 한국공공관리학보 제18권 제2호, 2004. 12, 32면.
10) 권인석, 앞의 논문, 36 – 38면.
11) 안병철·한종희, 신공공관리(NPM)적 행정개혁과 제도적 정합성 – 개방형직위제와 책임운영기관제를 중심으로 –, 한국행정논집 제18권 제3호, 2006.

을 찾고자 하는데, 그 주된 주장은 공익보장 필요, 공적 가치의 추구, 개인주의적 관리방식의 비판 및 집단적 선택의 중시, 관료제의 부정 보다는 개선 등이다.[12] 신공공관리론은 행정과 기업경영간의 구별을 완화하는 역할을 수행하였다. 신공공관리론은 행정에 있어서 효율성의 가치를 높이는 결과도 가져왔지만, 다른 한편으로 행정의 공공성, 공무원의 윤리성을 경시하는 풍조도 형성하였다.

## 제 2 절 공무원법의 법원(法源)

### 1. 공무원 관계법령

**법률**로는 국가공무원법, 지방공무원법, 공무원연금법, 공무원재해보상법, 임용결격공무원 등에 대한 퇴직보상금지급 등에 관한 특례법, 1980년 해직공무원의 보상등에 관한 특별조치법, 공무원인재개발법, 공직자윤리법, 부정청탁 및 금품 등 수수의 금지에 관한 법률, 공직자의 이해충돌방지법, 공무원직장협의회의 설립·운영에 관한 법률, 교원의 노동조합 설립 및 운영등에 관한 법률(약칭: 교원노조법), 공무원의 노동조합 설립 및 운영등에 관한 법률(약칭: 공무원노조법), 공무원 노동조합 관련 해직공무원등의 복직 등에 관한 특별법, 교육공무원법, 경찰공무원법, 소방공무원법, 외무공무원법, 군인사법, 군무원인사법, 법원조직법, 대통령경호실법, 검찰청법, 국가정보원직원법 등이 있다. **대통령령**으로는 국가공무원 복무규정, 공무원 임용령, 공무원 징계령, 공무원보수규정, 공무원 수당등에 관한 규정, 개방형직위 및 공모직위의 운영등에 관한 규정(약칭: 개방형공모직위규정), 공무원 성과평가 등에 관한 규정 등이 있다. 기타 법령에 대해서는 인사혁신처(mpm.go.kr) 법령정보 참조.

### 2. 국가공무원법의 연혁

#### (1) 제1·2공화국하에서의 국가공무원법의 제정 및 개정

최초 국가공무원법은 1949. 8. 12. 법률 제44호로 제정되어 1949. 8. 12. 시행되었다. 동법은 공무원을 국민 전체의 봉사자로 규정하고(제30조), 인사행정의 공정을 보장하기 위한 규정을 두고, 공무원의 신분을 보장하였다. 공무원은 정치운동에 참여하지 못하며 공무 이외의 일을 위한 집단적 행동을 하여서는 아니 된다고 규정하였다(제37조).

---

12) 변혜옥·은재호, 후기 신공공관리(Post-NPM)와 관료제-프랑스 지방직 고위공무원단의 인사관리전략을 통해 본 관료제의 탄력성-, 한국비교정부학보 제20권 제4호, 2016.12, 69-70면.

### (2) 제3공화국하에서의 국가공무원법의 제정 및 개정

1961년 5월 16일 군사구테타 후 1961. 9. 18. 국가공무원법 개정에서는 공무원의 노동운동을 금지하는 것으로 규정하였다(제37조). 1962. 2. 23. 국가공무원법 개정에서는 제37조에 단서를 신설하여 사실상 노무에 종사하는 공무원의 노동운동은 인정하는 것으로 하였다.

1963. 4. 17. 기존의 국가공무원법을 폐지하고 새로운 국가공무원법을 제정하였다. 이 폐지·제정의 공식적 이유는 다음과 같다: "현행 국가공무원법은 현대민주국가의 사조에 적합하지 않을 뿐더러 전근대적이며 봉건적인 법체제를 탈피하지 못하고 있는 바, 인사기구의 취약으로 공무원의 정치적인 중립성을 유지할 수 없으며 채용이나 승진에 있어 유능한 자를 임용하는 성적주의의 원칙을 실현할 수 없고 능률증진을 위한 적극적인 인사정책을 수행할 수 없는 등 많은 문제점을 내포하고 있어 효율적인 인사관리를 할 수 없으므로 이에 전면적인 개정을 단행하여 성적주의의 원칙을 구현하고 적극적인 인사정책을 실현하여 행정능률의 향상을 기하고 직업공무원제도를 확립하려는 것임."(국가법령정보센터 연혁법령상[제정·개정이유]) 공무원을 별정직과 일반직으로 구분하고, 일반직은 1급~5급 및 기능직으로 구분하였으며 중앙인사행정기관에 관한 규정을 마련하였다.

1963. 12. 16. 국가공무원법 개정에서는 1급 공무원을 임용하는 경우 특별채용을 할 수 있도록 하였다.

1964. 5. 26. 국가공무원법 개정에서는 삼권분립의 헌법정신과 국회 및 법원의 직무의 특수성을 고려하여 국회와 법원공무원의 인사관리를 정부로부터 분리시켜 국회와 법원이 규칙을 정하여 독자적으로 행하도록 하였다.

1965. 10. 20. 국가공무원법 개정에서는 정치활동 등이 허용된 별정직공무원의 범위를 대통령령으로 정하게 위임하였고(제3조 단서), 직위의 해제 및 해임제도를 신설하였다(제73조의2). 행정기관상호간의 인사교류의 필요가 있다고 인정할 때에는 국무총리는 대통령의 명을 받아 인사교류계획을 수립하여 임용권자 또는 임용제청권자에게 그 실시를 명할 수 있도록 하였다(제32조의2).

### (3) 제4공화국하에서의 국가공무원법 개정

유신헌법하에서 1973. 2. 5. 국가공무원법 개정에서는 다음과 같은 개정이 있었다. 행정조정실장, 차관보 등 별정직 공무원이 확대되었다(제2조 제2항). 계약직원제를 신설하여 국내외의 우수과학자 및 기술자를 국가의 연구 또는 기술업무에 활용할 수 있도록 하였다(제43조의3). 직위해제를 받은 자가 6월을 경과하여도 직위를 부여받지 못한 때에는 당연퇴직되도록 하였다(제73조의2 제4항).

1978. 12. 5. 국가공무원법 개정에서는 소청심사위원회에 약간명의 비상임위원을 두어 외부전문가의 지식을 활용함으로써 공무원신분보장을 강화하고자 하였고, 국가사업의 수행상 필요한 경우 특수한 지식·경험 또는 기술을 가진 전문가를 시한부로 임용할 수 있게 하여 특수업무의 경우 민간의 협조를 얻을 수 있도록 하였다.

### (4) 제5공화국하에서의 국가공무원법 개정

1981. 4. 20. 국가공무원법 개정에서는 공무원의 종류를 경력직공무원과 특수경력직공무원으로 구분하고 1급 내지 5급으로 하던 계급명칭을 1급 내지 9급으로 변경하였고, 직무수행능력부족을 이유로 직위해제처분을 할 수 없도록 하고, 직위해제된 자에 대하여는 그 기간을 3월이내로 하며, 그 기간내에 직위를 부여하거나 징계위원회의 동의를 얻어 직권면직하도록 하고 고충처리제도를 신설하였다. 5급(3乙)이상 공무원의 임면은 총무처장관의 협의를 거쳐 국무총리를 경유하여 대통령이 임면하도록 하였다. 1982. 12. 28. 3. 국가공무원법 개정에서는 형사사건으로 기소된 자중 약식명령이 청구된 자에 대하여는 이를 직위해제처분대상에서 제외하도록 하였다.

### (5) 제6공화국하에서의 국가공무원법 개정

#### 1) 1990년대 국가공무원법 개정

1991. 5. 31. 국가공무원법 개정에서는 공개경쟁채용시험방법에 의하여 충원하기 어려운 일부 기능직공무원과 특수전문분야의 우수인력을 확보할 수 있도록 하기 위하여 특별채용요건을 보완하였고, 직권면직사유 중 휴직 및 직위해제사유와 사실상 중복되는 신체·정신상의 이상으로 1년 이상 직무를 감당하지 못할 만한 지장이 있을 때와 직무수행능력의 현저한 부족으로 근무성적이 극히 불량한 때를 삭제함으로써 공무원의 신분보장을 강화하였다.

1994. 12. 22. 국가공무원법 개정에서는 공직사회에 일하는 분위기를 조성하기 위하여 사무관승진시험제도를 개선하고,[13] 근무성적이 우수한 공무원에게 성과급을 지급할 수 있도록 하는 근거를 신설하였다. 공무원이 형사사건으로 기소된 경우에 종전에는 반드시 직위해제하도록 하였으나 앞으로는 직위를 부여하는 것이 적절한지의 여부를 고려하여 직위해제가 필요한 경우에 한하여서만 이를 할 수 있도록 하였다.

1997년 11월 21일 IMF 외환위기 후 1997. 12. 13. 국가공무원법 개정에서는 행정환경의 급속한 변화로 인하여 공직의 경쟁력을 제고하고 전문성을 강화할 필요성이 대두됨에 따라, 민간전문가의 공직파견제를 도입하고 전문직공무원의 임용범위를

---

13) 종전에는 5급공무원에의 승진임용시 반드시 승진시험을 거치도록 하였으나 앞으로는 승진시험을 거치도록 하되, 필요하다고 인정할 때에는 대통령령이 정하는 바에 따라 승진심사위원회의 심사를 거쳐 임용할 수 있도록 하였다.

확대하는 등 전문인력의 양성·활용제도를 개선함으로써 전문지식을 갖춘 우수인력을 확보하여 공직의 전문성을 높이고 공직운용의 탄력성을 도모하고자 다음과 같은 개정이 있었다. ① 전문직공무원의 임용범위를 종전에 연구 또는 기술업무로 한정하던 것을 전문지식이 요구되는 특수업무로 확대하였다(법 제2조 제3항 제3호). ② 국가적 사업의 공동수행 또는 전문성이 요구되는 특수업무의 효율적 수행을 위하여 필요한 때에는 민간전문인력을 파견받아 활용할 수 있도록 함(법 제32조의4 제1항). ③ 공무원이 국내·외의 대학·연구기관에 임시로 채용되는 경우 채용기간동안 휴직할 수 있도록 하였다(법 제71조 제2항 제1호 및 제72조 제4호).

1998. 2. 24. 국가공무원법 개정에서는 정부인력의 신진대사를 촉진하고 행정의 생산성과 경쟁력을 강화하며 정부조직개편에 따른 인사관리를 효율적으로 처리하기 위하여 다음과 같은 개정이 있었다. ① 전문직공무원의 명칭을 계약직공무원으로 변경하고, 종사할 수 있는 업무의 범위를 확대하였다(법 제2조 제3항 제3호). ② 정부조직의 개폐나 예산의 감소등에 의하여 폐직 또는 과원이 되었을 때의 직권면직 기준과 절차를 정하고, 직권면직된 공무원에게 재임용시 우선권을 부여하였다(법 제28조 제3항 및 제70조). ③ 근무성적평정은 객관적이고 엄정하게 평정하도록 하고, 근무성적이 불량한 자에 대하여는 직권면직·직위해제의 조치를 할 수 있도록 하였다(법 제51조 제1항 및 제2항). ④ 공무원의 정년을 1년씩 단축하고(현행 제74조 제1항 삭제), 6급 이하 공무원등에 대한 정년연장제도를 폐지하였다(법 제74조 제3항 삭제). ⑤ 20년 미만 근속한 공무원도 직제와 정원의 개폐 또는 예산의 감소등에 의하여 폐직 또는 과원이 되었을 경우, 정년전에 자진하여 퇴직하면 예산의 범위안에서 수당을 지급할 수 있도록 하였다(법 제74조의2 제2항).

1999. 5. 24. 국가공무원법 개정에서는 국가공무원에 대한 인사행정의 전문성을 강화하고, 공무원 인사제도를 효과적으로 개선하기 위하여 대통령소속하에 중앙인사위원회를 설치하고(법 제7조 제1항 내지 제3항 신설), 공직의 경쟁력을 강화하기 위하여 공직 내부 또는 외부에서 적격자를 임용하는 개방형직위 운영의 법적 근거를 마련하였다(법 제28조의4 신설).

### 2) 2000년대 국가공무원법 개정

2002. 1. 19. 국가공무원법 개정에서는 민간부문의 경영기법을 습득하고 공무원의 능력개발 등을 도모하기 위하여 공무원이 민간기업 등에 임시로 채용되는 경우에는 3년의 범위내에서 휴직할 수 있도록 하였고(법 제71조 제2항 제1호·제3항 및 제72조 제4호), 종전에는 징계의결이 요구중인 경우에는 징계의 경중(輕重)에 관계없이 직위해제를 할 수 있도록 하였으나, 앞으로는 감봉·견책 등 경징계 의결이 요구중인 경

우에는 직위해제를 할 수 없도록 하였다(법 제73조의2 제1항). 그리고, 정부의 구조조정 등에 따라 과원(過員)이 된 별정직 및 고용직공무원이 자진하여 퇴직할 경우에는 예산의 범위안에서 수당을 지급할 수 있도록 하였다(법 제74조의3 신설).

2005. 3. 24. 국가공무원법 개정에서는 사람과 계급중심의 인사제도로는 급변하는 행정환경과 수요에 능동적·탄력적으로 대응하기 어렵다는 판단하에 직위분류제에 의한 인사관리시스템을 활용하기 위한 준비단계로 직무등급 개념을 도입하였고(법 제5조 제10호 신설 및 법 제22조)[14], 직무분석의 실시근거를 마련하였다(법 제22조의2 신설).

2005. 12. 29. 국가공무원법 개정에서는 다음과 같은 개정이 있었다. ① 정부 정책에 핵심적 역할을 수행하는 실·국장급 국가공무원을 범정부적 차원에서 적재적소에 활용할 수 있도록 인사관리하고, 고위공무원의 개방과 경쟁을 확대하며, 성과책임을 강화함으로써 역량있는 정부를 구현하기 위하여 다음과 같이 고위공무원단제도를 도입하였다. 1) 직무의 곤란성과 책임도가 높은 중앙행정기관의 실·국장 및 이에 상당하는 직위에 임용되어 재직중이거나 파견·휴직 등으로 인사관리되고 있는 일반직공무원·별정직공무원 및 계약직공무원과 다른 법률에서 정하는 특정직공무원을 고위공무원단으로 통합·구성하였다(법 제2조의2 신설). 2) 현재 일반직공무원에 대하여는 1급 내지 9급의 계급구분을 적용하고 있는 바, 고위공무원단에 속하는 공무원에 대하여는 이러한 계급 구분을 적용하지 아니하는 것으로 고위공무원단에 속하는 공무원의 계급 폐지하였다(법 제4조 제1항 단서 신설). 3) 고위공무원단에 속하는 공무원의 경우 소속장관은 당해 기관에 소속되지 아니한 자에 대하여도 임용제청을 할 수 있도록 하였다(법 제32조 제1항). 4) 고위공무원단에 속하는 공무원에 대하여 5년마다 적격심사를 하되, 계속하여 2년 이상 또는 총 3년 이상 근무성적평정이 최하위등급이거나, 정당한 사유없이 총 2년 이상 보직을 받지 못하는 경우에는 그 때마다 적격심사를 하여 직무수행이 곤란하다고 판단되는 경우에는 해당자를 직권면직할 수 있도록 하였다(법 제70조 제1항 제9호 및 제70조의2 신설). ② 공모직위의 근거를 신설하였다(법 제28조의5 신설). 즉, 효율적인 정책수립 또는 관리를 위하여 당해 기관 내부 또는 외부의 공무원중에서 적격자를 임용할 필요가 있는 직위를 공모직위로 지정·운영할 수 있도록 하고, 중앙인사관장기관의 장으로 하여금 각 기관간 인력의 이동과 배치가 적절한 균형을 유지하도록 조정할 수 있게 하여 특정부처 출신이 편중되는 등의 부작용을 방지할 수 있도록 하였다.

---

14) 직무의 곤란성과 책임도가 상당히 유사한 직위의 군을 직무등급이라는 개념으로 정의하여 직군·직렬·직급 이외에 직무등급별로도 직위를 분류할 수 있도록 하였다.

### 3) 2010년대 국가공무원법 개정

2010. 3. 22. 국가공무원법 개정에서는 고위공무원단에 속하는 공무원의 직위에 상응하는 책임성을 확보하기 위하여 직무등급이 가장 높은 등급의 직위에 임용된 고위공무원을 신분보장의 적용대상에서 배제하였고(법 제68조 단서), 고위공무원의 업무성과와 능력에 따른 책임성을 강화하기 위하여 고위공무원의 수시적격심사 요건을 근무성적평정에서 최하위 등급을 연속해서 2년 또는 총 3년 이상 받은 경우에서 최하위 등급을 총 2년 이상 받은 경우로 강화하였다(법 제70조의2 제1항 제2호 전단).

2012. 12. 11. 국가공무원법 개정에서는 다음과 같은 개정이 있었다. ① 공직사회의 통합을 도모하고 합리적이고 효율적인 인사행정 체계를 구축하기 위하여 6개로 세분화된 공무원의 구분 체계에서 기능직과 계약직을 폐지하여 업무성격 중심의 4개의 구분 체계로 단순화하였다. 즉, 기능직 및 계약직을 폐지하고, 기능직은 일반직에, 계약직은 일반직 또는 별정직에 통합하였다(제2조). ② 근무기간을 정하여 임용하는 임기제공무원 제도의 도입하였다(제26조의5 신설). 즉, 전문지식이나 기술이 요구되거나 임용관리에 특수성이 요구되는 업무에 근무기간을 정하여 임용하는 공무원을 둘 수 있도록 하되, 직권면직 절차 등 인사 관계 법령을 적용할 때에는 신분보장 규정이 적용되도록 하여 우수한 인재를 확보할 수 있도록 하였다.

2015. 5. 18. 국가공무원법 개정에서는 공무원이 금품비위·성범죄 등 죄질이 무거운 비위행위로 인하여 감사원, 검찰·경찰 등의 조사나 수사를 받는 중인 경우에도 직위해제를 할 수 있도록 하였고(제73조의3 제1항 제6호 신설), 징계부가금 부과대상 금품비위의 범위를 물품·부동산 그 밖의 재산상 이익을 수수한 경우와 예산·기금·국고금·보조금·국유재산·공유재산 및 물품을 횡령·배임·절도·사기·유용한 경우까지로 확대하였다(제78조의2).

### 4) 2020년대 국가공무원법 개정

2021. 5. 21. 국가공무원법 개정에서는 사회적 비난 가능성이 높은 파면·해임·강등·정직에 해당하는 징계처분의 취소 또는 변경은 출석 위원 3분의 2 이상이 합의하는 경우에만 가능하도록 하고(제14조 제2항 신설), 직위해제가 장기화 될 경우 업무의 공백을 방지하기 위하여 직위해제 기간 6개월 경과 시 결원보충을 허용하였다(제43조 제4항 및 제5항). 적극행정을 장려하기 위해 적극행정을 추진한 공무원에 대해서는 그 결과에 대한 징계 및 징계부가금 의결을 면제하는 등 적극행정 관련 정책과 제도의 법률상 근거를 마련하였다(제50조의2 신설).

# 제 3 절 공무원의 종류

## I. 국가공무원과 지방공무원

　국가공무원은 국가에 의해 임명되는 공무원을 말하고, 지방공무원은 지방자치단체에 의해 임명되는 공무원을 말한다. 그러나, 국가공무원과 지방공무원은 각각 소속된 국가의 사무 또는 지방자치단체의 사무만을 수행하는 것은 아니다. 권한이 기관위임된 경우에 국가공무원이 지방자치단체의 사무를 담당하기도 하고, 지방공무원이 국가의 사무를 담당하기도 한다. 그리고, 현재 「지방자치단체에 두는 국가공무원의 정원에 관한 법률」 및 동법 시행령에 의해 지방자치단체에 국가공무원이 배치되고 있는데, 이 국가공무원은 지방자치단체의 사무를 수행하기도 한다.

　국가공무원과 지방공무원에 적용되는 법규가 상이하므로 양자를 구별할 필요가 있다. 국가공무원에 대하여는 국가공무원법, 공무원임용령, 국가공무원복무규정, 공무원보수규정, 공무원수당 등에 관한 규정 등이 적용되고, 지방공무원에 대하여는 지방공무원법, 지방공무원임용령 등이 적용된다.

## II. 경력직공무원과 특수경력직공무원

　국가공무원법 및 지방공무원법은 공무원을 경력직공무원과 특수경력직공무원으로 구분하고 있다. 구분기준은 임용조건, 신분보장 등이다.

　경력직공무원(經歷職公務員)은 실적과 자격에 따라 임용되고 그 신분이 보장되며 평생 동안(근무기간을 정하여 임용하는 공무원의 경우에는 그 기간 동안을 말한다) 공무원으로 근무할 것이 예정되는 공무원을 말한다(국공법 제2조 제2항, 지공법 제2조 제2항). 경력직공무원은 대체로 직업공무원에 해당한다.

　특수경력직공무원(特殊經歷職公務員)은 경력직공무원을 제외한 공무원을 말한다.

　경력직공무원과 특수경력직공무원에 대하여는 그 적용법규가 다른 경우가 있다. 국가공무원법이나 지방공무원법은 경력직공무원에 한하여 적용되고, 특수경력직공무원에 대하여는 보수 및 복무에 관한 규정 등을 제외하고는 원칙적으로 적용되지 않는다(국공법 제3조, 지공법 제3조). 그러나 다른 법률에 특별한 규정이 있는 경우 외에는 국회규칙·대법원규칙·헌법재판소규칙·중앙선거관리위원회규칙 또는 대통령령(공무원징계령 제22조)으로 정하는 바에 따라 특수경력직공무원에 대하여도 징계에 관한 규정을 준용할 수 있다(국공법 제83조의3).

## 1. 경력직공무원

'경력직공무원(經歷職公務員)'이라 함은 실적과 자격에 따라 임용되고 그 신분이 보장되며 평생 동안(근무기간을 정하여 임용하는 공무원의 경우에는 그 기간 동안을 말한다) 공무원으로 근무할 것이 예정되는 공무원을 말한다(국공법 제2조 제2항, 지공법 제2조 제2항). 경력직공무원은 다시 일반직공무원, 특정직공무원으로 구분된다.

### (1) 일반직공무원

일반직공무원(一般職公務員)이라 함은 기술·연구 또는 행정 일반에 대한 업무를 담당하며 직군·직렬별로15) 분류되는 공무원을 말한다(국공법 제2조 제2항, 지공법 제2조 제2항).

임용권자 또는 임용제청권자는 법 제26조의2에 따라 통상적인 근무시간보다 짧은 시간을 근무하는 일반직공무원(임기제공무원은 제외한다) 즉 시간선택제채용일반직공무원을 신규채용할 수 있다(공무원임용령 제3조의3).

### (2) 특정직공무원

특정직공무원(特定職公務員)이라 함은 법관, 검사, 외무공무원, 경찰공무원, 소방공무원, 교육공무원, 군인, 군무원, 헌법재판소 헌법연구관, 국가정보원의 직원, 경호공무원과 특수 분야의 업무를 담당하는 공무원으로서 다른 법률에서 특정직공무원으로 지정하는 공무원(이상 국가공무원), 공립의 대학 및 전문대학에 근무하는 교육공무원, 교육감 소속의 교육전문직원 및 자치경찰공무원과 그 밖에 특수분야의 업무를 담당하는 공무원으로서 다른 법률에서 특정직공무원으로 지정하는 공무원(이상 지방공무원)을 말한다(국공법 제2조 제2항, 지공법 제2조 제2항). 검찰총장도 검사이고(검찰청법 제6조: 검사의 직급은 검찰총장과 검사로 구분한다), 검찰총장을 정무직으로 정하는 법률규정이 없으므로 검찰총장도 특정직공무원으로 보아야 한다.

특정직공무원에도 일반공무원법이 일반적으로 적용되지만, 특정직공무원의 법적 지위에 관하여 특별한 지위를 정하는 별도의 특별법률(법원조직법, 검찰청법, 경찰공무원법, 교육공무원법 등)이 존재한다.

---

15) 직군이라 함은 직무의 종류가 광범위하게 유사한 직렬의 범주를 말하는데, 비슷한 성격을 가진 직렬들을 모아 놓은 직위분류의 대단위이다. 직렬이라 함은 직무의 종류가 유사하고 그 곤란성과 책임의 정도가 다른 직급의 범주를 말한다(오석홍, 71~72면).

### (3) 임기제공무원

임용권자는 전문지식·기술이 요구되거나 임용관리에 특수성이 요구되는 업무를 담당하게 하기 위하여 경력직공무원을 임용할 때에 일정기간을 정하여 근무하는 공무원(이하 "임기제공무원"이라 한다)을 임용할 수 있다(제26조의5 제1항). 임기제공무원의 임용요건, 임용절차, 근무상한연령 및 그 밖에 필요한 사항은 국회규칙, 대법원규칙, 헌법재판소규칙, 중앙선거관리위원회규칙 또는 대통령령으로 정한다(제2항).

임기제공무원제도는 2012년 12월 12일 신설되었는데, 그 취지는 전문지식이나 기술이 요구되거나 임용관리에 특수성이 요구되는 업무에 근무기간을 정하여 임용하는 공무원을 둘 수 있도록 하되, 직권면직 절차 등 인사 관계 법령을 적용할 때에는 신분보장 규정이 적용되도록 하여 우수한 인재를 확보할 수 있도록 하기 위한 것이다.

임기제공무원에는 **일반임기제공무원**(직제 등 법령에 규정된 경력직공무원의 정원에 해당하는 직위에 임용되는 임기제공무원), **전문임기제공무원**(특정 분야에 대한 전문적 지식이나 기술 등이 요구되는 업무를 수행하기 위하여 임용되는 임기제공무원), **시간선택제임기제공무원**(법 제26조의2에 따라 통상적인 근무시간보다 짧은 시간(주당 15시간 이상 35시간 이하의 범위에서 임용권자 또는 임용제청권자가 정한 시간을 말한다)을 근무하는 공무원으로 임용되는 일반임기제공무원(시간선택제일반임기제공무원) 또는 전문임기제공무원(시간선택제전문임기제공무원), **한시임기제공무원**(제3조의 제4호 각 목의 어느 하나에 해당하는 공무원의 업무를 대행하기 위하여 1년 6개월 이내의 기간 동안 임용되는 공무원으로서 법 제26조의2에 따라 통상적인 근무시간보다 짧은 시간을 근무하는 임기제공무원)이 있다(공무원임용령 제3조의2).

## 2. 특수경력직공무원

특수경력직공무원(特殊經歷職公務員)이라 함은 경력직공무원 외의 공무원을 말한다(국공법 제2조 제3항, 지공법 제2조 제3항). 특수경력직공무원은 정무직공무원, 별정직공무원으로 구분된다. 2013년 12월 12일부터 계약직은 폐지되고, 일반직 또는 별정직에 통합되었다(제2조 및 부칙 제3조).

국가공무원법의 규정은 제33조, 제43조 제1항, 제44조, 제45조, 제45조의2, 제45조의3, 제46조부터 제50조까지, 제50조의2, 제51조부터 제59조까지, 제59조의2, 제60조부터 제67조까지, 제69조 및 제84조 외에는 이 법이나 그 밖의 법률에 특별한 규정이 없으면 특수경력직공무원에게 적용하지 아니한다. 다만, 제33조와 제69조는 제2조 제3항 제1호의 정무직공무원에게 적용하지 아니한다(제3조 제1항, 제2항). 제65조와 제66조는 제1항에도 불구하고 대통령령으로 정하는 특수경력직공무원에게 적용하지 아니한다(제2항). 제26조의2와 제26조의3은 대통령령등으로 정하는 공무원에게만 적용한다(제3항).

별정직공무원의 채용조건·임용절차·근무상한연령 그 밖에 필요한 사항은 국회
규칙·대법원규칙·헌법재판소규칙·중앙선거관리위원회규칙 또는 대통령령으로 정
한다(국공법 제2조 제4항).

### (1) 정무직공무원

① 선거로 취임하거나 임명할 때 국회의 동의가 필요한 공무원.

② 고도의 정책결정 업무를 담당하거나 이러한 업무를 보조하는 공무원으로서
법률이나 대통령령(대통령비서실 및 국가안보실의 조직에 관한 대통령령만 해당한다)에서 정
무직(政務職)으로 지정하는 공무원(국공법 제2조 제3항).

### (2) 별정직공무원

비서관·비서 등 보좌업무 등을 수행하거나 특정한 업무 수행을 위하여 법령에
서 별정직(別定職)으로 지정하는 공무원(국공법 제2조 제3항).

## Ⅲ. 계약공무원

계약공무원(契約公務員)이라 함은 국가 또는 지방자치단체와 채용계약에 의하여
일정한 기간 업무에 종사하는 공무원을 말한다. 계약직은 2012년 12월 11일 폐지되
고, 일반직 또는 별정직에 통합되었다. 계약직공무원은 폐지되고, 임기제공무원에 의
해 대체되었다. 그렇지만, 계약에 의해 공무원을 채용하는 것이 금지되는 것은 아니
라고 보아야 한다.

계약공무원의 근무조건은 계약에 의해 정해지지만, 부분적으로 공무원법상 정해
진 근무조건이 적용되는 것으로 정해지는 경우도 있다. 계약공무원의 채용계약은 공
법상 계약이며 근무관계에 관한 소송은 공법상 당사자소송으로 제기한다.

[판례] [1] 지방계약직공무원에게도 징계에 관한 지방공무원법이 적용되며 지방공무원법 제73조의
3과 지방공무원징계 및 소청규정 제13조 제4항에 의하여 지방계약직공무원에게도 지방공무원법
제69조 제1항 각 호의 징계사유가 있는 때에는 징계처분을 할 수 있다. [2] 보수의 삭감은 이를
당하는 공무원의 입장에서는 징계처분의 일종인 감봉과 다를 바 없고, 근로기준법 등의 입법 취지,
지방공무원법과 지방공무원징계및소청규정의 여러 규정에 비추어 볼 때, 채용계약상 특별한 약정
이 없는 한, 지방계약직공무원에 대하여 지방공무원법, 지방공무원징계 및 소청규정에 정한 징계
절차에 의하지 않고서는 보수를 삭감할 수 없다고 봄이 상당하다(대판 2008. 06. 12, 2006두16328
[전임계약직공무원(나급)재계약거부처분및감봉처분취소]).

# 제 4 절 공무원의 근무관계

## I. 공무원의 근무관계의 성질

공무원의 근무관계(勤務關係)의 성질(性質)에 관하여 이론상 사법상 근로관계로 파악하는 견해와 공법상 근무관계로 파악하는 견해가 있다. 공법상 근무관계로 파악하는 견해는 공법상 계약관계로 보는 견해와 공법상 법정근무관계로 보는 견해로 나누어지고 있다.

이러한 견해의 대립은 과거 선진국에서 존재하였던 것인데, 오늘날 우리나라에서는 논의의 실익이 크지 않다. 왜냐하면 오늘날 우리나라에 있어서 실정법상 공무원의 근무관계는 법령에 의해 법정되어 있으며 학설은 공무원의 근무관계를 공법상의 법률관계로 보는 데 거의 의견의 일치를 보고 있기 때문이다.

그러나, 공무원도 근로자이므로 근로기준법 등 노동관계법이 공무원의 근무관계에도 적용될 수 있는데, 공무원의 근무관계의 법적 성질을 어떻게 보는가에 따라 노동관계법의 적용범위에 차이가 있을 수 있으므로 이와 관련하여 공무원의 근무관계의 법적 성질을 논할 실익이 있고, 또한 오늘날 특히 미국법의 영향을 받아 공무원의 근로관계와 사법상 근로자의 근무관계의 유사성을 강조하는 견해도 있으므로 공무원의 근무관계를 사법상 근로관계로 보거나 공무원의 근무관계를 공법상 근로관계로 보면서도 사법상 근로관계와의 유사성을 강조하는 견해가 대두될 가능성이 있으므로 공무원의 근무관계의 법적 성질을 논할 실익이 없지 않다.

### 1. 사법관계설: 사법상 근로관계설

공무원의 근무관계를 사기업 근로자의 사법상 근로관계와 본질적으로 다른 것은 아니라고 보면서 공무원의 근무관계를 사법상의 근로계약관계라고 보는 견해이다. 이러한 견해는 영미국가에서 널리 수용되고 있다.

사법관계설은 공무원의 근무관계와 사법상 근로관계 사이에는 본질적 차이가 없으므로 공무원관계법령에 특별한 규정이 없는 한 사법상 근로관계에 관한 법리가 공무원의 근무관계에도 적용된다고 본다.

### 2. 공법관계설

공무원의 근무관계를 공법관계로 보는 견해는 대륙법국가에서 널리 수용되고 있는 견해이다. 공법관계설은 공무원의 근무관계의 사법상 근무관계에 대한 특수성을 인정하면서 공무원의 근무관계를 공법관계로 보아야 한다는 견해이다. 학설은 일반적으로 공무원의 근무관계를 공법관계 또는 행정법관계로 보고 있다(홍정선, 172면; 류지태, 606면).

공법관계설에는 공법상 계약관계설과 공법상 법정근무관계설이 있다. 공법상 계약관계설은 공무원의 근무관계는 공법상 계약에 의해 형성되는 관계로 본다. 이에 반하여 공법상 법정근무관계설은 공무원의 근무관계는 법령에 의해 규정되는 공법상 법률관계라고 보는 견해이다.

공법상 법정근무관계설에 의하면 공무원의 근무관계의 특수성에 반하지 않는 한도 내에서만 예외적으로 사법상 근로관계의 법리가 공무원의 근무관계에 적용될 수 있다고 보게 된다.

## 3. 판　례

판례는 공무원의 근무관계를 공법관계로 보면서(대판 전원합의체 2023. 09. 21, 2016다255941)도 공무원에 대한 근로기준법의 적용가능성을 인정하고 있다.

**[판례]** ① 국가공무원 또는 지방공무원도 근로기준법 제14조에 정한 근로자이므로, 원칙적으로 근로기준법 제28조의 적용대상이 되며, 공무원연금법상의 퇴직금제도는 위 규정의 취지를 구체화한 것이다(대판 1979. 03. 27, 78다163).
② 국가나 국가기관 또는 국가조직의 일부는 기본권의 수범자로서 국민의 기본권을 보호하고 실현해야 할 책임과 의무를 지니고 있는 점, 공무원도 임금을 목적으로 근로를 제공하는 근로기준법상의 근로인 점 등을 고려하면, 공무원 관련 법률에 특별한 규정이 없는 한, 고용관계에서 양성평등을 규정한 남녀고용평등과 일·가정 양립 지원에 관한 법률 제11조 제1항과 **근로기준법 제6조는 국가기관과 공무원 간의 공법상 근무관계에도 적용된다**(대판 2019. 10. 31, 2013두20011).

## 4. 결　론

법치주의의 발전에 따라 공무원관계의 법정화가 강화된 오늘날에는 공법상 법정근무관계설이 타당하다.

공무원의 근무관계를 공법관계로 구성할 것인가 아니면 사법관계로 구성할 것인가 또는 계약관계로 구성할 것인가 아니면 법정된 법률관계로 구성할 것인가는 기본적으로는 입법정책의 문제이다. 달리 말하면 공무원의 근무관계의 법적 성질의 문제는 순수하게 이론적인 문제는 아니며 각 국가의 공무원제도의 문제이다.

공무원의 근무관계를 어떠한 성질의 법률관계로 구성할 것인가는 공무원의 관념, 행정법의 법적 성질(공법인가 사법인가), 행정의 공익성 등과 관련이 있다. 공무원을 사익을 추구하는 단순한 근로자가 아니라 국민 전체를 위하여 봉사하여야 하는 자로 관념지우는 경우에는 공무원의 근무관계는 사법상 근로자의 근무관계와는 다른 법적 규율이 필요하다. 또한 행정법을 공법으로 구성하는 경우에 행정권에게는 우월한 공권력이 부여되는데 실제로 공권력을 행사하는 것은 공무원이다. 따라서, 공무원은 행정을 수행함에 있어서 여러 특권을 행사한다. 또한 행정의 공익성을 강조하는 경우에 공무원의 직무수행은 공익과 밀접한 관련이 있는 것이 된다. 따라서, 이러한 관념하에서는 공무원의 권리의무에 관하여 공무원의 신분보장, 특수한 법적 의무의 부담 등 여러 특수한 법적 규율이 행해지게 된다.

우리 헌법은 공무원을 국민 전체에 대한 봉사자라고 규정함으로써 공무원에게 국민 전체에 대한 봉사자로서 사익을 추구할 것이 아니라 공익을 추구하고 공직에 전념할 것을 요구하고 있다. 그리고, 국가공무원법 등 공무원의 근무관계를 규율하는 법은 공무원의 신분을 보장하고, 공무원에게 특수한 법적 의무를 부담지우고 있으며 공무원의 권리의무 및 근로조건에 관하여 상세하게 규정하고 있어 계약에 의해 근로관계를 정할 여지를 남겨놓고 있지 않다. 따라서, 현행 공무원관계법은 공무원의 근무관계를 공법상의 법정된 법률관계로 보고 있다고 보는 것이 타당하다.

다만, 공무원의 근무관계와 사법상 근로관계가 전혀 성질이 다른 것은 아니며 근로관계라는 점에서는 유사하다. 오늘날 공무원관계의 일반 근로관계와의 구별이 완화되고 있다. 공무원도 근로자에 속하므로 공무원의 근무관계와 사법상 근로자의 근무관계는 근로관계라는 점에서는 공통점을 가지고 있다. 따라서, 공무원의 근무관계에도 공무원관계법에 의해 배제되거나 공무원관계의 성질에 반하지 않는 한 근로기준법 등 노동관계법이 적용될 수 있다.

그리고, 오늘날 공무원의 근로관계의 경직성을 완화하여 행정업무수행의 효율성을 제고하기 위하여 공무원의 근무관계가 계약에 의해 형성되는 계약직공무원이 늘고 있다. 이들 계약직공무원의 채용계약은 공법상 계약으로 보는 것이 일반적 견해이다. 또한, 사법상 계약에 의해 채용되어 공무수행에 종사하는 자도 생겨나고 있다. 다만, 이들은 공무원의 신분을 갖지는 못한다.

## Ⅱ. 특별권력관계설과 특별행정법관계설

종래 공무원의 근무관계를 특별권력관계로 보는 것이 통설이었다.[16] 공무원의

---

16) 최초 국가공무원법(1949. 8. 12. 법률 제44호) 제38조는 공무원의 근무조건 기타 복무에 관하여 필요한 사항은 대통령령으로써 정한다라고 포괄적으로 위임하고 있는데, 이는 공무원의 근무관계

근무관계를 특별권력관계로 보는 견해에 의하면 공무원의 기본권에 대한 제한이 법률의 근거 없이도 가능하게 되고, 공무원의 근무관계에 있어서의 징계처분 등 불이익처분에 대하여도 사법적 통제가 배제되거나 제한되는 것으로 보게 된다.

그러나, 오늘날 특별권력관계이론은 법치주의에 반하는 것이므로 부정되어야 하고 종래 특별권력관계로 보았던 것은 특별행정법관계로 보는 것이 타당하다. 공무원은 공무원이기 이전에 인간으로서 기본권을 가진 독립된 주체이므로 공무원의 근무관계에도 법치주의가 적용되어야 한다. 다만, 행정목적을 달성하기 위한 공무의 적정한 수행을 보장하기 위하여 공무원의 근무관계에 대하여 특수한 법적 규율을 할 필요가 있다. 따라서, 공무원의 근무관계는 행정주체와 국민간의 일반행정법관계와는 다른 특별행정법관계로 구성되어 있다. 즉, 후술하는 바와 같이 국가공무원법 및 지방공무원법에서 공무원에 대하여 특별한 신분보장이 주어지고 있고 반면에 특수한 법적 의무가 부담되는 등 특수한 법적 규율이 행해지고 있다.

판례에서 특별권력관계를 부정하고 종래의 특별권력관계를 권력관계가 아니라 법관계로 본 리딩케이스는 헌법재판소 2010. 10. 28. 2008헌마638 결정이다. 이 헌법재판소 결정은 특별권력관계 또는 특별행정법관계라는 용어를 사용하고 있지는 않다. 그러나, 이 헌법재판소 결정에서 헌법재판소는 군복무관계에도 법률유보의 원칙이 적용되지만, 군조직의 특수성을 감안하여 법률유보의 원칙을 완화하여 적용할 수 있다고 보고 있는데, 이러한 입장은 특별행정법관계설에 입각하고 있는 것으로 볼 수 있다.

이와 같이 법이론상 특별권력관계이론은 사망선고를 받았지만, 아직도 행정실무에 있어서는 공무원관계에서 특별권력관계의 그림자가 완전히 걷혔다고 보기는 어렵다. 제도나 이론은 일시에 바뀔 수 있지만, 관념이나 현실은 점진적으로 바뀐다는 것은 역사에서 진실이다. 앞으로 기존의 공무원법 중 특별권력관계의 그림자를 지우고 공무원의 근무관계법을 법치주의에 합당하게 정비하는 노력이 필요하다.

---

를 특별권력관계로 보고, 대통령이 특별권력주체라는 것을 전제로 규정한 것으로 볼 수 있다.

# 제 2 장 공무원관계의 변동

## 제 1 절 개      설

공무원관계의 변동(變動)이라 함은 공무원관계의 발생, 변경, 소멸을 말하는데, 공무원관계를 발생, 변경, 소멸시키는 행위를 통틀어 임용이라 한다.

임용(任用)은 공무원관계를 발생시키는 임명행위 등 신규채용행위, 공무원관계를 변경시키는 승진임용·전직·전보·겸임·파견·강임·휴직·직위해제·정직·복직 등 및 공무원관계를 소멸시키는 면직·해임 및 파면 등을 말한다(공무원임용령 제2조 제1호 참조).

## 제 2 절 공무원관계의 발생

공무원의 신분을 부여하여 공무원관계를 발생시키는 행위를 임명이라고 한다. 임명은 임명행위, 선거, 법률의 규정, 채용계약의 형식에 의해 행해진다. 이 중에서 가장 대표적인 임명형식은 임명행위이다.

### I. 임명행위

#### 1. 성      질

공무원관계의 가장 대표적인 발생원인이 되는 임명행위(任命行爲)의 법적 성질에 관하여는 종래 학설상 단독행위설, 쌍방적 행정행위설, 공법상 계약설 등이 대립되고 있었다. 그러나, 오늘날 통설은 임명행위를 공무원이 되고자 하는 자의 신청이나 동의를 요하는 행정행위로 보는 쌍방적 행정행위설을 취하고 있다.

현행 공무원법상 공무원의 근무관계는 법정되어 있고, 임명은 임명주체의 일방적인 의사결정에 의해 행해지는 것으로 되어 있으므로 임명행위를 계약으로 볼 수는

없고 행정행위로 보아야 한다. 그런데, 공무원이 되고자 하는 자의 의사와 무관하게
일방적으로 행해질 수는 없는 것이고 공무원이 되고자 하는 자의 신청이나 동의를
요한다. 따라서, 공무원의 임명행위는 단독행위로 볼 수 없고 쌍방적 행정행위 내지
협력을 요하는 행정행위로 보아야 한다.

임명행위는 쌍방적 행정행위이므로 당사자의 신청이나 동의가 결여된 임명행위
는 당연무효라고 보아야 한다.

## 2. 임명권자

국가공무원법은 임명 등 임용을 행하는 권한을 가진 자(임용권자)를 다음과 같이
규정하고 있다.

행정기관소속 5급 이상 공무원 및 고위공무원단에 속하는 일반직공무원은 소속
장관의 제청으로 인사혁신처장과 협의를 거친 후에 국무총리를 거쳐 대통령이 임면
한다. 고위공무원단에 속하는 일반직공무원의 경우 소속 장관은 해당 기관에 소속되
지 아니한 공무원에 대하여도 임용제청할 수 있다. 이 경우 국세청장은 국회의 인사
청문을 거쳐 대통령이 임명한다(제32조 제1항).

소속 장관은 소속 공무원에 대하여 제1항 외의 모든 임용권을 가진다(제2항).

대통령은 임용권의 일부를 소속 장관에게 위임할 수 있다(제32조 제3항). 6급 이
하 공무원은 소속 장관이 임용권을 가진다(제32조 제2항). 다만, 소속장관은 그 임용권
의 일부를 대통령령으로 정하는 바에 따라 그 보조기관 또는 그 소속기관의 장에게
위임하거나 재위임할 수 있다(제32조 제3항).

국회소속 공무원, 법원소속 공무원, 헌법재판소소속 공무원, 선거관리위원회소속
공무원에 관하여는 별도의 임용권자가 규정되어 있다(제32조 제4, 5, 6, 7항).

지방공무원에 대한 임용권(임명·휴직·면직과 징계권)을 가진 자는 지방자치단체의
장(교육공무원의 경우 특별시·광역시·도의 교육감)이다(지공법 제6조 제1항). 이 임용권을
가지는 자는 그 권한의 일부를 그 지방자치단체의 조례로 정하는 바에 따라 보조기
관, 그 소속 기관의 장, 지방의회의 사무처장·사무국장·사무과장 또는 교육위원회
의 의사국장에게 위임할 수 있다(지공법 제6조 제2항).

## 3. 임명의 요건

공무원으로 임명되기 위하여는 일정한 능력요건과 성적요건을 갖추어야 한다.
그리고, 결격사유에 해당하는 자는 공무원으로 임명될 수 없다.

### (1) 결격사유

공무원임용의 결격사유는 공무원으로 임용되기 위한 절대적 소극적 요건이다. 결격사유가 없을 것을 능력요건으로 보는 견해가 많다.

다음의 결격사유 중 하나에 해당하는 자는 공무원으로 임명될 수 없다. ① 피성년후견인 또는 피한정후견인, ② 파산선고를 받고 복권되지 아니한 자, ③ 금고 이상의 실형을 선고받고 그 집행이 끝나거나(집행이 끝난 것으로 보는 경우를 포함한다) 집행이 면제된 날부터 5년이 지나지 아니한 자, ④ 금고 이상의 형의 집행유예를 선고받고 그 유예기간이 끝난 날부터 2년이 지나지 아니한 자, ⑤ 금고 이상의 형의 선고유예를 받은 경우에 그 선고유예 기간 중에 있는 자, ⑥ 법원의 판결 또는 다른 법률에 따라 자격이 상실되거나 정지된 자, ⑦ 공무원으로 재직기간 중 직무와 관련하여 「형법」 제355조 및 제356조에 규정된 죄를 범한 자로서 300만원 이상의 벌금형을 선고받고 그 형이 확정된 후 2년이 지나지 아니한 자, ⑧ 「성폭력범죄의 처벌 등에 관한 특례법」 제2조에 규정된 죄를 범한 사람으로서 100만원 이상의 벌금형을 선고받고 그 형이 확정된 후 3년이 지나지 아니한 사람, ⑨ 법에서 정한 미성년자에 대한 성폭력범죄 또는 아동·청소년 대상 성범죄를 범한 사람으로서 법에서 정한 날부터 20년이 지나지 아니한 사람, ⑩ 징계로 파면처분을 받은 때부터 5년이 지나지 아니한 자, ⑪ 징계로 해임처분을 받은 때부터 3년이 지나지 아니한 자(법 제33조).

**[판례]** 심판대상조항(국가공무원법 제33조 제6호의4 나목 중 구 아동·청소년의 성보호에 관한 법률 제11조 제5항 가운데 '아동·청소년이용음란물임을 알면서 이를 소지한 죄로 형을 선고받아 그 형이 확정된 사람은 국가공무원법 제2조 제2항 제1호의 일반직공무원으로 임용될 수 없도록 한 것'에 관한 부분 및 지방공무원법 제31조 제6호의4 나목 중 구 아동·청소년의 성보호에 관한 법률 제11조 제5항 가운데 '아동·청소년이용음란물임을 알면서 이를 소지한 죄로 형을 선고받아 그 형이 확정된 사람은 지방공무원법 제2조 제2항 제1호의 일반직공무원으로 임용될 수 없도록 한 것'에 관한 부분)은 **과잉금지원칙에 위배되어 청구인들의 공무담임권을 침해한다** 다만, 이 조항들의 위헌성을 해소하는 구체적인 방법은 입법자가 논의를 거쳐 결정해야 할 사항이므로 이 조항들에 대하여 **헌법불합치 결정**을 선고하되 2024. 5. 31.을 시한으로 입법자가 개정할 때까지 계속 적용을 명하기로 한다(헌재 2023. 06. 29, 2020헌마1605).

국가기관의 장은 국가안보 및 보안·기밀에 관계되는 분야를 제외하고 국회규칙, 대법원규칙, 헌법재판소규칙, 중앙선거관리위원회규칙 또는 대통령령으로 정하는 바에 따라 외국인을 공무원으로 임용할 수 있다(제26조의3 제1항).

국가기관의 장은 다음 각 호의 어느 하나에 해당하는 분야로서 국회규칙, 대법원규칙, 헌법재판소규칙, 중앙선거관리위원회규칙 또는 대통령령으로 정하는 분야에는 복수국적자(대한민국 국적과 외국 국적을 함께 가진 사람을 말한다)의 임용을 제한할 수 있다. ① 국가의 존립과 헌법 기본질서의 유지를 위한 국가안보 분야, ② 내용이 누설되는 경우 국가의 이익을 해하게 되는 보안·기밀 분야, ③ 외교, 국가 간 이해관계와 관련된 정책결정 및 집행 등 복수국적자의 임용이 부적합한 분야(제26조의3 제2항).

재직 중에 위의 결격사유에 해당하게 되면 당연퇴직사유가 된다(제69조). 다만, 같은 조 제5호(금고 이상의 형의 선고유예를 받은 경우에 그 선고유예 기간 중에 있는 자)는 「형법」 제129조부터 제132조까지 및 직무와 관련하여 「형법」 제355조 및 제356조에 규정된 죄를 범한 사람으로서 금고 이상의 형의 선고유예를 받은 경우만 해당한다.

**[판례]** [1] 국가공무원이 금고 이상의 형의 집행유예를 받아 당연퇴직한 후 형법 제65조에 따라 형의 선고가 효력을 잃게 된 경우, 이미 발생한 당연퇴직의 효력에 영향이 없다. [2] 철도청 공무원으로 근무하던 중 집행유예의 확정판결을 받고도 사실상 계속 근무해 온 사람을 철도청 공무원 신분을 가지고 있음을 전제로 한국철도공사 직원으로 임용한 것은 무효라고 한 사례(대판 2011. 03. 24, 2008다92022[직원신규임용취소행위무효확인]).

### (2) 능력요건

공무원의 임명에 학력 또는 경력을 요구하는 경우가 있는데, 이 경우 학력 또는 경력이 능력요건(能力要件)이다.

### (3) 성적요건

공무원의 임용은 시험성적·근무성적 그 밖의 능력의 실증에 따라 행한다. 다만, 국가기관의 장은 국회규칙, 대법원규칙, 헌법재판소규칙, 중앙선거관리위원회규칙 또는 대통령령으로 정하는 바에 따라 장애인·이공계전공자·저소득층 등에 대한 채용·승진·전보 등 인사관리상의 우대와 실질적인 양성 평등을 구현하기 위한 적극적인 정책을 실시할 수 있다(제26조).

공무원의 채용은 공개경쟁 채용시험을 원칙으로 한다(국공법 제28조 제1항). 다만, 제1항에도 불구하고 다음 각 호의 어느 하나에 해당하는 경우에는 경력 등 응시요건을 정하여 같은 사유에 해당하는 다수인을 대상으로 경쟁의 방법으로 채용하는 시험(이하 "경력경쟁채용시험"이라 한다)으로 공무원을 채용할 수 있다. 다만, 제1호, 제3호, 제4호, 제5호, 제7호, 제11호의 어느 하나에 해당하는 경우 중 다수인을 대상으로 시험을 실시하는 것이 적당하지 아니하여 국회규칙, 대법원규칙, 헌법재판소규칙, 중앙선거관리위원회규칙 또는 대통령령으로 정하는 경우에는 다수인을 대상으로 하지 아니한 시험으로 공무원을 채용할 수 있다. ① 제70조 제1항 제3호의 사유로 퇴직하거나 제71조 제1항 제1호의 휴직 기간 만료로 퇴직한 경력직공무원을 퇴직한 날부터 3년(「공무원연금법」에 따른 공무상 질병 또는 부상으로 인한 휴직의 경우에는 5년) 이내에 퇴직

시에 재직한 직급(고위공무원단에 속하는 공무원은 퇴직 시에 재직한 직위와 곤란성과 책임도
가 유사한 직위를 말한다. 이하 이 호에서 같다)의 경력직공무원으로 재임용하는 경우 또는
경력직공무원으로 재직하던 중 특수경력직공무원이나 다른 종류의 경력직공무원이
되기 위하여 퇴직한 자를 퇴직 시에 재직한 직급의 경력직공무원으로 재임용하는 경
우, ② 공개경쟁 채용시험으로 임용하는 것이 부적당한 경우에 같은 종류의 직무에
관한 자격증 소지자를 임용하는 경우, ③ 임용예정 직급·직위와 같은 직급·직위(고
위공무원단에 속하는 일반직공무원은 임용예정 직위와 곤란성·책임도가 유사한 직위를 말한다)
에서의 근무경력 또는 임용예정 직급·직위에 상응하는 근무기간이나 연구 경력이
국회규칙, 대법원규칙, 헌법재판소규칙, 중앙선거관리위원회규칙 또는 대통령령으로
정하는 기간 이상인 사람을 임용하는 경우, ④ 임용 예정직에 관련된 특수 목적을 위
하여 설립된 학교(대학원을 포함한다) 중 대통령령으로 정하는 학교의 졸업자로서 각급
기관에서 실무 수습을 마친 자를 임용하는 경우, ⑤ 1급 공무원을 임용하거나 제23
조에 따라 배정된 직무등급이 가장 높은 등급의 직위에 고위공무원단에 속하는 일반
직공무원을 임용하는 경우, ⑥ 공개경쟁 채용시험으로 결원을 보충하기 곤란한 특수
한 직무분야·환경 또는 섬, 외딴 곳 등 특수한 지역에 근무할 자를 임용하는 경우, ⑦
지방공무원을 그 직급·직위에 해당하는 국가공무원(고위공무원단에 속하는 일반직공무원
으로 임용하는 경우에는 해당 직위와 곤란성과 책임도가 유사한 직위의 국가공무원을 말한다)으
로 임용하는 경우, ⑧ 외국어에 능통하고 국제적 소양과 전문 지식을 지닌 자를 임용
하는 경우, ⑨ 임용 예정직에 관련된 전문계·예능계 및 사학계(史學系)의 고등학교·
전문대학 및 대학(대학원을 포함한다)의 학과 중 대통령령으로 정하는 학과의 졸업자로
서 인사혁신처장이 정하는 바에 따라 해당 학교장의 추천을 받은 자를 연구 또는 기
술 직렬의 공무원으로 임용하는 경우, ⑩ 국회규칙, 대법원규칙, 헌법재판소규칙, 중
앙선거관리위원회규칙 또는 대통령령으로 정하는 임용 예정직에 관련된 과학기술 분
야 또는 공개경쟁 채용시험으로 결원 보충이 곤란한 특수 전문 분야의 연구나 근무
경력이 있는 자를 임용하는 경우, ⑪ 제26조의4에 따라 견습근무를 마친 자와 제85
조에 따라 재학 중 장학금을 받고 졸업한 자를 임용하는 경우, ⑫ 연고지나 그 밖에
지역적 특수성을 고려하여 일정한 지역에 거주하는 자를 그 지역에 소재하는 기관에
임용하는 경우, ⑬ 「국적법」 제4조 및 제8조에 따라 대한민국 국적을 취득한 사람
또는 「북한이탈주민의 보호 및 정착지원에 관한 법률」 제2조 제1호에 따른 북한이탈
주민을 임용하는 경우(제28조 제2항). 제2항에 따른 경력경쟁채용시험의 경우에는 제
70조 제1항 제3호의 사유로 퇴직한 자를 우선하여 채용하여야 하며, 경력경쟁채용시
험으로 임용할 수 있는 공무원의 직급 또는 직위, 직급별 또는 직위별 응시 자격 및

시험 등에 필요한 사항은 국회규칙, 대법원규칙, 헌법재판소규칙, 중앙선거관리위원
회규칙 또는 대통령령으로 정한다(제4항). 제2항 제6호·제8호 또는 제12호에 따라
경력경쟁채용시험으로 채용된 자는 정원조정·직제개편 등 국회규칙, 대법원규칙, 헌
법재판소규칙, 중앙선거관리위원회규칙 또는 대통령령으로 정하는 경우 외에는 5년
간 전직이나 해당 기관 외의 기관으로 전보될 수 없으며, 5년 이내에 퇴직하면 그 근
무경력은 제2항 제3호의 경력경쟁채용시험 응시에 필요한 근무 또는 연구 실적에 넣
어 계산하지 아니한다(제5항).

공개경쟁에 따른 채용시험은 같은 자격을 가진 모든 국민에게 평등하게 공개하여
야 하며 시험의 시기와 장소는 응시자의 편의를 고려하여 결정한다(제35조).

시험에 의한 채용은 원칙상 시험성적에 따라 행하여야 하지만 다음과 같은 일정
한 경우에 가산점이 부여되는 경우가 있고 성비를 고려하는 경우가 있다. 공무원 채
용시험에서 특정 집단에게 가산점을 주거나 특정 집단을 우대하는 것은 그것이 합리
적인 이유가 있고 지나치지 않은 경우에 한하여 헌법상 평등원칙에 반하지 않는다.

① 국가기술자격법 기타 법령에 의한 자격을 취득한 자가 공무원채용시험에 응
시하는 경우에는 국회규칙·대법원규칙·헌법재판소규칙·중앙선거관리위원회규칙
또는 행정자치부령이 정하는 바에 따라 일정한 점수를 가산할 수 있다(제36조의2).

② 시험실시기관의 장은 여성과 남성의 평등한 공무원 임용기회를 확대하기 위
하여 필요하다고 인정하는 경우에는 제23조, 제23조의3, 제25조, 제30조 및 제40조
에도 불구하고 한시적으로 여성 또는 남성이 시험실시 단계별로 선발예정인원의 일
정 비율 이상이 될 수 있도록 선발예정인원을 초과하여 여성 또는 남성을 합격시킬
수 있다(공무원임용시험령 제20조 제1항).

③ 공무원을 임용할 때에 법령으로 정하는 바에 따라 국가유공자를 우선 임용하
여야 한다(제42조 제1항). 국가유공자자녀에 대하여 가산점이 부여되고 있다.

**[판례]** 헌법재판소는 공무원시험에서의 군가산점제도는 그 자체가 여성과 장애인들의 평등권과 공
무담임권을 침해하는 위헌인 제도로 보았다(헌재 1999. 12. 23, 98헌마363). 국가유공자자녀에 대한
가산점제도는 처음에는 합헌이라고 보았으나(헌재 2001. 02. 22, 2000헌마25), 종전 결정(헌재 2001.
02. 22, 2000헌마25)을 변경하여 국가기관이 채용시험에서 국가유공자의 가족에게 10%의 가산점
을 부여하는 규정이 기본권(평등권과 공무담임권)을 침해한다고 보았다(헌재 전원재판부 2006. 02.
23, 2004헌마675·981·1022(병합)).

### (4) 요건결여의 효과
#### 1) 결격사유의 효과
결격사유(缺格事由)에 해당하는 자를 공무원에 임명하는 행위는 당연무효라고 보

는 것이 통설이다.

판례는 결격사유가 있는 자를 임명하는 행위의 효력에 관하여 다음과 같이 판시하고 있다. ① 공무원임용결격사유가 있는지의 여부는 채용후보자 명부에 등록한 때가 아닌 공무원관계가 설정되는 임용 당시에 시행되던 법률을 기준으로 하여 판단하여야 한다. ② 임용 당시 공무원임용 결격사유가 있었다면 비록 국가의 과실에 의하여 임용 결격자임을 밝혀 내지 못하였다 하더라도 그 임용행위는 당연무효로 보아야 한다(대판 1987. 04. 14, 86누459[1]; 1996. 02. 27, 95누9617[2]). 다만, 결격사유가 있는 공무원에 대하여 경력을 고려하여 별도의 특별임용행위가 있었고 별도의 임용행위시에는 결격사유가 해소된 경우에는 별도의 임용행위는 그 자체가 새로운 임용행위이므로 결격사유가 있는 임용이 아니라 경력요건이 결여된 취소할 수 있는 행위라고 보고 있다.[3]

---

1) 원고가 1972년도 교정직 9급 공개채용시험에 합격하여 같은 해 8. 17 공무원채용후보자등록을 하고, 1973. 8. 1 전남교도소 교도보로 임명된 후 1984. 8. 16 교사로 승진하여 청송교도소 보안과 공무원으로 재직하여 왔다. 그런데, 원고가 위 임용전인 1970. 3. 5 광주지방법원 항소부에서 반공법 위반으로 징역 8월에 집행유예 2년과 자격정지 1년을 선고받고 1970. 3. 13 그 형이 확정된 사실이 발견되었다. 이에 피고 행정청은 원고가 위 임용당시 시행되던 구 국가공무원법(1973. 2. 5 개정 법률 제2460호) 제33조 제1항 제4호 소정의 공무원임용결격자인 "금고 이상의 형을 받고 그 집행유예기간이 완료된 날로부터 2년을 경과하지 아니한 자"에 해당한다고 보고 1985. 8. 10자로 위 임용처분을 취소하였던 사례이다.

2) 원고는 경찰공무원으로 임용된 후 정년시까지 30년 3개월 동안 경찰공무원으로 근무하였다. 그런데 원고는 임용 당시 형의 선고를 받고 복권되기 이전이었다. 그러나, 임용 후 70여 일만에 사면되어 형의 효력이 실효, 복권되었다. 그런데, 1982년경에 원고가 임용 당시 결격자였다는 사실이 밝혀졌다. 그럼에도 불구하고 서울특별시 경찰국장이 일반사면령 등의 공포로 현재 결격사유에 해당하지 아니한다는 이유로 원고의 당연퇴직은 불가하다는 조치를 내렸고, 그 후 원고는 정년퇴직시까지 계속 근무하였음에도 임용 당시 결격사유가 있었던 임용행위를 당연무효라고 한 사례이다.

3) ① 당초 임용 당시 공무원 결격사유가 있었던 자를 그 후의 공무원 경력을 바탕으로 특별임용하였으나 특별임용 당시에는 공무원 결격사유가 없는 경우, 위 특별임용이 취소할 수 있는행위에 불과하다고 한 판례(대판 1998. 10. 23, 98두12932): 당초 임용 이래 고용직공무원(특수경력직공무원)으로 근무하여 온 경력에 바탕을 두고 구 지방공무원법(1991. 5. 31. 법률 제4370호로 개정되기 전의 것) 제27조 제2항 제3호 등을 근거로 하여 특별임용 방식으로 기능직공무원(경력직공무원)에 임용이 이루어졌다면 이는 당초 임용과는 별도로 그 자체가 하나의 신규임용이라고 할 것이므로, 그 효력도 특별임용이 이루어질 당시를 기준으로 판단하여야 할 것인데, 당초 임용 당시에는 집행유예 기간중에 있었으나 특별임용 당시 이미 집행유예 기간 만료일로부터 2년이 경과하였다면 같은 법 제31조 제4호에서 정하는 공무원 결격사유에 해당할 수 없고, 다만 당초 임용과의 관계에서는 공무원 결격사유에 해당하여 당초 처분 이후 공무원으로 근무하였다고 하더라도 그것이 적법한 공무원 경력으로 되지 아니하는 점에서 특별임용의 효력에 영향을 미친다고 할 수 있으나, 위 특별임용의 하자는 결국 소정의 경력을 갖추지 못한 자에 대하여 특별임용시험의 방식으로 신규임용을 한 하자에 불과하여 취소사유가 된다고 함은 별론으로 하고, 그 하자가 중대·명백하여 특별임용이 당연무효로 된다고 할 수는 없다. ② 기능직 공무원으로 임용함에 있어서 그 급여 호봉획정에 관하여 경력기간에 대한 사실을 오인한 까닭으로 유사경력 환산에 착오가 있다 하여도 이런 하자는 명백하고도 중대한 것이라고는 볼 수 없다고할 것이니 그 임용이나 호봉획정행위가 당연무효로 될 리 없다고 한 판례(대판 1982. 06. 08, 80도2646). 〈해설〉 기능직공무원(기능적인 업무를 담당하며 그 기능별로 분류되는 공무원)은 2012년 12월 11일 폐지되고, 일반직에 통합되었다. 고용직공무원(단순한 노무에 종사하는 공무원)은 2011년 5월 23일에 폐지되었다.

[판례] ① (1) 공무원관계설정시점 및 공무원임용결격사유가 있는지 여부의 판단기준: 국가공무원법에 규정되어 있는 **공무원임용결격사유**는 공무원으로 임용되기 위한 절대적인 소극적 요건으로서 **공무원관계**는 국가공무원법 제38조, 공무원임용령 제11조의 규정에 의한 채용후보자 명부에 등록한 때가 아니라 국가의 임용이 있는 때에 설정되는 것이므로 공무원임용결격사유가 있는지의 여부는 채용후보자 명부에 등록한 때가 아닌 임용당시에 시행되던 법률을 기준으로 하여 판단하여야 한다. (2) 국가의 과실에 의한 공무원임용결격자의 임용행위의 효력: 임용당시 공무원임용결격사유가 있었다면 비록 국가의 과실에 의하여 임용결격자임을 밝혀내지 못하였다 하더라도 그 임용행위는 당연무효로 보아야 한다. (3) 공무원임용결격자에 대한 임용행위의 취소의 법적 성질 및 신의칙의 적용과 취소권의 시효소멸여부: 국가가 공무원임용결격사유가 있는 자에 대하여 결격사유가 있는 것을 알지 못하고 공무원으로 임용하였다가 사후에 결격사유가 있는 자임을 발견하고 공무원 임용행위를 취소하는 것은 당사자에게 원래의 임용행위가 당초부터 당연무효이었음을 통지하여 확인시켜 주는 행위에 지나지 아니하는 것이므로, 그러한 의미에서 당초의 임용처분을 취소함에 있어서는 신의칙 내지 신뢰의 원칙을 적용할 수 없고 또 그러한 의미의 취소권은 시효로 소멸하는 것도 아니다(대판 1987. 04. 14, 86누459).
② [1] 임용 당시 구 군인사법 제10조 제2항 제5호에 따른 임용결격사유가 있는데도 장교·준사관 또는 하사관으로 임용된 경우 그러한 임용행위는 당연무효가 된다. [2] 과거 소년이었을 때 죄를 범하여 형의 집행유예를 선고받은 사람이 장교·준사관 또는 하사관으로 임용된 경우, 그 임용이 유효하다. [3] 소년법 제67조에서 정하고 있는 '소년이었을 때 범한 죄'인지는 실제 생년월일을 기준으로 판단하여야 한다. 형의 집행유예 등 선고 이후에 가족관계등록부의 출생연월일이 실제 생년월일에 따라 정정된 경우, 정정된 출생연월일을 기준으로 소년이었을 때 범한 죄인지를 판단하여야 한다(대판 2019. 02. 14, 2017두62587).

이에 대하여 임용결격사유를 간과한 임용행위의 흠을 명백하다고 볼 수 있는지 의문이라고 보면서 위와 같은 흠은 취소사유에 해당한다고 보아야 한다는 견해4)가 있다.

생각건대, 결격사유 있는 자를 공무원으로 임용하는 행위는 원칙상 무효이지만, 95누9617 사건에서 임용권자가 아닌 서울특별시 경찰국장이 일반사면령 등의 공포로 현재 결격사유에 해당하지 아니한다는 이유로 원고의 당연퇴직은 불가하다는 조치를 내렸던 것과 같이 결격사유가 치유된 것으로 믿을 만한 신뢰를 준 행정청의 적극적 행위가 있었던 경우 등 기타 신뢰를 보호할 필요가 현저하고, 상당히 오랜 기간 정상적으로 근무하여 온 경우에는 신뢰보호 및 법적 안정성을 위하여 그 때부터 공무원의 결격사유의 하자가 치유된다고 보는 것이 타당하다. 그러나, 신뢰를 주는 행정청의 적극적인 조치가 없었던 경우에는 결격자인 공무원은 신뢰보호의 원칙을 주장할 수 없다고 보아야 한다. 왜냐하면, 당해 공무원이 공무원임용의 결격사유를 알았거나 알지 못한 경우에도 알지 못한 데 과실이 있어, 당해 공무원에게 귀책사유가 있다고 보아야 하기 때문이다.

---

4) 홍준형, 『판례행정법』, 1110면 이하.

무효인 임용행위를 임용권자가 추인하였거나 새로운 임용행위가 있으면 그 때부터는 결격사유 없는 임용이 된다.

### 2) 능력요건 또는 성적요건 결여의 효과

능력요건 및 성적요건을 결여한 자에 대한 임명행위는 원칙상 취소할 수 있는 행위이며 취소도 원칙상 장래에 향하여 효력이 있는 것으로 보아야 한다.

다만, 당사자에게 귀책사유가 있을 때에는 소급하여 취소할 수 있다. 능력요건이나 성적요건을 결여한 자에 대한 임명행위를 취소함에 있어서는 그 임용행위를 취소하여야 할 공익상의 필요와 그 취소로 인하여 당사자가 입게 될 불이익을 비교형량한 후 공익상 필요가 당사자가 입을 불이익을 정당화할 만큼 강한 경우에 취소할 수 있다.

**[판례]** ① 임용처분의 하자(학력요건의 결여)가 당사자의 사실은폐나 기타 사위의 방법에 의한 것이라면 당사자는 그 처분에 의한 이익이 위법하게 취득되었음을 알아 그 취소가능성도 예상하고 있었다고 할 것이므로 임용 후 33년이 경과한 후에 한 임용취소처분을 다툼에 있어 당사자는 신뢰의 이익을 주장할 수 없다(대판 2002. 02. 05, 2001두5286: 허위의 고등학교 졸업증명서를 제출하는 사위의 방법에 의한 하사관지원의 하자(학력요건의 결여)를 이유로 하사관 임용일로부터 33년이 경과한 후에 행정청이 행한 하사관 및 준사관 임용취소처분이 적법하다고 한 사례).
② [1] 징역 10월에 집행유예 2년의 형에 처하는 판결을 선고받아 위 판결이 2001. 9. 21. 확정된 후 결격사유가 있는 상태에서 지방조무원시보로 임용되었고(이하 '이 사건 시보임용처분'이라 한다), 그로부터 6개월 후인 2005. 11. 1. 결격사유가 해소된 상태에서 정규공무원으로 임용(이하 '이 사건 정규임용처분'이라 한다)한 후 시보임용처분 당시 공무원임용 결격사유인 이 사건 전력이 있었음을 확인하고는 2007. 6. 21. 지방공무원법 제31조 제4호에 따라 이 사건 시보임용처분을 취소하고, 그에 따라 2007. 7. 30. 이 사건 정규임용처분을 취소한 사안에서 **이 사건 정규임용처분을 취소할 수 있는 처분으로 보고**, 원고가 시보로 임용될 당시 지방공무원법 제31조 각 호의 결격사유가 있는 자는 공무원이 될 수 없다는 사정을 잘 알고 있었던 점, 원고가 정규공무원 임용 하자의 전제가 되는 시보임용 결격사유에 해당하는지의 여부가 법령에 명시적으로 규정되어 있는 점 등에 비추어 볼 때, 이 사건 처분이 비례의 원칙에 반하여 **재량권을 일탈 · 남용하였다고 볼 수 없다고** 판단한 원심을 정당하다고 한 사례. [2] 정규공무원으로 임용된 사람에게 시보임용처분 당시 지방공무원법 제31조 제4호에 정한 공무원임용 결격사유가 있어 시보임용처분을 취소하고 그에 따라 정규임용처분을 취소한 사안에서, 정규임용처분을 취소하는 처분은 성질상 행정절차를 거치는 것이 불필요하여 행정절차법의 적용이 배제되는 경우에 해당하지 않으므로, **그 처분을 하면서 사전통지를 하거나 의견제출의 기회를 부여하지 않은 것은 위법하다고 한 사례**(대판 2009. 01. 30, 2008두16155[정규임용취소처분취소]). 〈해설〉 이 사건 시보임용처분은 결격사유가 있는 자에 대한 임용처분이므로 무효이고, 따라서 이 사건 시보임용처분을 취소하는 행위는 아무런 법적 효력이 없는 단순한 사실행위라고 보아야 한다. 정규임용처분시에는 결격사유가 해소되었다.

### 3) 봉급의 반환 여부

결격사유가 있는 공무원이라도 사실상 근무를 한 것이므로 당해 공무원이 받은 봉급은 이미 제공된 노무에 대한 대가라고 볼 수 있고 그가 받은 봉급을 부당이득이라고 할 수는 없으므로 그 봉급을 반환할 의무가 없다고 보아야 한다.

사실상 공무원이론에 근거하여 봉급반환의무를 부인하는 견해도 있다. 그러나, 사실상 공무원이론은 권한 없는 공무원의 행위를 일정한 요건하에 유효한 행위로 보는 이론이며 봉급반환의무와는 무관한 이론으로 보는 것이 타당하다.

### 4) 연금 및 퇴직금의 지급

공무원연금법에 의한 퇴직급여 등은 적법한 공무원으로서의 신분을 취득하여 근무하다가 퇴직하는 경우에 지급되는 것이고, 임용 당시 공무원임용결격사유가 있었다면 그 임용행위는 당연무효이며, 당연무효인 임용행위에 의하여 공무원의 신분을 취득할 수는 없으므로 임용결격자가 공무원으로 임용되어 사실상 근무하여 왔다고 하더라도 적법한 공무원으로서의 신분을 취득하지 못한 자로서는 공무원연금법 소정의 퇴직급여 등을 청구할 수 없고, 또 당연퇴직사유에 해당되어 공무원으로서의 신분을 상실한 자가 그 이후 사실상 공무원으로 계속 근무하여 왔다고 하더라도 당연퇴직 후의 사실상의 근무기간은 공무원연금법상의 재직기간에 합산될 수 없다(대판 2003. 05. 16, 2001다61012).

다만, 공무원이 납부한 기여금은 봉급(근로의 대가)의 성격을 가지므로 공무원이 납부한 기여금은 지급하여야 할 것이다. 실무에서도 기여금을 반환해주고 있다.

그리고, 그 임용이 무효인 공무원도 사실상 근로를 제공한 것이므로 근로기준법상의 퇴직금은 지급하여야 한다.

**[판례]** ① [1] 공무원연금법이나 근로자퇴직급여 보장법에서 정한 퇴직급여는 적법한 공무원으로서의 신분을 취득하거나 근로고용관계가 성립하여 근무하다가 퇴직하는 경우에 지급되는 것이다. [2] 임용 당시 공무원 임용결격사유가 있었다면, 비록 국가의 과실에 의하여 임용결격자임을 밝혀내지 못하였다 하더라도 임용행위는 당연무효로 보아야 하고, 당연무효인 임용행위에 의하여 공무원의 신분을 취득한다거나 근로고용관계가 성립할 수는 없다. 따라서 임용결격자가 공무원으로 임용되어 사실상 근무하여 왔다 하더라도 적법한 공무원으로서의 신분을 취득하지 못한 자로서는 **공무원연금법이나 근로자퇴직급여 보장법에서 정한 퇴직급여를 청구할 수 없다.** 나아가 이와 같은 법리는 임용결격사유로 인하여 임용행위가 당연무효인 경우뿐만 아니라 **임용행위의 하자로 임용행위가 취소되어 소급적으로 지위를 상실한 경우에도 마찬가지로 적용된다.** [3] 임용행위가 당연무효이거나 취소된 공무원의 임용 시부터 퇴직 시까지의 사실상의 근로에 대하여 국가 또는 지방자치단체가 부당이득반환의무를 지는지 여부(적극): 임용행위가 당연무효이거나 취소된 공무원(이하 이를 통칭하여 '임용결격공무원 등'이라 한다)의 공무원 임용 시부터 퇴직 시까지의 **사실상의 근로**(이하 '이 사건 근로'라 한다)는 **법률상 원인 없이 제공된 것으로서,** 국가 및 지방자치단체는 이 사건 근로를 제공받아 이득을 얻은 반면 임용결격공무원 등은 이 사건 근로를 제공하는 손해를 입었다 할 것이므로, 손해의 범위 내에서 국가 및 지방자치단체는 위 이득을 민법 제741조에 의한 **부당이득으로 반환할 의무가 있다.** [4] 이때 국가 또는 지방자치단체의 이득액과 임용결격공무원 등이

입은 손해의 내용: 이때 국가 또는 지방자치단체는 공무원연금법이 적용될 수 있었던 임용결격공무원 등의 이 사건 근로 제공과 관련하여 매월 지급한 월 급여 외에 공무원연금법상 **퇴직급여**의 지급을 면하는 이익을 얻는다. 임용결격공무원 등은 근로의 대가에 해당하는 '퇴직급여 가운데 임용결격공무원 등이 스스로 적립한 기여금 관련 금액', 기여금을 제외한 나머지 금액 중 순수한 근로에 대한 대가로서 지급되는 부분(공무원의 지위에 대한 공로보상적, 사회보장적 차원에서 지급되는 부분을 제외하는 취지이다) 상당액, 근로자퇴직급여 보장법 제8조에서 정한 **퇴직금액** 상당의 손해를 입는다고 할 수 있다. [5] 부당이득은 손해액과 이득액 중 적은 범위 내에서 반환의무를 지므로, 위와 같이 임용결격공무원 등이 입은 손해, 즉 임용기간 중 이 사건 근로의 대가로서의 손해액에 해당하는 공무원연금법상 기여금 관련 금액 및 퇴직에 따라 지급받을 수 있는 이 사건 근로의 대가로서의 손해액에 해당하는 근로자퇴직급여 보장법상 퇴직금 상당액의 합계가 국가 또는 지방자치단체의 이득액에 해당하는 공무원연금법상 **퇴직급여** 상당액을 넘는 경우에, 국가 또는 지방자치단체가 반환하여야 할 부당이득액은 공무원연금법상 **퇴직급여** 상당액으로 제한된다(대판 2017. 05. 11, 2012다200486).

② 임용행위가 구 국가공무원법에 위배되어 당연무효임에도 계속 근무하여 온 경우, 임용시부터 퇴직시까지의 근로는 법률상 원인 없이 제공된 부당이득이므로 임금을 목적으로 계속하여 근로를 제공하여 온 퇴직자에 대하여 퇴직급여 중 적어도 근로기준법상 퇴직금에 상당하는 금액은 그가 재직기간 중 제공한 근로에 대한 대가로서 지급되어야 한다고 한 사례(대판 2004. 07. 22, 2004다10350[부당이득금]).

「임용결격공무원 등에 대한 퇴직보상금지급 등에 관한 특례법」은 "임용결격공무원 또는 당연퇴직공무원으로서 1999년 12월 1일 이후부터 이 법 시행 전까지 사실상 근무기간이 종료되고, 사실상 근무기간의 종료 당시 해당 임용결격사유 또는 당연퇴직사유가 해소되거나, 임용결격사유 또는 당연퇴직사유인 형의 집행종료·면제일 또는 징계에 의한 면직처분일부터 5년이 경과한 사람"에 대하여(제3조) "국가 및 지방자치단체는 임용결격공무원 또는 당연퇴직공무원의 사실상 근무기간에 대하여 사실상 근무기간이 종료한 당시 공무원연금법 또는 군인연금법에 따라 일시금으로 계산한 퇴직급여와 퇴직수당 또는 퇴직급여가산금을 합산한 금액에서 사실상 근무기간중 납부한 기여금의 원리금반환액을 공제한 액수에 해당하는 금액을 퇴직보상금으로 임용결격공무원 또는 당연퇴직공무원에게 지급하여야 한다"고 규정하고 있다(제4조 제1항).

### 5) 공무원의 행위의 효과

임용요건이 결여된 공무원이 사실상 공무원으로 보여지는 경우에는 당해 공무원의 행위는 사실상 공무원이론에 의해 유효한 것으로 보아야 한다.

## 4. 임명절차

### (1) 채용후보자명부의 작성

시험실시기관의 장은 공개경쟁 채용시험에 합격한 사람을 대통령령 등이 정하는 바에 따라 채용후보자명부에 등재하여야 한다(제38조 제1항).

제28조 제1항에 따른 공무원 공개경쟁 채용시험에 합격한 사람의 채용후보자명부의 유효기간은 2년의 범위 내에서 대통령령 등으로 정한다. 다만, 시험실시기관의 장은 필요에 따라 1년의 범위 내에서 그 기간을 연장할 수 있다(제38조 제2항).

### (2) 채용후보자의 추천

시험 실시기관의 장은 채용후보자 명부에 등재된 채용후보자를 국회규칙, 대법원규칙, 헌법재판소규칙, 중앙선거관리위원회규칙 또는 대통령령으로 정하는 바에 따라 임용권이나 임용제청권을 갖는 기관에 추천하여야 한다. 다만, 공개경쟁 채용시험 합격자의 우선임용을 위하여 필요하면 인사혁신처장이 채용후보자를 제32조 제1항부터 제3항까지의 규정에도 불구하고 근무할 기관을 지정하여 임용하거나 임용제청할 수 있다(제39조 제1항).

### (3) 경쟁시험합격자의 우선임용

결원을 보충함에 있어서 각 임용권자나 임용제청권자는 공개경쟁 채용시험 합격자와 공개경쟁 승진시험 합격자를 우선하여 임용하거나 임용제청하여야 한다(제31조 제1항).

### (4) 시보임용

5급 공무원(제4조 제2항에 따라 같은 조 제1항의 계급 구분이나 직군 및 직렬의 분류를 적용하지 아니하는 공무원 중 5급에 상당하는 공무원을 포함한다. 이하 같다)을 신규 채용하는 경우에는 1년, 6급 이하의 공무원을 신규 채용하는 경우에는 6개월간 각각 시보(試補)로 임용하고 그 기간에 근무성적이 좋으면 정규 공무원으로 임용한다. 다만, 국회규칙, 대법원규칙, 헌법재판소규칙, 중앙선거관리위원회규칙 또는 대통령령으로 정하는 경우에는 시보 임용을 면제하거나 그 기간을 단축할 수 있다(제29조 제1항). 휴직한 기간, 직위해제 기간 및 징계에 따른 정직이나 감봉 처분을 받은 기간은 제1항의 시보 임용 기간에 넣어 계산하지 아니한다(제2항). 시보임용기간중에 있는 공무원이 근무성적 또는 교육훈련 성적이 불량한 때에는 제68조와 제70조의 규정에도 불구하고 면직시키거나 면직을 제청할 수 있다(제29조 제3항).

**[판례]** 상근강사제도[5]는 교육법이나 교육공무원법상의 명문의 근거를 둔 교원의 임용방법은 아니고, 국가공무원법상의 이른바 시보임용제도에 의하여 조건부로 채용된 공무원에 해당한다고 보아야 할 것인바, 상근강사로 채용된 자는 그 시보임용 내지 조건부채용시 장차 소정의 조건부 채용기간중 근무성적이 양호하여 적격판정을 받는 것을 조건으로, 특별한 사정이 없는 한 위 기간의 종료와 더불어 바로 정규공무원으로 임용될 권리를 취득하고 임용권자는 이에 대응하는 법률상의 의무를 부담한다고 할 것이며, 또한 교육공무원법상 시보임용에 의한 교육공무원으로서의 지위를 누리면서 그 조건부채용기간 중 면직 등의 처분이나 징계처분과 같은 신분상의 불이익한 처분을 받거나 또는 시보임용기간 종료 후 정규공무원 내지 교원으로서의 임용이 거부된 경우에는 행정소송 제기를 위한 전치절차로서의 교육공무원법 제52조에 의한 소청심사청구권도 가진다고 보아야 한다(대판 1990. 09. 25, 89누4758).

## Ⅱ. 채용계약

공무원을 채용하는 계약은 공법상 계약이다. 행정의 사법상 근로자를 채용하는 계약은 사법상 계약이다.

## Ⅲ. 개방형직위와 공모직위

### 1. 개방형직위

임용권자나 임용제청권자는 해당 기관의 직위 중 전문성이 특히 요구되거나 효율적인 정책수립을 위하여 필요하다고 판단되어 공직 내부나 외부에서 적격자를 임용할 필요가 있는 직위에 대하여는 이를 개방형직위(開放型職位)로 지정하여 운영할 수 있다. 다만, 정부조직법 등 조직 관계 법령에 따라 1급부터 3급까지의 공무원 또는 이에 상당하는 공무원으로 보할 수 있는 직위(고위공무원단 직위를 포함하며, 실장·국장 밑에 두는 보조기관 또는 이에 상당하는 직위를 제외한다) 중 임기제공무원으로도 보할 수 있는 직위(대통령령으로 정하는 직위는 제외한다)는 개방형직위로 지정된 것으로 본다(제28조의4 제1항).

### 2. 공모직위

임용권자나 임용제청권자는 해당 기관의 직위 중 효율적인 정책 수립 또는 관리를 위하여 해당 기관 내부 또는 외부의 공무원 중에서 적격자를 임용할 필요가 있

---

5) 서울교육대학에서 전임강사 이상의 신규교원을 임용함에 있어 학장이 소정의 전형을 거쳐임용후보자를 최종 결정하여 1년을 기한으로 상근강사로 근무시킨 뒤, 교수로서의 자질, 능력, 학생지도 실적 및 근무상황 등을 평가하여 그 중 적격판정을 받은 자만을 대학인사위원회의 동의를 얻어 정규교원으로 임용하게 되어 있는 제도이다.

는 직위에 대하여는 공모직위(公募職位)로 지정하여 운영할 수 있다(제28조의5 제1항). 임용권자나 임용제청권자는 제1항에 따른 공모 직위에 대하여는 직위별로 직무의 내용·특성 등을 고려하여 직무수행요건을 설정하고 그 요건을 갖춘 자를 임용하거나 임용제청하여야 한다(제2항).

## Ⅳ. 고위공무원단에 속하는 공무원으로의 임용 등

임용권자 또는 임용제청권자는 고위공무원단에 속하는 공무원의 채용 또는 고위공무원단 직위로 승진임용하고자 하는 경우 임용대상자를 선정하여 고위공무원임용심사위원회의 심사를 거쳐 임용 또는 임용제청하여야 한다. 다만, 고위공무원단에 속하는 공무원의 채용에 있어서는 임용절차 간소화, 직무의 특수성 등을 고려하여 경력직 고위공무원을 특수경력직 또는 다른 경력직 고위공무원으로 채용하는 경우 등 대통령령으로 정하는 경우에는 고위공무원임용심사위원회의 심사를 생략할 수 있다(제28조의6 제3항).

## Ⅴ. 임명형식 및 효력발생시기

### 1. 임명형식

공무원의 임명 등 임용은 통상 임용장 또는 임용통지서의 교부에 의해 행해진다. 그러나, 임용행위는 요식행위는 아니며 임용장 또는 임용통지서의 교부는 임용의 유효요건은 아니다.

### 2. 임명의 효력발생시기

공무원은 임용장이나 임용통지서에 적힌 날짜에 임용된 것으로 본다(공무원임용령 제6조 제1항). 지방공무원은 임용장에 적힌 날짜에 임용된 것으로 본다. 다만, 특수한 사정으로 말미암아 임용장에 적힌 날짜까지 임용장을 받지 못하였을 때에는 임용장을 실제 받은 날에 임용된 것으로 본다(지방공무원임용령 제5조 제1항).

# 제3절 공무원관계의 변경

## I. 의 의

공무원관계의 변경(變更)이라 함은 공무원으로서의 신분은 유지하면서 공무원관계의 내용을 변경하는 것을 말한다.

공무원관계의 변경으로는 승진, 전직, 전보, 파견, 휴직, 정직, 직위해제, 강임, 감봉, 복직 등이 있다.

공무원관계의 변경은 공무원의 법적 지위에 변경을 가져오는 것과 그렇지 않은 것, 공무원에게 이익이 되는 것과 공무원에게 불이익이 되는 것, 징계처분인 것과 그렇지 않은 것 등으로 분류될 수 있다.

## II. 승 진

### 1. 의 의

승진(昇進)이라 함은 하위직급에서 상위직급으로 임용되는 것을 말한다. 이론상 승진은 직급을 한 단계만 높이는 것을 의미하지 않으며 두 단계 이상으로 직급을 올리는 것도 가능한 것이지만 현행법령은 바로 상위직급으로의 승진만을 규정하고 있다.

상위직급에 상응하는 보수상의 대우만을 하는 것일 뿐 직급에 변동이 없는 상위직급대우(공무원임용령 제35조의3)는 엄밀한 의미의 승진이 아니다.

### 2. 승진의 종류

#### (1) 일반승진

일반승진(一般昇進)이라 함은 당해 직급에서 일정기간(승진소요연수) 이상을 근무한 자를 승진시키는 것을 말한다. 일반승진에는 승진시험에 의한 승진과 승진시험 없이 근무경력 및 근무성적 등을 기준으로 심사하여 행하는 승진이 있다.

1급부터 3급까지의 공무원에의 승진임용 및 고위공무원단 직위로의 승진임용에 있어서는 능력과 경력 등을 고려하여 임용하며, 5급 공무원에의 승진임용에 있어서는 승진시험을 거치도록 하되, 필요하다고 인정하면 대통령령 등이 정하는 바에 따라 승진심사위원회의 심사를 거쳐 임용할 수 있다(국공법 제40조 제1항). 6급 이하 공무원으로의 승진임용에 있어서 필요하다고 인정하면 대통령령 등이 정하는 바에 따라 승진시험을 병용할 수 있다(국공법 제40조 제2항).

승진에 필요한 계급별 최저근무연수 및 승진의 제한 기타 승진에 필요한 사항은 대통령령(공무원임용령 제31조 이하) 등으로 정한다(국공법 제40조 제3항).

각급기관의 장은 대통령령 등이 정하는 바에 따라 근무성적·경력평정 기타 능력의 실증에 따른 순위에 따라 직급별로 승진후보자명부를 작성한다(제40조의2 제4항). 5급 공무원 공개경쟁 승진시험에 합격한 자의 승진후보자 명부는 국회사무총장, 법원행정처장, 헌법재판소사무처장, 중앙선거관리위원회사무총장 또는 인사혁신처장이 작성한다(제5항).

승진시험은 이를 일반 승진시험과 공개경쟁 승진시험으로 구분한다(국공법 제41조 제1항). 일반 승진시험은 승진후보자 명부의 높은 순위에 있는 자부터 차례로 임용하려는 결원 또는 결원과 예상 결원을 합한 총결원의 2배수 이상 5배수 이내 범위의 자에 대하여 실시하며, 시험성적 점수와 승진후보자 명부에 따른 평정 점수를 합산한 종합 성적에 따라 합격자를 결정한다. 다만, 유능한 공무원을 발탁하기 위하여 승진기회의 확대가 필요한 경우에는 대통령령으로 정하는 바에 따라 배수의 범위를 달리하여 시험을 실시할 수 있다(제41조 제2항). 공개경쟁승진시험은 5급 공무원에의 승진에 한정하되, 기관간 승진기회의 균형을 유지하고 유능한 공무원을 발탁하기 위하여 필요한 경우에 실시하며, 시험성적에 따라 합격자를 결정한다(제41조 제3항).

특별승진의 대상이 되는 자는 일반 승진시험에 우선 응시하게 할 수 있다(국공법 제40조의4).

승진시험에 따른 승진은 승진시험합격자 중에서 대통령령 등이 정하는 승진임용 순위에 따라 임용하거나 임용제청한다. 다만, 공개경쟁 승진시험에 합격하여 승진후보자 명부에 등재된 자의 임용방법에 관하여는 제39조 제1항과 제2항을 준용한다(국공법 제40조의2 제2항).

### (2) 특별승진

특별승진(特別昇進)이라 함은 우수공무원 등에 대하여 승진소요연수와 승진후보자명부상의 순위에 의한 제한을 받지 않고 승진시키는 것을 말한다.

특별승인의 대상자는 다음과 같다: 1. 청렴하고 투철한 봉사 정신으로 직무에 모든 힘을 다하여 공무 집행의 공정성을 유지하고 깨끗한 공직 사회를 구현하는 데에 다른 공무원의 귀감(龜鑑)이 되는 자, 2. 직무수행 능력이 탁월하여 행정 발전에 큰 공헌을 한 자, 3. 제53조에 따른 제안의 채택·시행으로 국가 예산을 절감하는 등 행정 운영 발전에 뚜렷한 실적이 있는 자, 4. 재직 중 공적이 특히 뚜렷한 자가 제74조의2에 따라 명예퇴직할 때, 5. 재직 중 공적이 특히 뚜렷한 자가 공무로 사망한 때

(제40조의4 제1항).

특별승진의 요건 그 밖에 필요한 사항은 대통령령 등으로 정한다(제2항).

### 3. 직급별 특칙

1급 공무원으로의 승진은 바로 하급공무원 중에서, 2급 및 3급 공무원으로의 승진은 같은 직군 내의 바로 하급공무원 중에서 각각 임용하거나 임용제청한다. 고위공무원단 직위로의 승진임용은 대통령령으로 정하는 자격·경력 등을 갖춘 자 중에서 임용하거나 임용제청한다(제40조의2 제1항).

제1항(1급, 2급 및 3급 공무원으로 승진 및 고위공무원단 직위로의 승진) 및 제2항(승진시험에 의한 승진) 외의 승진은 같은 직렬의 바로 하급공무원 중에서 임용하되, 임용하려는 결원의 수에 대하여 승진후보자 명부의 높은 순위에 있는 자부터 차례로 대통령령 등이 정하는 범위에서 임용하거나 임용제청하여야 한다(국공법 제40조의2 제3항).

5급 공무원 공개경쟁 승진시험에 합격한 자의 승진후보자 명부는 국회사무총장·법원행정처장·헌법재판소 사무처장·중앙선거관리위원회 사무총장 또는 인사혁신처장이 작성한다(국공법 제40조의2 제5항).

### 4. 승진과 권리구제

승진은 공무원의 법적 지위에 변경을 가져오는 행위이므로 처분이며 행정쟁송의 대상이 된다. 승진탈락자는 승진자와 경원관계에 있으므로 당해 승진의 취소를 구할 수도 있고, 자신에 대한 승진거부의 취소를 구하는 소송을 제기할 수도 있고 두 소송을 함께 제기할 수도 있다.

그런데, 판례는 공무원의 조리상 승진임용신청권을 원칙상 부정하고, 일정한 경우에 한하여 조리상 승진임용신청권을 인정하고 있다.

[판례] 4급 공무원이 당해 지방자치단체 인사위원회의 심의를 거쳐 3급 승진대상자로 결정되고 임용권자가 그 사실을 대내외에 공표한 경우, 그 공무원에게 승진임용 신청권이 있는지 여부(적극): 지방공무원법 제8조, 제38조 제1항, 지방공무원임용령 제38조의3의 각 규정을 종합하면, 2급 내지 4급 공무원의 승진임용은 임용권자가 행정실적·능력·경력·전공분야·인품 및 적성 등을 고려하여 하되 인사위원회의 사전심의를 거치도록 하고 있는바, 4급 공무원이 당해 지방자치단체 인사위원회의 심의를 거쳐 3급 승진대상자로 결정되고 임용권자가 그 사실을 대내외에 공표까지 하였다면, 그 공무원은 승진임용에 관한 법률상 이익을 가진 자로서 임용권자에 대하여 3급 승진임용 신청을 할 조리상의 권리가 있다(대판 2008. 04. 10, 2007두18611).

교육공무원법상 승진후보자 명부에 의한 승진심사 방식으로 행해지는 승진임용에서 승진후보자 명부에 포함되어 있던 후보자를 승진임용인사발령에서 제외하는 행위는 불이익처분으로서 항고소송의 대상인 **처분에 해당**한다고 보아야 한다(대판 2018. 03. 17, 2015두47492).

**[판례]** [교장 승진임용에서 탈락한 후보자가 항고소송을 제기할 수 있는지가 다투어진 사건] (1) 교장 승진임용제외가 항고소송의 대상인 처분에 해당하는지 여부(적극): 교육공무원법 법령 규정에 따르면 임용권자는 3배수의 범위 안에 들어간 후보자들을 대상으로 승진임용 여부를 심사하여야 하고, 이에 따라 승진후보자 명부에 포함된 후보자는 임용권자로부터 정당한 심사를 받게 될 것에 관한 절차적 기대를 하게 된다. 그런데 임용권자 등이 자의적인 이유로 승진후보자 명부에 포함된 후보자를 승진임용에서 제외하는 처분을 한 경우에, 이러한 승진임용제외처분을 항고소송의 대상이 되는 처분으로 보지 않는다면, 달리 이에 대하여는 불복하여 침해된 권리 또는 법률상 이익을 구제받을 방법이 없다. 따라서 교육공무원법상 승진후보자 명부에 의한 승진심사 방식으로 행해지는 승진임용에서 승진후보자 명부에 포함되어 있던 후보자를 승진임용인사발령에서 제외하는 행위는 **불이익처분으로서 항고소송의 대상인 처분**에 해당한다고 보아야 한다. (2) 교장 승진임용제외처분에 대한 본안심사에서 유의하여야 할 사항: 공무원 승진임용에 관해서는 임용권자에게 일반 국민에 대한 행정처분이나 공무원에 대한 징계처분에서와는 비교할 수 없을 정도의 광범위한 재량이 부여되어 있다. 따라서 승진후보자 명부에 포함된 후보자를 승진임용에서 제외하는 결정이 공무원의 자격을 정한 관련 법령 규정에 위반되지 아니하고 사회통념상 합리성을 갖춘 사유에 따른 것이라는 일응의 주장·증명이 있다면 쉽사리 위법하다고 판단하여서는 아니된다(대판 2018. 03. 17, 2015두47492[교장임용거부처분무효확인의소]). 〈해설〉 원심은 원고에게 교장 승진임용을 요구할 법규상 또는 조리상 신청권이 인정되지 않는다고 보아 처분성을 부정하고 소 각하하였는데, 대법원은 원심이 거부처분의 신청권 법리를 적용한 것은 잘못이라고 보아 파기환송하면서도, 본안심사에서 승진임용의 특수성이 고려되어야 함을 판시한 사례이다.

이론상 승진후보자 및 순위의 결정도 처분으로 보아야 한다. 그러나, 승진후보자명부에의 등재를 강학상 확약으로 보면 강학상 확약의 처분성을 부인하는 판례의 입장에 서는 한 시험승진후보자명부에서의 삭제행위의 처분성을 인정할 수 없다. 또한 승진후보자명부에의 등재 및 삭제를 내부행위로 보고 그 처분성을 부인하는 견해도 있다.

판례는 "시험승진후보자명부에 등재되어 있던 자가 그 명부에서 삭제됨으로써 승진임용의 대상에서 제외되었다 하더라도, 그와 같은 **시험승진후보자명부에서의 삭제행위**는 결국 그 명부에 등재된 자에 대한 승진 여부를 결정하기 위한 행정청 내부의 준비과정에 불과하고, 그 자체가 어떠한 권리나 의무를 설정하거나 법률상 이익에 직접적인 변동을 초래하는 별도의 **행정처분이 된다고 할 수 없다**"고 하였다(대판 1997. 11. 14, 97누7325).

승진임용에 관해서는 임용권자에게 광범위한 재량이 인정된다(대판 2022. 02. 11, 2021도13197). 임용권자는 결원 보충의 방법과 승진임용의 범위에 관한 사항을 선택하여 결정할 수 있는 재량이 있다(대판 2022. 02. 11, 2021도13197). 임용권자는 가급적

인사위원회의 심의·의결 결과를 존중하여야 하지만, 인사위원회의 심의·의결 결과와는 다른 내용으로 승진대상자를 결정하여 승진임용을 할 수 있다(대판 2022. 02. 11, 2021도13197).

**[판례]** ① (1) 임용권자에게는 승진임용에 관하여 일반 국민에 대한 행정처분이나 공무원에 대한 징계처분에서와는 비교할 수 없을 정도의 매우 광범위한 재량이 부여되어 있으므로 승진후보자명부의 높은 순위에 있는 후보자를 반드시 승진임용하여야 하는 것은 아니지만(대법원 2018. 3. 27. 선고 2015두47492 판결 등 참조), 임용권자가 승진후보자명부의 작성 및 승진임용을 할 때에는 지방공무원법 제25조, 제38조 제1항 및 제39조 제5항에 따라 근무성적평정·경력평정 및 그 밖의 능력의 실증에 따라야 하는 의무를 부담하므로, 4급 공무원으로 승진임용을 하기 위하여 승진후보자명부를 작성하거나 승진임용 여부를 심사·결정하는 과정에서 **법령상 근거 없이** 직무수행능력과 무관한 요소로서 근무성적평정·경력평정 및 능력의 실증에 해당한다고 보기 어려운 사정을 주된 평정 사유로 반영하였거나 이러한 사정을 승진임용에 관한 일률적인 배제사유 또는 소극요건으로 삼았다면, 이는 임용권자가 법령상 근거 없이 자신의 주관적 의사에 따라 임용권을 자의적으로 행사한 것으로 헌법상 직업공무원제도의 취지·목적 및 능력주의 원칙은 물론 지방공무원법령 규정에 반하는 것이어서 **허용될 수 없다.** (2) 경기도는 4급 승진후보자들에 대하여 주택보유조사를 실시하였는데, 경기도 소속 지방공무원으로 4급 승진후보자였던 원고는 주택보유현황을 신고하면서, 보유하던 오피스텔 분양권을 신고하지 않았고, 이후 원고가 4급 공무원으로 승진하자, 피고가 원고의 주택보유현황 허위 신고를 이유로 원고를 강등하는 이 사건 처분을 한 사안에서, 공무원의 '주택보유현황' 자체가 공무원의 직무수행능력과 관련되는 도덕성·청렴성 등을 실증하는 지표에 해당한다고 볼 수는 없어 법령상 근거 없이 '다주택 보유 여부'를 4급 공무원으로의 승진임용 심사에서 일률적인 배제사유 또는 소극요건으로 반영할 수 없고, 원고가 법령상 근거가 없는 주택보유조사 과정에서 사실과 다르게 답변서를 제출하였다는 사정만으로는 지방공무원법 제48조에서 정한 성실의무를 위반한 경우 등에 해당하여 이 사건 처분에 대하여 적법한 징계사유가 있다고 단정할 수 없음은 물론 징계양정에 있어 재량권을 일탈하였다고 보아, 이와 달리 이 사건 처분이 적법하다고 판단한 원심판결을 파기·환송한 사례(대판 2024. 01. 04, 2022두65092).
② 피고인이 3명의 결원이 발생한 행정직렬 4급에 관하여는 1명의 승진임용 사전심의를, 1명의 결원이 발생한 시설직렬 4급에 관하여는 승진임용이 아닌 직무대리 임명의 사전심의를 인사위원회에 요청하도록 하고, 나머지 결원에 대하여 직무대리 발령을 한 것만으로는 임용에 관하여 부당한 영향을 미친 행위에 해당하지 않는다고 본 사례(대판 2022. 02. 11, 2021도13197).

## Ⅲ. 전직·전보·전입·파견 등

### 1. 전   직

전직(轉職)이라 함은 직렬을 달리하는 임명을 말한다(국공법 제5조 제5호, 지공법 제5조 제5호). 그 예로 기술사무관을 행정사무관으로 임명하는 것 등을 들 수 있다. "직렬"이라 함은 직무의 종류가 유사하고 그 책임과 곤란성의 정도가 상이한 직급의 군을 말한다.

전직은 직위분류제6)의 원칙에 대한 예외가 된다. 그러므로 공무원을 전직임용하고자 할 때에는 전직시험을 거쳐야 한다. 다만, 대통령령 등으로 정하는 전직의 경우에는 시험의 일부 또는 전부를 면제할 수 있다(국공법 제28조의3, 지공법 제29조의2).

## 2. 전 보

전보(轉補)라 함은 같은 직급 내에서의 보직변경 또는 고위공무원단 직위 간의 보직 변경(제4조 제2항에 따라 같은 조 제1항의 계급 구분을 적용하지 아니하는 공무원은 고위공무원단 직위와 대통령령으로 정하는 직위 간의 보직 변경을 포함한다)을 말한다(국공법 제5조 제6호, 지공법 제5조 제6호). 예를 들면, 서기관 갑을 A과장에서 B과장으로 이동시키는 것을 말한다.

전보명령의 처분성에 관하여는 논란이 있다. 전보명령은 원칙상 내부행위로서 처분이 아니지만, 부당하게 해당 공무원의 직무집행권을 침해하는 경우에는 처분이라고 보아야 한다.

**[판례]** [1] 공무원에 대한 불이익한 전보인사 조치가 해당 공무원에 대하여 불법행위를 구성하는 경우: 공무원에 대한 전보인사가 법령이 정한 기준과 원칙에 위배되거나 인사권을 다소 부적절하게 행사한 것으로 볼 여지가 있다 하더라도 그러한 사유만으로 그 전보인사가 당연히 불법행위를 구성한다고 볼 수는 없고, 인사권자가 당해 공무원에 대한 보복감정 등 다른 의도를 가지고 인사재량권을 일탈·남용하여 객관적 정당성을 상실하였음이 명백한 경우 등 전보인사가 우리의 건전한 사회통념이나 사회상규상 도저히 용인될 수 없음이 분명한 경우에, 그 전보인사는 위법하게 상대방에게 정신적 고통을 가하는 것이 되어 당해 공무원에 대한 관계에서 불법행위를 구성한다. 그리고 이러한 법리는 구 부패방지법(2001. 7. 24. 법률 제6494호)에 따라 다른 공직자의 부패행위를 부패방지위원회에 신고한 공무원에 대하여 위 신고행위를 이유로 불이익한 전보인사가 행하여진 경우에도 마찬가지이다. [2] 시청 소속 공무원이 시장을 부패방지위원회에 부패혐의자로 신고한 후 동사무소로 전보된 사안에서, 그 전보인사가 사회통념상 용인될 수 없을 정도로 객관적 상당성을 결여하였다고 단정할 수 없어 불법행위를 구성하지 않는다고 한 사례(대판 2009. 05. 28, 2006다16215). 〈해설〉 이 사건에서 일반 불법행위책임을 규정한 민법 750조를 적용한 것은 문제이다. 이 문제는 국가배상책임 내지 가해공무원의 피해자에 대한 배상책임의 문제로 보았어야 한다. 또한 보복인사임을 인정하면서도 불법행위가 아니라고 한 것은 문제가 있다.

공무원에 대한 전보인사는 국가공무원법, 지방공무원법 등 공무원 관련 법령에 근거한 것으로서 법령의 제한 내에서 인사권자는 상당한 재량을 가지고 있고, 인사권자가 한 전보인사는 법령이 정한 기준과 원칙에 위반하여 인사재량권을 일탈·남

---

6) 직위분류제라 함은 직무의 차이를 기준으로 직위를 분류하고, 직위를 기준으로 공무원을 임용하는 제도를 말한다. 직위라 함은 한 사람의 공무원에게 부여할 수 있는 직무와 책임을 말한다(오석홍, 70~71면).

용하는 등 특별한 사정이 없는 한 적법하다(대판 2009. 05. 28, 2006다16215; 대판 전원합의체 2023. 09. 21, 2016다255941).

### 3. 전입 또는 전출

전입(轉入)이라 함은 임명권자를 달리하는 국회·법원·헌법재판소·선거관리위원회 및 행정부 상호 간에 다른 기관 소속 공무원을 받아들이는 것을 말한다. 전입하고자 할 때에는 시험을 거쳐 임용하여야 한다. 이 경우 임용 자격요건 또는 승진소요 최저연수·시험과목이 같을 때에는 대통령령 등이 정하는 바에 따라 그 시험의 일부나 전부를 면제할 수 있다(국공법 제28조의2).

지방자치단체간의 지방공무원의 전입·전출은 한 지방자치단체의 전출명령과 다른 지방자치단체의 전입명령으로 행해진다. 공무원에 대한 전출명령과 전입명령은 행정소송법상 처분이다.

지방공무원법 제29조의3은 "지방자치단체의 장은 다른 지방자치단체의 장의 동의를 받아 그 소속공무원을 전입할 수 있다"라고 규정하고 있다.

판례는 명문의 규정은 없지만 동의를 한 지방자치단체의 장이 소속공무원을 전출하는 것은 임명권자를 달리하는 지방자치단체로의 이동인 점에 비추어 이 경우에 반드시 당해 공무원의 동의를 전제로 한다고 보는 것이 타당하다고 하면서 당해 공무원의 동의 없는 전출명령을 취소할 수 있는 행위로 보았는데(대판 2001. 12. 11, 99두1823), 당사자인 지방공무원의 동의 없는 전출명령이나 전입명령은 중대하고 명백한 위법이므로 무효라고 보는 것이 타당하다.

### 4. 파    견

국가기관의 장은 국가적 사업의 수행 또는 그 업무 수행과 관련된 행정 지원이나 연수, 그 밖에 능력 개발 등을 위하여 필요하면 소속 공무원을 다른 국가기관·공공단체·정부투자기관·국내외의 교육기관·연구기관, 그 밖의 기관에 일정 기간 파견근무하게 할 수 있으며, 국가적 사업의 공동 수행 또는 전문성이 특히 요구되는 특수 업무의 효율적 수행 등을 위하여 필요하면 국가기관 외의 기관·단체의 임직원을 파견받아 근무하게 할 수 있다(국가공무법 제32조의4 제1항).

파견권자는 파견 사유가 소멸하거나 파견 목적이 달성될 가망이 없으면 그 공무원을 지체 없이 원래의 소속 기관에 복귀시켜야 한다(국공법 제32조의4 제2항).

제1항에 따라 국가기관 외의 기관·단체에서 파견된 임직원은 직무상 행위를 하거나 「형법」, 그 밖의 법률에 따른 벌칙을 적용할 때 공무원으로 본다(제3항).

공무원을 파견근무하게 하거나 국가기관 외의 기관·단체의 임직원을 파견받아 근무하게 하는 경우 그 사유·기간·절차, 파견된 자의 인사교류를 위한 신규 채용, 파견된 자의 승진임용, 파견근무 중 복무, 그 밖에 필요한 사항은 국회규칙, 대법원규칙, 헌법재판소규칙, 중앙선거관리위원회규칙 또는 대통령령으로 정한다(제4항).

## 5. 인사교류

인사혁신처장은 행정기관 상호 간, 행정기관과 교육·연구기관 또는 공공기관 간에 인사교류가 필요하다고 인정하면 인사교류계획을 수립하고, 국무총리의 승인을 받아 이를 실시할 수 있다(국가공무원법 제32조의2).

## 6. 겸    임

직위와 직무 내용이 유사하고 담당 직무 수행에 지장이 없다고 인정하면 국회규칙, 대법원규칙, 헌법재판소규칙, 중앙선거관리위원회규칙 또는 대통령령으로 정하는 바에 따라 일반직공무원을 대학 교수 등 특정직공무원이나 특수 전문 분야의 일반직공무원 또는 대통령령으로 정하는 관련 교육·연구기관, 그 밖의 기관·단체의 임직원과 서로 겸임하게 할 수 있다(국가공무원법 제32조의3).

## 7. 기    타

**[판례]** [1] 교원인 교수 등이 재직 중에 당해 대학의 장으로 임용되었다는 것만으로는 교수 등의 직을 당연히 상실하는 것은 아니고, 교수 등의 직을 사직하였다는 등의 특별한 사정이 없는 한 그 교수 등의 직을 그대로 유지하는 것으로 봄이 옳다. [2] 한국예술종합학교설치령에 근거하여 설립한 한국예술종합학교의 연극원 교수가 임기 4년의 한국예술종합학교 총장으로 임명되어 재직하다가 총장 임기가 만료되기 전에 사직한 사안에서, 총장 임명 당시 교수의 직을 사직하였다는 등의 특별한 사정이 없는 한 그 교수의 직을 상실하는 것은 아니고, 총장의 임기를 마치지 못하고 도중에 총장의 직을 사직하였다고 하여 달리 볼 것도 아니라고 한 사례(대판 2010. 11. 25, 2010두15490[교수직위확인등]).

## Ⅳ. 휴직 · 정직 · 직위해제

### 1. 휴    직

#### (1) 의    의

휴직(休職)이라 함은 공무원의 신분은 보유하면서 일시적으로 직무에 종사하지 못하게 하는 것을 말한다.

휴직에는 공무원의 의사와 관계없이 임용권자가 직권으로 행하는 직권휴직과 공무원 본인의 원에 응하여 임용권자가 행하는 의원휴직이 있다.

## (2) 직권휴직

임용권자는 공무원이 다음 사유 중 하나에 해당할 때에는 본인의 의사에 불구하고 휴직을 명하여야 한다.

① 신체·정신상의 장애로 장기 요양이 필요할 때. 이 경우 휴직기간은 1년 이내로 하되, 부득이한 경우 1년의 범위에서 연장할 수 있다. 다만, 「공무원연금법」에 따른 공무상 질병 또는 부상으로 인한 휴직기간은 3년 이내로 한다.
② 병역법에 따른 병역 복무를 마치기 위하여 징집 또는 소집된 때. 이 경우 휴직기간은 그 복무기간이 끝날 때까지로 한다.
③ 천재지변이나 전시·사변, 그 밖의 사유로 인하여 생사 또는 소재가 불명확하게 된 때. 이 경우 휴직기간은 3개월 이내로 한다.
④ 그 밖에 법률의 규정에 따른 의무를 수행하기 위하여 직무를 이탈하게 된 때. 이 경우 휴직기간은 그 복무 기간이 끝날 때까지로 한다.
⑤ 노동조합 전임자로 종사하게 된 때. 이 경우 휴직 기간은 그 전임 기간으로 한다(제71조 제1항, 제72조).

## (3) 의원휴직

공무원이 다음 중 1에 해당하는 사유로 휴직을 원하면 임용권자는 휴직을 명할 수 있다. 다만, ④의 경우에는 대통령령으로 정하는 특별한 사정이 없으면 휴직을 명하여야 한다.

① 국제기구, 외국 기관, 국내외의 대학·연구기관, 다른 국가기관 또는 대통령령으로 정하는 민간기업, 그 밖의 기관에 임시로 채용될 때.
② 국외 유학을 하게 된 때.
③ 중앙인사관장기관의 장이 지정하는 연구기관이나 교육기관 등에서 연수하게 된 때.
④ 만 8세 이하 또는 초등학교 2학년 이하의 자녀를 양육하기 위하여 필요하거나 여성공무원이 임신 또는 출산하게 된 때.
⑤ 조부모, 부모(배우자의 부모를 포함한다), 배우자, 자녀 또는 손자녀를 부양하거나 돌보기 위하여 필요한 경우. 다만, 조부모나 손자녀의 돌봄을 위하여 휴직할 수 있는 경우는 본인 외에 돌볼 사람이 없는 등 대통령령등으로 정하는 요건을 갖춘 경우로 한정한다.
⑥ 외국에서 근무·유학 또는 연수하게 되는 배우자를 동반하게 된 때
⑦ 대통령령등으로 정하는 기간 동안 재직한 공무원이 직무 관련 연구과제 수행 또는 자기개발을 위하여 학습·연구 등을 하게 된 때(제71조 제2항).

임용권자는 제2항 제4호에 따른 휴직을 이유로 인사에 불리한 처우를 하여서는 아니 된다(제71조 제4항).

임기제공무원에 대하여는 제1항 제1호·제3호 및 제2항 제4호에 한정하여 제1

항 및 제2항을 적용한다. 이 경우 제2항 제4호는 휴직을 시작하려는 날부터 남은 근무기간이 6개월 이상인 경우로 한정한다(제71조 제3항).

### (4) 효   력

휴직중인 공무원은 신분은 보유하나 직무에 종사하지 못한다(국공법 제73조 제1항).

휴직기간 중에는 보수를 지급하지 않는 것이 원칙이다. 그러나, 직권휴직 ①의 경우에는 봉급의 70퍼센트(다만, 결핵성질환으로 인한 것인 때에는 80퍼센트, 공무상 질병은 전액)을, 의원휴직 ② 및 1년 이상의 국외연수를 위한 휴직의 경우에는 봉급의 50퍼센트를 지급할 수 있다(다만, 교육공무원을 제외한 공무원에 대한 지급기간은 3년을 초과할 수 없다(공무원보수규정 제28조)).

법령으로 정한 경우를 제외하고 휴직기간은 승진소요최저연수에 산입되지 않는 것이 원칙이다(공무원임용령 제31조 제2항).

휴직기간중 그 사유가 없어지면 30일 이내에 임용권자 또는 임용제청권자에게 신고하여야 하며, 임용권자는 지체없이 복직을 명하여야 한다(국공법 제73조 제2항). 휴직기간이 끝난 공무원이 30일 이내에 복귀신고를 하면 당연히 복직된다(국공법 제73조 제3항).

**[판례]** [1] 육아휴직 중 국가공무원법 제73조 제2항에서 정한 복직 요건인 '휴직사유가 없어진 때'에 해당하는지를 판단하는 기준 및 위 조항에 따른 복직명령의 법적 성질(=기속행위): 구 교육공무원법(2011. 5. 19. 법률 제10634호로 개정되기 전의 것) 제44조 제1항 제7호는 '만 6세 이하의 초등학교 취학 전 자녀'를 양육대상으로 하여 '교육공무원이 그 자녀를 양육하기 위하여 필요한 경우'를 육아휴직의 사유로 규정하고 있으므로, 육아휴직 중 그 사유가 소멸하였는지는 해당 자녀가 사망하거나 초등학교에 취학하는 등으로 양육대상에 관한 요건이 소멸한 경우뿐만 아니라 육아휴직 중인 교육공무원에게 해당 자녀를 더 이상 양육할 수 없거나, 양육을 위하여 휴직할 필요가 없는 사유가 발생하였는지 여부도 함께 고려하여야 하고, 국가공무원법 제73조 제2항의 문언에 비추어 복직명령은 기속행위이므로 휴직사유가 소멸하였음을 이유로 신청하는 경우 임용권자는 지체 없이 복직명령을 하여야 한다. [2] 자녀양육을 위한 육아휴직 기간 중 다른 자녀를 출산하거나 또는 출산이 예정되어 있어 구 국가공무원 복무규정(2011. 7. 4. 대통령령 제23010호로 개정되기 전의 것) 제20조 제2항에 따른 출산휴가 요건을 갖춘 경우에는 더 이상 기존 자녀의 양육을 위하여 휴직할 필요가 없는 사유가 발생한 때에 해당한다. 따라서 육아휴직 중인 여성 교육공무원이 출산휴가 요건을 갖추어 복직신청을 하는 경우는 물론 그 이전에 미리 출산을 이유로 복직신청을 하는 경우에도 임용권자는 출산휴가 개시 시점에 휴직사유가 없어졌다고 보아 복직명령과 동시에 출산휴가를 허가하여야 한다(대판 2014. 06. 12, 2012두4852[복직반려처분취소]).

### (5) 특수경력직공무원의 휴직

정무직공무원에 대하여는 제71조 제1항 제3호, 같은 조 제2항 제4호, 같은 조 제4항, 제72조 제2호·제7호 및 제73조를 준용한다(제73조의2 제1항). 별정직공무원에 대하여는 제71조 제1항 제1호·제3호·제4호, 같은 조 제2항 제4호·제5호, 같은 조 제4항, 제72조 제1호부터 제3호까지, 같은 조 제7호·제8호 및 제73조를 준용한다(제2항). 특수경력직공무원의 휴직에 대하여 다른 법률에 특별한 규정이 있는 경우에는 그 규정에 따른다(제4항).

## 2. 정  직

정직(停職)은 공무원의 신분은 보유하나 정직기간중 직무에 종사하지 못하게 하는 것을 말한다. 정직은 징계처분의 하나이며 이에 관하여는 후술한다.

## 3. 직위해제

### (1) 의   의

직위해제(職位解除)라 함은 공무원 본인에게 직위를 계속 보유하는 데 장애가 되는 사유가 있는 경우에 공무원의 신분을 보유하게 하면서 직무를 잠정적으로 박탈하는 행위를 말한다.

직위해제는 공무원의 신분을 박탈하지 않고 직무에 종사하지 못하게 하는 점에서는 휴직과 같으나, 공무원에게 고유한 직무수행에 장애가 되는 사유를 이유로 행해지며 제재적인 의미를 가진다는 점 등에서 휴직과 다르다.

직위해제는 징계처분이 아니다.

[판례] 구 국가공무원법상 직위해제처분의 법적 성질: 구 국가공무원법상 직위해제는 일반적으로 공무원이 직무수행능력이 부족하거나 근무성적이 극히 불량한 경우, 공무원에 대한 징계절차가 진행중인 경우, 공무원이 형사사건으로 기소된 경우 등에 있어서 당해 공무원이 장래에 있어서 계속 직무를 담당하게 될 경우 예상되는 업무상의 장애 등을 예방하기 위하여 일시적으로 당해 공무원에게 직위를 부여하지 아니함으로써 직무에 종사하지 못하도록 하는 잠정적인 조치로서의 보직의 해제(박탈)를 의미하므로 과거의 공무원의 비위행위에 대하여 기업질서 유지를 목적으로 행하여지는 징벌적 제재로서의 징계와는 그 성질이 다르다(대판 2003. 10. 10, 2003두5945[직위해제처분취소]).

직위해제는 공무원의 신분보장을 약하게 하는 기능을 할 수 있다. 특히 직위해제와 당연퇴직 및 직권면직이 결합하면 공무원의 신분을 심히 위태롭게 할 수 있다. 그러므로 공무원의 신분보장을 위해서 직위해제제도의 남용을 방지하는 것이 필요하다.

[판례] 국가공무원법 제73조의3 제1항에서 정한 직위해제는 공무원의 비위행위에 대한 징벌적 제재인 징계와 법적 성질이 다르지만, 해당 공무원에게 보수·승진·승급 등 다양한 측면에서 직간접적으로 불리한 효력을 발생시키는 침익적 처분이라는 점에서 그것이 부당하게 장기화될 경우에는 결과적으로 해임과 유사한 수준의 불이익을 초래할 가능성까지 내재되어 있으므로, 직위해제의 요건 및 효력 상실·소멸시점 등은 문언에 따라 엄격하게 해석해야 하고, 특히 헌법 제7조 제2항 및

국가공무원법 제68조에 따른 공무원에 대한 신분보장의 관점은 물론 헌법상 비례원칙에 비추어 보더라도 직위해제처분의 대상자에게 불리한 방향으로 유추·확장해석을 해서는 안 된다(대판 2022. 10. 14, 2022두45623).

### (2) 직위해제사유

임용권자는 다음 사유 중 1에 해당하는 공무원에 대하여는 직위를 부여하지 아니할 수 있다. ① 직무수행 능력이 부족하거나 근무성적이 극히 나쁜 자, ② 파면·해임·강등 또는 정직에 해당하는 징계의결(중징계의결)이 요구중인 자, ③ 형사사건으로 기소된 자(약식명령이 청구된 자는 제외한다), ④ 고위공무원단에 속하는 일반직공무원으로서 제70조의2 제1항 제2호부터 제5호까지의 사유로 적격심사를 요구받은 자, ⑤ 금품비위, 성범죄 등 대통령령으로 정하는 비위행위로 인하여 감사원 및 검찰·경찰 등 수사기관에서 조사나 수사 중인 자로서 비위의 정도가 중대하고 이로 인하여 정상적인 업무수행을 기대하기 현저히 어려운 자(국공법 제73조의3 제1항).

[판례] ① 철도차량의 중수선업무를 담당하는 공무원이 정비창 내에서 직원에게 주류를 판매한 행위는 구 국가공무원법(2002. 1. 19. 법률 제6622호로 개정되기 전의 것)상의 징계사유에 해당함은 별문제로 하고 직위해제사유에 해당한다고는 볼 수 없다고 한 사례(대판 2003. 10. 10, 2003두5945[직위해제처분취소]).
② [국가공무원법이 정한 직위해제처분의 종기의 해석에 대한 사건] (1) 국가공무원법 제73조의3 제1항에서 정한 직위해제는 해당 공무원에게 보수·승진·승급 등 다양한 측면에서 직·간접적으로 불리한 효력을 발생시키는 침익적 처분이라는 점에서 그것이 부당하게 장기화될 경우에는 결과적으로 해임과 유사한 수준의 불이익을 초래할 가능성까지 내재되어 있으므로, 직위해제의 요건 및 효력 상실·소멸시점 등은 문언에 따라 엄격하게 해석하여야 하고, 특히 헌법 제7조 제2항 및 국가공무원법 제68조에 따른 공무원에 대한 신분보장의 관점은 물론 헌법상 비례원칙에 비추어 보더라도 직위해제처분의 대상자에게 불리한 방향으로 유추·확장해석을 하여서는 아니 된다. (2) 국가공무원법 제73조의3 제1항 제3호의 의미(중징계의결 요구와 동시에 이루어진 직위해제처분의 효력이 유지되는 기간): 1) 국가공무원법 제73조의3 제1항 제3호는 파면·해임·강등 또는 정직에 해당하는 징계의결(이하 '중징계의결'이라 한다)이 요구 중인 자에 대하여 직위해제처분을 할 수 있음을 규정하였다. 이는 중징계의결 요구를 받은 공무원이 계속 직위를 보유하고 직무를 수행한다면 공무집행의 공정성과 그에 대한 국민의 신뢰를 저해할 구체적인 위험이 생길 우려가 있으므로 이를 사전에 방지하고자 하는 데 목적이 있다. 이러한 직위해제제도의 목적 및 취지와 함께 그로 인한 불이익의 정도 등 침익적 처분의 성질을 종합하여 보면, 단순히 '중징계의결 요구'가 있었다는 형식적 이유만으로 직위해제처분을 하는 것이 정당화될 수는 없고, 직위해제처분의 대상자가 중징계처분을 받을 고도의 개연성이 인정되는 경우임을 전제로 하여, 대상자의 직위·보직·업무의 성격상 그가 계속 직무를 수행함으로 인하여 공정한 공무집행에 구체적인 위험을 초래하는지 여부 등에 관한 제반 사정을 면밀히 고려하여 그 요건의 충족 여부 등을 판단하여야 한다. 2) 한편, 국가공무원법 제73조의3 제2항은 직위해제처분을 한 경우에도 그 사유가 소멸되면 지체 없이 직위를 부여하여야 함을 명시하였다. 이는 같은 조 제1항 제3호의 요건 중 하나인 '중징계의결이

요구 중인 자'의 의미 및 '중징계의결 요구'의 종기에 관한 해석과 관계된다. 국가공무원법은 '징계의결 요구(제78조), 징계의결(제82조 제1항), 징계의결 통보(공무원 징계령 제18조), 징계처분(제78조 및 공무원 징계령 제19조) 또는 심사·재심사 청구(제82조 제2항 및 공무원 징계령 제24조)' 등 징계절차와 그 각 단계를 명확히 구분하여 규정하는 한편, '재징계의결 요구(제78조의3)'는 징계처분이 무효·취소된 경우에 한하는 것으로 명시함으로써 '심사·재심사 청구'가 이에 포함되지 않는다는 점이 문언상 분명하다. 이러한 관련 규정의 문언 내용·체계에 비추어 보면, 직위해제사유인 '중징계의결이 요구 중인 자'는 국가공무원법 제82조 제1항 및 공무원 징계령 제12조에 따른 징계의결이 이루어질 때까지로 한정된다고 봄이 타당하다. 만일 징계의결에 따라 곧바로 징계처분이 이루어진 경우와 달리 징계의결에 대하여 징계의결 요구권자가 심사·재심사를 청구한 경우에는 직위해제의 효력이 심사·재심사 청구에 관한 결정 시까지 지속된다고 본다면, 국가공무원법 및 공무원 징계령의 문언 내용·체계의 해석에 반할 뿐만 아니라 징계의결 요구권자의 심사·재심사 청구 여부에 관한 일방적인 의사·판단에 상당한 수준의 불이익한 처분에 해당하는 직위해제의 종기를 결부시키는 것이 되고, 이로 인하여 공무원을 장기간 동안 불안정한 신분 상태에 놓이게 하여 헌법과 국가공무원법이 정한 공무원의 신분보장에 반할 우려가 커짐은 물론 직위해제처분의 대상자에게 불리한 방향의 유추·확장해석을 하는 것이 되어 허용할 수 없다. 더욱이 '중징계의결이 요구 중인 자'에 해당하여 직위해제처분을 받은 대상자에 대하여 적법한 절차에 따라 '경징계의결'이 이루어진 경우에는, 비록 재심사 청구에 의한 변경 가능성을 고려하더라도 '중징계처분을 받을 고도의 개연성'이 있다고 쉽게 인정하기 어려운 상태가 되었다고 봄이 타당하다. 잠정적 조치인 직위해제처분의 특성상 그 사유·목적에 부합하는 적정한 범위 내에서 **필요 최소한으로 운용되어야만 한다**는 점에서 보더라도, 당초 직위해제를 한 시점에는 적법한 처분에 해당하였더라도 그 사유의 소멸·상실일에 해당하는 **징계의결이 있은 다음 날부터는 직위해제처분이 효력을 상실**하게 된다고 볼 수밖에 없다. (3) 국토교통부장관은 원고에 대하여 중징계의결 요구와 동시에 직위해제처분을 하였으나, 경징계(감봉 2개월)가 의결되자 재심사 청구를 하였음에도 기각 결정이 내려졌고 그에 따라 경징계처분을 하자, 원고가 경징계의결이 이루어진 시점에 직위해제처분의 효력이 상실됨에도 경징계처분을 할 때까지 직위해제처분을 유지한 것이 위법하다고 주장하면서 그 기간 동안의 급여 등의 차액을 구한 사안에서, **원고에 대한 직위해제처분의 효력은 경징계의결이 된 때에 소멸하였다고 보아**, 이와 달리 국토교통부장관의 재심사 청구에 대한 기각 결정이 내려진 날까지 직위해제처분이 유효하다고 보아 원고의 청구를 일부 인용한 원심의 판단에 직위해제 효력의 종기에 관한 법리오해의 잘못이 있다고 보아 파기·환송한 사례(대판 2022. 10. 14, 2022두45623[공무원 보수지급]).

'중징계의결이 요구 중인 자'는 국가공무원법 제82조 제1항 및 공무원 징계령 제12조에 따른 징계의결이 이루어질 때까지로 한정된다(판례).

**[판례]** 국가공무원법 제73조의3 제2항은 직위해제처분을 한 경우에도 그 사유가 소멸되면 지체 없이 직위를 부여하여야 함을 명시하였다. 이는 같은 조 제1항 제3호의 요건 중 하나인 '중징계의결이 요구 중인 자'의 의미 및 '중징계의결 요구'의 종기에 관한 해석과 관계된다. 국가공무원법은 '징계의결 요구(제78조), 징계의결(제82조 제1항), 징계의결 통보(공무원 징계령 제18조), 징계처분(제78조 및 공무원 징계령 제19조) 또는 심사·재심사 청구(제82조 제2항 및 공무원 징계령 제24조)' 등 징계절차와 그 각 단계를 명확히 구분하여 규정하였고, '재징계의결 요구(제78조의3)'는 징계처분이 무효·취소된 경우에 한하는 것으로 명시함으로써 '심사·재심사 청구'가 이에 포함되지 않는

다는 점 역시 문언상 분명하다. 이러한 관련 규정의 문언 내용·체계에 비추어 보면, '중징계의결이 요구 중인 자'는 국가공무원법 제82조 제1항 및 공무원 징계령 제12조에 따른 징계의결이 이루어질 때까지로 한정된다고 보는 것이 타당하다(대판 2022. 10. 14, 2022두45623).

### (3) 직위해제처분

직위해제 여부는 임용권자의 재량에 속한다. 다만, 공무원에 대하여 ①의 사유와 ②의 사유가 경합하는 경우에는 ②의 사유로, ①의 사유와 ③의 사유가 경합하는 경우에는 ③의 사유로 직위해제처분을 하여야 한다(국공법 제73조의3 제5항).

판례는 형사사건으로 기소되었다는 이유만으로 직위해제처분을 하는 것은 재량권의 범위를 일탈·남용한 것이라고 보고,[7] 형사사건에 기소된 것을 사유로 한 직위해제처분의 위법 여부의 판단기준에 관하여 다음과 같이 판시하고 있다.

**[판례]** ① 헌법 제27조 제4항은 형사피고인은 유죄의 판결이 확정될 때까지는 무죄로 추정된다고 규정하고 있고, 구 국가공무원법(1994. 12. 22. 법률 제4829호로 개정되기 전의 것) 제73조의2 제1항 제4호에 의한 직위해제 제도는 유죄의 확정판결을 받아 당연퇴직되기 전단계에서 형사소추를 받은 공무원이 계속 직위를 보유하고 직무를 수행한다면 공무집행의 공정성과 그에 대한 국민의 신뢰를 저해할 구체적인 위험이 생길 우려가 있으므로 이를 사전에 방지하고자 하는 데 그 목적이 있는바, 헌법상의 무죄추정의 원칙이나 위와 같은 직위해제제도의 목적에 비추어 볼 때, 형사사건으로 기소되었다는 이유만으로 직위해제처분을 하는 것은 정당화될 수 없고, 당사자가 당연퇴직 사유인 국가공무원법 제33조 제1항 제3호 내지 제6호에 해당하는 유죄판결을 받을 고도의 개연성이 있는지 여부, 당사자가 계속 직무를 수행함으로 인하여 공정한 공무집행에 위험을 초래하는지 여부 등 구체적인 사정을 고려하여 그 위법 여부를 판단하여야 할 것이다(대판 1999. 09. 17, 98두15412).
② 단순히 '중징계의결 요구'가 있었다는 형식적 이유만으로 직위해제처분을 하는 것이 정당화될 수는 없고, 직위해제처분의 대상자가 중징계처분을 받을 고도의 개연성이 인정되는 경우임을 전제로 하여, 대상자의 직위·보직·업무의 성격상 그가 계속 직무를 수행함으로 인하여 공정한 공무집행에 구체적인 위험을 초래하는지 여부 등에 관한 제반 사정을 면밀히 고려하여 그 요건의 충족 여부 등을 판단해야 한다(대판 2022. 10. 14, 2022두45623).

임용권자는 ①의 사유로 직위해제된 자에게 3개월의 범위에서 대기를 명한다(제

---

7) 징계처분 당시의 구 국가공무원법 제73조의2 제1항 단서에서는 형사사건으로 기소된 자를 직위해제하여야 하는 것으로 규정하고 있었으나 이 판결이 나기 전에 이 단서규정이 위헌결정(1998. 05. 28, 96헌가12)을 받았으므로 문제가 된 직위해제처분은 재량행위로 되었다. 헌법재판소는 위 결정에서 다음과 같이 판시하였다: 형사사건으로 기소되기만 하면 그가 국가공무원법 제33조 제1항 제3호 내지 제6호에 해당하는 유죄판결을 받을 고도의 개연성이 있는가의 여부에 무관하게 경우에 따라서는 벌금형이나 무죄가 선고될 가능성이 큰 사건인 경우에 대해서까지도 당해 공무원에게 일률적으로 직위해제처분을 하지 않을 수 없도록 한 이 사건 규정은 헌법 제37조 제2항의 비례의 원칙에 위반되어 직업의 자유를 과도하게 침해하고 헌법 제27조 제4항의 무죄추정의 원칙에도 위반된다. 또한, 입법자가 임의적 규정으로도 법의 목적을 실현할 수 있는 경우에 구체적 사안의 개별성과 특수성을 고려할 수 있는 가능성을 일체 배제하는 필요적 규정을 둔다면, 이는 비례의 원칙의 한 요소인 '최소침해성의 원칙'에 위배된다.

73조의3 제3항). 그리고 대기명령을 받은 자에 대하여는 임용권자 또는 임용제청권자는 능력 회복이나 근무성적의 향상을 위한 교육훈련 또는 특별한 연구과제의 부여 등 필요한 조치를 하여야 한다(제73조의3 제4항).

국가공무원법상 직위해제처분은 행정절차법 제3조 제2항 제9호, 동법 시행령 제2조 제3호에 의하여 당해 행정작용의 성질상 행정절차를 거치기 곤란하거나 불필요하다고 인정되는 사항 또는 행정절차에 준하는 절차를 거친 사항에 해당하므로, 처분의 사전통지 및 의견청취 등에 관한 행정절차법의 규정이 별도로 적용되지 않는다(대판 2014. 05. 16, 2012두26180[직위해제처분취소]).

### (4) 효  력

직위해제된 공무원은 직무에 종사하지 못하며 따라서 출근을 할 수도 없다.

직위해제된 공무원에 대하여는 공무원보수규정 제29조에 따라 봉급의 일부만 지급한다. 직위해제된 사람에게는 다음 각 호의 구분에 따라 봉급(외무공무원의 경우에는 직위해제 직전의 봉급을 말한다)의 일부를 지급한다. 1.「국가공무원법」제73조의3 제1항 제2호에 따라 직위해제된 사람: 봉급의 80퍼센트, 2.「국가공무원법」제73조의3 제1항 제5호에 따라 직위해제된 사람: 봉급의 70퍼센트. 다만, 직위해제일부터 3개월이 지나도 직위를 부여받지 못한 경우에는 그 3개월이 지난 후의 기간 중에는 봉급의 40퍼센트를 지급한다. 3.「국가공무원법」제73조의3 제1항 제3호·제4호 또는 제6호에 따라 직위해제된 사람: 봉급의 50퍼센트. 다만, 직위해제일부터 3개월이 지나도 직위를 부여받지 못한 경우에는 그 3개월이 지난 후의 기간 중에는 봉급의 30퍼센트를 지급한다(제29조). 직위해제처분(징계의결 요구에 따른 직위해제처분은 제외한다)이 무효·취소 또는 변경된 경우에는 복귀일 또는 발령일에 원래의 정기승급일을 기준으로 한 당시의 보수 전액 또는 차액을 소급하여 지급한다(공무원보수규정 제30조 제1항).

직위해제기간은 승진소요최저연수에 산입되지 아니한다(공무원임용령 제31조 제2항). 그러나, 징계처분이 무효 또는 취소되었거나 ③의 경우에 무죄로 확정된 경우에는 직위해제기간도 승진소요최저연수에 산입된다(공무원임용령 제31조 제2항).

### (5) 직위해제 후의 조치

직위해제사유가 소멸되면 임용권자는 지체없이 직위를 부여하여야 한다(제73조의3 제2항).

①의 사유로 직위해제를 받은 후 대기명령을 받은 자가 그 기간에 능력 또는 근무성적의 향상을 기대하기 어렵다고 인정된 때에는 징계위원회(지방공무원의 경우 인사위원회)의 동의를 얻어 임용권자는 직권에 의하여 면직시킬 수 있다(국공법 제70조 제1항, 제2항).

제73조의3 제1항 제3호·제4호 또는 제6호에 따라 직위해제를 한 경우로서 직위해제 기간이 6개월을 경과하면 직위해제된 사람의 직급·직위 또는 상당 계급(고위공무원단에 속하는 공무원은 해당 직위해제된 사람의 직위와 곤란성과 책임도가 유사한 직위를 말한다)에 해당하는 정원이 따로 있는 것으로 보고 결원을 보충할 수 있다. 다만, 제78조의4 제3항에 따라 징계의결이 요구되어 제73조의3 제1항 제3호에 따른 직위해제 처분을 하는 경우에는 직위해제를 한 때부터 해당 정원이 따로 있는 것으로 보고 결원을 보충할 수 있다(제43조 제4항).

### (6) 직위해제처분과 후속조치의 관계

#### 1) 일사부재리의 원칙 위배 여부

직위해제처분은 직권면직 또는 징계와 그 목적·성질 등이 다른 별개의 독립된 처분이므로 직위해제처분 후 동일한 사유로 다시 직권면직처분 또는 징계처분을 하여도 일사부재리(一事不再理)의 원칙에 반하지 않는다.

**[판례]** ① 직권면직처분과 이보다 앞서 행하여진 직위해제처분은 그 목적을 달리한 각 별개의 독립된 처분이라 할 것이므로 본건 직권면직처분이 직위해제처분을 사유로 하였다 하더라도 일사부재리원칙에 위배되지 않는다(대판 1983. 10. 25, 83누340).
② 직위해제처분이 공무원에 대하여 불이익한 처분이기는 하나 징계처분과 같은 성질의 처분이라고는 볼 수 없으므로 동일한 사유에 대한 직위해제처분이 있은 후 다시 해임처분이 있었다 하여 일사부재리의 법리에 어긋난다고 볼 수도 없다(대판 1984. 02. 28, 83누489).

#### 2) 하자의 승계

판례는 직위해제처분의 위법은 직권면직처분에 승계되지 않는다고 본다(대판 1970. 01. 27, 68누10). 구속력이론에 입각하여 예측가능성과 수인가능성이 없음을 이유로 구속력의 예외를 인정하는 견해도 있다(행정법론(상) 하자의 승계 참조).

### (7) 직위해제처분 소멸 후의 소의 이익

직위해제기간 만료 등으로 직위해제처분의 효력이 소멸한 경우에도 직위해제처분의 소급적 취소로 구제될 봉급청구, 승진소요연수의 산입 등 부수적 이익이 있는 경우8) 당해 직위해제처분의 취소를 구할 소의 이익이 있는 것으로 보는 것이 타당하

---

8) 공무원보수규정 제29조(직위해제기간중의 봉급감액) 직위해제된 사람에게는 봉급(외무공무원의 경우에는 직위해제 직전의 봉급을 말한다. 이하 이 조에서 같다)의 80퍼센트를 지급한다. 다만, 징계의결이 요구 중이거나 형사 사건으로 기소되어 직위해제된 사람이 직위해제일부터 3개월이 지나도 직위를 부여받지 못한 때에는 그 3개월이 지난 후의 기간 중에는 봉급의 50퍼센트를 지급한다.
  공무원임용령 제31조(승진소요최저연수) ① 공무원이 승진함에 있어서는 다음 각 호의 기간 당해 계급에 재직하여야 한다. ② 제1항의 기간에는 휴직기간·직위해제기간·징계처분기간 및 제32조의 규정에 의한 승진임용의 제한기간을 포함하지 아니한다. 다만, 다음 각 호의 규정에 의한 기간은 제1항의 기간에 산입한다. 1. (생략). 2. 법 제73조의3 제1항 제3호의 규정에 의하여 직위해제

다. 판례도 이러한 입장을 취하고 있다.

[판례] ① 제청신청인들은 개정법률 부칙 제2호에 의하여 1995. 1. 3. 복직발령을 받았으나, 직위해제처분은 여전히 유효하기 때문에, 승진소요최저연수의 계산에 있어서 직위해제기간은 산입되지 않으며(공무원임용령 제31조 제2항) 직위해제기간중 봉급의 감액을 감수할 수밖에 없는(공무원보수규정 제29조) 등 제청신청인들에게 법적으로 불리한 효과가 그대로 남아 있다. 그러므로 제청신청인들에게는 승급이나 보수지급 등에 있어서의 불리함을 제거하기 위하여 직위해제처분의 취소를 구할 소의 이익이 인정되고, 이로써 제청법원은 당해사건의 본안에 관하여 판단해야 할 필요성이 있다고 하겠다(헌재 1998. 05. 28, 96헌가12).
② 직위해제 처분은 근로자로서의 지위를 그대로 존속시키면서 다만 그 직위만을 부여하지 아니하는 처분이므로 만일 어떤 사유에 기하여 근로자를 직위해제 한 후 그 직위해제 사유와 동일한 사유를 이유로 징계처분을 하였다면 뒤에 이루어진 징계처분에 의하여 그 전에 있었던 직위해제처분은 그 효력을 상실한다고 할 것이고, 이와 같이 직위해제 처분이 효력을 상실한 경우에는, 인사규정 등에 의하여 승진·승급에 제한이 가하여지는 등의 특별한 사정이 없는 한, 그 무효확인을 구할 이익은 없다고 할 것이다(대판 2007. 12. 28, 2006다33999[직위해제 및 정직무효확인 등 (다) 상고기각]). 〈해설〉 사법상 근로자의 직위해제처분에 관한 사례이지만, 공무원의 직위해제처분에도 같은 법리가 적용된다고 보아야 한다.
③ 직위해제처분은 근로자로서의 지위를 그대로 존속시키면서 다만 그 직위만을 부여하지 아니하는 처분이므로 만일 어떤 사유에 기하여 근로자를 직위해제한 후 그 직위해제 사유와 동일한 사유를 이유로 징계처분을 하였다면 뒤에 이루어진 징계처분에 의하여 그 전에 있었던 직위해제처분은 그 효력을 상실한다. 여기서 직위해제처분이 효력을 상실한다는 것은 직위해제처분이 소급적으로 소멸하여 처음부터 직위해제처분이 없었던 것과 같은 상태로 되는 것이 아니라 사후적으로 그 효력이 소멸한다는 의미이다. 따라서 직위해제처분에 기하여 발생한 효과는 당해 직위해제처분이 실효되더라도 소급하여 소멸하는 것이 아니므로, 인사규정 등에서 직위해제처분에 따른 효과로 승진·승급에 제한을 가하는 등의 법률상 불이익을 규정하고 있는 경우에는 직위해제처분을 받은 근로자는 이러한 법률상 불이익을 제거하기 위하여 그 실효된 직위해제처분에 대한 구제를 신청할 이익이 있다(대판 2010. 07. 29, 2007두18406). 〈해설〉 이 판례는 근로자에 대한 직위해제에 대한 것이지만, 공무원에 대한 직위해제에 대하여도 적용된다고 볼 수 있다.

## V. 강  임

강임(降任)이란 같은 직렬 내에서 하위 직급에 임명하거나 하위 직급이 없어 다른 직렬의 하위 직급으로 임명하거나 고위공무원단에 속하는 일반직공무원(제4조 제2항에 따라 같은 조 제1항의 계급 구분을 적용하지 아니하는 공무원은 제외한다)을 고위공무원

---

처분을 받은 자의 경우에 그 처분의 사유가 된 징계처분이 소청심사위원회의 결정 또는 법원의 판결에 의하여 무효 또는 취소로 확정된 경우(징계의결 요구에 대하여 관할징계위원회가 징계하지 아니하기로 의결한 경우를 포함한다)와 동조 동항 제4호의 규정에 의하여 직위해제처분을 받은 자의 경우에 그 처분의 사유가 된 형사사건이 법원의 판결에 의하여 무죄로 확정된 경우의 그 직위해제기간. 3. 시보임용기간.

단 직위가 아닌 하위 직위에 임명하는 것을 말한다(국가공무원법 제5조 제4호). 강임은
징계처분이 아닌 점에서 징계처분인 강등과 구별된다.

**[판례]** [1] 검찰청법 제6조는 검사의 직급은 검찰총장과 검사로 구분한다고 규정하고 있고, 검사의
보수에 관한 법률 제2조[별표 1]에서도 검찰총장을 제외한 모든 검사의 보수체계는 근속연수를 기
준으로 단일화하여 1호봉부터 17호봉까지 승급하도록 개정되었으므로, **검찰총장을 제외한 검사들
의 직위를 변경하는 인사발령처분은 모두 동일한 직급 내에서 이루어지는 것**이라고 하겠고, 따라
서 국가공무원법상의 강임에 해당할 여지는 없다. [2] 한편 검찰청법 제27조 내지 제30조, 대검찰
청 검사급이상 검사의 보직범위에 관한 규정 제2조, 검사 의석순에 관한 규정 제2조 등의 규정에
의하면, 대검찰청 검사급 이상 검사에 해당하는 직위에 보한 검사들에 대하여 공용차량의 지원 여
부, 공무원 여비 지급 구분 등에서 다른 직위에 보한 검사들과 달리 정하고 있으나, 이러한 차별은
그 직위에 상응하는 것이지 직급에 따른 차별이 아니므로, 이러한 규정을 근거로 위 인사발령처분
의 성질을 달리 볼 수도 없다. [3] 원고를 **법무연수원 기획부장에서 서울고등검찰청 검사로 그 보
직을 변경하는 내용의 07. 2. 23.자 이 사건 인사발령처분이 강임에 해당하지 않는다**고 보아, 피고
가 원고에게 국가공무원법 제75조에 따른 처분사유를 적은 설명서를 교부할 의무가 없다고 판단
한 것은 정당하다(대판 2010. 02. 11, 2009두16350[인사발령처분취소]).

임용권자는 직제 또는 정원의 변경이나 예산의 감소 등으로 직위가 폐지되거나
하위의 직위로 변경되어 과원이 된 경우 또는 본인이 동의한 경우에는 소속공무원을
강임할 수 있다(국공법 제73조의4 제1항).

강임된 공무원은 상위직급 또는 고위공무원단 직위에 결원이 생기면 국가공무
원법 제40조·제40조의2·제40조의4 및 제41조에도 불구하고 우선 임용된다. 다만,
본인이 동의하여 강임된 공무원은 본인의 경력과 해당 기관의 인력 사정 등을 고려
하여 우선 임용될 수 있다(제73조의4 제2항).

## Ⅵ. 감    봉

감봉(減俸)이라 함은 징계의 대상이 되는 공무원에 대하여 직무담임을 계속하게
하면서 보수만을 감하는 행위이다. 감봉은 징계처분의 하나이다.

## Ⅶ. 복    직

복직(復職)이라 함은 휴직·직위해제, 정직중이거나 강등으로 직무에 종사하지
못한 공무원을 직위에 복귀시키는 임용을 말한다(공무원임용령 제2조 제3호).

# 제 4 절 공무원관계의 소멸

공무원관계의 소멸원인으로는 당연퇴직과 면직이 있다.

## Ⅰ. 당연퇴직

### 1. 의 의

당연퇴직이라 함은 임용권자의 처분 없이 일정한 사유의 발생에 의하여 공무원 관계가 당연히 소멸되는 것을 말한다. 예를 들면 정년으로 인한 퇴직의 경우에 정년 퇴직일이 도래하면 당연히 공무원관계가 소멸되는 것이며 임용권자의 퇴직결정을 요 하지 않는다.

### 2. 사 유

당연퇴직의 사유는 다음과 같다. ① 공무원이 국가공무원법이나 지방공무원법 상의 결격사유의 하나에 해당할 때(피성년후견인, 피한정후견인 등 및 법에서 정한 경우 제 외)(국공법 제69조,9) 지공법 제61조). ② 공무원이 사망한 때. ③ 공무원의 임기가 만료 된 때. 임기제공무원의 근무기간이 만료된 경우도 그러하다. ④ 공무원이 정년에 달 한 때. 공무원은 그 정년에 이른 날이 1월부터 6월 사이에 있으면 6월 30일에, 7월부 터 12월 사이에 있으면 12월 31일에 각각 당연히 퇴직된다(국공법 제74조 제4항). ⑤ 공무원이 국적을 상실한 때. 다만, 외국인도 임명될 수 있는 직에 근무하고 있었던 경우에는 국적상실로 당연히 퇴직되는 것은 아니라고 할 것이다.

[판례] (1) 공무원 당연퇴직제도는 결격사유가 발생하는 것 자체에 의해 임용권자의 의사표시 없 이 결격사유에 해당하게 된 시점에 법률상 당연히 퇴직하는 것이고, 공무원관계를 소멸시키기 위 한 별도의 행정처분을 요하지 아니하므로(대법원 2011. 03. 24. 선고 2008다92022 판결 참조), 당연 퇴직사유의 존재는 객관적으로 명확하여야 한다. (2) 군무원으로 재직 중 범한 업무상횡령죄와 폭 행죄 등의 실체적 경합범으로 공소제기되어 500만 원의 벌금형을 선고받아 확정된 경우는 군무원 인사법에서 정한 당연퇴직사유에 해당한다고 볼 수 없다(대판 2016. 12. 29, 2014두43806[군무원지 위확인][재직 중 범죄로 인한 군무원 당연퇴직사유 해당 여부에 관한 사건]).

---

9) 판례는 국가공무원법 제69조가 헌법상 보장된 행복추구권, 직업선택 및 유지의 자유, 평등권을 침해하는 조항이라고 할 수 없다고 보고 있다(대판 1996. 05. 14, 95누7307).

## 3. 효    과

당연퇴직사유가 발생하면 당연퇴직된 자는 그 시점부터 더 이상 공무원이 아니다. 따라서, 당연퇴직된 자가 행한 행위는 원칙상 무권한으로 무효이다. 그러나, 그 행위가 사실상 공무원이론에 의해 유효한 행위가 될 수 있다.

**[판례]** 당연퇴직의 효력이 생긴 후에 당연퇴직사유가 소멸한다는 것은 있을 수 없으므로, 지방공무원이 형의 선고유예를 받은 경우에는 그 이후 형법 제60조에 따라 면소된 것으로 간주되었다 하더라도 이미 발생한 당연퇴직의 효력에는 영향이 없다(대판 2002. 07. 26, 2001두205).

## 4. 권리구제

당연퇴직의 경우에 통상 퇴직발령통지서가 발부되는데, 당연퇴직은 퇴직사유에 의해 당연히 발생하는 것이고 당연퇴직발령에 의해 발생하는 것이 아니므로 퇴직발령통지는 단순한 사실상의 통지에 불과하고, 처분이 아니므로 취소소송의 대상이 되지 않는다(대판 1995. 11. 14, 95누2036). 당연퇴직을 다투기 위하여는 공무원 지위의 확인을 구하는 공법상 당사자소송을 제기하여야 한다.

파면 등 처분에 대한 취소소송의 계속 중 정년에 달해 당연퇴직한 경우 기본적인 권리회복은 불가능하나 봉급 등을 받을 부수적 이익이 있으므로 파면 등 처분의 취소를 구할 소의 이익이 있다(행정구제편 소의 이익 참조).

# Ⅱ. 면    직

면직(免職)이라 함은 임용권자의 결정에 의하여 공무원의 지위를 상실시키는 것을 말한다. 면직에는 의원면직과 일방적 면직이 있다.

## 1. 의원면직

### (1) 의    의

의원면직(依願免職)이라 함은 공무원 자신의 사직의사표시에 의거하여 임용권자가 당해 공무원의 공무원관계를 소멸시키는 처분을 말한다. 권고사직, 명예퇴직은 의원면직에 속한다.

의원면직은 사직원의 제출과 임용권자의 제출된 사직원의 수리에 의해 행해지는 쌍방적 행정행위이다.

사직원의 제출만으로 공무원관계가 소멸되는 것은 아니며 임용권자의 면직행위

(사직원의 수리)가 있을 때까지 공무원관계는 존속한다. 따라서, 사직원을 제출한 공무원도 사직원이 수리될 때까지는 출근하여 직무를 수행하는 등 공무원으로서의 모든 의무를 다하여야 한다. 그러하지 않으면 징계책임 등 그에 따른 책임을 져야 한다. 판례도 이러한 입장을 취하고 있다(대판 1991. 11. 22, 91누3666).

### (2) 사직원의 제출

사직원(辭職願)의 제출은 행위요건적 사인의 공법행위이고, 사직원의 제출에는 사인의 공법행위의 법리가 적용된다. 따라서, 사직원의 제출에 관하여 명문의 규정이 없는 사항에 대하여는 민법의 법원칙, 의사표시나 법률행위에 관한 규정을 원칙상 적용할 수 있지만, 사직원 제출에 고유한 특성이 고려되어야 하는 한도 내에서는 사법규정을 적용할 수 없거나 수정하여 적용하여야 할 것이다.

### 1) 강요에 의한 사직원의 제출

사직원의 제출은 공무원 자신의 자유로운 의사에 의한 것이어야 한다. 사직원의 제출이 강요(强要)에 의해 의사결정의 자유가 박탈된 상태하에서 행해진 경우에는 사직원 제출은 무효이며 그에 의거한 면직처분도 무효이다.

[판례] 감사담당 직원이 공무원에 대한 비리를 조사하는 과정에서 사직하지 아니하면 징계파면이 될 것이고 또한 그렇게 되면 퇴직금 지급상의 불이익을 당하게 될 것이라는 등의 강경한 태도를 취하였다고 할지라도 그 취지가 단지 비리에 따른 객관적 상황을 고지하면서 사직을 권고·종용한 것에 지나지 않고 그 공무원이 그 비리로 인하여 징계파면이 될 경우 퇴직금 지급상의 불이익을 당하게 될 것 등 여러 사정을 고려하여 사직서를 제출한 경우라면 그 의사결정이 의원면직처분의 효력에 영향을 미칠 하자가 있었다고는 볼 수 없다(대판 1997. 12. 12, 97누13962). 〈해설〉 실무상 행해지는 권고사직은 법적으로는 의원면직에 해당한다. 권고사직의 형식을 취하고 있는 경우에도 사직의 권고가 공무원의 의사결정의 자유를 박탈할 정도의 강요에 해당하는 경우에는 당해 권고사직은 무효이다.

### 2) 비진의의사표시

사인의 공법행위인 공무원의 사직의 의사표시에는 그 법률관계의 특수성에 비추어 외부적·객관적으로 표시된 바를 존중하여야 하므로 비진의의사표시(非眞意思表示)에 관한 민법 제107조는 적용되지 아니한다(대판 2001. 11. 14, 99두5481). 비진의의사표시의 예로는 일괄사직서의 제출을 들 수 있다. 권고사직은 비진의의사표시가 아니다.

[판례] 공무원이 사직의 의사표시를 하여 의원면직처분을 하는 경우 그 사직의 의사표시는 그 법률관계의 특수성에 비추어 외부적·객관적으로 표시된 바를 존중하여야 할 것이므로, 비록 사직원 제출자의 내심의 의사가 사직할 뜻이 아니었다고 하더라도 진의 아닌 의사표시10)에 관한 민법 제

---

10) 판례는 근로자가 사직의 효과를 진정으로 마음 속에서 바라지는 않았다 하더라도 당시의 상황에서 그것이 최선이라고 생각하여 사직서를 제출한 이상 이를 비진의 의사표시라고 할 수 없다고 한

107조는 그 성질상 사직의 의사표시와 같은 사인의 공법행위에는 준용되지 아니하므로 그 의사가 외부에 표시된 이상 그 의사는 표시된 대로 효력을 발한다(대판 1992. 08. 14, 92누909; 1997. 12. 12, 97누13962; 2001. 11. 14, 99두5481).

### 3) 대    리

사직원의 제출 또는 그 철회는 대리에 친하지 않은 행위이므로 사직원의 제출 또는 그 철회에는 대리가 허용되지 않는다고 보아야 한다.

### 4) 사직원의 철회

공무원에 의해 제출된 사직원은 그에 터잡은 의원면직처분(사직원의 수리)이 있을 때까지는 철회될 수 있고, 일단 면직처분이 있고 난 후에는 철회나 취소할 여지가 없다(대판 2001. 08. 24, 99두9971).

### (3) 사직원의 수리

사직원의 수리는 사직의 의사표시를 요하는 쌍방적 행정행위이며 준법률행위적 행정행위로서의 수리행위이다. 사직원이 제출된 경우에 임용권자에게 수리의무가 있는가하는 문제가 제기된다. 공무담임은 권리이지만 의무는 아니며 공무원의 직업선택의 자유 등을 고려할 때 특별한 경우(예, 병역의무 등 법률상 복무의무가 있는 경우)를 제외하고는 임용권자에게 수리의무가 있다고 보아야 한다.[11] 다만, 사직원을 제출한 공무원의 담당직무가 중요한 것이며 적절한 후임자가 없어 공무수행에 심히 지장을 초래할 우려가 있는 경우에는 후임자가 결정될 때까지 사직원의 수리가 유보될 수 있다고 보아야 한다.

퇴직을 희망하는 공무원이 파면, 해임, 강등 또는 정직에 해당하는 징계사유가 있거나 다음의 어느 하나에 해당하는 경우(제1호·제3호 및 제4호의 경우에는 해당 공무원이 파면·해임·강등 또는 정직의 징계에 해당한다고 판단되는 경우에 한정한다) 제78조 제4항에 따른 소속 장관 등은 지체 없이 징계의결등을 요구하여야 하고, 퇴직을 허용하여서는 아니 된다. 1. 비위(非違)와 관련하여 형사사건으로 기소된 때, 2. 징계위원회에 파면·해임·강등 또는 정직에 해당하는 징계 의결이 요구 중인 때, 3. 조사 및 수사기관에서 비위와 관련하여 조사 또는 수사 중인 때, 4. 각급 행정기관의 감사부서 등에서 비위와 관련하여 내부 감사 또는 조사 중인 때(제78조의4).

---

판례가 있다(대판 2000. 04. 25, 99다34475). 이에 대하여 국가보위비상대책위원회와 사회정화위원회의 초법규적 강요에 의해 일괄사표의 제출과 선별수리의 형식으로 이루어진 공무원에 대한 의원면직처분에 있어서 사직원의 제출이 비진의 의사표시일 수 있다고 보고 있다(대판 1992. 08. 14, 92누909; 2001. 08. 24, 99두9971).

11) 이상규, 200면; 홍정선, 311면.

### (4) 명예퇴직 등

명예퇴직이라 함은 공무원으로서 20년 이상 근속한 자가 정년 전에 자진하여 퇴직하는 것을 말한다. 명예퇴직은 의원면직의 하나이다.

명예퇴직하는 경우에는 예산의 범위에서 명예퇴직 수당을 지급할 수 있다(제74조의2 제1항).

직제와 정원의 개폐 또는 예산의 감소 등에 따라 폐직 또는 과원이 되었을 때에 20년 미만 근속한 자가 정년 전에 스스로 퇴직하면 예산의 범위에서 수당을 지급할 수 있다(제74조의2 제2항).

[판례] (1) 관련 법령의 문언, 체계와 취지 등을 종합하면, 감사기관과 수사기관에서 비위 조사나 수사 중임을 사유로 한 명예퇴직수당 지급대상자 취소 결정은 특별한 사정이 없는 한 아직 면직의 효력이 발생하지 않아서 공무원의 신분을 잃지 않은 상태의 명예퇴직수당 지급대상자가 그 처분대상임을 전제한다고 봄이 타당하다. (2) 수사기관에서의 수사라는 잠정적 사유에 근거한 이 사건 처분이 원고에 대한 면직의 효력이 발생한 2014. 12. 31. 00:00시 이후에야 비로소 발생하였으므로, 더 이상 명예퇴직수당 지급대상자 결정을 취소할 수 없는 시점에 이루어진 것으로서 위법하다는 이유로 원심의 판결을 파기환송한 사례(대판 2019. 07. 25, 2016두54862). 〈해설〉 "잠정적 사유로 한 명예전역 선발취소 결정은 아직 명예전역을 하지 않은 상태에 있는 명예전역 대상자가 그 처분 대상임을 전제로 한다"고 판시한 대법원 2019. 05. 30. 선고 2016두49808 판결, 대법원 2019. 05. 30. 선고 2017두61379 판결 등의 법리를 다시 한번 확인한 판결이다.

### 2. 일방적 면직

일방적 면직(一方的 免職)이라 함은 공무원 본인의 의사와 관계없이 임용권자가 일방적인 의사결정에 의하여 공무원관계를 소멸시키는 처분을 말한다. 강제면직이라고도 한다. 일방적 면직에는 징계면직과 직권면직이 있다.

### (1) 징계면직

징계면직(懲戒免職)이라 함은 공무원의 공무원법상의 의무 위반에 대한 징계로서 내려지는 파면과 해임을 말한다.

파면과 해임은 모두 공무원의 신분을 박탈하는 징계처분인 점에서는 동일하지만 공직에의 취임제한, 퇴직급여 및 퇴직수당급여의 제한 등 그 부수적인 효과가 다르다.

즉, 파면의 경우에는 파면처분을 받은 때부터 5년이 지나지 아니한 경우 공무원에 임용될 수 없고, 퇴직급여 및 급여수당이 감액되는 데 반하여 해임의 경우에는 해임의 처분을 받은 때부터 3년이 지나지 아니한 경우 공무원에 임용될 수 없지만 퇴직급여의 감액이 없다(국공법 제33조, 공무원연금법 제64조 제1항).

## (2) 직권면직

### 1) 의 의

직권면직(職權免職)이라 함은 법령으로 정해진 일정한 사유가 있는 경우에 본인의 의사와 관계없이 임용권자가 직권으로 공무원의 신분을 박탈하는 것을 내용으로 하는 처분을 말한다. 직권면직은 징계면직과 달리 징계처분이 아니다.

### 2) 직권면직사유

임용권자는 공무원이 다음 사유 중 어느 하나에 해당하면 직권으로 면직시킬 수 있다.

① 직제와 정원의 개폐 또는 예산의 감소 등에 따라 폐직 또는 과원이 되었을 때
② 휴직 기간이 끝나거나 휴직 사유가 소멸된 후에도 직무에 복귀하지 아니하거나 직무를 감당할 수 없을 때
③ 제73조의3 제3항에 따라 대기 명령을 받은 자가 그 기간에 능력 또는 근무성적의 향상을 기대하기 어렵다고 인정된 때
④ 전직시험에서 세 번 이상 불합격한 자로서 직무수행능력이 부족하다고 인정된 때
⑤ 병역판정검사·입영 또는 소집의 명령을 받고 정당한 사유 없이 이를 기피하거나 군복무를 위하여 휴직 중에 있는 자가 군복무 중 군무(軍務)를 이탈하였을 때
⑥ 해당 직급·직위에서 직무를 수행하는데 필요한 자격증의 효력이 없어지거나 면허가 취소되어 담당 직무를 수행할 수 없게 된 때
⑦ 고위공무원단에 속하는 공무원이 제70조의2에 따른 적격심사 결과 부적격 결정을 받은 때(제70조 제1항)

**[판례]** ① [1] 직업공무원제도하에서 입법자는 이 사건 규정의 직권면직을 통해 행정의 효율성 이념을 달성하고자 할 경우에도 직업공무원제도에 따른 공무원의 권익보호가 손상되지 않도록 조화로운 입법을 하여야 하는데, 직제가 폐지되면 해당 공무원은 그 신분을 잃게 되므로 직제폐지를 이유로 공무원을 직권면직할 때는 합리적인 근거를 요하며, 직권면직이 시행되는 과정에서 합리성과 공정성이 담보될 수 있는 절차적 장치가 요구된다. [2] 직제가 폐지된 경우 직권면직을 할 수 있도록 규정하고 있는 지방공무원법 제62조 제1항 제3호는 직업공무원제도를 위반하고 있다고 볼 수 없다(헌재 2004. 11. 25, 2002헌바8).
② 별정직 지방공무원을 직권면직함에 있어 객관적이고도 합리적인 근거를 갖추었는지 여부의 판단기준: 임용권자가 별정직 공무원을 직권면직함에 있어서도 자의는 허용되지 않고 객관적이고도 합리적인 근거를 갖추어야 할 것이지만, 별정직 공무원은 특정한 업무를 담당하기 위하여 경력직 공무원과는 별도의 자격 기준에 의하여 임용되는 공무원으로 지방공무원법 제7장의 '신분보장', 제8장의 '권익의 보장'의 규정이 적용되지 아니하고, 지방자치단체의 지방별정직 공무원의 임용 등에 관한 조례에서 '임용권자가 필요하다고 인정할 때'를 직권면직사유로 정하여 임용권자에게 광범위한 재량권이 부여되고 있는 점에 비추어 보면, 별정직 공무원을 직권면직함에 있어 객관적이고도 합리적인 근거를 갖추었는지의 여부는 당해 직무를 별정직 공무원에게 담당하게 한 제도의 취지, 직무의 내용과 성격, 당해 별정직 공무원을 임용하게 된 임용조건과 임용과정, 직권면직에 이르게 된 사정 등을 종합적으로 고려해서 판단하여야 한다(대판 2007. 08. 24, 2005두16598[직권면직처분취소]).

③ 문화체육관광부 소속 홍보자료제작과장직으로 재직하던 별정직공무원을 조직개편에 따라 직권면직한 사안에서, 임용하게 된 조건과 과정, 조직개편과 홍보체제 정비로 담당업무가 달라지고 이로 인하여 직권면직에 이르게 된 사정 등을 종합하여 볼 때, 임용권자가 행정관련 업무의 비중이 높은 홍보자료제작과장에 별정직공무원으로서 주로 간행물 제작 업무만을 담당해 온 사람보다는 행정능력을 갖춘 일반직공무원이 적합하다고 판단한 후, 문화체육관광부와 그 소속기관 직제 시행규칙을 개정하여 위 공무원을 면직시켰던 것으로 보이므로, 위 면직처분은 객관적이고도 합리적인 근거에 의하여 이루어진 것으로서 재량권을 일탈하였거나 남용하지 않았다고 본 원심판결을 수긍한 사례(대판 2010. 06. 24, 2010두3770[면직처분무효확인]).

④ [1] 재직 중 장애를 입은 지방공무원이 장애로 지방공무원법 제62조 제1항 제2호에서 정한 '직무를 감당할 수 없을 때'에 해당하는지 판단하는 방법: 재직 중 장애를 입은 지방공무원이 장애로 지방공무원법 제62조 제1항 제2호에서 정한 '직무를 감당할 수 없을 때'에 해당하는지는, 장애의 유형과 정도에 비추어, 장애를 입을 당시 담당하고 있던 기존 업무를 감당할 수 있는지만을 기준으로 판단할 것이 아니라, 그 공무원이 수행할 수 있는 다른 업무가 존재하는지 및 소속 공무원의 수와 업무 분장에 비추어 다른 업무로의 조정이 용이한지 등을 포함한 제반 사정을 종합적으로 고려하여 합리적으로 판단하여야 한다. [2] 개인적인 교통사고로 하반신 마비의 장애를 입은 지방소방공무원인 원고가 휠체어 등 보조기구를 이용할 경우 소방공무원의 업무 중 내근 업무를 수행하는 데 지장이 없고 인력현황상 내근 업무만을 담당하도록 하는 것이 가능해 보인다는 이유로 원고에 대한 직권면직처분이 위법하다고 한 사례(대판 2016. 04. 12, 2015두45113[직권면직처분취소]).

### 3) 직권면직절차 등

임용권자는 ①에서 ⑥의 사유로 직권면직시킬 경우에는 미리 관할징계위원회의 의견을 들어야 한다. 다만, 위의 ③의 사유에 의하여 면직시킬 경우에는 징계위원회의 동의를 받아야 한다(제70조 제2항).

임용권자나 임용제청권자는 위의 ①의 사유에 의하여 소속 공무원을 면직시킬 때에는 임용 형태·업무 실적·직무수행 능력·징계처분 사실 등을 고려하여 면직 기준을 정하여야 한다(제70조 제3항). 위 면직 기준을 정하거나 위의 ①의 사유에 의하여 면직 대상자를 결정할 때에는 임용권자 또는 임용제청권자(임용권자 또는 임용제청권자가 분명하지 아니하면 중앙인사관장기관의 장을 말한다)별로 심사위원회를 구성하여 그 심사위원회의 심의·의결을 거쳐야 한다(제70조 제4항). 이 경우 심사위원회의 위원장은 임용권자 또는 임용제청권자가 되며, 위원은 면직대상자보다 상위 계급자 또는 고위공무원단에 속하는 일반직공무원 중에서 위원장이 지명하는 5명 이상 7명 이내로 구성하되, 면직 대상자의 상위 계급자를 우선하여 지명하여야 한다. 다만 상위 계급자 또는 고위공무원단에 속하는 일반직공무원이 부족하면 4명 이내로 구성할 수 있다(제70조 제5항).

## 4) 직위해제처분과 직권면직처분 사이의 하자의 승계

판례는 직위해제처분이 있은 후 면직처분이 된 경우 전자에 대하여 소청심사청구 등 불복을 함이 없고 그 처분이 당연무효인 경우도 아닌 이상 그 후의 면직처분에 대한 불복의 행사소송에서 전자의 취소사유를 들어 위법을 주장할 수 없다고 보고 있다(대판 1970. 01. 27, 68누10). 즉, 직위해제처분과 직권면직처분 사이의 하자의 승계를 부정하고 있다.

## (3) 면직처분의 효력발생

임용중 면직의 경우(공무원임용령 제2호 제1호 참조)에는 면직발령장 또는 면직통지서에 기재된 일자에 면직의 효과가 발생하여 그날 영시(00:00)부터 공무원의 신분을 상실한다(대판 1985. 12. 24, 85누531). 면직통지서의 수령이 면직통지서에 기재된 일자보다 뒤인 경우에는 면직통지서를 수령한 날 면직처분의 효력이 발생한다.

국가공무원법 제70조 제1항 제4호에 따른 직권 면직일은 휴직 기간이 끝난 날 또는 휴직 사유가 소멸한 날로 한다(국공법 제70조 제6항).

본인의 의사에 반하여 파면 또는 해임이나 제70조 제1항 제5호에 따른 면직처분을 하면 그 처분을 한 날부터 40일 이내에는 후임자의 보충발령을 하지 못한다. 다만, 인력관리상 후임자를 보충하여야 할 불가피한 사유가 있고, 제3항에 따른 소청심사위원회의 임시결정이 없는 경우에는 국회사무총장·법원행정처장·헌법재판소사무처장·중앙선거관리위원회사무총장 또는 인사혁신처장과 협의를 거쳐 후임자의 보충발령을 할 수 있다(국공법 제76조 제2항).

# 제3장 공무원의 권리와 의무

　공무원의 근무관계도 법률관계이므로 기본적으로 권리의무관계이다. 전술한 바와 같이 공무원의 근무관계는 공법관계이며 사법상의 근로관계와는 다른 것이므로 공무원에게는 일반 근로자의 권리와는 다른 권리와 의무가 인정된다.

　공무원의 권리의무의 내용은 기본적으로 법령에 의해 정해진다. 즉, 근무조건법정주의가 적용된다.

　군인의 기본권 보장과 군인의 의무 등에 대하여는 「군인의 지위 및 복무에 관한 기본법」에서 특별하게 규정하고 있다.

## 제1절 공무원의 권리

　공무원의 권리는 매우 다양하며 여러 기준에 의해 분류될 수 있다. 공무원의 권리를 그 내용을 기준으로 신분상의 권리와 재산상의 권리로 구분하는 것이 일반적인데, 이 두 권리 이외에 공무원의 기본적 인권을 추가하여 고찰하는 것이 타당하다.[12] 공무원의 권리는 공권이므로 그에 대하여는 공권으로서의 특수한 법적 규율이 행해진다.

## I. 신분상의 권리

　신분상의 권리는 신분보장에 관한 권리, 직무수행에 관한 권리 및 이 두 실체적 권리를 보장하는 절차적 권리(보장청구권)로 구분할 수 있다.

---

[12) 그 이외에 그 보유지위를 기준으로 공무원으로서 가지는 권리, 근로자로서 가지는 권리, 국민 또는 인간으로서 가지는 권리로 구분될 수 있고, 그 성격 및 효력을 기준으로 구체적 권리와 추상적 권리로 구분될 수 있고, 그 근거에 따라 헌법상 근거를 갖는 것과 법령상 근거를 갖는 것으로 구분될 수 있고, 실체적 권리와 절차적 권리로 구분될 수 있으며 기본권인 것과 기본권이 아닌 것으로 분류할 수 있다.

## 1. 신분보장권

### (1) 의    의

공무원은 신분을 보장받을 권리가 있는데 이를 신분보장권(身分保障權)이라 한다. 신분보유권이라고도 한다.

신분보장권은 그 자체가 독자적 의미를 갖는다고 보기보다는 공무원의 직무수행권을 보장하기 위하여 인정되는 것으로 이해하여야 한다.

### (2) 헌법적 보장

신분보장권은 헌법적 근거를 갖는다. 헌법 제7조 제2항은 "공무원의 신분은 법률이 정하는 바에 의하여 보장된다"라고 규정하고 있다.

공무원의 신분보장은 헌법상 보장되고 있는 직업공무원제도의 한 내용이 되는 것이므로 공무원의 신분보장을 제한하는 법률은 직업공무원제도의 본질적 내용을 침해하여서는 안 된다(대판 1997. 03. 14, 95누17625).

[판례] 동장을 별정직공무원으로 분류하고 그에 대하여 경력직공무원에 대한 신분보장과는 달리 구 지방자치법령 및 자치법규(규칙)에 의하여 별도의 신분보장을 받을 수 있도록 한 것은 입법재량의 범위 내에 있는 것으로서 직업공무원제도의 본질적 내용을 침해하는 것이라고 볼 수 없다고 보고, 정년제이던 동장의 신분보장에 관하여 근무상한기간제를 추가한 서울특별시 자치구의 동장임용등에관한규칙의 위헌·위법에 관하여는 구 법이 공익상의 이유로 공무원(동장)을 직권면직시킬 수 있도록 규정하고 있었던 점에 비추어 볼 때 근무상한기간제 도입 이전에 동장으로 임용된 자들이 정년까지 근무할 수 있으리라고 하는 기대와 신뢰는 절대적인 권리로서 보호되어야만 하는 것이 아니라 행정조직·직제·정원의 변경, 예산의 감소 동 행정운영상의 필요성 등 정당한 공익상의 근거에 의하여 좌우될 수 있는 상대적이고 가변적인 것이라 할 것인바, 공직사회의 무사안일을 방지하고 인사적체를 해소하며 공직참여의 기회를 확대하고 관료제의 민주화를 추구하며 동행정을 활성화하려는 근무상한기간제 도입의 목적은 직업공무원제도를 합리적으로 보완·운영하기 위한 것으로서 그 정당성이 인정되고, 새로 제정·시행된 서울특별시 자치구의 동장임용 등에 관한 규칙이 기존 동장들에 대하여는 그 근무상한기간을 규칙시행일로부터 기산하도록 하고 근무상한기간을 2년 연장할 수 있도록 하고 있어 근무상한기간제의 도입이 위 목적달성을 위한 유효·적절한 방법임과 동시에 기존 동장들의 기대와 신뢰를 가능한 한 최소로 침해하는 방법이며, 근무상한기간제의 도입으로 인하여 보호하려는 공익이 기존 동장들이 가지고 있는 사익보다 크다고 보여지므로, 동장임용 등에 관한 규칙 제11조가 종전의 정년제에다가 근무상한기간제를 추가로 규정함으로써 종전의 규칙에 따라 임용되어 근무중인 기존 동장들이 정년까지 근무할 수 있으리라고 예상하고 있던 기대와 신뢰를 침해받게 되었다고 하더라도, 그것은 입법재량의 범위 내에 있는 것으로서 직업공무원제도의 본질적 내용을 침해하거나 비례의 원칙(과잉금지의 원칙) 또는 신뢰보호의 원칙에 위반되거나 헌법 제10조(인간으로서의 존엄과 가치 및 행복추구권), 제11조 제1항(평등과 차별금지), 제15조(직업선택의 자유), 제23조(재산권의 보장), 제32조(근로의 권리), 제34조(인간다운 생활을 할 권리)의 규정들에 위배된다고 할 수 없다(대판 1997. 03. 14, 95누17625).

## (3) 실정법령상 보장

신분보장권은 실정법률에 의해 구체적으로 보장되고 있다. 즉, 국가공무원법 제68조는 "공무원은 형의 선고, 징계처분 또는 이 법에서 정하는 사유에 따르지 아니하고는 본인의 의사에 반하여 휴직·강임 또는 면직을 당하지 아니한다. 다만, 1급 공무원과 제23조에 따라 배정된 직무등급이 가장 높은 등급의 직위에 임용된 고위공무원단에 속하는 공무원은 그러하지 아니하다"라고 규정하고 있다.

국가공무원법은 또한 징계처분은 일정한 법정 사유가 있는 경우에 한하여 일정한 법정절차에 따라 행하도록 규정하고 있다(동법 제78조 내지 제83조의3). 그리고, 위법·부당한 불이익처분에 대하여는 불복제도가 마련되어 있다.

## (4) 인정범위

신분보장권은 원칙상 직업공무원(경력직공무원(일반직공무원, 특정직공무원))에 한하여 보장된다. 다만, 1급 공무원(국공법 제68조 단서)과 시보임용 중에 있는 공무원(국공법 제29조 제3항)은 신분보장을 받지 못한다. 직업공무원이 아닌 특수경력직공무원은 원칙상 신분보장권을 보장받지 못한다.

다만, 특수경력직공무원도 법령이 정한 바에 따라 일정한 신분보장을 받는 경우가 있다.

## 2. 직무수행권

공무원의 직무수행권(職務遂行權)은 헌법상 보장되고 있는 공무담임권으로부터 도출되는 권리이다.

### (1) 직위보유권

공무원의 직위보유권(職位保有權)은 일정한 직위를 부여받을 권리와 부여받은 직위를 부당하게 박탈당하지 않을 권리를 내용으로 한다.

#### 1) 일정한 직위를 부여받을 권리

공무원에 임용된 이상 공무원에게는 일정한 직위가 부여되어야 한다. 공무원을 임용하고도 일정한 직위를 부여하지 않는 것은 위법하다.

다만, 공무원에게 어떠한 직위를 부여할 것인지는 임용권자의 재량에 속하며 공무원에게 특정한 직위를 부여하여 달라고 청구할 권리는 없다. 공무원에게 자신에게 적합한 일정한 직위를 부여받을 권리를 직위보유권의 하나로 인정하는 견해(홍정선, 239면; 김성수, 572면)도 있으나, 인력의 배치는 임용권자의 전권에 속하는 것이므로 공무원에게 자신에게 적합한 직위를 부여하여 달라는 청구권은 인정되지 않는다고 보아야 한다(동지 류지태, 621면).

### 2) 직위를 부당하게 박탈당하지 않을 권리

공무원에게 부여된 직위를 부당하게 박탈하여 직위를 부여하지 않는 것은 공무원의 공무담임권을 침해하는 것으로 위법하다. 위법·부당한 직위해제에 대하여는 소청 등 불복수단이 인정되고 있다.

그러나, 전보명령 등 단순히 직위를 변경하는 인사조치는 공무원의 직위보유권을 침해하는 것은 아니다.

### (2) 직무집행권

공무원은 부여된 직무를 집행할 권리를 갖는다. 임용권자나 상급자라 하여도 공무원의 직무집행권을 부당하게 침해하여서는 안 된다.

예를 들면, 전보명령이 공무원의 특정한 업무처리를 방해하기 위하여 행하여졌다면 당해 전보명령(예, 공무원의 소신있는 업무 처리를 방해하는 전보명령)은 처분이며 위법하다.

**[판례]** 검사가 구체적 사건과 관련된 상급자의 지휘·감독의 적법성 또는 정당성에 대하여 이의한 상황에서 검찰청의 장이 아닌 상급자가 이의를 제기한 사건에 관한 검사의 직무를 다른 검사에게 이전하기 위해서는 검사 직무의 이전에 관한 검찰청의 장의 구체적·개별적인 위임이나 그러한 상황에서의 검사 직무의 이전을 구체적이고 명확하게 정한 위임규정 등이 필요하다고 보아야 한다(대판 2017. 10. 31, 2014두45734).

### (3) 직명사용권

직명사용권(職名使用權)을 공무원의 신분상의 권리의 하나로 드는 견해가 많으나 직명사용은 공무원의 권리로 인정되는 것이 아니라 행정조직 및 행정업무 수행의 편의상 인정되는 것이므로 직명사용권을 공무원의 공권이라고 보는 것은 타당하지 않다.

## 3. 보장청구권

### (1) 소청제기권

징계처분 등 공무원의 신분에 관하여 불이익처분을 받은 공무원은 소청(訴請)을 제기할 권리가 있다(국공법 제76조 제1항). 소청결정에 불복하는 공무원은 행정소송을 제기할 수 있는데, 행정소송제기권은 공무원의 신분을 보장하는 독자적인 절차적 권리는 아니며 국민 일반에 인정되는 권리이다.

### (2) 고충심사청구권

공무원은 누구나 인사·조직·처우 등 각종 직무 조건과 기타 신상 문제에 대하여 인사 상담이나 고충심사(苦衷審査)를 청구할 수 있으며, 이를 이유로 불이익한 처분이나 대우를 받지 아니한다(국공법 제76조의2 제1항). 인사 상담이나 고충 심사의 청구를 받은 중앙인사관장기관의 장(행정부의 경우에는 인사혁신처장을 말한다), 임용권자 또는 임용제청권자는 이를 고충심사위원회에 부쳐 심사하게 하거나 소속 공무원에게 상담하게 하고, 그 결과에 따라 고충의 해소 등 공정한 처리를 위하여 노력하여야 한다(제76조의2 제2항).

중앙인사관장기관의 장, 임용권자 또는 임용제청권자는 심사 결과 필요하다고 인정되면 처분청이나 관계 기관의 장에게 그 시정을 요청할 수 있으며, 요청을 받은 처분청이나 관계 기관의 장은 특별한 사유가 없으면 이를 이행하고, 그 처리결과를 알려야 한다. 다만, 부득이한 사유로 이행하지 못하면 그 사유를 알려야 한다(제76조의2 제6항).

## 4. 노동기본권

### (1) 의 의

공무원도 근로자이므로 노동기본권(勞動基本權)을 갖는다. 다만, 공무원은 공무를 수행하는 자이므로 공무의 원활하고 계속적인 제공을 보장하기 위하여 공무원의 노동기본권에는 일정한 제한이 가해진다. 헌법 제33조 제2항은 "공무원인 근로자는 법률이 정하는 자에 한하여 단결권·단체교섭권 및 단체행동권을 갖는다"라고 규정하고 있다.

공무원의 노동조합 설립 및 운영 등에 관한 법률(이하 '공노법'이라 한다)은 원칙상 6급 이하 공무원에게 단결권(노동조합결성권), 단체교섭권 및 노동쟁의조정신청권을 인정하고 있고, 교원의 노동조합설립 및 운영 등에 관한 법률(이하 '교노법'이라 한다)은 초·중등학교 교원의 단결권, 단체교섭권 및 노동쟁의조정신청권을 인정하고 있다.

### (2) 노동조합의 설립

### 1) 노동조합에 가입할 수 있는 공무원

노동조합(勞動組合)에 가입할 수 있는 공무원은 국가공무원법 제2조와 지방공무원법 제2조의 공무원으로서 다음의 1에 해당하는 공무원이다: ① 6급 이하의 일반직공무원 및 이에 상당하는 일반직공무원, ② 특정직공무원중 6급 이하의 일반직공무원에 상당하는 외무행정·외교정보관리직공무원, ③ 6급 이하의 일반직공무원에 상당하는 별정직공무원(공노법 제6조 제1항).

다만, 제1항에도 불구하고 다음의 어느 하나에 해당하는 공무원은 노동조합에 가입할 수 없다: ① 다른 공무원에 대하여 지휘·감독권을 행사하거나 다른 공무원의 업무를 총괄하는 업무에 종사하는 공무원, ② 인사·보수에 관한 업무를 수행하는 공무원 등 노동조합과의 관계에서 행정기관의 입장에서 업무를 수행하는 공무원, ③ 교정·수사 그 밖에 이와 유사한 업무에 종사하는 공무원, ④ 업무의 주된 내용이 노동관계의 조정·감독 등 노동조합의 조합원 지위를 가지고 수행하기에 적절하지 아니하다고 인정되는 업무에 종사하는 공무원(공노법 제6조 제2항).

공무원이 면직·파면 또는 해임되어 노동조합 및 노동관계조정법 제82조 제1항에 따라 노동위원회에 부당노동행위의 구제신청을 한 경우에는 중앙노동위원회의 재심판정이 있을 때까지 노동조합원의 지위를 상실하는 것으로 보아서는 아니 된다(공노법 제6조 제3항).

또한, 국가공무원법 제66조 제1항 단서 및 지방공무원법 제58조 제1항 단서에 따른 사실상 노무에 종사하는 공무원과 교노법의 적용을 받는 교원인 공무원은 공노법상의 노동조합에는 가입할 수 없고(공노법 제2조), 별도의 노동조합에 가입할 수 있다.

### 2) 노동조합의 설립단위

공무원이 노동조합을 설립하려는 경우에는 국회·법원·헌법재판소·선거관리위원회·행정부·특별시·광역시·도·특별자치도·시·군·구(자치구를 말한다) 및 특별시·광역시·도·특별자치도의 교육청을 최소단위로 한다(공노법 제5조 제1항).

### (3) 노동조합 활동의 범위와 한계

공무원 노동조합은 단체교섭권, 단체협약체결권(공노법 제8조) 및 노동쟁의조정신청권(공노법 제12조)을 갖는다.

그러나, 쟁의행위를 할 수는 없다. 즉, 노동조합과 그 조합원은 파업·태업 또는 그 밖에 업무의 정상적인 운영을 방해하는 일체의 행위를 하여서는 아니된다(공노법 제11조).

### (4) 정치활동의 금지

노동조합과 그 조합원은 정치활동을 하여서는 아니 된다(공노법 제4조).

### (5) 직장협의회 인정

공노법은 공무원이 「공무원직장협의회의 설립·운영에 관한 법률」에 따라 직장협의회를 설립·운영하는 것을 방해하지 아니한다(공노법 제17조 제1항).


## Ⅱ. 재산상의 권리

공무원의 재산상의 권리로는 보수청구권, 연금권, 실비변상청구권, 공무재해보상청구권 등이 있다.

## 1. 보수청구권

공무원은 보수청구권(報酬請求權)을 갖는다. 공무원의 보수는 계약에 의해 정해지는 것이 아니라 원칙상 법령에 의해 정해진다(국가공무원법 제47조).

공무원보수규정과 지방공무원보수규정이 공무원의 보수에 관하여 구체적인 규정을 두고 있다.

국가공무원법은 공무원의 보수 등에 관하여 이른바 '근무조건 법정주의'를 규정하고 있다(국가공무원법 제46조 제5항, 대판 전원합의체 2023. 09. 21, 2016다255941). 따라서, 공무원이 국가를 상대로 실질이 보수에 해당하는 금원의 지급을 구하려면 공무원의 '근무조건 법정주의'에 따라 국가공무원법령 등 공무원의 보수에 관한 법률에 지급근거가 되는 명시적 규정이 존재하여야 한다(대판 2016. 08. 25, 2013두14610[보육수당지급]: 명시적인 법령의 근거없이 국가를 상대로 보육수당의 지급을 구할 수 없다고 한 사례). 나아가 해당 보수 항목이 국가예산에도 계상되어 있어야만 한다(대판 2018. 02. 28, 2017두64606).

### (1) 보수의 의의 및 내용

보수(報酬)라 함은 봉급과 그 밖의 각종 수당을 합산한 금액을 말한다. 다만, 연봉제 적용대상 공무원은 연봉과 그 밖의 각종 수당을 합산한 금액을 말한다(공무원보수규정 제4조 제1호).

봉급(俸給)이라 함은 직무의 곤란성 및 책임의 정도에 따라 직책별로 지급되는 기본급여 또는 직무의 곤란성 및 책임의 정도와 재직기간 등에 따라 계급(직무등급이나 직위를 포함한다)별·호봉별로 지급되는 기본급여를 말한다(공무원보수규정 제4조 제2호).

연봉(年俸)이라 함은 매년 1월 1일부터 12월 31일까지 1년간 지급되는 기본연봉과 성과연봉을 합산한 금액을 말한다. 다만, 고정급적 연봉제 적용대상 공무원의 경우에는 해당 직책과 계급을 반영하여 일정액으로 지급되는 금액을 말한다. 기본연봉은 개인의 경력, 누적성과와 계급 또는 직무의 곤란성 및 책임의 정도를 반영하여 지급되는 기본급여의 연간 금액을 말한다. 성과연봉은 전년도 업무실적의 평가 결과를 반영하여 지급되는 급여의 연간금액을 말한다(공무원보수규정 제4조 제7호).

수당(手當)이라 함은 직무여건 및 생활여건 등에 따라 지급되는 부가급여를 말한다(공무원보수규정 제4조 제3호). 수당으로는 상여수당(기말수당, 대우공무원수당, 정근수당, 성과상여금, 장기근속수당, 모범공무원수당), 가계보전수당(가족수당, 자녀학비보조수당, 주택수당), 특수지근무수당, 특수근무수당(위험근무수당, 특수업무수당), 초과근무수당 등(시간외근무수당, 야간근무수당, 휴일근무수당, 관리업무수당) 등이 있다(공무원수당규정).

**[판례]** [초과근무수당 지급 청구 사건] (1) 현업공무원 등에 해당하는 지방공무원의 초과근무수당 청구권이 지방자치단체가 예산의 편성지침에 의하여 편성한 예산의 범위 안에서만 인정되는지 여부(소극): 지방공무원의 수당은 법령에 의하여 정해지므로, 해당 법령에서 정한 시간외근무수당, 야간근무수당, 휴일근무수당 등의 초과근무수당이 예산에 계상된 이상 지방공무원 복무규정 제5조에서 말하는 현업공무원 등의 지방공무원은 근무명령에 의하여 실제로 초과근무한 시간에 해당하는 초과근무수당의 지급을 구할 수 있다(대법원 2009. 09. 10. 선고 2005다9227 판결 등 참조). 이는 구 지방공무원수당 등에 관한 규정(2011. 1. 10. 대통령령 제22620호로 개정되기 전의 것, 이하 '이 사건 수당규정'이라고 한다) 제15조의 위임에 따라 구 지방공무원보수업무 등 처리지침(2010. 1. 22. 행정안전부 예규 제297호로 개정되기 전의 것, 이하 '이 사건 지침'이라고 한다)이 현업기관근무자 또는 교대근무자 등과 같이 업무성격상 초과근무가 제도화되어 있는 공무원인 현업대상자에 대하여 시간외근무수당의 월 지급시간을 '예산의 범위 내'로 정하도록 규정하고 있다거나, 이 사건 지침을 근거로 지방자치단체가 예산의 편성지침에 의하여 실제 근무한 초과근로시간에 미달되도록 초과근무수당을 예산에 편성하였다고 하여 달리 볼 것이 아니다. (2) 원고들은 지방자치단체인 피고들 관내의 각 소방서에 소속되어 외근 근무를 담당하는 현직 또는 전직 소방공무원들로서, 출·퇴근 시간 내의 근무를 원칙으로 하는 일반직공무원(일반대상자)과는 달리 화재·재난 등 위급한 상황에 대응하여야 하는 업무의 성격상 초과근무가 제도화되어 있는 이른바 현업대상자들에 해당하는데, '실제 초과근무시간 전체에 대한 초과근무수당'을 지급받았어야 한다고 주장하면서 피고들을 상대로 그 금액에서 '이미 지급받은 초과근무수당'을 뺀 차액 및 이에 대한 지연손해금의 지급을 청구한 사건에서, 피고들은 초과근무수당이 예산에 계상된 이상 실제로 책정·계상된 예산의 범위와 상관없이 원고들이 실제 초과근무한 시간에 해당하는 초과근무수당을 지급할 의무가 있다고 판단한 원심의 판단이 정당하다고 보아 상고기각한 사례(대판 2019. 10. 17, 2014두3020, 2014두3037(병합)).

### (2) 보수결정원칙

공무원의 보수는 직무의 곤란성과 책임의 정도에 맞도록 계급별·직위별 또는 직무등급별로 정한다. 다만, 직무의 곤란성과 책임도가 매우 특수하거나 결원을 보충하는 것이 곤란한 직무에 종사하는 공무원, 제4조 제2항에 따라 같은 조 제1항의 계급 구분이나 직군 및 직렬의 분류를 적용하지 아니하는 공무원 및 임기제공무원의 보수는 따로 정할 수 있다(국공법 제46조 제1항). 공무원의 보수는 일반의 표준 생계비, 물가 수준, 그 밖의 사정을 고려하여 정하되, 민간 부문의 임금 수준과 적절한 균형을 유지하도록 노력하여야 한다(제2항). 경력직공무원 간의 보수 및 경력직공무원과 특수경력직공무원 간의 보수는 균형을 도모하여야 한다(제3항). 공무원의 보수 중 봉급에 관하여는 법률로 정한 것 외에는 대통령령으로 정한다(제4항). 이 법이나 그 밖의 법률에 따른 보수에 관한 규정에 따르지 아니하고는 어떠한 금전이나 유가물(有價物)도 공무원의 보수로 지급할 수 없다(제5항).

**[판례]** ① [1] 구 지방공무원보수업무 등 처리지침이 법규명령으로서의 효력을 갖는지 여부(적극): 구 지방공무원보수업무 등 처리지침(2014. 8. 8. 안전행정부 예규 제104호로 개정되기 전의 것, 이하

'지침'이라 한다) [별표 1] '직종별 경력환산율표 해설'이 정한 민간근무경력의 호봉 산정에 관한 부분은 지방공무원법 제45조 제1항과 구 지방공무원 보수규정(2014. 11. 19. 대통령령 제25751호로 개정되기 전의 것) 제8조 제2항, 제9조의2 제2항, [별표 3]의 단계적 위임에 따라 행정자치부장관이 행정규칙의 형식으로 법령의 내용이 될 사항을 구체적으로 정한 것이고, 달리 지침이 위 법령의 내용 및 취지에 저촉된다거나 위임 한계를 벗어났다고 보기 어려우므로, 지침은 **상위법령과 결합하여 대외적인 구속력이 있는 법규명령으로서의 효력을 갖게 된다.** [2] 구 지방공무원보수업무 등 처리지침 [별표 1] '직종별 경력환산율표 해설'에서 정한 민간근무경력의 호봉 산정에 관한 부분 중 '그에 상응하는 경력'의 의미 및 그에 해당하는지 판단하는 방법: 구 지방공무원법(2014. 11. 19. 법률 제12844호로 개정되기 전의 것, 이하 같다) 제27조 제1항, 제2항 본문, 구 지방공무원보수업무 등 처리지침(2014. 8. 8. 안전행정부 예규 제104호로 개정되기 전의 것, 이하 '지침'이라 한다) [별표 1] 의 문언·체제·취지 등에 비추어, 지침은 자격증·면허증·박사학위(이하 '자격증 등'이라 한다) 취득 후 동일한 전문분야에서 근무한 경력(제1유형)에 관하여는 경력이 공무원임용시험에서 요건이 되었는지와 무관하게 호봉 획정에서 고려할 수 있도록 정한 반면, 자격증 등 없이 근무한 경력으로서 지방공무원법 제27조 제2항 제3호 등 각 직종별로 민간근무경력을 요건으로 하는 경력경쟁임용시험 등에서 관련 직무분야로 인정받은 경력(제2유형)에 관하여는 민간근무경력을 요건으로 하는 경력경쟁임용시험 등에서 관련 직무분야로 인정받은 경력에 한하여 호봉 획정에 고려하도록 정하고 있는 점, 지침이 제2유형에 관하여 민간근무경력을 요건으로 하는 경력경쟁임용시험 등에서 관련 직무분야로 인정받은 경력에 한하여 호봉 획정에 고려하도록 정한 취지는, 자격증 등 취득에 해당하지 아니하는 경우 임용된 직류와 유사한 민간근무경력 전부가 당연히 호봉 획정에 고려되는 것은 아니라는 전제 아래 지방공무원법 제27조 제2항 각 호 중 민간근무경력 또는 연구경력이 임용요건으로 된 경우에 한하여 호봉 획정에 고려할 수 있도록 함으로써, 전문적인 지식과 경력을 가진 민간 인력의 공무원 임용을 촉진하기 위한 것인 점, 만약 제2유형에 관하여 '그에 상응하는 경력'을 정하고 있음을 들어 공무원의 임용과정에서 임용요건 등으로 심사되지 아니한 경력까지 호봉 획정에 반영토록 하는 것은 자격증 등 취득 유무에 따라 호봉 산입 여부를 달리 정한 지침의 취지에 부합한다고 보기 어려운 점 등을 고려하면, 지침 중 '그에 상응하는 경력'이란 구 지방공무원법 제27조 제2항이 정한 경력경쟁임용시험에서 각 직종별로 민간근무경력 자체가 임용요건은 아니었더라도 임용과정에서 민간근무경력에 대한 실질적인 심사가 이루어진 결과 민간근무경력의 인정 여부가 임용 여부에 영향을 미치는 등 제2유형에 준하는 것으로 평가할 수 있는 경우를 의미한다. 그리고 해당 여부는 문제 된 민간근무경력의 내용과 임용된 직류와의 관련성의 정도, 공무원에 대한 임용요건 및 임용과정에서 민간근무경력이 차지한 비중 등 제반 사정을 종합적으로 고려하여 개별적·구체적으로 판단해야 한다. [3] 원고들은 이 사건 지침이 정한 자격증 등을 취득하지 아니하였으므로, 원고들의 민간근무경력은 자격증 등을 취득한 후 동일한 전문분야에서 근무할 것을 요건으로 하는 제1유형에 해당하지 아니할 뿐만 아니라, 원고들이 임용된 임용시험공고 내용에 의하면, '농화학을 전공한 자'라는 학력요건만 요할 뿐 민간근무경력을 임용요건으로 정하고 있지 아니하므로 제2유형에도 해당한다고 볼 수 없고, 나아가 이 사건 지침 중 '그에 상응하는 경력'에 해당하는지 여부에 관하여 보건대, 원고들의 임용과정에서 그 민간근무경력에 대하여 임용요건에 준하는 실질적인 심사가 이루어졌다고 볼 만한 사정도 발견되지 아니하므로, 결국 원고들의 민간근무경력이 이 사건 지침에서 정한 '그에 상응하는 경력'에 해당하지 아니한다고 본 이 사건 처분이 위법하다고 단정하기 어렵다고 하여, 이와 달리 본 원심을 파기한 사안(대판 2016. 01. 28, 2015두53121[호봉정정신청거부처분취소]).

② 공무원보수규정 제8조 제2항 [별표 16] '일반직 공무원 등의 경력환산율표' 제2호 (나)목 7)에서

정한 '상근'이란 해당 사업장의 취업규칙 등에서 정한 바에 따라 근무일마다 출근하여 일정한 시간을 규칙적으로 근무한 경우를 의미하는 것이고, 1일 8시간, 1주 40시간을 근무하는 이른바 '풀타임(Full-time)'만을 의미하는 것은 아니다(대판 2020. 06. 04, 2020두32012[호봉재획정거부처분취소]).
❸ 공무원의 봉급은 기본적으로 공무원의 종류, 계급, 직급, 호봉 등에 따라 결정되고, 담당 업무를 기초로 설정되어 있지 않다(대판 전원합의체 2023. 09. 21, 2016다255941).

### (3) 보수의 성격

현행법상 공무원의 보수는 노동의 대가로서의 성질과 생활보장적 성질(생활자료로서의 성질)을 아울러 가진다고 보아야 한다.

공무원의 보수는 직무의 곤란성 및 책임의 정도에 적응하도록 계급별 또는 직위별로 정하는 것을 원칙으로 하고 있는 점(국공법 제46조 제1항 본문)과 결근기간, 휴직기간, 직위해제기간에 따라 봉급을 감액하도록 하고 있는 점(공무원보수규정 제27, 28, 29조) 등은 공무원 보수의 노동대가적 성격을 보여 주는 것이다.
이에 대하여 공무원 보수의 결정에 있어 일반의 표준생계비·민간의 임금 기타 사정을 고려하도록 하고 있는 점(국공법 제46조 제2항), 보수의 압류를 제한하고 있는 점(민사집행법 제246조, 국세징수법 제33조), 가계보전수당(가족수당, 자녀학비보조수당, 주택수당)을 지급하는 점(공무원수당규정) 등은 보수의 생활보장적 성격을 보여 주는 것이다.

사법상 근로자의 봉급은 기본적으로 노동의 대가이지만 부분적으로 생활보장적 성격을 아울러 갖는데, 공무원의 보수에 있어서는 생활보장적 성격이 보다 강하며 그것이 강조되는 것은 공무원의 노동은 공무수행을 내용으로 하기 때문이다. 공무원의 보수는 공무원이 직무에 전념하여 공무를 수행할 것을 보장해 주는 것이어야 한다.

**[판례]** 공무원 보수의 성격: (1) 공무원에게 지급되는 보수는 근로의 대가로서의 성격만 가지는 것이 아니라 안정적인 직업공무원 제도의 유지를 위한 목적도 포함되어 있다. (2) 공무원에게 지급되는 각 수당은 공무원 조직의 특수성을 반영하거나 공무원의 생활 보장 등 정책적 목적을 함께 가지고 있다(대판 전원합의체 2023. 09. 21, 2016다255941).

### (4) 보수청구권의 성질

보수청구권은 공법관계인 공무원관계를 이루는 것이므로 공권으로 보아야 한다. 따라서, 보수지급청구소송이나 보수청구권확인소송은 공법상 당사자소송에 의하여야 한다.

보수청구권은 생활보장적 성격을 가지므로 포기나 양도가 금지되고, 압류가 제한된다.

현행법은 봉급을 계약이 아니라 법령에서 정하고 있으므로 포기될 수 없는 것으로 보아야 하고, 보수는 본인에게 직접 지급하는 것을 원칙으로 하고 있고(공무원보수규정 제19조 제2항), 현행법상 보수청구권의 압류는 2분의 1을 넘어서는 안 되는 것으로 규정되어 있다(민사집행법 제246조, 국세징수법 제33항).

보수청구권은 국가에 대한 권리로서 금전의 급부를 목적으로 하는 것이므로 시효에 관하여 다른 법률에 규정이 없는 것은 5년간 행사하지 아니할 때에는 시효로 인하여 소멸한다(국가재정법 제96조 제2항).

## 2. 연금권

### (1) 의의 및 성질

연금(年金)이라 함은 본래 일정한 기간 근무하고 퇴직(사망으로 인한 퇴직 포함)한 경우에 공무원 또는 그 유족에게 지급되는 급여를 말한다. 공무원연금법상 공무원이 20년 미만 재직하고 퇴직한 때에는 퇴직일시금을 지급한다(제48조 제1항). 그런데, 공무원연금법은 이 본래의 연금 이외에 공무로 인한 부상·질병·폐질에 대한 급여, 즉 공무상 재해보상금도 포함하여 인정하고 있다.

본래의 연금과 공무상 재해보상금은 성질을 달리하는 것으로 이론상으로는 구별되어야 한다. 본래의 연금(퇴직금)은 공무원이 기여금을 납부하는 점에서 후불임금적 성격을 가지며 또한 기여금 이상으로 국가와 지방자치단체가 부담하는 부담금이 포함되어 지급되는 점(동법 제65조 제1항)에서 사회보장적 성격을 가진다. 공무로 인한 부상·질병에 대한 급여는 사회보장적 성격을 갖는 재해보상금의 성질을 가진다. 공무상 재해보상금은 공무원이 부담하지 않고 국가와 지방자치단체가 부담한다(동법 제65조 제2항).

**[판례]** 공무원 퇴직연금에는 사회보장적 급여로서의 성격 외에 임금의 후불적 성격이 불가분적으로 혼재되어 있다(대판 1995. 09. 29, 95누7529; 대판 전원합의체 2014. 07. 16, 2012므2888).

판례는 공무원연금법에 의한 퇴직금은 적법한 공무원으로서의 신분을 취득하여 근무하다가 퇴직하는 경우에 지급되는 것으로 보고, 따라서 당연퇴직사유에 해당되어 공무원으로서의 신분을 상실한 자가 그 이후 사실상 공무원으로 계속 근무하여 왔다고 하더라도 당연퇴직 후의 사실상의 근무기간은 공무원연금법상의 재직기간에 합산될 수 없다고 보고 있다(대판 2002. 07. 26, 2001두205).

**[판례]** 계약직공무원이 20년간 근무하다가 직제와 정원의 개폐 등으로 퇴직한 경우, 60세 이전에 퇴직연금을 지급받을 수 있도록 규정한 구 공무원연금법(2009. 12. 31. 법률 제9905호로 개정되기 전의 것) 제46조 제1항 제4호의 적용을 받을 수 있는지 여부(소극): 구 공무원연금법 규정의 문언과 체계, 지방계약직공무원의 의미와 그 법률상 지위에다가 공무원퇴직연금 지급개시시점에 관한 공무원연금법의 개정 연혁과 내용, 입법취지 등을 더하여 보면, 구 공무원연금법 제46조 제1항 제4호가 정한 '직제와 정원의 개폐 또는 예산의 감소 등에 의하여 폐직 또는 과원으로 인하여 퇴직한

때'는 정년 또는 근무상한연령이 인정되는 공무원에 한하여 적용된다고 보는 것이 타당하고, 따라서 정년 또는 근무상한연령이 인정되지 아니하는 지방계약직공무원에 대하여는 이 규정이 적용되지 아니한다(대판 2013. 12. 26, 2011두12207[퇴직사실확인서발급거부처분취소]).

### (2) 공무원연금법상 연금의 종류

공무원연금법상의 급여에는 단기급여와 장기급여가 있다(동법 제25조).

단기급여는 공무원의 공무로 인한 질병·부상과 재해에 대하여 지급되는 급여를 말하는데, 공무상요양비, 재해부조금, 사망조위금을 내용으로 한다(제34조).

장기급여는 공무원의 퇴직·장애 및 사망에 대하여 지급되는 급여를 말하는데, 장기급여는 퇴직급여, 장해급여, 유족급여, 퇴직수당을 내용으로 한다(제42조).

### (3) 연금청구권의 성질, 양도·압류 등 금지와 시효

연금청구권은 공권이다. 따라서 지급결정된 연금의 지급청구소송은 공법상 당사자소송에 의하여야 한다(대판 2004. 07. 08, 2004두244).

공무원연금법에 의한 퇴직연금수급권은 급부의무자의 일회성 이행행위에 의하여 만족되는 것이 아니고 일정기간 계속적으로 이행기가 도래하는 계속적 급부를 목적으로 하는 것이다(대판 2014. 04. 24, 2013두26552[급여제한및환수처분취소]).

급여를 받을 권리는 이를 양도, 압류하거나 담보에 제공할 수 없다. 다만, 연금인 급여를 받을 권리는 대통령령으로 정하는 금융기관에 담보로 제공할 수 있고, 국세징수법·지방세기본법 그 밖에 법률에 따른 체납처분의 대상으로 할 수 있다(동법 제32조).

[판례] (1) 공무원 퇴직연금수급권은 사회보장적 급여로서의 성격이 강하여 일신전속적 권리에 해당하여서 상속의 대상이 되지 아니한다. (2) 공무원 퇴직연금수급권을 재산분할의 대상에 포함하여 연금수급권자인 배우자가 매월 수령할 퇴직연금액 중 일정 비율에 해당하는 금액을 상대방 배우자에게 정기적으로 지급하는 방식으로 재산분할을 하는 것이 가능하다(대판 전원합의체 2014. 07. 16, 2012므2888; 대판 전원합의체 2014. 07. 16, 2013므2250).

공무원연금법에 의한 급여를 받을 권리는 그 급여의 사유가 발생한 날부터 단기급여에 있어서는 3년간, 장기급여는 5년간 행사하지 아니할 때에는 시효로 인하여 소멸한다(동법 제81조 제1항).

[판례] [1] 군인의 사망으로 인한 유족연금수급권은 선순위 유족이 '군인이 사망한 날로부터 5년 내'에 유족연금을 청구하여 국방부장관의 지급결정을 받아 구체적인 유족연금수급권(기본권)이 발생한 경우, 그에 따라 다달이 발생하는 월별 수급권(지분권)이 소멸시효에 걸릴 수 있을 뿐, 구체적인 유족연금수급권은 독립적으로 법 제8조 제1항에서 정한 소멸시효의 적용 대상이 되지 아니한다. 이는 선순위 유족에게 유족연금수급권의 상실사유가 발생하여 동순위 또는 차순위 유족에게

구체적인 유족연금수급권이 법 제29조 제2항 규정에 의하여 이전되는 경우에도 마찬가지라고 보아야 한다. [2] 군인의 공무상 사망으로 선순위 유족이 구 군인연금법 제26조 제1항 제3호 규정에 따라 곧바로 취득하는 **추상적 유족연금청구권**, 구체적 유족연금수급권을 취득한 선순위 유족이 갖게 되는 **월별 수급권** 및 선순위 유족이 구체적 유족연금수급권을 상실함에 따라 이를 취득한 동순위 또는 차순위 유족이 갖게 되는 **월별 수급권**에 대하여 같은 법 제8조 제1항에서 정한 5년의 소멸시효 기간이 적용된다. 따라서 법 제8조 제1항에서 소멸시효의 기산점으로 규정한 '급여의 사유가 발생한 날'이란, 추상적 유족연금청구권의 경우에는 '급여를 받을 권리가 발생한 원인이 되는 사실이 발생한 날'을, 월별 수급권의 경우에는 '매달 연금지급일'을 의미한다. [3] 선순위 유족에게 구 군인연금법(2013. 3. 22. 법률 제11632호로 개정되기 전의 것, 이하 '법'이라 한다) 제29조 제1항 각 호에서 정한 사유가 발생하여 구체적 유족연금수급권을 상실함에 따라 동순위 또는 차순위 유족이 법 제29조 제2항 규정에 의하여 곧바로 구체적 유족연금수급권을 취득한 경우 그로부터 발생하는 월별 수급권은 매 연금지급일(매달 25일)부터 5년간 이를 행사하지 아니한 때에는 각 시효가 완성되어 소멸하게 되며, 국방부장관에게 구 군인연금법 시행령(2010. 11. 2. 대통령령 제22467호로 개정되기 전의 것) 제56조에 따라 유족연금수급권 이전 청구를 한 경우에는 이미 발생한 월별 수급권에 관하여 권리를 행사한다는 취지를 객관적으로 표명한 것이므로, 그 이전 청구 시부터 거꾸로 계산하여 5년 이내의 월별 수급권은 소멸시효의 진행이 중단되어 지급받을 수 있다. [4] 군인이 사망한 후 유족연금을 지급받아오던 군인의 배우자(원고의 며느리)가 재혼하고 군인의 아들(원고의 손자)은 18세가 됨으로써 유족연금수급권을 상실하게 되자 그로부터 5년이 지난 후 차순위 유족인 군인의 아버지(원고)와 어머니가 유족연금수급권 이전 청구를 하였으나 소멸시효 완성을 이유로 거부된 사안에서, 구체적 유족연금수급권과 월별 수급권을 구분하지 아니한 채 차순위 유족의 유족연금수급권 전부가 시효로 소멸하였다고 판단한 원심을 파기한 사례(대판 2019. 12. 27, 2018두46780).

### (4) 연금청구와 쟁송방법

공무원연금법 소정의 급여는 법령의 규정에 의하여 직접 발생하는 것이 아니라 급여를 받을 권리를 가진 자가 당해 공무원이 소속하였던 기관장의 확인을 얻어 신청하는 바에 따라 공무원연금공단이 그 지급결정을 함으로써 그 구체적인 권리가 발생하는 것이므로, 공무원연금공단의 급여에 관한 결정은 국민의 권리에 직접 영향을 미치는 것이어서 행정처분에 해당하고, 공무원연금공단의 급여결정에 불복하는 자는 공무원연금공단의 급여결정을 대상으로 행정소송을 제기하여야 한다(대판 1996. 12. 06, 96누6417).

지급결정된 연금의 지급거부에 대하여는 연금지급청구소송(공법상 당사자소송)을 제기하여야 한다(행정구제법 소송의 종류 참조).

**[판례]** ① 구 공무원연금법령상 급여를 받으려고 하는 자는 우선 관계 법령에 따라 공단에 급여지급을 신청하여 공단이 이를 거부하거나 일부 금액만 인정하는 급여지급결정을 하는 경우 그 결정을 대상으로 항고소송을 제기하는 등으로 구체적 권리를 인정받은 다음 비로소 당사자소송으로 그 급여의 지급을 구하여야 한다고 한 사례: 구 공무원연금법(2008. 2. 29. 법률 제8852호로 개정되기 이전의 것) 제26조 제1항, 제3항, 제83조 제1항, 구 공무원연금법 시행령(2008. 2. 29. 대통령령 제

20741호로 개정되기 이전의 것) 제19조의3 등의 각 규정을 종합하면, 구 공무원연금법에 의한 퇴직수당 등의 급여를 받을 권리는 법령의 규정에 의하여 직접 발생하는 것이 아니라 위와 같은 급여를 받으려고 하는 자가 소속하였던 기관장의 확인을 얻어 신청함에 따라 **공무원연금관리공단이 그 지급결정을 함으로써 구체적인 권리가 발생한다.** 여기서 공단이 하는 급여지급결정의 의미는 단순히 급여수급 대상자를 확인·결정하는 것에 그치는 것이 아니라 구체적인 급여수급액을 확인·결정하는 것까지 포함한다. 따라서 구 공무원연금법령상 급여를 받으려고 하는 자는 우선 관계 법령에 따라 공단에 급여지급을 신청하여 공단이 이를 거부하거나 일부 금액만 인정하는 급여지급결정을 하는 경우 그 결정을 대상으로 항고소송을 제기하는 등으로 구체적 권리를 인정받은 다음 비로소 당사자소송으로 그 급여의 지급을 구하여야 할 것이고, 구체적인 권리가 발생하지 않은 상태에서 곧바로 공단 등을 상대로 한 당사자소송으로 급여의 지급을 소구하는 것은 허용되지 아니한다 (대판 2010. 05. 27, 2008두5636[퇴직수당청구]).

② [1] 공무원연금관리공단이 공무원연금법령의 개정사실과 퇴직연금 수급자가 퇴직연금 중 일부 금액의 지급정지대상자가 되었다는 사실을 통보한 경우, 위 통보가 항고소송의 대상이 되는 행정처분인지 여부(소극): 공무원으로 재직하다가 퇴직하여 구 공무원연금법(2000. 12. 30. 법률 제6328호로 개정되기 전의 것)에 따라 퇴직연금을 받고 있던 사람이 철차산업 직원으로 다시 임용되어 철차산업으로부터는 급여를 받고 공무원연금관리공단으로부터는 여전히 퇴직연금을 지급받고 있다가, 구 공무원연금법시행규칙(2001. 2. 28. 행정자치부령 제126호로 개정되기 전의 것)이 개정되면서 철차산업이 구 공무원연금법 제47조 제2호 소정의 퇴직연금 중 일부의 금액에 대한 지급정지기관으로 지정된 경우, 공무원연금관리공단의 지급정지처분 여부에 관계없이 개정된 구 공무원연금법시행규칙이 시행된 때로부터 그 법 규정에 의하여 당연히 퇴직연금 중 일부 금액의 지급이 정지되는 것이므로, 공무원연금관리공단이 위와 같은 법령의 개정사실과 퇴직연금 수급자가 퇴직연금 중 일부 금액의 지급정지대상자가 되었다는 사실을 통보한 것은 단지 위와 같이 법령에서 정한 사유의 발생으로 퇴직연금 중 일부 금액의 지급이 정지된다는 점을 알려주는 **관념의 통지**에 불과하고, 그로 인하여 비로소 지급이 정지되는 것은 아니므로 항고소송의 대상이 되는 **행정처분으로 볼 수 없다.** [2] 공무원연금관리공단이 퇴직연금 중 일부 금액에 대하여 지급거부의 의사표시를 한 경우, 그 의사표시가 항고소송의 대상이 되는 행정처분인지 여부(소극) 및 이 경우 미지급퇴직연금의 지급을 구하는 소송의 성격(=공법상 당사자소송): 구 공무원연금법(2000. 12. 30. 법률 제6328호로 개정되기 전의 것) 소정의 퇴직연금 등의 급여는 급여를 받을 권리를 가진 자가 당해 공무원이 소속하였던 기관장의 확인을 얻어 신청하는 바에 따라 공무원연금관리공단이 그 지급결정을 함으로써 그 구체적인 권리가 발생하는 것이므로, 공무원연금관리공단의 급여에 관한 결정은 국민의 권리에 직접 영향을 미치는 것이어서 행정처분에 해당할 것이지만, 공무원연금관리공단의 인정에 의하여 **퇴직연금을 지급받아 오던 중 구 공무원연금법령의 개정 등으로 퇴직연금 중 일부 금액의 지급이 정지된 경우**에는 당연히 개정된 법령에 따라 퇴직연금이 확정되는 것이지 같은 법 제26조 제1항에 정해진 공무원연금관리공단의 퇴직연금 결정과 통지에 의하여 비로소 그 금액이 확정되는 것이 아니므로, 공무원연금관리공단이 **퇴직연금 중 일부 금액에 대하여 지급거부의 의사표시를** 하였다고 하더라도 그 의사표시는 퇴직연금 청구권을 형성·확정하는 행정처분이 아니라 공법상의 법률관계의 한쪽 당사자로서 그 지급의무의 존부 및 범위에 관하여 나름대로의 사실상·법률상 의견을 밝힌 것일 뿐이어서, 이를 **행정처분이라고 볼 수는 없고**, 이 경우 미지급퇴직연금에 대한 지급청구권은 공법상 권리로서 그의 지급을 구하는 소송은 공법상의 법률관계에 관한 소송인 **공법상 당사자소송**에 해당한다. [3] 공무원퇴직연금 중 일부 금액에 대한 지급거부의 의사표시를 한 공무원연금관리공단의 회신이 항고소송의 대상인 처분에 해당하는지와 그 처분에 해당되지 않는다고 판단될 경우

그 처분의 취소를 구하는 청구에 미지급 퇴직연금의 직접 지급을 구하는 취지도 포함된 것인지를 석명하여야 한다고 한 사례(대판 2004. 07. 08, 2004두244[연금지급청구서반려처분취소]).

❸ 구 군인연금법상 선순위 유족이 유족연금수급권을 상실함에 따라 동순위 또는 차순위 유족이 유족연금수급권 이전 청구를 한 경우, 이에 관한 국방부장관의 결정은 항고소송의 대상인 처분에 해당한다. 그러므로 만약 국방부장관이 거부결정을 하는 경우 그 거부결정을 대상으로 항고소송을 제기하는 방식으로 불복하여야 하고, 청구인이 정당한 유족연금수급권자라는 국방부장관의 심사·확인 결정 없이 곧바로 국가를 상대로 한 당사자소송으로 그 권리의 확인이나 유족연금의 지급을 소구할 수는 없다(대판 2019. 12. 27, 2018두46780).

## 3. 실비변상청구권

공무원은 보수 외에 대통령령등으로 정하는 바에 따라 직무 수행에 필요한 실비 변상을 받을 수 있다(국공법 제48조 제1항). 공무원은 국내여비규정과 국외여비규정에 의해 운임, 일비, 숙박료, 식비 등을 지급받는다.

# 제 2 절  공무원의 의무

종래 공무원의 근무관계를 특별권력관계로 보고 공무원의 의무는 법령의 근거 없이도 특별권력에 의해 명해질 수 있는 것으로 보았다. 그러나, 공무원의 근무관계도 법관계이며 법치주의원칙이 여기에도 적용되는 것이므로 공무원의 의무는 법률에 의해 부과되는 것으로 보는 것이 오늘날의 일반적 견해이다.

공무원의 의무는 국가공무원법 및 지방공무원법 등에 의해 규정되고 있는데, 이와 같은 법률에 의해 구체화되고 있는 공무원의 의무는 헌법상 선언된 국민 전체에 대한 봉사자로서의 공무원의 지위와 공무원의 정치적 중립성의 보장을 실현하는 것이어야 한다.

공무원의 의무로는 선서의무, 성실의무, 법령준수의무, 복종의무, 직무전념의무, 친절공정의무, 비밀엄수의무, 품위유지의무 및 청렴의무가 있다. 이들 공무원의 의무는 직무와 직접 관련되는 의무와 직무와 직접 관련되지 않고 일반적으로 공무원으로서 부담하는 의무로 구분할 수 있다.

## I. 공무원의 일반적 의무

### 1. 선서의무

공무원은 취임할 때에 소속기관장 앞에서 선서를 하여야 한다.[13] 다만, 불가피한 사유가 있을 때에는 취임 후에 선서하게 할 수 있다(국공법 제55조).

선서를 하지 않았더라도 임명행위에는 직접 영향을 미치지 않는다. 그러나, 선서를 거부한 것은 징계사유가 된다.

## 2. 성실의무

모든 공무원은 성실히 직무를 수행하여야 한다(국공법 제56조). 성실의무(誠實義務)는 공무원에게 부과된 가장 기본적인 중요한 의무로서 최대한으로 공공의 이익을 도모하고 그 불이익을 방지하기 위하여 전인격과 양심을 바쳐서 성실히 직무를 수행하여야 하는 것을 그 내용으로 한다(대판 1989. 05. 23, 88누3161; 대판 2017. 12. 22, 2016두38167).

성실의무는 윤리성이 강한 의무이다. 그러나 성실의무는 단순한 도덕적 의무는 아니고 국가공무원법 등에 규정된 법적 의무이다. 성실의무는 공무원의 국민전체에 대한 봉사자로서의 지위로부터도 도출된다. 성실의무는 공무원은 국민과 국가의 이익을 위하여 적극적으로 노력할 의무를 포함한다.

성실의무는 법적 의무이므로 성실의무에 위반하면 징계의 대상이 된다. 다만, 어느 정도의 불성실한 행위가 성실의무 위반이 되는지 그 판단은 용이하지 않을 것이다.

예를 들면, 상습적인 지각이나 음주 후 근무는 성실의무 위반이 될 수 있다. 공무원이 직무와 관련하여 뇌물을 받은 것은 성실의무, 청렴의무에 위반된다(대판 1983. 09. 27, 83누356; 1990. 03. 13, 89누5034).

성실의무는 경우에 따라서는 근무시간 외에 근무지 밖까지 미칠 수도 있다(대판 1997. 02. 11, 96누2125).

[판례] 철도의 정상적인 운행을 수행하여야 할 철도기관사로서의 성실의무는 철도의 정상운행에 지장을 초래할 가능성이 높은 집회에 참석하지 아니할 의무에까지도 미친다고 보아, 철도기관사에 대하여 그 집회에 참석하지 못하도록 한 지방철도청장의 명령은 정당한 직무상 명령이라고 본 원심판결을 수긍한 사례(대판 1997. 02. 11, 96누2125[파면처분취소]).

「적극행정 운영규정」 제2조 제2호에 따른 소극행정은 성실의무 위반의 하나로 규정되어 있다(공무원 징계령 시행규칙 별표 1).

---

13) 선서문의 내용은 다음과 같다. "본인은 공직자로서 긍지와 보람을 가지고 국가와 국민을 위하여 신명을 바칠 것을 다짐하면서 다음과 같이 선서합니다. 1. 본인은 법령을 준수하고 상사의 직무상 명령에 복종한다. 1. 본인은 국민의 편에 서서 정직과 성실로 직무에 전념한다. 1. 본인은 창의적인 노력과 능동적인 자세로 소임을 완수한다. 1. 본인은 재직중은 물론 퇴직후에라도 직무상 알게 된 기밀을 절대로 누설하지 아니한다. 1. 본인은 정의의 실천자로서 부정의 발본에 앞장선다."

## 3. 품위유지의무

공무원은 직무의 내외를 불문하고 그 품위(品位)를 손상하는 행위를 하여서는 아니 된다(국공법 제63조). 품위라 함은 주권자인 국민의 수임자로서의 직책을 맡아 수행해 나가기에 손색이 없는 인품을 말한다(대판 1987. 12. 08, 87누657).

품위손상행위라 함은 공직의 위신, 체면, 신용에 손상을 가하는 행위를 말한다. 품위손상행위의 예로는 도박, 마약복용, 축첩행위, 알콜중독 등을 들 수 있다.

**[판례]** ① [1] 국민에게 보장된 기본권행사행위가 지방공무원법 제55조 소정의 품위유지의무위반행위에 해당될 수 있는지 여부(적극): 공무원이 모든 국민에게 보장된 기본권을 행사하는 행위를 하였다 할지라도 그 권리행사의 정도가 권리를 인정한 사회적 의의를 벗어날 정도로 지나쳐 주권자인 국민의 입장에서 보아 바람직스럽지 못한 행위라고 판단되는 경우라면 공무원의 그와 같은 행위는 그 품위를 손상하는 행위에 해당한다 할 것이다. [2] 부산직할시 남구청에 재직 중 1975. 4. 15.자로 파면처분을 당한 바 있던 공무원이 위 파면처분의 취소를 구하는 행정소송을 제기하여 그 패소의 판결이 확정되었음에도 불구하고 이에 승복함이 없이 동일한 사안에 관한 쟁송을 그치지 아니하다가 1981. 7. 5. 충주시 지방공무원으로 다시 임용된 이후에도 1985. 말경까지 부질없는 소송을 되풀이 하여 전후 7차례에 걸친 소송에서 모두 패소의 판결을 선고받은 사실을 확정한 후 원고의 위와 같은 행위는 공무원으로서의 품위를 손상한 것으로 보기에 충분하다고 판단한 사례(대판 1987. 12. 08, 87누657).
② [세월호 사고 당시 진도 연안 해상교통관제센터 센터장으로 근무하던 원고가 자신에 대한 징계처분의 취소를 구하는 사건] [1] '**품위**'는 공직의 체면, 위신, 신용을 유지하고, 주권자인 국민의 수임을 받은 국민 전체의 봉사자로서의 직책을 다함에 손색이 없는 몸가짐을 뜻하는 것으로서, 직무의 내외를 불문하고, 국민의 수임자로서의 직책을 맡아 수행해 나가기에 손색이 없는 인품을 말한다(대법원 2013. 9. 12. 선고 2011두20079 판결 참조). 이와 같은 국가공무원법 제63조의 규정 내용과 의미, 그 입법 취지 등을 종합하여 보면, 국가공무원법 제63조에 규정된 **품위유지의무란** 공무원이 직무의 내외를 불문하고, 국민의 수임자로서의 직책을 맡아 수행해 나가기에 손색이 없는 인품에 걸맞게 본인은 물론 공직사회에 대한 국민의 신뢰를 실추시킬 우려가 있는 행위를 하지 않아야 할 의무라고 해석할 수 있다(대법원 2017. 4. 13. 선고 2014두8469 판결 참조). 구체적으로 어떠한 행위가 품위손상행위에 해당하는가는 그 수범자인 평균적인 공무원을 기준으로 구체적 상황에 따라 건전한 사회통념에 의하여 판단하여야 한다. [2] 진도 연안 해상교통관제센터 센터장이던 원고가 위 센터에 설치된 CCTV 영상자료 원본 파일을 삭제한 행위에 대하여 무죄판결을 받았다 하더라도, 그 행위가 변칙근무 행태를 은폐하기 위하여 원고의 독단적 판단에 따라 이루어진 것이고, 담당 공무원이 세월호 사고의 원인규명과 수습을 위하여 위 CCTV 영상자료 원본 파일을 수사기관 등에 제출할 것이라는 국민의 기대를 저버린 행위라는 이유로 국가공무원법 제56조의 **성실의무**와 국가공무원법 제63조 **품위 유지의 의무를** 위반한 징계사유에 해당한다고 본 사안임(대판 2017. 11. 09, 2017두47472).
③ 공무원이 외부에 자신의 상사 등을 비판하는 의견을 발표하는 행위가 공무원으로서의 체면이나 위신을 손상시키는 행위에 해당하는지 여부(적극): 공무원이 외부에 자신의 상사 등을 비판하는 의견을 발표하는 행위는 그것이 비록 행정조직의 개선과 발전에 도움이 되고, 궁극적으로 행정청의

권한행사의 적정화에 기여하는 면이 있다고 할지라도, 국민들에게는 그 내용의 진위나 당부와는 상관없이 그 자체로 행정청 내부의 갈등으로 비춰져, 행정에 대한 국민의 신뢰를 실추시키는 요인으로 작용할 수 있고, 특히 발표 내용 중에 진위에 의심이 가는 부분이 있거나 표현이 개인적인 감정에 휩쓸려 지나치게 단정적이고 과장된 부분이 있는 경우에는 그 자체로 국민들로 하여금 공무원 본인은 물론 행정조직 전체의 공정성, 중립성, 신중성 등에 대하여 의문을 갖게 하여 행정에 대한 국민의 신뢰를 실추시킬 위험성이 더욱 크므로, 그러한 발표행위는 공무원으로서의 체면이나 위신을 손상시키는 행위에 해당한다(대판 2017. 04. 13, 2014두8469).
④ 교원에게는 일반 직업인보다 더 높은 도덕성이 요구됨은 물론이고, 교원의 품위손상행위는 본인은 물론 교원사회 전체에 대한 국민의 신뢰를 실추시킬 우려가 있다는 점에서 보다 엄격한 품위유지의무가 요구된다(대판 2019. 12. 24, 2019두48684).

품위유지의무는 직무 내에서뿐만 아니라 직무외 사생활에 있어서도 적용된다. 공무원의 사생활이라 하여도 스캔들을 일으키거나 심한 비행을 저질러 공직의 위신, 체면, 신용에 손상을 가하면 품위유지의무 위반이 된다. 예를 들면, 공무원이 직무수행과 양립하지 않는 곳에 자주 드나드는 것은 품위유지의무 위반이 된다. 공무원의 배우자가 공직의 신용에 손상을 가하는 행위를 한 경우에도 공무원의 품위유지의무 위반이 인정될 수 있다.

**[판례]** ① 판례는 변제대책 없이 과다한 채무를 부담하고, 대출금의 상당부분을 무절제하게 소비하고, 동료경찰관에게 대출보증을 하도록 하거나 대출을 받아 자신에게 대출금을 빌려 주도록 하여 그들의 월급이 압류되게 하는 등의 피해를 입히고, 위 채무에 대한 변제능력이 없는 경우에 국가공무원법상의 품위유지의무 위반이라고 보고, 이에 따른 해임처분이 재량권의 일탈·남용이 아니라고 하였다(대판 1999. 04. 27, 99두1458).
② 감사원 공무원이 허위의 사실을 기자회견을 통하여 공표한 것은 감사원의 명예를 실추시키고 공무원으로서 품위를 손상한 행위로서 국가공무원법이 정하는 징계사유에 해당된다(대판 2002. 09. 27, 2000두2969).

다만, 공직의 위신, 체면, 신용에 손상을 가하지 않는 공무원의 단순한 사생활의 문제(예, 단순한 방탕, 단순히 무절제한 행위 등)는 품위를 손상하는 행위라고 할 수 없다.

## 4. 청렴의무

공무원은 직무와 관련하여 직접 또는 간접을 불문하고 사례·증여 또는 향응을 수수할 수 없으며 직무상의 관계 여하를 불문하고 그 소속상관에 증여하거나 소속공무원으로부터 증여를 받아서는 아니 된다(국공법 제61조).

청렴의무 위반은 징계사유가 되며 경우에 따라서는 형법상 뇌물에 관한 죄(형법 제129조 내지 제135조)에 해당할 수도 있다.

공무원의 청렴성을 제도적으로 담보하기 위하여 공직자윤리법, 「부정청탁 및 금

품 등 수수의 금지에 관한 법률」이 제정되어 있다. 또한 부패행위의 신고, 비위면직
자의 취업제한 등을 정하는 「부패방지 및 국민권익위원회의 설치와 운영에 관한 법
률」이 제정되어 있다.

**[판례]** 설날 며칠 뒤 부하 경찰관을 통하여 관내 업소경영자로부터 금 80만원을 교부받은 파출소장
에 대한 해임처분이 재량권을 일탈·남용한 것이 아니라고 한 사례(대판 1999. 03. 09, 98두18145).

### 5. 병역사항신고의무

「공직자 등의 병역사항 신고 및 공개에 관한 법률」은 일정한 공직자와 공직후
보자로 하여금 본인과 본인의 18세 이상의 직계비속의 병역사항을 신고하도록 하고
신고된 사항을 공개하도록 하고 있다.

## Ⅱ. 공무원의 직무상 의무

### 1. 법령준수의무

모든 공무원은 법령을 준수하여야 한다(국공법 제56조, 지공법 제48조) 법령준수의
무(法令遵守義務)는 법치주의의 실효성을 보장하기 위하여 인정되는 의무이다.

법령준수의무를 위반하여 행해진 행위는 취소의 대상이 되고, 국가배상법상의
요건을 충족하는 경우에는 국가배상책임 및 공무원의 배상책임을 발생시킨다.

그리고, 법령준수의무 위반은 징계사유가 된다. 다만, 공무원의 위법행위가 상관
의 명령에 따라 행해진 경우에는 공무원의 배상책임이나 징계책임이 면제될 수 있다.

그러나, 아래에서 보는 바와 같이 공무원이 위법한 명령에 복종하여서는 아니
되는 경우에는 공무원의 위법행위가 상관의 명령에 따른 것이라 하더라도 공무원의
책임은 면제되지 아니한다.

### 2. 복종의무

#### (1) 의    의

공무원은 직무를 수행함에 있어서 소속 상관의 직무상 명령에 복종하여야 한다
(국공법 제57조). 공무원의 복종의무(服從義務)는 행정의 계층질서의 보장, 행정의 통일
성과 효율성을 보장하기 위하여 인정되는 의무이다.

#### (2) 소속상관

소속상관(所屬上官)에는 공무원의 직무를 지휘·감독할 권한을 가진 상관인 직무
상 소속상관과 공무원의 신분에 관한 권한을 가진 상관인 신분상 소속상관이 있는

데, 여기에서 상관이라 함은 직무상 소속상관을 말한다.

공무원은 행정청의 지위를 갖는 상관뿐만 아니라 보조기관인 상관의 명령에도 복종하여야 한다.

서로 상하의 관계에 있는 상관이 상호 모순되는 명령을 발한 경우에는 행정조직의 계층적 질서를 보장하기 위하여 직근 상관의 명령에 따라야 한다.

### (3) 직무상 명령

복종의무의 대상은 상관의 직무상 명령이다. 직무상 명령이 아니면 복종의무를 지지 않는다.

**[판례]** 검찰총장이 검사에 대한 비리혐의를 내사하는 과정에서 해당 검사에게 참고인과 대질신문을 받도록 담당부서에 출석할 것을 지시한 경우, 검찰총장의 그 출석명령이 그 검사에게 복종의무를 발생시키는 직무상의 명령에 해당하는지 여부(소극): 상급자가 하급자에게 발하는 직무상의 명령이 유효하게 성립하기 위하여는 상급자가 하급자의 직무범위 내에 속하는 사항에 대하여 발하는 명령이어야 하는 것인바, 검찰총장이 검사에 대한 비리혐의를 내사하는 과정에서 해당 검사에게 참고인과 대질신문을 받도록 담당부서에 출석할 것을 지시한 경우, …… 위 출석명령은 그 검사의 직무범위 내에 속하지 아니하는 사항을 대상으로 한 것이므로 그 검사에게 복종의무를 발생시키는 직무상의 명령이라고 볼 수는 없다(대판 2001. 08. 24, 2000두7704[면직처분취소]).

상관의 하관에 대한 명령에는 두 형식이 있다. 하나는 훈령이고 다른 하나는 직무명령이다. 직무명령은 상관이 부하인 공무원 개인에 대하여 그 직무에 관하여 발하는 명령이다. 훈령은 상급관청이 하급기관에 대하여 발하는 명령으로서 직무명령과 구별되지만(양자의 구별에 관하여는 전술한 행정조직법의 관련부분 참조), 훈령은 하급기관을 구성하는 공무원에 대하여는 동시에 직무명령으로서의 성질도 갖는다. 따라서 공무원은 상관의 훈령에도 복종하여야 한다(대판 2001. 08. 24, 2000두7704).

**[판례]** 군인이 상관의 지시나 명령에 대하여 재판청구권을 행사하는 경우에 그것이 위법·위헌인 지시와 명령을 시정하려는 데 목적이 있을 뿐, 군 내부의 상명하복관계를 파괴하고 명령불복종 수단으로서 재판청구권의 외형만을 빌리거나 그 밖에 다른 불순한 의도가 있지 않다면, 정당한 기본권의 행사이므로 군인의 복종의무를 위반하였다고 볼 수 없다(대판 전원합의체 2018. 03. 22, 2012두26401[전역처분등취소]).

훈령은 하급기관의 소관사무에 관한 권한행사만을 대상으로 하지만, 직무명령은 공무원의 소관사무에 관한 권한행사뿐만 아니라 제복착용명령, 직무태도 등 공무원의 직무수행과 관련한 활동도 대상으로 한다.

### (4) 복종의무의 한계

공무원의 복종의무에는 일정한 한계가 있다.

### 1) 복종의무를 지지 않는 공무원

법관은 적어도 재판상 지휘·감독을 받지 않으며 따라서 재판행위에 관하여는 복종의무가 없다. 대학교수도 그의 교육내용에 관하여는 복종의무를 지지 않는다.

### 2) 법령준수의무와의 조정

공무원은 상관의 위법한 명령에 복종하면 법령준수의무를 위반하게 된다. 이와 같이 복종의무와 법령준수의무가 충돌하는 경우에 공무원은 어떻게 하여야 하는가. 직무상 명령이 위법한 경우에 공무원은 명령에 따르는 것을 거부할 수 있는가 나아가 거부하여야 할 의무가 있는가하는 것이 문제된다.

직무상 명령에는 형식적 요건과 실질적 요건이 있다. 학설은 직무상 명령의 형식적 요건이 결여된 경우에는 이를 심사할 수 있고 복종을 거부할 수 있다고 보는 것이 일반적 견해이다.

상관이 발한 직무상 명령의 실질적 요건의 결여로 인한 직무상 명령의 위법 여부를 공무원이 심사하여 위법한 경우 복종을 거부할 수 있는지에 관하여 직무상 명령의 위법성이 명백하지 않는 한 위법(단순위법)한 직무상 명령에 대하여는 행정의 계층적 질서를 보장하기 위하여 복종하여야 하며 직무상 명령의 위법이 명백한 경우에는 복종하지 않을 수 있으며 또한 복종하여서는 안 된다고 보는 것이 일반적 견해이다. 판례도 그러하다.

**[판례]** [1] 상관의 위법 내지 불법한 명령과 하관의 복종의무: 공무원이 그 직무를 수행함에 있어 상관은 하관에 대하여 범죄행위 등 위법한 행위를 하도록 명령할 직권이 없는 것이고 하관은 소속 상관의 적법한 명령에 복종할 의무는 있으나 그 명령이 참고인으로 소환된 사람에게 가혹행위를 가하라는 등과 같이 명백한 위법 내지 불법한 명령인 때에는 이는 벌써 직무상의 지시명령이라 할 수 없으므로 이에 따라야 할 의무는 없다. [2] 공무원이 그 직무를 수행함에 있어 상관은 하관에 대하여 범죄행위 등 위법한 행위를 하도록 명령할 직권이 없는 것이고, 하관은 소속상관의 적법한 명령에 복종할 의무는 있으나 그 명령이 참고인으로 소환된 사람에게 가혹행위를 가하라는 등과 같이 명백한 위법 내지 불법한 명령인 때에는 이는 벌써 직무상의 지시명령이라 할 수 없으므로 이에 따라야 할 의무는 없다(대판 1988. 02. 23, 87도2358).

공무원은 상관의 명령이 위법하다고 보이는 경우에는 명문의 규정이 없는 한 단순한 위법의 경우에도 그 명령에 복종하기 전에 상관에게 그 직무상 명령의 위법성에 관한 의견을 제출할 수 있다고 보아야 한다.

지방공무원법은 "공무원은 직무를 수행함에 있어 소속 상사의 직무상 명령에 복종하여야 한다. 다만, 이에 대한 의견을 진술할 수 있다"라고 규정하고 있는데(제49조), 지방공무원법에서와 같이 명문의 규정이 없더라도 공무원은 직무상 명령이 위법하다는 의견을 상관에게 진술할 수 있다고 해석된다. 이 공무원의 의견진술은 의무는 아니라고 보아야 할 것이다.[14] 상관의 명령이 명백히 위법한 경우에는 그 위법성에 대한 의견진술을 하였다고 하더라도 징계책임이 면제되는 것은 아니다.

입법론으로는 공무원의 의견진술권을 보다 구체적으로 규정하여야 할 것이다. 의견진술을 받은 상관은 그에 대한 상관의 입장을 제시하도록 하는 규정을 두어야 할 것이다.

### 3) 종교중립의무와의 조정

공무원은 소속 상관이 종교중립의 의무에 위배되는 직무상 명령을 한 경우에는 이에 따르지 않을 수 있다(국공법 제59조의2 제2항).

### (5) 복종의무 위반에 대한 징계

단순위법한 직무명령에 복종하지 않은 것도 복종의무 위반으로 징계의 대상이 된다. 다만, 직무상 명령이 위법하다는 이유로 복종하지 않은 경우에는 구체적인 사안에 따라 징계의 감경사유가 된다고 보아야 할 것이다.

[판례] (1) 원래 검사 직무의 위임·이전 및 승계에 관한 규정은 상명하복의 검사동일체 원칙을 규정하고 있던 검찰청법 제7조에 함께 있었다. 그런데 위 조항이 2004. 1. 20. 법률 제7078호로 개정되면서 상명하복이 검찰사무에 관한 지휘·감독으로 완화됨과 아울러 검사는 구체적 사건과 관련된 상급자의 지휘·감독의 적법성 또는 정당성에 대하여 **이의를 제기할 수 있다는** 규정이 새로이 추가되었고, 검사 직무의 위임·이전 및 승계에 관한 규정을 신설된 제7조의2에 옮겨 별도로 두게 되었다. (2) 이러한 검찰청법의 개정취지와 목적, 규정 체계에 비추어 보면, 검사가 구체적 사건과 관련된 상급자의 지휘·감독의 적법성 또는 정당성에 대하여 이의한 상황에서 검찰청의 장이 아닌 상급자가 그 이의를 제기한 사건에 관한 검사의 직무를 다른 검사에게 이전하기 위해서는 검사 직무의 이전에 관한 검찰청의 장의 구체적·개별적인 위임이나 그러한 상황에서의 검사 직무의 이전을 구체적이고 명확하게 정한 위임규정 등이 필요하다고 보아야 한다. (3) 원고의 상급자인 공판부장이 과거사정리위원회의 진실규명결정서 등을 토대로 재심결정된 재심사건의 공판관여 검사인 원고에게 이른바 '백지구형'(법과 원칙에 따른 선고를 구하는 의견진술)을 지시하였으나 원고가 이에 이의를 제기하자 위 재심사건 공판에 관여할 직무를 다른 검사가 담당하게 하라는 직무이전명령을 하였는데, 원고가 이에 따르지 않고 위 재심사건의 공판기일에서 무단으로 참석하여 직무를 이전받은 다른 검사를 법정에 출입하지 못하게 한 후 구형하였다는 등의 사유로 원고를 징계한 사안에서, 대법원은 위와 같이 판시하면서 **공판부장의 직무이전명령은** 검찰청의 장의 구체적·개별적인 위임이나 그와 같은 상태에서의 직무이전에 관한 구체적이고 명확한 위임규정 없이 한 것이어서 **위법하므로 이에 따르지 않았다는** 점을 징계사유로 삼을 수 없고, 징계사유로 인정되는 나머지 징계사유만으로 정직 4월의 징계를 한 것은 징계재량을 일탈·남용한 위법이 있다는 이유로 원심을 수긍한 사례(대판 2017. 10. 31, 2014두45734[징계처분취소]).

---

14) 이에 대하여 입법론으로 법령준수의무를 강화하기 위하여 만일 공무원이 통상의 주의를 기울였다면 직무명령이 위법하다는 것을 알 수 있었음에도 그러한 주의를 기울이지 않아 직무명령이 위법하다는 것을 알지 못하였거나 직무명령이 위법하다는 생각을 하면서도 이에 관하여 상관에게 의견을 제출함이 없이 직무명령에 복종한 경우에는 법령준수의무 위반으로 징계의 대상이 된다고 보아야 한다는 견해가 있을 수 있다.

위법한 명령을 발한 상관은 법령준수의무 위반으로 징계의 대상이 된다.

## 3. 직무전념의무

직무전념의무(職務專念義務)는 공무원은 근무시간 및 그의 능력과 주의력 전부를 그 직무수행을 위하여 사용하여야 한다는 것을 내용으로 한다. 직무전념의무는 원칙상 근무시간중에만 적용된다.

직무전념의무로부터 다음과 같은 제한 내지 의무가 도출된다.

### (1) 직장이탈금지

공무원은 소속 상사의 허가 없이 또는 정당한 이유 없이 직장을 이탈하지 못한다(국공법 제58조 제1항). 이는 근무(시간외 근무 포함)시간 중에 한하여 적용된다. 휴가 중, 휴직중, 직위해제중에는 직장이탈금지가 적용되지 않지만, 휴가나 휴직의 신청, 사직원의 제출만으로는 이 의무를 면하지 못한다. 즉, 공무원이 법정연가일수의 범위 내에서 연가신청을 하였지만 그 연가신청에 대한 허가가 있기 전에 근무지를 이탈한 행위(대판 1987. 12. 08, 87누657; 87누658; 1996. 06. 14, 96누2521), 사직원이 수리되지 아니한 상태에서 출근하지 아니한 것(대판 1991. 11. 22, 91누3666)은 직장이탈금지의무에 위반하는 행위이다

[판례] 공무원이 전국공무원노동조합의 결의에 따라 총파업에 참가하기 위하여 소속 학교장의 허가 없이 무단결근을 한 행위가 '무단직장이탈행위'에 해당한다고 한 사례(대판 2007. 05. 11, 2006두19211[해임처분취소등]).

수사기관이 공무원을 구속하려면 그 소속기관의 장에게 미리 통보하여야 한다. 다만, 현행범인은 그러하지 아니하다(국공법 제58조 제2항).

### (2) 영리업무 및 겸직의 금지

공무원은 공무 외에 영리를 목적으로 하는 업무에 종사하지 못하며 소속 기관장의 허가 없이 다른 직무를 겸할 수 없다(제64조 제1항).

#### 1) 영리업무금지

공무원은 공무 이외의 영리를 목적으로 하는 업무에 종사하지 못한다(국공법 제56조 제1항). 영리업무금지(營利業務禁止)의 목적은 한편으로는 공무원의 전력을 공무수행에 사용하도록 하는 데 있고, 다른 한편으로는 부패 등 공무원의 청렴성을 훼손하는 위험성을 예방하는 데 있다.

영리를 목적으로 하는 업무의 한계는 대통령령 등으로 정해지는데(국공법 제64조 제2항), 「국가공무원 복무규정」은 금지되는 영리업무를 규정하고 있다.

영리업무가 금지되는 경우 당해 금지는 절대적인 것이며 소속기관장의 허가를 받아도 영리업무에 종사할 수 없다.

현행법(국가공무원복무규정)은 영리업무금지의 원칙이 적용되는 경우를 추상적으로 규정하고 있고, 영리업무금지의 원칙에 대한 예외를 구체적으로 규정하고 있지 않기 때문에 어떠한 영리업무가 허용되는지가 모호한 경우가 적지 않을 것으로 보인다. 입법론으로는 모든 영리업무를 원칙상 금지하고 예외적으로 허용되는 영리업무를 구체적으로 열거 · 규정하는 것이 바람직하다. 예를 들면, 공무원이 학문적 · 문학적 · 예술적 작품을 창작하는 것, 공무원이 강의를 하는 것 등은 허용되어야 할 것이다.

### 2) 겸직금지

공무원은 소속 기관장의 허가 없이 다른 직무를 겸할 수 없다(국공법 제64조 제1항).

소속기관장의 허가를 받으면 다른 직무를 겸직할 수 있는데, 겸직의 대상이 되는 직무는 영리업무에 해당하지 않아야 하며 사전에 허가를 받아야 한다(국가공무원복무규정 제26조 제1항). 겸직허가는 기존의 담당 직무 수행에 지장이 없는 경우에만 한다(제26조 제2항). 소속기관의 장이라 함은 고위공무원단에 속하는 이상의 공무원에 대해서는 임용제청권자, 3급 이하 공무원 및 우정직공무원에 대해서는 임용권자를 말한다(제26조 제3항).

겸직의 경우에 보수를 이중으로 받을 수 있는지 어느 정도로 받을 수 있는지에 관한 명문의 규정을 두어야 할 것이다.

## 4. 영예제한

공무원이 외국 정부로부터 영예 또는 증여를 받을 경우에는 대통령의 허가를 얻어야 한다(국공법 제62조).

## 5. 정치운동금지 등: 정치적 중립의무

### (1) 의    의

공무원의 정치적 중립의무(政治的 中立義務)를 규정하는 법령은 없지만 이 의무는 공무원의 국민 전체의 봉사자라는 지위로부터 도출되는 의무이며 직업공무원제도를 보장하기 위하여 요구되는 의무이다. 공무원은 국민 전체의 봉사자이며 공무원의 지위에서 특정한 정파를 지지하여서는 안 된다.

국가공무원법, 지방공무원법 등은 특히 아래에서와 같이 공무원의 정치운동을 금지하고 있다. 다만, 대통령령으로 정하는 공무원(대통령, 국무총리, 국무위원, 국회의원, 처의 장, 각원 · 부 · 처의 차관, 정무차관, 대통령 · 국무총리 · 국무위원 · 처의 장 · 각원 · 부 · 처의 차

관의 비서실장 및 비서관과 전직대통령의 비서관, 국회의장·국회부의장 및 국회의원의 비서실장
·보좌관·비서관 및 비서와 교섭단체의 정책연구위원)에 대하여는 정치운동의 금지에 관한
국가공무원법 제65조가 적용되지 아니한다(국공법 제 3 조 제 2 항, 국가공무원법 제3조 제3
항의 공무원의 범위에 관한 규정).

### (2) 정당 등 결성 등 금지

공무원은 정당 그 밖의 정치단체의 결성에 관여하거나 이에 가입할 수 없다(국
공법 제65조 제1항). 이와 같이 공무원의 정당 등 결성이나 정당 등에의 가입을 획일적
으로 금지하고 있는 것이 비례의 원칙 등에 비추어 정당한 것인지에 관하여 견해가
대립되고 있다.

한편으로 공무원의 정치적 중립성의 요구는 직무집행에 있어서 국민 전체의 봉
사자로서 특정집단의 이해관계를 대변하는 것을 방지하고자 하는 취지이므로, 이러한
목적을 넘어서서 공무원 개인이 시민의 입장에서 가질 수 있는 정치적 기본권을 획일적
으로 제한하는 것은 비례성의 원칙(과잉금지의 원칙)에 비추어 문제시될 수 있다는 견
해(위헌설, 류지태, 628면)와 다른 한편으로 우리의 정당정치의 역사와 운영의 현실로 보
아 공무원의 정당가입 자체가 바로 공무원의 '직무의 집행에 있어서'의 정치적 중립성
에 영향을 미칠 우려가 있다고 할 것이기 때문에, 공무원의 정당가입은 현재로서는 인
정되기 어렵다고 보는 견해(합헌설, 박윤흔, 259면)가 있다.

[판례] 정당법 제53조, 제22조 제1항 제1호 단서 위반죄 및 지방공무원법 제82조, 제57조 제1항
위반죄로 처벌하기 위하여는 정당 가입 당시 공무원이라는 신분이 필요하다고 해석되므로, 피고
인이 지방공무원이 되기 전에 가입한 당원의 신분을 지방공무원으로 임용된 후에도 유지하였다는
것만으로는 위 정당법 및 지방공무원법의 금지규정을 위반하였다고 볼 수 없다(대판 2014. 06. 26,
2013도10945).

### (3) 선거운동금지

공무원은 선거에서 특정정당 또는 특정인을 지지 또는 반대하기 위한 다음의 행
위를 하여서는 아니 된다.

① 투표를 하거나 하지 아니하도록 권유 운동을 하는 것
② 서명 운동을 기획·주재하거나 권유하는 것
③ 문서나 도서를 공공시설 등에 게시하거나 게시하게 하는 것
④ 기부금을 모집 또는 모집하게 하거나 공공자금을 이용 또는 이용하게 하는 것
⑤ 타인에게 정당이나 그 밖의 정치단체에 가입하게 하거나 또는 가입하지 아니하도록 권유 운동
을 하는 것(국공법 제65조 제2항)

### (4) 다른 공무원에 대한 정치적 행위의 금지

공무원은 다른 공무원에게 국가공무원법 제65조 제1항과 제2항에 위배되는 행위를 하도록 요구하거나, 정치적 행위에 대한 보상 또는 보복으로서 이익 또는 불이익을 약속하여서는 아니 된다(국공법 제65조 제3항).

### (5) 기타 정치적 행위의 금지

국가공무원법 제65조 제4항은 "제3항 외에 정치적 행위의 금지에 관한 한계는 대통령령등으로 정한다"라고 규정하고 있는데, 이는 포괄적 위임이라고 볼 여지가 있다.

이에 근거하여 국가공무원 복무규정 제27조는 다음과 같이 정치적 행위를 금지하고 있다. 즉, 일정한 정치적 목적(① 정당의 조직, 조직의 확장, 그 밖에 그 목적 달성을 위한 것, ② 특정 정당 또는 정치단체를 지지하거나 반대하는 것, ③ 법률에 따른 공직선거에서 특정 후보자를 당선하게 하거나 낙선하게 하기 위한 것 중 하나 이상의 목적)을 가지고 다음 행위를 하는 것은 금지된다.

① 시위운동을 기획·조직·지휘하거나 이에 참가하거나 원조하는 행위
② 정당이나 그 밖의 정치단체의 기관지인 신문 및 간행물을 발행·편집·배부하거나 이와 같은 행위를 원조하거나 방해하는 행위
③ 특정정당 또는 정치단체를 지지 또는 반대하거나 공직선거에서 특정 후보자를 지지 또는 반대하는 의견을 집회나 그 밖에 여럿이 모인 장소에서 발표하거나 문서·도서·신문 또는 그 밖의 간행물에 싣는 행위
④ 정당이나 그 밖의 정치단체의 표지로 사용되는 기(旗)·완장·복식 등을 제작·배부·착용하거나 착용을 권유 또는 방해하는 행위
⑤ 그 밖에 어떠한 명목으로든 금전이나 물질로 특정 정당 또는 정치단체를 지지하거나 반대하는 행위.

### (6) 벌  칙

위의 정치운동금지규정에 위반한 자는 다른 법률에 특별히 규정된 경우 외에 1년 이하의 징역 또는 500만 원 이하의 벌금에 처한다(국공법 제84조, 지공법 제82조).

### (7) 공무원 개인의 기본권과의 조화

공무원은 공무원임과 동시에 시민이며 시민으로서 정치적 기본권을 갖는다. 정치적 중립의무는 공무원의 직무상 의무이므로 법상 금지되지 않는 한 공무원의 정치적 중립성을 훼손하지 않는 한도 내에서 공무원이 개인으로서 정치활동을 하는 것은 금지되지 않는다고 보아야 한다.

## 6. 노동운동 등 집단행위의 금지

### (1) 의    의

국가공무원법은 노동운동과 그 밖의 집단행위의 금지를 함께 규정하고 있다. 즉, 공무원은 노동운동이나 그 밖에 공무 외의 일을 위한 집단 행위를 하여서는 아니 된다. 다만, 대통령령으로 정하는 사실상 노무에 종사하는 공무원은 예외로 한다(국가공무원법 제66조). 그러나, 공무원의 노동조합 설립 및 운영 등에 관한 법률(약칭: 공무원노조법) 제6조에서 정하는 공무원과 「교원의 노동조합 설립 및 운영등에 관한 법률」(약칭: 교원노조법)에서 정하는 교원은 노동조합에 가입할 수 있고, 공무원의 노동조합의 조직, 가입 및 노동조합과 관련된 정당한 활동에 대하여는 「국가공무원법」 제66조 제1항 본문 및 「지방공무원법」 제58조 제1항 본문을 적용하지 아니한다(공무원노조법 제3조 제1항). 이로써 교원, 주로 6급 이하의 공무원, 대통령령으로 정하는 사실상 노무에 종사하는 공무원의 노동운동이 인정되고 있다.

공무원의 집단행위를 금지하는 취지는 공무원은 국민 전체에 대한 봉사자로서 공무에 전념하여야 하므로 공무 이외의 일을 위한 집단행동을 금지하는 데 있다.

[판례] ① (1) 구 국가공무원법 제66조 제1항이 금지하는 '공무 외의 일을 위한 집단행위'의 의미 및 위 규정이 명확성의 원칙과 과잉금지의 원칙에 반하는지 여부(소극): 구 국가공무원법 제66조 제1항이 '공무 외의 일을 위한 집단행위'는 공무가 아닌 어떤 일을 위하여 공무원들이 하는 모든 집단행위를 의미하는 것이 아니라, 언론·출판·집회·결사의 자유를 보장하고 있는 헌법 제21조 제1항, 공무원에게 요구되는 헌법상의 의무 및 이를 구체화한 국가공무원법의 취지, 국가공무원법상의 성실의무 및 직무전념의무 등을 종합적으로 고려하여 **'공익에 반하는 목적을 위한 행위로서 직무전념의무를 해태하는 등의 영향을 가져오는 집단적 행위'**라고 해석된다. 위 규정을 위와 같이 해석한다면 수범자인 공무원이 구체적으로 어떠한 행위가 여기에 해당하는지를 충분히 예측할 수 없을 정도로 적용 범위가 모호하다거나 불분명하다고 할 수 없으므로 위 규정이 명확성의 원칙에 반한다고 볼 수 없고, 또한 위 규정이 적용 범위가 지나치게 광범위하거나 포괄적이어서 공무원의 표현의 자유를 과도하게 제한한다고 볼 수 없으므로, 과잉금지의 원칙에 반한다고 볼 수도 없다. (2) 공무원들의 어느 행위가 국가공무원법 제66조 제1항에 규정된 '집단행위'에 해당하기 위한 요건: 공무원들의 어느 행위가 국가공무원법 제66조 제1항에 규정된 **'집단행위'**에 해당하려면, 그 행위가 반드시 같은 시간, 장소에서 행하여져야 하는 것은 아니지만, 공익에 반하는 어떤 목적을 위한 다수인의 행위로서 집단성이라는 표지를 갖추어야만 한다고 해석함이 타당하다. 따라서 여럿이 같은 시간에 한 장소에 모여 집단의 위세를 과시하는 방법으로 의사를 표현하거나 여럿이 단체를 결성하여 그 단체 명의로 의사를 표현하는 경우, 실제 여럿이 모이는 형태로 의사표현을 하는 것은 아니지만 발표문에 서명날인을 하는 등의 수단으로 여럿이 가담한 행위임을 표명하는 경우 또는 일제 휴가나 집단적인 조퇴, 초과근무 거부 등과 같이 정부활동의 능률을 저해하기 위한 집단적 태업 행위로 볼 수 있는 경우에 속하거나 이에 준할 정도로 행위의 집단성이 인정되어야 국가공무원법 제66조 제1항에 해당한다고 볼 수 있다(대판 2017. 04. 13, 2014두8469).

② (1) 국가공무원법 제66조 제1항 본문에 규정된 '공무 외의 일을 위한 집단행위'란 '공익에 반하는 목적을 위한 행위로서 직무전념의무를 해태하는 등의 영향을 가져오는 집단적 행위'라고 제한하여 해석하여야 한다. (2) 여럿이 같은 시간에 한 장소에 모여 집단의 위세를 과시하는 방법으로 의사를 표현하거나 여럿이 단체를 결성하여 그 단체 명의로 의사를 표현하는 경우, 실제 여럿이 모이는 형태로 의사표현을 하는 것은 아니지만 발표문에 서명날인을 하는 등의 수단으로 여럿이 가담한 행위임을 표명하는 경우 또는 일제 휴가나 집단적인 조퇴, 초과근무 거부 등과 같이 정부 활동의 능률을 저해하기 위한 집단적 태업 행위로 볼 수 있는 경우에 속하거나 이에 준할 정도로 행위의 집단성이 인정되어야 국가공무원법 제66조 제1항에 해당한다고 볼 수 있다(헌법재판소 2014. 8. 28. 선고 2011헌바32 결정 참조). (3) 공무원들의 릴레이 1인 시위, 언론기고, 내부 전산망 게시, 피켓전시 등이 국가공무원법 제66조 제1항 본문이 금지하는 '공무 외의 일을 위한 집단행위'에 해당하지 않는다. (4) 위와 같은 행위는 국가공무원법 제63조의 품위유지의무를 위반한 것이다. (5) 국가인권위원회의 일반계약직공무원인 강○○에 대한 계약연장 거부결정에 대하여 비난하면서 릴레이 1인 시위 등을 한 원고들의 행위가 '공무 외의 일을 위한 집단행위'와 '품위유지의무 위반'에 해당한다고 보아 이들에 대한 징계처분이 정당하다고 본 원심의 판단 중 '공무 외의 일을 위한 집단행위' 부분은 파기하고 '품위유지의무 위반'은 수긍한 사안(대판 2017. 04. 13, 2014두8469 [인권위 1인 시위 징계사건]).

③ 이 사건 호소문 발표행위는 「국가공무원법」 등 개별 법률에서 공무원에 대하여 금지하는 특정의 정치적 활동에 해당하거나, 특정 정당이나 정치세력에 대한 지지 또는 반대의사를 직접적으로 표현하는 등 정치적 편향성 또는 당파성을 명백히 드러내는 행위 등과 같이 교육공무원의 정치적 중립성을 침해할 만한 직접적인 위험을 초래하는 행위에 해당하는 것으로 보이지 아니한다. 오히려 이 사건 호소문의 내용이나 표현 방식 등에 비추어 보면, 이 사건 호소문 발표행위는 교육자적 양심에 기초하여 교육부의 학교폭력 조치사항의 학교생활기록부 기재 방침의 재고를 호소한 것으로서, 교육정책의 영역에서 우리의 건전한 사회통념상 교육자가 통상적으로 할 수 있는 범위 내의 의사표현 행위에 불과하므로, 이러한 행위를 일컬어 교육공무원의 본분을 벗어나 공익에 반하는 행위로서 공무원의 직무에 관한 기강을 저해하거나 공무의 본질을 해치는 것이어서 **직무전념의무**를 해태한 것이라 할 수는 없다(대판 2014. 02. 27, 2012추213[직무이행명령취소청구]).

공무원의 노동운동과 그 밖의 집단행위의 금지와 허용의 근거는 상이하다. 공무원의 노동운동의 경우는 노동자로서의 공무원의 노동3권의 보장과 공행정의 보장의 조화를 도모하여야 하는 문제이고, 공무원의 일반 집단행위의 경우는 공무원의 국민 전체에 대한 봉사자로서의 공무에의 전념과 공무원의 기본권의 보장의 조화를 도모하여야 하는 문제이다. 그리고, 공무원과 교원의 노동운동은 공무원노동조합법 및 교원노동조합법의 제정에 따라 허용되고 있다. 그러므로 공무원의 노동운동과 그 밖의 집단행위를 나누어 그 금지와 허용을 규정하는 것이 타당하다.

### (2) 국가공무원법 제66조 제1항의 적용 범위

국가공무원법 제66조 제1항의 의무는 원칙적으로 헌법과 국가공무원법에서 규정하는 책임을 부담하고 이를 위해 신분과 지위가 보장됨을 전제로 국가공무원에게 지우는 의무이다. 따라서 위와 같은 정도의 책임과 신분 및 지위 보장을 받는 정도가 아닌 경우에는 일률적으로 국가공무원법 제66조 제1항이 적용된다고 할 수 없다(대판 2023. 04. 13, 2021다254799: 법률구조법 제32조의 "공단의 임직원은 형법이나 그 밖의 법률에 따른 벌칙을 적용할 때에는 공무원으로 본다."라는 규정을 근거로 공단 임직원에게 국가공무원법 제84조의2, 제66조 제1항을 적용하는 것은 이들의 구체적인 법적 지위에 대한 고려 없이 이들에 대한 권리를 지나치게 제한하는 것으로서 부당하다고 한 사례).

### (3) 금지되는 집단적 행위

#### 1) 노동운동

아래와 같이 법령에 의해 노동운동이 인정되는 경우를 제외하고 공무원의 노동운동(勞動運動)이 금지된다(국공법 제66조 제1항, 지공법 제58조 제1항).

① 대통령령으로 정하는 사실상 노무에 종사하는 공무원은 노동운동이나 그 밖에 공무 외의 일을 위한 집단 행위를 할 수 있다(국가공무원법 제66조 제1항, 제2항). 국가공무원복무규정 제28조는 국가공무원법 제66조에 규정된 '사실상 노무에 종사하는 공무원'을 과학기술정보통신부 소속 현업기관의 작업 현장에서 노무에 종사하는 우정직공무원(우정직공무원의 정원을 대체하여 임용된 일반임기제공무원 및 시간선택제일반임기제공무원을 포함한다)으로서 다음 중의 어느 하나에 해당하지 아니하는 공무원으로 규정하고 있다.

① 서무·인사 및 기밀 업무에 종사하는 공무원
② 경리 및 물품출납 사무에 종사하는 공무원
③ 노무자 감독 사무에 종사하는 공무원
④ 보안업무규정에 따른 보안목표시설의 경비 업무에 종사하는 공무원
⑤ 승용자동차 및 구급차의 운전에 종사하는 공무원

지방공무원법은 사실상 노무에 종사하는 지방공무원을 조례로 정하도록 규정하고 있다(제58조 제2항).

② 공무원의 노동조합설립 및 운영 등에 관한 법률(이하 '공노법'이라 한다)에 의해 노동운동이 인정되는 공무원은 법률이 정한 범위 내에서 노동운동을 할 수 있다.

③ 교원의 노동조합설립 및 운영 등에 관한 법률은 초·중등학교교원에게 일정한 노동조합의 결성 등 일정한 노동행위를 할 수 있는 것으로 하고 있다.

#### 2) 기타의 집단적 행위

국가공무원법 제66조상의 '공무 이외의 일을 위한 집단적 행위'는 공무가 아닌 어떤 일을 위하여 공무원들이 하는 모든 집단적 행위를 의미하는 것은 아니고 언론·출판·집회·결사의 자유를 보장하고 있는 헌법 제21조 제1항, 헌법상의 원리, 국가공무원법의 취지, 국가 공무원법상의 성실의무 및 직무전념의무 등을 종합적으로 고

려하여 "공익에 반하는 목적을 위하여 직무전념의무를 해태하는 등의 영향을 가져오는 집단적 행위"라고 축소 해석하여야 할 것이다(대판 1992. 02. 14, 90도2310: 임의단체인 강원교사협의회 내지 그 산하인 동해교사협의회의 구성 및 활동을 국가공무원법 제66조상의 공무 이외의 일을 위한 집단적 행위로 보지 않은 사례).

**[판례]** ① 지방공무원법 제58조 제1항이 금지하는 '공무 외의 일을 위한 집단행위'라 함은 공무원으로서 직무에 관한 기강을 저해하거나 기타 그 본분에 배치되는 등 공무의 본질을 해치는 특정 목적을 위한 다수인의 행위로서 단체의 결성단계에는 이르지 아니한 상태에서의 행위를 말한다(대판 1998. 05. 12, 98도662).

② 장관 주재의 정례조회에서의 집단퇴장행위는 공무원으로서 직무에 관한 기강을 저해하거나 기타 그 본분에 배치되는 등 공무의 본질을 해치는 다수인의 행위라 할 것이므로, 비록 그것이 건설행정기구의 개편안에 관한 불만의의사표시시에서 비롯되었다 하더라도, '공무 외의 집단적 행위'에 해당한다고 본 사례(대판 1992. 03. 27, 91누9145).

③ [1] 공무원인 교원이 집단적으로 행한 의사표현행위가 국가공무원법 제66조 제1항에서 금지하는 '공무 외의 일을 위한 집단행위'에 해당하는 경우 및 그 판단 기준: [다수의견] 공무원인 교원의 경우에도 정치적 표현의 자유가 보장되어야 하지만, 공무원의 정치적 중립성 및 교육의 정치적 중립성을 선언한 헌법정신과 관련 법령의 취지에 비추어 정치적 표현의 자유는 일정한 범위 내에서 제한될 수밖에 없고, 이는 헌법에 의하여 신분이 보장되는 공무원인 교원이 감수하여야 하는 한계이다. 더구나 공무원인 교원의 정치적 표현행위가 교원의 지위를 전면에 드러낸 채 대규모로 집단적으로 이루어지는 경우에는 그것이 교육현장 및 사회에 미치는 파급력을 고려한 평가가 요구된다. 따라서 공무원인 교원이 집단적으로 행한 의사표현행위가 국가공무원법이나 공직선거법 등 개별 법률에서 공무원에 대하여 금지하는 특정의 정치적 활동에 해당하는 경우나, 특정 정당이나 정치세력에 대한 지지 또는 반대의사를 직접적으로 표현하는 등 정치적 편향성 또는 당파성을 명백히 드러내는 행위 등과 같이 공무원인 교원의 정치적 중립성을 침해할 만한 직접적인 위험을 초래할 정도에 이르렀다고 볼 수 있는 경우에, 그 행위는 공무원인 교원의 본분을 벗어나 공익에 반하는 행위로서 공무원의 직무에 관한 기강을 저해하거나 공무의 본질을 해치는 것이어서 직무전념의무를 해태한 것이라 할 것이므로, 국가공무원법 제66조 제1항에서 금지하는 '공무 외의 일을 위한 집단행위'에 해당한다고 보아야 한다. 여기서 어떠한 행위가 정치적 중립성을 침해할 만한 직접적인 위험을 초래할 정도에 이르렀다고 볼 것인지는 일률적으로 정할 수 없고, 헌법에 의하여 정치적 중립성이 요구되는 공무원 및 교원 지위의 특수성과 아울러, 구체적인 사안에서 당해 행위의 동기 또는 목적, 시기와 경위, 당시의 정치적·사회적 배경, 행위 내용과 방식, 특정 정치세력과의 연계 여부 등 당해 행위와 관련된 여러 사정을 종합적으로 고려하여 판단하여야 한다. [대법관 박일환, 대법관 전수안, 대법관 이인복, 대법관 이상훈, 대법관 박보영의 반대의견] 국가공무원법 제66조 제1항에 위반되는 행위가 되려면 우선 그것이 '공익에 반하는 목적을 위한 행위'여야 한다. 여기서 '공익에 반한다'는 것은, 그 의미가 포괄적·추상적·상대적이어서 법 집행기관의 통상적 해석을 통하여 그 내용을 객관적으로 확정하기가 어려우므로, 그러한 측면에서 죄형법정주의의 명확성 원칙에 어긋나지 않고 헌법상 보장된 표현의 자유와 조화를 이루기 위해서는 제한적으로 해석하여야 하고, 이때 국가공무원법 제66조 제1항을 둔 취지도 이러한 제한해석의 기준이 될 수 있다. 결국 '공익에 반하는 목적'의 존재는, 당해 집단행위가 국민전체와 공무원 집단 사이에 서로 이익이 충돌하는 경우 공무원 집단의 이익을 대변함으로써 국민전체의 이익추구에 장애

를 초래하는 등 공무수행에 대한 국민의 신뢰를 현저히 훼손하거나 민주적·직업적 공무원제도의 본질을 침해하는 경우에 한정하여 인정하여야 한다. 그리고 '공익에 반하는 목적을 위한 행위'라는 개념에는 국가공무원법 제66조 제1항을 둔 취지에 따른 내재적 제한이 있을 뿐만 아니라, 그러한 행위가 '직무전념의무를 해태하는 등의 영향을 가져오는 집단적 행위'라는 또 다른 요건을 갖추지 않은 경우에는 국가공무원법 제66조 제1항이 금지하는 행위라 할 수 없다. [2] 교사인 피고인들이 전국교직원노동조합 간부들과 공모하여 2009년 1, 2차 시국선언과 '교사·공무원 시국선언 탄압 규탄대회'를 추진하고 적극적으로 관여하여 '공무 외의 일을 위한 집단행위'를 하였다고 하여 구 국가공무원법 위반으로 기소된 사안에서, 위 행위가 같은 법 제66조 제1항에서 금지하는 '공무 외의 일을 위한 집단행위'에 해당한다는 이유로, 피고인들에게 유죄를 인정한 원심판단을 정당하다고 한 사례. [3] 집회 및 시위에 관한 법률상 미신고 옥외집회 또는 시위라는 이유만으로 해산을 명하고 이에 불응하였다고 하여 처벌할 수 있는지 여부(소극): [다수의견] 집회의 자유가 가지는 헌법적 가치와 기능, 집회에 대한 허가 금지를 선언한 헌법정신, 옥외집회 및 시위에 관한 사전신고 제의 취지 등을 종합하여 보면, 신고는 행정관청에 집회에 관한 구체적인 정보를 제공함으로써 공공질서의 유지에 협력하도록 하는 데 의의가 있는 것으로 집회의 허가를 구하는 신청으로 변질되어서는 아니 되므로, 신고를 하지 아니하였다는 이유만으로 옥외집회 또는 시위를 헌법의 보호 범위를 벗어나 개최가 허용되지 않는 집회 내지 시위라고 단정할 수 없다. 따라서 집회 및 시위에 관한 법률(이하 '집시법'이라고 한다) 제20조 제1항 제2호가 미신고 옥외집회 또는 시위를 해산명령 대상으로 하면서 별도의 해산 요건을 정하고 있지 않더라도, 그 옥외집회 또는 시위로 인하여 타인의 법익이나 공공의 안녕질서에 대한 직접적인 위험이 명백하게 초래된 경우에 한하여 위 조항에 기하여 해산을 명할 수 있고, 이러한 요건을 갖춘 해산명령에 불응하는 경우에만 집시법 제24조 제5호에 의하여 처벌할 수 있다고 보아야 한다. [대법관 전수안의 반대의견] 미신고 집회에 대한 해산명령은, 그 집회로 인하여 타인의 법익이나 기타 공공의 안녕질서에 대한 직접적이고 명백하며 현존하는 구체적 위험이 발생하는 경우에만 허용되어야 하고, 무엇보다도 그러한 미신고 집회에 대한 해산명령의 적법 여부가 문제되는 개별 사안에서 그 기준을 엄격하게 적용하는 것이 중요하며, 위험이 발생할 수 있다는 개연성만으로 위와 같은 기준을 충족하는 것처럼 운용되어서는 안 된다(대판 전원합의체 2012. 04. 19, 2010도6388[국가공무원법위반·집회및시위에관한법률위반][전교조 시국선언 사건]).

④ 공무원인 교원이 집단으로 행한 의사표현행위가 국가공무원법 제66조 제1항이 금지하는 '공무 외의 일을 위한 집단행위'에 해당하는 경우 및 사립학교 교원이 국가공무원법 제66조 제1항이 금지하는 '공무 외의 일을 위한 집단행위'에 참여한 경우, 징계사유에 해당하는지 여부(적극): 공무원인 교원이 집단으로 행한 의사표현행위가 국가공무원법이나 공직선거법 등 개별 법률에서 공무원에 대하여 금지하는 특정의 정치적 활동에 해당하는 경우나, 특정 정당이나 정치세력에 대한 지지 또는 반대의사를 직접적으로 표현하는 등 정치적 편향성 또는 당파성을 명백히 드러내는 행위 등과 같이 공무원인 교원의 정치적 중립성을 침해할 만한 직접적인 위험을 가져올 정도에 이르렀다고 볼 수 있는 경우에, 그 행위는 공무원인 교원으로서의 본분을 벗어나 공익에 반하는 행위로서 공무원으로서의 직무에 관한 기강을 저해하거나 공무의 본질을 해치는 것이어서 직무전념의무를 해태한 것이라 할 것이므로, 국가공무원법 제66조 제1항이 금지하는 '공무 외의 일을 위한 집단행위'에 해당한다고 보는 것이 타당하다. 그리고 사립학교 교원의 복무에 관하여 국·공립학교의 교원에 관한 규정이 준용되고[구 사립학교법(2012. 1. 26. 법률 제11216호로 개정되기 전의 것, 이하 같다) 제55조], 사립학교 교원이 직무상의 의무에 위반한 경우 등은 징계사유에 해당하므로(구 사립학교법 제61조 제1항), 사립학교 교원이 국가공무원법 제66조 제1항이 금지하는 '공무 외의 일을 위한 집단

행위'에 참여한 때에는 징계사유에 해당한다(대판 2013. 06. 27, 2009추206[직무이행명령취소]).

⑤ 구 군인복무규율 제13조 제1항은 "군인은 군무 외의 일을 위한 집단행위를 하여서는 아니 된다."라고 규정하고 있다. 여기에서 '군무 외의 일을 위한 집단행위'란 군인으로서 군복무에 관한 기강을 저해하거나 기타 본분에 배치되는 등 군무의 본질을 해치는 특정 목적을 위한 다수인의 행위를 말한다. 법령에 군인의 기본권 행사에 해당하는 행위를 금지하거나 제한하는 규정이 없는 이상, 그러한 행위(헌법소원의 제기)가 군인으로서 군복무에 관한 기강을 저해하거나 기타 본분에 배치되는 등 군무의 본질을 해치는 특정 목적이 있다고 하기 위해서는 권리행사로서의 실질을 부인하고 이를 규범위반행위로 보기에 충분한 구체적·객관적 사정이 인정되어야 한다. 즉 군인으로서 **허용된 권리행사를 함부로 집단행위에 해당하는 것이라고 단정하여서는 아니 된다**(대판 전원합의체 2018. 03. 22, 2012두26401[전역처분등취소]).

「공무원직장협의회의 설립·운영에 관한 법률」은 공무원의 근무환경 개선·업무능률 향상 및 고충처리 등을 위한 직장협의회의 설립을 인정하고 있다. 협의회는 기관장과 다음 사항을 협의할 수 있다. ① 당해 기관 고유의 근무환경 개선에 관한 사항, ② 업무능률 향상에 관한 사항, ③ 소속공무원의 공무와 관련된 일반적 고충에 관한 사항, ④ 기타 기관의 발전에 관한 사항(제5조).

### (4) 국가공무원법 제66조의 위헌성

대법원은 "공무원의 집단행위를 금지한 국가공무원법 제66조 제1항이 헌법 제11조의 평등권조항, 제21조의 언론, 출판, 집회, 결사의 자유조항, 제31조 제4항의 교육의 자주성 등의 보장조항, 제33조의 근로자의 단결권 등 조항이나 제37조 제2항의 국민의 자유와 권리의 제한조항에 위배된 위헌규정이라고 할 수 없다"고 보고 있다 (대판 1990. 12. 26, 90다8916).

## 7. 친절공정의무

공무원은 국민 전체의 봉사자로서 친절하고 공정하게 직무를 수행하여야 한다 (국공법 제59조). 공무원의 친절의무는 법령의 규정과 관계없이 당연히 인정되는 의무이다. 그럼에도 불구하고 공무원의 친절의무를 명문으로 규정한 것은 공무원이 국민에 대하여 권위적으로 대하는 상황을 고려하여 특별히 공무원의 국민 전체의 봉사자로서의 친절의무를 명문으로 규정한 것이다.

공무원은 국민 전체의 봉사자이고, 평등의 원칙에 구속되는 것이므로 행정의 모든 이용자를 평등하게 대우하여야 하며 특정인에게 다른 이용자에 비하여 특별한 호의를 베풀어서는 안 된다. 공무원은 업무를 처리함에 있어 공정을 의심받는 행위를 하여서는 안 된다.

친절공정의무도 법적 의무이며 이를 위반하면 징계의 대상이 된다.

## 8. 비밀엄수의무

### (1) 의   의

공무원은 재직 중은 물론 퇴직 후에도 직무상 알게 된 비밀을 엄수하여야 한다 (국공법 제60조).

국가공무원법상의 비밀엄수의무(秘密嚴守義務)를 규정한 것은 직무상 취득한 비밀의 누설을 금지함으로써 공익을 보호하는 것을 입법취지로 하고 있다. 공무원이 직무상 취득한 비밀 중에는 공개됨으로써 국가의 안전보장 등 공익이 침해되는 경우도 있고, 공무원이 직무상 취득한 개인정보나 기업비밀은 국가가 보호할 의무가 있고 또한 이들 정보를 보호하지 않으면 개인이나 기업으로부터 정보를 수집하는 것이 어렵게 될 것이기 때문이다.

이와 같은 공무원법상의 비밀엄수의무 이외에도 개별법률에서 공무원에게 비밀의 누설을 금지하는 규정을 두고 있는 경우가 있는데 이 경우에 공무원은 동시에 그 개별법률을 준수하여야 할 의무도 지게 된다.

그런데, 오늘날 행정기관이 보유하고 있는 정보는 공개되는 것이 원칙으로 되어 있다. 또한, 재판상 행정기관이 보유하고 있는 정보가 소송자료로 제출될 것이 요구되는 경우가 있고, 공무원이 소송이나 국회에서 증언을 할 것이 요구되기도 한다. 또한, 내부의 비리를 폭로하기 위하여 직무상 알게 된 비밀을 공개할 필요가 있는 경우도 있다. 이와 같이 공무원의 비밀엄수의무와 공무원이 지득한 정보의 공개의 요구가 충돌하는 경우에 양 요구를 조절할 필요가 있다.

### (2) 직무상 지득한 비밀

#### 1) 직무상 지득한 비밀의 범위

직무상 지득(知得)한 비밀에는 직무와 직접 관계되는 비밀뿐만 아니라 직무와 관련하여 알게 된 비밀(개인의 프라이버시에 관한 비밀과 기업의 비밀 등)도 포함된다.

직무상 알게 된 비밀에는 형식적으로 비밀로 지정된 비밀도 있지만 비밀로 지정되지 않은 비밀도 포함된다. 군사기밀보호법 또는 보안업무규정에 의해 비밀로 지정된 직무상 비밀도 있지만 개인정보나 기업비밀은 비밀로 지정되어 있지는 않다.

#### 2) 비밀의 의의

공무원의 비밀엄수의무의 대상이 되는 비밀의 의의에 관하여 형식비설과 실질비설이 대립하고 있다.

형식비설(形式秘說)은 행정기관이 법적 절차에 따라 비밀로 지정한 것을 국가공무원법상의 누설이 금지되는 직무상 비밀로 보는 견해이다.

실질비설(實質秘說)은 비밀로 지정되어 있는지 여부와 관계없이 객관적·실질적으로 비밀에 해당하는 것만을 비밀엄수의무의 대상이 되는 비밀로 보는 견해이다.

생각건대, 공무원의 비밀엄수의무를 규정한 입법취지 및 정보공개의 요청에 비추어 볼 때 실질비설이 타당하다. 판례도 실질비설을 취하고 있다.

**[판례]** 국가공무원법상 직무상 비밀이라 함은 국가 공무의 민주적, 능률적 운영을 확보하여야 한다는 이념에 비추어 볼 때 당해 사실이 일반에 알려질 경우 그러한 행정의 목적을 해할 우려가 있는지 여부를 기준으로 판단하여야 하며, 구체적으로는 **행정기관이 비밀이라고 형식적으로 정한 것에 따를 것이 아니라 실질적으로 비밀로서 보호할 가치가 있는지**, 즉 그것이 통상의 지식과 경험을 가진 다수인에게 알려지지 아니한 비밀성을 가졌는지, 또한 **정부나 국민의 이익 또는 행정목적 달성을 위하여 비밀로서 보호할 필요성이 있는지** 등이 객관적으로 검토되어야 한다(대판 1996. 10. 11, 94누7171: 기업의 비업무용 부동산 보유실태에 관한 감사원의 감사보고서의 내용이 '직무상 비밀'에 해당하지 않는다고 본 사례).

공지의 사실이 된 것은 비밀이라고 할 수 없다.

### 3) 정보관리수칙 위반과 징계

실질상 비밀이 아니지만 훈령에 의해 비밀로 되어 있거나 직무명령에 의해 비밀로 되어 있는 경우에 이에 위반하여도 비밀엄수의무 위반이 되지 않는다.

다만, 이 경우에 직무명령에 위반한 것이 되므로 복종의무 위반으로 징계의 대상이 될 수 있다고 볼 수 있다. 그러나, 당해 직무명령이 위법하며 그 위법성이 명백하다면 복종의무 위반이 되지 않으므로 징계사유가 되지 않는다. 또한, 직무명령의 위법성이 명백하지 않은 경우에도 직무명령 위반이 내부비리 고발 등 공익을 위한 것이었다면 징계시에 이를 고려하여 징계책임을 감면하여야 할 것이다(대판 1996. 10. 11, 94누7171[15])).

### (3) 비밀엄수의무를 지는 공무원

직무상 비밀을 취득한 공무원은 재직중뿐만 아니라 퇴직 후에도 비밀을 엄수할 의무를 진다.

### (4) 비밀엄수의무의 한계

법률이 정하는 바에 따라 정보를 공개해야 하는 경우에 공무원이 직무상 알게 된 비밀을 공개하는 것은 비밀엄수의무 위반이 되지 않는다.

---

15) 감사관이 직무상 비밀이 아닌 감사보고서의 내용을 그대로 신문에 게재되게 함으로써 내부수칙 등 직무상 의무를 위반한 데 대하여 가장 중한 파면처분을 한 것은, 재량권을 일탈한 것이라고 본 사례(이문옥 감사관 사건).

제 3 장  공무원의 권리와 의무  363

## 1) 정보공개제도와 비밀엄수의무

비밀엄수의무를 정하고 있는 국가공무원법 제60조가 정보공개법 제9조 제1항 제1호 소정의 비밀이나 비공개사항을 정한 '다른 법률'에 해당하는지가 문제된다.

**가. 부정설**　　　국가공무원법 제60조는 공무원의 비밀엄수의무를 규정하는 규정이고, 정보공개법은 공공기관의 정보공개 여부에 관한 법으로서 규율목적과 규율대상을 달리 하므로 국가공무원법 제60조는 정보공개법 제9조 제1항 제1호 소정의 '다른 법률'에 해당하지 않는다.[16] 따라서, 공무원이 지득한 직무상 비밀이라는 이유만으로 정보공개를 거부할 수 없다.

공무원이 직무상 알게 된 비밀도 정보공개법 제9조에서 비공개정보로 규정하고 있는 국가안전보장에 관한 정보, 개인정보와 기업비밀 등 비공개사유를 근거로 정보공개를 거부할 수 있을 뿐이다.

**나. 긍정설**　　　공무원의 비밀엄수의무를 정한 국가공무원법 제60조는 정보공개법 제9조 제1항 제1호 소정의 '다른 법률'에 해당하고 따라서 공무원이 직무상 취득한 비밀은 정보공개법상 비공개정보라고 보는 견해이다.

**다. 결　　　어**　　　부정설이 타당하다.

## 2) 직무상 비밀에 관한 증언의 거부

**가. 직무상 비밀에 관한 재판상 증언**　　　공무원 또는 공무원이었던 자가 그 직무에 관하여 알게 된 사실에 관하여 본인 또는 당해 공무소가 직무상비밀에 속한 사항임을 신고한 때에는 그 소속 공무소 또는 감독관공서의 승낙 없이는 증인으로 신문하지 못한다(형사소송법 제147조 제1항). 그 소속 공무소 또는 당해 감독관공서는 국가에 중대한 이익을 해하는 경우를 제외하고는 승낙을 거부하지 못한다(형사소송법 제147조 제2항).

**나. 직무상 비밀에 관한 국회에서의 증언 및 서류의 제출**　　　국회로부터 공무원 또는 공무원이었던 자가 증언의 요구를 받거나, 국가기관이 서류제출을 요구받은 경우에 증언할 사실이나 제출할 서류의 내용이 직무상 비밀에 속한다는 이유로 증언이나 서류제출을 거부할 수 없다. 다만, 군사·외교·대북관계의 국가기밀에 관한 사항으로서 그 발표로 말미암아 국가안위에 중대한 영향을 미칠 수 있음이 명백하다고 주무부장관(대통령 및 국무총리의 소속기관에서는 해당 관서의 장)이 증언 등의 요구를 받은 날로부터 5일 이내에 소명하는 경우에는 그러하지 아니하다(국회에서의 증언감정 등에 관한 법률 제4조 제1항).

---

16) 변현철, "정보공개법의 실무적 연구,"『재판자료』제89집, 622~624면;『행정재판실무편람』(2) － 자료집, 서울행정법원, 496~497면.

국회가 제1항 단서의 소명을 수락하지 아니할 경우에는 본회의의 의결로, 폐회 중에는 해당 위원회의 의결로 국회가 요구한 증언 또는 서류의 제출이 국가의 중대한 이익을 해친다는 취지의 국무총리의 성명을 요구할 수 있다. 국무총리가 성명 요구를 받은 날부터 7일 이내에 그 성명을 발표하지 아니하는 경우에는 증언이나 서류 제출을 거부할 수 없다(국회에서의 증언감정 등에 관한 법률 제4조 제2, 3항).

**다. 비공개증언의 입법화**    우리나라에 있어서는 비밀정보의 비공개증언(非公開證言)에 관한 제도가 없기 때문에 비밀정보에 관한 증언이 크게 제한되고 있다. 비공개로 법관 앞에서 또는 국회에서 비밀에 관한 정보에 관하여 증언하거나 당해 비밀정보를 비공개로 제출하도록 하는 제도를 입법화하여야 할 것이다. 비공개증언제도가 입법화되어 있지 않은 현재에도 비밀에 관한 비공개증언을 허용하는 것이 위법은 아니라고 보아야 할 것이다.

### 3) 내부비리고발을 위한 직무상 비밀의 공개

내부비리(內部非理)를 고발하기 위하여 부득이 직무상 비밀을 제출한 것이 비밀엄수의무 위반이 되는지 문제된다. 부패방지법에 의해 국민권익위원회에 신고하는 행위는 비밀엄수의무 위반이 되지 않는다고 보는 것이 타당하다. 그러나, 이러한 비리고발절차가 있음에도 이 절차를 밟지 않고 내부비리를 고발하기 위하여 직무상 비밀을 공개하는 것은 비밀엄수의무 위반이 된다고 보아야 한다.

## 9. 업무상 비밀이용의 금지의무

공직자는 업무처리 중 알게 된 비밀을 이용하여 재물 또는 재산상의 이익을 취득하거나 제3자로 하여금 취득하게 하여서는 아니 된다(부패방지 및 국민권익위원회의 설치와 운영에 관한 법률 제7조의2).

## 10. 종교중립의무

공무원은 종교에 따른 차별 없이 직무를 수행하여야 한다(국공법 제59조의2 제1항).

## 11. 기    타

**[판례]** 국가 또는 지방자치단체 등에 대한 기부행위가 공무원의 직무와 외관상 대가관계가 없는 것으로 보이는 경우, 그 허용 여부(소극): 구 기부금품모집금지법(1995. 12. 30. 법률 제5126호 기부금품모집규제법으로 전부 개정되기 전의 것) 제4조는 공무원은 여하한 명목의 기부금도 모집할 수 없다고 규정하고 있고, 1995. 12. 30. 전부 개정된 구 기부금품모집규제법(현행 기부금품의 모집 및 사용에 관한 법률) 제5조도 국가 또는 지방자치단체 및 그 소속기관과 공무원은 기부금품의 모집을 할 수 없고, 비록 자발적으로 기탁하는 금품이라도 원칙적으로 이를 접수할 수 없다고 규정하고 있는

데, 이러한 규정들은 기부행위가 공무원의 직무와 사이에 외관상 대가관계가 없는 것으로 보이더라도 사실상 공권력의 영향력에 의한 것이거나 또는 그러한 의심을 자아내는 경우가 있음을 경계하여 직무 관련 여부를 묻지 아니하고 이를 금지함으로써 공무의 순수성과 염결성이 훼손되지 않도록 함에 그 취지가 있는바, 하물며 직무와 사이에 대가관계가 인정되는 기부행위라면 이는 결코 허용되어서는 아니 된다(대판 2009. 12. 10, 2007다63966[약정금]).

## Ⅲ. 공직자의 이해충돌방지

공직자의 직무수행과 관련한 사적 이익추구를 금지함으로써 공직자의 직무수행 중 발생할 수 있는 이해충돌을 방지하여 공정한 직무수행을 보장하고 공공기관에 대한 국민의 신뢰를 확보하는 것을 목적(제1조)으로 공직자의 이해충돌방지법(약칭: 이해충돌방지법)이 2021. 5. 18. 제정되어 2022년 5월 19일부터 시행되었다.

"이해충돌방지법상 공직자"란 다음 각 목의 어느 하나에 해당하는 사람을 말한다. 가.「국가공무원법」또는「지방공무원법」에 따른 공무원과 그 밖에 다른 법률에 따라 그 자격·임용·교육훈련·복무·보수·신분보장 등에 있어서 공무원으로 인정된 사람, 나. 제1호라목 또는 마목에 해당하는 공공기관의 장과 그 임직원, 다. 제1호 바목에 해당하는 각급 국립·공립 학교의 장과 교직원(제2조 제2호).

### 1. 공공기관 직무 관련 부동산 보유·매수 신고의무

부동산을 직접적으로 취급하는 대통령령으로 정하는 공공기관의 공직자는 다음 각 호의 어느 하나에 해당하는 사람이 소속 공공기관의 업무와 관련된 부동산을 보유하고 있거나 매수하는 경우 소속기관장에게 그 사실을 서면으로 신고하여야 한다. 1. 공직자 자신, 배우자, 2. 공직자와 생계를 같이하는 직계존속·비속(배우자의 직계존속·비속으로 생계를 같이하는 경우를 포함한다)(제6조 제1항). 제1항에 따른 공공기관 외의 공공기관의 공직자는 소속 공공기관이 택지개발, 지구 지정 등 대통령령으로 정하는 부동산 개발 업무를 하는 경우 제1항 각 호의 어느 하나에 해당하는 사람이 그 부동산을 보유하고 있거나 매수하는 경우 소속기관장에게 그 사실을 서면으로 신고하여야 한다(제2항).

### 2. 고위공직자의 민간 부문 업무활동 내역 제출의무

고위공직자는 그 직위에 임용되거나 임기를 개시하기 전 3년 이내에 민간 부문에서 업무활동을 한 경우, 그 활동 내역을 그 직위에 임용되거나 임기를 개시한 날부터 30일 이내에 소속기관장에게 제출하여야 한다(제8조 제1항).

## 3. 직무관련자와의 거래 신고의무

공직자는 자신, 배우자 또는 직계존속·비속(배우자의 직계존속·비속으로 생계를 같이하는 경우를 포함한다. 이하 이 조에서 같다) 또는 특수관계사업자(자신, 배우자 또는 직계존속·비속이 대통령령으로 정하는 일정 비율 이상의 주식·지분 등을 소유하고 있는 법인 또는 단체를 말한다. 이하 같다)가 공직자 자신의 직무관련자(「민법」 제777조에 따른 친족인 경우는 제외한다)와 다음 각 호의 어느 하나에 해당하는 행위를 한다는 것을 사전에 안 경우에는 안 날부터 14일 이내에 소속기관장에게 그 사실을 서면으로 신고하여야 한다. 1. 금전을 빌리거나 빌려주는 행위 및 유가증권을 거래하는 행위. 다만, 「금융실명거래 및 비밀보장에 관한 법률」에 따른 금융회사등, 「대부업 등의 등록 및 금융이용자 보호에 관한 법률」에 따른 대부업자등이나 그 밖의 금융회사로부터 통상적인 조건으로 금전을 빌리는 행위 및 유가증권을 거래하는 행위는 제외한다. 2. 토지 또는 건축물 등 부동산을 거래하는 행위. 다만, 공개모집에 의하여 이루어지는 분양이나 공매·경매·입찰을 통한 재산상 거래 행위는 제외한다. 3. 제1호 및 제2호의 거래 행위 외의 물품·용역·공사 등의 계약을 체결하는 행위. 다만, 공매·경매·입찰을 통한 계약 체결 행위 또는 거래관행상 불특정다수를 대상으로 반복적으로 행하여지는 계약 체결 행위는 제외한다(제9조 제1항). 공직자는 제1항 각 호에 따른 행위가 있었음을 사후에 알게 된 경우에도 안 날부터 14일 이내에 소속기관장에게 그 사실을 서면으로 신고하여야 한다(제2항).

## 4. 직무 관련 외부활동의 제한

공직자는 다음 각 호의 행위를 하여서는 아니 된다. 다만, 「국가공무원법」 등 다른 법령·기준에 따라 허용되는 경우는 그러하지 아니하다. 1. 직무관련자에게 사적으로 노무 또는 조언·자문 등을 제공하고 대가를 받는 행위, 2. 소속 공공기관의 소관 직무와 관련된 지식이나 정보를 타인에게 제공하고 대가를 받는 행위. 다만, 「부정청탁 및 금품등 수수의 금지에 관한 법률」 제10조에 따른 외부강의등의 대가로서 사례금 수수가 허용되는 경우와 소속기관장이 허가한 경우는 제외한다. 3. 공직자가 소속된 공공기관이 당사자이거나 직접적인 이해관계를 가지는 사안에서 자신이 소속된 공공기관의 상대방을 대리하거나 그 상대방에게 조언·자문 또는 정보를 제공하는 행위, 4. 외국의 기관·법인·단체 등을 대리하는 행위. 다만, 소속기관장이 허가한 경우는 제외한다. 5. 직무와 관련된 다른 직위에 취임하는 행위. 다만, 소속기관장이 허가한 경우는 제외한다(제10조 제1항).

## 5. 가족 채용 제한

제11조 제1항 각 호의 어느 하나에 해당하는 공직자(1. 소속 고위공직자, 2. 채용업무를 담당하는 공직자, 3. 해당 산하 공공기관의 감독기관인 공공기관 소속 고위공직자, 4. 해당 자회사의 모회사인 공공기관 소속 고위공직자)는 제11조 제1항을 위반하여 자신의 가족이 채용되도록 지시·유도 또는 묵인을 하여서는 아니 된다(제11조 제3항).

## 6. 수의계약 체결 제한

공공기관(공공기관으로부터 출연금·보조금 등을 받거나 법령에 따라 업무를 위탁받는 산하 공공기관과 「상법」 제342조의2에 따른 자회사를 포함한다)은 다음 각 호의 어느 하나에 해당하는 자와 물품·용역·공사 등의 수의계약(이하 "수의계약"이라 한다)을 체결할 수 없다. 다만, 해당 물품의 생산자가 1명뿐인 경우 등 대통령령으로 정하는 불가피한 사유가 있는 경우에는 그러하지 아니하다. 1. 소속 고위공직자, 2. 해당 계약업무를 법령상·사실상 담당하는 소속 공직자. 3. 해당 산하 공공기관의 감독기관 소속 고위공직자, 4. 해당 자회사의 모회사인 공공기관 소속 고위공직자, 5. 해당 공공기관이 「국회법」 제37조에 따른 상임위원회의 소관인 경우 해당 상임위원회 위원으로서 직무를 담당하는 국회의원, 6. 「지방자치법」 제41조에 따라 해당 지방자치단체 등 공공기관을 감사 또는 조사하는 지방의회의원, 7. 제1호부터 제6호까지의 어느 하나에 해당하는 공직자의 배우자 또는 직계존속·비속(배우자의 직계존속·비속으로 생계를 같이하는 경우를 포함한다. 이하 이 조에서 같다), 8. 제1호부터 제7호까지의 어느 하나에 해당하는 사람이 대표자인 법인 또는 단체, 9. 제1호부터 제7호까지의 어느 하나에 해당하는 사람과 관계된 특수관계사업자(제12조 제1항). 제1항 제1호부터 제6호까지의 어느 하나에 해당하는 공직자는 제1항을 위반하여 같은 항 각 호의 어느 하나에 해당하는 자와 수의계약을 체결하도록 지시·유도 또는 묵인을 하여서는 아니 된다(제2항).

## 7. 공공기관 물품의 사적 사용·수익 금지

공직자는 공공기관이 소유하거나 임차한 물품·차량·선박·항공기·건물·토지·시설 등을 사적인 용도로 사용·수익하거나 제3자로 하여금 사용·수익하게 하여서는 아니 된다. 다만, 다른 법령·기준 또는 사회상규에 따라 허용되는 경우에는 그러하지 아니하다(제13조).

## 8. 직무상 비밀 등 이용 금지

공직자(공직자가 아니게 된 날부터 3년이 경과하지 아니한 사람을 포함하되, 다른 법률에서
이와 달리 규정하고 있는 경우에는 그 법률에서 규정한 바에 따른다. 이하 이 조, 제27조 제1항,
같은 조 제2항 제1호 및 같은 조 제3항 제1호에서 같다)는 직무수행 중 알게 된 비밀 또는
소속 공공기관의 미공개정보(재물 또는 재산상 이익의 취득 여부의 판단에 중대한 영향을 미
칠 수 있는 정보로서 불특정 다수인이 알 수 있도록 공개되기 전의 것을 말한다. 이하 같다)를 이
용하여 재물 또는 재산상의 이익을 취득하거나 제3자로 하여금 재물 또는 재산상의
이익을 취득하게 하여서는 아니 된다(제14조 제1항). 공직자로부터 직무상 비밀 또는
소속 공공기관의 미공개정보임을 알면서도 제공받거나 부정한 방법으로 취득한 자는
이를 이용하여 재물 또는 재산상의 이익을 취득하여서는 아니 된다(제2항). 공직자는
직무수행 중 알게 된 비밀 또는 소속 공공기관의 미공개정보를 사적 이익을 위하여
이용하거나 제3자로 하여금 이용하게 하여서는 아니 된다(제3항).

## 9. 퇴직공직자 사적 접촉 신고

공직자는 직무관련자인 소속 기관의 퇴직자(공직자가 아니게 된 날부터 2년이 지나지
아니한 사람만 해당한다)와 사적 접촉(골프, 여행, 사행성 오락을 같이 하는 행위를 말한다)을
하는 경우 소속기관장에게 신고하여야 한다. 다만, 사회상규에 따라 허용되는 경우에
는 그러하지 아니하다(제15조 제1항).

# 제 4 장 공무원의 책임

## 제 1 절 징계책임

### I. 의 의

징계라 함은 공무원이 공무원으로서 부담하는 의무를 위반한 경우에 공무원관계의 질서를 유지하기 위하여 행정적 제재를 가하는 것을 말한다. 징계책임이라 함은 징계를 받을 지위를 말한다. 그리고, 징계를 위하여 가하는 행정적 제재를 징계벌이라 한다.

### II. 징계벌과 형벌의 관계

징계벌(懲戒罰)은 원칙상 형벌(刑罰)과 구별되는 독자적인 제재이다. 그러나, 동일한 공무원의 의무위반행위가 징계벌의 대상이 됨과 동시에 형벌의 대상이 될 수 있으므로 징계벌과 형벌은 일정한 관계를 갖고 있다.

#### 1. 징계벌과 형벌의 차이

##### (1) 권력적 기초 및 행사목적

징계벌은 특별행정법관계에서 특별권력주체에게 부여되는 특별권력(징계권)에 기초하여 부과되는 것으로서 공무원관계의 내부질서유지를 목적으로 하는데, 형벌은 일반통치권에 기초하여 부과되는 것으로 국가의 일반적인 법질서유지를 목적으로 한다.

##### (2) 대 상

징계벌은 공무원의 공무원법상의 의무 위반을 대상으로 하나 형벌은 형법위반을 대상으로 한다.

따라서, 징계벌과 형벌은 상이한 기준에 의해 부과된다. 그 결과 형사법원에 의해 무죄로 선고된 공무원이 징계벌의 대상이 될 수 있고, 징계벌의 대상이 되지 않으면서 형벌의 대상이 되는 경우도 있을 수 있다. 그리고 명문의 규정이 없는 한 형벌이 사면되어도 징계벌이 당연히 소멸되는 것은 아니다.

**[판례]** 민사책임과 형사책임은 지도이념과 증명책임, 증명의 정도 등에서 서로 다른 원리가 적용되므로, 징계사유인 성희롱 관련 형사재판에서 성희롱 행위가 있었다는 점을 합리적 의심을 배제할 정도로 확신하기 어렵다는 이유로 공소사실에 관하여 무죄가 선고되었다고 하여 그러한 사정만으로 행정소송에서 징계사유의 존재를 부정할 것은 아니다(대판 2018. 04. 12, 2017두74702).

또한, 징계벌은 공무원의 신분을 전제로 하여 부과되므로 공무원이 퇴직 등으로 공무원의 신분을 상실한 경우에는 문제되지 않으나 형벌은 공무원의 신분을 전제로 하지 않으므로 공무원의 퇴직 여하와 관계없이 부과된다.

### (3) 내    용

징계벌은 공무원의 신분 또는 신분상 이익의 전부 또는 일부를 박탈하는 것을 내용으로 하는데, 형벌은 생명, 신체적 자유 또는 재산상 이익의 발탁 또는 제한을 그 내용으로 한다.

### (4) 성질과 부과절차

징계벌은 행정적 제재인 반면에 형벌은 형사적 제재이다. 따라서, 징계벌의 결정권자 즉 징계권자는 행정기관이며 징계절차라는 행정절차에 의해 부과되는데, 형벌은 형사법원에 의해 형사소송절차에 의해 부과된다.

징계절차와 형사절차는 원칙상 상호 독립된 절차로 별개로 진행될 수 있다.

## 2. 징계벌과 형벌의 관계

징계벌과 형벌은 공무원의 법규 위반에 대한 제재인 점에서는 동일하고, 공무원의 동일한 행위가 징계벌과 형벌의 대상이 될 수 있으므로 양자는 상호 일정한 관계를 갖고 상호 영향을 미친다.

### (1) 형사절차와 징계절차의 관계
#### 1) 원칙상 상호 독립

형사절차와 징계절차는 상호 독립된 절차이므로 공무원의 동일한 행위에 대한 형사절차의 진행이 징계절차에 영향을 미치지 않는 것이 원칙이다. 공무원에게 징계사유가 인정되는 이상 관련된 형사사건이 아직 유죄로 확정되지 아니하였다고 하더라도 징계처분을 할 수 있다(대판 2001. 11. 09, 2001두4184).

**[참조 판례]** (1) 형사소송과 민사소송의 증명책임 정도가 다르다는 이유에서 같은 대학교 학생을 성추행한 혐의를 받은 대학원생이 검찰에서 증거불충분으로 무혐의 처분을 받았더라도, 학칙에

따라 정학 처분을 내린 것은 문제가 없다. (2) 민사소송이나 행정소송에서 사실의 증명은 추호의 의혹도 없어야 한다는 자연과학적 증명이 아니고, 특별한 사정이 없는 한 경험칙에 비추어 모든 증거를 종합적으로 검토해 볼 때 어떤 사실이 있었다는 점을 시인할 수 있는 **고도의 개연성을 증명**하는 것이면 충분하다. (3) A씨가 서울대를 상대로 낸 정학처분 무효 확인소송(민사소송)에서 원고패소 판결한 원심을 확정한 사례(대판 2021. 03. 25. 2020다281367).

### 2) 징계절차의 임의적 중지

형사절차와 징계절차에서 동일한 법규 위반 사실 여부가 문제될 수 있으므로 징계권자가 형사법원의 판결이 있을 때까지 징계절차를 중지하는 경우가 있다. 검찰·경찰 기타 수사기관에서 수사 중인 사건에 대하여는 수사개시의 통보를 받은 날로부터 징계의결의 요구 기타 징계절차를 진행하지 아니할 수 있다(국공법 제83조 제2항). 이와 같은 징계절차의 중지는 의무적인 것은 아니며 징계권자의 재량에 속하는 것이다.

### (2) 형사소추시의 직위해제

공무원이 형사소송으로 기소 중인 경우(약식명령이 청구된 자는 제외한다)에 형사법원의 최종판결이 날 때까지 기소된 공무원의 직위를 해제할 수 있다(국가공무원법 제73조의3 제1항, 직위해제 참조).

### (3) 형사법원 판결의 구속력

형사법원이 사실의 존재 또는 부존재에 대하여 내린 판단은 원칙상 징계권자를 구속한다고 보아야 한다.

**[판례]** 공무원인 갑이 그 직무에 관하여 뇌물을 받았음을 징계사유로 하여 파면처분을 받은 후 그에 대한 형사사건이 항소심까지 유죄로 인정되었고 그 형사사건에서 갑이 수사기관과 법정에서 금품수수사실을 자인하였으나 그 후 대법원의 파기환송판결에 따라 무죄의 확정판결이 있었다면 위 징계처분은 근거 없는 사실을 징계사유로 삼은 것이 되어 위법하다고 할 수는 있을지언정 그것이 객관적으로 명백하다고는 할 수 없으므로 위 징계처분이 당연무효인 것은 아니다(대판 1989. 09. 26, 89누4963).

그러나, 이에는 다음과 같은 한계가 있다.

① 공무원이 면소판결을 받은 경우에는 이 판결은 징계권자를 구속하지 않는다.

② 무죄임이 명확히 입증된 것이 아니라 무죄추정의 원칙에 따라 공무원이 무죄판결을 받은 경우에 이 판결은 징계권자를 구속하지 않는다. 행정소송과 형사소송에서 증명의 정도가 다르므로(행정소송에서의 고도의 개연성의 입증, 형사소송에서는 합리적 의심의 여지가 없는 입증) 징계사유가 되는 범죄사실(예, 성희롱 행위)의 인정에 있어서 합리적 의심을 배제할 정도로 확신하기 어렵다는 이유로 무죄가 선고되었다고 하여도 그러한 사정만으로 행정소송에서 징계사유의 존재를 부정할 것은 아니다.

**[판례]** 징계사유인 성희롱 관련 형사재판에서 성희롱 행위가 있었다는 점을 합리적 의심을 배제할 정도로 확신하기 어렵다는 이유로 공소사실에 관하여 무죄가 선고되었다고 하여 그러한 사정만으로 행정소송에서 징계사유의 존재를 부정할 것은 아니다(대판 2018. 04. 12, 2017두74702).

③ 무죄판결이 사실의 존재 여부에 기인한 것이 아니라 사실의 범죄구성요건 해당성이 없음을 이유로 한 경우에 당해 무죄판결은 징계권자를 구속하지 않는다.

④ 피고공무원의 정신상태에 대한 형사법원의 판단도 징계권자를 구속하지 않는다.

### (4) 형사판결에 근거한 징계처분

징계사유의 존재를 전제로 내려진 유죄판결이 확정된 경우에 징계권자는 이 유죄판결에 근거하여 징계처분을 내릴 수 있다.

형사법원의 판결이 공무원의 새로운 직무의무 위반 사실을 드러낸 경우에 징계권자는 그 새로운 직무의무 위반에 대하여 징계절차를 개시할 수 있다.

### (5) 징계벌과 형벌의 병과

징계벌과 형벌은 그 권력적 기초 및 행사목적이 다르므로 형벌과 징계벌을 병과 (並科)할 수 있다. 즉, 형벌과 징계벌 사이에는 일사부재리의 원칙이 적용되지 않는다.

## Ⅲ. 징계사유

### 1. 징계사유의 내용

공무원의 공무원법상의 의무 위반이 징계사유(懲戒事由)가 된다. 국가공무원법은 징계사유를 다음과 같이 규정하고 있다. ① 국가공무원법 및 국가공무원법에 따른 명령을 위반한 경우, ② 직무상의 의무(국가공무원법 이외의 다른 법령에서 공무원의 신분으로 인하여 부과된 의무를 포함한다)에 위반하거나 직무를 태만한 때, ③ 직무의 내외를 불문하고 그 체면 또는 위신을 손상하는 행위를 한 때(제78조 제1항). 징계에 있어서는 징계벌의 성질상 공무원의 의무 위반에 고의나 과실을 요하지 않는다는 것이 판례 및 다수설이다.

**[판례]** ① 공무원이 상급행정기관이나 감독권자의 직무상 명령을 위반하였다는 점을 징계사유로 삼으려면 직무상 명령이 상위법령에 반하지 않는 적법·유효한 것이어야 한다(대판 2020. 11. 26, 2020두42262[과태료부과처분취소]). 〈해설〉 여기에서 "적법·유효"는 적법하거나 유효한 것으로 해석하여야 한다. 그리고 판례에 따르면 법령에 반하는 행정규칙은 무효이다.
② 세관원이 입국자의 휴대품 검사시 감시소홀로 인하여 불과 1주일 사이에 2회에 걸쳐 밀수품이 다른 곳으로 빼돌려진 경우, 그 세관원의 부주의는 국가공무원법 제78조 제2호의 징계사유에 해

당할 것이나 파면처분한 것은 재량권의 남용이다(대판 1972. 02. 22, 71누200).

③ 정책을 수립 · 시행하는 고위 공무원이 국가적인 사업을 추진하는 경우에, 당시 정부의 정책, 산업 분야의 경제적 영향 등 다양한 정책적 요소에 대한 고도의 전문적 판단이 요구되므로 상당히 폭넓은 재량이 인정되며, 그 사업 추진 결과가 기대에 미치지 못한다고 하여 그 사유만으로 징계사유로 삼기는 어렵다. 그렇지만 그러한 사업추진이 주식시장에 상장된 특정 회사의 사업에 대한 지원으로 이어지고 나아가 국가가 그 회사의 사업을 홍보까지 하는 경우에는 특혜 시비를 낳을 수 있고, 더욱이 부적정한 **상장회사에 대한 지원**은 주식시장의 혼란, 정부 및 국가정책에 대한 신뢰를 크게 떨어뜨릴 우려가 있으므로, 그 지원 활동을 결정하는 공무원은 지원 대상 사업의 타당성, 공익성 및 실현가능성, 해당 회사의 재정상태 및 경영의 투명성 등에 관하여 객관적 검증을 거친 후, 신뢰할 수 있는 사업에 대하여 신중하게 지원 여부 및 지원 방법을 결정함으로써, 정부의 정책과 행정에 대한 공적 신뢰를 유지하고 공공의 이익을 도모할 수 있도록 주의를 기울여야 하며, 이는 공무원에게 부과된 가장 기본적이고 중요한 의무인 **성실의무의 내용**을 이룬다. **행정기관이 제작하는 보도자료**는 국민의 알 권리를 보호하기 위한 차원에서 작성되어야 한다. 국정을 홍보하기 위하여 보도자료를 작성하는 과정에서 행정기관의 의견을 개진하거나 정책의 타당성 등을 옹호하는 것이 부당하다고 할 수는 없지만, 행정기관이 알고 있는 객관적인 사정과 달리 해당 사항의 긍정적인 측면만을 부각하거나 불확실한 점이 있음에도 과장되거나 단정적인 표현을 사용하여 국민이 해당 사항에 관하여 잘못된 인식을 가지도록 하여서는 아니 된다. 특히 증권 거래 등 일반인들에게 영향을 미칠 수 있는 정보가 보도자료에 포함되는 경우에, 담당 공무원은 해당 정보의 진실성 여부 및 주식시장에 미칠 파급효과 등에 관하여 보다 면밀히 살펴 **사실과 다르거나 오해를 낳을 수 있는 정보가 보도자료에 담기지 아니하도록 할 주의의무를 부담**한다(대판 2017. 12. 22, 2016두38167[강등처분취소]).

④ [1] 상관의 지시나 명령 그 자체를 따르지 않는 행위와 상관의 지시나 명령은 준수하면서도 그것이 위법 · 위헌이라는 이유로 재판청구권을 행사하는 행위는 구별되어야 한다. 군인이 상관의 지시나 명령에 대하여 재판청구권을 행사하는 경우에 그것이 위법 · 위헌인 지시와 명령을 시정하려는 데 그 목적이 있을 뿐, 군 내부의 상명하복관계를 파괴하고 명령불복종 수단으로서 재판청구권의 외형만을 빌리거나 그 밖에 다른 불순한 의도가 있지 않다면, 정당한 기본권의 행사라 할 것이므로 군인의 복종의무를 위반하였다고 볼 수 없다. [2] 군법무관인 원고가 다른 군법무관들과 함께 국방부장관의 군내 불온서적 반입 금지 지시에 대하여 헌법소원을 제기하였음을 이유로 받은 징계처분 등의 취소를 구하는 사안에서, 군인의 재판청구권 행사가 복종의무에 위반되지 아니하는 기준을 제시하고, 군인이라 하더라도 기본권을 제한하기 위하여는 헌법 제37조 제2항에 따른 법률유보원칙이 준수되어야 함을 확인하는 등으로 **적법한 징계사유가 인정되지 않는다고 판단**하고 이와 달리 본 원심판결을 파기한 사례. 이러한 다수의견에 대하여, 군 내부적인 시정노력을 충분히 기울이지 않은 채 다른 법무관들을 규합하여 집단으로 이 사건 지시에 불복종하려는 수단으로 헌법소원제도를 이용하였음을 징계사유로 삼은 것이므로 이 사건 징계처분 및 전역처분이 적법하다고 본 원심의 판단이 정당하다는 대법관 고영한, 대법관 조희대, 대법관 박상옥, 대법관 이기택의 반대의견이 있다(대판 전원합의체 2018. 03. 22, 2012두26401[전역처분등취소]).

⑤ 검사징계법 제2조 제3호에서 '직무의 내외를 막론하고 검사로서의 체면이나 위신을 손상하는 행위를 하였을 때'를 검사에 대한 징계사유의 하나로 규정하고 있는 취지는, 검사로서의 체면이나 위신을 손상하는 행위가 검사 본인은 물론 검찰 전체에 대한 국민의 신뢰를 실추시킬 우려가 있는 점을 고려하여, 검사로 하여금 직무와 관련된 부분은 물론 사적인 언행에서도 신중을 기하도록 함으로써, 국민들로부터 신뢰를 받도록 하자는 데 있으므로, 어떠한 행위가 검사로서의 체면이나

위신을 손상하는 행위에 해당하는지는 앞서 본 규정 취지를 고려하여 구체적인 상황에 따라 건전한 사회통념에 의하여 판단하여야 한다(대판 2017. 10. 31, 2014두45734).

## 2. 징계사유의 발생시점

징계사유는 원칙상 공무원의 재직중 발생하여야 한다. 다만, 징계에 관하여 다른 법률의 적용을 받는 공무원이 국가공무원법의 징계에 관한 규정의 적용을 받는 공무원으로 임용된 경우에 임용 이전의 다른 법률에 의한 징계 사유는 그 사유가 발생한 날부터 국가공무원법에 따른 징계 사유가 발생한 것으로 본다(제78조 제2항). 특수경력직공무원이 경력직공무원으로 임용된 경우에, 임용 전의 해당 특수경력직공무원의 징계를 규율하는 법령상의 징계 사유는 그 사유가 발생한 날부터 국가공무원법 제10장에 따른 징계 사유가 발생한 것으로 본다(제73조 제3항).

이와 같은 명문의 규정이 있는 경우를 제외하고는 공무원의 임용전의 행위는 원칙적으로 공무원의 징계사유가 될 수 없다. 다만, 임용 전의 행위라 하더라도 이로 인하여 임용 후의 공무원의 체면 또는 위신을 손상하게 된 경우에는 국가공무원법 제78조 제1항 제3호의 징계사유로 삼을 수 있다고 보아야 한다(대판 1990. 05. 22, 89누7368).[17] 그리고 임용 전의 행위가 재직을 허용하지 못할 중대한 것인 경우에는 임용행위를 취소 또는 철회할 수 있다.[18]

## 3. 징계 및 징계부가금 부과 사유의 시효

징계의결등의 요구는 징계 등 사유가 발생한 날부터 다음 각 호의 구분에 따른 기간이 지나면 하지 못한다(제83조의2 제1항).

1. 징계 등 사유가 다음 각 목의 어느 하나에 해당하는 경우: 10년
   가. 「성매매알선 등 행위의 처벌에 관한 법률」 제4조에 따른 금지행위
   나. 「성폭력범죄의 처벌 등에 관한 특례법」 제2조에 따른 성폭력범죄
   다. 「아동·청소년의 성보호에 관한 법률」 제2조제2호에 따른 아동·청소년대상 성범죄
   라. 「양성평등기본법」 제3조제2호에 따른 성희롱

---

17) 원고가 장학사 또는 공립학교 교사로 임용해 달라는 등의 인사청탁과 함께 금 1,000만 원을 제3자를 통하여 서울시 교육감에게 전달함으로써 뇌물을 공여하였고, 그 후 공립학교 교사로 임용되어 재직중 검찰에 의하여 위 뇌물공여죄로 수사를 받다가 기소되기에 이르렀으며 그와 같은 사실이 언론기관을 통하여 널리 알려진 사례이다. 이 사건에서 판례는 "비록 위와 같은 뇌물을 공여한 행위는 공립학교 교사로 임용되기 전이었더라도 그 때문에 임용 후의 공립학교 교사로서의 체면과 위신이 크게 손상되었다고 하지 않을 수 없으므로 이를 징계사유로 삼은 것은 정당하다"고 보았다.
18) 박윤흔, 269면.

2. 징계 등 사유가 제78조의2제1항 각 호의 어느 하나에 해당하는 경우: 5년

3. 그 밖의 징계 등 사유에 해당하는 경우: 3년

국가공무원법 제83조 제1항 및 제2항에 따라 징계 절차를 진행하지 못하여 제1항의 기간이 지나거나 그 남은 기간이 1개월 미만인 경우에는 제1항의 기간은 제83조 제3항에 따른 조사나 수사의 종료 통보를 받은 날부터 1개월이 지난 날에 끝나는 것으로 본다(제83조의2 제2항).

징계위원회의 구성·징계의결 등 그 밖에 절차상의 흠이나 징계양정 및 징계부가금의 과다를 이유로 소청심사위원회 또는 법원에서 징계처분 등의 무효 또는 취소의 결정이나 판결을 한 경우에는 제1항의 기간이 지나거나 그 남은 기간이 3개월 미만인 경우에도 그 결정 또는 판결이 확정된 날부터 3개월 이내에는 다시 징계의결 등을 요구할 수 있다(제83조의2 제3항).

**[판례]** 공무원 임용과 관련하여 부정한 청탁과 함께 뇌물을 공여하고 공무원으로 임용되었다면 공무원의 신분을 취득하기까지의 일련의 행위가 국가공무원법상의 징계사유에 해당한다고 할 것이므로 임용 전 뇌물공여로 인한 징계에 있어 징계시효의 기산점은 원고가 뇌물을 공여한 때가 아니라 공무원으로 임용된 때로부터 기산하여야 할 것이다(대판 1990. 05. 22, 89누7368).

## Ⅳ. 징계권자

징계권에는 징계요구권, 징계의결권과 징계처분권이 있다. 징계요구권만 있는 자가 있고, 징계요구권과 징계처분권이 있는 자도 있고, 징계처분권만 있는 자도 있다.

### 1. 징계요구권자

징계의결요구는 5급 이상 공무원 및 고위공무원단에 속하는 일반직공무원은 소속 장관이, 6급 이하의 공무원은 소속 기관의 장 또는 소속 상급기관의 장이 한다. 다만, 국무총리·인사혁신처장 및 대통령령등으로 정하는 각급 기관의 장은 다른 기관 소속 공무원이 징계 사유가 있다고 인정하면 관계 공무원에 대하여 관할 징계위원회에 직접 징계를 요구할 수 있다(국공법 제78조 제4항).

감사원은 국가공무원법과 그 밖의 법령에 규정된 징계 사유에 해당하거나 정당한 사유 없이 이 법에 따른 감사를 거부하거나 자료의 제출을 게을리한 공무원에 대하여 그 소속 장관 또는 임용권자에게 징계를 요구할 수 있다(감사원법 제32조 제1항). 제1항에 따른 징계요구 중 파면 요구를 받은 소속 장관 또는 임용권자는 그 요구를 받은 날부터 10일 이내에 해당 징계위원회 또는 인사위원회 등에 그 의결을 요구하여야 하며 중앙징계위원회의 의결 결과에 관하여는 인사혁신처장이, 그 밖의 징계위

원회 등의 의결 결과에 관하여는 해당 징계위원회 등이 설치된 기관의 장이 그 의결이 있은 날로부터 15일 이내에 감사원에 통보하여야 한다(제32조 제2항). 감사원은 제1항에 따라 파면 요구를 한 사항이 파면 의결이 되지 아니한 경우에는 제2항의 통보를 받은 날부터 1개월 이내에 해당 징계위원회 등이 설치된 기관의 바로 위 상급기관에 설치된 징계위원회 등(바로 위 상급기관에 설치된 징계위원회 등이 없는 경우에는 해당 징계위원회 등)에 직접 그 심의 또는 재심의를 요구할 수 있다(제32조 제3항).

## 2. 징계의결권자

징계의 의결은 징계위원회가 행한다(국공법 제82조 제1항).

## 3. 징계처분권자

임용권에는 징계권이 포함되므로 명문의 규정이 없는 한 임용권자가 징계처분권자가 된다. 그런데, 국가공무원법에 의하면 징계처분권자는 다음과 같다. 파면과 해임은 각 임용권자 또는 임용권을 위임한 상급 감독기관의 장이 이를 행한다. 파면과 해임 이외의 징계에 있어서는 원칙상 징계위원회가 설치된 소속기관의 장이 징계처분권자이지만, 국무총리 소속으로 설치된 징계위원회(국회·법원·헌법재판소 및 선거관리위원회에 있어서는 해당 중앙인사관장기관에 설치된 상급 징계위원회를 말한다)에서 행한 징계의결 등에 대하여는 중앙행정기관의 장이 행한다(제82조 제1항).

## V. 징계절차

공무원이 징계사유에 해당하면 징계권자는 징계위원회에 대하여 징계 의결을 요구하여야 하고, 동 징계 의결의 결과에 따라 징계처분을 하여야 한다(제78조 제1항).

징계처분은 공무원의 신분상 이익에 대하여 중대한 영향을 미치는 처분이다. 따라서 징계처분에 있어서는 공무원의 권익을 보호하기 위하여 공무원에게 절차적 권리가 보장되어야 한다.

### 1. 징계조사

징계조사는 징계를 위한 행정조사의 성질을 갖는다. 징계요구권자는 징계요구의 전제로서 징계조사권을 갖는다고 보아야 한다. 그런데, 실무에서는 징계조사가 감사기관에 의한 직무감찰의 하나로 행해지는 경우가 많다(이충호, 우리나라 공무원 징계조사의 특수성에 관한 고찰, 457면 이하 참조).

## 2. 징계의결의 요구

공무원이 국가공무원법 제78조 제1항 각 호의 징계사유에 해당하는 때에는 징계의결의 요구를 하여야 한다(제78조 제1항). 판례는 징계사유에 해당하는 것이 명백한 경우에는 징계권자에게 징계를 요구할 의무가 있지만, 징계권자는 징계사유에 해당하는지 여부에 관하여 판단할 재량이 있다고 보고 있다. 그러나, 징계사유에 해당하는지 여부의 판단에 재량을 인정하는 것은 타당하지 않다.

[판례] ① 지방공무원의 징계와 관련된 규정을 종합해 보면, 징계권자이자 임용권자인 지방자치단체장은 소속 공무원의 구체적인 행위가 과연 지방공무원법 제69조 제1항에 규정된 징계사유에 해당하는지 여부에 관하여 판단할 재량은 있지만, 징계사유에 해당하는 것이 명백한 경우에는 관할 인사위원회에 징계를 요구할 의무가 있다(대판 2007. 07. 12, 2006도1390: 소속 공무원들이 전국공무원노동조합이 주도한 파업에 참가한 행위가 지방공무원법 제48조 내지 제50조, 제58조 등이 규정하는 집단행위금지의무, 직장이탈금지의무 등의 직무상 의무에 위반되는 것이어서 임용권자인 소속 지방자치단체장의 징계의결요구의무가 인정될 정도의 징계사유에 해당한다고 한 사례).
② 징계의결요구권을 갖는 교육기관 등의 장은 수사기관 등으로부터 통보받은 자료 등을 토대로 소속 교육공무원의 구체적인 행위가 과연 징계사유에 해당하는지에 관하여 판단할 재량을 갖는다고 할 것이지만, 통보받은 자료 등을 통해 징계사유에 해당함이 객관적으로 명백하다고 확인되는 때에는 상당한 이유가 없는 한 1월 이내에 징계의결을 요구할 의무가 있다고 보아야 한다. 따라서 통보받은 자료 등을 통해 징계사유에 해당함이 객관적으로 명백하고, 달리 징계의결을 요구하지 아니할 상당한 이유가 없는데도 1월 이내에 관할 징계위원회에 징계의결을 요구하지 아니하면, 이는 재량권의 한계를 벗어난 것으로서 위법할 뿐만 아니라 법령에서 부여된 구체적인 작위의무를 수행하지 아니한 경우에 해당할 수 있다. 이때 징계사유에 해당함이 객관적으로 명백한지 및 상당한 이유가 있는지는 징계사유에 해당한다고 통보받은 구체적인 사실관계의 내용과 그에 대한 법적 평가, 증거 자료의 구비 정도, 징계의 필요성이나 적절성, 징계의결요구를 유보하는 데에 합당한 이유가 있었는지 등을 관계 자료가 통보된 때로부터 1월이 경과하는 시점을 기준으로 객관적이고 합리적인 방법으로 판단하여야 한다(대판 2013. 06. 27, 2011도797).

징계의결등의 요구는 징계 등의 사유가 발생한 날부터 3년(제78조의2 제1항 각 호의 어느 하나에 해당하는 경우에는 5년)이 지나면 하지 못한다(제83조의2 제1항).

## 3. 징계위원회

### (1) 국가공무원의 징계의결기관
징계위원회는 중앙징계위원회와 보통징계위원회로 구분한다(공무원징계령 제2조 제1항).

중앙징계위원회는 국무총리 소속으로 둔다(공무원징계령 제3조 제1항). 보통징계위원회는 5급 이상 공무원등(고위공무원단에 속하는 공무원을 포함한다)을 장으로 하는 행정기관에 둔다. 다만, 중앙행정기관의 장이 불필요하다고 인정할 때에는 설치하지 아니할 수 있다(제2항). 소속 중앙행정기관의 장이 특히 필요하다고 인정할 때에는 제2항에도 불구하고 그 소속 기관에 보통징계위원회를 설치할 수 있다(제3항). 보통징계위원회는 징계등 대상자보다 상위계급의 공무원(고위공무원단에 속하는 공무원을 포함한다)이 징계위원회의 위원이 될 수 있도록 관할권을 조정할 수 있다. 이 경우에 관할에서 제외된 징계등 대상자는 그 징계위원회가 설치된 바로 위의 감독기관의 징계위원회에서 관할한다(제4항).

### (2) 지방공무원의 징계의결기관

지방공무원의 징계의결기관은 인사위원회이다(지공법 제6조 내지 제12조).

### (3) 특별징계의결기관

법관, 교육공무원, 경찰공무원에 대한 징계의결기관은 별도로 설치된다(법관징계법 제4조, 교원지위 향상을 위한 특별법 제9조, 제10조, 경찰공무원법 제55조 등).

## 4. 징계위원회의 의결절차 및 징계혐의자의 절차적 권리

공무원의 징계는 징계의결기관의 의결에 따라 행해진다(국공법 제82조 제1항; 지공법 제72조 제1항).

징계위원회에서의 의결절차는 징계대상자에게 충분한 절차적 권리를 보장하는 등 재판절차에 준하는 절차가 보장되는 것이 타당하다. 특히 징계대상자에게 방어권(변호사의 조력을 받을 권리, 징계사유(징계혐의사실 포함)를 알 권리, 방어권의 행사 수단 및 기회를 부여받을 권리)을 실질적으로 보장하여야 한다. 징계절차상 징계대상자의 방어권 행사에 실질적인 지장이 초래된 경우에 징계처분은 특별한 사정이 없는 한 위법하게 된다.

[판례] ① 공무원징계의결요구서 사본의 송부 없이 진행된 징계절차의 효력(원칙상 위법): 공무원징계령 제7조 제7항에 의하면 징계의결요구권자는 징계위원회에 징계의결을 요구함과 동시에 징계사유와 요구하는 징계종류 등을 기재한 **공무원징계의결요구서 사본을 징계혐의자에게 송부하도록 되어 있는바**, 이 규정의 취지는 징계혐의자로 하여금 어떠한 사유로 징계에 회부되었는가를 사전에 알게 함으로써 징계위원회에서 **그에 대한 방어 준비를** 하게 하려는 것으로 징계위원회에 출석하여 진술할 수 있는 권리와 함께 **징계혐의자의 방어권 보장을 위한 주요규정**으로서 강행규정이므로 **징계의결요구서 사본의 송부 없이 진행된 징계절차는** 징계혐의자의 방어권 준비 및 행사에 지장이 없었다거나 징계혐의자가 이의 없이 징계위원회에 출석하여 변명하였다는 등의 **특단의 사정이 인정되지 않는 이상 위법**하다(대판 1993. 06. 25, 92누17426).
② [1] 행정청이 징계와 같은 불이익처분절차에서 징계심의대상자가 선임한 변호사가 징계위원회에 출석하여 징계심의대상자를 위하여 필요한 의견을 진술하는 것을 거부할 수 있는지 여부(원칙

적 소극): 행정절차법 제12조 제1항 제3호, 제2항, 제11조 제4항 본문에 따르면, 당사자 등은 변호사를 대리인으로 선임할 수 있고, 대리인으로 선임된 변호사는 당사자 등을 위하여 행정절차에 관한 모든 행위를 할 수 있다고 규정되어 있다. 위와 같은 행정절차법령의 규정과 취지, 헌법상 법치국가원리와 적법절차원칙에 비추어 **징계와 같은 불이익처분절차에서 징계심의대상자에게 변호사를 통한 방어권의 행사를 보장하는 것이 필요**하고, 징계심의대상자가 선임한 변호사가 징계위원회에 출석하여 징계심의대상자를 위하여 필요한 의견을 진술하는 것은 방어권 행사의 본질적 내용에 해당하므로, 행정청은 특별한 사정이 없는 한 이를 거부할 수 없다. [2] 육군3사관학교의 사관생도에 대한 징계절차에서 징계심의대상자가 대리인으로 선임한 변호사가 징계위원회 심의에 출석하여 진술하려고 하였음에도, 징계권자나 그 소속 직원이 변호사가 징계위원회의 심의에 출석하는 것을 막았다면 징계위원회 심의·의결의 절차적 정당성이 상실되어 그 징계의결에 따른 징계처분은 위법하여 원칙적으로 취소되어야 한다. 다만 징계심의대상자의 대리인이 관련된 행정절차나 소송절차에서 이미 실질적인 증거조사를 하고 의견을 진술하는 절차를 거쳐서 징계심의대상자의 방어권 행사에 실질적으로 지장이 초래되었다고 볼 수 없는 특별한 사정이 있는 경우에는, 징계권자가 징계심의대상자의 대리인에게 징계위원회에 출석하여 의견을 진술할 기회를 주지 아니하였더라도 그로 인하여 징계위원회 심의에 절차적 정당성이 상실되었다고 볼 수 없으므로 징계처분을 취소할 것은 아니다(대판 2018. 03. 13, 2016두33339).

③ 징계위원회의 심의과정에 반드시 제출되어야 하는 **공적(功績)** 사항이 제시되지 않은 상태에서 결정한 징계처분은 징계양정이 결과적으로 적정한지 그렇지 않은지와 상관없이 **법령이 정한 징계절차를 지키지 않은 것으로서 위법**하다(대판 2012. 06. 28, 2011두20505[징계처분취소]).

④ 피고가 검찰청 직원인 원고에 대하여 직장 동료인 검찰청 여직원 다수를 상대로 수차례 성희롱이나 언어폭력 등을 가하였다는 징계혐의로 해임처분을 하자, 원고가 '피고로부터 통지받은 징계혐의 사실에 피해자의 인적사항 등이 특정되지 않았고 그 정보도 제공되지 않아 방어권에 실질적인 제한을 받아 징계절차에 하자가 있다'는 취지로 해임처분의 취소를 구한 사안에서 **성비위행위 관련 징계에서 징계대상자에게 피해자의 '실명' 등 구체적인 인적사항이 공개되지 않았으나 징계혐의사실이 서로 구별될 수 있을 정도로 특정되어 있고 징계대상자가 징계사유의 구체적인 내용과 피해자를 충분히 알 수 있다고 인정되는 경우, 징계절차상 방어권 행사에 실질적인 지장이 초래된다고 볼 수 없다고 한 사례**(대판 2022. 07. 14, 2022두33323[해임처분취소]).

## (1) 징계혐의자의 출석

원칙상 출석통지서를 교부하여 징계혐의자를 징계위원회에 출석시켜야 한다(공무원징계령 제10조 제1항). 징계위원회는 징계등 혐의자가 그 징계위원회에 출석하여 진술하기를 원하지 아니할 때에는 진술권포기서를 제출하게 하여 기록에 첨부하고 서면심사만으로 징계의결 등을 할 수 있다(제10조 제3항). 징계등혐의자가 정당한 사유서를 제출하지 아니하면 출석을 원하지 아니하는 것으로 보아 그 사실을 기록에 남기고 서면심사에 따라 징계의결 등을 할 수 있다(제10조 제4항). 징계등 혐의자가 출석통지서의 수령을 거부한 경우에는 징계위원회에서의 진술권을 포기한 것으로 본다. 다만, 징계 등 혐의자는 출석통지서의 수령을 거부한 경우에도 당해 징계위원회에 출석하여 진술할 수 있다(제10조 제7항).

### (2) 심문과 진술권

징계위원회는 제10조 제1항에 따라 출석한 징계 등 혐의자에게 혐의내용에 관한 심문을 하고 필요하다고 인정할 때에는 관계인의 출석을 요구하여 심문할 수 있다(제11조 제1항). 징계위원회는 징계 등 혐의자에게 충분한 진술을 할 수 있는 기회를 주어야 하며, 징계 등 혐의자는 서면으로 또는 구술로 자기에게 이익이 되는 사실을 진술하거나 증거를 제출할 수 있다(제2항). 징계 등 혐의자는 증인의 심문을 신청할 수 있다. 이 경우에 위원회는 증인 채택 여부를 결정하여야 한다(제3항). 징계의결등 요구자 및 신청자는 필요하다고 인정할 때에는 징계위원회에 출석하거나 서면으로 의견을 진술할 수 있다(제4항).

### (3) 사실조사 및 감정

징계위원회는 필요하다고 인정할 때에는 소속직원으로 하여금 사실조사를 하게 하거나 특별한 학식·경험이 있는 자에게 검정 또는 감정을 의뢰할 수 있다(제12조 제3항).

### (4) 회의의 비공개

징계위원회의 회의는 공개하지 아니한다(제20조).

### (5) 징계위원회의 의결

징계위원회는 위원 5명 이상의 출석과 출석위원 과반수의 찬성으로 의결하되, 의견이 나뉘어 출석위원 과반수의 찬성을 얻지 못한 경우에는 출석위원 과반수가 될 때까지 징계등 혐의자에게 가장 불리한 의견에 차례로 유리한 의견을 더하여 가장 유리한 의견을 합의된 의견으로 본다(공무원징계령 제12조 제1항).

### (6) 심사 또는 재심사청구

징계의결 등을 요구한 기관의 장은 징계위원회의 의결이 가볍다고 인정하면 그 처분을 하기 전에 직근상급기관에 설치된 징계위원회(직근상급기관이 없는 징계위원회의 의결에 대하여는 그 징계위원회)에 심사 또는 재심사를 청구할 수 있다. 이 경우 소속 공무원을 대리인으로 지정할 수 있다(국공법 제82조 제2항, 지공법 제72조 제2항).

## Ⅵ. 징계처분

### 1. 징계처분권자

공무원의 징계처분(懲戒處分) 등은 징계위원회의 의결을 거쳐 징계위원회가 설치된 소속 기관의 장이 하되, 국무총리 소속으로 설치된 징계위원회(국회·법원·헌법재판소·선거관리위원회에 있어서는 해당 중앙인사관장기관에 설치된 상급 징계위원회를 말한다. 이하 같다)에서 한 징계의결등에 대하여는 중앙행정기관의 장이 한다. 다만, 파면과 해임은 징계위원회의 의결을 거쳐 각 임용권자 또는 임용권을 위임한 상급 감독기관의 장이 한다(국공법 제82조 제1항).

**[판례]** 교육기관·교육행정기관·지방자치단체 또는 교육연구기관의 장이 징계위원회로부터 징계의결 서를 통보받은 경우에는 해당 징계의결을 집행할 수 없는 법률상·사실상의 장애가 있는 등 특별한 사정이 없는 이상 법정 시한 내에 이를 집행할 의무가 있다(대판 2014. 04. 10, 2013도229[직무유기]).

## 2. 징계처분의 성질

징계처분은 행정처분의 성질을 갖는다. 따라서 징계처분은 행정심판(소청) 및 행정소송의 대상이 된다. 소청 및 그에 대한 불복으로서의 행정소송에 관하여는 전술한 바와 같다.

국가공무원법은 징계권자는 징계의결의 결과에 따라 징계처분을 행하여야 한다고 규정하고 있다(제78조 제1항). 즉, 징계처분권자는 징계위원회의 의결에 구속된다.

다만, 징계의결등을 요구한 기관의 장은 징계위원회의 의결이 가볍다고 인정하면 그 처분을 하기 전에 다음 각 호의 구분에 따라 심사나 재심사를 청구할 수 있다(제82조 제2항).

공무원의 징계는 고도의 정책적 성격을 갖고, 공무원의 징계사유의 경중 및 경위와 함께 공무원의 평소의 근무성적 및 근무태도를 고려하여 결정하여야 한다. 따라서 징계처분은 재량행위이다.

그런데, 징계처분은 징계위원회의 의결에 따라 행해지므로 징계처분에서 재량은 주로 징계위원회의 의결에 부여되어 있다. 즉, 징계위원회의 징계 여부의 결정 및 징계의 종류의 선택에는 재량이 인정된다.

징계처분은 징계위원회의 의결에 따라 행해지므로 징계처분권자에게는 원칙상 징계에 관하여 재량이 인정되지 않는다. 다만, 국가공무원법 제82조 제2항은 "징계의 결을 요구한 기관의 장은 징계위원회의 의결이 가볍다고 인정하면 그 처분을 하기 전에 직근상급기관에 설치된 징계위원회(국무총리소속하에 설치된 징계위원회의 의결에 대하여는 그 징계위원회)에 심사 또는 재심사를 청구할 수 있다"고 규정하고 있으므로 징계위원회가 의결한 징계를 중하게 할 것을 요구할 수 있는 한도 내에서 재량권을 갖는다.

징계권자가 징계양정 규칙 제2조 제1항 [별표]에 따른 징계양정 기준을 적용하여 한 처분에 대하여 사회통념상 현저하게 타당성을 잃어 징계권자에게 맡겨진 재량권을 남용하였다고 섣불리 판단하여서는 아니 된다(대판 2019. 12. 24, 2019두48684).

**[판례]** ① 공무원에 대한 징계권자가 가지는 재량권의 한계 및 재량권남용 여부의 판단 기준: 공무원인 피징계자에게 징계사유가 있어서 징계처분을 하는 경우 어떠한 처분을 할 것인가(징계처분을 할 것인지, 징계처분을 하면 어떠한 종류의 징계를 할 것인지)는 징계권자의 재량에 맡겨진 것이고, 다만 징계권자가 재량권의 행사로서 한 징계처분이 사회통념상 현저하게 타당성을 잃어 징계권자에게 맡겨진 재량권을 남용한 것이라고 인정되는 경우에 한하여 그 처분을 위법하다고 할 수 있으며, 공무원에 대한 징계처분이 사회통념상 현저하게 타당성을 잃었다고 하려면 구체적인 사례에 따라 징계의 원인이 된 비위사실의 내용과 성질, 징계에 의하여 달성하려고 하는 행정목적, 징계양정의 기준 등 여러 요소를 종합하여 판단할 때 그 징계 내용이 객관적으로 명백히 부당하다고 인정할 수 있는 경우라야 하고, 징계권의 행사가 임용권자의 재량에 맡겨진 것이라고 하여도 공익적 목적을 위하여 징계권을 행사하여야 할 공익의 원칙에 반하거나 일반적으로 징계사유로 삼은 비행의 정도에 비하여 균형을 잃은 과중한 징계처분을 선택함으로써 비례의 원칙에 위반하거나 또는 합리적인 사유 없이 같은 정도의 비행에 대하여 일반적으로 적용하여 온 기준과 어긋나게 공평을 잃은 징계처분을 선택함으로써 평등의 원칙에 위반한 경우에 이러한 징계처분은 재량권의 한계를 벗어난 처분으로서 위법하다 할 것이다(대판 2007. 05. 11, 2006두19211[해임처분취소 등]; 대판 2001. 08. 24, 2000두7704[면직처분취소]).
② 공무원인 피징계자에게 징계권자가 재량권을 행사하여 한 징계처분이 위법한 경우 및 공무원에 대한 징계처분이 사회통념상 현저하게 타당성을 잃었는지 판단하는 방법: 공무원인 피징계자에게 징계사유가 있어서 징계처분을 하는 경우 어떠한 처분을 할 것인가는 징계권자의 재량에 맡겨져 있다. 그러므로 징계권자가 재량권을 행사하여 한 징계처분이 사회통념상 현저하게 타당성을 잃어 징계권자에게 맡겨진 재량권을 남용하였다고 인정되는 경우에 한하여 그 처분을 위법하다고 할 수 있다. 공무원에 대한 징계처분이 사회통념상 현저하게 타당성을 잃었는지는 구체적인 사례에 따라 직무의 특성, 징계의 원인이 된 비위사실의 내용과 성질, 징계에 의하여 달성하려고 하는 행정목적, 징계양정의 기준 등 여러 요소를 종합하여 판단할 때 징계내용이 객관적으로 명백히 부당하다고 인정할 수 있는 경우라야 한다. 징계권자가 내부적인 징계양정기준을 정하고 그에 따라 징계처분을 하였을 경우 정해진 징계양정기준이 합리성이 없다는 등의 특별한 사정이 없는 한 당해 징계처분이 사회통념상 현저하게 타당성을 잃었다고 할 수 없다(대판 2017. 11. 09, 2017두47472[정직처분취소]).
③ 징계처분에서 재량권의 행사가 **비례의 원칙을 위반하였는지**는 징계사유로 인정된 비행의 내용과 정도, 경위 내지 동기, 비행이 당해 행정조직 및 국민에게 끼치는 영향의 정도, 행위자의 직위 및 수행직무의 내용, 평소의 소행과 직무성적, 징계처분으로 인한 불이익의 정도 등 여러 사정을 건전한 사회통념에 따라 종합적으로 판단하여 결정하여야 한다(대판 2017. 10. 31, 2014두45734).

## 3. 처분사유설명서의 교부

공무원에 대하여 징계처분등을 할 때나 강임·휴직·직위해제 또는 면직처분을 할 때에는 그 처분권자 또는 처분제청권자는 처분사유를 적은 설명서를 교부(交付)하여야 한다. 다만, 본인의 원(願)에 따른 강임·휴직 또는 면직처분은 그러하지 아니하다(국공법 제75조). 징계처분등의 처분권자는 제1항에 따라 징계처분등을 할 때에는 징계처분등의 사유설명서에 징계등 의결서 또는 징계부가금 감면 의결서 사본을 첨부하여 징계처분등의 대상자에게 교부하여야 한다. 다만, 5급 이상 공무원등(고위공무

원단에 속하는 공무원을 포함한다)을 파면하거나 해임한 경우에는 임용제청권자가 징계
처분등의 사유설명서를 교부한다(공무원징계령 제19조 제2항).

징계처분 등 불이익처분시 처분사유설명서를 교부하도록 한 취지는 이유부기제
도의 취지와 유사하다. 즉, 불이익처분을 신중하게 하도록 하고, 불이익처분을 받은
자로 하여금 불이익처분에 대하여 불복을 제기하는 것을 용이하게 하기 위한 것이
다. 처분사유설명서는 징계처분이 공무원의 신분에 미치는 중대한 영향 및 징계처분
의 제재적 성격에 비추어 일반적인 이유부기보다는 처분사유를 구체적으로 기술하여
야 한다.

처분사유설명서를 교부하지 않은 것은 처분의 절차상 하자로서 취소사유가 된
다고 보아야 한다.

**[판례]** ① 처분사유설명서의 교부는 처분의 효력발생요건이라 할 수 없고 그 처분의 통지가 피처
분자의 볼 수 있는 상태에 놓여질 때에는 처분설명서의 교부가 없다 하더라도 그 행정처분은 유
효하다(대판 1970. 01. 27, 68누10).
② 처분사유설명서의 교부가 처분의 효력발생요건인지 여부(소극) 및 직권에 의한 면직처분에 있어
인사발령통지서에 단순히 당해 처분의 법적 근거를 제시하는 내용만을 기재하여 한 데 그친 것을
처분사유설명서로 볼 수 있는지 여부(적극): 지방공무원법 제67조 제1항의 규정은 징계처분이 정당
한 이유에 의하여 한 것이라는 것을 분명히 하고 또 피처분자로 하여금 불복이 있는 경우에 출소
의 기회를 부여하는 데 그 법의가 있다고 할 것이므로 그 처분사유설명서의 교부를 처분의 효력
발생요건이라고 할 수 없을 뿐만 아니라 직권에 의한 면직처분을 한 경우 그 인사발령통지서에
처분사유에 대한 구체적인 적시 없이 단순히 당해 처분의 법적 근거를 제시하는 내용을 기재한 데
그친 것이더라도 그러한 기재는 위 법조 소정의 처분사유 설명서로 볼 수 있다(대판 1991. 12. 24,
90누1007[직권면직처분취소]).

입법론으로는 징계사유 및 처분의 근거가 되는 서류를 징계처분절차 개시 전에
징계혐의자에게 교부하도록 하여 징계협의자가 징계절차에서 자신을 방어할 수 있는
준비를 할 수 있도록 하여야 할 것이다.

## 4. 징계처분과 일사부재리의 원칙 및 복수의 징계사유

동일한 징계사유로 징계처분을 받은 자를 다시 징계를 할 수는 없다. 그러나, 다
른 징계사유를 근거로 다시 징계하는 것은 가능하며 징계받은 후 동일한 징계사유가
다시 발생하였거나 징계사유가 계속된 경우에 다시 징계처분하는 것이 가능하다.

징계처분이 취소된 후에 동 징계처분의 징계사유가 되지 않은 기존의 다른 징계
사유를 들어 동일한 징계처분을 하여도 취소판결의 기속력에 반하지 않는다.

수 개의 징계사유 중 그 일부가 인정되지 않는다 하더라도 인정되는 타의 일부
징계사유만으로도 당해 징계처분이 정당하다고 인정되는 경우에는 그 징계처분을 유

지한다고 하여 위법하다고 할 수 없다(대판 1997. 05. 09, 96누1184; 2002. 09. 24, 2002두 6620; 2010. 02. 25, 2009두19144).

## 5. 적극행정 공무원에 대한 징계 면제

공무원이 적극행정을 추진한 결과에 대하여 해당 공무원의 행위에 고의 또는 중대한 과실이 없다고 인정되는 경우에는 대통령령등으로 정하는 바에 따라 국가공무원법 또는 다른 공무원 인사 관계 법령에 따른 징계 또는 징계부가금 부과 의결을 하지 아니한다(제50조의2 제3항).

공무원 징계령 제2조 제1항에 따른 징계위원회(특정직공무원의 경우에는 해당 징계 관련 법령에 따른 징계위원회를 말한다)는 징계의결등이 요구된 공무원이 적극행정 추진에 따라 발생한 비위임을 주장할 경우에는 징계 관계 법령에 따라 이를 고려하여 심의하고 그 결과를 징계 및 징계부가금(이하 "징계등"이라 한다) 의결서에 구체적으로 밝혀야 한다(적극행정 운영규정 제17조 제4항).

## 6. 징계시효

징계시효의 기산점은 원칙적으로 징계사유가 발생한 때이고, 징계권자가 징계사유의 존재를 알게 되었을 때로 볼 수 없다(대판 2021. 12. 16, 2021두48083).

[판례] [1] 군인사법이 징계시효 제도를 둔 취지는 군인에게 징계사유에 해당하는 비위가 있더라도 그에 따른 징계절차를 진행하지 않았거나 못한 경우 그 사실상태가 일정 기간 계속되면 그 적법·타당성 등을 묻지 아니하고 그 상태를 존중함으로써 군인 직무의 안정성을 보장하려는 데 있다. [2] 징계시효의 기산점은 원칙적으로 징계사유가 발생한 때이고, 징계권자가 징계사유의 존재를 알게 되었을 때로 볼 수 없다. [3] 민간법원에서 형사처벌이 확정된 부사관은 육군규정 보고조항에 따라 지체 없이 상당한 기간 내에 징계권자에게 그 사실을 보고할 직무상 의무가 있다. 그 기간 내에 보고의무를 이행하지 아니하면 그 기간이 경과함으로써 곧바로 직무상 의무 위반의 징계사유가 발생하고, 그때부터 징계시효가 기산된다고 보아야 한다(대판 2021. 12. 16, 2021두48083).

## 7. 감사원에서의 조사와 징계처분절차

감사원은 특정 사건의 조사를 시작한 때와 마친 때에는 10일 이내에 소속 기관의 장에게 해당 사실을 통보하여야 한다(감사원법 제32조의2 제2항). 감사원이 조사 중인 특정사건에 대하여는 조사개시의 통보를 받은 날부터 징계 또는 문책 절차를 진행하지 못한다(제32조의2 제1항).

제1항 및 제2항에 따라 징계 또는 문책 절차를 진행하지 못하여 법령 또는 소속 단체 등이 정한 징계 또는 문책 사유의 시효기간이 끝나거나 그 남은 기간이 1개월

미만인 경우에는 그 시효기간은 제2항에 따른 조사 종료의 통보를 받은 날 또는 제
32조 제1항 또는 제8항에 따라 징계 또는 문책 요구를 받은 날(제36조 제2항에 따라 재
심의를 청구하는 경우에는 재심의 결정을 통보받은 날)부터 1개월이 지난 날에 끝나는 것으
로 본다(제32조의2 제3항).

감사원과 검찰·경찰 그 밖의 수사기관은 조사나 수사를 시작한 때와 이를 마친
때에는 10일 내에 소속기관의 장에게 그 사실을 통보하여야 한다(국가공무원법 제83조
제3항). 감사원에서 조사 중인 사건에 대하여는 제3항에 따른 조사개시 통보를 받은
날로부터 징계 의결의 요구나 그 밖의 징계절차를 진행하지 못한다(제83조 제1항). 검
찰·경찰 그 밖의 수사기관에서 수사 중인 사건에 대하여는 제3항에 따른 수사개시
통보를 받은 날부터 징계의결의 요구나 그 밖의 징계 절차를 진행하지 아니할 수 있
다(제83조 제2항).

## Ⅶ. 징계처분의 종류와 징계의 효력

국가공무원에 대한 징계에는 파면·해임·강등·정직·감봉·견책이 있다(국공법
제79조). 전술한 직위해제는 법적으로는 징계가 아니지만, 직위해제 후 면직처분은 사
실상 징계의 효과를 갖는 경우가 있으므로 이 경우에는 전술한 바와 같이 징계처분
에 준하는 절차적 권리가 관계 공무원에게 주어지고 있다.

징계 중 파면·해임·강등 또는 정직을 중징계라 하고, 감봉 또는 견책을 경징계
라 한다(공무원징계령 제1조의3).

실무상 경고가 징계의 하나로 행해지고 있다.

### 1. 파면과 해임

파면(罷免)과 해임(解任)은 모두 공무원의 신분을 박탈하는 징계처분인 점에서는
동일하지만 공직에의 취임제한, 퇴직급여 및 퇴직수당급여의 제한 등 그 부수적인
효과가 다르다. 즉, 파면의 경우에는 파면처분을 받은 때부터 5년이 지나지 아니한
경우 공무원에 임용될 수 없는 데 반하여, 해임의 경우에는 해임처분을 받은 때로부
터 3년이 지나지 아니한 경우 공무원에 임용될 수 없다(국공법 제33조 제1항).

탄핵 또는 징계에 의하여 파면된 경우 및 금품 및 향응수수, 공금의 횡령·유용
으로 징계 해임된 경우에는 대통령령으로 정하는 바에 따라 퇴직급여 및 퇴직수당의
일부를 감액하여 지급한다. 이 경우 퇴직급여액은 이미 낸 기여금의 총액에 「민법」
제379조에 따른 이자를 가산한 금액 이하로 감액할 수 없다(공무원연금법 제64조 제1항).

[판례] ① 공무원이 공금의 횡령·유용뿐만 아니라 다른 여러 징계사유가 경합되어 징계 해임된 경우에, 공금의 횡령·유용이라는 징계사유가 다른 징계사유들과 비교하여 징계 해임의 주된 징계사유에 해당하지 않고 그 징계사유만으로는 해당 공무원을 징계 해임할 수 있을 정도의 의무위반에 이르지 않았다고 볼 만한 특별한 사정이 있는 경우에는, 구 공무원연금법 제64조 제1항 제3호가 규정한 퇴직급여 등의 지급제한사유인 '공금의 횡령·유용으로 징계 해임된 때'에 해당하지 않는다고 보는 것이 타당하다(대판 2012. 10. 11, 2011두11488[퇴직급여제한지급처분취소]).
② 공무원연금법 제64조 제1항 제3호에서 '금품 수수'는 '금품을 주거나 받는 행위'인 수수(授受)라고 해석하는 것이 타당하다. 따라서, 부정하게 금품을 받는 행위 뿐 아니라 준 행위도 공무원연금법상 퇴직금 감액사유에 해당 된다(대판 2018. 05. 30, 2017두46127).

## 2. 강    등

강등(降等)은 1계급 아래로 직급을 내리고(고위공무원단에 속하는 공무원은 3급으로 임용하고, 연구관 및 지도관은 연구사 및 지도사로 한다) 공무원신분은 보유하나 3개월간 직무에 종사하지 못하며 그 기간 중 보수는 전액을 감한다. 다만, 제4조 제2항에 따라 계급을 구분하지 아니하는 공무원과 임기제공무원에 대해서는 강등을 적용하지 아니한다(국가공무원법 제80조 제1항). 제1항에도 불구하고 이 법의 적용을 받는 특정직공무원 중 외무공무원과 교육공무원의 강등의 효력은 다음과 같다(제2항). ① 외무공무원의 강등은「외무공무원법」제20조의2에 따라 배정받은 직무등급을 1등급 아래로 내리고(14등급 외무공무원은 고위공무원단 직위로 임용하고, 고위공무원단에 속하는 외무공무원은 9등급으로 임용한다) 공무원신분은 보유하나 3개월간 직무에 종사하지 못하며 그 기간 중 보수는 전액을 감한다. ② 교육공무원의 강등은「교육공무원법」제2조 제10항에 따라 동종의 직무 내에서 하위의 직위에 임명하고, 공무원신분은 보유하나 3개월간 직무에 종사하지 못하며 그 기간 중 보수는 전액을 감한다. 다만,「고등교육법」제14조에 해당하는 교원 및 조교에 대하여는 강등을 적용하지 아니한다.

## 3. 정    직

정직(停職)은 공무원의 신분은 유지하나 일정기간 직무에 종사하지 못하도록 하는 징계벌이다. 정직은 1개월 이상 3개월 이하의 기간으로 하고, 정직처분을 받은 자는 정직기간 동안 직무에 종사하지 못하며 정직기간중 보수의 전액이 감해진다(국공법 제80조 제1항). 정직을 받은 자는 승진·승급이 18개월 동안 제한된다(국공법 제80조 제6항, 공무원보수규정 제14조, 공무원임용령 제32조).

## 4. 감    봉

감봉(減俸)이라 함은 징계의 대상이 되는 공무원에 대하여 직무담임을 계속하게 하면서 보수만을 감하는 징계벌이다. 감봉은 1개월 이상 3개월 이하의 기간으로 행해지며 감봉을 받은 자는 감봉기간 동안 보수의 3분의 1이 감해진다(국공법 제80조 제2항). 감봉을 받은 자는 승진·승급이 12개월간 제한된다(공무원보수규정 제14조).

## 5. 견 책

견책(譴責)은 전과에 대하여 훈계하고 회개하게 하는 징계벌이다(국공법 제80조 제4항). 견책을 받은 자는 6개월간 승진·승급이 제한된다(공무원보수규정 제14조). 따라서, 견책도 처분으로서 소청의 대상이 된다.

## 6. 경 고

경고(警告)는 법령상 정해진 징계의 종류는 아니지만, 실무상 가장 가벼운 징계로 행해지고 있다.

경고는 원칙상 공무원의 신분에 법적 효과를 미치지 않으므로 처분이 아니지만, 실제상 공무원의 신분에 영향을 미치는 경우에는 처분으로 볼 수 있다.

경고 특히 서면경고가 징계의 일종인지, 따라서 징계사유가 있어야 경고가 가능한 것인지에 대해서는 견해의 대립이 있는데, 판례는 경고를 법률상의 징계처분이 아닌 것으로 본다.

**[판례]** ① 공무원이 소속 장관으로부터 받은 "직상급자와 다투고 폭언하는 행위 등에 대하여 엄중 경고하니 차후 이러한 사례가 없도록 각별히 유념하기 바람"이라는 내용의 서면에 의한 경고가 공무원의 신분에 영향을 미치는 국가공무원법상의 징계의 종류에 해당하지 아니하고, 근무충실에 관한 권고행위 내지 지도행위로서 그 때문에 공무원으로서의 신분에 불이익을 초래하는 **법률상의 효과가 발생하는 것도 아니므로**, 경고가 국가공무원법상의 징계처분이나 행정소송의 대상이 되는 행정처분이라고 할 수 없어 그 취소를 구할 법률상의 이익이 없다(대판 1991. 11. 12, 91누2700).
② 행정규칙에 의한 '불문경고조치'가 비록 **법률상의 징계처분은 아니지만** 위 처분을 받지 아니하였다면 차후 다른 징계처분이나 경고를 받게 될 경우 징계감경사유로 사용될 수 있었던 표창공적의 사용가능성을 소멸시키는 효과와 1년 동안 인사기록카드에 등재됨으로써 그동안은 장관표창이나 도지사표창 대상자에서 제외시키는 효과 등이 있다는 이유로 항고소송의 대상이 되는 **행정처분에 해당한다**(대판 2002. 07. 26, 2001두3532).
③ 검찰청법 제7조 제1항, 제12조 제2항, 검사징계법 제2조, 제3조 제1항, 제7조 제1항, 대검찰청 자체감사규정 제23조 제2항, 제3항, 사건평정기준 제2조 제1항 제2호, 제5조, 검찰공무원의 범죄 및 비위 처리지침 제4조 제2항 제2호, 제3항 [별표 1] 징계양정기준, 제4항, 제5항 등 관련 규정들의 내용과 체계 등을 종합하여 보면, **검찰총장의 경고처분은 검사징계법에 따른 징계처분이 아니라** 검찰청법 제7조 제1항, 제12조 제2항에 근거하여 검사에 대한 **직무감독권을 행사하는 작용에 해당하므로**, 검사의 직무상 의무 위반의 정도가 중하지 않아 검사징계법에 따른 '징계사유'에는 해당하지 않더라도 징계처분보다 낮은 수준의 감독조치로서 '경고처분'을 할 수 있고, 법원은 그것이 직무감독권자에게 주어진 재량권을 일탈·남용한 것이라는 특별한 사정이 없는 한 이를 존중하는

것이 바람직하다(대판 2021. 02. 10, 2020두47564[경고처분취소]). 〈해설〉 이 사건 경고의 근거로 제시된 검찰청법 제7조 제1항 및 제12조 제2항은 검찰총장의 직무범위를 규정한 조직규범에 불과하여 이 사건 경고에 대한 법률유보원칙에서 말하는 법률상 근거가 될 수 없다는 견해(이철진, 경고의 항고소송 대상적격과 법률유보원칙, 행정법연구, 2023.8, 177면)가 있다.

## 7. 징계처분에 따른 승진 또는 승급의 제한

공무원으로서 징계처분을 받은 자에 대하여는 그 처분을 받은 날 또는 그 집행이 끝난 날부터 대통령령 등으로 정하는 기간 동안 승진임용 또는 승급(昇級)할 수 없다. 다만, 징계처분을 받은 후 직무수행상의 공적으로 포상 등을 받은 공무원에 대하여는 대통령령 등으로 정하는 바에 따라 승진임용이나 승급을 제한하는 기간을 단축하거나 면제할 수 있다(국공법 제80조 제6항). 공무원임용령이 징계처분을 받은 자의 승진임용의 제한을 규정하고 있고, 공무원보수규정이 승급의 제한에 관하여 규정하고 있다.

징계처분을 받은 공무원은 다음과 같이 승진이 제한된다. ① 징계처분의 요구 또는 징계의결 요구, 징계처분기간 중에 승진이 제한된다. ② 징계처분의 집행이 끝난 날부터 강등·정직의 경우에는 18개월간, 감봉의 경우에는 12개월간, 견책의 경우에는 6개월간 승진이 제한된다(공무원임용령 제32조 제1항). 징계처분으로 인하여 승진임용 제한기간 중에 있는 자가 다시 징계처분을 받은 경우의 승진임용 제한기간은 전 징계처분에 대한 제한기간이 끝난 날부터 계산한다(공무원임용령 제32조 제3항). 공무원이 징계처분을 받은 이후 당해 계급에서 훈장·포장·모범공무원포상·국무총리 이상의 표창 또는 제안의 채택 시행으로 포상을 받는 경우에는 최근에 받은 가장 무거운 징계처분에 대해서만 제1항 제2호 및 제2항에서 규정한 승진임용제한기간의 2분의 1을 단축할 수 있다(공무원임용령 제32조 제4항).

징계처분을 받은 자는 다음과 같이 승급이 제한된다. ① 징계처분중에는 승급이 제한된다. ② 징계처분의 집행이 끝난 날부터 강등·정직의 경우(강등의 경우는 별표 13의 봉급표를 적용받는 공무원에게는 적용하지 아니한다)에는 18개월간, 감봉의 경우에는 12개월간, 견책의 경우에는 6개월간 승급이 제한된다(공무원보수규정 제14조 제1항). 승급 제한기간중에 있는 사람이 다시 징계처분을 받아 다시 승급을 제한받는 경우의 그 승급제한기간은 기존의 승급제한기간이 만료된 날로부터 기산한다(공무원보수규정 제14조 제2항). 공무원이 징계처분을 받은 후 당해 계급(고용직공무원의 경우에는 1종·2종 및 경노무고용직공무원의 구분을 말한다)에서 훈장·포장·국무총리 이상의 표창·모범공무원포상 또는 제안의 채택으로 포상을 받은 경우에는 최근에 받은 가장 중한 징계처분에 대해서만 제1항 제2호에 규정한 승급 제한 기간의 2분의 1을 단축할 수 있다(공무원보수규정 제14조 제3항).

## 8. 징계부가금

공무원의 징계 사유가 금품 및 향응 등 수수, 공금의 횡령·배임·유용 등인 경우에는 해당 징계 외에 그 행위로 취득하거나 제공한 금전 또는 재산상 이득의 5배 내의 징계부가금(懲戒附加金)을 부과하여야 한다(국가공무원법 제78조의2).

**[판례]** 징계부가금은 공무원의 업무질서를 유지하기 위하여 공금의 횡령이라는 공무원의 의무 위반 행위에 대하여 지방자치단체가 사용자의 지위에서 행정 절차를 통해 부과하는 행정적 제재이다. 비록 징계부가금이 제재적 성격을 지니고 있더라도 이를 두고 헌법 제13조 제1항에서 금지하는 국가형벌권 행사로서의 '처벌'에 해당한다고 볼 수 없으므로, 심판대상조항은 이중처벌금지원칙에 위배되지 않는다(헌재 2015. 02. 26, 2012헌바435).

## 9. 징계의 집행정지

강등(3개월간 직무에 종사하지 못하는 효력 및 그 기간 중 보수는 전액을 감하는 효력으로 한정한다), 정직 및 감봉의 징계처분은 휴직기간 중에는 그 집행을 정지한다(제80조 제6항).

## Ⅷ. 재징계등의 결의 요구

처분권자(대통령이 처분권자인 경우에는 처분 제청권자)는 다음에 해당하는 사유로 소청심사위원회 또는 법원에서 징계처분등의 무효 또는 취소(취소명령 포함)의 결정이나 판결을 받은 경우에는 다시 징계 의결 또는 징계부가금 부과 의결(이하 "징계의결등"이라 한다)을 요구하여야 한다. ① 법령의 적용, 증거 및 사실 조사에 명백한 흠이 있는 경우, ② 징계위원회의 구성 또는 징계의결 등, 그 밖에 절차상의 흠이 있는 경우, ③ 징계양정 및 징계부가금이 과다(過多)한 경우(국공법 제78조의3 제1항 본문).

다만, 제3호의 사유로 무효 또는 취소(취소명령 포함)의 결정이나 판결을 받은 감봉·견책처분에 대하여는 징계재의결을 요구하지 아니할 수 있다(동조 동항 단서).

처분권자는 제1항에 따른 징계의결등을 요구하는 경우에는 소청심사위원회의 결정 또는 법원의 판결이 확정된 날부터 3개월 이내에 관할 징계위원회에 징계의결등을 요구하여야 하며, 관할 징계위원회에서는 다른 징계사건에 우선하여 징계의결등을 하여야 한다(동조 제2항).

# 제 2 절   변상책임

## Ⅰ. 의   의

공무원의 변상책임(辨償責任)이란 공무원이 직무상 의무에 위반하여 국가 또는 지방자치단체에게 재산상의 손해를 끼친 경우에 그 손해를 배상하여야 하는 책임을 말한다.

공무원의 구상책임을 직무상 의무 위반에 대한 내부적 책임이라고 본다면 공무원의 구상책임도 공무원의 변상책임에 포함시킬 수 있지만 통상 변상책임이라 하면 공무원이 국가 등에 직접 손해를 발생시킨 경우를 말하며 이 점에서 공무원이 불법행위로 국민에게 가한 손해를 국가가 배상한 후에 구상하는 공무원의 구상책임과 구별된다.

현행법은 일반 공무원의 변상책임은 인정하지 않고 회계관계직원, 물품·재산관리공무원 등의 변상책임만을 인정하고 있다. 일반 공무원에 대하여 배상요건을 보다 엄격히 하는 것은 별론으로 하더라도 일반 공무원에게 국가에 대한 변상책임을 일체 인정하지 않은 것은 국가재정의 보전 및 공무원의 책임의식의 확보라는 측면에서는 문제가 없지 않다.

## Ⅱ. 법적 근거

「회계관계직원 등의 책임에 관한 법률」은 "회계관계직원"의 변상책임에 관한 일반법이다. 동 법률은 회계관계직원의 변상책임의 요건, 변상책임의 추급 등에 관하여 규정하고 있다.

동 법률상 "회계관계직원"이란 다음 각 호의 어느 하나에 해당하는 사람을 말한다. ① 「국가재정법」, 「국가회계법」, 「국고금관리법」 등 국가의 예산 및 회계에 관계되는 사항을 정한 법령에 따라 국가의 회계사무를 집행하는 사람으로서 다음의 어느 하나에 해당하는 사람: 가. 수입징수관, 재무관, 지출관, 계약관 및 현금출납 공무원, 나. 유가증권 취급 공무원, 다. 선사용자금출납명령관, 라. 기금의 회계사무를 처리하는 사람, 마. 채권관리관, 바. 물품관리관, 물품운용관, 물품출납 공무원 및 물품 사용 공무원, 사. 재산관리관, 아. 국세환급금의 지급을 명하는 공무원, 자. 관세환급금의 지급을 명하는 공무원, 차. 회계책임관, 카. 그 밖에 국가의 회계사무를 처리하는 사람, 타. 가목부터 카목까지에 규정된 사람의 대리자, 분임자 또는 분임자의 대리자, ②「지방재정법」등 지방자치단체의 예산 및 회계에 관계되는 사항을 정한 법령에 따라 지방자치단체의 회계사무를 집행하는 사람으로서 다음의 어느 하나에 해당하는 사람: 가. 징수관, 경리관, 지출원, 출납원, 물품관리관 및 물품 사용 공무원, 나. 가목에 규정되지 아니한 사람으로서 제1호 각 목에 규정된 사람이 집행하는 회계사무에 준하는 사무를 처리하는 사람, ③「감사원법」에 따라 감사원의 감사를 받는 단체 등의 회계사무를 집행하는 사람으로서 다음 각 목의 어느 하나에 해당하는 사람: 가. 관계 법령, 정관, 사규(社規) 등에 규정된 사람, 나. 관계 법령, 정관, 사규 등에 따라 임명된 사람, 다. 가목 또는 나목의 대리자, 분임자 또는 분임자의 대리자, ④ 제1호부터 제3호까지에 규정된 사람의 보조자로서 그 회계사무의 일부를 처리하는 사람.

**[판례]** [1] 회계직원책임법 제2조에서 정한 회계관계직원은 제1호 (가)목부터 (차)목까지 열거된 직명을 갖는 사람은 물론 그러한 직명을 갖지 않는 사람이라도 실질적으로 그와 유사한 회계관계 업무를 처리하면 이에 해당하고, 반드시 그 업무를 전담하고 있을 필요도 없으며, 직위의 높고 낮음도 불문한다. [2] 국고금 관리법 제6조, 제9조 제1항, 제19조, 제21조 제1항, 국가회계법 제6조 제1항 등의 규정에 비추어 보면, 중앙관서의 장이 회계관계업무를 위임을 하지 않았거나 또는 법령상 중앙관서의 장이 스스로 회계관계업무를 처리하도록 되어 있는 경우에는 중앙관서의 장도 회계직원책임법 제2조에서 정한 회계관계직원의 범위에 포함된다고 보아야 한다. [3] 국정원장들은 특별사업비 집행 과정에서 직접 사용처, 지급시기와 지급할 금액을 확정함으로써 지출원인행위를 수행할 뿐만 아니라 특별사업비를 실제로 지출하도록 함으로써 자금지출행위에도 관여하는 등 회계관계업무에 해당하는 지출원인행위와 자금지출행위를 실질적으로 처리하였다. 따라서 국정원장들은 업무의 실질에 있어 회계관계직원 등의 책임에 관한 법률 제2조 제1호 (카)목에서 정한 '그 밖에 국가의 회계사무를 처리하는 사람'에 해당하여 회계관계직원에 해당한다고 보아야 한다 (대판 2019. 11. 28, 2019도11766).

국유재산법 제79조 및 지방재정법 제94조는 재산관리 공무원의 변상책임을 규정하고 있다. 군수품관리법 제28조 및 제29조는 물품관리공무원, 물품사용공무원 등의 변상책임을 규정하고 있다.

## Ⅲ. 변상책임의 성질

변상책임의 성질에 관하여는 공법상 책임설과 사법상 책임설이 대립되고 있고, 사법상 책임설에는 계약책임설과 불법행위책임설이 대립하고 있다.

변상책임은 법률에 의해 특별히 인정된 책임이며 책임의 유무 및 배상액이 감사원의 판정에 의해 확정되고 기한 내에 이행하지 않은 경우에는 국세징수법상의 체납처분에 의해 강제집행하도록 규정되어 있는 점에 비추어 공법상의 책임이라고 보는 것이 타당하고 이것이 통설이다.

판례도 공무원의 변상책임을 법률에 의해 특별히 인정된 공법상 책임으로 보고 있다.

**[판례]** 공무원의 변상책임은 공법상의 특별한 책임이므로 공무원의 직무상 행위로 국가 등에 손해를 가한 경우에 회계관계직원 등의 변상책임에 관한 법률에 의한 변상책임은 감사원의 변상판정에 의하지 아니하고는 민사상 소구하여 그 책임을 물을 수 없다(대판 1975. 12. 09, 75다385).

## Ⅳ. 변상책임의 성립요건

회계관계직원 등의 책임에 관한 법률에 의한 회계관계 직원(동법 제2조)의 변상책임의 요건은 다음과 같다.

### 1. 직무상 의무위반

회계관계직원의 직무상 의무란 법령 그 밖의 관계규정 및 예산에 정하여진 바에 따라 성실하게 그 직무를 수행하여야 할 의무를 말한다(동법 제3조, 제4조 제1항).

### 2. 주관적 책임요건

회계관계 공무원에게 고의 또는 중대한 과실이 있어야 한다(동법 제4조 제1항). 다만, 현금 또는 물품을 출납·보관하는 회계관계 직원은 선량한 관리자로서의 주의를 게을리한 경우에 변상책임을 진다(동법 제4조 제2항).

### 3. 국가 등의 재산에 대한 손해의 발생

회계관계 직원의 변상책임에 있어서는 국가·지방자치단체 그 밖에 감사원의 감사를 받는 단체 등의 재산에 대하여 손해를 가했어야 한다(동법 제4조 제1항).

현금 또는 물품을 출납·보관하는 회계관계직원의 경우에는 그가 보관하는 현금 또는 물품이 망실되거나 훼손되었어야 한다(동법 제4조 제2항).

## Ⅴ. 변상책임의 추급

### 1. 변상책임의 결정

### (1) 행정기관의 장의 변상명령

중앙관서의 장(「국가재정법」 제6조에 따른 중앙관서의 장을 말한다), 지방자치단체의

장, 감독기관(국가기관이나 지방자치단체의 기관이 아닌 경우에 한한다)의 장 또는 해당 기
관(국가기관이나 지방자치단체의 기관이 아닌 경우로서 감독기관이 없거나 분명하지 아니한 경우
만 해당한다)의 장은 회계관계직원이 제4조에 따른 변상책임이 있다고 인정되는 경우
에는 감사원이 판정하기 전이라도 해당 회계관계직원에 대하여 변상을 명할 수 있다
(동법 제6조 제1항).

　　변상명령은 **내부행위**(직무명령)의 성질을 갖는다. 변상명령에 따르지 않는 경우
에 대한 강제집행규정도 없다. 변상명령을 받은 회계관계직원은 이의가 있으면 감사
원장이 정하는 판정청구서에 의하여 감사원에 판정을 청구할 수 있을 뿐이며(제3항)
행정심판이나 행정소송을 제기할 수 없다.

### (2) 감사원의 변상판정

　　감사원은 감사의 결과에 따라 따로 법률이 정하는 바에 의하여 회계관계직원 등
에 대한 변상책임의 유무를 심리·판정한다(감사원법 제31조 제1항). 감사원은 제1항에
따라 변상책임이 있다고 판정하면 변상책임자, 변상액 및 변상의 이유를 분명히 밝
힌 변상판정서를 소속 장관(국가기관만 해당한다), 감독기관의 장(국가기관 외의 경우에만
해당한다) 또는 해당 기관의 장(소속 장관 또는 감독기관의 장이 없거나 분명하지 아니한 경우
에만 해당한다. 이하 같다)에게 송부하여야 한다(제2항).

　　감사원의 변상판정(辨償判定)은 변상책임의 유무, 변상책임자 및 변상액을 결정
하는 행정행위(확인행위)이다.

　　감사원은 「감사원법」 제31조에 따라 변상금액을 정할 때 일정한 경우에는 그
금액의 전부 또는 일부를 감면할 수 있다. 다만, 그 손해가 고의에 의하여 발생한 경
우에는 감면하지 아니한다(회계관계 직원 등의 책임에 관한 법률 제5조).

### (3) 변상판정에 따른 변상명령

　　변상판정서를 받은 소속 장관, 감독기관의 장 또는 해당 기관의 장은 그 송부를
받은 날부터 20일 이내에 변상판정서를 해당 변상책임자에게 교부하여 감사원이 정
한 날까지 변상하게 하여야 한다(제31조 제3항).

　　이 변상명령(辨償命令)은 변상판정의 내용을 집행하는 것에 불과한 단순한 변상
판정의 표시행위에 불과한 것이고 변상책임의 유무 및 범위에 관하여 구체적이고 직
접적인 영향을 미치는 독립한 행정처분은 아니므로 변상명령은 항고소송의 대상이
될 수 없다는 주장이 있을 수 있다(서울고판 1992. 12. 02, 92구10137). 그러나 대법원 판
례는 이 변상명령을 그 자체 하나의 독립한 행정행위로 보고, 변상명령 자체의 위법
을 이유로 하는 경우 변상명령에 대하여 항고소송을 제기할 수 있다고 보고 있다.

[판례] 감사원의 변상판정의 위법과는 별개로 소속장관 등의 변상명령 자체에 위법사유가 있을 수 있어 변상명령을 별도로 행정소송 대상으로 인정할 필요성도 있고, 또한 감사원법 제31조 제2항, 제3항, 제5항, 제36조 제1항, 변상판정집행절차에 관한규칙 제4조 제1항, 제9조 제1항 등의 규정을 종합하여 보면, 회계관계 직원 등의 변상책임에 관하여 감사원은 추상적인 변상의무의 유무 및 범위 등을 확정할 뿐이고 그 변상판정의 내용에 따른 구체적인 변상금 납부의무는 소속 장관 등이 감사원의 변상판정서를 첨부한 변상명령처분을 함으로써 비로소 발생한다 할 것이어서, 감사원의 변상판정에 따른 변상명령은 감사원의 변상판정에 의해 성립한 기존의 의무 이상으로 새로운 의무를 부담시키는 것은 아닐지라도 변상책임자의 권리의무에 아무런 영향을 미치지 않는 단순한 변상판정의 한 단계로서의 표시행위에 불과한 것으로 볼 수는 없을 것이고 그 자체 독립한 행정행위의 하나로 보아야 할 것이다(대판 1994. 12. 02, 93누623).

## 2. 변상책임의 강제집행

감사원의 변상판정 전의 소속 행정기관의 장의 변상명령에 대한 강제집행에 관한 규정이 존재하지 않는다. 또한, 그 변상명령은 변상의무를 발생시키는 법적 행위는 아니다. 따라서 상대방이 이행하지 않더라도 강제집행을 할 수 없고 소속기관의 장 등은 감사원에 변상판정을 청구하는 수밖에 없다. 판례도 회계관계 직원의 직무상 의무 위반으로 인한 변상책임은 감사원의 변상판정에 의하지 않고 민사상 소구하여 그 책임을 물을 수는 없다고 보고 있다(대판 1988. 10. 24, 87다카1751; 2002. 09. 24, 2001다56386).

감사원의 변상판정 후 변상책임자가 감사원이 정한 날까지 변상판정에 따른 변상의 책임을 이행하지 아니하였을 때에는 소속 장관 또는 감독기관의 장은 관계 세무서장에게 위탁하여 「국세징수법」 중 체납처분의 규정을 준용하여 이를 집행한다(감사원법 제31조 제5항).

## Ⅵ. 해당 공무원의 불복절차

### 1. 소속행정기관장의 변상명령에 대한 불복

소속행정기관의 장의 변상명령에 불복하는 해당 공무원은 감사원장이 정하는 판정청구서에 의하여 감사원에 판정을 청구할 수 있다(회계관계직원 등의 책임에 관한 법률 제6조 제3항).

### 2. 감사원의 변상판정에 대한 불복

감사원의 변상판정에 대하여 위법 또는 부당하다고 인정하는 본인·소속장관·감독기관의 장 또는 해당 기관의 장은 변상판정서가 도달한 날부터 3개월이내에 감사원에 재심의를 청구할 수 있다(감사원법 제36조 제1항). 감사원의 재심의는 행정심판의 성질을 갖는다. 재심의판정은 행정심판의 재결에 해당한다.

감사원은 재심의의 청구가 그 필요한 요건을 갖추지 못하였을 때에는 이를 각하한다(제38조 제1항), 재심의의 청구가 이유 없다고 인정한 때에는 이를 기각하고 재심의의 청구가 이유 있다고 인정한 때에는 원처분의 요구를 취소하거나 그 내용을 변경한다(제38조 제2항).

### 3. 감사원의 재심의판정에 대한 불복

감사원의 재심의 판결에 대하여는 감사원을 당사자로 하여 행정소송을 제기할 수 있다. 다만, 그 효력을 정지하는 가처분결정은 할 수 없다(제40조 제2항).

판례는 "감사원의 변상판정처분에 대하여서는 행정소송을 제기할 수 없고, 재결에 해당하는 재심의 판정에 대하여서만 감사원을 피고로 하여 행정소송을 제기할 수 있다"라고 판시하고 있다(대판 1984. 04. 10, 84누91). 즉, 감사원의 재심의를 필요적 전치절차로 하고 취소소송의 대상에 관하여 원처분인 변상판정이 아니라 행정심판의 재결인 재심의판정을 대상으로 행정소송을 제기하도록 하여 재결주의를 취하고 있다고 보고 있다.

[판례] (1) 감사원법상, 해당 기관의 장 등은 제31조에 따른 변상판정, 제32조, 제33조 및 제34조에 따른 처분요구에 대하여 감사원에 재심의를 청구할 수 있는데(제36조 제1항, 제2항), "감사원의 재심의 판결에 대하여는 감사원을 당사자로 하여 행정소송을 제기할 수 있다"고 규정하고 있는 **감사원법 제40조 제2항 규정**은, 감사원법 제31조에 따른 변상판정, 제32조, 제33조, 제34조에 따른 처분요구에 대한 재심의 결과에 대하여, 일반적인 소송요건이 갖추어지는 것을 전제로, 재심의의 대상이 되었던 변상판정 등에 대하여는 **변상판정 등을 대상으로 하는 것이 아니라 그에 대한 '재심의 판결'에 대하여 '감사원'을 당사자로 하여 행정소송을 제기할 수 있다는 규정**이라고 볼 것이지, 위 규정만으로 당사자능력, 소의 이익, 항고소송에서의 대상적격 등 일반적인 소송요건과 무관하게 무조건 행정소송을 제기할 수 있다는 규정으로 해석할 것은 아니다. (2) 감사원법 제40조 제2항을 감사원을 상대로 한 기관소송을 허용하는 규정으로 볼 수는 없다(대판 2016. 12. 27, 2014두5637[서울특별시장이 감사원의 징계요구에 대한 재심의결정에 대하여 취소를 구한 사안]).

### Ⅶ. 회계관계직원의 민법상 불법행위책임

회계관계공무원이 순전한 그 직무상의 행위로 말미암아 국가 또는 공공단체에 손해를 입혔을 때에는 「회계관계직원 등의 책임에 관한 법률」상의 변상책임과 별도로 민법상 불법행위책임을 지지 않는다.

[판례] (1) 공무원이 순전한 그 직무상의 행위로 말미암아 국가 또는 공공단체에 손해를 입혔을 때

에는 회계관계직원 등의 책임에 관한 법률, 물품보관법 등에 의하여 특별히 규정된 경우는 별도로
하고 민법상의 불법행위에 의한 손해배상책임은 지지 아니한다. (2) 공무원이 그 직무와는 상관없
는 개인으로서 행위를 한 경우는 물론 직무의 집행을 이용하여 또는 직무집행과 경합하여 개인으
로서의 행위를 하고 이로 인하여 국가 또는 공공단체에 대하여 재산적 손해를 입혔을 때에는 민
법상의 불법행위의 요건을 갖추는 이상 이로 인한 손해배상책임을 져야 한다(대판 1983. 11. 08, 81
다카996).

그러나, 구 회계관계직원 등의 책임에 관한 법률(2001. 4. 7. 법률 제6461호로 전문
개정되기 전의 것) 제2조에 정한 공무원이 아닌 회계관계직원이 고의 또는 중대한 과
실로 법령 기타 관계 규정 및 예산에 정하여진 바에 위반하여 소속 단체의 재산에
대하여 손해를 입혀 같은 법 제4조 제1항에 따라 변상책임을 지는 경우에도 그 직원
의 소속 단체에 대한 민법상의 불법행위책임이 배제되는 것은 아니다(대판 전원합의체
2006. 11. 16, 2002다74152).

## 제 3 절  공무원의 배상책임

공무원이 직무를 수행함에 당하여 고의 또는 중과실로 국민에게 손해를 발생시
킨 경우에는 피해자에 대하여 직접 배상책임(賠償責任)을 지고, 공무원에게 고의 또는
중과실이 있는 경우에는 국가 또는 지방자치단체에 대하여 구상책임을 진다(행정법론
(상) 참조).

공무원이 직무과 무관하게 불법행위를 하여 손해를 발생시킨 경우에는 민법 제
750조에 근거하여 배상책임을 진다.

# 제 5 장   불이익처분에 대한 구제

　　행정기관소속 공무원의 징계처분 그 밖에 그 의사에 반한 불리한 처분이나 부작위에 대한 구제수단으로 소청과 행정소송이 있다. 행정소송은 소청심사위원회의 심사·결정을 거치지 아니하면 이를 제기할 수 없다(국공법 제16조). 교육공무원에 있어서는 교원소청심사위원회에 재심을 신청할 수 있다(교원지위 향상을 위한 특별법 제7조).

## 제 1 절   소    청

### Ⅰ. 의    의

　　소청(訴請)이라 함은 행정기관소속 공무원의 징계처분 기타 그 의사에 반하는 불리한 처분이나 부작위에 대하여 소청심사위원회에 제기하는 불복신청을 말한다. 소청은 행정심판의 일종(특별행정심판)이다.

　　현행 소청제도는 공무원의 권리구제를 주된 목적으로 하지만 아울러 행정질서의 확립도 목적으로 한다(박윤흔, 238면).

　　소청은 국가공무원뿐만 아니라 지방공무원에도 적용된다(국공법 제9조 내지 제16조, 지공법 제13조 내지 제21조 및 지방공무원징계 및 소청 규정 제16조). 교육공무원의 소청에 관하여는 교육공무원법과 교원지위향상을 위한 특별법이 규정하고 있다.

### Ⅱ. 소청사항

　　징계처분, 그 밖에 공무원의 의사에 반하는 불리한 처분이나 부작위가 소청의 대상이 된다(국공법 제9조 제1항). "그 밖에 공무원의 의사에 반하는 불리한 처분"에는 면직처분(의원면직 포함), 강임, 휴직, 복직거부 등이 포함된다. 퇴직금지급청구에 대한 거부는 이에 포함되지 않는다고 본다. 승진시험불합격처분이 소청의 대상이 되는지 일반행정심판의 대상이 되는지에 관하여는 견해의 대립이 있다.

[판례] 정년 전에 임기가 끝난 사립학교 교장이 정관에서 정한 바에 따라 원로교사로 근무할 것을 희망하였음에도 학교법인이 교원 임용을 거부한 경우, 그러한 거부는 「교원의 지위 향상 및 교육활동 보호를 위한 특별법」(교원지위법) 제9조 제1항에서 소청심사의 대상으로 정한 '그 밖에 그 의사에 반하는 불리한 처분'에 해당한다(대판 2024. 09. 12, 2022두43405[교원소청심사위원회결정취소]).

소청을 행정심판으로 보게 되면 행정심판의 대상이 되는 처분이나 부작위에 해당하는 것만이 소청의 대상이 될 것이다. 이에 대하여 소청을 행정심판 이상으로 인사행정의 개선을 위한 제도로 이해하는 것이 타당하므로 소청의 대상은 행정심판의 대상이 되는 처분보다 넓은 것으로 보아야 한다는 견해가 있다(박윤흔, 238~239면).

생각건대, 현행법상 소청은 행정소송의 필요적 전치절차로 되어 있고, 소청에 대한 소청심사위원회의 결정에 불복하는 경우에 행정소송을 제기하도록 하고 있는 점에 비추어 현행법의 해석론으로는 특별한 명문의 규정이 없는 한 소청의 대상을 행정심판의 대상에 한정하는 견해가 타당하다.

## Ⅲ. 소청심사위원회

소청심사위원회(訴請審査委員會)는 소청에 대한 심사결정권을 갖는다. 소청심사위원회는 합의제 행정청이다.

행정기관소속 공무원의 소청을 심사결정하는 소청심사위원회는 인사혁신처에 (국공법 제9조 제1항), 국회·법원·헌법재판소 및 선거관리위원회소속 공무원의 소청에 관한 사항을 심사결정하는 소청심사위원회는 각각 국회사무처·법원행정처·헌법재판소사무처 및 중앙선거관리위원회사무처에 둔다(국공법 제9조 제2항).

국회사무처, 법원행정처, 헌법재판소사무처 및 중앙선거관리위원회사무처에 설치된 소청심사위원회는 위원장 1명을 포함한 위원 5명 이상 7명 이내의 비상임위원으로 구성하고, 인사혁신처에 설치된 소청심사위원회는 위원장 1명을 포함한 5명 이상 7명 이내의 상임위원과 상임위원 수의 2분의 1 이상인 비상임위원으로 구성하되, 위원장은 정무직으로 보한다(국공법 제9조 제3항).

소청심사위원회의 위원은 금고 이상의 형벌이나 장기의 심신 쇠약으로 직무를 수행할 수 없게 된 경우 외에는 본인의 의사에 반하여 면직되지 아니한다(국공법 제11조).

국가공무원법 제6조 제1항에 따라 설치된 소청심사위원회(인사혁신처 소속 소청심사위원회)는 **다른 법률로 정하는 바에 따라** 특정직공무원의 소청을 심사·결정할 수 있다(제6조 제4항). 인사혁신처 소속 소청심사위원회는 일반직공무원과 다른 법률에서 정한 특정직공무원의 소청에 대한 관할권을 갖는다.

각급학교 교원의 소청은 교육부에 설치된 교원소청심사위원회(이하 "심사위원회"라 한다)에 한다(교육공무원법 제53조 제1항, 교원지위향상을 위한 특별법 제7조 제1항).

경찰공무원(경찰공무원법 제1조, 제36조)이나 소방공무원(소방공무원법 제26조)은 인사혁신처 소속 소청심사위원회에 소청을 제기한다. 그런데, 경찰공무원에 대해서는 국가공무원법 제76조 제2항부터 제5항까지의 규정을 적용하지 아니한다(경찰공무원법 제36조 제1항). 경찰공무원법에는 인사혁신처 소속 소청심사위원회에 소청을 제기할 수 있다는 명문의 규정이 없지만, 경찰공무원법은 국가공무원법에 대한 특례를 정하는 법이고(제1조), 국가공무원법상 소청에 관한 규정 중 일부규정을 적용하지 않는 것으로 규장하고 있는 점(제36조)에 비추어 경찰공무원은 인사혁신처 소속 소청심사위원회에 소청을 제기할 수 있는 것으로 해석할 수 있다.

## Ⅳ. 소청절차

### 1. 소청의 제기

제75조에 따른 처분사유 설명서를 받은 공무원이 그 처분에 불복할 때에는 그 설명서를 받은 날부터, 공무원이 제75조에서 정한 처분 외에 본인의 의사에 반한 불리한 처분을 받았을 때에는 그 처분이 있은 것을 안 날부터 각각 30일 이내에 소청심사위원회에 이에 대한 심사를 청구할 수 있다. 이 경우 변호사를 대리인으로 선임할 수 있다(제76조 제1항).

소청에는 처분의 취소 또는 변경을 구하는 심사청구, 처분의 효력 유무 또는 존재 여부에 대한 확인을 구하는 심사청구, 의무이행을 구하는 심사청구가 있다(제14조 제5항).

### 2. 심    사

소청심사위원회는 제1항에 따른 심사를 할 때 필요하면 검증(檢證)·감정(鑑定), 그 밖의 사실조사를 하거나 증인을 소환하여 질문하거나 관계 서류를 제출하도록 명할 수 있다(국가공무원법 제12조 제2항). 소청심사위원회가 소청 사건을 심사하기 위하여 징계 요구 기관이나 관계 기관의 소속 공무원을 증인으로 소환하면 해당 기관의 장은 이에 따라야 한다(제3항). 소청심사위원회는 필요하다고 인정하면 소속 직원에게 사실조사를 하게 하거나 특별한 학식·경험이 있는 자에게 검증이나 감정을 의뢰할 수 있다(제4항).

소청인에게 진술권이 부여되고 있다(제13조 제1항). 진술의 기회를 부여하지 아니한 결정은 무효가 된다(제13조 제2항).

실무상 구술심리가 원칙이다.

## 3. 결    정

소청심사청구가 파면 또는 해임이나 국가공무원법 제70조 제1항 제5호에 따른 면직처분으로 인한 경우에는 소청심사위원회는 그 청구를 접수한 날부터 5일 이내에 해당 사건의 최종 결정이 있을 때까지 후임자의 보충발령을 유예하게 하는 임시결정을 행할 수 있다(제76조 제3항). 이 임시결정제도는 소청인의 원직복귀를 실질적으로 보장하기 위한 제도이다.

소청심사위원회는 후임자의 보충발령을 유예하게 하는 임시결정을 한 경우에는 임시결정을 한 날로부터 20일 이내에 최종결정을 하여야 하고(제76조 제4항), 임시결정을 하지 아니한 경우에는 소청심사청구를 접수한 날부터 60일 이내에 이에 대한 결정을 하지만, 불가피하다고 인정되면 소청심사위원회의 의결로 30일을 연장할 수 있다(제76조 제5항).

소청사건의 결정은 재적 위원 3분의 2 이상의 출석과 출석 위원 과반수의 합의에 따르되, 의견이 나뉘어 출석 위원 과반수의 합의에 이르지 못하였을 때에는 출석 위원 과반수에 이를 때까지 소청인에게 가장 불리한 의견에 차례로 유리한 의견을 더하여 그 가장 유리한 의견을 합의된 의견으로 본다(제14조 제1항). 제1항에도 불구하고 파면·해임·강등 또는 정직에 해당하는 징계처분을 취소 또는 변경하려는 경우와 효력 유무 또는 존재 여부에 대한 확인을 하려는 경우에는 재적 위원 3분의 2 이상의 출석과 출석 위원 3분의 2 이상의 합의가 있어야 한다. 이 경우 구체적인 결정의 내용은 출석 위원 과반수의 합의에 따르되, 의견이 나뉘어 출석 위원 과반수의 합의에 이르지 못하였을 때에는 과반수에 이를 때까지 소청인에게 가장 불리한 의견에 차례로 유리한 의견을 더하여 그 중 가장 유리한 의견을 합의된 의견으로 본다(제2항).

소청심사위원회는 심사결과 다음과 같은 결정을 내린다(제14조 제6항). 이 결정은 행정심판의 재결에 해당한다.

① 심사청구가 이 법이나 다른 법률에 적합하지 아니한 것이면 그 청구를 각하한다.
② 심사청구가 이유 없다고 인정되면 그 청구를 기각한다.
③ 처분의 취소 또는 변경을 구하는 심사청구가 이유 있다고 인정되면 처분을 취소 또는 변경하거나 처분 행정청에게 취소 또는 변경할 것을 명한다.
④ 처분의 효력 유무 또는 존재 여부에 대한 확인을 구하는 심사청구가 이유 있다고 인정되면 처분의 효력 유무 또는 존재 여부를 확인한다.
⑤ 위법 또는 부당한 거부처분이나 부작위에 대하여 의무이행을 구하는 심사 청구가 이유 있다고 인정되면 지체 없이 청구에 따른 처분을 하거나 이를 할 것을 명한다.

소청 사건의 결정은 재적 위원 3분의 2 이상의 출석과 출석 위원 과반수의 합의에 따르되, 의견이 나뉘어 출석 위원 과반수의 합의에 이르지 못하였을 때에는 과반수에 이를 때까지 소청인에게 가장 불리한 의견에 차례로 유리한 의견을 더하여 그 중 가장 유리한 의견을 합의된 의견으로 본다(제14조 제1항). 다만, 파면·해임·강등 또는 정직에 해당하는 징계처분(중징계)을 취소 또는 변경하려는 경우와 효력 유무 또는 존재 여부에 대한 확인을 하려는 경우에는 재적 위원 3분의 2 이상의 출석과 출석 위원 3분의 2 이상의 합의가 있어야 한다. 이 경우 구체적인 결정의 내용은 출석 위원 과반수의 합의에 따르되, 의견이 나뉘어 출석 위원 과반수의 합의에 이르지 못하였을 때에는 과반수에 이를 때까지 소청인에게 가장 불리한 의견에 차례로 유리한 의견을 더하여 그 중 가장 유리한 의견을 합의된 의견으로 본다(제2항). 제14조 제2항의 규정은 중징계를 쉽게 감경하지 못하도록 하기 위해 2021. 6. 8. 신설된 규정이다.

징계처분 또는 징계부가금 부과처분에 대한 소청에 대하여는 불이익변경금지의 원칙이 적용된다. 즉, 소청심사위원회가 징계처분 또는 징계부가금 부과처분(이하 "징계처분등"이라 한다)을 받은 자의 청구에 따라 소청을 심사할 경우에는 원징계처분보다 무거운 징계 또는 원징계부가금 부과처분보다 무거운 징계부가금을 부과하는 결정을 하지 못한다(제14조 제8항).

소청심사위원회의 결정은 그 이유를 구체적으로 밝힌 결정서로 하여야 한다(제14조 제9항).

## 4. 결정의 효력

소청심사위원회의 결정은 처분행정청을 기속한다(국공법 제15조). 이 소청결정의 기속력은 행정심판 재결의 기속력과 동일하다.

소청심사위원회의 취소명령 또는 변경명령 결정은 그에 따른 징계나 그 밖의 처분이 있을 때까지는 종전에 행한 징계처분 또는 징계부가금 부과처분에 영향을 미치지 아니한다(국공법 제14조 제7항).

공무원에게 행한 파면처분·해임처분·면직처분 또는 강등처분에 대하여 소청심사위원회 또는 법원에서 무효나 취소의 결정 또는 판결을 하면 그 파면처분·해임처분·면직처분 또는 강등처분에 따라 결원을 보충하였던 때부터 파면처분·해임처분·면직처분 또는 강등처분을 받은 사람의 처분 전 직급·직위에 해당하는 정원이 따로 있는 것으로 본다(국공법 제43조 제3항). 이렇게 함으로써 후임자가 임명된 경우에도 파면처분·해임처분·면직처분 또는 강등처분을 당한 공무원의 원직에의 복귀가 가능하게 된다.

## 5. 감사원의 재심요구

감사원으로부터 파면 요구를 받아 집행한 파면에 대한 소청 제기로 소청심사위원회 등에서 심사 결정을 한 경우에는 해당 소청심사위원회의 위원장 등은 그 결정 결과를 그 결정이 있은 날부터 15일 이내에 감사원에 통보하여야 한다(감사원법 제32조 제5항). 감사원은 제5항의 통보를 받은 날부터 1개월 이내에 그 소청심사위원회 등이 설치된 기관의 장을 거쳐 소청심사위원회 등에 그 재심을 요구할 수 있다(제6항). 이 경우 제5항 및 제6항의 규정에 따른 기간에는 그 징계 의결이나 소청결정은 집행이 정지된다(제7항).

# 제 2 절   행정소송

## Ⅰ. 소청전치주의

제75조에 따른 처분(징계처분, 강임·휴직·직위해제 또는 면직처분 및 본인의 원(願)에 따른 강임·휴직 또는 면직처분), 그 밖에 본인의 의사에 반한 불리한 처분이나 부작위에 관한 행정소송은 소청심사위원회의 심사·결정을 거치지 아니하면 제기할 수 없다(국공법 제16조 제1항).

소청전치주의는 특수경력직공무원에게는 적용되지 않고(국가공무원법 제3조), 경력직공무원(일반직공무원 및 특정직공무원)에 한하여 적용된다.

특정직 공무원인 검사의 징계에 대해서는 검사징계법에서 특별한 규율을 하고 있는데, 검사징계법에서는 검사의 징계에 대한 소청에 관한 규정을 두고 있지 않다. 그리하여 검사의 징계에 대한 소청이 가능한지가 문제된다. 그런데, 특정직공무원 중 검사(검찰총장 포함)는 소청을 제기할 소청심사위원회가 없기 때문에 소청전치주의의 적용을 받지 못할뿐만 아니라 소청을 제기할 수 없다는 것이 소청심사위원회 유권해석이다. 즉, 국가공무원법에 따르면 특정직공무원에도 국가공무원법 제16조 제1항이 적용되지만, 국가공무원법 제6조 제4항은 "제1항에 따라 설치된 소청심사위원회(인사혁신처 소속 소청심사위원회)는 **다른 법률로 정하는 바에 따라** 특정직공무원의 소청을 심사·결정할 수 있다."고 규정하고 있다. 그런데, 검찰청법 및 검사징계법은 별도의 소청심사위원회의 설치에 관한 규정을 두고 있지 않을 뿐만 아니라 인사혁신처 소속 소청심사위원회에 소청을 할 수 있다는 규정도 두고 있지 않기 때문이다. 재판실무

상 검사에 대한 불이익처분에 대한 취소소송에서 소청심사없이 취소소송이 제기되었
다는 것은 소송상 쟁점이 되고 있지 않고, 소청심사 없이 제기된 징계처분 취소소송
에서 소청심사 전치 여부는 소송요건의 문제로 다루어지지 않고 있다(대판 2001. 08.
24, 2000두7704; 대판 2017. 10. 31, 2014두45734; 대판 2021. 02. 10, 2020두47564 등).

검사가 소청을 제기할 수 없다면 행정심판법에 따른 일반행정심판을 제기할 수
있다고 보아야 한다.

## Ⅱ. 소송의 대상

소청심사위원회의 결정에 불복하여 행정소송을 제기하는 경우 행정소송은 원징
계처분과 소청결정 중 어느 것을 대상으로 하여야 하는가.

이에 관하여 특별한 규정이 없으므로 행정소송법 제19조에 따라 원처분(불이익처
분)을 대상으로 하여야 하고 다만 소청심사위원회의 결정에 고유한 위법이 있는 경우
에는 위원회의 결정을 대상으로 하여야 한다(원처분주의).

원처분주의를 취하는 한 소청심사위원회의 결정이 기각결정인 경우에는 원불이
익처분을 대상으로 하여야 한다는 데 이견이 있을 수 없다.

그런데, 일부취소결정(예, 감봉 6개월을 감봉 1개월로 감경하는 결정)이나 적극적 변경
결정(예, 공무원에 대한 파면 처분이 소청 심사절차에서 해임으로 감경된 경우)에 대한 행정소송
의 대상은 재결에 의해 감경된 원처분인가 아니면 재결처분인가하는 것이 문제된다.

### 1. 원처분설

원처분청을 상대로 일부취소되고 남은 원처분(原處分)이나 변경결정으로 변경된
원처분(해임처분)을 다투어야 한다는 견해이다.[19]

### 2. 소청결정설

소청심사위원회의 결정은 원처분을 대체하는 새로운 처분이므로 소청심사위원
회의 결정을 대상으로 취소소송을 제기하여야 한다고 보는 견해이다.

### 3. 판  례

판례도 원처분주의를 취하면서 일부취소 또는 변경재결로 인하여 감경되고 남
은 원처분을 상대로 원처분청을 피고로 하여 소송을 제기하여야 하는 것으로 보고

---

19) 법원실무제요, 112면.

있다.

**[판례]** 판례는 감봉처분을 소청심사위원회가 견책처분으로 변경한 결정에 대한 취소소송에서 소청심사위원회의 재량권의 일탈이나 남용은 재결에 고유한 하자라고 볼 수 없다고 하면서 당해 변경결정에 대한 취소소송을 인정하고 있지 않다(대판 1993. 08. 24, 93누5673). 또한, 해임처분을 소청심사위원회가 정직 2월로 변경한 경우 원처분청을 상대로 정직 2월의 처분에 대한 취소소송을 제기한 사건에서 본안판단을 한 판결이 있다(대판 1997. 11. 14, 97누7325). 감봉 3월의 징계처분을 소청심사위원회가 감봉 1월로 감경한 경우 원처분청을 피고로 감봉 1월의 처분에 대하여 취소소송을 제기한 사건에서 본안판단을 한 판결이 있다(서울고법 1998. 5. 14, 97구36479).

### 4. 일부취소결정 · 변경결정구별설(사견)

일부취소결정의 경우 취소되고 남은 원처분을 대상으로 하여야 하지만, 적극적 변경결정의 경우에 있어서는 변경결정이 원처분을 완전히 대체하는 새로운 처분이고 당초의 원처분이 존재하지 않으므로 변경결정을 대상으로 소청심사위원회를 피고로 하여 행정소송을 제기하여야 한다고 보는 견해이다. 이 견해가 타당하다.

## Ⅲ. 소송의 피고

제1항에 따른 행정소송을 제기할 때에는 대통령의 처분 또는 부작위의 경우에는 소속 장관(대통령령으로 정하는 기관의 장을 포함한다. 이하 같다)을, 중앙선거관리위원회위원장의 처분 또는 부작위의 경우에는 중앙선거관리위원회사무총장을 각각 피고로 한다(국공법 제16조 제2항).

## Ⅳ. 교육공무원의 경우

교육공무원의 경우 교원소청심사위원회의 소청결정을 거쳐 행정소송을 제기한다. 행정소송(항고소송)의 대상은 일반공무원의 경우와 동일하다.

사립학교교원의 경우 교원소청심사위원회의 결정에 불복하는 경우 교원소청심사위원회를 피고로 동 위원회의 결정(원처분)을 대상으로 항고소송을 제기할 수 있으며 이외에도 학교법인을 피고로 징계를 다투는 민사소송을 제기할 수 있다. 학교법인 또는 사립학교 경영자는 그 결정서를 송달받은 날부터 90일 이내에 행정소송법으로 정하는 바에 따라 교원소청심사위원회의 결정에 대해 취소소송 또는 무효확인소송을 제기할 수 있다(교원지위 향상을 위한 특별법 제10조).

# 공적 시설법

# 제 1 장 공물법

## 제 1 절 공물의 개념

공물(公物)이라 함은 행정주체에 의해 직접 공적 목적에 제공된 물건을 말한다. 공물은 실정법상의 용어가 아니라 학문상 개념이다.

공물의 개념을 나누어 고찰하면 다음과 같다.

① 공물은 직접 공적 목적에 제공된 물건이다.

공물의 가장 중요한 요소는 직접 공적 목적에 제공된다는 점이다. 이 점이 공물에 대한 특수한 공법적 규율의 근거가 된다. 즉, 공적 목적을 달성하기 위하여 필요한 한도 내에서 사물과 달리 공물에 대하여는 특수한 법적 규율이 행하여진다.

공물에는 일반 공중의 이용에 제공되는 것과 행정주체 자신의 이용에 제공되는 것이 있다. 일반 공중의 이용에 제공되는 것이 공공용물이고, 행정주체 자신의 이용에 제공되는 것이 공용물이다. 물건의 현상을 보존하는 것만으로 공적 목적에 기여하는 것이 있는데 이를 공적 보존물이라 한다. 그런데, 문화재와 같은 공적 보존물은 공물로 볼 것은 아니며 보존이라는 공익목적을 위하여 재산권에 가해지는 제한, 즉 공용제한의 일종으로 보는 것이 타당하다.

공물은 직접 공적 목적에 제공된 것만을 말한다. '직접 공적 목적에 제공된다는 것'은 '물건의 사용가치를 통하여 공적 목적에 제공된다는 것'을 말한다. 물건의 자본가치를 통하여 행정주체의 재정에 기여하는 것은 간접적으로 공적 목적에 기여하기는 하지만 직접 공적 목적에 기여하는 것은 아니다. 직접 공적 목적에 제공되지 않고 행정주체가 재산으로 보유하고 있는 물건은 공물이 아니고 사물(私物)이다. 예를 들면, 국가 또는 지방자치단체가 보유하는 잡종재산(일반재산)은 공물이 아니다. 국유림법에 따르면 국유림법상 보전국유림은 국유재산법 제6조 제2항에 따른 '행정재산(보존용재산)'이고, 준보전존국유림은 국유재산법 제6조 제3항에 따른 '일반재산'이다(제16조 제3항).

② 공물은 물건이다.

공물은 물건인 점에서 영조물과 구별된다. 영조물은 행정주체에 의해 공적 목적에 제공된 인적·물적 종합시설이다. 영조물 중 물적 시설은 공물이라고 할 수 있지만, 물적 시설과 함께 물적 시설을 관리하는 인적 요소를 포함하는 개념인 영조물은 공물과 구별되어야 한다.

종래 공물을 개개의 유체물에 한정하였었다. 오늘날에는 공물을 개개의 유체물에 한정하지 않고, 관리할 수 있는 무체물이나 집합물도 포함하는 것으로 보는 견해가 유력하다. 집합물도 공물에 포함시키는 경우 공물과 공공시설은 밀접한 관계를 갖게 된다.

공공시설이라는 개념은 공공의 이용에 제공되는 공적 시설을 말한다. 그런데, 공공시설의 개념에 관하여는 세 가지 입장이 존재한다. i) 하나는 공공시설을 공공의 이용에 제공된 인적·물적 종합시설로 보는 견해이다. 이 견해에 의하면 공공시설 중 물적 시설은 공물이라고 할 수 있지만 공공시설 자체는 공물과 구별된다. 공공시설은 인적·물적 종합시설인 점에서 영조물 개념과 유사하지만, 공공의 이용에 제공되는 시설에 한정된다는 점에서 영조물보다는 좁은 개념이다. ii) 다른 하나는 공공시설을 물적 시설을 중심으로 하는 개념으로 보고 인적 요소는 반드시 그 내용으로 하지 않는다는 견해이다. 이 견해에 의하면 공공시설은 공물 중 공공용물에 해당한다. iii) 마지막으로 공공시설을 공공용물과 함께 공공영조물을 포괄하는 개념으로 본다. 이 견해에 의하면 공공용물 중 집합물은 공공시설에 포함된다.

③ 공물은 행정주체에 의해 제공된 물건이다.

공물의 관리주체는 국가, 지방자치단체, 공공단체 등 행정주체에 한한다. 사인이 사유지를 사실상 공공의 목적(예, 도로로서 일반의 자유로운 통행)에 제공하여도 그것은 공물이 아니며 사물에 지나지 않는다.

행정주체에게는 공물의 관리권만 있으면 되고 행정주체에게 공물의 소유권이 있을 필요는 없다. 사인의 소유에 속하는 물건이라도 정당한 권원(공용사용, 임차 등)에 의해 공적 목적에 제공되면 공물이 된다. 이러한 공물을 사유공물이라 한다.

# 제 2 절  공물법의 체계

## I. 공물법의 의의

공물법(公物法)은 공물에 관한 공법을 말한다. 공물에 대하여는 공물이 제공된 공적 목적을 달성할 수 있도록 하기 위하여 사물에 비하여 특수한 법적 규율이 행하여진다. 이러한 공물에 관한 특수한 법적 규율의 총체가 공물법이다.

## Ⅱ. 공물법의 법원

공물에 관한 일반법률은 존재하지 않으며 공물법은 여러 개별법으로 구성되어 있다.

국유의 공물인 행정재산은 국유재산법에 의해, 지방자치단체가 소유하는 공물인 행정재산은 공유재산 및 물품관리법(이하 '공유재산법'이라 한다)에 의해 어느 정도 일반적으로 규율되고 있다. 그러나, 국유재산법이나 공유재산법은 행정재산뿐만 아니라 잡종재산(일반재산)도 함께 규율하고 있고, 공물의 공적 목적에의 제공을 규율하기보다는 국유나 공유의 재산의 관리에 중점을 두어 규율하고 있는 점에 공물법으로서의 그 한계가 있다. 국유재산이나 공유재산 중 행정재산은 공물법(행정법)의 규율대상이지만, 일반재산은 사법에 의해 규율된다.

**[판례]** ① [1] 지방자치단체가 **일반재산을 입찰이나 수의계약을 통해 매각하는 것**은 기본적으로 사경제주체의 지위에서 하는 행위이므로 원칙적으로 사적 자치와 계약자유의 원칙이 적용된다. 공유재산 및 물품 관리법과 그 시행령 및 지방계약법과 그 시행령에서는 일반재산의 매각에 관하여 방법, 절차, 가격 결정 등을 상세히 정하고 있다. 이러한 규정은 사적 자치와 계약자유의 원칙에 일정한 제한을 두어 매각절차의 투명성과 공정성을 확보하고 거래 상대자의 이익을 보호하여 지방자치단체가 체결하는 계약이 공익에 합치되도록 하려는 것이다. [2] 지방자치단체가 관련 법령에서 정한 기준과 절차에 따라 일반재산을 수의계약으로 매각한 경우 그 과정에 단순한 하자가 있다고 해서 그러한 사유만으로 곧바로 수의계약이 무효로 되는 것은 아니다. 수의계약 대상자를 결정하고 계약을 체결하는 과정에서 생긴 하자의 정도가 절차의 공공성과 공정성을 현저히 침해할 정도로 중대하여 선량한 풍속 그 밖의 사회질서에 반한다고 볼 수 있는 경우 등에 한하여 계약을 무효라고 보아야 한다(대판 2017. 11. 14, 2016다201395).
② 일반재산인 준보전국유림을 대부받은 자가 그 권리를 제3자에게 양도하였을 경우 산림청장의 허가를 받지 않았다고 하더라도 다른 사정이 없는 한 그 양도계약은 유효하고, 산림청장의 허가가 없었다는 이유만으로 양도계약이 무효 또는 유동적 무효 상태가 된다고 볼 수는 없다고 한 사례(대판 2022. 10. 14, 2020다289163).
③ 행정재산인 지하도상가를 제3자에게 사용, 수익하게 하거나 양도하는 것을 금지하는 규정을 신설함과 동시에 마련된 '2년간'의 유예기간 규정에 대하여 이를 '5년간'으로 연장한 「인천광역시 지하도상가 관리 운영 조례」 일부개정 조례안 부칙 제3조 제4항이 공유재산법에 위배된다고 한 사례(대판 2022. 10. 27, 2022추5026).

공물 중 공공용물은 개별 공물마다 개별법에 의해 규율되고 있다. 도로법, 하천법, 소하천정비법, 도시공원법 등이 그 예이다.

도로법은 국유재산법 또는 공유재산법의 특별법에 해당한다(대판 2019. 10. 17, 2018두104).

## Ⅲ. 공물법의 내용

### 1. 공물관리에 관한 법

공물법은 공물에 부여된 공적 목적을 제대로 달성할 수 있도록 공물을 적정하게 관리하는 것을 그 내용의 하나로 한다. 공물관리조직, 공물의 성립, 보호 및 소멸에 관한 법이 이에 속한다.

공물은 공물관리와 함께 재산관리의 대상이 되는데, 양자는 상호 구분할 필요가 있다. 공물관리는 공물의 공적 목적의 달성을 담보하는 활동이므로 원칙상 공법적 규율의 대상이 된다. 이에 반하여 공물의 재산관리는 공물도 하나의 재산이라는 점에 착안하여 행하는 활동(수익성을 제고하기 위한 공물의 관리)이므로 사물인 잡종재산의 관리와 원칙상 달리 규율될 필요가 없다. 따라서, 공물을 재산으로서 관리하는 것은 원칙상 사법적 규율의 대상이 된다고 보아야 한다.

그러나, 공물의 재산관리가 공물의 공적 목적에의 제공과 무관하지 않은 경우에는 공법적 규율의 대상이 되어야 한다. 예를 들면, 행정재산의 목적 외 사용(사용·수익허가)은 재산관리에 속하는 활동이지만 행정재산의 공적 목적에의 제공을 보장하기 위하여 국유재산법 및 공유재산법상 특수한 공법적 규율이 행해지고 있다.

이에 대하여 공물뿐만 아니라 국유 또는 공유의 잡종재산의 관리도 공익과 무관하지 않기 때문에 공익과 관련이 있는 한도 내에서는 공법적 규율의 대상이 되어야 한다는 견해가 제기되고 있다. 잡종재산은 직접 공적 목적에 제공되고 있지는 않지만 개발여유지의 확보, 환경의 보호 및 공물의 잠재적 원천이라는 점에서는 공익과 무관하지 않기 때문에 공법적 규율이 필요한 경우가 있다고 한다. 현행 국유재산법은 국유재산의 무단사용에 대한 변상금부과를 규정하고 있고, 판례는 일반재산(잡종재산)의 무단사용에 대한 변상금부과처분을 행정처분으로 보고 있다(대판 1988. 02. 23, 87누1046).

### 2. 공물의 사용에 관한 법

공물법은 또한 국민이나 주민이 공물을 사용하는 관계를 규율하는 것을 그 내용의 하나로 한다. 이러한 규율은 일반 공중의 사용에 제공되는 것을 그 존립목적으로 하는 공공용물에 대한 법적 규율에서 두드러지지만, 공용물의 경우도 예외적으로 일반 국민이나 주민의 사용에 제공된다. 공물의 자유사용, 허가사용, 특허사용 등에 관한 법이 이에 속한다.

## Ⅳ. 공물법의 체계

공물법이 행정법에서 어느 위치를 차지하는가에 관하여 학설상 여러 견해가 존재한다. 공물법의 체계적 지위의 문제는 공물법과 행정조직법, 행정작용법, 급부행정법, 환경법 등과의 관계와 관련하여 논하여지고 있다.

### 1. 공물법과 행정조직법

종래 공물이 행정의 물적 수단이 된다는 점에 착안하여 공물법을 행정조직법의 하나로 보는 견해가 있었다. 행정조직법을 행정주체의 조직에 관한 법을 총칭하는 것으로 넓게 이해하면 공물법을 행정조직법에 포함되는 것으로 볼 수 있다. 그러나, 오늘날 행정조직법은 행정기관의 설치·구성·권한 등을 규율하는 법(협의의 행정조직법)으로 이해되고 있다. 그리고, 공물법의 핵심은 공물의 관리 및 특히 공물의 사용관계이다. 따라서, 공물법을 행정조직법으로 보는 견해는 오늘날 타당하지 않다.

### 2. 공물법과 행정작용법

공물법 중 공물의 사용관계에 관한 법률은 행정작용법을 이룬다. 공물법 중 공공용물에 관한 법은 공물의 사용관계에 그 핵심이 있기 때문에 행정작용법과 밀접한 관계를 갖고 있지만 공공용물의 관리에 관한 특수한 공법적 규율은 행정작용법으로 볼 수 없다. 그리고 공용물에 관한 법의 핵심은 공물의 관리에 관한 법적 규율이다. 다만 예외적이기는 하지만 공용물의 대외적 사용이 인정되고 이에 관한 법은 행정작용법에 속한다.

### 3. 공물법과 급부행정법

공물의 대외적 사용을 통한 재화나 서비스의 제공이라는 점에 착안하여 공물법을 급부행정법의 하나로 보는 견해가 있다. 공물관리도 직접 재화와 서비스를 제공하는 행정작용은 아니지만 공물의 대외적 사용을 보장하는 작용인 점에서 넓게 보면 급부행정에 포함시킬 수 있다고 본다. 특히 오늘날 공공시설이라는 개념이 등장하면서 공물행정의 급부행정으로서의 성격이 확대된 것만은 부인할 수 없다.

그러나, 공물법은 그 자체 특유한 법적 문제를 포함하고 있고 공물법에 급부행정법의 원리를 적용하는 데에는 극복해야 할 난점이 적지 않다. 따라서, 공물법을 급부행정법으로 편입하는 것은 적절하지 않다.

### 4. 공물법과 질서행정법

일반적으로 공물관리와 공물경찰을 구분하여 공물관리에 관한 법은 공물법이고 공물경찰에 관한 법은 질서행정법에 속한다고 본다. 그런데, 공물관리의 문제인지 공물경찰의 문제인지 애매한 경우가 있다. 또한, 공물관리와 공물경찰은 중첩되는 경우가 있는데, 이 경우 공물관리기관이 공물경찰권을 행사할 필요가 있는 경우도 없지 않다.

### 5. 공물법과 환경법

오늘날 공원, 도로 등 공물이 환경에 미치는 영향이 적지 않다는 것이 인식됨에 따라 이와 관련한 공물에 대한 규율이 환경법에서 행해지고 있다. 공물에 대한 환경법적 규율을 환경법으로 볼 것인지 아니면 공물법에 포섭시킬 것인지 검토가 필요하다.

# 제 3 절   공물의 분류

공물은 여러 기준에 의해 분류되는데, 다음과 같은 분류가 중요하다.

## Ⅰ. 공물의 목적에 의한 분류

### 1. 공공용물

공공용물(公共用物)은 일반 공중의 사용에 제공된 공물을 말한다. 도로 · 하천 · 공원 · 해안 등이 그 예이다. 국유재산법이나 공유재산법상의 공공용재산은 공공용물이다.

### 2. 공용물

공용물(公用物)은 직접 행정주체 자신의 사용에 제공된 공물을 말한다. 관공서의 청사, 국영철도시설 등이 그 예이다. 국유재산법이나 공유재산법상 공용재산은 공용물이다.

행정주체가 보관하는 공문서는 행정주체의 이용의 대상이 되는 점에서 기본적으로는 공용물이지만, 정보공개제도를 통하여 일반 공중의 이용의 대상이 될 수 있으므로 동시에 공공용물의 성격을 갖는다고 할 수 있다.

### 3. 공적 보존물

공적 보존물(公的 保存物)은 보존공물이라고도 하는데, 공공목적을 위하여 그 물건의 보존이 강제되는 공물을 말한다. 공적 보존물은 사용에 제공되는 것을 목적으로 하지 않으며 그 물건 자체의 보존이 목적이 된다. 문화재보호법상 문화재, 산림법상의 보안림이 그 예이다.

국유재산법상 '**보존재산**'이라 함은 "법령의 규정에 의하거나 기타 필요에 의하여 국가가 보존하는 재산"을 말한다(제4조 제3항). '법령의 규정에 의하여 국가가 보존하는 재산'에 해당하려면 국가가 법령에 의하여 직접 또는 법령에 근거하여 보존공물로 지정하는 행위가 필요하고(대법원 1995. 4. 28. 선고 93다42658 판결, 대법원 1996. 9. 6. 선고 94다53914 판결 참조), '기타 필요에 의하여 국가가 보존하는 재산'에 해당하려면 국유재산법 시행령 제2조 제2항에서 정하고 있는 것과 같이 '국가에서 사용할 필요가 있다고 인정되어 총괄청이 보존하기로 결정한 재산'에 해당하여야 한다(대법원 1996. 9. 6. 선고 94다53914 판결 참조)(대판 2021. 11. 25, 2020두47915).

공적 보존물은 사용에 제공되는 것이 아니며 공적 보존물에 대한 규율은 공익상 보존가치 있는 물건의 보존을 위하여 재산권 행사에 대한 제한을 가하는 것을 주된 내용으로 하므로 이를 공물로 보지 않고 공용제한의 하나로 보는 견해도 있고 이 견해가 타당하다.

공적 보존물을 공물로 보더라도 공적 보존물은 공공용물이나 공용물과 그 성질이나 그에 대한 법적 규율이 크게 다르다. 예를 들면, 공적 보존물에는 공물주체에게 공물관리권이 존재하지 않는다.

## II. 공물의 소유권자에 따른 분류

### 1. 국유공물

국유공물(國有公物)은 국가가 소유권자인 공물을 말한다. 국유재산법상의 행정재산이 이에 해당한다.

### 2. 공유공물

공유공물(公有公物)이라 함은 지방자치단체가 소유권자인 공물을 말한다. 공유재산법상 행정재산이 이에 해당한다.

### 3. 사유공물

사유공물(私有公物)은 사인이 소유권자인 공물을 말한다. 사인의 물건에 공물이
지정된 경우 및 사인이 소유하는 공적 보존물의 경우 사유공물이 된다.

## Ⅲ. 공물의 소유주체와 관리주체의 일치 여부에 따른 분류

### 1. 자유공물

자유공물(自有公物)이라 함은 공물의 귀속주체와 관리주체가 일치하는 공물을 말
한다.

### 2. 타유공물

타유공물(他有公物)이라 함은 공물의 관리주체와 공물의 귀속주체가 다른 공물을
말한다. 예를 들면, 철도의 소유자는 국가인데(철도의 건설 및 철도시설 유지관리에 관한
법률(약칭 '철도건설관리법') 제17조 제1항), 철도의 관리자(관리주체)는 국가철도공단이다
(국가철도공단법 제7조).

## Ⅳ. 공물의 성립과정의 차이에 의한 분류

### 1. 자연공물

자연공물(自然公物)이라 함은 인공이 가해짐이 없이 자연상태대로 공적 목적에
제공되는 공물을 말한다. 하천, 해안, 해변 등이 그 예이다.

그런데 오늘날 하천에 제방공사나 수로공사 등 일정한 공사가 행해지는 경우가
있다. 따라서 하천에 사람의 손이 가해진 한도 내에서는 당해 하천은 인공공물로 보
아야 한다.

### 2. 인공공물

인공공물(人工公物)이라 함은 인공을 가하여 공적 목적에 적합하도록 가공한 후
공적 목적에 제공되는 공물을 말한다. 도로, 공원 등이 그 예이다.

## V. 공물인 물건의 성질에 따른 분류

### 1. 부동산공물

공물인 물건이 부동산인 공물을 말한다.

### 2. 동산공물

공물인 물건이 동산인 공물을 말한다. 국립도서관의 도서, 경찰견 등이 그 예이다.

## VI. 규율법률의 존재 여부에 의한 분류

### 1. 법정공물

하천법이나 도로법 등 공물관계법률에 의해 규율되고 있는 공물을 말한다. 하천법 제2조 제1항 제1호의 하천, 도로법 제10조에 열거된 도로(고속국도, 일반국도, 특별시도·광역시도, 지방도, 시도, 군도, 구도)가 그 예이다.

국유재산법과 공유재산 및 물품관리법은 국유재산 또는 공유재산(지방자치단체 소유의 재산)을 행정재산과 일반재산으로 구분하고 있다. 행정재산은 공물에 해당되지만, 일반재산은 종래 잡종재산이라고 부르던 것으로서 공물이 아니며 원칙상 사법의 규율대상이 된다. 행정재산은 공용재산, 공공용재산, 기업용재산, 보존용재산으로 구분된다. 공용재산은 "국가가 직접 사무용·사업용 또는 공무원의 주거용으로 사용하거나 대통령령으로 정하는 기한까지 사용하기로 결정한 재산"을, 공공용재산은 "국가가 직접 공공용으로 사용하거나 대통령령으로 정하는 기한까지 사용하기로 결정한 재산"을, 기업용재산은 "정부기업이 직접 사무용·사업용 또는 그 기업에 종사하는 직원의 주거용으로 사용하거나 대통령령으로 정하는 기한까지 사용하기로 결정한 재산"을, 보존용재산은 "법령이나 그 밖의 필요에 따라 국가가 보존하는 재산"을 말한다. 일반재산이란 "행정재산 외의 모든 국유재산"을 말한다(국유재산법 제6조).

### 2. 법정외 공물

공물관계법률에 의해 규율되고 있지 않는 공물을 말한다. 리도(里道), 소규모 광장과 같이 공물이기는 하지만, 도로법이나 도시공원법 등 공물관계법률에 의해 규율되고 있지 않는 공물을 말한다. 법정 외 공물은 공물법이론 및 관계법률의 유추적용에 의해 규율된다.

## VII. 예정공물

예정공물(豫定公物)이라 함은 장래 공물이 될 것이 예정되어 있는 물건을 말한다. 공원예정지 등이 그 예이다.

예정공물은 공물이 아니므로 공물법의 적용대상이 되지 않는다. 그러나, 예정 공물은 장래 공물로 공적 목적에 제공될 것이 예정되어 있는 물건이므로 장래에 있어서의 공적 목적에의 제공을 보장하기 위하여 공물법의 일부규정을 준용하고 있는 것이 보통이다.

# 제 4 절  공물의 성립과 소멸

## I. 공물의 성립

### 1. 공공용물의 성립

#### (1) 인공공물의 성립

인공공물인 공공용물이 성립하기 위하여는 당해 물건이 일반 공중의 사용에 제 공될 수 있는 형체적 요소를 갖추어야 하고(형체적 요건), 그 물건을 공공용물로서 일 반 공중의 사용에 제공한다는 의사를 표시하는 공용개시행위를 요한다(의사적 요건).

##### 1) 형체적 요건

인공공공용물의 성립에는 우선 인공을 가하여 일반 공중의 사용에 제공될 수 있 는 구조 내지 실체(형체적 요소)를 갖춘 물건을 만들어야 한다.

그런데, 도로 등 인공공물의 형성에는 개별 공물법률의 규정에 따라 위치결정, 용지취득, 건설공사 등의 절차가 행해진다. 그리고, 인공공공용물의 형성 및 사용제 공은 제3자 및 주변 환경에 대한 영향이 크기 때문에 인공공물의 형체를 갖춘 물건 을 형성하기 위하여는 이해관계인의 의견수렴절차 및 환경영향평가 등의 절차가 보 장될 필요가 있다.

공공용물의 형성절차는 개별법률에 따라 다르기 때문에 아래에서는 도로를 중 심으로 이들 절차를 살펴보기로 한다.

**가. 위치결정**　　　도로의 위치는 도로법상의 도로노선의 인정(제11조 이하)과 도 로구역의 결정에 의해 행해진다. 도로구역의 결정은 고시하고 그 도면을 일반에게 열람하여야 한다(제25조).

도로구역의 결정 또는 변경과 도로구역의 결정고시 또는 변경고시는 토지보상법상 사업인정 및 사업인정고시로 간주된다(제82조).

도시계획법은 도로를 도시계획시설의 하나로 규정하고 있으므로 도시지역에서의 도로의 위치는 도시계획으로 결정되며(제13조) 도로건설사업은 도시계획사업으로 시행된다(제21조 이하).

도로 등 공공용물의 위치는 국민 또는 주민에게 중요한 문제이므로 의견수렴절차가 보장되어야 함에도 현행 관계실정법률은 이를 위한 충분한 규정을 두고 있지 못하다.

**나. 용지취득**　　도로부지 등 용지는 매매계약 또는 토지수용에 의해 그 소유권을 취득하거나 계약을 통한 임차권, 지상권의 취득, 소유자의 동의(임의적 공용부담) 또는 토지수용법상 공용사용에 의해 확보된다. 달리 말하면 공물의 관리주체는 이와 같은 방법에 의해 공공용물로 제공되는 물건에 대한 일정한 권원을 취득하여야 한다.

도로법 제82조 제2항은 도로용지의 취득에는 토지보상법상의 수용 또는 사용규정을 준용하는 것으로 규정하고 있다.

용지임대차계약에 기간이 정하여져 있는 경우 당해 기간은 존속기간이 아니라 갱신기간으로 보아야 한다.

아무런 권원 없이 공용개시행위를 하고 공공용에 제공한 경우 당해 공용개시행위의 효력은 어떻게 되는가 또는 토지소유자는 소유권에 기하여 당해 물건의 반환 또는 방해배제를 청구할 수 있는가 하는 문제가 제기된다.

**(가) 무효설**　　권원 없는 공용개시행위는 무효라고 보는 견해이다. 이 견해에 의하면 소유권자는 소유권에 근거하여 물건의 반환을 청구할 수 있게 된다. 권원 없는 공용개시행위를 무효라고 보는 경우에도 위와 같이 물건(토지)을 반환하는 것이 심히 공익을 해하는 경우에는 권리남용으로 그 반환을 인정하지 않을 수도 있지만, 공용개시행위가 무효인 경우 당해 물건에 공물의 지위를 인정할 수 없는 문제가 있다.

**(나) 취소설**　　권원이 없는 것은 공용개시행위에 있어서는 중요한 하자는 아니라고 할 것이므로 권원 없는 공용개시행위는 위법하나 취소할 수 있는 행위에 불과한 것으로 보아야 한다는 견해인데, 이 견해가 타당하다. 이 경우에 당해 토지(물건)의 반환을 청구하기 위하여는 공용개시행위를 취소하여야 하는데, 공용개시행위를 취소함이 심히 공익을 해하는 경우에는 사정재결 또는 사정판결을 하여야 할 것이다. 달리 말하면 공용개시행위를 취소함으로써 공공용물로 제공된 물건(토지)이 반환됨으로써 야기되는 공익에 대한 침해와 소유자가 권리침해로 인하여 받는 손해를 비교형량하여 전자가 훨씬 더 중요한 경우에는 공용개시행위가 위법하더라도 취소하지 않

고 손해배상만을 인정하여야 할 것이다.

    (다) 판 례      판례는 무효설을 취하고 있는 것으로 보인다.

**[판례]** ① 도시계획시설결정 및 지적승인고시만으로 시가 그 대지를 사용할 적법한 권원이 있는지
여부(소극): 도시계획시설결정 및 지적승인고시가 있어 대지가 도로부지에 편입되었다 하더라도
시가 아직 그 도로개설에 관한 도시계획사업을 진행하여 대지소유자로부터 대지를 협의매수하거
나 수용하는 등 대지의 소유권 기타 사용권을 적법하게 취득하였음을 주장입증하지 아니하고 있
다면 시가 그 대지를 사용할 적법한 권원이 있다고 할 수 없다.
② 공중의 편의를 위한 상수도시설을 대지소유자가 소유권에 기하여 철거를 요구하는 것이 권리남
용에 해당하는지 여부(소극): 대지소유자가 그 소유권에 기하여 그 대지의 불법점유자인 시에 대하
여 권원없이 그 대지의 지하에 매설한 상수도관의 철거를 구하는 경우에 공익사업으로서 공중의
편의를 위하여 매설한 상수도관을 철거할 수 없다거나 이를 이설할 만한 마땅한 다른 장소가 없
다는 이유만으로써는 대지소유자의 위 철거청구가 오로지 타인을 해하기 위한 것으로서 권리남용
에 해당한다고 할 수는 없다(대판 1987. 07. 07, 85다카1383).
③ [1] 국가나 지방자치단체가 공공용 재산의 취득에 관한 자료를 제출하지 못하는 경우 자주점유
추정의 번복 여부를 판단하기 위한 심리의 방법과 범위: 국가나 지방자치단체가 해당 토지의 취득
절차를 밟았다는 점에 관한 서류를 제출하지 못하고 있다고 하더라도, 그 토지에 관한 지적공부
등이 6·25 전란으로 소실되었거나 기타의 사유로 존재하지 아니하여 국가나 지방자치단체가 지
적공부 등에 소유자로 등재된 자가 따로 있음을 알면서 그 토지를 점유하여 온 것이라고 단정할
수 없고, 그 점유의 경위와 용도 등을 감안할 때 국가나 지방자치단체가 점유 개시 당시 공공용
재산의 취득절차를 거쳐서 소유권을 적법하게 취득하였을 가능성도 배제할 수 없다고 보이는 경
우에는 국가나 지방자치단체가 소유권 취득의 법률요건이 없이 그러한 사정을 잘 알면서 토지를
무단점유한 것임이 증명되었다고 보기 어려우므로 위와 같이 토지의 취득절차에 관한 서류를 제
출하지 못하고 있다는 사정만으로 그 토지에 관한 국가나 지방자치단체의 자주점유의 추정이 번
복된다고 할 수는 없겠으나, 국가나 지방자치단체가 해당 토지의 점유·사용을 개시할 당시의 지적
공부 등이 멸실된 바 없이 보존되어 있고 거기에 국가나 지방자치단체의 소유권 취득을 뒷받침하
는 어떠한 기재도 없는 경우까지 함부로 적법한 절차에 따른 소유권 취득의 가능성을 수긍하여서
는 아니 된다. [2] 피고가 해당 토지의 취득절차를 밟았다는 점에 관하여 아무런 자료를 제출하지
못하고 있고 토지대장 등 지적공부의 멸실 여부도 명확하지 않은 상태에서, 원심이 지적공부의 존
부나 그 기재내용, 해당 토지가 공공용 재산으로 편입되게 된 경위에 관한 구체적 심리 없이 그와
직접적 관련이 없는 일부 부수적 사정만을 들어 소유권 취득가능성을 긍정함으로써 자주점유의 추
정이 유지된다고 본 것은 잘못이라고 판단한 사례(대판 2011. 11. 24, 2009다99143[부당이득금반환]).

    도로법 제4조는 "도로를 구성하는 부지, 옹벽 그 밖의 물건에 대해서는 사권을
행사할 수 없다. 다만, 소유권을 이전하거나 저당권을 설정하는 경우에는 사권을 행
사할 수 있다"라고 사권의 행사를 제한하고 있다. 따라서, 행정주체가 사인 소유의
토지를 권원 없이 도로로 점유하고 있는 경우 도로법 제4조의 규정상 토지소유자는
토지소유권에 기하여 도로부지의 반환을 청구할 수 없다. 이 경우 토지소유자는 공
물주체가 그로 인하여 부당이득을 얻고 있는 것이므로 부당이득반환청구권을 행사하

거나(대판 1989. 01. 24, 88다카6006), 공물주체가 불법점유를 하고 있으므로 손해배상을 청구할 수 있다(대판 1968. 10. 22, 68다1317).

국가나 지방자치단체가 도로를 점유하는 형태는 도로관리청으로서의 점유와 사실상의 지배주체로서의 점유로 나누어 볼 수 있는바, 우선 사유지에 대하여 도로법에 의한 노선인정의 공고 및 도로구역의 결정이 있거나 도시계획법에 의한 도시계획사업의 시행으로 도로설정이된 때에는 이 때부터 도로관리청으로서의 점유를 인정할 수 있고, 또한 이러한 도로법 등에 의한 도로설정행위가 없더라도 국가나 지방자치단체가 일반공중의 교통에 공용한 때에는 이 때부터 그 도로는 국가나 지방자치단체의 사실상 지배하에 있는 것으로 보아 사실상 지배주체로서의 점유를 인정할 수 있다. 특별시가 사실상 점유하던 도로에 관하여 지방자치법 시행일부터 그 점유가 당연히 특별시로부터 자치구에 이전된 것으로 보아야 한다.

**[판례]** ① [1] 국가 또는 상위 지방자치단체가 법령의 규정 등에 의하여 그 권한의 일부를 하위 지방자치단체의 장에게 기관위임을 함으로써 하위 지방자치단체의 장이 수임관청으로서 그 사무처리를 위하여 도로의 부지가 된 토지를 점유하는 경우, 일반적으로 간접점유의 요건이 되는 점유매개관계는 법률행위뿐만 아니라 법령의 규정 등에 의하여도 설정될 수 있는 점, 사무귀속의 주체인 위임관청은 법령의 개정 등에 의한 기관위임의 종결로 수임관청에게 그 점유의 반환을 요구할 수 있는 지위에 있는 점 등에 비추어, 위임관청은 법령의 규정 등을 점유매개관계로 하여 법령상 관리청인 수임관청 또는 그가 속하는 지방자치단체가 직접점유하는 도로의 부지를 간접점유한다고 보아야 한다. [2] 1988. 4. 6. 법률 제4004호로 전부 개정된 지방자치법이 시행되기 전인 1988. 4. 30.까지는 도지사가 지방도의 관리청으로서 그 부지를 점유하였더라도 이는 국가의 위임에 따른 기관위임사무로서 점유한 것이고, 이 경우 국가는 법령의 규정을 점유매개관계로 하여 도지사 또는 그가 속하는 지방자치단체가 직접점유하는 지방도의 부지를 간접점유한 것이라고 보아야 한다(대판 2010. 12. 09, 2008다71575).
② 어느 사유지가 종전부터 자연발생적으로 또는 도로예정지로 편입되어 사실상 일반공중의 교통에 공용되는 도로로 사용되고 있는 경우, 그 토지의 소유자가 스스로 그 토지를 도로로 제공하여 인근 주민이나 일반 공중에게 무상으로 통행할 수 있는 권리를 부여하였거나 그 토지에 대한 독점적이고 배타적인 사용수익권을 포기한 것으로 의사해석을 함에 있어서는 그가 당해 토지를 소유하게 된 경위나 보유 기간, 나머지 토지들을 분할하여 매도한 경위와 그 규모, 도로로 사용되는 당해 토지의 위치나 성상, 인근의 다른 토지들과의 관계, 주위 환경 등 여러 가지 사정과 아울러 분할·매도된 나머지 토지들의 효과적인 사용·수익을 위하여 당해 토지가 기여하고 있는 정도 등을 종합적으로 고찰하여 판단하여야 한다(대판 2005. 08. 25, 2005다21517: 토지 소유자로부터 사원용 국민주택의 건축 및 분양업무를 위임받은 시행자가 새로운 도로를 개설하는 것을 조건으로 기존도로를 사원용 국민주택 부지로 사용하는 것을 승인받자 토지 소유자가 토지 사용을 승낙하여 시행자가 새로운 도로를 개설한 후 이를 사원용 국민주택 거주자들의 통행에 제공할 경우, 토지 소유자는 도로에 편입된 토지에 대하여 사용수익권을 포기하거나 무상통행권을 부여한 것으로 볼 수 있다고 한 사례).

공물의 관리주체가 물건의 소유권을 취득한 경우에도 등기하지 않으면 제3자에게 대항할 수 없다. 다만, 애초에 공용개시행위는 권원에 근거하여 적법하게 행해진 것이므로 소유권을 취득한 제3자는 공물로 인한 제한을 받는다고 보아야 하고, 그 제한이 특별한 희생이 되므로 소유권을 취득한 제3자는 손실보상을 청구할 수 있다고 보아야 할 것이다.

**다. 환경영향평가**    공물의 형체적 요소를 갖추기 위한 공사가 환경영향평가의 대상이 되는 사업인 경우 환경영향평가의 대상이 된다. 예를 들면, 「환경영향평가법 시행령」은 ① 도로법 제2조 또는 제10조, 도시계획법 제2조 제1항 제5호의 규정에 의한 도로의 건설사업 중 4킬로미터 이상의 신설(도시계획 도로의 건설사업 중 폭 25미터 이상으로서 도로구역 안에 동법 제17조 제1항 제4호의 규정에 의한 녹지지역이 3만제곱미터 이상 포함되는 경우에 한한다. 다만, 동법 시행령 제3조 제1항의 규정에 의한 자동차전용도로·고속도로 및 지하도로의 경우에는 그러하지 아니하다). ② 2차선 이상으로서 10킬로미터 이상의 확장의 경우에 환경영향평가를 받아야 한다고 규정하고, 환경영향평가의 시기는 도시계획법에 의한 도시계획사업으로 건설하는 경우에는 동법 제25조의 규정에 의한 실시계획의 인가 전, 그 밖의 경우에는 도로법 제25조의 규정에 의한 도로구역 결정 전(비관리청이 시행하는 경우에는 동법 제34조의 규정에 의한 공사시행의 허가 전)으로 규정하고 있다.

**2) 의사적 요건**

인공공공용물이 성립하기 위하여는 형체적 요소를 갖춘 것만으로는 충분하지 않고 그것을 일반 공중의 사용에 제공한다는 행정주체의 의사적 행위가 필요한데, 그 의사적 행위가 공용개시행위이다. 즉, 공용개시행위라 함은 행정주체가 공공용물의 형체적 요소를 갖춘 물건을 일반 공중의 사용에 제공한다는 의사를 표시하는 행위이다.

인공적 공공용재산은 법령에 의하여 지정되거나 행정처분으로써 공공용으로 사용하기로 결정한 경우, 또는 행정재산으로 실제로 사용하는 경우의 어느 하나에 해당하면 행정재산이 된다(대판 2014. 11. 27, 2014두10769).

**[판례]** 1980. 1. 4. 법률 제3256호로 제정된 도시공원법이 시행되기 이전에 구 도시계획법상 공원으로 결정·고시된 국유토지라는 사정만으로는 행정처분으로써 공공용으로 사용하기로 결정한 것으로 보기는 부족하나, 서울특별시장이 구 공원법, 구 도시계획법에 따라 **사업실시계획의 인가내용을 고시함으로써 공원시설의 종류, 위치 및 범위 등이 구체적으로 확정되거나 도시계획사업의 시행으로 도시공원이 실제로 설치된 토지라면 공공용물로서 행정재산에 해당**한다(대판 2014. 11. 27, 2014두10769[변상금부과처분무효확인]).

도로법상 도로의 공용개시행위의 시기를 언제로 볼 것인가에 관하여 해석의 여지가 있다. 도로의 노선지정(또는 노선인정 및 공고)(도로법 제11조 이하), 도로구역의 결정·고시(도로법 제25조), 도로사용개시공고(도로법 제39조) 중 어느 행위가 도로의 공용개시행위에 해당하는가 하는 것이 문제된다. 판례는 도로는 도로로서의 형태를 갖추고, 도로법에 따른 노선의 지정 또는 인정의 공고 및 도로구역 결정·고시를 한 때 또는 도시계획법 또는 도시재개발법 소정의 절차를 거쳐 도로를 설치하였을 때에 공공용물로서 공용개시행위가 있다고 본다(대판 2000. 02. 25, 99다54332).

**[판례]** ① 도로와 같은 인공적 공공용 재산은 법령에 의하여 지정되거나 행정처분으로 공공용으로 사용하기로 결정한 경우, 또는 행정재산으로 실제 사용하는 경우의 어느 하나에 해당하여야 행정재산이 되는데, 도로는 **도로로서의 형태를 갖추어야** 하고, 도로법에 따른 노선의 지정 또는 인정의 공고 및 도로구역의 결정, 고시가 있는 때부터 또는 도시계획법 소정의 절차를 거쳐 도로를 설치하였을 때부터 공공용물로서 **공용개시행위가 있는** 것이므로, 토지에 대하여 도로로서의 도시계획시설결정 및 지적승인만 있었을 뿐 그 도시계획사업이 실시되었거나 그 토지가 자연공로로 이용된 적이 없는 경우에는 도시계획결정 및 지적승인의 고시만으로는 아직 공용개시행위가 있었다고 할 수 없으므로 그 토지가 행정재산이 되었다고 할 수 없다(대판 1997. 08. 22, 96다10737; 2000. 04. 25, 2000다348).
② 토지의 지목이 도로이고 국유재산대장에 등재되어 있다는 사정만으로 바로 그 토지가 도로로서 행정재산에 해당한다고 할 수는 없다(대판 2009. 10. 15, 2009다41533). 이는 국유재산대장에 행정재산으로 등재되어 있다가 용도폐지된 바가 있더라도 마찬가지이다(대판 2016. 05. 12, 2015다255524[부당이득금]).
③ 이 사건 토지에 관하여 도로구역의 결정, 고시 등의 공물지정행위는 있었지만 아직 도로의 형태를 갖추지 못하여 완전한 공공용물이 성립되었다고는 할 수 없으므로 일종의 예정공물이라고 볼 수 있다(대판 1994. 05. 10, 93다23442[소유권이전등기]).
④ 행정청이 도로 일부를 침범한 건물 소유자들에게 사용·수익허가 없이 해당 도로를 무단 점유하고 있다는 이유로 도로법 제94조에 따라 변상금 부과처분을 한 사안에서, 위 도로가 도로법에 따른 노선 지정 또는 인정 공고 및 도로구역 결정·고시되었다는 점을 인정할 자료가 없고, **일반인의 통행을 위한 도로로 실제 사용되어 온 사정만으로는 도로법 적용을 받는 도로라고 할 수 없으므로**, 위 도로가 도로법 적용을 받는 도로에 해당한다고 보아 변상금 부과처분이 적법하다고 본 원심판결에 법리를 오해한 위법이 있다고 한 사례(대판 2011. 05. 26, 2010두28106[변상금부과처분취소]).

그러나, 도로사용개시공고를 공용개시행위로 보는 것이 타당하다. 공용개시행위는 공물의 형체적 요소가 갖추어진 후에 행하여져야 하는데, 도로법 제82조 제2항은 도로구역의 결정 또는 변경과 도로구역의 결정고시 또는 변경고시는 토지보상법상 사업인정 및 사업인정고시로 간주하고 있는 점에 비추어 도로구역의 결정·고시를 공용개시행위로 볼 수는 없다.

공용개시행위의 법적 성질에 관하여 과거에 사실행위로 보는 견해도 있었으나 오늘날의 통설은 행정행위로 보고 있다. 공용개시행위로 공물의 법적 지위가 형성되고, 사권의 행사를 제한하는 효과를 가져오므로 행정행위라고 보는 것이 타당하다. 공용개시행위는 물적 행정행위에 해당한다.

공용개시행위는 공공용물을 일반 공중의 사용에 제공하는 것이기 때문에 공시 또는 공고의 절차를 통해 일반 공중에게 주지시킬 필요가 있다. 도로법 제27조는 관리청은 도로의 사용을 개시하고자 할 때에는 이를 공고하도록 하고 있다.

## (2) 자연공물의 성립

자연공물의 성립에 공용개시행위가 필요한지에 관하여 견해가 대립하고 있다.

### 1) 공용개시행위불필요설

자연 공공용물은 그것이 자연의 상태에 있어서 일반 공중의 사용에 제공될 수 있는 실체를 갖추고 있으면 공용개시행위를 요함이 없이 그 자체로서 공물로 성립한다. 이것이 통설 및 판례이며 타당하다.

[**판례**] 국유 하천부지는 자연의 상태 그대로 공공용에 제공될 수 있는 실체를 갖추고 있는 이른바 **자연공물로서 별도의 공용개시행위가 없더라도 행정재산이 되고** 그 후 본래의 용도에 공여되지 않는 상태에 놓여 있더라도 국유재산법령에 의한 용도폐지를 하지 않은 이상 당연히 잡종재산으로 된다고는 할 수 없다(대판 2007. 06. 01, 2005도7523).

구 하천법은 하천구역의 결정을 자연상태에 맡기고, 하천구역을 법정하였다. 그런데, 현행 하천법은 하천관리청이 하천구역을 결정·변경·폐지하도록 하고 있다(제10조). 그러나, 하천은 하천의 실체를 갖춤으로써 성립되고, 하천의 지정(제7조)이나 하천구역의 결정으로 비로소 성립되는 것은 아니다. 하천의 지정이나 하천구역의 결정·고시는 행정행위(확인행위)의 성질을 갖는다.

[**판례**] ① 신·구 하천법에 있어서 하천구역의 지정: 구 하천법(1971. 1. 19. 법률 제2292호로 전면 개정되기 전의 것)에 의하면 하천이나 준용하천의 하천구역은 동법 제12조에 의하여 관리청이 이를 결정 고시함으로써 비로소 정하여지는 것이고 **사실상 토지가 하상화 되었다고 하더라도 이러한 특별한 절차가 없이 당연히 하천구역으로 될 수는 없지만, 신 하천법에 의하면** 하천구역은 이를 관리청이 특별히 결정 고시하는 것이 아니라 하천법이 스스로 그 제2조 제1항 제2호에서 하천구간내의 토지중에서 일정한 구역을 하천구역으로 인정하고 있으므로 위 법조에 해당하는 구역은 당연히 하천구역이 된다(대판 1988. 12. 20, 87다카3029[보상금]). 〈해설〉 현행 하천법은 하천구역의 결정·변경 또는 폐지결정을 하고 이를 고시하도록 하고 있으나(제10조) 하천은 하천의 실체를 갖춤으로써 성립하고 하천구역의 결정고시는 확인행위의 성질을 갖는다고 보는 것이 타당하다.
② 구 조선하천령(1927. 1. 22 제령 제2호) 제1조, 제11조 및 동령시행규칙 제21조에 의하면 하천의 종적인 구역인 하천의 구간은 조선총독의 명칭 및 구간지정에 의하여 결정되나 그 횡적인 구역인 하천구역은 당해구역에 관하여 위 시행규칙 제21조에 따른 관리청의 고시 및 통지에 의한 **하천구역인정행위가 없는 이상 하천구역으로 되었다고 할 수 없다**(대판 1987. 07. 21, 84누126).

하천의 성립에는 공용개시행위가 필요하지 않고 자연의 상태로 인하여 성립하므로 하천의 성립에는 권원의 취득을 요하지 않는다. 구 하천법은 하천의 국유제를 채택하였었는데, 현행 하천법은 하천의 국유제를 폐지하였다. 그 이유는 하천으로 편입되는 토지의 국유화에 따라 발생하는 사유재산권 침해의 논란을 해소하고 국가의 재정부담을 완화하기 위한 것이다.

현행 하천법은 소유권을 이전하는 경우, 저당권을 설정하는 경우, 하천점용허가를 받아 사용하는 경우를 제외하고는 하천을 구성하는 토지와 그 밖의 하천시설에 대하여는 사권(私權)을 행사할 수 없도록 하고 있다. 하천을 국가하천과 지방하천으로 구분하고 있는데(제7조 제1항), 국가하천으로 지정된 사유 토지에 대하여는 사권의 제한으로 인한 권리침해를 구제하기 위하여 매수청구제를 도입하였고(제79조), 지방하천은 지방재정 등을 고려하여 매수청구대상에서 제외하고 있다. 따라서, 지방하천으로 편입된 토지에 대한 권리구제가 문제된다. 사권 행사의 제한으로 인하여 특별한 희생이 발생한 경우에는 지료상당의 보상이 행해져야 할 것이다.

**[판례]** 준용하천의 경우, 제외지(堤外地)로 편입된 토지에 대한 손실보상의 기준(=제외지 편입 당시의 현황에 따른 지료 상당액): 구 하천법 제10조와 같은 법 시행령 제9조 제3항의 규정에 의한 준용하천의 제외지와 같은 하천구역에 편입된 토지의 소유자가 그로 인하여 받게 되는 그 사용수익권에 관한 제한내용과 헌법상 정당보상의 원칙 등에 비추어 볼 때, 준용하천의 제외지로 편입됨에 따른 같은 법 제74조 제1항의 손실보상은 원칙적으로 공용제한에 의하여 토지 소유자로서 사용수익이 제한되는 데 따른 손실보상으로서 제외지 편입 당시의 현황에 따른 지료 상당액을 기준으로 함이 상당하다(대판 2003. 04. 25, 2001두1369).

### 2) 공용개시행위필요설

자연공물의 경우에도 명시적 또는 묵시적 공용지정이 필요하다고 보고, 이 경우 법규 및 관습법에 의한 공용지정도 가능하다고 본다. 또한, 하천법에 의한 하천구역의 지정을 법규에 의한 공용지정으로 보고, 해변의 공공사용을 관습법에 의한 공용지정으로 본다.[1] 이 견해가 소수견해이다.

개정 하천법하에서는 하천지정행위가 있어야 하천이 공물로서 성립한다고 하는 견해도 있다.

### 2. 공용물의 성립

공용물은 일정한 물건이 공용(행정주체 자신의 사용)에 제공될 수 있는 실체를 갖추고 사실상 사용됨으로써 성립되고 그 성립에 공용개시행위가 필요하지 않다고 보는 것이 통설이다. 이에 대하여 공용물의 경우에도 명시적 또는 묵시적 공용지정이 필요하다고 보는 견해도 있다.[2]

다만, 행정주체는 당해 물건에 대하여 정당한 권원을 가져야 한다. 공용물에 정당한 권원이 없는 경우 원칙상 소유권에 기한 반환청구 또는 방해배제의 대상이 될

---

1) 홍정선, 504면.
2) 홍정선, 503면.

수 있지만, 반환으로 심히 공익을 해하는 경우에는 당해 반환청구방해배제는 권리남
용으로 인정되지 않고, 부당이득반환이나 손해배상만이 인정된다고 보아야 한다.

### 3. 공적 보존물의 성립

공적 보전물의 성립에는 공적 보존물로 지정하는 법령의 규정에 의한 지정 또는
지정하는 의사표시가 필요하다.

공적 보존물을 지정함에 있어서는 그 물건에 대하여 일정한 권원을 가지거나 본
인의 동의를 받을 필요는 없다.

## Ⅱ. 공물의 소멸

공물의 소멸이라 함은 공물이 공물로서의 성질을 상실하는 것을 말한다. 공물의
소멸원인은 공물의 종류에 따라 다르다.

중앙관서의 장은 행정재산이 다음 각 호의 어느 하나에 해당하는 경우에는 지체
없이 그 용도를 폐지하여야 한다. 1. 행정목적으로 사용되지 아니하게 된 경우, 2. 행
정재산으로 사용하기로 결정한 날부터 5년이 지난 날까지 행정재산으로 사용되지 아
니한 경우, 3. 제57조에 따라 개발하기 위하여 필요한 경우(국유재산법 제40조 제1항).

### 1. 공공용물의 소멸

#### (1) 인공공물

#### 1) 공용폐지행위

인공공물은 공용폐지행위(公用廢止行爲)에 의해 소멸한다. 공용폐지행위라 함은
공공용물을 일반 공중의 이용에 제공하는 것을 폐지하고자 하는 취지의 의사적 행위
를 말한다. 인공공물은 일반 공중의 사용에 제공되는 것이기 때문에 공물로서의 지
위를 명확히 할 필요가 있으므로 공용폐지행위는 명시적 의사표시에 의하는 것이 원
칙이다. 그러나, 예외적이기는 하지만 행정주체의 공용폐지의사가 객관적으로 명확
히 추론되는 경우에는 묵시적 공용폐지도 인정된다고 보아야 한다.

판례도 행정재산의 묵시적 공용폐지를 인정하고 있다.

[판례] ① [1] 행정재산이 기능을 상실하여 본래의 용도에 제공되지 않는 상태에 있다 하더라도 관
계 법령에 의하여 용도폐지가 되지 아니한 이상 당연히 취득시효의 대상이 되는 잡종재산이 되는
것은 아니다. [2] 공용폐지의 의사표시는 묵시적인 방법으로도 가능하나 행정재산이 본래의 용도
에 제공되지 않는 상태에 있다는 사정만으로는 묵시적인 공용폐지의 의사표시가 있다고 볼 수 없
으며, 또한 공용폐지의 의사표시는 적법한 것이어야 하는바, 행정재산은 공용폐지가 되지 아니한

상태에서는 사법상 거래의 대상이 될 수 없으므로 관재당국이 착오로 행정재산을 다른 재산과 교환하였다 하여 그러한 사정만으로 적법한 공용폐지의 의사표시가 있다고 볼 수도 없다(대판 1998. 11. 10, 98다42974).

② 공물의 공용폐지에 관하여 국가의 묵시적 의사표시가 있는지 여부의 판단기준: 공물의 공용폐지에 관하여 국가의 묵시적인 의사표시가 있다고 인정되려면 공물이 사실상 본래의 용도에 사용되고 있지 않다거나 행정주체가 점유를 상실하였다는 정도의 사정만으로는 부족하고, 주위의 사정을 종합하여 객관적으로 공용폐지 의사의 존재가 추단될 수 있어야 한다(대판 2009. 12. 10, 2006다87538[소유권이전등기]: 토지가 해면에 포락됨으로써 사권이 소멸하여 해면 아래의 지반이 되었다가 매립면허를 초과한 매립으로 새로 생성된 사안에서, 국가가 그 토지에 대하여 자연공물임을 전제로 한 아무런 조치를 취하지 않았다거나 새로 형성된 지형이 기재된 지적도에 그 토지를 포함시켜 지목을 답 또는 잡종지로 기재하고 토지대장상 지목을 답으로 변경하였다 하더라도, 그러한 사정만으로는 공용폐지에 관한 국가의 의사가 객관적으로 추단된다고 보기에 부족하다고 한 사례).

③ 오랫동안 도로로서 사용되지 않는 토지가 일부에 건물이 세워져 있으며 그 주위에 담이 둘러져 있어 사실상 대지화되어 있다고 하더라도 관리청의 적법한 의사표시에 의한 것이 아니라 그 인접토지의 소유자들이 임의로 토지를 봉쇄하고 독점적으로 사용해 왔기 때문이라면, 관리청이 묵시적으로 토지의 도로로서의 용도를 폐지하였다고 볼 수는 없다(대판 1994. 09. 13, 94다12579).

### 2) 형체적 요소의 소멸

형체적 요소의 소멸만으로 공물로서의 성질을 상실하는 것인가.

자연력 또는 인공에 의해 그 형체적 요소가 파괴되었어도 그 회복이 가능하고, 일시적으로 공물로서의 목적을 달성하기 어려운 것에 불과한 경우에는 공물이 소멸되지 않는다.

형체적 요소의 소멸이 사회통념상 회복되기 불가능한 경우에 인공공공용물이 공용폐지행위 없이 소멸하는가에 관하여 견해의 대립이 있다. 즉, 공물의 구조가 영구확정적으로 멸실하여 그 회복이 사회관념상 불가능하게 되었다고 할지라도, 그것은 공용폐지사유가 되지마는 그것만으로 공물소멸사유는 되지 않는다는 견해(부정설)3)와 공물의 형체적 요소가 영구히 소멸되어 그 회복이 불가능한 경우에는 그 사실로써 공물은 소멸되었다고 보는 견해(긍정설)4)가 있다.

생각건대, 공물의 형체적 요소는 공물의 성립요소 중의 하나이므로 공물의 형체적 요소가 소멸되어 사회통념상 회복되기 불가능한 경우에는 당해 공물은 소멸되었다고 보아야 할 것이다.

[판례] 공유수면으로서 자연공물인 바다의 일부가 매립에 의하여 토지로 변경된 경우에 다른 공물과 마찬가지로 공용폐지가 가능하다고 할 것이며, 이 경우 공용폐지의 의사표시는 명시적 의사표시뿐만 아니라 묵시적 의사표시도 무방하다(대판 2009. 12. 10, 2006다87538[소유권이전등기]).

---

3) 김도창, 414면.
4) 홍정선, 509면 등.

### (2) 자연공물

자연공물이 자연상태에 있어서 공물로서의 실체를 확정적으로 잃은 경우 달리 말하면 사회통념상 회복불가능한 상태로 잃은 경우에는 공물로서의 성질을 상실한다. 예를 들면, 하천의 흐름이 인공적으로 또는 자연력에 의해 변경됨으로써 하천으로서의 실체를 잃은 구하천부지는 공물로서의 성질을 상실한다.

그러나, 판례는 자연공물도 공용폐지가 없는 한 공물로서의 성질을 유지한다고 본다.

[판례] ① 국유 하천부지는 공공용 재산이므로 그 일부가 사실상 대지화되어 그 본래의 용도에 공여되지 않는 상태에 놓여 있더라도 국유재산법령에 의한 용도폐지를 하지 않은 이상 당연히 잡종재산으로 된다고는 할 수 없다(대판 1997. 08. 22, 96다10737; 2007. 06. 01, 2005도7523).
② 빈지(바닷가)는 만조수위선으로부터 지적공부에 등록된 지역까지의 사이를 말하는 것으로서 자연의 상태 그대로 공공용에 제공될 수 있는 실체를 갖추고 있는 이른바 자연공물이고, 성토 등을 통하여 사실상 빈지로서의 성질을 상실하였더라도 국유재산법령에 의한 용도폐지를 하지 않은 이상 당연히 시효취득의 대상인 잡종재산으로 된다고 할 수 없다(대판 1999. 04. 09, 98다34003).
③ 공유수면인 갯벌은 자연의 상태 그대로 공공용에 제공될 수 있는 실체를 갖추고 있는 이른바 자연공물로서 간척에 의하여 사실상 갯벌로서의 성질을 상실하였더라도 당시 시행되던 국유재산법령에 의한 용도폐지를 하지 않은 이상 당연히 잡종재산으로 된다고는 할 수 없다(대판 1995. 11. 14, 94다42877).
④ 공유수면으로서 자연공물인 바다의 일부가 매립에 의하여 토지로 변경된 경우에 다른 공물과 마찬가지로 공용폐지가 가능하다고 할 것이며, 이 경우 공용폐지의 의사표시는 명시적 의사표시뿐만 아니라 묵시적 의사표시도 무방하다(대판 2009. 12. 10, 2006다87538[소유권이전등기]).

공용폐지의 의사표시는 묵시적으로도 가능하다.

[판례] [1] 자연공물인 바다의 일부가 매립에 의해 토지로 변경된 경우 공용폐지가 가능한지 여부(적극) 및 그 의사표시를 묵시적으로 할 수 있는지 여부(적극): 공유수면으로서 자연공물인 바다의 일부가 매립에 의하여 토지로 변경된 경우에 다른 공물과 마찬가지로 공용폐지가 가능하다고 할 것이며, 이 경우 공용폐지의 의사표시는 명시적 의사표시뿐만 아니라 묵시적 의사표시도 무방하다. [2] 공물의 공용폐지에 관하여 국가의 묵시적 의사표시가 있는지 여부의 판단 기준: 공물의 공용폐지에 관하여 국가의 묵시적인 의사표시가 있다고 인정되려면 공물이 사실상 본래의 용도에 사용되고 있지 않다거나 행정주체가 점유를 상실하였다는 정도의 사정만으로는 부족하고, 주위의 사정을 종합하여 객관적으로 공용폐지 의사의 존재가 추단될 수 있어야 한다. [3] 토지가 해면에 포락됨으로써 사권이 소멸하여 해면 아래의 지반이 되었다가 매립면허를 받은 자가 제방을 축조함에 따라 매립면허 대상이었던 다른 매립지 부분과 유사한 형상을 가지게 된 사안에서, 국가가 그 토지에 대하여 자연공물임을 전제로 한 아무런 조치를 취하지 않았다거나 토지대장상 지목을 답으로 변경하였다는 등의 사정만으로는 공용폐지에 관한 국가의 의사가 객관적으로 추단된다고 보기에 부족하다고 한 사례(대판 2009. 12. 10, 2006다87538).

## 2. 공용물의 소멸

공용물은 그 성립에 있어서 공용개시행위를 필요로 하지 않으므로 그 소멸에 있어서도 별도의 공용폐지행위를 필요로 하지 않는다.

공용물은 행정주체가 사실상 그 사용을 폐지함으로써 공물로서의 성질을 상실한다.

그러나, 판례는 공용물도 공용폐지가 없는 한 공물로서의 성질을 유지한다고 본다.

**[판례]** 행정재산에 대한 공용폐지의 의사표시는 명시적이든 묵시적이든 상관이 없으나 적법한 의사표시가 있어야 하고, 행정재산이 사실상 본래의 용도에 사용되지 않고 있다는 사실만으로 용도폐지의 의사표시가 있었다고 볼 수는 없으므로 행정청이 **행정재산에 속하는 1필지 토지(교육청사 부지)** 중 일부를 그 필지에 속하는 토지인줄 모르고 본래의 용도에 사용하지 않는다는 사실만으로 묵시적으로나마 그 부분에 대한 용도폐지의 의사표시가 있었다고 할 수 없다(대판 1997. 03. 14, 96다43508).

## 3. 공적 보존물의 소멸

공적 보존물은 지정해제의 의사표시로 소멸된다. 형체적 요소의 멸실은 지정의 실효에 의한 공적 보존물의 소멸사유가 된다는 견해가 있으나 지정해제사유만 된다고 보아야 할 것이다. 그 이유는 형체적 요소의 소멸 후 공적 보존물이 복원될 수도 있고(예, 남대문의 소실 후 복원), 복원여부 결정시까지 공물법상의 제한을 유지할 필요가 있기 때문이다.

## 4. 공용폐지의 효과

공용폐지가 되면 공물로서의 성질을 상실하고 그에 대한 공물법상의 제한이 소멸된다. 즉, 공용폐지된 물건은 사물이 되며 사물과 같이 규율된다. 다만, 공용폐지된 공물의 정리를 위하여 필요한 경우 일시적으로 공물주체에게 일정한 관리권을 유보하는 경우가 있다.

# 제 5 절  공물의 법률적 특색

공물은 직접 공적 목적에 제공된 물건이므로 그 공적 목적을 제대로 달성할 수 있도록 하기 위하여 필요한 한도 내에서 사법적 규율이 배제되고 공법적 규율의 대상이 되고 있다. 그런데, 공물에 대하여 구체적으로 어떠한 범위 내에서 공법상 특수한 법적 규율이 행하여질 것인가 또한 공물에 대하여 어떠한 범위 내에서 사법이 적용될 수 있을 것인가에 대하여는 견해의 대립이 있다.

이와 같은 공물에 대한 법적 규율의 특수성의 문제는 일반적인 문제로서는 공물주체가 공물에 대하여 가지는 권리의 성질을 어떻게 볼 것인가, 즉 그 권리를 공소유권으로 볼 것인가 아니면 사소유권으로 볼 것인가하는 문제가 제기되고, 구체적인 문제로서 공물에 대한 여러 특수한 공법적 규율의 문제 및 사법적 규율의 배제의 문제, 즉 공물의 융통성의 제한, 공물에 대한 강제집행의 제한, 공물의 취득시효의 제한, 공물의 공용수용의 제한, 공물의 범위결정과 경계확정, 공물의 등기, 공물과 상린관계 등의 문제가 제기된다.

그런데 이들 문제는 초실정법적 문제가 아니라 각 국가의 입법정책의 문제이다. 따라서, 공물 일반에 대해 일반적으로 논할 문제는 아니며 공물의 종류에 따라 공물에 대한 특수한 법적 규율의 정도가 다를 수 있다.

## I. 공물과 소유권

공물에 대하여는 공적 목적의 달성에 필요한 한도 내에서 그 공물에 대하여 사권이 제한된다. 그리하여 공물에 존재하는 권리가 어떠한 성질의 권리인가에 대하여 학설상 논의가 있다. 즉, 공소유권설과 사소유권설의 대립이 그것이다.

### 1. 공소유권설

공소유권설은 공물에 대하여는 사법의 적용을 전적으로 배제하고 공법의 적용대상으로 보며 따라서 공물이 사소유권의 대상이 되는 것을 부정하고 사소유권과 다른 성질의 공소유권의 대상이 된다고 보는 견해이다. 공소유권이 무엇인가는 항상 분명한 것은 아니지만 통상 공물에 대한 물권적 지배권으로 보고, 공물관리권을 의미하는 것으로 본다.

공소유권설은 프랑스 공물법과 같이 공물주체 이외의 자의 공물에 대한 권리를 인정하지 않는 입법례에서 주장될 가능성이 큰 이론이지만, 공물에 대한 사적 소유자가 별도로 존재하고 공물주체는 임차권, 지상권 등 사용권만을 갖는 경우에도 그 물건이 공물로 되면 사권의 행사는 전적으로 제한되고 공물에 대하여는 공법상의 권리만이 행사되게 되는 것으로 본다.

공소유권설은 공물에 대한 사권의 행사를 제한하고 공물에 특유한 공법적 규율을 함으로써 공물의 공적 목적에의 제공이라는 행정목적의 달성을 위한 법이론적 기초를 제공한 점에 그 학설의 의의와 기능이 있지만, 공물에 대하여 필요이상으로 사권과 사법의 적용을 배제하고 있다라는 비판을 받고 있다.

## 2. 사소유권설

사소유권설은 공물도 공물로서의 목적달성에 장애가 되지 않는 한 사소유권 및 사권의 대상이 되는 것으로 보아야 한다는 견해이다. 이 견해가 오늘날의 일반적 견해이다. 사소유권설은 소유권과 공물관리권을 구분하고, 공물에 대하여도 사소유권이 인정되지만, 공물의 목적달성을 위하여 공물주체에게 공물관리권을 인정하고 그 한도 내에서 사법의 적용이 배제되고 사권이 제한된다고 본다.

사소유권설은 독일 등과 같이 타인소유의 물건에 대한 공물의 성립을 인정하는 입법례에서 보다 설득력 있게 주장될 수 있는 이론인데, 공물에 대한 사인의 소유권을 인정하는 경우(타유공물을 인정하는 경우)에도 공물이 물건인 이상 사물과 같이 소유권의 대상이 되고 공물목적달성상 필요한 한도 내에서 사권이 제한되고 사법의 적용이 배제된다고 본다.

사소유권설은 타유공물에 대한 이론적 기초를 제공하고, 공물에 대하여 공익의 보장과 사권의 보장 내지 공법적 규율과 사법적 규율 사이의 조화를 도모할 수 있도록 하는 이론인 점에서 그 의의가 있지만, 공물에 대하여 소유권이 전혀 행사될 수 없는 경우에도 공물이 사소유권의 대상이 된다고 보는 것은 그 실익이 전혀 없는 허구적인 이론구성에 불과하다는 비판을 받을 수 있다.

## 3. 현행 공물법에서의 공물상 권리의 성질

공물이 소유권 등 사권의 대상이 될 수 있는가하는 것은 각 국가의 실정법에서 정해질 입법정책의 문제이다. 예를 들면, 현행 하천법 및 도로법은 사소유권설에 입각하고 있는 것으로 해석된다. 즉, 도로법 제3조는 “도로를 구성하는 부지, 옹벽 기타의 물건에 대하여는 사권을 행사할 수 없다. 다만, 소유권을 이전하거나 저당권을 설정하는 것은 그러하지 아니하다”라고 규정하고 있다. 이 규정은 도로에 대한 사권의 행사를 원칙상 부정하면서도 도로에 소유권이 인정되는 것을 전제로 동 소유권의 이전을 인정하고 도로에 대하여 저당권을 설정할 수 있음을 규정하고 있다. 하천법도 유사하게 규정하고 있다(제4조 제2항).

위에서 설명한 공소유권설과 사소유권설은 공물상의 권리의 성질에 관한 양 극단의 이상적인 모델을 보여 주는 이론이며 개개의 실정법에서는 이 두 이론을 포함하여 중간적인 여러 입장이 채택될 수 있다. 상기 도로법이나 하천법도 전형적인 사소유권설이나 공소유권설을 채택한 것은 아닌 것으로 보인다.

## II. 공물에 대한 사권행사의 제한(공물제한)

### 1. 의    의

공물에 대한 사권의 행사를 제한하는 것은 공물의 목적 달성을 위하여 필요하기 때문이다.

### 2. 종    류

공물에 대한 사권행사의 제한으로는 공물의 사적 거래(융통성)의 제한과 공물의 사용·수익의 제한이 있다.

#### (1) 공물의 융통성(사적 거래)의 제한

공물은 통상 법률에 의해 사적 거래가 전적으로 금지되거나 사적 거래가 일부 제한된다. 이를 공물의 불융통성(不融通性)이라 한다.

행정재산은 원칙상 처분하지 못한다(국유재산법 제27조 제1항). 따라서 국유재산을 처분하기 위해서는 용도폐지를 통해 일반재산으로의 전환이 선행되어야 한다.

국공유재산에 대하여 수용취득이 가능하다는 견해에 따를 때에도 관련 법률에서 별도의 처분이나 사용절차를 규정하고 있다면 해당 법률에서의 처분 또는 사용절차가 토지보상법보다 우선하여 적용될 것이므로 용도폐지 등 관련 규정에서 정해진 절차가 선행되어야 토지보상법상 수용 또는 사용이 가능할 것이다.

#### (2) 공물의 사용·수익의 제한

공물의 사적 거래는 허용되면서 사용 또는 수익이 제한되는 경우도 있고, 공물의 사적 거래와 함께 사용·수익이 제한되는 경우도 있다.

### 3. 사권행사의 제한의 내용과 한계

공물은 공물의 목적을 달성시키기 위하여 필요한 한도 내에서만 그 사권행사가 제한되거나 부정된다.

공물의 사권 행사의 제한은 실정법률에 의해 규정되며 공물의 종류에 따라 그 제한의 내용이나 정도가 다르다. ① 도로법 제4조는 "도로를 구성하는 부지, 옹벽 그 밖의 물건에 대해서는 사권을 행사할 수 없다. 다만, 소유권을 이전하거나 저당권을 설정하는 경우에는 사권을 행사할 수 있다"라고 규정하고 있다. 이 규정은 도로에 대한 사권의 행사를 원칙상 부정하고, 도로의 목적 달성에 지장이 없는 소유권의 이전이나 저당권 설정만을 인정하고 있다. ② 하천법 제4조 제2항은 "하천을 구성하는 토지와 그 밖의 하천시설에 대하여는 사권(私權)을 행사할 수 없다. 다만, 다음 각 호의 어느 하나에 해당하는 경우에는 그러하지 아니하다. 1. 소유권을 이전하는 경우, 2. 저당권을 설정하는 경우, 3. 제33조에 따른 하천점용허가(소유권자 외의 자는 소유권자의 동의를 얻은 경우에 한한다)를 받아 그 허가받은 목적대로 사용하는 경우"라고 규정하고 있다. ③ 국유재산법은 다음과 같이 행정재산의 처분과 사용허가를 제한하고 있다. 즉, 행정재산은 원칙상 처분하지 못한다. 다만, i) 공유 또는 사유재산과 교환하여 그 교환받은 재산을 행정재산으로 관리하려는 경우 및 ii) 직접 공용이나 공공용으로 사용하기 위하여 필요로 하는 지방자치단체에 양여하는 경우에 해당하는 경우에만 관리계획에 따라 교환하거나 양여할 수 있다(제27조 제1항). 중앙관서의 장은 공용·공공용·기업용 재산의 경우에는 그 용도나 목적에 장애가 되지 아니하는 범위에서만, 보존용 재산의 경우에는 보존목적의 수행에 필요한 범위에서만 행정재산의 사용허가를 할 수 있다(제30조 제1항). ④ 지정문화재는 문화재의 지정목적에 장애가 되지 않는 한 소유권 이전 등 사적 거래의 대상이 된다.

**[판례]** ① [토지의 독점적·배타적인 사용·수익권 행사 제한 여부가 문제된 사건] (1) 토지의 독점적·배타적인 사용·수익권 행사가 제한되는 경우 및 그 판단 기준: 어느 사유지가 종전부터 자연발생적으로 또는 도로예정지로 편입되어 사실상 일반 공중의 교통에 공용되는 도로로 사용되고 있는 경우, 토지 소유자가 스스로 그 토지를 도로로 제공하거나 그러한 사용 상태를 용인함으로써 인근 주민이나 일반 공중이 이를 무상으로 통행하고 있는 상황에서, 도로의 점유자를 상대로 부당이득반환청구나 손해배상청구, 토지인도청구 등 그 토지에 대한 독점적·배타적인 사용·수익권의 행사를 제한할 수 있는 경우가 있다. 독점적·배타적 사용·수익권을 행사하는 것을 제한할 수 있는지 여부는 소유자가 토지를 소유하게 된 경위와 보유기간, 소유자가 토지를 공공의 사용에 제공하거나 그 사용을 용인하게 된 경위와 그 규모, 토지 제공 당시 소유자의 의사, 토지 제공에 따른 소유자의 이익 또는 편익의 유무와 정도, 해당 토지의 위치나 형태, 인근의 다른 토지들과의 관계, 주위 환경, 소유자가 보인 행태의 모순 정도 및 이로 인한 일반 공중의 신뢰 내지 편익 침해 정도, 소유자가 행사하는 권리의 내용이나 행사 방식 및 권리 보호의 필요성 등 여러 사정을 종합적으로 고찰하고, 토지 소유자의 소유권 보장과 공공의 이익 사이의 비교형량을 하여 판단하여야 한다(대법원 2019. 1. 24. 선고 2016다264556 전원합의체 판결, 대법원 2024. 2. 15. 선고 2023다295442 판결 등 참조). (2) 망인이 1974. 4. 10. 이 사건 분할 전 토지를 매수한 후 이 사건 토지를 포함하여 총 31필지로 분할하였고, 그중 도로 부분인 이 사건 토지 외 2필지를 제외한 나머지 토지를 모두 매도하였고, 이 사건 토지는 망인이 이 사건 분할 전 토지를 매수하기 전인 1970. 1. 25. 이미 서울특별시 고시에 의하여 도시계획시설(도로)로 결정된 상태였고, 원고들은 망인의 상속인으로서, 도로로 사용되는 이 사건 토지의 점유자인 피고를 상대로 부당이득반환을 구하는 사안에서 원심은, 망인이 이 사건 토지에 대한 독점적·배타적인 사용·수익권을 포기하였다고 보아, 상속인인 원고들이 부당이득반환을 구할 수 없다고 판단하였으나 **대법원은** ① 망인이 이 사건 분할 전 토지를 분할할 당시 이 사건 토지는 도로가 아닌 '답'으로 이용되었을 뿐, 아직 도로가 개설되기 전이었던 점, ② 이 사건 토지 부분이 공로에 출입하는 유일한 통행로라고 보기도 어려운 점 등 이 사건에서 나타난 각 판단요소들에 비추어 원심과 달리 망인이 **이 사건 토지에 대한 독점적·배타**

적 사용·수익권을 포기하였다고 쉽게 단정하기 어렵다고 본 사례(대판 2024. 04. 04, 2023다295695 [부당이득금]).

② 하천구역으로 편입되어 국유로 된 토지는 사인 사이 거래의 객체가 될 수 없으므로 종전 소유자가 해당 토지를 매도했다고 하더라도 그와 같은 매매는 원시적으로 불능의 급부를 목적으로 하는 계약으로서 원칙적으로 무효이다(대판 2024. 05. 30, 2023두61707).

③ 대지소유자가 그 소유권에 기하여 그 대지의 **불법점유자인 시**에 대하여 권원없이 그 대지의 지하에 매설한 상수도관의 철거를 구하는 경우에 공익사업으로서 공중의 편의를 위하여 매설한 상수도관을 철거할 수 없다거나 이를 이설할 만한 마땅한 다른 장소가 없다는 이유만으로써는 대지소유자의 위 철거청구가 오로지 타인을 해하기 위한 것으로서 **권리남용에 해당한다고 할 수는 없다**(대판 1987. 07. 07, 85다카1383).

④ (1) 토지소유자 스스로 그 소유의 토지를 도로, 수도시설의 매설 부지 등 등 일반 공중을 위한 용도로 제공한 경우에 원칙상 그 토지에 대한 소유자의 독점적이고 배타적인 사용·수익권의 행사가 제한된다. (2) 상속받은 땅에 빗물 배수시설인 우수관이 매설돼 있었다면 상속인은 지방자치단체에 우수관 철거를 요구할 수 없다고 한 사례(대판 전원합의체 2019. 01. 24, 2016다264556).

⑤ [토지소유자가 공로(사실상 도로)의 철거·인도를 청구한 사건] [1] 불특정 다수인인 일반 공중의 통행에 공용된 도로, 즉 공로(公路)를 통행하고자 하는 자는 그 도로에 관하여 다른 사람이 가지는 권리 등을 침해한다는 등의 특별한 사정이 없는 한, **일상생활상 필요한 범위 내에서 다른 사람들과 같은 방법으로 그 도로를 통행할 자유가 있고**, 제3자가 특정인에 대하여만 그 도로의 통행을 방해함으로써 일상생활에 지장을 받게 하는 등의 방법으로 특정인의 통행의 자유를 침해하였다면 민법상 불법행위에 해당하며, 침해를 받은 자로서는 방해의 배제나 장래에 생길 방해를 예방하기 위하여 통행방해 행위의 금지를 소구할 수 있다. [2] 어떤 토지가 개설경위를 불문하고 **일반 공중의 통행에 공용되는 도로, 즉 공로가 되면 그 부지의 소유권 행사는 제약을 받게 되며**, 이는 소유자가 수인하여야 하는 재산권의 사회적 제약에 해당한다. 따라서 공로 부지의 소유자가 이를 점유·관리하는 지방자치단체를 상대로 **공로로 제공된 도로의 철거,점유 이전 또는 통행금지를 청구하는 것은 법질서상 원칙적으로 허용될 수 없는 '권리남용'**이라고 보아야 한다. [3] 甲 지방자치단체가 乙 사찰로 출입하는 유일한 통행로로서 사찰의 승려, 신도, 탐방객 및 인근 주민들이 이용하고 있던 도로를 농어촌도로 정비법 제2조 제1항의 **농어촌도로로 지정하고 30년 이상 관리**하고 있었는데, 위 도로가 있는 임야를 임의경매절차에서 매수한 丙이 甲 지방자치단체를 상대로 도로의 철거 및 인도를 구한 사안에서, 위 도로는 아주 오래전에 자연발생적으로 형성되었고 甲 지방자치단체가 농어촌도로 정비법상 농어촌도로로 지정하고 30년 이상 관리하면서 일반 공중의 통행에 공용되는 도로, 즉 공로에 해당한다고 봄이 타당하고, 이러한 이용상황을 알면서도 임의경매절차에서 위 임야를 매수한 丙이 甲 지방자치단체를 상대로 도로의 철거·인도를 구하는 것은 **권리남용이라고 볼 여지가 큰데도**, 이와 달리 본 원심판단에 법리오해의 잘못이 있다고 한 사례(대판 2021. 03. 11, 2020다229239).

⑥ 甲 주식회사가 마을 주민 등의 통행로로 주요 마을안길의 일부를 이루고 있는 토지가 위치한 부동산을 매수하였고, 그 후 乙 지방자치단체가 통행로 부분을 도로로 포장하여 현재까지 마을 주민들과 차량 등의 통행로로 사용되고 있는데, 甲 회사가 乙 지방자치단체를 상대로 도로 부분의 인도를 구한 사안에서, 甲 회사의 청구는 객관적으로 사회질서에 위반되는 것으로서 권리남용에 해당하거나 신의칙에 반하여 허용되지 않는다고 한 사례(대판 2021. 10. 14, 2021다242154).

⑦ [토지소유자가 지방자치단체를 상대로 도로로 사용되고 있는 부분의 콘크리트 포장등의 철거, 도로 부분 인도 및 부당이득반환을 구한 사건] 어떤 토지가 그 개설경위를 불문하고 **일반 공중의**

통행에 공용되는 도로, 즉 공로(私道)가 되면 그 부지의 소유권 행사는 제약을 받게 되며, 이는 소유자가 수인하여야만 하는 재산권의 사회적 제약에 해당한다. 따라서 공로 부지의 소유자가 이를 점유·관리하는 지방자치단체를 상대로 공로로 제공된 도로의 철거, 점유 이전 또는 통행금지를 청구하는 것은 법질서상 원칙적으로 허용될 수 없는 '권리남용'이라고 보아야 한다(대법원 2021. 3. 11. 선고 2020다229239 판결, 대법원 2021. 10. 14. 선고 2021다242154 판결 등 참조). 그 경우 특별한 사정이 없는 한 그 도로 지하 부분에 매설된 시설에 대한 철거 등 청구도 '권리남용'이라고 봄이 상당하다(대판 2023. 09. 14, 2023다214108).

## 4. 사권행사의 제한과 권리구제

공물에 대한 사권행사의 제한이 특별희생에 해당하는 경우에 손실보상이 주어져야 한다. 도로법 제99조 제1항은 "이 법에 따른 처분이나 제한으로 손실을 입은 자가 있으면 국토교통부장관이 한 처분이나 제한으로 인한 손실은 국가가 보상하고, 그 밖의 행정청이 한 처분이나 제한으로 인한 손실은 그 행정청이 속해 있는 지방자치단체가 보상하여야 한다"라고 규정하고 있다.

보상규정이 없는 경우도 있는데, 이 경우는 보상규정 흠결시의 권리구제의 문제가 된다.

**[판례]** 도로의 공용개시행위로 인하여 공물로 성립한 사인 소유의 도로부지 등에 대하여 구 도로법 제5조(현행 제4조)에 따라 사권의 행사가 제한됨으로써 그 소유자가 손실을 받았다고 하더라도 이와 같은 사권의 제한은 건설교통부장관 또는 기타의 행정청이 행한 것이 아니라 도로법이 도로의 공물로서의 특성을 유지하기 위하여 필요한 범위 내에서 제한을 가하는 것이므로, 이러한 경우 도로부지 등의 소유자는 국가나 지방자치단체를 상대로 하여 부당이득반환청구나 손해배상청구를 할 수 있음은 별론으로 하고 구 도로법 제79조(현행 도로법 제92조)에 의한 손실보상청구를 할 수는 없다(대판 2006. 09. 28, 2004두13639[토지수용이의재결처분취소등]: 구 도시계획법상의 도시계획사업시행자인 피고 동두천시(이하 '피고 시'라 한다)의 시장이 도시계획사업으로 도로를 설치하기 위하여 소유권을 협의취득하여 도로부지로 편입시키고 도로공사를 완성하여 적법하게 공용개시행위가 이루어졌는데, 그 후 피고 시의 위 협의취득 전에 설정된 근저당권이 실행되어 원고가 그 경매절차에서 이 사건 토지를 낙찰받아 소유권을 취득함으로써 피고 시의 소유권취득은 무효로 되어 피고 시는 이 사건 토지를 법률상 권원 없이 도로로 점용하고 있는 결과가 되었는바, 이와 같은 경우에는 구 도시계획법이나 도로법에 의한 피고 시의 어떠한 처분이나 제한으로 인하여 원고가 손실을 입었다고는 할 수 없으므로, 원고가 피고 시에 대하여 이 사건 토지의 점용에 따른 사용료 상당의 부당이득반환청구를 할 수 있음은 별론으로 하고, 도로법 제79조(현행 제92조)에 의한 손실보상청구를 할 수 없다고 한 사례).

## 5. 사권행사 제한규정 위반의 효과

행정재산은 사법상 거래의 대상이 되지 아니하는 불융통물이므로 비록 관재 당국이 이를 모르고 매각하였다 하더라도 그 매매는 당연무효라 아니할 수 없으며, 사인 간의 매매계약 역시 불융통물에 대한 매매로서 무효임을 면할 수 없다(대판 1995.

11. 14, 94다50922[토지소유권이전등기]).

## Ⅲ. 공물에 대한 강제집행의 제한

### 1. 이론상 논의

공물이 이론상 민사상 강제집행(强制執行)의 대상이 될 수 있는지에 대하여 부정설과 긍정설이 대립하고 있다.

#### (1) 부정설

이 설은 공물이 공적 목적에 제공되고 있는 한 이를 압류하여 경매에 붙이는 것은 그 공물의 공적 목적을 저해하게 되므로 인정할 수 없다고 한다.

#### (2) 긍정설

이 설은 공물은 공물이기 때문에 당연히 그것에 대한 강제집행이 불가능한 것은 아니라고 본다. 공물에 대한 강제집행의 가능 여부는 당해 공물의 융통성과 관련이 있다고 보며 그 융통성이 인정되는 한도 내에서는 강제집행의 대상이 될 수 있다고 본다. 다만, 강제집행에 의해 소유권을 취득한 후에 있어서도 당해 물건의 공물로서의 성질은 유지되고 당해 공물에 대한 실정법상의 사권의 제한은 계속 유지된다. 이론상 긍정설이 타당하다.

### 2. 실정법상 공물에 대한 강제집행

실정법상 공물에 대한 강제집행의 인정 여부는 당해 공물에 실정법률상 융통성이 인정되는지 여부에 따라 좌우된다.

도로 및 하천에 대한 강제집행은 도로법 제4조 및 하천법 제4조 제2항이 소유권의 이전 및 저당권의 설정을 인정하므로 인정된다고 볼 수도 있으나 민사소송법이 국가에 대한 강제집행은 국고금의 압류에 의한다고 규정하고 있으므로 국유의 도로 및 하천에 대하여는 강제집행이 인정되지 않고, 국유재산법이나 공유재산법에 의하면 국유·공유공물에 대하여는 사권설정이 인정되지 않으므로 국·공유공물은 강제집행의 대상이 될 수 없고, 사유공물만이 강제집행의 대상이 된다(김동희, 279면; 박윤흔, 480면).

공물에 대한 강제집행이 허용되어 강제집행으로 공물에 대한 소유권을 취득한 후에도 그 물건에 대한 공물제한은 여전히 존속한다.

## Ⅳ. 공물의 시효취득의 제한

민법은 사물(私物)에 소유권의 시효취득(時效取得)을 인정하고 있다.

**[판례]** 부동산은 20년간 소유의 의사로 평온·공연하게 점유를 계속한 경우는 등기함으로써, 부동산의 소유자로 등기를 한 자인 경우에는 10년간 소유의 의사로 평온·공연하게 선의이며 과실 없이 그 부동산을 점유한 때 소유권의 시효취득이 인정된다(민법 제245조). 동산은 10년간(점유가 선의이며 과실 없이 개시된 경우에는 5년간) 소유의 의사로 평온·공연하게 점유를 계속한 경우 소유권의 시효취득이 인정된다(민법 제246조).

일반재산(잡종재산)은 사물이므로 시효취득의 대상이 된다.

**[판례]** ① 국유잡종재산은 사경제적 거래의 대상으로서 사적 자치의 원칙이 지배되고 있으므로 시효제도의 적용에 있어서도 동일하게 보아야 하고, 국유잡종재산에 대한 시효취득을 부인하는 동 규정은 합리적 근거 없이 국가만을 우대하는 불평등한 규정으로서 헌법상의 평등의 원칙과 사유재산권 보장의 이념 및 과잉금지의 원칙에 반한다(헌재 1991. 05. 13, 89헌가97).
② 구 지방재정법(2005. 8. 4. 법률 제7663호로 전부 개정되기 전) 제74조 제2항은 "공유재산은 민법 제245조의 규정에 불구하고 시효취득의 대상이 되지 아니한다. 다만, 잡종재산의 경우에는 그러하지 아니하다"라고 규정하고 있으므로, 구 지방재정법상 공유재산에 대한 취득시효가 완성되기 위하여는 그 공유재산이 취득시효기간 동안 계속하여 시효취득의 대상이 될 수 있는 잡종재산이어야 하고, 이러한 점에 대한 증명책임은 시효취득을 주장하는 자에게 있다(대판 2009. 12. 10, 2006다 19177[건물등철거]).

행정재산 등 공물에도 민법의 시효취득에 관한 규정이 적용되어 공물이 시효취득의 대상이 될 것인가에 관하여 부정설(묵시적 공용폐지설), 제한적 긍정설, 긍정설(완전시효취득설)이 대립하고 있다.

### 1. 부정설 내지 묵시적 공용폐지설

이 설은 공물의 취득시효를 인정하는 것은 공물의 공적 목적에 배치된다는 것을 논거로 한다. 달리 말하면 공물이 공용폐지되어 사물이 되지 않는 한 시효취득될 수 없으므로 취득시효로 사인이 공물의 소유권을 취득한다는 것은 공물의 공적 목적과 배치된다고 주장한다.5) 묵시적 공용폐지(默示的 公用廢止)가 있는 경우에는 공물의 지위를 상실하므로 그 때부터는 시효취득의 대상이 된다.

부정설에 대하여는 시효제도의 존재이유를 무시하였다는 비판이 제기된다.

---

5) 이상규, 410면.

## 2. 제한적 긍정설(제한적 시효취득설)

이 설은 공물은 공물로서의 공적 목적에 방해가 되지 않는 한 원칙상 시효취득의 대상이 된다고 본다. 그리하여 도로와 같이 공물에 사법상의 소유권이 인정되는 경우에는 시효취득이 성립한다고 본다. 다만, 공물의 공적 목적을 달성하도록 하기 위하여 그것이 시효취득된 후에도 그것을 공물로서 공적 목적에 제공하여야 하는 공법상의 제한을 받는다고 한다.[6]

학설은 이 설을 긍정설로 분류하는 것이 보통이나 공물제한이 가해진 상태에서 시효취득된다고 보는 점에 비추어 제한적 긍정설이나 제한적 시효취득설로 부르는 것이 타당하다.

제한적 긍정설에 대하여는 시효취득을 인정하면서 공물제한을 계속 존속시키는 것은 논리적으로 모순이며 시효취득을 인정하는 실질적 의의를 상실시킨다는 비판이 있다.

## 3. 긍정설(완전시효취득설)

이 설은 공물의 평온·공연한 점유가 계속되고 관리자도 그대로 방치한 경우에는 공물에 대한 묵시적 공용폐지가 있었던 것으로 보고, 공물에 대한 공법상 제한 없는 완전시효취득을 인정하여야 한다고 본다.[7] 이론상으로는 이 견해가 타당하다.

이 견해는 공물이 공물로서는 시효취득의 목적으로 될 수 없다는 점에서는 부정설과 유사하지만, 시효취득의 요건이 충족되고 관리자도 그대로 방치한 경우 통상 묵시적 공용폐지가 있었던 것으로 보고 시효취득을 인정하는 점에서 부정설과 다르다.

공물에 대한 완전한 시효취득을 주장하는 긍정설은 다른 논거에 의해서도 주장된다. 즉, 민법의 취득시효제도는 민법만의 법원칙은 아니며 법의 일반원리이므로 공법에도 적용되어야 한다고 본다. 그리고, 공물의 시효취득은 실제에 있어서 공물이 공물로서의 실체를 상실하고 공물로서 관리되고 있지 않는 경우에 인정되는 것이므로 공물에 대하여 시효취득이 인정되는 경우 공물제한은 부정하는 것이 타당하다고 한다.

다만, 구체적인 경우 취득시효를 인정할 것인지 여부는 공물의 공공성과 시효제도에 의해 보호되어야 할 사적 이익을 비교형량하여 판단하여야 한다고 한다.[8]

6) 김도창, 436면.
7) 박윤흔, 481면.
8) 田中, 『新版行政法(下) Ⅰ』, 230면.

## 4. 판 례

판례는 다음과 같이 부정설을 취하고 있다.

[판례] ① 행정목적을 위하여 공용되는 행정재산은 공용폐지가 되지 않는 한 사법상 거래의 대상이 될 수 없으므로 취득시효의 대상도 될 수 없다. 공물의 용도폐지 의사표시는 명시적이든 묵시적이든 불문하나 적법한 의사표시이어야 하고 단지 사실상 공물로서의 용도에 사용되지 아니하고 있다는 사실이나 무효인 매도행위를 가지고 용도폐지의 의사표시가 있다고 볼 수 없다(대판 1983. 06. 14, 83다카181; 1994. 09. 13, 94다12579).

② [1] 국유재산법 제7조 제2항은 "행정재산은 민법 제245조에도 불구하고 시효취득의 대상이 되지 아니한다"라고 규정하고 있으므로, 국유재산에 대한 취득시효가 완성되기 위해서는 그 국유재산이 취득시효기간 동안 계속하여 행정재산이 아닌 시효취득의 대상이 될 수 있는 일반재산이어야 한다. 또 행정재산이 기능을 상실하여 본래의 용도에 제공되지 않는 상태에 있다 하더라도 관계 법령에 의하여 용도폐지가 되지 아니한 이상 당연히 취득시효의 대상이 되는 일반재산이 되는 것은 아니고, 공용폐지의 의사표시는 묵시적인 방법으로도 가능하나 행정재산이 본래의 용도에 제공되지 않는 상태에 있다는 사정만으로는 묵시적인 공용폐지의 의사표시가 있다고 볼 수도 없다. [2] 일제하 토지조사사업 당시 지적원도상 지목이 도로로 표시되어 있으나 지번이 부여되지 아니하였을 뿐만 아니라 소유권의 조사가 이루어져 토지조사부에 등재되거나 토지대장에 등록되지도 않았던 토지가 그 후 지번을 부여받고 국가 명의로 소유권보존등기가 되었다가 공용폐지된 사안에서, 그 토지는 임야조사사업 당시는 물론 그 후 공용폐지되기 전까지는 국유의 공공용재산으로서 시효취득의 대상이 되지 않는 행정재산이었다고 본 사례(대판 2010. 11. 25, 2010다58957[소유권이전등기]).

③ 행정재산에 대한 묵시적 공용폐지를 인정하여 당해 부동산이 시효취득의 대상이 되었다고 본 사례: 학교 교장이 학교 밖에 위치한 관사를 용도폐지한 후 재무부로 귀속시키라는 국가의 지시를 어기고 사친회 이사회의 의결을 거쳐 개인에게 매각한 경우, 이와 같이 교장이 국가의 지시대로 위 부동산을 용도폐지한 다음 비록 재무부에 귀속시키지 않고 바로 매각하였다고 하더라도 위 용도폐지 자체는 국가의 지시에 의한 것으로 유효하다고 아니할 수 없고, 그 후 오랫동안 국가가 위 매각절차상의 문제를 제기하지도 않고, 위 부동산이 관사 등 공공의 용도에 전혀 사용된 바가 없다면, 이로써 위 부동산은 적어도 묵시적으로 공용폐지 되어 시효취득의 대상이 되었다고 봄이 상당하다고 본 사례(대판 1999. 07. 23, 99다15924).

④ 공용재산이 사실상 본래의 성질을 상실하고 그 용도에 공여되지 않는 상태에 놓여 있는 사실만으로 관리청의 이에 대한 용도폐지의 의사가 있었던 것이라고 추정할 수 없다(대판 1982. 12. 14, 80다236).

⑤ 원래 잡종재산이던 것이 행정재산으로 된 경우 잡종재산일 당시에 취득시효가 완성되었다고 하더라도 행정재산으로 된 이상 이를 원인으로 하는 소유권이전등기를 청구할 수 없다(대판 1997. 11. 14, 96다10782).

⑥ 도로구역이 결정·고시되어 공사가 진행중인 경우에 위 구역 내에 있지만 아직 공사가 진행되지 아니한 국유토지가 시효취득의 대상이 되지 않는다고 한 사례: 이 사건 토지에 관하여 도로구역의 결정, 고시 등의 공물지정행위는 있었지만 아직 도로의 형태를 갖추지 못하여 완전한 공공용물이 성립되었다고는 할 수 없으므로 일종의 예정공물이라고 볼 수 있는데, 국유재산법 제4조 제2항 및 같은법 시행령 제2조 제1항, 제2항에 의하여 국가가 1년 이내에 사용하기로 결정한 재산도 행정재산으로 간주하고 있는 점, 도시계획법 제82조가 도시계획구역 안의 국유지로서 도로의 시

설에 필요한 토지에 대하여는 도시계획으로 정하여진 목적 이외의 목적으로 매각 또는 양도할 수 없도록 규제하고 있는 점, 위 토지를 포함한 일단의 토지에 관하여 도로확장공사를 실시할 계획이 수립되어 아직 위 토지에까지 공사가 진행되지는 아니하였지만 도로확장공사가 진행중인 점 등에 비추어 보면 이와 같은 경우에는 예정공물인 토지도 일종의 행정재산인 공공용물에 준하여 취급하는 것이 타당하다고 할 것이므로 구 국유재산법(1994. 1. 5. 법률 제4698호로 개정되기 전의 것) 제5조 제2항이 준용되어 시효취득의 대상이 될 수 없다(대판 1994. 05. 10, 93다23442[소유권이전등기]).

⑦ [1] 공유수면의 일부가 사실상 매립되었으나 공용폐지되지 않은 경우, 법률상 공유수면으로서의 성질을 보유하는지 여부(적극): 공유수면은 소위 자연공물로서 그 자체가 직접 공공의 사용에 제공되는 것이고, 공유수면의 일부가 사실상 매립되었다 하더라도 국가가 공유수면으로서의 공용폐지를 하지 아니하는 이상 법률상으로는 여전히 공유수면으로서의 성질을 보유하고 있다. [2] 행정재산이 취득시효의 대상이 되기 위한 요건 및 행정재산에 대한 국가의 매각처분의 효력(무효): 행정재산은 공용폐지가 되지 아니하는 한 사법상 거래의 대상이 될 수 없으므로 시효취득의 대상이 되지 아니하고, 관재당국이 이를 모르고 행정재산을 매각하였다 하더라도 그 매매는 당연무효이다. [3] 행정재산에 대한 국가의 매매계약 체결을 적법한 공용폐지의 의사표시로 볼 수 있는지 여부(소극): 공용폐지의 의사표시는 명시적 의사표시뿐 아니라 묵시적 의사표시이어도 무방하나 적법한 의사표시이어야 하고, 행정재산이 본래의 용도에 제공되지 않는 상태에 놓여 있다는 사실만으로 관리청의 이에 대한 공용폐지의 의사표시가 있었다고 볼 수 없으며, 행정재산에 관하여 체결된 것이기 때문에 무효인 매매계약을 가지고 적법한 공용폐지의 의사표시가 있었다고 볼 수도 없다. [4] 국가가 착오에 의하여 공유수면 매립지를 귀속재산으로 매각하여 그 대금까지 완납받았으며 그 불하계약 체결 후 약 40년이 경과한 후 그 토지가 공용폐지에 의하여 잡종재산으로 되었다 하더라도, 국가가 그 토지가 취득시효의 대상이 되지 아니하는 국유 행정재산이라고 주장하는 것이 신의칙에 반한다고 볼 수 없다는 이유로, 취득시효를 인정한 원심판결을 파기한 사례(대판 1996. 05. 28, 95다52383 [토지소유권이전등기]).

⑧ 수리조합이 자연상태에서 전·답에 불과한 토지 위에 저수지를 설치한 경우 위 시설이 시효취득의 대상이 되는지 여부(적극): 시효취득의 대상이 될 수 없는 자연공물이란 자연의 상태 그대로 공공용에 제공될 수 있는 실체를 갖추고 있는 것을 말하므로, 원래 자연상태에서는 전·답에 불과하였던 토지 위에 수리조합이 저수지를 설치한 경우라면 이는 자연공물이라고 할 수 없을 뿐만 아니라 국가가 직접 공공목적에 제공한 것도 아니어서 비록 일반공중의 공동이용에 제공된 것이라 하더라도 국유재산법상의 행정재산에 해당하지 아니하므로 시효취득의 대상이 된다(대판 2010. 11. 25, 2010다37042).

## 5. 실정법상 공물의 취득시효

실정법상 공물의 시효취득을 인정하는 규정은 없다. 그런데, 국유재산법 및 공유재산 및 물품관리법은 행정재산의 시효취득을 명문으로 부정하고 있다(국유재산법 제7조).

[판례] 종전 법률규정에서는 잡종재산을 취득시효의 대상으로 인정하는 단서규정이 없었으나 동 법률규정상의 국유재산이나 공유재산이 잡종재산을 포함하는 것으로 해석되는 한 평등원칙 등에 위반되어 위헌이라는 헌법재판소의 결정이 내려짐으로써 위의 두 법률규정이 개정되어 잡종재산은 취득시효의 대상이 되는 것으로 되었다(헌재 1991. 05. 13, 89헌가97; 1992. 10. 01, 92헌가77).9)

위와 같은 현행 실정법의 규정에 비추어 볼 때 국유행정재산과 공유행정재산은 시효취득의 대상이 될 수 없다. 그러나, 국유재산이나 공유재산의 시효취득을 부정하는 국유재산법이나 공유재산법의 규정도 위헌의 여지가 없지 않다고 본다. 왜냐하면, 공물의 취득시효가 인정될 수 있는 경우는 공물이 공물로서의 실체를 상실하고 실제에 있어 당해 공물의 공적 목적에 사실상 제공되고 있지 않고 공물관리자도 공물로서 관리하고 있지 않는 경우일 것이므로 당해 공물의 취득시효를 부정할 공익상 이유는 그다지 크지 않다. 따라서, 행정재산을 취득시효의 대상에서 제외하는 법률규정은 비례의 원칙에 반한다고 볼 수도 있다. 또한, 입법정책적으로 보더라도 잡종재산이 취득시효의 대상이 된다는 헌법재판소의 결정이 잡종재산에 대한 행정주체의 관리를 강화하는 효과가 있었던 점에 비추어 행정재산을 취득시효의 대상으로 하는 것은 오히려 행정주체로 하여금 행정재산에 대한 관리를 강화하도록 함으로써 공물행정의 적정성과 공익성을 보장하고 국유재산의 보호에도 기여하는 반사적 효과를 가져올 것이다.

사유공물이 시효취득의 대상이 되는지 여부는 위의 학설 및 판례에 따라 결정될 것이다. 결국 현행법상 공물의 시효취득의 문제는 사유공물에 한하여 제기된다. 그리고, 취득시효기간 동안 점유자가 공물을 평온·공연하게 점유를 하였다는 것만으로는 부족하고 사실상 공물이 공적 목적에 제공되지 않고 관리자도 이를 방치하였어야 시효취득이 인정된다고 보아야 한다. 왜냐하면, 공물이 사실상 공적 목적에 제공되고 관리되고 있는 한 점유자가 공물을 평온·공연하게 점유를 하였다고 볼 수 없기 때문이다.

## V. 공물의 공용수용의 제한

공물이 수용(收用)의 대상이 될 수 있는가에 관하여 견해의 대립이 있다.

### 1. 부정설

이 설은 공물은 먼저 공용폐지가 되지 않는 한 수용의 대상이 될 수 없다고 한다. 그 이유는 수용은 수용의 대상이 되는 물건을 공적 목적에 제공하는 것을 목적으로 하므로 공물의 수용은 이미 공적 목적에 제공되고 있는 공물의 목적에 반하기 때문이다.

---

9) 잡종재산의 관리에 있어서의 공익성을 이유로 위헌결정에 반대하는 견해도 있다(석종현, "국유부동산 관리제도에 관한 법적 검토," 『토지공법연구』, 제12집, 2001, 17면).

이 견해는 「공익사업을 위한 토지 등의 취득 및 보상에 관한 법률」(이하 '토지보상법'이라 한다) 제19조 제2항(구 토지수용법 제5조)도 부정설에 입각하고 있다고 한다. 즉, 토지보상법 제19조 제2항은 "공익사업에 수용 또는 사용되고 있는 토지 등은 특별히 필요한 경우가 아니면 다른 공익사업을 위하여 수용 또는 사용할 수 없다"고 규정하고 있는데, 이 규정은 '공익사업에 수용 또는 사용되고 있는 토지 등'은 다른 공익목적을 위하여 이를 수용 또는 사용할 수 없다는 원칙을 선언하고 있다고 해석하고, 이 규정 중 '공익사업에 수용 또는 사용되고 있는 토지 등'에는 공물이 포함된다고 보고, "특별히 필요한 경우"라 함은 수용 또는 사용할 수 있다는 특별한 명문의 규정이 있는 경우를 의미하는 것으로 해석한다.

### 2. 긍정설

이 설은 토지보상법 제19조 제2항(구 토지수용법 제5조)은 특별히 필요한 경우에는 공물에 대한 수용 또는 사용을 인정하고 있는 것으로 해석하여야 한다고 한다. 즉, 토지보상법 제19조 제2항은 '공익사업에 수용 또는 사용되고 있는 토지 등'은 원칙상 수용의 목적물이 될 수 없지만, '특별히 필요한 경우', 즉 '현재 당해 토지를 사용하고 있는 공익사업보다 당해 토지를 수용하고자 하는 사업이 보다 더 공익상 필요가 큰 경우'에는 예외로 공익사업에 사용되고 있는 토지도 수용의 대상이 될 수 있도록 규정한 것으로 해석한다. 그리고, '공익사업에 수용 또는 사용되고 있는 토지 등'에는 공물도 포함된다고 한다.

이 설에 의하면 공물을 사용하고 있는 기존의 사업의 공익성보다 당해 공물을 수용하고자 하는 사업의 공익성이 큰 경우에 당해 공물에 대한 수용이 가능하다.

### 3. 판   례

판례는 구 문화재보호법 제54조의2 제1항에 의하여 지방문화재로 지정된 토지가 수용대상이 되는지에 관하여 "토지수용법은 제5조의 규정에 의한 제한 이외에는 수용의 대상이 되는 토지에 관하여 아무런 제한을 하지 아니하고 있을 뿐만 아니라, 토지수용법 제5조, 문화재보호법 제20조 제4호, 제58조 제1항, 부칙 제3조 제2항 등의 규정을 종합하면 구 문화재보호법(1982. 12. 31, 법률 제3644호로 전문 개정되기 전의 것) 제54조의2 제1항에 의하여 지방문화재로 지정된 토지가 수용의 대상이 될 수 없다고 볼 수는 없다"고 하고 있다(대판 1996. 04. 26, 95누13241). 또한, "국가지정문화재에 대하여 관리단체로 지정된 지방자치단체의 장(해당 문화재의 지정권자가 아님)은 문화재보호법 제83조 제1항 및 토지보상법에 따라 국가지정문화재(풍납토성)나 그 보호구역에 있는 토지 등을 수용할 수 있다."고 하였다(대판 2019. 02. 28, 2017두71031).

이 판례를 긍정설을 취한 것으로 해석하는 것이 일반적 견해이나 이 판례는 공적 보존물의 수용을 인정한 것이며 공익사업에 수용 또는 사용되고 있는 토지의 수용에 관한 판례는 아니다. 그리고, 전술한 바와 같이 공적 보존물은 공물이라기보다는 공용제한의 일종으로 보아야 하므로 이 견해에 의하면 위 대법원 판결이 공물의 수용을 인정한 것으로 해석할 수는 없다.

**[판례]** [한국철도시설공단이 구「국유림의 경영 및 관리에 관한 법률」(이하 '국유림법'이라고 한다) 이 정한 요존국유림이나 불요존국유림을 철도사업에 사용하기 위하여 국유림법상 요존국유림사용 허가를 받거나, 불요존국유림대부계약 체결절차를 거칠 필요 없이 「공익사업을 위한 토지 등의 취득 및 보상에 관한 법률」(이하 '토지보상법'이라고 한다)에 의한 사용재결로도 그 사용 권한을 취득하는 것이 가능한지 여부] (1) 국유림법령 규정 내용과 체계 및 취지 등을 종합하면, 국유림법상 요존국유림(현행법령상 보전국유림)은 국유림법에서 정하는 절차와 방법에 따라서만 관리·사용할 수 있을 뿐이고, 불요존국유림(현행법령상 준보전국유림)으로 재구분되지 않는 이상 관리청이 임의로 처분하지 못하는 것이기 때문에, 토지보상법상 협의 또는 재결의 대상이 될 수 없다. 공익사업의 시행자가 요존국유림을 철도사업 등 토지보상법에 의한 공익사업에 사용할 필요가 있는 경우에, 국유림법에서 정하는 절차와 방법에 따르지 아니한 채, 토지보상법에 의한 재결을 통해 요존국유림의 소유권이나 사용권을 취득할 수 없다고 보아야 한다. (2) 사업시행자가 불요존국유림에 관하여 산림청장에게 국유림법에 따른 매각·교환·대부계약의 체결을 신청하는 것은 토지보상법상 재결신청의 전제가 되는 '협의 절차'의 실질을 갖는다. 따라서 사업시행자가 위와 같은 매각·교환·대부계약 체결을 신청함 없이 곧바로 재결을 신청하였다면, 사업시행자의 재결신청은 위법하고 그에 따른 재결도 위법하다고 보아야 한다(대법원 1993. 8. 13. 선고 93누2148 판결등 참조). 따라서 공익사업의 시행자가 불요존국유림을 그 사업에 사용할 필요가 있는 경우에는 우선 국유림법에서 정하는 요건을 갖추어 매각·교환·대부계약의 체결을 적법하게 신청하여야 하고, 그럼에도 산림청장이 위법하게 그 계약체결을 거부하는 경우에 한하여 예외적으로 토지보상법에 따른 재결신청을 할 수 있을 따름이다. 공익사업의 시행자가 불요존국유림을 철도사업 등 토지보상법에 의한 공익사업에 사용할 필요가 있는 경우에도, 국유림법에서 정하는 절차와 방법에 따라 소유권이나 사용권을 취득하려는 조치를 우선적으로 취하지 아니한 채 토지보상법에 의한 재결을 통해 불요존국유림의 소유권이나 사용권을 취득할 수 없다(대판 2018. 11. 29, 2018두51904).

## 4. 사 견

생각건대, 현행 토지보상법 제19조 제2항의 해석상 부정설이 타당하다. 토지보상법 제19조 제2항의 '특별히 필요한 경우'라 함은 법령에 명문의 규정이 있는 경우를 말한다고 보아야 한다.

## Ⅵ. 공물의 범위결정과 경계확정

공물의 범위결정이나 경계확정은 공물법의 적용대상이 되는 공물의 범위를 확정하는 행정행위이다. 따라서, 이에 불복하는 자는 행정심판이나 행정소송을 통하여 다투어야 한다.

그리고, 공물의 범위결정이나 경계확정에는 법률의 근거가 있어야 한다. 실제에 있어서 공물을 규율하는 실정법률은 대부분 공물의 관리자인 행정청(관리청)에게 공물의 범위를 결정할 수 있는 권한을 부여하고 있다. 도로법 제25조는 도로의 관리청이 도로구역을 결정하도록 하고 있다. 현행 하천법은 하천관리청이 하천구역을 결정·변경·폐지하도록 하고 있다(제10조).

공물의 범위결정이나 경계확정은 공물의 범위를 결정하는 것이며 소유권의 범위를 결정하는 것은 아니다.

## Ⅶ. 공물의 등기

부동산인 공물은 등기의 대상이 된다. 공물의 대상인 부동산은 원칙상 등기가 있어야 취득된다. 토지수용을 통하여 취득된 공물은 등기 없이 소유권이 취득된다.

공물인 부동산도 특별한 규정이 없는 한 부동산등기법에 의한 등기를 하여야 한다. 그런데, 하천부지로 된 토지에 대하여는 부동산등기법상 약간의 특별한 절차가 규정되어 있고(제114조), 국유재산법상 국유공물인 부동산의 등기에 있어서는 소유권자의 명칭을 '국'으로 하고 관리청의 명칭을 함께 기재하도록 하고 있다(제11조).

등기되어 있지 않는 한 선의의 제3자에게 대항할 수 없다는 민법의 규정은 부동산인 공물에도 적용된다. 다만, 공물법상의 제한은 선의의 제3자에게도 적용된다. 즉, 도로법상 도로의 경우 소유권의 이전이나 저당권의 설정을 제외하고는 사권의 행사가 제한된다.

## Ⅷ. 공물과 상린관계

공물에 관한 실정법률에서는 공물에 대하여는 공물의 목적을 달성시키기 위하여 공물 자체에 대한 공법상의 제한을 규정할 뿐만 아니라 공물의 인접구역을 지정하도록 하고 그 구역 내에서의 일정한 행위를 제한하는 규정을 두는 경우가 보통이다. 도로법상 접도구역(제40조) 등이 그 예이다.

이와 같이 인접구역의 지정에는 법률의 근거가 있어야 하며 비례의 원칙상 인접구역의 지정은 필요한 최소한도의 구역에 그쳐야 한다.

공물에 관한 실정법률상 상린관계에 관한 특별한 규정이 없는 경우에는 민법의 상린관계에 관한 규정이 유추적용된다는 것이 통설이다.

상린관계의 문제는 위와 같이 공물의 인근토지가 공물의 사용에 영향을 주는 경우에만 제기되는 것이 아니라 공물의 사용이 인근의 다른 토지의 이용에 영향을 주는 경우에도 문제된다. 후자에 관하여는 명문의 규정이 없는 것이 보통이다. 이 경우에는 민법의 상린관계에 관한 규정이 적용되게 된다. 특히 오늘날 공물의 주변환경에 대한 영향이 상린관계의 문제로 제기되고 있다. 다만, 공물에 대한 상린관계에 관한 규정의 적용은 공물의 목적달성을 가능한 한 방해하지 않도록 행해져야 할 것이다. 예를 들면, 도로로부터의 대기오염이나 소음공해로 인근주민이 피해를 입는 경우 인근주민의 권리구제는 특별한 경우를 제외하고는 공물의 사용금지 보다는 방해제거(방음벽 설치)나 손해배상으로 해결하여야 할 것이다.

대법원은 국가 또는 지방자치단체가 관리주체인 공물로부터의 소음 등의 공해로 인근주민이 수인할 수 없는 손해를 입은 경우에 국가배상법 제5조의 영조물의 설치·관리상 하자로 인한 책임을 인정하고 있다(국가배상 참조).

## Ⅸ. 공물의 설치·관리의 하자로 인한 손해배상

공물의 설치·관리상의 하자로 인하여 타인에게 손해를 발생시킨 경우 공물의 설치 또는 관리주체가 국가 또는 지방자치단체인 경우 국가배상법 제5조에 의해 국가배상책임이 인정된다.

## Ⅹ. 행정재산의 불법점유와 강제철거

정당한 사유 없이 국유재산을 점유하거나 이에 시설물을 설치한 경우에는 중앙관서의 장등은 행정대집행법을 준용하여 철거하거나 그 밖에 필요한 조치를 할 수 있다(국유재산법 제74조). 지방자치단체의 장은 정당한 사유 없이 공유재산을 점유하거나 공유재산에 시설물을 설치한 경우에는 원상복구 또는 시설물의 철거 등을 명하거나 이에 필요한 조치를 할 수 있다(공유재산법 제83조 제1항). 제1항에 따른 명령을 받은 자가 그 명령을 이행하지 아니할 때에는 행정대집행법에 따라 원상복구 또는 시설물의 철거 등을 하고 그 비용을 징수할 수 있다(제2항).

# 제 6 절  공물의 관리

## I. 공물관리의 의의

공물의 관리(管理)라 함은 공물의 관리자가 공물이 공물로서의 본래의 기능을 발휘할 수 있도록 행하는 일체의 작용을 말한다.

공물의 관리를 행하는 공물주체의 권능을 공물관리권이라 하는데, 공물의 관리는 이 공물관리권에 근거하여 행해진다.

공물관리의 내용은 각 공물법에 의해 규정된다. 공물관리를 규율하는 법으로는 도로법, 하천법 등 공물에 관한 각 개별법률과 공유공물에 관하여는 지방자치단체의 조례, 그리고 공물관리규칙(행정규칙)이 있다. 국유재산법과 지방재정법 중 행정재산의 관리에 관한 사항은 공물관리에 관한 사항을 포함하고 있지만, 국유재산법이나, 지방재정법은 공물의 관리에 중점이 있다기 보다는 잡종재산을 포함하여 국유재산 또는 공유재산의 재산적 측면에서의 관리를 그 주된 규율대상으로 하고 있다.

공물의 관리는 공물재산의 관리와 무관할 수는 없지만 공물관리의 핵심은 공물의 재산적 관리에 있지 않고, 공물의 기능을 제대로 발휘시키는 것에 있다. 따라서, 공물관리는 공물의 순수한 재산적 관리와는 구별되어야 한다.

공물관리는 공물경찰과는 구별되어야 한다. 공물관리는 공물이 공물로서의 본래의 기능을 발휘하도록 하는 적극적·소극적 작용을 말한다. 즉, 공물의 신설·개축·유지·수선, 도로점용허가, 공용부담의 부과, 인접구역의 지정 등 공물이 공적 목적을 제대로 달성할 수 있도록 하기 위한 적극적 작용과 행위의 금지 또는 제한 등 공물에 대한 장해를 제거하기 위하여 행하는 소극적 작용을 포함한다.

이에 반하여 공물경찰은 소극적으로 사회공공의 안녕과 질서를 유지하기 위한 작용이다. 공물관리의 구체적인 내용과 공물관리와 공물경찰의 관계에 관하여는 후술하기로 한다.

## II. 공물관리권

### 1. 의    의

공물관리권(公物管理權)이라 함은 공물의 관리자가 공물관리를 행하는 권능을 말한다. 공물법의 핵심적 내용은 공물의 공적 목적의 달성을 확보하는 데 있는데, 공물관리권은 이를 위한 불가결한 수단으로서의 의미를 지닌다.

공물관리권은 각 공물법에 의해 부여되며 공물마다 그 내용이 다르다.

공물관리권은 공물관리를 행할 수 있는 포괄적 권능이며 공물관리자의 구체적인 공물관리는 공물관리권의 구체적인 행사인 것이다. 따라서, 포괄적 권능으로서의 공물관리권과 구체적인 공물관리를 행할 수 있는 권한인 개별적인 공물관리권한은 구별되어야 한다.

## 2. 근거 및 성질

공물관리권의 근거 및 성질에 관하여 공소유권설, 공법상의 물권적 지배권설, 포괄적 권능설 등이 대립하고 있다.

### (1) 공소유권설

이 설은 공물관리권은 공물주체의 공소유권(公所有權)으로부터 나온다고 한다. 또는 공물관리권과 공소유권을 동일한 개념으로 본다.

이 설은 공물에 대하여 타인의 소유를 인정하지 않고(타유공물을 인정하지 않고) 공물주체의 소유권만을 인정하는 것을 전제로 주장되는데 그 논거는 다음과 같다. 공물은 공적 목적에 제공된 것이므로 공물에 대하여는 사법상 소유권인 사용수익처분권이 행사될 수 없다. 그러하다면 공물에 대한 소유권은 사법상의 소유권과 같이 사용수익처분권으로 나타날 수 없으며 공물의 공적 목적 달성을 위하여 공물에 대한 물권적 지배권으로 나타나게 된다. 그리고, 공물에 대한 이 물권적 지배권이 공물관리권이다. 따라서, 공물관리권은 공권이다.

이 설은 타유공물의 공물관리권의 근거를 설명해 주지 못하는 문제점이 있다.

### (2) 공법상 물권적 지배권설

이 설은 공물관리권은 공물에 대한 소유권과 독립하여 인정되는 공물에 대한 공법상의 물권적 지배권이라 한다. 이 견해에 의하면 공물관리권은 공물에 대한 소유권으로부터 나오는 것이 아니라 실정법률에 의해 인정된 것으로 본다. 이 설이 통설의 입장이다.

이 설의 난점은 법정외 공물에 있어서의 공물관리권의 근거를 설명해 주지 못하는 데 있다.

### (3) 기타 견해

① 공물에 대한 권원인 소유권 기타의 이용권이 공물관리권의 근거라고 보고 공물관리법이 제정된 경우에는 관리권의 근거는 이것에 흡수된다고 보는 견해가 있

다.[10] 이 견해는 공물관리권의 근거를 실정법률에서 구하는 견해가 법정외 공물의 공물관리권의 근거를 설명해 주지 못하는 난점과 공소유권설이 타유공물의 공물관리권의 근거를 설명해 주지 못하는 난점을 해소하는 장점은 있지만, 포괄적 권리가 아닌 소유권 이외의 이용권으로부터 어떻게 공법상의 포괄적 권리인 공물관리권이 나오는지를 설명해 주지 못하는 난점이 있다.

② 포괄적 관리권능설도 주장된다. 이 설은 공물관리권을 지배권으로 보는 공법상 물권적 지배권과 달리 공물관리권을 관리권이라는 용어 그대로 포괄적 관리권으로 보는 견해이다. 이 견해의 논거는 개개의 구체적인 관리권의 내용을 이루는 관리작용에는 행정처분, 강제집행 등 권력적 행정작용도 있지만 비권력적 작용도 있고, 사법상의 행위도 존재하므로 이들을 모두 포괄하는 포괄적 관리권으로 보아야 한다고 한다.[11]

③ 자유공물과 타유공물 구별설: 공물관리권은 소유권과는 별개의 공법상의 권한이라고 보고, 공물의 구체적인 성질은 자유공물의 경우는 공법상의 견지에서 그 소유권을 제한함으로써 구성된 특수한 물권적 지배권으로 보고, 타유공물의 경우에는 타인의 소유에 속하는 물건에 대하여 공적목적을 위하여 소유권의 행사를 제한함을 내용으로 하는 일종의 공법상의 제한물권으로 보는 견해가 있다.[12]

### (4) 사    견

포괄적 관리권능설이 타당하다. 공법상 행정권인 공물관리권이 사법상의 소유권이나 이용권으로부터 발생한다고 볼 수는 없다. 공물관리권은 소유권과는 다른 내용을 갖는 권리인데, 소유권에서 유래하는 권리가 모권인 소유권의 권능을 초월하는 것은 생각하기 어렵다고 본다면 관리권은 별도의 근거에 입각하고 있다고 생각하지 않을 수 없게 된다. 또한, 제3자에 대한 행위제한을 포함하고 국민의 권익에 중대한 영향을 미치는 공물관리권이 법률의 근거 없이 소유권만에 의해 도출된다는 공소유권설도 타당하지 않다.

따라서, 원칙상 공물관리권은 실정법률에서 나온다고 보는 견해가 타당하다. 법정외공물의 경우에는 이를 규율하는 실정법률이 없으므로 법정외공물의 경우 공물관리권은 비권력적 작용만을 내용으로 한다고 보아야 하며 이 경우 공물관리권의 근거는 공물에 대한 소유권 기타 권원과 함께 공익을 임무로 하는 행정권으로부터 도출된다고 보는 것이 타당하다.

---

10) 鹽野 宏, 267면.
11) 原 龍之助, 219면.
12) 박윤흔, 486면.

또한, 공물관리권은 공물에 대한 지배권만을 내용으로 하는 것은 아니고 비권력적인 작용이 중요한 부분을 차지하므로 포괄적 관리권능설이 타당하다고 본다.

## 3. 발동형식

공물관리권은 여러 행위형식으로 발동된다. 행정규칙의 형식(공물관리규칙, 공물이용규칙), 행정행위의 형식(공물점용허가, 점용료부과처분, 인접구역의 지정, 제거명령 등), 공법상 사실행위(도로공사, 하천공사) 등의 형식으로 행사된다. 그리고, 사법상 계약의 형식으로 행하여지는 경우도 있다.

## 4. 내    용

공물관리권의 구체적 내용은 공물관계 법령(자치법규 포함)에 의해 정해지므로 공물마다 다르다. 공물에 공통된 것만을 보면 다음과 같다.

### (1) 공물의 범위결정

공물의 범위결정은 공물법의 적용대상이 되는 공물의 범위를 확정하는 행정행위이다. 도로구역의 결정(도로법 제25조) 등이 그 예이다. 이에 관하여는 전술한 바와 같다.

### (2) 공물의 유지·수선·보존

공물의 유지·수선·보존은 주로 사실행위를 통하여 행해진다. 도로의 신설·개축 및 수선에 관한 공사와 유지(도로법 제31조)가 이에 해당한다.

**[판례]** [도로공사에서 부대공사 비용의 부담자가 문제된 사안] 도로법 제90조 제2항의 적용에 있어서 '도로관리청'이라고 함은 도로에 관한 계획, 건설, 관리의 주체가 되는 기관으로서 도로의 구분에 따라 국토교통부장관, 특별시장·광역시장·특별자치시장·도지사·특별자치도지사·시장·군수 또는 자치구의 구청장의 기관(도로법 제2조 제5호)과 도로법 제112조에 따라 고속국도에 대한 국토교통부장관의 권한을 대행하는 한국도로공사와 민자도로 관리자(도로법 제90조 제2항)를 의미한다. 그리고, 도로공사를 시행하기 위하여 혹은 도로공사로 인하여 도로관리청으로부터 점용료를 감면받은 자가 설치·점유하고 있는 시설에 대한 부대공사가 필요한 경우에도 도로관리청이 아닌 자가 도로공사를 시행하는 경우라면 점용료를 감면받은 자에게 부대공사 비용을 청구할 수 없다고 보아야 한다(대판 2022. 03. 17, 2021다283520).

### (3) 공용부담

공물관리자에게 공용부담특권이 부여되는 경우가 있다. 타인의 토지에의 출입 및 일시사용, 장애물의 변경 또는 제거(도로법 제81조) 등이 이에 해당한다.

### (4) 장해의 방지·제거

공물법은 공물의 목적에 대한 장해의 방지·제거를 위하여 공물관리자에게 여러 권한과 의무를 부여하고 있다. 도로의 구조를 보전하고 운행의 위험을 방지하기 위한 차량의 운행제한(도로법 제77조), 통행이 위험하다고 인정할 때의 도로통행의 금지 또는 제한(제76조) 등이 이에 해당한다.

**[판례]** ① [1] 도로관리청이 도로의 기능 발휘에 장애가 되는 시설물을 정당한 사유 없이 설치하는 것을 제지할 수 있는지 여부(적극): 구 도로법(2012. 6. 1. 법률 제11471호로 개정되기 전의 것. 이하 같다) 제20조 제1항 제3호 및 제13조에 따르면 시도는 해당 노선을 인정한 행정청이 도로관리청이 되고, 구 도로법 제37조 제1항의 위임에 따라 마련된 '도로의 구조·시설 기준에 관한 규칙' 제16조 제1항에 따르면 도로에 설치된 보도는 도로의 구성 부분에 해당한다. 그리고 구 도로법 제45조에 따르면 누구든지 정당한 사유 없이 도로에 장애물을 쌓거나 교통에 지장을 끼치는 행위를 하여서는 안 되며, 그러한 행위를 하는 사람에 대하여는 구 도로법 제83조에 따라 도로관리청이 필요한 처분을 하거나 조치를 명할 수 있다. 따라서 **도로를 설치하고 그 존립을 유지하여 이를 일반 교통에 제공함으로써 도로의 본래 목적을 발휘하도록 하기 위한 포괄적 관리권을 가지는 도로관리청으로서는 도로의 기능 발휘에 장애가 되는 시설물을 정당한 사유 없이 설치하는 것을 제지할 수 있다.** [2] 피고인들이 갑 시에서 관리하는 도로의 보도에서 농성용 천막을 설치하던 중 이를 제지하려는 갑 시청 소속 공무원들에게 상해 또는 폭행을 가한 사안에서, 도로관리권에 근거하여 적법하게 공무집행을 하는 공무원들에게 폭행 등을 가한 피고인들의 행위는 공무집행방해죄를 구성한다고 한 사례(대판 2014. 02. 27, 2013도5356[특수공무집행방해치상·공무집행방해]).
② (1) **도로관리청이 갖는 도로관리권의 범위**: 도로 관리청은 도로를 설치하고 그 존립을 유지하여 이를 일반교통에 제공함으로써 도로로서의 본래의 기능이 발휘될 수 있도록 하기 위한 포괄적 관리권을 가지고, 이러한 도로관리권에는 도로 시설물 등을 그 기능에 적합하도록 유지·관리하는 것뿐 아니라, 도로관리를 위한 직무집행 행위로서의 합리적 상당성이 인정되는 범위 내에서 도로의 기능 발휘에 장애가 되는 행위를 금지하거나 제지하는 등의 사실행위를 할 권한도 포함된다고 할 것이다. (2) 도로관리청 소속 공무원이 구 도로법 제45조에 규정된 금지행위를 하려는 사람을 제지한 행위는 특별한 사정이 없는 한 정당한 직무집행 행위에 속한다고 보아야 한다. (3) 피고인이 평택시청 동문 앞 인도에 철야농성을 위하여 무단으로 천막을 설치하려는 것을 평택시청 소속 공무원이 제지한 행위는 정당한 직무집행에 해당한다고 보아, 이에 대항하여 폭행 등을 가한 피고인의 행위가 공무집행방해죄를 구성한다고 판단한 사안(대판 2014. 02. 13, 2011도10625[일반교통방해 등]).

### (5) 공물인접구역에 대한 규제

공물법은 공물의 목적을 달성시키기 위하여 공물의 인접구역을 지정하여 그 구역 내에서의 일정한 행위를 제한하는 규정을 두는 경우가 보통이다. 도로법상 접도구역(제40조) 등이 그 예이다. 이에 관하여는 전술하였다.

### (6) 공적 목적에의 제공

공물은 본래 공적 목적에 제공된 것이므로 공물을 공적 목적에 제공하는 작용은 공물관리의 주된 내용이다. 도로점용허가(제61조), 점용료부과처분(제66조) 등이 이에 해당한다. 이에 관하여는 공물의 사용관계와 관련하여 후술하기로 한다.

### (7) 공물의 점유

공물의 관리상 필요한 경우 공물관리자는 공물을 점유할 수 있다. 그렇지만, 공물관리권에 해당 공물에 대한 점유가 당연히 포함되는 것은 아니다.

## 5. 범위와 한계

공물관리권은 공물의 목적을 달성하기 위하여 행사되는 것이기 때문에 공물의 목적 달성은 공물관리권의 범위와 한계를 정한다. 즉, 공물관리권은 공물의 공적 목적 달성에 필요한 한도 내에서 인정된다.

공물관리권은 원칙상 공물에 대하여 인정되지만 공물의 목적 달성을 위하여 필요한 경우 공물의 인접구역에 대하여도 인정된다. 그러나, 인접구역의 지정에는 법률의 근거가 있어야 하며 비례의 원칙상 인접구역의 지정은 필요한 최소한도의 구역에 그쳐야 한다.

공물관리권이 미치는 공물의 상하의 범위에 관하여는 공물의 목적 달성에 필요한 한도 내에 공물관리권이 미친다고 보아야 한다. 따라서, 공물관리권이 미치는 공물의 상하의 범위는 사소유권이 미치는 상하의 범위와 다르다.

공물관리권은 민법상 상린관계의 적용을 통하여 인근지역에 영향을 미친다. 이와 반대로 공물관리가 인근지역에 영향을 미치는 경우(특히 공해를 야기하는 경우) 민법상의 상린관계에 관한 규정의 적용에 의해 공물관리가 제한된다.

공물관리상 하자로 인근지역 주민에게 손해를 발생시킨 경우에는 공물관리주체에게 국가배상법 제5조의 책임이 인정된다.

오늘날 환경에 대한 인식이 커지면서 공물관리에 있어 환경배려의무가 부과되는 경향에 있다.

## III. 공물관리자(공물관리주체)와 공물관리청

공물관리자(공물관리주체)는 공물관리의 효과가 귀속되는 행정주체를 말한다.

[판례] 지방자치단체가 도로를 사실상 지배하는 주체로서 이를 점유하는 경우, 구 지방자치법(2007. 5. 11. 법률 제8423호로 전문 개정되기 전의 것) 제5조 제1항의 규정에 따라 지방자치법이 시행되기 전인 1988. 4. 30.까지는 특별시나 광역시가 그 점유주체가 되고, 지방자치법이 시행된 1988. 5. 1.부터는 그 점유주체가 특별시나 광역시로부터 관할 자치구에 당연히 이전된 것으로 보아야 하지만,

1988. 5. 1. 이후의 일정한 시점 또는 기간에 있어서 해당 토지를 사실상 지배하는 점유주체가 누구인지 등을 판별하는 문제는 개별 사건에서 인정되는 구체적인 사실을 토대로 하여 결정하여야 한다(대판 2008. 02. 01, 2007다8914[부당이득금]).

공물관리청은 권한과 의무를 가지고 실제로 공물을 관리하는 기관을 의미한다. 예를 들면, 국유공물에 있어서 공물주체는 국가이지만 관리청은 법상의 관리청, 수임받은 기관, 대행기관 등이다. 공유공물에 있어서 공물주체는 지방자치단체이지만 관리청은 원칙상 지방자치단체의 장이다. 공공단체 소유의 공물에 있어서 당해 공공단체가 공물주체이면서 동시에 공물관리청이다.

공물의 관리는 공물주체가 소속기관을 통하여 스스로 행하는 것(직접관리)이 원칙이지만 위임, 위탁, 대리, 대행 등을 통하여 다른 기관으로 하여금 관리하도록 하는 경우가 있다.

## 1. 직접관리의 경우의 관리청

국유재산법 제6조는 기획재정부장관을 국유재산의 총괄청으로 하고 각 중앙관서의 장을 관리청으로 규정하고 있다. 이는 국유재산의 재산관리기관을 정한 것으로 공물의 관리기관을 정한 규정은 아니다. 공물의 관리청은 공물에 관한 개별 법률에서 정하고 있다.

### (1) 도로의 관리청

도로의 관리청은 국도에 있어서는 국토교통부장관, 국가지원 지방도에 있어서는 도지사·특별자치도지사(특별시·광역시·특별자치시 안의 구간은 당해 시장), 그 밖의 도로에 있어서는 그 노선을 지정한 행정청이 된다(도로법 제23조 제1항).

### (2) 하천의 관리청

국가하천은 환경부장관이 관리청이 된다(하천법 제8조 제1항). 지방하천은 그 관할 구역의 시·도지사가 관리청이다(제8조 제2항).

## 2. 관리의 위임

공물의 관리가 위임되는 경우 공물의 관리권한이 수임기관에게 이전된다. 수임기관은 자기의 권한으로서 자신의 책임하에 자기의 이름으로 관리한다. 공물의 관리권은 법령 자체에 의해 위임되는 경우(법정위임)와 법령에 근거하여 관리자의 결정에 의해 위임하는 경우가 있다.

[판례] [1] 공원 관리에 관한 상위 지방자치단체장의 행정권한이 행정권한 위임조례에 의하여 하

위 지방자치단체장 등에게 위임되었다면 권한을 위임받은 하위 지방자치단체장 등이 그 공원의 관리청이 된다. [2] 국가 또는 상위 지방자치단체 등 위임관청이 위임조례 등에 의하여 그 권한의 일부를 하위 지방자치단체의 장 등 수임관청에게 기관위임을 하여 수임관청이 그 사무처리를 위하여 공원 등의 부지가 된 토지를 점유하는 경우, 간접점유의 요건이 되는 점유매개관계는 법률행위뿐만 아니라 법률의 규정, 국가행위 등에도 설정될 수 있으므로 이러한 위임조례 등을 점유매개관계로 볼 수 있는 점, 사무귀속의 주체인 위임관청은 위임조례의 개정 등에 의한 기관위임의 종결로 법령상의 관리청으로 복귀하며 수임관청에게 그 점유의 반환을 요구할 수 있는 지위에 있는 점 등에 비추어 보면, 위임관청은 위임조례 등을 점유매개관계로 하여 법령상 관리청인 수임관청 또는 그가 속하는 지방자치단체가 직접점유하는 공원 등의 부지가 된 토지를 간접점유한다고 보아야 하므로, 위임관청은 공원 부지의 소유자에게 그 점유·사용으로 인한 부당이득을 반환할 의무가 있다(대판 2010. 03. 25, 2007다22897[사용료]).

### (1) 법정위임

특별시·광역시·특별자치시·특별자치도 또는 시관할구역 안의 일반국도(우회국도 및 지정국도는 제외) 및 지방도는 해당 시·도지사 또는 시장이 관리청으로 된다(도로법 제23조 제2항). 시지역을 통과하는 국도의 관리청인 특별시장·광역시장 또는 시장은 국가기관의 지위에 서고, 그 관리사무는 국가의 기관위임사무라고 보는 것이 다수 견해이지만, 단체위임사무라고 보는 것이 타당하다. 이는 법정위임에 해당한다.

### (2) 위 임

공물의 관리는 법령의 근거에 따라 위임(예, 도로법 110조 제1항) 또는 재위임(예, 도로법 제110조 제2항)될 수 있다.

도로법의 규정에 의한 국토교통부장관의 권한은 대통령령으로 정하는 바에 따라 그 일부를 시·도지사 또는 국토교통부 소속기관의 장에게 위임할 수 있다(제110조 제1항). 특별시장·광역시장·도지사·특별자치도지사 또는 국토교통부 소속기관의 장은 국토교통부장관으로부터 위임받은 권한의 일부를 국토교통부장관의 승인을 받아 시장·군수·구청장 또는 일반국도의 건설과 관리에 관한 업무를 수행하는 행정기관의 장에게 재위임할 수 있다(제110조 제2항).

### 3. 관리의 위탁

공물관리는 법령의 근거(예, 도로법 제110조 제3항)에 따라 위탁할 수 있다.

**[판례]** 재정경제부장관이 행정재산에 대하여 구 국유재산법 제32조 제3항 등에 의하여 그 관리·처분권을 한국자산관리공사 또는 한국토지공사에 위탁할 수 있는지 여부(소극): 구 국유재산법(2007. 8. 3. 법률 제8635호로 개정되기 전의 것, 이하 같다) 제21조의2가 행정재산에 관하여 재정경제부장관(이하 '총괄청'이라 한다)이 아닌 그 행정재산이 속하는 소관 중앙관서의 장(예산회계법 제14조 규정에 의한 중앙관서의 장을 말한다)에 관리위탁 권한을 부여한 점, 같은 법 제32조 및 구 국

유재산법 시행령(2006. 8. 14. 대통령령 제19643호로 개정되기 전의 것) 제33조 제2항 단서는 잡종재산 및 보존재산에 한하여 일정한 경우에는 총괄청이 그 관리·처분권을 한국자산관리공사 또는 한국토지공사에 위탁할 수 있도록 한 것이고, 구 국유잡종재산의 위탁에 관한 규칙(2001. 11. 13. 재정경재부령 제227호로 개정된 것, 이하 '잡종재산 위탁규칙'이라 한다) 역시 총괄청이 한국자산관리공사 또는 한국토지공사에 위탁한 '잡종재산'의 관리·처분에 관하여 적용되는 점 등을 종합하면, **총괄청은 행정재산에 대하여는 구 국유재산법 제32조 제3항, 같은 법 시행령 제33조 제2항 단서, 잡종재산 위탁규칙 제2조, 제3조에 의하여 그 관리·처분권을 한국자산관리공사 또는 한국토지공사에 위탁할 수 없다**(대판 2014. 11. 27, 2014두10769[변상금부과처분무효확인]).

국토교통부장관이 도로의 관리청인 경우 다음의 업무는 대통령령으로 정하는 바에 따라 도로와 관련된 기관 또는 단체에 위탁할 수 있다(제110조 제3항): ① 제55조에 따른 도로표지의 설치 및 관리업무, ② 제60조에 따른 도로교통정보체계의 구축·운영 등 업무, ③ 도로에 관한 제102조에 따른 조사업무.

### 4. 관리의 대행

대행은 위임과 달리 권한이 피대행자로부터 대행자에게 이전되는 것은 아니다. 대행자의 권한행사는 피대행관청의 행위로서 효력을 발생한다. 그러나, 대행이라는 용어를 사용하지만 실질에 있어서는 위탁이나 위임의 성질을 갖는 경우도 있다. 한국도로공사가 행하는 고속국도의 관리의 대행은 그 성질이 위탁이라고 보아야 한다(도로법 제112조).

## Ⅳ. 공물관리와 비용부담

공물관리에 요하는 비용은 이론상 공물의 관리주체가 부담하는 것이 원칙이다. 그런데, 도로법, 하천법과 같은 공물에 관한 개별법 등에서는 공물의 관리청이 속한 행정주체에게 관리비용을 부담시키는 경우가 적지 않다. 예를 들면, 도로법은 도로에 관한 비용은 국토교통부장관이 관리하는 도로에 관한 것은 국고의, 그 밖의 도로에 관한 것은 관리청이 속하는 지방자치단체의 부담으로 하는 것을 원칙으로 하고 있다(도로법 제85조).

이러한 도로법의 공물관리비용에 관한 원칙은 공물관리비용을 도로의 관리주체가 부담하는 것을 원칙으로 하면서도 도로로 인하여 이익을 받는 자(지방자치단체 등)에게 그 관리비용의 일부를 부담시키는 것이 공평하다는 것에 근거하는 것으로 해석된다. 예를 들면, 특별시·광역시 또는 시 관할구역 안의 국도는 국가의 도로로서 그 관리는 국가사무이고 국가 또는 도가 관리주체라고 보고, 도로법상 특별시장·광역시장 또는 시장이 관리청으로 규정되어 있는 것은 시지역을 통과하는 국도의 관리를 특별시장·광역시장 또는 시장에게 기관위임한 것이라고 해석하는 것이 다수견해이다. 그렇다면, 당해 도로의 관리비용은 국가나 도가 부담하여야 하지만, 도로법은 시지역을 통과하는 국도의 관리비용은 당해 관리청이 소속한 지방자치단체가 부담하는 것을 원칙으로 하고 있는 것이다. 이렇게 규정한 것은 시지역을 통과하는 국도가 상당부분 당해 시의 교통수단이 되고 있다는 점을 고려한 것으로 해석된다.

도로의 관리청이 속한 국가 또는 지방자치단체가 관리비용을 부담하여야 한다는 도로법 제85조의 원칙에는 다음과 같은 예외가 인정되고 있다.

① 우회국도 및 일반국도의 지선 건설에 필요한 비용은 제85조 제1항에도 불구하고 대통령령으로 정하는 바에 따라 그 일부를 그 도로가 위치한 구역을 관할하는 지방자치단체에 부담시킬 수 있다(제86조 제1항).
② 국가지원지방도의 건설 및 보수, 유지·관리에 필요한 비용 및 제8조 제4항에 따라 대도시권 교통혼잡도로의 개선을 위한 세부 사업계획을 시행하는 데 드는 비용은 제85조 제1항에도 불구하고 대통령령으로 정하는 바에 따라 그 일부를 국가가 보조하여야 한다. 다만, 국가지원지방도의 도로관리청이 제31조 제5항에 따라 스스로 비용을 부담하여 국가지원지방도의 건설공사를 하는 경우 그 건설비용은 국가가 보조하지 아니할 수 있다(제86조 제2항).
③ 제85조 제1항에도 불구하고 국토교통부장관은 도로망의 정비 등을 위하여 특히 필요하다고 인정하면 대통령령으로 정하는 바에 따라 일반국도 외의 도로에 관한 비용의 일부나 제23조 제2항에 따라 특별시장·광역시장·특별자치시장·특별자치도지사 또는 시장이 도로관리청이 되는 일반국도에 관한 비용의 일부를 보조할 수 있다.
④ 국토교통부장관은 제85조 제1항에 따라 국가가 부담하는 도로에 관한 비용의 일부를 대통령령으로 정하는 바에 따라 그 도로가 있는 특별자치시·도 또는 특별자치도나 그 도로로 인하여 이익을 얻는 시·도에 부담시킬 수 있다(제87조 제1항).
⑤ 제85조, 제86조 제1항, 제88조 및 이 조 제1항에 따라 특별시·광역시 또는 도가 부담하여야 할 비용은 대통령령으로 정하는 바에 따라 이익을 얻는 시·군 또는 구(자치구를 말한다. 이하 같다)에 그 일부를 부담시킬 수 있다(제86조 제2항).

위와 같은 도로법의 도로관리비용부담에 관한 규율은 도로의 관리주체, 도로의 이해관계, 관계지방자치단체의 재정상황 등을 고려하여야 한다는 원칙에 입각하고 있는 것으로 보인다. 그러나, 이러한 도로관리비용부담의 원칙은 그 기준이 모호하고, 공물관리주체와 비용부담주체가 다른 점에서 적지 않은 문제점을 가지고 있다. 특히 시지역을 통과하는 국도의 관리비용은 원칙상 국가가 부담하는 것으로 하고 도로의 수혜자인 지방자치단체가 관리비용의 일부를 부담하는 것으로 도로법 제85조를 개정하고, 시지역을 통과하는 국도의 관리사무를 기관위임사무가 아니라 단체위임사무로 하는 것이 타당하다. 현행법의 해석론으로도 시지역을 통과하는 국도의 관리사무가 단체위임사무라고 보는 견해가 있다.

도로법은 또한 원인자비용부담원칙을 규정하고 있다. 원인자부담금(제91조) 등이
그 예이다.

하천법도 도로법과 유사하게 하천의 관리비용을 규율하고 있다(하천법 제58조 이하).

**[판례]** 甲지방자치단체장은 국토교통부장관과 수중보 건설 사업시행 위치를 변경하면서 **수중보 건
설비용 일부와 운영·유지비용 전부를 甲지방자치단체가 부담하도록** 하는 협약을 체결하였는데, 이
후 甲지방자치단체가 협약의 무효확인과 위치 변경에 따라 지출한 실시설계비 및 이에 대한 지연
손해금을 부당이득으로서 반환할 것을 청구한 사안에서, 甲지방자치단체에 수중보 건설비용 일부
와 운영·유지비용 전부를 부담하도록 한 협약이 **위법·무효라고 볼 수 없다**고 한 사례(대판 2020.
12. 30, 2020두37406[협약무효확인등청구의소]).

## Ⅴ. 공물관리와 공물경찰

### 1. 공물경찰의 의의

공물경찰(公物警察)이라 함은 공물상에서의 사회공공의 안녕과 질서에 대한 위해
를 예방·제거하기 위하여 경찰주체가 행하는 일반경찰권의 작용을 말한다. 공물경
찰은 공물의 사용과 관련하여 행하여지지만 공물관리와 구별되어야 하며 그 행위의
성질은 일반 경찰작용과 다르지 않다. 즉, 공물경찰은 공물상에서 행하여지는 경찰작
용이다.

예를 들면, 도로공사를 위한 도로통행의 제한(도로법 제76조)은 공물관리에 속하고, 교통사고를
예방하기 위한 도로통행의 제한(도로교통법 제6조)은 공물경찰에 속한다.

공물경찰과 공물관리는 상호 구별되는 별개의 행정작용이지만 경우에 따라서는
동일한 상대방과 행위를 대상으로 유사한 규제가 경합하여 행해진다. 이 경우 양 작
용주체의 협력과 양 작용의 조정이 요청된다. 또한, 구체적인 경우에 있어서 공물관
리와 공물경찰의 구분이 애매한 경우도 있다.

이하에서 공물관리와 공물경찰의 구분과 양자의 관계를 살펴보기로 한다.

### 2. 공물관리와 공물경찰의 구별

공물관리와 공물경찰은 다같이 공물에 대하여 행하여지지만 상호 구별되는 별
개의 작용이다. 양자는 목적, 권력적 기초, 작용주체, 발동범위 및 위반행위에 대한
제재 및 강제방법에서 구별된다.

### (1) 목    적

공물의 관리라 함은 공물이 공물로서의 본래의 기능을 발휘할 수 있도록 행하는

작용을 말한다.

이에 반하여 공물경찰은 공물상에서의 사회공공의 안녕과 질서에 대한 위해를 예방·제거하기 위하여 행하여지는 작용이다.

### (2) 권력적 기초

공물관리는 공물관리권에 기초하여 행하여지는 데 반하여 공물경찰은 경찰권에 기초하여 행하여진다.

공물관리권과 공물경찰권의 구분은 공물의 설치·관리상의 하자로 인한 손해배상책임자를 정함에 있어 중요하다. 즉, 손해의 원인이 된 공물의 설치·관리상의 하자가 공물관리권에 속하는 경우에는 공물주체가 공물의 관리주체로서 배상책임을 지고, 손해의 원인이 된 공물의 설치·관리상의 하자가 공물경찰권에 속하는 경우에는 공물경찰주체가 공물의 관리주체로서 배상책임을 진다.

### (3) 행정기관

공물관리는 공물관리청이 행하지만 공물경찰은 경찰행정기관이 행한다. 다만, 공물에 대한 행정의 효율성을 위하여 공물관리권과 공물경찰권을 한 기관이 통합적으로 행사할 필요가 있는 경우가 있다. 이 경우에는 공물관리자에게 공물경찰권이 위탁되기도 하고 공물경찰기관에게 공물관리권이 위탁되는 경우(예, 지방경찰청장에 대한 시·도의 신호등관리의 위탁)도 있다. 그 위탁은 법률에 의해 직접 부여되기도 하고(도로교통법 제3조), 법률의 근거에 의한 위탁결정에 의해 행해지기도 한다.

### (4) 발동범위

공물관리에 있어서는 공물의 계속적인 독점적 사용권을 설정할 수 있지만, 공물경찰에 있어서는 독점적 사용권을 설정하는 것이 인정되지 않는다. 공물경찰에 있어서는 공물의 일시적인 사용을 허가할 수 있을 뿐이다.

공물관리는 원칙상 비권력작용이며 법률상 특별한 규정이 있는 경우에만 권력적 조치가 가능한 반면에 공물경찰은 원칙상 권력작용이다.

### (5) 위반행위에 대한 제재 및 강제방법

공물관리에 있어서 의무 위반자에 대한 제재는 그 위반자를 사용관계로부터 배제하는 것에 그치고 법률에 특별한 규정이 없는 한 제재를 과하거나 행정상 강제집행을 할 수 없다.

도로법 제75조는 누구든지 정당한 사유(예, 점용 허가 등) 없이 도로에 토석, 입목·죽(竹) 등 장애물을 쌓아놓는 행위를 금지하고 있다. 이 규정에 의해 누구든지 정당한 사유 없이 도로에 장애물을 적치하여서는 아니 되는 부작위의무를 지게 된다. 그리고, 제74조는 반복·상습적으로 도로를 불법으로 점용하는 경우 또는 도로의 통행 및 안전을 확보하기 위하여 신속하게 필요한 조치를 실시할 필요가 있는 경우 행정대집행법 제3조 제1항 및 제2항에 따른 절차에 따르면 그 목적을 달성하기가 곤란한 경우에는 해당 절차를 거치지 아니하고 적치물의 제거 등 필요한 조치를 할 수 있다고 규정하고 있다. 그런데, 도로법 제75조의 부작위의무 위반만으로는 행정대집행의 대상인 대체적 작위의무 위반(제거의무 위반)이 없고, 도로법에는 불법적치물의 제거명령에 관한 규정이 없으므로 도로법상 불법적치물에 대한 행정대집행이 도로법상 불가능함에도 도로법 제74조는 불법적치물에 대한 행정대집행이 가능함을 전제로 행정대집행의 예외로서 즉시강제의 일종인 '적치물의 제거 등 필요한 조치'를 규정하고 있는 것은 문제이다. 도로관리청에게 불법적치물에 대하여 제거명령을 내릴 수 있는 권한을 부여하는 입법이 요청된다.

이에 반하여 공물경찰에 있어서는 의무 위반자에 대하여 통상 행정벌을 부과하거나 경찰상 강제집행을 행한다. 물론 공물경찰상의 행정벌의 부과와 강제집행에는 별도의 법률의 근거가 있어야 한다.

위에서 고찰한 바와 같이 공물관리와 공물경찰은 구별된다. 그러나, 실제에 있어서 공물관리와 공물경찰의 구별이 애매한 경우가 있다.

예를 들면, 붕괴위험이 있는 다리위로의 차량통행의 제한은 공물관리권에 의해서도 가능하고 공물경찰권에 의해서도 가능하다. 또한, 도로교통법 제3조의 규정에 의한 신호기 및 안전표지의 설치가 공물관리작용인지 공물경찰작용인지 애매하다. 신호기 및 안전표지판의 설치는 공물관리작용으로서의 성질과 공물경찰로서의 성질을 아울러 가진다고 보는 것이 타당하다.

## 3. 공물관리와 공물경찰의 관계

공물관리와 공물경찰은 원칙상 상호 독립적으로 행하여진다. 그런데, 동일한 상대방에 대하여 동일한 규제가 행하여질 수 있는 경우 등 양 작용이 경합하는 경우가 있다. 그 예는 도로와 같이 공중의 자유사용이 인정되는 공물에서 많이 나타난다.

예를 들면, 도로상의 교통통제와 도로점용허가의 경우를 들 수 있다. 도로법 제76조 제1항은 도로관리청은 도로에 관련된 공사로 인하여 부득이한 경우 또는 도로가 파손되거나, 그 밖의 사유로 통행이 위험하다고 인정되는 경우 등에는 구간을 정하여 도로의 통행을 금지하거나 제한할 수 있는 것으로 규정하고 있는데, 이에 근거한 차량운행의 제한조치는 공물관리작용에 속하고, 도로교통법 제6조는 지방경찰청장은 도로에서의 위험을 방지하고 교통의 안전과 원활한 소통을 위하여 필요하다고 인정되는 때에는 구간을 정하여 차마의 통행을 금지하거나 제한할 수 있다고 규정하고 있는데, 이에 근거한 차마의 통행금지나 제한은 공물경찰작용에 속한다. 도로법 제77조에 근거한 차량운행의 제한조치와 도로교통법 제6조에 근거한 차마의 통행금지나 제한은 규제목적이나 요건은 다르지만 동일한 내용의 규제이며 양 조치가 동시에 행해질 수 있는 경우가 있을 수 있다. 또한, 도로에서 집회를 하거나 또는 시가행진을 하기 위하여는 도로법 제61조의 도로점용허가를 받아야 하는데, 집회 및 시위에 관한 법률 제12조는 관할경찰서장은 주요 도시의 주요도로에서의 집회 또는 시위에 대하여 교통소통을 위하여 필요하다고 인정할 때에는 그 집회 또는 시위를 금지하거나 교통질서유지를 위한 조건을 붙여 제한할 수 있다.

이와 같이 공물관리권과 공물경찰권이 경합하는 경우에 이론상으로는 공물관리
권과 공물경찰권은 법적 근거도 다르고, 그 목적도 다르므로 상호 독립하여 독자적
으로 행사될 수 있다. 그러나, 이 경우 이용자의 입장에서는 이중의 규제가 될 수 있
고 경우에 따라서는 양 규제가 모순될 수 있으므로 양 권한행사에 있어 협력과 조정
이 필요하다.

도로교통법 제6조 제2항은 경찰서장이 도로의 통행을 금지하거나 제한할 때에는 도로관리자와 협
의하도록 규정하고 있고, 동조 제1항은 지방경찰청장이 차마의 통행을 금지하거나 제한한 때에는
그 도로의 관리청에게 그 사실을 통지하도록 규정하고 있다. 도로교통법 제70조는 도로관리청의
도로의 점용허가 및 도로의 통행금지나 제한의 경우에는 고속도로의 경우에는 경찰청장에게, 고
속도로 외의 도로의 경우에는 관할 경찰서장에게 각각 그 내용을 즉시 통보하도록 하고 있다.


# 제 7 절  공물의 사용관계

## I. 의    의

공물의 사용관계라 함은 공물의 사용과 관련하여 공물관리자와 사용자 사이에
형성되는 법률관계(권리의무관계)를 말한다. 공물 중 사용관계가 문제되는 것은 공공
용물과 공용물인데, 공공용물과 공용물은 그 제공목적이 다름에 따라 그 사용관계의
내용이 다르다.

공공용물은 본래 일반 공중의 사용에 제공된 공물이므로 그 사용관계가 중요한
문제가 된다.

이에 반하여 공용물은 행정주체 자신의 사용에 제공된 공물이므로 원칙상 사용
관계가 문제되지 않는다. 다만, 공용물은 그 본래의 목적에 방해가 되지 않는 한도
내에서 외부의 이용에 제공될 수 있는데, 이는 국유재산법이나 지방재정법상 인정되
고 있는 행정재산의 목적외 사용·수익허가의 문제이다.

공공용물은 본래 일반 공중의 사용에 제공된 공물이므로 원칙상 일반 공중은 특
별한 요건을 충족할 필요 없이 당연히 당해 공공용물을 본래의 용법에 따라 사용할
수 있다. 이를 일반사용 또는 자유사용이라 한다.

그리고, 공공용물의 일반사용 이외에 특별한 요건이 갖추어질 것을 조건으로 일
반사용의 범위를 넘어 사용하는 것이 인정되고 있는데, 이를 특별사용이라 한다. 특
별사용에는 허가사용, 특허사용, 관습법상의 사용, 행정재산의 목적외 사용이 있다.

## II. 일반사용

### 1. 의  의

일반사용이라 함은 공물을 특별한 요건을 충족할 필요 없이(공물관리자의 특별한 의사표시 없이) 자유로이 그 본래의 용법에 따라 사용하는 것을 말한다.

일반사용은 특별한 요건을 충족함이 없이 자유로이 사용한다는 점에서 자유사용이라고도 한다. 자유사용은 그 공물의 본래의 용법에 따른 사용이어야 하며 타인의 공동사용을 방해하지 않는 한도 내에서만 인정된다.

도로에서의 통행, 공원에서의 산책, 하천에서의 수영 등이 일반사용의 예이다.

### 2. 내  용

#### (1) 공물의 용법에 따른 사용

일반사용은 공물의 본래의 용법(用法)에 따른 사용을 내용으로 한다. '공물의 용법에 따른 사용'이 무엇인지는 공물마다 다르다.

예를 들면, 차도에서의 자동차의 통행과 보도에서의 보행자의 통행 등이 도로의 용법에 따른 사용이다. 하천에서의 세탁 등과 같이 공물의 용법에 따른 사용인지 아닌지가 애매한 경우도 있다.

#### (2) 인접주민의 고양된 일반사용

##### 1) 의  의

공물 특히 도로의 인접주민(隣接住民)에게는 일반인의 일반사용보다 고양(高揚)된 일반사용이 인정된다고 보는 것이 일반적 견해이다.

인접주민에게 고양된 일반사용이 인정되는 이유는 인접주민은 생활이나 경제활동에 있어서 당해 공물에 특히 의존되어 있고, 인접주민의 일반사용이 인접주민의 재산권, 생활권 등 기본권과 밀접한 관련을 가지고 있다는 점에 있다. 인접주민은 생활이나 경제활동에 있어서 당해 공물을 사용할 필요성이 크기 때문에 인접주민의 생활이나 경제활동을 위하여 필요한 한도 내에서 인접주민에게는 일반인의 일반사용보다 양적이나 질적으로 고양된 사용이 인정된다.

##### 2) 고양된 일반사용의 내용

양적으로 고양된 사용이라는 것은 일반사용자에 비하여 더욱 강화된 사용이 가능하다는 것이다.

예를 들면, 일반사용자도 법상 금지되지 않는 한 도로에 일시 주차할 수 있지만 도로변에서 상점을 운영하는 자는 상품을 싣거나 내리기 위하여 차량을 일시 주차시키는 것도 가능하다.

질적으로 고양된 사용이라는 것은 일반사용에서는 인정되지 않는 사용도 인접
주민의 일반사용으로는 인정될 수 있다는 것이다.

예를 들면, 도로의 일반사용은 도로의 본래의 용법에 따른 사용만이 가능하므로 도로를 점용하는
것은 일반사용의 범위에 들어가지 않지만, 도로의 인접주민은 건물공사를 위하여 불가피한 경우
일시 건축자재를 쌓아 두거나 이사를 위하여 이삿짐을 일시 쌓아 둘 수 있고, 인접상점주는 일시
물품을 쌓아둘 수 있다. 다만, 일반인의 일반사용을 심히 제한하는 경우에는 특별사용에 해당하며
점용허가를 받아야 한다.

### 3) 고양된 일반사용의 범위와 한계

인접주민의 고양된 일반사용에는 일정한 한계가 있다. ① 인접주민의 공물사용
은 일상생활이나 경제활동에 필요한 한도 내에서만 인정된다. ② 인접주민의 고양된
일반사용이 일반인의 일반사용을 심히 제한하여서는 안 된다. 따라서, 도로상에 입간
판을 설치하거나 영업을 위하여 상품을 진열하는 것은 이견이 없는 것은 아니지만
원칙상 인정되지 않는다고 보아야 한다. ③ 구체적으로 공물을 사용하지 않고 있는
이상 그 공물의 인접주민이라는 사정만으로는 공물에 대한 고양된 일반사용권이 인
정될 수 없다(판례).

**[판례]** 인접주민의 고양된 일반사용권리도 공물의 일반사용의 범위 안에서 인정되는 것이므로, 특
정인에게 어느 범위에서 이른바 고양된 일반사용권으로서의 권리가 인정될 수 있는지의 여부는
당해 공물의 목적과 효용, 일반사용관계, 고양된 일반사용권을 주장하는 사람의 법률상의 지위와
당해 공물의 사용관계의 인접성, 특수성 등을 종합적으로 고려하여 판단하여야 한다. 따라서 구체
적으로 공물을 사용하지 않고 있는 이상 그 공물의 인접주민이라는 사정만으로는 공물에 대한 고
양된 일반사용권이 인정될 수 없다(대판 2006. 12. 22, 2004다68311, 68328[점포명도·임대차보증금반
환]: 재래시장 내 점포의 소유자가 점포 앞의 도로에 대하여 일반사용을 넘어 특별한 이해관계를 인정
할 만한 사용을 하고 있었다는 사정을 인정할 수 없다는 이유로 위 소유자는 도로에 좌판을 설치·이용
할 수 있는 권리가 없다고 본 사례).

### 4) 권리구제

인접주민의 고양된 일반사용권이 침해된 경우 후술하는 바와 같이 공법상 및 사
법상 방해배제청구권 및 손해배상청구권이 인정될 수 있다. 또한 공용폐지를 다툴
원고적격이 인정될 가능성이 일반사용자보다 높다.

## 3. 법적 성질

### (1) 공    권

자유사용의 법적 성질에 관하여 반사적 이익설과 공권설이 대립한다.

## 1) 반사적 이익설

이 설은 공물의 일반사용에 의해 사용자가 향수하는 이익은 반사적 이익에 불과하고 엄밀한 의미에서의 공권은 아니라고 보는 견해이다. 종래의 통설의 입장이다.

이 설의 논거는 다음과 같다. 공공용물의 일반사용은 공공용물이 공중의 일반사용에 제공되고 있는 것을 전제로 이 공물을 사용할 수 있는 것이므로 일반사용은 공공용물의 존재로부터 나오는 반사적 이익에 불과하다고 보아야 한다.

따라서, 이 설에 의하면 공공용물의 설치, 변경 또는 폐지로 인하여 일반사용이 불가능하게 되거나 제한되었다고 하여도 일반사용을 침해받았거나 침해받을 우려가 있는 자는 당해 공공용물의 설치, 변경 또는 폐지행위의 위법을 이유로 당해 행위를 재판상 다툴 원고적격이 없다고 본다.

## 2) 공법상 권리설

이 설은 공물의 일반사용으로 사용자가 향수하는 이익은 단순한 반사적 이익이 아니고 공법상의 권리 또는 법률상 보호된 이익이라고 보는 견해이다. 이 견해가 오늘날의 통설이다.

## 3) 결    론

공권설이 타당하다. 왜냐하면, 공공용물의 사용을 규율하는 법은 공익뿐만 아니라 일반 사용자의 개인적 이익도 보호하고 있다고 보아야 하기 때문이다. 공공용물의 사용은 일상생활에 필요한 것이므로 일반 사용자의 개인적 이익이라고 할 수 있고, 공공용물은 일반 공중의 사용에 제공되는 것을 본래의 목적으로 하는 것이므로 공공용물을 규제하는 법은 당연히 공공용물의 일반사용을 보호하는 것을 목적의 하나로 하고 있다고 보아야 한다. 또한, 공공용물의 본래적 이용인 일반사용에는 권리성을 인정하지 않으면서 본래적 이용이 아닌 특허사용에는 권리성을 인정하는 것은 불합리하다고 하지 않을 수 없다.

### (2) 자유권

공물의 일반사용권은 공물의 존재를 전제로 하여 당해 공물을 자유로이 사용할 수 있는 것을 내용으로 하는 '자유권'으로 보아야 할 것이다. 따라서, 공물의 신설이나 구조변경을 요구하는 적극적 권리를 내용으로 하지 않는다.

그러나, 공공용물의 존재를 전제로 하여 일반사용권을 침해하는 행정주체의 공권력행사에 대하여는 공법상 방해배제청구권이나 국가배상청구권이 행사될 수 있을 것이다.

### (3) 일반사용자의 원고적격

공물주체의 공용폐지에 대하여 일반사용자에게 이 공용폐지를 다툴 원고적격이 있는가 하는 문제가 제기된다.

판례는 다음과 같이 예외적으로 일반사용자에게 공용폐지를 다툴 원고적격을 인정한다.

**[판례]** "일반적으로 도로는 국가나 지방자치단체가 직접 공중의 통행에 제공하는 것으로서 일반국민은 이를 자유로이 이용할 수 있는 것이기는 하나, 그렇다고 하여 그 이용관계로부터 당연히 그 도로에 관하여 특정한 권리나 법령에 의하여 보호되는 이익이 개인에게 부여되는 것이라고까지는 말할 수 없으므로, 일반적인 시민생활에 있어 도로를 이용만 하는 사람은 그 용도폐지를 다툴 법률상의 이익이 있다고 말할 수 없지만, 공공용재산이라고 하여도 당해 공공용재산의 성질상 특정개인의 생활에 개별성이 강한 직접적이고 구체적인 이익을 부여하고 있어서 그에게 그로 인한 이익을 가지게 하는 것이 법률적인 관점으로도 이유가 있다고 인정되는 특별한 사정이 있는 경우에는 그와 같은 이익은 법률상 보호되어야 할 것이고, 따라서 도로의 용도폐지처분에 관하여 이러한 직접적인 이해관계를 가지는 사람이 그와 같은 이익을 현실적으로 침해당한 경우에는 그 취소를 구할 법률상의 이익이 있다"라고 판시하고 있다(대판 1992. 09. 22, 91누13212). 이 사건에서 대법원은 "원고가 거주하는 금강빌라의 주민들에 대하여는 그 빌라의 준공 당시부터 30m 대로에 연결되는 폭 6m의 진입로가 별도로 설치되어 있어 통행에 아무런 불편이 없고, 이 사건 도로는 빌라 뒤쪽 사유지 사이에 위치한 매우 좁은 도로로서 거의 일반통행에는 제공이 되지 않고 위 주민들의 산책로 등으로 가끔 이용될 뿐이어서 원고가 이 사건 도로를 산책로 등으로 가끔 이용하였던 정도의 이해관계만으로는 이 사건 도로의 용도폐지처분을 다툴 법률상의 이익이 있다고 할 수 없다"고 판시한 원심판결을 정당하다고 하였다.

생각건대, 항고소송에서 원고적격이 인정되기 위하여는 공권력행사에 의해 개인의 중요하고 구체적인 이익이 직접 침해되었거나 그 침해가 예상되어야 한다. 그런데, 공공용물의 공용폐지에 의해 단순히 종래의 일반사용이 제약을 받는다는 것만으로는 이 요건을 충족하였다고 할 수 없다. 공용폐지로 개인의 중요하고 구체적인 이익이 직접 침해되었거나 그 침해가 예상되어야 원고적격이 인정될 수 있다. 따라서, 공공용물의 공용폐지에 대한 항고소송에서 원고적격이 인정될 수 있는 경우는 주로 인접주민의 고양된 일반사용이 침해되는 경우일 것이다.

예를 들면, 도로가 폐지되어도 대체도로가 있고, 그 대체도로를 이용하여도 종래의 일상생활이나 직업활동상 큰 불편이 없는 경우에는 당해 도로의 공용폐지를 다툴 원고적격은 없다고 보아야 하지만, 폐지된 도로가 일반사용자의 유일한 통로이었거나 대체도로가 있기는 하지만 대체도로를 사용하면 특정 일반사용자의 종래의 일상생활이나 직업활동을 수행함에 있어 심히 큰 어려움을 겪게 되는 경우에는 당해 일반사용자의 원고적격을 인정하여야 할 것이다. 일본의 지방법원 판결 중에 횡단보도폐지처분의 취소를 구하는 소송에서 "신청인들이 횡단보도 인근에 거주하면서 일상생활에 이를 이용하고 있을 뿐만 아니라 상업 등의 영업에 이용하고 있는데, 그 횡단보도가 폐지되면 통행인이 감소하여 영업상의 수입에 영향이 있고 지가의 하락으로 손실을 입을 우려가 있는 경우에는 횡단보도폐지처분의 취소를 구할 법률상의 이익이 있다"고 본 판결이 있다(福井地判 1971. 10. 16 판결).

다만, 공용폐지를 다툴 원고적격을 인정한다고 하여도 공용폐지의 재량적 내지 정책적 성격으로 인하여 본안에서 원고의 주장은 쉽게 인용되지 않을 것이다. 또한, 공용폐지행위가 위법한 경우에도 사정판결을 하여야 할 경우도 있을 것이다.

### (4) 사법상 방해배제청구권 및 손해배상청구권

일반사용자의 공물이용이 다른 개인에 의해 방해받는 경우 사법상 방해배제청구권이나 손해배상청구권이 인정되는가하는 것이 문제되는데, 이를 긍정하는 것이 다수의 견해이다. 생각건대, 다수의 견해가 타당하며 그 이유는 다음과 같다. 일반사용권은 본래 공법상 권리이지만 일반사용은 일반사용자의 일상생활에 필요한 것이므로 민법상으로도 보호되어야 할 것이다. 따라서, 다른 개인에 의해 일반사용자의 생활상 이익이 침해된 경우에는 방해배제청구나 손해배상청구가 가능하다고 보아야 할 것이다.

**[판례]** 공물의 인접주민은 다른 일반인보다 그 인접공물의 일반사용에 있어서 특별한 이해관계를 가지는 경우가 있고, 그러한 의미에서 다른 사람에게 인정되지 아니하는 이른바 고양된 일반사용권이 보장될 수 있으며, 이러한 **고양된 일반사용권이 침해된 경우 다른 개인과의 관계에서 민법상으로도 보호**될 수 있으나, 그러한 권리도 공물의 일반사용의 범위 안에서 인정되는 것이므로, 특정인에게 어느 범위에서 이른바 고양된 일반사용권으로서의 권리가 인정될 수 있는지의 여부는 당해 공물의 목적과 효용, 일반사용관계, 고양된 일반사용권을 주장하는 자의 법률상의 지위와 당해 공물의 사용관계의 인접성, 특수성 등을 종합적으로 고려하여 판단하여야 할 것이지만, **구체적으로 그 공물을 사용하지 않고 있는 이상 그 공물의 인접주민이라는 사정만으로는 그러한 권리관계가 인정될 수 없다**(대판 2006. 12. 22, 2004다68311).

### 4. 범위 및 한계

① 공용물의 경우에도 예외적으로 그 본래의 목적을 방해하지 않는 한도에서 일정한 조건 아래 일반사용이 허용된다고 보는 것이 다수견해이다. 공용물의 자유사용의 예로 국공립학교 구내의 자유통행 또는 국공립학교 운동장의 자유사용을 들 수 있다. 이에 대하여 공용물은 직접 행정주체 자신의 사용에 제공함을 목적으로 하기 때문에 일반사용의 대상이 되지 않는다는 견해도 있다. 이 견해는 위의 공용물의 사용은 공물주체의 묵시적 허가에 의한 사용이라고 한다.13)

② 일반사용에 대하여는 공물에 관한 법령에 의해 관리의 필요상 또는 경찰목

---

13) 정하중, 1201~1202면.

적상 일정한 금지 또는 제한이 가해진다. 예를 들면 도로관리의 필요상 도로법 제75조는 도로에 관한 금지행위를 규정하고 있고, 도로법 제76조는 통행의 금지 또는 제한을, 제77조는 차량의 운행제한을 규정하고 있다. 또한, 도로교통법은 경찰목적상 필요한 경우에 있어서 도로의 사용을 금지 또는 제한하고 있다. 즉, 도로교통법 제68조는 도로상에서의 금지행위를, 제6조는 도로에서의 통행의 금지 및 제한을 규정하고 있다.

③ 공공용물의 일반사용은 조리상 타인의 일반사용을 심히 방해하지 않는 범위 내에서 또한 그러한 방법으로만 가능하다는 한계를 가진다.

**[판례]** 공공용물에 대한 일반사용이 적법한 개발행위로 제한됨으로 인한 불이익이 손실보상의 대상이 되는 특별한 손실인지 여부(소극): 일반 공중의 이용에 제공되는 공공용물에 대하여 특허 또는 허가를 받지 않고 하는 일반사용은 다른 개인의 자유이용과 국가 또는 지방자치단체 등의 공공목적을 위한 개발 또는 관리·보존행위를 방해하지 않는 범위 내에서만 허용된다 할 것이므로, 공공용물에 관하여 적법한 개발행위 등이 이루어짐으로 말미암아 이에 대한 일정범위의 사람들의 일반사용이 종전에 비하여 제한받게 되었다 하더라도 특별한 사정이 없는 한 그로 인한 불이익은 손실보상의 대상이 되는 특별한 손실에 해당한다고 할 수 없다(대판 2002. 02. 26, 99다35300[손해배상(기)]).

## 5. 사용료의 징수

공물의 일반사용은 원칙상 무료이다. 다만, 일정한 경우 법률의 근거가 있는 경우에 한하여 일반사용에 대하여도 예외적으로 사용료를 징수할 수 있다.

지방자치법 제136조에 근거하여 공물의 일반사용에 대하여 사용료를 징수하는 경우에 최소한 사용료를 부담하는 사용자에게 특별한 이익을 주어야 한다. 또한, 일반사용을 심히 제약하여서는 아니 된다.

도로의 일반사용에 대한 사용료의 징수는 무조건적으로 인정되는 것은 아니며 이론상 다음과 같은 요건을 갖추어야 한다. ① 대체도로의 존재 등 동일한 내용의 무료의 일반사용이 가능하여야 한다. ② 사용료를 징수하는 경우에는 무료의 일반사용보다 질높은 사용이 제공되어야 한다. ③ 사용료의 징수는 유료의 공물을 설치할 일반재정이 부족한 경우 또는 일반사용을 유료로 하는 것이 수익자부담의 원칙상 요청되는 경우에 인정된다. ④ 사용료는 유료공물의 건설 및 운영비용을 충당하는 한도 내에서만 징수되어야 한다.

유료도로법에 의하면 도로관리청은 다음에 해당하는 도로를 신설 또는 개축하여 당해 도로를 통행하는 자로부터 통행료를 받을 수 있다. ① 당해 도로를 통행하는 자가 그 도로의 통행으로 인하여 현저히 이익을 받는 도로, ② 그 부근에 통행할 다른 도로(유료도로를 제외한다)가 있어 당해 신설 또는 개축할 도로의 통행을 불가피하게 하지 아니하는 도로(유료도로법 제4조 제1항). 다음에 해당하는 도로를 유료도로로 신설 또는 개축하는 경우에는 제1항 각 호의 요건을 요하지 아니한다. ① 고속국도, ② 관광을 목적으로 하는 도로, ③ 육지와 섬 사이 또는 섬과 섬 사이를 연결하는 도로(동법 제4조 제2항).

**[판례]** ① 인천국제공항고속도로에서의 통행료징수가 위헌이 아니라고 한 사례(헌재 2005. 12. 22, 2004헌바64).
② [1] 1977년 유료도로법에 따라 통행료를 징수할 수 없게 된 고속국도라 하더라도 1980년 유료도로법 또는 2001년 유료도로법에 따른 유료도로의 요건을 갖추었다면 그 시행 이후 도로를 통행하는 차량에 대하여 통행료를 부과할 수 있다고 해석하는 것이 타당하고, 이러한 해석이 헌법상 소급입법에 의한 재산권 침해 금지 원칙에 반한다고 볼 수 없다. [2] 유료도로법 시행령 제10조 제1항의 취지는 유료도로관리청이 통행료 수납기간을 정할 때 30년을 넘는 장기간의 통행료 수납기간을 정해서는 아니 된다는 것이고, 이와 달리 어떠한 경우에도 도로의 통행료 징수 개시시점부터 30년이 경과하면 일률적으로 통행료를 수납할 수 없도록 하려는 취지라고 볼 수는 없다(대판 2015. 10. 15, 2013두2013[통행료부과처분취소]).

## Ⅲ. 허가사용

### 1. 의    의

허가사용(許可使用)이라 함은 공물관리목적상 또는 경찰목적상 일정한 공물의 사용을 일반적으로 금지하고 특정한 경우에 해제하여 그 일시적 사용을 허용하는 행위(사용허가)에 의해 공물을 사용하는 것을 말한다.

허가사용에는 공물경찰권에 근거한 허가사용과 공물관리권에 근거한 허가사용이 있다. 공물관리권에 근거한 허가사용은 공물의 일반사용이 공물의 관리에 장해가 될 우려가 있거나 공물의 사용관계를 조정할 필요가 있는 경우에 행하여지며 공물경찰권에 근거한 허가사용은 공물의 일반사용이 사회공공의 안녕과 질서에 장해를 미칠 우려가 있는 경우에 행하여진다.

공물관리권에 근거한 허가사용이나 공물경찰권에 근거한 허가사용은 그 목적은 다르지만 다 함께 본래 일반사용에 속하는 유형의 행위를 금지하고 일정한 요건을 갖춘 경우에 해제하여 주는 것이라는 점에서 동일하다. 따라서, 허가사용은 계속적인 사용을 포함할 수 없고 일시적 사용에 국한된다.

이와 같이 허가사용은 공물사용의 권리를 창설하여 주는 것이 아니며 공물 본래의 기능을 방해하지 않는 한도 내에서의 일시적 사용에 그친다는 점에서 후술하는 특허사용과 구별된다.

## 2. 허가사용의 종류

### (1) 공물관리권에 근거한 허가사용

공물관리권에 근거한 허가사용은 공공용물의 일반사용이 공물의 관리에 장해를 초래할 우려가 있는 경우에 그 장해를 제거하기 위하여 또는 타인의 일반사용에 지장을 초래할 우려가 있는 경우에 그 사용관계를 조정하기 위하여 일정한 내용의 공물사용을 일반적으로 금지한 후 특정한 요건을 갖춘 경우에 그 금지를 해제하여 그 공물의 사용을 허용하는 것이다.

도로의 보호를 위하여 일정한 차량의 통행을 금지하고 일정한 조건을 갖출 것을 조건으로 그 금지를 해제하는 것, 도로상에서의 집회를 위한 허가(다만, 집회 및 시위에 관한 법률은 집회를 함에 있어서 경찰목적상 허가는 요하지 않고 신고만 하면 된다고 규정하고 있다) 등이 그 예에 속한다.

### (2) 공물경찰권에 근거한 허가사용

공물경찰권에 근거한 허가사용은 공공용물의 일반사용이 사회공공의 안녕과 질서에 위해(예, 타인의 생명과 재산에 대한 위해)를 가할 우려가 있는 경우에 일정한 내용의 공물사용을 일반적으로 금지한 후 일정한 요건을 갖춘 경우에 그 금지를 해제하여 그 공물의 사용을 허용하는 것이다.

현행 실정법상 공물경찰권에 근거한 허가사용의 예는 거의 없다.

도로에서의 시설공사 등으로 인하여 도로교통이 현저히 지장을 받을 우려가 있는 경우에 허가를 받도록 하는 것이 공물경찰권에 근거한 허가사용의 예로 들어질 수 있으나 현행법은 이를 규정하고 있지 않다. 구 도로교통법에서는 도로에서의 공사 등을 하고자 할 때 관할 경찰서장의 허가를 받도록 하였으나(구 도로교통법 제49조), 원스톱행정서비스를 실현하기 위하여 도로법 제61조의 도로관리청의 허가만을 받는 것으로 하고 다만, 도로관리청이 도로법 제61조의 도로점용허가를 하고자 하는 경우 경찰기관의 의견을 듣도록 하였다(도로교통법 제70조).

## 3. 성    질

허가사용 중 공물경찰권에 근거한 사용허가는 강학상 허가의 성질을 가지며 공물관리권에 근거한 사용허가는 강학상 허가에 준하는 성질을 갖는다.

허가사용은 본래 자유로운 사용에 속하는 행위를 공익목적상(경찰목적상 또는 공물관리목적상) 금지하고 일정한 요건을 갖춘 경우에 그 금지를 해제하여 주는 것이며 새로운 권리를 창설하여 주는 것이 아니라는 점에 그 본질이 있다. 허가사용이 일시적 사용에 한한다는 것은 그러한 허가사용의 성질로부터 도출되는 것이지만 그것이 허가사용의 본질은 아니라고 보아야 한다. 일시적 사용이라는 개념과 계속적 사용이라는 개념는 상대적인 것이며 실제에 있어서 일시적 사용인지 계속적 사용인지 애매한 경우도 적지 않다.

사용허가는 본래 자유로운 사용을 경찰목적 또는 공물관리목적상 금지하고 이를 해제하는 행위로서 강학상 허가의 성질을 가지므로 기속행위로 보고, 사용특허를 재량행위로 본다면 이 점에서 허가사용과 특허사용의 구별실익이 있다.

### 4. 사용료

특허사용의 경우에는 사용료를 징수하는 것이 보통이지만 허가사용의 경우 사용료를 징수할 수도 있지만 징수하지 않는 경우가 많다.

## Ⅳ. 특허사용

### 1. 의    의

공물의 특허사용(特許使用)이라 함은 공물사용권의 특허에 의한 공물의 사용을 말한다. 공물사용권의 특허라 함은 일반인에게는 인정되지 않는 특별한 사용권을 특정인에게 창설하여 주는 행위를 말한다. 도로에 전기·수도·가스관 등을 매설하는 것이 특허사용의 예인데, 이 특허사용을 위하여는 공물사용권의 특허(이 경우 도로점용의 허가)를 받아야 한다. 하천에 댐을 건설하는 것도 특허사용의 예인데, 이 경우에 공물사용권의 특허인 하천점용허가를 받아야 한다.

**[판례]** [1] 구 공유수면관리법(2010. 4. 15. 법률 제10272호로 폐지되기 전의 것)에 규정된 **공유수면의 점용**이라 함은 공유수면에 대하여 일반사용과는 별도로 공유수면의 특정 부분을 유형적·고정적으로 특정한 목적을 위하여 사용하는 이른바 **특별사용을 의미하는** 것이다. [2] 피고인이 4륜스쿠터 임대업을 하면서 관할관청의 허가를 받지 아니하고 4륜스쿠터 10대를 불특정 관광객들에게 임대하여 해수욕장의 백사장에서 운행하라고 한 것만으로는 피고인이 공유수면의 특정부분인 백사장을 일반사용과는 별도로 특정한 목적을 위하여 유형적·고정적으로 사용함으로써 이를 점용하였다고 볼 수 없다고 한 사례(대판 2010. 11. 25, 2010도12529[공유수면관리법위반]).

특허사용은 일반사용의 범위를 넘어 공물을 배타적·계속적으로 사용하는 권리를 새로이 창설하여 주는 점에서 일반적 금지를 해제하여 일시적으로 본래 일반사용에 속하는 유형의 사용을 할 수 있도록 하는 허가사용과 구별된다. 그런데, 실정법에 있어서는 공물사용권의 특허에도 허가라는 용어를 사용하는 경우가 많고, 실정법규정에서 특허사용과 허가사용을 같이 규정하는 경우도 있다. 그러나, 특허사용과 허가사용은 그 성질이 다르고 따라서, 그에 대한 법적 규율이 다르므로 양자를 구별하는 것이 타당하다.

## 2. 특허사용의 대상: 특별사용

### (1) 의    의

공물의 특별사용(特別使用)이라 함은 공물의 일반사용과는 별도로 공물의 특정부분을 특정한 목적을 위하여 어느 정도 배타적·계속적으로 사용하는 것을 말한다. 공물의 특별사용은 공물사용권의 특허를 받아야 한다. 구 도로법 제40조(현행 도로법 제38조)에 규정된 점용허가의 대상이 되는 도로의 점용은 특별사용의 대표적인 예이다(대판 1998. 09. 22, 96누7342).

### (2) 판단기준

판례는 "도로의 특별사용은 반드시 독점적, 배타적인 것이 아니라 그 사용목적에 따라서는 도로의 일반사용과 병존이 가능한 경우도 있고, 이러한 경우에는 도로점용부분이 동시에 일반공중의 교통에 공용되고 있다고 하여 도로점용이 아니라고 말할 수 없는 것이며, 한편 당해 도로의 점용을 위와 같은 특별사용으로 볼 것인지 아니면 일반사용으로 볼 것인지는 그 도로점용의 주된 용도와 기능이 무엇인지에 따라 가려져야 한다"라고 도로의 특별사용의 판단기준을 제시하고 있다(대판 1995. 02. 14, 94누5830).

[판례] [1] 구 도로법 제94조의 규정에 의한 도로점용료상당의 부당이득금의 징수요건으로서의 도로점용의 의미(=특별사용): 도로법 제38조에 규정된 도로의 점용이라 함은 일반공중의 교통에 공용되는 도로에 대하여 이러한 일반사용과는 별도로 도로의 특정부분을 유형적, 고정적으로 특정한 목적을 위하여 사용하는 이른바 특별사용을 뜻하는 것이므로, 허가 없이 도로를 점용하는 행위의 내용이 위와 같은 특별사용에 해당할 경우에 한하여 도로법 제94조의 규정에 따라 도로점용료상당의 부당이득금을 징수할 수 있다. [2] 도로의 특별사용 여부에 관한 판단기준과 심리방법: 도로의 특별사용은 반드시 독점적, 배타적인 것이 아니라 그 사용목적에 따라서는 도로의 일반사용과 병존이 가능한 경우도 있고 이러한 경우에는 도로점용부분이 동시에 일반공중의 교통에 공용되고 있다고 하여 도로점용이 아니라고 말할 수 없는 것인바, 지하철역과 원고의 사옥 사이의 지하연결통로의 용도와 기능이 주로 일반시민의 교통편익을 위한 것이고 이에 곁들여 위 건물에 출입하는 사람들의 통행로로도 이용되고 있는 정도라면 위 지하연결통로는 도로의 일반사용을 위한 것이고, 만일 이와 반대로 위 지하연결통로의 주된 용도와 기능이 원고 소유 건물에 출입하는 사람들의 통행로로 사용하기 위한 것이고 다만 이에 곁들여 일반인이 통행함을 제한하지 않은 것에 불과하다면 위 지하연결통로는 특별사용에 제공된 것이므로 이를 설치사용하는 행위는 도로의 점용이라고 보아야 할 것이며, 위 지하연결통로의 설치 사용이 위의 경우 중 어느 경우에 해당하는지는 위 지하연결통로의 위치와 구조, 원고 소유 건물 및 일반 도로와의 연결관계 및 일반인의 이용상황 등 제반사정을 구체적으로 심리하여 판단하여야 한다(대판 1991. 04. 09, 90누8855).

### (3) 특별사용의 예

판례가 특별사용이므로 공물의 사용특허인 도로점용허가를 받아야 한다고 본 예는 다음과 같다.

① 지하 1층, 지상 17층의 상가아파트 건물(서울 낙원상가아파트 건물)이 도로 상하의 공간에 설치되어 있고, 지상 1층 공간에는 일정 간격으로 지주가 배열되어 있으며, 그 사이로 형성된 터널형 공간 부분의 중앙으로 차도가 설치되어 있고, 양쪽에 주차장 및 옥외출입계단이 설치되어 있는 경우(대판 1998. 09. 22, 96누7342).

② 차도와 인도 사이의 경계턱을 없애고 인도 부분을 차도에서부터 완만한 오르막 경사를 이루도록 시공하는 방법으로 건물 앞 인도 부분에 차량진출입통로를 개설한 경우, 도로의 특별사용에 해당한다고 한 사례(대판 1999. 05. 14, 98두17906).

### (4) 특별사용이라고 보지 않은 예

① 지하연결통로 완공 후의 지하도 전체 중 확장부분은 지하 전철역에서 지상의 대로로 나가는 일반시민들이 주로 이용하고 이에 곁들여 건물에 출입하는 사람들이 이를 이용하고 있으며, 그 건물에 출입하는 사람들로 인하여 일반시민들이 본래의 사용보다 불편함을 감수하면서 이를 이용하는 것으로는 보이지 아니하고 그 구조 또한 주로 일반인의 이용을 위한 것으로 보이므로 건물소유자가 이를 특별사용하는 것으로 볼 수 없다(대판 1995. 02. 03, 94누3766).

② 인근 롯데백화점에서 서울특별시로부터 허가를 받고 지하철공사와의 협약을 거친 후 을지로입구 전철역과 위 백화점 지하 1층을 연결하는 지하 연결통로를 설치하는 것과 병행하여 통행의 편의를 증진시키기 위하여 그 지하 연결통로쪽으로 올라가는 기존의 전철역 출입계단에 상행선 에스컬레이터를 설치하는 공사를 시행함으로써 종래 일반시민이 이용하던 전철역 출입계단이 위 지하연결통로의 설치와 동시에 위 백화점에 출입하는 사람들의 통행로로도 곁들여 이용된 경우, 위 에스컬레이터는 지하도로의 일반사용을 위한 것이고 특별사용을 위한 것이라고 보기 어려워 도로를 점용하였다고 볼 수 없다고 한 사례(대판 1992. 09. 08, 91누12622).

## 3. 공물사용권 특허의 성질 및 기준

### (1) 쌍방적 행정행위

공물사용권의 특허의 성질을 공법상 계약으로 보는 견해도 있으나 쌍방적 행정행위로 보는 것이 일반적 견해이다. 이 점에서는 사용허가도 공물사용권의 특허와 다르지 않다.

### (2) 형성적 행위

공물사용권의 특허는 특정인에게 일반인에게는 인정되지 않는 특별한 사용권을 창설하여 주는 행위인 점에서 형성적 행위이다.

오늘날 사용허가도 사용권을 설정하여 주는 형성적 행위로 보는 경향이 있지만, 사용허가에 있어서는 허가신청인이 본래 가지는 사용권을 회복시켜 주는 것에 불과한 반면에 공물사용권의 특허는 일반인에게는 인정되지 않는 특별한 사용권을 새로이 창설하여 주는 것인 점에서 사용허가는 공물사용권의 특허와 형성적 행위의 내용을 달리한다.

### (3) 재량행위

어떠한 행정행위가 기속행위인가 재량행위인가는 실정법규를 기준으로 판단하여야 한다. 그런데, 실정법규에서 재량권의 부여에 관한 명시적인 규정이 없는 경우에 행위의 성질이 판단기준이 된다.

실정법규 중에는 공물사용권의 특허를 기속행위로 규정하고 있는 경우도 있다. 예를 들면, 도로법 제64조는 공익사업을 위한 도로의 점용허가는 단서에서 정한 특별한 사유가 있는 경우를 제외하고는 거절할 수 없는 기속행위로 규정하고 있다.

그러나, 도로법 제61조는 일반적인 도로점용의 허가에 대하여 '관리청의 허가를 받아야 한다'라고만 규정하고 있고 당해 점용허가가 기속행위인지 재량행위인지 명시하고 있지 않다. 이와 같이 공물사용권의 특허에 관하여 실정법규정이 재량권의 존재 여부에 관하여 명시적으로 규정하고 있지 않는 경우에 공물사용권의 특허는 그 성질상 재량행위인가 아니면 기속행위로 보아야 하는가 하는 문제가 제기된다.

생각건대, 공물사용권의 특허는 다음과 같은 점에 비추어 실정법규에서 달리 규정하지 않는 한 원칙상 재량행위로 보는 것이 타당하다. ① 공물사용권의 특허는 특별한 사용권을 새로이 창설하여 주는 형성적 행위이다. ② 공물사용권의 특허는 공물에 대하여 어느 정도 독점적이고 배타적인 사용권을 설정하고 따라서 어느 정도 공물의 목적을 저해할 가능성이 있으므로 특허사용의 사익 또는 공익(공익사업을 위한 특허사용의 경우)과 공물관리상의 공익을 이익형량할 필요가 있다. ③ 특허사용은 공물의 본래의 목적에 속하는 것은 아니고 공물의 목적을 저해할 가능성이 있으므로 특허사용은 원칙적으로는 금지되고 예외적으로 허용되는 것으로 보아야 한다.

[판례] ① 도로점용의 허가는 특정인에게 일정한 내용의 공물사용권을 설정하는 설권행위로서 공물관리자가 신청인의 적격성, 사용목적 및 공익상의 영향 등을 참작하여 허가를 할 것인지의 여부를 결정하는 재량행위이다(대판 2007. 05. 31, 2005두1329[도로점용허가거부처분취소등]).
② [1] 구 공유수면관리법상 공유수면의 점·사용허가의 법적 성질(=재량행위): 구 공유수면관리법에 따른 공유수면의 점·사용허가는 특정인에게 공유수면 이용권이라는 독점적 권리를 설정하여 주는 처분으로서 그 처분의 여부 및 내용의 결정은 원칙적으로 행정청의 재량에 속한다고 할 것이고, 이와 같은 재량처분에 있어서는 그 재량권 행사의 기초가 되는 사실인정에 오류가 있거나 그에 대한 법령적용에 잘못이 없는 한 그 처분이 위법하다고 할 수 없다(대판 2004. 05. 28, 2002두5016[공유수면점·사용 불허가처분취소등]). [2] 공유수면 사용권은 공유수면 점용·사용허가로 발생하는 권리로서(대법원 2014. 09. 04. 선고 2014두2164 판결) 공물사용권 내지 공물이용권으로 볼 수 있다(대법원 2004. 05. 28. 선고 2002두5016 판결)(대판 2014. 09. 04, 2014두2164).

현행 도로법상 **도로의 지상**뿐만 아니라 **지하**도 도로의 기능과 관련있는 범위내에서 도로의 일부가 되고 도로점용허가의 대상이 될 수 있다. 다만, 도로법 제28조 제1항에 따라 지상이나 지하 공간 등 도로의 상하의 범위를 정하여 도로구역(입체적 도로구역)으로 지정한 경우에는 그 지정된 지상이나 지하의 도로구역만 도로에 해당하고 도로점용허가의 대상이 된다.

도로의 지하(지하실)에 대한 점용허가는 도시·군계획시설(이 사건의 경우 도로)의 설치·이용 및 장래의 확장 가능성에 지장이 없는 범위에서만 가능하고(도로법 시행령 제55조 제5호), 재량권의 일탈·남용이 없어야 한다(대판 2019. 10. 17, 2018두104).

[판례] ① 도로의 지하에 대한 점용허가 이후 건축허가를 받아 이 사건 도로 지하 부분을 포함한 신축 교회 건물 지하에 지하 1층부터 지하 5층까지 본당(예배당), 영상예배실, 교리공부실, 성가대실, 방송실 등의 시설을, 지하 6층부터 지하 8층까지 주차장, 기계실, 창고 등의 시설을 설치한 경우에 해당 도로점용허가의 위법이 문제된 사안에서, (1) 도로법령은 구 공유재산법 제13조에 대한 특별 규정이므로, 도로의 점용에 관해서는 위 도로법령의 규정들이 우선적으로 적용되고 구 공유재산법 제13조는 적용되지 않는다고 보아야 한다. (2) 지하실(도로의 지하)에 대한 도로점용허가는 「건축법」 제2조 제1항 제2호에 따른 건축물로서 「국토의 계획 및 이용에 관한 법률 시행령」 제61조 제1호에 따라 설치하는 경우만 해당한다(도로법 시행령 제55조 제5호). 따라서, 그 도시·군계획시설(이 사건의 경우 도로)의 설치·이용 및 장래의 확장 가능성에 지장이 없는 범위에서만 도로지하에 대한 점용허가가 가능하다. (3) 수익적 행정처분에 대한 취소권 등의 행사는 기득권의 침해를 정당화할 만한 중대한 공익상의 필요 또는 제3자의 이익보호의 필요가 있는 때에 한하여 허용될 수 있다는 법리(대법원 1991. 5. 14. 선고 90누9780 판결등 참조)는, 처분청이 수익적 행정처분을 직권으로 취소·철회하는 경우에 적용되는 법리일 뿐 쟁송취소의 경우에는 적용되지 않는다. 〈해설〉 따라서 이 사건 도로점용처분의 위법 여부의 판단에 있어서는 도로점용처분 자체의 위법 여부만으로 판단하여야 하고 도로점용처분후의 건축허가의 위법 여부나 도로점용허가 취소로 인한 원상회복 및 건축변경에 따른 교회의 불이익은 고려대상이 아닌 것으로 보아야 한다는 것이다. (4) 예배당, 성가대실, 방송실과 같은 지하구조물 설치를 통한 지하의 점유는 원상회복이 쉽지 않을 뿐 아니라 유지·관리·안전에 상당한 위험과 책임이 수반되고, 이러한 형태의 점용을 허가하여 줄 경우 향후 유사한 내용의 도로점용허가신청을 거부하기 어려워져 도로의 지하 부분이 무분별하게 사용되어 공중안전에 대한 위해가 발생할 우려가 있으며, 이 사건 도로 지하 부분이 교회 건물의 일부로 사실상 영구적·전속적으로 사용되게 됨으로써 도로 주변의 상황 변화에 탄력적·능동적으로 대처할 수 없게 된다는 등의 사정을 들어, 이 사건 도로점용허가가 비례·형평의 원칙을 위반하였다고 판단하고, 특별계획구역 내의 도로점용허가에는 행정계획의 입안·결정과 마찬가지로 폭넓은 계획재량이 인정된다는 피고의 주장을 배척한 사례(대판 2019. 10. 17, 2018두104[도로점용허가처분무효확인등]).
② 〈도로를 사이에 두고 마주한 두 건물을 연결하는 지하연결통로의 개설을 위해 도로 지하의 점용을 전제로 하는 건축허가변경을 불허하는 처분의 취소를 구한 사건에 재량권의 일탈·남용이 다투어진 사례〉 피고(동대문구청장) 관내의 원고 교회가 교회 건물 부지와 8m 도로(이하 '이 사건 도로'라고 한다)를 사이에 두고 마주한 이 사건 토지 지상에 지하 7층, 지상 14층, 연면적 12,929.97

㎡의 가칭 '비전센터' 건물의 신축허가를 받은 다음, 위 교회 건물 지하주차장과 비전센터 지하 2층을 연결하는 지하연결통로(이하 '이 사건 통로'라고 한다)의 개설을 위해 피고 소유의 이 사건 도로 지하의 점용을 전제로 하는 건축허가변경을 신청하였으나, 피고는 이 사건 통로가 공공용 시설이 아닌 사적 소유물로서 그 관리·이용에 관여하기 어려우며 기부채납을 받더라도 그 구조상 독자적인 관리가 어렵다는 이유로 위 변경신청을 불허하는 이 사건 처분을 한 경우 이 사건 처분의 기본적 사실관계의 범위 안에 있는 위 도로점용허가요건 구비 여부에 대한 피고의 판단에 재량권을 일탈·남용한 위법이 있는지의 점에 관하여, **원심은** 제1심판결을 일부 인용하여, 이 사건 통로는 지하에 설치되는 관계로 도시미관이나 일반 공중의 도로 이용에 지장을 주지 아니하고, 위 도로 지하에는 별도의 매설물이 없으며 추가로 지하매설물을 설치할 계획도 없어 공공의 이익을 침해하는 시설은 아니라는 점 구 공유재산 및 물품 관리법(이하 '공유재산법') 제13조 및 같은 법 시행령 제9조에서 지방자치단체의 현재의 사용 및 이용에 지장이 없는 한 기부채납의 조건이 아니라 하더라도 공유재산의 지하 공작물 설치를 위한 도로점용허가가 가능하고, 공물의 특허사용은 그 성질상 사적 소유물을 위해 특정인에게 공물의 사용권을 설정하는 것으로서 도로점용허가의 부관을 통해 행정청의 관여가 가능하므로 이 사건 통로가 기부채납의 대상이 아니라거나 공공용 시설이 아니라는 사유는 불허 사유가 될 수 없어 이를 근거로 한 피고의 처분에는 사실오인의 위법이 있다는 점, 이 사건 통로를 설치하여 교회 건물의 지하주차장과 비전센터 지하출입구를 각 출구 또는 입구 전용으로 사용함으로써 오히려 일대 교통의 소통 및 안전에 도움이 되고, 다른 구에서 도로를 경계로 분리된 사인의 건물 사용을 위해 이 사건 통로보다 더 큰 규모의 지하연결통로의 설치를 허가한 사례가 다수 있으며, 사용 목적과 기간, 원상회복, 점용면적 등을 부관으로 정해 사익과 공익을 조정할 수 있음에 비추어 이 사건 처분은 비례·형평의 원칙에도 반한다는 점 등의 사정을 들어 이 사건 처분에는 재량권을 일탈·남용한 위법이 있다고 판단하였다. 이에 대하여 **대법원은** 이 사건 통로의 설치에는 원고가 주장하거나 원심이 들고 있는 바와 같은 순기능적 측면도 있다고 볼 수는 있을 것이지만, 그 반면 지하구조물 설치를 통한 도로 지하의 점유는 그 원상회복이 쉽지 아니할 뿐만 아니라 그 유지·관리 및 안전에 상당한 위험과 책임이 수반될 수 있고, 설치 후 관련 시설물의 소유권 변동 등 사정변경에 따라 관리가 소홀히 되거나 방치될 우려가 있는 경우에는 더욱 그러하며, 원고가 주장하는 설치협약의 체결만으로 그러한 문제점들에 대한 완전한 대비책은 될 수 없다는 점, 가사 원고가 피고에게 기부채납을 하더라도 그 경우 이 사건 통로의 하자 및 관리 소홀 등으로 발생하는 법적 책임을 고스란히 피고가 인수하게 됨에 반해 위 통로는 교회 건물 및 그 관련 시설의 이용에 제공되는 것 이외에는 피고나 관내 주민 일반의 공적 혹은 공공적 이용에는 필요하지 아니한 관계로 피고가 이를 인수할 합리적 사정도 없다는 점, 원고가 내세우는 교통혼잡 해소의 문제는 이 사건 통로 설치의 직접적인 목적이 아닐 뿐만 아니라 이는 피고가 관내 교통행정의 측면에서 전문적·체계적·종합적으로 접근, 해결하여야 할 문제이지 이 사건 처분의 당부와는 직접적인 관련이 없다는 점, 원고가 스스로의 최종 판단하에 당초 이 사건 통로의 설치를 포함하지 않는 내용으로 건축허가를 신청하여 허가를 받았다가 별도의 사정변경도 없이 위 통로의 설치만을 위한 건축허가변경을 신청한 경위에 비추어 이를 불허하는 처분이 원고에게 예상하지 못한 부당한 불이익을 초래하는 것이라고 볼 수도 없다는 점, 도로의 지하부분 점용을 허가한 유사사례의 경우 관련 시설이 당해 지방자치단체에서 차지하는 사회·경제·문화적 측면들을 모두 고려한 행정적·정책적 판단의 소산이라 할 것이므로 이 사건 통로의 설치를 통해 연결하고자 하는 교회 건물과 관련 시설(위 비전센터는 주용도가 종교집회장으로 신고된 복지시설이다. 갑 제4호증 참조)과 같이 그 사회·경제·문화적 의미가 매우 제한적인 시설물 이용의 편익을 주목적으로 하는 도로점용허가신청의 경우에 이를 원용하기에는 적절하지 아니하고,

오히려 이를 받아들이게 되면 향후 유사한 내용의 도로점용허가신청을 거부하기 어렵게 되어 그
결과 도로 지하의 무분별한 사적 사용과 그에 따른 공중안전에 대한 위해의 우려가 점증하게 된다
는 점 등의 역기능 내지 부작용도 고려하여야만 할 것인바, 이와 같이 이 사건 처분에 수반되는 순
기능과 역기능 및 앞서 본 행정의 재량행위에 관한 법리를 모두 종합하여 보면, 원고가 주장하는
사유들만으로는 피고의 이 사건 처분에 관련 공익과 사익을 비교·형량함에 있어서 비례·형평의
원칙을 위반한 위법이 있다고 단정할 수도 없다고 하였다(대판 2008. 11. 27, 2008두4985[건축불허가
처분취소]).

## 4. 특허사용관계의 내용

공물사용의 특허를 받은 자는 특허의 내용에 따라 일정한 내용의 공물사용권을
취득하고, 법령 및 조건(특허명령서)에 따라 일정한 의무를 부담한다.

### (1) 공물사용권

#### 1) 공물사용권의 성질

공물사용권의 성질(공권인가 사권인가, 채권인가 물권인가, 재산권성)에 관하여 견해가
대립되고 있다.

**가. 공    권**    특허에 의한 공물사용권의 성질에 관하여 공권설, 사권설, 절
충설이 대립하고 있다.

**(가) 공권설**    이 설은 행정법학자의 일반적 견해인데, 공물사용권은 공물관리
자에 대한 공권의 성질을 갖는다고 한다.

이 견해의 논거는 다음과 같다. ① 공물사용권은 특허라는 공법적 원인에 의해
성립하는 권리이다. ② 도로법이나 하천법 등 공물법에서 공물에 대한 사권의 행사
를 배제하고 있고, 공물사용권은 절대적으로 배타적인 권리가 아니라 공익을 위하여
어느 정도 제약을 받아야 하는 권리이다.

**(나) 사권설**    이 설은 공물사용권은 공법적 원인에 의해 발생하지만 그 실체
에 비추어 사권으로 보아야 한다고 본다. 즉, 공물사용권은 공물을 사적 용도에 사용
하는 권리이고 재산권적 성질을 가지는 점에 비추어 사권으로 보아야 한다.

**(다) 절충설**    이 설은 특허에 의한 공물사용권은 공물의 성립원인에 착안하면
공물관리자에 대한 관계에 있어서는 공법상 채권의 성질을 가지고, 그 권리의 실질
을 보면 사법상 재산권의 성질을 가진다고 본다.

공권설이 타당하다. 공권설에 의하면 공물관리주체와의 관계에서 제기되는 공물
사용권에 관한 쟁송은 행정쟁송의 형식으로 제기하여야 한다. 그런데, 제3자가 그 사
용권을 침해한 경우에는 민법상 불법행위를 구성한다고 볼 수 있고 이 경우에는 민
사소송으로 이를 다투어야 한다.

**나. 채 권** 공권설에 의하면 공물사용권은 법률이 물권으로 규율하고 있는 경우(수산업법상 어업권, 댐건설 및 주변지역지원 등에 관한 법률상 댐사용권)를 제외하고는 원칙상 공물관리자에 대한 채권적 성질을 갖는다고 본다. 판례도 "하천의 점용허가권은 특허에 의한 공물사용권의 일종으로서 하천의 관리주체에 대하여 일정한 특별사용을 청구할 수 있는 채권(債權)에 지나지 아니하고 대세적 효력이 있는 물권이라 할 수 없다"라고 하고 있다(대판 2015. 01. 29, 2012두27404[하천점용허가권원상복구]).

공물사용권을 채권으로 보면 공물사용권을 이유로 공용폐지를 배제할 수 없다.

공물사용권은 기본적으로 채권이지만 제3자에 대한 관계에서는 어느 정도 배타적인 사용과 점용을 내용으로 하므로 제3자에 대한 관계에서는 일부 물권에 유사한 성질도 갖는다.

**다. 재산권성** 사권설에 의하면 공물사용권은 사법상 재산권이다. 공권설에 의하더라도 공물사용권의 재산권적 성질이 부인되어야 하는 것은 아니다. 공물사용권은 공권이라고 하여도 그 실질은 그 물건을 사용하고 점용하는 것을 내용으로 하므로 재산권적 성질을 가진다. 공물사용권은 이 점에서 사권과 유사한 성질을 가지며 이 한도 내에서는 사법이 적용된다. 그리하여 공물사용권은 사권에 준하여 양도가 가능하고, 제3자가 이 사용권을 침해한 경우에는 민사상 방해배제나 손해배상청구가 가능하다.

[판례] [1] 유선장을 설치하여 수상레저사업을 운영하기 위해 하천점용허가를 받은 甲이 乙로부터 돈을 차용하면서 乙과 하천점용허가 및 유선장을 매도하는 계약을 체결하였는데, 그 후 乙이 하천점용허가의 권리의무승계 신고를 하자 관할 시장이 하천 점·사용허가 권리의무승계처분을 한 사안에서, 관할 시장은 甲 명의의 권리의무승계신고서와 승계사실 증명에 관한 서류가 위조되는 등으로 승계의 효력이 없다고 볼 특별한 사정이 없는 한 위 신고에 따른 권리의무승계처분을 하면 된다고 한 사례. [2] 하천점용허가 관리대장은 허가가 있었음을 증명하는 문서로 행정상 편의를 위하여 작성하는 것에 불과하고, 하천의 점용허가권은 재산권의 설정과 이전에 관하여 등기 또는 등록이 성립요건 또는 대항요건이 되어 있는 재산권이라고 할 수 없으므로 가등기담보 등에 관한 법률이 준용된다고 할 수 없다고 한 사례(대판 2015. 01. 29, 2012두27404[하천점용허가권원상복구]).

**2) 내용과 한계**

공물의 특허사용은 공물의 특정부분을 특정한 목적을 위하여 사용하는 특별사용을 뜻한다. 따라서 공물사용권의 내용은 그 사용목적에 의해 정해진다. 공물사용권은 그 사용목적을 달성하는 데 필요한 한도 내에서 공물을 배타적으로 사용할 수 있는 것을 내용으로 한다.

그리고 특허에 의한 공물사용은 계속적 성질을 갖는다.

그러나, 공공용물의 공공용에의 제공이라는 목적을 본질적으로 침해하여서는 안

된다. 특허에 의한 공물사용권은 예외적인 것으로 보아야 하므로 공물사용권은 그 사용목적 달성에 필요한 최소한도 내에서 인정되며 일반공중의 일반사용과 조화를 이루어야 한다. 따라서, 특허에 의한 공물사용권은 절대적으로 독점적이고 배타적인 권리는 아니며 일반사용과 병존이 가능하다.

하천관리청은 하천점용허가를 함에 있어서 기득하천사용자가 그 허가로 손실을 받게 됨이 명백한 경우에는 해당 신청인으로 하여금 기득하천사용자의 동의를 얻도록 하여야 한다. 다만, ① 그 하천점용에 관한 사업이 기득하천사용자의 하천사용에 관한 사업에 비하여 공익성이 뚜렷하게 큰 경우 또는 ② 손실을 방지하기 위한 시설을 설치하여 기득하천사용자의 하천사용에 관한 사업의 시행에 지장이 없다고 인정되는 경우에 해당하는 경우에는 그러하지 아니하다(제34조).

### (2) 공물사용권자의 의무

공물사용의 특허를 받은 자는 법령 및 사용특허의 조건(특허명령서)에 따라 일정한 의무를 부담한다.

#### 1) 사용료납부의무

공물사용권의 특허는 특정인의 이익을 위하여 일정한 특권을 부여하는 것이므로 그 특허사용의 대가로 사용료를 징수할 수 있다.

특허사용의 사용료에 관한 일반법은 없고 각 개별법에서 사용료의 징수에 관한 규정을 두고 있다(도로법 제66조, 하천법 제37조 등). 그러나, 특허사용의 사용료는 특별한 이익에 대한 대가의 징수이므로 법률의 근거 없이도 징수할 수 있는 것으로 보아야 한다(박윤흔, 502면).

**[판례]** ① 국유재산 점용·사용허가를 받지 아니한 채 국유재산을 사용한 자에 대하여 국유재산법에 따른 사용료를 부과할 수 없다(대판 2017. 04. 27, 2017두31248). 〈해설〉 변상금을 부과하거나 부당이득반환청구를 하여야 한다.
② 공업용수로 사용되는 하천수 사용료는 특별한 사정이 없는 한 '취수허가 사용량'이 아닌 '실제 사용량'에 요금단가를 곱하여 산정하는 것으로 해석하여야 한다(대판 2018. 06. 15, 2018두33142[하천수사용료부과처분취소]).

#### 2) 손실보상의무

하천점용허가로 손실을 받은 기득하천사용자가 있는 때에는 그 하천점용허가를 받은 자가 그 손실을 보상하여야 한다(제35조 제1항).

### 5. 특허사용관계의 소멸

공물의 특허사용관계는 공물의 소멸, 특허사용권의 포기, 특허사용권에 의한 시설 또는 사업의 소멸, 사용특허의 종기의 도래 또는 해제조건의 성취, 특허의 취소 또는 철회에 의해 종료된다.

공물의 사용특허는 공익상 이유로 철회될 수 있어야 한다. 철회사유는 사용특허 후 사용특허의 존속 자체가 공물의 존립목적인 공적 목적에의 제공을 저해하게 된 경우 또는 보다 큰 공익을 위하여 공물을 사용특허하여야 하는 경우(예, 댐검설을 위한 점용허가를 위하여 하천에서의 사석채취허가를 철회하는 경우) 등이 있다. 사용특허의 철회에 관하여 개별 법률에 근거를 두고 있는 경우가 있지만 근거가 없는 경우에도 철회는 가능하다.

사용특허를 철회함에 있어서는 철회의 제한의 법리에 따라 이익형량을 하여야 하고, 사용특허자에게 귀책사유가 없는 경우에는 손실보상을 해 주어야 한다.

## 6. 사용특허 없는 특별사용에 대한 변상금 부과

사용특허 없는 특별사용에 대해 변상금 등의 부과에 관한 특별규정이 있는 경우에는 변상금을 부과하고, 변상금 부과에 관한 특별규정이 없는 경우에는 부당이득반환의 법리에 따라 점용료 상당액을 부당이득금으로 징수할 수 있다.

도로법 제72조 제1항은 '도로점용허가를 받지 아니하고 도로를 점용한 자에 대하여는 그 점용기간에 대한 점용료의 100분의 120에 상당하는 금액을 변상금으로 징수할 수 있다'라고 규정하고 있다. 이 규정 이전의 구 도로법(1999. 2. 8, 개정 이전 법)은 이 경우에 그 점용기간에 대한 점용료 상당액을 부당이득금으로 징수하는 것으로 하였었다.

## Ⅴ. 관습상의 특별사용

### 1. 관습상 공물사용권의 인정

공물사용권이 관습법에 의하여 성립되는 경우가 있다. 예를 들면, 관습상 관개용수권, 관습상 유수권, 관습상 음용용수권, 관습상 관행어업권(입어권) 등이 있다.

**[판례]** 어선어업자들의 백사장 등에 대한 사용이 관행어업권에 기한 것으로 볼 수 있는지 여부(소극): 관행어업권은 일정한 공유수면에 대한 공동어업권 설정 이전부터 어업의 면허 없이 그 공유수면에서 오랫동안 계속 수산동식물을 포획 또는 채취하여 옴으로써 그것이 대다수 사람들에게 일반적으로 시인될 정도에 이른 경우에 인정되는 권리로서 이는 어디까지나 수산동식물이 서식하는 공유수면에 대하여 성립하고, 허가어업에 필요한 어선의 정박 또는 어구의 수리·보관을 위한 육상의 장소에는 성립할 여지가 없으므로, 어선어업자들의 백사장 등에 대한 사용은 공공용물의 일반사용에 의한 것일 뿐 관행어업권에 기한 것으로 볼 수 없다(대판 2002. 02. 26, 99다35300[손해배상(기)]).

판례는 다음과 같이 관습상 관개용수권의 취득을 인정하고 있다.

**[판례]** 농지소유자들이 수 백년 전부터 공유(公有)하천에 보를 설치하여 그 연안의 논에 관개를 하여 왔고 원고도 그 논 중 일부를 경작하면서 위 보로부터 인수(引水)를 하여 왔다면, 공유하천으로부터 용수를 함에 있어서 하천법에 의하여 하천관리청으로부터 허가를 얻어야 한다고 하더라도 그 허가를 필요로 하는 법규시행 이전부터 원고가 위 보에 의하여 용수할 수 있는 권리를 관습에 의하여 취득하였음이 뚜렷하므로 원고는 하천법에 관한 법규에 불구하고 그 기득권이 있는 것이다(대판 1972. 03. 31, 72다78).

## 2. 관습상 공물사용권의 성질과 효력

관습상 공물사용권은 특허사용권과 유사한 성질과 효력을 갖는다. 다만, 관습상 공물사용권은 공물관리주체의 사용특허행위 없이 성립된 것이므로 공물의 관리주체에 대한 채권이라고 할 수 없으며 물권의 성질을 갖는다.

관습상 공물사용권은 일반사용의 범위를 넘는 특별사용을 내용으로 한다. 타인에 의해 관습상 공물사용권이 침해된 경우에는 그 침해의 배제를 청구할 수 있고, 손해배상을 청구할 수 있다. 판례도 관개용수권이 상류에서의 신보(新洑)의 설치에 의해 침해를 받은 경우 그 침해의 배제 또는 예방청구를 인정하고 있다(대판 1972. 03. 31, 72다78).

## 3. 관습상 공물사용권의 한계

관습상 공물사용권은 절대로 배타적인 권리는 아니다. 관습상 공물사용권은 공물의 정상적인 사용에 따른 제약을 받는다. 따라서, 공물에 대한 자유사용이나 신규의 특허사용에 의해 관습상 공물사용권이 제약을 받는다고 하더라도 그 제약이 관습상 공물사용권에 대한 중대한 침해가 되지 않는 한 이를 권리침해라고 할 수 없다.

또한, 관습상 공물사용권은 공물사용에 관한 법질서를 적정하게 수립하기 위하여 법령에 의해 제한될 수 있다. 그러나, 이 경우에도 관습상 공물사용권을 보호하는 장치가 마련되어야 한다. 예를 들면, 관습상 공물사용권을 특허사용권으로 대체하여 주는 것으로 규정하는 것이 가능하고, 법령에 의한 관습상 공물사용권의 제한이 특별한 희생이 되는 경우 손실보상을 해 주어야 한다.

1990년 8월 1일 수산업법이 개정되어 관행어업권자는 어업권원부에 등록하도록 하고(제2조 제10호), 이 법 시행일부터 2년 이내에 제16조의 규정에 의하여 어업권원부에 등록을 한 경우에 한하여 입어자(관행어업권자)로 인정하도록 하였다(부칙 제5조 제2항). 이에 따라 이 법 시행일부터 2년 이내에 어업권원부에 등록하지 않은 자는 관행어업권자로 보지 않고 공유수면매립에 따른 손실보상을 해 주지 않았다. 헌법재판소는 이들 규정이 재산권을 소급적으로 박탈하는 소급입법이 아니고, 과잉금지의 원칙에도 반하지 않는다고 결정하였다(헌재 1999. 07. 22, 97헌바76; 98헌바50·51·52·54·55 (병합)). 대법원도 동일한 입장이다.

**[판례]** 1990. 8. 1. 법률 제4252호로 전부 개정된 수산업법 시행 후 종래의 관행어업권자의 2년 동안의 법적 지위: 종래의 관행어업권자는 같은 법 규정에도 불구하고 그 시행일(1991. 2. 1.)로부터 2년 동안은 어업의 신고나 어업권원부에의 등록 없이도 종전의 권리를 그대로 유지할 수 있으며, 어업권원부에 입어자로 등록하지 아니한 상태로 2년을 경과하면 그 때 비로소 같은 법에 의한 관행어업권으로 인정될 여지가 더 이상 없게 되어 그 권리가 소멸하고, 그 자체로서는 더 이상 보호를 받을 수 없게 된다고 보아야 한다(대판 2010. 12. 09, 2007두6571[손실보상재결신청기각결정취소등]).

그러나, 관습상 관행어업권도 권리이므로 공익을 위해 권리를 수용하거나 박탈할 필요가 있는 경우에 한하여 법률의 근거하에 가능한 것이며 이 경우에도 손실보상을 해 주어야 한다. 따라서, 위의 개정수산업의 규정이 시행일부터 2년 이내에 어업권원부에 등록하지 않은 자는 관행어업권자로 보지 않고 공유수면매립에 따른 손실보상을 해 주지 않으려는 것을 내용으로 한다면 그 규정은 재산권을 침해하는 것으로 위헌이라고 보아야 한다. 그리고, 그 규정의 입법목적(불법어업으로 인한 폐해를 방지하고 불법어업자의 무분별한 관행어업권의 주장을 배제하여 어업질서를 확립하기 위한 것)을 달성하기 위하여 등록하지 않은 관습상 관행어업권을 상실시키도록 한 것은 비례의 원칙에 반한다고 보아야 한다. 입법론으로는 등록한 관행어업권자에게 일정한 혜택을 주고, 등록하지 않은 자에 대하여도 관습상 관행어업권을 입증하면 이를 인정하여 주는 것이 타당할 것이다.

## Ⅵ. 행정재산의 목적외 사용

### 1. 의    의

행정재산은 그 목적에 장해가 되지 않는 한 행정재산의 목적외(目的外)로 사용 또는 수익되는 것으로 할 수 있는데, 이를 행정재산의 목적외 사용이라 한다. 그 예로 관공서 청사의 일부를 사인에게 식당이나 매점을 경영하도록 사용허가하는 것을 들 수 있다.

행정재산은 본래 행정목적에 제공된 것이므로 그 목적에 맞게 사용되어야 하고 그 목적외로 사용되는 것은 원칙상 인정되지 않는다. 그러나, 행정재산의 목적에 반하지 않는 한도 내에서의 사용을 금지할 이유는 없으며 매점이나 식당의 운영과 같은 행정재산의 목적외 사용이 간접적으로는 행정에 기여하는 바가 있고, 국·공유재

산의 효율적인 관리라는 측면에서도 여유공간을 사용허가하여 사용료를 받는 것이
좋을 것이다. 다만, 행정재산의 목적외 사용을 허가한 경우에도 당해 행정재산의 본
래의 목적을 위하여 사용할 필요가 생긴 때에는 신속하게 당해 행정재산을 회복하여
본래의 목적에 제공할 수 있어야 한다.

국유재산법이나 공유재산법은 이러한 관점에서 행정재산의 목적외 사용을 허용
하면서도 행정재산의 본래의 목적달성을 보장하기 위한 규정들을 두고 있다.

## 2. 근    거

국유재산법은 다음과 같이 국유 행정재산의 목적외 사용을 허용하고 있다. 중앙
관서의 장은 공용·공공용·기업용 재산의 경우 그 용도나 목적에 장애가 되지 아니
하는 범위내에서, 보존용재산의 경우 보존목적의 수행에 필요한 범위내에서만 행정
재산의 사용허가를 할 수 있다(제30조 제1항).

지방자치단체 소유 행정재산의 목적외 사용에 대하여는 공유재산법이 규정하고
있다(제20조 이하).

행정재산 중에서도 하천, 도로, 공원, 공유수면 등의 목적외 사용에 대하여는 각
각 하천법, 도로법, 도시공원 및 녹지 등에 관한 법률, 공유수면관리법 등이 특별히
규정하고 있다.

행정재산의 목적외 사용은 법률의 근거가 없는 경우에도 계약에 의해 행해질 수
있다. 이 경우 행정재산의 목적외 사용관계는 당해 계약이 공법상 계약인가 아니면
사법상 계약인가에 따라 공법관계 또는 사법관계이다.

## 3. 목적외 사용허가의 성질

행정재산의 목적외 사용허가의 법적 성질에 관하여는 견해가 대립하고 있다.

### (1) 사법관계설(사법상 계약설)

이 견해는 행정재산의 목적외 사용허가를 사법상 계약으로 본다. 소수견해인 이
견해의 논거는 다음과 같다. ① 사용·수익의 허가라는 용어만으로 행정재산의 목적
외 사용허가의 성질을 속단할 수 없고, 행정재산의 목적외 사용·수익의 내용은 오로
지 사용·수익자의 사적 이익을 도모하는 데 있는 것이다.[14] ② 국유재산법 제30조
제1항에 의한 사용이 '원래의 목적외 사용'이라는 점, 관리청과 사인 사이에 우열관
계 내지 상하관계가 존재한다고 보기 어렵다는 점, 조세체납절차에 의한 강제징수가

---

14) 이상규, 472면.

가능하다는 것이 반드시 법관계를 공법관계로 보아야 한다는 것은 아니라는 점, 국
유재산법상 사용허가는 승낙으로, 사용허가의 취소·철회는 계약의 해제 등으로 볼
수 있다는 점 등을 논거로 든다.[15]

### (2) 공법관계설(행정처분설)

이 견해는 행정재산의 목적외 사용허가를 행정처분으로 보며 사용관계를 공법
관계로 본다. 이 견해가 다수견해인데 그 논거는 다음과 같다. ① 현행 국유재산법은
구국유재산법과는 달리 행정재산의 사용·수익은 관리청의 허가에 의하도록 되어 있
고, 또한 관리청은 상대방의 귀책사유나 공공목적과의 관련에서 그 허가를 일방적으
로 취소·철회할 수 있도록 규정(제36조)하고 있다.[16] ② 현행법은 사용료의 징수를
조세체납처분절차에 의하도록 정하고 있고(제73조 제2항), 사용허가에 관한 규정(제30
조)과 사용허가의 취소·철회에 관한 규정(제36조)을 독립시켜 놓고 있다.[17]

### (3) 이원적 법률관계설

이 견해는 행정재산의 사용·수익관계는 부분적으로는 공법관계이고, 부분적으
로는 사법관계라고 보는 견해이다. 즉, 국유재산법의 개정취지가 사용·수익관계의
발생·소멸과 사용료의 징수관계는 그것을 공법적으로 규율하려는 의도가 분명하므
로 그 범위 안에서는 공법관계라고 할 것이나 행정재산의 사용·수익관계는 그 실질
에 있어서는 사법상의 임대차관계와 같다고 할 것이며, 따라서 특수한 공법적 규율
이 있는 사항을 제외하고는 행정재산의 목적외 사용의 법률관계는 사법관계라고 할
것이며 허가라는 행정처분에 의하여 발생하는 사용권도 사권이라고 한다.[18]

### (4) 판    례

판례는 행정재산의 목적외 사용·수익허가를 행정처분(강학상 특허)으로 보고 있다.

[판례] ① 공유재산의 관리청이 행정재산의 사용·수익에 대한 허가는 순전히 사경제주체로서 행
하는 사법상의 행위가 아니라 관리청이 공권력을 가진 우월적 지위에서 행하는 행정처분으로서
특정인에게 행정재산을 사용할 수 있는 권리를 설정하여 주는 강학상 특허에 해당한다(대판 1998.
02. 27, 97누1105).
② 국립의료원 부설 주차장에 관한 위탁관리용역운영계약의 실질은 행정재산에 대한 구 국유재산
법 제24조 제1항의 사용·수익 허가임을 이유로, 민사소송으로 제기된 위 계약에 따른 가산금지급
채무의 부존재확인청구에 관하여 본안 판단을 한 원심판결을 파기하고, 소를 각하한 사례(대판
2006. 03. 09, 2004다31074).

---

15) 홍정선, 526~527면.
16) 김동희, 299~300면.
17) 김남진, 391면.
18) 박윤흔, 508면.

또한 판례는 국유재산의 관리청이 행정재산의 사용·수익을 허가한 다음 그 사용·수익하는 자에 대하여 하는 사용료 부과도 항고소송의 대상이 되는 행정처분이라 보고 있다(대판 1996. 02. 13, 95누11023).

### (5) 사 견

행정재산의 목적외 사용·수익허가의 성질을 사법상 계약으로 볼 것인가, 행정행위로 볼 것인가는 공법행위(공법관계)와 사법행위(사법관계)의 구별의 문제이다.

생각건대, 관련법규정 및 공법행위(공법관계)와 사법행위(사법관계)의 구별기준에 관한 통설인 복수기준설에 의할 때 행정재산의 목적외 사용·수익허가는 다음과 같은 이유에서 행정행위라고 보는 것이 타당하다. 우선 행정재산의 목적외 사용·수익허가에 있어서는 행정재산의 본래의 목적달성의 보장이라는 공익이 달성되어야 한다. 이를 위하여 국유재산법은 중앙관서의 장은 사용·수익을 허가한 행정재산 등을 국가 또는 지방자치단체가 직접 공용 또는 공공용으로 사용하기 위하여 필요로 하게 된 때에는 사용·수익자의 귀책사유와 관계없이 일방적으로 그 허가를 철회할 수 있는 것으로 규정하고 있다(제36조 제2항). 이러한 법규정에 비추어 볼 때 국유재산법은 행정재산의 관리청에 대하여 우월적인 공권력적 지위를 부여하고 있다고 볼 수 있다. 또한, 구 국유재산법(1976년 12월 31일 동법 개정 이전 법)에서는 행정재산의 사용허가의 철회에 잡종재산의 임대차계약을 준용하도록 하였었는데, 현행국유재산법이 사용허가의 일방적 철회를 별도로 규정하고 있는 점에서도 국유재산법에 의한 사용허가의 공권력적 구성을 볼 수 있다. 또한, 국유재산법은 행정재산의 본래의 목적달성의 보장을 위하여 사용·수익자에게 여러 의무를 부과하고 있다(제36조 제2항, 제38조 제1항). 이러한 점에 비추어 행정재산의 목적외 사용·수익허가는 행정행위라고 보는 것이 타당하다.

구 지방재정법에서는 공유 행정재산의 목적외 사용·수익허가에 관하여 잡종재산의 대부계약에 관한 규정을 준용하도록 하고 있었는데, 구 지방재정법을 대체하는 현 공유재산법은 행정재산의 목적외 사용·수익허가를 국유재산법과 유사하게 규정하고 있다.

이에 반하여 일반재산의 대부행위는 사법상(私法上) 임대차계약이고, 국유잡종재산에 관한 대부료의 납부고지 역시 사법상의 이행청구에 해당하고, 이를 행정처분이라고 할 수 없다(대판 2000. 02. 11, 99다61675).

[판례] 국유임야를 대부하거나 매각하는 행위는 사경제적 주체로서 상대방과 대등한 입장에서 하는 사법상 계약이지 행정청이 공권력의 주체로서 상대방의 의사 여하에 불구하고 일방적으로 행하는 행정처분이라고 볼 수 없으며 이 대부계약에 의한 대부료부과 조치 역시 사법상 채무이행을

구하는 것으로 보아야지 이를 행정처분이라고 할 수 없다(대판 1993. 12. 07, 91누11612[국유임야대부료부과처분취소]).

사용허가를 받은 행정재산을 전대하는 행위는 그 행정재산의 관리청으로부터 국유재산관리사무의 위임을 받거나 국유재산관리의 위탁을 받지 않은 이상, 통상의 사인간의 임대차라고 보아야 한다.

**[판례]** 한국공항공단이 정부로부터 무상사용허가를 받은 행정재산을 구 한국공항공단법 제17조에서 정한 바에 따라 전대하는 경우에 미리 그 계획을 작성하여 건설교통부장관에게 제출하고 승인을 얻어야 하는 등 일부 공법적 규율을 받고 있다고 하더라도, 한국공항공단이 그 **행정재산의 관리청으로부터 국유재산관리사무의 위임을 받거나 국유재산관리의 위탁을 받지 않은 이상**, 한국공항공단이 무상사용허가를 받은 행정재산에 대하여 하는 전대행위는 통상의 **사인간의 임대차**와 다를 바가 없고, 그 임대차계약이 임차인의 사용승인신청과 임대인의 사용승인의 형식으로 이루어졌다고 하여 달리 볼 것은 아니다(대판 2004. 01. 15, 2001다12638; 2003. 10. 24, 2001다82514).

### 4. 사용허가거부행위의 성질

국민에게는 행정재산의 사용·수익허가를 신청할 법규상 또는 조리상의 권리가 있다고 할 것이므로 공유재산의 관리청이 행정재산의 사용·수익에 대한 허가 신청을 거부한 행위는 행정처분에 해당한다(대판 1998. 02. 27, 97누1105).

### 5. 사용자의 권리와 의무

행정재산의 사용자의 권리와 의무는 사용허가에 의해 결정될 것이지만, 국유재산법은 행정재산의 본래의 목적달성을 보장하기 위하여 사용자의 의무에 관하여 특별한 규정을 두고 있다.

#### (1) 사용자의 권리

사용자는 사용허가에 의해 결정된 바에 따라 당해 행정재산을 사용·수익할 수 있는 권리를 갖는다. 사용허가로 인한 사용은 행정재산의 목적외 사용으로 주로 사적인 목적을 위한 사용이지만, 공물에 대한 사용권으로 공익관련성이 크므로 사용허가로 발생하는 사용권은 공권이라고 보는 것이 타당하다.

#### (2) 사용자의 의무

사용자는 사용허가된 행정재산의 본래의 목적에의 제공에 장애가 되는 행위를 해서는 안 된다. 이를 위하여 국유재산법은 다음과 같은 규정을 두고 있다. ① 사용허가를 받은 자는 그 재산을 다른 사람에게 사용·수익하게 하여서는 아니 된다. 다만, 다음 각 호의 어느 하나에 해당하는 경우에는 중앙관서의 장의 승인을 받아 다른 사람에게 사용·수익하게 할 수 있다. 1. 기부를 받은 재산에 대하여 사용허가를 받은 자가 그 재산의 기부자이거나 그 상속인, 그 밖의 포괄승계인인 경우, 2. 지방자치단체나 지방공기업이 행정재산에 대하여 제18조 제1항 제3호에 따른 사회기반시설로 사용·수익하기 위한 사용허가를 받은 후 이를 지방공기업 등 대통령령으로 정하는 기관으로 하여금 사용·수익하게 하는 경우(국유재산법 제30조 제2항). 중앙관서의 장은 제2항 단서에 따른 사용·수익이 그 용도나 목적에 장애가 되거나 원상회복이 어렵다고 인정되면 승인하여서는 아니 된다(제3항). ② 행정재산을 사용허가한 때에는 대통령령으로 정하는 요율(요율)과 산출방법에 따라 매년 사용료를 징수한다(국유재산법 제32조 제1항).

**[판례]** ① 국유재산의 관리청의 사용료 부과의 성질(행정처분): 국유재산의 관리청이 행정재산의 사용·수익을 허가한 다음 그 사용·수익하는 자에 대하여 하는 사용료 부과는 순전히 사경제주체로서 행하는 사법상의 이행청구라 할 수 없고, 이는 관리청이 공권력을 가진 우월적 지위에서 행한 것으로서 항고소송의 대상이 되는 행정처분이라 할 것이다(대판 1996. 02. 13, 95누11023).
② 공공단체가 행정재산 등을 비영리공익사업용에 사용하는 것을 조건으로 하여 관리청으로부터 무상 사용·수익허가를 받아 영리목적의 수익사업을 함으로써 당초의 허가조건을 위배하였다고 하더라도 이로써 국유재산에 대한 당초의 무상 사용·수익허가처분이 소급하여 유상 사용·수익허가처분으로 변경되었다고 볼 수는 없고, 국유재산의 관리청으로서는 그 사용목적에 위배하였음을 이유로 국유재산법 제28조 제1항 제2호를 적용하여 무상사용·수익허가처분을 취소 또는 철회할 수 있을지언정, 국유재산의 유상사용·수익허가시 징수할 사용료에 관한 규정인 같은 법 제25조의 규정을 적용하여 당초의 허가처분시에 소급하여 사용료를 부과할 수는 없다(대판 1999. 07. 09, 97누20724).

다만, 행정재산 등의 사용·수익을 허가함에 있어서 다음에 해당하는 경우에는 대통령령이 정하는 바에 의하여 그 사용료를 면제할 수 있다(제34조 제1항).

① 행정재산으로 할 목적으로 기부를 받은 재산에 대하여 기부자나 그 상속인, 그 밖의 포괄승계인에게 사용허가하는 경우
② 행정재산을 직접 공용·공공용 또는 비영리 공익사업용으로 사용하려는 지방자치단체에게 사용허가하는 경우
③ 행정재산을 직접 비영리 공익사업용으로 사용하려는 대통령령으로 정하는 공공단체에게 사용허가하는 경우

그리고, 사용허가를 받은 행정재산을 천재지변이나 「재난 및 안전관리 기본법」 제3조 제1호의 재난으로 사용하지 못하게 되면 그 사용하지 못한 기간에 대한 사용료를 면제할 수 있다(제34조 제2항).

## 6. 사용허가기간

행정재산의 사용허가기간은 원칙상 5년 이내로 한다. 다만, 제34조 제1항 제1호의 경우에는 사용료의 총액이 기부를 받은 재산의 가액에 이르는 기간 이내로 한다(제35조 제1항). 제1항의 허가기간이 끝난 재산에 대하여 대통령령으로 정하는 경우를 제외하고는 5년을 초과하지 아니하는 범위에서 종전의 사용허가를 갱신할 수 있다. 다만, 수의(隨意)의 방법으로 사용허가를 할 수 있는 경우가 아니면 1회만 갱신할 수 있다(제2항).

## 7. 사용허가의 철회와 손실보상

중앙관서의 장은 행정재산의 사용허가를 받은 자가 다음 각 호의 어느 하나에 해당하면 그 허가를 취소하거나 철회할 수 있다. 1. 거짓 진술을 하거나 부실한 증명서류를 제시하거나 그 밖에 부정한 방법으로 사용허가를 받은 경우, 2. 사용허가 받은 재산을 제30조 제2항을 위반하여 다른 사람에게 사용·수익하게 한 경우, 3. 해당 재산의 보존을 게을리하였거나 그 사용목적을 위배한 경우, 4. 납부기한까지 사용료를 납부하지 아니하거나 제32조 제2항 후단에 따른 보증금 예치나 이행보증조치를 하지 아니한 경우, 5. 중앙관서의 장의 승인 없이 사용허가를 받은 재산의 원래 상태를 변경한 경우(국재법 제36조 제1항).

**[판례]** 국유지 지상의 건물을 본인의 주거용으로만 사용하겠다는 뜻을 밝히고 국유지의 사용허가를 받은 원고가 제3자에게 건물을 상업용 점포로 임대한 행위는 국유재산법 제36조 제1항 제2호에서 사용허가 취소사유로 정한 '사용허가 받은 재산을 다른 사람에게 사용·수익하게 한 경우'에 해당한다(대판 2020. 10. 29, 2019두43719).

중앙관서의 장은 사용허가한 행정재산을 국가나 지방자치단체가 직접 공용이나 공공용으로 사용하기 위하여 필요하게 된 경우에는 그 허가를 철회할 수 있다(국재법 제36조 제2항). 다만, 그 철회로 인하여 당해 허가를 받은 자에게 손실이 발생한 때에는 그 재산을 사용할 기관은 대통령령이 정하는 바에 의하여 이를 보상한다(국재법 제36조 제3항).

## 8. 허가철회와 원상회복
### (1) 반환의무

국유재산법 제38조는 "사용허가를 받은 자는 허가기간이 끝나거나 제36조에 따라 사용허가가 취소 또는 철회된 경우에는 그 재산을 원래 상태대로 반환하여야 한다. 다만, 중앙관서의 장이 미리 상태의 변경을 승인한 경우에는 변경된 상태로 반환할 수 있다"라고 반환의무를 규정하고 있다.

도로법 제73조 제1항에 따르면 도로점용허가를 받아 도로를 점용한 자는 도로점용허가 기간이 끝났거나 제63조 또는 제96조에 따라 도로점용허가가 취소되면 도로를 원상회복하여야 한다. 다만, 원상회복할 수 없거나 원상회복하는 것이 부적당한 경우에는 그러하지 아니하다. 도로관리청은 도로점용허가를 받지 아니하고 도로를 점용한 자에게 상당한 기간을 정하여 도로의 원상회복을 명할 수 있다(제2항). 도로관리청은 도로를 점용한 자가 제1항 본문 및 제2항에 따른 원상회복 의무를 이행하지 아니하면 「행정대집행법」에 따른 대집행을 통하여 원상회복할 수 있다(제4항). 도로관리청은 제40조 제4항에 따른 조치명령이나 제73조 제1항·제2항에 따른 원상회복 명령을 받은 자가 조치명령이나 원상회복 명령에서 정한 시정기간 내에 그 명령을 이행하지 아니하면 1천만원 이하의 이행강제금을 부과한다(제100조 제1항).

### (2) 대집행

사용허가를 철회한 경우 상대방이 재산을 반환하지 않는 경우에 행정대집행법상의 행정대집행이 가능한가하는 문제가 제기된다.

#### 1) 대집행 인정근거

국유재산법 제74조는 "정당한 사유 없이 국유재산을 점유하거나 이에 시설물을 설치한 경우에는 중앙관서의 장등은 행정대집행법을 준용하여 철거하거나 그 밖에 필요한 조치를 할 수 있다"라고 규정하고 있고, 공유재산법 제83조는 지방자치단체의 장은 정당한 사유 없이 공유재산을 점유하거나 공유재산에 시설물을 설치한 경우에는 원상복구 또는 시설물의 철거 등을 명할 수 있고, 그 명령을 받은 자가 그 명령을 이행하지 아니할 때에는 행정대집행법에 따라 원상복구 또는 시설물의 철거 등을 하고 그 비용을 징수할 수 있다고 규정하고 있다.

#### 2) 대집행의 인정범위

국유재산법 제74조 및 공유재산법 제83조는 시설물의 강제철거 등 대체적 작위의무에 해당하는 것은 대집행이 가능하다는 것이며 대체적 작위의무가 아닌 것도 이들 규정에 의해 대집행이 가능하다고 규정하고 있는 것은 아니다(대판 1998. 10. 23, 97누157: 도시공원시설 점유자의 퇴거 및 명도가 대집행의 대상이 되는지가 다투어진 사례).

#### 3) 정당한 사유 없는 점유의 의미

국유재산법 제74조와 공유재산법 제83조의 '정당한 이유(사유) 없는 점유'를 애초부터 불법으로 점유한 경우를 말하며 대부계약의 해지(사용수익허가의 철회)와 같이 처음에는 권원이 있었으나 권원이 없게 된 경우는 여기에 해당하지 않는다는 해석을

하는 견해가 있다.[19]

그러나 국유재산법 제74조와 공유재산법 제83조의 '정당한 사유 없는 점유'는 애초부터 불법으로 점유한 경우뿐만 아니라 사용수익허가의 철회와 같이 처음에는 점유의 권원이 있었으나 권원이 없게 된 경우를 포함한다고 보아야 한다. 판례도 국·공유재산의 사용수익허가가 철회된 경우 사용수익자의 국·공유재산에 대한 점유는 '정당한 이유(사유) 없는 점유'가 된다고 본다. 즉, 대법원은 공유잡종재산에 관한 사건이었지만 잡종재산(일반재산)의 대부계약이 "적법하게 해지된 이상 그 점유자의 공유재산에 대한 점유는 정당한 이유 없는 점유라 할 것"이라 하였고, 따라서 "지방자치단체의 장은 지방재정법 제85조에 의하여 행정대집행의 방법으로 그 지상물을 철거시킬 수 있다"라고 판시하였다(대판 2001. 10. 12, 2001두4078). 이러한 판례의 입장에서는 한 행정재산의 사용허가가 철회되면 그 점유자의 행정재산에 대한 점유는 '정당한 이유 없는 점유'가 된다고 볼 수 있다.

### 4) 철거의 대집행

철거의무는 대체적 작위의무이다. 따라서, 시설물의 철거에 대하여는 대집행이 가능하다고 할 수 있다.

현행 국유재산법은 모든 국유재산(일반재산 포함)에 대하여 행정대집행법을 준용할 수 있도록 규정하였으므로, 행정청은 당해 재산이 행정재산 등 공용재산인지 여부나 그 철거의무가 공법상의 의무인지 여부에 관계없이 대집행을 할 수 있다(대판 1992. 09. 08, 91누13090).

**[판례]** 공유재산 대부계약의 해지에 따른 원상회복으로 행정대집행의 방법에 의하여 그 지상물을 철거시킬 수 있는지 여부(적극): 구 지방재정법 제85조 제1항은, 공유재산을 정당한 이유 없이 점유하거나 그에 시설을 한 때에는 이를 강제로 철거하게 할 수 있다고 규정하고, 그 제2항은 지방자치단체의 장이 제1항의 규정에 의한 강제철거를 하게 하고자 할 때에는 행정대집행법 제3조 내지 제6조의 규정을 준용한다고 규정하고 있는바, 공유재산의 점유자가 그 공유재산에 관하여 대부계약 외 달리 정당한 권원이 있다는 자료가 없는 경우 그 대부계약이 적법하게 해지된 이상 그 점유자의 공유재산에 대한 점유는 정당한 이유 없는 점유라 할 것이고, 따라서 지방자치단체의 장은 구 지방재정법 제85조(현행 공유재산법 제83조)에 의하여 행정대집행의 방법으로 그 지상물을 철거시킬 수 있다(대판 2001. 10. 12, 2001두4078).

이에 대하여 잡종재산(일반재산)은 국가 또는 지방자치단체가 소유하는 私物이고, 그 대부계약은 사법상 계약에 해당하기 때문에, 잡종재산(일반재산)을 자력강제수단인 행정대집행의 대상으로 보는 것은 타당하지 않고, 잡종재산(일반재산)에 대해서까지 대집행을 인정하고 있는 국유재산법 제74조 및 공유재산법 제83조의 규정은 위헌의

---

19) 박윤흔, 508면.

소지가 있다는 견해가 있다.[20)

### 5) 점유이전의 대집행

부동산인 행정재산의 점유이전은 대체성이 없으므로 대집행의 대상이 될 수 없고, 특별한 규정이 있는 경우 직접강제의 대상이 되고, 명문의 규정이 없는 경우에는 민사상 강제집행의 대상이 된다.

**[판례]** [1] 도시공원시설 점유자의 퇴거 및 명도의무가 행정대집행법에 의한 대집행의 대상인지 여부(소극): 도시공원시설인 매점의 관리청이 그 공동점유자 중의 1인에 대하여 소정의 기간 내에 위 매점으로부터 퇴거하고 이에 부수하여 그 판매 시설물 및 상품을 반출하지 아니할 때에는 이를 대집행하겠다는 내용의 계고처분은 그 주된 목적이 매점의 원형을 보존하기 위하여 점유자가 설치한 불법 시설물을 철거하고자 하는 것이 아니라, 매점에 대한 점유자의 점유를 배제하고 그 점유이전을 받는 데 있다고 할 것인데, 이러한 의무는 그것을 강제적으로 실현함에 있어 직접적인 실력행사가 필요한 것이지 대체적 작위의무에 해당하는 것은 아니어서 직접강제의 방법에 의하는 것은 별론으로 하고 행정대집행법에 의한 대집행의 대상이 되는 것은 아니다. [2] **구 지방재정법 제85조(현행 공유재산법 제83조)가 대체적 작위의무가 아닌 의무에 대하여도 대집행을 허용하는 취지인지 여부(소극):** 구 지방재정법 제85조(현행 공유재산법 제83조)는 철거 대집행에 관한 개별적인 근거 규정을 마련함과 동시에 행정대집행법상의 대집행 요건 및 절차에 관한 일부 규정만을 준용한다는 취지에 그치는 것이고, 그것이 대체적 작위의무에 속하지 아니하여 원칙적으로 대집행의 대상이 될 수 없는 다른 종류의 의무에 대하여서까지 강제집행을 허용하는 취지는 아니다(대판 1998. 10. 23, 97누157).

입법론으로는 사용허가철회 후 부동산인 행정재산의 점유이전을 직접강제할 수 있도록 명문의 규정을 두어야 할 것이다.

## 9. 변상금부과처분

### (1) 변상금의 의의

변상금(辨償金)이란 사용허가나 대부계약 없이 국유재산 또는 공유재산을 사용·수익하거나 점유한 자(사용허가나 대부계약 기간이 끝난 후 다시 사용허가나 대부계약 없이 국유재산을 계속 사용·수익하거나 점유한 자를 포함한다. 이하 '무단점유자'라 한다)에게 부과하는 금액을 말한다(국유재산법 제2조 제9호).

### (2) 부과대상: 무단점유자

변상금은 **무단점유자**(사용허가나 대부계약 없이 국유재산 또는 공유재산을 사용·수익하거나 점유한 자(사용허가나 대부계약 기간이 끝난 후 다시 사용허가나 대부계약 없이 국유재산을 계속 사용·수익하거나 점유한 자를 포함한다))에게 **부과된다.** 다만, 다음의 어느 하나에 해당하는 경우에는 변상금을 징수하지 아니한다. ① 등기사항증명서나 그 밖의 공부

---

20) 이일세, 행정대집행의 요건에 관한 고찰, 283면.

(公簿)상의 명의인을 정당한 소유자로 믿고 적절한 대가를 지급하고 권리를 취득한 자(취득자의 상속인이나 승계인을 포함한다)의 재산이 취득 후에 국유재산 또는 공유재산으로 판명되어 국가나 지방자치단체에 귀속된 경우, ② 국가나 지방자치단체가 재해대책 등 불가피한 사유로 일정 기간 국유재산 또는 공유재산을 점유하게 하거나 사용·수익하게 한 경우(국유재산법 제72조 제1항, 공유재산법 제81조 제1항).

    판례에 따르면 국유재산법 제72조 제1항 본문, 제2조 제9호의 변상금 징수규정은 사용허가나 대부계약이 없더라도 점유나 사용·수익을 정당화할 법적 지위에 있는 자에 대하여는 적용되지 아니하고(대법원 2021. 11. 25. 선고 2020두47915 판결등 참조), 그럼에도 위와 같은 법적 지위에 있는 자에 대하여 이루어진 변상금 부과처분은 당연무효에 해당한다(대법원 2017. 2. 21. 선고 2015두677 판결등 참조)(대판 2023. 10. 18, 2023두42584: 원고인 향교재단이 국유재산인 이 사건 각 토지(향교부지)를 오랜 기간 점용·사용해온 역사적인 연원과 경과 그리고 원고의 이 사건 각 토지에 대한 점유·사용은 향교재산법 및 문화재보호법에 따라 법률상 강제되고 있는 점 등에 비추어 원고 향교재단에게는 이 사건 향교건물을 포함한 ○○향교의 관리·운용을 위하여 이 사건 각 토지(향교부지)의 점유나 사용·수익을 정당화할 법적 지위가 있다고 볼 수 있으므로, 이러한 법적 지위에 있는 원고에 대하여 국유재산법에 따라 국유재산 중 일반재산의 관리·처분에 관한 사무를 위탁받아 수행하고 있는 피고 한국자산관리공사가 한 변상금을 부과한 이 사건 각 처분은 당연무효라고 봄이 타당하다고 한 사례; 2024. 10. 08, 2023다210991: 사업시행자가 정비구역 내 일반재산을 점유하더라도 관리처분계획인가·고시 이후부터는 그 점유가 적법하므로, 일반재산의 점유에 대한 변상금 부과처분 중 관리처분계획인가·고시 시점 이후 부분은 당연무효라고 판단한 사례).

1994년 1월 5일 이전의 구 국유재산법하에서 판례는 변상금부과에 관한 구 국유재산법 제51조 제1항은 국유재산에 대한 점유개시가 법률상 권원 없이 이루어진 경우에 한하여 적용되고 당초 국유재산에 대한 대부 등을 받아 점유·사용하다가 계약기간 만료 후 새로운 계약을 체결하지 아니한 채 계속 점유·사용한 경우에는 적용되지 않는다고 판시하였다(대판 2007. 11. 29, 2005두8375). 그러나, 1994년 1월 5일 동 법규정의 개정에서 "대부 또는 사용·수익허가기간이 만료된 후 다시 대부 또는 사용·수익허가 등을 받지 아니하고 국유재산을 계속 점유하거나 이를 사용·수익한 자"도 "국유재산법 또는 다른 법률에 의하여 국유재산의 대부 또는 사용·수익허가 등을 받지 아니하고 국유재산을 점유하거나 이를 사용·수익한 자"로 본다는 명시적 규정을 두어 국유재산의 대부 또는 사용허가를 받아 점유사용하다가 대부계약기간 또는 사용허가기간 만료후 새로운 계약을 체결하지 아니하거나 사용허가기간을 갱신하지 아니한 채 계속 점유사용한 경우에도 원칙상 당해 재산에 대한 대부료 또는 사용료의 100분의 120에 상당하는 변상금을 징수하는 것으로 되었다.

**[판례]** ① 적법한 대부사용자로부터 국유 행정재산인 철도용지의 점유를 양수한 자에 대한 변상금 부과처분의 적부(적극): 적법한 대부사용자로부터 국유 행정재산인 철도용지의 점유를 양수한 자는 그 토지의 사용허가를 받은 자가 아니라 관리청의 승인 없이 그 사용수익권자로부터 그 점유를 양

수하였음에 불과한 이른바 무단점유사용자이므로 그 점유사용은 구 국유재산법 제51조 제1항의
변상금 부과대상이 된다(대판 2000. 03. 10, 98두7831).

② 변상금의 징수에 관한 구 지방재정법 제87조 제1항의 규정은 공유재산의 점유나 사용 · 수익을
정당화할 법적 지위에 있는 자에 대하여는 적용되지 않는다고 보아야 하고, 그러한 자에 대한 변
상금 부과처분은 당연 무효이다(대판 2007. 12. 13, 2007다51536[부당이득금반환]: 아파트 재건축 사
업을 추진하면서 구 지방재정법상 공유재산인 도로부지를 사업부지에 포함시켜 구 주택건설촉진법 제
33조 제1항에 의한 사업계획승인을 받은 경우, 위 토지의 용도폐지 후의 점유에 대한 변상금 부과처분
은 그 하자가 명백하여 당연무효라고 한 사례; 한국전력공사가 택지개발사업과 관련하여 도로예정지 등
에 전력관을 매설하고 사업시행완료 후 이를 유지 · 관리하기 위하여 도로를 점용한 데 대하여 도로 관
리청이 무단점용을 이유로 변상금을 부과한 사안에서, 한국전력공사는 변상금 부과처분을 할 때까지는
그 사용 · 수익을 정당화할 수 있는 법적 지위를 가지고 있었다고 보아야 하므로, 위 처분이 위법하다고
한 사례(대판 2010. 04. 29, 2009두18547[변상금부과처분취소]])).

③ 특정건축물 정리에 관한 특별조치법에서 정한 절차에 따라 국 · 공유지 위에 건축된 무허가건물에
준공검사필증이 교부되어 건축물관리대장에 등재된 경우, 건물의 부지로 사용되는 토지의 사용승
낙을 받은 것으로 볼 수 있다. 특정건축물 정리에 관한 특별조치법에서 정한 절차에 따라 준공검
사필증이 교부되어 건축물관리대장 등에 등재됨으로써 대상건축물의 점유면적에 해당하는 국 · 공
유지 부분에 관하여 사용승낙을 하였다고 볼 수 있는 건축물에 변상금을 부과한 경우, 그 사용승
낙을 철회한 것으로 볼 수 있다. 위 법에 의하여 준공검사필증을 교부받은 건축물의 부지가 국 ·
공유지일 경우 그 부지에 관하여만 사용승낙이 간주될 뿐이고, 이에 더하여 그 특정건축물의 사용 ·
수익에 필요한 부지 부분에 대하여도 사용승낙이 간주된다고 볼 수는 없다(대판 2007. 11. 29, 2005
두8375[변상금부과처분취소]).

④ [1] 건물이나 공작물의 소유자가 아닌 이가 실제로 건물 등을 점유 · 사용하고 있는 경우, 건물
등 부지의 점용자(＝건물등 소유자) 및 이러한 법리는 지방자치단체 소유의 공유재산인 토지 위에
설치된 공작물의 소유자와 점유 · 사용자가 다른 경우에도 마찬가지인지 여부(적극): 타인 소유의
토지 위에 권한 없이 건물을 소유하고 있는 이는 그 자체로 특별한 사정이 없는 한 법률상 원인
없이 타인의 재산으로 토지의 차임에 상당하는 이익을 얻고 그로 인하여 타인에게 동액 상당의
손해를 주고 있다고 보아야 하고, 이는 타인 소유의 토지 위에 권한 없이 건물 이외의 공작물을
소유하고 있는 경우에도 마찬가지이다. 한편 건물이나 공작물의 소유자가 아닌 이로서는 실제로
건물 등을 점유 · 사용하고 있다고 하더라도 건물 등의 부지를 점용하는 것으로 볼 수 없고, 건물
등의 부지는 건물 등의 소유자가 이를 점용하고 있다고 보아야 한다. 그리고 이러한 법리는 지방자
치단체 소유의 공유재산인 토지 위에 공작물이 설치된 경우에 있어 공작물의 소유자와 점유 · 사용
자가 다른 경우에도 마찬가지이다. [2] 이 사건 궤도구축물의 부지인 이 사건 토지들은 그 지상에
설치된 이 사건 궤도구축물의 소유자가 이를 점유·사용하고 있다고 보아야 할 것인데, 이 사건 궤
도구축물은 참가인(한국철도공사)에게 현물출자되었는지 여부에 따라 참가인의 소유가 되거나 국
가의 소유로 남아 있을 뿐 원고(한국철도시설공단)의 소유에 속한다고 볼 수 없다. 따라서 결국 이
사건 토지들은 국가 또는 참가인이 이 사건 궤도구축물의 소유를 위하여 이를 점용하고 있다고
할 수 있을지언정, 원고가 이 사건 토지들을 점용하고 있다고는 할 수 없다. [3] 지방자치단체(대
구동구청) 소유의 공유재산인 토지 위에 궤도구축물을 설치하여 부지를 점용하고 있다는 이유로
관할 구청장이 궤도구축물을 점유 · 관리하고 있는 한국철도시설공단에 변상금을 부과 · 고지한 사
안에서, 궤도구축물은 철도시설로서 원래 국가에 속하고, 궤도구축물의 부지는 지상에 설치된 궤
도구축물의 소유자가 이를 점유 · 사용하고 있다고 보아야 하므로, 궤도구축물의 소유자가 아닌 한

국철도시설공단에 한 변상금부과처분은 위법하다고 한 사례(대판 2014. 07. 24, 2011두10348[변상금
부과처분취소]). 〈해설〉 한국철도시설공단은 궤도구축물의 점유·관리이지만, 궤도구축물의 소유자
는 아니므로 궤도구축물의 부지의 점유자가 아니고, 변상금부과처분의 상대방이 아니라고 본 사례
이다. 그런데, 궤도구축물뿐만 아니라 궤도구축물의 부지도 공물로서 한국철도시설공단이 점유·관
리하고 있다고 보아야 하는 것은 아닌지 의문이 제기된다. 원심은 "이 사건 궤도구축물은 참가인
이 국가로부터 현물출자받은 운영자산이므로 참가인이 이를 관리·운영하면서 그 부지에 해당하는
이 사건 토지들도 함께 점유·관리하고 있는 것으로 보아야 한다"는 원고의 주장을 배척하면서,
원고가 국가로부터 그 관리업무를 위탁받아 이 사건 궤도구축물을 점유·관리하는 이상 그 부지인
이 사건 토지들도 함께 점유·사용하고 있다는 등의 이유로 이 사건 궤도구축물의 소유자가 아닌
원고에 대하여 한 이 사건 변상금부과처분에 위법이 없다고 판단하였다.
⑤ (1) 사용·수익허가 없이 행정재산을 유형적·고정적으로 특정한 목적을 위하여 **사용·수익하거
나 점유하는 경우** 공유재산 및 물품관리법(이하 '공유재산법'이라 한다) 제81조 제1항에서 정한 변상
금 부과대상인 '무단점유'에 해당한다고 봄이 타당하고, 반드시 그 사용이 독점적·배타적일 필요는
없으며, 점유 부분이 동시에 일반 공중의 이용에 제공되고 있다고 하여 점유가 아니라고 할 수는
없다(대법원 1993. 05. 11. 선고 92누13325 판결, 대법원 2004. 10. 15. 선고 2002다68485 판결 참조). (2)
**서울광장의 무단점유 해당 여부에 관한 판단기준:** 서울광장조례에서 정한 바에 따라 광장사용신고
및 서울특별시장의 사용신고 수리를 거치지 않은 채 서울광장을 무단사용한 경우에는 공유재산법
상 변상금 부과대상인 무단점유에 해당한다고 보아야 한다. 즉, 서울광장조례의 서울광장 "사용"
정의규정에 따라 변상금 부과대상인 무단점유인지에 관한 판단이 달라진다고 볼 수는 없다. (3) **서
울광장을 무단점유한 자에 대하여 부과하는 변상금의 산정기준:** 서울광장 사용료 기준은 서울광장
의 사용·수익허가 또는 사용신고 수리에 적용되는 기준일 뿐이고, 이를 서울광장의 무단점유에 따
른 **변상금 산정·부과에 적용할 수는 없다**고 보아야 한다. 서울광장의 무단점유에 따른 변상금은
공유재산법령에서 정한 '무단점유면적 × 해당 공유재산의 면적단위별 평정가격 × 무단점유기간/
연 × 사용요율 × 120%'의 계산식에 실제 무단점유면적과 공유재산법 시행령 제14조 제1항의 위임
에 따라 서울특별시 공유재산 및 물품관리 조례 제22조에서 정한 사용요율을 적용하여 산정·부과
하여야 한다. (4) 주간에는 서울광장에서 대형 천막이 설치된 자전거를 세워놓고 1인 시위를 하고,
야간에는 서울특별시청사 부지에 텐트를 설치한 후 취침한 원고에 대하여 무단점유를 이유로 한
변상금이 부과된 사안에서, 원심이 변상금 부과대상인 '무단점유'에 해당한다고 판단한 것은 적절
하나, '서울광장'을 무단점유한 부분에 대하여 '서울광장 사용료 기준'을 그대로 적용하여 변상금을
산정·부과하여야 한다고 판단한 것은 위법하므로 파기환송한 사례(대판 2019. 09. 09, 2018두48298).
⑥ 향교재산법에 따라 설립되어 향교를 소유·관리·운용하는 재단법인은 국유재산인 향교 부지의
점유나 사용·수익을 정당화할 법적 지위에 있는 자에 해당하므로 위와 같은 법적 지위에 있는 자
에 대하여 이루어진 변상금 부과처분은 당연무효에 해당한다(대판 2023. 10. 18, 2023두42584).
⑦ (1) 건물 등의 소유자가 아닌 이로서는 실제로 그 건물 등을 점유·사용하고 있다고 하더라도
그 건물 등의 부지를 점용하는 것으로 볼 수 없고, 건물 등의 부지는 건물 등의 소유자가 이를 점
용하고 있다고 보아야 할 것이다(대법원 2009. 9. 10. 선고 2009다28462 판결 등 참조). (2) **국유지의
사용허가를 받아 그 지상에 건물 등을 설치한 자로부터 그 건물을 임차하여 점유·사용하는 자**는
그 건물의 부지를 점유·사용하는 것으로 볼 수는 없으므로(건물 등의 부지는 건물 등의 소유자가 이
를 점용하고 있다고 보아야 한다) 국유재산법 제72조 제1항 본문의 무단점유자에 해당하지 않는다
고 한 사례(대판 2024. 06. 27, 2024두31284).

다만, 도로법 제72조 제2항은 도로 점용자의 고의·과실로 인한 것이 아닌 경우
에는 변상금을 징수하지 아니한다고 규정하고 있다.

### (3) 부과권자

변상금부과처분은 소유자가 아니라 국유재산의 경우 중앙관서의 장등이 부과
하고(제72조 제1항), 공유재산의 경우 지방자치단체의 장이 부과한다(제81조 제1항).

**[판례]** 변상금 부과권한은 적정한 도로관리를 위하여 **도로의 관리청**에게 부여된 권한이라 할 것이
지 도로부지의 소유권에 기한 권한이라고 할 수 없으므로, 도로의 관리청은 **도로부지에 대한 소유
권을 취득하였는지** 여부와는 관계없이 도로를 무단점용하는 자에 대하여 변상금을 부과할 수 있다
(대판 2005. 11. 25, 2003두7194[도로사용변상금부과처분취소]).

### (4) 변상금부과처분

무단점유사용의 대상이 된 재산에 대하여는 대부료 또는 사용료의 100분의 120
에 상당하는 변상금을 징수한다(국유재산법 제72조 제1항).

**[판례]** 변상금 부과규정인 구 도로법 제80조의2에서 말하는 '점용료'란 제43조에서 규정하는 '점용
료' 즉, 제44조에 의해 감면되기 전의 점용료를 의미한다고 풀이하여야 한다(대판 2009. 12. 10,
2007두21853[변상금부과처분취소]).

국유재산법 제72조 소정의 국유재산 무단점유자에 대한 변상금부과처분은 행정
소송의 대상이 되는 **행정처분**이다.

**[판례]** 구 국유재산법 제51조 제1항은 국유재산의 무단점유자에 대하여는 대부 또는 사용, 수익허
가 등을 받은 경우에 납부하여야 할 대부료 또는 사용료 상당액 외에도 **그 징벌적 의미에서** 국가
측이 일방적으로 그 2할 상당액을 추가하여 변상금을 징수토록 하고 있으며 동조 제2항은 변상금
의 체납시 국세징수법에 의하여 **강제징수토록** 하고 있는 점 등에 비추어 보면, 국유재산의 관리청
이 그 무단점유자에 대하여 하는 변상금부과처분은 순전히 사경제 주체로서 행하는 사법상의 법
률행위라 할 수 없고 이는 관리청이 공권력을 가진 우월적 지위에서 행한 것으로서 행정소송의
대상이 되는 **행정처분**이라고 보아야 한다(대판 1988. 02. 23, 87누1046).

국유재산의 무단점유 등에 대한 변상금의 징수는 기속행위이다(대판 1998. 09. 22,
98두7602).

변상금은 무단점유를 하게 된 경위(經緯), 무단점유지의 용도 및 해당 무단점유
자의 경제적 사정 등을 고려하여 대통령령으로 정하는 바에 따라 5년의 범위에서 징
수를 미루거나 나누어 내게 할 수 있다(제72조 제2항).

변상금 부과권 및 연체료 부과권은 모두 국가재정법 제96조 제1항에 따라 5년
의 소멸시효가 적용된다.

[판례] [1] 구 국유재산법상 변상금 부과권과 연체료 부과권의 소멸시효기간(=5년) 및 연체료 부과권의 소멸시효 기산점: 구 국유재산법(2009. 1. 30. 법률 제9401호로 전부 개정되기 전의 것, 이하 '구 국유재산법'이라 한다)에서는 변상금 및 연체료의 부과권과 징수권을 구별하여 제척기간이나 소멸시효의 적용 대상으로 규정하고 있지 아니하므로, 변상금 부과권 및 연체료 부과권도 모두 국가재정법 제96조 제1항에 따라 5년의 소멸시효가 적용된다. 그리고 구 국유재산법 제51조 제2항, 구 국유재산법 시행령(2009. 7. 27. 대통령령 제21641호로 전부 개정되기 전의 것) 제56조 제5항, 제44조 제3항의 규정에 의하면, 변상금 납부의무자가 변상금을 기한 내에 납부하지 아니하는 때에는 국유재산의 관리청은 변상금 납부기한을 경과한 날부터 60월을 초과하지 않는 범위 내에서 연체료를 부과할 수 있고, 연체료 부과권은 변상금 납부기한을 경과한 날부터 60월이 될 때까지 날짜의 경과에 따라 그때그때 발생하는 것이므로, 소멸시효도 각 발생일부터 순차로 5년이 경과하여야 완성된다. [2] 구 국유재산법 제51조 제2항에 따른 변상금 연체료 부과처분은 기속행위이다(대판 2014. 04. 10, 2012두16787[변상금연체료부과처분취소]).

## (5) 변상금 부과·징수권과 민사상 부당이득반환청구권의 관계

판례에 의하면 변상금 부과·징수권은 민사상 부당이득반환청구권과 법적 성질을 달리하므로, 국가는 무단점유자를 상대로 변상금 부과·징수권의 행사와 별도로 국유재산의 소유자로서 민사상 부당이득반환청구의 소를 제기할 수 있다(대판 전원합의체 2014. 07. 16, 2011다76402[부당이득금반환]).[21]

변상금 부과·징수권이 민사상 부당이득반환청구권과 법적 성질을 달리하는 별개의 권리인 이상 원고가 변상금 부과·징수권을 행사하였다 하더라도 이로써 민사상 부당이득반환청구권의 소멸시효가 중단된다고 할 수 없다(대판 2014. 09. 04, 2013다3576[부당이득금]).

변상금 부과·징수권과 민사상 부당이득반환청구권은 동일한 금액 범위 내에서 경합하여 병존하게 되고, 민사상 부당이득반환청구권이 만족을 얻어 소멸하면 그 범위 내에서 변상금 부과·징수권도 소멸하는 관계에 있다(대판 2014. 09. 04, 2012두5688[채무부존재확인]).

무단점유자에 대한 변상금부과규정이 없는 경우 무단점유자에 대해 부당이득반환을 청구할 수 있다. 국가나 지방자치단체도 부당이득반환의무를 진다.

[판례] ① 지방자치단체가 관할하는 공립학교가 국가 소유의 땅을 무단으로(법률상 원인 없이) (학교 부지로) 사용한 때에는 해당 지방자치단체가 국가에 부당이득을 반환해야 한다(대판 2014. 12. 24, 2010다69704[부당이득금반환]).

---

21) 이에 대하여 변상금 부과·징수권과 민사상 부당이득반환청구권은 본질이 다르지 아니하고, 국유재산의 무단점유와 관련하여 구 국유재산법 제51조에 의한 변상금 부과·징수가 가능한 경우에는 변상금 부과·징수의 방법에 의해서만 국유재산의 무단점유·사용으로 인한 이익을 환수할 수 있으며, 그와 별도로 민사소송의 방법으로 부당이득반환청구를 하는 것을 허용하여서는 아니 된다는 반대견해가 있었다.

② 서울특별시가 국유지에 대하여 국가로부터 사용허가를 받은 다음 그 지상에 공영주택인 아파트를 신축한 후 전유부분을 수분양자들에게 분양하면서, 위 토지 중 전유부분의 면적비율에 상응하는 지분을 수분양자들에게 임대·매각하거나 토지의 사용관계 등에 관하여 특별히 정하지도 않았는데, 이후 위 토지를 관리하는 한국자산관리공사가 위 아파트 전유부분을 소유하는 甲 등을 상대로 국유지인 위 토지를 무상으로 점유·사용하였다는 이유로 부당이득반환을 구한 사안에서, 위 아파트의 수분양자 甲 등은 위 토지를 정당한 권원에 의하여 점유하고 있어 한국자산관리공사에 대하여 **부당이득반환의무를 부담한다고 보기 어렵다**고 한 사례(대판 2022. 11. 30, 2020다224685).

## VII. 기부채납받은 국공유재산의 사용허가

### 1. 의    의

사인이 공공시설을 건설하여 국가 등에 기부채납(寄附採納)하여 공물로 지정하고, 그 대신 건설비용 및 일정한 이윤을 회수할 수 있도록 하기 위하여 기부채납을 한 자에게 일정기간 동안 무상으로 사용하도록 허가하는 경우가 있는데, 이를 기부채납받은 국공유재산의 사용허가라고 한다.

### 2. 법적 성질

#### (1) 사법상 계약설

기부채납과 이에 따른 사용허가는 일체로서 이루어지는 것인데, 기부채납이 사법상 계약이므로 사용허가도 사법상 계약으로 보아야 한다고 한다.

#### (2) 행정행위설

기부채납행위에서는 사적 자치의 원칙이 지배하지만, 채납된 재산에 대해서는 법치행정의 원칙이 지배하므로 일반적인 공물의 사용허가의 법적 성질과 같은 차원에서 다루어져야 한다고 한다.[22]

#### (3) 판    례

판례는 일반 사용·수익허가와 동일하게 행정행위(특허)로 본다.

[판례] [1] 구 지방재정법 제75조의 규정(현행 공유재산법 제20조)에 따라 기부채납받은 행정재산에 대한 공유재산 관리청의 사용·수익허가의 법적 성질(=행정처분): 공유재산의 관리청이 하는 행정재산의 사용·수익에 대한 허가는 순전히 사경제주체로서 행하는 사법상의 행위가 아니라 관리청이 공권력을 가진 우월적 지위에서 행하는 행정처분이라고 보아야 할 것인바, 행정재산을 보호하고 그 유지·보존 및 운용 등의 적정을 기하고자 하는 지방재정법 및 그 시행령 등 관련 규정의 입법취지와 더불어 잡종재산에 대해서는 대부·매각 등의 처분을 할 수 있게 하면서도 행정재산에 대해서는 그 용도 또는 목적에 장해가 없는 한도 내에서 사용 또는 수익의 허가를 받은 경우가 아

---

22) 류지태, 875면.

니면 이러한 처분을 하지 못하도록 하고 있는 구 지방재정법 제82조 제1항, 제83조 제2항 등 규정
의 내용에 비추어 볼 때 그 행정재산이 구 지방재정법 제75조의 규정에 따라 기부채납받은 재산이
라 하여 그에 대한 사용·수익허가의 성질이 달라진다고 할 수는 없다. [2] 기부채납받은 행정재산
에 대한 사용·수익허가 중 사용·수익허가의 기간에 대하여 독립하여 행정소송을 제기할 수 있는
지 여부(소극): 행정행위의 부관은 부담인 경우를 제외하고는 독립하여 행정소송의 대상이 될 수 없
는바, 기부채납받은 행정재산에 대한 사용·수익허가에서 공유재산의 관리청이 정한 사용·수익허
가의 기간은 그 허가의 효력을 제한하기 위한 행정행위의 부관으로서 이러한 사용·수익허가의 기
간에 대해서는 독립하여 행정소송을 제기할 수 없다(대판 2001. 06. 15, 99두509: 원고가 1990. 4. 20.
서울특별시장으로부터 구 도시공원법 제6조 제1항 등의 규정에 의하여 공원시설을 조성하도록 하는 도
시계획사업(공원조성) 시행허가를 받아 이 사건 시설물을 설치하여 이를 서울특별시에 기부한 다음 서
울특별시장의 권한을 위임받은 피고로부터 1997. 3. 14. 이 사건 시설물에 대하여 그 기간을 20년간으로
한 무상 사용·수익의 허가(이하 '이 사건 허가'라 한다)를 받자, 위와 같은 허가기간의 산정이 위법하다
고 하면서, 주위적으로는 이 사건 허가 중 원고가 신청한 사용·수익 허가기간 40년 가운데 20년간만
허가기간으로 인정하고 그 나머지 기간에 대한 신청을 받아들이지 않은 부분의 취소(무상사용허가일부
거부처분취소)를 구하고(주위적 청구), 예비적으로는 이 사건 허가 전부의 취소를 구하는(예비적 청구)
소를 제기한 것에 대하여 이 사건 허가 중 원고가 신청한 허가기간을 받아들이지 않은 부분의 취소를
구하는 이 사건 주위적 청구에 대해서는 행정행위의 부관은 부담인 경우를 제외하고는 독립하여 행정소
송의 대상이 될 수 없다는 법리를 이 사건의 경우에도 마찬가지로 적용되어야 할 것이라고 하면서 결국
이 사건 주위적 청구는 부적법하여 각하를 면할 수 없다고 하고, 예비적 청구에 대하여는 적법한 청구
이므로 본안심리를 하여야 한다고 본 사례. 이 사건 허가에서 그 허가기간은 행정행위의 본질적 요소에
해당한다고 볼 것이어서, 부관인 허가기간에 위법사유가 있다면 이로써 이 사건 허가 전부가 위법하게
될 것이라고 한 사례).

### (4) 사견(행정행위설)

행정재산의 공익성을 보장하기 위하여 기부채납과는 별도로 그 법적 성질을 논
하여야 하고, 따라서 일반 행정재산의 사용허가와 동일하게 행정행위(특허)로 보는
것이 타당하다.

## Ⅷ. 계약에 의한 사용

명문의 규정이 없는 경우에도 공법상 계약 또는 사법상 계약에 의해 사인에게
공물의 사용권을 설정하는 것이 불가능한 것은 아니다(김남진, 387면; 김동희, 298면).
다만, 공물의 공적 목적에의 제공을 보장하기 위하여 필요한 경우 사용계약을 철회
할 수 있다는 조항을 사용계약에 두어야 할 것이다.

# 제 2 장   영조물법

## 제 1 절   영조물의 개념

　　영조물(營造物)은 광의으로는 국가 등 행정주체가 행정목적을 달성하기 위하여 제공한 인적·물적 종합시설을 말한다.

　　광의의 영조물 중 행정적 목적, 정신적·문화적 목적의 비영리적 사업을 행하는 것(예, 국공립 학교)만을 협의의 영조물(행정적 영조물)이라 한다.

　　광의의 영조물 중 행정목적의 달성에 제공된 것이기는 하지만 영리적인 사업의 형태를 취하는 것(예, 가스공사, 철도공사)은 상업적 영조물이라 할 수 있다. 국공립병원, 대학병원이 협의의 영조물인지 아니면 상업적 영조물(공기업)인지에 관하여 견해의 대립이 있는데, 일률적으로 말할 수는 없고 개별적으로 검토하여야 한다.

　　영조물은 기본적으로 조직법적 개념이지만 영조물의 이용관계를 포함하므로 작용법적 개념이기도 하다(영조물과 공기업의 관계에 관하여는 후술 참조, 공물 및 공공시설과의 관계에 관하여는 전술 참조).

## 제 2 절   영조물의 종류

　　① 영조물은 영조물의 주체에 따라 국영영조물, 공영영조물, 특수법인영조물로 구분된다.

　　② 영조물의 독립성 여부에 따라 독립된 법인격을 갖는 영조물법인(예, 한국은행 등)과 독립된 법인격을 갖지 못하고 국가나 지방자치단체가 직접 경영하는 직영영조물(예, 국립대학교 등)로 구분된다.

　　③ 영조물의 운영방식의 영리성 여부에 따라 행정적 목적의 비영리적 사업인 행정적 영조물(예, 국공립학교, 교도소)와 영리적 사업인 상업적 영조물로 구분된다.

# 제 3 절 영조물의 이용관계

## Ⅰ. 이용관계의 법적 성질

### 1. 특별권력관계성

종래 영조물이용관계를 특별권력관계의 하나로 보았다. 그러나, 특별권력관계를 부정하는 견해에 의하면 영조물이용관계가 공법관계인 경우에 특별한 행정법관계로 본다.

### 2. 이용관계의 법적 규율

영조물이용관계가 공법관계인가 사법관계인가. 이 문제의 해결은 공법관계와 사법관계의 구별에 관한 일반이론에 따른다.

일반적으로 말하면 행정적 목적, 정신적·문화적 목적의 비영리적 사업을 행하는 것인 협의의 영조물(행정적 영조물) 이용관계는 그 공익성에 비추어 원칙상 공법관계로 보는 것이 타당할 것이다. 실정법령에서 사법관계로 규정한 경우에도 당해 법률관계는 행정사법관계라고 보아야 할 것이다.

이에 반하여 광의의 영조물 중 영리적인 사업의 형태를 취하는 상업적 영조물의 이용관계는 원칙상 사법관계로 보아야 할 것이다. 다만, 이 경우의 사법관계도 행정사법관계로 보아야 할 것이다.

### 3. 이용관계의 성립

영조물이용관계는 공법상 계약, 사법상 계약 또는 행정행위(예, 학교에의 입학허가)에 의해 성립된다.

## Ⅱ. 영조물이용자의 법적 지위

영조물이용자는 영조물이용권을 가지며 이용질서를 준수할 의무, 이용료납부의무 등을 진다.

[판례] 국립대학 등록금(기성회비 포함)은 국립대학이 학생에게 강의, 실습, 실험 등 교육활동을 실시하는 방법으로 대학의 목적에 부합하는 교육역무를 제공하고 이러한 교육역무에 필요한 교육시설 등을 이용하게 하는 것에 대한 대가, 즉 영조물인 국립대학의 이용에 대한 사용료를 의미하는

것이다(대판 전원합의체 2015. 06. 25, 2014다5531).

영조물이용관계가 행정행위에 의해 성립되는 경우에 영조물이용자의 권리와 의무는 관계 법령이나 영조물규칙이 정하는 바에 따른다.

영조물이용관계가 계약에 의해 성립되는 경우에 영조물이용자의 권리와 의무는 계약에 의해 정해진다.

## Ⅲ. 영조물주체의 권능 · 의무와 영조물규칙

### 1. 영조물주체의 권능과 의무

종래 영조물이용관계를 특별권력관계로 보는 견해가 있었는데, 이에 의하면 영조물주체는 특별권력주체가 갖는 권능을 갖는다. 그러나, 오늘날 특별권력관계가 부인되고 있다. 영조물이용관계를 특별행정법관계로 보는 견해가 있는데, 이 견해에 의하면 영조물주체의 권능은 관계법령에 의해 정해진다.

생각건대, 영조물주체의 권능과 의무는 기본적으로 관계법령에 의해 정해진다고 본다.

영조물주체의 권능으로는 영조물이용규칙의 제정권, 영조물이용질서유지권 등이 있고, 그 의무로는 영조물이용의 중단 없는 계속적 제공의무, 이용자를 평등하게 대우할 의무 등이 있다.

### 2. 영조물규칙

영조물규칙(營造物規則) 중 이용자의 권리 · 의무에 관한 사항은 법률의 근거하에 제정되어야 하며 법규로서의 성질을 갖는다고 보아야 한다. 이에 대하여 영조물주체에게는 이용관계에 관한 법규를 정할 고유한 법규명령제정권이 있다는 견해도 있다. 특별명령이론도 이 견해 중 하나이다.

**[판례]** [1] 학칙은 대학의 자치규범으로서 당연히 구속력을 갖는다. [2] 총장 후보자 선정방식은 국립대학의 조직에 관한 기본적 사항의 하나로서 학칙으로 정할 수 있다. [3] 대학자치의 주체를 오로지 교원으로 한정함으로써 총장 후보자를 선정할 때 직원과 학생의 의사는 배제한 채 교원 또는 법률상 임의단체에 불과한 교수회의 의사를 우선시하여 그 동의가 없는 한 총장 후보자 선출을 위한 기존의 해당 대학 교원의 합의된 방식과 절차에 따른 선정(직선제) 학칙을 총장임용추천위원회에서의 선정(간선제)으로 바꾸는 것이 허용되지 않는다고 할 수는 없다(대판 2015. 06. 24, 2013두26408[학칙개정처분무효확인]). 〈해설〉 학칙의 처분성을 인정하였다. 대학자치의 주체를 교원만으로 볼 수는 없다.

영조물규칙 중 조직규칙과 영조물 이용기준 등 영조물주체 내부에서의 사무처리기준을 정하는 부분(해석규칙 또는 재량준칙)은 행정규칙으로서의 성질을 갖는다고 보아야 한다.

## Ⅳ. 영조물이용관계의 종료

영조물 이용관계는 이용목적의 달성(예, 국공립학교의 졸업), 이용관계로부터의 임의탈퇴(예, 재학중 자퇴), 영조물주체로부터의 배제(예, 퇴학처분), 영조물의 폐지(예, 폐교) 등의 사유로 종료한다.

# 제 3 장  공기업법

## 제 1 절  공기업의 개념

### Ⅰ. 공기업개념에 관한 견해의 대립

공기업(公企業)의 개념을 어떻게 이해할 것인가는 순수하게 이론적인 문제만은 아니다. 왜냐하면 국가와 지방자치단체가 경영하는 사업의 성질이 다름에 따라 그에 대한 법적 규율이 달라지기 때문이다.

공기업의 개념을 어떻게 파악할 것인가에 관하여 다음과 같이 견해가 대립하고 있다.

현재 공기업을 광의의 공기업, 협의의 공기업, 최협의의 공기업으로 분류하는 것이 다수의 견해이다. 광의설은 경영주체를 표준으로 하여 공기업을 "국가 또는 지방자치단체가 경영하는 모든 사업"을 의미하는 것으로 본다고 하고, 협의설은 주체와 목적을 표준으로 하여 "국가 또는 지방자치단체가 직접 사회공공의 이익을 위하여 경영하는 비권력적 사업"을 공기업으로 본다고 하고, 최협의설은 공기업의 기업적 측면을 고려하여 "국가 또는 지방자치단체가 직접 사회공공의 이익을 위하여 행하는 비권력적 사업 중에서 일정한 영리성 또는 기업성을 가지는 사업"만을 공기업으로 파악한다고 한다.[23]

그러나, 이러한 분류는 타당하지 않다. 왜냐하면, 일반적으로 협의의 개념은 통상 현재 일반적으로 채택되고 있고 채택되는 것이 타당한 개념을 지칭하는데, 현재 일반적 견해에 의할 때 위의 최협의의 개념이 공기업 개념의 분류에 관한 일반적 견해에 의해 채택되고 있는 개념이기 때문이다. 이렇게 된 것은 우리나라에서는 거의 주장되지 않는 공기업개념(경영주체를 표준으로 하여 정의되는 공기업개념으로 '국가 또는 지방자치단체가 경영하는 모든 사업'으로 정의됨)을 일반적 견해가 광의의 공기업개념이라 부르기 때문이다. 그러나, 현재 거의 주장되지 않으며 실익도 없는 개념을 제시하는

---

23) 김동희, 301~302면.

것은 타당하지 않다.

현재 공기업개념에 관하여는 주체와 목적을 개념요소로 파악하는 견해와 주체·목적 및 수익성을 개념요소로 파악하는 견해가 대립되고 있다. 이하 전자를 광의설, 후자를 협의설이라고 부르기로 한다.

### 1. 광의설24)(주체와 목적을 개념요소로 보는 견해)

주체 및 목적을 개념요소로 하여 공기업을 정의하는 견해는 공기업을 '국가 또는 지방자치단체가 직접으로 사회적 공공복리를 위하여 경영하는 비권력적 사업'이라고 정의한다.25) 이 견해가 종래 통설이었다. 이 공기업개념은 프랑스의 공역무개념26)과 유사하다.

이와 같이 공기업의 개념에서 영리성을 요구하지 않는 견해가 종래의 통설이었다. 이 견해에서는 영조물과 공기업을 동일한 대상을 다른 관점에서 포착한 것으로 보았다. 즉, 공기업은 작용법적 개념이고 영조물은 조직법적 개념으로 보았다.

이 견해의 의의는 국가 또는 지방자치단체가 경영하는 공공복리를 위한 사업을 영리적인 것이든 비영리적인 것이든 통일적으로 보고 있는 점이다. 왜냐하면, 영리적인 것이든 비영리적인 것이든 국가 또는 지방자치단체가 경영하는 공공복리를 위한 사업에는 특수한 공통의 법적 규율이 행해져야 하기 때문이다. 즉, 공기업주체에게 국민에게 필요한 재화와 서비스를 계속 제공하여야 하는 의무가 부여되고 공기업주체는 공기업활동에 있어 특별한 사정이 없는 한 특정 개인에게 재화와 서비스의 제공을 거부할 수 없고 또한 평등의 원칙을 준수하여야 한다.

그러나, 이 견해는 영리성을 기본으로 하는 사업과 비영리적인 사업은 법적 규

---

24) 이 공기업 개념을 일반적 견해는 협의의 공기업개념이라고 명명하고 있는데, 이는 위에서 본 바와 같이 현재 주장되고 있지 않는 공기업개념을 광의의 공기업개념으로 부르기 때문에 이 보다 엄격한 본문과 같은 공기업 개념을 협의의 공기업개념으로 부르고 있는 것이다. 그러나, 본문의 공기업개념을 광의의 공기업개념으로 부르는 것이 타당하다.

25) 김도창, 369면.

26) 프랑스법에서의 공역무(le service public)는 하나의 조직을 의미하기도 하고 그 조직에 의해 수행되는 활동을 지칭하기도 한다. 그런데, 오늘날 사인에 의한 공역무의 수행이 인정되고 있으므로 공역무의 조직적 요소는 퇴색되었다. 사인이 공역무를 수행하는 경우에는 공역무의 수행이 공익에 합당하게 행해지도록 하기 위하여 행정기관의 특별한 감독에 종속된다는 점에서 행정에 종속된다. 작용적 측면에서 공역무는 공익적 임무를 수행하는 활동이다. 공역무에는 영리적인 활동인 경우도 있는데, 이를 상공업적 공역무(les servies publics à caractère industriel ou commercial)라 한다. 이에 대하여 상공업적 공역무가 아닌 공역무를 행정적 공역무(les servies publics administratifs)라 한다. 행정적 공역무는 공법의 규율을 받는 데 반하여 상공업적 공역무의 조직이나 활동은 원칙상 사법의 적용대상이 된다. 다만, 상공업적 공역무도 공역무이므로 이 점에서 공역무를 규율하는 공법적 규율의 대상이 된다.

율에서 차이가 있음에도 이들을 동일한 개념 속에 포함시키는 점에서 문제가 있다는 비판을 받았다. 즉, 영리성을 기본으로 하는 사업은 기본적으로 사법에 의해 규율되지만, 비영리적인 공익사업은 원칙상 공법적 규율의 대상이 되는 것으로 보아야 한다. 그리고, 기업이라는 것은 영리를 목적으로 하는 사업을 지칭하므로 공기업이라는 용어로 비영리적인 공익사업을 포함하는 것은 타당하지 않다는 비판이 가능하다.

이러한 비판이 타당하지만, 광의설에 공공복리를 위한 영리와 비영리의 비권력사업을 통일적으로 고찰할 수 있는 장점이 있는 것은 인정하여야 할 것이다.

### 2. 협의설[27] (주체 · 목적 및 영리성을 개념요소로 보는 견해)

주체 · 목적 및 영리성을 개념요소로 하여 공기업을 정의하는 견해는 공기업을 '국가 또는 지방자치단체나 이들이 설립한 법인이 직접적으로 사회적 공공복리를 위하여 경영하는 기업'[28]이라고 정의한다. 이 견해가 일반적으로 채택되고 있는 공기업 개념이다. 이하에서는 협의의 공기업의 개념요소를 고찰하기로 한다.

## II. 공기업의 개념요소

### 1. 공기업의 주체

공기업의 주체는 국가 또는 지방자치단체나 이들이 설립한 법인(정부투자기관이나 지방공사)이다.

국가 또는 지방자치단체가 직접 공기업을 경영하는 경우가 있는데, 이 공기업을 '직영공기업'이라 한다. 국가가 직접 경영하는 공기업을 국영사업이라 하고, 지방자치단체가 직접 경영하는 공기업을 공영사업이라 한다. 기업예산회계법은 국영사업이라는 용어 대신에 '정부기업'이라는 용어를 사용하고, 지방공기업법은 공영사업이라는 용어 대신에 '지방직영기업'이라는 용어를 사용한다(제2조). 정부기업예산법상 '정부기업'이라 함은 우편사업 · 우체국예금사업 · 양곡관리사업 · 조달사업을 말한다(제2조).

지방공기업법상의 지방직영기업은 일정규모 이상의 다음의 사업을 말한다. ① 수도사업(간이상수도사업을 제외한다), ② 공업용수도사업, ③ 궤도사업(도시철도사업을 포함한다), ④ 자동차운송사업, ⑤ 지방도로사업(유료도로사업에 한한다), ⑥ 하수도사업, ⑦ 주택사업, ⑧ 토지개발사업(동법 시행령 제2조 제1항).

---

27) 일반적 견해는 본문의 공기업 개념을 최협의의 공기업개념으로 명명하고 있는데, 이는 위에서 본 바와 같이 타당하지 않다.
28) 박윤흔, 375면 등.

공기업은 국가와 지방자치단체로부터 독립된 법인에 의해 운영되는 경우도 있다. 공기업을 경영하는 법인은 공공기관의 운영에 관한 법률상의 공공기관, 지방공기업법상의 지방공사와 지방공단과 같이 국가나 지방자치단체가 지배적인 영향력을 미치는 특수법인이다. 공기업을 경영하는 특수법인은 공법인(공사)의 형식을 취할 수도 있고 상법상 회사의 형식을 취할 수도 있다. 전기공급사업은 한국전력공사에 의해 행해진다.

## 2. 공기업의 목적(공익성)

공기업은 사회적 공공복리를 위하여 경영되는 사업이다. 달리 말하면 국민 또는 주민의 생활에 필요한 재화나 서비스를 제공하는 사업이다.

그러나, 국민 또는 주민의 생활에 필수적인 재화나 서비스를 공기업에 의해서만 제공하여야 하는 것은 아니다. 오늘날 자유주의시장경제체제하에서는 생활에 필요한 재화나 서비스가 사기업에 의해 충분하게 제공될 수 없거나 그 공익성에 비추어 사기업에 의해 제공되는 것이 적절하지 않다고 판단되는 경우에 한하여 공기업으로 제공되어야 한다고 보고 있다.

이에 따라 공기업의 민영화가 추진되고 있다. 최근 통신사업이 민영화되었고, 전기사업도 일부 민영화가 추진되고 있다. 공기업이 민영화되면 공기업이 특허기업으로 대체되게 된다. 현재 수도, 전기, 가스, 철도교통이 공기업사업이다. 또한, 국민 또는 주민의 생활에 필수적인 재화나 서비스의 제공에 공기업과 사기업이 경쟁하는 경우도 늘고 있다.

공기업의 공익성으로 인하여 후술하는 바와 같이 공기업에게는 사기업에서와는 다른 특수한 법적 규율이 행해지고 있다.

## 3. 공기업의 영리성

공기업은 영리적 활동이다. 이러한 점에서 비영리적 사업인 협의의 영조물과 구별된다. 공기업을 영리활동으로 구성하는 것은 공기업을 공법적 규율로부터 해방하여 공기업경영의 효율성을 제공하기 위한 것이다. 따라서, 공기업은 원칙상 사법에 의해 규율되고 있다. 그러나, 공기업이 영리성을 기본으로 하지만 공익성도 갖기 때문에 일정한 한도 내에서는 공법적 규율이 행해진다.

## 4. 공기업의 독점성

독점성은 공기업의 요소는 아니다. 우편사업, 수도사업과 같이 법률상 국가나

지방자치단체의 독점사업으로 규정된 경우도 있고, 철도사업, 원자력발전사업과 같
이 사실상 독점사업인 경우도 있지만, 그 이외에는 공기업에 의해 경영되는 사업이
사기업에 의해 경쟁적으로 운영되는 경우도 있다. 오늘날 생존배려 행정에 있어 공
기업과 사기업이 경쟁관계에 있는 경우가 적지 않다.

## Ⅲ. 공기업과 영조물의 구분

### 1. 유사점

공기업과 영조물은 국가 또는 공공단체가 공공복리를 위하여 경영하는 비권력
적인 사업인 점에는 유사하다.

종래의 통설과 같이 영조물과 공기업을 광의의 개념으로 보면 영조물과 공기업
은 동일사업을 다른 관점에서 포착한 것이 된다. 영조물은 조직법적 성격이 강한 개
념이고, 공기업은 영조물을 작용법적 관점에서 본 것이다.

공기업과 영조물이 공공복리(공익)의 실현을 목적으로 하는 점에서 영조물과 공
기업에는 이용자의 보호를 위해 일정한 공법적 규율이 행해진다.

### 2. 차이점

① 오늘날의 일반적 견해인 협의의 영조물 및 협의의 공기업 개념을 채택하는
경우에 공기업은 영리성을 기본으로 하는 사업인 반면에 영조물은 비영리적인 사업
을 행하는 점에서 구별되고, 이에 따라 공기업이용관계는 통상 행정사법관계 내지
사법관계이지만(수도이용관계와 같이 예외적으로 공법관계인 경우도 있다) 영조물이용관계
는 공법관계(관리관계)이다.

② 공기업은 기업활동에 중점이 두어진 동적인 개념인 반면에 영조물은 시설이
중심개념이 되는 조직법적·정적인 개념이다. 이 구별은 광의의 영조물 및 공기업 개념
을 취하는 종래의 통설에서 말하는 공기업과 영조물의 주된 구별이다.

③ 국가나 지방자치단체가 직접 경영하는 공기업의 물적 시설은 공물이지만, 특
수법인공기업 소유의 물적 시설은 공물이 아니다.

영조물의 물적 요소는 공물이다. 영조물법인의 물적 요소도 공물이다.

## Ⅳ. 공기업과 공공기관

공공기관의 운영에 관한 법률상 공공기관은 국가나 지방자치단체 소유의 기업

이나 단체의 건전한 운영을 감독하기 위해 정립된 개념이다.

공공기관중에는 공기업인 경우도 있지만, 공기업이 아닌 경우도 있다. 공기업중에도 공공기관인 경우도 있고, 공공기관이 아닌 경우도 있다.

# 제 2 절 공기업의 법적 규율

공기업은 기본적으로 사법 또는 사법원리에 의해 규율된다. 그러나, 공기업의 조직, 개설, 경영관리, 예산회계, 이용관계 등에서 사기업에서와는 다른 특수한 법적 규율이 행해진다. 그리고, 이 특수한 법적 규율에는 특수한 사법적 규율도 있지만 공법적 규율도 있다. 공기업에 대한 공법적 규율은 법령에 의해 인정되는 것이 원칙이지만 공기업의 공익성으로부터 해석에 의해 도출될 수도 있다.

## Ⅰ. 공기업법의 법원

공기업의 조직에 관하여는 공기업이 국영공기업인 경우 정부조직법 등 행정조직에 관한 법령에 의해 규율되고, 공영공기업인 경우 지방자치법, 지방공기업법, 조례에 의해 규율된다. 공기업을 운영하는 공공기관은 「공공기관의 운영에 관한 법률」, 공공기관설립법이 있는 경우 당해 설치법, 공기업을 운영하는 특수법인이 상법상 회사인 경우에는 상법의 회사에 관한 규정이 적용된다.

우편사업과 같이 공기업이 독점사업인 경우에는 그에 관한 특별법(우편법)이 있고, 독점사업이 아닌 경우에는 특허기업의 사업과 마찬가지로 공기업의 대상이 되는 사업을 규율하는 법에 의해 규율된다.

국영공기업과 공영공기업의 예산회계는 국가재정법, 지방공기업법, 지방재정법에 의해 규율되고, 특별회계에 의해 경영되는 공기업은 정부기업예산법, 지방공기업법 및 지방재정법 등에 의해 규율된다.

## Ⅱ. 공기업의 개설

국영공기업을 담당하는 행정기관은 일반 행정기관과 같이 정부조직법과 대통령령에 의해 설치된다. 우편사업과 같이 법률상 독점사업인 경우에는 그 독점을 규정하는 특별법(예, 우편법)이 있어야 한다. 공기업을 운영하는 정부투자기관은 개별법률에 근거하여 설립되고 있다.

　　지방공기업법의 적용을 받는 지방직영공기업 및 특수법인지방공기업(지방공사, 지방공단)의 설치는 지방공기업법에 근거하여 조례에 의한다(제5조, 제49조 제2항, 제76조 제2항). 이에 반하여 지방공기업법의 적용을 받지 않는 지방공기업을 설치함에 있어서는 반드시 개별법률이나 조례에 근거를 두어야 하는 것은 아니지만, 다음과 같은 근거하에 설립된다. 공영공기업을 담당하는 행정기관은 지방자치법과 조례에 의해 설치된다. 지방공기업을 운영하는 특수법인의 창설은 그 특수법인이 공법인인 경우에는 법률의 근거가 필요하다. 지방공기업을 운영하는 법인이 상법상 회사인 경우에는 상법에 의해 설립될 수 있다.

## Ⅲ. 공기업의 조직

　　국가나 지방자치단체가 직접 경영하는 공기업(예, 수도사업)의 조직은 행정조직이다. 따라서 행정조직에 관한 법의 규율을 받는다. 공기업을 경영하는 직원은 공무원이며 공기업을 위한 물적 시설은 공물이며 공기업을 경영하는 공무원이 작성하는 문서는 공문서이다.

　　이와 같이 공기업이 국가나 지방자치단체에 의해 직영되는 경우 공기업조직이 공법적 규율을 받기 때문에 공기업의 효율적인 운영에 장애가 된다.

　　행정청형공기업에 대한 공법상 제약을 탈피하도록 하기 위하여 특수법인으로 하여금 공기업을 경영하도록 하고 있다. 특수법인공기업(예, 한국철도공사, 한국수자원공사)의 직원은 공무원이 아니고, 특수법인공기업 소유의 물적 시설은 공물이 아니며 그 문서는 공문서가 아니다. 그러나, 국가 또는 지방자치단체로부터 특수법인공기업에 그 관리가 위탁된 국가 또는 지방자치단체 소유의 공기업시설(예, 철도시설 수도시설)은 공물이다.

　　그러나, 공기업주체인 특수법인에 대하여는 사기업과는 다른 특수한 법적 규율이 행해지고 있다. 공공기관에 대하여는 공공기관의 운영에 관한 법률, 지방공기업에 대하여는 지방공기업법에 의해 특별한 규율이 행해지고 있다. 그리고, 공기업을 경영하는 특수법인이 공사와 같은 공법인의 형태를 취하는 경우도 있고, 상법상 회사(특히, 주식회사)의 형태를 취하는 경우가 있다. 공사인 경우에는 개별법률이 그 조직에 관하여 특별한 규율을 하고 있다. 주식회사의 형태를 취하는 경우 그 조직에 관하여는 주식회사에 관한 상법의 규정이 적용되지만 특별한 규정을 두고 있는 경우도 있다. 공공기관의 조직에 관하여는 공공기관의 운영에 관한 법률이 일반적 규정을 두고 있고, 지방공사 및 지방공단에 관하여는 지방공기업법이 일반적 규정을 두고 있다.

## IV. 공기업의 예산회계

행정청형기업의 예산회계는 국가나 지방자치단체의 예산회계이므로 원칙상 다른 행정작용의 경우와 동일한 국가재정법원칙상의 제약을 받는다. 그러나, 공기업을 국가회계법상의 제약으로부터 해방하여 경영원리에 따라 효율적으로 운영할 수 있도록 하기 위하여 독립채산제를 취하는 경우가 있다(정부기업예산법 제3조, 지방공기업법 제13, 14조). 독립채산제라 함은 직영공기업을 특별회계로 운영하고 기업의 경비를 당해 기업의 수입으로 충당하도록 하는 제도를 말한다.

공공기관공기업의 예산회계는 공공기관의 운영에 관한 법률에 정하는 바에 따른다. 지방공사 및 지방공단공기업의 예산회계는 지방공기업법이 정하는 바에 따른다.

## V. 공기업의 경영관리

공기업은 경제성과 공익성이 조화되도록 경영관리되어야 한다. 공기업의 경제성을 보장하기 위하여 공기업의 경영관리에는 자율성이 보장되고 책임경영체제가 확립되어야 한다. 그러나, 공기업의 공공복리성을 보장하기 위하여 공기업의 이용조건 등에 관하여 법률상 또는 행정기관의 감독상 최소한의 규제는 불가피하다.

## VI. 공기업의 보호

공기업의 공익성에 비추어 공기업에 대하여는 일반 사기업에 비하여 여러 특권 및 혜택이 부여되고 있다. 이러한 공기업의 보호는 법률에 근거가 있어야 하며 공기업에 따라 그 내용이 다르다. 그러나, 공기업이 독점기업이 아닌 경우에는 공정한 경쟁에 반하는 공기업의 보호는 헌법상 인정될 수 없다.

### 1. 독점권의 인정

법률에 의해 공기업이 운영하는 사업이 독점사업으로 규정되어 있는 경우가 있다. 우편사업 등이 그 예이다(우편법 제2조).

### 2. 공용부담특권

공기업에게 부담금의 징수권, 토지 등의 수용권이 부여되는 경우가 있다.

## 3. 경제상 보호

오늘날 공기업의 효율적 경영을 위하여 공기업을 일반 사기업의 경영원리에 따라 규율하여야 한다는 관념과 공기업이 경영하는 사업도 원칙상 일반시장경제의 공정한 경쟁의 원리에 따르도록 하여야 한다는 관념이 강조되면서 공기업에 대한 경제상의 보호는 축소되는 경향이 있다. 공기업에 대하여는 다음과 같은 경제상의 보호가 주어지는 경우가 있다.

### (1) 조세감면

행정청형기업은 비과세이며 특수법인공기업에 대하여는 조세가 감면되는 것으로 규정되어 있는 경우가 많다.

### (2) 보조금의 교부

공기업에 대하여 보조금이 교부되는 경우가 있다(한국도로공사법 제16조, 수도법 제56조).

### (3) 국·공유재산의 무상대부 등

행정재산을 직접 비영리 공익사업용으로 사용하려는 대통령령으로 정하는 공공단체에게 사용허가하는 경우 관리청은 대통령령으로 정하는 바에 따라 그 사용료를 면제할 수 있다(국유재산법 제34조 제1항 제3호, 제47조, 공유재산법 제34조).

### (4) 자금의 융자 등

공기업에 대하여 국가가 자금의 융자, 사채의 인수(한국도로공사법 제16조 제1항), 외국차관 또는 사채의 상환보증(동법 제15조 제2항)을 행하는 경우가 있다.

### (5) 기타 보호

공기업을 위하여 손해배상책임의 제한 또는 면제(우편법 제38조 내지 제44조, 철도법 제72조 내지 제74조), 공기업용 물건에 대한 압류금지·제세공과금의 면제 및 해손부담의 면제(우편법 제7조) 등이 인정된다.

## 4. 강제징수권

공기업의 재화나 서비스의 공급대가인 수수료 또는 사용료의 체납에 대하여는 강제징수권이 인정되는 경우가 많다(우편법 제24조, 수도법 제51조 등). 다만, 공기업주체가 국가나 지방자치단체가 아니라 독립된 법인인 경우에는 시장·군수 등 행정청에 위탁하여 강제징수하는 것으로 규정하는 것이 보통이다(주택법 제89조).

## 5. 경찰권의 부여

공기업의 경영에 대한 위해를 방지하고 질서를 유지하도록 하기 위하여 공기업의 관리기관에게 경찰권을 부여하는 경우가 있다(사법경찰관리의 직무를 행할 자와 그 직무범위에 관한 법률 제5조 제8호, 제6조 제9호).

## 6. 형사상 보호

공기업의 경영에 대한 침해에 대하여 행정벌이 부과되는 경우가 있다. 이 행정벌을 공기업벌이라 하는데, 그 내용에 따라 다음과 같이 세 가지로 분류된다.

① 공기업을 보호할 목적으로 공기업의 경영을 침해하거나 공기업법상의 의무를 불이행한 일반인에게 과하여지는 행정벌(예, 기업독점권의 침해·공기업을 위한 공용부담의 거부 또는 불이행·공기업물건의 손괴에 대한 벌 등(우편법 제46조 이하))

② 기업자 자신이 의무를 위반한 경우에 기업자에 대하여 과하여지는 벌(예, 정당한 사유가 없는 이용거부·기업경영상의 의무 위반에 대한 벌(우편법 제50조, 수도법 제63조))

③ 이용자의 의무위반에 대하여 과하여지는 벌(예, 공기업의 부정한 이용에 대한 벌(우편법 제52조))

## Ⅶ. 공기업의 감독

공기업은 국민의 생존에 필요한 재화와 서비스를 제공하는 공익성이 강한 사업이다. 따라서, 공익을 보호하기 위하여 공기업에 대한 국가 또는 지방자치단체의 감독이 필요하다. 또한, 공기업에는 국가의 자금이 투자되므로 투자된 자금이 적정하게 운용되는지에 관하여 감독할 필요가 있다.

반면에 공기업의 자율성을 보장하여야 하므로 공기업에 대한 감독은 필요한 최소한도에 그쳐야 한다.

공기업에 대한 국가의 감독은 행정청형기업과 독립법인에 의한 공기업을 나누어 고찰하여야 한다.

### 1. 행정청형기업의 감독

행정청형기업에 대한 감독은 행정조직상 감독의 문제가 된다. 다만, 공기업의 자율적인 운영을 보장하기 위하여 공기업에 대한 감독을 제한하는 경우가 있다.

예를 들면, 지방공기업법은 공기업의 관리자에 대한 지방자치단체의 장의 지휘·감독을 다음의 사항에 한정하고 있다. ① 지방직영기업경영의 기본계획에 관한 사항, ② 지방직영기업의 업무의 집행에 관한 사항 중 당해 지방자치단체의 주민의 복리에 중대한 영향이 있다고 인정되는 사항, ③ 지방직영기업의 업무와 다른 업무와의 필요한 조정에 관한 사항(제10조).

## 2. 독립법인공기업의 감독

### (1) 감독청에 의한 감독

감독청에는 주무기관의 장과 기획재정부장관이 있다. 주무기관의 장은 공기업이 설립목적에 따라 운영되는지를 감독하고, 기획재정부장관은 공기업의 경영과 재정을 감독한다. 달리 말하면, 주무기관의 장은 공기업의 공공성을 감독하고, 기획재정부장관은 공기업의 기업성을 감독한다.

공기업에 대한 감독권에는 일반적 감독권과 개별적 감독권이 있다.

일반적 감독권은 공기업의 경영목표의 달성을 위하여 일반적인 사항을 지시·지도하는 권한을 말한다. 일반적인 감독권에 근거하여서는 개별적인 사항에 대한 지시·명령을 할 수 없다. 예를 들면, 대한주택공사법 제18조는 “국토교통부장관은 공사의 경영목표 달성을 위하여 필요한 범위 안에서 공사의 업무를 지도·감독한다”라고 일반적 감독권을 규정하고 있다.

개별적 감독권은 개별적 사항에 대하여 지휘·감독하는 권한을 말한다.

기획재정부장관과 주무기관의 장은 공기업·준정부기관의 자율적 운영이 침해되지 아니하도록 이 법이나 다른 법령에서 그 내용과 범위를 구체적으로 명시한 경우에 한하여 감독한다(공공기관의 운영에 관한 법률 제51조 제1항).
기획재정부장관은 공기업의 경영지침 이행에 관한 사항을 감독한다(동법 제51조 제2항).
주무기관의 장은 법령에 따라 주무기관의 장이 공기업·준정부기관에 위탁한 사업이나 소관 업무와 직접 관련되는 사업의 적정한 수행에 관한 사항과 그 밖에 관계 법령에서 정하는 사항 및 준정부기관의 경영지침 이행에 관한 사항에 대하여 공기업·준정부기관을 감독한다(동법 제51조 제3항).

### (2) 감사원에 의한 감독

감사원은 감사원법에 따라 공기업·준정부기관의 업무와 회계에 관하여 감사를 실시할 수 있다(공공기관의 운영에 관한 법률 제52조 제1항). 감사원은 제1항의 규정에 따른 감사를 관계 행정기관의 장 등에게 위탁하거나 대행하게 할 수 있다(제2항).

### (3) 국회에 의한 감독

독립법인공기업에는 정부가 출자하고 있으므로 국회의 감독·통제가 필요하다. 공기업에 대한 국회의 감독·통제로는 국정감사·조사, 대정부질문, 정부의 예산심의 또는 결산보고, 공기업관련 법률의 제정이나 개폐 등이 있다.

# 제 3 절  공기업의 이용관계

## Ⅰ. 의    의

공기업으로부터 개인이 재화 또는 서비스를 제공받거나 그 설비를 이용하는 법률관계를 공기업이용관계라고 한다.

공기업이용관계에는 그 이용이 일시적인가 계속적인가에 따라 일시적 이용관계(예, 우편발송, 철도의 이용)와 계속적 이용관계(예, 수도·전기·가스의 공급)로 나누어진다.

공기업의 이용관계는 법률관계인데, 공기업이용관계가 어떠한 성질의 법률관계인가, 그 내용은 무엇인가하는 것이 문제된다. 특히 공기업의 이용은 국민의 생존에 필수적인 것이므로 공기업의 이용이 보장되어야 한다.

## Ⅱ. 공기업이용관계의 성질

공기업이용관계의 성질이 무엇인가 달리 말하면 공법관계인가 사법관계인가 하는 것이 문제된다. 이와 같이 공기업이용관계의 성질을 논하는 이유는 그 성질에 따라 적용법규 및 적용법원리와 소송형식이 달라지게 되기 때문이다.

공기업이용관계의 성질에 관하여는 공법관계설, 사법관계설, 행정사법설 및 혼합법률관계설(개별적 구별설)이 있다.

### 1. 공법관계설

이 설은 공기업이 공공복리를 위하여 행하여지는 행정작용이므로 공기업이용관계를 공법관계로 보아야 한다고 한다.

그러나, 공기업은 그 목적에 있어 공익성을 갖지만 수단면에서는 영리적인 활동방식을 통하여 행하여지므로 공기업이용관계를 전부 공법관계로 보는 것은 타당하지 않다.

### 2. 사법관계설

이 설은 공기업은 영리적 활동방식에 의한 비권력적인 사업으로서 사기업과 본질적으로 다른 것이 아니므로 같은 성질의 법률관계는 동일한 법에 의해 규율되어야 한다는 원칙에 비추어 그 이용관계는 사법관계로 보아야 한다고 한다.

그러나, 공기업이 영리적 활동방식에 의해 행해지지만 공익목적을 갖고 있으므로 전적으로 사법 및 사법원리에 의해 규율되는 것으로 보는 것은 타당하지 않다는 비판이 가능하다.

### 3. 행정사법관계설

이 설은 공기업은 그 수단면에서 영리적인 활동방식에 의해 행해지므로 이 점에서는 원칙상 사법 및 사법원리에 의해 규율되어야 하지만, 공익적 성격을 가지므로 이 한도 내에서는 공법적 규율이 필요하므로 공기업 이용관계는 행정사법관계(行政私法關係說)로 보는 것이 타당하다고 한다.

그러나, 공기업이용관계는 실정법률에 의해 명백히 공법관계로 규정되어 있는 경우가 있으므로 공기업이용관계 전부를 개괄적으로 행정사법관계로 보는 것은 타당하지 않다는 비판이 가능하다.

### 4. 혼합법률관계설(개별적 구별설)

이 설은 공기업이용관계는 그 법률관계 전부의 성질을 일률적으로 결정할 수는 없고 공기업이용관계에 있어서 개별적인 법률관계마다 그 법적 성질을 논하여야 한다고 한다. 이러한 견해를 혼합법률관계설 또는 개별적 구별설로 부르기로 한다.

이 견해가 오늘날의 통설인데, 통설에 의하면 공기업이용관계는 원칙상 사법관계 또는 행정사법관계이지만 예외적으로 명문의 법령의 규정 또는 실정법구조 전체의 합리적 해석에 의해 개별적인 법률관계를 공법관계로 보아야 하는 경우에는 공법관계로 보아야 한다고 한다. 이 견해가 타당하다.

#### (1) 원칙상 행정사법관계

공기업은 그 수단면에서 영리적인 활동방식에 의해 행해지므로 공기업이용관계는 원칙상 사법관계이다. 판례도 이러한 입장을 취하고 있다(대판 1982. 12. 28, 82누441: 전화사업의 민영화 이전에 전화이용관계를 사법관계로 본 사례). 다만, 공기업은 공익적 성격을 가지므로 이 한도 내에서는 공법적 규율을 받는다. 즉, 공기업이용관계에는 평등원칙, 생존권의 보장의무, 계속적인 이용제공의무 등의 공법적 규율이 행해진다.

따라서, 공기업이용관계는 순수한 사법관계라기보다는 일정한 공법적 규율이 행해지는 행정사법관계라고 보는 것이 타당하다. 다만, 행정사법관계도 기본적으로는 사법관계이므로 이에 관한 분쟁은 민사소송의 대상이 된다.

[판례] (1) 전기의 공급은 전형적인 생존배려행정의 영역이라 할 것이다. (2) 한국전력공사는 전기소비자와 체결한 전기공급계약에 따라 전기를 공급하고 그에 대한 대가를 지불받아 사업을 영위

하는 사경제주체로서, 전기의 공급에 실제 소요된 비용을 적정 수준에서 회수할 수 있을 때에만 안정적으로 전기를 공급할 수 있다(헌재 2021. 04. 29, 2017헌가25).

### (2) 예외적인 공법관계

공기업이용관계는 원칙상 사법관계 또는 행정사법관계이지만 명문의 법령의 규정 또는 실정법구조 전체의 합리적 해석에 의해 개별적인 법률관계를 공법관계로 보아야 하는 경우에는 공법관계로 보아야 한다.

#### 1) 법령에 명시적 규정이 있는 경우

공기업의 이용대가에 대해 강제징수가 인정되는 경우 이용료납부의무는 사법상 의무인 경우에도 당해 이용료의 강제징수행위는 공법행위가 된다. 그리고, 이용대가의 부과에 대해 항고쟁송이 인정되는 경우 당해 이용대가부과행위는 행정행위가 되며 이용료납부의무는 공법상 의무가 된다.

[판례] 수도법에 의하여 지방자치단체인 수도사업자가 수도물의 공급을 받는 자에 대하여 하는 수도료의 부과징수와 이에 따른 수도료의 납부관계는 공법상의 권리의무관계라 할 것이므로 이에 관한 소송은 행정소송절차에 의하여야 한다(대판 1977. 02. 22, 76다2517).

#### 2) 실정법구조 전체의 합리적 해석에 의해 공법관계로 인정되는 경우

공기업의 공익성이 특별히 강하고 공기업에 관한 법령이 당해 공익의 보호를 위하여 특별한 규정을 두고 있는 경우 당해 공기업이용관계는 공법관계로 보아야 할 것이다(예, 수도 이용관계).

판례는 **수돗물 공급관계를 사법관계**로 보고 있는 것으로 보인다. 즉, 판례는 일반상수도사업자인 구미시가 2011. 5. 8.부터 2011. 5. 11.까지 광역상수도 사업자인 한국수자원공사로부터 정수를 공급받지 못하였기 때문에 원고들에게 수돗물공급의무를 이행하지 못한 것에 대해 민법 제758조에 따른 손해배상청구를 한 사안에서, 국가배상책임의 문제가 아니라 민법에 따른 손해배상책임(민법 제758조의 공작물의 설치·보존상의 하자로 인한 배상책임)의 문제로 보았는데(대판 2018. 07. 12, 2015다68348), 관련 법령 및 수돗물공급의 공익성에 비추어 수돗물 공급관계는 공법관계로 보고, 수돗물 공급상의 불법행위로 인한 손해배상책임은 국가배상책임으로 보는 것이 타당하다.

## Ⅲ. 공기업이용관계의 성립

공기업이용관계는 원칙상 계약에 의해 성립되며 이 경우 당해 계약은 원칙상 사법상 계약이다. 다만, 하수도이용관계와 같이 법률상 당연히 성립하는 경우도 있다.

공기업주체는 원칙상 공기업이용관계의 성립을 위한 계약의 체결을 거부할 수 없다. 즉, 공기업주체에게는 공기업이용제공의무가 있다.

## Ⅳ. 공기업이용관계의 내용

공기업이용관계가 공기업주체와 이용자 사이의 계약에 의해 성립하는 경우에도 공기업이용조건이 법령, 조례 또는 공기업규칙에 의해 미리 정하여지고 그러한 이용조건에 따라 이용계약이 체결되는 것이 보통이다. 즉, 공기업이용계약은 부합계약인 경우가 보통이다. 공기업주체가 이용조건을 정하는 경우에도 주무행정청의 승인을 받도록 하는 경우가 많다. 이와 같이 공기업의 이용조건을 제한하는 것은 공기업의 공익성과 독점성에 근거한다. 다만, 예외적으로 법령의 범위 안에서 이용조건이 계약에 의해 자유롭게 정해지는 경우도 있다.

또한, 공기업의 공익성을 보호하기 위하여 공기업 관계법령에서 공기업이용관계에 관하여 특별한 규정을 두는 경우가 있다.

### 1. 이용자의 권리

#### (1) 공기업이용권

공기업이용관계가 성립되면 이용자는 공기업주체에 대하여 재화나 서비스의 제공을 청구하는 권리를 가지는데, 이를 공기업이용권이라 한다.

공기업이용권은 채권의 성질을 가진다. 공기업주체는 이용자에게 이용을 제공할 의무를 진다.

공기업이용권은 공기업이용관계가 공법관계인 경우에는 공권이 되고, 공기업이용관계가 사법관계인 경우에는 사권이 된다.

공기업이용관계에는 평등의 원칙이 적용되므로 공기업이용권은 합리적인 이유가 없는 한 평등한 것이어야 한다.

#### (2) 부수적인 권리

##### 1) 손해배상청구권

① 행정청형공기업의 경우 공기업에 제공된 물건은 공물이므로 당해 공물의 설치·관리상의 하자로 인하여 손해가 발생한 경우 국가배상법 제5조의 책임이 인정된다. 이에 반하여 공기업활동을 행하는 공무원의 불법행위로 손해가 발생한 경우에는 손해를 발생시킨 직무행위가 사법행위인 경우에는 국가배상법이 적용되지 않고 민법 제756조의 사용자책임이 적용되지만, 손해를 발생시킨 직무행위가 공법행위인 경우에

는 국가배상법 제2조에 의해 국가배상책임이 인정된다.

② 특별법인이 공기업주체인 경우에는 현행 국가배상법이 국가와 지방자치단체의 배상책임만을 정하고 있으므로 가해행위가 공법행위인 경우에도 국가배상법 제2조가 적용되지 않고 민법 제756조에 따라 민법상 사용자책임이 인정된다(이견 있음). 공기업의 시설은 공물이 아니므로 공기업 시설의 설치·관리상의 하자로 인한 손해에 대하여는 민법 제758조의 공작물책임이 인정된다.

③ 공기업이용관계에서의 손해배상책임을 제한하거나 부인하는 경우가 있다(우편법 제38조 내지 제44조).

### 2) 행정쟁송권

공기업주체의 행위로 권익을 침해당한 자는 소송을 통하여 권익을 구제받을 수 있다.

**가. 항고소송제기권**　　권익침해행위가 처분인 경우에는 항고소송에 의해 당해 처분을 다툴 수 있다. 판례는 단수처분을 처분으로 보고 있다(대판 1979. 12. 28, 79누 218). 이 경우에 피고는 공기업주체가 행정청인 경우에는 처분청이 피고가 되고, 공기업주체가 법인인 경우에는 당해 공기업주체가 피고가 된다.

이용자는 행정청에 의해 인가된 공급규정의 내용이 이용자의 이용조건에 직접 구체적으로 불리한 영향을 미치는 경우에는 공급규정의 인가처분에 대하여 취소소송을 제기할 원고적격을 갖는다고 보는 것이 타당하다.

**나. 공법상 당사자소송제기권**　　공기업이용관계가 공법관계인 경우 공기업이용관계에서의 권리의무에 관한 소송은 공법상 당사자소송에 의한다.

**다. 민사소송제기권**　　공기업이용관계가 사법관계인 경우에는 민사소송에 의한다. 이용조건 위반으로 인한 한국전력공사의 단전조치는 사법상의 문제이며 민사소송의 대상이 된다. 그러나, 위법건축물을 시정하기 위하여 건축관계기관의 요청에 따라 행해지는 단전조치는 사법상 행위라는 견해도 있으나 건축법의 규정에 의해 인정된(위탁된) 일방적인 공권력행사로서 처분으로 보는 것이 타당하다.

## 2. 공기업주체의 권리

### (1) 이용조건설정권

이용요금 등 공기업의 이용조건에 관한 기본적이거나 중요한 사항은 법령이나 조례에 의해 정해지고 구체적인 사항은 공기업주체에 의해 결정되는 것이 보통이다.

공기업주체에 의한 이용조건의 설정은 통상 그 성질이 공기업규칙인 공급규정에 의해 결정되며 그 공급규정에 대해 주무행정기관의 승인(인가)을 받도록 하는 경

우가 많다. 그 이유는 공기업의 이용에 있어서는 평등의 원칙이 적용되고, 공기업주
체가 독점적 지위를 갖는 경우가 많으므로 이용자를 보호하여야 하기 때문이다. 이
용조건에 대한 주무관청의 승인은 처분(인가)이라고 볼 수 있다. 그리고, 이용자는 당
해 승인처분을 다툴 원고적격이 있다고 보아야 한다.

[판례] ① 공급규정은 법규로서의 효력이 없고, 공기업이용계약 체결시 계약조건으로 계약내용에
포함된 경우나 그 규정의 적용에 이용자가 동의한 경우에만 그 이용자에 한하여 구속력을 갖는다
(대판 1988. 04. 12, 88다2²⁹); 1992. 12. 24, 92다16669).
② 구 전기사업법 제16조에 따라 전기판매사업자가 작성한 **기본공급약관**은 전기판매사업자와 계
약을 체결한 전기사용자에게만 적용되는 것이므로 일반적 구속력을 가지는 **법규로서의 효력은 없
고, 보통계약 약관**으로서의 성질을 가진다(대판 2023. 03. 30, 2018다207076).
③ [1] 수도법 제70조, 제38조 제1항 단서, 울산광역시 수도급수 조례 제13조 제1항, 제12조 제1
항, 제3항의 내용·취지와 함께 다음과 같은 사정을 고려하면, 수도시설 중 급수설비에 관한 공사
의 비용(이하 '급수공사비'라 한다) 부담에 관하여 위 조례가 정액제를 도입한 것 자체가 법령의 취
지에 반하거나 위임 범위를 벗어난 것이라고 볼 수는 없다. 따라서 수도사업자가 실제 공사비용이
아니라 합리적인 기준에 따라 고시가 정하는 정액공사비를 부과하는 것 역시 허용된다고 보아야
한다. ① 정액제를 채택할 경우 매번 급수공사를 할 때마다 공사비를 산정할 필요가 없고, 수요가
(需要家)별로 별개의 수도관을 부설함으로써 시설을 중복하여 비효율적으로 설치하는 문제를 해결
할 수 있는 등 행정의 효율성을 제고할 수 있다. ② 급수공사비를 정액으로 함으로써 일반주택과
공동주택 사이 및 농어촌 지역과 도시 지역 사이의 급수공사비 부담에 관한 형평을 도모할 수 있
고, 나아가 과다한 급수공사비 때문에 농어촌 지역 거주자 등이 급수공사 신청 자체를 할 수 없는
상황도 어느 정도 피할 수 있다. 이는 국가, 지방자치단체와 수도사업자가 모든 국민에 대한 수돗
물의 보편적 공급에 기여해야 한다는 수도법 제2조 제6항의 취지에 부합한다. ③ 실공사비는 급
수설비를 설치하고자 하는 지역이 기존의 배수관으로부터 얼마나 떨어져 있는지에 따라 큰 영향
을 받는다. 급수공사비를 실비로 정할 경우 주택의 규모, 세대수 등이 비슷해도 위와 같은 우연한
사정에 따라 신청인이 부담할 공사비가 크게 달라지는 결과가 나올 수 있는데, 정액제를 채택하면
이러한 결과를 방지할 수 있다. [2] 수도시설 중 급수설비에 관한 공사의 비용(이하 '급수공사비'라
한다) 부담에 관하여 정액제를 채택하는 경우 그에 따라 산정한 급수공사비가 실제 공사비와 편차
가 발생하는 것은 불가피하다. 지방자치단체의 조례로 정액제를 도입하면 주민들은 그러한 편차
를 원칙적으로 받아들여야 한다. 다만 정액 급수공사비 제도에서도 비용부담의 원칙에 부합하도
록 가급적 관계 법령에서 정하고 있는 산정요소를 정확하게 반영하여 편차가 지나치게 크지 않도
록 해야 한다. 따라서 시장이 정한 정액 급수공사비 고시가 개별 산정요소를 제대로 반영하지 않은
채 일률적으로 급수공사비를 정하여 비용부담의 원칙을 중대하게 침해하는 결과를 야기하는 경우
그러한 고시는 조례의 위임 취지에 반할 뿐 아니라 비례의 원칙에도 반하여 위법하다(대판 2019.
06. 13, 2017두33985).

---

29) 한국전력공사의 전기공급규정은 그것이 비록 구 전기사업법 제15조에 의하여 전기사업자인 한
 국전력공사가 동력자원부장관의 인가를 받아 전기요금 기타 공급조건에 관한 사항을 정한 것이라
 하더라도 이는 한국전력공사의 사무처리상의 편의를 위한 규정에 불과할 뿐 국민에 대하여 일반적
 구속력을 갖는 법규로서의 효력은 없고 단지 한국전력공사와 전기공급계약을 체결하거나 그 규정
 의 적용에 동의한 자에 대하여서만 효력이 미칠 뿐이다.

### (2) 이용대가징수권

공기업주체는 이용대가를 징수할 권리를 갖는다. 공기업의 이용이 이용자의 자유로운 의사에 의하는 경우에는 이용대가의 징수에 관한 법적 근거가 필요없지만, 그 이용이 강제되는 경우에는 이용자의 동의나 법적 근거가 필요하다.

이용대가는 공기업주체가 주무행정기관의 승인을 받아 정하도록 하는 경우(인가제)가 많다. 최근에는 공기업의 효율적 경영을 유도하기 위하여 법령에서 정한 한계 내에서 공기업주체가 요금을 결정하도록 하는 경우(요금상한제 등)도 있다.

이용요금징수권은 원칙상 사법상 채권의 성질을 갖는다. 따라서, 그 징수절차도 원칙상 민사상 강제집행절차에 의한다. 그러나, 관계법률이 그 징수를 행정상 강제징수절차에 의하도록 규정하고 있는 경우(우편법 제24조 등)가 있다. 이 경우에도 이용요금징수권의 사법상 채권으로서의 성질에는 변함이 없다. 그런데, 이용요금의 부과에 대해 불복하는 경우 행정쟁송을 제기하도록 규정하고 있는 경우가 있는데(지방자치법 제140조 등), 이 경우 이용요금부과행위는 행정처분이며 이용요금청구권은 공권의 성질을 가진다.

**[판례]** 수도법에 의하여 지방자치단체인 수도사업자가 수도물의 공급을 받는 자에 대하여 하는 수도료의 부과징수와 이에 따른 수도료의 납부관계는 공법상의 권리의무관계라 할 것이므로 이에 관한 소송은 행정소송절차에 의하여야 한다(대판 1977. 02. 22, 76다2517).

### (3) 제재권

이용자가 관계법령에 위반하거나 이용조건 등을 위반하는 경우 등에는 이용자의 이용관계를 해지하거나 정지할 수 있다(수도법 제25조 등).

공기업 관계법령에서 관계법률을 위반한 이용자를 처벌(형벌 또는 과태료)할 수 있는 것으로 규정하는 경우가 있다. 이러한 처벌은 공기업주체에 의해 행해지는 것은 아니며 일반공권력에 의해 가해지는 행정벌이다.

## V. 공기업이용관계의 종료

공기업이용관계는 이용목적의 종료, 이용자의 이용관계로부터의 탈퇴, 공기업주체에 의한 이용자의 이용관계로부터의 배제, 공기업의 폐지에 의해 종료된다.

# 공용부담법

# 제1장   공용부담법 총설

## I. 공용부담의 개념

공용부담(公用負擔)이라 함은 일정한 공공복리를 적극적으로 증진하기 위하여 개인에게 부과되는 공법상의 경제적 부담을 말한다. 공용부담을 그 목적, 주체, 객체, 법적 성질 및 내용으로 나누어 설명하면 다음과 같다.

### 1. 공용부담의 목적

공용부담은 일정한 공공복리를 적극적으로 증진하기 위하여 부과된다. 따라서, 재정목적을 위한 조세 등 경제적 부담과 경찰목적을 위한 경제적 부담은 공용부담이 아니다.

종래에는 공용부담을 "특정 공익사업의 수요를 충족시키거나 특정한 물건의 효용을 보존하기 위하여 개인에게 부과되는 경제적 부담"에 한정하였다. 그런데, 오늘날 국토공간의 합리적 이용·개발을 위하여 개인에게 경제적 부담이 부과되는 것이 일반화되고 있고, 이들 또한 공공복리의 적극적 증진을 위하여 부과되는 부담이므로 공용부담으로 볼 필요가 있다. 따라서, 공용부담의 개념을 종래와 같이 한정적으로 정의하는 것은 타당하지 않게 되었다.

### 2. 공용부담의 주체

공용부담의 주체는 국가, 지방자치단체 등 공공복리를 위한 사업을 수행하는 주체가 된다. 오늘날 공익사업은 사인에 의해 수행되기도 하므로 공기업, 특허기업 등 사인에게도 공용부담을 부과하는 권한이 부여되는 경우가 있다.

### 3. 공용부담의 객체

공용부담은 개인에게 부과되는 부담이다. 따라서, 국가나 지방자치단체가 지는 부담, 개인이 지는 부담이라도 공익사업의 경영자로서 지는 부담 또는 공기업이나 공물의 이용자로서 지는 부담 등 일반 개인인 지위와는 다른 지위에서 지는 부담은 공용부담이 아니다(박윤흔, 557면).

## 4. 공용부담의 법적 성질

공용부담은 강제적으로 부과되는 공법상의 부담이다. 공용부담은 법률의 규정 또는 법률의 규정에 근거한 행정권의 행사에 의해 일방적으로 부과된다. 따라서, 일정한 공공복리를 위한 부담이라 하더라도 개인이 자유로운 의사에 의해 지는 부담(임의적 공용부담)은 엄밀한 의미에서의 공용부담이 아니다.

## 5. 공용부담의 내용

공용부담은 경제적 부담이다. 경제적 부담이라 함은 금전적 가치를 내용으로 하는 부담을 말한다. 개인의 노력의 제공도 금전적 가치를 갖는 한에서는 공용부담이 된다.

## Ⅱ. 공용부담의 유형

공용부담은 여러 기준에 의해 분류될 수 있는데, 일반적으로 공용부담을 그 내용에 따라 사람(人)에 대하여 부과되는 인적 공용부담과 권리(재산권)에 대하여 부과되는 물적 공용부담으로 나누어 설명하고 있다.

### 1. 인적 공용부담

인적 공용부담(人的 公用負擔)은 사람에 대하여 일정한 공공복리를 증진하기 위하여 일정한 작위, 부작위 또는 급부의무를 부과하는 것을 말한다. 인적 공용부담은 대인적인 성질을 가지므로 원칙상 타인에게 이전되지 않는다.

인적 공용부담으로는 부담금, 부역·현품부담, 노역·물품부담, 시설부담, 부작위부담 등이 있다.

### 2. 물적 공용부담

물적 공용부담(物的 公用負擔)은 권리(재산권)에 대하여 일정한 공공복리를 증진하기 위하여 일정한 제한, 수용 또는 교환의 제약을 가하는 것을 말한다. 물적 공용부담은 특정의 권리에 대하여 부과되는 부담으로서 대물적 성질을 가지므로 권리의 이전과 함께 이전된다.

물적 공용부담으로는 공용제한, 공용사용, 공용수용, 공용환지·공용환권이 있다.

## Ⅲ. 공용부담의 법적 근거

공용부담을 부과할 수 있는 권한을 공용부담특권이라 한다. 공용부담은 의무를 부과하거나 재산권에 대한 제한을 수반하므로 공용부담특권의 부여에는 법률의 근거가 있어야 한다.

헌법 제23조 제3항은 공공필요에 의한 재산권의 수용·사용 또는 제한은 법률로 정하도록 규정하고 있다. 이에 따라 공익사업을 위한 토지 등의 취득 및 보상에 관한 법률(이하 '토지보상법'이라 한다. '공익사업법'이라고 부르기도 한다), 지방자치법, 국토계획 및이용에 관한 법률, 도시 및 주거환경정비법, 도시개발법, 도로법, 하천법, 광업법 등이 공용부담에 관하여 규정하고 있다.

# 제 2 장   인적 공용부담

## Ⅰ. 인적 공용부담의 의의 및 근거

인적 공용부담(人的 公用負擔)은 일정한 공공복리를 증진하기 위하여 사람에 대하여 부과되는 부담을 말한다.

인적 공용부담에는 법률의 근거가 있어야 한다. 인적 공용부담은 직접 법률에 의해 부과되는 경우도 있으나 보통은 법률에 근거한 행정처분에 의해 부과된다.

## Ⅱ. 인적 공용부담의 분류

### 1. 내용에 따른 분류

인적 공용부담은 그 내용에 따라 금전급부의무인 부담금, 노역 또는 물품과 금전의 선택적 급부의무인 부역·현품부담, 노역 또는 물품의 급부의무인 노역·물품부담, 일정한 공사·시설을 완성할 의무인 시설부담, 부작위의무인 부작위부담이 있다. 이들에 관하여는 후술하기로 한다.

### 2. 부과방법에 따른 분류

인적 공용부담은 그 부과방법에 따라 개별부담과 연합부담으로 분류된다.

#### (1) 개별부담

개별부담이라 함은 부담의무자인 각 개인에 대하여 개별적으로 부과되는 공용부담을 말한다.

#### (2) 연합부담

연합부담은 부담의무자 전체에 대하여 공동의 부담으로 부과되는 공용부담을 말한다. 따라서, 연합부담의 경우에는 부과된 공용부담 전체가 모두 이행되어야 각 개인은 부담이행의무를 면하게 된다. 그러나 연합부담에 있어서도 부담의무자는 개별부담에서와 같이 각 개인이다. 연합부담의 예로는 일정한 지역의 사람들이 공동으로 일정한 양의 징발의무를 지는 것을 들 수 있다.

## 3. 부담의 근거에 따른 분류

인적 공용부담은 부담의 근거에 따라 일반부담, 특별부담, 우발부담으로 분류된다.

### (1) 일반부담

일반부담(一般負擔)이라 함은 일정 범위의 개인 전원에 대하여 그 능력에 따라 부과되는 공용부담을 말한다.

일반부담은 그 근거가 일반 개인인 점에 있다. 즉, 국가 또는 지방자치단체가 그 통치권에 복종해야 할 지위에 있는 국민이나 주민에 대하여 부과하는 공용부담이다. 이 점에서 일반부담은 국방의무나 납세의무와 유사하지만 일반부담은 공용부담으로서 특정 공익사업의 수요에 응하기 위하여 부과되는 것인 반면에 국방의무나 납세의무는 일정한 공익사업과 연결되지 않는 점에서 양자는 구별된다.

일반부담은 금전급부 이외의 부담에 한정되는 것이 원칙이다. 오늘날 일반부담의 예는 거의 찾아보기 어렵다.

### (2) 특별부담

특별부담(特別負擔)이라 함은 공익사업과 특별한 관계에 있는 자에 대하여 부과되는 공용부담을 말한다. 특별부담은 공익사업과의 관계의 성질·내용에 따라 수익자부담, 원인자부담, 손상자부담으로 나누어진다.

특별부담을 부과할 수 있는 자는 국가 또는 공공단체이고, 통상 금전급부의무를 그 내용으로 한다.

### (3) 우발부담

우발부담(偶發負擔)이라 함은 우연히 공익사업의 수요를 충족시킬 수 있는 지위에 있는 자에 대하여 부과되는 공용부담을 말한다.

우발부담은 본질상 금전급부 이외의 부담을 그 내용으로 한다. 우발부담의 경우 부담의무자는 공익을 위하여 특별한 희생을 하는 것이므로 원칙상 보상이 주어져야 한다.

## Ⅲ. 인적 공용부담의 내용

### 1. 부담금

#### (1) 의  의

1) 강학상 개념

가. 협의의 부담금(전통적 부담금)    부담금(負擔金)이라 함은 특정 공익사업에

충당하기 위하여 당해 공익사업과 특별한 관계에 있는 자에 대하여 부과하는 공법상
의 금전급부의무를 말한다. 분담금이라 부르기도 한다.

　　전통적 부담금은 특정 공익사업에 필요한 재정을 당해 공익사업과 특별한 관련
이 있는 자에게 부담시킴으로써 부담의 형평성을 기하고, 징수된 부담금을 당해 공익
사업에만 사용함으로써 공익사업을 위한 재원을 안정적으로 확보하는 기능을 한다.

　　나. 광의의 부담금(오늘날의 부담금)　　오늘날 부담금은 특정 공익사업을 위하
여만 부과되지 않고, 일정한 행정목적을 달성하기 위하여도 부과된다. 따라서 오늘날
부담금은 다음과 같이 정의되는 것이 타당하다. 부담금이라 함은 "특정한 공익사업
등 일정한 행정목적을 위하여 특정 또는 불특정의 관계인에게 부과하는 금전급부의
무"를 말한다. 특정공익사업에 대한 재정충당을 목적으로 하는 전통적인 부담금이외
에도 행정목적 달성을 위해 부과대상자의 행위를 일정한 방향으로 유도하기 위하여
부과하는 유도적 부담금(수도권정비계획법에 의해 설치된 과밀부담금), 의무이행확보를 위
한 부담금(예, 장애인고용촉진 및 직업 재활법상 장애인고용부담금)등이 있다. 하나의 부담
금이 유도적 기능과 의무이행확보기능을 함께 갖는 경우(예, 환경법상의 배출부과금)도
있고, 유도적 부담금과 의무이행확보를 위한 부담금은 또한 재정충당기능도 갖는다.

　　2) 실정법상 개념

　　부담금관리기본법은 부담금을 "중앙행정기관의 장, 지방자치단체의 장, 행정권
한을 위탁받은 공공단체 또는 법인의 장 등 법률에 따라 금전적 부담의 부과권한이
부여된 자가 분담금, 부과금, 예치금, 기여금 그 밖의 명칭에 불구하고 재화 또는 용
역의 제공과 관계 없이 특정 공익사업과 관련하여 법률이 정하는 바에 따라 부과하
는 조세 외의 금전지급의무(특정한 의무이행을 담보하기 위한 예치금 또는 보증금의 성격을
가진 것은 제외한다)"라고 정의하고 있고(제2조), 별표에서 그 설치가 인정되는 부담금을
열거하고 있다(제3조). 동법은 부담금의 무분별한 설치를 제한하고, 부담금운용의 공정
성과 투명성을 보장하는 것을 목적으로 하고 있다.

　　동법상 부담금 개념은 강학상 전통적 부담금 개념보다 넓다. 즉, 강학상 전통적
부담금 이외에도 행정목적 달성을 위해 대상자의 행위를 일정한 방향으로 유도하는
유도적 부담금, 특정한 공법상 의무를 이행한 자와 이행하지 않은 자 사이의 형평성
을 보장하기 위하여 부과하는 조정적 부담금 등을 포함한다.

[판례] 어떤 공과금이 부담금에 해당하는지 여부는 명칭이 아니라 실질적인 내용을 기준으로 판단
하여야 한다. 부담금 부과에 관한 명확한 법률 규정이 존재한다면 반드시 별도로 부담금관리 기본
법 별표에 그 부담금이 포함되어야만 부담금 부과가 유효하게 되는 것은 아니다. 총포·도검·화약
류 등의 안전관리에 관한 법률 제58조 제1항 제3호에 따른 총포·화약안전기술협회 회원의 회비
는 부담금관리 기본법 별표에 포함되어 있지는 않으나, 공법상 재단법인으로서 총포·화약안전기

술협회의 법적 성질과 회비의 조성방법과 사용용도 등을 위 법리에 비추어 살펴보면, 국가 또는 공공단체가 일정한 공행정활동과 특별한 관계에 있는 자에 대하여 그 활동에 필요한 경비를 조달하기 위하여 부담시키는 조세 외의 금전지급의무로서 공법상 부담금에 해당한다고 보아야 한다(대판 2021. 12. 30, 2018다241458).

### (2) 유사개념과의 구별

전통적(협의의) 부담금은 공법상의 금전급부의무인 점에서 조세 및 수수료·사용료와 동일하지만 다음과 같은 차이가 있다.

#### 1) 조세와의 구별

양자는 목적, 대상자, 부과기준 및 부과내용에 있어서 다음과 같은 차이가 있다.

**가. 목　　적**　　부담금은 특정 공익사업에 충당하기 위하여 부과되는데 반하여 조세는 국가 또는 지방자치단체의 일반수입을 목적으로 부과된다.

목적세의 경우에 특별한 목적에 사용된다는 점에서는 부담금과 유사하나 일단 국가나 지방자치단체의 일반수입으로 된 후에 특정한 목적을 위하여 사용되는 점에서 부담금과 구별된다. 부담금은 각종 기금의 재원이 되는 경우가 많다.

**나. 부과대상자**　　부담금은 공익사업과 특별한 관계에 있는 자에 대하여 부과되는데 반하여 조세는 일반국민 또는 주민에게 부과된다.

목적세의 경우에도 원칙상 일반 국민 또는 주민에게 부과되는데, 목적세가 목적사업과 특별한 관계에 있는 자에게 부과되는 경우에는 목적세와 부담금은 대상자에 있어서는 그 구별이 어렵다.

**다. 부과기준 및 내용**　　부담금은 부담자의 특별한 공익사업과의 관계에 응하여 부과되는 데 반하여 조세는 원칙상 납세자의 능력에 응하여 부과된다.

목적세의 경우에도 원칙상 그 능력에 따라 부과되지만, 예외적으로 사업으로부터 특별한 이익을 받는 자에 대하여 그 이익의 한도 내에서 부과되는 경우가 있는데, 이 경우에 목적세와 부담금은 그 성질이 유사하다. 따라서, 이 경우에는 동일한 사유에 근거하여 목적세와 부담금을 병과하는 것은 타당하지 않다.

#### 2) 수수료·사용료와의 구별

양자는 목적, 성질, 대상자, 부과기준 및 부과내용에 있어서 다음과 같은 차이가 있다.

**가. 목적 및 성질**　　부담금은 특정 공익사업의 경비에 충당하기 위하여 당해 사업의 이용과 관계없이 부과되는데, 수수료·사용료는 사업의 이용행위에 대한 대가로서 징수된다.

**나. 부과대상자**　　양자는 공익사업과 특별한 관계에 있는 자에 대하여 부과된

다는 점에서는 같다. 그러나, 부담금은 공익사업 자체와 특별한 관계에 있는 자에 대하여 그 사업의 이용 여부와 관계없이 부과되는데, 수수료·사용료는 이용자에 대하여 부과된다.

다. 부과기준 및 내용    부담금은 부담자의 특별한 공익사업과의 관계에 응하여 부과되는데 반하여 수수료·사용료는 서비스 이용의 제공을 위하여 필요한 실제 비용을 기준으로 이용의 대가로서 징수된다.

이와 같이 부담금과 수수료·사용료는 그 성질이 다르므로 원칙상 병과하는 것이 가능하다.

### (3) 종    류

부담금은 사업의 종류에 따라 도시계획부담금, 환경부담금, 도로부담금, 하천부담금 등이 있고, 부담자의 공익사업과의 관계의 내용에 따라 수익자부담금, 원인자부담금, 손궤자부담금이 있다.

#### 1) 수익자부담금

수익자부담금(受益者負擔金)은 공익사업으로 인하여 특별한 이익을 받는 자에 대하여 그 수익의 한도 내에서 당해 사업경비의 일부를 부담시키기 위하여 부과하는 금전급부의무를 말한다(지방자치법 제138조).

#### 2) 원인자부담금

원인자부담금(原因者負擔金)은 공익사업을 필요하게 만든 원인을 제공한 자에 대하여 당해 사업경비의 일부를 부담시키기 위하여 부과하는 금전급부의무를 말한다(도로법 제64조).

**[판례]** ① [세종특별자치시 수돗물 공급 수도시설에 관한 원고 대한토지주택공사에 대한 원인자부담금부과처분의 취소를 구하는 사건] (1) 수도법 제71조 제1항에 따른 **상수도원인자부담금을 부과할 수 있는 자는 수도사업자이다.** 수도법 제3조 제18호, 제21호, 제70조의 각 규정을 종합하여 보면 상수도원인자부담금을 부과할 수 있는 '**수도사업자**'란 스스로 비용을 들여 설치한 수도를 이용하여 일반 수요자 등에게 원수나 정수를 공급하는 자라고 할 수 있다. (2) 「신행정수도 후속대책을 위한 연기·공주지역 행정중심복합도시 건설을 위한 특별법」이 정한 예정지역의 수도시설과 대전광역시가 운영하는 정수장 사이에 새로 건설한 수도시설을 이용한 수도사업이 세종특별자치시 예정지역의 일반 수요자에게 정수를 공급하는 사업과 별개의 수도사업이고, 해당 수도사업자가 대전광역시라고 한 사례. (3) 지방자치단체가 수도사업자인 경우 **상수도원인자부담금의 부과권 및 징수권**은 지방재정법 제82조 제1항에 따라 **5년의 소멸시효가 적용**되고, 소멸시효의 기산점은 개별 수도공사 등에 드는 비용을 산출할 수 있는 때이다. 각 단계별로 신설·증설된 수도시설이 **기능적으로 독립된 경우**라면, 수도공사로 인한 상수도원인자부담금 **부과권의 소멸시효는** 수도시설을 신설·증설하기 위한 **수도공사의 각 단계별로 개별적으로 진행**한다고 할 것이다(대판 2023. 08. 18, 2023두37568[상수도원인자부담금부과처분취소]).

② (1) 수도법 제71조 및 같은 법 시행령 제65조에서 정한 '원인자부담금'은 주택단지 등의 시설이 설치됨에 따라 상수도시설의 신설·증설 등이 필요한 경우에 그 원인을 제공한 자를 상대로 새로운 급수지역 내에서 설치하는 상수도시설의 공사비용을 부담시키는 것이고, 구 지방자치법 제138조, 제139조 및 이에 근거한 조례에서 정한 '시설분담금'은 이미 상수도시설이 설치된 급수지역 내에서 전용급수설비의 신설 등 새롭게 급수를 신청하는 자를 상대로 기존 상수도시설의 잔존가치를 기준으로 그 공사에 소요된 건설비를 징수하는 것이어서, 각각 근거 법령, 부과 목적·대상, 산정기준 등을 달리한다(대법원 2022. 4. 14. 선고 2020두58427 판결 참조). (2) 한국토지주택공사가 주거환경개선사업을 시행하면서 수도법 제71조에 의한 수탁공사비를 납부하였고, 원고는 한국토지주택공사로부터 주거환경개선지구 중 2블록을 공급받아 아파트 등을 신축한 뒤 피고에게 신규 급수공사를 신청하였는데, 피고가 원고에게 이 사건 조례 제2조 제5호 (가)목, 제14조 제1항 제1호 및 제2호에 따라 이 사건 부담금을 부과하는 처분을 한 사안에서, 원심은, 이 사건 조례와 급수공사비 납부안내서에서 '원인자부담금'이라는 용어를 사용하고 있다는 점 등을 근거로 이 사건 부담금이 수도법상의 원인자부담금이라고 보아 이를 한국토지주택공사로부터 대지를 공급받은 주택건설사업자인 원고에게 부과할 수 없다고 판단하였으나 대법원은, 수도법에 따른 원인자부담금과 지방자치법에 따른 시설분담금은 조례에서 사용된 명칭만이 아니라 구체적인 내용, 산정기준, 부과절차 등의 실질에 따라 판단해야 한다는 등의 이유로 이 사건 부담금은 지방자치법상의 시설분담금에 해당한다고 보아, 이와 달리 판단한 원심판결을 파기·환송한 사례(대판 2023. 12. 21, 2023두45934).

③ 즉시 수도시설의 신설·증설이 이루어지지 않더라도 주택단지인 수돗물을 많이 쓰는 시설을 설치하여 수도시설의 신설·증설 등의 원인만 제공한 경우에도 「강릉시 상수도원인자부담금 산정·징수 등에 관한 조례」(이하 '이 사건 조례') 제4조 제1항 제1호의 원인자부담금을 부과할 수 있다고 한 사례(대판 2024. 07. 25, 2022두48837).

④ (1) '주택단지·산업시설 등 수돗물을 많이 쓰는 시설을 설치하여 수도시설의 신설·증설 등의 원인'을 제공한 경우, 즉시 수도시설의 신설·증설이 이루어지지 않더라도 수도법 제71조 제1항에 따른 원인자부담금을 부과할 수 있다. (2) 급수구역 내에 설치한 숙박시설에 대하여 「영암군 상수도 원인자부담금 산정·징수 등에 관한 조례」(이하 '이 사건 조례') 제4조 제1항 제3호에 따라 상수도 원인자부담금을 부과할 수 있다고 한 사례(대판 2024. 08. 01, 2022두60073).

⑤ (1) 「학교용지 확보 등에 관한 특례법」(학교용지법)에 따른 학교용지부담금은 원인자부담금의 한 종류이고, 수익자부담금으로서의 성격도 가진다(헌법재판소 2005. 3. 31. 선고 2003헌가20 결정 참조). (2) 학교용지법이 학교용지부담금 부과 대상자를 '공동주택을 분양받는 자'에서 '분양하는 자'로 개정하게 된 경위와, 학교용지법 제5조의2가 공동주택의 '분양가격'을 기준으로 학교용지부담금을 산정하도록 정하고 있는 점, 학교용지법의 '개발사업'에는 토지를 조성·개발하는 사업뿐 아니라 공동주택을 건설하는 사업도 포함되고, 학교용지법령이 단독주택 용지의 경우와 달리 '공동주택을 건축하기 위한 토지를 조성한 경우'에 대하여는 학교용지부담금 산정기준과 부과절차를 별도로 마련하고 있지 않은 점에 비추어 보더라도 입법자의 의도는 '공동주택을 분양하는 자'에게 학교용지부담금을 부과하고자 한 취지로 해석된다. (3) 도시개발사업의 시행자가 공동주택건설용 토지를 조성·개발하고, 주택사업자가 그 토지를 확보한 뒤 위 도시개발사업에서 정한 인구수용계획의 범위 내에서 공동주택을 건설하여 분양한 경우 개발사업을 통하여 조성·개발된 공동주택건설용 토지의 지상에 공동주택을 건설·분양한 자에게도 「학교용지 확보 등에 관한 특례법」(학교용지법)에 따른 학교용지부담금을 부과·징수할 수 있다(대판 2024. 09. 27, 2023두56347).

### 3) 손궤자부담금

손궤자부담금(損潰者負擔金)은 공익사업의 시설을 손궤하는 사업 또는 행위를 한 자에 대하여 당해 시설의 유지·수선비 등의 전부 또는 일부를 부담시키기 위하여 부과하는 금전급부의무를 말한다.

### (4) 법적 근거

부담금의 부과에는 법률의 근거가 필요하다. 통상 개별법률에서 각 부담금의 근거를 개별적으로 규정하고 있는데, 지방자치법 제138조는 재산 또는 공공시설의 설치를 위한 수익자부담금(분담금)의 일반적인 근거를 규정하고 있다.

[판례] ① 부담금부과에 관한 명확한 법률 규정이 존재하는 경우 부담금관리 기본법 별표에 부담금이 포함되어야만 부담금 부과가 유효하게 되는지 여부(소극): 부담금관리 기본법의 제정 목적, 부담금관리 기본법 제3조의 조문 형식 및 개정 경과 등에 비추어 볼 때, 부담금관리 기본법은 법 제정 당시 시행되고 있던 부담금을 별표에 열거하여 정당화 근거를 마련하는 한편 시행 후 기본권 침해의 소지가 있는 부담금을 신설하는 경우 자의적인 부과를 견제하기 위하여 위 법률에 의하여 이를 규율하고자 한 것이나, 그러한 점만으로 부담금부과에 관한 명확한 법률 규정이 존재하더라도 법률 규정과는 별도로 반드시 부담금관리 기본법 별표에 부담금이 포함되어야만 부담금 부과가 유효하게 된다고 해석할 수는 없다(대판 2014. 01. 29, 2013다25927, 25934).
② 수도법 제71조 및 수도법 시행령 제65조에서 정한 '원인자부담금'과 구 지방자치법 제138조, 제139조 및 이에 근거한 조례에서 정한 '시설분담금'은 각각 근거 법령, 부과 목적·대상, 산정기준 등을 달리하는 것이다(대판 2022. 04. 14, 2020두58427).

### (5) 부담금의 한계

부담금은 본질상 해당 공익사업과 특별한 관계에 있는 자에 대하여 특별한 관계가 있는 범위내에서 부과하여야 한다.

부담금은 조세에 대한 관계에서 어디까지나 예외적으로만 인정되어야 하고, 국가나 지방자치단체의 일반적 과제를 수행하는 데 부담금의 형식을 남용해서는 안 된다(대판 2022. 08. 25, 2019두58773[하수도원인자부담금부과처분취소]).

[판례] 하수도법 제61조 제2항이 규정한 원인자부담금 제도의 취지는 타 행위로 인하여 발생할 것이 예상되는 하수 등의 유출, 처리에 필요한 공공하수도의 설치 등에 소요되는 비용에 대하여는 그 원인을 조성한 자로 하여금 이를 부담하게 하려는 데에 있다. 그런데 주민친화시설은 타 행위로 인하여 발생할 것이 예상되는 하수 등의 유출, 처리와는 관련이 없고, 타 행위자가 공공하수도의 설치 등에 대한 원인을 조성한 데에서 더 나아가 주민친화시설의 설치에 대한 원인까지 제공한 것이라고 보기는 어렵다. 그러므로 타 행위자에게 주민친화시설 설치비용을 부담시키는 것은 하수도법 제61조 제2항의 원인자부담금 제도의 취지에 부합하지 않는다(대판 2022. 08. 25, 2019두58773[하수도원인자부담금부과처분취소]).

부담금은 설치목적을 달성하기 위하여 필요한 최소한의 범위에서 공정성 및 투명성이 확보되도록 부과되어야 하며, 특별한 사유가 없으면 하나의 부과대상에 이중으로 부과되어서는 아니 된다(부담금관리 기본법 제5조 제1항).

**[판례]** [시설분담금 부과처분이 당연무효라고 주장하면서 이미 납부한 시설분담금의 반환을 구하는 사건] (1) 수도법 제71조 제1항에 따른 원인자부담금과 지방자치법 제138조 및 그 위임에 근거한 조례에 따른 시설분담금은 그 부과·납부시점을 달리 하지만, 그 부과상대방이 수돗물 사용량을 증가시켜 기존 상수도시설의 용량에 부담을 유발하는 자이고, 재원조달목적이 상수도시설의 설치비용이라는 점에서 **실질적으로 중복되는 요소가 있다.** 따라서 이미 수도법 제71조 제1항에 따른 원인자부담금을 부담하였음에도, 이와 별도로 지방자치법 제138조 및 이 사건 조례 제14조에 따른 시설분담금을 추가로 부과하는 것은 위와 같이 중복되는 범위 내에서는 실질적으로 「부담금 관리 기본법」 제5조 제1항이 금지하고 있는 부담금의 이중부과에 해당하므로 허용될 수 없다(대법원 2021. 4. 29. 선고 2017두57431 판결 참조). 그리고 이러한 법리는 원인자부담금과 시설분담금을 부담하는 주체가 다른 경우에도 그대로 적용된다. (2) 부담금 이중부과 금지 원칙을 위반한 처분은 당연무효에 해당한다(대판 2023. 12. 28, 2023다268686).

## (6) 부과 · 징수 및 권리구제

부담금의 부과권은 사업주체에게 있는 것이 원칙이다. 그러나, 국영공비사업의 경우 사업주체는 국가이나 부담금은 경제적 부담이기 때문에 사업경비의 부담주체인 공공단체가 부과권을 갖는다고 보는 것이 타당하다.

부담금을 부과할 수 있는 공익사업은 도로사업, 하천사업, 도시계획사업 등과 같이 구체적으로 지정하는 것이 보통이지만 지방자치법에서와 같이 일반적으로 정하고 있는 경우도 있다(제138조). 지방자치법은 분담금이라는 용어를 사용하고 있다.

부담금부과처분은 행정처분이므로 이의가 있는 자는 행정쟁송절차에 의해 다툴 수 있다.

부담금은 공법상의 금전급부이므로 의무불이행의 경우 행정상 강제징수를 할 수 있는 것으로 규정하는 것이 보통이다.

## 2. 부역 · 현품부담

부역 · 현품부담(夫役·現品負擔)이라 함은 특정 공익사업의 수요를 충족시키기 위하여 부과하는 노역 또는 물품과 금전의 선택적 급부의무를 말한다. 이 공용부담은 화폐경제의 발달이 뒤진 농촌에서 공용부담의무자의 편의를 도모하기 위하여 금전 대신에 노역이나 현품을 급부하도록 하기 위하여 인정된 것인데, 오늘날에는 그 의의가 상실되어 가고 있다. 그리하여 현재 부역 · 현품부담을 부과할 수 있는 것으로 규정한 예는 매우 드물다.

부역은 노역과 금전의 선택적 급부의무를 말한다. 따라서, 부역의 내용이 되는 노역은 특별한 지식이나 기술을 요하지 않고 누구나 제공할 수 있는 단순노무이어야 한다.

현품은 물품과 금전의 선택적 급부의무를 말한다. 현품의 내용이 되는 물품은 특수한 가치나 예술적 가치를 갖지 않고 대체성을 갖는 것이어야 한다.

### 3. 노역 · 물품부담

노역 · 물품부담(勞役 · 物品負擔)이라 함은 특정한 공익사업의 수요를 충족시키기 위하여 부과하는 노역 또는 물품 그 자체의 급부의무를 말한다. 노역 · 물품부담은 금전급부에 의한 대체가 인정되지 않는 점에서 부역 · 현품부담과 다르다.

노역 · 물품부담은 재해 등 급박한 상황하에서 공익사업의 수요를 다른 방법에 의하여 충족시키는 것이 곤란한 경우에 한하여 예외적으로 부과된다(도로법 제83조, 수도법 제61조).

물품부담은 우발부담이므로 그로 인한 손실에 대하여는 보상을 해주어야 한다.

### 4. 시설부담

시설부담(施設負擔)이라 함은 특정한 공익사업의 수요를 충족시키기 위하여 부과하는 일정한 공사 · 시설을 완성할 공법상 의무를 말한다(도로법 제33, 35조).

### 5. 부작위부담

부작위부담(不作爲負擔)이라 함은 특정한 공익사업의 수요를 충족시키기 위하여 부과하는 부작위의무를 말한다(우편법 제7조).

# 제 3 장  물적 공용부담

물적 공용부담(物的 公用負擔)은 권리(재산권)에 대하여 일정한 공공복리를 증진하기 위하여 일정한 제한, 수용 또는 교환의 제약을 가하는 것을 말한다.

물적 공용부담으로는 공용제한, 공용사용, 공용수용, 공용환지·공용환권이 있다.

## 제 1 절  공용제한

### I. 공용제한의 의의

공용제한(公用制限)이라 함은 공공필요를 위하여 재산권에 대하여 가해지는 공법상의 제한을 말한다.

물적 공용부담으로서의 공용제한은 경계이론에 따르면 헌법 제23조 제3항의 공용침해로서의 공용제한(공익사업을 위한 공용제한)과 동일한 개념이지만, 분리이론에 따르면 헌법 제23조 제3항의 공용침해로서의 공용제한을 포함하는 보다 넓은 개념이다. 공용제한 중 공익사업 자체를 위한 것은 헌법 제23조 제3항의 공용제한에 해당하지만, 그 이외는 헌법 제23조 제3항의 공용제한에 해당하지 않고, 헌법 제23조 제1항 및 제2항의 재산권 제한에 해당한다.

공용제한은 재산권자가 재산권을 박탈당하지 않는 점에서 공용수용과 구별된다. 공용사용을 공용제한의 하나(사용제한)로 보는 견해[1]도 있지만 공용제한과 공용사용은 구분하는 것이 타당하다. 공용사용의 경우에는 행정주체 또는 공익사업의 주체가 타인의 재산권을 사용하는 데 반하여 공용제한은 그러하지 아니하다. 그리하여 공용사용의 경우에는 통상 보상이 주어지는 것으로 규정되어 있는 경우가 보통이며 따라서 보상 여부가 크게 다투어지지 않는다. 이에 반하여 공용제한의 경우에는 보상규정이 두어지지 않는 경우가 많고 또한 당해 제한이 보상 없이 재산권자가 감수하여야 하는

---

[1] 공용사용의 경우에 공용사용에 방해가 되는 재산권 행사가 제한된다는 점에서 공용사용을 공용제한의 하나로 본다(박윤흔, 578면; 김동희, 383면).

'재산권에 내재하는 사회적 제약'인지 아니면 보상이 주어져야 하는 '특별희생'인지가 크게 다투어지고 있다. 헌법 제23조 제3항도 공용사용과 공용제한을 구분하고 있다.

공용제한은 공공필요를 적극적으로 실현하기 위하여 가해지는 제한인 점에서 소극적인 질서유지를 위하여 가해지는 제한인 경찰상의 제한(위험건축물의 사용금지 등)이나 재정목적을 위한 재정상의 제한(강제징수를 위한 재산압류로 인한 처분제한 등)과 구별된다.

## Ⅱ. 공용제한의 근거

공용제한은 재산권에 대한 제한을 내용으로 하므로 법률의 근거가 있어야 한다. 당해 제한이 보상을 요하지 않는 재산권에 내재하는 사회적 제약에 그치는 경우에도 그러하다.

특별한 희생을 야기하는 공용제한의 경우에는 공용제한을 규율하는 법률에서 보상에 관하여도 규율하여야 하는데, 보상규정을 두지 않는 경우가 적지 않다. 이 경우에 당해 공용제한행위가 위법한 행위인지 아니면 당해 공용제한행위는 적법하며 보상 등 구제를 해 주어야 하는 것으로 볼 것인지 문제된다.

행정구제편의 손실보상부분에서 살펴보았듯이 위헌무효설에 의하면 보상규정 없는 공용제한행위는 위헌·무효로 보고 취소소송의 대상이 되는 것으로 보게 되고, 보상입법부작위위헌설에 의하면 공용제한행위는 적법하며 다만 입법자에게 보상입법을 제정할 의무가 있고, 헌법소원으로 보상입법제정의무의 불이행을 다툴 수 있다고 본다. 이에 반하여 필자가 취하는 직접효력설에 의하면 공용제한행위 자체는 적법하며 헌법 제23조 제3항에 직접 근거하여 손실보상을 청구할 수 있다고 본다.

## Ⅲ. 공용제한의 종류

공용제한은 그 제한을 필요로 하는 공공필요의 내용에 따라 계획제한, 사업제한, 보전제한, 공물제한으로 나누어진다.

### 1. 계획제한

도시관리계획, 수도권정비계획 등 행정계획이 수립된 경우에 당해 행정계획에 배치되는 재산권 행사가 제한된다.

지역·지구 내에서 당해 지역·지구의 지정목적을 달성하기 위하여 재산권 행사에 가해지는 제한

(예, 주거지역에서의 일정한 건축의 제한, 개발 제한구역 내에서의 건축 등 토지이용의 제한 등)이 대표적인 예이다.

이에 관한 구체적인 내용은 후술하는 도시계획법 부분에서 다루기로 한다.

## 2. 사업제한

공익사업을 원활히 수행하기 위하여 사업지(예, 산업 단지 등), 사업인접지(예, 접도구역 등) 또는 사업예정지(예, 도로예정지 등) 내의 재산권에 가해지는 제한을 말한다.

사업제한은 그 내용에 따라 부작위의무(예, 토지의 형질 변경의 금지 등), 작위의무(예, 시설설치의무 또는 공작물개축의무 등) 및 수인의무(예, 형질변경, 공작물의 제거 등을 수인하여야 할 의무)로 나누어진다.

분리이론에 따르면, 사업제한도 공익사업 자체를 위한 것은 헌법 제23조 제3항의 공용제한이지만, 공익사업 자체를 위한 제한이 아닌 것은 헌법 제23조 제3항의 공용침해에 해당하지 않고, 헌법 제23조 제1항 및 제2항의 재산권 제한에 해당하는 것으로 본다. 특히 접도구역제한의 경우에 논란이 제기되는데, 실무에서는 이를 헌법 제23조 제3항의 공용제한이 아닌 공용제한으로 보고 있다.

## 3. 보전제한

환경, 문화재, 자원, 농지 등의 보전을 위하여 재산권에 가해지는 제한을 말한다.

공원 내에서의 토지 등의 사용제한(자연공원법 제23조), 문화재 등 공적 보존물에 대한 제한(문화재보호법 제37조) 등이 이에 해당한다.

## 4. 공물제한

사적 소유의 물건에 공물이 설정된 경우에 공물의 목적달성에 필요한 한도내에서 당해 물건에 가해지는 제한을 말한다.

# Ⅳ. 공용제한에 대한 권리구제

## 1. 특별희생

공용제한이 재산권에 내재하는 사회적 제약에 불과한 경우에는 재산권자가 이를 감수하여야 하지만 특별희생(特別犧牲)에 해당하는 경우 그에 대한 보상이 주어져야 한다.

시가화조정구역의 지정과 같이 공용제한으로 인하여 재산권 행사에 제한을 받음과 동시에 장래에 향하여 이익을 받을 것이 예상되는 경우에는 제한되는 재산권 행사와 함께 공용제한으로 인한 공익 및 재산권자가 받는 장래의 이익을 고려하여 특별희생인지 여부를 결정하여야 한다(행정법론(상) 행정상 손실보상 참조).

## 2. 권리구제

공용제한이 특별희생에 해당하는 경우 **분리이론**에 따르면 공용제한 중 **공익목적을 위한 일반적 제한**의 경우에는 헌법 제23조 제1항 및 제2항의 문제로서 입법자의 조정조치(매수청구, 손실보상 등)를 통해 권리구제를 도모하고, **특정한 공익사업을 위한 제한**의 경우에는 헌법 제23조 제3항의 문제로서 손실보상을 해주어야 한다. **경계이론**에 따르면 공용제한이 특별한 희생에 해당하는 경우 모든 경우에 있어서 헌법 제23조 제3항의 문제로서 손실보상을 해주어야 한다(자세한 것은 손실보상 참조).

그런데, 문제는 공용제한으로 인한 손실에 대한 보상을 정하는 법률이 거의 없다는 것이다. 이 경우에 보상규정이 흠결된 경우의 손실보상의 문제가 된다(자세한 것은 손실보상 참조).

# 제 2 절 공용사용

## Ⅰ. 공용사용의 의의

공용사용(公用使用)이라 함은 공공필요를 위하여 특정인의 토지 등 재산을 강제로 사용하는 것을 말한다. 토지 등의 소유자는 공용사용을 수인할 의무를 진다. 공용사용에는 일시적 사용과 계속적 사용(예, 전선설치를 위한 토지 위의 공중사용)이 있다.

## Ⅱ. 공용사용의 근거

공용사용도 재산권에 대한 제한이므로 법률의 근거가 있어야 한다. 토지보상법은 공익사업을 위한 공용사용의 일반적 근거규정을 두고 있고(제19조, 제38조), 기타 개별법에서 공용사용을 규정하는 경우가 있다(예, 도로법 제82조 등).

### Ⅲ. 공용사용과 손실보상

공용사용이 특별한 희생에 해당하는 경우 보상이 주어져야 한다. 공용사용은 토지 등에 대한 강제적 사용을 내용으로 하므로 경미한 일시적 사용을 제외하고는 통상 특별한 희생에 해당한다.

토지보상법은 공용사용으로 인한 보상기준을 다음과 같이 규정하고 있다. 협의 또는 재결에 의하여 사용하는 토지에 대하여는 그 토지와 인근 유사토지의 지료(地料)·임대료·사용방법·사용기간 및 그 토지의 가격 등을 참작하여 평가한 적정가격으로 보상하여야 한다(제71조 제1항). 사용하는 토지와 그 지하 및 지상의 공간의 사용에 대한 구체적인 보상액 산정 및 평가방법은 투자비용, 예상수익 및 거래가격 등을 고려하여 국토교통부령으로 정한다(제71조 제2항).

사업인정고시가 있은 후 다음 중 하나에 해당하는 경우에는 사업시행자가 사용하는 토지의 매수를 청구하거나 관할 토지수용위원회에 그 토지의 수용을 청구할 수 있다. 이 경우 관계인은 사업시행자 또는 관할 토지수용위원회에 그 권리의 존속을 청구할 수 있다: ① 토지를 사용하는 기간이 3년 이상인 경우, ② 토지의 사용으로 인하여 토지의 형질이 변경되는 경우, ③ 사용하려는 토지에 그 토지소유자의 건축물이 있는 경우(제72조).

도시철도건설자가 도시철도의 건설을 위하여 타인 토지의 지하부분을 사용하고자 할 때에는 당해 토지의 이용가치, 지하의 깊이 및 토지이용이 방해되는 정도 등을 참작하여 보상한다(도시철도법 제4조의6 제1항).

# 제 3 절  공용수용

## 제 1 항  공용수용의 의의와 협의취득

### Ⅰ. 의    의

공용수용(公用收用)이라 함은 공익사업을 시행하기 위하여 공익사업의 주체가 타인의 토지 등을 강제적으로 취득하고 그로 인한 손실을 보상하는 물적 공용부담제도를 말한다.

공익사업을 위하여 토지 등이 필요한 경우에 공익사업의 주체는 매매 등 사법상

수단에 의해 필요한 토지 등을 취득할 수도 있지만 사법상 수단에 의한 토지취득은 그 실현이 보장될 수 없기 때문에 당해 공익사업의 공익성을 고려하여 공익사업에 필요한 타인의 토지 등을 강제로 취득하는 것을 인정할 필요가 있다. 이에 따라 인정된 수단이 공용수용이다.

그런데, 공용수용은 타인의 재산권에 대한 제한이 되며 공익사업의 주체에게는 특권을 부여하는 것이 된다. 따라서, 공용수용은 공공의 필요가 있는 경우에 한하여 인정되며 법률의 근거가 있어야 한다. 또한, 공용수용에 대하여는 보상이 주어져야 한다.

## Ⅱ. 공용수용과 협의취득

### 1. 협의취득의 의의

공익사업을 위한 토지의 취득에는 토지 등의 소유자의 의사에 반하는 강제취득인 공용수용 이외에 공용수용의 주체와 토지 등의 소유자 사이의 협의에 의한 취득이 가능하다. 협의취득(協議取得)은 법률의 근거가 없는 경우에도 사법상 매매의 수단에 의해 가능한 것이지만, 공익사업의 주체와 토지 등 소유자 사이에 합의가 원만히 이루어지는 경우에는 공익사업에 필요한 토지 등을 소유자의 의사를 존중하면서도 신속하게 취득할 수 있는 등의 장점이 있으므로 토지보상법은 협의취득을 공식적인 법제도로 규정하고 있다.

토지보상법 이전에는 공용수용 이전의 협의취득 및 그 보상은 공공용지의 취득 및 손실보상에 관한 특례법에 의해 규율하고, 공용수용 및 그 보상은 토지수용법에 의해 규율하고 있었던 것을 2002년 2월 4일 제정되어 2003년 1월 1일부터 시행되는 공익사업을 위한 토지 등의 취득 및 보상에 관한 법률에 의해 통합하여 규율하는 것으로 되었다.

사업인정 이전의 협의취득절차는 의무적인 절차는 아니며 공익사업의 주체가 이 절차를 거칠 것인지 여부를 결정한다. 공익사업의 주체는 협의에 의해 취득되지 못한 토지 등에 한하여 공용수용절차를 개시할 수 있다. 그리고, 협의절차를 거친 경우에는 공용수용절차에서 의무적인 공용수용절차로 되어 있는 협의절차를 거치지 않아도 된다.

## 2. 협의취득절차

### (1) 토지조서 및 물건조서의 작성

사업시행자가 공익사업의 수행을 위하여 사업인정 전에 협의에 의한 토지 등의 취득 또는 사용이 필요할 때에는 토지조서와 물건조서를 작성하여 서명 또는 날인을 하고 토지소유자와 관계인의 서명 또는 날인을 받아야 한다. 다만, 토지소유자 및 관계인이 정당한 사유 없이 서명 또는 날인을 거부하는 경우 또는 토지소유자 및 관계인을 알 수 없거나 그 주소·거소를 알 수 없는 등의 사유로 인하여 서명 또는 날인을 받을 수 없는 경우에는 그러하지 아니하되, 사업시행자는 해당 토지조서 및 물건조서에 그 사유를 기재하여야 한다(제14조 제1항).

### (2) 보상계획의 열람 등

사업시행자는 제14조에 따라 토지조서와 물건조서를 작성하였을 때에는 공익사업의 개요, 토지조서 및 물건조서의 내용과 보상의 시기·방법 및 절차 등이 포함된 보상계획을 전국을 보급지역으로 하는 일간신문에 공고하고, 토지소유자 및 관계인에게 각각 통지하여야 하며, 제2항 단서에 따라 열람을 의뢰하는 사업시행자를 제외하고는 특별자치도지사, 시장·군수 또는 구청장에게도 통지하여야 한다. 다만, 토지소유자와 관계인이 20인 이하인 경우에는 공고를 생략할 수 있다(제15조 제1항).

사업시행자는 제1항에 따른 공고나 통지를 하였을 때에는 그 내용을 14일 이상 일반인이 열람할 수 있도록 하여야 한다. 다만, 사업지역이 둘 이상의 시·군 또는 구에 걸쳐 있거나 사업시행자가 행정청이 아닌 경우에는 해당 특별자치도지사, 시장·군수 또는 구청장에게도 그 사본을 송부하여 열람을 의뢰하여야 한다(제15조 제2항).

위와 같이 공고되거나 통지된 토지조서와 물건조서의 내용에 대하여 이의가 있는 토지소유자 또는 관계인은 제2항에 따른 열람기간 내에 사업시행자에게 서면으로 이의를 제기할 수 있다(제15조 제3항).

사업시행자는 해당 토지조서 및 물건조서에 제기된 이의를 부기하고 그 이의가 이유 있다고 인정할 때에는 적절한 조치를 하여야 한다(제15조 제4항).

### (3) 협    의

사업시행자는 토지 등에 대한 보상에 관하여 토지소유자 및 관계인과 성실하게 협의(協議)하여야 하며, 협의의 절차 및 방법 등 협의에 필요한 사항은 대통령령(영 제8조)으로 정한다(제16조).

### (4) 계약의 체결

사업시행자는 위의 절차에 의한 협의가 성립된 경우 토지소유자 및 관계인과 계약을 체결하여야 한다. 판례는 구 공특법상의 협의취득계약을 사법상 계약으로 보고(대판 1981. 05. 26, 80다2109), 위 협의취득에 기한 손실보상금의 환수통보 역시 사법상의 이행청구에 해당하는 것으로 본다(대판 2010. 11. 11, 2010두14367).

## 제2항  공용수용의 근거

공용수용은 재산권을 침해하는 행위이므로 법률의 근거가 있어야 한다.

엄밀히 말하면 공용수용의 일반법은 없지만, **공익사업을 위한** 공용수용과 사용의 일반법은 있다. 토지보상법이 그것이다. 토지보상법은 공익사업을 위한 토지수용을 망라하여 한정적으로 규정하고 있으므로 토지보상법은 공익사업을 위한 토지수용에 관한 일반법의 성격을 가지고 있다. 즉, **토지보상법 제4조 및 별표**는 토지등을 취득하거나 사용할 수 있는 사업을 열거하여 규정하고 있는데, **동법 제4조의2**는 토지보상법에 따라 토지등을 수용하거나 사용할 수 있는 사업은 제4조또는 별표에 규정된 법률에 따르지 아니하고는 정할 수 없고, 별표는 토지보상법 외의 다른 법률로 개정할 수 없다고 규정하고 있다. **동법 제19조**는 사업시행자는 공익사업의 수행을 위하여 필요하면 토지보상법에서 정하는 바에 따라 토지등을 수용하거나 사용할 수 있다고 공익사업을 위한 수용 또는 사용의 근거를 규정하고 있다.

**[판례]** 국유림법에서 정한 절차와 방법에 따르지 않은 채, 토지보상법에 의한 재결을 통해 요존국유림(국가가 보존할 필요가 있는 임야) 또는 불요존국유림(민간에 처분할 수 있는 임야)의 소유권이나 사용권을 취득할 수 없다(대판 2018. 11. 29, 2018두51904).

## 제3항  공용수용의 당사자

공용수용의 당사자라 함은 공용수용의 주체인 수용권자와 수용권의 객체인 피수용자를 말한다.

### I. 공용수용의 주체

공용수행의 주체(主體)라 함은 토지 등에 대하여 수용권을 가지는 자를 말한다. 사업시행자[2](공익사업을 시행하는 자)가 국가인 경우에는 국가가 공용수용의 주체(수용권자)라는 것에 대하여는 이견이 없으나 사업시행자가 국가가 아닌 공공단체 또는 사인인 경우에 수용권자가 국가인가 아니면 사업시행자인가에 관하여 견해의 대립이 있다. 국가수용권설과 사업시행자수용권설의 대립은 토지보상법이 공용수용의 효과를 발생시키는 자, 즉 수용재결을 할 수 있는 자를 국가로 하고 있고, 그 수용의 효과를 향수하는 자는 사업시행자로 규정하고 있는 데 기인한다.

### 1. 국가수용권설

국가수용권설은 공용수용의 주체(수용권자)는 국가이고, 사업시행자는 수용청구권을 가지고 있음에 불과하다고 본다. 그 논거는 다음과 같다. 수용권은 수용의 효과를 야기할 수 있는 능력을 말하는데, 이러한 수용권은 국가밖에 가질 수 없고, 사업시행자는 국가의 수용권 발동에 따른 수용의 효과를 향수하는 권리만을 가진다고 본다.

### 2. 사업시행자수용권설

사업시행자수용권설은 공용수용의 주체는 사업시행자라고 한다. 이 설은 수용권을 수용의 효과를 향수할 수 있는 능력으로 보고 따라서 사업시행자를 수용권자로 본다. 이 견해가 통설이다.

### 3. 사　　　견

다음과 같은 이유에서 사업시행자수용권설이 타당하다, 수용의 본질은 공익사업을 시행하기 위하여 보상을 전제로 재산권을 강제로 취득하는 데 있으므로 공익사업의 주체이며 보상을 행하고 재산권을 취득하는 사업시행자를 수용권자로 보는 통설의 견해가 타당하다.

사인(私人)인 사업시행자는 보상업무를 수행함에 있어서는 공무수탁사인의 지위를 갖는다.

## Ⅱ. 공용수용의 상대방(피수용자)

피수용자(被收用者)라 함은 수용의 목적물인 재산권의 주체를 말한다. 피수용자는 수용할 토지 또는 물건의 소유자와 그 토지 또는 물건에 대하여 소유권 이외의 권리를 가진 자(관계인)를 포함한다.

---

2) 구 토지수용법은 공익사업의 주체를 기업자라 하였는데, 토지보상법은 사업시행자라는 용어를 사용하고 있다.

토지보상법상 토지소유자 및 관계인이 피수용자가 된다. 동법상 '토지소유자'
라 함은 공익사업에 필요한 토지의 소유자를 말하고(제2조 제4호), '관계인'이라 함은
사업시행자가 취득하거나 사용할 토지에 관하여 지상권·지역권·전세권·저당권·
사용대차 또는 임대차에 따른 권리 또는 그 밖에 토지에 관한 소유권 외의 권리를
가진 자나 그 토지에 있는 물건에 관하여 소유권이나 그 밖의 권리를 가진 자를 말
한다. 다만, 사업인정의 고시가 된 후에 권리를 취득한 자는 기존의 권리를 승계한
자를 제외하고는 관계인에 포함되지 아니한다(제2조 제5호).

## 제 4 항  공용수용의 목적물(대상)

토지보상법상 토지의 수용 또는 사용의 대상이 되는 것은 다음과 같다. ① 토지
및 이에 관한 소유권 외의 권리, ② 토지와 함께 공익사업을 위하여 필요한 입목, 건물
그 밖에 토지에 정착된 물건 및 이에 관한 소유권 외의 권리, ③ 광업권·어업권 또는
물의 사용에 관한 권리, ④ 토지에 속한 흙·돌·모래 또는 자갈에 관한 권리(제3조).

공용수용은 공익사업을 위하여 타인의 특정한 재산권을 법률의 힘에 의하여 강
제적으로 취득하는 것이므로 수용할 목적물의 범위는 비례의 원칙상 사업을 위하여
필요한 최소한도에 그쳐야 한다(대판 1987. 09. 08, 87누395). 공익사업에 필요하지 않은
토지 등을 수용하는 것은 원칙상 인정되지 않는다. 그러나, 예외적으로 토지 등의 소
유자 또는 사업시행자의 이익을 위하여 공익사업에 필요한 토지 이외의 토지가 수용
의 대상이 될 수 있다. 이와 같이 일정한 사유로 인하여 공익사업에 필요한 토지 이
외의 토지를 수용하는 것을 확장수용이라 한다. 확장수용에는 잔여지수용, 공용사용
에 대한 수용청구, 이전대상 물건의 수용이 있다(행정법론(상) 참조).

[판례] 공용수용의 목적물의 범위: 공용수용은 공익사업을 위하여 타인의 특정한 재산권을 법률의
힘에 의하여 강제적으로 취득하는 것이므로 수용할 목적물의 범위는 원칙적으로 사업을 위하여 필
요한 최소한도에 그쳐야 한다(의정부북부역사의 교통량과 교통환경에 적합한 보행광장과 택시베이를 설
치하기 위해서는 이 사건 토지의 면적 정도의 토지가 필요한 점, 사업시행자가 원고 소유의 토지를 분할
하여 일부를 수용하고 나머지는 수용하지 아니한 점 등을 고려할 때, 이 사건 토지는 이 사건 보행광장과
택시베이를 설치하기 위하여 필요한 최소한의 면적이라고 할 것이므로 이 사건 토지 전부를 수용한 것이
비례의 원칙 내지 과잉금지의 원칙에 위배된다고 할 수 없다고 한 사례(대판 2005. 11. 10, 2003두7507)).

토지보상법 제19조 제2항은 "공익사업에 수용되거나 사용되고 있는 토지 등은
특별히 필요한 경우가 아니면 다른 공익사업을 위하여 수용하거나 사용할 수 없다"
라고 규정하고 있는데, 이 규정과 관련하여 공물이 수용의 대상이 될 수 있는가에 관
하여 견해의 대립이 있다. 판례는 긍정설을 취하고 있다고 보는 것이 일반적 견해이

다. 이에 관하여는 이미 공물편에서 고찰하였다(전술 공물편 참조).

## 제 5 항 공용수용의 절차

토지수용의 보통절차는 사업인정 - 토지조서·물건조서의 작성 - 협의 - 재결·화해의 단계를 거쳐 진행된다.

## Ⅰ. 사업인정

사업시행자는 공익사업의 수행을 위하여 필요하면 토지 등을 수용하거나 사용할 수 있는데(토지보상법 제19조 제1항), 사업시행자는 토지 등을 수용하거나 사용하고자 하는 때에는 국토교통부장관의 사업인정을 받아야 한다(제20조 제1항).

### 1. 의    의

사업인정(事業認定)이라 함은 특정사업이 그 사업에 필요한 토지를 수용 또는 사용할 수 있는 공익사업이라는 것을 인정하고 사업시행자에게 일정한 절차를 거쳐 그 사업에 필요한 토지를 수용 또는 사용하는 권리를 설정하여 주는 행위를 말한다. 토지보상법 제2조 제7호는 '사업인정'을 "공익사업을 토지 등을 수용하거나 사용할 사업으로 결정하는 것"이라고 정의하고 있다.

사업인정은 특정사업이 그 사업에 필요한 토지를 수용 또는 사용할 수 있는 공익사업이라는 것을 인정하는 것과 토지를 수용 또는 사용하고자 하는 당해 특정사업의 공공필요성의 인정을 주된 내용으로 한다.

### 2. 의제사업인정

각종 개별법에서 공익사업의 실시계획인가 또는 승인·고시가 있으면 사업인정이 있는 것으로 간주하는 경우가 있는데, 이 경우 의제되는 사업인정을 의제사업인정(擬制事業認定)이라 한다. 토지보상법 <별표>는 토지보상법 제20조에 따른 사업인정이 의제되는 사업을 열거하고 있다. 예를 들면, 택지개발촉진법 제3조에 따른 택지개발지구의 지정·고시가 있으면 사업인정이 의제된다(제12조 제2항). 이 경우에는 사업인정을 별도로 받지 않아도 된다.

사업인정을 의제하는 것은 인허가의제사업의 촉진 등 효율적 수행을 위한 것이므로 사업인정의 의제를 받지 않고, 토지보상법상 사업인정을 받는 것도 가능하다고 보아야 한다.

**[판례]** 구 전원개발에 관한 특례법(현행 전원개발촉진법)상 실시계획의 승인 및 고시가 있으면 사업인정 등 인허가가 의제되는 것으로 되어 있는데(제6조의2 제3항), 이는 효율적인 전원개발사업의 수행을 위한 것이고, 전원개발사업이 구 토지수용법(현 토지보상법)에 의한 공익사업에 해당하는 것이므로 이러한 특례법상 수용절차가 있다 하여 일반 토지수용절차에 따른 토지수용을 배제하는 것이라고 할 수는 없다(서울행법 1999. 01. 27, 98구26633).

### 3. 법적 성격

#### (1) 처분성(행정행위)

사업인정만으로 직접 사업에 필요한 토지 등을 수용 또는 사용할 수 있는 것이 아니라 토지조서·물건조서의 작성, 토지수용위원회에 대한 재결의 신청, 토지수용위원회의 재결 및 토지소유자 등에 대한 손실보상을 거쳐야 한다. 즉, 사업인정은 토지수용절차의 한 단계를 이루는 행위이다.

이러한 점에 비추어 사업인정은 토지수용절차의 한 단계를 이루는 내부행위에 불과하다고 보는 견해도 있을 수 있다.

그러나, 사업인정으로 사업시행자에게는 토지수용 등을 위한 절차를 개시할 권리 및 이들 절차의 이행을 조건으로 토지 등을 수용 또는 사용할 권리가 창설되고, 토지소유자 등에게는 사업인정의 고시가 있은 후에는 고시된 토지에 대하여 사업에 지장이 될 우려가 있는 형질의 변경이나 법에 규정된 물건의 손괴 또는 수거를 하지 못하는 의무가 생기는 등(제25조 제1항) 일정한 의무가 부과되고, 손실보상청구권이 주어진다. 즉, 사업인정으로 기업자 및 토지소유자 등에게 일정한 구체적인 법적 효과가 발생한다. 따라서, 사업인정을 행정행위로 볼 수 있고 항고소송의 대상이 되는 처분으로 볼 수 있다.

또한, 사업인정의 처분성을 인정하는 것이 토지소유자 등의 권리보호를 위하여도 타당하다. 사업인정의 처분성을 인정하지 않는 경우에는 사업인정의 위법성은 보상금의 지급을 조건으로 권리변동의 효과를 가져오는 토지수용위원회의 재결에 대한 쟁송에서 다투어질 수밖에 없는데, 토지수용은 토지소유자 등의 의사에 반하여 재산권의 박탈을 내용으로 하는 토지소유자 등의 권익에 중대한 영향을 미치는 행위이므로 사업인정이라는 토지수용의 초기단계에서 사업인정의 위법성을 다투도록 하는 것이 토지소유자 등의 권익구제를 위하여 보다 효과적이다.

사업인정이 의제되는 경우 의제된 인·허가의 위법을 다투기 위하여는 의제된 인허가처분을 다투어야 한다는 것이 판례의 입장이므로 판례에 따르면 의제된 사업인정의 위법을 다투기 위하여는 의제된 사업인정처분을 다투어야 한다(행정법론(상)

인허가의제 참조).

## (2) 형성행위

사업인정이 형성행위인가 확인행위인가 학설이 대립되고 있다.

### 1) 형성행위설

이 설은 사업인정을 사업시행자에게 사업인정 후 일정한 절차를 거칠 것을 조건으로 수용권을 설정하여 주는 형성행위라고 보는 견해이다. 이 견해가 통설이며 판례(대판 2019. 02. 28, 2017두71031)의 입장이다. 이 견해가 타당하다.

[판례] ① 토지수용법 제14조의 규정에 의한 사업인정은 그 후 일정한 절차를 거칠 것을 조건으로 하여 일정한 내용의 수용권을 설정해 주는 행정처분의 성격을 띠는 것으로서 그 사업인정을 받음으로써 수용할 목적물의 범위가 확정되고 수용권으로 하여금 목적물에 관한 현재 및 장래의 권리자에게 대항할 수 있는 일종의 공법상의 권리로서의 효력을 발생시킨다(대판 1994. 11. 11, 93누19375). ② 토지수용으로 인한 피수용자의 손실보상금 채권은 관할 토지수용위원회의 수용재결로 인하여 비로소 발생하는 것이지만, 토지수용법 제14조, 제16조 소정의 사업인정의 고시가 있음으로써 고시된 수용대상 토지에 대하여 피수용자와의 협의 등 일정한 절차를 거칠 것을 조건으로 한 기업자의 수용권이 발생하고, 같은 법 제18조 소정의 사업의 폐지, 같은 법 제17조 소정의 사업인정의 고시가 있은 날로부터 1년 이내 혹은 같은 법을 준용하는 개개 법률 소정의 사업시행기간 내의 재결의 미신청 등의 특별한 사정이 없는 한 사업인정은 실효되지 아니하여 수용권이 소멸하지 아니하므로, 사업인정의 고시가 있으면 수용대상 토지에 대한 손실보상금의 지급이 확실시된다 할 것이니, 사업인정 고시 후 수용재결 이전 단계에 있는 피수용자의 기업자에 대한 손실보상금 채권은 피전부채권의 적격이 있다(대판 2000. 05. 26, 98다22062).

### 2) 확인행위설

이 설은 사업인정을 특정한 사업이 토지를 수용할 수 있는 사업에 해당한다는 확인하고 선언하는 확인행위라고 보는 견해이다. 이 견해는 사업시행자에게 수용권이 주어지는 것은 사업인정의 결과 법규정에 따른 것이라고 본다.

## (3) 재량행위

사업인정에 있어서 토지보상법 제4조 각 호의 공익사업에의 해당 여부는 단순한 불확정개념의 판단문제이므로 법에 기속된다고 보아야 한다. 그러나, 공공필요성의 판단에 있어서는 관련이익의 형량을 포함하는 전문기술적이고 정책적인 판단이 행해지므로 행정청에게 재량권이 인정된다고 보아야 한다. 따라서, 사업인정은 공공필요성의 인정에 있어서는 재량행위라고 보아야 한다.

[판례] 구 토지수용법 제14조에 의한 토지수용을 위한 사업인정은 단순한 확인행위가 아니라 형성행위이고 당해 사업이 비록 토지를 수용할 수 있는 사업에 해당된다 하더라도 행정청으로서는 그 사업이 공용수용을 할 만한 공익성이 있는지의 여부를 모든 사정을 참작하여 구체적으로 판단하여

야 하는 것이므로 사업인정의 여부는 행정청의 재량에 속한다(대판 1992. 11. 13, 92누596).

이에 대하여 사업인정을 재량행위로 보지 않고, 사업인정을 함에 있어서 당해 사업이 공익사업에 해당하는지 여부 및 공공필요의 요건을 충족하는지 여부에 대하여 일정한 한계내에서 판단여지가 인정된다는 견해(정하중)가 있다.

## 4. 사업인정의 요건

토지보상법은 사업인정의 요건을 명시적으로 규정하고 있지 않다. 그러나, 사업인정처분이 행해지기 위하여는 공익사업이어야 하고(제4조), 그 사업의 공공필요성이 인정되어야 하며(헌법 제23조 제3항) 사업시행자에게 해당 공익사업을 수행할 의사와 능력이 있어야 한다(대판 2011. 01. 27, 2009두1051).

[판례] 사업인정의 요건: 사업인정이란 공익사업을 토지 등을 수용 또는 사용할 사업으로 결정하는 것으로서 공익사업의 시행자에게 그 후 일정한 절차를 거칠 것을 조건으로 일정한 내용의 수용권을 설정하여 주는 형성행위이므로, 해당 사업이 외형상 토지 등을 수용 또는 사용할 수 있는 사업에 해당한다고 하더라도 사업인정기관으로서는 그 사업이 공용수용을 할 만한 공익성이 있는지의 여부와 공익성이 있는 경우에도 그 사업의 내용과 방법에 관하여 사업인정에 관련된 자들의 이익을 공익과 사익 사이에서는 물론, 공익 상호간 및 사익 상호간에도 정당하게 비교·교량하여야 하고, 그 비교·교량은 비례의 원칙에 적합하도록 하여야 한다. 그뿐만 아니라 해당 공익사업을 수행하여 공익을 실현할 의사나 능력이 없는 자에게 타인의 재산권을 공권력적·강제적으로 박탈할 수 있는 수용권을 설정하여 줄 수는 없으므로, 사업시행자에게 해당 공익사업을 수행할 의사와 능력이 있어야 한다는 것도 사업인정의 한 요건이라고 보아야 한다(대판 2011. 01. 27, 2009두1051 [토지수용재결처분취소]).

### (1) 사업인정의 대상이 되는 공익사업

수용이 행해지기 위하여는 법률의 근거가 있어야 한다. 토지보상법은 사업인정의 대상이 되는 공익사업을 한정적으로 열거하고 있다.

동법에 의하여 토지 등을 취득 또는 사용할 수 있는 사업은 다음의 1에 해당하는 사업이어야 한다(제4조):

① 국방·군사에 관한 사업, ② 관계 법률에 따라 허가·인가·승인·지정 등을 받아 공익을 목적으로 시행하는 철도·도로·공항·항만·주차장·공영차고지·화물터미널·궤도(軌道)·하천·제방·댐·운하·수도·하수도·하수종말처리·폐수처리·사방(砂防)·방풍(防風)·방화(防火)·방조(防潮)·방수(防水)·저수지·용수로·배수로·석유비축·송유·폐기물처리·전기·전기통신·방송·가스 및 기상 관측에 관한 사업, ③ 국가나 지방자치단체가 설치하는 청사·공장·연구소·시험소·보건시설·문화시설·공원·수목원·광장·운동장·시장·묘지·화장장·도축장 또는 그 밖의 공공용 시설에 관한 사업, ④ 관계 법률에 따라 허가·인가·승인·지정 등을 받아 공익을 목적으로 시행하는 학교·도서관·박물관 및 미술관 건립에 관한 사업, ⑤ 국가, 지방자치단체, 「공공기관의 운영에

관한 법률」 제4조에 따른 공공기관, 「지방공기업법」에 따른 지방공기업 또는 국가나 지방자치단체가 지정한 자가 임대나 양도의 목적으로 시행하는 주택 건설 또는 택지 조성에 관한 사업, ⑥ 위의 ① 내지 ⑤의 사업을 시행하기 위하여 필요한 통로·교량·전선로·재료 적치장 또는 그 밖의 부속시설에 관한 사업, ⑦ ① 내지 ⑤의 사업을 시행하기 위하여 필요한 주택, 공장 등의 이주단지 조성에 관한 사업, ⑧ 그 밖에 다른 법률에 따라 토지등을 수용하거나 사용할 수 있는 사업.

**[판례]** (1) 구 국토계획법상의 **도시계획시설사업**은 구 **토지보상법 제4조 제7호의 공익사업에 해당한다**. (2) '근린공원 조성사업'이 구 공익사업을 위한 토지 등의 취득 및 보상에 관한 법률 제4조 제7호의 공익사업에 포함된다고 한 사례(대판 2019. 07. 25, 2017다278668).

토지보상법 제4조 또는 별표에 규정된 법률에 따르지 아니하고는 개별 법률에 따라 토지 등을 수용·사용하는 사업을 규정할 수 없다(토지보상법 제4조의2).

토지보상법 제4조 각 호에 해당하는 공익사업인지 여부의 판단에는 재량권이나 판단여지가 인정되지 않는다.

**[판례]** 구 도시저소득주민의 주거환경개선사업을 위한 임시조치법(2002. 12. 30. 법률 제6852호 도시 및 주거환경정비법 부칙 제2조로 폐지된 것, 이하 '구 임시조치법'이라 한다)에서의 주거환경개선사업은 구 공익사업을 위한 토지 등의 취득 및 보상에 관한 법률(2004. 12. 31. 법률 제7304호로 개정되기 전의 것, 이하 '구 공익사업법'이라 한다) 제4조 제5호 소정의 '지방자치단체나 지방자치단체가 지정한 자가 임대나 양도의 목적으로 시행하는 주택의 건설에 관한 사업' 또는 제4조 제7호 소정의 '그 밖에 다른 법률에 의하여 토지 등을 수용 또는 사용할 수 있는 사업'인 공익사업에 해당한다고 할 것이다(대판 2011. 11. 24, 2010다80749).

토지보상법 제4조 각 호에 해당하는 공익사업이 자동적으로 토지수용을 할 수 있는 사업이 되는 것은 아니며 공공필요성을 따져 사업인정을 받아야 수용권을 부여받게 된다.

수용할 수 있는 공익사업은 토지보상법 이외에 개별법에서도 규정되고 있다. 이 중 사업계획승인에 사업인정을 의제하는 경우(예, 택지개발촉진법상 택지개발계획의 승인(제12조), 도시 및 주거환경정비법상사업시행인가(제40조))와 수용권만을 인정하고 토지보상법에 따라 사업인정을 받도록 하는 경우가 있다.

### (2) 공공필요성
토지보상법 제4조 각 호에 해당하는 사업이 자동적으로 토지수용을 할 수 있는 사업이 되는 것은 아니며 공공필요성(公共必要性)을 인정받아야 한다(대판 1992. 11. 13, 92누596).

토지보상법은 "공익사업의 수행을 위하여 필요한 때"에는 토지 등을 수용 또는 사용할 수 있다고 규정하고 있는데(제19조 제1항), "공익사업의 수행을 위하여 필요한

때"라 함은 장래에 시행할 공익사업을 위하여 필요한 때뿐만 아니라 이미 시행된 공
익사업의 유지를 위하여 필요한 때를 포함한다고 보아야 한다(대판 2005. 04. 29, 2004두
14670: 이미 설치된 송전선로를 유지하기 위하여 선로 아래의 다른 사람의 토지 위의 공중의 사용
을 대상으로 사업인정을 할 수 있다고 한 사례).

공공필요성은 수용의 정당화사유인데, 비례의 원칙의 적용례이다. 공공필요성이
인정되기 위하여는 사업의 공공성(공익성)과 필요성이 인정되어야 한다(헌재 2014. 10. 30,
2011헌바172 등). 사업의 필요성은 최소침해성과 비례성을 포함한다.

### 1) 공익사업의 공공성(공익성)

법률에서 수용할 수 있는 공익사업으로 규정된 사업이라고 하여 당연히 공공성
(공익성)이 인정되는 것은 아니다. 사업의 공공성은 개별적으로 판단되어야 한다. 공
익사업의 공익성을 재산권의 존속보장을 위하여 행정권 행사의 근거가 되는 공익 보
다 엄격한 개념으로 보아야 한다는 견해(김성수)도 있으나, 공익사업의 실현 및 토지
자원의 유한성, 공용수용의 경우 정당한 보상이 주어진다는 점 등을 고려하여 행정
권 행사의 근거가 되는 공익 보다 넓게 인정하여야 한다. 이는 '사인을 위한 수용'의
인정과 무관하지 않다. 오늘날 공익사업의 공공성은 국가안전보장, 질서유지, 공공복
리와 함께 국가 또는 지역 경제상의 이익도 포함한다고 보아야 할 것이다.[3]

공익사업의 공익성은 재산권의 존속보장을 위해 기본권 일반의 제한사유인 '공
공복리'보다 좁게 보아야 한다는 것이 **헌법재판소의 입장**이다.

[판례] 법이 공용수용 할 수 있는 공익사업을 열거하고 있더라도, 이는 공공성 유무를 판단하는 일
응의 기준을 제시한 것에 불과하므로, 사업인정의 단계에서 개별적·구체적으로 공공성에 관한 심
사를 하여야 한다. 즉 공공성의 확보는 1차적으로 입법자가 입법을 행할 때 일반적으로 당해 사업
이 수용이 가능할 만큼 공공성을 갖는가를 판단하고, 2차적으로는 **사업인정권자가 개별적·구체**
적으로 당해 사업에 대한 사업인정을 행할 때 공공성을 판단하는 것이다. 오늘날 공익사업의 범위
가 확대되는 경향에 대응하여 **재산권의 존속보장과의 조화를 위해서는, '공공필요'의 요건에 관하**
여, **공익성은 추상적인 공익 일반 또는 국가의 이익 이상의 중대한 공익을 요구하므로 기본권 일반**
의 제한사유인 '공공복리'보다 좁게 보는 것이 타당하며, 공익성의 정도를 판단함에 있어서는 공용
수용을 허용하고 있는 개별법의 입법목적, 사업내용, 사업이 입법목적에 이바지 하는 정도는 물
론, 특히 그 사업이 대중을 상대로 하는 영업인 경우에는 그 사업 시설에 대한 대중의 이용·접근
가능성도 아울러 고려하여야 한다(헌재 2014. 10. 30, 2011헌바172 등). 〈해설〉 공용수용의 경우 정
당한 보상을 하므로 공익사업의 공익성을 헌법재판소의 견해와 달리 기본권 일반의 제한사유인
'공공복리'보다 넓게 보는 것이 타당하다는 견해가 타당하다.

---

3) 헌법 제23조 제3항 상의 공공필요가 헌법 제37조 제2항 상의 국가안전보장, 질서유지 또는 공공
복리보다 협의의 개념이라고 보는 견해(김성수, "행정상 손실보상의 요건으로서 공공의 필요와 특
별한 희생의 재검토," 『정현 박윤흔 박사 화갑기념논문집』, 27면)는 타당하지 않다.

'사인을 위한 수용'이라 함은 사업시행자가 사인인 경우를 말하는데, 이를 '공공적 사용수용' 또는 '사용수용'이라고도 한다. 그러나, 사용수용이라는 용어는 혼동을 초래할 수 있다. 사인을 위한 수용의 경우에도 사익을 위하여 수용권을 인정하는 것이 아니라 사인이 수행하는 사업이 공익상 필요하기 때문에 인정되는 것인데, '사용수용'이라는 용어는 사익을 위한 수용으로 오해될 염려가 있다.

민간인이 사회간접자본시설사업을 수행하는 경우에 수익보장을 위하여 부대사업을 허용하는 경우에 부대사업을 위하여도 수용권을 인정할 수 있는지에 관하여는 논란의 여지가 있다.4)

사업인정의 대상이 되는 사업의 직접적인 수행목적이 공익의 실현인 경우이지만, 공익사업에 의해 조성된 부동산이 사인에게 분양되는 경우(예, 공업단지 를 조성하여 사인에게 분양하는 경우, 택지를 개발하여 사인에게 분양하는 경우 등)뿐만 아니라 그 직접목적은 영리목적이지만 간접적·부수적으로 공익의 실현에 기여하는 경우(예, 지역경제가 파탄되고 실업문제가 심각한 지역에 공장을 설치하는 경우)에도 공공필요가 인정될 수 있는 경우가 있다.

다만, 사인을 위한 수용의 경우에는 사인에게 부당한 특혜가 되지 않도록 계속적 공익실현을 위한 보장책(사업의 계속적 수행의 담보책)이 법령상 또는 사업인정의 부관등으로 마련되어야 한다.5)

[판례] 헌법 제23조 제3항은 정당한 보상을 전제로 하여 재산권의 수용 등에 관한 가능성을 규정하고 있지만, 재산권 수용의 주체를 한정하지 않고 있다. 위 헌법조항의 핵심은 당해 수용이 공공필요에 부합하는가, 정당한 보상이 지급되고 있는가 여부 등에 있는 것이지, 그 수용의 주체가 국가인지 민간기업인지 여부에 달려 있다고 볼 수 없다. 또한 국가 등의 공적 기관이 직접 수용의 주체가 되는 것이든 그러한 공적 기관의 최종적인 허부판단과 승인결정하에 민간기업이 수용의 주체가 되는 것이든, 양자 사이에 공공필요에 대한 판단과 수용의 범위에 있어서 본질적인 차이를 가져올 것으로 보이지 않는다(헌재 2009. 09. 24, 2007헌바114[산업입지 및 개발에 관한 법률 제11조 제1항 등 위헌소원]).

### 2) 최소침해성

공익사업을 위한 방안이 수개인 경우에 국민의 권익과 공익을 가장 적게 침해하는 방안을 채택하여야 한다.

[판례] 이 사건 의정부북부정거장의 교통량과 교통환경 등에 비추어 의정부북부역사 앞에 보행광장과 택시베이(Taxi−bay)를 설치할 필요성이 있는 점, 그런데 이 사건 건설사업은 기존 경원선과 교외선 부지를 모두 선로의 부지로 사용하는 것을 내용으로 하는 점, 기존 출입구가 있는 역사 동

---

4) 유해웅, 『토지보상법연구』, 55~56면; 김성수, 전게논문, 33면.
5) 정연주, "민간사업시행자의 토지수용과 공공필요," 『정현 박윤흔 박사 화갑기념논문집』, 50면 이하.

쪽 부분은 기존 도로가 좁을 뿐 아니라 상가가 밀집하여 있는 반면 역사 서쪽 부분의 이 사건 토지는 밭으로 경작되고 있고 주택가의 이면도로에 접해 있으므로 수용에 따른 사회적 비용이 적게 소요될 뿐 아니라, 이 사건 토지 부분에 보행광장과 택시베이를 별도로 설치하게 되면 역사에 진출입하는 교통량을 분산시킴으로써 교통환경을 개선할 수 있는 점 등을 알 수 있는바, 사정이 이와 같다면, 의정부북부역사 동쪽에 주출입문을 설치하는 것보다는 서쪽에 주출입문을 설치하고 그 앞에 위치한 이 사건 토지에 보행광장과 택시베이를 설치하는 것이 이 사건 건설사업의 목적을 달성하기 위한 유효·적절하고 또한 가능한 한 최소침해를 가져오는 방법이라고 할 것이다(대판 2005. 11. 10, 2003두7507).

사업인정을 함에 있어서 필요한 최소한도의 범위 내로 사업시행지를 한정하여야 한다는 의미의 필요성(최소침해성)을 사업인정의 요건으로 드는 견해가 있으나, 이는 사업인정의 요건(공공필요성의 요소)은 아니며 사업인정의 한계에 속하는 문제라고 보아야 한다.

### 3) 비례성(협의의 비례원칙)

공공필요성이 인정되기 위하여는 공익사업으로 인하여 달성되는 공익과 당해 사업으로 인해 침해되는 이익(공익 및 사익) 사이에 비례성(比例性)이 유지되어야 한다. 달리 말하면 공익사업으로 인하여 달성되는 공익이 공익사업으로 인하여 침해되는 이익(공익사업의 불이익)보다 우월하여야 한다.

[판례] ① 공용수용에 있어서 공익사업을 위한 필요와 그에 대한 증명책임의 소재(=사업시행자): 공용수용은 공익사업을 위하여 특정의 재산권을 법률에 의하여 강제적으로 취득하는 것을 내용으로 하므로 그 공익사업을 위한 필요가 있어야 하고, 그 필요가 있는지에 대하여는 수용에 따른 상대방의 재산권침해를 정당화할 만한 공익의 존재가 쌍방의 이익의 비교형량의 결과로 입증되어야 하며, 그 입증책임은 사업시행자에게 있다(대판 2005. 11. 10, 2003두7507).
② 행정기관이 개발촉진지구 지역개발사업으로 실시계획을 승인하고 이를 고시하기만 하면 고급골프장 사업과 같이 공익성이 낮은 사업에 대해서까지도 시행자인 민간개발자에게 수용권한을 부여하는 구 지역균형개발법(2005. 11. 8. 법률 제7695호로 개정되고, 2011. 5. 30. 법률 제10762호로 개정되기 전의 것) 제19조 제1항의 '시행자' 부분 중 '제16조 제1항 제4호'에 관한 부분은 헌법에 합치되지 아니한다(헌재 2014. 10. 30, 2011헌바129, 2011헌바172(병합)[헌법불합치]). 〈해설〉 골프장 건설을 위한 토지수용이 항상 공공필요성이 없는 것은 아니다. 그러나, 고급골프장 등의 사업에 있어서는 그 사업 시행으로 획득할 수 있는 공익이 현저히 해태되지 않도록 보장하는 제도적 규율이 갖추어졌는지에 관하여는 살펴볼 필요도 없이, 타인의 재산을 그 의사에 반하여 강제적으로라도 취득할 수 있게 해야 할 필요성은 인정되지 아니한다.

가. 이익형량의 요소인 공익과 사익　　　사업의 공공필요성을 판단하기 위하여는 '사업으로 인하여 달성되는 공익'과 '당해 사업으로 인하여 침해되는 공익 및 사익'을 비교형량하여야 한다.

(가) 공　　익　　　공익사업으로 인하여 달성되는 공익(公益)은 전술한 바와 같다.

　　(나) 침해되는 사익　　'사업으로 인하여 침해되는 사익(私益)'은 사업으로 인하여 침해되는 토지소유자의 소유권뿐만 아니라 토지의 이용으로 인한 거주의 이익, 경제적 이익(영업, 영농, 산림경영 등의 이익), 종교적 이익 등 사업으로 인하여 침해되는 일체의 사적 이익을 말한다.[6] 사업시행지 내의 토지소유자 등이 상실하는 이익뿐만 아니라 사업시행지 밖의 토지소유자 등이 상실하는 이익도 포함된다고 보아야 한다.

　　(다) 침해되는 공익　　'사업으로 인하여 침해되는 공익'에는 환경상 이익과 문화적 가치 등이 포함된다.

　　나. 비례성(상당성, 협의의 비례원칙)　　공익사업으로 인하여 달성되는 공익과 당해 사업으로 인해 침해되는 이익(공익 및 사익)이 심히 균형을 잃으면 사업인정은 위법하다. 즉, 사업으로 인하여 침해되는 중대한 공익 또는 사익을 고려하지 않았거나, 당해 공익 또는 사익의 가치를 심히 가볍게 평가하였거나, 고려하여서는 아니 되는 이익을 사업으로 인하여 달성되는 공익으로 판단하였거나 사업으로 인하여 달성되는 공익을 지나치게 과도하게 평가하여 이익형량이 심히 균형을 잃은 경우에는 사업인정은 위법하다고 보아야 한다.

　　사업인정에 있어 사업계획안을 대체안과 반드시 비교하여야 하는 것은 아니다. 토지수용법령상 사업인정신청시 대체안의 제출이 의무지워지고 있지 않다. 그러나, 사업시행자에 의해 대체안이 제시되었거나 사업인정절차에 참가한 이해관계인에 의해 대체안이 제출된 경우에 당해 대체안이 검토할 가치가 있다고 판단되는 경우에 사업인정기관은 대체안도 심사하여야 하며 대체안이 사업계획안보다 달성되는 공익 및 침해되는 공익 또는 사익의 측면에서 월등하게 우월한 경우에는 대체안을 채택하여야 하며 대체안을 채택하지 않은 사업인정의 결정은 위법하다고 보아야 한다.

[판례] [풍납토성 보존을 위한 사업인정 사건] 문화재 보존을 위한 사업인정 등 처분의 재량권 일탈·남용 여부 심사의 기준: 1) 문화재의 보존을 위한 사업인정 등 처분에 대하여 재량권 일탈·남용 여부를 심사할 때에는, 위와 같은 문화재보호법의 내용 및 취지, 문화재의 특성, 사업인정 등 처분으로 인한 국민의 재산권 침해 정도 등을 종합하여 신중하게 판단하여야 한다. 2) 행정청이 문화재의 역사적·예술적·학술적 또는 경관적 가치와 원형의 보존이라는 목표를 추구하기 위하여 문화재보호법 등 관계 법령이 정하는 바에 따라 내린 전문적·기술적 판단은 특별히 다른 사정이 없는 한 이를 최대한 존중할 필요가 있는 점(대법원 2000. 10. 27. 선고 99두264 판결 등 참조) 등을 고려하여야 한다. 3) ① 풍납토성의 역사적 가치에 비추어 이를 복원·정비하기 위한 이 사건 사업은 그 공익성이 당연히 인정될 뿐 아니라, ② 이 사건 수용대상부지는 풍납토성 성벽의 부지 또는 그 성벽에 바로 인접한 부지로서, 이를 수용하여 성벽 또는 해자 시설을 복원·정비하는 것은 풍납토성의 보존·관리를 위하여 필요하며, ③ 공·사익 상호간의 비교형량 또한 비례원칙에 적합하다(대판 2019. 02. 28, 2017두71031[사업인정고시취소]).

---

6) 행정사건소송실무연구회, 122면.

### (3) 공익사업을 수행할 의사와 능력

해당 공익사업을 수행하여 공익을 실현할 의사나 능력이 없는 자에게 타인의 재산권을 공권력적·강제적으로 박탈할 수 있는 수용권을 설정하여 줄 수는 없으므로, 사업시행자에게 해당 공익사업을 수행할 의사와 능력이 있어야 한다는 것도 사업인정의 한 요건이라고 보아야 한다(대판 2011. 01. 27, 2009두1051[토지수용재결처분취소]).

[**판례**] 참가인 송파구청장이 이 사건 사업비를 송파구의 자체 예산으로 조달하지 않는다는 사정만으로 참가인 송파구청장에게 사업 수행 의사나 능력이 없다고 볼 수 없다고 한 사례(대판 2019. 02. 28, 2017두71031).

## 5. 사업인정절차

### (1) 사업인정의 신청

사업시행자는 토지 등을 수용하고자 하는 때에는 국토교통부장관에게 사업인정을 신청하여야 한다(제20조).

### (2) 협의 및 의견청취

국토교통부장관은 사업인정을 하려면 관계 중앙행정기관의 장 및 특별시장·광역시장·도지사·특별자치도지사(이하 '시·도지사'라 한다) 및 제49조에 따른 중앙토지수용위원회와 협의하여야 하며, 미리 사업인정에 이해관계가 있는 자의 의견을 들어야 한다(제21조 제1항). 별표에 규정된 법률에 따라 사업인정이 있는 것으로 의제되는 공익사업의 허가·인가·승인권자 등은 사업인정이 의제되는 지구지정·사업계획승인 등을 하려는 경우 제1항에 따라 제49조에 따른 중앙토지수용위원회와 협의하여야 하며, 대통령령으로 정하는 바에 따라 사업인정에 이해관계가 있는 자의 의견을 들어야 한다(제21조 제2항). 제49조에 따른 중앙토지수용위원회는 제1항 또는 제2항에 따라 협의를 요청받은 날부터 30일 이내에 의견을 제시하여야 한다. 다만, 그 기간 내에 의견을 제시하기 어려운 경우에는 한 차례에 한하여 30일의 범위에서 그 기간을 연장할 수 있다(제5항). 제49조에 따른 중앙토지수용위원회가 제5항에서 정한 기간 이내에 의견을 제시하지 아니하는 경우에는 협의가 완료된 것으로 본다(제21조 제7항).

중앙토지수용위원회의 협의사항은 주로 사업인정의 적법성과 적정성이다. 즉, 중앙토지수용위원회는 제1항 또는 제2항에 따라 협의를 요청받은 경우 사업인정에 이해관계가 있는 자에 대한 의견 수렴 절차 이행 여부, 허가·인가·승인대상 사업의 공공성, 수용의 필요성, 그 밖에 대통령령으로 정하는 사항(1. 해당 공익사업이 근거 법률의 목적, 상위 계획 및 시행 절차 등에 부합하는지 여부, 2. 사업시행자의 재원 및 해당 공익사업의 근거 법률에 따른 법적 지위 확보 등 사업수행능력 여부)을 검토하여야 한다(법 제21조

제3항, 시행령 제11조의2).

종래 중앙토지수용위원회의 의견청취에서 중앙토지수용위원회의 협의로 변경한 법률개정의 입법취지 및 동법 시행령 제12조 제2항 제5호에 따라 수용재결을 신청할 때 중앙토지수용위원회의 협의의견서를 첨부하게 하여 토지수용재결에서 협의절차 이행여부 등을 확인할 수 있도록 하고 있고, 동법 시행규칙 제9조의3에서는 중앙토 지수용위원회가 동의(조건부 동의 포함)하지 않은 사업인정 등은 공익성을 보완하여 재 협의를 거칠 수 있다고 규정하고 있는 점 등에 비추어 보면 **중앙토지수용위원회의 협의는 단순한 자문이 아니라 '합의' 또는 '동의'에 준하는 것으로 보아야 한다.** 행정 실무도 이렇게 운용되고 있다.

### (3) 사업인정의 고시

국토교통부장관은 사업인정을 하였을 때에는 지체없이 그 뜻을 사업시행자, 토 지소유자 및 관계인, 관계 시·도지사에게 통지하고, 사업시행자의 성명이나 명칭· 사업의 종류·사업지역 및 수용할 토지의 세목을 관보에 고시하여야 한다(제22조 제1 항). 이를 사업인정의 고시(告示)라 한다.

사업인정의 사실을 통지받은 시·도지사는 관계 시장·군수 및 구청장에게 이를 통지하여야 한다(제22조 제2항).

개별법상 사업계획의 승인으로 토지보상법상 사업인정이 의제되는 경우에 이해 관계인의 참가절차와 토지세목의 고시에 관한 규정이 없는데, 이는 입법의 불비이다.

토지의 세목의 공고는 사업인정에 의하여 지정된 범위 내에서 구체적으로 수용 할 수 있는 목적물을 임시로 결정하는 행위이며, 이로써 목적물에 대하여 막연한 효 력밖에 없었던 사업인정이 현실화하고 구체화된다(즉 이로써 피수용자가 특정되고 수용, 사용의 대상이 되는 토지 등이 일응 특정되게 되는 것이나 종국적으로는 재결에 의하여 그 특정 이 확정된다)(대판 1988. 12. 27, 87누1141). 토지세목의 공고는 처분이 아니라 사업인정절 차의 하나이다.

[판례] ① 건설부장관이 토지수용사업승인을 한 후 그 뜻을 토지소유자 등에게 통지하지 아니하였 다는 하자는 절차상 위법으로서 재결의 취소를 구할 수 있는 사유가 될지언정 당연무효의 사유라 고 할 수는 없다(대판 1993. 08. 13, 93누2148).
② 도시계획사업허가의 공고시에 토지세목의 고시를 누락한 것은 절차상의 위법으로서 취소사유 에 해당한다(대판 1988. 12. 27, 87누1141; 1993. 08. 13, 93누2148).

### 6. 사업인정의 효과

사업인정은 사업인정이 고시된 날로부터 효력을 발생한다(제22조 제3항).

사업인정은 수용권을 설정해 주는 행정처분으로서, 이에 따라 수용할 목적물의 범위가 확정되고, 수용권자가 목적물에 대한 현재 및 장래의 권리자에게 대항할 수 있는 공법상 권한이 생긴다(대판 2019. 12. 12, 2019두47629).

### (1) 수용권의 발생

사업인정은 일정한 수용절차를 거칠 것을 조건으로 수용권을 설정한다.

사업시행자는 수용권을 실현하기 위하여 우선 토지소유자 및 관계인과 협의하여야 하고(제26조 제1항), 협의가 성립되지 아니하거나 협의를 할 수 없을 때에는 사업인정의 고시가 된 날부터 1년 이내에 관할 토지수용위원회에 재결을 신청할 수 있다(제28조 제2항).

사업시행자는 재결신청을 위하여 토지조서, 물건조서를 작성하여야 하고, 조서 작성을 위하여 토지 또는 공작물에의 출입·조사권을 갖는다(제27조).

### (2) 수용목적물의 확정

사업인정의 고시에 토지의 세목이 포함되므로 사업인정이 고시되면 수용목적물이 확정된다.

수용목적물은 공익사업을 위해 필요한 토지 등인데, 공익사업의 원활한 수행을 위해 공익사업 자체에 직접 필요하지 않은 토지나 물건 등도 공익사업과 관련이 있고 비례의 원칙에 합치하는 한도내에 수용, 사용 또는 제한의 대상이 될 수 있다(예, 대토보상을 위한 토지의 수용, 확장수용 등).

### (3) 관계인의 범위확정

토지보상법 제2조 제5호의 관계인에 한하여 보상금이 주어진다.

### (4) 토지 등의 보전의무

사업인정이 고시된 후에는 토지 등에 변경을 가하여 사업에 지장이 되도록 하는 행위가 금지된다.

① 사업인정고시가 된 후에는 누구든지 고시된 토지에 대하여 사업에 지장을 줄 우려가 있는 형질의 변경이나 제3조 제2호 또는 동조 제4호에 규정된 물건을 손괴하거나 수거하는 행위를 하지 못한다(제25조 제1항).
② 사업인정고시가 된 후에 고시된 토지에 건축물의 건축·대수선, 공작물(工作物)의 설치 또는 물건의 부가(附加)·증치(增置)를 하려는 자는 특별자치도지사, 시장·군수 또는 구청장의 허가를 받아야 한다. 이 경우 특별자치도지사, 시장·군수 또는 구청장은 미리 사업시행자의 의견을 들어야 한다(제25조 제2항). 제2항을 위반하여 건축물의 건축·대수선, 공작물의 설치 또는 물건의 부가·증치를 한 토지소유자 또는 관계인은 해당 건축물·공작물 또는 물건을 원상으로 회복하여야 하며 이에 관한 손실의 보상을 청구할 수 없다(제25조 제3항).

토지 등의 보전의무는 토지소유자 및 관계인에 한정되지 않고 누구에게나 부과
된다. 금지되는 행위는 사업에 지장이 될 우려가 있는 형질변경이므로 사업에 지장
을 줄 우려가 없는 형질변경은 가능하다.

### (5) 사업시행자의 수용절차상 권리와 의무

사업인정의 고시가 있으면 사업시행자에게 수용절차상 일정한 권리와 의무가
부여된다.

사업인정고시가 있은 후에는 사업시행자는 사업의 준비나 토지조서 및 물건조
서를 작성하기 위하여 필요한 경우 해당 토지 또는 물건에 출입하여 이를 측량하거
나 조사할 수 있다(제27조 제1항). 사업시행자는 위와 같이 타인이 점유하는 토지에 출
입하여 측량·조사함으로써 발생하는 손실을 보상(감정평가업자가 제1항 제2호에 따른 감
정평가를 위하여 측량·조사함으로써 발생하는 손실을 포함한다)하여야 한다(제27조 제3항).

### 7. 사업인정의 실효

사업인정은 사업시행자가 일정한 기간 내에 재결을 신청하지 아니하거나 당해
사업의 폐지 및 변경으로 그 효력을 상실한다.

### (1) 재결신청기간의 경과로 인한 실효

사업시행자가 사업인정고시가 된 날부터 1년 이내에 재결신청을 하지 아니한
경우에는 사업인정고시가 된 날부터 1년이 되는 날의 다음날에 사업인정은 그 효력
을 상실한다(제23조 제1항). 사업시행자는 이와 같이 사업인정이 실효됨으로 인하여
토지소유자나 관계인이 입은 손실을 보상하여야 한다(제23조 제2항).

### (2) 사업의 폐지·변경의 고시로 인한 실효

사업인정고시가 된 후 사업의 전부 또는 일부를 폐지하거나 변경함으로 인하여
토지등의 전부 또는 일부를 수용하거나 사용할 필요가 없게 되었을 때에는 사업시행
자는 지체 없이 사업지역을 관할하는 시·도지사에게 신고하고, 토지소유자 및 관계
인에게 이를 통지하여야 한다(제24조 제1항). 시·도지사는 제1항에 따른 신고를 받으
면 사업의 전부 또는 일부가 폐지되거나 변경된 내용을 관보에 고시하여야 한다(제24
조 제2항). 시·도지사는 제1항에 따른 신고가 없는 경우에도 사업시행자가 사업의 전
부 또는 일부를 폐지하거나 변경함으로 인하여 토지를 수용하거나 사용할 필요가 없
게 된 것을 알았을 때에는 미리 사업시행자의 의견을 듣고 제2항에 따른 고시를 하
여야 하며(제24조 제3항) 이와 같은 고시가 된 날부터 그 고시된 내용에 따라 사업인
정의 전부 또는 일부는 그 효력을 상실한다(제24조 제5항). 사업시행자는 제1항에 따

라 사업의 전부 또는 일부를 폐지·변경함으로 인하여 토지소유자 또는 관계인이 입은 손실을 보상하여야 한다(제6항).

## 8. 사업인정에 대한 권리구제

사업인정은 전술한 바와 같이 의제되는 경우를 제외하고는 처분이므로 항고소송의 대상이 된다. 사업인정에 대한 항고소송에서 특히 문제가 되는 것은 원고적격 및 불복기간의 문제이다.

### (1) 원고적격

사업인정에 대한 항고소송의 원고적격이 있는 자는 당해 수용절차에 의하여 토지 등이 수용 또는 사용될 염려가 있는 자 및 그 관계인과 간접손실을 받는 자에 한정된다.

그러나, 사업계획(예, 택지개발 사업계획)의 승인처분에 대해서는 사업계획승인처분의 근거 내지 관계법규가 공익뿐만 아니라 인근주민의 개인의 개별적 이익도 보호하고 있는 경우에는 인근주민에게 당해 사업계획승인처분의 취소를 구할 원고적격이 인정된다.

사업계획승인이 환경영향평가의 대상이 되는 경우에 환경영향평가대상지역에 거주하는 주민은 당해 사업계획승인처분을 다툴 원고적격이 있다는 것으로 추정되고, 환경영향평가 대상지역의 밖의 주민이라도 그 처분 전과 비교하여 수인한도를 넘는 환경피해를 받거나 받을 우려가 있다는 것이 입증되면 그 처분을 다툴 원고적격을 인정받을 수 있다(자세한 것은 행정구제법 원고적격 참조).

**[판례]** 토지수용법상의 사업인정의 고시가 있으면 그 이해관계인은 그 위법을 다툴 법률상 이익이 있어 그 취소를 구할 소송요건을 구비하고 있다(대판 1973. 07. 30, 72누137).

### (2) 불복기간

사업인정에 대한 불복기간에 관하여 두 견해가 대립한다.

#### 1) 제1설

사업인정 고시일(사업인정의 효력발생일)에 사업인정이 있었음을 알았다고 보고, 불복기간을 산정하여야 한다는 견해이다. 사업인정의 조속한 확정을 위하여 이러한 해석이 타당하다고 한다.

#### 2) 제2설

토지보상법 제22조 제1항은 토지소유자 및 관계인에게 사업인정을 통지하도록 하고 있는 점에 비추어 통지를 받아 실제로 안 날로부터 불복기간을 산정하여야 한다고 보는 견해이다. 통지를 받지 못한 자에 대하여는 사업인정의 고시일로부터 행정심판의 경우에는 180일 이내, 행정소송의 경우에는 1년 이내에 불복을 제기하여야 한다.

### 3) 결  어

다음과 같은 이유에서 제1설이 타당하다. 고시는 고시의 효력발생일에 이해관계인이 고시된 내용을 알았던 것으로 보는 통지방법이고, 사업인정을 조속히 확정할 필요가 있기 때문이다.

### (3) 사업인정의 위법 여부의 판단

사업인정의 위법 여부의 판단에 있어서 토지보상법 제4조상의 공익사업에의 해당 여부에는 재량이 인정될 수 없지만 공공필요의 판단에 있어서는 행정청에게 재량권이 인정된다.

### (4) 사업인정 취소재결에 대한 사업시행자의 불복

행정심판의 재결에 의해 사업인정이 취소된 경우에 사업인정을 받았던 사업시행자는 행정기관이 아닌 경우에 한하여 당해 행정심판의 재결을 다투는 행정소송을 제기할 수 있다.

## Ⅱ. 토지조서·물건조서의 작성

### 1. 조서의 의의

토지조서(土地調書)와 물건조서(物件調書)는 공익사업을 위해 수용 또는 사용할 필요가 있는 토지 및 그 토지위에 있는 물건의 내용을 기재하는 사업시행자가 작성하는 문서이다.

토지조서와 물건조서는 재결절차의 개시 전에 사업시행자로 하여금 미리 토지에 대하여 필요한 사항을 확인하게 하고, 또한 토지소유자와 관계인에게도 이를 확인하게 하여 토지의 상황을 명백히 함으로써 토지의 상황에 관한 당사자 사이의 차후분쟁을 예방하며 토지수용위원회의 심리와 재결 등의 절차를 용이하게 하고 신속·원활을 기하려는 데 그 작성의 목적이 있다(대판 1993. 09. 10, 93누5543).

### 2. 토지조서·물건조서의 작성

사업시행자는 사업인정고시가 있은 후에는 토지조서 및 물건조서를 작성한다. 다만, 사업인정 이전에 협의절차를 거친 경우에 토지조서 및 물건조서의 내용에 변동이 없는 때에는 토지조서 및 물건조서를 다시 작성하지 않아도 된다(제26조 제1항, 제2항).

사업인정 후의 토지조서·물건조서의 작성에는 전술한 협의취득시의 토지조서·물건조서의 작성에 적용되는 토지보상법 제14조를 준용한다.

사업인정고시가 있은 후에는 사업시행자는 사업의 준비나 토지조서 및 물건조서를 작성하기 위하여 필요한 경우 해당 토지 또는 물건에 출입하여 이를 측량하거나 조사할 수 있다(제27조 제1항). 이와 같이 타인이 점유하는 토지에 출입하여 측량조사함으로써 발생하는 손실은 사업시행자가 보상하여야 한다(제27조 제3항, 제4항).

### 3. 조서의 효력

사업인정고시가 있은 후에는 토지소유자 또는 관계인이 토지조서 및 물건조서의 내용에 대하여 열람기간 내에 이의를 제기하는 경우를 제외하고는 작성된 토지조서 및 물건조서의 내용에 대하여 이의를 제기할 수 없다. 다만, 토지조서 및 물건조서의 내용이 진실에 반하는 것을 입증하는 때에는 그러하지 아니하다(제27조 제2항).

따라서 적법하게 작성된 토지조서와 물건조서는 이의가 부기된 사항을 제외하고 거기에 기재된 사항이 진실에 합치하는 것으로 추정된다. 이의를 부기하지 않은 사항에 대하여 후일 이의를 제기하기 위하여는 조서의 기재가 진실이 아니라는 것을 입증하여야 한다. 이의가 부기된 사항에 대하여는 토지수용위원회가 수용재결시 결정을 내린다.

작성절차상 하자가 있는 조서에 근거하여 내려진 재결은 위법한가. 판례는 토지조서 작성상 하자만으로는 수용재결의 취소사유가 되지 않는다고 한다.

**[판례]** 토지수용을 함에 있어 토지소유자 등에게 입회를 요구하지 아니하고 작성한 토지조서는 절차상의 하자를 지니게 되는 것으로서 토지조서로서의 효력이 부인되어 조서의 기재에 대한 증명력에 관하여 추정력이 인정되지 아니하는 것일 뿐, 토지조서의 작성에 하자가 있다 하여 그것이 곧 수용재결이나 그에 대한 이의재결의 효력에 영향을 미치는 것은 아니라 할 것이므로 토지조서에 실제 현황에 관한 기재가 되어 있지 아니하다거나 실측평면도가 첨부되어 있지 아니하다거나 토지소유자의 입회나 서명날인이 없었다든지 하는 사유만으로는 이의재결이 위법하다 하여 그 취소를 구할 사유로 삼을 수 없다(대판 1993. 09. 10, 93누5543).

이에 관하여 학설은 조서작성상의 하자를 재결의 독립된 취소사유로 보는 견해7)와 조서작성상의 하자를 재결의 독립된 취소사유로 보지 않는 견해로 나누어지고 있다.

---

7) 유해웅, 303면.

## Ⅲ. 협　의

### 1. 협의제도의 의의

토지보상법상 협의(協議)라 함은 수용재결신청 전에 사업시행자로 하여금 수용대상 토지에 관하여 권리를 취득하거나 소멸시키기 위하여 토자소유자 및 관계인과 교섭하도록 하는 절차이다.

토지보상법은 협의절차를 필요적 절차로 하고 있다. 사업인정을 받은 사업시행자는 재결신청 전에 보상계획의 공고·통지 및 열람, 보상액의 산정과 토지소유자 및 관계인과의 협의의 절차를 거쳐야 한다(제26조 제1항). 그러나, 사업인정 이전에 협의절차를 거쳤으나 협의가 성립되지 아니하여 사업인정을 받은 사업으로서 토지조서 및 물건조서의 내용에 변동이 없는 때에는 협의절차를 거치지 아니할 수 있다. 다만, 사업시행자나 토지소유자 및 관계인이 협의를 요구할 때에는 협의하여야 한다(제26조 제2항).

그러나, 협의 후 토지소유자 및 관계인과 합의에 도달하여야 하는 것은 아니다. 따라서, 협의가 성립되지 아니하거나 협의를 할 수 없을 때(제26조 제2항 단서의 규정에 의한 협의의 요구가 없을 때를 포함한다)에는 사업시행자는 사업인정고시가 된 날부터 1년 이내에 관할 토지수용위원회에 재결을 신청할 수 있다(제28조 제1항).

토지수용위원회의 수용재결이 있은 후라고 하더라도 토지소유자 등과 사업시행자가 다시 협의하여 토지 등의 취득이나 사용 및 그에 대한 보상에 관하여 임의로 계약을 체결할 수 있다(대판 2017. 04. 13, 2016두64241).

**[판례]** ① 중앙토지수용위원회가 지방국토관리청장이 시행하는 공익사업을 위하여 甲 소유의 토지에 대하여 수용재결을 한 후, 甲과 사업시행자가 '공공용지의 취득협의서'를 작성하고 협의취득을 원인으로 소유권이전등기를 마쳤는데, 甲이 '사업시행자가 수용개시일까지 수용재결보상금 전액을 지급·공탁하지 않아 수용재결이 실효되었다'고 주장하며 수용재결의 무효확인을 구하는 소송을 제기한 사안에서, 만약 이러한 별도의 협의취득 절차에 따라 토지에 관하여 소유권이전등기가 마쳐진 것이라면 설령 甲이 수용재결의 무효확인 판결을 받더라도 토지의 소유권을 회복시키는 것이 불가능하고, 나아가 무효확인으로써 회복할 수 있는 다른 권리나 이익이 남아 있다고도 볼 수 없다고 한 사례(대판 2017. 04. 13, 2016두64241).
② [어업피해보상합의 해석이 문제된 사건]원자력발전소 건설을 위한 전원개발사업 실시계획이 고시되기 전부터 어업권을 가지고 위 발전소 인근에서 어장을 운영하던 甲이 지방자치단체의 행정지도에 따라 수산업법상 어장이용개발계획에 따른 대체개발을 이유로 구 어업권을 포기하고 종전 어장에서 어장의 위치만 이동한 신 어업권을 취득하여 어업권원부에 등록하였고, 그 후 위 전원개발사업의 사업시행자인 乙 주식회사가 산하 지역본부를 통해 甲을 포함하여 위 발전소 인근에서 어업에 종사하는 주민들로 구성된 어민피해보상대책위원회와 '예측 피해조사 보상기준일은 발전소 실시계획승인 고시일을 적용한다', '조사대상 어업은 보상기준일 현재 등록된 면허, 허가

및 신고어업으로 한다'는 등의 내용으로 발전소의 온배수 배출로 인한 어업피해조사 및 보상에 관한 합의를 한 다음 피해 예측조사를 실시하여 피해 어민들에게 보상 대상 어업권에 대한 보상을 하였는데, 甲의 신 어업권에 대해서는 어업권원부 등록이 위 고시일 이후 이루어졌다는 이유로 이를 예측 피해보상 대상에서 제외한 사안에서, 甲의 구 어업권과 신 어업권 사이에 수산업법상 동일성이 인정되지는 않으나, 대체개발된 어업권이 보상대상에서 제외됨을 위 합의에 명시할 수 있었는데도 그렇게 하지 않은 점, 甲의 신 어업권을 포함하여 대체개발된 어업권이 위 합의에 따른 보상대상에 포함되지 않는다고 해석한다면 甲이 위 합의에 따른 피해 예측조사에 협조할 이유가 없었고 위 피해대책위원회도 위 합의를 체결하지 않았을 것인 점, 甲에게 신 어업권은 구 어업권을 대체하는 권리에 해당하는 점, 乙 회사는 전원개발사업의 효율적인 수행을 위하여 관련 법령이 정한 손실보상요건을 완화해서라도 甲을 포함한 어민들에게 보상할 현실적 필요가 있었던 점, 甲의 신 어업권은 예측 피해조사 대상에 포함되었고 실제 예측 피해조사 결과에서도 신 어업권이 발전소가 배출하는 온배수의 피해구역에 포함되었던 점 등에 비추어 보면, 위 합의의 해석상 甲의 신 어업권이 보상대상에 포함된다고 봄이 타당한데도, 이와 달리 본 원심판단에는 법률행위의 해석에 관한 법리오해의 잘못이 있다고 한 사례(대판 2019. 04. 11, 2018다284400).

## 2. 협의에 의한 합의의 성립

사업시행자와 토지소유자 및 관계인 사이의 협의 결과 합의(合意)에 도달하는 경우가 있다. 이 합의의 법적 성질에 관하여 공법상 계약설과 사법상 계약설이 대립하고 있다.

### (1) 공법상 계약설

이 견해는 협의는 사업시행자가 국가적 공권의 주체로서 토지소유자 및 관계인에 대하여 기득의 수용권을 실행하는 방법의 하나이며 합의가 성립되지 않으면 재결에 의해 수용을 하게 되므로 협의의 결과 성립하는 합의는 수용계약이라고도 할 수 있는 공법상 계약으로 보아야 한다고 한다.[8] 이 견해는 사업시행자수용권설의 입장에서 주장되며 우리나라의 통설이다.

### (2) 사법상 계약설

이 견해는 협의의 결과 성립하는 합의는 사업시행자와 토지소유자 및 관계인 사이에 대등한 관계에서의 협의의 결과 맺어진 임의적인 합의이므로 사법상 매매계약으로 보아야 한다고 본다.

### (3) 판   례

판례는 공익사업법령에 의한 협의취득을 사법상의 법률행위(계약)로 본다(대판 2012. 02. 23, 2010다91206〈토지보상금〉).

토지보상법상 '협의취득'의 성격은 사법상 매매계약이므로 그 이행으로 인한 사

---

8) 박윤흔, 605면.

업시행자의 소유권 취득도 **승계취득**이다(대판 2018. 12. 13, 2016두51719).

## (4) 결     어

협의는 수용권을 실행하는 방법의 하나이므로 공법상 계약설이 타당하다. 다만, 협의성립에 대한 토지수용위원회의 확인이 있으면 그 확인은 토지보상법상 재결로 간주되므로 토지수용위원회의 확인을 받은 합의에 관하여는 협의의 결과 성립하는 합의를 공법상 계약으로 볼 것인가 사법상 계약으로 볼 것인가라는 논의의 실익이 없다. 합의의 법적 성질에 대한 논의는 확인을 받지 않은 합의에 관한 것이다.[9]

## 3. 협의의 확인

사업시행자와 토지소유자 및 관계인간에 협의가 성립되었을 때에는 사업시행자는 재결의 신청기간 내에 당해 토지소유자 및 관계인의 동의를 얻어 관할 토지수용위원회에 협의성립의 확인(確認)을 신청할 수 있고, 토지수용위원회는 협의성립을 확인하고, 이 확인으로 협의성립이 확인된다(제29조 제1항, 제2항). 다만, 사업시행자가 협의가 성립된 토지의 소재지·지번·지목 및 면적 등 대통령령으로 정하는 사항에 대하여 공증인법에 따른 공증을 받아 제1항에 따른 협의성립의 확인을 신청하였을 때에는 관할 토지수용위원회가 이를 수리함으로써 협의성립이 확인된 것으로 본다(제3항). 토지보상법 제29조 제3항에 따른 협의 성립의 확인 신청에 필요한 동의의 주체인 토지소유자는 협의 대상이 되는 '토지의 진정한 소유자'를 의미한다(대판 2018. 12. 13, 2016두51719).

제1항 및 제3항의 규정에 의한 협의성립의 확인에는 재결절차에 관한 토지보상법 제28조 제2항·제31조·제32조·제34조·제35조·제52조 제7항·제53조 제5항·제57조 및 제58조의 규정이 준용된다(제29조 제2항).

토지수용위원회에 의한 협의성립의 확인은 토지수용위원회의 재결로 보며, 사업시행자·토지소유자 및 관계인은 그 확인된 협의의 성립이나 내용을 다툴 수 없다(제29조 제4항).

토지보상법 제29조 제3항에 따른 신청이 수리됨으로써 **협의 성립의 확인이 있었던 것으로 간주되면**, 토지보상법 제29조 제4항에 따라 그에 관한 재결이 있었던 것으로 재차 의제되고, 그에 따라 사업시행자는 확인대상 토지를 수용재결의 경우와 동일하게 **원시취득**하는 효과를 누리게 된다(대판 2018. 12. 13, 2016두51719).

**[판례]** [사업시행자가 협의대상 토지의 등기부상 소유명의자의 동의만을 받아 협의성립 확인신청을

---

9) 박윤흔, 605면.

한 것에 대한 수리처분의 취소를 구하는 사건] (1) 이러한 협의 성립 확인제도는 수용과 손실보상을 신속하게 실현시키기 위하여 도입되었다. (2) 토지보상법상 수용은 일정한 요건 하에 그 소유권을 사업시행자에게 귀속시키는 행정처분으로서 이로 인한 효과는 소유자가 누구인지와 무관하게 사업시행자가 그 소유권을 취득하게 하는 원시취득이다. 반면, **토지보상법상 '협의취득'의 성격은 사법상 매매계약**이므로 그 이행으로 인한 사업시행자의 소유권 취득도 **승계취득**이다(대법원 2012. 2. 3. 선고 2010다96164 판결 등 참조). 그런데 토지보상법 제29조 제3항에 따른 신청이 수리됨으로써 협의 성립의 확인이 있었던 것으로 간주되면, 토지보상법 제29조 제4항에 따라 그에 관한 재결이 있었던 것으로 재차 의제되고, 그에 따라 사업시행자는 사법상 매매의 효력만을 갖는 협의취득과는 달리 그 확인대상 토지를 수용재결의 경우와 동일하게 원시취득하는 효과를 누리게 된다. (3) 토지보상법 제29조 제3항에 따른 협의 성립의 확인 신청에 필요한 동의의 주체인 토지소유자는 협의 대상이 되는 '토지의 진정한 소유자'를 의미한다고 보아야 한다. (4) 진정한 토지소유자의 동의가 없었던 이상, 진정한 토지소유자를 확정하는 데 사업시행자의 과실이 있었는지 여부와 무관하게 그 동의의 흠결은 위 수리 행위의 위법사유가 된다. 이에 따라 진정한 토지소유자는 그 수리 행위가 위법함을 주장하여 항고소송으로 취소를 구할 수 있다. (5) 사업시행자가 토지보상법 제29조 제3항에 따라 협의성립 확인 신청을 함에 있어 사업대상지인 토지의 진정한 소유자인 원고의 동의를 받지 아니한 채 등기명의자의 동의만을 받아 신청을 하고 피고가 이를 수리하자 원고가 그 수리처분의 취소를 구한 사안에서, 협의성립확인제도의 취지 등을 고려할 때, 협의성립확인신청에 필요한 토지소유자의 동의는 진정한 토지소유자의 동의일 것을 요하고 사업시행자나 피고가 진정한 소유자를 확정함에 과실이 있는지를 불문하는데도 그와 달리 보아 피고의 처분을 적법하다고 판단한 원심판결을 파기한 사례(대판 2018. 12. 13, 2016두51719[협의성립확인신청수리처분취소청구]).

## Ⅳ. 재결 · 화해의 단계

### 1. 재결의 의의와 성질

토지수용위원회의 재결(수용재결)은 사업시행자로 하여금 토지의 소유권 또는 토지의 사용권을 취득하도록 하고 사업시행자가 지급하여야 하는 손실보상액을 정하는 결정을 말한다. 재결(裁決)은 수용절차를 완결시키는 수용의 최종절차이다.

재결은 일정한 법적 효과를 가져오는 처분으로서 행정행위의 성질을 가진다. 그런데, 재결은 국민의 재산권을 강제로 박탈하는 효과를 가져오므로 보다 전문적이고 공정한 기관에 의해 행해지도록 할 필요가 있다. 그리하여 토지보상법은 토지수용의 재결을 일반 행정기관이 아니라 어느 정도 독립성과 전문성이 보장된 토지수용위원회에 의해 사법절차에 준하는 절차에 의해 행하도록 하고 있다. 그리하여 재결이라는 명칭을 사용하고 있다. 그러나, 수용재결은 행정심판의 재결과는 구별되며 원행정행위에 속한다. 재결은 행정행위이지만 준사법적인 절차에 의해 행해지는 준사법적인 행정행위이다. 따라서, 재결에는 불가변력이 인정된다.

## 2. 신   청

토지수용위원회에 재결을 신청할 수 있는 자는 원칙상 사업시행자에 한정된다.

### (1) 직권에 의한 신청

제26조에 따른 협의가 성립되지 아니하거나 협의를 할 수 없을 때(제26조 제2항 단서에 따른 협의의 요구가 없을 때를 포함한다)에는 사업시행자는 사업인정고시가 된 날부터 1년 이내에 대통령령으로 정하는 바에 따라 관할 토지수용위원회에 재결을 신청할 수 있다(제28조 제1항).

### (2) 청구에 의한 신청

사업인정고시가 된 후 협의가 성립되지 아니하였을 때에는 토지소유자와 관계인은 대통령령으로 정하는 바에 따라 서면으로 사업시행자에게 재결을 신청할 것을 청구할 수 있다(제30조 제1항). 사업시행자는 제1항에 따른 청구를 받았을 때에는 그 청구를 받은 날부터 60일 이내에 대통령령으로 정하는 바에 따라 관할 토지수용위원회에 재결을 신청하여야 한다(제2항).

**[판례]** ① [1] 토지수용사건에서 사업시행자가 손실보상의 대상이 아니라고 보아 지장물에 대한 보상협의절차를 진행하지 아니하거나 거부하는 경우, 토지소유자 등이 공익사업을 위한 토지 등의 취득 및 보상에 관한 법률 제30조에 의하여 사업시행자를 상대로 관할 토지수용위원회에 재결신청을 하도록 청구할 수 있는지 여부(적극): 공익사업을 위한 토지 등의 취득 및 보상에 관한 법률(이하 '공익사업법'이라 한다) 제30조 제1항은 "사업인정고시가 있은 후 협의가 성립되지 아니한 때에는 토지소유자 및 관계인은 대통령령이 정하는 바에 따라 서면으로 사업시행자에게 재결의 신청을 할 것을 청구할 수 있다"고 규정하고 있는바, 위 규정은 재결신청을 청구할 수 있는 경우를 사업시행자와 토지소유자 및 관계인(이하 '토지소유자 등'이라 한다) 사이의 '협의가 성립하지 아니한 때'로 정하고 있을 뿐 손실보상대상에 관한 이견으로 협의가 성립하지 아니한 경우를 제외하는 등 협의가 성립하지 아니한 사유를 제한하고 있지 않은 점, 위와 같이 토지소유자 등에게 재결신청청구권을 부여한 취지는 공익사업에 필요한 토지 등을 수용에 의하여 취득하거나 사용함에 있어 손실보상에 관한 법률관계를 조속히 확정함으로써 공익사업을 효율적으로 수행하고 토지소유자 등의 재산권을 적정하게 보호하기 위함이라고 할 것인데, 손실보상대상에 관한 이견이 있어 손실보상협의가 성립하지 아니하는 경우에도 재결을 통해 손실보상에 관한 법률관계를 조속히 확정할 필요가 있는 점 등에 비추어 볼 때, 공익사업법 제30조 제1항에서의 '협의가 성립되지 아니한 때'라 함은 사업시행자가 토지소유자 등과 사이에 공익사업법 제26조 소정의 협의절차는 거쳤으나 그 보상액 등에 관하여 협의가 성립하지 아니한 경우는 물론 토지소유자 등이 손실보상대상에 해당한다고 주장하며 보상을 요구함에도 불구하고 사업시행자가 손실보상대상에 해당하지 아니한다고 보아 보상대상에서 이를 제외하고 협의를 거치지 않아 결국 협의가 성립하지 않은 경우도 포함한다고 보아야 한다. [2] 지장물에 대한 수용재결신청을 거부하거나 보상협의를 하지 않으면서도 아무런 조치를 취하지 않은 것을 처분(보상제외처분)으로 보고 공익사업법상 재결신청청구제도의 취지에 반하는 것으로서 위법하다고 판단한 사례(대판 2011. 07. 14, 2011두2309[보상제외처분취소 등]).

② 재결이 실효된 이후 사업시행자가 다시 재결을 신청할 경우에는 원칙적으로 다시 보상협의절차를 거칠 필요가 없으므로, 재결실효일부터 60일이 지난 다음에는 지연가산금이 발생한다는 것이 원칙이다. 그러나 사업시행자가 재결실효 후 60일 내에 재결신청을 하지 아니하였지만, 재결실효 후 토지소유자 등과 사업시행자 사이에 보상협의절차를 다시 하기로 합의한 데 따라 그 협의가 진행된 기간 동안은 재결신청을 지연하였다고 볼 수 없고, 따라서 재결신청 지연가산금이 발생하지 않는다(대판 2017. 04. 07, 2017두30825[수용보상금증액등]).

사업시행자가 제2항에 따른 기간을 넘겨서 재결을 신청하였을 때에는 그 지연된 기간에 대하여 「소송촉진 등에 관한 특례법」 제3조에 따른 법정이율을 적용하여 산정한 금액을 관할 토지수용위원회에서 재결한 보상금에 **가산(加算)**하여 지급하여야 한다(동조 제3항).

### 3. 재결기관

국가 또는 시·도가 사업시행자인 사업 및 수용 또는 사용할 토지가 둘 이상의 시·도에 걸쳐 있는 사업에 관한 재결은 중앙토지수용위원회의 관할에 속하고, 그 외의 사업에 관한 재결은 지방토지수용위원회의 관할에 속한다(제51조).

중앙토지수용위원회와 지방토지수용위원회는 독립된 합의제행정청이다.

### 4. 재결의 절차

#### (1) 공고·열람 및 의견진술

토지수용위원회가 재결신청서를 접수하였을 때에는 지체없이 이를 공고(公告)하고 공고한 날부터 14일 이상 관계 서류의 사본을 일반인이 열람할 수 있도록 하여야 한다(제31조 제1항).

토지수용위원회가 위의 공고를 하였을 때에는 관계 서류의 열람기간 중에 토지소유자 또는 관계인은 의견을 제시할 수 있다(제31조 제2항).

#### (2) 심    리

토지수용위원회는 열람기간이 지났을 때에는 지체 없이 해당 신청에 대한 조사 및 심리(審理)를 하여야 한다(제32조 제1항).

토지수용위원회는 심리를 할 때 필요하다고 인정하면 사업시행자, 토지소유자 및 관계인을 출석시켜 그 의견을 진술하게 할 수 있다(제32조 제2항). 토지수용위원회의 심의에 있어 사업시행자·토지소유자·관계인의 출석이나 의견서 또는 자료의 제출이 당사자의 권리가 아니라 토지수용위원회의 결정에 의해 가능하도록 한 것은 재결에 있어서의 적정절차의 보장이라는 측면에서 문제가 있다.

토지수용위원회는 제2항에 따라 사업시행자, 토지소유자 및 관계인을 출석하게 하는 경우에는 사업시행자, 토지소유자 및 관계인에게 미리 그 심리의 일시 및 장소를 통지하여야 한다(제32조 제3항).

### (3) 화해의 권고

토지수용위원회는 그 재결이 있기 전에는 그 위원 3인으로 구성되는 소위원회로 하여금 사업시행자, 토지소유자 및 관계인에게 화해(和解)를 권고(勸告)하게 할 수 있다. 이 경우 소위원회는 위원장이 지명하거나 위원회에서 선임한 위원으로 구성하며, 그 밖에 그 구성에 필요한 사항은 대통령령으로 정한다(제33조 제1항). 제1항에 따른 화해가 성립되었을 때에는 해당 토지수용위원회는 화해조서를 작성하여 화해에 참여한 위원, 사업시행자, 토지소유자 및 관계인이 서명 또는 날인을 하도록 하여야 한다(제33조 제2항).

화해조서에 서명 또는 날인이 된 경우에는 당사자간에 화해조서와 동일한 내용의 합의가 성립된 것으로 본다(제33조 제3항).

### (4) 재 결

#### 1) 재결기간

토지수용위원회는 심리를 시작한 날부터 14일 이내에 재결을 하여야 한다. 다만, 특별한 사유가 있을 때에는 14일의 범위에서 한 차례만 연장할 수 있다(제35조).

#### 2) 재결사항

토지수용위원회의 재결사항은 다음과 같다. ① 수용하거나 사용할 토지의 구역 및 사용방법, ② 손실의 보상, ③ 수용 또는 사용의 개시일과 기간, ④ 그 밖에 토지보상법 및 다른 법률에서 규정한 사항(제50조).

**가. 수용하거나 사용할 토지의 구역 및 사용방법**　　'수용하거나 사용할 토지의 구역'이라 함은 공익사업을 위하여 수용 또는 사용할 토지의 면적을 말한다. '수용하거나 사용할 토지의 구역'의 재결에 의해 '수용하거나 사용할 토지의 구역'이 명확히 특정된다. '수용하거나 사용할 토지의 구역'이 명확히 특정되지 않으면 재결은 위법하다.

특별한 규정이 없는 한 공익사업에 필요한 토지만 수용하여야 한다. 다만, 공익사업을 위해 필요한 부대토지를 사업시행지로 포함하는 것을 허용하는 특별규정을 두는 것은 가능하다.

**[사례]** 공원녹지법은 특별시장·광역시장·특별자치시장·특별자치도지사·시장 또는 군수가 아닌 자(이하 '민간공원추진자'라 한다)가 일정한 경우 국토계획법상의 도시·군계획시설사업 시행자 지정과 실시계획 인가를 받아 도시공원이나 공원시설을 설치·관리할 수 있되, **도시공원 부지에 주**

거시설이나 상업시설 등 비공원시설을 설치할 수 있다는 특례를 두고 있다(제16조, 제21조, 제21조의2, 이하 이에 따라 민간공원추진자가 시행하는 도시공원 또는 공원시설 설치·운영사업을 '민간특례사업'이라 한다). 〈참고〉 공원녹지법에 따르면, 민간공원추진자의 제안을 수용한 행정청의 의무는 그 제안을 공원조성계획의 입안에 반영해야 함에 그치고(제16조 제4항), 공원조성계획 수립·변경은 도시·군관리계획으로 결정해야 한다(제16조의2 제1항). 최종적으로 원고의 사업계획이 좌절되었더라도, 이는 제안을 받아들일 당시부터 예정되어 있던 결과의 하나로 볼 수 있다. 원고로서는 이러한 결과를 충분히 예상할 수 있었다고 봄이 타당하다(대판 2021. 09. 30, 2021두34732).

**나. 손실의 보상**  '손실의 보상'에 있어서는 수용할 토지 및 토지에 관한 소유권 이외의 권리에 대한 보상액, 잔여지수용보상, 공용사용에 대한 수용보상, 사용하는 토지 및 그 토지에 관한 소유권 이외의 권리에 대한 보상금, 이주대책 등이 포함된다.

**다. 수용 또는 사용의 개시일과 기간**  '수용의 개시일'이라 함은 보상금의 지급을 조건으로 권리의 취득·소멸(권리변동)이 일어나는 시기를 말한다. 수용의 개시일은 보상금 지불기한이기도 하기 때문에 확정일로 정하여야 한다.

'사용의 기간'이라 함은 공용사용할 기간을 말한다.

**라. 그 밖의 재결사항**

**(가) 재결의 범위**  토지수용위원회는 사업시행자, 토지소유자 또는 관계인이 신청한 범위에서 재결하여야 한다. 다만, 손실보상에 있어서는 증액재결(增額裁決)을 할 수 있다(제50조 제2항).

**(나) 재결의 형식**  토지수용위원회의 재결은 서면으로 한다(제34조 제1항). 재결서에는 주문 및 그 이유와 재결일을 적고, 위원장 및 회의에 참석한 위원이 기명날인한 후 그 정본(正本)을 사업시행자, 토지소유자 및 관계인에게 송달하여야 한다(제34조 제2항).

**(다) 재결의 경정**  재결에 계산상 또는 기재상의 잘못이나 그 밖에 이와 비슷한 잘못이 있는 것이 명백할 때에는 토지수용위원회는 직권으로 또는 당사자의 신청에 의하여 경정재결(更正裁決)을 할 수 있다(제36조 제1항). 경정재결은 원재결서(原裁決書)의 원본과 정본에 부기하여야 한다. 다만, 정본에 부기할 수 없을 때에는 경정재결의 정본을 작성하여 당사자에게 송달하여야 한다(제36조 제2항).

**(라) 재결의 유탈**  토지수용위원회가 신청의 일부에 대한 재결을 빠뜨린 경우에 그 빠뜨린 부분의 신청은 계속하여 그 토지수용위원회에 계속(係屬)된다(제37조).

**[판례]** (1) 관할 토지수용위원회가 토지에 관하여 사용재결을 하는 경우에는 그 재결서에 사용할 토지의 위치와 면적, 권리자, 손실보상액, 사용 개시일 외에도 사용방법, 사용기간을 구체적으로 특정하여야 한다. (2) 재결서에 사용대상 토지에 관해서도 '수용'한다고만 기재되어 있는 경우 재

결 중 사용대상 토지에 관한 부분은 토지보상법 제50조 제1항이 규정하는 사용재결의 기재사항에 관한 요건을 갖추지 못한 흠이 있다고 보아야 한다고 한 사례(대판 2019. 06. 13, 2018두42641).

## 5. 수용권의 남용과 재결의 효력

수용재결의 요건을 갖춘 경우에도 수용권 남용에 해당하는 경우 수용재결은 위법하다. 사업인정 후 해당 사업이 공익성을 상실하거나 관련 이익이 현저히 비례원칙에 어긋나게 된 경우 또는 사업시행자가 해당 사업을 수행할 의사나 능력을 상실한 경우 그 사업인정에 기하여 수용권을 행사하는 것(수용재결을 하는 것)은 수용권의 남용에 해당하여 위법하다.

**[판례]** [1] 수용권 남용: 공용수용은 헌법상의 재산권 보장의 요청상 불가피한 최소한에 그쳐야 한다는 헌법 제23조의 근본취지에 비추어 볼 때, 사업시행자가 사업인정을 받은 후 그 사업이 공용수용을 할 만한 공익성을 상실하거나 사업인정에 관련된 자들의 이익이 현저히 비례의 원칙에 어긋나게 된 경우 또는 사업시행자가 해당 공익사업을 수행할 의사나 능력을 상실하였음에도 여전히 그 사업인정에 기하여 수용권을 행사하는 것은 수용권의 공익 목적에 반하는 수용권의 남용에 해당하여 허용되지 않는다. [2] 사업인정을 받은 이후 재정상황의 악화 등의 사유로 수용재결 당시 사업을 수행할 능력을 상실한 상태에 있었다고 볼 여지가 있고, 그럼에도 불구하고 수용재결을 신청하여 그 재결을 받은 것은 수용권의 남용에 해당한다고 볼 여지가 있다고 한 사례(대판 2011. 01. 27, 2009두1051[토지수용재결처분취소]). 〈해설〉 사업시행자가 사업인정을 받은 후 그 사업이 공용수용을 할 만한 공익성을 상실하거나 사업인정에 관련된 자들의 이익이 현저히 비례의 원칙에 어긋나게 된 것 또는 사업시행자가 해당 공익사업을 수행할 의사나 능력을 상실한 것은 사업인정의 철회사유가 되기도 한다. 판례는 사업인정의 하자(위법)의 수용재결에 대한 승계를 여전히 인정하지 않고 있다.

## 6. 재결의 실효

사업시행자가 수용 또는 사용의 개시일까지 관할 토지수용위원회가 재결한 보상금을 지급하거나 공탁하지 아니하였을 때에는 해당 토지수용위원회의 재결은 효력을 상실한다(제42조 제1항). 이 경우 재결의 실효로 토지소유자 또는 관계인이 손실을 입은 경우 사업시행자는 그 손실을 보상하여야 한다(제42조 제2항).

## 7. 재결의 효과

### (1) 수용의 효과(권리취득)

재결의 효과로서 일정한 조건하에 수용의 효과 즉 권리취득의 효과가 발생한다. 즉, 사업시행자는 수용의 개시일에 토지나 물건의 소유권을 취득하며, 그 토지나 물건에 관한 다른 권리는 이와 동시에 소멸한다(제45조 제1항). 수용의 개시일이라 함은 토지수용위원회가 재결로 정한 수용의 효과가 발생하는 날이다. 수용의 개시일까지

보상을 지급하거나 공탁하지 않으면 재결은 실효되므로 보상금의 지급 또는 공탁이 있어야 한다. 수용에 의한 사업시행자의 권리취득은 토지소유자와 사업시행자 사이의 법률행위에 의한 승계취득이 아니라, 법률의 규정에 의한 원시취득이다. 수용에 의한 사업시행자의 권리취득에는 등기를 요하지 않는다(민법 제187조 본문). 그러나, 취득한 소유권을 타인에게 처분하기 위하여는 등기하여야 한다(민법 제187조 단서). 또한, 권리취득의 시기에 토지소유권을 취득하였다는 것을 등기하여야 제3자에게 대항할 수 있다고 보아야 한다. 왜냐하면 소유권의 취득과 대항력의 문제는 별개의 문제이고, 취득하는 것은 민법상의 소유권이기 때문이다.

**[판례]** 토지수용법 등에 의한 토지수용의 경우 기업자(사업시행자)가 과실없이 진정한 토지소유자를 알지 못하여 등기부상 소유명의자를 토지소유자로 보고 그를 피수용자로 하여 수용절차를 마쳤다면 그 수용의 효과를 부인할 수 없으며 수용목적물의 소유자가 누구임을 막론하고 이미 가지고 있던 소유권은 소멸함과 동시에 기업자가 그 권리를 원시취득하며 기업자나 중앙토지수용위원회가 수용토지의 소유자가 따로이 있음을 알수 있음에도 과실로 인하여 타인의 소유로 다루고 실체적 소유권자의 참여없이 수용절차가 이루어진 것은 위법이라 하더라도 그 사유만으로 이미 이루어진 수용재결이 당연무효라고는 할 수 없다(대판 1991. 11. 12, 91다27617).

사업시행자는 사용의 개시일에 토지나 물건의 사용권을 취득하며, 그 토지나 물건에 관한 다른 권리는 사용의 기간중에는 이를 행사하지 못한다(제45조 제2항).
다만, 토지수용위원회의 재결로 인정된 권리는 제1항 및 제2항에도 불구하고 소멸되거나 그 행사가 정지되지 아니한다(제45조 제3항).
현행 토지보상법은 수용하는 토지 위의 건축물 등 물건은 그 물건이 공익사업에 필요하여 수용하는 경우(예, 토지보상법 제75조 제1항 단서 제3호)를 제외하고는 수용하지 않는 것, 달리 말하면 그 물건을 **지장물**(공익사업에 필요하지 않은 물건)로 보고 그 물건에 대한 권리취득의 효과가 발생하지 않는 것으로 규정하고 있다. 이에 대하여 사업시행자가 토지를 수용하면서 그 지상 건축물에 대한 '취득가격'을 보상하는 경우 그 지장물도 수용할 수 있는 것으로 보아야 한다는 견해(김건우, 공용수용절차에서 지장물인 건축물의 보상과 소유권 취득, 행정법연구, 2021.8, 65면 이하)가 있다.

### (2) 손실보상청구권
토지보상법상 명문의 규정은 없지만 재결의 효과로서 피수용자인 토지소유자 및 관계인은 손실보상청구권(損失補償請求權)을 취득한다.
손실보상의 대상인지 여부는 토지소유자와 관계인, 일반인이 특정한 지역에서 공익사업이 시행되리라는 점을 알았을 때를 기준으로 판단하여야 한다.

**[판례]** [산업단지개발사업에 따른 손실보상대상 기준시점에 관한 사건] (1) 산업입지법에 따른

산업단지개발사업의 경우 "수용·사용할 토지·건축물 또는 그 밖의 물건이나 권리가 있는 경우에는 그 세부 목록"이 포함된 산업단지개발계획을 수립하여 산업단지를 지정·고시한 때에 토지소유자와 관계인, 일반인이 특정한 지역에서 해당 산업단지개발사업이 시행되리라는 점을 알게 되므로 산업단지지정고시일을 손실보상 여부 판단의 기준시점으로 보아야 하고, 그 후 실시계획 승인고시를 하면서 지형도면을 고시한 때를 기준으로 판단하여서는 아니 된다. (2) 원고가 산업입지법에 따른 산업단지개발사업이 실시됨을 이유로 영업손실보상을 청구하였는데, 피고가 원고의 사업이 산업단지 지정·고시일 이후에 사업자등록이 되었음을 이유로 거부한 사안에서, 영업손실보상 대상 여부는 산업단지 지정·고시일이 아니라 실시계획 승인·고시를 하면서 지형도면을 고시한 때를 기준으로 하여야 한다는 이유로 원고의 청구를 인용한 원심판결을 파기한 사례 (대판 2019. 12. 12, 2019두47629).

사업시행자는 천재·지변시의 토지의 사용 또는 시급을 요하는 토지의 사용의 경우를 제외하고는 수용 또는 사용의 개시일(토지수용위원회가 재결로써 결정한 수용 또는 사용을 개시하는 날을 말한다)까지 관할 토지수용위원회가 재결한 보상금을 지급하여야 한다(제40조 제1항).

그러나, 사업시행자는 다음의 1에 해당할 때에는 수용 또는 사용의 개시일까지 수용 또는 사용하려는 토지 등의 소재지의 공탁소에 보상금을 공탁할 수 있다. ① 보상금을 받을 자가 그 수령을 거부하거나 보상금을 수령할 수 없을 때, ② 사업시행자의 과실 없이 보상금을 받을 자를 알 수 없을 때, ③ 관할 토지수용위원회가 재결한 보상금에 대하여 사업시행자가 불복할 때, ④ 압류 또는 가압류에 의하여 보상금의 지급이 금지되었을 때(제40조 제2항). 다만, 사업시행자는 위 ③의 경우 보상금을 받을 자에게 자기가 산정한 보상금을 지급하고 그 금액과 토지수용위원회가 재결한 보상금과의 차액을 공탁하여야 한다. 이 경우 보상금을 받을 자는 그 불복의 절차가 종결될 때까지 공탁된 보상금을 수령할 수 없다(제40조 제4항).

사업인정고시가 된 후 권리의 변동이 있을 때에는 그 권리를 승계한 자가 보상금 또는 공탁금을 받는다(제40조 제3항).

[판례] ① 정당한 공탁금수령권자가 공탁금 출급을 거절당한 경우 공탁자를 상대로 공탁금출급권의 확인을 구하는 소송을 제기할 이익이 있다(대판 2007. 02. 09, 2006다68650, 68667(병합)[소유권확인 등]). ② [1] 이의신청 및 소송의 계속 중에 이의를 보류하지 아니하고 한 토지수용보상금 공탁금의 수령의 효과: 기업자가 토지수용법 제61조 제2항 제1호에 의하여 토지수용위원회가 재결한 토지수용보상금을 공탁한 경우에 그 공탁은 기업자가 토지소유자에 대하여 부담하는 토지수용에 따른 보상금 지급의무의 이행을 위한 것으로서 민법상 변제공탁과 다를 바 없으므로 토지소유자가 아무런 이의를 유보함이 없이 공탁금을 수령하였다면 토지소유자는 토지수용위원회의 재결에 승복하여 그 공탁의 취지에 따라 보상금을 수령한 것이라고 봄이 상당하므로 이로써 기업자의 보상금 지급의무가 확정적으로 소멸하는 것이고, 토지소유자가 위 재결에 대하여 이의신청을 제기하거나 소송을 제기하고 있는 중이라고 할지라도 그 쟁송중에 보상금 일부의 수령이라는등 유보의 의사

표시를 함이 없이 공탁금을 수령한 이상, 이는 종전의 수령거절 의사를 철회하고 재결에 승복하여 공탁한 취지대로 보상금 전액을 수령한 것이라고 볼 수 밖에 없음은 마찬가지이며, 공탁금 수령당시 이의신청이나 소송이 계속중이라는 사실만으로 공탁금 수령에 관한 이의유보의 의사표시가 있는 것과 같이 볼 수는 없다. [2] 공탁된 토지수용보상금의 수령에 관한 이의유보 의사표시의 상대방: 공탁된 토지수용보상금의 수령에 관한 이의유보의 의사표시는 그 공탁원인에 승복하여 공탁금을 수령하는 것임이 아님을 분명히 함으로써 공탁한 취지대로 채권소멸의 효과가 발생함을 방지하고자 하는 것이므로, 그 의사표시의 상대방은 반드시 공탁공무원에 국한할 필요가 없고 보상금 지급의무자인 기업자에 대하여 이의유보의 의사표시를 하는 것도 가하다고 할 것이나, 이 사건에서 국립원호병원의 토지수용담당 주무과장이 기업자인 원호처장을 위하여 공탁금 수령에 관한 의사표시를 수령할 권한 있는 자라고 인정할 만한 자료가 없으니 원고가 공탁금 수령 전에 위 주무과장에게 보상금의 일부 수령이라는 뜻을 밝힌 사실만으로는 기업자에 대한 이의유보의 의사표시가 있었던 것이라고 단정하기는 어렵다고 할 것이다(대판 전원합의체 1982. 11. 09, 82누197[토지수용재결처분취소]).

### (3) 수용목적물의 인도·이전의무

토지소유자 및 관계인과 그 밖에 토지소유자나 관계인에 포함되지 아니하는 자로서 수용하거나 사용할 토지나 그 토지에 있는 물건에 관한 권리를 가진 자는 수용 또는 사용의 개시일까지 그 토지나 물건을 사업시행자에게 인도하거나 이전하여야 한다(제43조).

피수용자는 수용목적물의 인도·이전의무가 있을 뿐 토지상의 건물 등 물건을 철거하여야 할 의무는 없다.

[판례] 수용재결의 효과로서 수용에 의한 사업시행자의 토지소유권취득은 원시취득이므로 토지소유자가 구 토지수용법 제63조(현행 토지보상법 제43조)의 규정에 의하여 부담하는 토지의 인도의무에는 수용목적물에 숨은 하자가 있는 경우에도 하자담보책임이 포함되지 아니하여 토지소유자는 수용시기까지 수용대상 토지를 현존 상태 그대로 사업시행자에게 인도할 의무가 있을 뿐이다 (대판 2001. 01. 16, 98다58511).

그러나, 목적물의 인도·이전이 없는 경우에도 보상금이 지급되고 수용의 개시일이 도래한 경우 사업시행자는 목적물에 대한 권리를 취득한다고 보는 것이 타당하다.10) 이를 이유로 목적물의 인도·이전과 보상금의 지급이 동시이행의 관계에 있지 않다고 보는 견해11)가 있다. 그러나, 목적물의 인도·이전과 보상금의 지급 또는 공탁은 동시이행의 관계에 있는가 하는 문제와 목적물의 인도·이전 없이 보상금의 지급으로 수용의 개시일에 수용의 효과가 발생하는가 하는 문제는 별개의 문제이다.

---

10) 사업시행자가 보상금을 지급하거나 공탁하고 피수용자가 목적물을 인도 또는 이전할 때 수용의 효과가 발생한다는 견해도 있다(유해웅, 336면).
11) 김남진·박상희, 163면.

목적물의 인도·이전과 보상금의 지급 또는 공탁은 동시이행의 관계에 있다고 보아야 한다.

**[판례]** ① (1) 재결신청에 포함되어 심리·판단된 영업보상 항목에 관하여 수용재결에서 정한 손실 보상금을 수용개시일까지 모두 지급하거나 공탁하였다면 이로써 토지보상법에 따른 영업보상 관련 손실보상은 완료되었다고 보아야 하므로, 사업시행자의 **부동산 인도청구**에 대하여 세입자 등은 영업손실보상금 일부 미지급을 이유로 **이를 거절할 수는 없다** 할 것이다(대판 2021. 06. 30, 2019다 207813; 대판 2021. 11. 11, 2020다217083).
② 토지보상법에 따른 재결을 거쳐 보상금이 지급 또는 공탁됨으로써 손실보상이 완료되었는지 여부는 **보상항목별로 판단하여야** 한다(대판 2021. 11. 11, 2020다217083).

## (4) 지장물의 인도 및 철거

지장물(공익사업시행지구내의 토지에 정착한 건축물·공작물·시설·입목·죽목 및 농작물 그 밖의 물건 중에서 당해 공익사업의 수행을 위하여 직접 필요하지 아니한 물건)은 토지보상법 제75조에 따라 원칙상 이전비를 지급하고 이전시키는 것이 원칙인데, 1. 건축물등을 이전하기 어렵거나 그 이전으로 인하여 건축물등을 종래의 목적대로 사용할 수 없게 된 경우, 2. 건축물등의 이전비가 그 물건의 가격을 넘는 경우에는 해당 물건의 가격 으로 보상하여야 한다.

지장물은 공익사업상 필요하지 않은 물건으로서 공익사업을 위해 제거되어야 하는데, 지장물에 대한 소유자 등이 이전하거나 소유자 등 또는 지장물을 인도받은 사업시행자가 철거하여야 한다(토지보상법 제43조 참조).

사업시행자가 지장물에 관하여 토지보상법 제75조 제1항 단서 제2호에 따라 지 장물의 가격으로 보상한 경우(이전비보상이 아니라 가격보상을 한 경우) 수용의 절차를 거 치지 아니한 이상 사업시행자가 그 보상만으로 당해 물건의 소유권까지 취득한다고 보기는 어렵지만(대판 2022. 11. 17, 2022다253243), 특별한 사정이 없는 한 지장물의 소 유자는 사업시행자에게 지장물을 인도할 의무가 있다(대판 2022. 11. 17, 2022다242342).

사업시행자는 그 지장물의 소유자가 같은 법 시행규칙 제33조 제4항 단서에 따 라 스스로의 비용으로 철거하겠다고 하는 등의 특별한 사정이 없는 한 지장물의 소 유자에 대하여 그 철거 및 토지의 인도를 요구할 수 없고 자신의 비용으로 직접 이 를 제거할 수 있을 뿐이며, 이러한 경우 지장물의 소유자로서도 사업시행에 방해가 되지 않는 상당한 기한 내에 위 시행규칙 제33조 제4항 단서에 따라 스스로 위 지장 물 또는 그 구성부분을 이전해 가지 않은 이상 사업시행자의 지장물 제거와 그 과정 에서 발생하는 물건의 가치 상실을 수인하여야 할 지위에 있다(대판 2019. 04. 11, 2018 다277419).

[판례] ① 택지개발사업자인 甲 지방공사가 골재 등 지장물에 관한 보상협의가 이루어지지 않자 중앙토지수용위원회에 수용재결을 신청하여 구 공익사업을 위한 토지 등의 취득 및 보상에 관한 법률(2007. 10. 17. 법률 제8665호로 개정되기 전의 것, 이하 '법'이라 한다) 제75조 제1항 단서 제2호에 따라 골재 가격을 손실보상금으로 하는 취지의 재결을 받고, 골재 소유자가 乙 주식회사와 丙 중 누구인지 불분명하다는 이유로 손실보상금을 공탁한 다음, 乙 회사 및 丙과 골재를 甲 공사 비용으로 임시장소로 이전해 두기로 합의하였는데, 그 후 골재를 폐기하거나 사용하여 모두 멸실시킨 사안에서, 골재 이전비가 골재 가격인 취득가를 넘는다는 이유로 골재 가격으로 보상금을 정하는 내용의 중앙토지수용위원회 재결이 내려져 그대로 확정된 이상, 甲 공사는 재결에 따른 보상금의 공탁으로 사업시행구역 내 골재를 자신의 비용으로 제거할 수 있는 권한과 부담을 동시에 갖게 되었고, 골재 소유자인 乙 회사도 지장물 이전의무를 면하는 대신 甲 공사의 지장물 제거를 수인하여야 할 지위에 있으므로, 甲 공사가 위 합의 후 골재를 사업시행에 지장이 되지 않도록 제거하고 그 과정에서 골재가 산일(散逸)되어 회복할 수 없게 되었다 하더라도 甲 공사의 지장물 제거행위를 합의에 위배되는 것이라거나 乙 회사의 소유권을 침해하는 위법한 행위라고 평가할 수 없고, 골재에 대한 인도의무를 면하는 대신 위와 같은 甲 공사의 행위를 수인하여야 할 지위에 있게 된 乙 회사에 대하여 골재 멸실로 인한 손해배상책임을 지게 된다고 볼 수 없는데도, 이와 달리 본 원심판결에 법상 지장물의 보상에 따른 효과에 관한 법리오해의 위법이 있다고 한 사례(대판 2012. 04. 13, 2010다94960[손해배상]).

② 사업시행자는 수목의 소유자가 사업시행에 방해가 되지 않는 상당한 기한 내에 토지보상법 시행규칙 제37조 제5항 단서에 따라 수목을 처분할 목적으로 벌채하기로 하는 등의 특별한 사정이 없는 한 자신의 비용으로 직접 이를 벌채할 수 있다. 이러한 경우 수목의 소유자로서도 사업시행자의 수목 벌채와 그 과정에서 발생하는 물건의 가치 상실을 수인하여야 할 지위에 있다. 따라서 사업시행자가 토지보상법 제75조 제1항 단서 제1호에 따라 수목의 가격으로 보상하였으나 수목을 협의 또는 수용에 의하여 취득하지 않은 경우, 수목의 소유자는 특별한 사정이 없는 한 토지보상법 제43조에 의한 지장물의 이전의무를 부담하지 않고, 사업시행자는 수목의 소유자에게 수목의 이전 또는 벌채를 요구할 수 없다(대판 2015. 04. 23, 2014도15607).

③ [1] 사업시행자는 사업시행구역 내 위치한 지장물에 대하여 스스로의 비용으로 이를 제거할 수 있는 권한과 부담을 동시에 갖는다. [2] 철도건설사업 시행자인 갑 공단이 을 소유의 건물 등 지장물에 관하여 중앙토지수용위원회의 수용재결에 따라 건물 등의 가격 및 이전보상금을 공탁한 다음 을이 공탁금을 출급하자 위 건물의 일부를 철거하였고, 을은 위 건물 중 철거되지 않은 나머지 부분을 계속 사용하고 있었는데, 그 후 병 재개발정비사업조합이 위 건물을 다시 수용하면서 수용보상금 중 위 건물 등에 관한 설치이전비용 상당액을 병 조합과 을 사이에 성립한 조정에 따라 피공탁자를 갑 공단 또는 을로 하여 채권자불확지 공탁을 한 사안에서, 사업시행자인 갑 공단은 수용재결에 따라 위 건물에 관한 이전보상금을 지급함으로써 위 건물을 철거·제거할 권한을 가지게 되었으므로 공익사업을 위한 토지 등의 취득 및 보상에 관한 법률상 보상 대상이 되는 '기타 토지에 정착한 물건에 대한 소유권 그 밖의 권리를 가진 관계인'에 해당하고, 을은 갑 공단으로부터 공익사업의 시행을 위하여 지장물 가격보상을 받음으로써 사업시행자인 갑 공단의 위 건물 철거·제거를 수인할 지위에 있을 뿐이므로, 병 조합에 대한 지장물 보상청구권은 을이 아니라 위 건물에 대한 가격보상 완료 후 이를 인도받아 철거할 권리를 보유한 갑 공단에 귀속된다고 보아야 하는데도, 위 건물의 소유권이 을에게 있다는 이유만으로 공탁금출급청구권이 을에게 귀속된다고 본 원심판단에는 법리오해의 잘못이 있다고 한 사례(대판 2019. 04. 11, 2018다277419[공탁금출급청구권확인]).

## (5) 위험부담의 이전

토지나 물건의 멸실 또는 훼손으로 인한 손실은 당해 토지나 건물의 소유자가 부담하는 것이 원칙이다. 그러나, 토지수용위원회의 재결이 있은 후 수용 또는 사용할 토지나 물건이 토지소유자 또는 관계인의 고의나 과실 없이 멸실되거나 훼손된 경우 그로 인한 손실은 사업시행자가 부담한다(제46조).

## (6) 환매권의 발생

후술하는 바와 같이 수용시에 환매권(還買權)이 발생한다.

## (7) 수용목적물의 인도·이전의 대행 및 대집행

피수용자인 토지소유자 및 관계인이 토지나 물건의 인도·이전의무를 이행하지 않는 경우 그 이행을 확보하기 위하여 대행(代行) 및 대집행(代執行)제도를 두고 있다.

### 1) 인도 또는 이전의 대행

특별자치도지사, 시장·군수 또는 구청장은 다음의 1에 해당하는 때에는 사업시행자의 청구에 의하여 토지나 물건의 인도 또는 이전을 대행(代行)하여야 한다: ① 토지나 물건을 인도하거나 이전하여야 할 자가 고의나 과실 없이 그 의무를 이행할 수 없을 때, ② 사업시행자가 과실 없이 토지나 물건을 인도 또는 이전하여야 할 의무가 있는 자를 알 수 없을 때(제44조 제1항).

특별자치도지사, 시장·군수 또는 구청장이 토지나 물건의 인도 또는 이전을 대행하는 경우 그로 인한 비용은 그 의무자가 부담한다(제44조 제2항). 특별자치도지사, 시장·군수 또는 구청장은 의무자가 그 비용을 내지 아니할 때에는 지방세 체납처분의 예에 따라 징수할 수 있다(제90조).

### 2) 대집행

토지보상법 또는 그 법에 의한 처분으로 인한 의무를 이행하여야 할 자가 그 정하여진 기간 내에 의무를 이행하지 아니하거나 완료하기 어려운 경우 또는 그로 하여금 그 의무를 이행하게 하는 것이 현저히 공익을 해친다고 인정되는 사유가 있는 경우에는 사업시행자는 시·도지사나 시장·군수 또는 구청장에게 행정대집행법에서 정하는 바에 따라 대집행(代執行)을 신청할 수 있다. 이 경우 신청을 받은 시·도지사나 시장·군수 또는 구청장은 정당한 사유가 없으면 이에 따라야 한다(제89조 제1항). 사업시행자가 국가 또는 지방자치단체인 경우에는 행정대집행법에서 정하는 바에 따라 직접 대집행을 할 수 있다(제89조 제2항).

**가. 대집행권자** 토지보상법은 토지수용에 따른 대집행의 권한을 원칙상 시·도지사나 시장·군수 또는 구청장에게 부여하고(제89조 제1항), 사업시행자가 국가 또

는 지방자치단체인 경우에는 직접 대집행을 할 수 있는 것으로 규정하고 있다(제2항). 대집행은 원칙상 국가사무이며 토지보상법 제89조 제1항에 의해 대집행권한이 시·도지사나 시장·군수 또는 구청장에게 기관위임된 것으로 보아야 한다. 토지보상법 제89조 제2항은 사업시행자가 국가인 경우에는 대집행권한을 사업시행자인 국가에게 부여하고, 사업시행자가 지방자치단체인 경우에는 본래 국가의 권한인 대집행권을 사업시행자인 지방자치단체에게 위탁하고 있는 것으로 보아야 한다.

사업시행자가 국가 또는 지방자치단체인 경우에는 시·도지사나 시장·군수 또는 구청장에게 대집행을 신청하거나 직접 대집행할 수 있고, 사업시행자가 국가 또는 지방자치단체가 아닌 경우에는 직접 대집행할 수는 없고 시·도지사나 시장·군수 또는 구청장에게 대집행을 신청하여야 한다.

토지보상법 제89조에는 제3자에게 대집행하게 할 수 있다는 규정이 없다. 따라서, 시장 등이 스스로 대집행하여야 하며 제3자(사업시행자 포함)에게 대집행하게 할 수 없다고 보는 견해도 있을 수 있다. 그러나, 행정대집행법상 대집행의 경우 대집행기관은 스스로 대집행하거나 제3자로 하여금 대집행하도록 할 수 있으므로 토지보상법 제89조에 의한 대집행에 있어서도 제3자로 하여금 대집행하도록 할 수 있다고 해석하는 것이 타당하다.

### 나. 수용 목적물인 토지나 물건의 인도 또는 이전의무 불이행에 대한 대집행

토지보상법 제89조는 수용 목적물인 토지나 물건의 인도 또는 이전에 관한 대집행을 규정하고 있는데, 이 규정을 토지의 인도나 이전에 대하여 대집행을 인정한 특별규정으로 보아야 하는지에 관하여 견해가 대립하고 있다.

(가) 부정설    이 견해는 토지나 물건의 인도·이전의무는 원칙상 비대체적 작위의무이므로 행정대집행법상의 대집행의 대상이 되지 않고, 따라서 토지나 물건의 인도나 이전의무의 이행에 토지보상법 제89조에 의한 대집행이 불가능하다고 해석하여야 한다고 보는 견해이다. 또한, 토지보상법령상 피수용자는 건물의 철거의무는 없다는 것에도 근거한다. 부정설에 따르면 물건의 인도 또는 이전에 관한 대집행(계고처분, 대집행영장의 통지처분 및 대집행 실행처분)은 위법하다.

그러나, 이렇게 해석하는 것은 토지보상법 제89조를 유명무실하게 만드는 것이므로 토지나 물건의 인도·이전의무가 비대체적 작위의무이기는 하지만 토지보상법 제89조에 의해 예외적으로 대집행이 가능한 것으로 규정한 것으로 해석하여야 할 것이다.

(나) 긍정설    이 견해는 토지 및 건물의 이전의무는 대체적 작위의무로서 대집행의 대상이 되고, 토지 및 건물의 인도의무는 비대체적인 작위의무로서 원칙상

토지나 가옥의 인도의무불이행은 대집행의 대상에 해당하지 않으나 토지보상법 제89조 제1항은 예외적으로 대집행을 인정한 규정이라는 견해(김용섭, 대집행에 관한 법적 고찰, 행정법연구 제4호, 1999, 132면; 서울행정법원, 행정재판실무편람(Ⅱ), 414면 이하)이다. 이 견해에 대해서는 토지 및 건물의 인도의무에 대한 대집행은 실질은 직접강제의 일종이고, 비대체적 작위의무에 대해서는 성질상 직접강제를 인정해야 하고 대집행을 인정해서는 안 된다는 비판이 가능하다.

또한, 보상금의 지급 등에 의해 사업자가 토지 등의 소유권을 취득한 경우에는 토지 위의 건축물 등을 철거함으로써 인도가 된 것으로 파악할 수 있으므로 대집행이 가능하다고 볼 수 있다는 견해도 있다.12) 다만, 이에 대하여는 피수용자는 비대체적 작위의무인 건물의 인도·이전의무가 있을 뿐 대체적 작위의무인 건물의 철거의무는 없고, 건축물의 철거를 위해서는 건축물 내에 있는 물건을 치워야 하는 등 건축물 안에 거주하는 자의 점유를 배제하는 것을 포함하므로 대집행이 가능한 것으로 볼 수 없다는 비판이 가능하다.

또한, 피수용자는 수용목적물의 인도·이전의무가 있는데, 건물의 인도 즉 명도는 비대체적 작위의무인 반면에 건물이나 지장물의 이전의무는 실질적으로는 철거의무 또는 퇴거의무로서 대체적인 작위의무이므로 건물이나 지장물의 이전의무의 불이행에 대해서는 대집행이 가능하다는 견해도 있다.

(다) 부분 긍정설　　이 견해는 인도의 대상인 토지·물건을 신체로써 점유하고 있는가, 존치물건으로 점유하고 있는가를 기준으로 전자의 경우에는 직접강제에 속하고 대집행을 할 수 없지만, 후자의 경우에는 대집행을 할 수 있는 것으로 규정한 것이라는 견해이다.13) 이 견해에 대하여는 물건을 반출하는 것도 물건에 대한 점유를 배제하는 것이므로 이론상 대집행의 대상이 될 수 없다는 비판이 가능하다.

(라) 판　례　　판례는 인도의무불이행에 대한 대집행을 부정하고, 민사상 명도단행가처분을 인정하고 있다.

[판례] 토지보상법 제43조, 제44조 및 89조 규정에서의 '인도'에는 명도도 포함되는 것으로 보아야 하고, 이러한 명도의무는 그것을 강제적으로 실현하면서 직접적인 실력행사가 필요한 것이지 대체적 작위의무라고 볼 수 없으므로 특별한 사정이 없는 한 행정대집행법에 의한 **대집행의 대상**이 될 수 있는 것이 아니다(대판 1998. 10. 23, 97누157 참조). 그리고 구 토지수용법 제63조의 규정에 따라 피수용자 등이 기업자에 대하여 부담하는 수용대상토지의 인도 또는 그 지장물의 명도의무 등이 비록 공법상의 법률관계라고 하더라도, 그 권리(구 토지수용법 제63조(현행 토지보상법 제43조)에 의하여 발생한 수용목적물 명도청구권)를 피보전권리로 하는 **명도단행가처분**은 그 권리에 끼칠

---

12) 이상덕, "행정대집행과 민사소송의 관계에 대한 평석," 『재판실무연구』, 2009. 1, 472면.
13) 박윤흔, 508~509면.

현저한 손해를 피하거나 급박한 위험을 방지하기 위하여 또는 그 밖의 필요한 이유가 있을 경우에는 허용될 수 있다고 보아야 한다(대판 2005. 08. 19, 2004다2809).

(마) 결어(긍정설)      토지보상법 제89조는 수용 목적물인 토지나 물건의 인도 또는 이전에 대한 대집행을 명문으로 인정하고 있으므로 대집행이 가능한 것으로 보아야 한다. 다만, 이 경우의 대집행은 실질적으로는 직접강제라고 보아야 한다. 토지보상법 제89조의 대집행을 직접강제가 아닌 대집행으로 본다면 토지나 물건의 인도는 비대체적 작위의무이므로 대집행의 대상이 되지 않지만, 토지나 물건의 이전의무는 대체적 작위의무이므로 대집행의 대상이 된다고 볼 수 있다. 최근 판례는 전술한 바와 같이(대집행 참조) 건물철거의무에 퇴거의무도 포함된다고 보고, 퇴거의무를 대집행의 대상이 되는 것으로 본다(대판 2017. 04. 28, 2016다213916). **입법론**으로는 지장물에 대한 직접강제(패쇄) 및 대집행(철거)이 가능한 것으로 명문으로 규정하거나 지장물이 수용되지 않아 지장물에 대한 점유권이 인정되고, 점유권이 인정되는 건축물에 대한 대집행이 불가한 점을 고려하여 지장물에 대한 수용이 있으면 지장물에 대한 점유권도 상실되고 지장물인 건축물 철거에 대한 법상 장애가 제거되므로 일정한 요건하에 지장물에 대한 수용보상이 가능한 것으로 입법할 필요가 있다.

또한, 강제적인 토지·건물의 인도·이전은 비례의 원칙을 위반하여서는 아니 된다. 예를 들면, 공익사업의 시행이 시급하지 않음에도 한 겨울에 무주택자의 토지·건물을 강제로 인도·이전받는 것은 비례의 원칙에 반한다.

## V. 사업인정과 수용재결의 관계

사업인정과 수용재결은 한편으로 상호 독립된 별개의 행위이면서 다른 한편으로는 공익사업에 필요한 토지를 취득하는 것을 목적으로 하는 일련의 수용절차를 이룬다. 그리하여 사업인정과 수용재결 사이에는 다음과 같은 문제가 제기된다.

### 1. 사업인정의 구속력

사업인정의 판단, 즉 사업의 공공필요성에 대한 판단은 토지수용위원회를 구속한다. 따라서, 토지수용위원회는 사업인정에 반하는 재결을 할 수 없다.

또한, 토지수용위원회는 행정쟁송에 의하여 사업인정이 취소되지 않는 한 그 기능상 사업인정 자체를 무의미하게 하는, 즉 사업의 시행이 불가능하게 되는 것과 같은 재결을 행할 수는 없다.

**[판례]** 구 토지수용법은 수용·사용의 일차 단계인 사업인정에 속하는 부분은 사업의 공익성 판단으로 사업인정기관에 일임하고, 그 이후의 구체적인 수용·사용의 결정은 토지수용위원회에 맡기고 있는바, 이와 같은 토지수용절차의 2분화 및 사업인정의 성격과 토지수용위원회의 재결사항을 열거하고 있는 같은 법 제29조 제2항의 규정 내용에 비추어 볼 때, 토지수용위원회는 행정쟁송에 의하여 사업인정이 취소되지 않는 한 그 기능상 사업인정 자체를 무의미하게 하는, 즉 사업의 시행이 불가능하게 되는 것과 같은 재결을 행할 수는 없다(대판 1994. 11. 11, 93누19375[토지수용재결처분취소]: 대판 2007. 01. 11, 2004두8538[토지수용이의재결처분취소]: 지방토지수용위원회로서는 이 사건 도시계획시설사업 실시계획인가(이 인가로 사업인정이 의제됨)를 무의미하게 하고 이 사건 수용목적사업인 폐기물처리시설의 집단화를 불가능하게 하는 처분, 즉 원고의 이 사건 토지 수용신청 자체를 기각하는 내용의 재결은 할 수 없다고 한 사례).

## 2. 수용재결에 대한 취소쟁송의 제기와 사업인정에 대한 행정쟁송의 소의 이익

사업인정에 대해 취소소송이 제기된 후에 수용재결에 대해 취소소송이 제기된 경우에 사업인정에 대한 취소소송의 소의 이익이 있는가. 사업인정과 수용재결은 행위의 요건과 효과가 다르므로 각 소송에서 주장되는 위법사유가 다를 것이므로 수용재결에 대한 취소소송이 제기되었다고 하더라도 사업인정의 취소를 구할 소의 이익은 소멸하지 않는다고 보아야 할 것이다.

## 3. 하자의 승계

사업인정의 하자가 수용재결에 승계되는가. 달리 말하면 수용재결에 대한 취소소송에서 사업인정의 위법을 취소사유로 주장할 수 있는가.

### (1) 부정설

이 견해는 사업인정과 수용재결은 별개의 법적 효과를 가져오는 별개의 행위이므로 사업인정의 위법은 수용재결에 승계되지 않는다고 한다. 이 견해가 다수설이며 판례의 입장이다(대판 1993. 06. 29, 91누2342).

**[판례]** 도시계획사업허가의 공고시에 토지세목의 고시를 누락하거나 사업인정을 함에 있어 수용 또는 사용할 토지의 세목을 공시하는 절차를 누락한 경우, 이는 절차상의 위법으로서 수용재결 단계 전의 사업인정 단계에서 다툴 수 있는 취소사유에 해당하기는 하나 더 나아가 그 사업인정 자체를 무효로 할 중대하고 명백한 하자라고 보기는 어렵고, 따라서 이러한 위법을 들어 수용재결처분의 취소를 구하거나 무효확인을 구할 수는 없다(대판 2009. 11. 26, 2009두11607[재결취소처분]).

### (2) 긍정설

수용재결은 사업인정이 있음을 전제로 하고 이와 결합하여 구체적인 법적 효과를 발생시키므로 사업인정의 위법을 수용재결에 대한 쟁송에서 주장할 수 있다고 본다(유해웅, 『신수용보상법론』, 295면).

　　일본의 일부 판례는 다음과 같은 이유로 긍정설을 취한다. ① 사업인정과 수용재결은 양 처분의 주체, 법률요건 및 법률효과가 상이하지만 양 처분은 상호 결합하여 당해 사업에서 필요한 토지의 취득이라는 법적 효과를 완성시키는 일련의 행정행위이고, 토지수용절차에서 법적 효과의 완성은 최종처분인 수용재결에 유보되고 있다. ② 사업인정의 처분성을 인정하여 쟁송의 대상으로 한 것은 국민의 권리이익에 중대한 영향을 미치는 행정행위에 있어서 각 단계에서 쟁송의 기회를 인정함으로써 그 절차를 신중히 하도록 하고 그 절차 및 내용의 적정을 확보하고자 하는 것이므로 하자의 승계를 인정하지 않는 것은 이러한 취지에 반한다.

　　생각건대, 긍정설이 타당하다.

### 4. 기　　타

　　사업인정이 취소되면 수용재결은 실효된다. 그러나, 수용재결이 취소되었다고 하여 사업인정이 취소되어야 하는 것은 아니다.

　　수용재결은 토지수용절차에 있어서 사업인정을 전제로 하여 행해지므로 사업인정에 대한 취소소송과 수용재결에 대한 취소소송은 상호 행정소송법 제10조상의 관련청구소송이라고 볼 수 있으므로 관련청구소송으로 병합할 수 있을 것이다(행소법 제10조).

## 제 6 항　환매권

## Ⅰ. 환매권의 의의

　　환매권(還買權)이라 함은 공익사업을 위해 취득(협의취득 또는 수용)된 토지가 해당 사업에 필요 없게 되거나 일정기간 동안 당해 사업에 이용되지 않는 경우에 원소유자 등이 일정한 요건하에 당해 토지를 회복할 수 있는 권리를 말한다.

## Ⅱ. 환매권의 근거

### 1. 이론적 근거

　　종래 환매권의 근거를 피수용자의 감정의 존중이나 공평의 원칙에서 찾는 것이 통설이었다.

　　환매권의 이론적 근거를 피수용자의 감정의 존중이라고 보는 견해는 피수용자는 보상을 받아 재산상 손실은 없지만 피수용자의 의사에 반하여 권리를 박탈당한 점에서 아직 감정상의 손실이 남아 있으므로 공익상의 필요가 소멸된 경우에는 피수용자의 감정을 만족시키기 위하여 수용의 목적물을 피수용자에게 반환하여야 한다고 본다.[14)

환매권의 이론적 근거를 공평의 원칙이라고 하는 견해는 다음과 같다. "공용수용은 공익사업에 제공하기 위하여 강제적으로 재산권을 취득하는 행위인 까닭에 사업의 폐지·변경 기타의 사유로 수용지의 전부 또는 일부가 불필요하게 되었을 때에 원소유자 등에게 그 소유권을 회복할 수 있는 기회를 부여함은 공평의 원칙에 비추어 당연하다."[15)

그러나, '피수용자의 감정의 존중'이나 '공평의 원칙'은 환매권의 이론적 근거로서는 너무 추상적이고 막연하다. 그리하여 오늘날 환매권의 이론적 근거를 재산권보장, 보다 정확히 말하면 재산권의 존속보장[16)에서 찾는 것이 유력한 견해가 되고 있다.[17) 이 견해가 타당하다. 재산권자는 공공필요를 위하여 재산권의 존속보장이 희생되고 재산권의 가치만이 보장되는 것을 용인하여야 하지만, 이후에 공공필요가 없어지게 된 경우에는 재산권보장을 위하여 존속보장을 회복시켜 주는 환매를 인정하는 것이 타당하다.

대법원은 다음과 같이 환매권을 공평의 원칙상 인정되는 권리로 보면서도 재산권보장과의 관련성을 인정하고 있다.

[판례] ① "환매권은 공공의 목적을 위하여 수용 또는 협의취득된 토지의 원소유자 또는 그 포괄승계인에게 재산권보장과 관련하여 공평의 원칙상 인정하고 있는 권리"이다(대판 1993. 06. 29, 91다43480).
② 토지보상법이 환매권을 인정하는 취지는, 토지의 원소유자가 사업시행자로부터 토지 등의 대가로 정당한 손실보상을 받았다고 하더라도 원래 자신의 자발적인 의사에 기하여 그 토지 등의 소유권을 상실하는 것이 아니어서 그 토지 등을 더 이상 당해 공익사업에 이용할 필요가 없게 된 때, 즉 공익상의 필요가 소멸한 때에는 원소유자의 의사에 따라 그 토지 등의 소유권을 회복시켜 주는 것이 공평의 원칙에 부합한다는 데에 있다(대판 2021. 04. 29, 2020다280890).

헌법재판소는 환매권을 헌법상의 재산권보장으로부터 도출되는 것으로 보고 있다(헌재 1995. 10. 26, 95헌바22).

---

14) 박윤흔, 682면.
15) 김도창, 621면.
16) 재산권의 존속보장이론이라 함은 재산권이 인간의 생존 및 정신적 자유의 기초가 된다는 점에 비추어 재산권을 재산적 가치 있는 권리 이상의 것으로 보면서 재산권의 금전가치보다 재산권의 존속을 중시하여 재산권의 존속보장을 가치보장에 우선시켜야 한다는 이론이다.
17) 김유환, "환매권의 법리," 『정현 박윤흔 박사 회갑기념 논문집』, 585면 등.

## 2. 실정법상 근거

### (1) 헌법적 근거

앞에서 본 바와 같이 환매권은 헌법상 재산권보장에 근거하고 있다. 그런데, 문제는 환매권이 헌법상 재산권보장 규정으로부터 직접 도출되는가 아니면 실정법률의 근거가 있어야 하는가 하는 것이다. 일반적으로 학설은 후자의 견해를 취하고 있다.

대법원도 환매권을 법률의 규정에 의하여서만 인정되는 권리로 보고 있다(대판 1993. 06. 29, 91다43480).

**[판례]** 환매권은 공공의 목적을 위하여 수용 또는 협의취득된 토지의 원소유자 또는 그 포괄승계인에게 재산권보장과 관련하여 공평의 원칙상 인정하고 있는 권리로서 민법상의 환매권과는 달리 법률의 규정에 의하여서만 인정되고 있으며, 그 행사요건, 기간 및 방법 등이 세밀하게 규정되어 있는 점에 비추어 다른 경우에까지 이를 유추적용할 수 없고, 환지처분에 의하여 공공용지로서 지방자치단체에 귀속되게 된 토지에 관하여는 토지구획정리사업법상 환매권을 인정하고 있는 규정이 없고, 이를 공공용지의 취득 및 손실보상에 관한 특례법상의 협의취득이라고도 볼 수 없으므로 같은 특례법상의 환매권에 관한 규정을 적용할 수 없다(대판 1993. 06. 29, 91다43480).

그러나, 헌법재판소는 "공용수용된 토지 등에 대한 환매권은 헌법상의 재산권보장으로부터 도출되는 것으로서 헌법이 보장하는 재산권의 내용에 포함되는 권리"라고 하고 있다(헌재 1995. 10. 26, 95헌바22).

### (2) 법률상의 근거

환매권은 토지보상법(제91조, 제92조), 택지개발촉진법 제13조 등에 의해 인정되고 있다.

## Ⅲ. 환매권의 법적 성질

환매권은 공권인가 사권인가. 환매권을 공권으로 보는 경우에 환매권에 관한 소송은 행정소송(공법상 당사자소송)으로 제기하고, 사권으로 보는 경우에 환매권에 관한 소송은 민사소송으로 제기하여야 하는 점에 논의의 실익이 있다.

### 1. 공권설

환매권은 공익사업을 위해 공권력을 배경으로 취득한 토지의 환매와 관련이 있는 점에서 환매권은 행정청의 고권적 행정작용이 그 원인을 이루고 있고, 공공필요가 없는지 여부의 판단 등 공익판단의 문제를 포함하고 있으므로, 환매권을 공권으로 보는 것이 타당하다.[18] 환매권은 '공법적 원인에 기하여 야기된 법적 상태를 원상으로 회복하는 수단'이므로 공권으로 보아야 한다고 보기도 한다.[19] 공법과 사법의 구별에 관하여 귀속설을 지지하는 입장에서 환매권이 사업시행자라고 하는 '공권력 주체에 대한 권리'라고 보면서 환매권을 공권으로 보기도 한다.[20]

## 2. 사권설

이 견해는 환매권은 개인이 행정청에 대하여 청구를 하고 이에 따라 행정청이 수용을 해제하는 것이 아니고, 환매권자인 토지소유자와 포괄승계인이 자신의 개인적 이익을 위하여 행사하는 권리이므로 사권이라고 본다.[21]

## 3. 판 례

재판실무상 환매에 관한 사건이 민사사건으로 다루어지고 있는 점에서 판례는 원칙상 환매권을 사권으로 보고 있는 것으로 보인다.

**[판례]** 징발재산환매권의 법적 성질 및 그 존속기간: 징발재산정리에 관한 특별조치법 제20조 소정의 환매권은 일종의 형성권으로서 그 존속기간은 제척기간으로 보아야 할 것이며, 위 환매권은 재판상이든 재판외든 그 기간 내에 행사하면 **이로써 매매의 효력이 생기고, 위 매매는 같은 조 제1항에 적힌 환매권자와 국가간의 사법상의 매매라 할 것이다**(대판 1992. 04. 24, 92다4673[소유권이전등기]).

## IV. 환매권자

토지보상법상 환매권자는 '협의취득일 또는 수용의 개시일 당시의 토지소유자 또는 그 포괄승계인'이다(제91조 제1항). 따라서, 지상권자 기타 토지소유권자가 아닌 권리자는 환매권이 없다. 또한 환매권은 양도할 수 없다.

## V. 환매의 목적물

토지보상법상 환매의 목적물은 '취득한 토지의 전부 또는 일부'에 한정된다(제91조 제1항). 그 이외의 권리 또는 물건은 환매의 대상이 되지 않는다. 제74조 제1항에 따라 매수하거나 수용한 잔여지는 그 잔여지에 접한 일단의 토지가 필요 없게 된 경

---

18) 김유환, 590~591면.
19) 홍정선, 635면.
20) 김남진, 559~560면.
21) 박윤흔, 681면; 유해웅, 370면.

우가 아니면 환매할 수 없다(제91조 제3항).

## Ⅵ. 환매권의 성립시기

### 1. 수용시설

수용시설은 수용시 또는 임의매수시에 환매권이 성립한다는 견해이다. 이 견해에 의하면 토지보상법 제91조상의 환매의 요건은 성립요건이 아니라 행사요건이다. 이 견해가 다수설이며 타당하다.

### 2. 요건성립시설

요건성립시설은 토지보상법 제91조의 환매의 요건이 충족된 때에 비로소 성립한다고 한다. 이 견해에 의하면 토지보상법 제91조상의 환매의 요건은 환매권의 성립요건이다.[22]

## Ⅶ. 환매권의 통지 · 공고

사업시행자는 환매할 토지가 생긴 때에는 지체없이 이를 환매권자에게 통지(通知)하여야 한다. 다만, 사업시행자가 과실없이 환매권자를 알 수 없을 때에는 이를 공고(公告)하여야 한다(제92조 제1항).

환매할 토지가 생겼을 때에는 사업시행자가 지체없이 이를 원소유자 등에게 통지하거나 공고하도록 규정한 취지는 공익목적에 필요 없게 된 토지가 있을 때에는 먼저 원소유자에게 그 사실을 알려주어 환매할 것인지의 여부를 최고하도록 하고 그러한 기회를 부여한 후에도 환매의 의사가 없을 때에 비로소 원소유자 아닌 제3자에게 전매할 가능성을 가지도록 한다는 것으로서 이는 법률상 당연히 인정되는 환매권 행사의 실효성을 보장하기 위한 것이라고 할 것이다(대판 1993. 05. 27, 92다34667).

사업시행자의 통지는 환매의 청약도 아니고 환매권 행사의 요건도 아니며 단순한 최고에 불과하다.

환매권의 통지 · 공고의무는 법적 의무이다. 따라서, 사업시행자가 환매통지를 하지 않아 환매권을 상실하는 손해를 입게 한 경우 손해배상책임이 인정된다.

**[판례]** ① 징발재산 정리에 관한 특별조치법 부칙(1993. 12. 27.) 제2조 제3항 및 같은 법 제20조 제

---

22) 유해웅, 375면.

2항이 환매권 행사의 실효성을 보장하기 위하여 국방부장관의 통지 또는 공고의무를 규정한 이상 국방부장관이 위 규정에 따라 환매권자에게 통지나 공고를 하여야 할 의무는 법적인 의무이므로, 국방부장관이 이러한 의무를 위반한 채 통지 또는 공고를 하지 아니하거나 통지 또는 공고를 하더라도 그 통지 또는 공고가 부적법하여 환매권자로 하여금 환매권 행사기간을 넘기게 하여 환매권을 상실하는 손해를 입게 하였다면 환매권자에 대하여 불법행위가 성립할 수 있다(대판 2006. 11. 23, 2006다35124[소유권이전등기 등]).

② 사업시행자가 원소유자의 환매가능성이 존속하고 있는데도 이러한 의무에 위배한 채 환매의 목적이 될 토지를 제3자에게 처분한 경우 처분행위 자체는 유효하다 하더라도 적어도 원소유자에 대한 관계에서는 법률에 의하여 인정되는 환매권 자체를 행사함이 불가능하도록 함으로써 환매권 자체를 상실시킨 것으로 되어 불법행위를 구성한다(대판 1993. 05. 27, 92다34667).

③ [산업단지 지정 해제 후 환매권 발생 통지의무를 해태하였음을 원인으로 손해배상을 구하는 사건] 이 사건(산업단지 조성 사업) 진입도로 개설 사업이 이 사건 산업단지 조성 사업의 일부로서 이 사건 산업단지 지정 해제에 따라 구 「공익사업을 위한 토지 등의 취득 및 보상에 관한 법률」 제91조 제1항의 "해당 사업"의 폐지에 해당되어 환매권이 발생한다. 그럼에도 피고는 고의 또는 과실로 원고들에 대하여 구 토지보상법 제92조 제1항에서 정한 환매권 발생에 관한 통지 또는 공고를 하지 아니하였고, 그로 인하여 원고들은 이 사건 토지가 이 사건 사업에 필요 없게 된 때부터 1년 및 피고의 이 사건 토지에 관한 각 협의취득일부터 10년이 모두 경과되어 환매권을 상실하는 손해를 입었다. 그러므로 피고는 이를 배상하여야 한다(대판 2021. 07. 21, 2016다226516).

## VIII. 환매권의 행사

### 1. 행사요건

환매권자는 다음 둘 중 하나에 해당할 때 환매권을 행사할 수 있다(대판 1995. 02. 10, 94다31310). ① 공익사업의 폐지·변경 또는 그 밖의 사유로 취득한 토지의 전부 또는 일부가 필요 없게 된 경우(제91조 제1항), 2020. 11. 26. 헌법불합치결정(헌재 2020. 11. 26, 2019헌바131)에 따라 2011. 8. 4. 법개정으로 구 토지보상법상 환매권 발생을 '취득일로부터 10년 이내로' 제한하는 규정부분이 삭제되었다. ② 취득일부터 5년 이내에 취득한 토지의 전부를 해당 사업에 이용하지 아니하였을 때(제91조 제2항).

① 해당 공익사업의 폐지·변경 또는 그 밖의 사유로 취득한 토지의 전부 또는 일부가 필요 없게 된 경우(제91조 제1항).

협의취득이 당연무효인 경우, 협의취득일 당시의 토지소유자가 소유권에 근거하여 등기 명의를 회복하는 방식 등으로 권리를 구제받는 것은 별론으로 하더라도 토지보상법 제91조 제1항에서 정하고 있는 환매권을 행사할 수는 없다. 토지보상법 제91조 제1항은 당초에는 적법하게 공익사업이 시행되었으나, 후발적인 사정으로 사업이 폐지되어 해당 토지가 필요 없게 된 경우를 규율하기 위한 규정이다(대판 2021. 04.

29, 2020다280890).

　　구 토지보상법 제91조 제1항에서 정하는 '당해 사업'이란 협의취득 또는 수용의 목적이 된 구체적인 특정의 공익사업을 말하고, '취득한 토지가 필요 없게 된 때'라 함은 협의취득 또는 수용의 목적이 된 구체적인 특정의 공익사업이 폐지되거나 변경되는 등의 사유로 인하여 당해 토지가 더 이상 그 공익사업에 직접 이용될 필요가 없어졌다고 볼 만한 객관적인 사정이 발생한 때를 말한다. 취득한 토지가 필요 없게 되었는지의 여부는 당해 사업의 목적과 내용, 취득의 경위와 범위, 당해 토지와 사업의 관계, 용도 등 제반 사정에 비추어 객관적 사정에 따라 합리적으로 판단하여야 한다(대판 2021. 09. 30, 2018다282183).

**[판례]** ① 당해 사업에 대하여 토지보상법상 사업인정이나 구 토지수용법(2002. 2. 4. 법률 제6656호 토지보상법 부칙 제2조로 폐지)이나 토지보상법상 **사업인정으로 의제**되는 도시계획시설사업 실시계획인가가 이루어졌다면 사업인정이나 실시계획인가의 **내용에 따라** '당해 사업'을 특정할 수 있다. 그러나 사업인정을 전제하지 않고 있는 구 공공용지의 취득 및 손실보상에 관한 특례법(2002. 2. 4. 법률 제6656호 토지보상법 부칙 제2조로 폐지)에 따라 협의취득하거나 토지보상법 제14조에 따라 사업인정 전에 사업시행자가 **협의취득한 경우**에는 사업인정의 내용을 통해 당해 사업을 특정할 수 없으므로, **협의취득 당시의 제반 사정**을 고려하여 협의취득의 목적이 된 공익사업이 구체적으로 특정되었는지 살펴보아야 한다(대판 2021. 09. 30, 2018다282183).
② 「국토의 계획 및 이용에 관한 법률」 제88조, 제96조 제2항에 의해 도시계획시설사업에 관한 실시계획의 인가를 공익사업법 제20조 제1항의 사업인정으로 보게 되는 경우에는 그 실시계획의 인가를 받을 때 구체적으로 특정된 공익사업이 바로 공익사업법 제91조 제1항에 정한 협의취득 또는 수용의 목적이 된 당해 사업에 해당한다(대판 2010. 09. 30, 2010다30782).
③ '사업의 폐지·변경 기타의 사유로 인하여 수용한 토지의 전부 또는 일부가 필요 없게 된 때'라 함은 기업자의 주관적인 의사와는 관계없이 수용의 목적이 된 구체적인 특정의 공익사업이 폐지되거나 변경되는 등의 사유로 인하여 **당해 토지가 더 이상 그 공익사업에 이용될 필요가 없어졌다고 볼 만한 객관적인 사정이 발생한 경우**를 말하는 것인바, 수용된 토지가 필요 없게 되었는지 여부는 당해 사업의 목적과 내용, 수용의 경위와 범위, 당해 토지와 사업과의 관계, 용도 등 제반 사정에 비추어 합리적으로 판단하여야 한다(대판 1998. 03. 27, 97다39766: 도시공원 외부와는 울타리로 차단되어 그 내부에 위치하면서 녹화를 통하여 공원으로 이용되고 있는 피수용 토지를 도시공원법상 도시공원과 구별되는 녹지로 보지 아니하고 도시공원 내의 녹화된 공원 부지로 보아, 그 토지가 수용목적 사업에 이용되는 것에 해당하여 환매권을 행사할 수 없다고 한 사례).
④ 한국농어촌공사가 영산강 유역 농업개발사업을 위하여 협의취득한 토지 중 일부 토지에 관하여 환매가 청구된 사안에서, 그 일부 토지에 설치하기로 예정하였던 시설물이 다른 곳에 설치되었다고 하여 그와 같은 구체적인 토지이용계획의 변경이 그 토지가 위 사업에 이용될 필요가 없어지게 하는 공공사업의 변경에 해당한다고 단정할 수 없고, 그 토지의 일부를 일시적으로 다른 사람에게 임대하였다는 사정만으로 그 토지가 위 사업에 필요 없게 되었다고 보기도 어렵다고 한 사례(대판 2009. 10. 15, 2009다43041).
⑤ 수도권신공항건설 촉진법에 따른 신공항건설사업의 시행자가 인천국제공항 2단계 건설사업을 시행하면서 그 부대공사로서 항공기 안전운항에 장애가 되는 구릉을 제거하는 공사를 하기 위해

그 구릉 일대에 위치한 토지를 협의취득한 후 절토작업을 완료한 사안에서, 절토작업이 완료되었다는 사정만으로 그 토지가 당해 사업에 필요 없게 되었다고 보기 어려워 그 토지에 관한 환매권이 발생하지 않았다고 한 사례(대판 2010. 05. 13, 2010다12043, 12050).

　　구 토지보상법 제91조 제1항에 대한 헌법불합치 결정(헌재 2020. 11. 26, 2019헌바131) 이전에 환매권 발생기간이 경과하였으나 위 헌법불합치 결정에 따라 개정된 개정 토지보상법 이후 환매권 발생요건이 충족된 경우 개정 토지보상법 제91조 제1항의 적용을 통한 환매권 발생을 인정하여야 한다(대판 2024. 07. 25, 2023다316790). 그러나, 환매권 발생요건이 충족된 후 개정 토지보상법(2021. 8. 10. 법률 제18386호로 개정된 것) 시행 이전에 구 토지보상법 제91조 제1항에 따른 제척기간이 경과한 경우에는 개정 토지보상법 시행 당시 원고들의 환매권 행사가능성은 확정적으로 차단되었으므로 개정 토지보상법 제91조 제1항을 적용하여 환매권을 인정할 수 없다(대판 2024. 10. 08, 2024다241510[소유권이전등기(차)상고기각]).

　　② 토지의 협의취득일 또는 수용의 개시일부터 5년 이내에 취득한 토지의 전부를 해당 사업에 이용하지 아니하였을 때(제91조 제2항). 따라서, 취득한 토지의 일부라도 공익사업을 위해 사용한 경우에는 환매권을 행사할 수 없다.

**[판례]** ① [1] 공익사업법 제91조 제2항의 입법취지: 공익사업을 위한 토지 등의 취득 및 보상에 관한 법률(이하 '공익사업법'이라고 한다) 제91조는 토지의 협의취득일로부터 10년 이내에 당해 사업의 폐지·변경 그 밖의 사유로 취득한 토지의 전부 또는 일부가 필요 없게 된 경우(제1항) 뿐만 아니라, 취득일로부터 5년 이내에 취득한 토지의 전부를 당해 사업에 이용하지 아니한 때(제2항)에도 취득일 당시의 토지소유자 등이 그 토지를 매수할 수 있는 환매권을 행사할 수 있도록 규정하고 있는바, 사업시행자가 공익사업에 필요하여 취득한 토지가 그 공익사업의 폐지·변경 등의 사유로 공익사업에 이용할 필요가 없게 된 것은 아니라고 하더라도, 사실상 그 전부를 공익사업에 이용하지도 아니할 토지를 미리 취득하여 두도록 허용하는 것은 공익사업법에 의하여 토지를 취득할 것을 인정한 원래의 취지에 어긋날 뿐 아니라 토지가 이용되지 아니한 채 방치되는 결과가 되어 사회경제적으로도 바람직한 일이 아니기 때문에, 취득한 토지가 공익사업에 이용할 필요 없게 되었을 때와 마찬가지로 보아 환매권의 행사를 허용하려는 것이 공익사업법 제91조 제2항의 입법취지라고 할 수 있다. [2] 공익사업을 위한 토지 등의 취득 및 보상에 관한 법률 제91조 제2항에서 정한 '이용'의 의미: 공익사업법 제91조 제2항에서 정한 '이용'이라 함은 당해 공익사업의 시행을 위하여 토지 자체를 현실적으로 사용하는 경우를 의미하는 것으로 봄이 상당하고, 이에 이르지 않고 단순히 공익사업의 시행을 위하여 공사시행 업체와 양해각서를 체결한다거나 같은 사업지구내 토지매입을 위하여 예산을 책정하고 토지 주인과 접촉하는 등의 사정만으로는 위 조항에서 정한 '이용'에 해당한다고 보기 어렵다는 이유로, 위 조항의 환매권을 행사하여 이 사건 각 부동산에 관한 소유권이전등기절차의 이행을 구하는 원고의 청구를 인용한 원심판결을 수긍한 사례(대판 2010. 01. 14, 2009다76270).
② 구 공공용지의 취득 및 손실보상에 관한 특례법 제9조 제2항은 제1항과는 달리 '취득한 토지 전부'가 공공사업에 이용되지 아니한 경우에 한하여 환매권을 행사할 수 있고 그중 일부라도 공공

사업에 이용되고 있으면 나머지 부분에 대하여도 장차 공공사업이 시행될 가능성이 있는 것으로 보아 환매권의 행사를 허용하지 않는다는 취지이므로, 이용하지 아니하였는지 여부도 그 취득한 토지 전부를 기준으로 판단할 것이고, 필지별로 판단할 것은 아니라 할 것이다(대판 1995. 02. 10, 94다31310).

❸ 구 택지개발촉진법 제13조 제1항은 택지개발사업의 시행을 위하여 수용한 토지의 환매권 발생 요건에 관하여 별도로 정하고 있는데, **택지개발사업의 시행을 위하여 협의취득한 토지의 환매권 발생 요건에 관하여도 구 택지개발촉진법 제13조 제1항을 유추적용함이 타당하고, 택지개발사업의 시행을 위해 협의취득한 토지의 환매에 관하여 「공익사업을 위한 토지 등의 취득 및 보상에 관한 법률」('토지보상법') 제91조 제2항이 적용되지 아니한다**(대판 2023. 08. 31, 2021다294889).

택지개발사업의 시행을 위하여 수용한 토지의 환매권 발생 요건에 관하여 정한 구 택지개발촉진법 제13조 제1항이 택지개발사업의 시행을 위하여 협의취득한 토지의 환매권 발생 요건에 관하여도 유추적용되는 것이 타당하고 택지개발사업의 시행을 위해 협의취득한 토지의 환매에 관하여 토지보상법 제91조 제2항이 적용되지 아니한다(대판 2023. 08. 18, 2021다294889).

**[판례]** 택지개발사업의 시행을 위하여 **수용한** 토지의 환매권 발생 요건에 관하여 정한 구 택지개발촉진법(2011. 5. 30. 법률 제10764호로 개정되기 전의 것) 제13조 제1항("예정지구의 지정의 해제 또는 변경, 실시계획의 승인의 취소 또는 변경 기타 등의 사유로 수용한 토지 등의 전부 또는 일부가 필요 없게 된 때에는 수용 당시의 토지 등의 소유자 또는 그 포괄승계인은 필요 없게 된 날로부터 1년 내에 토지 등의 수용 당시 지급받은 보상금에 대통령령으로 정한 금액을 가산하여 시행자에게 지급하고 이를 환매할 수 있다.")이 택지개발사업의 시행을 위하여 **협의취득한** 토지의 환매권 발생 요건에 관하여도 유추적용되는 것이 타당하다고 한 사례. 그 이유는 다음과 같다. ① 관련 규정의 형식과 내용의 차이 등에 비추어 볼 때, 구 택지개발촉진법상 택지개발사업의 시행에 따라 협의취득한 토지의 환매권과 관련하여 환매권자의 권리 소멸에 관한 사항이 아닌 부분에 대해서도 당연히 토지 보상법이 준용되거나 적용된다고 보기는 어렵다. ② 다른 공익사업과 비교하여 택지개발사업의 경우 택지를 대량으로 개발·공급하기 위하여 사업 준비에 오랜 기간이 소요될 수 있으므로, 사업시 행자가 택지개발사업의 시행을 위하여 사업 부지를 취득한 이후에도 오랜 기간 사업 부지를 택지 개발사업에 현실적으로 이용하지 못할 가능성이 있다. 구 택지개발촉진법은 이러한 사정을 고려하여 제13조 제1항에서 환매권 발생 사유를 별도로 정하면서, 토지보상법 제91조 제2항과는 달리 '취득일부터 5년 이내에 취득한 토지의 전부를 사업에 이용하지 아니하였을 때'를 환매권 발생 사유에서 제외하고 있는 것으로 봄이 타당하다. ③ 구 택지개발촉진법 제13조 제1항은 환매권 발생 요건에 관하여 '수용한 토지'라는 표현을 사용하고 있으나 **택지개발사업의 시행을 위하여 토지를 취득한 원인이 수용인지 협의취득인지에 따라 환매권 발생 요건을 달리 보아야 할 합리적인 이유가 없다.** 협의취득과 수용은 모두 사업시행자가 공익사업의 수행을 위하여 필요한 토지를 취득하기 위한 수단으로서, 협의취득이 이루어지지 않을 경우 수용에 의한 강제취득방법이 후속조치로 기능을 하게 되므로 공용수용과 비슷한 공법적 기능을 수행하는 이상 협의취득한 토지와 수용한 토지는 환매권 발생 여부와 관련하여 법률상 같이 취급하는 것이 바람직하다. 구 택지개발촉진법 제13조 제1항에서 택지개발사업의 환매권 발생 요건에 관하여 정하면서 **협의취득한 토지가 환매 대상 토지에서 누락된 것은 법률의 흠결로 보일 뿐이다.** ④ 그런데 택지개발사업의 시행을 위하여

협의취득한 토지의 환매권 발생 요건에 관하여 구 택지개발촉진법 제13조 제1항에 정함이 없다는 이유로 토지보상법 제91조 제2항이 적용되어야 한다고 본다면, 사업시행자가 택지개발사업의 시행을 위하여 취득한 토지의 전부를 취득일부터 5년 이내에 사업에 이용하지 아니하였을 때, 협의취득한 토지의 경우에는 토지보상법 제91조 제2항에 따라 환매권이 발생하는 반면, 수용한 토지의 경우에는 구 택지개발촉진법 제13조 제1항이 정한 환매권 발생 사유에 해당하지 않아 환매권이 발생하지 아니하게 된다. 이처럼 택지개발사업의 시행을 위하여 토지를 취득한 원인에 따라 환매권 발생 여부가 달라진다고 보는 것은 부당하다(대판 2023. 08. 18, 2021다294889).

## 2. 행사기간

공익사업의 폐지·변경 또는 그 밖의 사유로 취득한 토지의 전부 또는 일부가 필요 없게 된 경우에는 다음 각 호의 구분에 따른 날(1. 사업의 폐지·변경으로 취득한 토지의 전부 또는 일부가 필요 없게 된 경우: 관계 법률에 따라 사업이 폐지·변경된 날 또는 제24조에 따른 사업의 폐지·변경 고시가 있는 날, 2. 그 밖의 사유로 취득한 토지의 전부 또는 일부가 필요 없게 된 경우: 사업완료일)부터 10년 이내에 그 토지에 대하여 받은 보상금에 상당하는 금액을 사업시행자에게 지급하고 그 토지를 환매할 수 있다(제91조 제1항).

**[판례]** 「공익사업을 위한 토지 등의 취득 및 보상에 관한 법률」제91조 제1항에 정한 환매권 행사기간의 의미: 「공익사업을 위한 토지 등의 취득 및 보상에 관한 법률」제91조 제1항에서 환매권의 행사요건으로 정한 "당해 토지의 전부 또는 일부가 필요 없게 된 때로부터 1년 또는 그 취득일로부터 10년 이내에 그 토지를 환매할 수 있다"라는 규정의 의미는 취득일로부터 10년 이내에 그 토지가 필요 없게 된 경우에는 그때로부터 1년 이내에 환매권을 행사할 수 있으며, 또 필요 없게 된 때로부터 1년이 지났더라도 취득일로부터 10년이 지나지 않았다면 환매권자는 적법하게 환매권을 행사할 수 있다는 의미로 해석함이 옳다(대판 2010. 09. 30, 2010다30782).

토지의 협의취득일 또는 수용의 개시일부터 5년 이내에 취득한 토지의 전부를 해당 사업에 이용하지 아니하였을 때에는 환매권을 취득일부터 6년 이내에 행사하여야 한다(제91조 제2항).

국가, 지방자치단체 또는 「공공기관의 운영에 관한 법률」제4조에 따른 공공기관 중 대통령령으로 정하는 공공기관이 사업인정을 받아 공익사업에 필요한 토지를 협의취득하거나 수용한 후 해당 공익사업이 제4조 제1호부터 제5호까지에 규정된 다른 공익사업(별표에 따른 사업이 제4조 제1호부터 제5호까지에 규정된 공익사업에 해당하는 경우를 포함한다)으로 변경된 경우 제1항 및 제2항에 따른 환매권 행사기간은 관보에 해당 공익사업의 변경을 고시한 날부터 기산(起算)한다. 이 경우 국가, 지방자치단체 또는 「공공기관의 운영에 관한 법률」제4조에 따른 공공기관 중 대통령령으로 정하는 공공기관은 공익사업이 변경된 사실을 대통령령으로 정하는 바에 따라 환매권자에게 통지하여야 한다(제91조 제6항).

환매권자는 사업시행자로부터 환매할 토지가 생겼다는 통지를 받은 날 또는 공고를 한 날부터 6개월이 경과한 후에는 환매권을 행사하지 못한다(제92조 제2항).

## 3. 환매권 행사의 방법

환매기간 내에 환매의 요건이 발생하면 환매권자는 수령한 보상금의 상당금액을 사업시행자에게 미리 지급하고 일방적으로 의사표시를 행하고, 이로써 사업시행자의 의사와 관계없이 환매가 성립되는 것이다. 토지의 가격이 취득 당시에 비하여 현저히 변경되었더라도 당사자 간에 금액에 대하여 협의가 성립되거나 법원에 소송으로 다투어 그 금액이 결정되지 않는 한, 그 가격이 현저히 등귀된 경우이거나 하락한 경우이거나를 묻지 않고 환매권을 행사하기 위하여는 수령한 보상금의 상당금액을 미리 지급하여야 하고 또한 이로써 족하다(대판 1995. 02. 10, 94다31310; 2000. 11. 28, 99두3416).

**[판례]** 공익사업을 위한 토지 등의 취득 및 보상에 관한 법률에 의한 환매권행사에 대하여 사업시행자가 환매대금증액청구권을 내세워 선이행 또는 동시이행의 항변을 할 수 있는지 여부(소극): 공익사업을 위한 토지 등의 취득 및 보상에 관한 법률 제91조에 의한 환매는 환매기간 내에 환매의 요건이 발생하면 환매권자가 지급받은 보상금에 상당한 금액을 사업시행자에게 미리 지급하고 일방적으로 의사표시를 함으로써 사업시행자의 의사와 관계 없이 환매가 성립되는 것이고, 토지 등의 가격이 취득 당시에 비하여 현저히 변경되었더라도 공익사업법 제91조 제4항에 의하여 당사자 간에 금액에 대하여 협의가 성립되거나 사업시행자 또는 환매권자가 그 금액의 증감을 법원에 청구하여 법원에서 그 금액이 확정되지 않는 한, 그 가격이 현저히 등귀한 경우이거나 하락한 경우이거나를 묻지 않고 환매권을 행사하기 위하여는 지급받은 보상금의 상당금액을 미리 지급하여야 하고 또한 이로써 족한 것이며, 사업시행자는 소로써 법원에 환매대금의 증액을 청구할 수 있을 뿐 환매권 행사로 인한 소유권이전등기청구소송에서 환매대금 증액청구권을 내세워 증액된 환매대금과 보상금 상당액의 차액을 지급할 것을 선이행 또는 동시이행의 항변으로 주장할 수는 없다(대판 2006. 12. 21, 2006다49277).

## 4. 환매권 행사의 효과

환매권자의 일방적인 의사표시에 의해 사업시행자의 의사와 관계없이 법률효과(환매)가 발생한다. 즉, 환매권은 청구권이 아니라 형성권이다. 판례도 환매권 행사의 결과 사법상 매매계약의 효력이 발생한다고 본다(대판 1992. 04. 24, 92다4673).

환매권의 행사에 의해 그것만으로 소유권의 변동이 일어나는 것은 아니며 소유권이전등기청구권이라는 청구권만이 발생한다. 환매권의 행사로 발생한 소유권이전등기청구권은 위 제척기간과는 별도로 환매권을 행사한 때로부터 일반채권과 같이 민법 제162조 소정의 10년의 소멸시효의 기간이 진행된다(대판 1992. 04. 24, 92다4673).

## 5. 환매대금

환매대금(還買代金)은 지급받은 보상금에 상당하는 금액으로 한다(제91조 제1항). 다만, 토지의 가격이 취득일 당시에 비하여 현저히 변동된 경우(환매권 행사 당시 토지의 가격이 지급한 보상금에 환매 당시까지의 당해 사업과 관계 없는 인근 유사토지의 지가변동률을 곱한 금액보다 초과되는 경우(동법 시행령 제47조)) 사업시행자 및 환매권자는 환매금액에 대하여 서로 협의하되, 협의가 성립되지 아니한 때에는 그 금액의 증감을 법원에 청구할 수 있다(제91조 제4항).

'보상금에 상당하는 금액'이라 함은 토지의 소유자가 사업시행자로부터 지급받은 보상금을 의미하며 여기에 환매권 행사 당시까지의 법정이자를 가산한 금액을 말하는 것은 아니라고 보아야 한다(대판 1994. 05. 24, 93누17225).

토지보상법상 환매의 경우 환매가격의 증감청구는 소송으로 하여야 한다. 이 경우 민사소송으로 하여야 하는가 아니면 공법상 당사자소송으로 하여야 하는가 학설상 다툼이 있다. 민사소송으로 제기하여야 한다는 견해는 환매는 수용의 해제가 아니라 사법상의 행위로 볼 수 있고, 이 소송은 환매가격의 변경에 관한 소송이므로 민사소송으로 제기하여야 한다고 본다.[23] 이에 대하여 공법상 당사자소송으로 제기하여야 한다는 견해가 있다.[24]

판례는 구법하에서 환매금액의 증액을 구하는 소송을 공법상 당사자소송으로 본 적이 있으나(대판 2000. 11. 28, 99두3416) 현행법하에서의 환매금액의 증감을 구하는 소송을 민사소송에 해당한다고 본다.

**[판례]** ① [1] 구 공익사업을 위한 토지 등의 취득 및 보상에 관한 법률(2010. 4. 5. 법률 제10239호로 일부 개정되기 전의 것, 이하 '구 공익사업법'이라 한다) 제91조에 규정된 환매권은 상대방에 대한 의사표시를 요하는 형성권의 일종으로서 재판상이든 재판 외이든 위 규정에 따른 기간 내에 행사하면 매매의 효력이 생기는바(대법원 2008. 06. 26. 선고 2007다24893 판결 참조), 이러한 환매권의 존부에 관한 확인을 구하는 소송 및 구 공익사업법 제91조 제4항에 따라 환매금액의 증감을 구하는 소송 역시 민사소송에 해당한다. [2] 구 공익사업을 위한 토지 등의 취득 및 보상에 관한 법률 제91조 제1항에서 정한 환매권 행사기간의 의미: 구 공익사업법 제91조 제1항은 환매권의 행사요건으로 "토지의 협의취득일 또는 수용의 개시일(이하 이 조에서 '취득일'이라 한다)부터 10년 이내에 당해 사업의 폐지·변경 그 밖의 사유로 인하여 취득한 토지의 전부 또는 일부가 필요 없게 된 경우 취득일 당시의 토지소유자 또는 그 포괄승계인(이하 '환매권자'라 한다)은 당해 토지의 전부 또는 일부가 필요 없게 된 때부터 1년 또는 그 취득일부터 10년 이내에 당해 토지에 대하여 지급받은 보상금에 상당한 금액을 사업시행자에게 지급하고 그 토지를 환매할 수 있다"고 규정하고

23) 유해웅, 382면.
24) 김남진, 547면.

있는바, 위 규정의 의미는 취득일로부터 10년 이내에 그 토지가 필요 없게 된 경우에는 그때부터 1년 이내에 환매권을 행사할 수 있으며, 또 필요 없게 된 때부터 1년이 지났더라도 취득일로부터 10년이 지나지 않았다면 환매권자는 적법하게 환매권을 행사할 수 있다는 의미로 해석함이 옳다 (대법원 2010. 9. 30. 선고 2010다30782 판결 참조). [3] 원고가 수도권광역상수도사업을 위하여 1998. 8. 4.을 수용개시일로 하여 이 사건 토지를 수용한 후 이 사건 토지에 설치된 기존의 수도관로를 판교택지지구 내 광역상수도로 계속 이용하여 오다가 2008. 7. 30.에 이르러 그 이용을 중단하였고, 피고는 2008. 8. 13. 환매대금으로 677,458,300원을 공탁하고 그 무렵 환매권을 행사한 경우에 취득일로부터 10년 이내에 이 사건 토지가 필요 없게 되었고, 피고가 그 때로부터 1년 이내에 환매권을 행사한 이상, 피고의 이 사건 환매권 행사는 적법하다고 보아야 한다고 한 사례(대판 2013. 02. 28, 2010두22368[환매대금증감]). ⟨해설⟩ 원심은 이 사건 토지의 수용개시일로부터 10년이 지난 후에 피고가 보상금 상당액을 공탁함으로써 피고의 환매권은 제척기간의 경과로 소멸하였다고 판단하고 말았으니, 이러한 원심판결에는 환매권의 행사기간에 관한 법리를 오해한 나머지 판결에 영향을 미친 위법이 있다.

② [1] 구 토지수용법 제75조의2 제2항에 의하여 사업시행자가 환매권자를 상대로 하는 환매가격의 증감에 관한 소송의 종류(=공법상 당사자소송): 공공용지의취득및손실보상에관한특례법 제9조 제3항, 같은 법 시행령 제7조 제1항, 제3항 및 토지수용법 제73조 내지 제75조의2의 각 규정에 의하면 구 토지수용법 제75조의2 제2항에 의하여 사업시행자가 환매권자를 상대로 하는 소송은 공법상의 당사자소송으로 사업시행자로서는 환매가격이 환매대상토지의 취득 당시 지급한 보상금 상당액보다 증액 변경될 것을 전제로 하여 환매권자에게 그 환매가격과 위 보상금 상당액의 차액의 지급을 구할 수 있다. [2] 환매권자의 환매대금 지급의무의 발생 시기(=환매권 행사시) 및 환매대상토지의 취득 당시 지급한 보상액과 재결이나 행정소송 절차에서 정한 환매가격과의 차액에 대한 지연손해금의 발생 여부(적극): 환매권자의 환매대금 지급의무는 환매권 행사 당시에 이미 발생하는 것인데 환매대상토지의 취득 당시 지급한 보상금 상당액과 재결이나 행정소송 절차에서 환매가격으로 정하여진 금액과의 차액 역시 환매대상토지와 대가관계에 있는 것이므로 그 차액이 환매권 행사 당시 지급되지 아니한 이상 이에 대하여 지연손해금이 발생하는 것이고 현실적으로 구체적인 환매가격이 재결이나 행정소송 절차에 의하여 확정된다고 하여 달리 볼 것은 아니다. [3] 환매대상토지의 가격이 취득 당시에 비하여 현저히 변경된 경우, 환매가격 결정을 위한 협의 및 재결신청을 환매권의 행사기간 내에 하여야 하는지 여부(소극) 및 환매대상토지가 수용된 경우, 환매가격 결정을 위한 협의 및 재결절차에 나아갈 수 있는지 여부(적극): 공공용지의 취득 및 손실보상에 관한 특례법과 같은법시행령 및 그에 의하여 준용되는 토지수용법의 규정을 살펴보아도 환매대상토지의 가격이 취득 당시에 비하여 현저히 변경된 경우 환매가격을 결정하기 위하여 사업시행자 또는 환매권자가 협의 및 재결신청을 할 수 있는 기간을 특별히 제한하지 않고 있는바, 환매권의 행사와 환매가격 결정을 위한 절차는 그 성질을 달리하는 것이므로 공공용지의 취득 및 손실보상에 관한 특례법 제9조 제5항에 의하여 준용되는 토지수용법 제72조 제2항에 의하여 환매권의 행사기간이 통지를 받은 날로부터 6개월로 정하여져 있다고 하여 환매가격 결정을 위한 협의 및 재결 신청도 그 기간 내에 하여야 한다고 볼 것은 아니고, 또 환매대상토지가 수용되었다고 하더라도 환매대상토지 또는 환매권이 소멸하는 것이 아니라 단지 소유권이전등기의무만이 이행불능으로 되는 것이고 환매권자로서는 환매가 성립되었음을 전제로 사업시행자에 대하여 대상청구를 할 수 있으므로 여전히 환매가격 결정을 위한 협의 및 재결절차에 나아갈 수 있다. [4] 공공용지의 취득 및 손실보상에 관한 특례법상의 환매에 있어서 환매대상토지의 가격이 취득 당시에 비하여 현저히 변경된 경우, 환매가격의 결정방법: 공공용지의 취득 및 손실보상에 관한 특례법 및

같은법 시행령에는 환매대상 토지의 가격이 취득 당시에 비하여 현저히 변경된 경우 어떠한 방법으로 정당한 환매가격을 결정할 것인지에 관하여 명시적으로 정하고 있는 규정은 없으나, 같은 법 제9조 제1항, 제3항, 같은법 시행령 제7조 제1항, 제3항의 규정을 종합하여 보면, 환매권 행사 당시의 환매대상토지의 가격, 즉 환매권 행사 당시를 기준으로 한 감정평가금액이 협의취득 당시 사업시행자가 토지소유자에게 지급한 보상금에 환매 당시까지의 당해 사업과 관계 없는 인근 유사토지의 지가변동률을 곱한 금액보다 적거나 같을 때에는 사업시행자가 취득할 때 지급한 보상금의 상당금액이 그 환매가격이 되는 것이 그 규정에 비추어 명백하므로, 환매권 행사 당시의 환매대상토지의 가격이 현저히 상승하여 위 보상금에 인근 유사토지의 지가변동률을 곱한 금액을 초과할 때에도 마찬가지로 인근 유사토지의 지가상승분에 해당하는 부분은 환매가격에 포함되어서는 아니 되는 것인 만큼, 그 경우의 환매가격은 인근 유사토지의 지가변동률을 기준으로 하려면 위 보상금에다 환매대상토지의 환매 당시의 감정평가금액에서 위 보상금에 인근 유사토지의 지가변동률을 곱한 금액을 공제한 금액을 더한 금액, 즉 '보상금＋(환매당시의 감정평가금액－(보상금×지가변동률))'로, 지가상승률을 기준으로 하려면 환매대상토지의 환매 당시의 감정평가금액에서 위 보상금에 인근 유사토지의 지가상승률을 곱한 금액을 뺀 금액, 즉 '환매당시의 감정평가금액－(보상금×지가상승률)'로 산정하여야 한다. [5] 공공용지의 취득 및 손실보상에 관한 특례법 시행령 제7조 제1항 소정의 '인근 유사토지의 지가변동률'의 의미 및 그 지가변동률을 산정하기 위한 인근 유사토지의 선정방법: 공공용지의 취득 및 손실보상에 관한 특례법 시행령 제7조 제1항의 인근 유사토지의 지가변동률이라 함은 환매대상토지와 지리적으로 인접하고 그 공부상 지목과 토지의 이용상황 등이 유사한 인근 유사토지의 지가변동률을 가리키는 것이지 그 토지가 속해 있는 시·군·구 단위의 지목별 평균지가변동률을 인근 유사토지의 지가변동률이라 할 수 없는 것인바, 지가변동률을 산정하기 위한 인근 유사토지는 협의취득시부터 환매권 행사 당시 사이에 공부상 지목과 토지의 이용상황 등에 변화가 없고 또 계속하여 기준지가 및 공시지가가 고시되어 온 표준지 중에서 합리적인 지가변동률을 산출할 수 있을 정도의 토지를 선정하면 족하고 반드시 동일한 행정구역 내에 있을 것을 요하지 아니하며 또 반드시 다수의 토지를 선정하여야 하는 것은 아니다 (대판 2000. 11. 28, 99두3416[환매대금이의재결처분취소]).

환매기간 내에 환매의 요건이 발생하는 경우, 환매대상 토지의 가격이 취득 당시에 비하여 현저히 하락하거나 상승하였다고 하더라도, 환매권자는 수령한 보상금 상당액만을 사업시행자에게 미리 지급하고 일방적으로 매수의 의사표시를 함으로써 사업시행자의 의사와 관계없이 환매가 성립된다고 보아야 한다. 이 경우 사업시행자로서는 환매가격이 환매대상 토지의 취득 당시 지급한 보상금 상당액보다 증액 변경될 것을 전제로 하여 환매권자에게 그 환매가격과 위 보상금 상당액의 차액의 지급을 구할 수 있다고 본다(대판 2000. 11. 28, 99두3416 참조).

환매대금의 선이행을 명문으로 규정하고 있으므로 환매대금 상당을 지급하거나 공탁하지 아니한 경우는 환매로 인한 소유권이전등기청구는 물론 환매대금의 지급과 상환으로 소유권이전등기를 구할 수 없다(대판 1993. 09. 14, 92다56810).

## IX. 제3자에 대한 대항력

환매권은 부동산등기법에서 정하는 바에 의하여 공익사업에 필요한 토지의 협의취득 또는 수용의 등기가 되었을 때에는 제3자에게 대항할 수 있다(제91조 제5항).

**[판례]** [1] 구 공익사업을 위한 토지 등의 취득 및 보상에 관한 법률 제91조 제5항에서 정한 '환매권은 부동산등기법이 정하는 바에 의하여 공익사업에 필요한 토지의 협의취득 또는 수용의 등기가 된 때에는 제3자에게 대항할 수 있다'의 의미: 이는 협의취득 또는 수용의 목적물이 제3자에게 이전되더라도 협의취득 또는 수용의 등기가 되어 있으면 환매권자의 지위가 그대로 유지되어 환매권자는 환매권을 행사할 수 있고, 제3자에 대해서도 이를 주장할 수 있다는 의미이다. [2] 甲 지방자치단체가 도로사업 부지를 취득하기 위하여 乙 등으로부터 토지를 협의취득하여 소유권이전등기를 마쳤는데, 위 토지가 택지개발예정지구에 포함되자 이를 택지개발사업 시행자인 丙 공사에 무상으로 양도하였고, 그 후 택지개발예정지구 변경지정과 개발계획 변경승인 및 실시계획 승인이 고시되어 위 토지가 택지개발사업의 공동주택용지 등으로 사용된 사안에서, 택지개발사업의 개발계획 변경승인 및 실시계획 승인이 고시됨으로써 토지가 도로사업에 더 이상 필요 없게 되어 협의취득일 당시 토지소유자였던 乙 등에게 환매권이 발생하였고, 그 후 택지개발사업에 토지가 필요하게 된 사정은 환매권의 성립이나 소멸에 아무런 영향을 미치지 않으며, 위 토지에 관하여 甲 지방자치단체 앞으로 공공용지 협의취득을 원인으로 한 소유권이전등기가 마쳐졌으므로, 乙 등은 환매권이 발생한 때부터 제척기간 도과로 소멸할 때까지 사이에 언제라도 환매권을 행사하고, 이로써 제3자에게 대항할 수 있다고 한 사례(대판 2017. 03. 15, 2015다238963).

## X. 환매권 상실로 인한 손해배상액

원소유자 등의 환매권 상실로 인한 손해배상액은 환매권 상실 당시를 기준으로 한 목적물의 시가에서 환매권자가 환매권을 행사하였을 경우 반환하여야 할 환매가격을 공제한 금원이다(대판 2017. 03. 15, 2015다238963).

**[판례]** ① 환매권 상실 당시 환매목적물의 감정평가금액이 토지보상법 제91조 제1항에 정해진 '지급한 보상금'에 그때까지 사업과 관계없는 인근 유사토지의 지가변동률을 곱한 금액보다 적거나 같을 때에는 감정평가금액에서 '지급한 보상금'을 공제하는 방법으로 계산하면 되지만, 이를 초과할 때에는 [환매권 상실 당시의 감정평가금액 - (환매권 상실 당시의 감정평가금액 - 지급한 보상금 × 지가상승률)]로 산정한 금액, 즉 '지급한 보상금'에 당시의 인근 유사토지의 지가상승률을 곱한 금액이 손해로 된다(대판 2017. 03. 15, 2015다238963).
② 환매권의 상실로 인한 손해배상액은 환매 의무자가 환매 목적물을 제3자에게 매도하여 소유권이전등기를 경료함으로써 환매권자의 환매권을 박탈할 당시의 환매 목적물의 시가에서 환매권자가 환매권을 행사할 경우 반환하여야 할 보상금 상당액을 공제한 금원으로 정함이 상당하다(대판 1995. 06. 30, 94다13435).

## XI. 공익사업의 변환

### 1. 의    의

공익사업(公益事業)의 변환(變換)이라 함은 공익사업을 위하여 토지를 협의취득 또는 수용한 후 토지를 협의취득 또는 수용한 공익사업이 다른 공익사업으로 변경된 경우 별도의 협의취득 또는 수용 없이 당해 협의취득 또는 수용된 토지를 변경된 다른 공익사업에 이용하도록 하는 제도를 말한다.

공익사업의 변환은 환매권에 대한 실질적인 제한이 되므로 원칙상 인정될 수 없다. 따라서, 공익사업이 다른 공익사업으로 변경된 경우에는 해당 토지를 일단 환매권자에게 되돌려주었다가 일정한 절차를 거쳐 협의취득 또는 수용하는 것이 원칙이다. 그러나, 변경된 공익사업이 공익성이 높은 사업인 경우에는 이 원칙은 환매권자의 재산권 보장에도 기여하지 못하며 번거로은 절차가 될 뿐이다. 즉, 공익사업의 변환이 인정된 이유는 협의취득 또는 수용한 토지의 전부나 일부를 환매권자에게 돌려주었다가 다른 공익사업을 위하여 다시 협의취득 또는 수용하도록 하는 것은 무용한 절차의 반복이 되어 비경제적이라는 데 있다.

**[판례]** 원래 국민의 재산권을 제한하는 토지수용권 등의 발동은 공공복리의 증진을 위하여 긴요하고도 불가피한 특정의 공익사업의 시행에 필요한 최소한도에 그쳐야 하는 것이므로, 사정의 변경 등에 따라 그 특정된 공익사업의 전부 또는 일부가 폐지·변경됨으로써 그 공익사업을 위하여 취득한 토지의 전부 또는 일부가 필요 없게 되었다면, 설사 그 토지가 새로운 다른 공익사업을 위하여 필요하다고 하더라도 환매권을 행사하는 환매권자(원소유자나 그 포괄승계인)에게 일단 되돌려주었다가 다시 협의취득하거나 수용하는 절차를 밟아야 되는 것이 원칙이라고 할 것이나, 당초의 공익사업이 공익성의 정도가 높은 다른 공익사업으로 변경되고 그 다른 공익사업을 위하여 토지를 계속 이용할 필요가 있을 경우에는, 환매권의 행사를 인정한 다음 다시 협의취득이나 수용 등의 방법으로 그 토지를 취득하는 번거로운 절차를 되풀이하지 않게 하기 위하여 이른바 '공익사업의 변환'을 인정함으로써 환매권의 행사를 제한하려는 것이 토지수용법 제71조 제7항의 취지이다 (대판 1992. 04. 28, 91다29927).

### 2. 법적 근거

토지보상법 제91조 제6항은 공익성이 강한 공익사업으로 변경된 경우에 한하여 예외적으로 공익사업의 변환을 인정하고 있다.

### 3. 공익사업의 변환의 요건

① 수용주체가 국가·지방자치단체 또는 『공공기관의 운영에 관한 법률』 제4조에 따른 공공기관 중 대통령령으로 정하는 공공기관(이하 '공공기관'이라 한다)인 경우에

한한다. 그렇지만, 변경된 공익사업의 시행자가 민간기업인 경우(예, 경수고속도로 주식회사)에도 공익사업을 위한 토지 등의 취득 및 보상에 관한 법률 제91조 제6항에 정한 '공익사업의 변환'에 해당한다. 변경된 공익사업의 시행자가 국가·지방자치단체 또는 일정한 공공기관일 필요까지는 없다(대판 2015. 08. 19, 2014다201391: 변경된 공익사업의 시행자가 민간기업이라는 이유로 공익사업의 변환을 인정하지 아니한 원심판결을 파기한 사안).

　② 사업인정을 받은 공익사업이 공익성의 정도가 높은 제4조 제1호 내지 제5호에 규정된 다른 공익사업으로 변경된 경우에 한한다.

**[판례]** ① [1] 사업인정을 받은 당해 공익사업의 폐지·변경으로 인하여 수용한 토지가 필요 없게 된 때에는, 같은 법 조항에 의하여 공익사업의 변환이 허용되는 같은 법 제3조 제1호 내지 제4호에 규정된 다른 공익사업으로 변경되는 경우가 아닌 이상, 환매권자가 그 토지를 환매할 수 있는 것이라고 보지 않을 수 없다. [2] 계쟁토지의 취득목적인 공원조성사업이 완료되어 공중에 제공되었다가, 그 후 위 토지와 그 일대의 토지들에 대한 택지개발계획이 승인되어 공원시설을 철거하고 그 지상에 아파트건축공사를 시행하고 있다면, 토지의 원소유자가 공공용지의 취득 및 손실보상에 관한 특례법에 따라 위 토지를 환매할 수 있다고 한 사례(대판 1992. 04. 28, 91다29927).
② 甲 지방자치단체가 협의취득한 후 설치한 공영주차장을 폐지하기로 하는 내용이 포함된 재정비 촉진계획이 고시되거나 위 토지 등에 관한 재개발 사업의 사업시행인가가 고시되었다고 하더라도, 공영주차장이 여전히 종래의 주차장 용도로 사용되는 동안은 주차장으로서의 효용이나 공익상 필요가 현실적으로 소멸되었다고 볼 수 없으므로, 재정비 촉진계획의 고시나 재개발 사업의 사업시행인가 고시만으로 위 토지가 객관적으로 주차장 사업에 필요가 없게 되었다고 단정하기 어렵고, 나아가 위 재개발 사업은 구 공익사업을 위한 토지 등의 취득 및 보상에 관한 법률 제4조 제5호의 공익사업으로서 '지방자치단체가 지정한 자가 임대나 양도의 목적으로 시행하는 주택의 건설 또는 택지의 조성에 관한 사업'에 해당한다고 볼 수 있으므로, 2010. 4. 5. 개정·시행된 같은 법 제91조 제6항이 적용되어 공익사업의 변환에 따라 乙 등의 환매권 행사가 제한되는지 여부를 살폈어야 하는데도, 공영주차장을 폐지하기로 하는 내용이 포함된 재정비 촉진계획의 고시만으로 위 토지가 주차장 사업에 필요 없게 되었고, 그 무렵 乙 등이 위 토지에 관한 환매권을 행사할 수 있었다고 본 원심판결에 심리미진 등의 잘못이 있다고 한 사례.

　③ 새로운 공익사업에 관해서도 사업인정을 받거나 사업인정을 받은 것으로 의제되어야 한다.

**[판례]** 「공익사업을 위한 토지 등의 취득 및 보상에 관한 법률」 제91조 제6항에 정한 공익사업의 변환은 같은 법 제20조 제1항의 규정에 의한 사업인정을 받은 공익사업이 일정한 범위 내의 공익성이 높은 다른 공익사업으로 변경된 경우에 한하여 환매권의 행사를 제한하는 것이므로, 적어도 새로운 공익사업에 관해서도 같은 법 제20조 제1항의 규정에 의해 사업인정을 받거나 또는 위 규정에 따른 사업인정을 받은 것으로 의제하는 다른 법률의 규정에 의해 사업인정을 받은 것으로 볼 수 있는 경우에만 공익사업의 변환에 의한 환매권 행사의 제한을 인정할 수 있다(대판 2010. 09. 30, 2010다30782).

④ 공익사업의 변환을 인정하기 위해서는 적어도 변경된 사업의 사업시행자가 당해 토지를 소유하고 있어야 한다. 나아가 공익사업을 위해 협의취득하거나 수용한 토지가 제3자에게 처분된 경우에는 특별한 사정이 없는 한 그 토지는 당해 공익사업에는 필요 없게 된 것이라고 보아야 한다.

[판례] 사업 토지가 사업시행자가 아닌 제3자에게 처분된 경우에도 '공익사업의 변환'을 인정할 수 있는지 여부(소극): 공익사업의 원활한 시행을 위한 무익한 절차의 반복 방지라는 '공익사업의 변환'을 인정한 입법 취지에 비추어 볼 때, 만약 사업시행자가 협의취득하거나 수용한 당해 토지를 제3자에게 처분해 버린 경우에는 어차피 변경된 사업시행자는 그 사업의 시행을 위하여 제3자로부터 토지를 재취득해야 하는 절차를 새로 거쳐야 하는 관계로 위와 같은 공익사업의 변환을 인정할 필요성도 없게 되므로, 공익사업의 변환을 인정하기 위해서는 적어도 변경된 사업의 사업시행자가 당해 토지를 소유하고 있어야 한다. 나아가 공익사업을 위해 협의취득하거나 수용한 토지가 제3자에게 처분된 경우에는 특별한 사정이 없는 한 그 토지는 당해 공익사업에는 필요 없게 된 것이라고 보아야 하고, 변경된 공익사업에 관해서도 마찬가지이므로, 그 토지가 변경된 사업의 사업시행자 아닌 제3자에게 처분된 경우에는 공익사업의 변환을 인정할 여지도 없다(대판 2010. 09. 30, 2010다30782[소유권이전등기]: 지방자치단체가 도시관리계획상 초등학교 건립사업을 위하여 학교용지를 협의취득하였으나 위 학교용지 인근에서 아파트 건설사업을 하던 주택건설사업 시행자와 그 아파트 단지 내에 들어설 새 초등학교 부지와 위 학교용지를 교환하고 위 학교용지에 중학교를 건립하는 것으로 도시관리계획을 변경한 사안에서, 위 학교용지에 대한 협의취득의 목적이 된 당해 사업인 '초등학교 건립사업'의 폐지·변경으로 위 토지는 당해 사업에 필요 없게 되었고, 나아가 '중학교 건립사업'에 관하여 사업인정을 받지 않았을 뿐만 아니라 위 학교용지가 중학교 건립사업의 시행자 아닌 제3자에게 처분되었으므로 공익사업의 변환도 인정할 수 없다는 이유로 위 학교용지에 관한 환매권 행사를 인정한 사례).

⑤ 사업시행자와 다른 공익사업의 사업시행자가 동일할 것은 요건이 아니다(대판 1994. 01. 25, 93다11760).

[판례] 공익사업의 변환은 사업주체가 동일한 경우에만 인정되는지 여부(소극): 이른바 '공익사업의 변환'이 국가·지방자치단체 또는 정부투자기관이 사업인정을 받아 토지를 협의취득 또는 수용한 경우에 한하여, 그것도 사업인정을 받은 공익사업이 공익성의 정도가 높은 토지수용법 제3조 제1호 내지 제4호에 규정된 다른 공익사업으로 변경된 경우에만 허용되도록 규정하고 있는 토지수용법 제71조 제7항 등 관계법령의 규정내용이나 그 입법이유 등으로 미루어 볼 때, 같은 법 제71조 제7항 소정의 '공익사업의 변환'이 국가·지방자치단체 또는 정부투자기관 등 기업자(또는 사업시행자)가 동일한 경우에만 허용되는 것으로 해석되지는 않는다(대판 1994. 01. 25, 93다11760, 11777, 11784).

이에 대하여 공익사업의 변환에 따라 사업시행자가 바뀌는 경우에는 폐지된 공익사업의 시행자가 아무런 이유 없이 수용시와 공익사업의 변환시 사이의 토지가액의 변동으로 인한 차익을 얻게 되는 불합리가 있기 때문에 사업시행자가 변동되는 경우에는 공익사업의 변환이 허용되지 않는다고 보아야 한다는 견해가 있다.[25]

---

25) 김시현, "환매권에 있어서의 공익사업의 변경," 『판례연구』, 제8호, 서울지방변호사회, 1995, 95면.

⑥ 토지보상법은 사업인정을 받아 공익사업에 필요한 토지를 협의취득 또는 수용한 경우에 한하여 공익사업의 변환에 관한 규정을 두고 있고, 사업인정전의 협의취득의 경우에 대하여는 공익사업의 변환에 관한 규정을 두고 있지 않다(제91조 제6항).

## 4. 공익사업의 변환의 효과

공익사업의 변환이 인정되는 경우에는 원래의 공익사업의 폐지·변경으로 협의취득 또는 수용한 토지가 원래의 공익사업에 필요 없게 된 때에도 환매권을 행사할 수 없다.

당해 토지에 대한 환매권 행사를 위한 기간은 해당 공익사업의 변경을 관보에 고시한 날로부터 다시 기산한다. 이 경우 국가·지방자치단체 또는 공공기관은 공익사업이 변경된 사실을 환매권자에게 통지하여야 한다(제91조 제6항).

[판례] 「공익사업을 위한 토지 등의 취득 및 보상에 관한 법률」 제91조 제6항에 정한 공익사업의 변환이 인정되는 경우, 환매권 행사가 제한되는지 여부(적극): 공익사업의 변환을 인정한 입법 취지 등에 비추어 볼 때, '공익사업을 위한 토지 등의 취득 및 보상에 관한 법률' 제91조 제6항은 사업인정을 받은 당해 공익사업의 폐지·변경으로 인하여 협의취득하거나 수용한 토지가 필요 없게 된 때라도 위 규정에 의하여 공익사업의 변환이 허용되는 다른 공익사업으로 변경되는 경우에는 당해 토지의 원소유자 또는 그 포괄승계인에게 환매권이 발생하지 않는다는 취지를 규정한 것이라고 보아야 하고, 위 조항에서 정한 "제1항 및 제2항의 규정에 의한 환매권 행사기간은 관보에 당해 공익사업의 변경을 고시한 날로부터 기산한다"는 의미는 새로 변경된 공익사업을 기준으로 다시 환매권 행사의 요건을 갖추지 못하는 한 환매권을 행사할 수 없고 환매권 행사요건을 갖추어 제1항 및 제2항에 정한 환매권을 행사할 수 있는 경우에 그 환매권 행사기간은 당해 공익사업의 변경을 관보에 고시한 날로부터 기산한다는 의미로 해석해야 한다(대판 2010. 09. 30, 2010다30782).

## 5. 공익사업변환제도의 위헌성

공익사업변환제도는 환매제도를 실효시키는 효과를 발생하므로 재산권 행사의 침해문제를 야기하고, 공익사업의 변환이 인정되는 경우와 인정되지 않는 경우 사이의 형평의 문제로 인한 평등권 침해문제를 야기하여 위헌의 소지가 있다는 견해(류지태)가 있지만, 헌법재판소는 공익사업변환제도를 합헌이라고 본다(헌재 1997. 06. 26, 96헌바94).

# 제 4 절  공용환지·공용환권

## 제 1 항  공용환지

## I. 공용환지의 의의

공용환지(公用換地)라 함은 일정한 지역 안에서 토지의 이용가치를 증진시키기 위한 사업을 실시하기 위하여 토지의 소유권 및 기타의 권리를 권리자의 의사와 관계없이 강제적으로 교환·분합하는 것을 말한다.

공용환지를 공용수용과 구분하는 것이 전통적 견해이다(김동희, 540면, 419면). 이에 대하여 공용환지 특히 민간사업자의 용지확보수단으로서의 집단환지를 공용수용의 하나로 보는 견해가 유력하게 제기되고 있다(박건우, 환지처분의 본질과 소유권 변동의 공시, 행정법연구 제74호, 2024.8, 288~289면). 공용환지를 공용수용의 하나로 보면 헌법 제23조 제3항의 공공필요성의 통제가 가능하다(주동진, 공용환지 이론의 재검토, 453면). 다만, 공용환지를 공용수용의 하나로 보지 않더라도 헌법원칙인 비례원칙의 통제를 받는다는 사실은 인정하여야 한다.

도시개발법상 도시개발사업 및 농어촌정비법상의 농업기반 등 정비사업을 위하여 공용환지방식이 이용될 수 있다. 이하에서는 도시개발법상 공용환지를 중심으로 공용환지를 고찰하기로 한다.

## II. 도시개발법상 공용환지

### 1. 도시개발사업의 의의와 법적 규율

도시개발사업이라 함은 도시개발구역에서 주거, 상업, 산업, 유통, 정보통신, 생태, 문화, 보건 및 복지 등의 기능이 있는 단지 또는 시가지를 조성하기 위하여 시행하는 사업을 말한다(제2조 제1항 제2호).

도시개발사업의 시행방식으로는 수용 또는 사용방식, 환지방식 또는 양자혼용방식이 있는데(제21조 제1항), 이하에서는 환지방식을 고찰하기로 한다.

도시개발사업은 도시개발법에 의해 규율되고 있다. 도시개발법은 구 도시계획법상 도시계획사업에 관한 부분과 종전의 토지구획정리사업법을 통합하여 제정된 법이다.

## 2. 도시개발구역의 지정

### (1) 지정권자

특별시장·광역시장 또는 도지사·특별자치도지사(이하 '시·도지사'라 한다) 및 서울특별시와 광역시를 제외한 인구 50만 이상의 대도시의 시장은 계획적인 도시개발이 필요하다고 인정되는 때에는 도시개발구역을 지정할 수 있다(제3조 제1항).

도시개발사업이 필요하다고 인정되는 지역이 2 이상의 특별시·광역시·도·특별자치도(이하 '시·도'라 한다) 또는 인구 50만 이상의 대도시의 행정구역에 걸치는 경우에는 관계 시·도지사 또는 대도시의 시장이 협의하여 도시개발구역을 지정할 자를 정한다(제3조 제2항).

국토교통부장관은 다음의 1에 해당하는 경우에는 제1항 및 제2항의 규정에 불구하고 도시개발구역을 지정할 수 있다. ① 국가가 도시개발사업을 실시할 필요가 있는 경우, ② 관계중앙행정기관의 장이 요청하는 경우, ③ 공공기관의 장, 정부출연기관의 장이 대통령령으로 정하는 규모 이상으로서 국가계획과 밀접한 관련이 있는 도시개발구역의 지정을 제안하는 경우, ④ 제2항의 규정에 의한 협의가 성립되지 아니하는 경우, ⑤ 그 밖에 대통령령으로 정하는 경우(제3조 제3항).

시장(대도시의 시장 제외)·군수 또는 구청장은 대통령령으로 정하는 바에 따라 시·도지사에게 도시개발구역의 지정을 요청할 수 있다(제3조 제4항).

### (2) 개발계획의 수립

지정권자는 도시개발구역을 지정하려면 해당 도시개발구역에 대한 도시개발사업의 계획(이하 '개발계획'이라 한다)을 수립하여야 한다. 다만, 대통령령으로 정하는 지역에 도시개발구역을 지정할 때에는 도시개발구역을 지정한 후에 개발계획을 수립할 수 있다(제4조 제1항).

지정권자는 환지(換地) 방식의 도시개발사업에 대한 개발계획을 수립하려면 환지 방식이 적용되는 지역의 토지면적의 3분의 2 이상에 해당하는 토지 소유자와 그 지역의 토지 소유자 총수의 2분의 1 이상의 동의를 받아야 한다(제4조 제3항). 지정권자는 도시개발사업을 환지 방식으로 시행하려고 개발계획을 수립하거나 변경할 때에 도시개발사업의 시행자가 제11조 제1항 제1호에 해당하는 자이면 제3항에도 불구하고 토지 소유자의 동의를 받을 필요가 없다(제4항). 지정권자가 도시개발사업의 전부를 환지 방식으로 시행하려고 개발계획을 수립하거나 변경할 때에 도시개발사업의 시행자가 제11조 제1항 제6호의 조합에 해당하는 경우로서 조합이 성립된 후 총회에서 도시개발구역의 토지면적의 3분의 2 이상에 해당하는 조합원과 그 지역의 조합원 총수의 2분의 1 이상의 찬성으로 수립 또는 변경을 의결한 개발계획을 지정권자에게 제출한 경우에는 제3항에도 불구하고 토지 소유자의 동의를 받은 것으로 본다(제5항).

### (3) 도시개발구역의 지정절차

#### 1) 기초조사

도시개발사업의 시행자나 시행자가 되려는 자는 도시개발구역을 지정하거나 도시개발구역의 지정을 요청 또는 제안하려고 할 때에는 도시개발구역으로 지정될 구역의 토지, 건축물, 공작물, 주거 및 생활실태, 주택수요, 그 밖에 필요한 사항에 관하여 대통령령으로 정하는 바에 따라 조사하거나 측량할 수 있다(제6조 제1항).

#### 2) 주민 등의 의견청취

국토교통부장관, 시·도지사 또는 대도시 시장이 도시개발구역을 지정(대도시 시장이 아닌 시장·군수 또는 구청장의 요청에 의하여 지정하는 경우를 제외한다)하고자 하거나 대도시 시장이 아닌 시장·군수 또는 구청장이 도시개발구역의 지정을 요청하려고 하는 경우에는 공람이나 공청회를 통하여 주민이나 관계 전문가 등으로부터 의견을 들어야 하며, 공람이나 공청회에서 제시된 의견이 타당하다고 인정되면 이를 반영하여야 한다. 도시개발구역을 변경(대통령령으로 정하는 경미한 사항은 제외한다)하려는 경우에도 또한 같다(제7조 제1항).

#### 3) 도시계획위원회의 심의

지정권자는 도시개발구역을 지정하거나 개발계획을 변경하고자 하는 때에는 관계행정기관의 장과 협의한 후 중앙도시계획위원회 또는 시·도의 도시계획위원회의 심의를 거쳐야 한다. 다만, 대통령령이 정하는 경미한 사항을 변경하는 경우에는 그러하지 아니하다(제8조). 지정권자는 도시개발구역을 지정하거나 제4조 제1항 단서에 따라 개발계획을 수립하려면 관계 행정기관의 장과 협의한 후 「국토의 계획 및 이용에 관한 법률」 제106조에 따른 중앙도시계획위원회 또는 같은 법 제113조에 따른 시·도도시계획위원회나 대도시에 두는 대도시도시계획위원회의 심의를 거쳐야 한다. 변경하는 경우에도 또한 같다. 다만, 대통령령으로 정하는 경미한 사항을 변경하는 경우에는 그러하지 아니하다(제8조 제1항). 「국토의 계획 및 이용에 관한 법률」 제49조에 따른 지구단위계획에 따라 도시개발사업을 시행하기 위하여 도시개발구역을 지정하는 경우에는 제1항에 따른 중앙도시계획위원회 또는 시·도도시계획위원회나 대도시에 두는 대도시도시계획위원회의 심의를 거치지 아니한다(제2항). 지정권자는 제1항에 따라 관계 행정기관의 장과 협의하는 경우 지정하려는 도시개발구역이 일정 규모 이상 또는 국가계획과 관련되는 등 대통령령으로 정하는 경우에 해당하면 국토해양부장관과 협의하여야 한다(제3항).

### 4) 도시개발구역지정의 고시 등

지정권자는 도시개발구역을 지정하거나 제4조 제1항 단서에 따라 개발계획을 수립한 경우에는 대통령령으로 정하는 바에 따라 이를 관보나 공보에 고시하고, 대도시 시장인 지정권자는 관계 서류를 일반에게 공람시켜야 하며, 대도시 시장이 아닌 지정권자는 해당 도시개발구역을 관할하는 시장(대도시 시장을 제외한다)·군수 또는 구청장에게 관계 서류의 사본을 보내야 하며, 지정권자인 특별자치도지사와 관계 서류를 송부받은 시장(대도시 시장을 제외한다)·군수 또는 구청장은 해당 관계 서류를 일반인에게 공람시켜야 한다. 변경하는 경우에도 또한 같다(제9조 제1항).

### (4) 도시개발구역의 지정의 효력(도시계획의제 등)

도시개발구역(都市開發區域)이 지정·고시된 경우 해당 도시개발구역은 「국토의 계획 및 이용에 관한 법률」에 따른 **도시지역과 대통령령으로 정하는 지구단위계획구역으로 결정되어 고시된 것으로 본다.** 다만, 「국토의 계획 및 이용에 관한 법률」 제51조 제3항에 따른 지구단위계획구역 및 같은 법 제37조 제1항 제8호에 따른 취락지구로 지정된 지역인 경우에는 그러하지 아니하다(제9조 제2항).

**[판례]** (1) 도시개발구역이 지정·고시된 날부터 3년이 되는 날까지 도시개발법 제17조에 따른 실시계획의 인가 신청이 없으면 도시개발사업 시행자가 지정되지 아니하였다 하더라도 같은 법 제10조 제1항 제1호에 따라 도시개발구역의 지정이 해제된 것으로 간주되는지 여부: 도시개발구역으로 지정되면 법 제9조 제5항 등에 의하여 토지소유자의 건축 등 일정한 행위가 제한되는 점, 법 시행령 제15조 제1항에서 시행자가 지정되지 아니한 상태에서 도시개발구역이 지정·고시되는 경우를 예정하고 있음에도 이 사건 조항에서 도시개발구역의 지정해제를 의제하면서 그러한 경우의 예외를 규정하지 아니한 점 등을 종합하여 보면, 이 사건 조항은 도시개발사업이 초기부터 지연되어 토지소유자 등의 재산권 행사가 지나치게 장기간 제약되는 것을 방지하려는 데에 그 입법취지가 있다고 할 것이므로 도시개발구역이 지정·고시된 날부터 3년이 되는 날까지 법 제17조에 따른 실시계획의 인가 신청이 없으면 이 사건 조항에 따라 도시개발구역의 지정이 해제된 것으로 간주된다고 보아야 하고, 그 사이에 도시개발사업 시행자가 지정되지 아니하였다고 하여 달리 볼 것은 아니다. (2) 성남신흥 도시개발구역'(이하 '이 사건 도시개발구역')은 지정·고시된 날인 2009. 5. 15.부터 3년이 되는 2012. 5. 15.까지 실시계획의 인가가 신청되지 아니하여 그 다음날 지정이 해제된 것으로 간주되었고, 도시개발사업의 시행자 지정은 도시개발구역이 지정되어 있을 것을 전제로 하므로, 도시개발구역의 지정이 해제된 이상 이 사건 도시개발사업의 시행자로 지정해 달라는 원고의 신청을 거부한 이 사건 처분이 위법하여 취소된다 하더라도 피고가 원고를 이 사건 도시개발사업의 시행자로 지정할 수는 없다는 이유로, 원고가 이 사건 각 처분의 취소를 구할 이익이 없다고 보고, 이와 달리 본 원심판결을 파기하고 제1심의 판단을 유지하기 위하여 항소기각한 사안(대판 2016. 02. 24, 2015두3362[도시개발사업시행자지정신청거부처분취소][도시개발구역 지정이 해제 간주되는 사건]).

## 3. 시행자

도시개발사업의 시행자(施行者)는 다음의 자 중에서 지정권자가 이를 지정한다. ① 국가나 지방자치단체, ② 대통령령으로 정하는 공공기관, ③ 대통령령으로 정하는 정부출연기관, ④ 지방공기업법에 따라 설립된 지방공사, ⑤ 도시개발구역의 토지 소유자(「공유수면 관리 및 매립에 관한 법률」 제28조에 따라 면허를 받은 자를 해당 공유수면을 소유한 자로 보고 그 공유수면을 토지로 보며, 제21조에 따른 수용 또는 사용 방식의 경우에는 도시개발구역의 국공유지를 제외한 토지면적의 3분의 2 이상을 소유한 자를 말한다), ⑥ 도시개발구역의 토지 소유자(「공유수면 관리 및 매립에 관한 법률」 제28조에 따라 면허를 받은 자를 해당 공유수면을 소유한 자로 보고 그 공유수면을 토지로 본다)가 도시개발을 위하여 설립한 조합(도시개발사업의 전부를 환지 방식으로 시행하는 경우에만 해당하며, 이하 '조합'이라 한다), ⑦ 「수도권정비계획법」에 따른 과밀억제권역에서 수도권 외의 지역으로 이전하는 법인 중 과밀억제권역의 사업 기간 등 대통령령으로 정하는 요건에 해당하는 법인, ⑧ 「주택법」 제4조에 따라 등록한 자 중 도시개발사업을 시행할 능력이 있다고 인정되는 자로서 대통령령으로 정하는 요건에 해당하는 자(「주택법」 제2조 제12호에 따른 주택단지와 그에 수반되는 기반시설을 조성하는 경우에만 해당한다), ⑨ 「건설산업기본법」에 따른 토목공사업 또는 토목건축공사업의 면허를 받는 등 개발계획에 맞게 도시개발사업을 시행할 능력이 있다고 인정되는 자로서 대통령령으로 정하는 요건에 해당하는 자, ⑩ 「부동산개발업의 관리 및 육성에 관한 법률」 제4조 제1항에 따라 등록한 부동산개발업자로서 대통령령으로 정하는 요건에 해당하는 자, ⑪ 「부동산투자회사법」에 따라 설립된 자기관리부동산투자회사 또는 위탁관리부동산투자회사로서 대통령령으로 정하는 요건에 해당하는 자, ⑫ 제1호부터 제9호까지, 제9호의2 및 제10호에 해당하는 자(제6호에 따른 조합은 제외한다)가 도시개발사업을 시행할 목적으로 출자에 참여하여 설립한 법인으로서 대통령령으로 정하는 요건에 해당하는 법인(제11조 제1항).

다만, 도시개발구역의 전부를 환지방식으로 시행하는 경우에는 제5호의 토지소유자나 제6호의 조합을 시행자로 지정한다(제11조 제1항 단서). 지정권자는 제1항 단서에도 불구하고 다음 각 호의 어느 하나에 해당하는 사유가 있으면 지방자치단체나 대통령령으로 정하는 자(이하 '지방자치단체등'이라 한다)를 시행자로 지정할 수 있다. 이 경우 도시개발사업을 시행하는 자가 시·도지사 또는 대도시 시장인 경우 국토교통부장관이 지정한다. 1. 토지 소유자나 조합이 대통령령으로 정하는 기간에 시행자 지정을 신청하지 아니한 경우 또는 지정권자가 신청된 내용이 위법하거나 부당하다고 인정한 경우, 2. 지방자치단체의 장이 집행하는 공공시설에 관한 사업과 병행하여 시행할 필요가 있다고 인정한 경우, 3. 도시개발구역의 국공유지를 제외한 토지면적의 2분의 1 이상에 해당하는 토지 소유자 및 토지 소유자 총수의 2분의 1 이상이 지방자치단체 등의 시행에 동의한 경우(제2항).

제1항 제1호부터 제4호까지의 규정에 해당하는 자는 도시개발사업을 효율적으로 시행하기 위하여 필요한 경우에는 대통령령으로 정하는 바에 따라 설계·분양 등 도시개발사업의 일부를 「주택법」 제9조에 따른 주택건설사업자 등으로 하여금 대행하게 할 수 있다(제11조 제11항).

## 4. 실시계획의 작성 및 인가 등

시행자는 대통령령으로 정하는 바에 따라 도시개발사업에 관한 실시계획(이하 '실시계획(實施計劃)'이라 한다)을 작성하여야 한다. 이 경우 실시계획에는 지구단위계획이 포함되어야 한다(제17조 제1항).

시행자(지정권자가 시행자인 경우를 제외한다)는 제1항의 규정에 따라 작성된 실시계획에 관하여 지정권자의 인가를 받아야 한다(제17조 제2항).

지정권자가 실시계획을 작성하거나 인가하는 경우 국토교통부장관이 지정권자이면 시·도지사 또는 대도시 시장의 의견을, 시·도지사가 지정권자이면 시장(대도시 시장을 제외한다)·군수 또는 구청장의 의견을 미리 들어야 한다(제17조 제3항).

지정권자가 실시계획을 작성하거나 인가한 경우에는 대통령령으로 정하는 바에 따라 이를 관보 또는 공보에 고시하고 시행자에게 관계 서류의 사본을 송부하며, 대도시 시장인 지정권자는 일반에게 관계 서류를 공람시켜야 하고, 대도시 시장이 아닌 지정권자는 해당 도시개발구역을 관할하는 시장(대도시 시장을 제외한다)·군수 또는 구청장에게 관계 서류의 사본을 보내야 한다. 이 경우 지정권자인 특별자치도지사와 본문에 따라 관계 서류를 받은 시장(대도시 시장을 제외한다)·군수 또는 구청장은 이를 일반인에게 공람시켜야 한다(제18조 제1항).

제1항에 따라 실시계획을 고시한 경우 그 고시된 내용 중 「국토의 계획 및 이용에 관한 법률」에 따라 도시·군관리계획(지구단위계획을 포함한다. 이하 같다)으로 결정하여야 하는 사항은 같은 법에 따른 도시·군관리계획이 결정되어 고시된 것으로 본다. 이 경우 종전에 도시·군관리계획으로 결정된 사항 중 고시 내용에 저촉되는 사항은 고시된 내용으로 변경된 것으로 본다(제18조 제2항).

제17조에 따라 실시계획을 작성하거나 인가할 때 지정권자가 해당 실시계획에 대한 법정의 허가·승인·심사·인가·신고·면허·등록·협의·지정·해제 또는 처분

등(이하 '인·허가 등'이라 한다)에 관하여 제 3 항에 따라 관계 행정기관의 장과 협의한 사항에 대하여는 해당 인·허가 등을 받은 것으로 보며, 제18조 제1항에 따라 실시계획을 고시한 경우에는 관계 법률에 따른 인·허가 등의 고시나 공고를 한 것으로 본다(제19조 제1항).

## 5. 환지계획

### (1) 의    의

환지계획(換地計劃)이라 함은 도시개발사업이 완료된 후에 행하는 환지처분에 관한 계획을 말한다. 환지처분은 환지계획에 따라 행해져야 하므로 환지계획은 매우 중요하다.

판례는 환지계획은 환지예정지지정이나 환지처분의 근거가 될 뿐 그 자체가 직접 토지소유자 등의 법률상의 지위를 변동시키거나 또는 환지예정지 지정이나 환지처분과는 다른 고유한 법률효과를 수반하는 것이 아니어서 이를 항고소송의 대상이 되는 처분에 해당한다고 할 수가 없다고 보고 있다(대판 1999. 08. 20, 97누6889).

**[판례]** 구 토지구획정리사업법상 환지계획에서 학교용지로 지정된 토지에 관하여 국가나 지방자치단체가 환지처분의 공고가 있기 전에 소유권 확인을 구할 이익이 있다고 보고, 이 부분 소송은 행정소송법상 당사자소송에 해당한다고 한 사례(대판 2016. 12. 15, 2016다221566[소유권확인]).

### (2) 환지계획의 작성

시행자는 도시개발사업의 전부 또는 일부를 환지 방식으로 시행하려면 다음의 사항이 포함된 환지계획을 작성하여야 한다. ① 환지설계, ② 필지별로 된 환지명세, ③ 필지별과 권리별로 된 청산대상토지 명세, ④ 제34조에 따른 체비지(替費地) 또는 보류지(保留地)의 명세, ⑤ 제32조에 따른 입체 환지를 계획하는 경우에는 입체 환지용 건축물의 명세와 제32조의3에 따른 공급 방법·규모에 관한 사항, ⑥ 그 밖에 국토교통부령으로 정하는 사항(제28조 제1항).

### (3) 환지계획의 기준

환지계획은 종전의 토지 및 환지의 위치·지목·면적·토질·수리·이용상황·환경, 그 밖의 사항을 종합적으로 고려하여 합리적으로 정하여야 한다(제28조 제2항). 도시개발법은 특히 다음 사항에 관하여 특별한 규정을 두고 있다.

#### 1) 동의 등에 의한 환지의 제외

토지 소유자가 신청하거나 동의하면 해당 토지의 전부 또는 일부에 대하여 환지를 정하지 아니할 수 있다. 다만, 해당 토지에 관하여 임차권자등이 있는 경우에는 그 동의를 받아야 한다(제30조 제1항).

시행자는 도시개발구역에 있는 **기존 건축물이나 그 밖의 시설**을 이전하거나 철거하지 아니하여도 도시개발사업에 지장이 없다고 인정하여 대통령령으로 정하는 요건을 충족하는 경우에는 이를 **존치**하게 할 수 있다(제65조의2 제1항).

### 2) 토지면적을 고려한 환지

시행자는 토지면적의 규모를 조정할 특별한 필요가 있는 때에는 면적이 작은 토지에 대하여는 과소토지가 되지 아니하도록 면적을 증가하여 환지를 정하거나 환지대상에서 제외할 수 있고, 면적이 넓은 토지에 대하여는 그 면적을 감소하여 환지를 정할 수 있다(제31조 제1항).

### 3) 입체환지

시행자는 도시개발사업을 원활히 시행하기 위하여 특히 필요한 경우에는 토지 또는 건축물 소유자의 신청을 받아 건축물의 일부와 그 건축물이 있는 토지의 공유지분을 부여할 수 있다. 다만, 토지 또는 건축물이 대통령령으로 정하는 기준 이하인 경우에는 시행자가 규약·정관 또는 시행규정으로 신청대상에서 제외할 수 있다(제32조 제1항).

입체환지(立體換地)라 함은 시행자가 토지소유자의 동의를 얻어 환지의 목적인 토지에 갈음하여 시행자에게 처분할 권한이 있는 건축물의 일부와 당해 건축물이 있는 토지의 공유지분을 부여하는 것을 말한다. 입체환지는 환지로 건축물의 일부와 당해 건축물이 있는 토지의 공유지분을 부여하는 점에서 통상의 공용환지와 구별되고, 토지소유자의 동의를 얻어 행하는 점에서 공용환권과 구별된다.

### 4) 집단환지

**집단환지 방식의 도시개발사업**이란 구 도시개발법 시행규칙 제27조 제9항에 근거하여 환지 방식의 도시개발사업과 집합건물(특히 공동주택) 건설사업이 혼합되어 진행되어, 도시개발사업의 시행자가 선정한 별도의 사업주체가 도시개발사업의 시행으로 조성된 일단의 토지에 곧바로 집합건물 건설사업을 시행할 수 있도록 하는 한편, 종전 토지의 토지소유자들에게는 그 일단의 토지에 대한 공유지분을 배분하여 그 공유지분을 집합건물 건설사업주체에게 매도하거나 출자하여 그 매매대금을 지급받거나 신축주택을 분양받도록 하는 방식으로 시행되는 사업방식을 말한다(대판 2018. 03. 29, 2017두70946).

[판례] [집단환지 방식의 도시개발사업에서 집단환지를 신청한 토지소유자의 법적 지위가 다투어진 사건] 집단환지 방식의 도시개발사업에서 주택건설사업주체가 집단환지를 공동주택건설사업부지로 사용하려면, 집단환지의 공유지분을 취득할 예정인 토지소유자들로부터 개별적인 토지사용승낙을

받아야 하는지 여부(소극): 집단환지 방식의 사업특성과 환지예정지 지정처분의 임시적·잠정적 성격을 고려하면, 집단환지 방식으로 도시개발사업과 집합건물 건설사업이 혼합되어 진행되는 경우에는 집단환지의 공유지분을 배분받게 되는 토지소유자들이 집합건물 건설사업주체에게 공유지분을 개별적으로 매도·출자하거나 사용승낙을 하는 것이라기보다는 원칙적으로 도시개발사업의 시행자에 의해서 집단환지 전체에 대한 권리가 일괄적으로 행사됨을 전제로 한다고 볼 수 있다. 이러한 전제에 따르면 특별한 사정이 없는 한 토지소유자는 집단환지를 신청함으로써 이러한 사업진행 방식에 동의하는 것으로 볼 수 있고, 환지예정지 지정처분이 있더라도 토지소유자들이 집단환지예정지에서 시행될 주택건설사업과 관련하여 건설사업주체에게 집단환지의 공유지분에 대한 사용권원을 부여하는 개별적인 토지사용승낙의 의사표시를 하여야 하는 것은 아니라고 할 것이다(대판 2018. 03. 29, 2017두70946[주택건설사업계획승인처분취소]). 〈해설〉 집단환지 방식의 도시개발사업에 관한 법리를 판시한 최초의 대법원 판결이다.

### 5) 공공시설의 용지 등에 관한 조치

토지보상법 제4조 각 호의 1에 해당하는 공공시설의 용지(用地)에 대하여는 환지계획을 정함에 있어서 그 위치·면적 등에 관하여 제28조 제2항의 규정에 의한 기준을 적용하지 아니할 수 있다(제33조 제1항). 시행자가 도시개발사업의 시행으로 국가 또는 지방자치단체의 소유에 속하는 공공시설에 대체되는 공공시설을 설치하는 경우 종전의 공공시설의 전부 또는 일부의 용도가 폐지 또는 변경되어 불용으로 될 토지에 대하여는 제66조 제1항 및 제2항의 규정에 불구하고 환지를 정하지 아니하며 이를 다른 토지에 대한 환지의 대상으로 하여야 한다(제33조 제2항).

### 6) 체비지·보류지

시행자는 도시개발사업에 필요한 경비에 충당하거나 규약·정관·시행규정 또는 실시계획이 정하는 목적을 위하여 일정한 토지를 환지로 정하지 아니하고 이를 체비지 또는 보류지로 정할 수 있으며 그중 일부를 체비지로 정하여 도시개발사업에 필요한 경비에 충당할 수 있다(제34조 제1항).

체비지(替費地)라 함은 사업시행에 필요한 경비에 충당하는 등의 목적을 위하여 환지계획에서 환지로 정하지 아니한 토지를 말하고, 보류지(保留地)라 함은 사업시행 경비, 공공용지 확보 등의 목적을 위하여 환지로 정하지 아니하고 보류해 두는 토지를 말한다. 보류지는 공공시설용지와 체비지를 포함한다.

특별자치도시자·시장·군수 또는 구청장은 주택법에 의한 공동주택의 건설을 촉진하기 위하여 필요하다고 인정하는 때에는 제1항의 규정에 의한 체비지 중 일부를 같은 지역 안에 집단으로 정하게 할 수 있다(제34조 제2항).

### (4) 환지계획의 인가 등

행정청이 아닌 시행자가 환지계획을 작성한 때에는 시장·군수 또는 구청장의 인가를 받아야 한다(제29조 제1항).

행정청이 아닌 시행자가 제1항에 따라 환지계획의 인가를 신청하려고 하거나 행정청인 시행자가 환지계획을 정하려고 하는 경우에는 토지 소유자와 해당 토지에 대하여 임차권, 지상권, 그 밖에 사용하거나 수익할 권리(이하 '임차권등'이라 한다)를 가진 자(이하 '임차권자등'이라 한다)에게 환지계획의 기준 및 내용 등을 알리고 대통령령으로 정하는 바에 따라 관계 서류의 사본을 일반인에게 공람시켜야 한다. 다만, 대통령령으로 정하는 경미한 사항을 변경하는 경우에는 그러하지 아니하다(제29조 제3항). 토지소유자 또는 임차권자 등은 제3항의 공람기간 내에 시행자에게 의견서를 제출할 수 있으며, 시행자는 그 의견이 타당하다고 인정하는 때에는 환지계획에 이를 반영하여야 한다(제29조 제4항).

**[판례]** ① 구 토지구획정리사업법상 최초의 공람과정에서 제시된 이해관계인의 의견에 따라 환지계획을 수정하여 인가신청하는 경우, 그 전에 수정된 내용에 대한 재공람절차를 거쳐야 하며 그 재공람절차를 거치지 않고 인가받은 환지계획 및 그 환지계획에 따라 이루어진 환지예정지지정처분은 위법하다. 그리고, 토지구획정리 사업시행자가 수정된 환지계획을 공람시키는 절차를 취하지 아니한 채 관할 시장에게 사업계획변경 및 환지계획 인가신청을 접수한 후 관할 시장이 공람절차를 거쳤으나, 관할 시장이 한 공람절차는 사업계획변경인가시에 요구되는 공람절차에 관한 규정에 의한 것으로 그것만으로는 사업시행자 자신이 실시하여야 할 수정된 환지계획에 관한 공람절차를 거친 것으로 인정할 수 없다(대판 2001. 10. 30, 99두11110[환지예정지지정처분취소소송]). ② [1] 토지구획정리사업의 환지계획에서 학교용지로 지정된 토지에 대하여 국가 또는 지방자치단체가 환지처분의 공고가 있기 전에 물권 유사의 사용수익권이나 관리권을 가지는지 여부(소극): 토지구획정리사업의 환지계획에서 공공시설용지로 지정된 토지라도 환지처분의 공고가 있기 전까지는 사업시행자가 구 토지구획정리사업법(2000. 1. 28. 법률 제6252호로 폐지) 제59조에 의하여 관리하는 공법상의 관리대상 토지일 뿐이므로, 환지계획에서 학교용지로 지정된 토지라고 하여 환지처분의 공고가 있기 전에 국가 또는 지방자치단체가 이에 대하여 물권 유사의 사용수익권이나 관리권을 가진다고 할 수 없다. [2] 甲 토지구획정리조합이 환지계획을 인가받으면서 체비지 겸 학교용지로 인가받은 토지에 대하여 체비지대장에 甲 조합을 토지의 소유자로 등재한 후 소유자명의를 乙 주식회사 앞으로 이전하였는데, 환지처분이 이루어지지 않은 상태에서 丙 지방자치단체가 甲 조합을 상대로 환지처분의 공고 다음 날에 토지의 소유권을 원시취득할 지위에 있음의 확인을 구한 사안에서, 丙 지방자치단체는 甲 조합을 상대로 위와 같은 지위 확인을 구할 확인의 이익이 있고, 이는 행정소송법상 당사자소송에 해당한다고 한 사례(대판 2016. 12. 15, 2016다221566).

## 6. 환지예정지의 지정

### (1) 의    의

환지예정지(換地豫定地)라 함은 환지처분이 행해지기 전에 종전의 토지 대신에 사용하거나 수익하도록 지정된 토지를 말한다.

도시개발사업의 시행에는 상당히 오랜 시일이 걸리므로 도시개발사업의 시행중에도 도시개발사업에 지장이 없는 한도 내에서 종전의 토지에 갈음하여 환지로 예정된 토지를 사용 또는 수익하게 해 줄 필요가 있다. 이것이 환지예정지지정제도의 취지이다.

이러한 취지에서 도시개발법은 시행자로 하여금 도시개발사업의 시행을 위하여 필요한 때에는 도시개발구역 안의 토지에 대하여 환지예정지를 지정할 수 있도록 하고 있다(제35조 제1항).

## (2) 지정절차 등

환지예정지의 지정은 시행자가 행한다. 시행자는 환지예정지를 지정함에 있어 종전의 토지에 대한 임차권자 등이 있는 경우에는 해당 환지예정지에 대하여 해당 권리의 목적인 토지 또는 그 부분을 아울러 지정하여야 한다(제35조 제1항).

제29조 제3항 및 제4항은 제11조 제1항 제5호부터 제11호까지의 규정에 따른 시행자가 환지예정지를 지정하려고 할 때에 이를 준용한다(제35조 제2항).

시행자가 제1항에 따라 환지 예정지를 지정하려면 관계 토지 소유자와 임차권자등에게 환지 예정지의 위치·면적과 환지 예정지 지정의 효력발생 시기를 알려야 한다(제35조 제3항).

환지예정지지정처분은 관계토지소유자와 임차권자 등에 대한 통지로 시행자가 정한 효력발생시기에 효력을 발생한다(대판 1962. 05. 07, 62누10).

## (3) 환지예정지 지정의 성질 및 효과

아래에서 보는 바와 같이 환지예정지 지정이 있게 되면 종전의 토지와 환지예정지에 대한 사용 또는 수익권에 변동이 일어나므로 환지예정지 지정행위는 행정처분이다.

환지 예정지가 지정되면 종전의 토지의 소유자와 임차권자등은 환지 예정지 지정의 효력발생일부터 환지처분이 공고되는 날까지 환지 예정지나 해당 부분에 대하여 종전과 같은 내용의 권리를 행사할 수 있으며 종전의 토지는 사용하거나 수익할 수 없다(제36조 제1항).

시행자는 제35조 제1항에 따라 환지 예정지를 지정한 경우에 해당 토지를 사용하거나 수익하는 데에 장애가 될 물건이 그 토지에 있거나 그 밖에 특별한 사유가 있으면 그 토지의 사용 또는 수익을 시작할 날을 따로 정할 수 있다(제36조 제2항).

환지 예정지 지정의 효력이 발생하거나 제2항에 따라 그 토지의 사용 또는 수익을 시작하는 경우에 해당 환지 예정지의 종전의 소유자 또는 임차권자등은 제1항 또는 제2항에서 규정하는 기간에 이를 사용하거나 수익할 수 없으며 제1항에 따른 권리의 행사를 방해할 수 없다(제36조 제3항).

시행자는 제34조에 따른 체비지의 용도로 환지 예정지가 지정된 경우에는 도시개발사업에 드는 비용을 충당하기 위하여 이를 사용 또는 수익하게 하거나 처분할 수 있다(제36조 제4항).

제48조 및 제49조의 규정은 임차권 등의 목적인 토지에 관하여 환지예정지가 지정된 경우 임대료·지료 기타 사용료 등의 증감이나 권리의 포기 등에 관하여 이를 준용한다(제36조 제5항).

어떤 토지가 다른 토지의 환지예정지로 지정되었다 하더라도 그 토지의 소유자는 환지의 인가와 고시가 있을 때까지는 그 소유권을 상실하는 것은 아니므로 이를 처분할 수 있다(대판 1963. 05. 15, 63누21).

**[판례]** 집단환지 방식의 도시개발사업에서 환지예정지 지정처분의 성격: 도시개발법 제35조 제1항, 제36조 제1항, 제42조 제1항, 제6항 등에 따르면, 종전의 토지에 대한 권리 소멸과 환지에 대한 권리 취득이라는 **법률상 권리변동은 환지처분에 의해서 발생하며,** 환지예정지 지정처분은 토지소유자로 하여금 환지계획상 환지로 정하여진 토지를 환지처분이 공고되기 전까지 임시로 사용·수익할 수 있게 하는 한편, 종전의 토지를 사용·수익할 수 없게 하는 처분에 불과하다. 이처럼 토지소유자가 환지예정지 지정처분의 효과로서 환지예정지를 임시로 사용·수익하는 것은 도시개발사업의 시행에 지장이 없는 범위 내에서 허용되는 것인데, 집단환지 방식의 경우 토지소유자가 개별 필지를 환지예정지로 지정받는 것이 아니라 집합건물 건설사업의 부지로 사용될 일단의 토지의 공유지분을 환지예정지로 지정받는 것이므로, **집단환지 방식에서 환지예정지 지정처분은 집단환지 대상자인 토지소유자로 하여금 장래 환지처분이 공고되면 집단환지예정지의 공유지분을 취득할 잠정적 지위에 있음을 알리는 것에 불과할 뿐,** 토지소유자가 집단환지예정지의 공유지분에 관하여 현실적으로 사용·수익하거나 그 밖의 방법으로 권리행사를 할 수 있는 지위를 설정하여 주는 것은 아니다(대판 2018. 03. 29, 2017두70946).

### (4) 환지예정지 지정처분에 대한 불복

환지예정지 지정처분은 처분으로서 항고소송의 대상이 되나 환지처분이 일단 공고되어 효력을 발생하게 되면 환지예정지 지정처분은 그 효력이 소멸되는 것이므로, 환지처분이 공고된 후에는 환지예정지 지정처분에 대하여 그 취소를 구할 법률상 이익은 없다(대판 1999. 10. 08, 99두6873).

### 7. 환지처분

### (1) 의    의

환지처분(換地處分)은 사업시행자가 환지계획구역의 전부 또는 그 구역 내의 일부 공구에 대하여 공사를 완료한 후 환지계획에 따라 환지교부 등을 하는 처분이다. 환지처분은 환지계획구역에 대한 공사가 완료되기를 기다려서 환지계획에 정하여져 있는 바를 토지소유자에게 통지하고 그 뜻을 공고함으로써 효력이 발생된다.

### (2) 환지처분의 절차

시행자는 지정권자에 의한 준공검사를 받은 경우(지정권자가 시행자인 경우에는 제51조에 따른 공사 완료 공고가 있는 때)에는 대통령령으로 정하는 기간에 환지처분을 하여야 한다(제40조 제4항).

시행자는 환지처분을 하려는 경우에는 환지계획에서 정한 사항을 토지 소유자에게 알리고 대통령령으로 정하는 바에 따라 이를 공고하여야 한다(제40조 제5항).

### (3) 환지처분의 효력발생요건

환지처분은 사업시행자에 의한 공고에 의하여 외부적으로 성립하고 그 공고익일부터 실체법상의 효과가 발생한다(대판 1991. 05. 10, 90누3591; 대판 2023. 08. 31, 2022다305724). 또한, 환지계획의 내용에 의하지 아니하거나 환지계획에 없는 사항을 내용으로 하는 환지처분은 무효이다(대판 2000. 02. 25, 97누5534; 대판 2023. 08. 31, 2022다305724).

[판례] (1) 도시개발법상의 환지처분의 효력발생요건에 관한 위 법리는 산업입지법과 산단절차간소화법에 따른 산업단지 개발사업에서 이루어지는 환지에도 그대로 적용된다. (2) 산업단지 개발사업의 사업시행자인 원고가 그 사업을 진행하면서 사업구역 내에 토지를 소유하고 있는 소외 조합에 대하여 소외 조합이 당초 소유하고 있던 토지보다 넓은 면적의 토지('이 사건 토지')를 공급하기로 하는 산업단지계획을 작성하여 승인받고, 이에 따라 이 사건 토지에 대하여 환지를 이유로 소외 조합 명의로 소유권이전등기가 이루어진 사안에서 이 사건 토지를 원고에게 환지한다는 내용의 환지계획이 산업단지계획에 첨부되지 않았고 도시개발법에 따른 환지처분도 공고되지 않았으므로 그 환지처분의 효력이 발생하지 않아 이 사건 토지 중 당초 소외 조합이 소유하고 있지 않던 부분에 대한 소외 조합 명의의 소유권이전등기는 무효라고 보아, 이 사건 토지에 대한 환지처분의 효력이 발생하지 않았다고 한 사례(대판 2023. 08. 31, 2022다305724).

### (4) 환지처분의 효과

#### 1) 소유권 등의 변동

환지처분으로 환지계획에서 정한 내용에 따른 권리변동이 발생한다(대판 2020. 05. 28, 2016다233729).

[판례] 종전 토지 중 환지계획에서 환지를 정한 경우 **종전 토지와 환지 사이에 동일성이 유지되므**로 종전 토지의 권리제한은 환지에 설정된 것으로 보게 되고, 환지를 정하지 않은 종전 토지의 권리제한은 환지처분으로 소멸하게 된다. 이에 따라 체비지 또는 보류지는 그에 상응하는 종전 토지에 아무런 권리제한이 없는 상태로 구 도시개발법 제41조 제5항에서 정한 바에 따라 소유권을 취득한다(대판 2020. 05. 28, 2016다233729).

환지계획에서 정하여진 환지는 그 환지처분이 공고된 날의 다음 날부터 종전의 토지로 보며, 환지계획에서 환지를 정하지 아니한 종전의 토지에 있던 권리는 그 환지처분이 공고된 날이 끝나는 때에 소멸한다(제42조 제1항). 제1항은 행정상 처분이나 재판상의 처분으로서 종전의 토지에 전속(專屬)하는 것에 관하여는 영향을 미치지 아니한다(제42조 제2항). 도시개발구역의 토지에 대한 지역권(地役權)은 제1항에도 불구하고 종전의 토지에 존속한다. 다만, 도시개발사업의 시행으로 행사할 이익이 없어진 지역권은 환지처분이 공고된 날이 끝나는 때에 소멸한다(제42조 제3항).

개인 소유이던 어떤 토지가 구획정리사업의 환지처분에 의하여 소유권이 상실되었다고 하기 위해서는 그 토지가 구획정리사업구역 내의 토지로서 환지처분에 따른 '환지의 대상'에 포함되는 것임이 전제되어야 한다. 일단 환지처분이 고시되어 효력을 발생한 이상, 환지처분의 대상이 된 특정 토지에 대한 개별적인 '환지'가 지정되어 있어야만 환지처분에 따른 소유권 상실의 효과가 그 토지에 대하여 발생하는 것은 아니다(대판 2019. 01. 31, 2018다255105).

**[판례]** 사업시행자가 구 농촌근대화촉진법(1989. 4. 1. 법률 제4118호로 개정되기 전의 것)에 따른 구획정리사업을 시행하면서 **사유지에 대하여 환지를 지정하지 아니하고 청산금도 지급하지 않는 내용으로 환지계획을 작성하여 인가·고시됨으로써 그 토지의 소유권을 상실시켰다면**, 위법한 환지처분으로 토지 소유자에게 입힌 손해를 배상할 책임이 있다. 이 경우 사업시행자가 배상할 손해액은 구획정리사업의 시행으로 토지 소유권을 상실하게 되는 경우의 손실보상금인 청산금 상당액이라고 보아야 하고, 그 손해배상청구권은 환지처분의 고시일 다음 날부터 민법 제766조 제2항에서 정한 소멸시효가 진행된다(대판 2019. 01. 31, 2018다255105).

환지계획에 따라 환지처분을 받은 자는 환지처분이 공고된 날의 다음 날에 환지계획으로 정하는 바에 따라 건축물의 일부와 해당 건축물이 있는 토지의 공유지분을 취득한다. 이 경우 종전의 토지에 대한 저당권은 환지처분이 공고된 날의 다음 날부터 해당 건축물의 일부와 해당 건축물이 있는 토지의 공유지분에 존재하는 것으로 본다(제42조 제4항).

체비지는 시행자가, 보류지는 환지계획에서 정한 자가 각각 환지처분이 공고된 날의 다음 날에 해당 소유권을 취득한다. 다만, 제36조 제4항에 따라 이미 처분된 체비지는 그 체비지를 매입한 자가 소유권 이전 등기를 마친 때에 소유권을 취득한다(제42조 제5항).

**[판례]** 1. 구 토지구획정리사업법 제2조 제1항 제1호, 제2호, 제63조에 의하면, 토지구획정리사업의 환지계획에서 초등학교 및 중고등학교 교육에 필요한 학교용지로 지정된 토지는 환지처분의 공고 다음 날에 법 제63조 본문에 따라 토지를 관리할 국가 또는 지방자치단체(이하 '국가 등'이라고 한다)에 귀속되어 국가 등이 소유권을 원시취득하고, 그 대신 국가 등은 법 제63조 단서에 따라 사업시행자에게 학교용지의 취득에 대한 대가를 지급할 의무를 부담하게 된다(대판 2016. 12. 15, 2016다221566).

② 사업시행자의 학교용지 인도의무와 국가 등의 학교용지대금 지급의무는 법 제63조 규정에 의해 인정되는 것으로서 상호 대가적 관계에 있거나 동일한 법률요건으로부터 생겨 공평의 관점에서 보아 견련적으로 이행되어야 함이 마땅한 경우로서 **동시이행관계에 있다고 봄이 타당하다**(대판 2018. 07. 24, 2017다291593).

### 2) 청산금

환지를 정하거나 그 대상에서 제외한 경우 그 과부족분(過不足分)은 종전의 토지(제32조에 따라 입체 환지 방식으로 사업을 시행하는 경우에는 환지 대상 건축물을 포함한다. 이하 제42조 및 제45조에서 같다) 및 환지의 위치·지목·면적·토질·수리·이용 상황·환경, 그 밖의 사항을 종합적으로 고려하여 금전으로 청산하여야 한다(제41조 제1항).

제1항에 따른 청산금(淸算金)은 환지처분을 하는 때에 결정하여야 한다. 다만, 제30조나 제31조에 따라 환지 대상에서 제외한 토지 등에 대하여는 청산금을 교부하는 때에 청산금을 결정할 수 있다(제41조 제2항).

제41조의 규정에 의한 청산금은 환지처분이 공고된 날의 다음 날에 확정된다(제42조 제6항).

시행자는 환지처분이 공고된 후에 확정된 청산금을 징수하거나 교부하여야 한다. 다만, 제30조와 제31조에 따라 환지를 정하지 아니하는 토지에 대하여는 환지처분 전이라도 청산금을 교부할 수 있다(제46조 제1항).

**[판례]** 지방자치단체의 장이 징수위탁에 응하지 아니하는 등의 특별한 사정이 있는 때에는 도시개발법상 사업시행자인 도시개발사업조합은 **조합원을 상대로** 직접 **공법상 당사자소송으로 환지청산금의 지급을 구할 수 있다**(대판 2017. 04. 28, 2013다1211).

### (5) 환지처분에 대한 불복

환지처분은 그에 의하여 직접 토지소유자 등의 권리의무가 변동되므로 이를 항고소송의 대상이 되는 처분이라고 볼 수 있다(대판 1999. 08. 20, 97누6889).

환지처분은 환지계획에 따라 행해져야 하므로 환지계획과는 별도의 내용을 가진 환지처분은 있을 수 없다. 따라서 환지계획에 의하지 아니하거나 환지계획에도 없는 사항을 내용으로 하는 환지처분은 당연무효로서 그 효력을 발생할 수 없다(대판 1990. 10. 10, 89누4673; 2000. 02. 25, 97누5534).

환지처분이 일단 공고되어 그 효력을 발생하게 된 이후에는 환지 전체의 절차를 처음부터 다시 밟지 않은 한 그 일부만을 따로 떼어 환지처분을 변경할 수는 없다(대판 1990. 09. 25, 88누2557; 1993. 05. 27, 92다14878). 그러한 절차를 밟지 아니하고 한 환지변경처분은 무효이다(대판 1998. 02. 13, 97다49459). 즉 판례는 환지처분을 불가분

의 처분으로 보고, 환지확정처분의 일부취소를 구하는 소송의 소의 이익을 인정하지
않는다.

**[판례]** 환지확정처분의 일부에 대한 취소를 구할 소의 이익의 유무: 토지구획정리사업법에 의한 환
지처분이 일단 공고되어 그 효력을 발생한 이상 환지전체의 절차를 처음부터 다시 밟지 않는 한
그 일부만을 따로 떼어 환지처분을 변경할 길이 없으므로 그 환지처분 중 일부 토지에 관하여 환
지도 지정하지 아니하고 또 정산금도 지급하지 아니한 위법이 있다 하여도 이를 이유로 민법상의
불법행위로 인한 손해배상을 구할 수 있으므로 그 환지확정처분의 일부에 대하여 취소를 구할 법
률상 이익은 없다(대판 1985. 04. 23, 84누446).

새로운 환지처분이 적법하게 이루어지면 당초의 환지처분이 무효라는 확인을
구할 법률상의 이익이 없어진다(대판 2002. 04. 23, 2000두2495).

환지처분에 대한 전부취소의 소는 가능하나 사정판결의 대상이 될 수 있다.

### (6) 환지처분의 변경

환지처분이 일단 확정되어 효력을 발생한 후에는 이를 소급하여 시정하는 뜻의
환지변경처분은 이를 할 수 없고, 그러한 환지변경의 절차가 필요할 때에는 그를 위
하여 환지 전체의 절차를 처음부터 다시 밟아야 하며 그 일부만을 따로 떼어 환지처
분을 변경할 수 없음은 물론, 그러한 절차를 밟지 아니하고 한 환지변경처분은 무효
이다(대판 1998. 02. 13, 97다49459).

### 8. 체비지 및 보류지

① 시행자는 제34조에 따른 체비지(替費地)나 보류지(保留地)를 규약·정관·시행
규정 또는 실시계획으로 정하는 목적 및 방법에 따라 합리적으로 처분하거나 관리하
여야 한다(제44조 제1항).

② 행정청인 시행자가 제1항에 따라 체비지 또는 보류지를 관리하거나 처분(제
36조 제4항에 따라 체비지를 관리하거나 처분하는 경우를 포함한다)하는 경우에는 국가나 지
방자치단체의 재산처분에 관한 법률을 적용하지 아니한다. 다만, 신탁계약에 따라 체
비지를 처분하려는 경우에는 「공유재산 및 물품 관리법」 제29조 및 제43조를 준용한
다(제44조 제2항).

**[판례]** [1] 도시개발법에 따라 이루어진 **도시개발사업의 시행자는 체비지로 지정된 토지에 관하여
환지처분공고 다음 날에 소유권을 원시적으로 취득하게 되나,** 당해 **체비지를 매수한 자는 토지를
점유하거나 체비지대장에 등재되었다고 하더라도 소유권이전등기를 마친 때에 비로소 소유권을
취득하게 된다.** 따라서 환지처분 전 시행자로부터 체비지를 매수한 자 또는 그 전매수인이 자신의
매도인에 대하여 가지는 체비지에 관한 소유권이전등기청구권 등의 권리는 모두 매매계약에 기한

채권적 청구권으로서, 이를 행사하기 위하여 체비지대장에의 등재와 같은 공시방법이 별도로 요구되는 것이 아니다. [2] 甲 주식회사는 도시개발사업의 시행자인 乙 조합으로부터 기성금 명목으로 체비지를 지급받은 다음 이를 다시 丙에게 매도하였는데, 乙 조합의 조합장인 피고인이 환지처분 전 체비지대장에 소유권 취득자로 등재된 甲 회사와 丙의 명의를 임의로 말소함으로써 재산상 이익을 취득하고 丙에게 손해를 가하였다는 배임의 공소사실로 기소된 사안에서, 乙 조합이 시행한 도시개발사업은 도시개발법에 따라 이루어진 것이므로 체비지대장에의 등재가 환지처분 전 체비지 양수인이 취득하는 채권적 청구권의 공시방법이라고 볼 수 없다는 등의 이유로, 이와 다른 전제에서 피고인의 행위가 배임죄를 구성한다고 본 원심판결에 법리오해의 잘못이 있다고 한 사례(대판 2022. 10. 14, 2018도13604).

## 9. 감가보상금

행정청인 시행자는 도시개발사업의 시행으로 사업 시행 후의 토지 가액(價額)의 총액이 사업 시행 전의 토지 가액의 총액보다 줄어든 경우에는 그 차액에 해당하는 감가보상금(減價補償金)을 대통령령으로 정하는 기준에 따라 종전의 토지 소유자나 임차권자등에게 지급하여야 한다(제45조).

# 제 2 항 공용환권

## Ⅰ. 공용환권의 의의

공용환권(公用換權)이라 함은 일정한 지역 안에서 토지와 건축물 등 도시공간의 효용을 증대시키기 위한 사업을 실시하기 위하여 토지 및 건축물의 소유권 및 기타의 권리를 권리자의 의사와 관계없이 강제적으로 교환·분합하는 것을 말한다.

공용환권은 공익개발사업을 토지의 수용에 의해 행하지 않고 권리의 교환·분합에 의해 행하는 점에서 공용환지와 동일하나, 공용환지가 원칙상 토지에 대한 권리의 교환·분합에 한정되는 데 반하여 공용환권은 토지뿐만 아니라 건축물에 대한 권리도 포함하여 교환·분합하는 점에서 공용환지와 구별된다. 공용환지에서도 예외적으로 토지에 갈음하여 건축물의 일부와 그 건축부지의 공유지분을 주는 입체환지가 인정되지만 입체환지는 토지소유자의 동의가 있을 때에만 행해질 수 있는 반면에 공용환권은 권리자의 의사와 관계없이 행해진다.

도시 및 주거환경정비법(이하 '도시정비법'이라 한다)은 재개발사업, 재건축사업 및 주거환경개선사업 등(이하 '정비사업'이라 한다)에 공용환권의 방식을 도입하고 있다. 이하 재개발조합 및 재건축조합에 의한 재개발 및 재건축사업에서의 공용환권을 고찰하기로 한다.

## Ⅱ. 재개발사업 등

### 1. 의의와 법적 규율

재개발사업이라 함은 "정비기반시설이 열악하고 노후·불량건축물이 밀집한 지역에서 주거환경을 개선하거나 상업지역·공업지역 등에서 도시기능의 회복 및 상권 활성화 등을 위하여 도시환경을 개선하기 위한 사업"을 말하고, 재건축사업이라 함은 "정비기반시설은 양호하나 노후·불량건축물에 해당하는 공동주택이 밀집한 지역에서 주거환경을 개선하기 위하여 시행하는 사업"을 말하고, 주거환경개선사업이라 함은 "도시저소득 주민이 집단거주하는 지역으로서 정비기반시설이 극히 열악하고 노후·불량건축물이 과도하게 밀집한 지역의 주거환경을 개선하거나 단독주택 및 다세대주택이 밀집한 지역에서 정비기반시설과 공동이용시설 확충을 통하여 주거환경을 보전·정비·개량하기 위한 사업"을 말한다(제2조 제2호).

재개발사업 중 한국토지주택공사등이 재개발사업의 사업시행자로 참여하고, 일정 세대수 이상의 '공공주택'을 건설·공급하는 재개발사업을 **"공공재개발사업"**이라 하고(제2조 제2호 나목), 사업시행자가 한국토지주택공사등으로 일정 세대수 이상을 건설·공급하는 재건축사업을 **공공재건축사업**이라 한다(제2조 제2호 다목).

재개발사업 등을 규율하는 법은 도시 및 주거환경정비법(이하 '도시정비법'이라 한다)이다. 도시정비법은 도시재개발법, 도시저소득주민의 주거환경개선을 위한 임시조치법 및 주택건설촉진법 중 재건축사업에 관한 규정을 통합한 법률이다.

정비사업은 대부분 다음과 같은 과정으로 진행된다: 조합설립추진위원회 구성 및 승인 – 정비계획 수립과 정비구역 지정 – 추진위원회 구성 및 승인 – 조합설립 및 인가 – 시공사의 선정과 **재건축조합**의 매도청구 – 사업시행계획인가 – 정비조합(재개발사업의 경우)의 토지수용 – 관리처분계획 및 인가 – 이전고시 – 청산금 부과 및 조합의 해산.

### 2. 도시·주거환경정비기본계획의 수립

특별시장·광역시장·특별자치시장·특별자치도지사 또는 시장은 관할 구역에 대하여 도시·주거환경정비기본계획(이하 '기본계획'이라 한다)을 10년 단위로 수립하여야 한다. 다만, 도지사가 대도시가 아닌 시로서 기본계획을 수립할 필요가 없다고 인정하는 시에 대하여는 기본계획을 수립하지 아니할 수 있다(제4조 제1항).

기본계획은 도시 및 주거환경정비에 관한 기본방침을 정하는 행정계획으로서 대외적으로는 구속력이 없고, 대내적으로만 구속력이 인정되는 것이므로 항고소송의 대상이 되는 처분이라고 할 수 없다.

## 3. 정비계획의 수립, 정비구역의 지정 및 해제

특별시장·광역시장·특별자치시장·특별자치도지사·시장 또는 군수(광역시의 군수는 제외하며, 이하 "시·도지사"라 한다)는 기본계획에 적합한 범위에서 노후·불량건축물이 밀집하는 등 대통령령으로 정하는 요건에 해당하는 구역에 대하여 제16조에 따라 **정비계획을 결정하여 정비구역을 지정**(변경지정을 포함한다)할 수 있다(제8조 제1항). 제1항에도 불구하고 제26조 제1항 제1호 및 제27조 제1항 제1호에 따라 정비사업을 시행하려는 경우에는 기본계획을 수립하거나 변경하지 아니하고 정비구역을 지정할 수 있다(제8조 제2항). 정비구역의 지정권자는 정비구역의 진입로 설치를 위하여 필요한 경우에는 진입로 지역과 그 인접지역을 포함하여 정비구역을 지정할 수 있다(제8조 제3항).

**토지주택공사등**(제26조에 따라 사업시행자로 지정되려는 경우로 한정한다. 이하 이 장에서 같다) 또는 **지정개발자**(제27조제1항에 따른 신탁업자로 한정한다. 이하 이 장에서 같다)는 제8조에도 불구하고 대통령령으로 정하는 비율 이상의 토지등소유자의 동의를 받아 정비구역의 지정권자(특별자치시장·특별자치도지사·시장·군수인 경우로 한정한다. 이하 이 장에서 같다)에게 **정비구역의 지정**(변경지정을 포함한다. 이하 이 조에서 같다)을 **제안**할 수 있다(제101조의8 제1항).

**토지등소유자** 또는 제31조에 따른 **조합설립추진위원회**(이하 "추진위원회"라 한다)는 다음 각 호의 어느 하나에 해당하는 경우에는 정비계획의 입안권자에게 정비구역의 지정을 위한 **정비계획의 입안을 요청**할 수 있다. 1. 제5조 제1항 제10호에 따른 단계별 정비사업 추진계획상 정비예정구역별 정비계획의 입안시기가 지났음에도 불구하고 정비계획이 입안되지 아니한 경우, 2. 제5조 제2항에 따라 기본계획에 같은 조 제1항 제9호 및 제10호에 따른 사항을 생략한 경우, 3. 제4조 제1항에 따라 기본계획을 수립하지 아니한 지역으로서 대통령령으로 정하는 경우, 4. 천재지변 등 대통령령으로 정하는 불가피한 사유로 긴급하게 정비사업을 시행할 필요가 있다고 판단되는 경우(제13조의2 제1항).

**토지등소유자**(제5호의 경우에는 제26조 제1항 제1호 및 제27조 제1항 제1호에 따라 사업시행자가 되려는 자를 말한다) 또는 **추진위원회**는 다음 각 호의 어느 하나에 해당하는 경우에는 정비계획의 입안권자에게 **정비계획의 입안을 제안**할 수 있다. 1. 제5조 제1항 제10호에 따른 단계별 정비사업 추진계획상 정비예정구역별 정비계획의 입안시기가 지났음에도 불구하고 정비계획이 입안되지 아니하거나 같은 호에 따른 정비예정

구역별 정비계획의 수립시기를 정하고 있지 아니한 경우. 2. 토지등소유자가 제26조
제1항 제7호 및 제8호에 따라 토지주택공사등을 사업시행자로 지정 요청하려는 경
우. 3. 대도시가 아닌 시 또는 군으로서 시·도조례로 정하는 경우. 4. 정비사업을 통
하여 기업형임대주택을 공급하거나 임대할 목적으로 주택을 주택임대관리업자에게
위탁하려는 경우로서 제9조 제1항 제10호 각 목을 포함하는 정비계획의 입안을 요청
하려는 경우. 5. 제26조 제1항 제1호 및 제27조 제1항 제1호에 따라 정비사업을 시
행하려는 경우. 6. 토지등소유자(조합이 설립된 경우에는 조합원을 말한다. 이하 이 호에서
같다)가 3분의 2 이상의 동의로 정비계획의 변경을 요청하는 경우. 다만, 제15조 제3
항에 따른 경미한 사항을 변경하는 경우에는 토지등소유자의 동의절차를 거치지 아
니한다(제14조 제1항).

정비구역의 지정권자는 정비구역을 지정(변경지정을 포함한다. 이하 같다)하거나 정
비계획을 결정(변경결정을 포함한다. 이하 같다)한 때에는 정비계획을 포함한 정비구역
지정의 내용을 해당 지방자치단체의 공보에 고시하여야 한다. 이 경우 지형도면 고시
등에 있어서는 「토지이용규제 기본법」 제8조에 따른다(제16조 제2항).

제16조 제2항에 따라 정비구역의 지정·고시가 있는 경우 해당 정비구역 및 정
비계획 중 「국토의 계획 및 이용에 관한 법률」 제52조 제1항 각 호의 어느 하나에
해당하는 사항은 같은 법 제50조에 따라 지구단위계획구역 및 지구단위계획으로 결
정·고시된 것으로 본다(제17조 제1항). 「국토의 계획 및 이용에 관한 법률」에 따른 지
구단위계획구역에 대하여 제9조 제1항 각 호의 사항을 모두 포함한 지구단위계획을
결정·고시(변경 결정·고시하는 경우를 포함한다)하는 경우 해당 지구단위계획구역은 정
비구역으로 지정·고시된 것으로 본다(제17조 제2항).

정비구역 안에서는 정비계획의 내용에 적합하지 아니한 行爲가 制限된다. 정비
구역에서 다음 각 호의 어느 하나에 해당하는 행위를 하려는 자는 시장·군수등의 허
가를 받아야 한다. 허가받은 사항을 변경하려는 때에도 또한 같다. 1. 건축물의 건축,
2. 공작물의 설치, 3. 토지의 형질변경, 4. 토석의 채취, 5. 토지분할, 6. 물건을 쌓아
놓는 행위, 7. 그 밖에 대통령령으로 정하는 행위(제18조 제1항). 다만, 다음 각 호의
어느 하나에 해당하는 행위는 제1항에도 불구하고 허가를 받지 아니하고 할 수 있
다. 1. 재해복구 또는 재난수습에 필요한 응급조치를 위한 행위, 2. 그 밖에 대통령령
으로 정하는 행위(제18조 제2항).

이와 같이 정비구역의 지정 및 변경행위는 실질적으로 정비계획의 수립 및 변경
행위이고 대외적으로 일정한 구체적인 법적 구속력을 가지므로 구속적 행정계획에
속하며 항고소송의 대상이 된다.

정비구역의 지정권자는 **다음 각 호의 어느 하나에 해당하는 경우에는 정비구역 등을 해제하여야 한다.** 1. 정비예정구역에 대하여 기본계획에서 정한 정비구역 지정 예정일부터 3년이 되는 날까지 특별자치시장, 특별자치도지사, 시장 또는 군수가 정비구역을 지정하지 아니하거나 구청장등이 정비구역의 지정을 신청하지 아니하는 경우, 2. 재개발사업·재건축사업[제35조에 따른 조합(이하 "조합"이라 한다)이 시행하는 경우로 한정한다]이 다음 각 목의 어느 하나에 해당하는 경우. 가. 토지등소유자가 정비구역으로 지정·고시된 날부터 2년이 되는 날까지 추진위원회의 승인을 신청하지 아니하는 경우(제31조 제2항 제1호에 따라 추진위원회를 구성하는 경우로 한정한다), 나. 토지등소유자가 정비구역으로 지정·고시된 날부터 3년이 되는 날까지 제35조에 따른 조합설립인가(이하 "조합설립인가"라 한다)를 신청하지 아니하는 경우(제31조제4항에 따라 추진위원회를 구성하지 아니하는 경우로 한정한다), 다. 추진위원회가 추진위원회 승인일(제31조 제2항 제2호에 따른 추진위원회를 구성하는 경우에는 제16조에 따른 정비구역 지정·고시일로 본다)부터 2년이 되는 날까지 조합설립인가를 신청하지 아니하는 경우, 라. 조합이 조합설립인가를 받은 날부터 3년이 되는 날까지 사업시행계획인가를 신청하지 아니하는 경우, 3. 토지등소유자가 시행하는 재개발사업으로서 토지등소유자가 정비구역으로 지정·고시된 날부터 5년이 되는 날까지 사업시행계획인가를 신청하지 아니하는 경우(제20조 제1항). 구청장등은 제1항 각 호의 어느 하나에 해당하는 경우에는 특별시장·광역시장에게 정비구역등의 해제를 요청하여야 한다(제2항). 제1항에도 불구하고 정비구역의 지정권자는 다음 각 호의 어느 하나에 해당하는 경우에는 제1항제1호부터 제3호까지의 규정에 따른 해당 기간을 2년의 범위에서 연장하여 정비구역등을 해제하지 아니할 수 있다. 1. 정비구역등의 토지등소유자(조합을 설립한 경우에는 조합원을 말한다)가 100분의 30 이상의 동의로 제1항제1호부터 제3호까지의 규정에 따른 해당 기간이 도래하기 전까지 연장을 요청하는 경우, 2. 정비사업의 추진 상황으로 보아 주거환경의 계획적 정비 등을 위하여 정비구역등의 존치가 필요하다고 인정하는 경우(제6항).

정비구역의 지정권자는 **다음 각 호의 어느 하나에 해당하는 경우 지방도시계획 위원회의 심의를 거쳐 정비구역등을 해제할 수 있다.** 이 경우 제1호 및 제2호에 따른 구체적인 기준 등에 필요한 사항은 시·도조례로 정한다. 1. 정비사업의 시행으로 토지등소유자에게 과도한 부담이 발생할 것으로 예상되는 경우, 2. 정비구역등의 추진 상황으로 보아 지정 목적을 달성할 수 없다고 인정되는 경우, 3. 토지등소유자의 100분의 30 이상이 정비구역등(추진위원회가 구성되지 아니한 구역으로 한정한다)의 해제를 요청하는 경우, 4. 제23조 제1항 제1호에 따른 방법으로 시행 중인 주거환경개선사업의 정비구역이 지정·고시된 날부터 10년 이상 경과하고, 추진 상황으로 보아 지정목적을 달성할 수 없다고 인정되는 경우로서 토지등소유자의 과반수가 정비구역의해제에 동의하는 경우, 5. 추진위원회 구성 또는 조합 설립에 동의한 토지등소유자의2분의 1 이상 3분의 2 이하의 범위에서 시·도조례로 정하는 비율 이상의 동의로 정비구역의 해제를 요청하는 경우(사업시행계획인가를 신청하지 아니한 경우로 한정한다), 6.추진위원회가 구성되거나 조합이 설립된 정비구역에서 토지등소유자 과반수의 동의로정비구역의 해제를 요청하는 경우(사업시행계획인가를 신청하지 아니한 경우로 한정한다)(제21조 제1항).

　제20조 및 제21조에 따라 정비구역등이 **해제된 경우**에는 정비계획으로 변경된용도지역, 정비기반시설 등은 정비구역 지정 이전의 상태로 환원된 것으로 본다. 다만, 제21조 제1항 제4호의 경우 정비구역의 지정권자는 정비기반시설의 설치 등 해당 정비사업의 추진 상황에 따라 환원되는 범위를 제한할 수 있다(제22조 제1항). 제20조 및 제21조에 따라 정비구역등(재개발사업 및 재건축사업을 시행하려는 경우로 한정한다. 이하 이 항에서 같다)이 해제된 경우 정비구역의 지정권자는 해제된 정비구역등을제23조제1항제1호의 방법으로 시행하는 주거환경개선구역(주거환경개선사업을 시행하는정비구역을 말한다. 이하 같다)으로 지정할 수 있다. 이 경우 주거환경개선구역으로 지정된 구역은 제7조에 따른 기본계획에 반영된 것으로 본다(제2항). 제20조 제7항 및 제21조 제2항에 따라 정비구역등이 해제·고시된 경우 추진위원회 구성승인 또는 조합설립인가는 취소된 것으로 보고, 시장·군수등은 해당 지방자치단체의 공보에 그 내용을 고시하여야 한다(제3항).

## 4. 재개발사업 등의 시행

### (1) 시행방법

　재개발사업은 정비구역에서 제74조에 따라 인가받은 관리처분계획에 따라 건축물을 건설하여 공급하거나, 환지로 공급하는 방법에 의한다(제23조 제2항).

　재건축사업은 정비구역에서 제74조에 따라 인가받은 관리처분계획에 따라 주택, 부대시설·복리시설 및 오피스텔(건축법 제2조 제2항에 따른 오피스텔을 말한다)을 건설하여 공급하는 방법에 의한다. 다만, 주택단지 안에 있지 아니하는 건축물의 경우에는 지형여건·주변의 환경으로 보아 사업시행상 불가피한 경우로서 정비구역으로보는 사업에 한한다(제6조 제3항).

### (2) 시행자

　재개발사업은 ① **조합**이 시행하거나 조합이 조합원의 과반수의 동의를 받아 시장·군수등, 토지주택공사등, 건설업자, 등록사업자 또는 대통령령으로 정하는 요건을 갖춘 자와 **공동**으로 시행하는 방법, ② 토지등소유자가 20인 미만인 경우에는 **토지등소유자**가 시행하거나 토지등소유자가 토지등소유자의 과반수의 동의를 받아 시장·군수등, 토지주택공사등, 건설업자, 등록사업자 또는 대통령령으로 정하는 요건을 갖춘 자와 **공동**으로 시행하는 방법으로 시행할 수 있다(제25조 제1항).

　　재건축사업은 **조합**이 시행하거나 조합이 조합원의 과반수의 동의를 받아 시장·군수등, 토지주택공사 등, 건설업자 또는 등록사업자와 **공동**으로 시행할 수 있다(제25조 제2항).

　　**시장·군수등**은 재개발사업 및 재건축사업이 다음 각 호의 어느 하나에 해당하는 때에는 제25조에도 불구하고 직접 정비사업을 시행하거나 **토지주택공사등**(토지주택공사등이 건설업자 또는 등록사업자와 공동으로 시행하는 경우를 포함한다. 이하 이 항, 제2항 및 제3항에서 같다)을 사업시행자로 지정하여 정비사업을 시행하게 할 수 있다. 1. 천재지변, 「재난 및 안전관리 기본법」 제27조 또는 「시설물의 안전 및 유지관리에 관한 특별법」 제23조에 따른 사용제한·사용금지, 그 밖의 불가피한 사유로 긴급하게 정비사업을 시행할 필요가 있다고 인정하는 때, 2. 제16조 제2항에 따라 고시된 정비계획에서 정한 정비사업시행 예정일부터 2년 이내에 사업시행계획인가를 신청하지 아니하거나 사업시행계획인가를 신청한 내용이 위법 또는 부당하다고 인정하는 때(재건축사업의 경우는 제외한다), 3. 추진위원회가 시장·군수등의 구성승인을 받은 날부터 3년 이내에 조합설립인가를 신청하지 아니하거나 조합이 조합설립인가를 받은 날부터 3년 이내에 사업시행계획인가를 신청하지 아니한 때, 4. 지방자치단체의 장이 시행하는 「국토의 계획 및 이용에 관한 법률」 제2조 제11호에 따른 도시·군계획사업과 병행하여 정비사업을 시행할 필요가 있다고 인정하는 때, 5. 제59조 제1항에 따른 순환정비방식으로 정비사업을 시행할 필요가 있다고 인정하는 때, 6. 제113조에 따라 사업시행계획인가가 취소된 때, 7. 해당 정비구역의 국·공유지 면적 또는 국·공유지와 토지주택공사등이 소유한 토지를 합한 면적이 전체 토지면적의 2분의 1 이상으로서 토지등소유자의 과반수가 시장·군수등 또는 토지주택공사등을 사업시행자로 지정하는 것에 동의하는 때, 8. 해당 정비구역의 토지면적 2분의 1 이상의 토지소유자와 토지등소유자의 3분의 2 이상에 해당하는 자가 시장·군수등 또는 토지주택공사등을 사업시행자로 지정할 것을 요청하는 때. 이 경우 제14조 제1항 제2호에 따라 토지등소유자가 정비계획의 입안을 제안한 경우 입안제안에 동의한 토지등소유자는 토지주택공사등의 사업시행자 지정에 동의한 것으로 본다. 다만, 사업시행자의 지정 요청 전에 시장·군수등 및 제47조에 따른 주민대표회의에 사업시행자의 지정에 대한 반대의 의사표시를 한 토지등소유자의 경우에는 그러하지 아니하다(제26조 제1항). 시장·군수등은 제1항에 따라 직접 정비사업을 시행하거나 토지주택공사등을 사업시행자로 지정하는 때에는 정비사업 시행구역 등 **토지등소유자에게 알릴 필요가 있는 사항으로서 대통령령으로 정하는 사항**을 해당 지방자치단체의 공보에 **고시하여야 한다**. 다만, 제1항 제1호의 경우에는 토지등소유자에게 지체 없이 정비사업의 시행 사유·시기 및 방법 등을 통보하여야 한다(제2항). 제2항에 따라 시장·군수등이 직접 정비사업을 시행하거나 토지주택공사등을 사업시행자로 지정·고시한 때에는 그 고시일 다음 날에 추진위원회의 구성승인 또는 조합설립인가가 취소된 것으로 본다. 이 경우 시장·군수등은 해당 지방자치단체의 공보에 해당 내용을 고시하여야 한다(제3항).

시장·군수등은 재개발사업 및 재건축사업이 다음 각 호의 어느 하나에 해당하는 때에는 토지등소유자, 「사회기반시설에 대한 민간투자법」 제2조 제12호에 따른 민관합동법인 또는 신탁업자로서 대통령령으로 정하는 요건을 갖춘 자(이하 "지정개발자"라 한다)를 사업시행자로 지정하여 정비사업을 시행하게 할 수 있다. 1. 천재지변, 「재난 및 안전관리 기본법」 제27조 또는 「시설물의 안전 및 유지관리에 관한 특별법」 제23조에 따른 사용제한·사용금지, 그 밖의 불가피한 사유로 긴급하게 정비사업을 시행할 필요가 있다고 인정하는 때, 2. 제16조 제2항에 따라 고시된 정비계획에서 정한 정비사업시행 예정일부터 2년 이내에 사업시행계획인가를 신청하지 아니하거나 사업시행계획인가를 신청한 내용이 위법 또는 부당하다고 인정하는 때(재건축사업의 경우는 제외한다), 3. 제35조에 따른 재개발사업 및 재건축사업의 조합설립을 위한 동의요건 이상에 해당하는 자가 신탁업자를 사업시행자로 지정하는 것에 동의하는 때(제27조 제1항). 시장·군수등은 제1항에 따라 지정개발자를 사업시행자로 지정하는 때에는 정비사업 시행구역 등 토지등소유자에게 알릴 필요가 있는 사항으로서 대통령령으로 정하는 사항을 해당 지방자치단체의 공보에 고시하여야 한다. 다만, 제1항 제1호의 경우에는 토지등소유자에게 지체 없이 정비사업의 시행 사유·시기 및 방법 등을 통보하여야 한다(제2항). 제2항에 따라 시장·군수등이 지정개발자를 사업시행자로 지정·고시한 때에는 그 고시일 다음 날에 추진위원회의 구성승인 또는 조합설립인가가 취소된 것으로 본다. 이 경우 시장·군수등은 해당 지방자치단체의 공보에 해당 내용을 고시하여야 한다(제5항).

시장·군수등은 토지등소유자에게 법 제26조 제2항 본문 및 제27조 제2항 본문에 따라 고시한 제1항 각 호의 내용을 통지하여야 한다(동법 시행령 제20조 제2항). 토지등소유자에 대한 통지는 사업시행자지정처분의 효력발생과 관련이 있는 중요한 사항이므로 법률로 규정하는 것이 타당하다. 토지주택공사등에 대한 사업시행자지정처분은 토지등소유자 및 정비조합등의 권리를 중대하게 제한하는 처분이므로 명문의 규정이 없더라도 행정절차법상의 의견제출절차를 거쳐야 하지만, 명문으로 공청회를 개최하도록 규정하는 것이 타당하다.

정비구역의 지정권자는 제26조 제1항 제8호 및 제27조 제1항 제3호에도 불구하고 토지면적 2분의 1 이상의 토지소유자와 토지등소유자의 3분의 2 이상에 해당하는 자가 동의하는 경우에는 정비구역의 지정과 동시에 **토지주택공사등 또는 지정개발자를 사업시행자로 지정할 수 있다**. 이 경우 제101조의8 제1항에 따라 정비구역 지정제안에 동의한 토지등소유자는 토지주택공사등 또는 지정개발자의 사업시행자 지정에 동의한 것으로 본다(제101조의9 제1항).

### (3) 사업대행자의 지정

시장·군수등은 다음 각 호의 어느 하나에 해당하는 경우에는 해당 조합 또는 토지등소유자를 대신하여 직접 정비사업을 시행하거나 토지주택공사등 또는 지정개발자에게 해당 조합 또는 토지등소유자를 **대신하여** 정비사업을 시행하게 할 수 있다. 1. 장기간 정비사업이 지연되거나 권리관계에 관한 분쟁 등으로 해당 조합 또는 토지등소유자가 시행하는 정비사업을 계속 추진하기 어렵다고 인정하는 경우, 2. 토지등소유자(조합을 설립한 경우에는 조합원을 말한다)의 과반수 동의로 요청하는 경우(제28조 제1항).

**[판례]** 구 도정법은 조합의 비전문성을 보완하고 사업추진의 효율성을 도모하기 위하여 도시정비사업에 관한 법률·행정·설계·시공·감리 등의 분야에서 전문지식을 갖춘 인력의 도움을 받을 수 있도록 정비사업전문관리업제도를 도입하였다. **정비사업전문관리업자는** 시공사를 상대로 하여 조합을 위해 업무를 수행해야 하므로 동일한 정비사업에 관하여 건축물철거·정비사업설계·시공·회계감사 등의 업무를 병행할 수 없다. 정비사업전문관리업자는 조합의 수임자로서 조합과 조합원의 이익을 위하여 사업 전반에 관하여 자문하고 위탁받은 사항을 처리하지만, **정비사업의 공공성에 비추어 위탁받은 업무를 수행하는 범위 내에서 정비사업의 시행이라는 공공업무를 수행하고 있다고 볼 수 있다**[헌법재판소 2007. 10. 25. 선고 2006헌마30, 2007헌바12·14·38(병합) 결정 참조](대판 2019. 09. 25, 2016도1306).

### (4) 시공자 선정

조합은 조합설립인가를 받은 후 조합총회에서 제1항에 따라 경쟁입찰 또는 수의계약(2회 이상 경쟁입찰이 유찰된 경우로 한정한다)의 방법으로 **건설업자 또는 등록사업자를** 시공자(施工者)로 선정하여야 한다. 다만, 대통령령으로 정하는 규모 이하의 정비사업은 조합총회에서 정관으로 정하는 바에 따라 선정할 수 있다(제29조 제4항).

**토지등소유자가** 제25조 제1항 제2호에 따라 재개발사업을 시행하는 경우에는

제1항에도 불구하고 사업시행계획인가를 받은 후 제2조 제11호 나목에 따른 규약에 따라 건설업자 또는 등록사업자를 시공자로 선정하여야 한다(제29조 제5항).

시장·군수등이 제26조 제1항 및 제27조 제1항에 따라 직접 정비사업을 시행하거나 토지주택공사등 또는 지정개발자를 사업시행자로 지정한 경우 사업시행자는 제26조 제2항 및 제27조 제2항에 따른 사업시행자 지정·고시 후 제1항에 따른 경쟁입찰 또는 수의계약의 방법으로 건설업자 또는 등록사업자를 시공자로 선정하여야 한다(제29조 제6항).

### (5) 조합의 설립 등

시장·군수, 토지주택공사 등 또는 지정개발자가 아닌 자가 정비사업을 시행하려는 경우에는 토지등소유자로 구성된 조합을 설립하여야 한다. 다만, 제25조 제1항 제2호에 따라 토지등소유자가 재개발사업을 시행하려는 경우에는 그러하지 아니하다(제35조 제1항).

#### 1) 조합설립추진위원회의 구성 및 승인

조합을 설립하려는 경우에는 추진위원회 위원장을 포함한 5명 이상의 추진위원회 위원 및 제34조 제1항에 따른 운영규정에 대하여 토지등소유자 과반수의 동의를 받아 조합설립을 위한 추진위원회를 구성하여 국토교통부령으로 정하는 방법과 절차에 따라 시장·군수등의 승인을 받아야 한다. 이 경우 시장·군수등은 승인 이후 구역경계, 토지등소유자 수 등 국토교통부령으로 정하는 사항을 해당 지방자치단체 공보에 고시하여야 한다(제31조 제1항).

추진위원회는 다음 각 호의 어느 하나에 해당하는 지역을 대상으로 구성한다. 1. 제16조에 따른 정비구역이 지정·고시된 지역, 2. 제16조에 따른 정비구역이 지정·고시되지 아니한 지역으로서 다음 각 목의 어느 하나에 해당하는 지역, 가. 기본계획에 제5조 제1항 제9호에 따른 정비예정구역이 설정된 지역, 나. 제13조의2에 따른 입안요청에 따라 정비계획의 입안을 결정한 지역, 다. 제15조에 따라 정비계획의 입안을 위해 주민에게 공람한 지역, 라. 제4조 제1항에 따라 기본계획을 수립하지 아니한 지역 또는 제5조 제2항에 따라 기본계획에 같은 조 제1항 제9호 및 제10호에 따른 사항을 생략한 지역으로서 대통령령으로 정하는 지역(제31조 제2항).

추진위원회설립 승인을 강학상 인가로 보는 견해와 허가 또는 특허로 보는 견해가 대립하고 있는데, 판례는 추진위원회승인처분에 대해 인가의 논지로 판시하였다(대판 2014. 02. 27, 2011두2248).

[판례] ① [1] 주택재개발사업 등 도시 및 주거환경정비법상의 각종 정비사업에 관하여 그 조합설립추진위원회가 구성되기 위한 전제: 주택재개발사업 등 도시 및 주거환경정비법상의 각종 정비사

업에 관하여 그 조합설립추진위원회가 구성되려면 그 전제로 '토지 등 소유자'의 범위가 확정될 필요가 있고, 또 '토지 등 소유자'의 범위를 확정하기 위하여는 특별시장·광역시장 또는 도지사에 의한 정비구역의 지정 및 고시가 선행되어야 한다. [2] 정비구역의 지정 및 고시 없이 행하여지는 시장·군수의 재개발조합설립추진위원회 설립승인의 효력(무효): 정비구역이 지정되지 아니한 상태에서 일부 주민이 임의로 획정한 구역을 기준으로 구성된 조합설립추진위원회가 시장·군수의 승인을 얻어 설립될 수 있다고 한다면, 정비사업에 관한 제반 법률관계가 불명확·불안정하게 되어 정비사업의 추진이 전반적으로 혼란에 빠지고 그 구역 안에 토지 등을 소유하는 사람의 법적 지위가 부당한 영향을 받을 현저한 우려가 있다. 따라서 그와 같이 정비구역의 지정 및 고시 없이 행하여지는 시장·군수의 재개발조합설립추진위원회 설립승인은 도시 및 주거환경정비법의 규정 및 조합설립추진위원회제도의 취지에 반하여 허용될 수 없고, 그와 같은 하자는 중대할 뿐만 아니라 객관적으로 명백하다고 할 것이다(대판 2009. 10. 29, 2009두12297[학성동광명마을주택재개발정비사업조합설립추진위원회설립승인무효확인]).

② [1] 정비사업조합설립추진위원회의 설립승인신청서를 통하여 토지등소유자의 2분의 1 이상의 동의가 있고 위원장을 포함한 5인 이상의 위원으로 구성되어 있음을 확인한 경우, 시장·군수는 그 추진위원회의 설립을 승인하여야 하는지 여부(적극) [2] 추진위원회 운영규정의 작성 등이 추진위원회 설립승인의 요건인지 여부(소극)(대판 2009. 06. 25, 2008두13132[조합설립추진위원회승인처분취소]).

③ [1] 구 도시정비법 제13조 제1항, 제2항에 의한 추진위원회 구성 승인처분이 정비구역이 지정·고시되기 전에 지정된 정비예정구역을 기준으로 한 토지 등 소유자의 과반수 동의를 얻어 구성된 추진위원회에 대하여 이루어진 것이라고 하더라도 그 하자가 중대하거나 명백하다고 할 수는 없다. 그리고 행정소송에서 행정처분의 위법 여부는 당해 처분이 행하여졌을 때의 법령과 사실 상태를 기준으로 판단해야 한다. 따라서 정비구역이 지정·고시되기 전의 정비예정구역을 기준으로 한 토지 등 소유자 과반수의 동의를 얻어 구성된 추진위원회에 대하여 그 구성에 관한 승인처분이 이루어졌는데, 그 후에 지정된 정비구역이 정비예정구역보다 면적이 축소되었다고 하더라도 이러한 사정만으로 그 추진위원회 구성에 관한 승인처분이 당연무효라고 할 수는 없다. [2] 기본계획 단계에서 그 내용 중 일부인 정비예정구역의 면적을 20% 이상 변경하는 경우에는 기본계획 변경절차를 거쳐야 하나, 이미 수립된 기본계획에서 정한 정비예정구역의 범위 안에서 정비구역을 지정하는 경우에는 정비구역의 지정을 위한 절차를 거치는 외에 따로 기본계획을 먼저 변경하여야 한다거나 그 변경절차를 거치지 않고 곧바로 정비구역 지정행위에 나아간 것이 위법하다고 볼 수는 없다(대판 2013. 10. 24, 2011두28455[조합설립추진위원회승인무효확인등]).

④ 추진위원회 구성승인 처분에 하자가 있는 경우 조합설립인가 처분의 효력에 영향을 미치는지 여부(원칙적 소극): 조합설립추진위원회(이하 '추진위원회'라고 한다)의 구성을 승인하는 처분은 조합의 설립을 위한 주체에 해당하는 비법인 사단인 추진위원회를 구성하는 행위를 보충하여 그 효력을 부여하는 처분(강학상 인가)인 데 반하여, 조합설립인가처분은 법령상 요건을 갖출 경우 도시정비법상 주택재개발사업을 시행할 수 있는 권한을 가지는 행정주체(공법인)로서의 지위를 부여하는 일종의 설권적 처분이므로, 양자는 그 목적과 성격을 달리한다. 추진위원회의 권한은 조합 설립을 추진하기 위한 업무를 수행하는 데 그치므로 일단 조합설립인가처분을 받아 추진위원회의 업무와 관련된 권리와 의무가 조합에 포괄적으로 승계되면, 추진위원회는 그 목적을 달성하여 소멸한다. 조합설립인가처분은 추진위원회 구성의 동의요건보다 더 엄격한 동의요건을 갖추어야 할 뿐만 아니라 창립총회의 결의를 통하여 정관을 확정하고 임원을 선출하는 등의 단체결성행위를 거쳐 성립하는 조합에 관하여 하는 것이므로, 추진위원회 구성의 동의요건 흠결 등 추진위원회구성승인

처분상의 위법만을 들어 조합설립인가처분의 위법을 인정하는 것은 조합설립의 요건이나 절차, 그 인가처분의 성격, 추진위원회 구성의 요건이나 절차, 그 구성승인처분의 성격 등에 비추어 타당하다고 할 수 없다. 따라서 조합설립인가처분은 추진위원회구성승인처분이 적법·유효할 것을 전제로 한다고 볼 것은 아니므로, 구 도시정비법령이 정한 동의요건을 갖추고 창립총회를 거쳐 주택재개발조합이 성립한 이상, 이미 소멸한 추진위원회구성승인처분의 하자를 들어 조합설립인가처분이 위법하다고 볼 수 없다. 다만 추진위원회구성승인처분의 위법으로 그 추진위원회의 조합설립인가 신청행위가 무효라고 평가될 수 있는 특별한 사정이 있는 경우라면, 그 신청행위에 기초한 조합설립인가처분이 위법하다고 볼 수 있을 것이다. 그런데 조합설립인가 신청행위는 앞서 보았듯이 법령이 정한 동의 요건을 갖추고 창립총회를 거쳐 조합의 실체가 형성된 이후에 이를 바탕으로 이루어지는 것이므로, 추진위원회 구성이나 그 인가처분의 위법사유를 이유로 그 추진위원회가 하는 조합설립인가 신청행위가 위법·무효로 된다고 볼 것은 아니고, 그 위법사유가 도시정비법상 하나의 정비구역 내에 하나의 추진위원회로 하여금 조합설립의 추진을 위한 업무를 수행하도록 한 추진위원회 제도의 입법취지를 형해화할 정도에 이르는 경우에 한하여 그 추진위원회의 조합설립인가 신청행위가 위법·무효이고, 나아가 이에 기초한 조합설립인가처분의 효력을 다툴 수 있게 된다고 할 것이다(대판 2013. 12. 26, 2011두8291[조합설립인가처분취소]). 〈해설〉 조합설립인가처분이 취소되면 추진위원회는 부활한다고 보는 것이 타당하다.

⑤ [1] 구 도시 및 주거환경정비법상 조합설립추진위원회가 구성승인을 받을 당시의 정비예정구역보다 정비구역이 확대되어 지정된 경우, 조합설립추진위원회 구성의 변경승인을 신청할 수 있는지 여부(원칙적 적극) 및 변경승인 권한을 가지는 자(=구성승인을 한 시장·군수): 구 도시 및 주거환경정비법(2009. 2. 6. 법률 제9444호로 개정되기 전의 것) 제13조는 조합을 설립하고자 하는 경우 조합설립추진위원회(이하 '추진위원회'라 한다)를 구성하여 시장·군수의 승인을 얻어야 한다고만 규정하고 있을 뿐 추진위원회 구성에 관한 변경승인절차에 관하여 규정하고 있지 않다. 그러나 구 도시 및 주거환경정비법 시행령(2009. 8. 11. 대통령령 제21679호로 개정되기 전의 것) 제23조 제1항 제1호 (나)목은 정비사업을 시행할 범위가 확대 또는 축소되는 경우 토지등소유자의 과반수 또는 추진위원회의 구성에 동의한 토지등소유자의 3분의 2 이상의 동의를 받도록 규정함으로써 추진위원회 단계에서 정비사업 시행구역의 변경을 예정하고 있는 점, 당초 추진위원회의 신청서에 기재된 사업시행예정구역의 위치 및 면적 등[구 도시 및 주거환경정비법 시행규칙(2009. 8. 13. 국토해양부령 제157호로 개정되기 전의 것) 제6조 별지 제2호 서식 참조]을 토대로 추진위원회 구성승인을 한 시장·군수로서는 정비사업 시행구역이 변경된 경우 요건 등을 심사하여 이를 규제할 수 있다고 보는 것이 자연스러운 점 등에 비추어 보면, 추진위원회가 구성승인을 받을 당시의 정비예정구역보다 정비구역이 확대되어 지정된 경우 당초의 추진위원회 구성승인이 당연 실효되었다고 볼 수 있는 등의 특별한 사정이 없는 한 추진위원회는 토지등소유자의 동의 등 일정한 요건을 갖추어 시장·군수에 추진위원회 구성 변경승인을 신청할 수 있고, 추진위원회 구성에 관한 승인권한을 가지는 시장·군수는 변경승인의 권한이 있다고 보는 것이 타당하다. [2] 조합설립추진위원회가 추진위원회 구성의 변경승인을 받기 전에 조합설립인가신청을 한 경우, 변경승인 전의 행위라는 사정만으로 조합설립인가신청이 무효인지 여부(원칙적 소극): 조합설립추진위원회(이하 '추진위원회'라 한다) 구성승인은 조합의 설립을 위한 주체인 추진위원회의 구성행위를 보충하여 효력을 부여하는 처분이므로, 시장·군수로부터 추진위원회 구성승인을 받은 추진위원회는 유효하게 설립된 비법인사단으로서 조합설립에 필요한 법률행위 등을 할 수 있다. 따라서 추진위원회가 구성승인을 받을 당시의 정비예정구역보다 정비구역이 확대되어 지정된 경우, 추진위원회가 구성 변경승인을 받기 전에 확대된 정비구역 전체에서 조합설립을 추진하여 조합설립인가신청을 하였다 하더라도 이는

유효하게 설립된 비법인사단의 법률행위이므로, 당초의 추진위원회 구성승인이 실효되었다는 등의 특별한 사정이 없는 한 변경승인 전의 행위라는 사정만으로 조합설립인가신청 자체가 무효라고 할 수는 없다(대판 2014. 02. 27, 2011두2248[정비사업조합설립인가처분무효확인등]).

⑥ 일정한 정비예정구역을 전제로 추진위원회 구성 승인처분이 이루어진 후 정비구역이 정비예정구역과 달리 지정되었다는 사정만으로 승인처분이 당연히 실효되는지 여부(소극) 및 승인처분의 실효를 인정하기 위한 요건: 정비사업을 원활하게 진행하기 위하여 추진위원회 제도를 도입하는 한편 1개의 정비구역 안에 복수의 추진위원회가 구성되는 것을 금지하는 등 그에 대하여 특별한 법적 지위를 부여하고 있는 도시 및 주거환경정비법의 입법 취지와 추진위원회 구성 승인처분이 다수의 이해관계인에게 미치는 파급효과 등에 비추어 보면, 일정한 정비예정구역을 전제로 추진위원회 구성 승인처분이 이루어진 후 정비구역이 정비예정구역과 달리 지정되었다는 사정만으로 승인처분이 당연히 실효된다고 볼 수 없고, 정비예정구역과 정비구역의 각 위치, 면적, 토지등소유자 및 동의자 수의 비교, 정비사업계획이 변경되는 내용과 정도, 정비구역 지정 경위 등을 종합적으로 고려하여 당초 승인처분의 대상인 추진위원회가 새로운 정비구역에서 정비사업을 계속 추진하는 것이 도저히 어렵다고 보여 그 추진위원회의 목적 달성이 사실상 불가능하다고 인정되는 경우에 한하여 그 실효를 인정함이 타당하다(대판 2013. 09. 12, 2011두31284[동의서제공신청반려처분취소]).

⑦ 구 도시 및 주거환경정비법 제15조 제2항의 위임에 따른 '정비사업조합설립추진위원회 운영규정' 제3조 제2항의 붙임 운영규정안을 기본으로 하여 작성된 '추진위원회 운영규정'은 운영규정 작성 전의 업무 수행에 대해서는 적용되지 않는다(대판 2021. 06. 30, 2019다208281).

추진위원회가 행한 업무와 관련된 권리와 의무는 조합설립인가처분을 받아 법인으로 설립된 조합에 모두 포괄승계되므로, 원칙적으로 조합설립인가처분을 받은 조합이 설립등기를 마쳐 법인으로 성립하게 되면 추진위원회는 그 목적을 달성하여 소멸한다(대판 2012. 04. 12, 2009다26787; 대판 2016. 12. 15, 2013두17473 등).

조합설립인가처분이 법원의 판결에 의하여 취소된 경우에는 추진위원회가 그 지위를 회복하여 다시 조합설립인가신청을 하는 등 조합설립추진 업무를 계속 수행할 수 있다(대판 2016. 12. 15, 2013두17473).

### 2) 조합의 설립인가

시장·군수등, 토지주택공사등 또는 지정개발자가 아닌 자가 정비사업을 시행하려는 경우에는 토지등소유자로 구성된 조합을 설립하여야 한다. 다만, 제25조 제1항 제2호에 따라 토지등소유자가 재개발사업을 시행하려는 경우에는 그러하지 아니하다(제35조 제1항).

**재개발사업**의 추진위원회(제31조 제4항에 따라 추진위원회를 구성하지 아니하는 경우에는 토지등소유자를 말한다)가 조합을 설립하려면 토지등소유자의 4분의 3 이상 및 토지면적의 2분의 1 이상의 토지소유자의 **동의**를 받아 다음 각 호의 사항을 첨부하여 제16조에 따른 정비구역 지정·고시 후 시장·군수등의 인가를 받아야 한다. 1. 정관, 2. 정비사업비와 관련된 자료 등 국토교통부령으로 정하는 서류, 3. 그 밖에 시·도조례로 정하는 서류(제35조 제2항).

재건축사업의 추진위원회(제31조 제4항에 따라 추진위원회를 구성하지 아니하는 경우에는 토지등소유자를 말한다)가 조합을 설립하려는 때에는 주택단지의 공동주택의 각 동(복리시설의 경우에는 주택단지의 복리시설 전체를 하나의 동으로 본다)별 구분소유자의 과반수 동의(공동주택의 각 동별 구분소유자가 5 이하인 경우는 제외한다)와 주택단지의 전체 구분소유자의 4분의 3 이상 및 토지면적의 4분의 3 이상의 토지소유자의 **동의**를 받아 제2항 각 호의 사항을 첨부하여 제16조에 따른 정비구역 지정·고시 후 시장·군수등의 인가를 받아야 한다(제35조 제3항). 제3항에도 불구하고 주택단지가 아닌 지역이 정비구역에 포함된 때에는 주택단지가 아닌 지역의 토지 또는 건축물 소유자의 4분의 3 이상 및 토지면적의 3분의 2 이상의 토지소유자의 **동의**를 받아야 한다(제35조 제4항). 제2항 및 제3항에 따라 설립된 조합이 인가받은 사항을 변경하고자 하는 때에는 총회에서 조합원의 3분의 2 이상의 찬성으로 의결하고, 제2항 각 호의 사항을 첨부하여 시장·군수등의 인가를 받아야 한다. 다만, 대통령령으로 정하는 경미한 사항을 변경하려는 때에는 총회의 의결 없이 시장·군수등에게 신고하고 변경할 수 있다(동조 제5항).

제31조 제1항에 따라 추진위원회의 구성에 동의한 토지등소유자(이하 이 조에서 "추진위원회 동의자"라 한다)는 제35조 제1항부터 제5항까지의 규정에 따른 조합의 설립에 동의한 것으로 본다. 다만, 조합설립인가를 신청하기 전에 시장·군수등 및 추진위원회에 조합설립에 대한 반대의 의사표시를 한 추진위원회 동의자의 경우에는 그러하지 아니하다(제31조 제2항).

재개발조합설립인가신청에 대하여 행정청의 조합설립인가처분이 있은 이후에는, 조합설립동의에 하자가 있음을 이유로 재개발조합 설립의 효력을 부정하려면 항고소송으로 조합설립인가처분의 효력을 다투어야 한다(대판 2010. 01. 28, 2009두4845).

재개발조합설립에 요구되는 동의율의 충족 여부를 판단하는 기준일은 '조합설립인가신청일'이고 '조합설립인가처분일'이 아니다(대판 2014. 04. 24, 2012두21437[조합설립인가처분무효확인등]).

**[판례]** ① 재개발조합 설립인가 신청을 받은 행정청이 도시 및 주거환경정비법 제35조 제2항에서 정한 토지 등 소유자 동의 요건이 충족되었는지 심사하는 방법: 재개발조합의 설립 동의 및 인가와 관련한 도시 및 주거환경정비법(이하 '도시정비법' 또는 '법'이라 한다) 제35조 제2항, 제7항, 제8항, 도시 및 주거환경정비법 시행령(이하 '시행령'이라 한다) 제30조 제1항, 제2항, 제32조, 도시 및 주거환경정비법 시행규칙(이하 '시행규칙'이라 한다) 제8조 제3항 [별지 제6호 서식]의 내용과 체계, 입법 취지 등을 종합하면, 재개발조합 설립인가 신청을 받은 행정청은 ① 추진위원회가 시행규칙 제8조 제3항에 규정된 [별지 제6호 서식] '조합설립동의서'(이하 '법정동의서'라 한다)에 의하

여 토지 등 소유자의 동의를 받았는지(시행령 제30조 제1항), ② 토지 등 소유자가 성명을 적고 지
장(指章)을 날인한 경우에는 신분증명서 사본이 첨부되었는지(법 제36조 제1항), 토지 등 소유자의
인감증명서를 첨부한 경우에는 그 동의서에 날인된 인영과 인감증명서의 인영이 동일한지(법 제36
조 제2항)를 확인하고, ③ 법 제36조 제4항, 시행령 제33조에 의하여 동의자 수를 산정함으로써
법 제35조 제2항에서 정한 토지 등 소유자 동의 요건이 충족되었는지를 심사하여야 한다. 또한,
추진위원회가 법정동의서에 의하여 토지 등 소유자로부터 조합설립 동의를 받았다면 그 조합설립
동의는 도시정비법령에서 정한 절차와 방식을 따른 것으로서 적법·유효한 것이라고 보아야 하고,
단지 그 서식에 토지 등 소유자별로 구체적인 분담금 추산액이 기재되지 않았다거나 추진위원회
가 그 서식 외에 토지 등 소유자별로 분담금 추산액 산출에 필요한 구체적인 정보나 자료를 충분
히 제공하지 않았다는 사정만으로 개별 토지 등 소유자의 조합설립 동의를 무효라고 볼 수는 없
다(대판 2020. 09. 07, 2020두38744).

② 주택재건축사업의 추진위원회가 조합을 설립하는데 정비구역에 주택단지가 포함되는지에 따른
재건축조합설립인가를 위한 동의정족수 및 도시 및 주거환경정비법 제16조 제3항에서 정한 '토지
또는 건축물 소유자'의 의미: '도시 및 주거환경정비법'(이하 '도시정비법'이라고 한다) 제16조 제2항,
제3항의 내용·형식 및 체제에 비추어 보면, 주택재건축사업의 추진위원회가 조합을 설립함에 있어
① 정비구역이 주택단지로만 구성된 경우에는 도시정비법 제16조 제2항에 의한 동의만 얻으면 되
고, ② 정비구역에 주택단지가 아닌 지역이 포함되어 있을 경우에는 주택단지에 대하여는 도시정비
법 제16조 제2항에 의한 동의를 얻어야 하지만, 주택단지가 아닌 지역에 대하여는 이와 별도로 같
은 조 제3항에 의한 동의를 얻어야 하며, ③ 정비구역에 주택단지가 전혀 포함되지 아니한 경우에
는 같은 조 제3항에 의한 동의를 얻어야 한다고 보는 것이 합당하다. 그리고 도시정비법 제16조 제
3항 소정의 '토지 또는 건축물 소유자'는 정비구역 안의 토지 및 건축물의 소유자뿐만 아니라 토지
만을 소유한 자, 건축물만을 소유한 자 모두를 포함하는 의미라고 해석함이 타당하다(대판 2013.
07. 11, 2011두27544[주택재건축정비사업조합설립인가처분취소]).

③ [1] 구 도시 및 주거환경정비법이 재개발조합의 설립에 토지등소유자의 서면에 의한 동의를 요
구하고 그 동의서를 재개발조합설립인가신청 시 행정청에 제출하도록 하는 취지: 구 도시 및 주거
환경정비법(2009. 1. 30. 법률 제9401호로 개정되기 전의 것)이 재개발조합의 설립에 토지등소유자의
서면에 의한 동의를 요구하고 그 동의서를 재개발조합설립인가신청 시 행정청에 제출하도록 하는
취지는 서면에 의하여 토지등소유자의 동의 여부를 명확하게 함으로써 동의 여부에 관하여 발생
할 수 있는 관련자들 사이의 분쟁을 미연에 방지하고 나아가 행정청으로 하여금 재개발조합설립
인가신청 시에 제출된 동의서에 의하여서만 동의요건의 충족 여부를 심사하도록 함으로써 동의
여부의 확인에 불필요하게 행정력이 소모되는 것을 막기 위한 데 있다. [2] 甲 주택재개발정비사
업조합설립 추진위원회가 토지등소유자로부터 '신축건물의 설계 개요' 등이 공란으로 된 조합설립
동의서를 제출받은 다음 위임받은 보충권을 행사하여 공란에 조합설립총회에서 가결된 내용을 보
충한 후 이를 첨부하여 조합설립인가신청을 하고, 관할 관청이 조합설립인가처분을 한 사안에서,
위 처분에 중대하고 명백한 하자가 있다고 본 원심판결에 법리오해의 위법이 있다고 한 사례(대판
2013. 01. 10, 2010두16394[주택재개발정비사업조합설립무효확인청구]).

④ [1] 구 도시 및 주거환경정비법 제11조 제2항, 부칙 제7조 제2항의 규정 취지 및 부칙 제7조
제2항에서 정한 '토지등소유자 2분의 1 이상의 동의'의 의미: 구 도시 및 주거환경정비법(2002. 12.
30. 법률 제6852호로 제정되어 2003. 7. 1. 시행된 것) 제11조 제2항, 부칙(2002. 12. 30.) 제7조 제2항
의 취지는 정비사업의 내용이 가시화되지 않은 상태에서 시공자가 재개발·재건축을 부추기고 과
대 포장된 지분을 제시하는 등 재개발·재건축 수주시장의 혼탁을 가져오는 등의 부작용을 방지하

기 위하여 경쟁입찰의 방법으로 시공자 선정방식을 변경하되, 일정한 요건을 갖춘 기존의 시공자는 신법상의 시공자로 인정하여 줌으로써 재개발·재건축사업 추진의 혼란을 방지하겠다는 것으로 봄이 타당하다. 따라서 위 부칙 제7조 제2항에서 정한 '토지등소유자 2분의 1 이상의 동의'라는 것은 그 문언대로 전체 토지등소유자 2분의 1 이상의 동의를 의미하는 것이지, 그 문언의 한계를 벗어나 '당해 총회에 참석한 토지등소유자의 2분의 1'을 의미하는 것이라고는 볼 수 없다. [2] 구 도시 및 주거환경정비법 부칙 제7조 제2항이 2002. 8. 9. 이전에 시공자를 선정한 후 시공자 선정 신고 시까지 추가로 동의서를 받는 것을 허용하는지 여부(소극) [3] 甲 주식회사가 2001. 12. 22. 주택재건축정비사업 시행구역에 있는 전체 토지등소유자의 과반수가 참석한 주택재건축정비사업 조합 창립총회에서 참석인원 과반수의 동의로 시공자로 선정된 다음 2002. 8. 9. 이후 전체 토지등소유자 2분의 1 이상이 되도록 토지등소유자로부터 추가로 동의를 받아 주택재건축사업의 시공자 선정 신고를 하자 관할 구청장이 구 도시 및 주거환경정비법(2002. 12. 30. 법률 제6852호로 제정되어 2003. 7. 1. 시행된 것) 부칙(2012. 12. 30.) 제7조 제2항에 따라 이를 수리한 사안에서, 甲 회사가 위 부칙 제7조 제2항에서 정한 2002. 8. 9.까지 토지등소유자 2분의 1 이상의 동의를 얻지 못하였음이 분명한 상황에서 관할 구청장이 부칙 제7조 제2항의 요건을 갖추지 못한 甲 회사의 시공자 선정 신고를 수리한 것은 법규의 중요한 부분을 위반하여 그 하자가 중대하고 주택재건축사업의 추진상황 등에 비추어 위 하자가 객관적으로 명백하여 당연무효라고 본 원심판단을 정당하다고 한 사례(대판 2013. 02. 14, 2012두9000[시공사신고수리처분등무효]).

⑤ [1] 1인이 다수 필지의 토지나 다수의 건축물 및 그 부속토지를 소유하고 있는 경우, 주택재건축사업의 조합설립에 관한 구 도시 및 주거환경정비법 제16조 제3항의 동의자 수 산정 방법: 구 도시 및 주거환경정비법(2007. 12. 21. 법률 제8785호로 개정되기 전의 것, 이하 '구 도시정비법'이라 한다)이 '구분 소유자', '토지 또는 건축물 소유자'의 동의율 외에 전체 토지 면적을 기준으로 한 일정 비율 이상의 구분소유자 또는 토지소유자의 동의를 별도로 요구함으로써 재건축조합 설립의 동의 요건에 관하여 인적 측면과 더불어 재산적 측면을 함께 고려하고 있고, 구 도시정비법 제16조 제3항은 주택재건축사업의 조합설립 동의 요건으로 토지 또는 건축물의 '소유권'이 아니라, 토지 또는 건축물의 '소유자'를 기준으로 그 5분의 4 이상을 규정하고 있음에 비추어 보면, 주택재건축사업의 조합설립에 관한 구 도시정비법 제16조 제3항의 동의자 수를 산정할 때에 1인이 다수 필지의 토지나 다수의 건축물 및 그 부속토지를 소유하고 있다 하더라도 필지나 건축물의 수에 관계없이 토지 또는 건축물의 소유자를 1인으로 산정하는 것이 타당하다. 비록 구 도시 및 주거환경정비법 시행령(2008. 12. 17. 대통령령 제21171호로 개정되기 전의 것)이 주택재개발사업 또는 도시환경정비사업의 조합설립 동의에 관하여 '1인이 다수 필지의 토지 또는 다수의 건축물을 소유하고 있는 경우에는 필지나 건축물의 수에 관계없이 토지등소유자를 1인으로 산정'하도록 규정하고 있는 것[제28조 제1항 제1호 (다)목]과 달리 주택재건축사업의 경우에는 이와 같은 규정을 두지 않았다고 하여 이를 달리 볼 것은 아니다. [2] 재건축조합설립인가의 요건인 토지등소유자의 동의 여부를 심사할 때 동의의 내용과 진정성에 관한 심사 기준: 구 도시 및 주거환경정비법(2007. 12. 21. 법률 제8785호로 개정되기 전의 것)의 재건축조합 설립에 토지등소유자의 서면에 의한 동의를 요구하고 그 동의서를 재건축조합설립인가신청 시에 행정청에 제출하도록 하는 취지는 서면에 의하여 토지등소유자의 동의 여부를 명확하게 함으로써 동의 여부에 관하여 발생할 수 있는 관련자들 사이의 분쟁을 미연에 방지하고, 나아가 행정청으로 하여금 재건축조합설립인가신청 시에 제출된 동의서에 의하여서만 동의요건의 충족 여부를 심사하도록 함으로써 동의 여부의 확인에 불필요하게 행정력이 소모되는 것을 막기 위한 데 있다. 따라서 재건축조합설립인가신청을 받은 행정청은 재건축조합설립인가의 요건인 토지등소유자의 동의 여부를 심사할 때에 무엇보다도 ① 동의의 내

용에 관하여는 동의서에 구 도시 및 주거환경정비법 시행령(2008. 12. 17. 대통령령 제21171호로 개정되기 전의 것) 제26조 제1항 각 호의 법정사항이 모두 포함되어 있는지를 기준으로, ② 동의의 진정성에 관하여는 그 동의서에 날인된 인영과 인감증명서의 인영이 동일한 것인지를 기준으로 각 심사해야 한다. 그리고 위 기준 중 어느 하나라도 충족하지 못하는 동의서에 대하여는 이를 무효로 처리하여야 하고, 임의로 이를 유효한 동의로 처리할 수는 없다. [3] 주택재건축사업의 조합설립에서 토지나 건축물만을 소유한 자가 구 도시 및 주거환경정비법에 의한 조합원이 될 수 있는지 여부(소극) 및 그로부터 받는 동의서에 구 도시 및 주거환경정비법 시행령 제26조 제1항에서 정한 '토지등소유자'로부터 받아야 하는 동의서에 관한 법정사항이 적용되는지 여부(소극): 구 도시 및 주거환경정비법(2007. 12. 21. 법률 제8785호로 개정되기 전의 것, 이하 '구 도시정비법'이라 한다) 제2조 제9호, 제19조 제1항, 구 도시 및 주거환경정비법 시행령(2008. 12. 17. 대통령령 제21171호로 개정되기 전의 것, 이하 '구 도시정비법 시행령'이라 한다) 제26조 제1항 등 관련 규정들을 종합하면, 토지나 건축물만을 소유한 자는 비록 구 도시정비법 제16조 제3항에 의하여 주택재건축사업의 조합설립에서 동의를 얻어야 할 자에 포함되더라도 구 도시정비법에 의한 조합원이 될 수는 없다고 보는 것이 타당하다. 그리고 구 도시정비법 시행령 제26조 제1항은 조합원이 되는 '토지등소유자'에 대하여 동의서에 의한 동의 방법을 규정하고 있으며, 위 규정에서 정하고 있는 동의서의 법정사항은 대체로 정비사업에 참여하여 그 비용을 분담하고 그 사업의 성과를 분배받는 조합원이 될 자격이 있는 '토지등소유자'의 이해관계에 관한 것들이다. 따라서 이러한 사정들에 비추어 보면, 구 도시정비법 시행령 제26조 제1항에서 정한 '토지등소유자'로부터 받아야 하는 동의서에 관한 법정사항은 주택재건축사업에서 토지나 건축물만을 소유하여 조합원이 될 수 없는 자로부터 받는 동의서에 적용될 것이 아니다(대판 2013. 11. 14, 2011두5759[재건축결의무효등]).

⑥ 사업구역 확대로 인한 조합설립변경인가의 동의요건 및 종전 조합설립동의의 효력: 구 도시 및 주거환경정비법(2008. 2. 29. 법률 제8852호로 개정되기 전의 것. 이하 '구 도시정비법'이라고 한다) 제16조 제2항, 제3항, 구 도시 및 주거환경정비법 시행령(2008. 2. 29. 대통령령 제20722호로 개정되기 전의 것. 이하 '구 도시정비법 시행령'이라고 한다) 제27조의 내용, 형식 및 체제에 비추어 보면, 설립인가를 받은 조합이 인가받은 사항을 변경하는 경우에도 그 변경 사항에 대하여 설립시와 마찬가지로 법정 동의율 이상의 동의를 갖추어야 하는 것이 원칙이지만, 그 변경 사항이 구 도시정비법 시행령 제27조 각호에 규정된 경미한 사항에 해당하면 새로운 동의절차가 필요 없다. 이에 따라 사업구역의 위치를 변경하고 면적을 확대하는 조합설립변경인가의 경우에도 원칙적으로 종전 구역과 추가된 구역을 합한 전체 구역을 대상으로 하여 법정 동의 요건을 갖추어야 한다. 그런데 위와 같은 사업구역의 위치 변경과 면적 확대가 구 도시정비법 제4조의 규정에 의한 정비구역 또는 정비계획의 변경에 따라 이루어지는 경우 이는 구 도시정비법 시행령 제27조 제3호에 규정된 경미한 사항에 해당하므로, 달리 특별한 사정이 없는 이상 기존의 조합설립에 동의한 조합원들에 대하여는 새로이 동의를 받을 필요가 없고 종전 사업구역에 대한 동의는 변경된 사업구역에 대한 동의로도 유효하다고 봄이 상당하다. 그리고 어느 구분소유자 등이 처음에는 조합설립에 동의하지 아니하였다가 설립인가 후에 의사를 바꾸어 조합설립에 동의함으로써 조합에 추가로 가입한 경우, 이는 구 도시정비법 시행령 제27조 제2호에 규정된 경미한 사항인 '토지 또는 건축물의 매매 등으로 인하여 조합원의 권리가 이전된 경우의 조합원의 교체 또는 신규가입'에 해당하므로 그들의 추가 동의 내역도 조합설립변경인가의 법정 동의율 충족 여부를 판단할 때 반영하여야 하며, 또한 위에서 본 사업구역 변경시의 동의의 효력에 관한 법리는 그 추가 동의의 효력을 판단할 때도 그대로 적용된다고 보아야 한다(대판 2014. 05. 29, 2011두25876[조합설립변경인가처분무효확인]).

⑦ 교회의 조합설립동의 방법 및 그 유효요건: 3. 구 도시정비법 제17조의 위임에 따라 마련된 구

도시정비법 시행령 제28조 제4항에 따르면, 토지등소유자의 동의는 인감도장을 사용한 서면동의의 방법에 의하며 인감증명서를 첨부하여야 한다. 그러나 권리능력 없는 사단은 인감증명을 발급받을 수 있는 제도가 마련되어 있지 아니하므로, 권리능력 없는 사단의 대표자가 그 대표자 자격 및 대표자 본인이 작성하였음을 증명하는 개인 인감증명 등의 서류를 첨부하거나 권리능력 없는 사단의 직인을 날인하고 그 직인의 진정 성립을 증명하는 서류를 첨부하는 등 적절한 방법으로 권리능력 없는 사단을 대표하여 조합설립동의를 하면 된다고 새기는 것이 타당하다. 그리고 구 도시정비법 시행령 제28조 제4항이 규정한 서면동의 방법의 입법취지 등을 고려하면, 정비구역 안에 토지나 건축물을 소유한 교회가 재건축조합의 설립 및 사업시행에 대하여 동의를 하는 경우에 교회 대표자의 조합설립 동의서 제출 경위, 동의서 제출 전후 교인들의 재건축 추진에 대한 의견, 동의서 제출 이후의 구체적인 정황 등 제반 사정에 비추어 교인들의 총의(總意)가 반영되어 동의가 이루어진 것으로 인정될 수 있다면 그 동의를 유효하다고 보아야 한다(대판 2014. 05. 29, 2011두25876[조합설립변경인가처분무효확인]).

⑧ [1] 구 도시 및 주거환경정비법 시행령 제28조 제4항 단서와 제5항의 규정 취지: 구 도시 및 주거환경정비법 시행령(2012. 7. 31. 대통령령 제24007호로 일부 개정되기 전의 것) 제28조 제4항 단서에서 제26조 제2항 각 호의 사항이 변경되지 않은 경우에는 조합설립 동의를 철회할 수 없다고 규정하고, 제28조 제5항에서 동의의 철회는 인감증명서를 첨부하여 내용증명을 발송하는 방법에 의하도록 한 것은, 조합설립인가신청 후 일부 조합원의 동의철회로 그동안 진행해 왔던 절차가 무용화되는 것을 막고 조합설립절차가 원활하게 진행되도록 함과 아울러, 토지등소유자의 동의철회 여부를 명확하게 함으로써 동의철회 여부에 관하여 발생할 수 있는 관련자들 사이의 분쟁을 미연에 방지하며, 나아가 행정청으로 하여금 조합설립인가신청 전에 제출된 동의철회서에 의하여서만 동의철회 여부를 심사하도록 함으로써 동의 여부의 확인에 불필요하게 행정력이 소모되는 것을 막기 위한 데 입법 취지가 있다. [2] 구 도시정비법 시행령 제26조 제2항에 규정된 사항이 경미하게 변경되어 종전 동의서 내용과 동일성이 인정되는 경우에도 조합설립동의를 철회할 수 있는지 여부(소극): 재건축에의 동의 여부를 판단하는 기본이 되는 구 도시 및 주거환경정비법 시행령(2012. 07. 31. 대통령령 제24007호로 일부 개정되기 전의 것. 이하 '구 도시정비법 시행령'이라 한다) 제26조 제2항의 각 사항(이하 '동의서 포함사항'이라 한다)은 토지등소유자의 권리·의무에 중대한 영향을 미치는 사항으로서 조합설립에 대한 동의 여부의 판단에 직접 영향을 주는 것이기는 하지만, 동의서 포함 사항에 반영되어야 하는 재건축사업의 개요는 처음부터 확정짓기가 곤란하여 재건축 추진위원회의 활동, 의견수렴, 재건축조합의 설립준비, 사업관계자와의 절충과 협의 등의 과정에서 단계적, 발전적으로 형성되어 사업계획의 승인단계에 이르러 건축설계나 사업계획 등이 완성되면서 비로소 구체적인 모습을 드러내는 것이 통례로서, 재건축에서의 비용 등의 변경 역시 어느 정도는 피할 수 없다. 구 도시정비법 시행령에서 동의서 포함 사항을 '건설되는 건축물의 설계의 개요, 비용의 개략적인 금액과 그 비용의 분담기준'으로 정한 것도 이러한 사정을 반영한 것으로 보인다. 따라서 비록 동의서 포함 사항의 내용이 일부 변경되었다고 하더라도 사회통념상 종전의 동의서 포함 사항과의 동일성이 인정되는 경우에는, 여전히 종전의 동의서에 의한 동의는 변경된 내용에 따른 조합설립인가에 대한 동의로서 유효하다고 할 것이고(대법원 2005. 06. 24. 선고 2003다56441 판결 참조), 토지등소유자는 그 동의서에 의한 동의를 철회할 수 없다고 해석함이 상당하다(대판 2014. 03. 13, 2012두14095[조합설립인가무효확인]).

⑨ [1] 정비사업조합설립을 위한 창립총회에서 조합장 등 임원 선임의 결의가 부결된 경우, 이 때문에 창립총회가 무효라고 볼 수는 없다. [2] 토지 등 소유자가 조합설립 인가에 대한 '동의서'를 제출한 후 '동의철회서'를 제출하였는데 구 도시 및 주거환경정비법 시행령 제26조 제2항 각 호의

사항에 변경이 없는 경우, 이들을 '동의자 수'에 포함해야 하는지 여부(적극): 구 도시 및 주거환경 정비법 시행령(2012. 7. 31. 대통령령 제24007호로 개정되기 전의 것, 이하 '구 도시정비법 시행령'이라 한다) 제28조 제4항은 '토지 등 소유자는 법 제17조 제1항 전단 및 제12조의 동의에 따른 인허가 등의 신청 전에 동의를 철회하거나 반대의 의사표시를 할 수 있다. 다만 법 제16조에 따른 조합설 립의 인가에 대한 동의 후 제26조 제2항 각 호의 사항이 변경되지 않은 경우에는 조합설립의 인 가신청 전이라 하더라도 철회할 수 없다'고 규정하고 있으므로, 토지 등 소유자가 '동의서'를 제출 한 후에 '동의철회서'를 다시 제출한 경우에도 구 도시정비법 시행령 제26조 제2항 각 호의 사항에 변경이 없다고 인정된다면 이들은 여전히 '동의자 수'에 포함되어야 한다(대판 2014. 10. 30, 2012두 25125[조합설립인가처분취소]).

⑩ 주택재건축정비사업 조합설립인가 신청시 제출된 동의서에 포함된 '조합정관' 초안의 내용이 창 립총회에서 변경된 경우, 동의서의 효력이 유지되는지 여부(적극) 및 행정청이 그 동의서로 조합설 립인가 여부를 심사할 수 있는지 여부(적극): 구 도시 및 주거환경정비법(2010. 4. 15. 법률 제10268 호로 개정되기 전의 것) 제16조 제2항, 제5항, 제17조 제2항, 구 도시 및 주거환경정비법 시행령 (2010. 5. 4. 대통령령 제22151호로 개정되기 전의 것, 이하 '구 도시정비법 시행령'이라 한다) 제26조 제1항, 제2항, 제28조 제4항, 제5항, 구 도시 및 주거환경정비법 시행규칙(2010. 7. 16. 국토해양부 령 제265호로 개정되기 전의 것) 제7조 제1항, 제3항 등 주택재건축사업의 조합설립 동의와 동의철 회에 관한 규정의 체계, 형식 및 내용에 더하여, ① 행정청으로 하여금 조합설립인가신청 전에 제 출된 동의철회서에 의하여서만 동의철회 여부를 심사하도록 함으로써 동의 여부의 확인에 불필요 하게 행정력이 소모되는 것을 막기 위한 데 그 입법 취지가 있다고 볼 수 있는 점, ② 토지 등 소 유자들은 창립총회 결의사항이 그의 의사에 반하는 경우 주택재건축정비사업 조합설립추진위원회 (이하 '추진위원회'라고 한다)를 상대로 위와 같은 개별 동의를 철회한다는 의사표시를 하여 동의서 의 효력 발생을 저지할 수 있는 점, ③ 그런데도 위와 같은 철회의 의사표시를 하지 아니한 상태 에서 창립총회에서 변경 후 정관안이 조합정관으로 확정되었다면 당초 동의서를 제출하였던 토지 등 소유자들은 조합설립인가 신청시 그것이 관할 행정청에 제출되는 것을 예견하였다고 할 것이 어서 그들은 변경 된 정관안의 효력을 인정한다는 의사를 표시한 것으로 볼 수 있는 점, ④ 나아 가 법정동의서의 정관에 관한 사항 부분은 정관에 포함될 구체적 내용에 대한 동의를 얻기 위한 취지라기보다는 조합의 운영과 활동에 관한 자치규범으로서 정관을 마련하고 그 규율에 따르겠다 는 데에 대한 동의를 얻기 위한 취지로 해석되므로 추진위원회가 조합의 정관 또는 정관 초안을 첨부하지 아니한 채 법정동의서와 같은 서식에 따른 동의서에 의하여 조합설립에 관한 동의를 받 았다고 하더라도 적법하다고 할 것인 점 등을 종합적으로 고려하여 보면, 조합설립인가 신청시 제 출된 동의서에 포함된 '조합정관'의 사항에 변경이 있다고 하더라도 조합설립의 인가에 동의하였 던 토지 등 소유자가 구 도시정비법 시행령 제28조 제4항 및 제5항에서 정한 동의철회의 시기와 방법 등 절차에 따라 동의를 철회하지 아니하는 한 그 동의서의 효력은 그대로 유지된다고 할 것 이고, 행정청으로서는 추진위원회가 작성한 정관 초안의 내용이 창립총회에서 변경되었다고 하더 라도 조합설립인가 신청시 제출된 토지 등 소유자의 동의서만으로 조합설립인가 여부를 심사하는 것으로 충분하다(대판 2014. 01. 16, 2011두12801[조합설립인가취소]).

⑪ 정비구역 안에 여러 필지의 국가 또는 지방자치단체 소유의 국·공유지가 있는 경우에도 소유 권의 수에 관계없이 토지 또는 건축물 소유자를 소유자별로 각각 1명으로 산정하여야 한다(대판 전원합의체 2014. 04. 14, 2012두1419[주택재건축정비사업조합설립인가처분취소]).

⑫ [토지 등 소유자가 주택재건축조합설립인가처분의 취소를 구한 사건] (1) 토지 또는 건물이 여러 명의 공유에 속하는 경우 그 토지 또는 건물의 소유자가 주택재건축조합 설립에 동의한 것으로 보

기 위해서는 공유자 전원의 동의가 있어야 하는지 여부(적극): 구 도시 및 주거환경정비법 시행령 (2016. 7. 28. 대통령령 제27409호로 개정되기 전의 것, 이하 '도시정비법 시행령'이라 한다) 제28조 제1 항 제2호 가목에 의하면, 소유권 또는 구분소유권이 여러 명의 공유에 속하는 경우에는 그 여러 명을 대표하는 1명을 토지 등 소유자로 산정하여야 하므로, 도시정비법 제16조 제3항에 따라 토지 또는 건축물 소유자의 동의율을 산정함에 있어서 1필지의 토지 또는 하나의 건축물을 여러 명이 공유하고 있는 경우 그 토지 또는 건축물의 소유자가 조합설립에 동의한 것으로 보기 위하여는, 그 공유자 전원의 동의로 선임된 대표자가 조합설립에 동의하거나 대표자의 선임 없이 공유자 전원이 조합설립에 동의할 것을 요하고, 그 중 일부만이 조합설립에 관하여 동의한 경우에는 유효한 조합 설립 동의가 있다고 볼 수 없다. (2) 이때 공유자 중 1인이 소재불명인 경우 동의권자 및 동의자 수의 산정방법: 도시정비법 시행령 제28조 제1항 제4호는, 토지등기부등본·건물등기부등본·토지대장 및 건축물관리대장에 소유자로 등재될 당시 주민등록번호의 기재가 없고 기재된 주소가 현재 주소와 상이한 경우로서 소재가 확인되지 아니한 자(이하 '소재불명자'라 한다)는 토지 등 소유자의 수에서 제외하여야 한다고 규정하고 있는데, 이는 의사 확인이 어려운 토지 등 소유자를 조합설립 동의 등의 절차에서 동의 대상자에서 제외함으로써 사업 진행을 원활하게 하려는 것이다(대법원 2014. 5. 29. 선고 2012두11041 판결 참조). 그런데 여러 명의 공유에 속하는 토지의 공유자 중 일부가 소재불명자이면 앞서 본 바와 같이 유효한 조합설립 동의를 할 수 없다는 점에서 토지의 단독소유자가 소재불명자인 경우와 다르지 아니하므로, 공유자 중 일부가 소재불명자인 경우도 단독소유자가 소재불명인 경우와 마찬가지로 조합설립 동의 대상이 되는 토지 또는 건축물 소유자의 수에서 제외하여야 한다(대판 2017. 02. 03, 2015두50283[주택재건축정비사업조합설립인가처분취소]).

⑬ 추진위원회가 법정동의서에 의하여 토지등소유자로부터 조합설립 동의를 받았다면 그 조합설립 동의는 도시정비법령에서 정한 절차와 방식을 따른 것으로서 적법·유효한 것이라고 보아야 하고, 단지 그 서식에 토지등소유자별로 구체적인 분담금 추산액이 기재되지 않았다거나 추진위원회가 그 서식 외에 토지등소유자별로 분담금 추산액 산출에 필요한 구체적인 정보나 자료를 충분히 제공하지 않았다는 사정만으로 개별 토지등소유자의 조합설립 동의를 무효라고 볼 수는 없다(대판 2020. 09. 07, 2020두38744).

⑭ 오로지 재개발조합설립을 위한 동의정족수를 충족하게 하거나 재개발사업 진행 과정에서 주도적 지위를 차지하기 위한 목적으로 형식적인 증여, 매매 등을 원인으로 하여 밀접한 관계에 있는 사람 등의 명의로 과소지분에 관한 소유권이전등기를 마치는 방식을 통하여 인위적으로 토지 등 소유자 수를 늘리고 그들로 하여금 조합설립에 동의하는 의사표시를 하도록 하는 것은 조합설립을 위한 동의정족수 및 동의자 수 산정 방법을 엄격히 규정하고 있는 도시 및 주거환경정비법령 (이하 '도시정비법령'이라 한다)의 적용을 배제하거나 잠탈하기 위한 탈법행위에 해당한다고 볼 수 있다. 따라서 위와 같이 늘어난 토지 등 소유자들은 동의정족수를 산정함에 있어서 전체 토지 등 소유자 및 동의자 수에서 제외되어야 할 것인데, 이처럼 **과소지분의 형식적 이전을 통해 인위적으로 부풀린 토지 등 소유자들로 하여금 조합설립에 동의하는 의사표시를 하도록 하는 것이 도시정비법령의 적용을 배제하거나 잠탈하기 위한 탈법행위에 해당한다고 보기 위해서는**, 토지 또는 건축물에서 과소지분이 차지하는 비율 및 면적, 과소지분을 취득한 명의자가 이를 취득하기 위해 실제로 지급한 가액, 과소지분을 취득한 경위와 목적 및 이전 시기, 과소지분을 취득한 데에 합리적 이유가 있는지, 과소지분 취득자들이 토지 등 소유자의 수에 산입됨으로써 전체 토지 등 소유자의 수에 미친 영향, 과소지분 취득자들이 조합설립에 동의하는 의사를 표명한 정도 및 그 의사가 조합설립을 위한 동의정족수에 미친 영향, 과소지분 취득자와 다수 지분권자의 관계 등 관련 사정을 종합하여 개별 사안에 따라 구체적으로 판단하여야 한다(대판 2023. 08. 18, 2022두51901).

조합설립결의는 공법상 합동행위의 성질을 갖는다.

판례는 정비조합설립인가는 강학상 인가가 아니라 강학상 특허의 성질을 갖는다고 본다. 즉 행정청의 조합설립인가처분은 조합에 정비사업을 시행할 수 있는 권한을 갖는 행정주체(공법인)로서의 지위를 부여하는 일종의 설권적 처분의 성격을 가진다. 따라서 토지등소유자로 구성되는 조합이 그 설립과정에서 조합설립인가처분을 받지 아니하였거나 설령 이를 받았다 하더라도 처음부터 조합설립인가처분으로서 효력이 없는 경우에는, 정비사업을 시행할 수 있는 권한을 가지는 행정주체인 공법인으로서의 조합이 성립되었다 할 수 없고, 또한 이러한 조합의 조합장, 이사, 감사로 선임된 자 역시 구 도시정비법에서 정한 조합의 임원이라 할 수 없다(판례).

[판례] ① [1] 행정청이 도시 및 주거환경정비법 등 관련 법령에 의하여 행하는 조합설립인가처분의 법적 성격 및 조합설립인가처분이 있은 후에 조합설립결의의 하자를 이유로 그 결의 부분만을 따로 떼어내어 무효 등 확인의 소를 제기하는 것이 허용되는지 여부(소극): 행정청이 도시 및 주거환경정비법 등 관련 법령에 근거하여 행하는 조합설립인가처분은 단순히 사인들의 조합설립행위에 대한 보충행위(인가)로서의 성질을 갖는 것에 그치는 것이 아니라 법령상 요건을 갖출 경우 도시 및 주거환경정비법상 주택재건축사업을 시행할 수 있는 권한을 갖는 행정주체(공법인)로서의 지위를 부여하는 일종의 설권적 처분(특허)의 성격을 갖는다고 보아야 한다. 그리고 그와 같이 보는 이상 조합설립결의는 조합설립인가처분이라는 행정처분을 하는데 필요한 요건 중 하나에 불과한 것이어서, 조합설립결의에 하자가 있다면 그 하자를 이유로 직접 항고소송의 방법으로 조합설립인가처분의 취소 또는 무효확인을 구하여야 하고, 이와는 별도로 조합설립결의 부분만을 따로 떼어내어 그 효력 유무를 다투는 확인의 소를 제기하는 것은 원고의 권리 또는 법률상의 지위에 현존하는 불안·위험을 제거하는데 가장 유효·적절한 수단이라 할 수 없어 특별한 사정이 없는 한 확인의 이익은 인정되지 아니한다. [2] 도시 및 주거환경정비법상 주택재건축정비사업조합에 대한 행정청의 조합설립인가처분이 있은 후에 조합설립결의의 하자를 이유로 민사소송으로 그 결의의 무효 등 확인을 구한 사안에서, 그 소가 확인의 이익이 없는 부적법한 소에 해당한다고 볼 여지가 있으나, 재건축조합에 관한 설립인가처분을 보충행위로 보았던 종래의 실무관행 등에 비추어 그 소의 실질이 조합설립인가처분의 효력을 다투는 취지라고 못 볼 바 아니고, 여기에 소의 상대방이 행정주체로서의 지위를 갖는 재건축조합이라는 점을 고려하면, 그 소가 공법상 법률행위에 관한 것으로서 행정소송의 일종인 당사자소송으로 제기된 것으로 봄이 상당하고, 그 소는 이송 후 관할법원의 허가를 얻어 조합설립인가처분에 대한 항고소송으로 변경될 수 있어 관할법원인 행정법원으로 이송함이 마땅하다고 한 사례(대판 2009. 09. 24, 2008다60568[재건축결의부존재확인]). 〈해설〉 이 판례는 조합설립인가처분은 강학상 인가의 성질과 함께 강학상 특허의 성질을 함께 갖는 것으로 보았다. 또한, 이 판결은 도시환경정비사업조합에 대한 행정청의 조합설립 인가처분이 있은 후에 그 설립 인가처분의 요건에 불과한 조합설립행위에 대한 무효 확인을 구하는 소를 민사소송으로 제기한 사안에서, 그 소는 행정소송의 일종인 당사자소송에 해당하고, 이송 후 관할법원의 허가를 얻어 조합설립 인가처분에 대한 항고소송으로 변경될 수 있어 관할법원인 행정법원으로 이송함이 마땅하다고 한 사례이다(대판 2010. 04. 08, 2009다27636[조합설립부존재확인]). ② 행정청의 조합설립인가처분은 조합에 정비사업을 시행할 수 있는 권한을 갖는 행정주체(공법인)로서의 지위를 부여하는 일종의 설권적 처분의 성격을 가진다(대법원 2009. 09. 24. 선고 2008다

60568 판결, 대법원 2010. 01. 28. 선고 2009두4845 판결 등 참조). 따라서 **토지등소유자로 구성되는 조합**이 그 설립과정에서 조합설립인가처분을 받지 아니하였거나 설령 이를 받았다 하더라도 처음부터 조합설립인가처분으로서 효력이 없는 경우에는, 구 도시정비법 제13조에 의하여 정비사업을 시행할 수 있는 권한을 가지는 **행정주체인 공법인으로서의 조합**이 성립되었다 할 수 없고(대법원 2012. 03. 29. 선고 2008다95885 판결, 대법원 2012. 11. 29. 선고 2011두518 판결 등 참조), 또한 이러한 조합의 조합장, 이사, 감사로 선임된 자 역시 구 도시정비법에서 정한 조합의 임원이라 할 수 없다(대판 전원합의체 2014. 05. 22, 2012도7190).

③ 주택재개발정비사업조합설립승인처분이 정비구역의 지정·고시 이전에 정비예정구역에 의하여 확정된 토지등소유자의 과반수 동의를 얻어 구성된 추진위원회에 대하여 이루어진 것이라고 하더라도 그것만으로 그 하자가 중대하거나 명백하다고 할 수 없다고 판단한 사례(대판 2010. 09. 30, 2010두9358).

④ [1] 도시 및 주거환경정비법이 시행된 후 조합설립결의, 조합설립변경 결의, 사업시행계획이나 관리처분계획 등에 의하지 아니한 '재건축결의'가 이루어진 경우, 그 재건축결의의 무효확인을 구할 법적 이익이 있는지 여부(소극): 도시정비법이 시행된 후에는 조합설립결의, 조합설립변경 결의, 사업시행계획이나 관리처분계획 등에 의하지 아니한 '재건축결의'가 있다고 하여 곧바로 조합원에게 권리변동의 효력을 미칠 수 없는 것이어서, 그와 같은 재건축결의는 사업시행계획 결의 등과 별도의 독자적인 의미를 가진다고 보기는 어려우므로(대판 2009. 10. 15, 2008다93001 참조), 특별한 사유가 없는 한 재건축결의의 무효확인을 구할 법적 이익은 없다 할 것이나, 이 사건에 있어서 원고가 무효확인을 구하는 제2차 재건축결의는 구 주택건설촉진법에 따라 조합설립인가를 받은 후 도시정비법하에서 새로이 앞서 설시한 내용의 '사업시행계획에 대한 동의 및 재건축결의서'라는 동의서에 의하여 이루어진 것으로 조합설립변경 결의 또는 사업시행계획 결의에 해당한다고 볼 수도 있는바, 그렇다면 이 사건 청구는 위 동의서에 의하여 이루어진 조합설립변경 결의 또는 사업시행계획 결의의 무효확인을 구하는 취지로 해석될 여지가 있다. [2] 주택재건축정비사업조합을 상대로 조합설립변경 결의 또는 사업시행계획 결의의 효력 등을 다투는 소송의 법적 성질(=행정소송법상 당사자소송): 도시정비법 등 관련 법령에서 정한 요건과 절차를 갖추어 성립한 주택재건축정비사업조합(이하 '재건축조합'이라 한다)은 관할 행정청의 감독 아래 정비구역 안에서 도시정비법상의 '주택재건축사업'을 시행하는 목적 범위 내에서 법령이 정하는 바에 따라 일정한 행정작용을 행하는 행정주체로서의 지위를 갖는 것이고, 조합설립변경 인가 또는 사업시행계획안에 대한 인가가 이루어지기 전에 행정주체인 재건축조합을 상대로 그 조합설립변경 결의 또는 사업시행계획 결의의 효력 등을 다투는 소송은 행정처분에 이르는 절차적 요건의 존부나 효력 유무에 관한 소송으로서 그 소송결과에 따라 행정처분의 위법 여부에 직접 영향을 미치는 공법상 법률관계에 관한 것이므로 이는 행정소송법상의 당사자소송에 해당한다. [3] 구 주택건설촉진법에 따라 조합설립인가를 받은 후 도시 및 주거환경정비법하에서 새로이 '사업시행계획에 대한 동의 및 재건축결의서'라는 동의서에 의하여 이루어진 재건축결의의 무효확인을 구하는 소를 민사소송으로 제기한 사안에서, 그 무효확인청구를 조합설립변경 결의 또는 사업시행계획 결의의 무효확인을 구하는 취지로 해석될 여지가 있으므로 관할 법원인 행정법원으로 이송함이 상당하다고 한 사례(대판 2010. 07. 29, 2008다6328[재건축조합총회결의무효확인의소]).

토지등소유자의 서면에 의한 동의요건이 결여된 하자는 중대하고 명백한 하자이므로 조합설립인가처분의 무효사유이다. 다만, 조합설립 동의에 흠이 있다 하더라도 그 흠이 중대·명백하지 않다면 조합설립인가처분이 당연 무효라고 할 수 없다.

**[판례]** ① 피고가 이 사건 정비구역이 대부분 주택단지가 아닌 지역이고 주택단지는 아파트 1동에 불과하므로 공동주택인 아파트 1동을 주택단지로 구분하지 않고 전체적으로 단독주택 재건축사업으로 분류하여 구 도시정비법 제16조 제3항에 따라 동의요건을 갖추어야 한다고 해석할 여지도 있었지만, 피고가 해석한 바와 같이 전체 정비구역에 대하여 구 도시정비법 제16조 제3항만을 적용하더라도 토지면적의 3분의 2 이상의 면적요건을 충족하지 못한 사안에서, 피고가 구 도시정비법 제16조 제3항에 규정된 '토지면적의 3분의 2 이상의 토지소유자의 동의'라는 문언의 의미는 분명함에도 합리적인 근거 없이 그 의미를 잘못 해석한 결과, 처분 요건이 충족되지 아니한 상태에서 이 사건 조합설립인가처분을 하였고, 피고가 채택한 해석을 포함하여 다른 해석의 가능성을 고려하더라도 이 사건 조합설립인가 처분은 토지면적의 3분의 2 이상의 면적요건을 충족하지 못하였음이 분명하다고 보아 당연무효라고 판단한 사안(대판 2014. 05. 16, 2011두27094[주택조합설립인가및주택조합총회결의무효확인등]).

② 관할 행정청이 구 도시 및 주거환경정비법(2007. 12. 21. 법률 제8785호로 개정되기 전의 것, 이하 '개정 전 도시정비법'이라고 한다) 제16조 제3항에서 정한 동의요건 중 '토지 또는 건축물 소유자의 5분의 4 이상'을 '토지 소유자의 5분의 4 이상' 또는 '건축물 소유자의 5분의 4 이상' 중 어느 하나의 요건만 충족하면 된다고 잘못 해석하여 요건을 충족하지 못한 주택재건축사업 추진위원회의 조합설립인가신청에 대하여 조합설립인가처분을 한 사안에서, 위 처분은 개정 전 도시정비법 제16조 제3항에서 정한 동의요건을 충족하지 못하여 위법할 뿐만 아니라 하자가 중대하다고 볼 수 있으나, '토지 또는 건축물 소유자의 5분의 4 이상'의 문언적 의미가 명확한 것은 아니고 다의적으로 해석될 여지가 충분히 있는 점 등을 종합하면, 조합설립인가처분 당시 주택단지가 전혀 포함되어 있지 않은 정비구역에 대한 재건축사업조합의 설립인가처분을 하기 위해서는 '토지 및 건축물 소유자, 토지 소유자, 건축물 소유자' 모두의 5분의 4 이상의 동의를 얻어야 한다는 점이 객관적으로 명백하였다고 할 수 없어 위 조합설립인가처분이 당연무효라고 볼 수는 없다는 이유로, 이와 달리 본 원심판결에 법리오해의 위법이 있다고 한 사례(대판 2012. 10. 25, 2010두25107[조합설립인가처분무효확인]).

③ 조합설립 동의에 흠이 있는 경우 조합설립인가처분이 당연무효인지 여부(한정 소극): 주택재개발사업의 사업시행자인 정비사업조합은 관할 행정청의 조합설립인가와 등기에 의해 설립되고, 조합 설립에 대한 토지 등 소유자의 동의는 조합설립인가처분이라는 행정처분을 하는 데 필요한 절차적 요건 중 하나에 불과하므로, 조합설립 동의에 흠이 있다 하더라도 그 흠이 중대·명백하지 않다면 조합설립인가처분이 당연무효라고 할 수 없다(대판 2010. 12. 23, 2010두16578[조합설립무효확인등]).

④ [1] 하나의 단지 내에 있는 여러 동의 건물 전부를 일괄하여 재건축하고자 하는 경우 재건축 결의의 충족 여부의 판단기준 및 서면결의의 방법에 의한 재건축결의에 있어서 그에 대한 동의를 철회할 수 있는지 여부(한정 적극): 하나의 단지 내에 있는 여러 동의 건물 전부를 일괄하여 재건축하고자 하는 경우라도 재건축 결의의 요건 충족 여부는 각각의 건물마다 별개로 따져야 하므로, 일부 동에 대하여는 재건축 결의의 요건을 갖추지 못하였지만 나머지 동에 대하여는 재건축결의의 요건을 갖춘 경우 그 나머지 동에 대하여는 적법한 재건축결의가 성립한다. 그리고 서면결의의 방법에 의한 재건축결의에 있어서 재건축결의가 유효하게 성립하기 전까지는 재건축결의에 대한 동의를 철회할 수 있다. [2] 대규모의 재건축 사업에 있어서 신건물의 구분소유권의 귀속이 각 구분소유자 간의 형평에 반하는지 여부를 판단하는 기준: 대규모의 재건축 사업에 있어서는 신건물의

건축과 관련한 관계 법령상의 규제, 사업부지의 위치 및 형상, 주변 편의시설로의 접근성, 조합원들이 종전에 소유하고 있는 건물의 평형과 대지권 지분의 분포 및 용적률 등을 고려하여 최적의 효율성과 사업성을 발휘하도록 신건물의 배치 및 설계를 하게 되므로, 그 과정에서 각 구분소유자에게 귀속되는 신건물의 구분소유권은 그 위치, 면적, 층수에 차이가 발생하는 것이 불가피한 측면이 있고, 따라서 신건물의 구분소유권의 귀속이 각 구분소유자 간의 형평에 반하는지 여부를 판단함에 있어서는 단순히 각 구분소유권의 위치, 면적, 층수에 차이가 있다는 점만을 고려할 것이 아니라, 그와 같은 차이가 발생하게 된 경위, 신건물의 배치 및 설계상의 합리성 및 경제적 타당성, 조합원들이 종전에 소유하고 있는 구분건물의 평형과 대지권 지분의 분포와 그 권리가격의 크기, 구분소유권 배분방식의 형평성, 각 구분소유권의 재산적 가치에 대한 불균형의 정도, 그 불균형을 줄일 수 있는 다른 방법의 존재 가능성, 불이익을 입은 구분소유자에 대한 적절한 보상 여부, 재건축의 결의나 관리처분계획안 결의시 구분소유권의 귀속 등에 관하여 다수 조합원들이 소수 조합원들에게 부당하게 불이익을 강요하였는지 여부 등 제반 사정을 종합하여 판단하여야 한다(대판 2010. 10. 14. 2009다95967[총회결의무효확인의 소]).

⑤ [1] 구 도시 및 주거환경정비법상 재개발조합설립인가신청에 대하여 행정청의 재개발조합설립인가처분이 있은 후 조합설립동의에 하자가 있음을 이유로 재개발조합 설립의 효력을 다투기 위한 소송(=항고소송): 재개발조합설립인가신청에 대한 행정청의 조합설립인가처분은 단순히 사인(사인)들의 조합설립행위에 대한 보충행위로서의 성질을 가지는 것이 아니라 법령상 일정한 요건을 갖추는 경우 행정주체(공법인)의 지위를 부여하는 일종의 설권적 처분의 성질을 가진다고 보아야 한다. 그러므로 구 도시 및 주거환경정비법(2007. 12. 21. 법률 제8785호로 개정되기 전의 것)상 재개발조합설립인가신청에 대하여 행정청의 조합설립인가처분이 있은 이후에는, 조합설립동의에 하자가 있음을 이유로 재개발조합 설립의 효력을 부정하려면 항고소송으로 조합설립인가처분의 효력을 다투어야 한다. [2] 구 도시 및 주거환경정비법상의 재개발조합 설립에 토지 등 소유자의 서면에 의한 동의를 요구하고 그 동의서를 재개발조합설립인가신청시 행정청에 제출하도록 하는 취지 및 재개발조합설립인가신청을 받은 행정청이 재개발조합설립인가의 요건인 토지 등 소유자의 동의 여부를 심사할 때 동의의 내용과 진정성에 관한 심사의 기준: 구 도시 및 주거환경정비법(2007. 12. 21. 법률 제8785호로 개정되기 전의 것)상의 재개발조합 설립에 토지 등 소유자의 서면에 의한 동의를 요구하고 그 동의서를 재개발조합설립인가신청시 행정청에 제출하도록 하는 취지는 서면에 의하여 토지 등 소유자의 동의 여부를 명확하게 함으로써 동의 여부에 관하여 발생할 수 있는 관련자들 사이의 분쟁을 미연에 방지하고 나아가 행정청으로 하여금 재개발조합설립인가신청시에 제출된 동의서에 의하여서만 동의요건의 충족 여부를 심사하도록 함으로써 동의 여부의 확인에 불필요하게 행정력이 소모되는 것을 막기 위한 데 있다. 따라서 재개발조합설립인가신청을 받은 행정청은 재개발조합설립인가의 요건인 토지 등 소유자의 동의 여부를 심사함에 있어서 무엇보다도 동의의 내용에 관하여는 동의서에 구 도시 및 주거환경정비법 시행령(2008. 12. 17. 대통령령 제21171호로 개정되기 전의 것) 제26조 제1항 각 호의 법정사항이 모두 포함되어 있는지를 기준으로, 동의의 진정성에 관하여는 그 동의서에 날인된 인영과 인감증명서의 인영이 동일한 것인지를 기준으로 각 심사하여야 한다. 그리고 위 기준 중 어느 하나라도 충족하지 못하는 동의서에 대하여는 이를 무효로 처리하여야 하고, 임의로 이를 유효한 동의로 처리할 수는 없다. [3] 재개발조합의 설립추진위원회가 토지 등 소유자로부터 받아 행정청에 제출한 동의서에 구 도시 및 주거환경정비법 시행령 제26조 제1항 제1호와 제2호에 정한 '건설되는 건축물의 설계의 개요'와 '건축물의 철거 및 신축에 소요되는 비용의 개략적인 금액'에 관하여 그 내용의 기재가 누락되어 있음에도 이를 유효한 동의로 처리하여 재개발조합의 설립인가를 한 처분은 위법하고 그 하자가 중대하고 명백하여 무효라고 한 사례(대판

2010. 01. 28,  2009두4845[재개발정비사업조합설립인가처분무효확인]).

### 3) 조합의 법적 지위

주택재개발사업 및 주택재건축사업을 위하여 설립된 정비사업조합은 공공조합으로서 공법인이다. 정비사업조합은 재개발사업이나 재건축사업이라는 공행정목적을 수행함에 있어서 행정주체의 지위에 서며(대판 2009. 11. 02, 2009마596) 재개발사업이나 재건축사업이라는 공행정목적을 직접적으로 달성하기 위하여 행하는 정비사업조합의 행위는 원칙상 공법행위라고 보아야 한다.

조합에 관하여는 이 법에 규정된 것을 제외하고는 민법 중 사단법인에 관한 규정을 준용한다(제49조).

정비조합은 사단의 성격과 함께 조합의 성격도 갖는다. 정비조합이 조합의 성질을 갖는 부분에는 민법상 조합의 규정을 유추적용할 수 있다.26)

### 4) 정관의 작성 및 변경

도시 및 주거환경정비법에 의한 주택재개발 **정비사업조합의 정관**은 해당 조합의 조직, 기관, 활동, 조합원의 권리의무관계 등 단체법적 법률관계를 규율하는 것으로서 공법인인 **조합과 조합원에 대하여 구속력을 가지는 자치법규**로서 원칙적으로 조합 외부의 제3자를 보호하거나 제3자를 위한 규정이라고 볼 것은 아니다(대판 2019. 10. 31,  2017다282438).

**[판례]** ① [1] 「도시 및 주거환경정비법」(이하 '도시정비법'이라 한다)에 의한 **재건축조합의 정관**은 재건축조합의 조직, 활동, 조합원의 권리의무관계 등 단체법적 법률관계를 규율하는 것으로서 공법인인 재건축조합과 그 조합원에 대하여 구속력을 가지는 **자치법규**이므로 이에 위반하는 활동은 원칙적으로 허용되지 않는다고 보아야 한다. [2] '시공자와의 계약서에 포함될 내용'에 관한 안건을 총회에 상정하여 의결하는 경우 그 내용이 당초의 재건축결의 시 채택한 조합원의 비용분담 조건을 변경하는 것인 때에는 비록 그것이 직접적으로 정관 변경을 하는 결의가 아니라 할지라도 실질적으로는 정관을 변경하는 결의이므로 그 의결 정족수는 정관변경에 관한 규정인 구 도시정비법 제20조 제3항, 제1항 제15호의 규정을 유추적용하여 조합원의 3분의 2 이상의 동의를 요한다고 봄이 타당하다(대법원 2009. 01. 30. 선고 2007다31884 판결, 대법원 2009. 11. 12. 선고 2008다81640 판결 등 참조). [3] 당초의 재건축결의에서 채택한 조합원의 비용분담조건을 변경하는 안건은 구 도시정비법의 관련 규정을 유추적용하여 조합원 3분의 2 이상의 동의에 의한 총회 결의가 있어야 유효한데, 이를 거치지 아니한 이상 원고 조합장은 원고 조합을 대표하여 위 안건을 주된 내용으로 하는 계약을 체결할 권한이 없어 위 계약은 무효이므로, 위 계약 체결행위에 표현대리의 법리가 준용되거나 유추적용될 여지가 없다고 판단한 사안(대판 2016. 05. 12, 2013다49381).
② [1] 재건축정비사업조합이 아파트와 상가를 분리하여 개발이익과 비용을 별도로 정산하고 상가협의회가 상가에 관한 관리처분계획안의 내용을 자율적으로 마련하는 것을 보장한다는 내용으로 상

---

26) 김종보, 건설법의 이해 제6판, 499면 이하.

가협의회와 합의하는 경우(소위 '상가 독립정산제 약정'의 경우), 그 내용은 원칙적으로 조합의 정관에 규정하여야 하는 사항이다. [2] 위 내용을 조합이 채택하기로 결정하는 조합 총회결의가 정관 변경의 요건을 완전히 갖추지는 못했으나 총회결의로서 유효하게 성립하였고 정관 변경을 위한 실질적인 의결정족수를 갖춘 경우, 조합 내부적으로 업무집행기관을 구속하는 규범으로서의 효력을 가진다(대판 2018. 03. 13, 2016두35281).
③ 주택재개발 정비사업조합의 이사회 의장인 乙이 조합의 정관을 위반하였다는 것만으로 다른 합리적인 이유의 설시 없이 乙에게 불법행위에 따른 손해배상책임이 있다고 본 원심판단에는 주택재개발 정비사업조합 정관의 법적 성질 등에 관한 법리오해 등의 잘못이 있다고 한 사례(대판 2019. 10. 31, 2017다282438).

조합이 정관을 **변경**하려는 경우에는 제35조 제2항부터 제5항까지의 규정에도 불구하고 총회를 개최하여 조합원 과반수(제1항 제2호 내지 제4호·제8호·제13호 또는 제16호의 경우에는 3분의 2 이상을 말한다)의 찬성으로 시장·군수의 인가를 받아야 한다(제40조 제3항). 다만, 대통령령으로 정하는 경미한 사항을 변경하려는 때에는 이 법 또는 정관으로 정하는 방법에 따라 변경하고 시장·군수등에게 신고하여야 한다(제40조 제4항).

**[판례]** ① [1] 구 도시 및 주거환경정비법(2012. 2. 1. 법률 제11293호로 개정되기 전의 것) 제20조 제3항은 조합이 정관을 변경하고자 하는 경우에는 총회를 개최하여 조합원 과반수 또는 3분의 2 이상의 동의를 얻어 시장·군수의 인가를 받도록 규정하고 있다. 여기서 **시장 등의 인가는** 그 대상이 되는 기본행위를 보충하여 법률상 효력을 완성시키는 행위로서 이러한 인가를 받지 못한 경우 변경된 정관은 효력이 없고, 시장 등이 변경된 정관을 인가하더라도 **정관변경의 효력이 총회의 의결이 있었던 때로 소급하여 발생한다고 할 수 없다.** [2] 구 도시정비법 제24조 제3항의 입법 취지 등을 고려하면 형식적으로 총회의 의결을 거쳐 설계자를 선정하였더라도 총회의 결의에 부존재 또는 무효의 하자가 있는 경우에는 특별한 사정이 없는 한 그 설계자의 선정은 총회의 의결을 거치지 아니한 것에 해당한다(대판 2014. 07. 10, 2013도11532).
② [1] 조합의 정관이 조합의 비용부담 등에 관한 총회의 소집절차나 의결방법에 대하여 상위법령인 구 도시정비법이 정한 것보다 더 엄격한 조항을 두지 않은 이상 조합의 비용부담에 관한 정관을 변경하고자 하는 총회 결의에는 조합원 3분의 2 이상의 의결정족수가 적용되고, 변경되는 정관의 내용이 상가소유자 등 특정 집단의 이해관계에 직접적인 영향을 미치는 경우라 할지라도 구 도시정비법(2016. 1. 27. 법률 제13912호로 개정되기 전의 것, 이하 '구 도시정비법'이라고 한다) 제16조 제2항이 적용되거나 유추적용된다고 볼 수는 없다. [2] 상가조합원들이 상가 조합원들의 이해관계에 영향을 미치는 정관을 불리하게 변경하는 조합원총회결의 및 변경된 정관에 기초한 관리처분계획에 대하여, 무효인 조합원총회결의 및 정관에 기초한 것이거나 신뢰보호의 원칙에 위반된다고 주장하며 무효 또는 취소를 구한 사안에서, 조합설립인가 당시의 최초의 정관이 아닌 이상 상가소유자 등 특정 집단의 이해관계에 직접적인 영향을 미치는 정관 변경이라도 구 도시정비법 제20조 제3항이 정한 특별결의 요건(전체 조합원의 2/3 이상의 찬성)이 적용되고, 구 도시정비법 제16조 제2항이 정한 특별결의 요건(상가 조합원의 2/3 이상의 찬성)이 적용되는 것이 아니라는 법리를 명시적으로 판시한 사례(대판 2020. 06. 25, 2018두34732).

## 5) 조합의 기관

조합에는 조합장 1인, 이사, 감사를 둔다(제41조 제1항). 조합임원의 선출방법 등은 정관으로 정한다. 다만, 시장·군수등은 다음 각 호의 어느 하나에 해당하는 경우 시·도조례로 정하는 바에 따라 변호사·회계사·기술사 등으로서 대통령령으로 정하는 요건을 갖춘 자를 **전문조합관리인**으로 선정하여 조합임원의 업무를 대행하게 할 수 있다. 1. 조합임원이 사임, 해임, 임기만료, 그 밖에 불가피한 사유 등으로 직무를 수행할 수 없는 때부터 6개월 이상 선임되지 아니한 경우, 2. 총회에서 조합원 과반수의 출석과 출석 조합원 과반수의 동의로 전문조합관리인의 선정을 요청하는 경우 (제41조 제5항).

**조합장**은 조합을 대표하고, 그 사무를 총괄하며, 총회 또는 제46조에 따른 대의원회의 의장이 된다(제42조 제1항). 조합장 또는 이사가 자기를 위하여 조합과 계약이나 소송을 할 때에는 감사가 조합을 대표한다(제42조 제3항).

## 6) 조합원

제25조에 따른 정비사업의 **조합원**(사업시행자가 신탁업자인 경우에는 위탁자를 말한다. 이하 이 조에서 같다)은 토지등소유자(재건축사업의 경우에는 재건축사업에 동의한 자만 해당한다)로 하되, 다음 각 호의 어느 하나에 해당하는 때에는 그 여러 명을 대표하는 1명을 조합원으로 본다. 다만, 「국가균형발전 특별법」 제18조에 따른 공공기관지방이전시책 등에 따라 이전하는 공공기관이 소유한 토지 또는 건축물을 양수한 경우 양수한 자(공유의 경우 대표자 1명을 말한다)를 조합원으로 본다. 1. 토지 또는 건축물의 소유권과 지상권이 여러 명의 공유에 속하는 때. 2. 여러 명의 토지등소유자가 1세대에 속하는 때. 이 경우 동일한 세대별 주민등록표 상에 등재되어 있지 아니한 배우자 및 미혼인 19세 미만의 직계비속은 1세대로 보며, 1세대로 구성된 여러 명의 토지등소유자가 조합설립인가 후 세대를 분리하여 동일한 세대에 속하지 아니하는 때에도 이혼 및 19세 이상 자녀의 분가(세대별 주민등록을 달리하고, 실거주지를 분가한 경우로 한정한다)를 제외하고는 1세대로 본다. 3. 조합설립인가(조합설립인가 전에 제27조 제1항 제3호에 따라 신탁업자를 사업시행자로 지정한 경우에는 사업시행자의 지정을 말한다. 이하 이 조에서 같다) 후 1명의 토지등소유자로부터 토지 또는 건축물의 소유권이나 지상권을 양수하여 여러 명이 소유하게 된 때(제39조 제1항). 「주택법」 제63조 제1항에 따른 투기과열지구(이하 "투기과열지구"라 한다)로 지정된 지역에서 재건축사업을 시행하는 경우에는 조합설립인가 후, 재개발사업을 시행하는 경우에는 제74조에 따른 관리처분계획의 인가 후 해당 정비사업의 건축물 또는 토지를 양수(매매·증여, 그 밖의 권리의 변동을 수반하는 일체의 행위를 포함하되, 상속·이혼으로 인한 양도·양수의 경우는 제외한다. 이하

이 조에서 같다)한 자는 제1항에도 불구하고 조합원이 될 수 없다. 다만, 양도인이 다음 각 호의 어느 하나에 해당하는 경우 그 양도인으로부터 그 건축물 또는 토지를 양수한 자는 그러하지 아니하다. 1. 세대원(세대주가 포함된 세대의 구성원을 말한다. 이하이 조에서 같다)의 근무상 또는 생업상의 사정이나 질병치료(「의료법」제3조에 따른 의료기관의 장이 1년 이상의 치료나 요양이 필요하다고 인정하는 경우로 한정한다) · 취학 · 결혼으로 세대원이 모두 해당 사업구역에 위치하지 아니한 특별시 · 광역시 · 특별자치시 · 특별자치도 · 시 또는 군으로 이전하는 경우. 2. 상속으로 취득한 주택으로 세대원 모두 이전하는 경우. 3. 세대원 모두 해외로 이주하거나 세대원 모두 2년 이상 해외에 체류하려는 경우. 4. 1세대(제1항 제2호에 따라 1세대에 속하는 때를 말한다) 1주택자로서 양도하는 주택에 대한 소유기간 및 거주기간이 대통령령으로 정하는 기간 이상인 경우. 5. 그 밖에 불가피한 사정으로 양도하는 경우로서 대통령령으로 정하는 경우(제39조 제2항). 사업시행자는 제2항 각 호 외의 부분 본문에 따라 조합원의 자격을 취득할 수 없는 경우 정비사업의 토지, 건축물 또는 그 밖의 권리를 취득한 자에게 제73조를 준용하여 손실보상을 하여야 한다(제39조 제3항).

[판례] ① [원고들을 현금청산대상자로 정한 관리처분계획의 일부 무효 및 조합원 지위 확인을 구하는 사건] 주택재건축사업 조합설립인가 후 1세대에 속하는 수인의 토지등소유자로부터 각각 정비구역 안에 소재한 토지 또는 건축물 중 일부를 양수한 수인의 토지등소유자와 양도인들 사이에서는 구 도시정비법 제19조 제1항 제2호, 제3호가 중첩 적용되어 원칙적으로 그 전원을 대표하는 1인을 조합원으로 보아야 한다(대판 2023. 06. 29, 2022두56586).
② [재개발조합설립 단계에서의 소위 '지분쪼개기' 사건] 구 「도시 및 주거환경정비법」 및 동 시행령의 규정 내용과 취지, 체계, 조합설립인가처분의 법적 성격 등을 종합하면, 오로지 재개발조합설립을 위한 동의정족수를 충족하게 하거나 재개발사업 진행 과정에서 주도적 지위를 차지하기 위한 목적으로 형식적인 증여, 매매 등을 원인으로 하여 밀접한 관계에 있는 사람 등의 명의로 과소지분에 관한 소유권이전등기를 마치는 방식을 통하여 인위적으로 토지등소유자 수를 늘리고 그들로 하여금 조합설립에 동의하는 의사표시를 하도록 하는 것은 조합설립을 위한 동의정족수 및 동의자 수 산정 방법을 엄격히 규정하고 있는 도시정비법령의 적용을 배제하거나 잠탈하기 위한 탈법행위에 해당한다고 볼 수 있다. 따라서 위와 같이 늘어난 토지등소유자들은 동의정족수를 산정함에 있어서 전체 토지등소유자 및 동의자 수에서 제외되어야 할 것이다(대판 2023. 08. 18, 2022두51901).
③ 이전고시 후 분양목적물 매도한 경우 도시정비법과 정관에 특별한 정함이 없는 이상 조합원의 지위가 당연히 제3자에게 자동승계되지는 않는다(대판 2003. 09. 26, 2001다64479; 2024. 04. 25, 2022두52874).

### 7) 조합총회

조합의 총회는 재건축정비사업조합의 최고의사결정기관이고 정관 변경이나 관리처분계획의 수립 · 변경은 총회의 결의사항이므로, 조합의 총회는 상위법령과 정관이 정한 바에 따라 새로운 총회결의로써 종전 총회결의의 내용을 철회하거나 변경할 수 있는 자율성과 형성의 재량을 가진다(대판 2018. 03. 13, 2016두35281).

**[판례]** 재건축조합의 총회가 가지는 자율성과 재량이 무제한적일 수는 없으므로, 조합 내부의 규범을 변경하고자 하는 총회결의가 적법하려면 상위법령·정관에서 정한 절차와 의결정족수를 갖추어야 한다. 나아가 그 내용도 상위법령·정관에 위배되지 않아야 함은 물론 재건축조합에서 일단 내부 규범이 정립되면 조합원들은 특별한 사정이 없는 한 그것이 존속하리라는 신뢰를 가지게 됨에 비추어 내부 규범 변경을 통해 달성하려는 이익이 종전 내부 규범의 존속을 신뢰한 조합원들의 이익보다 우월하여야 한다. 조합 내부 규범을 변경하는 취지의 총회결의가 신뢰보호원칙에 위반되는지를 판단하기 위해서는, 종전 내부 규범의 내용을 변경하여야 할 객관적 사정과 필요가 존재하는지, 그로써 조합이 달성하려는 이익은 어떠한 것인지, 내부 규범의 변경에 따라 조합원들이 침해받는 이익은 어느 정도의 보호가치가 있으며 그 침해 정도는 어떠한지, 조합이 종전 내부 규범의 존속에 대한 조합원들의 신뢰 침해를 최소화하기 위하여 어떤 노력을 기울였는지 등과 같은 여러 사정을 종합적으로 비교·형량해야 한다(대법원 2018. 3. 13. 선고 2016두35281 판결, 대법원 2022. 5. 26. 선고 2022두30539 판결 등 참조)(대판 2022. 07. 14, 2022다206391).

　다음 각 호의 사항은 총회의 의결을 거쳐야 한다. 1. 정관의 변경(제40조 제4항에 따른 경미한 사항의 변경은 이 법 또는 정관에서 총회의결사항으로 정한 경우로 한정한다). 2. 자금의 차입과 그 방법·이자율 및 상환방법. 3. 정비사업비의 사용. 4. 예산으로 정한 사항 외에 조합원에게 부담이 되는 계약. 5. 시공자·설계자 또는 감정평가업자(제74조 제2항에 따라 시장·군수등이 선정·계약하는 감정평가업자는 제외한다)의 선정 및 변경. 다만, 감정평가업자 선정 및 변경은 총회의 의결을 거쳐 시장·군수등에게 위탁할 수 있다. 6. 정비사업전문관리업자의 선정 및 변경. 7. 조합임원의 선임 및 해임. 8. 정비사업비의 조합원별 분담내역. 9. 제52조에 따른 사업시행계획서의 작성 및 변경(제50조 제1항 본문에 따른 정비사업의 중지 또는 폐지에 관한 사항을 포함하며, 같은 항 단서에 따른 경미한 변경은 제외한다). 10. 제74조에 따른 관리처분계획의 수립 및 변경(제74조 제1항 각 호 외의 부분 단서에 따른 경미한 변경은 제외한다). 11. 제89조에 따른 청산금의 징수·지급(분할징수·분할지급을 포함한다)과 조합 해산 시의 회계보고. 12. 제93조에 따른 비용의 금액 및 징수방법. 13. 그 밖에 조합원에게 경제적 부담을 주는 사항 등 주요한 사항을 결정하기 위하여 대통령령 또는 정관으로 정하는 사항(제45조 제1항). 제1항 각 호의 사항 중 이 법 또는 정관에 따라 조합원의 동의가 필요한 사항은 총회에 상정하여야 한다(제45조 제2항).

**[판례]** ① [1] 변경인가가 아니라 신고 대상이지만 법령이나 정관에서 총회결의대상으로 규정한 경우 총회결의가 필요하다. [2] **총회결의의 효력 유무에 대한 판단방법**: 조합 총회결의의 효력 여부는 특별한 사정이 없는 이상 그 결의 내용이 강행법규에 위반되는지 여부 등 실체적 요건과 법령 또는 정관의 해석상 해당 안건의 결의에 필요한 의결정족수를 갖추었는지 등 절차적 요건을

모두 충족하였는지에 따라 판단하여야 한다. [3] 피고조합의 관리처분계획(안) 승인 등에 대한 총회결의가 조합규약에 규정된 의결정족수를 갖추지 못하였다는 이유로 효력이 없다고 본 원심의 판단을 수긍한 사안(대판 2014. 05. 29, 2011두33051[관리처분계획안수립결의무효]).

② [1] 법령에 의하여 조합원 지위가 인정되는 조합원들 사이에 권리의 차등을 두는 내용의 총회결의는 특별한 사정이 없는 이상 무효라고 보아야 하나, 정관의 규정에 의하여 비로소 조합원 지위가 인정되는 조합원의 권리 내용에 대해서는 정관에서 이를 제한할 수 있으므로, 분양신청을 하지 아니하여 분양신청기간 만료일 다음 날에 조합원 지위를 상실한 사람들에게 조합 총회에서 다시 조합원 지위를 부여하기로 결의하면서 그들의 권리 내용을 제한하였다고 하여 총회 결의가 무효라고 볼 것은 아니다. [2] 주택재건축조합 정관의 필요적 기재사항이자 엄격한 정관변경절차를 거쳐야 하는 '조합원의 자격에 관한 사항'이나 '조합의 비용부담'이 당초 재건축결의 당시와 비교하여 볼 때 조합원들의 이해관계에 중대한 영향을 미칠 정도로 실질적으로 변경된 경우에는 비록 그것이 정관변경에 대한 절차가 아니라 하더라도 특별다수의 동의요건을 규정하여 조합원들의 이익을 보호하려는 구 도시 및 주거환경정비법(2011. 4. 14. 법률 제10599호로 개정되기 전의 것) 제20조 제3항, 제1항 제2호 및 제8호의 규정을 유추적용하여 조합원 3분의 2 이상의 동의가 필요하다. 다만 이미 위와 같은 특별다수에 의한 결의방법에 따라 의결된 '조합의 비용부담' 등을 경미한 범위 내에서 수정하는 경우나 다른 안건에 관한 결의 등을 통하여 위 사항에 관하여 특별다수에 의한 결의에 준하는 조합원의 총의가 확인된 경우 등과 같은 특별한 사정이 있는 때에는 법령 또는 정관의 규정상 해당 안건의 결의에 필요한 의결정족수를 충족하면 된다(대판 2014. 08. 20, 2012두5572[관리처분계획취소]).

조합원의 수가 100인 이상인 조합은 대의원회를 두어야 한다(제46조 제1항). 대의원회는 조합원의 10분의 1 이상으로 하되 조합원의 10분의 1이 100명을 넘는 경우에는 조합원의 10분의 1 범위에서 100명 이상으로 구성할 수 있다(제46조 제2항). 대의원회는 총회의 의결사항 중 대통령령으로 정하는 사항 외에는 총회의 권한을 대행할 수 있다(제46조 제4항). 조합장이 아닌 조합임원은 대의원이 될 수 없다(제46조 제3항).

재개발조합과 조합장 또는 조합임원 사이의 선임·해임 등을 둘러싼 법률관계는 사법상의 법률관계로서 그 조합장 또는 조합임원의 지위를 다투는 소송은 민사소송에 의하여야 할 것이다(대판 2009. 09. 24, 2009마168, 169[가처분이의·직무집행정지가처분]).

### 8) 조합과 조합원의 관계

조합과 조합원의 관계는 도시정비법에서 공법관계로 규정한 경우 또는 성질상 공법관계로 인정되는 경우에는 공법관계에 속한다. 이 경우에 조합이 한 조치가 행정쟁송법상 처분에 해당하는 경우에는 항고소송으로 다툴 수 있고, 조합과 조합원 사이의 공법상 법률관계에 관한 분쟁은 공법상 당사자소송의 대상이 된다. 판례도 이러한 견해를 취하고 있다.

[판례] 재개발조합은 조합원에 대한 법률관계에서 적어도 특수한 존립목적을 부여받은 특수한 행정주체로서 국가의 감독하에 그 존립 목적인 특정한 공공사무를 행하고 있다고 볼 수 있는 범위 내에서는 공법상의 권리의무 관계에 서 있다. 따라서 조합을 상대로 한 쟁송에 있어서 강제가입제

를 특색으로 한 조합원의 자격 인정 여부에 관하여 다툼이 있는 경우에는 그 단계에서는 아직 조합의 어떠한 처분 등이 개입될 여지는 없으므로 공법상의 당사자소송에 의하여 그 조합원 자격의 확인을 구할 수 있다(대판 전원합의체 1996. 02. 15, 94다31235).

그러나, 그렇지 않고 조합과 조합원의 관계가 일반 사단법인에서의 법인과 그 구성원(사원) 사이의 관계와 동일한 성질을 가지는 경우에는 그 관계는 민법상 사단과 사원의 관계가 된다. 이 경우 조합과 조합원 사이의 분쟁은 민사소송의 대상이 된다.

### 9) 조합설립인가처분에 대한 취소소송 또는 무효확인소송

[판례] 당초의 주택재건축사업조합 설립인가처분에 대한 무효확인 소송 계속 중 새로운 조합설립인가처분이 이루어졌으나 당초 조합설립인가처분의 효력이 소멸되었음이 객관적으로 확정되지 않은 경우, 조합원에게 당초의 조합설립인가처분에 관한 무효확인을 구할 소의 이익이 있는지 여부(원칙적 적극): 주택재건축사업조합(이하 '조합'이라 한다)이 받은 당초의 조합설립인가처분이 무효이고 새로이 조합설립인가처분을 받는 것과 동일한 요건과 절차를 거친 조합설립변경인가처분이 새로운 조합설립인가처분의 요건을 갖춤에 따라 새로운 조합설립의 효과가 발생하는 경우에, 당초의 조합설립인가처분의 유효를 전제로 하여 이루어진 매도청구권 행사, 시공자 선정 등의 총회 결의, 사업시행계획의 수립, 관리처분계획의 수립 등 조합 또는 조합원의 권리·의무와 관련된 후속 행위는 원칙적으로 소급하여 효력을 상실하게 된다. 따라서 당초 조합설립인가처분에 대한 무효확인 소송이 적법하게 계속되던 도중에 새로운 조합설립인가처분이 이루어졌다고 하더라도, 당초 조합설립인가처분이 취소 또는 철회되지 않은 채 조합이 여전히 당초 조합설립인가처분의 유효를 주장하고 있어 당초 조합설립인가처분의 효력이 소멸되었음이 객관적으로 확정되지 않은 경우에는, 특별한 사정이 없는 한 조합원으로서 조합설립 시기 및 새로운 조합설립인가처분 전에 이루어진 후속 행위의 효력 등에 영향을 미치는 당초 조합설립인가처분에 관한 무효확인을 구할 소의 이익이 당연히 소멸된다고 볼 수는 없다(대판 2012. 12. 13, 2011두21010[조합설립무효확인]).

### 10) 조합설립인가처분 취소판결의 효력

주택재건축사업조합 설립인가처분이 판결에 의하여 취소되거나 무효로 확인된 경우에는 조합설립인가처분은 처분 당시로 소급하여 효력을 상실하고, 이에 따라 당해 주택재건축사업조합 역시 조합설립인가처분 당시로 소급하여 도시정비법상 주택재건축사업을 시행할 수 있는 행정주체인 공법인으로서의 지위를 상실한다(대판 2012. 11. 29, 2011두518). 따라서, 주택재개발사업조합이 조합설립인가처분 취소 전에 도시 및 주거환경정비법상 적법한 행정주체 또는 사업시행자로서 한 결의 등 처분도 원칙상 소급하여 효력을 상실한다(대판 2012. 03. 29, 2008다95885).

다만 그 효력 상실로 인한 잔존사무의 처리와 같은 업무는 여전히 수행되어야 하므로 주택재건축사업조합은 청산사무가 종료될 때까지 청산의 목적범위 내에서 권리·의무의 주체가 되고, 조합원 역시 청산의 목적범위 내에서 종전 지위를 유지하며, 정관 등도 그 범위 내에서 효력을 가진다(대판 2012. 11. 29, 2011두518).

[판례] ① [1] 도시 및 주거환경정비법상 주택재건축사업조합 설립인가처분이 판결에 의하여 취소되거나 무효로 확인된 경우 주택재건축사업조합과 조합원의 지위 및 정관 등의 효력이 유지되는 범위: 도시 및 주거환경정비법(이하 '도시정비법'이라고 한다)상 주택재건축사업조합 설립인가처분이 판결에 의하여 취소되거나 무효로 확인된 경우에는 조합설립인가처분은 처분 당시로 소급하여 효력을 상실하고, 이에 따라 당해 주택재건축사업조합 역시 조합설립인가처분 당시로 소급하여 도시정비법상 주택재건축사업을 시행할 수 있는 행정주체인 공법인으로서의 지위를 상실한다. 다만 그 효력 상실로 인한 잔존사무의 처리와 같은 업무는 여전히 수행되어야 하므로 주택재건축사업조합은 청산사무가 종료될 때까지 청산의 목적범위 내에서 권리·의무의 주체가 되고, 조합원 역시 청산의 목적범위 내에서 종전 지위를 유지하며, 정관 등도 그 범위 내에서 효력을 가진다. [2] 도시 및 주거환경정비법상 주택재건축사업조합의 설립인가신청 후에 한 조합설립 동의 철회의 효력(=무효) 및 주택재건축사업조합 설립인가처분이 판결에 의하여 취소되거나 무효로 확인된 경우, 그 사정만으로 조합설립 인가신청 후에 한 조합설립 동의 철회가 유효하게 되는지 여부(소극): 구 도시 및 주거환경정비법 시행령(2009. 8. 11. 대통령령 제21679호로 개정되기 전의 것, 이하 '구 도시정비법 시행령'이라고 한다) 제28조 제1항 제5호는 조합설립 인가를 받기 위한 토지등소유자의 동의자 수를 산정할 때 구 도시정비법 시행령 제26조 제2항 각 호에 규정된 사항의 변경이 없는 경우를 제외하고는 추진위원회의 승인신청 전 또는 조합설립의 인가신청 전에 동의를 철회하는 자만을 제외하도록 규정하고 있으므로, 인가신청 후에 한 조합설립 동의의 철회는 효력이 없고, 정관 등에 의하여 조합탈퇴의 요건을 갖추었는지 여부가 문제될 뿐이다. 그런데 주택재건축사업조합 설립인가처분이 판결에 의하여 취소되거나 무효로 확인되더라도 청산의 목적범위 내에서 조합원은 종전의 지위를 유지하고 정관 등도 효력을 가지므로, 주택재건축사업조합 설립인가처분이 판결에 의하여 취소되거나 무효로 확인되었다는 사정만으로는 인가신청 후에 한 조합설립 동의의 철회가 유효하다고 할 수 없다(대판 2012. 11. 29, 2011두518[조합원지위부존재확인청구]).

② [1] 도시 및 주거환경정비법상 주택재개발사업조합의 조합설립인가처분이 법원의 재판에 의하여 취소된 경우, 주택재개발사업조합이 조합설립인가처분 취소 전에 도시 및 주거환경정비법상 적법한 행정주체 또는 사업시행자로서 한 결의 등 처분이 소급하여 효력을 상실하는지 여부(원칙적 적극) 및 이때 종전 결의 등 처분의 법률효과를 다투는 소송의 당사자지위까지 함께 소멸하는지 여부(소극): 도시 및 주거환경정비법(이하 '도시정비법'이라고 한다)상 주택재개발사업조합의 조합설립인가처분이 법원의 재판에 의하여 취소된 경우 그 조합설립인가처분은 소급하여 효력을 상실하고, 이에 따라 당해 주택재개발사업조합 역시 조합설립인가처분 당시로 소급하여 도시정비법상 주택재개발사업을 시행할 수 있는 행정주체인 공법인으로서의 지위를 상실하므로, 당해 주택재개발사업조합이 조합설립인가처분 취소 전에 도시정비법상 적법한 행정주체 또는 사업시행자로서 한 결의 등 처분은 달리 특별한 사정이 없는 한 소급하여 효력을 상실한다고 보아야 한다. 다만 그 효력 상실로 인한 잔존사무의 처리와 같은 업무는 여전히 수행되어야 하므로, 종전에 결의 등 처분의 법률효과를 다투는 소송에서의 당사자지위까지 함께 소멸한다고 할 수는 없다. [2] 甲 주택재개발정비사업조합설립 추진위원회가 주민총회를 개최하여 주택재개발정비사업의 시공자로 乙 주식회사를 선정하는 결의(이하 '제1결의'라고 한다)를 하였고, 조합설립인가처분 후 甲 주택재개발정비사업조합이 조합총회를 개최하여 乙 회사를 시공자로 선정(추인)하는 결의(이하 '제2결의'라고 한다)를 하였는데, 위 각 결의의 무효확인을 구하는 소송 계속 중에 甲 조합에 대한 조합설립인가처분을 취소하는 내용의 대법원판결이 선고된 사안에서, 甲 조합에 대한 조합설립인가처분은 법원의 재판에 의한 취소로 소급하여 효력을 상실하였고, 甲 조합 역시 조합설립인가처분 당시로 소급하여 도시 및 주거환경정비법(이하 '도시정비법'이라고 한다)상 주택재개발사업을 시행할 수 있는 행정주

체인 공법인으로서 지위를 상실하였으므로, 甲 조합이 조합설립인가처분 취소 전에 도시정비법상 적법한 사업시행자임을 전제로 개최한 조합총회에서 이루어진 제2결의는 소급하여 효력을 상실하였고, 한편 시공자 선정은 추진위원회 또는 추진위원회가 개최한 주민총회의 권한범위에 속하는 사항이 아니라 조합총회의 고유권한이므로, 추진위원회가 개최한 주민총회에서 주택재개발사업의 시공자를 선정한 제1결의도 무효라고 보아, 원심판결을 파기하고 자판한 사례(대판 2012. 03. 29, 2008다95885[주민총회결의무효확인]).

### 11) 선행 조합설립변경인가처분의 취소 또는 무효의 효력

[판례] (1) 선행 조합설립변경인가처분이 취소되거나 무효로 확정된 경우 후행 조합설립변경인가처분의 효력 유무: 정비사업조합(이하 '조합'이라고만 한다)에 관한 조합설립변경인가처분은 당초 조합설립인가처분에서 이미 인가받은 사항의 일부를 수정 또는 취소·철회하거나 새로운 사항을 추가하는 것(일부변경)으로서 유효한 당초 조합설립인가처분에 근거하여 설권적 효력의 내용이나 범위를 (일부) 변경하는 성질을 가지므로, 당초 조합설립인가처분이 쟁송에 의하여 취소되거나 무효로 확정된 경우에는 이에 기초하여 이루어진 조합설립변경인가처분도 원칙적으로 그 효력을 상실하거나 무효라고 해석함이 타당하다. 마찬가지로 당초 조합설립인가처분 이후 여러 차례 조합설립변경인가처분이 있었다가 중간에 행하여진 선행 조합설립변경인가처분이 쟁송에 의하여 취소되거나 무효로 확정된 경우에 후행 조합설립변경인가처분도 그 효력을 상실하거나 무효라고 새겨야 한다. 다만, 조합설립변경인가처분도 조합에 정비사업 시행에 관한 권한을 설정하여 주는 처분인 점에서는 당초 조합설립인가처분과 다를 바 없으므로, 선행 조합설립변경인가처분이 쟁송에 의하여 취소되거나 무효로 확정된 경우라도 후행 조합설립변경인가처분이 선행 조합설립변경인가처분에 의해 변경된 사항을 포함하여 새로운 조합설립변경인가처분의 요건을 갖춘 경우에는 그에 따른 효력이 인정될 수 있다. 이러한 경우 조합은 당초 조합설립인가처분과 새로운 조합설립변경인가처분의 요건을 갖춘 후행 조합설립변경인가처분의 효력에 의하여 정비사업을 계속 진행할 수 있으므로, 그 후행 조합설립변경인가처분을 무효라고 할 수는 없다. (2) 조합설립인가처분 후 여러 차례 조합설립변경인가처분이 있었다가 중간에 행하여진 선행 조합설립변경인가처분이 쟁송에 의하여 무효로 확정된 사례에서, 후행 조합설립변경인가처분은 선행 변경인가처분이 유효함을 전제로 하여 이 사건 편입구역을 추가로 편입하고 이 사건 편입구역 내 조합원을 추가하는 내용의 선행 변경인가처분에 대한 변경 처분으로서는 유효하다고 보기 어렵지만, 당초 조합설립인가처분에 따른 최초 사업구역을 선행 변경인가처분에 의하여 편입된 지역과 이 사건 편입지역이 모두 추가된 사업구역으로 확대하는 조합설립변경인가로서의 요건을 갖추었으므로 그에 따른 효력이 인정된다고 보아 후행 조합설립변경인가처분에 대한 무효확인 청구를 배척한 원심을 유지한 사안(대판 2014. 05. 29, 2011두25876[조합설립변경인가처분무효확인]). 〈해설〉 후행 변경인가처분이 선행처분을 일부 변경하는 처분인 경우와 선행처분을 대체하는 처분인 경우를 구별하여야 한다.

### (6) 주민대표회의

도시정비법이 주택공사등이 사업시행자인 재개발사업 등 정비사업에 있어서 주민대표회의를 두도록 정한 취지는 정비구역 내 주민들의 의견을 수렴하여 위와 같은 사업시행자에게 제시할 수 있도록 하기 위한 것으로 보인다(대판 2016. 05. 12, 2013다1570 주민총회결의무효확인).

[판례] (1) 도시정비법 제26조에 따라 구성된 주민대표회의가 사업시행방식의 변경에 관하여 사업시행자에게 의견을 제시하기 전에 주민총회를 개최하여 결의하도록 한 경우, 이에 반대하는 토지등 소유자가 주민대표회의를 상대로 위 주민총회결의의 효력을 다툴 확인의 이익이 인정되지 않는다. (2) 도시정비법 및 그 시행령에 의하면, 주택공사등이 주택재개발사업 등의 사업시행자로 지정된 경우 주민대표회의의 시공자 추천에 관한 의견은 사업시행자에 대하여 구속력이 인정되나, 이와 달리 도시정비법 제26조 제4항 각 호가 정한 사항에 관하여 주민대표회의가 사업시행자에게 의견을 제시한다 하더라도 사업시행자는 사업시행계획서에 포함되는 시행규정을 정함에 있어서 이를 반영하도록 노력하는 것으로 족하고 시공자 추천에 대한 주민대표회의의 의견과 달리 어떠한 구속력이 인정되지 않는다(대판 2016. 05. 12, 2013다1570 주민총회결의무효확인).

## (7) 사업시행계획인가

사업시행자(제25조 제1항 및 제2항에 따른 공동시행의 경우를 포함하되, 사업시행자가 시장·군수인 경우를 제외한다)는 정비사업을 시행하려는 경우에는 제52조에 따른 사업시행계획서(이하 '사업시행계획서'라 한다)에 정관 등과 그 밖에 국토교통부령으로 정하는 서류를 첨부하여 시장·군수등에게 제출하고 사업시행계획인가를 받아야 하고, 인가받은 사항을 변경하거나 정비사업을 중지 또는 폐지하려는 경우에도 또한 같다. 다만, 대통령령으로 정하는 경미한 사항을 변경하려는 때에는 시장·군수등에게 신고하여야 한다(제50조 제1항). 도시정비법상의 사업시행자는 일정한 행정작용을 행하는 행정주체로서의 지위를 갖는다(헌재 2012. 04. 24, 2010헌바1).

사업시행자(시장·군수등 또는 토지주택공사등은 제외한다)는 사업시행계획인가를 신청하기 전에 미리 총회의 의결을 거쳐야 하며, 인가받은 사항을 변경하거나 정비사업을 중지 또는 폐지하려는 경우에도 또한 같다. 다만, 제1항 단서에 따른 경미한 사항의 변경은 총회의 의결을 필요로 하지 아니한다(제50조 제3항).

[판례] [주택재개발사업의 최초 사업시행계획에 대한 폐지인가가 있은 후 새로 인가된 사업시행계획의 취소를 구하는 사건] (1) 분양신청절차의 근거가 된 사업시행계획이 실효된 후 주택재개발정비사업조합이 새로운 사업시행계획을 수립하면서 조합원의 지위를 상실한 현금청산대상자들의 의사와 무관하게 일방적으로 현금청산대상자들이 조합원의 지위를 회복하는 것으로 결정하는 것이 허용되는지 여부(소극): 주택재개발정비사업조합의 조합원이 분양신청절차에서 분양신청을 하지 않으면 분양신청기간 종료일 다음 날에 현금청산대상자가 되고 조합원의 지위를 상실한다. 그 후 그 분양신청절차의 근거가 된 사업시행계획이 사업시행기간 만료나 폐지 등으로 실효된다고 하더라도 이는 장래에 향하여 효력이 발생할 뿐이므로 그 이전에 발생한 조합관계 탈퇴라는 법적 효과가 소급적으로 소멸하거나 이미 상실된 조합원의 지위가 자동적으로 회복된다고 볼 수는 없다. 조합이 새로운 사업시행계획을 수립하면서 현금청산대상자들에게 새로운 분양신청 및 조합 재가입의 기회를 부여하는 것은 단체 자치적 결정으로서 허용되지만, 그 기회를 활용하여 분양신청을 함으로써 조합에 재가입할지 여부는 현금청산대상자들이 개별적으로 결정할 몫이지, 현금청산대상자들의 의사와 무관하게 조합이 일방적으로 현금청산대상자들이 조합원의 지위를 회복하는 것으로 결정하는 것은 현금청산사유가 발생하면 150일 이내에 현금청산을 하도록 규정한 구 도시

및 주거환경정비법(2013. 12. 24. 법률 제12116호로 개정되기 전의 것) 제47조 제1항의 입법 취지에
도 반하고, 현금청산대상자들의 의사와 이익에도 배치되므로 허용되지 않는다고 보아야 한다. [2]
주택재개발정비사업조합의 최초 사업시행계획이 폐지인가를 받아 실효된 후 최초 사업시행계획에
따른 분양신청절차에서 분양신청을 하지 않아 조합원 자격을 상실한 현금청산대상자들 중 일부가
참여한 총회에서 새로운 사업시행계획이 수립되고 인가를 받자 주택재개발사업구역 내 부동산 소
유자들이 사업시행계획의 취소를 구하는 소를 제기한 사안에서, 총회결의에 조합원 자격이 없는
현금청산대상자들이 참여하였으나 그들을 제외하더라도 사업시행계획 수립을 위한 의결정족수를
넉넉히 충족하여 사업시행계획 수립에 관한 총회결의의 결과에 어떤 실질적인 영향을 미쳤다고 볼
만한 특별한 사정이 없는 이상, 조합원 자격이 없는 현금청산대상자들에게 소집통지가 이루어졌고
그들이 총회결의에 일부 참여하였다는 점만으로 총회결의가 무효라거나 총회결의를 통해 수립된
사업시행계획에 이를 취소하여야 할 정도의 위법사유가 있다고 단정하기는 어렵다고 한 사례(대판
2021. 02. 10, 2020두48031).

　　토지등소유자가 제25조 제1항 제2호에 따라 재개발사업을 시행하려는 경우에는
사업시행계획인가를 신청하기 전에 사업시행계획서에 대하여 토지등소유자의 4분의
3 이상 및 토지면적의 2분의 1 이상의 토지소유자의 동의를 받아야 한다. 다만, 인가
받은 사항을 변경하려는 경우에는 규약으로 정하는 바에 따라 토지등소유자의 과반수
의 동의를 받아야 하며, 제1항 단서에 따른 경미한 사항의 변경인 경우에는 토지등소
유자의 동의를 필요로 하지 아니한다(제50조 제4항).

　　지정개발자가 정비사업을 시행하려는 경우에는 사업시행계획인가를 신청하기
전에 토지등소유자의 과반수의 동의 및 토지면적의 2분의 1 이상의 토지소유자의 동
의를 받아야 한다. 다만, 제1항 단서에 따른 경미한 사항의 변경인 경우에는 토지등
소유자의 동의를 필요로 하지 아니한다(제50조 제5항). 제26조 제1항 제1호 및 제27조
제1항 제1호에 따른 사업시행자는 제5항에도 불구하고 토지등소유자의 동의를 필요
로 하지 아니한다(제50조 제6항).

[판례] ① [1] 구 도시 및 주거환경정비법 제28조 제4항에서 정관 등이 정하는 바에 따라 토지 등
소유자의 동의를 얻도록 한 취지: 구 도시 및 주거환경정비법(2007. 12. 21. 법률 제8785호로 개정되
기 전의 것, 이하 '구 도시정비법'이라 한다) 제28조 제4항, 제5항, 제17조, 구 도시 및 주거환경정비
법 시행령(2008. 12. 17. 대통령령 제21171호로 개정되기 전의 것) 제28조 제4항의 규정 형식과 내용,
사업시행계획 수립이 조합원들의 이해관계에 미치는 영향 등에 비추어 보면, 구 도시정비법 제28
조 제4항에서 정관 등이 정하는 바에 따라 토지등소유자의 동의를 얻도록 한 것은 사업시행계획
에 대한 인가신청에 앞서 조합설립동의서나 창립총회 결의 등과는 별도로 서면 동의 방식을 통한
토지등소유자의 동의를 받도록 하되, 다만 그 구체적인 동의율 등에 관하여는 정관 등의 규정에
의한다는 취지이다. [2] 甲 주택재개발정비사업조합이 관할 구청장으로부터 인가받은 관리처분계
획 및 인가처분에 대하여 乙 등이 구 도시 및 주거환경정비법 제48조 제1항 제4호, 제5호에 정한
사항을 통지하지 않았다는 이유 등으로 무효 확인을 청구한 사안에서, 구 도시 및 주거환경정비법
(2007. 12. 21. 법률 제8785호로 개정되기 전의 것, 이하 '구 도시정비법'이라 한다)과 구 도시 및 주거

환경정비법 시행령(2008. 12. 17. 대통령령 제21171호로 개정되기 전의 것)은 사업시행자가 관리처분
계획 수립을 위한 총회 개최 이전에 조합원들에게 구 도시정비법 제48조 제1항에서 정한 '분양대상
자별 종전의 토지 또는 건축물의 명세 및 사업시행인가의 고시가 있은 날을 기준으로 한 가격'(이
하 '4호 사항'이라 한다) 및 '정비사업비의 추산액 및 그에 따른 조합원 부담규모 및 부담시기'(이하
'5호 사항'이라 한다)에 관한 사항을 통지하도록 하는 내용의 명문 규정을 두고 있지 않다는 등의
이유로 사업시행자가 관리처분계획의 수립을 위한 총회 개최 이전에 조합원들에게 위 4호 사항
및 5호 사항을 통지해야 하는 것은 아니라고 한 사례(대판 2014. 02. 13, 2011두21652[조합설립인가
처분무효확인]).
② 구 도시 및 주거환경정비법상 사업시행자인 정비사업조합이 사업시행인가를 신청하는 경우,
정관에서 사업시행계획의 수립을 조합 총회의 의결사항으로 정하고 있다는 등의 특별한 사정이
없는 이상, 사업시행계획에 대하여 정관 등이 정하는 동의율 등 요건에 맞도록 토지등소유자의 서
면동의를 받는 외에 별도로 조합 총회의 결의에 의한 조합원 동의를 얻을 필요는 없다. 그리고 같
은 법 제24조 제3항 제12호, 같은 법 시행령 제34조 제3호가 '건설되는 건축물의 설계개요의 변
경'을 총회의 의결사항으로 규정하고 있더라도 마찬가지이다(대판 2015. 04. 09, 2012두6605[사업시
행계획무효확인등]).

　　사업시행자가 사업시행인가를 받은 때(시장·군수등이 직접 정비사업을 시행하는 경우
에는 사업시행계획서를 작성한 때를 말한다)에는 제57조 제1항 각호의 인가·허가·승인·
신고·등록·협의·동의·심사·지정 또는 해제(이하 '인·허가 등'이라 한다)가 있은 것으
로 보며, 제50조 제7항에 따른 사업시행계획인가의 고시가 있은 때에는 제57조 제1
항 각호의 관계 법률에 따른 인·허가 등의 고시·공고 등이 있은 것으로 본다(제57조
제1항).

[판례] [도시 및 주거환경정비법상 사업시행인가에 따른 수용에서의 손실보상금에 관한 사건] 도
시정비사업을 진행함에 있어 사업시행계획의 주요 내용을 실질적으로 변경하는 사업시행변경인가
가 이루어진 경우 손실보상금 산정 기준일: (1) 도시 및 주거환경정비법(이하 '도시정비법'이라 한
다)상 사업시행인가는 사업시행계획에 따른 대상 토지에서의 개발과 건축을 승인하여 주고, 덧붙
여 앞서 본 의제조항에 따라 토지에 대한 수용 권한 부여와 관련한 사업인정의 성격을 가진다. 따
라서 어느 특정한 토지를 최초로 사업시행 대상 부지로 삼은 사업시행계획이 당연무효이거나 법원
의 확정판결로 취소된다면, 그로 인하여 의제된 사업인정도 그 효력을 상실한다. 그러나 이와 달
리 특정한 토지를 최초로 사업시행 대상 부지로 삼은 최초의 사업시행인가가 그 효력을 유지하고
있고 그에 따라 의제된 사업인정의 효력 역시 유지되고 있는 경우라면, 특별한 사정이 없는 한 최
초의 사업시행인가를 통하여 의제된 사업인정은 변경인가에도 불구하고 그 효력이 계속 유지된다.
(2) 도시정비법령과 공익사업을 위한 토지 등의 취득 및 보상에 관한 법률의 체계와 취지에 비추
어 보면, 특정한 토지를 사업시행 대상 부지로 삼은 최초의 사업시행인가 고시로 의제된 사업인정
이 그 효력을 유지하고 있다면, 최초의 사업시행인가 고시일을 기준으로 보상금을 산정함이 원칙
이다. (3) 최초 사업시행계획의 건물층수, 건물동수, 세대수, 건폐율, 용적율, 연면적 등 그 주요
내용이 변경되었으나 시행면적과 대지면적은 거의 차이가 없는 경우, 최초의 사업시행인가 고시
로 의제된 사업인정이 그 효력을 유지하고 있는 것으로 보아 보상금 산정 기준일을 최초의 사업
시행인가 고시일로 본 사안임(대판 2018. 07. 26, 2017두33978[손실보상금증액]).

시장·군수 또는 구청장의 사업시행인가가 있게 되면 다른 법률의 관계 인·허가가 의제되고, 시행자는 재개발구역 안에서 그 사업을 위하여 필요한 토지·건축물 기타의 권리를 수용할 권리를 갖게 되는 등 직접적이고 구체적인 법적 효과를 가져오므로 사업시행계획의 인가는 항고소송의 대상이 되는 처분이라고 보아야 한다.

사업시행계획의 인가의 법적 성질에 관하여는 강학상 인가로 보는 견해와 강학상 특허로 보는 견해가 대립되고 있다. 생각건대, 사업시행계획의 인가는 사업시행계획의 효력을 완성시켜 사업시행계획이 조합원에 대하여 구속력을 가지도록 하는 점에서는 강학상 인가이고, 사업시행자의 지위를 창설하는 점에서는 강학상 특허라고 보는 것이 타당하다.

판례는 구 도시환경정비사업조합이 수립한 사업시행계획의 인가를 구 도시환경정비사업조합의 사업시행계획에 대한 강학상 인가로 보는 반면에 토지 등 소유자들이 조합을 따로 설립하지 않고 직접 시행하는 도시환경정비사업에서 사업시행인가처분은 일종의 설권적 처분(특허)의 성격을 가진다고 본다.

[판례] ① 기본행위인 주택재개발정비사업조합이 수립한 사업시행계획에 하자가 있는데 보충행위인 관할 행정청의 사업시행계획 인가처분에는 고유한 하자가 없는 경우, 사업시행계획의 무효를 주장하면서 곧바로 그에 대한 인가처분의 무효확인이나 취소를 구할 수 있는지 여부(소극): 구 도시 및 주거환경정비법에 기초하여 주택재개발정비사업조합이 수립한 **사업시행계획**은 관할 행정청의 인가·고시가 이루어지면 이해관계인들에게 구속력이 발생하는 **독립된 행정처분**(구속적 행정계획)에 해당하고, 관할 행정청의 **사업시행계획 인가처분**은 사업시행계획의 법률상 효력을 완성시키는 보충행위(학문상 인가)에 해당한다. 따라서 기본행위인 사업시행계획에는 하자가 없는데 보충행위인 인가처분에 고유한 하자가 있다면 그 인가처분의 무효확인이나 취소를 구하여야 할 것이지만, 인가처분에는 고유한 하자가 없는데 **사업시행계획에 하자가 있다면 사업시행계획의 무효확인이나 취소를 구하여야** 할 것이지 사업시행계획의 무효를 주장하면서 곧바로 그에 대한 인가처분의 무효확인이나 취소를 구하여서는 아니 된다(대판 2021. 02. 10, 2020두48031).
② 도시환경정비사업조합이 사업시행계획을 변경하면서 도시 및 주거환경정비법상의 동의요건을 갖추지 않았다는 흠을 이유로 사업시행인가처분의 취소를 구하는 경우, 법원이 위 정비사업조합을 새로운 피고로 하여 사업시행계획 자체의 취소를 구하는 소송으로의 경정 여부에 대한 석명권을 행사하여 적법한 소송형태를 갖추도록 했어야 함에도, 위 사업시행인가처분이 위법하다고 판단한 원심판결에 법리를 오해한 위법이 있다고 한 사례(대판 2010. 12. 09, 2010두1248[사업시행인가처분취소]). 〈해설〉 이 사건 동의요건은 기본행위인 사업시행계획 변경의 요건이므로 이 동의요건의 결여를 다투기 위해서는 보충행위(학문상 인가)인 사업시행계획 인가처분을 다투어서는 안 되고 (구속적 행정계획으로서 처분인) 사업시행계획의 취소를 구하는 소송을 제기하여야 하므로 수소법원은 잘못 제기된 사업시행계획 인가처분 취소소송을 사업시행계획의 취소를 구하는 소송으로 경정하도록 석명권을 행사해야 한다고 한 판례이다. 사업시행계획에 대한 인가 전에는 사업시행계획의 무효확인을 구하는 당사자소송을 제기하여야 한다.

③ [1] 토지 등 소유자들이 조합을 따로 설립하지 않고 **직접 시행하는 도시환경정비사업에서 사업시행인가처분**은 단순히 사업시행계획에 대한 보충행위로서의 성질을 가지는 것이 아니라 구 도시정비법상 정비사업을 시행할 수 있는 권한을 가지는 행정주체로서의 지위를 부여하는 일종의 설권적 처분의 성격을 가진다. [2] 도시환경정비사업을 직접 시행하려는 토지 등 소유자들은 시장·군수로부터 사업시행인가를 받기 전에는 행정주체로서의 지위를 가지지 못한다. 따라서 그가 작성한 사업시행계획은 인가처분의 요건 중 하나에 불과하고 항고소송의 대상이 되는 독립된 행정처분에 해당하지 아니한다고 할 것이다(대판 2013. 06. 13, 2011두19994[관리처분계획취소]).

④ [1] 도시환경정비사업을 직접 시행하려는 토지 등 소유자가 작성한 사업시행계획에 대한 정비구역 내 토지 등 소유자 4분의 3 이상의 동의는 이러한 설권적 처분의 절차적 요건에 해당한다. [2] 도시환경정비사업 시행을 위하여 또는 그 사업 시행과 관련하여 **부동산에 관하여 담보신탁 또는 처분신탁 등이 이루어진 경우**에, 도시정비법 제28조 제7항에서 정한 사업시행자로서 사업시행인가를 신청하는 토지 등 소유자 및 그 신청에 필요한 동의를 얻어야 하는 토지 등 소유자는 모두 수탁자가 아니라 도시환경정비사업에 따른 이익과 비용이 최종적으로 귀속되는 위탁자로 해석함이 타당하며, 토지 등 소유자의 자격 및 동의자 수를 산정할 때에는 위탁자를 기준으로 하여야 할 것이다(대판 2015. 06. 11, 2013두15262[사업시행인가무효확인]).

⑤ 행정청이 구 도시정비법 제8조 제3항, 제28조 제1항 본문에 근거하여 행하는 **사업시행계획 변경인가처분** 중 '사업시행자를 조합 단독에서 조합과 주택공사 등 공동으로 변경하는 결정 부분' 또는 '사업시행자를 조합과 주택공사 등 공동에서 조합 단독으로 변경하는 결정 부분'은 주택공사 등에 대하여 도시정비법상 도시환경정비사업을 시행할 수 있는 권한을 갖는 행정주체로서의 지위를 부여하거나 상실시키는 일종의 설권적 처분의 성격을 가지므로, 조합이 조합원 총회를 거쳐 주택공사 등을 공동사업시행자에서 제외하는 내용의 결의를 한 후 관할 행정청의 인가를 받은 경우에는 설권적 처분의 요건인 조합원 총회의 효력 또는 그 총회 결의의 하자 등을 이유로 사업시행계획 변경인가처분 중 공동사업시행자 지위 상실 부분의 취소 또는 무효 확인을 구하는 것은 별론으로 하고, 그러한 설권적 처분의 요건에 불과한 조합원 총회의 효력 또는 그 총회 결의에 따른 조합의 후속 집행행위의 효력을 다투는 확인의 소를 제기하는 것은 특별한 사정이 없는 한 허용되지 아니한다(대판 2023. 12. 21, 2023다275424[공동사업시행자지위확인등청구의소]).

재건축사업시행의 인가는 행정청의 재량행위에 속한다(대판 2007. 07. 12, 2007두6663[사업시행인가처분일부취소]).

인가받은 사업시행계획의 내용 중 경미한 사항을 변경하여 이를 신고한 경우는 물론, 그 밖의 사항을 변경하여 그 인가를 받은 경우에도 종전에 인가받은 사업시행계획 중 변경되지 아니한 부분은 여전히 존재하여 그 효력을 유지함이 원칙이지만, 새로운 사업시행계획이 당초 사업시행계획을 대체하였다고 평가할 수 있는 경우에는 그 효력을 상실한다.

**[판례]** (1) 종전 사업시행계획에 비하여 정비사업비용만 23% 정도 증액된 내용의 변경 사업시행계획에 의하여 종전 사업시행계획의 효력이 상실되는지 여부(소극): 구 도시 및 주거환경정비법(2009. 2. 6. 법률 제9444호로 개정되기 전의 것, 이하 '구 도시정비법'이라고 한다) 제28조 제1항, 제30조에 의하면, …… 인가받은 내용을 변경하는 경우에도 시장·군수의 인가를 받아야 하며, 다만

대통령령이 정하는 경미한 사항을 변경하고자 하는 때에는 시장·군수에게 이를 신고하여야 한다. 이러한 관계 법령의 내용, 형식 및 취지 등에 비추어 보면, 인가받은 사업시행계획의 내용 중 경미한 사항을 변경하여 이를 신고한 경우는 물론, 그 밖의 사항을 변경하여 그 인가를 받은 경우에도 종전에 인가받은 사업시행계획 중 변경되지 아니한 부분은 여전히 존재하여 그 효력을 유지함이 원칙이지만, 주택재개발정비사업조합이 당초 사업시행계획의 흠을 바로 잡기 위하여 당초 사업시행계획과 동일한 요건, 절차를 거쳐 새로운 사업시행계획을 수립하여 시장·군수로부터 인가 받은 경우 또는 당초 사업시행계획의 주요 부분을 실질적으로 변경하는 내용으로 새로운 사업시행계획을 수립하여 시장·군수의 인가를 받음으로써 새로운 사업시행계획이 당초 사업시행계획을 대체하였다고 평가할 수 있는 경우에는 그 효력을 상실한다. 그리고 당초 사업시행계획의 주요 부분을 실질적으로 변경하는 내용의 새로운 사업시행계획을 수립하여 당초 사업시행계획을 대체하였는지 여부는, 사업시행계획 중 변경된 내용, 변경의 원인 및 그 정도, 당초 사업시행계획과 변경 사업시행계획 사이의 기간, 당초 사업시행계획의 유효를 전제로 이루어진 후속행위의 내용 및 그 진행 정도 등을 종합적으로 고려하여 판단하여야 할 것이다. (2) 최초 사업시행계획 동의 당시에 비하여 인가 신청된 사업시행계획의 정비사업비용이 증액된 경우 당초 동의의 효력이 상실되는지 여부(소극): 구 도시정비법 제28조 제5항은 사업시행자는 사업시행인가를 신청하기 전에 미리 정관 등이 정하는 바에 따라 토지등소유자의 동의를 얻어야 한다고 규정하고 있고, 같은 조 제6항은 조합설립동의에 관한 제17조를 사업시행계획의 동의에 관하여 준용하도록 규정하고 있다. 그리고 구 도시정비법 제17조의 위임에 따라 구 도시 및 주거환경정비법 시행령(2009. 4. 21. 대통령령 제21445호로 개정되기 전의 것) 제28조 제1항 제5호는 "추진위원회의 승인신청 전 또는 조합설립의 인가신청 전에 동의를 철회하는 자는 토지등소유자의 동의자수에서 제외할 것. 다만, 제26조 제2항 각 호의 사항의 변경이 없는 경우에는 조합설립의 인가를 위한 동의자의 수에서 이를 제외하지 아니한다"라고 규정하고 있다. 이와 같은 관련 법령의 규정 내용 및 그 취지에 의하면, 구 도시정비법은 사업시행계획에 대한 동의의 시기에 관하여 인가 신청을 하기 전에 미리 하도록 규정하고 있을 뿐이고, 동의의 방법과 정족수에 관하여는 정관 등에 의한 자치법적 규율에 맡기고 있으므로 사업시행계획의 내용이 확정되기 이전에 동의서가 작성되었다면 구체적인 사업시행계획의 작성에 관하여 조합에 위임한다는 취지가 포함되었다고 볼 수 있으므로 이러한 사정만으로 그 동의서가 위법하다고 볼 수 없다. 도시정비법 제28조 제6항에 의하여 사업시행계획 동의에 준용되는 도시정비법 제17조 및 도시정비법 시행령 제28조 제1항 제5호의 규정 취지에 비추어, 사업시행계획에 대한 동의 이후 사업시행계획 내용의 변경 유무에 관계 없이 동의 철회를 인정하고 있는 점 등에 비추어 보면, 사업시행계획의 내용이 동의 이후 변경되었다고 하더라도 그 동의의 효력이 당연히 상실된다고 볼 수 없다(대법원 2014. 01. 16. 선고 2011두12801 판결 참조). (3) 이러한 경우 조합이 토지등소유자에 대하여 정비사업비용 변경과 함께 기존 동의를 철회할 수 있음에 대하여 고지할 신의칙상 의무가 있는지 여부(적극): 다만 조합설립과 달리 사업시행계획에 있어서는 인가 신청 이전에 창립총회와 같이 변경된 사업시행계획에 대한 의사를 확인할 수 있는 절차가 규정되어 있지 아니한 점을 고려하여 보면, 동의 이후 사업시행계획이 변경된 경우 조합으로서는 조합원들에게 변경된 사업시행계획의 내용과 함께 기존 동의를 철회할 수 있음을 고지할 신의칙상 의무가 있다고 봄이 타당하다. (4) 정비사업비용이 증액되었음에도 불구하고 토지등소유자에게 이러한 내용을 고지하지 아니한 사업시행계획의 하자가 중대·명백한지 여부(소극)(대판 2014. 02. 27, 2011두25173 [사업시행인가무효확인]).

사업시행계획에 대한 인가처분이 난 후에는 사업시행계획안에 대한 조합총회의

결의는 처분인 사업시행계획의 절차적 요건에 불과하여 독립하여 소송의 대상이 될
수 없고 조합청회의 결의를 다투고자 하는 경우에도 사업시행계획을 다투는 항고소
송을 제기해야 하므로 관할 구청장의 인가 등에 의해 확정된 사업시행계획에 관한
조합총회의 결의의 효력을 정지하기 위해서는 행정소송법상 집행정지를 신청하여야
하며 민사소송법상 가처분을 신청할 수 없다. 다만, 사업시행계획이 확정되기 전에는
공법상 당사자소송으로 총회결의의 무효확인을 구하는 소송을 제기할 수 있고, 민사
소송법상 가처분을 신청할 수 있다.

**[판례]** ① 관할 구청장의 인가 등에 의해 확정된 재건축사업시행계획에 관한 총회결의의 효력 정지
를 구하는 방법(=행정소송법상 집행정지신청): 이 사건 사업시행계획은 인가·고시를 통해 확정되면
이해관계인에 대한 구속적 행정계획으로서 독립된 행정처분에 해당하고, 이와 같은 사업시행계획
안에 대한 조합 총회결의는 그 행정처분에 이르는 절차적 요건 중 하나에 불과한 것으로서, 그 계
획이 확정된 후에는 항고소송의 방법으로 계획의 취소 또는 무효확인을 구할 수 있을 뿐, 절차적
요건에 불과한 총회결의 부분만을 대상으로 그 효력 유무를 다투는 확인의 소를 제기하는 것은 허
용되지 아니하고, 한편 이러한 항고소송의 대상이 되는 행정처분의 효력이나 집행 혹은 절차속행 등
의 정지를 구하는 신청은 행정소송법상 집행정지신청의 방법으로서만 가능할 뿐 민사소송법상 가처
분의 방법으로는 허용될 수 없다(대결 2009. 11. 02, 2009마596[가처분이의 (자) 파기환송]). 〈해설〉 이
판례는 이미 관할 구청장의 인가 등에 의해 확정된 사업시행계획에 관한 총회결의의 효력을 그 내
용상 하자를 이유로 별도의 본안소송으로 다툴 수 있음을 전제로 그 결의 및 사업시행인가 등에 따
른 후속절차의 진행에 대하여 민사소송법상 가처분의 방법으로 그 정지를 구할 수 있다고 본 원심
을 파기한 사례이다. 사업시행계획인가후 사업시행계획에 대한 취소 또는 무효확인소송의 피고는
행정주체이며 행정청의 지위를 갖는 사업시행자이다.
② (1) 재건축조합 정관의 필요적 기재사항이자 엄격한 정관변경절차를 거쳐야 하는 '조합의 비용
부담'이나 '시공자·설계자의 선정 및 계약서에 포함될 내용'에 관한 사항이 당초 재건축결의 당시
와 비교하여 볼 때 조합원들의 이해관계에 중대한 영향을 미칠 정도로 실질적으로 변경된 경우에
는 비록 그것이 정관변경에 대한 절차가 아니라 하더라도 특별다수의 동의요건을 규정하여 조합
원들의 이익을 보호하려는 개정 도시정비법 제20조 제3항, 제1항 제8호 및 제15호의 규정을 유추
적용하여 조합원의 3분의 2 이상의 동의를 요한다고 봄이 타당하다. (2) 구 도시정비법 시행 이후
재건축결의 당시와 비교하여 신축되는 아파트의 용적률, 규모, 세대수 등이 대폭 변경된 경우에도
개정 도시정비법 제28조 제4항에 따라 사업시행계획의 수립에 적용될 조합 정관의 결의요건에 관
한 규정이 유효한지 여부에 대하여는 하급심의 해석이 엇갈리는 상황이었고, 이에 관한 명시적인
대법원판결도 없었다. 사정이 이러하다면 비록 2006. 4. 29.자 정기총회 결의에서 이 사건 사업시
행계획의 수립에 대하여 조합원 3분의 2 이상의 동의를 얻지 못한 하자가 있다고 하더라도 그 결
의요건이 분명하지 아니한 상황이었던 이상, 그 결의요건을 구비하지 못한 하자가 객관적으로 명
백하다고 보기는 어려워 이 사건 사업시행계획의 수립에 관한 하자는 무효사유가 아니라 취소사유
에 불과하다고 새겨야 할 것이다. (3) 이 사건 사업시행계획과 관리처분계획은 서로 독립하여 별개
의 법적 효과를 발생시키는 것으로서 이 사건 사업시행계획의 수립에 관한 취소사유인 하자가 이
사건 관리처분계획에 승계되지 아니하므로, 위 취소사유를 들어 이 사건 관리처분계획의 적법 여
부를 다툴 수는 없다(대판 2012. 08. 23, 2010두13463[관리처분계획취소]).

사업시행계획에서 정한 사업시행기간은 사업시행계획의 효력기간을 정한 것이 아니므로 사업시행기간이 만료되었다는 것만으로 사업시행계획이 실효되었다고 볼 수 없다(대판 2016. 12. 01, 2016두34905; 대판 2017. 06. 19, 2015다70679).

사업시행계획인가로 57조 제1항이나 제2항에 따라 인·허가등을 받은 것으로 보는 경우에는 관계 법률 또는 시·도조례에 따라 해당 인·허가등의 대가로 부과되는 수수료와 해당 국·공유지의 사용 또는 점용에 따른 사용료 또는 점용료를 면제한다(도시정비법 57조 제7항).

**[판례]** 주택재건축조합이 사업의 시행으로 용도가 폐지되는 기존 정비기반시설 부지를 점유·사용하는 경우 대부계약에 따른 대부료를 지급해야 하고, 대부료에 대해서는 구 도시정비법 제32조 제6항의 사용료 또는 점용료 면제 규정이 적용될 수는 없다. 그 이유는 구 도시정비법 제32조 제6항의 문언 해석과 구 도시정비법 관련 규정들을 종합하면, 도로가 용도폐지로 일반재산이 된 경우에 용도가 폐지되기 이전에 의제된 점용허가의 효력은 소멸되어 대부계약 체결의 대상이 되기 때문이다(대판 2021. 07. 15, 2019다269385).

### (8) 정비계획과 사업시행계획의 통합 수립

사업시행자는 제101조의8에 따라 정비구역이 지정된 경우에는 제9조에 따른 정비계획과 제52조에 따른 사업시행계획을 통합하여 다음 각 호의 사항이 포함된 계획(이하 "정비사업계획"이라 한다. 이하 같다)을 수립하여야 한다. 1. 제9조 제1항에 따른 정비계획의 내용(제9호는 제외한다), 2. 제52조 제1항에 따른 사업시행계획서의 내용(제101조의10 제1항).

## 5. 정비사업시행을 위한 조치 등

### (1) 임시거주시설 · 임시상가의 설치 및 손실보상

사업시행자는 주거환경개선사업 및 재개발사업의 시행으로 철거되는 주택의 소유자 또는 세입자에게 해당 정비구역 안과 밖에 위치한 임대주택 등의 시설에 임시로 거주하게 하거나 주택자금의 융자를 알선하는 등 임시거주에 상응하는 조치를 하여야 한다(제61조 제1항). 사업시행자는 제1항에 따라 임시거주시설(이하 "임시거주시설"이라 한다)의 설치 등을 위하여 필요한 때에는 국가·지방자치단체, 그 밖의 공공단체 또는 개인의 시설이나 토지를 일시 사용할 수 있다(제61조 제2항). 재개발사업의 사업시행자는 사업시행으로 이주하는 상가세입자가 사용할 수 있도록 정비구역 또는 정비구역 인근에 임시상가를 설치할 수 있다(제61조 제5항).

사업시행자는 제61조에 따라 공공단체(지방자치단체는 제외한다) 또는 개인의 시설이나 토지를 일시 사용함으로써 손실을 입은 자가 있는 경우에는 손실을 보상하여야 하며, 손실을 보상하는 경우에는 손실을 입은 자와 협의하여야 한다(제62조 제1항).

## (2) 토지 등의 수용 또는 사용

사업시행자는 정비구역에서 정비사업(재건축사업의 경우에는 제26조 제1항 제1호 및 제27조 제1항 제1호에 해당하는 사업으로 한정한다)을 시행하기 위하여 공익사업을 위한 토지 등의 취득 및 보상에 관한 법률 제3조에 따른 토지·물건 또는 그 밖의 권리를 수용 또는 사용할 수 있다(제63조).

정비구역에서 정비사업의 시행을 위한 토지 또는 건축물의 소유권과 그 밖의 권리에 대한 수용 또는 사용은 이 법에 규정된 사항을 제외하고는 「공익사업을 위한 토지 등의 취득 및 보상에 관한 법률」을 준용한다. 다만, 정비사업의 시행에 따른 손실보상의 기준 및 절차는 대통령령으로 정할 수 있다(제65조 제1항).

[판례] ① (1) 토지보상법 제78조에서 정한 주거이전비 등도 구 도시정비법 제49조 제6항 단서에서 정한 '토지보상법에 따른 손실보상'에 해당한다. 그러므로 주택재개발사업의 사업시행자가 공사에 착수하기 위하여 현금청산대상자나 세입자로부터 정비구역 내 토지 또는 건축물을 인도받기 위해서는 협의나 재결절차 등에 의하여 결정되는 주거이전비 등도 지급할 것이 요구된다. 만일 사업시행자와 현금청산대상자나 세입자 사이에 주거이전비 등에 관한 협의가 성립된다면 사업시행자의 주거이전비 등 지급의무와 현금청산대상자나 세입자의 부동산 인도의무는 동시이행의 관계에 있게 되고, 재결절차 등에 의할 때에는 주거이전비 등의 지급절차가 부동산 인도에 선행되어야 할 것이다. (2) 주택재개발사업에서 사업시행자가 수용재결에 따른 손실보상금 지급이나 공탁 이후 현금청산대상자나 세입자에 대하여 부동산인도를 구할 경우 현금청산대상자나 세입자는 주거이전비, 이주정착금, 이사비의 미지급을 이유로 부동산 인도를 거절할 수 있다(대판 2021. 06. 30, 2019다207813).
② 구 도시 및 주거환경정비법(2009. 2. 6. 법률 제9444호로 개정되기 전의 것, 이하 '구 도시정비법'이라 한다) 제40조 제1항, 공익사업을 위한 토지 등의 취득 및 보상에 관한 법률(이하 '토지보상법'이라 한다) 제78조 제5항, 제9항, 구 공익사업을 위한 토지 등의 취득 및 보상에 관한 법률 시행규칙(2016. 1. 6. 국토교통부령 제272호로 개정되기 전의 것, 이하 '구 토지보상법 시행규칙'이라 한다) 제54조 제1항, 제2항의 내용, 체계, 취지 등에 비추어 보면, 구 도시정비법이 적용되는 주택재개발정비사업의 사업구역 내 주거용 건축물을 소유하는 주택재개발정비조합원이 사업구역 내의 타인의 주거용 건축물에 거주하는 세입자일 경우(이하 '소유자 겸 세입자'라 한다)에는 구 도시정비법 제40조 제1항, 구 토지보상법 시행규칙 제54조 제2항에 따른 '세입자로서의 주거이전비(4개월분)' 지급대상은 아니라고 봄이 타당하다(대판 2017. 10. 31, 2017두40068[주거이전비등]).
③ [1] 도시정비법상 주거용 건축물의 소유자에 대한 주거이전비의 보상은 주거용 건축물에 대하여 정비계획에 관한 공람공고일부터 해당 건축물에 대한 보상을 하는 때까지 계속하여 소유 및 거주한 주거용 건축물의 소유자를 대상으로 한다. [2] 주택재개발정비사업구역 지정을 위한 공람공고 당시 사업구역에 위치한 자신 소유의 주거용 건축물에 거주하던 중 분양신청을 하고 그에 따른 이주의무를 이행하기 위해 정비구역 밖으로 이주한 후 乙 주택재개발정비사업조합과의 분양계약 체결을 거부함으로써 현금청산대상자가 된 甲이 乙 조합을 상대로 이주정착금의 지급을 청구한 사안에서, 甲이 도시 및 주거환경정비법상 이주정착금 지급자로서의 요건을 갖추지 않았다

고 한 사례. [3] 공익사업을 위한 토지 등의 취득 및 보상에 관한 법률 제78조 제5항, 구 공익사업을 위한 토지 등의 취득 및 보상에 관한 법률 시행규칙(2016. 1. 6. 국토교통부령 제272호로 개정되기 전의 것) 제55조 제2항의 각 규정 및 공익사업의 추진을 원활하게 함과 아울러 주거를 이전하게 되는 거주자들을 보호하려는 이사비 제도의 취지에 비추어 보면, **이사비 보상대상자는 공익사업시행지구에 편입되는 주거용 건축물의 거주자로서 공익사업의 시행으로 인하여 이주하게 되는 자로 보는 것이 타당하다.** 이러한 취지는 도시 및 주거환경정비법에 따른 정비사업의 경우에도 마찬가지이다(대판 2016. 12. 15, 2016두49754[손실보상금]).

### (3) 재건축사업에서의 매도청구

재건축사업의 사업시행자는 제35조 제3항부터 제5항까지에 따른 조합설립에 동의하지 아니한 자 및 제26조 제1항 및 제27조 제1항에 따라 시장·군수등, 토지주택공사등 또는 신탁업자의 사업시행자 지정에 동의하지 아니한 자로서 조합설립 또는 사업시행자 지정에 동의하지 아니하겠다는 뜻을 회답한 토지등소유자와 건축물 또는 토지만 소유한 자에게 건축물 또는 토지의 소유권과 그 밖의 권리를 매도할 것을 청구할 수 있다(제64조).

**[판례]** ① [1] 주택재건축정비사업조합과 조합 설립에 동의하지 않은 자 사이의 매도청구를 둘러싼 법률관계는 사법상의 법률관계로서 그 매도청구권 행사에 따른 소유권이전등기의무의 존부를 다투는 소송은 민사소송에 의하여야 할 것이다. [2] 주택재건축사업에서의 사업시행자인 정비사업조합은 관할 행정청의 조합설립인가와 등기에 의해 설립되고, 조합 설립에 대한 토지 등 소유자의 동의(이하 '조합설립결의'라 한다)는 조합설립인가처분이라는 행정처분을 하는 데 필요한 절차적 요건 중 하나에 불과한 것이므로, 조합설립결의에 하자가 있다 하더라도 그로 인해 조합설립인가처분이 취소되거나 당연무효로 되지 않는 한 정비사업조합은 여전히 사업시행자로서의 지위를 갖는다(대판 2009. 09. 24, 2008다60568 참조). 따라서 재건축정비사업조합이 조합 설립에 동의하지 않은 자 등에 대해 매도청구권을 행사하여 그에 따른 소유권이전등기절차 이행 등을 구하는 소송을 제기한 경우 그 소송절차에서 조합 설립에 동의하지 않은 자 등이 조합설립결의에서 정한 비용분담에 관한 사항 등이 구체성을 결여하여 위법하다는 점을 근거로 매도청구권 행사의 적법성을 다툴 수 있기 위해서는, 그와 같은 사정으로 조합설립결의가 효력이 없다는 것만으로는 부족하고, 나아가 그로 인해 조합설립인가처분이 적법하게 취소되었거나 그 하자가 중대·명백하여 당연무효임을 주장·입증하여야 한다(대판 2010. 02. 25, 2009다66686 참조)(대판 2010. 04. 08, 2009다93923).
② [1] 주택재건축사업의 시행자가 도시 및 주거환경정비법 제39조 제2호에 따라 토지만 소유한 사람에게 매도청구권을 행사하는 경우, 토지의 매매가격이 되는 '시가'의 의미: 도시 및 주거환경정비법에 의한 주택재건축사업의 시행자가 같은 법 제39조 제2호에 따라 토지만 소유한 사람에게 매도청구권을 행사하면 매도청구권 행사의 의사표시가 도달함과 동시에 토지에 관하여 시가에 의한 매매계약이 성립하는데, 이때의 시가는 매도청구권이 행사된 당시의 객관적 거래가격으로서, 주택재건축사업이 시행되는 것을 전제로 하여 평가한 가격, 즉 재건축으로 인하여 발생할 것으로 예상되는 개발이익이 포함된 가격을 말한다. [2] 도시 및 주거환경정비법에 의한 주택재건축사업의 시행자가 같은 법 제39조 제2호에 따라 乙 등이 소유한 토지에 대하여 매도청구권을 행사하였는데, 토지현황이 인근 주민의 통행에 제공된 도로 등인 사안에서, 토지의 현황이 도로일지라도 주택재건축사

업이 추진되면 공동주택의 일부가 되는 이상 시가는 재건축사업이 시행될 것을 전제로 할 경우의 인근 대지 시가와 동일하게 평가하되, 각 토지의 형태, 주요 간선도로와의 접근성, 획지조건 등 개별 요인을 고려하여 감액 평가하는 방법으로 산정하는 것이 타당한데도, 현황이 도로라는 사정만으로 인근 대지 가액의 1/3로 감액한 평가액을 기준으로 시가를 산정한 원심판결에 법리오해의 잘못이 있다고 한 사례(대판 2014. 12. 11, 2014다41698[소유권이전등기등]).

③ [1] 도시 및 주거환경정비법 제64조 제4항 및 제73조 제2항의 매도청구권의 기본권 제한성을 감안하면 위 규정을 적용함에 있어 행사요건을 엄격히 해석해야 하고, 함부로 유추해석하거나 확장해석하여서는 아니 된다. [2] 구 도시 및 주거환경정비법(2021. 4. 13. 법률 제18046호로 개정되기 전의 것) 제39조 제2항, 제3항에 의하면 투기과열지구로 지정된 지역에서 재건축사업을 시행하는 경우 조합설립인가 후 해당 정비사업의 건축물 또는 토지를 양수한 자는 조합원이 될 수 없고, 이러한 경우 사업시행자는 정비사업의 토지, 건축물 또는 그 밖의 권리를 취득한 자에게 동법 제73조를 준용하여 손실보상을 하여야 한다고 정하고 있다. 사업시행자가 양수인으로부터 해당 건축물 또는 토지를 취득하기 위해 협의를 진행하였으나 협의가 성립되지 아니한 경우 도시 및 주거환경정비법(이하 '도시정비법'이라고 한다) 제73조 제2항을 준용하여 위 건축물 또는 토지에 관한 매도청구권을 행사하는 것은 재건축사업의 시행을 위한 것으로서 허용된다고 할 것이다. 그러나 재건축사업시행자가 양수인이 조합원 자격을 취득할 수 없다는 사실을 뒤늦게 인지하였고, 그 전에 이미 양수인으로부터 해당 건축물 또는 토지를 현물출자받거나 신탁을 원인으로 한 소유권이전등기를 경료받은 경우라면, 재건축사업시행자는 신탁받은 건축물 또는 토지의 소유권을 취득하기 위하여 새로이 매도청구권을 행사할 필요가 없다. 조합원 자격을 취득할 수 없음을 간과하고 해당 양수인에게 대지 또는 건축물을 분양하는 것을 내용으로 하는 관리처분계획의 변경 및 이전고시가 이루어지고, 해당 양수인이 그에 따른 권리를 취득하기에 이른 경우라면, 그러한 관리처분계획 또는 이전고시의 효력을 다투는 것은 별론으로 하고, 해당 양수인이 취득한 대지 등에 대하여 도시정비법 제73조 제2항에 기해 매도청구를 하는 것은 재건축사업의 시행과 무관하여 허용되지 않는다고 보는 것이 타당하다(대판 2023. 11. 02, 2022다290327, 290334).

부동의자 매도청구는 수용제도보다 완화된 제도로 상대방의 이익을 충분히 보장하고 있으므로 재산권을 침해한다고 할 수 없다(헌재 2017. 10. 26, 2016헌바301).

### (4) 지상권 등 계약의 해지

정비사업의 시행으로 인하여 지상권·전세권 또는 임차권의 설정목적을 달성할 수 없는 때에는 그 권리자는 계약을 해지할 수 있다(제70조 제1항).

### (5) 건축물 등의 사용·수익의 중지 및 철거 등

종전의 토지 또는 건축물의 소유자·지상권자·전세권자·임차권자 등 권리자는 제78조 제4항에 따른 관리처분계획인가의 고시가 있은 때에는 제86조에 따른 이전고시가 있는 날까지 종전의 토지 또는 건축물을 사용하거나 수익할 수 없다. 다만, 다음 각 호의 어느 하나에 해당하는 경우에는 그러하지 아니하다. 1. 사업시행자의 동의를 받은 경우, 2. 「공익사업을 위한 토지 등의 취득 및 보상에 관한 법률」에 따른 손실보상이 완료되지 아니한 경우(제81조 제1항).

[판례] [주택재개발 사업시행자가 세입자를 상대로 부동산 인도를 구하는 사건] (1) 사업시행자가 현금청산대상자나 세입자에 대해서 종전의 토지나 건축물의 인도를 구하려면 관리처분계획의 인가·고시만으로는 부족하고 구 도시정비법 제49조 제6항 단서에서 정한 토지보상법에 따른 손실보상이 완료되어야 한다. (2) 사업시행자가 신청한 영업보상 항목에 대한 수용재결에서 휴업기간 중 영업이익 보상은 배척하고 이전비만을 인정한 경우, 사업시행자가 수용재결에서 정한 이전비를 공탁하면 도시 및 주거환경정비법에 정한 '손실보상 완료'로 볼 수 있다(대판 2021. 06. 30, 2019다207813; 대판 2021. 11. 11, 2020다217083).

## 6. 준공인가 및 공사완료의 고시

시장·군수등이 아닌 사업시행자가 정비사업 공사를 완료한 때에는 대통령령으로 정하는 방법 및 절차에 따라 시장·군수등의 준공인가를 받아야 한다(제83조 제1항). 시장·군수등은 준공검사를 실시한 결과 정비사업이 인가받은 사업시행계획대로 완료되었다고 인정되는 때에는 준공인가를 하고 공사의 완료를 해당 지방자치단체의 공보에 고시하여야 한다(제83조 제3항).

시장·군수등은 직접 시행하는 정비사업에 관한 공사가 완료된 때에는 그 완료를 해당 지방자치단체의 공보에 고시하여야 한다(제83조 제4항).

## Ⅲ. 공용환권의 시행

도시정비법상 공용환권은 분양신청과 관리처분계획에 따른 환권처분에 의해 행해진다.

### 1. 분양신청

사업시행자는 제50조 제7항에 따른 사업시행계획인가의 고시가 있은 날(사업시행계획인가 이후 시공자를 선정한 경우에는 시공자와 계약을 체결한 날)부터 120일 이내에 다음 각 호의 사항을 토지등소유자에게 통지하고, 분양의 대상이 되는 대지 또는 건축물의 내역 등 대통령령으로 정하는 사항을 해당 지역에서 발간되는 일간신문에 공고하여야 한다. 다만, 토지등소유자 1인이 시행하는 재개발사업의 경우에는 그러하지 아니하다. 1. 분양대상자별 종전의 토지 또는 건축물의 명세 및 사업시행계획인가의 고시가 있은 날을 기준으로 한 가격(사업시행계획인가 전에 제81조 제3항에 따라 철거된 건축물은 시장·군수등에게 허가를 받은 날을 기준으로 한 가격). 2. 분양대상자별 분담금의 추산액. 3. 분양신청기간. 4. 그 밖에 대통령령으로 정하는 사항(제72조 제1항).

대지 또는 건축물에 대한 분양을 받으려는 토지등소유자는 제2항에 따른 분양신청기간에 대통령령으로 정하는 방법 및 절차에 따라 사업시행자에게 대지 또는 건축물에 대한 분양신청을 하여야 한다(제72조 제3항).

## 2. 분양신청을 하지 아니한 자 등에 대한 조치

사업시행자는 관리처분계획이 인가·고시된 다음 날부터 90일 이내에 다음 각
호에서 정하는 자와 토지, 건축물 또는 그 밖의 권리의 손실보상에 관한 협의를 하여
야 한다. 다만, 사업시행자는 분양신청기간 종료일의 다음 날부터 협의를 시작할 수
있다. 1. 분양신청을 하지 아니한 자. 2. 분양신청기간 종료 이전에 분양신청을 철회
한 자. 3. 제72조 제6항 본문에 따라 분양신청을 할 수 없는 자. 4. 제74조에 따라 인
가된 관리처분계획에 따라 분양대상에서 제외된 자(제73조 제1항).

사업시행자는 제1항에 따른 협의가 성립되지 아니하면 그 기간의 만료일 다음
날부터 60일 이내에 수용재결을 신청(재개발사업의 경우)하거나 매도청구소송(재건축사
업의 경우)을 제기하여야 한다(제73조 제2항).

[판례] ① 재건축조합이 분양신청을 하지 아니한 토지등소유자 등에 대하여 매도청구권을 행사할
수 있는지 여부(적극) 및 그로 인한 매매계약의 성립시기(=분양신청기간의 종료일 다음날): [1] 도시
및 주거환경정비법(이하 '도시정비법'이라고만 한다) 제47조는 사업시행자인 재건축조합이 분양신청
을 하지 아니한 토지등소유자 등에 대하여 부담하는 현금청산 의무를 규정하는 것에 불과하므로
(이하 위 토지등소유자 등을 '현금청산 대상자'라고 한다), 재건축조합이 위 조항을 근거로 하여 곧바
로 현금청산 대상자를 상대로 정비구역 내 부동산에 관한 소유권이전등기를 청구할 수는 없다. 한
편 사업시행자인 재건축조합에게는 원칙적으로 정비구역 내 부동산에 관한 수용권한도 인정되지
않는 것이고(도시정비법 제38조 참조), 도시정비법 제39조에서 규정하는 사업시행자의 매도청구권
도 원칙적으로 조합원이 아닌 자를 상대로 하는 것으로서 조합설립에 동의한 조합원이었던 현금청
산 대상자에 대하여 바로 적용할 수는 없는 것이나, 현금청산 대상자는 분양신청을 하지 않는 등
의 사유로 인하여 분양대상자의 지위를 상실함에 따라 조합원 지위도 상실하게 되어 조합탈퇴자
에 준하는 신분을 가지는 것이므로, 매도청구에 관한 도시정비법 제39조를 준용하여 재건축조합은
현금청산 대상자를 상대로 정비구역 내 부동산에 관한 소유권이전등기를 청구할 수 있다고 봄이
상당하다. [2] 다만, 현금청산 대상자에 대한 청산금 지급의무가 발생하는 시기는 도시정비법 제
46조의 규정에 따라 사업시행자가 정한 '분양신청기간의 종료일 다음날'이라고 하여야 하고, 현금
청산의 목적물인 토지·건축물 또는 그 밖의 권리의 가액을 평가하는 기준시점도 같은 날이므로,
현금청산 대상자에 대한 매도청구권의 행사로 매매계약의 성립이 의제되는 날도 같은 날로 보아
야 하며, 그와 같이 보는 이상 위 매도청구권의 행사에 관하여는 그 최고절차 및 행사기간에 대하
여 도시정비법 제39조에서 준용하는 집합건물의 소유 및 관리에 관한 법률 제48조의 규율이 없다
고 보아야 한다(대판 2010. 12. 23, 2010다73215[소유권이전등기절차이행등]).
② 구 도시 및 주거환경정비법 제47조에 따른 현금청산에서 토지 등 소유자가 소유권이전등기 및
인도를 마쳤으나 근저당권설정등기를 말소하지 아니한 경우, 재건축조합이 근저당권설정등기말소
와의 동시이행을 주장하여 지급을 거절할 수 있는 청산금의 범위: [1] 구 도시 및 주거환경정비법
(2012. 2. 1. 법률 제11293호로 개정되기 전의 것, 이하 '구 도시정비법'이라고 한다) 제47조가 정한 요
건에 해당하여 토지·건축물 등(이하 '토지 등'이라고 한다)을 현금으로 청산하여야 하는 경우, 사업

시행자인 재건축조합이 부담하는 **청산금 지급의무와** 토지 등 소유자가 부담하는 권리제한등기 없는 **소유권이전의무는 동시이행의 관계에 있다**(대법원 2008. 10. 9. 선고 2008다37780 판결 참조). 다만, 토지 등 소유자가 재건축조합에 대하여 토지 등에 관한 소유권이전등기 및 인도를 마쳤으나 근저당권설정등기를 말소하지 아니한 경우, 재건축조합이 구 도시정비법 제47조에 따른 현금청산에서 근저당권설정등기말소와의 동시이행을 주장하여 지급을 거절할 수 있는 청산금의 범위는 동시이행의 항변권이 인정되는 근본 취지에 비추어 공평의 관념과 신의칙에 따라 정하여야 한다. [2] 구 도시정비법 제47조에 따른 현금청산에서 토지 등 소유자가 토지 등에 관한 소유권이전등기 및 인도를 마쳤으나 근저당권설정등기를 말소하지 아니한 경우, **재건축조합은 말소되지 아니한 근저당권의 채권최고액 또는 채권최고액의 범위 내에서 확정된 피담보채무액에 해당하는 청산금에 대하여만 동시이행의 항변권에 기초하여 지급을 거절할 수 있다고 보는 것이** 공평의 관념과 신의칙에 부합한다. 이와 달리 토지 등 소유자가 소유권이전등기 및 인도를 마친 때에도 근저당권설정등기가 말소되지 아니하였다면 재건축조합이 청산금 전부에 대하여 근저당권설정등기말소와의 동시이행을 주장하여 지급을 거절할 수 있다는 취지로 판시한 대법원 2009. 9. 10. 선고 2009다32850, 32867 판결 등은 이 판결의 견해에 배치되는 범위 내에서 변경하기로 한다. [3] 구 도시정비법 제47조에 따른 현금청산대상자인 원고들이 사업시행자인 피고에 대하여 청산금 및 그에 대한 지연손해금의 지급을 구하자, 피고가 원고들 소유의 토지에 관하여 마쳐진 근저당권설정등기말소와 동시이행의 항변을 한 사안에서, 피고가 근저당권설정등기말소와의 동시이행을 주장하여 지급을 거절할 수 있는 청산금의 액수는 말소되지 아니한 근저당권의 채권최고액 또는 그 범위 내에서 확정된 피담보채무액에 한정된다고 한 사례(대판 전원합의체 2015. 11. 19, 2012다114776[청산금]).

③ 구 도시 및 주거환경정비법상 주택재개발사업에 편입되는 주거용 건축물의 소유자 중 현금청산대상자에 대하여도 구 공익사업을 위한 토지 등의 취득 및 보상에 관한 법률에 따른 주거이전비 및 이사비를 지급해야 하는지 여부(적극): 구 도시 및 주거환경정비법(2009. 2. 6. 법률 제9444호로 개정되기 전의 것, 이하 '도시정비법'이라 한다) 제38조, 제40조 제1항, 제47조, 도시 및 주거환경정비법 시행령 제48조, 구 공익사업을 위한 토지 등의 취득 및 보상에 관한 법률(2011. 8. 4. 법률 제11017호로 개정되기 전의 것, 이하 '공익사업법'이라 한다) 제78조 제5항, 공익사업을 위한 토지 등의 취득 및 보상에 관한 법률 시행규칙 제54조 제1항, 제55조 제2항 등의 법규정을 종합해 보면, 구 도시정비법상 주택재개발사업의 경우 주거용 건축물의 소유자인 현금청산대상자로서 현금청산에 관한 협의가 성립되어 사업시행자에게 주거용 건축물의 소유권을 이전한 자이거나 현금청산에 관한 협의가 성립되지 않아 공익사업법에 따라 주거용 건축물이 수용된 자에 대하여는 공익사업법을 준용하여 주거이전비 및 이사비를 지급해야 한다고 보는 것이 타당하다(대판 2013. 01. 10, 2011두19031[주거이전등]).

④ 구 도시 및 주거환경정비법상 주거용 건축물의 소유자에 대한 주거이전비의 보상은 주거용 건축물에 대하여 정비계획에 관한 공람·공고일부터 해당 건축물에 대한 보상을 하는 때까지 계속하여 소유 및 거주한 주거용 건축물의 소유자를 대상으로 한다(2015. 02. 26. 2012두19519[주거이전비]).

⑤ 구 도시 및 주거환경정비법상 현금청산대상자와 사업시행자 간에 청산금액에 관한 협의가 성립되지 아니하거나 협의를 할 수 없을 경우, 공익사업을 위한 토지 등의 취득 및 보상에 관한 법률(이하 '토지보상법')을 준용하여 곧바로 현금청산대상자가 사업시행자에게 재결을 신청할 것을 청구할 수 있다. 토지보상법상 협의 및 그 사전절차를 정한 위 각 규정은 도시정비법 제40조 제1항 본문에서 말하는 '이 법에 특별한 규정이 있는 경우'에 해당하므로 도시정비법상 현금청산대상자인 토지등소유자에 대하여는 준용될 여지가 없다고 보아야 한다(대판 2015. 11. 27, 2015두48877[부작위위법확인]).

⑥ (1) 도시정비법의 주택재개발사업에서 현금청산대상자들에 대한 청산금은 주택재개발정비사업 조합(이하 '조합'이라 한다)과 현금청산대상자가 협의에 의해 그 금액을 정하되, 협의가 성립하지 않을 때에는 조합은 토지보상법에 따라 토지수용위원회의 재결에 의하여 현금청산대상자들의 토지 등의 소유권을 취득할 수 있다(대법원 2008. 3. 13. 선고 2006두2954 판결 참조). (2) 도시정비법령은 수용보상금의 가격산정기준일에 관한 규정을 두고 있지 않으므로 현금청산대상자들의 토지 등에 대한 수용보상금은 토지보상법 제67조 제1항에 따라 토지 등의 수용재결일 가격을 기준으로 산정하여야 한다. (3) 도시정비법 제48조 제1항 제4호가 분양대상자별 종전자산가격을 평가하여 이를 관리처분계획에 포함시키도록 한 것은 기본적으로 조합원들 사이의 상대적 출자 비율을 정하기 위한 것이기 때문에 모든 조합원들에게 동일한 평가기준일을 적용한다면 그 일자를 언제로 하는지가 조합원들의 권리관계에 별다른 영향을 미치지 않는다. 따라서 피고 조합이 종전자산가격 평가기준일을 잘못 정하였다고 하더라도 그 하자가 중대하다고 볼 수 없으므로 이 사건 관리처분계획이 당연무효라고 단정할 수 없다. (4) 도시정비법에 따라 설립된 정비사업조합의 정관이나 관리처분계획에서 조합이 조합원들에게 분양신청 기간 종료 후 일정한 기간 내에 분양계약을 체결할 것'을 요구하면서 '그 기간 내에 분양계약을 체결하지 않으면 그 권리를 현금으로 청산한다'고 정한 경우, 이는 사업시행자가 조합원이었던 토지 등 소유자에게 해당 기간에 분양계약의 체결을 거절하는 방법으로 사업에서 이탈할 수 있는 기회를 추가로 부여한 것이다(대법원 2011. 7. 28. 선고 2008다91364 판결 참조). 위와 같은 내용을 정한 정관이나 관리처분계획은 조합이 조합원들에게 분양계약 체결을 요구하는데도 분양계약 체결 의무를 위반하여 분양계약을 체결하지 않은 조합원을 현금청산대상자로 한다는 의미이다(대법원 2012. 5. 9. 선고 2010다71141 판결, 대법원 2013. 7. 11. 선고 2013다13023 판결 등 참조)(대판 2016. 12. 15, 2015두51309[수용재결취소등]).
⑦ (1) 재개발조합이 구 도시 및 주거환경정비법에 따른 협의 또는 수용절차를 거치지 않고는 현금청산대상자를 상대로 토지 또는 건축물의 인도를 구할 수 없다. (2) 만일 재개발조합과 현금청산대상자 사이에 현금청산금에 관한 협의가 성립된다면 조합의 현금청산금 지급의무와 현금청산대상자의 토지 등 인도의무는 특별한 사정이 없는 한 동시이행의 관계에 있게 되고, 수용절차에 의할 때에는 부동산 인도에 앞서 현금청산금 등의 지급절차가 이루어져야 한다(대판 2020. 07. 23, 2019두46411).
⑧ [재개발조합의 조합원이 조합원이주를 통해 종전자산을 출자한 후에 분양계약을 체결하지 않음으로써 탈퇴하였는데 현금청산금의 지급이 약 4년간 지연되자, 조합을 상대로 탈퇴 이후에도 종전자산을 계속 점유·사용한 것에 대해 손해배상, 부당이득반환 등을 청구한 사안] (1) 재개발조합 조합원의 조합관계 탈퇴가 종전자산 출자에 미치는 효과: 구「도시 및 주거환경정비법」(2012. 2. 1. 법률 11293호로 개정되기 전의 것, 이하 '도시정비법'이라고 한다) 제49조 제6항은 관리처분계획 인가·고시 전에 현금청산사유가 발생한 경우, 즉 토지등소유자가 분양신청기간에 분양신청을 포기하여 현금청산대상자가 된 경우에 조합으로부터 적법한 보상을 받을 때까지 종전자산을 기존대로 사용·수익할 수 있다는 것일 뿐, 일단 조합원으로서의 종전자산 출자의무를 이행하였으나 그 후 분양계약체결기간에 분양계약 체결을 거부하여 현금청산사유가 발생한 경우에도 토지등소유자가 조합을 상대로 기존에 적법하게 출자하여 인도한 종전자산의 반환을 다시 구할 수 있다는 의미로 해석할 수는 없다. 이 경우 재개발조합은 현금청산대상자에게 기존에 출자받은 종전자산을 다시 반환할 필요가 없고, 단지 현금청산대상자에게 협의 또는 수용절차를 거쳐 현금청산금을 지급할 의무만 부담한다. 따라서 재개발조합이 기존에 출자받은 종전자산을 재개발사업을 위하여 계속 점유하더라도 이를 권원 없는 점유라거나 불법점유라고 할 수 없다. (2) 현금청산금 지급 지체책임이 발생하는지를 판단하는 기준: 토지등소유자가 조합원의 지위를 유지하는 동안에 종전자산을 출자한 후에 조합관계에서 탈퇴하여 현금청산대상자가 되었음에도, 재개발조합이 도시정비법 제

47조에서 정한 150일의 이행기간 내에 현금청산금을 지급하지 아니하면 위 이행기간이 경과한 다음날부터는 민법에서 정한 연 5%의 비율로 계산한 지연배상금을 지급할 의무가 있다고 보아야 한다(대판 2020. 07. 29, 2016다51170). 〈해설〉 재개발조합의 조합원이 조합원이주를 통해 종전자산을 출자한 후에 분양계약을 체결하지 않음으로써 탈퇴하였는데 현금청산금의 지급이 약 4년간 지연되자, 조합을 상대로 탈퇴 이후에도 현금청산금 지급 없이 종전자산을 계속 점유·사용한 것에 대해 손해배상, 부당이득반환 등을 청구한 사안임. 원심은, 피고 재개발조합이 기존에 원고로부터 종전자산을 출자받아 적법하게 점유해 왔더라도 원고에 대하여 현금청산금 지급의무가 발생한 날부터는 협의 또는 수용절차를 거쳐 현금청산금을 실제로 지급하기 전까지는 종전자산을 점유할 권원을 상실하였다고 보아, 피고 재개발조합이 원고에게 현금청산금 지급의무가 발생한 날(원고의 탈퇴일)부터 수용재결을 거쳐 수용보상금(현금청산금)을 지급하고 원고의 종전자산의 소유권을 취득하기 전날까지 임료 상당의 부당이득금을 반환할 의무가 있다고 판단하였음. 대법원은, 원고가 조합관계에서 탈퇴한 이후에도 피고 재개발조합이 원고의 종전자산을 계속 점유·사용할 적법한 권원이 있으므로 무단·불법점유에는 해당하지 않으나, 다만 이미 출자한 종전자산에 대한 현금청산금의 지급이 지체된 것에 대해 민법상 연 5%의 비율로 계산한 지연배상금을 지급할 의무가 있다고 판단하였음. 즉 피고 재개발조합이 원고에게 지급하여야 하는 금원의 성격은 임료 상당 부당이득금이 아니라, 현금청산금 지급 지체에 따른 지연배상금이라고 판단하여 파기환송한 사례임. 한편, 재개발조합의 조합원 탈퇴 시 현금청산금 지급 지체책임이 발생하는지를 판단하는 기준에 관하여 대법원 2020. 7. 23. 선고 2019두46411 판결에서 보다 상세한 기준을 제시한 바 있음. 2019두46411 판결의 사안에서는 '현금청산사유가 발생한 날부터 150일 내에 청산하지 아니한 경우에는 시중은행 주택담보대출 최저 금리를 적용하여 이자를 지급하여야 한다.'라고 규정한 정관 조항에 따른 '이자'를 청구하는 사안이어서 '현금청산금 지연이자'라고 표현하였던 반면, 2016다51170 판결의 사안에서는 정관에 그러한 조항이 없고 손해배상을 청구하는 사안이어서 현금청산금 지급 지체에 따른 '지연배상금'이라고 표현하였으나, 양자는 본질이 같은 것임.

⑨ [현금청산과 별개의 절차로 정비사업비의 지급을 구할 수 있는지 여부가 문제된 사건] 현금청산금 산정 절차에서 사업비용을 공제하도록 규정하고 있는 정관 조항에 근거하여 현금청산 대상자에게 현금청산금이 지급되기 전에 별도로 정비사업비의 지급을 구할 수 있는지 여부(소극): 현금청산 대상자가 부담하게 될 비용의 항목과 부담 기준 등은 그 비용 부담의 근거가 되는 정관 규정에서 가장 핵심적이고 중요한 내용이라 할 것인데, 단순히 현금청산금 산정 과정에서 사업비용 등을 공제하고 청산할 수 있다고 추상적으로만 규정하고 「도시 및 주거환경정비법」과 정관의 다른 규정을 통해서도 비용 공제에 관한 구체적 내용과 기준을 알 수 없다면, 특별한 사정이 없는 한 현금청산 대상자로서는 조합관계에서의 탈퇴 전에 자신이 부담하게 될 비용을 합리적으로 예측하기 어렵다. 따라서 정관의 규정에 근거하여 현금청산금에서 사업비용 등을 공제하거나 별개의 절차로 현금청산 대상자에게 사업비용을 청구하기 위해서는 원칙적으로 현금청산 대상자가 부담하게 될 비용 항목과 분담 기준 등이 정관에 특정되거나 적어도 이를 구체적으로 특정할 수 있는 방법과 기준이 정해져 있어야 한다. 현금청산을 선택하는 자에게 조합관계에서 탈퇴할 기회를 보장하는 구 「도시 및 주거환경정비법」(2013. 12. 24. 법률 제12116호로 개정되기 전의 것) 제47조의 취지에 비추어 볼 때, 조합이 현금청산을 선택한 조합원에게 현금청산금을 산정·지급하지 않은 상태에서 조합관계에서의 탈퇴 시점까지 발생한 정비사업비를 미리 청구할 수 있도록 한다면 자력이 부족한 조합원은 조합관계에서 탈퇴하기 위한 비용을 지급하지 못하여 현금청산을 선택하지 못하는 등으로 조합관계에서의 탈퇴를 부당하게 제한받거나 재산권을 중대하게 침해당하는 결과가 될 수 있으므로, 정관으로 정비사업비 중 일부를 공제하는 방식으로 현금청산금을 산정하도록 정한 경

우 그 조항을 근거로 현금청산 대상자에게 현금청산금을 산정·지급하지 아니한 상태에서 현금청산과 별개의 절차로 정비사업비 중 일부의 지급을 구할 수는 없다(대판 2021. 04. 29, 2018두51508).

사업시행자는 제2항에 따른 기간을 넘겨서 수용재결을 신청하거나 매도청구소송을 제기한 경우에는 해당 토지등소유자에게 **지연일수**(遲延日數)**에 따른 이자**를 지급하여야 한다. 이 경우 이자는 100분의 15 이하의 범위에서 대통령령으로 정하는 이율을 적용하여 산정한다(제76조 제3항).

**[판례]** 재개발조합의 탈퇴조합원에게 구 도시 및 주거환경정비법 제47조에서 정한 150일의 기간 내에 현금청산금을 지급하지 못한 경우에 정관에서 정한 지연이자를 지급할 의무가 있는지 여부가 다투어진 사건] (1) 구 「도시 및 주거환경정비법」(2012. 2. 1. 법률 11293호로 개정되기 전의 것) 제47조에서 정한 바와 같이, 조합이 현금청산사유가 발생한 날부터 150일 이내에 지급하여야 하는 현금청산금은 토지등소유자의 종전자산 출자에 대한 반대급부이고, 150일은 그 이행기간에 해당한다. 민법 제587조 후단도 "매수인은 목적물의 인도를 받은 날로부터 대금의 이자를 지급하여야 한다. 그러나 대금의 지급에 대하여 기한이 있는 때에는 그러하지 아니하다."라고 규정하고 있다. 따라서 조합이 도시정비법 제47조에서 정한 현금청산금 지급 이행기간(현금청산사유 발생 다음날부터 150일) 내에 현금청산금을 지급하지 못한 것에 대하여 지체책임을 부담하는지 여부는 토지등소유자의 종전자산 출자시점과 조합이 실제 현금청산금을 지급한 시점을 비교하여 판단하여야 한다. 즉, 토지등소유자가 조합원의 지위를 유지하는 동안에 종전자산을 출자하지 않은 채 계속 점유하다가 조합관계에서 탈퇴하여 현금청산대상자가 되었고 보상협의 또는 수용재결에서 정한 현금청산금을 지급받은 이후에야 비로소 조합에게 종전자산의 점유를 인도하게 된 경우에는 조합이 해당 토지등소유자에게 현금청산금을 실제 지급한 시점이 현금청산사유가 발생한 날부터 150일의 이행기간이 경과한 시점이라고 하더라도 조합은 150일의 이행기간을 초과한 지연일수에 대하여 현금청산금 지급이 지연된 데에 따른 지체책임을 부담하지는 않는다고 보아야 한다. 그러나 토지등소유자가 조합원의 지위를 유지하는 동안에 종전자산을 출자한 후에 조합관계에서 탈퇴하여 현금청산대상자가 되었음에도 조합이 도시정비법 제47조에서 정한 150일의 이행기간 내에 현금청산금을 지급하지 아니하면 위 이행기간이 경과한 다음날부터는 정관에 특별한 정함이 있는 경우에는 정관에서 정한 비율, 정관에 특별한 정함이 없는 경우에는 민법에서 정한 연 5%의 비율로 계산한 지연이자를 지급할 의무가 있다고 보아야 한다. (2) 현금청산금 지급 지체에 따른 지연이자 청구권과 재결신청 지연가산금 청구권은 그 근거 규정과 요건·효과를 달리 하는 것으로서, 각 요건이 충족되면 성립하는 별개의 청구권이다. 다만, 재결신청 지연가산금에는 이미 '손해 전보'라는 요소가 포함되어 있어 같은 기간에 대하여 양자의 청구권을 동시에 행사할 수 있다고 본다면 이중배상의 문제가 발생하므로, 같은 기간에 대하여 양자의 청구권이 동시에 성립하더라도 토지등소유자는 어느 하나만을 선택적으로 행사할 수 있을 뿐이고, 양자의 청구권을 동시에 행사할 수는 없다고 봄이 타당하다(대판 2020. 07. 23, 2019두46411). 〈해설〉 원고들은 분양신청기간에 분양신청을 하지 않음으로써 조합관계에서 탈퇴하여 현금청산대상자가 되었는데, 수용재결에 따른 손실보상금(현금청산금)을 지급받은 후 토지등 종전자산을 재개발조합에 인도하였음. 원고들은 손실보상금(현금청산금)이 현금청산사유(=탈퇴)가 발생한 다음날부터 150일이 훨씬 지나서 지급되었음을 이유로 정관조항이 정한 바에 따라 시중은행 대출금리(연 2.58%)의 비율로 계산한 지연이자의 지급을 청구한 사안임. 원심은, 현금청산금 지연이자 지급에 관한 정관조항은 탈퇴조합원과 재개발

조합 사이에 현금청산에 관한 보상협의가 성립한 경우에 한하여 적용되는 규정일 뿐이고, 보상협의가 성립하지 않아 수용재결절차에 따라 현금청산이 이루어지는 경우에는 적용되는 규정이 아니라는 이유에서 원고들의 지연이자 청구를 기각하였음. 대법원은, 원고들의 경우 수용재결보상금을 지급받은 후 토지등 종전자산을 조합에 인도한 경우이므로 현금청산금 지급 지체책임을 부담하지 않으나, 만일 토지등소유자가 조합원의 지위를 유지하는 동안에 종전자산을 출자한 후에 조합관계에서 탈퇴하여 현금청산대상자가 되었음에도 피고가 150일의 이행기간 내에 현금청산금을 지급하지 아니하였다면 150일의 이행기간을 초과한 지연일수에 대하여 이 사건 정관조항에서 정한 비율로 계산한 지연이자를 지급할 의무가 있으므로, 원심이 해당 정관조항이 수용재결절차에 따라 현금청산이 이루어지는 경우에는 적용되지 않는다고 이유를 설시한 것은 적절하지 않으나, 원고들의 지연이자 청구를 기각한 결론만은 정당하다고 보아 상고기각하였음.

## 3. 관리처분계획(공용환권계획)

### (1) 관리처분계획의 의의

관리처분계획(管理處分計劃)이라 함은 재개발사업 등의 공사가 완료된 후 행하는 분양처분 및 청산 등에 관한 계획을 말한다. 도시정비법상 관리처분계획은 공용환권계획에 해당한다.

분양처분 및 청산은 관리처분계획에서 정한 바에 따라 행하여져야 하므로 관리처분계획은 재개발사업의 조합원에게는 매우 중요한 의미를 갖는다.

### (2) 관리처분계획의 성립과 효력발생

사업시행자가 시장·군수 외의 자인 경우에는 분양신청기간이 종료된 때에는 관리처분계획을 수립하여 시장·군수의 인가를 받아야 하고(제74조 제1항), 시장·군수등이 관리처분계획을 인가하는 때에는 그 내용을 해당 지방자치단체의 공보에 고시하여야 한다(제78조 제4항). 이 중 조합이 시행자인 경우에는 관리처분계획은 조합 총회의 의결을 거쳐야 한다. 시행자가 시장·군수인 경우에는 시장·군수가 관리처분계획을 작성하여 이를 고시함으로써 효력을 발생한다.

[판례] 개별 조합원이 재건축조합에 대하여 사적 약정의 내용대로 관리처분계획 수립을 강제할 수 있는 민사상 권리를 가지는지 여부(소극): 재건축조합이 관리처분계획의 수립 혹은 변경을 통한 집단적인 의사 결정 방식 외에 전체 조합원의 일부인 개별 조합원과 사적으로 그와 관련한 약정을 체결한 경우에도, 구속적 행정계획으로서 재건축조합이 행하는 독립된 행정처분에 해당하는 관리처분계획의 본질 및 전체 조합원 공동의 이익을 목적으로 하는 재건축조합의 행정주체로서 갖는 공법상 재량권에 비추어 재건축조합이 행정주체로서 가지는 재량권이 재건축조합과 개별 조합원 사이의 사법상 약정에 직접적으로 구속된다고 보기는 어렵다. 따라서 그 개별 약정의 내용과 취지 등을 감안하여 유효·적법한 관리처분계획 수립의 범위 내에서 그 약정의 취지를 가능한 한 성실하게 반영하기 위한 조치를 취하여야 할 의무가 인정될 수 있음은 별론으로 하더라도, 이를 초과하여 개별 조합원과의 약정을 절대적으로 반영한 관리처분계획을 수립하여야만 하는 구체적인 민사상 의무까지 인정될 수 없고, 약정의 당사자인 개별 조합원 역시 재건축조합에 대하여 약정 내용대로의 관리처분계

획 수립을 강제할 수 있는 민사상 권리를 가진다고 볼 수 없다(대판 2022. 07. 14, 2022다206391).

### 1) 조합총회의 의결

사업시행자가 조합인 경우 관리처분계획은 조합 총회의 의결을 거쳐야 한다(제45조 제1항 제10호). 조합 총회의 결의에 의해 관리처분계획안이 성립한다.

조합 총회의 의결은 처분이 아니므로 항고소송의 대상이 되지 않는다. 관리처분계획안에 대한 조합 총회결의는 비권력적 공법행위(공법상 합동행위)이므로 조합원은 관리처분계획에 대한 인가 이전에는 조합총회의 의결에 대하여 조합을 상대로 민사소송이 아니라 공법상 당사자소송으로 다투어야 한다. 정비조합은 공법인이고 관리처분계획에 관한 정비조합의 의결은 공법상 행위이기 때문이다. 즉, 조합원은 관리처분계획을 확정하는 조합 총회의 결의의 무효확인을 공법상 당사자소송으로 제기할 수 있다.

[판례] 행정주체인 재건축조합을 상대로 관리처분계획안에 대한 조합 총회결의의 효력 등을 다투는 소송은 행정처분에 이르는 절차적 요건의 존부나 효력 유무에 관한 소송으로서 그 소송결과에 따라 행정처분의 위법 여부에 직접 영향을 미치는 **공법상 법률관계에 관한 것**이므로, 이는 행정소송법상의 당사자소송에 해당한다(대판 2009. 09. 17, 2007다2428[총회결의무효확인]).

관리처분계획에 대한 인가·고시 이후 관리처분계획 결의의 하자를 다투고자 하는 경우 관리처분계획이 처분이고, 조합총회의 결의는 관리처분계획처분의 절차적 요건에 불과하므로 관리처분계획을 다투어야 하며 결의의 하자를 다툴 수 없다.

[판례] ① 관리처분계획에 대한 인가·고시 이후 총회결의 무효확인소송이 허용되는지 여부(소극): 이러한 소송은, 관리처분계획이 인가·고시되기 전이라면 위법한 총회결의에 대해 무효확인 판결을 받아 이를 관할 행정청에 자료로 제출하거나 재건축조합으로 하여금 새로이 적법한 관리처분계획안을 마련하여 다시 총회의결을 거치도록 함으로써 하자 있는 관리처분계획이 인가·고시되어 행정처분으로서 효력이 발생하는 단계에까지 나아가지 못하도록 저지할 수 있고, 또 총회결의에 대한 무효확인판결에도 불구하고 관리처분계획이 인가·고시되는 경우에도 관리처분계획의 효력을 다투는 항고소송에서 총회결의 무효확인소송의 판결과 증거들을 소송자료로 활용함으로써 신속하게 분쟁을 해결할 수 있으므로, 관리처분계획에 대한 인가·고시가 있기 전에는 허용할 필요가 있다. 그러나 나아가 관리처분계획에 대한 관할 행정청의 인가·고시까지 있게 되면 관리처분계획은 행정처분으로서 효력이 발생하게 되므로, **총회결의의 하자를 이유로 하여 행정처분의 효력을 다투는 항고소송의 방법으로 관리처분계획의 취소 또는 무효확인을 구하여야 하고**, 그와 별도로 행정처분에 이르는 절차적 요건 중 하나에 불과한 총회결의 부분만을 따로 떼어내어 효력 유무를 다투는 확인의 소를 제기하는 것은 특별한 사정이 없는 한 허용되지 않는다고 보아야 한다(대판 전원합의체 2009. 09. 17, 2007다2428[총회결의무효확인]).
② [1] 도시 및 주거환경정비법 제24조에 따라 조합원 총회에서 관리처분계획의 수립을 의결하는 경우 의결정족수를 정하는 기준이 되는 출석조합원의 의미: 조합원 총회에서 관리처분계획의 수립

을 의결하는 경우의 의결정족수를 정하는 기준이 되는 출석조합원은 당초 총회에 참석한 모든 조합원을 의미하는 것이 아니라 문제가 된 결의 당시 회의장에 남아 있던 조합원만을 의미하고, 회의 도중 스스로 회의장에서 퇴장한 조합원은 이에 포함되지 않는다. [2] 법인의 총회 또는 이사회 의사록의 증명력: 법인의 총회 또는 이사회 등의 의사에는 의사록을 작성하여야 하고 의사록에는 의사의 경과, 요령 및 결과 등을 기재하고 이와 같은 의사의 경과요령 및 결과 등은 의사록을 작성하지 못하였다든가 또는 이를 분실하였다는 등의 특단의 사정이 없는 한 이 의사록에 의하여서만 증명된다. [3] 구청장이 관리처분계획(안)에 대한 결의가 조합규약에서 정한 의결정족수인 '출석조합원 2/3 이상의 찬성' 요건을 충족하지 못하였다는 이유로 주택재건축정비사업조합의 관리처분계획 인가신청을 반려한 사안에서, 성원보고시 출석하였다가 결의 당시 퇴장한 조합원을 출석조합원에서 제외하면 의결정족수를 충족하는 이상 위 반려처분은 위법하다고 한 사례(대판 2010. 04. 29, 2008두5568[관리처분계획인가신청반려처분취소]).

③ [재건축조합이 상가조합원들로 구성된 상가협의회와 '독립정산제' 약정을 체결하였는데, 상가조합원들이 재건축조합이 수립한 관리처분계획이 위 독립정산제 약정에 위배되므로 취소되어야 한다고 다투는 사안] (1) 재건축조합이 '상가 독립정산제'를 채택하기로 결정할 때 원칙적으로 이행하여야 하는 법적 절차(= 정관 변경절차) 및 재건축조합이 '상가 독립정산제'를 채택하기로 결정하는 조합총회결의 효력(= 조합 내부적으로 업무집행기관을 구속하는 내부 규범). (2) 재건축조합 내부의 규범을 변경하고자 하는 총회결의가 적법하려면 갖추어야 할 3가지 기준: 조합의 총회는 조합의 최고의사결정기관이고, 정관 변경이나 관리처분계획의 수립·변경은 총회의 결의사항이므로, 조합의 총회는 새로운 총회결의로써 종전 총회결의의 내용을 철회하거나 변경할 수 있는 자율성과 형성의 재량을 가진다. 그러나 이러한 자율성과 재량이 무제한적인 것일 수는 없다. 조합 내부의 규범을 변경하고자 하는 총회결의가 적법하려면 다음과 같은 기준들을 충족하여야 한다. 첫째, 총회결의가 상위법령 및 정관에서 정한 절차와 의결정족수를 갖추어야 한다. 둘째, 총회결의의 내용이 상위법령 및 정관에 위배되지 않아야 한다. 셋째, 일단 내부 규범이 정립되면 조합원들은 특별한 사정이 없는 한 그것이 존속하리라는 신뢰를 가지게 되므로, 내부 규범 변경을 통해 달성하려는 이익이 종전 내부 규범의 존속을 신뢰한 조합원들의 이익보다 우월하여야 한다. (3) 원심은, 피고 조합이 2013. 7. 15.자 총회결의를 통해 수립한 관리처분계획 중 상가 독립정산제 약정과 배치되는 부분은 위법하다고 판단하여 그 부분을 취소하였는데, 대법원은, 피고 조합이 상가 독립정산제를 채택하기로 결정한 2013. 7. 15.자 총회결의가 관리처분계획을 수립하는 2014. 12. 9.자 총회결의를 통해 적법하게 철회·변경되었는지를 심리·판단하여야 한다는 이유로 원심판결을 파기환송한 사례(대판 2018. 03. 13, 2016두35281).

### 2) 시장·군수의 인가

사업시행자는 제72조에 따른 분양신청기간이 종료된 때에는 분양신청의 현황을 기초로 관리처분계획을 수립하여 시장·군수등의 인가(認可)를 받아야 하며, 관리처분계획을 변경·중지 또는 폐지하려는 경우에도 또한 같다. 다만, 대통령령으로 정하는 경미한 사항을 변경하려는 경우에는 시장·군수등에게 신고하여야 한다(제74조 제1항).

**[판례]** 최초 재개발조합설립인가처분에 대하여 동의정족수 미달을 이유로 무효확인소송이 제기되자 조합이 새로운 조합설립인가의 실질을 갖는 조합설립변경인가처분을 받은 사건에서(그 후 최초 인가처분에 대해 당연무효 판결이 선고됨), 변경인가처분 이후 조합이 새로이 분양신청 절차를 진행

하지 않고 변경인가처분 전에 진행되었던 종전의 분양신청 결과를 기초로 관리처분계획을 수립한 경우, 그 관리처분계획이 위법한지 여부(한정 적극): (1) 조합이 종전의 조합설립인가처분에 대한 무효확인소송 또는 취소소송이 진행되고 있는 등으로 그 효력 유무 또는 위법 여부 등이 확정되지 않은 상태에서 새로 조합설립인가처분을 받는 것과 동일한 요건과 절차로 조합설립변경인가처분을 받은 경우, 그 조합설립변경인가처분은 새로운 조합설립인가처분으로서의 효력을 가진다. 그러나 종전의 조합설립인가처분이 당연무효이거나 취소되는 경우에는 종전의 조합설립인가처분이 유효함을 전제로 수립·인가된 관리처분계획은 소급하여 효력을 잃는다(대법원 2012. 12. 13. 선고 2011두21010 판결, 대법원 2012. 12. 27. 선고 2011두19680 판결, 대법원 2014. 5. 16. 선고 2011두27094 판결 등 참조). 따라서 조합은 조합설립변경인가처분을 받기 전에 수립·인가된 종전의 관리처분계획에 따라 정비사업을 진행할 수는 없고, 도시정비법령이 정한 요건과 절차에 따라 관리처분계획을 새롭게 수립하여 인가를 받아야 한다. 이때 조합은 도시정비법 제46조 제1항이 규정하고 있는 분양신청 통지·공고 등의 절차를 다시 밟거나 분양신청 대상자들(종전 분양신청 절차에서 분양신청을 한 사람들과 이때에는 분양신청을 하지 않았지만 조합원 지위를 상실하지 않은 자를 포함한다. 이하 같다)의 분양신청에 관한 의사를 개별적으로 확인하여 그 분양신청 현황을 기초로 관리처분계획을 수립하여야 하고, 조합이 이러한 절차를 밟지 않고 종전 분양신청 현황에 따라 관리처분계획을 수립하였다면 그 관리처분계획은 위법하다. (2) 다만 종전의 분양신청 현황을 기초로 했다고 하더라도 새로운 관리처분계획 수립 당시 토지 등 소유자의 분양신청 현황을 기초로 관리처분계획을 수립했다고 평가할 수 있는 예외적인 경우, 즉 ① '분양의 대상이 되는 대지 또는 건축물의 내역', '개략적인 분담금의 내역' 등 법령이 분양신청 통지에 포함시키도록 한 사항 등에 관하여 새로운 사업시행계획과 종전 사업시행계획 사이에 실질적으로 변경된 내용이 없고, ② 사업의 성격이나 규모 등에 비추어 두 사업시행계획 인가일 사이의 시간적 간격이 지나치게 크지 않으며, ③ 분양신청 대상자들 중 종전 분양신청을 철회·변경하겠다거나 새롭게 분양신청을 희망한다는 의사를 조합에 밝힌 사람이 실제 있지 않은 경우 등에는, 종전의 분양신청 현황을 기초로 새로운 관리처분계획을 수립하는 것도 허용된다(대판 2016. 12. 15, 2015두51309[수용재결취소등]).

법 제74조에 의한 인가는 사업시행자의 관리처분계획의 효력을 완성시키는 보충행위로서 강학상 인가에 해당한다. 따라서, 조합의 의결의 내용상의 하자를 들어 인가의 취소 또는 무효의 확인을 청구하는 소송을 제기할 소의 이익이 없다(대판 2001. 12. 11, 2001두7541). 인가의 대상은 정비조합의 관리처분계획이다. 정비조합은 시장·군수의 인가의 거부에 대하여는 항고소송을 제기할 수 있다.

시장·군수등이 관리처분계획을 인가하는 때에는 그 내용을 해당 지방자치단체의 공보에 고시하여야 한다(제78조 제4항). 사업시행자는 제1항에 따라 공람을 실시하려거나 제4항에 따른 시장·군수등의 고시가 있은 때에는 대통령령으로 정하는 방법과 절차에 따라 토지등소유자에게는 공람계획을 통지하고, 분양신청을 한 자에게는 관리처분계획인가의 내용 등을 통지하여야 한다(제78조 제5항). 사업시행자의 통지는 관리처분계획 인가의 효력발생요건은 아니며 단순한 사실행위이다.

제1항, 제4항 및 제5항은 시장·군수등이 직접 관리처분계획을 수립하는 경우에 준용한다(제78조 제6항).

**[판례]** 행정청이 관리처분계획을 인가하는 경우, 정비구역 내 토지등소유자의 명단과 관리처분계획상 분양대상자, 현금청산대상자 명단을 대조하여 현금청산대상자 중 누락된 사람이 있는지 확인할 의무가 있는지 여부(소극) 및 행정청이 현금청산대상자를 누락하는 등의 하자가 있는 관리처분계획을 그대로 인가한 경우, 누락된 현금청산대상자에 대하여 불법행위로 인한 손해배상책임을 지는지 여부(한정 소극): 관리처분계획 및 그에 대한 인가처분의 의의와 성질, 그 근거가 되는 구 도시 및 주거환경정비법(2005. 8. 4. 법률 제7678호로 개정되기 전의 것, 이하 '구 도시정비법'이라 한다)과 구 도시 및 주거환경정비법 시행령(2006. 6. 7. 대통령령 제19503호로 개정되기 전의 것, 이하 '구 도시정비법 시행령'이라 한다)의 관련 규정들에 비추어 보면, 행정청이 관리처분계획에 대한 인가 여부를 결정할 때에는 관리처분계획인가 신청서와 첨부서류를 기준으로 관리처분계획에 구 도시정비법 제48조 제1항, 구 도시정비법 시행령 제50조에 규정된 사항이 포함되어 있는지, 계획의 내용이 구 도시정비법 제48조 제2항의 기준에 부합하는지 등을 심사·확인하여 인가 여부를 결정하면 되고, 그 과정에서 행정청은 구 도시정비법 제75조 제2항, 제77조 제1항에서 정한 조치를 통하여 관리처분계획을 실질적으로 심사할 권한이 있으나, 더 나아가 행정청이 정비계획 수립 과정에서 미리 조사하거나 재개발조합으로부터 이미 제출받아 보유하고 있는 정비구역 내 토지등소유자의 명단과 관리처분계획상 분양대상자, 현금청산대상자 명단을 하나하나 대조하여 현금청산대상자 중 누락된 사람이 있는지를 확인할 의무까지 부담한다고 볼 수 없으며, 설령 현금청산대상자를 누락하는 등의 하자가 있는 관리처분계획을 그대로 인가하였다고 하더라도 그 하자의 존재를 관리처분계획 인가 신청서와 첨부서류에 대한 심사만으로 발견할 수 없는 경우라면 누락된 현금청산대상자에 대하여 불법행위로 인한 손해배상책임을 진다고 볼 수 없다(대판 2014. 03. 13, 2013다27220).

### (3) 관리처분계획의 내용

관리처분계획에는 다음의 사항을 정하여야 한다.

① 분양설계, ② 분양대상자의 주소 및 성명, ③ 분양대상자별 분양예정인 대지 또는 건축물의 추산액(임대관리 위탁주택에 관한 내용을 포함한다), ④ 보류지 등의 명세와 추산액 및 처분방법, ⑤ 분양대상자별 종전의 토지 또는 건축물 명세 및 사업시행계획인가 고시가 있은 날을 기준으로 한 가격(사업시행계획인가 전에 제81조 제3항에 따라 철거된 건축물은 시장·군수등에게 허가를 받은 날을 기준으로 한 가격), ⑥ 정비사업비의 추산액(재건축사업의 경우에는 「재건축초과이익 환수에 관한 법률」에 따른 재건축부담금에 관한 사항을 포함한다) 및 그에 따른 조합원 분담규모 및 분담시기, ⑦ 분양대상자의 종전 토지 또는 건축물에 관한 소유권 외의 권리명세, ⑧ 세입자별 손실보상을 위한 권리명세 및 그 평가액, ⑨ 그 밖에 정비사업과 관련한 권리 등에 대하여 대통령령이 정하는 사항(제74조 제1항).

**[판례]** 구 도시 및 주거환경정비법 제48조 제1항 제4호가 정한 '사업시행인가 고시일'의 의미(=최초 사업시행계획 인가 고시일) 및 최초 사업시행계획의 주요 부분을 실질적으로 변경하는 사업시행계획 변경인가가 있는 경우, 최초 사업시행계획 인가 고시일을 기준으로 평가한 종전자산가격을 기초로 수립된 관리처분계획이 구 도시 및 주거환경정비법 제48조 제2항 제1호에 위반되는지 여부(원칙적 소극): 구 도시 및 주거환경정비법(2012. 2. 1. 법률 제11293호로 개정되기 전의 것, 이하 '구 도시정비법'이라고 한다) 제48조 제1항 제4호, 제2항 제1호, 제5항 제1호, 제6항의 문언·취지·체계 등에 더하여, 구 도시정비법에 따른 재개발·재건축 등 정비사업은 정비구역 내의 토지등소유자가 종전자산을 출자하고 공사비 등을 투입하여 공동주택 등을 건설한 후 조합원에게 배분하고 남는 공동주택 등을 일반에게 분양하여 발생한 개발이익을 조합원들 사이의 출자 비율에 따라 나누어 가지는 사업으로서, 관리처분계획의 내용으로서의 분양대상자별 종전의 토지 또는 건축물의 명

세 및 사업시행인가의 고시가 있은 날을 기준으로 한 가격(사업시행인가 전에 제48조의2 제2항에 따라 철거된 건축물의 경우에는 시장·군수에게 허가받은 날을 기준으로 한 가격, 이하 '종전자산가격'이라고 한다) 평가는 조합원들 사이의 상대적 출자 비율을 정하기 위한 것인 점, 구 도시정비법 제48조 제1항 제4호가 원칙적으로 사업시행인가 고시일을 기준으로 종전자산가격을 평가하도록 하면서, 구 도시정비법 제48조의2 제2항에 따라 철거된 건축물은 시장·군수에게 허가받은 날을 기준으로 평가하도록 하고 있을 뿐, 사업시행계획이 변경된 경우 종전자산가격 평가를 새로 해야 한다는 내용의 규정을 두고 있지 않은 것은, 평가시점에 따라 종전자산가격이 달라질 경우 발생할 수 있는 분쟁을 방지하기 위하여 종전자산의 가격 평가시점을 획일적으로 정하기 위한 것인 점, 사업시행계획의 변경이 필연적으로 종전자산의 가격에 영향을 미쳐 평가를 변경인가 고시일을 기준으로 새로 해야 한다고 볼 수도 없는 점, 최초 사업시행계획의 주요 부분에 해당하는 공동주택의 면적, 세대 수 및 세대별 면적 등이 실질적으로 변경되어 최초 사업시행계획이 효력을 상실한다고 하더라도, 이는 사업시행계획 변경시점을 기준으로 최초 사업시행계획이 장래를 향하여 실효되었다는 의미일 뿐, 이전에 이루어진 종전자산가격 평가에 어떠한 영향을 미친다고 볼 수 없는 점 등에 비추어 보면, 비교적 장기간에 걸쳐서 진행되는 정비사업의 특성에 비추어 보더라도 구 도시정비법 제48조 제1항 제4호가 정한 '사업시행인가 고시일'이란 문언 그대로 '최초 사업시행계획 인가 고시일'을 의미한다. 따라서 최초 사업시행계획의 주요 부분을 실질적으로 변경하는 사업시행계획 변경인가가 있었더라도 특별한 사정이 없는 한 최초 사업시행계획 인가 고시일을 기준으로 평가한 종전자산가격을 기초로 수립된 관리처분계획이 종전자산의 면적·이용상황·환경 등을 종합적으로 고려하여 대지 또는 건축물이 균형있게 분양신청자에게 배분되도록 정한 구 도시정비법 제48조 제2항 제1호에 위반된다고 볼 수 없다(대판 2015. 11. 26, 2014두15528[관리처분총회결의무효확인]).

### (4) 관리처분계획의 성질과 효력

#### 1) 구속적 행정계획

관리처분계획은 환권처분의 기준을 제시하고 환권처분은 관리처분계획에 구속되어 행해진다. 따라서, 관리처분계획을 구속적 행정계획으로 볼 수 있다.

정비사업의 시행으로 조성된 대지 및 건축물은 관리처분계획에 따라 처분 또는 관리하여야 한다(제79조 제1항). 사업시행자는 정비사업의 시행으로 건설된 건축물을 제74조에 따라 인가받은 관리처분계획에 따라 토지등소유자에게 공급하여야 한다(제79조 제2항).

#### 2) 처      분

관리처분계획의 고시가 있는 때에는 아래에서와 같이 소유권자 등의 종전의 토지에 대한 재산권 행사가 제한되고, 환권처분을 구속하는 효력을 가지므로 관리처분계획은 항고소송의 대상이 되는 처분이라고 보아야 한다. 판례는 관리처분계획을 조합이 행한 처분으로 보고 있다(대판 전원합의체 1996. 02. 15, 94다31235). 따라서, 관리처분계획을 다투고자 하는 자는 조합을 피고로 하여야 한다.

[판례] 재건축조합이 행정주체의 지위에서 구 도시정비법 제48조에 따라 수립하는 관리처분계획은 정비사업의 시행 결과 조성되는 대지 또는 건축물의 권리귀속에 관한 사항과 조합원의 비용 분담

에 관한 사항 등을 정함으로써 조합원의 재산상 권리·의무 등에 구체적이고 직접적인 영향을 미치게 되므로, 이는 **구속적 행정계획**으로서 재건축조합이 행하는 독립된 **행정처분에 해당**한다(대판 2009. 09. 17, 2007다2428[총회결의무효확인]).

### 3) 관리처분계획에 대한 불복

관리처분계획은 처분이므로 항고소송의 대상이 된다.

**[판례]** [1] 조합의 분양거부처분 등에 대한 수분양권확인 소송의 가부(소극): 분양신청 후에 정하여진 관리처분계획의 내용에 관하여 다툼이 있는 경우에는 그 관리처분계획은 토지 등의 소유자에게 구체적이고 결정적인 영향을 미치는 것으로서 조합이 행한 처분에 해당하므로 항고소송에 의하여 관리처분계획 또는 그 내용인 분양거부처분 등의 취소를 구할 수 있으나, 설령 조합원의 자격이 인정된다 하더라도 분양신청을 하지 아니하거나 분양을 희망하지 아니할 때에는 금전으로 청산하게 되므로(같은 법 제44조), 대지 또는 건축시설에 대한 수분양권의 취득을 희망하는 토지 등의 소유자가 한 분양신청에 대하여 조합이 분양대상자가 아니라고 하여 관리처분계획에 의하여 이를 제외시키거나 원하는 내용의 분양대상자로 결정하지 아니한 경우, 토지 등의 소유자에게 원하는 내용의 구체적인 수분양권이 직접 발생한 것이라고는 볼 수 없어서 곧바로 조합을 상대로 하여 민사소송이나 공법상 당사자소송으로 수분양권의 확인을 구하는 것은 허용될 수 없다. [2] 대지 또는 건축시설에 대한 수분양권의 취득을 희망하는 토지 등의 소유자가 한 분양신청에 대하여 조합이 분양대상자가 아니라고 하여 관리처분계획에 의하여 이를 제외시키거나 원하는 내용의 분양대상자로 결정하지 아니한 경우에 토지 등의 소유자는 관리처분계획에 대한 항고소송을 제기할 수 있다. 그러나, 조합을 상대로 하여 민사소송이나 공법상 당사자소송으로 수분양권의 확인을 구하는 것은 허용될 수 없다. 그 이유는 조합원의 자격이 인정된다 하더라도 분양신청을 하지 아니하거나 분양을 희망하지 아니할 때에는 금전으로 청산하게 규정되어 있고, 관리처분계획만으로는 토지 등의 소유자에게 원하는 내용의 구체적인 수분양권이 직접 발생한 것이라고는 볼 수 없기 때문이다(대판 전원합의체 1996. 02. 15, 94다31235).

분양신청통지 절차의 하자가 중대·명백하여 관리처분계획 중 원고들을 현금청산자로 정한 부분을 무효라고 본 사례(대판 2023. 06. 29, 2022두56586)가 있다.

또한 판례는 구 도시재개발법에 의한 도시재개발사업에서 분양처분(도시정비법상 이전고시)이 일단 고시되어 효력을 발생하게 된 이후에는 그 전체의 절차를 처음부터 다시 밟지 아니하는 한 그 일부만을 따로 떼어 분양처분을 변경할 길이 없고 분양처분의 일부 변경을 위한 관리처분계획의 변경도 분양처분이 이루어지기 전에만 가능하므로, 분양처분이 효력을 발생한 이후에는 조합원은 관리처분계획의 변경 또는 분양거부처분의 취소를 구할 수 없고 조합으로서도 분양처분의 내용을 일부 변경하는 취지로 관리처분계획을 변경할 수 없으므로 분양처분이 고시되어 효력을 발생한 후에는 관리처분계획의 변경을 구할(사업관리처분계획변경인가신청반려처분의 취소를 구할) 소의 이익이 없다고 보고 있다(대판 1999. 10. 08, 97누12105).

[판례] ① [1] 도시 및 주거환경정비법상 이전고시가 효력을 발생한 이후에도 조합원 등이 관리처분계획의 취소 또는 무효확인을 구할 법률상 이익이 있는지 여부(소극): [다수의견] 이전고시의 효력 발생으로 이미 대다수 조합원 등에 대하여 획일적·일률적으로 처리된 권리귀속 관계를 모두 무효화하고 다시 처음부터 관리처분계획을 수립하여 이전고시 절차를 거치도록 하는 것은 정비사업의 공익적·단체법적 성격에 배치되므로, **이전고시가 효력을 발생하게 된 이후에는 조합원 등이 관리처분계획의 취소 또는 무효확인을 구할 법률상 이익이 없다**고 봄이 타당하고, 이는 관리처분계획에 대한 인가처분의 취소 또는 무효확인을 구하는 경우에도 마찬가지이다. [대법관 김능환, 대법관 이인복, 대법관 김용덕, 대법관 박보영의 별개의견] 관리처분계획의 무효확인이나 취소를 구하는 소송이 적법하게 제기되어 계속 중인 상태에서 이전고시가 효력을 발생하였다고 하더라도, 이전고시에서 정하고 있는 대지 또는 건축물의 소유권 이전에 관한 사항 외에 관리처분계획에서 정하고 있는 다른 사항들에 관하여서는 물론이고, 이전고시에서 정하고 있는 사항에 관하여서도 여전히 관리처분계획의 취소 또는 무효확인을 구할 법률상 이익이 있다고 보는 것이 이전고시의 기본적인 성격 및 효력에 들어맞을 뿐 아니라, 행정처분의 적법성을 확보하고 이해관계인의 권리·이익을 보호하려는 행정소송의 목적 달성 및 소송경제 등의 측면에서도 타당하며, 항고소송에서 소의 이익을 확대하고 있는 종전의 대법원판례에도 들어맞는 합리적인 해석이다. [2] **관리처분계획의 주요 부분을 실질적으로 변경하는 내용으로 새로운 관리처분계획을 수립하여 시장·군수의 인가를 받은 경우, 당초 관리처분계획은 효력을 상실하는지 여부(원칙적 적극):** 도시 및 주거환경정비법 관련 규정의 내용, 형식 및 취지 등에 비추어 보면, 당초 관리처분계획의 경미한 사항을 변경하는 경우와 달리 관리처분계획의 주요 부분을 실질적으로 변경하는 내용으로 새로운 관리처분계획을 수립하여 시장·군수의 인가를 받은 경우에는, 당초 관리처분계획은 달리 특별한 사정이 없는 한 효력을 상실한다(대판 전원합의체 2012. 03. 22, 2011두6400).

② **이전고시가 효력을 발생한 후 조합설립인가처분을 다툴 소의 이익이 있는지 여부(원칙적 소극):** 정비사업의 공익적·단체법적 성격과 이전고시에 따라 이미 형성된 법률관계를 유지하여 법적 안정성을 보호할 필요성이 현저한 점 등을 고려할 때, 조합설립인가처분의 취소나 무효확인 판결이 확정되기 전에 이전고시의 효력이 발생하였다면 더 이상 정비사업 결과를 원상으로 되돌리는 것은 허용될 수 없으므로 **이전고시의 효력이 발생한 후에는 원칙적으로 조합설립인가처분의 취소 또는 무효확인을 구할 법률상 이익이 없다**고 해석함이 타당하다. 한편 청산금 부과처분은 확정된 관리처분계획의 일부 내용에 대한 집행이라는 성격을 가지는 것이므로, 이전고시의 효력이 발생한 후 정비사업조합이 청산금 부과처분을 할 수 있다고 하여 달리 해석하기 어렵다(대판 2014. 09. 25, 2011두20680[대흥1구역주택재개발사업조합설립인가처분취소 등]).

관리처분계획 인가의 고시가 있은 때에는 종전의 토지 또는 건축물의 소유자·지상권자·전세권자·임차권자 등 권리자는 제86조에 따른 이전고시가 있는 날까지 종전의 토지 또는 건축물을 사용하거나 수익할 수 없다. 다만, 사업시행자의 동의를 받은 경우 또는 「공익사업을 위한 토지 등의 취득 및 보상에 관한 법률」에 따른 손실보상이 완료되지 아니한 경우에는 그러하지 아니하다(제81조 제1항).

[판례] ① [주택재개발 사업시행자가 세입자를 상대로 부동산 인도를 구하는 사건] (1) 사업시행자가 현금청산대상자나 세입자에 대해서 종전의 토지나 건축물의 인도를 구하려면 관리처분계획의 인가·고시만으로는 부족하고 구 도시정비법 제49조 제6항 단서에서 정한 토지보상법에 따른 손

실보상이 완료되어야 한다(대법원 2021. 6. 30. 선고 2019다207813 판결 등 참조). (2) 재결신청에 포함되어 심리·판단된 영업보상 항목에 관하여 수용재결에서 정한 손실보상금을 수용개시일까지 모두 지급하거나 공탁하였다면 이로써 토지보상법에 따른 영업보상 관련 손실보상은 완료되었다고 보아야 하므로, 사업시행자의 부동산 인도청구에 대하여 세입자 등은 영업손실보상금 일부 미지급을 이유로 이를 거절할 수는 없다 할 것이다(대법원 2021. 6. 30.선고 2019다207813 판결 참조). (3) 사업시행자가 신청한 영업보상 항목에 대한 수용재결에서 휴업기간 중 영업이익 보상은 배척하고 이전비만을 인정한 경우, 사업시행자가 수용재결에서 정한 이전비를 공탁하면 도시 및 주거환경정비법에 정한 '손실보상 완료'로 볼 수 있다(대판 2021. 11. 11, 2020다217083).

② [주택재개발정비사업 구역 내 토지나 건축물을 점유하고 있는 현금청산대상자나 임차인이 사업시행자에게 수용개시일까지 토지 등을 인도할 의무가 있는지 여부와 그 의무 위반으로 인한 형사책임] (1) 사업시행자가 현금청산대상자나 세입자에 대해서 종전의 토지나 건축물의 인도를 구하려면 관리처분계획의 인가·고시만으로는 부족하고 구 도시정비법 제49조 제6항 단서에서 정한 토지보상법에 따른 손실보상이 완료되어야 한다. (2) 구 「도시 및 주거환경정비법」(이하 '구 도시정비법'이라 한다) 제49조 제6항 단서의 내용, 그 개정경위와 입법취지, 구 도시정비법과 토지보상법의 관련 규정의 체계와 내용을 종합하면, 토지보상법 제78조 등에서 정한 주거이전비, 이주정착금, 이사비(이하 '주거이전비 등'이라 한다) 등도 구 도시정비법 제49조 제6항 단서에서 정하는 '토지보상법에 따른 손실보상'에 해당한다. 따라서 주택재개발사업의 사업시행자가 공사에 착수하기 위하여 현금청산대상자나 임차인 등으로부터 정비구역 내 토지 또는 건축물을 인도받기 위해서는 협의나 재결절차 등에서 결정되는 주거이전비 등을 지급할 것이 요구된다. 만일 사업시행자와 현금청산대상자나 세입자 사이에 주거이전비 등에 관한 협의가 성립된다면 사업시행자의 주거이전비 등 지급의무와 현금청산대상자나 세입자의 부동산 인도의무는 동시이행의 관계에 있게 되고, 재결절차 등에 의할 때에는 주거이전비 등의 지급절차가 부동산 인도에 선행되어야 한다. 사업시행자가 수용재결에서 정한 토지나 지장물 등 보상금을 지급하거나 공탁한 것만으로 토지보상법에 따른 손실보상이 완료되었다고 보기 어렵다(대법원 2021. 6. 30. 선고 2019다207813 판결 참조). 〈해설〉 협의나 재결절차 등에 의하여 결정된 주거이전비 등을 지급하여야 구 도시정비법 제49조 제6항 단서의 손실보상이 완료되었다고 할 수 있다. (3) 사업시행자가 수용재결에 따른 보상금을 지급하거나 공탁하고 토지보상법 제43조에 따라 부동산의 인도를 청구하는 경우 현금청산대상자나 임차인 등이 주거이전비 등을 보상받기 전에는 특별한 사정이 없는 한 구 도시정비법 제49조 제6항 단서에 따라 주거이전비 등의 미지급을 이유로 부동산의 인도를 거절할 수 있다. 따라서 이러한 경우 현금청산대상자나 임차인 등이 수용개시일까지 수용대상 부동산을 인도하지 않았다고 해서 토지보상법 제43조, 제95조의2 제2호 위반죄로 처벌해서는 안 된다. 〈해설〉 사업시행자의 주거이전비 등 지급의무와 현금청산대상자나 세입자의 부동산 인도의무는 동시이행의 관계에 있다. (4) 주택재개발조합인 원고가 사업구역 내 부동산의 소유자이자 현금청산대상자인 피고에 대해서 관리처분계획 인가고시 후 부동산의 인도를 구하는 사건에서, 주택재개발조합이 현금청산대상자를 상대로 부동산의 인도를 구하려면, 이주정착금, 주거이전비, 이사비에 대한 지급절차가 이행되어야 함을 전제로, 원심이 피고에 대한 이주정착금, 주거이전비, 이사비 등의 지급절차가 이행되었는지 심리·판단하지 않은 채, 원고가 수용재결절차에서정해진 토지와 건축물에 대한 손실보상금을 공탁하였다는 사정만을 근거로 피고의 원고에 대한 부동산인도의무를 인정한 것은 잘못이라고 보아 원심을 파기환송한 사례(대판 2021. 06. 30, 2019다207813; 대판 2021. 07. 29, 2019도13010). 〈해설〉 이 판결은 주택재개발 사업시행자가 현금청산대상자나 세입자에게 부동산인도를 구하기 위해서는 토지나 건축물에 대한 손실보상금뿐만 아니라 이주정착금, 주거이전비, 이사비에 대한 지급절차도

이행되어야 한다고 판시한 최초 판결이다. 이 판결을 통해 주거이전비 등의 지급대상에 해당함에도 이를 지급받지못한 현금청산대상자나 세입자는 사업시행자의 부동산 인도청구에 대해 "주거이전비 등"을 지급받지 못하였다는 사유를 들어 인도를 거절할 수 있게 되었다.

③ [1] 도시환경정비사업의 사업시행자에게 구 도시 및 주거환경정비법 제49조 제6항 본문에 따라 사용·수익권을 제한받는 임차인의 손실을, 구 공익사업을 위한 토지 등의 취득 및 보상에 관한 법률을 유추적용하여 해당 요건이 충족되는 경우에 보상할 의무가 있는지 여부(적극): 구 도시 및 주거환경정비법(2009. 5. 27. 법률 제9729호로 개정되기 전의 것. 이하 '도시정비법') 규정에 따라 관리처분계획의 인가·고시가 있으면 목적물에 대한 종전 소유자 등의 사용·수익이 정지되므로 사업시행자는 목적물에 대한 별도의 수용 또는 사용의 절차 없이 이를 사용·수익할 수 있게 되는 반면, 임차인은 도시정비법 제49조 제6항 본문에 의하여 자신의 의사에 의하지 아니하고 임차물을 사용·수익할 권능을 제한받게 되는 손실을 입는다. 그렇다면 사업시행자는 도시정비법 제49조 제6항 본문에 의하여 사용·수익권을 제한받는 임차인에게 구 공익사업을 위한 토지 등의 취득 및 보상에 관한 법률을 유추적용하여(도시정비법 제40조 제1항도 참조) 그 해당 요건이 충족되는 경우라면 손실을 보상할 의무가 있다고 봄이 타당하다. [2] 도시환경정비사업의 사업시행자가 구 도시 및 주거환경정비법 제49조 제6항에 따라 임차인에게서 정비구역 내 부동산을 인도받기 위하여 거쳐야 할 절차: 구 도시 및 주거환경정비법(2009. 5. 27. 법률 제9729호로 개정되기 전의 것) 제49조 제6항 본문, 사전보상의 원칙을 규정한 구 공익사업을 위한 토지 등의 취득 및 보상에 관한 법률(2011. 8. 4. 법률 제11017호로 개정되기 전의 것) 제62조를 비롯한 관계 규정들을 종합하여 보면, 도시환경정비사업의 사업시행자가 공사에 착수하기 위하여 임차인으로부터 정비구역 내 토지 또는 건축물을 인도받기 위하여는 관리처분계획이 인가·고시된 것만으로는 부족하고 협의 또는 재결절차에 의하여 결정되는 영업손실보상금 등을 지급할 것이 요구된다고 보는 것이 국민의 재산권을 보장하는 헌법에 합치하는 해석이라고 할 것이다. 만일 사업시행자와 임차인 사이에 보상금에 관한 협의가 성립된다면 조합의 보상금 지급의무와 임차인의 부동산 인도의무는 동시이행의 관계에 있게 되고, 재결절차에 의할 때에는 부동산 인도에 앞서 영업손실보상금 등의 지급절차가 선행되어야 할 것이다. [3] 도시환경정비사업에 동의하여 분양신청을 함으로써 정비사업에 참여한 '토지 등 소유자'에게 구 공익사업을 위한 토지 등의 취득 및 보상에 관한 법률에 규정된 주거이전비 청구권이 발생하는지 여부(소극): 구 공익사업을 위한 토지 등의 취득 및 보상에 관한 법률 제78조 제5항 및 공익사업을 위한 토지 등의 취득 및 보상에 관한 법률 시행규칙 제54조 제1항 본문은 공익사업시행지구에 편입되는 주거용 건축물의 소유자에 대하여도 주거이전비를 보상하도록 규정하고 있다. 그러나 도시환경정비사업에서 정비사업에 동의하여 분양신청을 함으로써 정비사업에 참여한 '토지 등 소유자'는 자신의 토지 또는 건축물을 정비사업에 제공하는 대신 정비사업의 시행으로 완공되는 건축물을 분양받고 종전에 소유하고 있던 토지 또는 건축물의 가격과 분양받은 토지 또는 건축물의 가격 사이에 차이가 있는 경우 이를 청산할 의무가 있는 사람으로서 사업시행자에 준하는 지위를 가지고 있다고 할 것이다. 따라서 이러한 토지 등 소유자에게는 공익사업법에 규정된 주거이전비 청구권이 발생하지 아니한다고 봄이 상당하다(대판 2011. 11. 24, 2009다28394[건물명도]).

④ (1) 관리처분계획의 인가·고시가 있은 후 사업시행자가 토지보상법에 따른 손실보상의 완료를 주장하며 현금청산대상자에 대하여 민사소송으로서 종전의 토지나 건축물에 관한 인도청구의 소를 제기하고, 그 소송에서 현금청산대상자가 재결절차에서 주거이전비 등을 보상받지 못하였음을 이유로 인도를 거절한다고 선이행 항변하는 사건을 심리하는 민사법원은, 위 항변의 당부를 판단하기 위한 전제로 현금청산대상자가 토지보상법 제78조, 같은 법 시행령 제40, 41조, 같은 법 시행규칙 제53 내지 55조 등이 정한 요건을 충족하여 주거이전비 등의 지급대상에 해당하는지 여부를

심리·판단하여야 하고, 주거이전비 등의 지급대상인 경우 주거이전비등의 지급절차가 선행되었는지 등을 심리하여야 한다. (2) 주거이전비 보상청구권은 공법상의 권리로서 그 보상을 구하는 소송은 행정소송법상 당사자소송에 의하여야 하고, 소유자의 주거이전비 보상에 관하여 재결이 이루어진 다음 소유자가 다투는 경우에는 토지보상법 제85조에 규정된 행정소송을 제기하여야 한다(대법원 2019. 4. 23. 선고 2018두55326 판결 등 참조). 그러므로 위와 같이 사업시행자가 현금청산대상자를 상대로 종전의 토지나 건축물의 인도를 구하는 민사소송에서 법원이 직접 주거이전비 등의 지급을 명하거나 주거이전비 등의 보상에 관한 재결에 대한 다툼을 심리·판단할 수는 없다. (3) 만일 협의나 재결절차 등에 따라 「공익사업을 위한 토지 등의 취득 및 보상에 관한 법률」(이하 '토지보상법'이라 한다) 제78조 등에서 정한 주거이전비, 이주정착금, 이사비(이하 '주거이전비 등'이라 한다)의 지급절차가 이루어지지 않았다면 주거이전비등의 미지급을 이유로 인도를 거절할 수 있고(대법원 2021. 6. 30. 선고 2019다207813 판결 참조), 관리처분계획의 인가·고시가 있더라도 분양신청을 하지 않거나 철회하여 현금청산대상자가 된 자는 종전의 토지나 건축물을 사용·수익할 수 있다. 그러므로 주거이전비 등을 지급할 의무가 있는 주택재개발정비사업의 시행자가 종전 토지나 건축물을 사용·수익하고 있는 현금청산대상자를 상대로 부당이득반환을 청구하는 것은 허용되지 않는다(대판 2021. 07. 29, 2019다300477; 대판 2021. 07. 29, 2019다300484). 비록 수용재결에서 정해진 손실보상금이 공탁되었다고 하더라도 주거이전비 등이 미지급된 이상 현금청산대상자는 부동산의 인도를 거절할 수 있고, 그 사용·수익에 대한 반환의무도 부담하지 않는다(대판 2021. 08. 26, 2019다257474). 〈해설〉 이 사건에서 대법원은 위 2019다207813 판결의 법리를 적용하여 주거이전비 등의 지급이 선행되지 않아도 인도의무 있다고 본 원심판결 부분을 파기환송하면서, 환송 후 원심이 구체적으로 어떤 사항을 심리하여 어떻게 판단하여야 하는지, 특히 어떠한 부분이 민사소송에서 심리되어야 하는지, 행정소송에 의해 심리·판단되어야 할 부분과의 차이는 무엇인지 등에 대해 구체적으로 설시하였다.

⑤ 사업시행자가 협의나 재결절차를 거치지 않더라도 주거이전비 등을 지급하였거나 공탁하였다는 사정을 인정할 수 있는 경우, 주거이전비 등의 지급절차가 선행되었다고 보아 사업시행자의 토지나 건축물에 관한 인도청구를 인정할 수 있다(대판 2022. 06. 30, 2021다310088, 310095).

⑥ [토지보상법에 따른 지장물 보상을 한 사업시행자가 현금청산대상자에 대하여 이전대상 건물 및 토지의 점유로 인한 부당이득반환을 구하는 사건] [1] 만일 협의나 재결절차 등에 따라 주거이전비 등의 지급절차가 이루어지지 않았다면, 관리처분계획의 인가·고시가 있더라도 종전의 토지 또는 건축물의 소유자·임차권자 등 권리자는 종전의 토지나 건축물을 사용·수익할 수 있다. 위와 같이 주거이전비 등을 지급할 의무가 있는 사업시행자가 종전 토지나 건축물을 사용·수익하고 있는 현금청산대상자를 상대로 불법점유로 인한 손해배상을 청구하는 것은 허용되지 않는다. [2] '도시 및 주거환경정비법'에 따른 정비사업의 시행자가 지장물에 관하여 '공익사업을 위한 토지 등의 취득 및 보상에 관한 법률' 제75조 제1항 단서 제1호 또는 제2호에 따라 지장물의 가격으로 보상한 경우, 특별한 사정이 없는 한 지장물의 소유자는 같은 법 제43조에 따라 사업시행자에게 지장물을 인도할 의무가 있다. [3] 甲 주택재개발정비사업조합이 시행하는 정비사업을 위하여 지방토지수용위원회가 乙 등이 소유하는 토지를 수용하고 지장물로 분류된 그 지상 건물을 이전하는 내용의 수용재결을 함에 따라, 甲 조합이 乙 등을 피공탁자로 하여 수용재결에 따른 손실보상금을 공탁한 다음, 위 토지 및 건물에 관하여 수용을 원인으로 하는 소유권이전등기를 마쳤는데, 수용재결 전 乙 등으로부터 위 건물의 각 층을 임차한 丙 등 임차인들이 수용개시일 이후에도 임차부분을 더 점유 사용하다가 퇴거하자, 甲 조합이 수용을 통해 소유권을 취득한 후에도 乙 등이 위 토지와 건물을 불법점유하였다며 乙 등을 상대로 차임 상당의 손해배상을 구한 사안에서, 위 건물은 지장물 보상

대상으로 분류되어 이전할 대상이 되었을 뿐 소유권이 여전히 乙 등에게 있고, 설령 甲 조합이 위 건물을 수용으로 원시취득하였다고 보더라도 乙 등은 수용개시일 이후에도 임차인들을 통해 위 건물을 간접점유하고 있었다고 볼 수 있으므로, 결국 乙 등은 甲 조합이 토지를 수용한 이후에도 건물의 소유를 위하여 대지인 토지를 권원 없이 점유하고 있었고, 손실보상 이후 위 토지 외에 지장물인 건물을 甲 조합에 인도할 의무도 있었으므로, 임차인들에게 임대보증금을 반환하면서 적시 인도를 위해 노력했다는 등의 특별한 사정이 없는 한, 乙 등은 甲 조합에 인도하지 않은 토지의 차임 상당액 등의 손해를 배상할 의무가 있다고 볼 수 있는데도, 이와 달리 보아 甲 조합의 청구를 배척한 원심판단에 법리오해 등의 잘못이 있다고 한 사례(대판 2023. 08. 18, 2021다249810).

정비사업의 대상이 된 토지 또는 건축물에 대한 소유권 등의 존부 및 그 귀속에 관한 개인 상호간의 분쟁은 민사소송의 대상이 된다.

### 4. 환권처분(관리처분)

#### (1) 환권처분의 의의 및 성질

환권처분(換權處分)이라 함은 환권계획에 따라 권리의 변환을 행하는 것을 말한다. 도시정비법상 환권처분은 이전고시 및 청산에 의해 행하여진다.

환권처분은 권리의 변환을 가져오는 형성적 행정행위이다.

**[판례]** 구 도시재개발법에 의한 재개발사업에 있어서의 분양처분은 "재개발구역 안의 종전의 토지 또는 건축물에 대하여 재개발사업에 의하여 조성되거나 축조되는 대지 또는 건축 시설의 위치 및 범위 등을 정하고 그 가격의 차액에 상당하는 금액을 청산하거나, 대지 또는 건축시설을 정하지 않고 금전으로 청산하는 공법상 처분"이다(대판 1995. 06. 30, 95다10570).

#### (2) 이전고시

##### 1) 이전고시의 의의

이전고시(移轉告示)는 준공인가의 고시로 사업시행이 완료된 이후에 관리처분계획에서 정한 바에 따라 종전의 토지 또는 건축물에 대하여 정비사업으로 조성된 대지 또는 건축물의 위치 및 범위 등을 정하여 소유권을 분양받을 자에게 이전하고 가격의 차액에 상당하는 금액을 청산하거나 대지 또는 건축물을 정하지 않고 금전적으로 청산하는 **공법상 처분**이다(대판 2016. 12. 29, 2013다73551).

##### 2) 이전고시 등 절차

사업시행자는 제83조 제3항 또는 제4항에 따른 준공인가고시 또는 공사완료고시가 있은 때에는 지체 없이 대지확정측량을 하고 토지의 분할절차를 거쳐 관리처분계획에서 정한 사항을 분양을 받을 자에게 통지하고 대지 또는 건축물의 소유권을 이전하여야 한다. 다만, 정비사업의 효율적인 추진을 위하여 필요한 경우에는 해당 정비사업에 관한 공사가 전부 완료되기 전이라도 완공된 부분은 준공인가를 받아 대지 또는 건축물별로 분양받을 자에게 소유권을 이전할 수 있다(제86조 제1항).

사업시행자는 제1항에 따라 대지 및 건축물의 소유권을 이전하려는 때에는 그 내용을 해당 지방자치단체의 공보에 고시한 후 시장·군수등에게 보고하여야 한다(제86조 제2항).

### 3) 이전고시의 효과

이전고시로 공용환권이 행해진다. 즉, 이전고시로 관리처분계획에 따른 권리변동이 발생한다(대판 2020. 05. 28, 2016다233729). 대지 또는 건축물을 분양받을 자는 대지 및 건축물의 소유권 이전의 내용이 사업시행자에 의해 해당 지방자치단체의 공보에 고시된 날의 다음 날에 종전의 소유권을 상실하고, 그 대지 또는 건축물에 대한 소유권을 취득한다(제86조 제2항). 전소유권과 후소유권 사이에는 동일성이 유지된다.

[판례] ① 관리처분계획 인가와 이에 따른 분양처분고시 또는 이전고시 등의 절차 없이 조합원에게 분양된 '신 주택이나 대지'와 '구 주택이나 대지' 간에 동일성이 유지되는지 여부(소극): 재건축조합이 …… 도시 및 주거환경정비법상의 관리처분계획 인가 및 이에 따른 이전고시 등의 절차를 거쳐 신 주택이나 대지를 조합원에게 분양한 경우에는, 구(舊) 주택이나 대지에 관한 권리가 권리자의 의사에 관계없이 신 주택이나 대지에 관한 권리로 강제적으로 교환·변경되어 공용환권된 것으로 볼 수 있다. 그렇지만 이러한 관리처분계획 인가 및 이에 따른 분양처분의 고시 내지 이전고시 등의 절차를 거치지 아니한 채 조합원에게 신 주택이나 대지가 분양된 경우에는, 당해 조합원은 조합규약 내지 분양계약에 의하여 구 주택이나 대지와는 다른 신 주택이나 대지에 관한 소유권을 취득한 것에 불과할 뿐 이를 가리켜 구 주택이나 대지에 관한 소유권이 신 주택이나 대지에 관한 소유권으로 강제적으로 교환·변경되어 공용환권된 것으로 볼 수는 없으므로 양자 간에 그 동일성이 유지된다고 할 수 없다(대판 2009. 06. 23, 2008다1132[소유권이전등기]; 대판 2020. 09. 03, 2019다272343).
② 관리처분계획의 수립이나 분양처분의 고시 없이 재개발사업이 종료된 경우 토지소유권 취득 여부(소극): 구 도시재개발법에 따라 재개발구역 안의 토지 등의 소유자가 재개발사업의 시행결과 조성된 대지에 관한 소유권을 취득하는지 여부는 관리처분계획에 따른 분양처분에 의하여 정하여지는 것이므로, 비록 구 도시재개발법 제48조 제3항의 규정에 의한 재개발공사완료 공고가 있었다고 하더라도 재개발사업 시행자의 관리처분계획의 수립 및 분양처분이 없었다면 재개발구역 안의 토지 등의 소유자가 재개발사업의 시행결과 새로 조성된 대지에 관한 소유권을 취득하지 못한다(대판 2006. 04. 27, 2004다38150).
③ 이전고시의 효력 등에 관하여는 도시정비법 관련 규정에 의하여 준용되는 도시개발법에 따른 환지처분의 효력과 궤를 같이하여 새겨야 함이 원칙이다(대판 전원합의체 2012. 03. 22, 2011두6400).

대지 또는 건축물을 분양받을 자에게 제86조 제2항에 따라 소유권을 이전한 경우 종전의 토지 또는 건축물에 설정된 지상권·전세권·저당권·임차권·가등기담보권·가압류 등 등기된 권리 및 주택임대차보호법 제3조 제1항의 요건을 갖춘 임차권은 소유권을 이전받은 대지 또는 건축물에 설정된 것으로 본다(제87조 제1항).

제1항에 따라 취득하는 대지 또는 건축물 중 토지등소유자에게 분양하는 대지

또는 건축물은 「도시개발법」 제40조에 따라 행하여진 환지로 본다(제87조 제2항). 제
79조 제4항에 따른 보류지와 일반에게 분양하는 대지 또는 건축물은 「도시개발법」
제34조에 따른 보류지 또는 체비지로 본다(제87조 제3항).

**[판례]** ① [1] 도시개발법 제32조에서 정한 입체환지의 의미 / 도시 및 주거환경정비법상 토지 등
소유자가 분양받은 대지 또는 건축물에 관하여 도시개발법상 입체환지에 관한 규정이 준용되는지
여부(원칙적 적극): 도시개발법 제32조에서 규정하는 **입체환지**는 시행자가 도시개발사업을 원활히
시행하기 위하여 환지의 목적인 토지에 갈음하여 토지 또는 건축물 소유자의 신청을 받아 건축물
의 일부와 건축물이 있는 토지의 공유지분을 부여하는 것을 말하는데, 도시 및 주거환경정비법(이
하 '도시정비법'이라 한다)상 이전고시는 종전 부동산과 새로운 부동산 사이에 형태상 일치가 존재
하지 않는 점, 새로 취득하는 부동산이 건물과 부지의 지분이라는 점, 그리고 그것이 토지 등 소유
자의 신청에 기초한다는 점에서 도시개발법상 입체환지와 유사하므로, 도시정비법상 **토지 등 소유
자가 분양받은 대지 또는 건축물에 관하여는 도시정비법에서 특별히 규정하는 내용을 제외하고는
원칙적으로 도시개발법상 환지에 관한 법리, 그중에서도 특히 입체환지에 관한 규정이 준용될 수
있다.** [2] 도시 및 주거환경정비법상 정비구역에 포함된 종전의 여러 토지 또는 건축물에 대하여
정비사업으로 조성된 하나의 대지 또는 건축물의 소유권을 분양받을 자에게 이전할 때 종전의 여
러 토지 또는 건축물 중 일부에 근저당권이 설정되어 있는 경우, 소유권이 이전되는 대지 또는 건
축물에 설정된 것으로 보게 되는 근저당권의 목적물 범위(=근저당권이 설정되어 있던 종전의 토지
또는 건축물의 지분): 도시 및 주거환경정비법(이하 '도시정비법'이라 한다)상 이전고시의 법적 성격
및 도시정비법 제54조 제2항, 제55조, 도시개발법 제32조, 환지등기절차 등에 관한 업무처리지침
(대법원 등기예규 제1430호) 제6의 가.항을 종합하면, 도시정비법상 정비구역에 포함된 종전의 여
러 토지 또는 건축물에 대하여 정비사업으로 조성된 하나의 대지 또는 건축물의 소유권을 분양받
을 자에게 이전할 때 종전의 여러 토지 또는 건축물 중 일부의 토지 또는 건축물에 근저당권이 설
정되어 있는 경우에는 환지등기절차 등에 관한 업무처리지침상 합필환지의 규정을 준용하여, 도시
정비법 제55조 제1항에 의하여 소유권이 이전되는 대지 또는 건축물에 설정된 것으로 보게 되는
근저당권의 목적물 범위는 대지 또는 건축물 중 근저당권이 설정되어 있던 종전의 토지 또는 건축
물의 지분에 한정된다(대판 2016. 12. 29, 2013다73551).
② [주택재개발사업으로 신설된 체비지에 관하여, 사업구역 내 조합 소유 토지에 대한 경매절차에
서 이전고시 후 매각대금을 납부한 매수인 명의로 지분소유권이전등기가 이루어지자, 체비지 양수
인이 등기말소를 구하는 사건] [1] 주택재개발사업에서 시행자가 사업에 필요한 경비에 충당하거나
규약·정관·시행규정 또는 사업시행계획으로 정한 목적을 위하여 관리처분계획에서 조합원 외의
자에게 분양하는 새로운 소유지적의 체비지를 창설하고 이를 이전고시 전에 이미 매도한 경우, 당해
체비지는 사업시행자가 이전고시가 있은 날의 다음 날에 소유권을 원시적으로 취득하고 당해 체비
지를 매수한 자는 소유권이전등기를 마친 때에 소유권을 취득하게 된다. [2] 주택재개발사업시행자
인 조합이 사업에 필요한 경비에 충당하기 위하여 최초 사업시행계획에서부터 원고 학교법인이 운
영하는 학교 정문부지 위치의 토지를 1필지로 정비하여 양도하기로 설계하고 같은 내용의 관리처분
계획을 작성하여 인가받은 다음 이전고시 후 자신의 명의로 소유권보존등기를 한 후 원고 학교법
인에 소유권이전등기를 마쳐 주었는데, 위 토지의 종전 지번에 관하여 진행된 경매절차에서 이전고
시 후 매각대금을 납부한 피고(선정당사자)가 변경등기촉탁신청을 하여 법원이 이를 인용함으로써
원고 학교법인의 소유권 중 일부 지분이 피고(선정당사자)에게 이전되자, 원고 학교법인이 피고(선
정당사자) 및 나머지 선정자들을 상대로 지분이전등기 또는 근저당권설정등기의 말소를 구한 사안

에서, 원고 학교법인이 취득한 토지는 주택재개발사업으로 소유지적이 새로이 창설됨으로써 이에 상응하는 종전 토지의 관념이 있을 수 없는 진정 체비지에 해당하므로 단순히 물리적으로 동일한 위치의 종전 지번에 불과한 경매목적물에 관한 권리제한이 원고 학교법인이 취득한 토지로 이전된다고 볼 수 없다고 보아, 이와 달리 본 원심판단을 파기한 사례(대판 2020. 05. 28, 2016다233729).

주택재건축사업에서 조합원이 분양신청을 하지 않거나 분양계약을 체결하지 않음으로써 청산금 지급 대상이 되는 대지 · 건축물의 경우에는, 특별한 사정이 없는 한 그에 관하여 설정되어 있던 기존의 권리제한은 이전고시로 소멸하게 된다. 이처럼 이전고시로 저당권이나 가압류와 같은 권리제한이 소멸하게 되는 이상, 이전고시 이후 사업시행자로서는 권리제한등기 말소의무를 이유로 한 동시이행 항변권을 행사할 수 없게 된다(대판 2018. 09. 28, 2016다246800).

[판례] (1) 조합원이 분양신청을 하지 않거나 분양계약을 체결하지 않아 보류지 또는 일반분양분이 되는 대지 · 건축물에 관하여는 도시개발법상 보류지 또는 체비지에 관한 법리가 적용될 수 있다. (2) 재개발사업에서 시행자가 사업에 필요한 경비에 충당하거나 규약 · 정관 · 시행규정 또는 사업시행계획으로 정한 목적을 위하여 관리처분계획에서 조합원 외의 자에게 분양하는 새로운 소유지적의 체비지를 창설하고 이를 이전고시 전에 이미 매도한 경우, 해당 체비지는 사업시행자가 이전고시가 있은 날의 다음 날에 소유권을 원시적으로 취득하고 해당 체비지를 매수한 자는 소유권이전등기를 마친 때에 소유권을 취득하게 된다(대판 2020. 05. 28, 2016다233729).

### 4) 이전고시에 대한 불복
**가. 이전고시의 처분성**　　　이전고시는 행정처분이므로 이전고시에 대해 항고소송의 제기가 가능하다.

**나. 이전고시의 취소 또는 무효확인소송의 가능성**

이전고시가 효력을 발생한 후에는 정비사업의 공익적 · 단체법적 성격과 이전고시에 따라 형성된 법률관계에 대한 법적 안정성을 보장할 필요를 고려하여 이전고시의 취소 또는 무효확인소송을 인정하지 않는 것이 판례의 입장이다.

[판례] 정비사업의 공익적 · 단체법적 성격과 이전고시에 따라 이미 형성된 법률관계를 유지하여 법적 안정성을 보호할 필요성이 현저한 점 등을 고려할 때, 이전고시의 효력 발생으로 대다수 조합원 등에 대하여 권리귀속 관계가 획일적 · 일률적으로 처리되는 이상 그 후 일부 내용만을 분리하여 변경할 수 없고, 그렇다고 하여 전체 이전고시를 모두 무효화시켜 처음부터 다시 관리처분계획을 수립하여 이전고시 절차를 거치도록 하는 것도 정비사업의 공익적 · 단체법적 성격에 배치되어 허용될 수 없다. 그리고 이전고시의 효력이 발생한 이후에는 조합원 등이 해당 정비사업을 위하여 이루어진 수용재결이나 이의재결의 취소 또는 무효확인을 구할 법률상 이익이 없다고 해석함이 타당하다(대판 2017. 03. 16, 2013두11536). 〈해설〉 이전고시의 취소 또는 무효확인소송은 부적법하여 각하 판결되어야 한다는 것이 판례의 입장인데, 어느 소송요건이 결여된 것으로 보아야 하는지는 명시하고 있지 않다. 생각건대, 이전고시는 공용환권의 효력을 발생하므로 이전고시의 효력이 소멸되

면 다수 조합원의 공용환권의 효력을 소멸시키는 것이 되어 원고이외의 이전고시의 다수 상대방의 기득의 지위를 박탈하는 것이 되므로 법치주의원칙의 하나인 법적 안정성을 침해하는 것이고, 비례원칙에 반하는 것이 될 수도 있다. 그러므로 이전고시의 취소나 무효확인을 구할 소의 이익이 없는 것으로 보는 것이 타당하다. 그러나, 분양처분(현행법상 이전고시)의 효력발생 후에는 분양거부처분의 취소 또는 분양처분의 일부 취소를 절대적으로 인정하지 않는 견해에는 의문이 든다. 생각건대, 분양처분(이전고시)의 일부취소의 대상이 가분적인 경우에는 일부취소가 인정될 수 있다고 보아야 하고, 분양처분의 일부취소가 나머지 분양처분의 변경을 가져오게 되는 경우와 같이 분양처분이 불가분적인 경우에는 전부취소 또는 사정판결을 하는 것이 타당하다. 그리고, 이전고시의 효력을 소멸시켜서 이전고시를 변경하더라도 그것이 법적 안정성이나 비례의 원칙에 위반되지 않는 경우에는 이전고시에 대한 취소 또는 무효확인소송의 소의 이익이 있다고 보아야 할 것이다.

**다. 소유권 귀속의 다툼**   판례는 구 도시재개발법상의 분양처분은 대인적 처분이 아닌 대물적 처분이라 할 것이므로, 재개발사업 시행자가 소유자를 오인하여 종전의 토지 또는 건축물의 소유자가 아닌 다른 사람에게 분양처분을 한 경우 그러한 분양처분이 있었다고 하여 그 다른 사람이 권리를 취득하게 되는 것은 아니며, 종전의 토지 또는 건축물의 진정한 소유자가 분양된 대지 또는 건축시설의 소유권을 취득하고 이를 행사할 수 있다고 보고 있다(대판 1995. 06. 30, 95다10570). 따라서, 소유권 등의 귀속을 다투는 경우에는 분양처분을 다툴 수는 없고, 오인된 소유자 개인을 상대로 등기말소나 이전등기를 구하는 민사소송을 제기하여야 한다.

## 5. 청    산

대지 또는 건축물을 분양받은 자가 종전에 소유하고 있던 토지 또는 건축물의 가격과 분양받은 대지 또는 건축물의 가격 사이에 차이가 있는 경우 사업시행자는 제86조 제2항에 따른 이전고시가 있은 후에 그 차액에 상당하는 금액(이하 '청산금'이라 한다)을 분양받은 자로부터 징수하거나 분양받은 자에게 지급하여야 한다(제89조 제1항). 제1항에도 불구하고 사업시행자는 정관등에서 분할징수 및 분할지급을 정하고 있거나 총회의 의결을 거쳐 따로 정한 경우에는 관리처분계획인가 후부터 제86조 제2항에 따른 이전고시가 있은 날까지 일정 기간별로 분할징수하거나 분할지급할 수 있다(제89조 제2항).

청산금을 확정하는 처분은 행정처분이므로 이를 대상으로 항고소송을 제기할 수 있다.

**[판례]** 주택재개발조합의 대의원회가 관리처분계획에서 정한 방법에 의하지 않고 보류지분을 처분한 경우, 그 처분행위의 효력(=무효) 및 이에 관한 관리처분계획 내용에 반하는 조합 정관규정의 효력(=무효): 구 도시재개발법(1995. 12. 29. 법률 제5116호로 개정되기 전의 것)에서는 보류지분의 처분방법을 관리처분계획과 별도의 결의사항으로 분류하여 대의원회의 대행결의가 가능하도록 규정하였었

다. 이와 같은 예외조항을 두지 아니한 구 도시재개발법(1997. 1. 13. 법률 제5288호로 개정되기 전의 것)의 규정 아래에서는 조합원총회의 결의 및 관할 관청의 인가를 거친 관리처분계획에 포함되는 보류지분의 처분행위는 원칙적으로 관리처분계획에서 정한 방법에 의하지 아니할 경우 그 효력이 없고, 이러한 관리처분계획에 반하는 내용의 조합 정관의 규정 역시 그 효력이 없다고 보아야 한다(대판 2009. 06. 25, 2007다28642, 28659, 28666[소유권이전등기말소등기절차이행]).

시장·군수등인 사업시행자는 청산금을 납부할 자가 이를 납부하지 아니하는 경우 지방세 체납처분의 예에 따라 징수(분할징수를 포함한다. 이하 이 조에서 같다)할 수 있으며, 시장·군수등이 아닌 사업시행자는 시장·군수등에게 청산금의 징수를 위탁할 수 있다. 이 경우 제93조 제5항을 준용한다(제90조 제1항). 제89조 제1항에 따른 청산금을 지급받을 자가 받을 수 없거나 받기를 거부한 때에는 사업시행자는 그 청산금을 공탁할 수 있다(제90조 제2항). 청산금을 지급(분할지급을 포함한다)받을 권리 또는 이를 징수할 권리는 제86조 제2항에 따른 이전고시일의 다음 날부터 5년간 행사하지 아니하면 소멸한다(제90조 제3항).

도시 및 주거환경정비법 제90조 제1항에 규정된 청산금의 징수에 관하여는 지방세체납처분의 예에 의한 징수 또는 징수 위탁과 같은 간이하고 경제적인 특별구제절차가 마련되어 있으므로, 시장·군수가 사업시행자의 청산금 징수 위탁에 응하지 아니하였다는 등의 특별한 사정이 없는 한 시장·군수가 아닌 사업시행자가 이와 별개로 공법상 당사자소송의 방법으로 청산금 청구를 할 수는 없다(대판 2017. 04. 28, 2016두39498). 이 사건에서 성남시장이 시장·군수가 아닌 사업시행자인 원고들의 징수 위탁을 거절함으로써 징수 절차에 의한 이 사건 청산금의 권리실현에 장애가 있게 되는 특별한 사정이 있다고 볼 수 있고, 청산금청구권은 공법상 권리이므로, 원고들이 피고들을 상대로 공법상 당사자 소송에 의하여 이 사건 청산금의 지급을 구하는 이 사건 소는 허용된다.

사업시행자가 분양신청을 하지 아니하거나 분양신청을 철회한 토지 등 소유자에게 청산금 지급의무를 부담하는 경우에, 공평의 원칙상 토지 등 소유자는 권리제한등기가 없는 상태로 토지 등의 소유권을 사업시행자에게 이전할 의무를 부담하고, 이러한 권리제한등기 없는 소유권 이전의무와 사업시행자의 청산금 지급의무는 동시이행관계에 있다(대판 2018. 09. 28, 2016다246800).

## 6. 분양받은 대지 또는 건축물의 양도

재건축사업이 시행된 결과 대지 또는 건축물을 분양받은 조합원이 도시 및 주거환경정비법 제86조에서 정한 이전고시 이후에 그 대지 또는 건축물을 제3자에게 양도 등 처분하는 경우, 도시정비법과 정관에 특별한 정함이 없는 이상 조합원의 지위 역시 당연히 제3자에게 자동승계되지는 않는다(대판 2024. 04. 25, 2022두52874).

## Ⅳ. 비용의 부담 등

### 1. 비용부담의 원칙

정비사업비는 이 법 또는 다른 법령에 특별한 규정이 있는 경우를 제외하고는 사업시행자가 부담한다(제92조 제1항).

시장·군수등은 시장·군수등이 아닌 사업시행자가 시행하는 정비사업의 정비계획에 따라 설치되는 도시·군계획시설 중 대통령령이 정하는 주요 정비기반시설, 공동이용시설 및 임시거주시설에 대하여는 그 건설에 드는 비용의 전부 또는 일부를 부담할 수 있다(제2항).

### 2. 비용의 조달

사업시행자는 토지등소유자로부터 제92조 제1항에 따른 비용과 정비사업의 시행과정에서 발생한 수입의 차액을 부과금으로 부과·징수할 수 있다(제93조 제1항). 사업시행자는 토지등소유자가 제1항에 따른 부과금의 납부를 태만히 한 때에는 연체료를 부과·징수할 수 있다(제2항). 제1항 및 제2항에 따른 부과금 및 연체료의 부과·징수에 필요한 사항은 정관등으로 정한다(제3항).

시장·군수가 아닌 사업시행자는 부과금 또는 연체료를 체납하는 자가 있는 때에는 시장·군수에게 그 부과·징수를 위탁할 수 있다(제4항). 시장·군수등은 제4항에 따라 부과·징수를 위탁받은 경우에는 지방세 체납처분의 예에 따라 부과·징수할 수 있다. 이 경우 사업시행자는 징수한 금액의 100분의 4에 해당하는 금액을 해당 시장·군수등에게 교부하여야 한다(제5항).

[판례] ① 조합원이 구 도시정비법 제47조나 조합 정관이 정한 요건을 충족하여 현금청산대상자가 된 경우에는 조합원의 지위를 상실하여 더 이상 조합원의 지위에 있지 아니하므로 조합은 현금청산대상자에게 구 도시정비법 제61조 제1항에 따른 부과금을 부과·징수할 수 없고, 현금청산대상자가 조합원의 지위를 상실하기 전까지 발생한 조합의 정비사업비 중 일정 부분을 분담하여야 한다는 취지를 조합 정관이나 조합원총회의 결의 또는 조합과 조합원 사이의 약정 등으로 미리 정한 경우 등에 한하여, 조합은 구 도시정비법 제47조에 규정된 청산절차 등에서 이를 청산하거나 별도로 반환을 구할 수 있다고 보는 것이 타당하다(대판 2014. 12. 24, 2013두19486[주거이전비등]). ② 주택재건축사업에서 조합원이 도시 및 주거환경정비법이 정한 요건을 충족하여 현금청산대상자가 된 경우, 조합이 현금청산대상자에게 같은 법 제61조 제1항에 따른 부과금을 부과·징수할 수 있는지 여부(원칙적 소극) / 조합 정관 등에서 현금청산대상자가 조합원의 지위를 상실하기 전까지

발생한 정비사업비 중 일정 부분을 분담하기로 미리 정하지 않은 경우, 같은 법 제47조에 따른 청산절차 등에서 이를 청산하거나 별도로 현금청산대상자에게 반환을 청구할 수 있는지 여부(소극) 및 이는 조합원이 조합 정관에 정한 요건을 충족하여 현금청산대상자가 되는 경우에도 마찬가지인지 여부(적극): 구 도시 및 주거환경정비법(2012. 2. 1. 법률 제11293호로 개정되기 전의 것) 제19조 제1항, 제47조, 도시 및 주거환경정비법(이하 '도시정비법'이라 한다) 제60조 제1항, 제61조 제1항, 제3항, 구 도시 및 주거환경정비법 시행령(2016. 7. 28. 대통령령 제27409호로 개정되기 전의 것) 제48조의 내용, 형식과 체계, 사업시행자가 토지 등 소유자에게 부과금을 징수하는 일반적인 과정 등에 비추어 보면, 주택재건축사업에서 사업시행자인 조합은 토지 등 소유자인 조합원에게 도시정비법 제61조 제1항에 따라 정비사업비와 정비사업의 시행과정에서 발생한 수입의 차액을 부과금으로 부과·징수할 수 있으나, 조합원이 도시정비법이 정한 요건을 충족하여 현금청산대상자가 된 경우에는 조합원의 지위를 상실하여 더 이상 조합원의 지위에 있지 않으므로 조합은 특별한 사정이 없는 한 현금청산대상자에게 도시정비법 제61조 제1항에 따른 부과금을 부과·징수할 수 없다. 따라서 조합 정관, 조합원총회의 결의 또는 조합과 조합원 사이의 약정 등에서 현금청산대상자가 조합원의 지위를 상실하기 전까지 발생한 정비사업비 중 일정 부분을 분담하기로 미리 정하지 않았다면, 도시정비법 제47조에 따른 청산절차 등에서 이를 청산하거나 별도로 조합이 현금청산대상자에게 반환을 청구할 수 없다. 이는 조합원이 조합 정관에 정한 요건을 충족하여 현금청산대상자가 되는 경우에도 마찬가지이다(대판 2016. 12. 29, 2013다217412).

### 3. 정비기반시설 관리자의 비용부담

시장·군수등은 자신이 시행하는 정비사업으로 현저한 이익을 받는 정비기반시설의 관리자가 있는 경우에는 대통령령으로 정하는 방법 및 절차에 따라 해당 정비사업비의 일부를 그 정비기반시설의 관리자와 협의하여 그 관리자에게 부담시킬 수 있다(제94조 제1항).

사업시행자는 정비사업을 시행하는 지역에 전기·가스 등의 공급시설을 설치하기 위하여 공동구를 설치하는 경우에는 다른 법령에 따라 그 공동구에 수용될 시설을 설치할 의무가 있는 자에게 공동구의 설치에 드는 비용을 부담시킬 수 있다(제2항).

### 4. 보조 및 융자

국가 또는 시·도는 시장, 군수, 구청장 또는 토지주택공사등이 시행하는 정비사업에 관한 기초조사 및 정비사업의 시행에 필요한 시설로서 대통령령으로 정하는 정비기반시설, 임시거주시설 및 주거환경개선사업에 따른 공동이용시설의 건설에 드는 비용의 일부를 보조하거나 융자할 수 있다. 이 경우 국가 또는 시·도는 다음 각 호의 어느 하나에 해당하는 사업에 우선적으로 보조하거나 융자할 수 있다. 1. 시장·군수등 또는 토지주택공사등이 다음 각 목의 어느 하나에 해당하는 지역에서 시행하는 주거환경개선사업. 가. 제20조 및 제21조에 따라 해제된 정비구역등. 나. 「도시재정비 촉진을 위한 특별법」 제7조 제2항에 따라 재정비촉진지구가 해제된 지역. 2. 국가 또는 지방자치단체가 도시영세민을 이주시켜 형성된 낙후지역으로서 대통령령으로 정하는 지역에서 시장·군수등 또는 토지주택공사등이 단독으로 시행하는 재개발사업(제95조 제1항). 시장·군수등은 사업시행자가 토지주택공사등인 주거환경개선사업과 관련하여 제1항에 따른 정비기반시설 및 공동이용시설, 임시거주시설을 건설하는 경우 건설에 드는 비용의 전부 또는 일부를 토지주택공사등에게 보조하여야 한다(제95조 제2항).

국가 또는 지방자치단체는 시장·군수등이 아닌 사업시행자가 시행하는 정비사업에 드는 비용의 일부를 보조 또는 융자하거나 융자를 알선할 수 있다(제3항).

국가 또는 지방자치단체는 제1항 및 제2항에 따라 정비사업에 필요한 비용을 보조 또는 융자하는 경우 제59조 제1항에 따른 순환정비방식의 정비사업에 우선적으로 지원할 수 있다. 이 경우 순환정비방식의 정비사업의 원활한 시행을 위하여 국가 또는 지방자치단체는 순환용주택의 건설비, 공가관리비의 일부를 보조 또는 융자할 수 있다(제4항).

국가는 다음의 어느 하나에 해당하는 비용의 전부 또는 일부를 지방자치단체 또는 토지주택공사등에 보조 또는 융자할 수 있다. ① 제59조 제2항에 따라 토지주택공사등이 보유한 공공임대주택을 순환용주택으로 조합에게 제공하는 경우 그 건설비 및 공가(空家)관리비 등의 비용, ② 제79조 제5항에 따라 시·도지사, 시장, 군수, 구청장 또는 토지주택공사등이 재개발임대주택을 인수하는 경우 그 인수 비용(제5항).

국가 또는 지방자치단체는 제80조 제2항에 따라 토지임대부 분양주택을 공급받는 자에게 해당 공급비용의 전부 또는 일부를 보조 또는 융자할 수 있다(제6항).

## 5. 정비기반시설의 설치

사업시행자는 관할 지방자치단체의 장과의 협의를 거쳐 정비구역에 정비기반시설(주거환경개선사업의 경우에는 공동이용시설을 포함한다)을 설치하여야 한다(제96조).

## 6. 정비기반시설 및 토지 등의 귀속

시장·군수등 또는 토지주택공사등이 정비사업의 시행으로 새로 정비기반시설을 설치하거나 기존의 정비기반시설을 대체하는 정비기반시설을 설치한 경우에는 「국유재산법」 및 「공유재산 및 물품 관리법」에도 불구하고 종래의 정비기반시설은 사업시행자에게 무상으로 귀속되고, 새로 설치한 정비기반시설은 그 시설을 관리할 국가 또는 지방자치단체에 무상으로 귀속된다(제97조 제1항).

시장·군수등 또는 토지주택공사등이 아닌 사업시행자가 정비사업의 시행으로 새로 설치한 정비기반시설은 그 시설을 관리할 국가 또는 지방자치단체에 무상으로 귀속되고, 정비사업의 시행으로 용도가 폐지되는 국가 또는 지방자치단체 소유의 정비기반시설은 사업시행자가 새로 설치한 정비기반시설의 설치비용에 상당하는 범위에서 사업시행자에게 무상으로 양도된다(제2항). 여기에서 '사업시행자에게 무상으로 양도되는 국가 또는 지방자치단체 소유의 정비기반시설'은 정비사업 시행인가 전에 이미 국토의 계획 및 이용에 관한 법률에 따라 도시관리계획으로 결정되어 설치된 국가 또는 지방자치단체 소유의 기반시설을 의미한다(대판 2018. 05. 11, 2015다41671). 구 도시 및 주거환경정비법(2017. 2. 8. 법률 제14567호로 전부개정되기 전의 것) 제65조 제2항은 무상양도의 전제조건으로 용도가 폐지되는 정비기반시설의 소유명의자를 구별하지 않고 있으므로, 용도가 폐지되는 정비기반시설의 소유자가 인가청이 아니라도 무방하다(대법원 2007. 6. 28. 선고 2007두1699 판결 등 참조). 같은 이유로 사업시행자가 새로이 설치한 정비기반시설이 귀속되는 국가 또는 지방자치단체와 용도가 폐지되어 사업시행자에게 무상으로 양도되는 정비기반시설의 소유자인 국가 또는 지방자치단체가 동일하여야 하는 것은 아니다. 따라서, 새로이 설치한 정비기반시설이 귀속되는 지방자치단체와 용도폐지되는 정비기반시설을 소유하는 지방자치단체가 다른 경우, 사업시행자는 용도폐지되는 정비기반시설을 소유하는 지방자치단체를 상대로 그 정비기반시설의 무상양도를 구할 수 있다(대판 2023. 09. 27, 2023다256539).

도시정비법 제97조 제2항 후단 규정은 그 입법 취지에 비추어, 민간 사업시행자가 새로 설치할 정비기반시설의 설치비용에 상당하는 범위 안에서 용도폐지될 정비기반시설의 무상양도를 강제하는 강행규정이므로, 위 규정을 위반하여 사업시행자와 국가 또는 지방자치단체 사이에 체결된 매매계약 등은 무효이다(대판 2018. 05. 11, 2015다41671).

**[판례]** ① (1) 민간 사업시행자가 정비구역 밖에 신설한 정비기반시설이 도시정비법 제65조 제2항의 무상귀속 대상인지 여부(소극): 도시 및 주거환경 정비법(2012. 2. 1. 법률 제11293호로 개정되기 전의 것, 이하 '도시정비법'이라 한다) 제65조 제2항에서 말하는 정비사업의 시행으로 인하여 용도가 폐지되어 사업시행자에게 무상으로 '양도'되는 정비기반시설은 '정비구역 안'에 있는 정비기반시설만을 의미하는 것으로 해석할 것이고(대법원 2012. 08. 30. 선고 2010두24951 판결 참조), 사업시행자가 정비사업의 시행으로 새로이 설치한 정비기반시설로서 국가 또는 지방자치단체에 무상으로 '귀속'되는 정비기반시설도 이와 마찬가지로 새겨야 할 것이다. 따라서 사업시행자가 정비사업의 시행으로 새로이 설치한 정비기반시설이지만 정비구역 밖에 위치한 것은 도시정비법 제65조 제2항에 의하여 당연히 국가나 지방자치단체에 무상으로 귀속된다고 할 수 없다. (2) 정비사업의 시행으로 정비구역 밖에 설치하는 시설이라 하더라도 그 사업시행 인가관청이 사업시행인가처분을 하면서 그 설치를 당해 정비사업의 인가조건으로 하는 부담을 부과하고 사업시행자가 그 이행으로써 이를 설치한 경우의 법률관계: 정비사업의 시행으로 정비구역 밖에 설치하는 정비기반시설이라

하더라도 사업시행 인가관청이 사업시행인가처분을 하면서 인가조건으로 그 시설을 설치하도록 하는 부담을 부과하고 사업시행자가 그 부담의 이행으로써 이를 설치한 때에는, 그 부관이 다른 법률의 규정에 위반되거나 부당결부금지의 원칙이나 비례의 원칙에 반하여 위법하다고 볼 특별한 사정이 없는 한, 그 인가조건의 내용에 따라 당해 정비기반시설은 무상으로 또는 정산을 거쳐 그 시설을 관리할 국가 또는 지방자치단체에 귀속될 수 있다고 할 것이다. (3) 민간 주택재건축정비사업자인 원고가 인가조건에 따라 정비구역 내외에 걸쳐 도로를 설치한 후 인가관청인 피고가 그 도로설치비용을 정산해 주기로 약정하였고, 그렇지 않다고 하더라도 피고의 강박에 의하여 도로를 설치하게 되었으며, 정비구역 밖에 위치한 도로 부분에 관하여는 이 사건 인가조건이 무효라고 주장하면서 피고를 상대로 도로설치비용을 부당이득으로서 반환을 청구한 사안인데, 피고는 무상귀속 및 무상양도 대상 정비기반시설을 정산하면서 원고가 투입한 도로의 설치비용 거의 전부를 비용으로 반영해 주었던 사례(대판 2014. 02. 21, 2012다78818[부당이득반환]).

② [1] 구 도시 및 주거환경정비법 제65조 제2항의 규정 취지와 법적 성질(=강행규정): 구 도시 및 주거환경정비법(2012. 2. 1. 법률 제11293호로 개정되기 전의 것) 제65조 제2항, 제4항은 민간 사업시행자에 의하여 새로이 설치된 정비기반시설은 정비사업의 준공인가에 의하여 당연히 국가 또는 지방자치단체에 무상귀속되는 것으로 함으로써 도로·상하수도·공원·공용주차장·공동구 등 공공시설의 확보와 효율적인 유지·관리를 위하여 국가 등에 관리권과 함께 소유권까지 일률적으로 귀속되도록 하는 한편 그로 인한 사업시행자의 재산상 손실을 고려하여 새로 설치한 정비기반시설의 설치비용에 상당하는 범위 안에서 용도폐지되는 정비기반시설은 사업시행자에게 무상양도하도록 강제하는 것으로서, 위 무상귀속과 무상양도에 관한 규정은 강행규정으로 해석된다. [2] 새로 설치한 정비기반시설의 설치비용이 용도폐지되는 정비기반시설의 평가가액을 초과하는데도 사업시행 인가관청이 새로이 설치한 정비기반시설의 설치비용을 산정하면서 그 중 일부를 제외하는 등으로 사업시행자에게 양도한 용도폐지 정비기반시설의 가액에 미달한다고 보아 차액 상당의 정산금을 부과하였다면 이는 강행규정인 구 도시 및 주거환경정비법(2012. 2. 1. 법률 제11293호로 개정되기 전의 것) 제65조 제2항에 반하는 것으로서 무효이므로, 사업시행자는 부과처분에 따라 납부한 정산금 상당에 대하여 부당이득반환을 청구할 수 있다. [3] 구 도시 및 주거환경정비법(2012. 2. 1. 법률 제11293호로 개정되기 전의 것)에 따른 재개발 또는 재건축사업의 시행으로 사업구역 내에 존재하는 공공하수도의 이전이나 증설 등이 필요하여 기존 하수도는 용도폐지되고 민간 사업시행자가 새로이 하수도를 설치한 경우에, 무상귀속 및 무상양도되는 재산의 범위와 가액을 정산할 때 위 하수도 설치비용은 새로이 설치한 정비기반시설의 설치비용에 포함시켜야 하고, 구 하수도법(2006. 9. 27. 법률 제8014호로 전부 개정되기 전의 것) 제32조 제2항을 이유로 설치비용에서 제외해서는 아니 된다. 그리고 이는 재건축 등 도시정비사업 시행인가처분의 인가조건에서 하수도 이설비용 등을 사업시행자가 부담하도록 정한 데 대하여 인가조건을 다툴 수 있는 불복기간이 지난 경우라고 하더라도 마찬가지이다(대판 2014. 02. 21, 2012다82466[부당이득반환]: 민간 주택재건축정비사업자인 원고는 원인자 부담을 정한 하수도 관계 법령과 인가조건에 따라 정비구역 내에 있는 하수암거를 이설하였음. 피고는 무상귀속 및 무상양도 대상 정비기반시설을 정산함에 있어 원인자인 원고가 위 하수암거 이설비용을 부담해야 한다는 이유로 위 하수암거 이설비용은 신설정비기반시설 설치비용에서 제외하였음. 이에 원고는 위 하수암거 이설비용을 포함하여 정산하면 정산금을 납부할 이유가 없음에도 피고의 잘못된 정산금부과처분에 따라 정산금을 납부하였다고 주장하면서 이미 납부한 정산금을 부당이득으로서 반환을 구한 사안).

③ [1] 도시 및 주거환경정비법에 의한 사업시행자가 새로이 설치한 정비기반시설의 설치비용이 용도폐지되는 국가 또는 지방자치단체 소유의 정비기반시설의 가액을 초과하는 경우, 사업시행 인

가관청이 국가 또는 지방자치단체 소유의 정비기반시설 중 일부를 무상양도 대상에서 제외할 수 있는지 여부(원칙적 소극): 도시 및 주거환경정비법(이하 '도시정비법'이라 한다)에 의한 사업시행자(시장·군수 또는 한국토지주택공사나 지방공사는 제외)가 정비사업의 시행으로 새로이 설치한 정비기반시설(이하 '신규 기반시설'이라 한다)은 시설을 관리할 국가 또는 지방자치단체(이하 '국가 등'이라 한다)에 무상으로 귀속되고, 사업 시행으로 용도가 폐지되는 국가 등 소유의 정비기반시설(이하 '종전 기반시설'이라 한다)은 신규 기반시설의 설치비용에 상당하는 범위 안에서 사업시행자에게 무상으로 양도된다[구 도시정비법(2008. 3. 28. 법률 제9045호로 개정되기 전의 것) 제65조 제2항 참조]. 따라서 신규 기반시설의 설치비용이 용도폐지되는 종전 기반시설의 가액을 초과하는 경우에는 종전 기반시설은 전부가 사업시행자에게 무상양도되어야 하므로, 사업시행 인가관청이 사업시행인가처분 등을 통하여 그중 일부를 무상양도 대상에서 제외하는 것은 특별한 사정이 없는 한 위법하다. [2] 무상양도 대상인 국가 또는 지방자치단체 소유의 정비기반시설의 대상과 범위의 결정 방법 및 사업시행자가 사업시행인가처분과 후속 사후부담 부가처분 또는 변경처분에서 특정한 정비기반시설을 무상양도 대상에서 제외한 부분의 취소를 구하는 소를 제기하는 경우, 제소기간의 기산점과 그 판단 방법: 사업시행자가 사업시행 인가신청을 할 때는 정비사업의 시행으로 용도폐지되는 정비기반시설의 조서·도면과 가액에 관한 감정평가서, 새로이 설치되는 정비기반시설의 설치비용계산서 등을 제출하여야 하는 점 등에 비추어[구 도시 및 주거환경정비법 시행령(2009. 8. 11. 대통령령 제21679호로 개정되기 전의 것) 제41조 제2항 제11호 참조], 무상양도 대상인 국가 또는 지방자치단체 소유의 정비기반시설(이하 '종전 기반시설'이라 한다)의 대상과 범위는 보통은 인가관청이 사업시행계획서 등을 심사하여 사업시행인가처분을 하면서 무상양도 대상인 종전 기반시설을 결정하고 그에 해당하지 않는 종전 기반시설은 유상매수하도록 하는 부관(부담)을 부가하는 데 따라 결정될 것이지만, 사업시행인가처분 이후 따로 결정할 것을 유보한 경우에는 나중에 사후부담의 부관을 부가하거나 변경처분을 함으로써 달리 정할 수 있다. 여기서 사업시행자가 사업시행인가처분 및 후속 사후부담 부가처분 또는 변경처분에서 특정한 정비기반시설을 무상양도 대상에서 제외한 부분의 취소를 구하는 소를 제기하는 경우, 제소기간은 무상양도 대상에 관한 행정청의 확정적인 제외 의사가 담긴 처분이 있은 때를 기준으로 한다. 그리고 이는 당해 처분서의 이유 기재 등 문언을 통하여 행정청의 의사가 처분의 상대방에게 명확하게 표명되었는지, 그 결과 처분의 상대방이 처분서에 따라 불복의 대상과 범위를 특정할 수 있는지 등 제반 사정을 종합적으로 고려하여 판단해야 한다(대판 2014. 02. 21, 2011두20871[주택재개발정비사업시행인가일부취소]).

④ (1) 지방자치단체가 도시계획사업의 일환으로 토지구획정리사업을 시행하여 설치한 도로는 구 도시계획법에 따라 도시계획으로 결정되어 설치된 공공시설이라고 보아야 한다. (2) 지방자치단체가 도시계획사업의 일환으로 토지구획정리사업을 시행하여 설치한 도로의 부지에 대해서는 구 국토계획법상 기반시설에 관한 도시관리계획 결정도 있는 것으로 간주되어 도로법에 따라 노선의 지정·인정 공고와 도로구역 결정·고시가 되었는지와 상관없이 구 도시정비법 제65조 제2항 후단이 적용된다(대판 2018. 05. 11, 2015다41671).

⑤ 사업시행자가 용도폐지되는 정비기반시설을 구성하는 부동산을 취득하는 것은 무상의 승계취득에 해당하는데, 이에 대한 취득세 납세의무 성립일인 취득시기는 같은 법 제65조 제4항에서 정한 '정비사업이 준공인가되어 관리청에 준공인가통지를 한 때'라고 봄이 타당하다(대판 2020. 01. 16, 2019두53075).

시장·군수등은 제1항부터 제3항까지의 규정에 따른 정비기반시설의 귀속 및 양도에 관한 사항이 포함된 정비사업을 시행하거나 그 시행을 인가하려는 경우에는 미리 그 관리청의 의견을 들어야 한다. 인가받은 사항을 변경하고자 하는 경우에도 또한 같다(제4항).

　사업시행자는 제1항부터 제3항까지의 규정에 따라 관리청에 귀속될 정비기반시설과 사업시행자에게 귀속 또는 양도될 재산의 종류와 세목을 정비사업의 준공전에 관리청에 통지하여야 하며, 해당 정비기반시설은 그 정비사업이 준공인가되어 관리청에 준공인가통지를 한 때에 국가 또는 지방자치단체에 귀속되거나 사업시행자에게 귀속 또는 양도된 것으로 본다(제5항). 제5항에 따른 정비기반시설의 등기에 있어서는 정비사업의 시행인가서와 준공인가서(시장·군수등이 직접 정비사업을 시행하는 경우에는 제50조 제7항에 따른 사업시행계획인가의 고시와 제83조 제4항에 따른 공사완료의 고시를 말한다)는 부동산등기법에 따른 등기원인을 증명하는 서류를 갈음한다(제6항).

## 7. 국유·공유 재산의 처분 등

　시장·군수등은 제50조 및 제52조에 따라 인가하려는 사업시행계획 또는 직접 작성하는 사업시행계획서에 국유·공유재산의 처분에 관한 내용이 포함되어 있는 때에는 미리 관리청과 협의하여야 한다. 이 경우 관리청이 불분명한 재산 중 도로·하천·구거 등은 국토교통부장관을, 그 외의 재산은 기획재정부장관을 관리청으로 본다(제98조 제1항). 제1항에 따라 협의를 받은 관리청은 20일 이내에 의견을 제시하여야 한다(제2항).

　정비구역의 국유·공유재산은 정비사업 외의 목적으로 매각되거나 양도될 수 없다(제3항).

　정비구역의 국유·공유 재산은 「국유재산법」 제9조 또는 「공유재산 및 물품 관리법」 제10조에 따른 국유재산종합계획 또는 공유재산관리계획과 「국유재산법」 제43조 및 「공유재산 및 물품 관리법」 제29조에 따른 계약의 방법에도 불구하고 사업시행자 또는 점유자 및 사용자에게 다른 사람에 우선하여 수의계약으로 매각 또는 임대될 수 있다(제4항). 제4항에 따라 다른 사람에 우선하여 매각 또는 임대될 수 있는 국유·공유 재산은 「국유재산법」, 「공유재산 및 물품 관리법」 및 그 밖에 국유지·공유지의 관리와 처분에 관한 관계 법령에도 불구하고 사업시행인가의 고시가 있은 날부터 종전의 용도가 폐지된 것으로 본다(제5항). 제4항에 따라 정비사업을 목적으로 우선하여 매각하는 국유지·공유지는 사업시행계획인가의 고시가 있은 날을 기준으로 평가하며, 주거환경개선사업의 경우 매각가격은 평가금액의 100분의 80으로 한다. 다만, 사업시행계획인가의 고시가 있은 날부터 3년 이내에 매매계약을 체결하지 아니한 국유지·공유지는 「국유재산법」 또는 「공유재산 및 물품 관리법」에서 정한다(제6항).

## 8. 국유·공유 재산의 임대

지방자치단체 또는 토지주택공사등은 주거환경개선구역 및 재개발구역에서 임대주택을 건설하는 경우에는 「국유재산법」 제46조 제1항 또는 「공유재산 및 물품 관리법」 제31조에도 불구하고 국유지·공유지 관리청과 협의하여 정한 기간 동안 국유지·공유지를 임대할 수 있다(제99조 제1항). 시장·군수등은 「국유재산법」 제18조 제1항 또는 「공유재산 및 물품 관리법」 제13조에도 불구하고 제1항에 따라 임대하는 국·공유지위에 공동주택 그 밖의 영구건축물을 축조하게 할 수 있다. 이 경우 해당 시설물의 임대기간이 종료되는 때에는 임대한 국유지·공유지 관리청에 기부 또는 원상으로 회복하여 반환하거나 국유지·공유지 관리청으로부터 매입하여야 한다(제2항). 제1항에 따라 임대하는 국유지·공유지의 임대료는 「국유재산법」 또는 「공유재산 및 물품 관리법」에서 정한다(제3항).

## 9. 공동이용시설 사용료의 면제

지방자치단체의 장은 마을공동체 활성화 등 공익 목적을 위하여 「공유재산 및 물품 관리법」 제20조에 따라 주거환경개선구역 내 공동이용시설에 대한 사용 허가를 하는 경우 같은 법 제22조에도 불구하고 사용료를 면제할 수 있다(제100조 제1항).

## 10. 국유지·공유지의 무상양여 등

주거환경개선구역 또는 국가 또는 지방자치단체가 도시영세민을 이주시켜 형성된 낙후지역으로서 대통령령으로 정하는 재개발구역(이 항 각 호의 부분 본문에도 불구하고 무상양여 대상에서 국유지는 제외하고, 공유지는 시장·군수등 또는 토지주택공사등이 단독으로 사업시행자가 되는 경우로 한정한다)에서 국가 또는 지방자치단체가 소유하는 토지는 제50조 제7항에 따른 사업시행계획인가의 고시가 있은 날부터 종전의 용도가 폐지된 것으로 보며, 「국유재산법」, 「공유재산 및 물품 관리법」 및 그 밖에 국유지·공유지의 관리 및 처분에 관하여 규정한 관계 법령에도 불구하고 해당 사업시행자에게 무상으로 양여된다. 다만, 「국유재산법」 제6조 제2항에 따른 행정재산 또는 「공유재산 및 물품 관리법」 제5조 제2항에 따른 행정재산과 국가 또는 지방자치단체가 양도계약을 체결하여 정비구역지정 고시일 현재 대금의 일부를 수령한 토지에 대하여는 그러하지 아니하다(제101조 제1항). 제1항에 따라 무상양여된 토지의 사용수익 또는 처분으로 인한 수입은 주거환경개선사업 또는 재개발사업 외의 용도로 사용할 수 없다(제3항).

시장·군수등은 제1항에 따른 무상양여의 대상이 되는 국·공유지를 소유 또는 관리하고 있는 국가 또는 지방자치단체와 협의를 하여야 한다(제4항).

제1항 각호에 해당하는 구역에서 국가 또는 지방자치단체가 소유하는 토지는 제16조 제2항에 따른 정비구역지정의 고시가 있은 날부터 정비사업 외의 목적으로 양도되거나 매각될 수 없다(제2항).

제**9**편

# 개별행정법

# 제 1 장  개별행정법의 체계

## 제 1 절  개별행정법 체계론

행정작용은 그 자체로서 특수한 성질을 갖고 특수한 법적 규율의 대상이 되는데, 행정작용을 일반적 특성에 비추어 총칭할 때에 일반행정작용이라 한다. 그런데, 행정작용은 매우 다양한 분야에서 행해지며 매우 다양한 목적과 성질을 갖는다. 일정한 분야에서 행해지는 특수한 목적과 성질을 갖는 행정작용을 개별행정작용이라 한다. 개별행정작용은 목적 및 성질상의 특수성으로 인하여 특수한 법적 규율의 대상이 된다. 이 점에서 일반행정작용과 별도로 개별행정작용을 논할 실익이 있다.

개별행정법(個別行政法)이라 함은 일정 분야에서 행해지는 개별행정작용에 관한 법을 말한다. 개별행정법은 행정법의 전문화라는 관점에서 보면 행정분야마다 성립할 수 있다. 경찰행정법, 토지규제행정법, 환경행정법, 경제행정법, 사회보장행정법, 문화행정법, 교육행정법, 재무행정법, 군사행정법.

법적 관점에서는 개별행정법을 행정작용의 목적·성질의 상이 및 그에 따른 적용법원리의 상이에 따라 구분하는 것이 의미가 있는데, 이러한 관점에서 개별행정법의 체계를 어떻게 구성하는 것이 타당한 것인지는 매우 어려운 문제이다. 여러 견해가 있을 수 있는데, 질서행정법(경찰행정법), 급부행정법, 규제행정법, 재무행정법의 분류가 의미있다.

질서행정(경찰행정)은 사회공공의 안녕과 질서의 유지라는 소극적인 질서유지목적을 갖는 행정으로서 특수한 법적 규율의 대상이 될 수 있다.

급부행정은 국가가 사회복지국가의 이념하에 국민의 생활에 필수적인 재화와 서비스를 적극적으로 제공하는 행정이라는 점에서 특수한 법적 규율의 대상이 될 수 있다.

규제행정은 국가가 공익목적을 위해 사적 활동에 개입하는 행정이라는 점에서 특수한 법적 규율의 대상이 될 수 있다. 질서행정도 규제행정에 들어가지만, 질서행정은 항상 소극적인 목적만을 위해 행해진다는 점에서 그 특수성이 인정될 수 있다.

이에 반하여 규제행정은 소극적인 질서유지목적뿐만 아니라 적극적인 공익목적을 위해서도 행해진다. 급부행정 중에서도 공기업행정은 경제규제의 하나라고 할 수 있다. 규제행정의 대표적인 예로는 경제규제행정, 토지규제행정, 환경규제행정 등을 들 수 있다.

본서에서는 개별행정법의 전문화라는 관점에서 중요한 개별행정법을 논하는 것으로 한다. 다만, 개별행정법의 체계화라는 관점에서 질서행정법, 급부행정법, 규제행정법에 고유한 법리를 간단히 논하는 것으로 한다. 질서행정법에 관하여는 경찰행정법에서 자세히 논해질 것이므로 이하에서는 급부행정법과 규제행정법의 법리를 간단히 논하는 것으로 한다.

## 제 2 절  급부행정법

## I. 개    설

### 1. 급부행정의 배경

급부행정(給付行政)은 현대국가에서 등장한 행정분야이다. 산업혁명 후 빈부격차 및 경제적 약자의 등장에 따라 사회복지국가의 이념이 형성되었고, 급부행정은 사회복지국가의 이념하에서 발전하였다. 사회복지국가에서 국가의 임무는 질서유지뿐만 아니라 국민의 생존배려에까지 확대되었다. 국민생활에 필요한 재화와 서비스가 개인 또는 사적 부문에 의해 제공되지 못하는 경우 국가가 그 책임을 지게 되었다.

### 2. 급부행정의 의의

급부행정이라 함은 사회복지국가의 이념하에 국민의 생활에 필수적인 재화와 서비스를 적극적으로 제공하는 행정을 말한다.

종래 급부행정에는 공공시설 및 공기업에 의한 역무 및 재화를 제공하는 공급행정, 공공부조, 사회보험 등 사회보장행정, 자금지원 등 조성행정이 포함되는 것으로 보는 것이 일반적이다.

오늘날 급부행정의 중심은 사회보장행정에 있다고 할 수 있다. 교육행정도 중요한 급부행정의 하나라고 할 수 있다.

## Ⅱ. 급부행정의 기본원리

### 1. 사회복지국가원리

급부행정은 사회복지국가원리(社會福祉國家原理)에 기초하고 있다. 사회복지국가는 국가가 사회정의의 실현을 위하여 경제적 약자의 인간다운 생활을 보장하는 국가이다.

사회복지국가원리는 우리 헌법에도 구현되고 있다(성낙인, 164~166면). 그런데, 국민의 구체적인 급부청구권은 원칙상 헌법상 사회적 기본권으로부터는 직접 도출될 수 없고, 법률의 근거를 요한다. 다만, 최소한의 생존보장을 위하여는 법률의 근거 없이도 구체적인 급부청구권이 인정되고, 공권력 행사에 의해 생존권이 침해된 경우에는 그 침해를 배제하고 생존권을 방어하기 위한 구체적 권리가 헌법상 인정된다고 보아야 한다.

### 2. 보충성의 원칙

보충성(補充性)의 원칙이라 함은 국가에 의한 국민의 생존배려를 위한 급부행정은 보충적인 것이어야 한다는 원칙을 말한다.

국민의 생활은 일차적으로 개인 또는 사적 부문에 의해 보장되어야 하고, 사기업에 의해 국민의 생활이 충족되지 못하고, 공익상 필요한 경우에 한하여 급부행정이 행해져야 한다.

### 3. 법률적합성의 원칙

급부행정에도 법률에 의한 행정의 원칙이 적용된다. 법우위의 원칙이 급부행정에도 적용되는 데에는 이견이 없다. 그런데, 급부행정에 법률유보의 원칙이 적용될 것인지에 관하여는 견해의 대립이 있다.

#### (1) 원칙상 소극설

급부행정에 있어서는 원칙상 법률유보의 원칙이 적용되지 않고, 예외적으로 ① 급부받을 권리를 공권으로 보호할 필요가 있는 경우(국민기초생활보장·의료급여 등), ② 이용자의 이용강제 또는 제공자의 급부제공의무를 규정할 필요가 있는 경우(수도공급), ③ 급부와 함께 상대방에 부담을 과하는 경우, ④ 급부의 형식 또는 급부주체의 조직을 공법적으로 규율할 필요가 있는 경우 등에는 법률유보의 원칙이 적용된다는 견해이다. 이 견해는 급부행정에 있어서는 행정의 창의성이나 독자성을 존중할 필요가 있고, 또한 적극설을 관철하는 것이 오히려 국민에게 부정적인 효과를 야기할 수 있다는 것에 근거한다(김동희, 237~238면).

### (2) 적극설

현대국가에서 급부행정의 중요성에 비추어 급부행정에도 법률의 근거가 있어야 한다고 보는 견해이다(급부행정유보설). 이 견해는 오늘날 사회복지국가에서는 급부가 자유와 재산과 같은 중요성을 갖는다는 것에 근거한다.

### (3) 중요사항유보설

급부행정 중 공동체나 시민에게 중요한 행정권의 조치는 법률의 근거가 있어야 한다는 견해이다.

### (4) 결    어

급부행정 중 중요한 조치는 법률의 근거가 있어야 한다고 보는 것이 타당하다. 또한, 급부행정이 권력적 수단으로 행해질 때에도 법률의 근거를 요한다고 보아야 한다.

## 4. 평등원칙

급부는 평등원칙에 입각하여야 한다. 급부에 있어서 합리적인 이유없이 차별취급을 하여서는 안 된다.

## 5. 과잉급부금지의 원칙

과잉급부금지(過剩給付禁止)의 원칙이라 함은 급부는 급부의 목적과 비례관계를 유지하여야 하며 과잉급부가 되어서는 안된다는 원칙을 말한다. 이는 비례의 원칙이 급부행정에 적용된 것이다.

① 급부는 그 목적 달성에 적합한 것이어야 한다(적합성의 원칙).

② 급부는 그 목적 달성에 적합한 급부 중에서 조세납부자인 일반국민에게 가장 적은 부담을 지우는 급부이어야 한다(필요성의 원칙).

③ 급부의 목적과 그로 인한 일반 국민의 부담 사이에는 적정한 비례관계가 유지되어야 한다(협의의 비례원칙).

## 6. 신뢰보호의 원칙

급부는 수익적 행정작용이다. 급부에 대한 상대방의 신뢰는 보호되어야 한다. 급부조치의 철회제한 및 소급효의 제한이 요구된다.

## Ⅲ. 급부행정의 행위형식

급부행정은 비권력행정이 원칙이다. 그런데, 획일적이고 평등한 급부조치를 위해 권력행위인 행정행위의 형식으로 급부를 행하는 경우가 적지 않다.

# 제 3 절  규제행정법

## Ⅰ. 규제와 행정규제의 의의

광의(廣義)의 규제라 함은 공권력주체가 공익목적을 위하여 사적 활동에 개입하는 것을 말한다. 협의(狹義)의 규제라 함은 개인의 활동에 대한 제한(통제, 권리 제한 및 의무 부과)을 의미한다. 민간에 대한 조정과 지원은 배제된다.

광의(廣義)의 행정규제(行政規制)라 함은 행정목적을 달성하기 위하여 행정기관이 사적 활동에 개입하는 것을 말한다.

행정규제기본법은 규율대상인 "행정규제"를 "국가 또는 지방자치단체가 특정한 행정목적을 실현하기 위하여 국민(국내법을 적용받는 외국인을 포함)의 권리를 제한하거나 의무를 부과하는 것으로서 법령 등이나 조례·규칙에 규정되는 사항"이라고 협의의 개념으로 정의하고 있다(제2조 제1항 제1호). 협의의 행정규제는 질서행정에 가까운 개념으로 급부행정은 여기에서 제외된다.

## Ⅱ. 규제의 제한 및 규제완화

국가는 사적 부문이 창의와 능력을 제대로 발휘할 수 있도록 하기 위하여 규제완화정책을 추진하고 있다. 경제규제는 가능한 한 완화되어야 하겠지만, 환경규제, 소비자규제 등 사회규제는 강화될 필요도 있다.

규제완화의 문제를 단순한 규제의 폐지와 완화의 문제로만 볼 것이 아니라 규제방식의 변경, 규제합리화의 문제로 보는 인식의 전환이 필요하다.

행정규제기본법은 행정규제를 가능한 한 억제하고, 불필요한 규제를 완화하기 위하여 규제심사제도(제7조, 제10조~16조), 규제의 등록 및 공표제도(제6조), 규제의 존속기한 및 재검토기한 명시(규제일몰제, 제8조), 지속적인 규제정비(제17조 이하) 등을 규정하고 있다.

행정규제를 대체하여 협회에 의한 규제 등을 통하여 피규제자 스스로 행정규제목적을 달성하는 자율규제의 강화가 주장되고 있는데, 자율규제의 공정성과 실효성을 확보할 수 있는 여건조성이 필요하다. 자율규제가 성공하기 위해서는 기업의 사회적 책임의식, 징벌적 손해배상, 엄격한 형사책임 등 엄격한 책임제도의 존재 등 자율규제의 여건을 조성하는 것이 중요하다. 그리고 자율규제에서는 공익성 담보장치가 마련되어야 하고 국가의 보장책임이 확보되어야 한다. 특히 자율규제의 여건이 충분히 조성되지 못한 경우에는 규제를 민간에 맡기면서도 공익을 담보하기 위하여 상당한 정도로 정부가 감독과 통제를 행하는 통제된 자율규제(controlled self-regulation)를 실시하는 것이 타당하다.

공법적 규제가 없는 것이 완전 무규제는 아니다. 사법상 방해배제청구, 손해배상청구 등 사법적 규제와 형벌에 의한 형사법적 규제도 규제수단의 하나로 보아야 한다.

## Ⅲ. 규제법정주의

행정규제는 법률에 근거하여야 하며, 그 내용은 알기 쉬운 용어로 구체적이고 명확하게 규정되어야 한다(제4조 제1항). 규제는 법률에 직접 규정하되, 규제의 세부적인 내용은 법률 또는 상위법령에서 구체적으로 범위를 정하여 위임한 바에 따라 대통령령·총리령·부령 또는 조례·규칙으로 정할 수 있다. 다만, 법령에서 전문적·기술적 사항이나 경미한 사항으로서 업무의 성질상 위임이 불가피한 사항에 관하여 구체적으로 범위를 정하여 위임한 경우에는 고시 등으로 정할 수 있다(제4조 제2항).

행정기관은 법률(법규의 효력을 갖는 법령등을 말한다)에 근거하지 아니한 규제로 국민의 권리를 제한하거나 의무를 부과할 수 없다(행정규제기본법 제5조 제3항). "법령등"이란 법률·대통령령·총리령·부령과 그 위임을 받은 고시(告示) 등을 말한다(행정규제기본법 제2조 제2호). "행정기관"이란 법령등 또는 조례·규칙에 따라 행정 권한을 가지는 기관과 그 권한을 위임받거나 위탁받은 법인·단체 또는 그 기관이나 개인을 말한다(제2조 제4호).

## Ⅳ. 규제의 종류

### 1. 사전규제와 사후규제

사전규제라 함은 사적 활동을 하기 위해 사전에 충족해야 하는 규제를 말한다.

사전규제는 진입 전에 갖추어야 하는 진입규제이다. 사전규제를 충족하지 않고 하는 사적 활동은 위법한 것이 되고 행정적 제재와 형사적 제재의 대상이 된다. 인·허가, 등록, 신고 등이 이에 해당한다

**사후규제**는 사전절차 없이 사적 활동을 할 수 있지만, 사적 활동을 함에 있어서 법령에서 정한 사항을 준수하도록 하고, 이를 위반하면 행정적·형사적 제재를 가하는 규제를 말한다. 사적 활동의 준수사항의 규정, 규정 위반에 대해 영업정지, 시설폐쇄 등 행정적 제재, 형벌 또는 과태료를 부과하는 형사적 제재(처벌)가 이에 해당한다.

규제학에서의 사전규제는 사업시행 전에 규제를 설정하는 것, 즉 선규제를 말하고, 사후규제라 함은 사업시행 후 사후에 규제를 마련하는 것, 즉 후규제를 말하는 것으로 사용한다.

## 2. 경제적 규제와 사회적 규제

**경제적 규제**라 함은 경제에 대한 규제를 말하고, **사회적 규제**라 함은 인간의 사회생활에 대한 규제를 말한다.

경제적 규제의 예로는 공정경쟁규제, 하도급규제, 외환규제, 금융규제, 물가규제 등이 있다. 사회적 규제의 예로는 안전규제, 위생·보건규제, 환경보호규제, 소비자보호규제 등이 있다.

경제적 규제와 사회적 규제를 구별하는 실익은 규제완화의 문제에 대한 대응에 있다. 경제적 규제에 있어서는 시장의 자율을 보장하기 위해 규제완화가 강하게 요구되지만,[1] 사회적 규제에 있어서는 규제완화가 능사가 아니며 그동안 소홀히 다루어진 안전, 환경보호, 소비자보호를 강화하기 위해 규제의 강화가 요구되거나 규제의 적정성(합리성)이 요구된다.

## V. 규제의 원칙

국가 또는 지방자치단체는 국민의 자유와 창의를 존중하여야 하며, 규제를 정하는 경우에도 그 본질적 내용을 침해하지 아니하도록 하여야 한다(제5조 제1항).

국가나 지방자치단체가 규제를 정할 때에는 국민의 생명·인권·보건 및 환경 등의 보호와 식품·의약품의 안전을 위한 실효성이 있는 규제가 되도록 하여야 한다(제5조 제2항).

---

1) 경제는 시장에 맡기는 것이 원칙이고, 시장의 실패를 시정하는 정부의 경제적 규제는 최소한·보충적으로 행해지는 것이 바람직하다.

규제의 대상과 수단은 규제의 목적 실현에 필요한 최소한의 범위에서 가장 효과적인 방법으로 객관성·투명성 및 공정성이 확보되도록 설정되어야 한다(제5조 제3항).

신기술을 활용한 새로운 서비스 또는 제품이 신속하게 시장에 진출할 수 있도록 하여 산업 경쟁력이 강화될 수 있도록 신기술 서비스·제품 관련 규제를 법령에 규정할 때 우선허용·사후규제 방식을 우선적으로 고려하도록 하고 있다. 즉, 국가나 지방자치단체가 신기술을 활용한 새로운 서비스 또는 제품(이하 "신기술 서비스·제품"이라 한다)과 관련된 규제를 법령등이나 조례·규칙에 규정할 때에는 다음 각 호의 어느 하나의 규정 방식을 우선적으로 고려하여야 한다. 1. 규제로 인하여 제한되는 권리나 부과되는 의무는 한정적으로 열거하고 그 밖의 사항은 원칙적으로 허용하는 규정 방식, 2. 서비스와 제품의 인정 요건·개념 등을 장래의 신기술 발전에 따른 새로운 서비스와 제품도 포섭될 수 있도록 하는 규정 방식, 3. 서비스와 제품에 관한 분류기준을 장래의 신기술 발전에 따른 서비스와 제품도 포섭될 수 있도록 유연하게 정하는 규정 방식, 4. 그 밖에 신기술 서비스·제품과 관련하여 출시 전에 권리를 제한하거나 의무를 부과하지 아니하고 필요에 따라 출시 후에 권리를 제한하거나 의무를 부과하는 규정 방식(제5조의2(우선허용·사후규제 원칙)). 이와 같이 우선허용·사후규제 원칙을 선언한 것은 타당하지만, 이들 규정의 내용이 타당한 것인지에 대하여는 검토가 필요하다.

행정규제기본법상 규제원칙에 규제의 형평성이 빠져 있는데, 지나치게 획일적 규제가 행해지고 있는 우리의 규제현실에 비추어 규제의 형평성을 높이는 방향으로 규제방식을 변경할 필요가 있다.[2] 행정규제기본법은 소상공인 및 소기업에 대한 규제 형평을 규정하고 있다(제8조의3).

## VI. 규제영향분석

"규제영향분석(規制影響分析)"이라 함은 규제로 인하여 국민의 일상생활과 사회·경제·행정 등에 미치는 여러 가지 영향을 객관적이고 과학적인 방법을 사용하여 미리 예측·분석함으로써 규제의 타당성을 판단하는 기준을 제시하는 것을 말한다(제2조 제1항 제5호).

중앙행정기관의 장은 규제를 신설하거나 강화(규제의 존속기한 연장을 포함한다)하려면 규제영향분석을 하고 규제영향분석서를 작성하여야 한다(제7조 제1항).

---

2) 박균성, "획일규제에서 형평규제로의 변화 모색", 『공법연구』 제43집 제4호, 2015. 6, 135면 이하 참조.

## Ⅶ. 규제일몰제

규제일몰제라 함은 규제를 신설 또는 강화할 경우 향후 계속 유지해야 할 명백한 사유가 없는 규제는 존속기한 또는 재검토기한을 의무적으로 설정하고 그 기간이 지나고 나면 자동적으로 소멸하도록 하거나 재검토하도록 하는 제도를 말한다.

행정규제기본법 제8조는 다음과 같이 규제일몰제를 도입하고 있다. 중앙행정기관의 장은 규제를 신설하거나 강화하려는 경우에 존속시켜야 할 명백한 사유가 없는 규제는 존속기한 또는 재검토기한을 설정하여 그 법령 등에 규정하여야 한다(제8조 제1항). 규제의 존속기한 또는 재검토기한은 규제의 목적을 달성하기 위하여 필요한 최소한의 기간 내에서 설정되어야 하며, 그 기간은 원칙적으로 5년을 초과할 수 없다(제2항). 중앙행정기관의 장은 규제의 존속기한 또는 재검토기한을 연장할 필요가 있을 때에는 그 규제의 존속기한의 6개월 전까지 제10조에 따라 위원회에 심사를 요청하여야 한다(제3항). 위원회는 제12조와 제13조에 따른 심사 시 필요하다고 인정하면 관계 중앙행정기관의 장에게 그 규제의 존속기한 또는 재검토기한을 설정할 것을 권고할 수 있다(제4항). 중앙행정기관의 장은 법률에 규정된 규제의 존속기한 또는 재검토기한을 연장할 필요가 있을 때에는 그 규제의 존속기한 또는 재검토기한의 3개월 전까지 규제의 존속기한 또는 재검토기한 연장을 내용으로 하는 개정안을 국회에 제출하여야 한다(제5항).

## Ⅷ. 신기술 서비스 · 제품 관련 규제의 정비 및 특례

중앙행정기관의 장은 신기술 서비스 · 제품과 관련된 규제와 관련하여 **규제의 적용 또는 존재 여부**에 대하여 국민이 확인을 요청하는 경우 신기술 서비스 · 제품에 대한 규제 특례를 부여하는 관계 법률로 정하는 바에 따라 이를 지체 없이 **확인하여 통보하여야** 한다(제19조의3 제1항).

중앙행정기관의 장은 신기술 서비스 · 제품과 관련된 규제와 관련하여 다음 각 호의 어느 하나(1. 기존 규제를 해당 신기술 서비스 · 제품에 적용하는 것이 곤란하거나 맞지 아니한 경우, 2. 해당 신기술 서비스 · 제품에 대하여 명확히 규정되어 있지 아니한 경우에 해당하여 신기술 서비스 · 제품의 육성을 저해하는 경우)에는 해당 **규제를 신속하게 정비**하여야 한다(제2항). 신기술 서비스 · 제품의 규제 특례와 관련된 규제 법령을 소관하는 중앙행정기관의 장은 대통령령으로 정하는 바에 따라 규제 특례와 관련된 법령의 정비 여부 및 사유, 정비 계획 등에 대해 규제 특례를 부여받은 자 및 규제 특례 주관기관의 장에게 통보하여야 한다(제8항).

중앙행정기관의 장은 제2항에 따라 규제를 정비하여야 하는 경우로서 필요한 경우에는 해당 규제가 정비되기 전이라도 신기술 서비스·제품과 관련된 규제 특례(규제샌드박스에서의 규제 특례 등)를 부여하는 관계 법률로서 대통령령으로 정하는 법률(이하 "규제 특례 관계법률"이라 한다)로 정하는 바에 따라 해당 규제의 적용을 면제하거나 완화할 수 있다(제3항). 신기술 서비스·제품과 관련된 규제 특례를 부여받은 자는 사정의 변경 등 정당한 사유가 있는 경우 규제 특례 주관기관의 장에게 규제 특례의 내용·조건 등의 변경을 신청할 수 있다(제7항).

신기술 서비스·제품과 관련된 규제 특례를 부여받고자 하는 자의 신청을 받은 중앙행정기관의 장(이하 "규제 특례 주관기관"이라 한다)은 신기술 서비스·제품 관련 규제 특례에 관한 사항을 심의·의결하기 위하여 규제 특례 관계법률에 따라 설치된 위원회(이하 "규제 특례 위원회"라 한다)의 심의·의결을 거쳐 제3항에 따른 규제 특례를 부여하려는 경우에는 대통령령으로 정하는 기간 이내에 규제 특례 위원회에 신청된 사항을 상정하여야 한다(제5항). 제3항에 따른 규제 특례 부여가 규제 특례 위원회에서 부결된 경우에는 규제 특례의 부여를 신청한 자는 대통령령으로 정하는 바에 따라 규제 특례 주관기관의 장에게 재심의를 신청할 수 있다(제6항).

그 밖에 법령정비 등 신기술 서비스·제품과 관련된 규제 특례 제도운영에 필요한 사항은 대통령령으로 정한다(제9항).

# 제 2 장   경찰행정법

## 제 1 절   경찰행정법 개설

### 제 1 항   경찰의 개념

### Ⅰ. 형식적 의미의 경찰(제도적 의미의 경찰)

형식적(形式的) 의미의 경찰(警察)이라 함은 실정법상 보통경찰기관의 권한으로 되어 있는 모든 작용을 말한다. 제도적 의미의 경찰이라고도 한다.

경찰법 제3조는 경찰의 임무를 다음과 같이 규정하고 있다. "국가경찰은 국민의 생명·신체 및 재산의 보호와 범죄의 예방·진압 및 수사, 치안정보의 수집, 교통의 단속 기타 공공의 안녕과 질서유지를 그 임무로 한다." 이 규정에 의하면 실질적 의미의 경찰(행정경찰) 이외에 사법경찰도 경찰의 임무로 규정되어 있다.

이와 같이 형식적 의미의 경찰에는 실질적 의미의 경찰 외에 사법경찰(범죄를 수사하고 범인을 체포하는 권력작용)이 포함되어 있고, 실질적 의미의 경찰에는 보통경찰기관에 의한 경찰작용뿐만 아니라 일반행정기관에 의한 경찰작용도 포함되어 있으므로 형식적 의미의 경찰과 실질적 의미의 경찰은 그 내용이 일치하지 아니한다.

### Ⅱ. 실질적 의미의 경찰(행정경찰)

실질적(實質的) 의미의 경찰(警察)이라 함은 직접 사회공공의 안녕질서를 유지하기 위하여 일반통치권에 의거하여 개인에게 명령·강제하는 작용을 말한다. 실질적 의미의 경찰은 행정경찰이라고도 한다. 경찰행정법에서의 경찰은 행정경찰을 의미한다.

이러한 의미의 행정경찰을 광의의 행정경찰이라 하며 광의의 행정경찰을 보안경찰과 협의의 행정경찰로 구분하는 것이 일반적 견해이다.

보안경찰은 보통경찰기관이 수행하는 행정경찰과 같이 다른 종류의 행정작용에 부수하지 아니하고 독립적으로 행하여지는 행정경찰을 말한다. 교통경찰, 소방경찰, 해양경찰, 풍속경찰 등이 이에 해당한다.

협의의 행정경찰은 다른 행정작용을 수행하는 행정기관에 의해 다른 행정작용에 부수하여 수행되는 행정경찰을 말한다. 위생경찰, 건축경찰, 철도경찰 등이 이에 해당한다.

보안경찰과 협의의 행정경찰은 작용의 성질은 동일하므로 기본적으로 동일한 법리(경찰행정의 법리)에 구속된다. 다만, 수행기관의 차이 및 협의의 행정경찰의 다른 행정작용과의 융합경향에 비추어 보안경찰과 다른 규율을 할 필요가 있는 경우가 있다.

### 1. 행정경찰과 사법경찰의 구별

동일한 기관 또는 공무원이 종종 행정경찰업무와 사법경찰업무를 동시에 담당하는 경우가 있고, 이 경우에는 양자의 구분이 쉽지 않다. 예를 들면, 현행법상 경찰기관은 행정경찰(行政警察)과 사법경찰(司法警察)을 함께 관장하고 있다(경찰관직무집행법 제2조, 경찰청과 그 소속기관 등 직제 제11조, 형사소송법 제196조).

경찰기관이 아닌 행정기관에 사법경찰권이 부여되는 경우가 있다. 이를 특별사법경찰권이라 한다. 예를 들면, 환경공무원에게 일정한 요건하에서 환경범죄에 대한 사법경찰권이 부여되고 있다.

#### (1) 개념상 구별

행정경찰은 사법경찰과 그 목적 및 성질이 다르다. ① 사법경찰은 범죄자를 재판에 넘기기 위하여 범죄자를 추적, 체포하는 것을 목적으로 하는 반면에, 행정경찰은 공공질서에 대한 모든 혼란의 억제와 예방조치를 취하는 것을 목적으로 한다. ② 사법경찰은 그 성질이 사법작용인 데 반하여 행정경찰은 그 성질이 행정작용이다. ③ 그리고, 사법경찰은 사후적·제재적 작용인 반면에 행정경찰은 예방적 작용이다.

#### (2) 구별실익

행정경찰과 사법경찰의 구별실익은 적용법 및 소송절차의 결정에 있다. 행정경찰 활동에 대하여는 행정법원리가 적용되고 행정소송의 대상이 되지만, 사법경찰은 소송법에 의해 규율되고 사법경찰에 대한 불복은 소송법상 특별한 절차의 대상이 된다.

#### (3) 구별기준

양자의 구별은 행위의 성격과 함께 업무수행자의 의도를 기준으로 행하여야 할 것이다.

행위의 성격상 양자가 구별되는 예를 들면, 경찰관이 교통정리를 할 때에는 행정경찰의 임무를 수행하는 것이고, 범칙금을 부과할 때에는 사법경찰의 임무를 수행하는 것이 된다.

그런데, 조치를 취하는 자의 의도가 기준이 될 때에는 양자의 구분은 쉽지 않다. 예를 들면, 질서에 대한 침해를 피하기 위하여 음란물의 압수를 명령할 때 그것은 행정경찰에 속하고, 그 음란물의 압수가 범죄를 확인하여 범죄자를 재판에 회부하기 위한 것일 때에는 사법경찰이 된다.

**[판례]** 국가경찰공무원이 도로교통법 규정에 따라 **호흡측정 또는 혈액 검사 등의 방법으로 운전자가 술에 취한 상태에서 운전하였는지를 조사하는 것**은, 수사기관과 경찰행정조사자의 지위를 겸하는 주체가 형사소송에서 사용될 증거를 수집하기 위한 **수사로서의 성격**을 가짐과 아울러 교통상 위험의 방지를 목적으로 하는 운전면허 정지·취소의 행정처분을 위한 자료를 수집하는 **행정조사의 성격**을 동시에 가지고 있다고 볼 수 있다(대판 2016. 12. 27, 2014두46850).

## 2. 행정경찰의 개념상 특징

실질적 의미의 경찰은 목적, 수단 및 권력적 기초의 세 가지 점에서 다른 행정작용과는 다른 특징을 가지고 있다.

### (1) 경찰의 목적

경찰은 사회공공의 안녕과 질서를 유지하고 그에 대한 위해를 예방 또는 제거하는 것(안전 보장)을 목적으로 한다.

### (2) 경찰의 수단

경찰은 권력으로 개인에게 명령하고 강제하는 것을 그 주된 수단으로 한다. 그렇다고 하더라도 비권력적 수단이 전혀 사용되지 않는 것은 아니며 예외적으로 비권력적인 수단도 사용될 수 있다.

### (3) 경찰권의 기초

경찰은 국가의 일반통치권에 그 권력의 기초를 둔 작용이다.

## Ⅲ. 경찰의 종류

행정경찰과 사법경찰의 구분, 보안경찰과 협의의 행정경찰의 구분에 관하여는 전술하였다. 그 이외의 경찰의 종류를 보면 다음과 같다.

## 1. 예방경찰과 진압경찰

예방경찰(豫防警察)은 경찰상 위해의 발생을 방지하기 위하여 예방적으로 발동되는 경찰을 말하고, 진압경찰(鎭壓警察)이라 함은 이미 발생한 경찰상 위해를 제거하기 위하여 행해지는 경찰작용을 말한다. 진압경찰은 사법경찰인 경우도 있고, 행정경찰인 경우도 있다.

## 2. 평시경찰과 비상경찰

평시경찰(平時警察)은 일반경찰기관이 일반경찰법규에 의하여 평시에 행하는 경찰작용을 말하고, 비상경찰(非常警察)이라 함은 전시, 계엄이 선포된 경우 등 비상시에 군대가 행하는 경찰작용을 말한다. 예를 들면, 비상계엄의 경우 계엄사령관이 경찰사무를 행한다.

## 3. 국가경찰과 자치경찰

조직법상 국가경찰(國家警察)은 국가에 속해 있는 경찰을 말하고, 조직법상 자치경찰(自治警察)은 지방자치단체에 속한 경찰을 말한다.

작용법상 국가경찰은 국가경찰사무를 수행하는 경찰을 말하고, 작용법상 자치경찰은 자치경찰사무를 수행하는 경찰을 말한다.

현행 「국가경찰 및 자치경찰의 운영에 관한 법률」(약칭 '경찰법')은 조직법상 자치경찰(자치경찰조직)로 의결기관과 감독기관인 시·도경찰위원회를 설치하는 것으로 하고 조직법상 자치경찰집행조직은 별도로 설치하지 않고 자치경찰사무를 국가경찰조직인 시·도경찰청과 경찰서장 및 경찰공무원이 수행하는 것으로 규정하고 있다(지방자치법 참조).

**국가경찰사무**는 경찰법 제3조에서 정한 경찰의 임무를 수행하기 위한 사무 중 제2호의 자치경찰사무는 제외한다(경찰법 제4조 제1항 제1호).

**자치경찰사무**는 경찰법 제3조에서 정한 경찰의 임무 범위 내에서 관할 지역의 생활안전·교통·경비·수사 등에 관한 다음 각 목의 사무를 말한다. 가. 지역 내 주민의 생활안전 활동에 관한 사무, 나. 지역 내 교통 활동에 관한 사무, 다. 지역 내 다중운집 행사 관련 혼잡 교통 및 안전 관리, 라. 다음의 어느 하나에 해당하는 수사 사무: 1) 학교폭력 등 소년범죄, 2) 가정폭력, 아동학대 범죄, 3) 교통사고 및 교통 관련 범죄, 4) 「형법」 제245조에 따른 공연음란 및 「성폭력범죄의 처벌 등에 관한 특례법」 제12조에 따른 성적 목적을 위한 다중이용장소 침입행위에 관한 범죄, 5)

경범죄 및 기초질서 관련 범죄, 6) 가출인 및 「실종아동등의 보호 및 지원에 관한 법률」 제2조 제2호에 따른 실종아동등 관련 수색 및 범죄(경찰법 제4조 제1항 제2호).

자치경찰사무를 관장(감독 등)하게 하기 위하여 시·도지사 소속으로 시·도자치경찰위원회를 둔다(경찰법 제18조 제1항). 시·도자치경찰위원회는 합의제 행정기관으로서 그 권한에 속하는 업무를 독립적으로 수행한다(제2항).

## 제 2 항 경찰행정법의 법원

경찰의 조직에 관한 법률로는 「국가경찰 및 자치경찰의 운영에 관한 법률」(약칭 '경찰법'), 경찰공무원법, 의무경찰대 설치 및 운영에 관한 법률이 있다.

경찰작용에 관한 일반법으로 경찰관직무집행법이 있다. 다만, 경찰관직무집행법을 경찰작용에 관한 일반법이라고 하기에는 다소 미흡한 점이 없지 않다. 또한, 경찰관직무집행법을 경찰작용에 관한 일반법이라고 할 수 있는가에 관하여 견해의 대립이 있다.

보안경찰작용에 관한 개별법률로는 경찰직무응원법, 집회 및 시위에 관한 법률, 용역경비업법, 청원경찰법, 도로교통법이 있고, 협의의 행정경찰에 관한 법률로는 건축법, 환경관련 법률, 식품위생법, 청소년보호법, 철도법, 출입국관리법 등이 있다.

## 제 3 항 행정경찰기관의 종류

### I. 보통경찰기관

보통경찰기관(普通警察機關)이라 함은 경찰작용을 주된 업무로 수행하는 행정기관을 말한다. 보통경찰기관에는 행정관청의 지위를 갖는 보통경찰관청, 의결 및 협의기관인 경찰위원회, 그리고 집행기관인 경찰집행기관이 있다.

보통경찰관청으로는 경찰청장, 지방경찰청장, 경찰서장등이 있다.

지방경찰청장은 형식적으로는 특별시장·광역시장 및 도지사 소속하에 설치되나(경찰법 제2조 제2항) 시장 또는 도지사의 지휘·감독을 받는 것이 아니라 경찰청장의 지휘·감독을 받는다(경찰법 제14조 제2항).

경찰위원회는 경찰행정에 관한 중요사항을 심의·의결한다(제5조 제1항).

경찰공무원은 그 자체가 하나의 집행기관이 된다. 경찰공무원은 사법경찰에 관한 사무도 수행하는데(형사소송법 제196조), 이 경우의 경찰공무원을 사법경찰관리라고 한다.

## Ⅱ. 협의의 행정경찰기관

협의의 행정경찰기관(行政警察機關)이라 함은 협의의 행정경찰을 수행하는 행정기관을 말한다.

협의의 행정경찰관청은 협의의 행정경찰을 담당하는 중앙행정기관장(예, 환경경찰에 관하여는 환경부장관, 지방환경청장)이 된다. 중앙행정기관의 행정경찰사무가 지방자치단체의 장에게 기관위임된 경우에는 당해 지방자치단체의 장이 협의의 행정경찰관청이 된다.

협의의 행정경찰집행기관은 협의의 행정경찰관청의 집행권한 있는 소속공무원이 된다. 협의의 행정경찰집행기관이 당해 행정작용과 관련하여 발생하는 범죄를 수사하고 범인을 체포하는 특별사법경찰관리가 되는 경우가 있다(형사소송법 제197조, 사법경찰관리의 직무를 행할 자와 그 직무범위에 관한 법률 참조).

# 제 2 절  행정경찰권의 근거

법률유보의 원칙에 의하면 일정한 행정권의 행사(중요사항유보설에 의하면 중요한 행정권의 행사)에는 법률의 수권이 있어야 한다. 법률유보의 원칙상의 수권이란 원칙상 조직법상의 권한규정이 아니라 작용법상의 수권을 말한다. 그리고, 행정권의 수권이란 원칙적으로 개별적 수권을 말한다.

그런데, 경찰행정에 있어서는 경찰행정의 특수성에 비추어 일반적 또는 개괄적 수권도 가능하다는 견해가 제기되고 있다.

## 제 1 항  경찰법상 일반수권조항(또는 개괄적 수권조항)

### Ⅰ. 일반수권조항의 인정문제

사회공공의 안녕과 질서를 보장하기 위하여 경찰권을 발동하여야 할 필요가 있는 경우에 법률에 개별적인 수권규정이 없는 경우에 일반적인 수권규정이 경찰권 발동의 근거가 될 수 있는지에 대하여 견해가 대립되고 있다.

우리나라에서 일반적 수권조항(개괄적 수권조항이라고도 한다.)의 논의는 두 차원, 즉 입법론과 해석론의 차원에서 행해지고 있다. 즉, 일반적 수권조항을 규정하는 것이 우리 헌법질서상 가능한가 하는 논의(위헌론)와 경찰관직무집행법 제2조 제7호와 제5조 제1항 제3호가 경찰권행사의 일반적 수권조항이 되는 것으로 해석될 수 있는 가(해석론) 하는 논의가 그것이다.

## 1. 일반적 수권조항의 합헌성

법률유보의 원칙에 있어서의 수권이란 원칙상 작용법상의 개별적 수권을 말한다.

그런데, 경찰권행사의 특수성에 의해 경찰행정법에서는 독일에서와 같이 일반적 수권조항(一般的 授權條項)을 적법한 수권조항으로 인정하여야 한다는 견해가 있다. 즉, 경찰권 행사의 요건이 되는 경찰상 위해(위험과 장해)의 발생은 매우 다양하고 모든 경찰상 위해를 미리 예측하여 규정하는 것이 어려운 특성을 갖고 있으므로 경찰권의 발동이 요청되는 경우에도 개별적 수권조항이 흠결된 경우가 적지 않게 된다. 그리하여 경찰법에서는 법률로 일반적 수권조항을 두어야 한다는 것이다. 이러한 견해가 과연 헌법상 인정될 수 있는가하는 문제가 제기된다.

### (1) 일반적 수권조항 합헌설

이 견해는 법률유보의 원칙 및 헌법 제37조 제2항상의 행정권행사의 수권은 원칙상 개별적 수권임이 원칙이나 경찰법분야에서는 경찰행정의 특성상 일반적 수권도 인정하여야 한다는 것이다. 즉, ① 경찰권 발동상황의 다양성과 경찰권 발동이 필요한 상황의 예측불가능성에 비추어 경찰분야에서는 일반적 수권조항이 필요하다는 것이다. ② 경찰권의 발동으로 상대방의 권익이 제한될 수 있지만, 다른 국민의 생명과 재산을 보호하기 위하여 경찰권이 발동될 필요가 있고 일반적 수권조항도 법률에 의해 규정되는 것이므로 헌법 제37조 제2항(법률유보의 원칙)에 정면으로 위배되는 것은 아니라고 본다.

### (2) 일반적 수권조항 위헌설

이에 대하여 일반적 수권조항은 현행 헌법상 위헌이라는 견해가 있다. ① 이 견해는 우리 헌법상의 법률유보의 원칙은 행정권의 발동에 있어서의 법률의 수권은 개별적 수권이어야 한다고 보는데 근거하고 있다.[3] ② 또한 이 견해는 일반적 수권조항을 인정하게 되면 경찰권의 행사에 관하여 백지의 포괄적 재량권을 부여하는 것이 되어 경찰권의 남용으로 국민의 기본권이 침해될 우려가 크다는 데에도 근거하고 있다.

### (3) 사 견

다음과 같은 이유에서 합헌설이 타당하다. 경찰행정의 특성, 즉 경찰권 발동상

---

3) 박윤흔, 322~323면.

황의 다양성과 경찰권 발동의 필요상황을 모두 예측하는 것이 불가능한 점 및 일반적 수권조항의 경우에도 법률의 수권이 있는 점에 비추어 일반적 수권조항이 법률유보의 원칙에 반드시 위반되는 것으로 볼 수는 없다.

## 2. 현행법상 일반적 수권조항의 존재 여부

경찰관직무집행법 제2조 제7호는 '그 밖에 공공의 안녕과 질서'를 경찰관의 직무범위에 속하는 것으로 규정하고 있다.[4] 이 규정은 기본적으로 경찰관의 직무규정(임무규정) 또는 일반적 권한규정이라고 보는 데에 견해는 일치하고 있다.

그런데, 이 규정이 아울러 일반적 수권조항의 성격을 가지는 것인가에 대하여 견해가 대립되고 있다.

이를 긍정하는 견해로 일반적으로 긍정하는 견해(전면적 인정설)와 순찰·홍보등 비침해적 경찰작용에 대하여만 일반적 수권조항으로 긍정하는 견해(부분적 인정설)가 있다.

그리고, 경찰관직무집행법 제2조 제7호와 제5조 제1항 제3호[5]를 유추해석하여 일반적 수권조항을 인정하는 견해(유추적용설)가 있다.

이에 대하여 위의 규정은 경찰권의 직무 내지 조직법상의 일반적 권한을 규정하는 것이며 경찰권의 작용법적 근거라고 볼 수는 없다는 견해(부정설)가 있다.

### (1) 긍정설

이 견해는 일반적 수권조항이 명문으로 규정되는 것이 바람직하지만 일반적 수권조항의 필요성 및 현재에 있어서의 일반적 수권조항의 흠결에 비추어 일반적 수권조항이 입법되기 전까지는 직무규범속에 포함되어 있는 경찰관직무집행법 제2조 제7호를 권한규범(수권규범)[6]으로서의 일반조항으로 인정하여 경찰권의 발동을 가능하게

---

4) 경찰관직무집행법 제2조는 '직무의 범위'라는 제하에 다음과 같이 규정하고 있다. "경찰관은 다음 각호의 직무를 행한다. ① 국민의 생명·신체 및 재산의 보호, ② 범죄의 예방·진압 및 수사, ③ 범죄피해자 보호, ④ 경비·주요인사경호 및 대간첩·대테러 작전 수행, ⑤ 공공안녕에 대한 위험의 예방과 대응을 위한 정보의 수집·작성 및 배포, ⑥ 교통 단속과 교통 위해의 방지, ⑦ 외국정부기관 및 국제기구와의 국제협력, ⑧ 그 밖에 공공의 안녕과 질서유지."

5) 경찰관직무집행법 제5조는 위험발생의 방지에 관한 규정인데, 동조 제1항은 다음과 같이 규정하고 있다. "경찰관은 사람의 생명 또는 신체에 위해를 끼치거나 재산에 중대한 손해를 끼칠 우려가 있는 천재(天災), 사변(事變), 인공구조물의 파손이나 붕괴, 교통사고, 위험물의 폭발, 위험한 동물 등의 출현, 극도의 혼잡, 그 밖의 위험한 사태가 있을 때에는 다음 각 호의 조치를 할 수 있다. ① 그 장소에 모인 사람, 사물(事物)의 관리자, 그 밖의 관계인에게 필요한 경고를 하는 것, ② 매우 긴급한 경우에는 위해를 입을 우려가 있는 사람을 필요한 한도에서 억류하거나 피난시키는 것, ③ 그 장소에 있는 사람, 사물의 관리자, 그 밖의 관계인에게 위해를 방지하기 위하여 필요하다고 인정되는 조치를 하게 하거나 직접 그 조치를 하는 것."

6) 권한규범이라는 용어는 부적절하며 수권규범이라고 하는 것이 타당하다. 왜냐하면 일반적으로 행정법에서 권한이라 하면 행정기관의 조직법상 권한을 말하기 때문이다. 행정기관의 조직법상의 권한은 행정기관의 대외적 활동의 일반적인 한계를 의미한다.

하여야 한다고 본다.[7]

### (2) 부분적 인정설

이 견해는 현행법상 일반조항을 인정할 수 있는가의 문제는 ① 침해의 근거규범으로서 일반조항의 인정가능성의 문제와 ② 비침해예방작용의 근거규범으로서의 일반조항의 인정가능성의 문제를 구분하여 보는 것이 타당하다고 보면서, 침해작용의 경우에는 권한규정(수권규정)과 임무규정을 엄격히 구분하여야 하고, 침해적 경찰권의 발동에는 작용법적 수권규정의 근거가 있어야 하는데, 경찰관직무집행법 제2조 제7호는 권한규범(수권규범)이 아니라 임무규범에 불과하며 사인에 대한 침해까지 가능하게 하는 규정으로 보아서는 아니 되며 일반조항을 두는 입법조치가 필요하다. 그러나, 비침해예방작용에서 법적 근거는 임무규정만으로 족하다고 본다. 다만, 이러한 작용의 경우에도 개인의 권리·이익을 침해하기 위해서는 권한규범의 근거를 요한다.[8]

### (3) 유추적용설

이 견해는 일반적 수권조항을 경찰관직무집행법 제2조 제7호와 제5조 제3호의 유추해석에 의해 인정하는 견해이다. 제5조 제1항 제3호는 개인적 법익에 대한 일반적 수권조항이라고 보면서 공동체적 법익·법질서전체·공공의 질서에 대한 위험방지에 대하여는 일반적 수권조항이 결여되어 있는데 이는 법의 흠결이며 이를 입법자가 알았더라면 방치하지 않았을 것이라고 보고, 경찰관직무집행법 제2조 제7호와 제5조 제1항 제3호의 유추해석에 의하여 일반적 수권조항을 인정할 수 있다고 본다.[9]

### (4) 부정설(입법필요설)

이 견해는 경찰관직무집행법 제2조 제7호는 경찰의 직무범위 내지 조직법상의 일반적 권한을 정한 것이며 경찰권 발동의 작용법적 근거를 정한 것은 아니라고 보는 데 근거하고 있다. 또한, 현행 경찰관직무집행법상의 개별적 수권조항들은 경찰상의 위험에 해당하는 경우를 포괄하고 있고, 특히 제5조 제1항은 다른 규정에서 규정하고 있지 않은 공백상태를 상당부분 규율하고 있어서 실무상 일반조항의 필요성이 그리 큰 것은 아니라고 본다.[10]

### (5) 판 례

아직 판례가 확립된 것이라고 볼 수는 없지만 경찰관직무집행법 제2조에 근거하여 경찰권이 발동될 수 있다고 본 대법원 판결(긍정설)이 있다.

---

7) 류지태, 759면; 남승길, "경찰관직무집행법,"『공법연구』, 제25집 제3호, 1997. 6, 99면.
8) 홍정선, 408면.
9) 이기우, "경찰작용법의 체계,"『수사연구』, 1990. 2, 98면.
10) 김동희, 222~223면.

[판례] 청원경찰법 제3조는 청원경찰은 청원주와 배치된 기관, 시설 또는 사업장등의 구역을 관할하는 경찰서장의 감독을 받아 그 경비구역 내에 한하여 경찰관직무집행법에 의한 직무를 행한다고 정하고 있고 한편 구 경찰관직무집행법 제2조에 의하면 경찰관은 범죄의 예방, 진압 및 수사, 경비요인, 경호 및 대간첩작전 수행, 치안정보의 수집작성 및 배포, 교통의 단속과 위해의 방지, 기타공공의 안녕과 질서유지 등을 그 직무로 하고 있는 터이므로 경상남도 양산군 도시과 단속계 요원으로 근무하고 있는 청원경찰관인 공소외 김○○ 및 이○○가 피고인의 집에서 피고인의 형 공소 외 박○○가 허가 없이 창고를 주택으로 개축하는 것을 단속한 것은 그들의 정당한 공무집행에 속한다고 할 것이므로 이를 폭력으로 방해한 피고인의 판시 소위를 공무집행방해죄로 다스린 원심조치는 정당하고 이에 소론과 같은 위법이 있다고 할 수 없다(대판 1986. 01. 28, 85도2448).

헌법재판소는 경찰법 제3조와 경찰관직무집행법 제2조를 경찰권 발동의 일반적 수권조항으로 본다(헌재 2005. 05. 26, 99헌마513: 경찰청장이 명문의 규정이 없이 지문정보를 보관하는 행위가 법률유보의 원칙에 위배되는 것이라고 볼 수 없다고 한 사례).

## (6) 사 견

다음과 같은 이유에서 부정설이 타당하다. 경찰관직무집행법 제2조 제7호는 직무의 범위라는 제하에 '1. 2. 3. 4. 5. 6. 7.'을 열거하고 있는 점에서 보아 기본적으로 경찰관의 직무의 범위를 정하는 규정일 뿐이며 경찰권 행사의 근거조항으로 볼 수는 없으므로 제2조 제7호를 경찰권행사의 일반적 수권조항이라고 해석할 수는 없다.

제5조 제1항 제3호는 기본적으로 경찰관의 직무집행에 관한 규정이며 일반적 수권조항인지에 관하여는 의문이 있다. 그리고, 경찰재량권의 통제에 관한 법이론 및 판례가 정립되지 못한 현재로서 일반적 수권조항을 인정하는 것은 법치행정의 원칙의 실질적 목적이 되는 국민의 기본권의 보장이 위태롭게 될 수 있기 때문에 이러한 상황하에서 우리나라에서 일반적 수권조항을 인정하는 것은 타당하지 않다.

다만, 대국민에 대한 경찰권발동이 아닌 경찰활동이나 대국민에 대한 경찰권의 발동이라도 법률유보의 원칙이 적용되지 않는 사항인 경우에는 법률의 수권 없이도 경찰작용이 가능하다.

## Ⅱ. 경찰권발동의 요건

일반조항에 의해 경찰권이 발동되기 위하여는 일정한 요건을 갖추어야 한다. ① 공공의 안녕 또는 질서에 위해 또는 장애가 존재하여 이를 예방하거나 제거할 필요가 있어야 한다. ② 일반조항에 의한 경찰권의 발동은 개별 조항에 의한 경찰권 발동이 불가능한 경우에 보충적으로 인정된다. ③ 경찰권 발동은 원칙상 재량에 속한다. 이를 나누어 고찰하면 다음과 같다.

## 1. 공공의 안녕 또는 질서에 위해 또는 장애가 존재하여 이를 예방하거나 제거할 필요가 있을 것

### (1) 공공의 안녕과 질서

공공의 안녕과 질서라 함은 안전(safety)을 의미한다. 안전이라 함은 위험이 없는 평온공연한 상태를 말한다.

안전을 협의의 안전(safety)과 안보(security)로 구분하는 경우도 있다. 이 경우 협의의 안전은 전통적인 경찰행정의 목적이 되는 국내에서의 공공의 안녕과 질서를 말하고, 안보은 전쟁, 테러 등 외부로부터의 위협으로부터 안전을 보장하는 것을 의미하는 것으로 본다.

### 1) 공공의 안녕

공공(公共)의 안녕(安寧)이라 함은 개인의 생명·건강·자유 및 재산의 안전과 국가와 그 기관의 온전성을 말한다. 따라서 개인의 법익뿐만 아니라 공동체의 법익도 경찰상 보호의 대상이 된다.

**가. 개인적 법익의 보호**　　　　개인의 생명·건강·자유 및 재산 등 개인적 법익도 경찰상 보호의 대상이 된다. 경찰권에 의한 개인적 법익의 보호는 평온, 안전 및 위생의 보호에 있다.

그러나, 이에는 다음과 같은 제한이 존재한다.

① 개인의 법익이 타인에 의해 침해된 경우에 법원에 의해 구제될 수 없거나 법원에 의한 구제가 현저히 곤란한 경우에 한하여 보충적으로 경찰에 의한 보호의 대상이 된다. 또한, 경찰권에 의한 개인의 권익의 보호는 잠정적인 것이어야 한다. 이를 경찰권 행사의 보충성의 원칙이라 한다.

② 개인적 법익의 보호가 공익을 위하여 필요한 경우이어야 한다. 경찰권은 순수하게 사익의 보호만을 위하여는 행사될 수 없다.

예를 들면, 낭비벽이 있는 알콜중독자의 경우 그 가족이나 알콜중독자의 재산을 보호하기 위하여는 경찰권이 행사될 수 없으나, 알콜중독자가 판단력을 상실하고 알콜중독자 자신의 생명 또는 신체에 큰 위해가 발생한 경우에는 일시적으로 보호조치를 취할 수 있다. 이 경우에도 경찰관 직무집행법 제4조 제1항 제1호의 요건에 해당하는 경우에는 개괄적 수권조항의 보충성의 원칙에 비추어 당해 개별 조항에 의한 경찰권이 발동되어야 하며 일반조항에 의한 경찰권의 발동은 인정되지 않는다.

**나. 공동체 법익의 보호**　　　　경찰권은 국가와 그 기관의 온전성을 보호하기 위하여 행사될 수 있다. 보호의 대상이 되는 기관에는 의회, 정부, 법원, 국가의 행정

청, 지방자치단체 및 공공시설(영조물)이 포함된다.

공동체 법질서(객관적 법질서)의 보호도 경찰권의 대상이 될 수 있다는 것이 일반적 견해이다. 즉, 공법규정의 위반은 공공의 안녕에 대한 위해가 된다고 본다.

### 2) 공공의 질서

공공(公共)의 질서(秩序)라 함은 공동체 생활을 유지하기 위하여 불가결한 것으로 요구되는 가치질서 및 윤리질서를 말한다. 성문의 법규범은 공공의 질서에 포함되지 않고, 공공의 안녕 개념에 포함된다.

공공질서를 형성하는 가치적·윤리적 질서는 시대에 따라 지역에 따라 다를 수 있으므로 공공질서의 내용은 시대에 따라 변하는 것이며 지역에 따라 다를 수 있다. 다원사회에서 개인의 윤리관과 가치관은 최대한 존중되어야 하므로 공공의 질서는 매우 엄격하게 최소한도로 인정되어야 한다. 동성애나 이성간의 동거는 공공의 질서에 반하는 것으로 보기 어렵지만, 성매매, 스트리킹은 공공의 질서에 반하는 것으로 볼 수 있다.

공공질서의 유지를 위한 경찰권의 발동은 개별적 수권조항에 근거한 경우와 개괄적 수권조항에 근거한 경우가 있다. 스와핑, 키스방 등에서과 같이 개별적 수권조항이 없는 상황하에서 공공의 질서를 유지하기 위해 개괄적 수권조항에 근거하여 경찰권을 발동하는 것은 인정할 수 없다는 견해가 있지만,11) 인정하되 극히 제한적으로만 인정하는 것이 타당하다.

### (2) 위해 또는 장애의 존재

### 1) 위   해

공공의 안녕이나 공공의 질서에 대한 위해(危害)라 함은 공공의 안녕이나 공공의 질서를 침해할 상당한 위험을 말한다.

경찰권의 발동요건이 되는 공공의 안녕이나 공공의 질서에 대한 위해는 개연성 있는(probable) 위해(실정법령상 '침해우려'라는 문구를 사용한다)이어야 한다. 침해의 가능성만으로는 안되며 개연성(상당한 가능성)이 있어야 한다. 경찰권 발동으로 표현의 자유가 제한되는 경우 등 경찰권 행사에 의해 중대한 기본권이 제한되는 경우에는 영미법상의 '명백하고 현존하는 위험'(clear and present danger)이 있어야 한다(대판 2019. 01. 17, 2015다236196).

상당성의 판단에 있어서는 개연성의 정도뿐만 아니라 침해되는 법익의 중요성이 고려되어야 한다. 중요한 법익에 대한 위해가 있는 경우에는 개연성의 정도가 완

---

11) 이성용, 독일 경찰법상 공공의 질서개념의 국내법적 수용, 제1회 행정법분야 연합학술대회, 2011. 12. 9.

화될 수 있다.

**[판례]** ① 집회 및 시위에 관한 법률상 집회의 사전 금지 또는 제한이 허용될 수 있는 경우 및 실제 이루어진 집회가 당초 신고 내용과 달리 타인의 법익이나 공공의 안녕질서에 직접적이고 명백한 위험을 초래하지 않은 경우, 사전에 금지통고된 집회라는 이유만으로 해산을 명하고 이에 불응하였다고 하여 처벌할 수 있는지 여부(소극): 집회 및 시위에 관한 법률(이하 '집시법'이라 한다)상 일정한 경우 집회의 자유가 사전 금지 또는 제한된다 하더라도 이는 다른 중요한 법익의 보호를 위하여 반드시 필요한 경우에 한하여 정당화되는 것이며, 특히 집회의 금지와 해산은 원칙적으로 공공의 안녕질서에 대한 직접적인 위협이 명백하게 존재하는 경우에 한하여 허용될 수 있고, 집회의 자유를 보다 적게 제한하는 다른 수단, 예컨대 시위 참가자수의 제한, 시위 대상과의 거리 제한, 시위 방법, 시기, 소요시간의 제한 등 조건을 붙여 집회를 허용하는 가능성을 모두 소진한 후에 비로소 고려될 수 있는 최종적인 수단이다. 따라서 사전 금지 또는 제한된 집회라 하더라도 실제 이루어진 집회가 당초 신고 내용과 달리 평화롭게 개최되거나 집회 규모를 축소하여 이루어지는 등 타인의 법익 침해나 기타 공공의 안녕질서에 대하여 직접적이고 명백한 위험을 초래하지 않은 경우에는 이에 대하여 사전 금지 또는 제한을 위반하여 집회를 한 점을 들어 처벌하는 것 이외에 더 나아가 이에 대한 해산을 명하고 이에 불응하였다 하여 처벌할 수는 없다(대판 2011. 10. 13, 2009도13846[집회및시위에관한법률위반]).

② [원고들이 집회에 참가하였다가 경찰에 의한 직사살수 방식에 의해 물대포를 맞고 상해를 입었다는 이유로 국가를 상대로 위자료를 청구한 사건] (1) 위해성 경찰장비인 살수차와 물포는 필요한 최소한의 범위에서만 사용되어야 하고, 특히 인명 또는 신체에 위해를 가할 가능성이 더욱 커지는 **직사살수**는 타인의 법익이나 공공의 안녕질서에 **직접적이고 명백한 위험이 현존하는** 경우에 한해서만 사용이 가능하다고 보아야 한다. (2) 경찰관이 직사살수의 방법으로 집회나 시위 참가자들을 해산시키려면, **적법절차의 원칙**에 따라 먼저 집회 및 시위에 관한 법률 제20조 제1항 각호에서 정한 해산 사유를 구체적으로 고지하는 적법한 절차에 따른 해산명령을 시행한 후에 직사살수의 방법을 사용할 수 있다고 보아야 한다(대판 2019. 01. 17, 2015다236196).

**오상위험**(경찰공무원이 어떤 상황을 '주관적으로' 위험하다고 판단하였으나, 그 상황판단이 잘못되었거나 장래의 예측에 하자가 있어 그런 판단에 상응하는 '객관적인' 위험은 실제로 존재하지 않는 경우)은 경찰권 발동의 대상이 아니다. **잠재적 위험**(처음에는 구체적인 위험이 존재하지 않고 장래에 외부적 사정이 부가됨으로써 비로소 경찰상의 보호이익에 대한 구체적인 위험이 발생하는 경우)에 있어서는 사전배려의 원칙(사전예방의 원칙)이 적용될 수 있는 경우를 제외하고는 경찰권이 발동될 수 없고, **외관상 위험**(표현위험, 행정청이 개입하는 시점에서의 합리적인 판단에 의할 때 위험을 인정할 객관적인 근거는 존재하지만, 사후에 위험이 실제로는 존재하지 않았다는 것이 밝혀질 경우)에 있어서는 경찰권의 개입이 가능하다.[12] 예를 들면, 길거리에서 어떤 사람이 칼을 들고 다른 사람을 쫓고 있는 장면의 영화촬영에 있어서 행정경찰기관이 영화촬영이라는 것을 쉽게 알 수 있는 경우에는 오상위험이고, 경찰기관이 위험이 있다고 판단하는데 합리적인 이유가 있는 경우에는 외관상 위험이다.

---

12) 박상희 · 서정범, 46~48면.

개연성 있는 위험(협의의 위험)이 아닌 불확실하거나 막연히 가능성 있는 위험(리스크, Risiko)은 고권적인 경찰권 발동의 대상이 될 수 없고, 위험관리(risk management)의 대상이 될 뿐이다. 잔존리스크(Restrisk)는 위험이 0인 상태는 존재하지 않는다는 전제하에 법적으로 허용되는 리스크(위험)을 말하는데, 잔존리스크는 법적으로 허용되는 안전한 상태이고, 경찰규제의 대상이 될 수 없다. 그러나 위험관리의 대상은 될 수 있고, 경우에 따라서는 위험관리의 대상에서 제외될 수도 있다.

다만, 위험의 의심 또는 혐의가 있는 경우 위험의 존재 여부의 확인을 위한 조사를 할 수 있고, 사전배려의 원칙(precautionary principle)상 불확실한 위험(잠재적 위험)의 경우에도 그 위험이 중대하고 회복할 수 없는 손해를 발생시킬 수 있는 위험이고, 위험에 대해 과학적으로 합리적인 의심이 있는 경우에는 예외적으로 경찰권이 발동될 수 있다.[13]

그리고, 위험의 개연성은 없지만 위험에 대한 (합리적) 의심이 있는 경우에도 위험여부 확인조치 등 위험관리조치를 취할 수 있도록 법적 근거를 두는 것이 필요하다(김성태, 위험에 대한 의심과 위험 여부의 확인, 행정법연구 2017.12, 157면 이하).

### 2) 장애(장해)

공공의 안녕이나 공공의 질서에 대한 장애(장해)라 함은 공공의 안녕이나 공공의 질서에 대한 위험이 실현되어 손해가 이미 발생하여 계속되고 있는 상태를 말한다.

공공의 안녕이나 공공의 질서에 대한 장애가 경찰권 발동의 대상이 되는 것은 장래의 위해를 제거하기 위한 것이다. 그러므로 공공의 안녕이나 공공의 질서에 대한 장애에 대한 경찰권 발동도 이미 발생한 손해를 제거하는 것을 내용으로 하지만 실질적으로는 예방적인 성격을 갖는다고 할 수 있다.

공공의 안녕에 대한 위해와 공공의 질서에 대한 위해는 둘 중의 하나만 존재하면 족하다. 위해나 장애의 경우에도 하나만 존재하면 된다.

### (3) 위해나 장애를 예방하거나 제거할 필요

공공의 안녕, 공공의 질서, 위해 및 장애라는 불확정개념은 원칙상 법개념이며 경찰권 발동기관에게 판단여지가 인정되지 않는다. 그러나, '위해나 장애를 예방하거나 제거할 필요'의 판단에는 경찰권 발동기관에게 판단여지 내지 재량권이 인정된다고 보아야 한다. 경찰재량은 통상 위해나 장애를 예방하거나 제거할 필요(경찰권 발동

---

13) 사전배려의 원칙(사전예방의 원칙)은 종래의 전통적인 경찰법제에 의해 관리될 수 없는 위험인 불확실한 위험(잠재적 위험)이 중대하고 회복할 수 없는 손해를 발생시킬 수 있는 위험이고, 위험에 대해 과학적으로 합리적인 의심이 있는 경우 공권력의 발동을 정당화하는 이론이다(환경행정법 참조).

의 필요) 여부의 결정에 인정된다.

## 2. 개별조항에 의한 수권의 불비(보충성의 원칙)

공공의 안녕 또는 질서에 위해 또는 장애가 존재하여 이를 예방하거나 제거할 필요가 있는 경우에도 이에 관하여 개별조항에 의해 경찰권 발동의 근거가 규정되어 있는 경우에는 일반조항에 근거한 경찰권 발동이 인정될 수 없다.

## 3. 경찰재량

경찰권의 발동은 원칙상 재량권에 속한다. 다만, 재량권의 영으로의 수축이론에 의해 재량권발동에 있어 재량권이 인정되지 않는 경우가 있다.

# 제 2 항 개별적 수권조항

경찰관직무집행법 및 여러 개별법에서 경찰권 발동에 대한 개별적인 수권규정을 두고 있다. 경찰관직무집행법상 개별적 수권조항으로는 경찰관직무집행법 제3조(불심검문), 동법 제4조(보호조치 등), 동법 제5조(위험발생의 방지조치), 동법 제6조(범죄의 예방과 제지조치), 동법 제7조(위험방지를 위한 출입)가 있다.

# 제 3 절 경찰권의 행사(발동)

## 제 1 항 경찰재량

## I. 의 의

경찰재량(警察裁量)이라 함은 경찰행정분야에서 인정되는 재량을 말한다. 경찰재량은 일반 행정재량과 성질상으로 구별되는 것은 아니지만 경찰행정의 특성에 비추어 경찰재량의 인정 및 한계에 있어 특수한 고찰이 필요하다.

경찰행정은 경찰상 위해를 방지하고 제거하는 것을 기본적인 임무로 한다. 그런데, 경찰상 위해는 매우 다양하므로 이를 유형화하여 법규에 의해 일의적으로 규정한다는 것이 어렵고 또한, 바람직하지도 않다. 그리고, 경찰기관의 인적·물적 능력에는 한계가 있어서 경찰상 위해가 있는 모든 경우에 경찰권의 발동을 의무화할 수도 없는 것이 현실이다. 이러한 경찰행정의 특성에 비추어 구체적인 상황에 즉응하여 경찰권이 탄력적으로 대응할 수 있도록 하기 위하여 경찰권의 발동은 통상 재량행위로 규정되고 있다.

그러므로, 경찰권의 발동은 법령에서 특별하게 기속행위로 규정한 경우를 제외하고는 원칙적으로 재량행위로 해석하여야 한다. 이는 경찰권이 일반조항에 근거하여 발동되는 경우뿐만 아니라 개별 조항에 근거하여 발동되는 경우에도 그러하다.

경찰재량은 경찰권의 발동 여부에서 인정될 뿐만 아니라 경찰권의 수단 및 행사방법의 선택에서도 인정된다. 즉, 경찰권의 행사에는 결정재량과 선택재량이 인정된다.

그런데, 경찰권의 행사는 국민의 생명, 건강 및 재산과 밀접한 관련을 가지고 있고, 경찰작용은 권력적인 작용이므로 경찰재량을 통제하여 국민의 권익을 보호할 필요성이 매우 크며 경찰재량의 한계에 관한 법리가 발전되어야 한다. 경찰재량의 한계에 관하여는 일반 행정재량의 한계의 법리가 그대로 적용되는 점에서는 일반 행정재량의 한계와 다르지 않지만 이 이외에도 경찰의 본질에서 오는 일정한 한계, 즉 소극목적의 원칙, 공공의 원칙, 책임의 원칙이 있다.

## Ⅱ. 경찰재량과 무하자재량행사청구권 및 행정개입청구권

경찰권의 행사에 재량권이 인정되는 경우에도 그 재량권은 하자 없이 행사되어야 한다. 이에 대응하여 법률상 이익이 있는 개인은 무하자재량행사청구권을 갖는다.

그리고 일정한 요건하에서 경찰재량권이 영으로 수축하는 경우가 있다. 이 경우에는 경찰권의 발동 여부에 관하여 재량이 없어지며 경찰기관은 경찰권을 발동할 의무를 지게 된다.

판례 중에는 '재량권의 영으로의 수축'이라는 표현을 사용하지는 않았지만 경찰행정분야에서 다음과 같이 재량권의 영으로의 수축이론의 내용을 도입한 판례가 있다.

[판례] [1] 경찰관직무집행법 제5조는 경찰관은 인명 또는 신체에 위해를 미치거나 재산에 중대한 손해를 끼칠 우려가 있는 위험한 사태가 있을 때에는 그 각 호의 조치를 취할 수 있다고 규정하여 형식상 경찰관에게 재량에 의한 직무수행권한을 부여한 것처럼 되어 있으나, 경찰관에게 그러한 권한을 부여한 취지와 목적에 비추어 볼 때 구체적인 사정에 따라 경찰관이 그 권한을 행사하여 필요한 조치를 취하지 아니하는 것이 현저하게 불합리하다고 인정되는 경우에는 그러한 권한의 불행사는 직무상의 의무를 위반한 것이 되어 위법하게 된다. [2] 경찰관이 농민들의 시위를 진압하고 시위과정에 도로 상에 방치된 트랙터 1대에 대하여 이를 도로 밖으로 옮기거나 후방에 안전표지판을 설치하는 것과 같은 위험발생방지조치를 취하지 아니한 채 그대로 방치하고 철수하여 버린 결과, 야간에 그 도로를 진행하던 운전자가 위 방치된 트랙터를 피하려다가 다른 트랙터에 부딪혀 상해를 입은 사안에서 국가배상책임을 인정한 사례이다(대판 1998. 08. 25, 98다16890).

무하자재량행사청구권, 재량권의 영으로의 수축 및 행정개입청구권의 요건 및 이에 근거한 국민의 권익구제방법에 관하여는 전술한 바와 같다(행정법론(상) 참조).

경찰권은 많은 경우에 사실행위의 형식으로 행사되고 경찰권의 발동이 즉시 종결되어 버리거나 즉시 발동되지 않으면 국민의 권익이 보호되지 못하는 경우가 많으므로 항고소송을 통한 권익구제에는 소의 이익의 부존재 등 일정한 한계가 있다. 따라서, 많은 경우에 공법상 결과제거청구나 국가배상을 통한 구제가 실효성 있는 경우가 많다.

경찰권의 행사가 있었던 경우에는 그것이 객관적 정당성을 상실하여 현저하게 불합리하다고 인정되지 않는다면 그 경찰권 행사가 부적절하였다거나 그와 다른 보다 완벽한 조치를 취하지 않았다거나 하는 이유로 경찰권 행사가 위법하게 되지 않는다.

**[판례]** 국가(경찰)가 인질범을 체포, 검거하는 과정에서, 인질범의 요구에 응하여 인질범에게 돈을 전달하여야 하는 인질의 부(父)의 생명·신체상의 안전을 위하여 취하여야 할 조치: 범죄의 예방·진압 및 수사는 경찰관의 직무에 해당하며(경찰관직무집행법 제2조 제1호 참조), 그 직무행위의 구체적 내용이나 방법 등이 경찰관의 전문적 판단에 기한 합리적인 재량에 위임되어 있으므로, 경찰관이 구체적 상황 하에서 그 인적·물적 능력의 범위 내에서의 적절한 조치라는 판단에 따라 범죄의 진압 및 수사에 관한 직무를 수행한 경우, 경찰관에게 그와 같은 권한을 부여한 취지와 목적, 경찰관이 다른 조치를 취하지 아니함으로 인하여 침해된 국민의 법익 또는 국민에게 발생한 손해의 심각성 내지 그 절박한 정도, 경찰관이 그와 같은 결과를 예견하여 그 결과를 회피하기 위한 조치를 취할 수 있는 가능성이 있는지 여부 등을 종합적으로 고려하여 볼 때, **그것이 객관적 정당성을 상실하여 현저하게 불합리하다고 인정되지 않는다면** 그와 다른 조치를 취하지 아니한 부작위를 내세워 국가배상책임의 요건인 법령 위반에 해당한다고 할 수 없다(대판 2007. 10. 25, 2005다 23438: 사건의 발생 및 전개가 급박하고 가변적인 인질강도 사건의 특성과 그와 같은 범죄의 태양 및 수법, 경위 등에서 예측되는 피해 발생의 구체적 위험성의 내용 등에 비추어, 이 사건 경찰관들은 구체적·개별적 상황 하에서 인질 구출 및 납치범 검거를 위한 최선의 조치를 취하였다고 볼 수 있으며, 그 추적의 개시 및 방법 등 직무의 수행이 합리성 내지 상당성을 현저히 결여하였다거나 합리적인 판단 기준에서 현저히 잘못된 것이라고 볼 수 없으므로, 경찰권의 행사가 부적절하였다거나 완벽한 조치를 취하지 아니한 부작위가 있다는 등의 이유를 내세워 이 사건 인질 구출 및 납치범 검거에 관한 직무수행 행위가 법령에 위반하는 행위에 해당한다고 할 수 없다고 본 사례).

# 제 2 항  경찰관직무집행법상 경찰권의 발동

## I. 불심검문(경찰관직무집행법 제3조)

### 1. 불심검문의 의의

불심검문(不審檢問)이라 함은 경찰관이 거동이 수상한 자를 정지시켜 조사하는 행위를 말한다.

경찰관직무집행법 제3조 제1항은 "경찰관은 수상한 행동이나 그 밖의 주위 사정을 합리적으로 판단하여 볼 때 어떠한 죄를 범하였거나 범하려 하고 있다고 의심할 만한 상당한 이유가 있는 사람 또는 이미 행하여진 범죄나 행하여지려고 하는 범죄행위에 관한 사실을 안다고 인정되는 사람을 정지시켜 질문할 수 있다"라고 규정하고 있다.

## 2. 불심검문의 대상과 법적 성질

경찰관직무집행법이 정하는 불심검문은 어떠한 죄를 범하였다고 의심되는 자뿐만 아니라 어떠한 죄를 범하려하고 있다고 의심되는 자를 그 대상으로 하고 있다.

[판례] 경찰관이 불심검문 대상자 해당 여부를 판단하는 기준 및 불심검문의 적법 요건과 내용: 경찰관직무집행법(이하 '법'이라고 한다)의 목적, 법 제1조 제1항, 제2항, 제3조 제1항, 제2항, 제3항, 제7항의 내용 및 체계 등을 종합하면, 경찰관이 법 제3조 제1항에 규정된 대상자(이하 '불심검문 대상자'라 한다) 해당 여부를 판단할 때에는 불심검문 당시의 구체적 상황은 물론 사전에 얻은 정보나 전문적 지식 등에 기초하여 불심검문 대상자인지를 객관적·합리적인 기준에 따라 판단하여야 하나, 반드시 불심검문 대상자에게 형사소송법상 체포나 구속에 이를 정도의 혐의가 있을 것을 요한다고 할 수는 없다. 그리고 경찰관은 불심검문 대상자에게 질문을 하기 위하여 범행의 경중, 범행과의 관련성, 상황의 긴박성, 혐의의 정도, 질문의 필요성 등에 비추어 목적 달성에 필요한 최소한의 범위 내에서 사회통념상 용인될 수 있는 상당한 방법으로 대상자를 정지시킬 수 있고 질문에 수반하여 흉기의 소지 여부도 조사할 수 있다(대판 2014. 02. 27, 2011도13999[상해·공무집행방해]).

어떠한 죄를 범하려하고 있다고 의심되는 자에 대한 불심검문은 범죄의 예방을 목적으로 하는 불심검문으로 행정경찰에 속하지만, 어떠한 죄를 범하였다고 의심되는 자에 대한 불심검문은 사법경찰에 속한다.

경찰관직무집행법이 정하는 불심검문은 '이미 행하여진 범죄나 행하여지려고 하는 범죄행위에 관하여 그 사실을 안다고 인정되는 자'에 대하여도 행해질 수 있다. 이 경우에도 '이미 행하여진 범죄에 관하여 그 사실을 안다고 인정되는 자'에 대한 불심검문은 범죄수사의 차원에서 행해지는 사법경찰작용인 반면에, '행하여지려고 하는 범죄행위에 관하여 안다고 인정되는 자'에 대한 불심검문은 범죄예방을 목적으로 하는 것으로 행정경찰작용이다.

## 3. 불심검문의 방법

경찰관직무집행법상의 불심검문의 방법으로는 질문, 동행요구(임의동행)와 흉기 소지여부조사가 있다.

## (1) 질 문

질문은 거동이 수상한 자에게 신분증을 통하여 성명, 주소, 연령 등 신원을 확인하고, 행선지, 용건, 소지품 등을 물어보는 조사행위이다.

질문을 권력적 사실행위로 보는 견해도 있으나 불심검문을 당한 자는 그 의사에 반하여 답변을 강요당하지 아니하므로(제3조 제7항) 질문은 비권력적인 사실행위라고 보는 것이 타당하다.

상대방이 경찰관의 질문을 위한 정지요구에 응하지 않거나 질문 도중 현장을 떠나려고 하는 경우 경찰관은 물리력을 행사하여 이를 저지할 수 있는가 하는 것이 문제된다. 상대방의 의사를 제압하지 않는 정도의 물리력의 행사(예, 정지를 위하여 길을 막아서거나 추적하거나 팔을 가볍게 붙잡는 행위)는 허용된다고 보는 것이 일반적 견해이다.

**[판례]** (1) 경찰관직무집행법의 목적, 규정 내용 및 체계 등을 종합하면, 경찰관은 법 제3조 제1항에 규정된 대상자(수상한 거동 기타 주위의 사정을 합리적으로 판단하여 어떠한 죄를 범하였거나 범하려 하고 있다고 의심할 만한 상당한 이유가 있는 자 또는 이미 행하여진 범죄나 행하여지려고 하는 범죄행위에 관하여 그 사실을 안다고 인정되는 자)에게 질문을 하기 위하여 범행의 경중, 범행과의 관련성, 상황의 긴박성, 혐의의 정도, 질문의 필요성 등에 비추어 그 목적 달성에 필요한 최소한의 범위 내에서 사회통념상 용인될 수 있는 상당한 방법으로 그 대상자를 정지시킬 수 있고 질문에 수반하여 흉기의 소지 여부도 조사할 수 있다 할 것이다. (2) 이 사건 범행 장소 인근에서 자전거를 이용한 날치기 사건이 발생한 직후 검문을 실시 중이던 경찰관들이 위 날치기 사건의 범인과 흡사한 인상착의의 피고인을 발견하고 앞을 가로막으며 진행을 제지한 행위는 그 범행의 경중, 범행과의 관련성, 상황의 긴박성, 혐의의 정도, 질문의 필요성 등에 비추어 그 목적 달성에 필요한 최소한의 범위 내에서 사회통념상 용인될 수 있는 상당한 방법으로 법 제3조 제1항에 규정된 자에 대하여 의심되는 사항에 관한 질문을 하기 위하여 정지시킨 것으로 보아야 한다(대판 2012. 09. 13, 2010도6203).

## (2) 동행요구

경찰관은 불심검문 장소(사람을 정지시킨 장소)에서 질문을 하는 것이 그 사람에게 불리하거나 교통에 방해가 된다고 인정될 때에는 질문하기 위하여 가까운 경찰관서(경찰서·지구대·파출소 또는 출장소, 지방해양경비안전관서를 포함)로 동행할 것을 요구할 수 있다. 이 경우 동행(同行)을 요구받은 사람은 그 요구를 거절할 수 있다(제3조 제2항). 경찰관 직무집행법 제3조 제2항에 따른 임의동행은 행정경찰 목적의 경찰활동으로 행하여지는 것인데, 형사소송법 제199조 제1항에 따른 범죄 수사를 위한 임의동행과 구별하여야 한다(대판 2020. 05. 14, 2020도398).

당해인이 동행요구를 거절했음에도 강제로 연행하려고 하는 경우에 이 강제연행은 위법한 공무집행이므로 이에 저항하여도 공무집행방해가 되지 않는다.

**[판례]** ① 경찰관이 임의동행요구에 응하지 않는다 하여 강제연행하려고 대상자의 양팔을 잡아 끈 행위는 적법한 공무집행이라고 할 수 없으므로 그 대상자가 이러한 불법연행으로부터 벗어나기 위하여 저항한 행위는 정당한 행위라고 할 것이고 이러한 행위에 무슨 과실이 있다고 할 수 없다(대판 1992. 05. 26, 91다38334).

② 임의동행에 있어서의 임의성의 판단은 동행의 시간과 장소, 동행의 방법과 동행거부의사의 유무, 동행 이후의 조사 방법과 퇴거의사의 유무 등 여러 사정을 종합하여 **객관적인 상황**을 기준으로 하여야 한다(대판 1993. 11. 23, 93다35155).

③ 임의동행의 형식으로 수사기관에 연행된 **피의자**에게도 변호인 또는 변호인이 되려는 자와의 **접견교통권**은 당연히 인정된다고 보아야 하고, 임의동행의 형식으로 연행된 **피내사자의 경우**에도 이는 마찬가지이다(대판 1996. 06. 03, 96모18).

④ 임의동행은 상대방의 동의 또는 승낙을 그 요건으로 하는 것이므로 경찰관으로부터 임의동행 요구를 받은 경우 상대방은 이를 거절할 수 있을 뿐만 아니라 **임의동행 후 언제든지 경찰관서에서 퇴거할 자유가 있다** 할 것이고, 경찰관직무집행법 제3조 제6항이 임의동행한 경우 당해인을 6시간을 초과하여 경찰관서에 머물게 할 수 없다고 규정하고 있다고 하여 그 규정이 임의동행한 자를 6시간 동안 경찰관서에 구금하는 것을 허용하는 것은 아니라고 할 것이다(대판 1997. 08. 22, 97도1240).

### (3) 흉기소지 여부 조사

경찰관은 질문을 할 때에 흉기의 소지 여부를 조사할 수 있다(제3조 제3항). 흉기소지 여부를 조사하기 위하여는 상대방의 신체 및 소지품에 대하여 접촉을 하게 되므로 신체의 자유에 대한 제한의 측면이 있다. 경찰관직무집행법 제3조의 흉기소지 여부 조사권에 근거하여 강제적으로 소지품을 검사하는 것은 가능하지 않다. 외부에서 의복이나 휴대품에 손을 대서 흉기소지 여부를 조사하는 데 그쳐야 한다.

경찰관직무집행법상의 불심검문시 행해지는 흉기소지 여부 조사의 성질 및 영장요구 여부에 관하여는 견해가 다음과 같이 대립되고 있다.

① 불심검문은 거동이 수상한 자의 의복이나 휴대품을 가볍게 손으로 만지면서 행해지므로 그 실질이 수색에 해당한다고 보고, 수색을 법관의 영장 없이 행하도록 한 경찰관직무집행법은 문제가 있다는 견해가 있다.[14]

② 이에 대하여 흉기소지 여부 조사는 장래의 위해발생을 예방하기 위하여 행하여지며, 범죄행위가 행하여진 후에 행하여지는 경우에도 증거물 발견목적도 있기는 하지만 주로는 당해 흉기의 사용으로 다시 범죄가 범하여지는 것을 예방하기 위한 것이라 할 것이며, 시간적으로 급박한 반면 상대방에게 미치는 피해는 일시적이며 비교적 경미하다는 점을 감안할 때 헌법 제12조 제3항의 수색에 해당하지 않는다는 견해가 있다.[15]

③ 흉기조사는 영장 없이 이루어지는 강제조사의 성격을 갖는다는 견해도 있다.[16]

---

14) 이상규, 92면.
15) 박윤흔, 361면.

④ 흉기소지 여부 조사는 주로 경찰상 위해방지의 차원에서 행해지고 시간적으로 급박한 상황하에서 행해지므로 경찰상 즉시강제로서의 성질을 가지며 수색에 요구되는 영장은 요구되지 않는다는 견해가 있다.[17]

생각건대, 흉기소지 여부 조사는 주된 목적이 범죄의 예방에 있고, 그 조사는 신체의 자유를 침해하지 않는 한도 내에서 가볍게 행해져야 하므로 사법작용으로서의 수색이라고 할 수는 없으므로 반드시 영장이 필요하다고 할 수는 없다. 그 법적 성질은 어느 정도의 강제력이 수반되는 권력적인 행정조사로 보는 것이 타당하다. 흉기소지 여부 조사는 그것만으로 직접 행정목적을 달성하는 것이 아니라 위해방지조치라는 행정을 위한 자료의 수집으로서의 성질이 강하다고 보아야 하므로 즉시강제라기보다는 행정조사로 보는 것이 타당하다. 흉기조사가 남용되는 경우 국민의 신체의 자유가 침해되므로 흉기조사의 엄격한 기준을 정하고 그 한계를 넘는 흉기조사에 대한 권익구제제도가 마련되어야 한다.

### 4. 불심검문의 절차

불심검문은 적법절차의 원칙에 따라 행해져야 한다.

#### (1) 사전절차

질문하거나 동행을 요구할 경우 경찰관은 해당인에게 자신의 신분을 표시하는 증표를 제시하면서 소속과 성명을 밝히고 질문이나 동행의 목적과 이유를 설명하여야 하며, 동행을 요구하는 경우에는 동행 장소를 밝혀야 한다(제3조 제4항). 질문, 동행요구, 흉기소지 여부 조사의 경우에 해당인은 형사소송에 관한 법률에 따르지 아니하고는 신체를 구속당하지 아니하며, 그 의사에 반하여 답변을 강요당하지 아니한다(제3조 제7항).

**[판례]** 경찰관이 신분증을 제시하지 않고 불심검문을 하였으나, 검문하는 사람이 경찰관이고 검문하는 이유가 범죄행위에 관한 것임을 피고인이 알고 있었던 경우, 그 불심검문이 위법한 공무집행인지 여부(소극): 경찰관직무집행법(이하 '법'이라 한다) 제3조 제4항은 경찰관이 불심검문을 하고자 할 때에는 자신의 신분을 표시하는 증표를 제시하여야 한다고 규정하고, 경찰관직무집행법 시행령 제5조는 위 법에서 규정한 신분을 표시하는 증표는 경찰관의 공무원증이라고 규정하고 있는데, 불심검문을 하게 된 경위, 불심검문 당시의 현장상황과 검문을 하는 경찰관들의 복장, 피고인이 공무원증 제시나 신분 확인을 요구하였는지 여부 등을 종합적으로 고려하여, 검문하는 사람이 경찰관이고 검문하는 이유가 범죄행위에 관한 것임을 피고인이 충분히 알고 있었다고 보이는 경우에는 신분증을 제시하지 않았다고 하여 그 불심검문이 위법한 공무집행이라고 할 수 없다(대

16) 홍정선, 418~419면.
17) 류지태, 758면.

판 2014. 12. 11, 2014도7976[공무집행방해·상해]).

### (2) 사후절차

임의동행을 한 경우 경찰관은 동행한 사람의 가족 또는 친지등에게 동행한 경찰관의 신분, 동행장소, 동행목적과 이유를 알리거나 본인으로 하여금 즉시 연락할 수 있는 기회를 주어야 하며, 변호인의 도움을 받을 권리가 있음을 알려야 한다(제3조 제5항). 경찰관은 임의동행을 한 사람을 6시간을 초과하여 경찰관서에 머물게 할 수 없다(제3조 제6항).

### 5. 권리구제

질문·동행요구는 비권력적 사실행위이므로 당사자는 그에 응하지 않을 수 있다. 질문·동행요구에 불응했음에도 강제력을 행사하는 것은 위법하므로 실력으로 저항하여도 공무집행방해가 되지 않는다.

흉기소지 여부 조사가 위법한 때에는 실력으로 저항할 수 있다. 흉기소지여부의 조사는 권력적 사실행위로서 처분이지만, 일시에 완성되어 버리므로 통상 취소소송의 소의 이익이 없다. 위법한 행위의 반복가능성이 있는 경우에 헌법소원이 인정될 수 있고, 이러한 경우에 취소소송의 소의 이익을 인정할 수 있다는 견해도 있다.

위법한 불심검문으로 손해를 입은 경우에는 국가배상을 청구할 수 있다.

## II. 보호조치 등(경찰관직무집행법 제4조)

### 1. 보호조치의 의의

보호조치(保護措置)는 자기 또는 다른 사람의 생명·신체와 재산에 위해를 끼칠 우려가 있는 사람에 대해 그 위해를 방지하기 위하여 잠정적으로 신체의 자유를 제한하여 보호하는 조치를 말한다(제4조 제1항 제1호).

보호조치는 신체의 자유에 대한 제한을 수반하므로 엄격한 요건과 절차하에 행해져야 하며 적절한 권익구제제도가 마련되어야 한다.

### 2. 보호조치의 대상 및 요건

보호조치의 대상은 다음과 같다. ① 정신착란을 일으키거나 술에 취하여 자신 또는 다른 사람의 생명·신체·재산에 위해를 끼칠 우려가 있는 사람, ② 자살을 시도하는 사람, ③ 미아, 병자, 부상자 등으로서 적당한 보호자가 없으며 응급구호가 필요하다고 인정되는 사람(다만, 본인이 구호를 거절하는 경우는 제외).

보호조치가 행해지기 위하여는 위의 ①, ② 또는 ③에 해당하는 것이 명백하고 응급구호가 필요하다고 믿을 만한 상당한 이유가 있어야 한다. ① 또는 ②에 해당하는 자는 당사자의 의사와 무관하게 보호조치가 행해질 수 있지만, ③에 해당하는 자에 대해서는 그 의사를 물어 당해인이 보호조치를 거부하면 보호조치가 행해질 수 없다.

**[판례]** [1] 경찰관직무집행법 제4조 제1항에서 정한 '술에 취한 상태'의 의미 및 위 조항에 따른 경찰관의 보호조치를 필요로 하는 피구호자에 해당하는지 판단하는 기준: 경찰관직무집행법 제4조 제1항 제1호(이하 '이 사건 조항'이라 한다)에서 규정하는 술에 취한 상태로 인하여 자기 또는 타인의 생명·신체와 재산에 위해를 미칠 우려가 있는 피구호자에 대한 보호조치는 경찰 행정상 즉시 강제에 해당하므로, 그 조치가 불가피한 최소한도 내에서만 행사되도록 발동·행사 요건을 신중하고 엄격하게 해석하여야 한다. 따라서 이 사건 조항의 '술에 취한 상태'란 피구호자가 술에 만취하여 정상적인 판단능력이나 의사능력을 상실할 정도에 이른 것을 말하고, 이 사건 조항에 따른 보호조치를 필요로 하는 피구호자에 해당하는지는 구체적인 상황을 고려하여 경찰관 평균인을 기준으로 판단하되, 그 판단은 보호조치의 취지와 목적에 비추어 현저하게 불합리하여서는 아니 되며, 피구호자의 가족 등에게 피구호자를 인계할 수 있다면 특별한 사정이 없는 한 경찰관서에서 피구호자를 보호하는 것은 허용되지 않는다. [2] 화물차 운전자인 피고인이 경찰의 음주단속에 불응하고 도주하였다가 다른 차량에 막혀 더 이상 진행하지 못하게 되자 운전석에서 내려 다시 도주하려다 경찰관에게 검거되어 지구대로 보호조치된 후 2회에 걸쳐 음주측정요구를 거부하였다고 하여 도로교통법 위반(음주측정거부)으로 기소된 사안에서, 당시 피고인이 술에 취한 상태이기는 하였으나 술에 만취하여 정상적인 판단능력이나 의사능력을 상실할 정도에 있었다고 보기 어려운 점, 당시 상황에 비추어 평균적인 경찰관으로서는 피고인이 경찰관직무집행법 제4조 제1항 제1호(이하 '이 사건 조항'이라 한다)의 보호조치를 필요로 하는 상태에 있었다고 판단하지 않았을 것으로 보이는 점, 경찰관이 피고인에 대하여 이 사건 조항에 따른 보호조치를 하고자 하였다면, 당시 옆에 있었던 피고인 처(妻)에게 피고인을 인계하였어야 하는데도, 피고인 처의 의사에 반하여 지구대로 데려간 점 등 제반 사정을 종합할 때, 경찰관이 피고인과 피고인 처의 의사에 반하여 피고인을 지구대로 데려간 행위를 적법한 보호조치라고 할 수 없고, 나아가 달리 적법 요건을 갖추었다고 볼 자료가 없는 이상 경찰관이 피고인을 지구대로 데려간 행위는 위법한 체포에 해당하므로, 그와 같이 위법한 체포 상태에서 이루어진 경찰관의 음주측정요구도 위법하다고 볼 수밖에 없어 그에 불응하였다고 하여 피고인을 음주측정거부에 관한 도로교통법 위반죄로 처벌할 수는 없는데도, 이와 달리 보아 유죄를 선고한 원심판결에 이 사건 조항의 보호조치에 관한 법리를 오해하여 위법한 체포상태에서의 도로교통법 위반(음주측정거부)죄 성립에 관한 판단을 그르친 위법이 있다고 한 사례(대판 2012. 12. 13, 2012도11162[공용물건손상·도로교통법위반(무면허운전)·공무집행방해·상해·도로교통법위반(음주측정거부)]).

### 3. 보호조치의 절차

보호조치는 일단 경찰관의 판단에 의해 행한다. 긴급한 상황하에서 신속한 보호조치를 위하여 경찰관의 판단만에 의해 행해지는 것은 불가피하지만 그 남용을 방지하기 위하여 아래와 같은 절차가 규정되어 있다.

경찰관은 보호조치를 하였을 때에는 지체 없이 구호대상자의 가족, 친지 또는 그 밖의 연고자에게 그 사실을 알려야 하며, 연고자가 발견되지 아니할 때에는 구호대상자를 적당한 공공보건의료기관이나 공공구호기관에 즉시 인계하여야 한다(제4조 제4항).

경찰관은 구호대상자를 공공보건의료기관이나 공공구호기관에 인계하였을 때에는 즉시 그 사실을 소속 경찰서장이나 지방해양경비안전관서의 장에게 보고하여야 한다(제4조 제5항). 보고를 받은 소속 경찰서장이나 지방해양경비안전관서의 장은 대통령령으로 정하는 바에 따라 구호대상자를 인계한 사실을 지체 없이 해당 공공보건의료기관 또는 공공구호기관의 장 및 그 감독행정청에 통보하여야 한다(제4조 제6항).

### 4. 보호조치의 방법

보호조치는 보건의료기관 또는 공공구호기관에 긴급구호를 요청하거나 경찰관서에 보호하는 등 적절한 조치를 취함으로써 행한다(제4조 제1항). 긴급구호요청을 받은 보건의료기관이나 공공구호기관은 정당한 이유 없이 긴급구호를 거절할 수 없다(제4조 제2항).

구호대상자가 휴대하고 있는 무기·흉기 등 위험을 야기할 수 있는 것으로 인정되는 물건은 경찰관서에 임시로 영치하여 놓을 수 있다(제4조 제3항).

### 5. 보호조치의 한계

보호조치는 긴급한 상황하에서 행해지는 잠정적 조치이다. 경찰관직무집행법도 경찰관서에서의 보호는 24시간을, 임시영치는 10일을 초과할 수 없다고 규정하고 있다(제4조 제7항).

그런데, 공중보건의료기관이나 공공구호기관에 보호조치한 경우나 인계한 경우에는 보호조치의 해제에 관한 규정이 없어 보호조치가 장기화할 우려가 있다. 공중보건의료기관이나 공공구호기관에 보호조치된 경우에는 당사자의 의사를 다시 확인하고 보호보치의 필요성을 객관적으로 판단할 수 있는 절차가 보완되어야 한다.

## Ⅲ. 위험발생의 방지조치(경찰관직무집행법 제5조)

### 1. 의    의

위험발생의 방지조치라 함은 인명 또는 신체에 위해를 미치거나 재산에 중대한 손해를 끼칠 우려가 있는 위험한 사태가 있을 때에 그 위험을 방지하기 위하여 취하는 조치를 말한다.

경찰관직무집행법 제5조는 일반적 수권조항의 성격을 갖는다. 다만, 개인적 법익의 보호를 위한 것만이 대상이 되며 공동체법익의 보호는 그 대상이 되지 않는다는 점에서 그 한계가 있다.

## 2. 요 건

경찰관직무집행법 제5조는 위험발생의 방지조치가 취해질 수 있는 위험한 사태로 천재, 사변, 인공구조물의 파손이나 붕괴, 교통사고, 위험물의 폭발, 위험한 동물 등의 출현, 극도의 혼잡을 예시하고 있고, 그 밖의 '사람의 생명 또는 신체에 위해를 끼치거나 재산에 중대한 손해를 끼칠 우려가 있는 위험한 사태가 있을 때'에는 필요한 경우 언제든지 위험방지조치가 취해질 수 있다.

## 3. 내 용

경찰관직무집행법 제5조는 위험발생방지조치의 내용으로 경고, 억류조치 또는 피난조치를 예시하고 있고, 그 이외에 위해방지상 필요한 조치를 개괄적으로 수권하고 있다(제5조 제1항 제1, 2, 3호).

### (1) 경 고

경찰관은 위험한 사태가 발생한 장소에 모인 사람, 사물의 관리자 그 밖의 관계인에게 필요한 경고를 발할 수 있다(제5조 제1항 제1호). 예를 들면, 경찰관은 통행인에게 붕괴위험이 있는 건물의 존재를 알려 건물 근처로 통행하지 말도록 주의를 줄 수 있다.

### (2) 억류조치 또는 피난조치

경찰관은 매우 긴급한 경우에는 위해를 입을 우려가 있는 사람을 필요한 한도에서 억류하거나 피난시킬 수 있다(제5조 제1항 제2호). 억류조치나 피난조치는 당사자의 의사에 반하여 강제로 행해질 수 있다. 억류조치의 예로는 화재가 난 건물에 들어가려는 건물주인을 들어가지 못하도록 제지하는 것을 들 수 있고, 피난조치의 예로는 하천이 범람하여 주민의 생명에 위험이 될 때 주민의 생명을 보호하기 위하여 주민을 대피시키는 것을 들 수 있다.

### (3) 위해방지조치

경찰관은 위험한 사태가 발생한 장소에 있는 사람, 사물의 관리자 그 밖의 관계인에게 위해를 방지하기 위하여 필요하다고 인정되는 조치를 하게 하거나 직접 그 조치를 할 수 있다(제5조 제1항 제3호).

경찰관직무집행법의 이 조항(제5조 제1항 제3호)은 위해방지조치의 내용을 특정하지 않고 개괄적으로 규정하고 있다.

[판례] 경찰관직무집행법 제5조는 경찰관은 인명 또는 신체에 위해를 미치거나 재산에 중대한 손해를 끼칠 우려가 있는 위험한 사태가 있을 때에는 그 각호의 조치를 취할 수 있다고 규정하여 형식상 경찰관에게 재량에 의한 직무수행권한을 부여한 것처럼 되어 있으나, 경찰관에게 그러한 권한을 부여한 취지와 목적에 비추어 볼 때 구체적인 사정에 따라 경찰관이 그 권한을 행사하여 필요한 조치를 취하지 아니하는 것이 현저하게 불합리하다고 인정되는 경우에는 그러한 권한의 불행사는 직무상의 의무를 위반한 것이 되어 위법하게 된다(대판 1998. 08. 25, 98다16890: 경찰관이 농민들의 시위를 진압하고 시위과정에 도로상에 방치된 트랙터 1대에 대하여 이를 도로 밖으로 옮기거나 후방에 안전표지판을 설치하는 것과 같은 위험발생방지조치를 취하지 아니한 채 그대로 방치하고 트랙터를 피하려다가 다른 트랙터에 부딪혀 상해를 입었으므로 국가배상책임이 인정된다고 한 사례). 〈해설〉 이 위해방지조치는 원칙상 재량행위이나 구체적인 상황하에서는 재량권이 영으로 수축하여 경찰관에게 위험방지의무가 인정되며 그 권한의 불행사는 위법하게 된다.

### (4) 대간첩 작전수행 또는 소요사태의 진압

경찰관서의 장은 대간첩 작전의 수행이나 소요 사태의 진압을 위하여 필요하다고 인정되는 상당한 이유가 있을 때에는 대간첩 작전지역 또는 경찰관서·무기고 등 국가중요시설에 대한 접근 또는 통행을 제한하거나 금지할 수 있다(제5조 제2항).

## 4. 절    차

경찰관이 위험발생의 방지조치를 한 때에는 지체없이 이를 소속 경찰관서의 장에게 보고하여야 한다(제5조 제3항). 제2항의 조치를 하거나 제3항의 보고를 받은 경찰관서의 장은 관계 기관의 협조를 구하는 등 적당한 조치를 하여야 한다(제5조 제4항).

## Ⅳ. 범죄의 예방과 제지조치(경찰관직무집행법 제6조)

경찰관은 범죄행위가 목전에 행하여지려고 하고 있다고 인정될 때에는 이를 예방하기 위하여 관계인에게 필요한 경고를 하고, 그 행위로 인하여 사람의 생명·신체에 위해를 끼치거나 재산에 중대한 손해를 끼칠 우려가 있는 긴급한 경우에는 그 행위를 제지할 수 있다(제6조).

경찰관직무집행법 제6조 중 경찰관의 제지에 관한 부분은 범죄의 예방을 위한 경찰 행정상 즉시강제에 관한 근거 조항이다(대판 2021. 10. 28, 2017다219218).

[판례] ① 경찰관직무집행법 제6조에 따른 경찰관의 제지 조치가 적법한 직무집행으로 평가될 수 있기 위한 요건 및 그 제지 조치가 적법한지 판단하는 기준: 경찰관직무집행법 제6조에 따른 경찰

관의 제지 조치가 적법한 직무집행으로 평가될 수 있기 위해서는, 형사처벌의 대상이 되는 행위가 눈앞에서 막 이루어지려고 하는 것이 객관적으로 인정될 수 있는 상황이고, 그 행위를 당장 제지하지 않으면 곧 인명·신체에 위해를 미치거나 재산에 중대한 손해를 끼칠 우려가 있는 상황이어서, 직접 제지하는 방법 외에는 위와 같은 결과를 막을 수 없는 절박한 사태이어야 한다. 다만, 경찰관의 제지 조치가 적법한지 여부는 제지 조치 당시의 구체적 상황을 기초로 판단하여야 하고 사후적으로 순수한 객관적 기준에서 판단할 것은 아니다(대판 2013. 06. 13, 2012도9937[상해·공무집행방해·도로교통법위반(음주측정거부); 대판 2017. 03. 15, 2013도2168]).

② [1] 경찰관직무집행법 제6조 제1항에 의한 경찰관의 제지 조치 발동·행사 요건의 해석 방법: 경찰관직무집행법 제6조 제1항 중 경찰관의 제지에 관한 부분은 범죄의 예방을 위한 경찰 행정상 즉시강제에 관한 근거 조항이다. 행정상 즉시강제는 그 본질상 행정 목적 달성을 위하여 불가피한 한도 내에서 예외적으로 허용되는 것이므로, 위 조항에 의한 경찰관의 제지 조치 역시 그러한 조치가 불가피한 최소한도 내에서만 행사되도록 그 발동·행사 요건을 신중하고 엄격하게 해석하여야 한다. 그러한 해석·적용의 범위 내에서만 우리 헌법상 신체의 자유 등 기본권 보장 조항과 그 정신 및 해석 원칙에 합치될 수 있다. [2] 구 집회 및 시위에 관한 법률(2007. 5. 11. 법률 제8424호로 개정되기 전의 것)에 의하여 금지되어 그 주최 또는 참가행위가 형사처벌의 대상이 되는 위법한 집회·시위가 장차 특정지역에서 개최될 것이 예상된다고 하더라도, 이와 시간적·장소적으로 근접하지 않은 다른 지역에서 그 집회·시위에 참가하기 위하여 출발 또는 이동하는 행위를 함부로 제지하는 것은 경찰관직무집행법 제6조 제1항의 행정상 즉시강제인 경찰관의 제지의 범위를 명백히 넘어 허용될 수 없다. 따라서 이러한 제지 행위는 공무집행방해죄의 보호대상이 되는 공무원의 적법한 직무집행이 아니다(대판 2008. 11. 13, 2007도9794).

③ [1] 경찰관은 경찰관 직무집행법에 따라 경범죄에 해당하는 행위를 예방·진압·수사하고, 필요한 경우 제지할 수 있다. [2] 야간에 집에서 음악을 크게 틀어놓는 등 인근소란행위를 하면서도 경찰관의 개문 요청을 거부하는 자를 집 밖으로 나오게 하기 위해 일시적으로 전기를 차단한 것은 경찰관직무집행법에 따른 적법한 직무집행으로 볼 수 있다(대판 2018. 12. 13, 2016도19417).

④ 경찰 병력이 구청의 행정대집행 직후 대책위가 또다시 같은 장소를 점거하고 물건을 다시 비치하는 것을 막기 위해 농성 장소를 미리 둘러싼 뒤 대책위가 같은 장소에서 기자회견 명목의 집회를 개최하려는 것을 불허하면서 소극적으로 제지한 것은 구 경찰관 직무집행법 제6조 제1항의 범죄행위 예방을 위한 경찰 행정상 즉시강제로서 적법한 공무집행에 해당한다(대판 2021. 10. 14, 2018도2993).

## V. 위험방지를 위한 출입(경찰관직무집행법 제7조)

### 1. 의    의

경찰관은 경찰상 위해의 예방을 위하여 타인의 토지·건물·배 또는 차 등 장소에 출입하여 조사할 필요가 있다. 그러나, 이는 주거의 자유를 제한하는 것이므로 엄격한 요건하에서 인정되어야 한다. 경찰관직무집행법 제7조는 동조 제1항에서 위험방지를 위한 출입에 관한 일반적 규정을 두고, 동조 제2항은 다수인이 출입하는 장소에의 출입의 요건을 다소 완화하고 있으며 동조 제3항은 대간첩작전수행을 위한 검색을 인정하고 있다.

## 2. 위험방지를 위한 출입

### (1) 일반 출입

경찰관은 제5조 제1항·제2항 및 제6조에 따른 위험한 사태가 발생하여 사람의 생명·신체 또는 재산에 대한 위해가 임박한 때에 그 위해를 방지하거나 피해자를 구조하기 위하여 부득이하다고 인정하면 합리적으로 판단하여 필요한 한도에서 다른 사람의 토지·건물·배 또는 차에 출입할 수 있다(제7조 제1항).

출입은 "제5조 제1항·제2항 및 제6조에 따른 위험한 사태가 발생하여 사람의 생명·신체 또는 재산에 대한 위해가 임박한 때에 그 위해를 방지하거나 피해자를 구조하기 위하여 부득이하다고 인정하면 합리적으로 판단하여 필요한 한도에서" 가능한데, 이 요건이 충족된 경우에는 경찰관은 소유자나 관계인의 동의 없이 출입할 수 있다.

이 경우 경찰관은 그 장소를 수색할 수는 없지만 그 장소의 내부를 둘러볼 수는 있다.

### (2) 다수인이 출입하는 장소에의 출입

흥행장·여관·음식점·역 그 밖에 많은 사람이 출입하는 장소의 관리자나 그에 준하는 관계인은 경찰관이 범죄나 사람의 생명·신체·재산에 대한 위해를 예방하기 위하여 해당 장소의 영업시간이나 해당 장소가 일반인에게 공개된 시간에 그 장소에 출입하겠다고 요구하면 정당한 이유 없이 그 요구를 거절할 수 없다(제7조 제2항).

다수인이 출입하는 장소에의 출입요건은 그 영업 또는 공개시간 내에는 제7조 제1항에 의한 출입요건보다 다소 완화되어 있다. 즉, 다수인이 출입하는 장소의 관리자 또는 그에 준하는 관계인은 그 영업 또는 공개시간 내에 경찰관이 "범죄나 사람의 생명·신체·재산에 대한 위해를 예방하기 위하여 그 장소에 출입하겠다고 요구하면" 정당한 이유 없이 그 요구를 거절할 수 없다. 출입요건을 갖춘 경우에는 관리자 등이 출입을 거절한 경우에도 그 장소에 출입할 수 있다.

## 3. 대간첩 작전 수행을 위한 검색

경찰관은 대간첩 작전 수행에 필요할 때에는 작전지역에서 제2항에 규정된 다수인이 출입하는 장소를 검색할 수 있다(제7조 제3항). 이 경우 검색은 대간첩작전의 수행에 필요한 한도 내에서 하여야 한다.

### 4. 절    차

제1항부터 제3항까지의 규정에 따라 경찰관이 필요한 장소에 출입할 때에는 그 신분을 표시하는 증표를 제시하여야 하며, 함부로 관계인이 하는 정당한 업무를 방해해서는 아니 된다(제7조 제4항).

## Ⅵ. 사실의 확인 등(경찰관직무집행법 제8조)

경찰관서의 장은 직무수행에 필요하다고 인정되는 상당한 이유가 있을 때에는 국가기관이나 공사(公私)단체 등에 직무 수행에 관련된 사실을 조회할 수 있다. 다만, 긴급한 경우에는 소속 경찰관으로 하여금 현장에 나가 해당기관 또는 단체의 장의 협조를 받아 그 사실을 확인하게 할 수 있다(제8조 제1항).

경찰관은 미아를 인수할 보호자의 확인, 유실물을 인수할 권리자의 확인, 사고로 인한 사상자의 확인, 행정처분을 위한 교통사고 조사에 필요한 사실의 확인을 위하여 필요하면 관계인에게 출석하여야 하는 사유·일시 및 장소를 명확히 적은 출석요구서를 보내 경찰관서에 출석할 것을 요구할 수 있다(제8조 제2항).

## Ⅶ. 정보의 수집 등

경찰관은 범죄·재난·공공갈등 등 공공안녕에 대한 위험의 예방과 대응을 위한 정보의 수집·작성·배포와 이에 수반되는 사실의 확인을 할 수 있다(제8조의2 제1항).

## Ⅷ. 경찰장비의 사용 등

### 1. 일반원칙

경찰관은 직무수행 중 경찰장비를 사용할 수 있다. 다만, 사람의 생명이나 신체에 위해를 끼칠 수 있는 경찰장비(이하 "위해성 경찰장비"라 한다)를 사용할 때에는 필요한 안전교육과 안전검사를 받은 후 사용하여야 한다(제10조 제1항). 여기에서 '경찰장비'라 함은 무기, 경찰장구, 경찰착용기록장치, 최루제와 그 발사장치, 살수차, 감식기구, 해안 감시기구, 통신기기, 차량·선박·항공기 등 경찰이 직무를 수행할 때 필요한 장치와 기구를 말한다(제10조 제2항). 경찰장비를 함부로 개조하거나 경찰장비에 임의의 장비를 부착하여 일반적인 사용법과 달리 사용함으로써 다른 사람의 생명·

신체에 위해를 끼쳐서는 아니 된다(제10조 제3항).

**[판례]** 구 경찰관 직무집행법 제10조 제3항에서 말하는 경찰장비는 '인명 또는 신체에 위해를 가할 수 있는 경찰장비(이하 '위해성 경찰장비'라 한다)'를 뜻한다(위 규정 제2조 참조). 위해성 경찰장비는 그 사용의 위험성과 기본권 보호 필요성에 비추어 볼 때 본래의 사용방법에 따라 지정된 용도로 사용되어야 하며 다른 용도나 방법으로 사용하기 위해서는 반드시 법령에 근거가 있어야 한다. [1] 불법적인 농성을 진압하는 방법 및 그 과정에서 어떤 경찰장비를 사용할 것인지는 구체적 상황과 예측되는 피해 발생의 구체적 위험성의 내용 등에 비추어 경찰관이 재량의 범위 내에서 정할 수 있다. 그러나 그 직무수행 중 특정한 경찰장비를 필요한 최소한의 범위를 넘어 관계 법령에서 정한 통상의 용법과 달리 사용함으로써 타인의 생명ㆍ신체에 위해를 가하였다면, 불법적인 농성의 진압을 위하여 그러한 방법으로라도 해당 경찰장비를 사용할 필요가 있고 그로 인하여 발생할 우려가 있는 타인의 생명ㆍ신체에 대한 위해의 정도가 통상적으로 예견되는 범위 내에 있다는 등의 특별한 사정이 없는 한 그 직무수행은 위법하다고 보아야 한다. [2] 경찰이 점거파업을 진압하기 위하여 헬기에서 공장 옥상으로부터 30~100m 고도로 제자리 비행을 하여 조합원들을 헬기 하강풍에 노출되게 하는 방법으로 헬기를 사용하여 불법적인 농성을 진압하는 것은 경찰장비를 위법하게 사용함으로써 적법한 직무수행의 범위를 벗어났다고 볼 여지가 있다고 한 사례(대판 2022. 11. 30, 2016다26662, 26679, 26686).

## 2. 경찰장구의 사용

경찰관은 현행범이나 사형ㆍ무기 또는 장기 3년 이상의 징역이나 금고에 해당하는 죄를 범한 범인의 체포 또는 도주 방지, 자신이나 다른 사람의 생명ㆍ신체의 방어 및 보호, 공무집행에 대한 항거의 제지를 위하여 필요하다고 인정되는 상당한 이유가 있을 때에는 그 사태를 합리적으로 판단하여 필요한 한도에서 경찰장구(警察裝具)를 사용할 수 있다(제10조의2 제1항). 여기에서 '경찰장구'란 경찰관이 휴대하여 범인 검거와 범죄 진압 등의 직무 수행에 사용하는 수갑ㆍ포승ㆍ경찰봉ㆍ방패 등을 말한다(제10조의2 제2항).

**[판례]** 경찰관이 압수영장을 집행하기 위하여 피고인을 병원 응급실로 데리고 가는 과정에서 공무집행에 항거하는 피고인을 제지하고 자해 위험을 방지하기 위해 수갑과 포승을 사용한 것은 경찰관 직무집행법에 따라 허용되는 경찰장구의 사용으로서 적법하다(대판 2018. 07. 12, 2018도6219).

## 3. 분사기 등의 사용

경찰관은 범인의 체포 또는 범인의 도주 방지 또는 불법집회ㆍ시위로 인한 자신이나 다른 사람의 생명ㆍ신체와 재산 및 공공시설 안전에 대한 현저한 위해의 발생 억제를 위하여 부득이한 경우 현장책임자가 판단하여 필요한 최소한의 범위에서 분사기(총포ㆍ도검ㆍ화약류등단속법에 따른 분사기와 최루 등의 작용제) 또는 최루탄을 사용할 수 있다(제10조의3).

**[판례]** (1) 직사살수는 타인의 법익이나 공공의 안녕질서에 대한 **직접적인 위험이 명백히 초래되었고**, 다른 방법으로는 그 위험을 제거할 수 없는 **경우에 한하여 이루어져야 한다**. 부득이 직사살수를 하는 경우에도, 구체적인 현장 상황을 면밀히 살펴보아 거리, 수압 및 물줄기의 방향 등을 필요한 최소한의 범위 내로 조절하여야 한다. (2) 피청구인들이 2015. 11. 14. 19:00경 종로구청입구 사거리에서 살수차를 이용하여 물줄기가 일직선 형태로 청구인 백○○에게 도달되도록 살수한 행위는 과잉금지원칙에 반하여 청구인 백○○의 생명권 및 집회의 자유를 침해한 것으로서 헌법에 위반됨을 확인한다(헌재 2020. 04. 23, 2015헌마1149).

## 4. 무기의 사용

경찰관은 범인의 체포, 범인의 도주 방지, 자신이나 다른 사람의 생명·신체의 방어 및 보호, 공무집행에 대한 항거의 제지를 위하여 필요하다고 인정되는 상당한 이유가 있을 때에는 그 사태를 합리적으로 판단하여 필요한 한도에서 무기를 사용할 수 있다(제10조의4 제1항).

**[판례]** 경찰관은 범인의 체포, 도주의 방지, 자기 또는 타인의 생명·신체에 대한 방호, 공무집행에 대한 항거의 억제를 위하여 무기를 사용할 수 있으나, 이 경우에도 무기는 목적 달성에 필요하다고 인정되는 상당한 이유가 있을 때 그 사태를 합리적으로 판단하여 필요한 한도 내에서 사용하여야 하는바(경찰관직무집행법 제10조의4), 경찰관의 무기 사용이 이러한 요건을 충족하는지 여부는 범죄의 종류, 죄질, 피해법익의 경중, 위해의 급박성, 저항의 강약, 범인과 경찰관의 수, 무기의 종류, 무기 사용의 태양, 주변의 상황 등을 고려하여 사회통념상 상당하다고 평가되는지 여부에 따라 판단하여야 하고, 특히 사람에게 위해를 가할 위험성이 큰 권총의 사용에 있어서는 그 요건을 더욱 엄격하게 판단하여야 한다(대판 2008. 02. 01, 2006다6713).

다만, ① 형법에 규정된 정당방위와 긴급피난에 해당할 때 또는 ② 다음의 1에 해당하는 때에 그 행위를 방지하거나 그 행위자를 체포하기 위하여 무기를 사용하지 아니하고는 다른 수단이 없다고 인정되는 상당한 이유가 있을 때를 제외하고는 사람에게 위해를 끼쳐서는 아니 된다. ⅰ) 사형·무기 또는 장기 3년 이상의 징역이나 금고에 해당하는 죄를 범하거나 범하였다고 의심할 만한 충분한 이유가 있는 사람이 경찰관의 직무집행에 대하여 항거하거나 도주하려고 할 때 또는 제3자가 그를 도주시키려고 경찰관에게 항거할 때, ⅱ) 체포·구속영장과 압수·수색영장을 집행하는 과정에서 경찰관의 직무집행에 항거하거나 도주하려고 할 때 또는 제3자가 그를 도주시키려고 경찰관에게 항거할 때, ⅲ) 범인이나 소요를 일으킨 사람이 무기·흉기 등 위험한 물건을 지니고 경찰관으로부터 3회 이상 물건을 버리라는 명령이나 항복하라는 명령을 받고도 따르지 아니하면서 계속 항거할 때, ③ 대간첩 작전 수행 과정에서 무장간첩이 항복하라는 경찰관의 명령을 받고도 따르지 아니할 때.

여기에서 '무기'라 함은 사람의 생명이나 신체에 위해를 끼칠 수 있도록 제작된 권총·소총·도검 등을 말한다(제10조의4 제2항). 대간첩·대테러 작전 등 국가안전에 관련되는 작전을 수행할 때에는 개인화기 외에 공용화기를 사용할 수 있다(제10조의4 제3항).

제10조 제2항에 따른 살수차, 제10조의3에 따른 분사기, 최루탄 또는 제10조의4 에 따른 무기를 사용하는 경우 그 책임자는 사용 일시·장소·대상, 현장책임자, 종류, 수량 등을 기록하여 보관하여야 한다(제11조).

### 5. 경찰착용기록장치

경찰관은 제10조의5 제1항 각 호의 어느 하나에 해당하는 직무 수행을 위하여 필요한 경우에는 필요한 최소한의 범위에서 경찰착용기록장치를 사용할 수 있다(제10조의5 제1항).

경찰청장 및 해양경찰청장은 경찰착용기록장치로 기록한 영상·음성을 저장하고 데이터베이스로 관리하는 영상음성기록정보 관리체계를 구축·운영하여야 한다(제10조의7).

# 제 4 절   경찰권행사의 한계

경찰권 행사는 성문의 법규정에 구속될 뿐만 아니라 불문법인 법의 일반원칙에도 구속된다. 경찰행정분야에서는 법의 일반원칙 중 특히 비례의 원칙이 중요하다.

그리고, 경찰권의 행사에는 경찰의 본질에서 오는 일정한 한계가 있다. 소극목적의 원칙, 공공의 원칙, 국민의 생명·신체 및 재산의 보호의무, 경찰책임의 원칙이 이에 해당한다. 다만, 이러한 경찰의 본질에서 오는 경찰권의 한계는 경찰권의 한계에 관한 경찰행정법상의 독자적인 의의를 갖는 측면이 없지 않지만, 경찰권 발동의 독자적인 위법근거로 볼 수는 없고, 권한남용금지의 원칙, 사생활보호의 원칙, 비례의 원칙 등 헌법원칙이나 법의 일반원칙 등을 통하여 법적 구속력을 갖는다고 보는 것이 타당하다.

# 제 1 항  경찰비례의 원칙

## I. 의    의

비례의 원칙은 헌법적 효력을 갖는 법의 일반원칙으로서 경찰권의 발동에도 적
용된다. 경찰행정에 관련된 법률규정에서 비례의 원칙을 규정하고 있는 경우도 있지
만(경찰관직무집행법 제1조 제2항, 제7조 제1항, 제10조의2 제1항 등), 비례의 원칙은 실정법
률의 규정과 관계없이 경찰권 행사를 구속하는 헌법적 효력을 갖는 법원칙이다.

그리하여 경찰권의 행사에 있어서는 공공의 안녕과 질서에 대한 위해를 예방하
고 제거할 필요성과 경찰권의 발동으로 인하여 경찰권의 발동대상이 되는 당사자에
게 가해지는 기본권 등 권익에 대한 제한 사이에 합리적인 비례관계가 유지되어야
한다.

비례의 원칙은 적합성의 원칙, 필요성의 원칙(최소침해의 원칙) 및 협의의 비례원
칙(상당성의 원칙)을 그 내용으로 한다.

## II. 적합성의 원칙

경찰권 행사의 목적은 공공의 안녕과 질서에 대한 위해를 예방하고 제거하는 데
있다. 따라서, 경찰권은 공공의 안녕과 질서에 대한 위해를 예방하고 제거하기 위하
여 필요한 경우에 한하여 또한 공공의 안녕과 질서에 대한 위해를 예방하고 제거하
기에 적합한 수단을 행사하여야 한다. 공공의 안녕과 질서에 대한 위해를 예방하고
제거하기에 적합하지 않은 경찰권 발동은 비례의 원칙 위반으로 위법하다.

법률상으로나 사실상으로 불가능한 것을 요구하는 조치(예, 사회통념상 경찰책임자
의 능력을 넘는 의무를 명하는 조치, 임차인에 대한 위법건축물의 철거명령)도 적합성의 원칙
에 반한다.

## III. 필요성의 원칙

필요성의 원칙은 최소침해의 원칙이라고도 한다. 공공의 안녕과 질서에 대한 위
해를 예방하고 제거하기에 적합한 수단이 여러 가지인 경우에 당사자의 권익을 가장
적게 침해하는 수단을 선택하여야 한다.

예를 들면, 붕괴위험이 있는 건물에 대하여 개수명령을 통하여도 붕괴위험을 제거할 수 있음에도

철거명령을 내리는 것은 통상 필요성의 원칙에 반하여 위법하다.

　최소침해의 여부는 원칙적으로 객관적인 침해의 정도를 기준으로 판단하여야 한다. 그러나, 상대방이 권익침해의 정도가 더 큰 수단을 대체수단으로 신청하는 경우에 그 신청된 수단이 경찰기관이 취하고자 하는 조치 이상으로 효과적이며 공중에게 더 많은 부담을 과하지 않는다면 신청자의 의사를 존중하여야 한다.18)

예를 들면, 붕괴위험이 있는 건물의 소유자가 건물을 수선하기보다는 철거하여 버리거나 차제에 철거하고 신축하기를 원하는 경우 경찰기관은 철거명령을 내려야 할 것이다.

## Ⅳ. 협의의 비례원칙

　경찰권의 발동으로 인하여 달성되는 공익보다 당사자에게 가해지는 불이익이 심히 큰 경우에는 당해 경찰권의 발동은 비례의 원칙 위반으로 위법하다.

　불법주차의 단속과 관련하여 협의의 비례의 원칙 위반 여부가 특히 문제되는 것은 불법주차된 차량의 견인이다. 불법주차된 도로의 상황, 불법주차의 빈도에 따른 불법주차 단속의 필요성, 불법주차시간 및 자발적 제거가능성, 견인으로 인한 불법주차한 차량소유자의 불이익 등을 고려하여 이익형량을 하여야 한다. 불법주차로 인하여 다른 차량의 운행이나 보행자의 통행에 지장을 주는 등 구체적으로 교통상의 위해를 야기하지 않는다는 것은 이익형량에서 고려사항은 되겠지만, 그것만으로 불법주차의 견인이 비례의 원칙에 반하는 것은 아니다. 왜냐하면 불법주차의 견인은 교통상의 위해를 제거하기 위한 것만을 목적으로 하는 것이 아니라 단속을 통하여 불법주차를 예방하는 것과 도로시설의 정상적인 기능을 보장하는 것도 목적으로 하기 때문이다.

# 제 2 항　소극목적의 원칙: 권한남용금지의 원칙

　경찰은 공공의 안녕과 질서를 유지하기 위하여 공공의 안녕과 질서에 대한 위해를 방지하고 제거하는 것을 목적으로 하는 소극적인 행정작용이다. 따라서, 경찰기관은 법령에 특별한 규정이 없는 한 이러한 소극적인 경찰목적을 넘어 공공의 복리를 증진시키거나 사회경제질서를 유도할 목적으로 경찰권을 행사할 수 없다.

　소극적인 경찰목적을 넘는 경찰권의 행사는 권한남용금지의 원칙 위반으로 위

---

18) 박상희·서정범, 95면.

법하다. 예를 들면, 과당경쟁을 막기 위하여 식품위생법규 위반행위를 단속하는 것은 위법하다. 다만, 경찰권 행사에 의해 달성하려는 행정목적이 경찰목적과 실체적으로 관련이 있는 경우에는 적법하다고 할 수 있을 것이다.

## 제 3 항  공공의 원칙: 권한남용금지의 원칙 및 비례의 원칙

### Ⅰ. 의    의

경찰은 공공의 안녕과 질서의 유지를 목적으로 하는 작용이다. 따라서, 개인의 활동에 대하여는 원칙상 개입할 수 없고, 예외적으로 그 개인의 활동이 공공(公共)의 안녕과 질서에 위해를 가하는 경우에 한하여 경찰권을 발동할 수 있다. 이를 경찰공공의 원칙 또는 사생활자유의 원칙이라 한다.

### Ⅱ. 인정근거

종래 공공의 원칙을 경찰권의 조리상의 한계로 보는 것이 일반적인 견해였으나 오늘에 있어서는 헌법원칙에 포섭되는 원칙으로 보는 견해가 유력하다. 사생활·사주소불가침의 원칙은 헌법상 원칙인 거주의 자유와 사생활의 비밀과 자유(헌법 제14조·제17조)의 경찰법에의 적용이며, 민사관계불간섭의 원칙은 권력분립의 원칙상 당연하다고 보는 견해,[19] 공공의 원칙은 비례의 원칙의 한 내용이라고 보는 견해[20] 등이 그러하다.

생각건대, 경찰공공의 원칙은 기본적으로 경찰의 본질에 관한 이론으로 경찰권의 범위를 정하는 이론이다. 경찰공공의 원칙은 오늘날에도 경찰권의 사적 관계에의 개입을 막는 이론으로서 독자적인 존재의의를 갖는다. 다만, 경찰권의 한계로서의 공공의 원칙은 그 자체가 독자적인 법원칙이 아니라 권한남용금지의 원칙과 비례의 원칙을 통하여 경찰권의 한계가 된다고 보는 것이 타당하다.

### Ⅲ. 내    용

경찰공공의 원칙은 사생활불가침의 원칙, 사주소불간섭의 원칙 및 민사관계불간

---

19) 박윤흔, 307면.
20) 김성수, 493면; 류지태, 771면.

섭의 원칙을 그 내용으로 한다.

## 1. 사생활불가침의 원칙

사생활불가침(私生活不可侵)의 원칙은 경찰기관은 사회공공의 안녕 및 질서와 관계없는 개인의 생활이나 행동에 간섭하여서는 안 된다는 원칙을 말한다.

사회공공의 안녕 및 질서와 관계없음에도 경찰이 사생활에 개입하는 것은 헌법상의 프라이버시권리를 침해하고 권한남용이 되어 위법하다. 또한, 비례의 원칙(특히 적합성의 원칙)에도 반한다.

그러나, 사생활이라도 공공의 안녕 및 질서에 위해를 야기하는 경우에는 경찰권이 발동될 수 있다.

예를 들면, 음주는 사생활에 속하는 것이지만, 술에 취하여 자신 또는 타인의 생명·신체 또는 재산에 위해를 야기하는 경우에는 경찰상 보호조치가 가능하다(경찰관직무집행법 제4조 제1항 제1호). 또한, 가정문제는 사생활이지만, 가정 내에서 폭력이 있는 경우에 폭력의 제지, 피해자의 보호 등을 위하여 경찰권이 발동될 수 있다(가정폭력범죄의 처벌 등에 관한 특례법 제4조 제1항). 다만, 이 경우에도 비례의 원칙(특히 협의의 비례원칙) 등에 반하여서는 안 된다.

## 2. 사주소불가침의 원칙

사주소불가침(私住所不可侵)의 원칙은 경찰기관은 사회공공의 안녕 및 질서와 관계없이 개인의 사주소를 침해해서는 안 된다는 원칙을 말한다.

사주소라 함은 일반 공중의 통행으로부터 차단된 장소를 말한다. 주택뿐만 아니라 비거주건물이나 공간(예, 공장, 사무실, 창고 등)도 사주소에 해당한다.

사회공공의 안녕 및 질서와 관계없음에도 경찰이 사주소에 들어가는 것은 헌법상의 프라이버시권리, 주거의 자유를 침해하고, 권한남용이 되어 위법하다. 또한, 비례의 원칙(특히 적합성의 원칙)에도 반한다.

그러나, 사주소 내의 행위라도 공공의 안녕 및 질서에 위해를 야기하는 경우에는 경찰권이 발동될 수 있다. 다만, 이 경우에도 비례의 원칙(특히 협의의 비례원칙) 등에 반하여서는 안 된다. 예를 들면, 사주소 내에서의 소음이 이웃의 생활의 평온을 해하는 경우에는 경찰권이 발동될 수 있다.

## 3. 민사관계불간섭의 원칙

민사관계불간섭(民事關係不干涉)의 원칙이라 함은 경찰기관은 사회공공의 안녕 및 질서와 관계없이 민사관계에 개입해서는 안 된다는 원칙을 말한다.

사회공공의 안녕 및 질서와 관계없음에도 경찰이 민사문제에 개입하는 것은 헌법상의 사경제자유의 원칙을 침해하고, 권한남용이 되어 위법하다. 또한, 비례의 원칙(특히 적합성의 원칙)에도 반한다.

그러나, 민사문제라도 공공의 안녕 및 질서에 위해를 야기하는 경우에는 경찰권이 발동될 수 있다. 예를 들면, 경찰기관은 암표매매행위를 단속할 수 있다(경범죄처벌법 제1조 제17호).

## 제 4 항  국민의 생명, 신체 및 재산의 보호의무

경찰기관에게는 직무상 국민의 생명, 신체 및 재산을 보호하기 위하여 노력하여야 할 일반적인 직무상 의무를 진다.

경찰권의 발동에는 재량권이 인정되고, 경찰력에는 일정한 한계가 있으므로 경찰권이 발동되지 않았거나 경찰권이 잘못 행사되었다고 하여 그것만으로 경찰권의 행사나 불행사가 위법하다고 할 수는 없다.

그러나, 재량권이 영(零)으로 수축하는 경우 경찰권의 불행사는 위법하게 되며 경찰권의 행사가 직무상 손해방지의무에 위반하는 경우에는 위법하고 과실이 있어 국가배상책임을 인정할 수 있다(전술한 대판 1998. 08. 25, 98다16890 참조).

## 제 5 항  경찰책임의 원칙

### I. 경찰책임의 의의

경찰책임(警察責任)이란 경찰상 위해의 발생에 대한 책임을 말한다.

발생된 위해를 제거하기 위한 경찰권의 행사는 원칙상 경찰책임이 있는 자에게 행하여져야 한다. 이를 경찰책임의 원칙이라 한다. 그러나, 경찰책임자에 대한 경찰권의 발동이 어려운 경우에는 예외적으로 경찰책임이 없는 자에게도 경찰권이 발동될 수 있다.

통상 경찰권의 발동은 고권적 조치로서 그 상대방의 기본권을 제한하게 되므로 법률유보의 원칙에 따라 경찰권 발동의 상대방은 법률로 규정되어야 한다. 경찰책임의 이론은 경찰권 발동의 대상자를 법률로 정하는 경우에 그 입법의 기준이 된다. 그런데, 경찰권 발동의 대상을 규정하는 법률의 규정이 추상적으로 규정되어 있거나, 일반적 수권조항의 경우 또는 개별적 수권조항의 경우에도 경찰권 발동의 대상자를 백지로 규정하고 있는 경우가 있을 수 있고, 이 경우에는 해석에 의해 경찰권 발동의 대상자를 정하여야 하고 이 해석에 있어서 경찰책임의 이론이 해석기준이 된다.

경찰책임에는 행위책임과 상태책임이 있다. 행위책임과 상태책임에는 1명의 책임자가 있는 경우도 있지만 책임자가 여러 명인 경우도 있다. 후자의 경우를 다수자책임의 문제라고 한다. 또한 행위책임과 상태책임이 경합하는 경우도 있다. 이와 같이 경찰책임자가 여러 명인 경우에 누가 우선적으로 경찰권 발동의 대상이 되는가하는 문제가 제기된다. 그리고, 경찰책임이 타인에게 승계되는가하는 문제와 행정기관이 경찰책임자인 경우에 경찰권 발동의 대상이 될 수 있는가 하는 것이 또한 문제가된다.

## Ⅱ. 경찰책임의 주체

자연인과 사법인이 경찰책임의 주체가 될 수 있다고 보는 것에는 이견이 없지만 공법인이나 국가기관이 경찰책임의 주체가 될 수 있는가에 관하여는 견해가 대립되고 있다.

### 1. 자연인 및 사법인

경찰책임은 경찰책임자의 고의 또는 과실을 요하지 않으므로 행위능력이나 불법행위능력이 없는 자연인도 경찰책임자가 될 수 있다. 다만, 행위능력이 없는 경찰책임자에 대한 경찰권의 발동으로 인한 의무부과처분은 법정대리인에게 송달되어야한다.

사법인(私法人)뿐만 아니라 권리능력 없는 사단도 경찰책임자가 될 수 있다.

### 2. 공법인 및 행정기관

경찰상의 위해는 공법인 또는 행정기관의 행위 또는 공법인의 소유에 속하는 물건이나 공공목적에 제공된 공물에 의해서도 발생할 수 있다. 그러므로 공법인(公法人) 및 행정기관(이하 '공법인 등'이라 한다)이 경찰책임의 주체가 될 수 있는가 하는 문제가 제기된다.

공법인 등의 경찰책임의 문제는 공법인 등이 경찰관계 법령에 구속되는가하는 실질적 경찰책임의 문제와 공법인 등이 경찰상 위해를 제거하기 위한 경찰권 발동의 대상이 될 수 있는가 하는 형식적 경찰책임의 문제를 구분하여야 한다.

#### (1) 실질적 경찰책임

법률우위의 원칙상 공법인이나 그 기관도 경찰법규를 준수하여야 할 의무를 진

다는 것이 일반적 견해이다. 다만, 공법인이나 행정기관이 담당하는 공적 임무의 수
행을 위하여 실질적 경찰책임이 면제될 수 있다. 이에 관하여 법률의 규정이 있는 경
우(예, 도로교통법 제2조 16호 및 동법 시행령 제2조 제1항에 의해 범인의 체포 등 긴급한 업무를
수행하기 위하여 불가피한 경우에는 도로상에서 경찰상 위해를 야기함에도 불구하고 실질적 경찰
책임에 관한 규정인 동법 제25조 및 제26조가 면제된다)도 있지만, 명문의 규정이 없는 경
우에도 공법인 등의 공적임무의 수행을 통한 공익과 공공의 안녕과 질서의 유지라는
공익을 비교형량하여 공법인 등의 실질적 경찰책임이 면제될 수 있다.[21]

### (2) 형식적 경찰책임

공법인이나 행정기관의 형식적 경찰책임(즉 공법인이나 행정기관이 경찰상 위해의 제
거를 위한 경찰권 발동의 대상이 될 수 있는가)에 관하여 부정설, 긍정설(제한적 긍정설)이
대립하고 있다.

다른 국가기관에 대한 경찰권 발동에 관한 견해의 대립은 다른 국가기관의 공행
정작용(권력적 작용뿐만 아니라 비권력적 작용 포함)에 관한 것이다. 행정사법작용의 경우
에도 그러하다. 왜냐하면, 행정사법은 행정이 사법형식에 의해 행해지지만 실질은 공
행정작용이기 때문이다.

이에 반하여 다른 국가기관이 국고작용을 수행하는 경우에는 당해 국가기관에
경찰권이 발동될 수 있다는 데 이견이 없다. 그 이유는 국고작용은 행정목적 달성과
직접 관련이 없는 것이며 다른 국가기관이 국고작용을 함에 있어서는 사인과 같은
지위를 갖기 때문이다.

### 1) 부정설

이 견해는 다른 국가기관에 대한 경찰상 위해를 제거하기 위한 경찰권 발동을
부정하는 견해이다. 그 이유는 조직법상 이러한 형식적 경찰책임이 인정된다면 이는
국가나 지방자치단체 또는 다른 공법인에 대한 경찰행정관청의 우위를 인정하는 결
과가 되기 때문이라고 한다.[22]

### 2) 긍정설(제한적 긍정설)

이 견해는 경찰기관의 위해방지를 위한 경찰권 발동은 원칙적으로 다른 국가기
관에 대해서도 인정되어야 한다고 본다. 다만, 다른 국가기관의 적법한 임무수행을
방해하지 않는 범위 안에서만 경찰기관의 경찰권 발동이 가능하다고 한다.[23] 엄밀히
말하면 이 견해는 제한적 긍정설이라 하는 것이 타당하다. 이 견해의 논거는 모든 국

---

21) 김성수, 497면; 류지태, 775면.
22) 김성수, 498면.
23) 박윤흔, 314~315면.

가기관의 활동이 다 동일한 것은 아니므로 개별적인 경우에 있어서 무엇을 우선해야 할 것인가에 대해서는 비교형량의 필요성이 존재하며 이에 따라 경찰행정기관에 의한 목적수행이 우선시되어야 할 필요가 인정될 수 있다는 것이다.[24]

### 3) 결    어

생각건대, 제한적 긍정설이 타당하다. 즉, 경찰권의 발동으로 달성되는 공익이 다른 국가기관의 업무수행으로 인한 공익보다 훨씬 큰 경우에는 국가기관 등에 대한 경찰책임을 인정하는 것이 타당하다. 다만, 이 경우에 다른 국가기관에 경찰권을 발동하기 위하여는 행정권한법정주의의 원칙상 법률의 근거가 있어야 할 것이다.

실제로 폐기물관리법은 폐기물처리시설(지방자치단체 등 공법인이 운영하는 시설 포함)이 설치기준이나 관리기준에 적합하지 않은 경우에 시설개선명령, 당해 시설의 사용중지 또는 시설의 폐쇄를 명할 수 있는 것으로 규정하고 있다(동법 제30조의3).

그러나 법률의 근거가 없는 경우에는 다른 국가기관 등에 대한 경찰권의 발동을 부정하여야 할 것이다. 왜냐하면, 조직법상 권한분배의 원칙에 비추어 다른 국가기관의 권한행사가 존중되어야 하고, 경찰기관의 권한이 다른 국가기관의 권한보다 우월하다고 할 수 없으므로 경찰기관의 임무수행과 다른 국가기관의 임무수행이 충돌하는 경우 상급기관에 의해 조정되는 것이 행정조직법의 원리에 비추어 타당하기 때문이다. 다만, 경찰행정기관은 다른 국가기관에 경찰상 위해의 제거를 권고할 수는 있을 것이다.

예를 들어 시에서 운영하는 쓰레기처리장으로부터 심한 악취가 나서 인근 주민의 생활과 건강에 침해를 가하고 있는 경우 시의 경찰책임이 인정된다. 인근주민은 민사상 방해배제청구, 공법상 결과제거청구 및 국가배상청구를 통하여 권리구제를 받을 수 있다.

## Ⅲ. 행위책임

### 1. 행위책임의 개념

행위책임(行爲責任)이라 함은 자기 또는 자기의 보호·감독하에 있는 사람의 행위로 인하여 질서 위반의 상태가 발생한 경우에 지는 경찰상의 책임을 말한다.

경찰책임은 사회공공의 질서를 유지하기 위하여 과해지는 것이므로 그 내용은 이 목적을 달성하는 데 적절한 것이어야 한다. 그리하여 경찰상 행위책임은 민사책임이나 형사책임과는 다른 내용을 갖는다. ① 경찰상 행위책임은 민사책임이나 형사책임과 달리 행위자의 의사능력, 행위능력 및 과실 여부를 묻지 않고 인정되는 책임

---

24) 류지태, 776면.

이다. ② 경찰상 행위책임에 있어서의 인과관계는 민사책임에서의 상당인과관계와는 다르다.

## 2. 행  위

경찰상 위해의 상태를 발생시킨 행위는 작위뿐만 아니라 부작위도 포함한다. 부작위란 질서 위반상태의 발생을 방지할 법적 의무가 있는 자가 그 의무를 이행하지 않고 있는 것을 말한다.

## 3. 타인의 행위에 대한 책임 여부

타인을 보호 또는 감독하는 자(지배자)는 피보호자 또는 피감독자(피지배자)의 행위로 인하여 생긴 질서 위반의 상태에 대하여 경찰상 책임을 진다.

예컨대, 자녀의 행위에 대하여 보호자가, 사용인의 행위에 대하여 사업주가 책임을 지도록 규정된 경우가 있다.

타인의 행위에 대한 경찰책임은 타인의 책임을 대신하여 지는 것은 아니며 자신의 생활범위 내에서 질서 위반의 상태를 발생시킨 것 자체에 의해 인정되는 자기책임이다.

타인의 행위에 대하여 경찰책임이 인정되는 경우에도 행위자의 경찰책임이 면제되는 것은 아니다. 즉, 실제의 행위자와 감독자가 동시에 경찰책임을 진다. 예컨대, 주유소의 종업원이 부정휘발유를 판매한 경우에 종업원은 행정벌을 받게 되고, 사업자도 행정벌과 함께 영업정지처분을 받도록 규정되어 있는 경우가 있다.

경찰책임자는 법률로 정하여야 한다. 따라서 타인의 행위에 대하여 책임을 지도록 하는 경우에는 법률에 근거가 있어야 한다.

## 4. 주관적 책임요건의 불요

경찰책임의 경우 행위자인 피감독자나 감독자의 고의 또는 과실은 원칙상 그 요건이 되지 않는다. 타인의 행위에 대한 보호자 또는 감독자의 경찰책임은 민사상의 사용자나 후견인의 책임과 달리 보호자 또는 감독자의 감독과실을 요하지 않는다. 피감독자의 고의나 과실을 요하지도 않는다. 물론 법에서 감독자의 과실을 책임의 요건으로 규정할 수도 있지만, 명문의 규정이 없는 경우에는 감독자의 고의나 과실은 요건으로 요구되지 않는 것으로 해석된다.

다만 경찰상 형벌에 처할 때에는 특별한 규정이 없는 한 형법총칙이 적용되어

고의가 있는 경우에 한하여 책임을 지고, 위법성에 대하여는 위법성인식가능성이 있어야 한다. 물론 법에서 과실이 있는 경우에도 처벌하는 규정을 둘 수 있다. 엄밀히 말하면 경찰형벌의 부과는 법 위반에 대한 제재적 처벌이기 때문에 경찰권의 행사라 할 수 없고, 영업정지와 같은 처벌은 제재적 의미와 함께 경찰상 위해의 예방의 목적을 갖는 것이므로 경찰권 행사라 할 수 있다.

이렇게 본다면 경찰책임의 경우에 책임자의 고의 또는 과실은 일반적으로 그 요건이 되지 않는다고 할 수 있다.

### 5. 인과관계

경찰책임이 인정되기 위하여는 발생된 경찰상의 위해와 책임자의 행위(타인의 행위로 인한 책임의 경우에는 피감독자의 행위) 사이에 인과관계가 존재하여야 한다.

#### (1) 학    설
어떠한 경우에 경찰책임상의 인과관계가 존재하는가.
##### 1) 직접원인설
직접원인설이란 원칙적으로 경찰 위반상태를 직접 야기한 행위자만이 경찰책임을 지고 간접적인 원인제공자는 경찰책임을 지지 않는다는 견해이다. 직접원인설은 자연과학적 인과관계론인 조건설과 민사법상의 상당인과관계론이 경찰책임에서의 인과관계론으로는 적당하지 않다는 것을 전제로 경찰책임에 특유한 인과관계론을 수립하려는 견해이다. 현재의 일반적 견해는 직접원인설이다.

직접원인설에 의하면 경찰 위반상태에 직접적인 원인을 제공한 자만이 경찰책임이 있고, 간접적인 원인만을 제공한 자는 경찰책임자가 되지 않는다.
##### 2) 조건설
조건설은 경찰 위반상태의 조건이 된 모든 행위는 경찰 위반상태의 원인이 되어 경찰책임을 무한정으로 확장하는 문제를 갖는다. 또한 경찰책임은 사회통념에 비추어 책임있는 자에게 지워져야 하며 경찰 위반상태에 대하여 아주 먼 원인을 제공한 자에게도 경찰책임이 부과되는 것은 과잉조치로써 타당하지 않다.
##### 3) 상당인과관계설
상당인과관계설은 인과관계를 일반경험칙에 따라 피해자 구제의 견지에서 인과관계를 판단하기 때문에 경찰책임자를 결정하기 위하여 판단되는 경찰책임상의 인과관계의 이론으로는 적당하지 않다. 또한, 경찰권의 발동을 요청하는 경찰 위반상태는 예측하기 어려운 예외적인 상황하에서 발생되는 경우도 있는데, 이 경우에 상당인과관계설을 적용하여 통상 예측할 수 없다는 이유로 경찰책임을 인정하지 않는다면 경찰행정의 목적을 달성할 수 없게 된다.

### (2) 직접원인의 판단기준

행위자가 직접원인자인가 간접원인자에 불과한가는 어떠한 기준에 의해 판단되는가. 생각건대, 직접원인의 판단기준은 책임의 일반이론, 관계 기본권의 보장 및 경찰행정목적의 달성을 고려하여 결정되어야 할 것이다.

① 경찰 위반상태에 대한 행위자의 원인(原因)의 중대성이 고려되어야 한다. 경찰 위반상태에 대하여 단순히 조건을 제공하거나 遠因을 제공한 자를 경찰책임자로 보아서는 안 될 것이다.

② 발생된 경찰 위반의 상태의 중대성 및 긴급성과 행위자에게 경찰행정목적을 달성하기 위하여 위해의 제거의무를 부과하는 것의 적실성이 고려되어야 한다.

예컨대, 쇼윈도에 통행인의 주의를 크게 끄는 진열을 한 것이 원인이 되어 많은 사람이 몰려듦으로써 인근 도로의 교통에 장해가 초래된 경우에 교통장해가 그다지 중대하지 않거나 교통의 장해를 예방하기 위하여 점포주에게 경찰책임을 지우지 않고도 교통의 장해를 예방할 수 있는 경우에는 점포주의 영업의 자유를 고려하여 점포주를 경찰책임자로 보아서는 안 될 것이다.

③ 경찰권 발동으로 인한 기본권의 제한 여부 및 정도를 고려하여 경찰권의 발동으로 그 대상자의 기본권이 지나치게 침해되어서는 안 될 것이다.

예를 들면, 난동이 일어날 가능성이 있는 프로축구시합을 개최한 자에게 경찰책임을 지우는 것은 개최자의 영업의 자유를 지나치게 침해하는 결과를 가져올 수 있다. 그리하여 중대한 난동이 일어날 가능성이 농후하였고, 개최자가 난동을 방지하기 위하여 필요한 조치를 소홀히 한 극히 예외적인 경우를 제외하고는 난동이 일어났다고 하여 개최자에게 경찰책임을 지우는 것은 타당하지 않다.

## Ⅳ. 상태책임

### 1. 상태책임의 의의

상태책임(狀態責任)이라 함은 물건의 소유자 및 물건을 사실상 지배하는 자가 그의 지배범위 안에서 그 물건으로부터 경찰위반의 상태가 발생한 경우에 지게 되는 책임을 말한다.

상태책임은 물건의 위험한 상태가 경찰상 위해를 야기하고 있는 경우에 당해 물건에 대하여 지배력이 있는(당해 물건의 위험한 상태에 대하여 영향력을 미칠 수 있는) 자에게 그 경찰상 위해를 제거하도록 하는 것이 타당하다는 데 근거한다.

## 2. 상태책임의 주체

상태책임의 주체는 경찰상 위해를 야기하고 있는 물건의 소유자, 당해 물건에 대하여 사실상 지배력을 미치고 있는 자이다.

### (1) 사실상 지배력을 미치고 있는 자

점유자뿐만 아니라 물건에 대한 권원의 유무와 관계없이 물건을 현실적으로 지배하고 있는 자에게도 상태책임이 인정된다.

### (2) 소유권자

물건의 소유권자는 통상 2차적인 책임자가 된다. 다만, 물건이 도난된 경우와 같이 사실상 지배력을 미치고 있는 자가 소유자의 의사와 관계없이 지배력을 행사하고 있는 경우에는 소유권자는 상태책임을 지지 않는다고 보아야 한다.

소유권을 포기한 경우 원칙상 경찰책임에서 배제되지만 예외적으로 그 포기가 경찰책임을 면하기 위한 것인 경우에는 소유권자의 상태책임이 배제되지 않는다. 그러나, 경찰책임을 면하기 위한 경우뿐만 아니라 소유권의 포기 당시 경찰상 위해가 이미 발생하고 있었던 때에도 소유권자의 경찰책임은 면제되지 않는다고 보아야 한다. 그 이유는 경찰책임은 공법상 책임이므로 명문의 근거없이 경찰책임자의 일방적 의사에 의해 그 책임이 면제될 수는 없다고 보아야 하기 때문이다.

## 3. 상태책임의 요건 및 한계

① 상태책임이 인정되기 위하여는 물건의 상태가 경찰상 위해를 야기하고 있어야 한다.

② 원칙상 경찰상 위해의 발생원인에 관계없이 상태책임이 인정된다. 그 이유는 당해 물건의 이용으로부터 일정한 이익을 얻은 때에는 이러한 이용과 연계되어 있는 불이익에 대해서도 책임을 져야 하기 때문이다.25)

③ 그러나, 소유권자 등이 감당하여야 할 위험영역을 넘는 비정형적인(소유권자 등에게 전혀 책임이 없는) 사건에 의하여 당해 물건이 경찰상 위해를 야기하고 있는 경우에는 소유권자 등의 상태책임이 배제되는 것으로 보아야 한다.

자연재해 등 불가항력에 의한 경우, 제3자의 행위에 의한 경우 등이 이에 해당할 수 있다. 예를 들면, 유조차의 전복으로 인근토지가 오염되고 지하수의 수질오염의 위험을 야기하고 있는 경우 당해 토지의 소유자는 상태책임을 지지 않는다. 소유권자 등이 감당하여야 할 위험영역을 넘는 비

---

25) 류지태, 781면.

정상적인(소유권자 등에게 전혀 책임이 없는) 사건에 의하여 당해 물건이 경찰상 위해를 야기하고 있는 경우에는 소유권자 등의 상태책임이 배제되는 것으로 보아야 하므로 소유권자 등의 책임없이 제3자에 의해 오염된 토지를 정화할(오염을 제거할) 경찰책임은 없다고 볼 수 있다. 그렇지만, 자신의 오염된 토지를 사실상 지배하는 자로서 최소한 인근 토지나 지하수에 대한 오염을 방지할 경찰책임(상태책임)은 진다고 보는 것이 타당하다. 그리고, 후술하는 바와 같이 긴급한 경우에는 전혀 책임이 없는 경우에도 경찰책임을 인정할 수 있는데, 인근 지하수를 오염시키는 것은 긴급한 경우라고 볼 수도 있다. 이 경우 법적 근거가 있으면 토지의 정화책임도 부과할 수 있다(정남철, 경찰작용과 손실보상, 행정법연구 제41호(2015.2.), 147면 이하 참조).

다만, 후술하는 바와 같이 경찰상 긴급한 경우에 예외가 인정될 수 있다.

④ 애초에는 물건의 상태가 경찰상 위해를 야기하지 않았으나 물건의 소유자나 점유자의 귀책사유없는 사정변경에 의해 공공의 안녕과 질서에 위해를 가하게 된 경우에 당해 물건의 소유자나 점유자는 상태책임을 지는가하는 것이 문제된다. 이것이 바로 잠재적 위험의 실현에 대한 경찰책임의 문제이다.

예를 들면, 주거지로부터 멀리 떨어진 곳에서 양돈업을 운영하고 있었는데, 인근에 택지가 개발되면서 주택들이 들어서게 되어 인근 주민의 위생에 위해를 가하게 된 경우 등에 기존양돈업자에 대하여 조업중단명령을 내릴 수 있는가하는 것이 문제된다.

이 경우에도 경찰책임을 인정하는 것이 타당하다. 왜냐하면, 상태책임은 지배권자의 귀책사유와 관계없이 현재의 물건의 상태로 인하여 경찰상 위해가 발생된 경우에 인정되는 것이어야 하기 때문이다.

## Ⅴ. 다수자책임(복합적 책임)

경찰책임자가 다수인 경우에 누구에게 경찰권을 발동할 것인가하는 문제가 제기된다.

다수자책임(多數者責任)의 문제는 경찰상 위해가 다수인의 행위에 의해 야기되거나 행위책임과 상태책임이 경합되는 경우 등에 제기된다.

### 1. 경찰권발동 대상자의 결정

경찰책임자가 다수인 경우에는 경찰상 위해제거의 효율성과 비례의 원칙을 고려하여 경찰권 발동의 대상자를 결정하여야 한다.

① 일차적으로는 경찰상 위해제거의 효율성을 고려하여야 한다. 따라서, 경찰권 발동을 누구에게 할 것인가는 원칙적으로 경찰권 발동자의 재량에 속한다.

② 이차적으로 경찰상 위해에 보다 중요한 원인을 제공한 자에게 우선적으로 경찰권이 행사되어야 한다.

이러한 측면에서 행위책임과 상태책임이 경합하는 경우에는 우선적으로 행위책임자에 대하여 경찰권이 발동되어야 하고, 동일인이 복합적인 책임을 지는 경우에는 하나의 책임을 지는 자보다는 복합적 책임을 지는 자가 우선적으로 경찰권 발동의 대상이 되어야 한다.

## 2. 다수책임자 사이의 비용부담: 비용상환청구권

다수책임자의 경우에 경찰권발동이 적법한 경우에 경찰책임의 이행에 드는 비용의 부담을 어떻게 할 것인가, 달리 말하면 민법상의 사무관리규정이나 연대채무에 기한 비용상환청구권이 인정될 것인가하는 문제가 제기된다.

이에 관하여는 긍정설, 부정설과 절충설이 대립되고 있다.[26]

### (1) 긍정설

이 견해는 다수의 경찰책임자 중에서 어느 한 사람에게만 경찰권이 발동된 경우에는 그 자는 다른 경찰책임자에게 민법상의 연대책임자 사이의 책임의 분담에 관한 규정과 법리를 유추적용하여 비용상환을 청구할 수 있다는 견해이다. 그 논거로 민법상의 연대책임자 사이의 책임의 분담에 관한 규정과 법리를 유추적용하는 것이 타당하다는 것을 들고 있다.

### (2) 부정설

이 견해는 다수의 경찰책임자 중에서 어느 한 사람에게만 경찰권이 발동된 경우에는 그 자는 다른 경찰책임자에게 비용상환을 청구할 수 없다는 견해이다. 그 논거는 다음과 같다. ① 경찰권발동의 대상이 된 경찰책임자는 자신의 일을 하는 것이며 다른 경찰책임자의 사무를 대신 수행하는 것이 아니므로 민법상 사무관리규정의 유추적용은 불가능하다. ② 다수의 경찰책임자는 연대채무자로서 책임을 지는 것이 아니라 상이한 법적 근거를 이유로 책임을 부담하는 것이므로 민법상 연대채무 간의 구상규정의 유추적용은 불가능하다.

### (3) 절충설

다수책임자의 경우에 경찰기관이 특정인에게만 경찰권을 발동하였다고 하더라도 당해 원인행위의 중대성에 비추어 당해 당사자에 대한 경찰권의 발동이 위해방지를 위한 흠 없는 재량권 행사로 볼 수 있는 경우에는 당해 당사자의 다른 당사자에 대한 민법상의 사무관리규정이나 연대채무에 근거한 비용상환청구권은 인정될 수 없

---

26) 긍정설 및 부정설의 논거에 관하여는 박상희·서정범, 73~75면 참조.

다고 본다.

그러나, 각 행위책임자들이나 상태책임자들이 부담하는 의무내용이 동일한 경우에는 민법상의 연대채무자간의 내부구상권에 관한 규정이 유추적용될 수 있다고 본다.[27] 그 논거로 이와 다르게 인정하게 되면 다수 경찰책임자들이 부담하는 의무내용이 동일함에도 경찰기관의 우연적인 선택에 따라 경찰권 발동으로 인한 비용부담문제가 결정되는 불합리한 결과가 야기된다는 것을 들고 있다.

### (4) 결   어

긍정설이 타당하며 그 논거는 다음과 같다. 경찰권의 발동의 문제와 다수책임자 사이의 비용부담의 문제는 별개의 문제로 보는 것이 타당하다. 즉, 경찰권 발동은 경찰상 위해의 효율적인 제거가 주된 기준이 되는 데 반하여 다수책임자 사이의 비용부담의 문제는 책임분담의 원리에 따라 결정되는 것이 정의의 원칙에 비추어 타당하다.

다수책임자 사이의 비용부담은 민법상의 연대채무자 사이의 책임분담의 법리를 유추적용하여 원인행위의 중대성과 경찰상 위해의 발생에 대한 기여의 정도에 비례하여 분배하고 원인행위의 중대성과 경찰상 위해의 발생에 대한 기여의 정도에 대한 입증이 어려운 경우에는 동일하게 비용을 분담하여야 할 것이다.

## Ⅵ. 긴급시 경찰비책임자에 대한 경찰권 발동

### 1. 의   의

경찰상 위해나 장애에 직접 책임이 없는 제3자에 대하여 경찰권이 발동될 수 있는가하는 문제가 제기된다. 경찰목적의 달성과 제3자인 국민의 권익의 보호를 모두 고려하여야 하므로 경찰상 긴급성이 있어야 하고, 비례의 원칙에 따라 법률의 근거하에 인정하여야 할 것이며 경찰권 발동으로 제3자에게 특별한 손실이 발생한 경우에는 손실보상을 해주어야 한다.

### 2. 요   건

#### (1) 경찰상 긴급상태

경찰상 긴급상태의 경우에 한하여 행위책임이나 상태책임이 없는 제3자의 경찰책임을 긍정하여야 할 것이다.

---

27) 박윤흔, 312~313면.

경찰상 긴급상태라 함은 경찰상 중대한 위해나 장애의 제거가 필요함에도 경찰책임자에게 경찰권을 발동할 수 없거나 발동하여도 경찰상 위해나 장애를 제거하기 어렵고, 경찰행정기관의 개입에 의해 경찰상 위해나 장애를 제거할 수 없는 상태를 말한다.

### (2) 비례의 원칙

제3자에게 경찰권을 발동하는 경우에는 비례의 원칙에 따라야 한다. 따라서, 경찰행정기관 및 경찰책임자에 의해 경찰상 위해나 장애를 제거할 수 없어야 하고, 경찰상 위해나 장애를 제거할 필요성이 경찰권의 발동으로 제3자가 입게 되는 불이익보다 커야 한다.

### (3) 법률의 근거

제3자에 대한 경찰권의 발동에는 법률의 근거가 있어야 한다. 원칙상 개별법에 근거가 있어야 하지만, 예외적으로 일반조항에 근거하여서도 인정될 수 있을 것이다.

이에 대하여 법률에 의한 행정의 원칙에 비추어 가장 전형적인 권력작용인 경찰권은 개괄조항에 의하여서는 비책임자인 제3자에 대하여 발동할 수 없다고 보아야 한다는 반대견해가 있다.[28]

## 3. 손실보상

제3자에 대한 경찰권의 발동으로 제3자가 특별한 손실을 입은 경우에 그 손실을 보상해 주어야 한다.

## VII. 경찰책임의 승계

경찰책임자가 사망하거나 영업 또는 물건을 양도한 경우에 경찰상 책임이 상속인이나 양수인에게 이전되는가 하는 문제가 제기된다.

### 1. 행위책임의 승계문제

행위책임은 인적 성질의 책임이고 공법상 책임이므로 원칙상 양수인에게 양도가 인정되지 않는다고 보아야 한다. 부정설이 다수설이며 타당하다. 다만, 상속은 포괄적인 승계이므로 행위책임도 원칙상 상속인에게 승계된다고 보아야 할 것이다.

이에 대하여 경찰상 의무가 대체가능한 경우에는 법률의 근거가 있는 경우에 승

---

28) 박윤흔, 314면.

계가 가능하다고 보는 견해[29]가 있다.

행정법규 위반이 제재처분의 대상이 되거나 가중요건이 되는 경우에 이러한 행정법규 위반이라는 사실이 영업의 양수인에게 이전되는가하는 문제도 경찰책임의 승계문제로 보는 견해가 많으나, 이는 행정법규 위반효과의 이전이라는 별도의 문제로 보는 것이 타당하다(후술 경제행정법 '영업의 양도' 참조).

## 2. 상태책임의 승계문제

### (1) 긍정설

소유권을 양도하거나 포기한 자는 원칙상 상태책임을 면하고, 양수인이 상태책임을 진다는 견해이다. 이 견해가 다수견해이다. 그 논거는 상태책임은 물적 책임의 성질을 가지므로 물건의 이전과 함께 경찰책임도 이전된다는 데 두고 있다.

### (2) 승계규범필요설

일반적인 승계가능성 외에 승계요건을 정한 승계규범이 있어야 상태책임이 승계된다는 견해이다.[30]

### (3) 개별적 결정설

포괄승계인가, 특별승계인가, 구체적 책임(경찰책임이 경찰처분에 의해 구체화되어 있는 경우)의 승계인가 추상적 책임(경찰처분에 의해 구체화되지 않은 법령상의 책임)의 승계인가에 따라 개별적으로 판단하여야 한다고 하는 견해이다. 추상적 책임은 승계되지 않는다고 한다.[31]

### (4) 결어(신규책임설)

상태책임은 물적책임이므로 양수인은 양수 후에 경찰상 위해가 계속되는 한 상태책임을 진다고 보아야 한다. 그러나, 이 경우에 양수인이 상태책임을 지는 것은 양도인의 상태책임을 승계하여 지는 것이 아니라 경찰상 위해가 발생하고 있는 현재 당해 물건을 소유하고 지배하고 있기 때문에 새로이 상태책임을 지는 것이다.

그리고, 양수인이 상태책임을 지는 경우에도 양도인이 상태책임을 면한다고 보는 것은 타당하지 않다. 양도인은 양도 후에도 그가 소유하고 지배하는 동안 발생한 경찰상 위해에 대하여는 여전히 경찰책임을 진다고 보아야 한다. 그 이유는 경찰책임은 공법상 책임이므로 명문의 근거 없이 사인의 의사에 의해 그 책임이 면책적으

---

29) 정하중, 1147면.
30) 정하중, 1147~1148면.
31) 김남진.

로 양도될 수는 없다고 보는 것이 타당하기 때문이다.

### 3. 법률의 근거 필요 여부

경찰책임(경찰의무)의 승계에는 법률의 근거가 있어야 된다고 보는 견해가 있으나 행위책임의 승계에는 법률의 근거가 있어야 하지만, 상태책임은 물적 책임이므로 상태책임의 승계에는 법률의 근거가 없어도 된다고 보는 견해가 타당하다.

### 4. 경찰책임의 승계와 비용부담

경찰책임의 이행에 필요한 비용부담에 관한 양도인과 양수인의 합의는 효력이 있다.

예를 들면, 토양이 오염된 토지를 매매하면서 명시적 또는 묵시적으로(토양오염의 제거비용을 고려하거나 토양오염으로 인한 토지가치의 하락을 고려하여 주위의 일반토지가격보다 현저히 낮은 가격으로 매매가 이루어진 경우) 토양의 오염으로 인한 경찰책임의 이행에 필요한 비용의 양수인에 의한 부담에 관한 합의가 있었던 경우에는 경찰권발동에 의한 오염된 토양의 정화명령의 이행에 필요한 비용은 양수인이 부담하는 것으로 보아야 한다.

양도인과 양수인 사이에 경찰상 위해에 관한 경찰책임의 이행에 필요한 비용부담에 관한 합의가 없었던 경우에는 경찰책임의 이행으로 인한 비용의 최종적 책임자는 양도인이라고 보아야 할 것이다. 다만, 양수인의 과실로 비용이 증가한 경우에는 그 한도 내에서는 양수인이 비용을 부담하여야 할 것이다.

## Ⅷ. 경찰권 발동과 손실보상

경찰책임이 있는 자에 대한 적법한 경찰권의 발동으로 경찰책임자가 손실을 입어도 원칙상 손실보상을 해 줄 필요가 없다. 왜냐하면, 경찰책임자는 경찰권 발동의 원인을 제공한 자로서 책임을 지는 것이기 때문이다. 다만, 사회통념상 수인한도를 넘는 손실에 대하여는 손실보상을 해 주어야 한다.

경찰책임이 없는 제3자(경찰비책임자)에 대한 경찰권 발동으로 당해 제3자가 특별한 손해(수인한도를 넘는 손해)를 입은 경우 손실보상을 해 주어야 한다.

경찰관직무집행법은 경찰관의 적법한 직무집행으로 인하여 손실발생의 원인에 대하여 책임이 없는 자가 생명·신체 또는 재산상의 손실을 입은 경우(손실발생의 원인에 대하여 책임이 없는 자가 경찰관의 직무집행에 자발적으로 협조하거나 물건을 제공하여 재산상의 손실을 입은 경우를 포함한다) 및 손실발생의 원인에 대하여 책임이 있는 자가 자신의 책임에 상응하는 정도를 초과하는 생명·신체 또는 재산상의 손실을 입은 경우에 국가는 정당한 보상을 하여야 한다고 규정하고 있다(제11조의2 제1항). 제1항에 따른 보상을 청구할 수 있는 권리는 손실이 있음을 안 날부터 3년, 손실이 발생한 날부터 5년간 행사하지 아니하면 시효의 완성으로 소멸한다(제2항). 경찰청장, 해양경찰청장, 시·도경찰청장 또는 지방해양경찰청장은 손실보상심의위원회의 심의·의결에 따라 보상금을 지급하고, 거짓 또는 부정한 방법으로 보상금을 받은 사람에 대하여는 해당 보상금을 환수하여야 한다(제4항). 경찰청장, 해양경찰청장, 시·도경찰청장 또는 지방해양경찰청장은 제4항에 따라 보상금을 반환하여야 할 사람이 대통령령으로 정한 기한까지 그 금액을 납부하지 아니한 때에는 국세강제징수의 예에 따라 징수할 수 있다(제6항).

표현위험(외관상 위험)의 경우 표현책임자(표현위험을 야기한 자)는 경찰책임자는 아니다. 표현위험의 경우 표현위험을 고의 또는 과실로 야기한 경우가 아닌 한 경찰권 발동으로 표현책임자가 손해를 입은 경우에는 특별한 희생이므로 손실보상을 해주어야 한다.

비책임자를 보호하기 위하여 행해진 경찰조치로 당해 비책임자에게 손해가 발생한 경우(예, 경찰책임없는 자의 주택의 화재를 진압하기 위하여 울타리를 파괴한 경우) 특별한 희생이라고 볼 수 없으므로 손실보상의 대상이 되지 않는다.[32] 손해를 입은 비책임자가 경찰권 발동의 대상이 아닌 제3자의 경우에는 특별한 희생에 해당하는 경우(예, 화재시 전선을 끊음으로 인하여 제3자가 입은 특별한 손해) 손실보상의 대상이 된다.

경찰권 발동으로 인한 특별한 희생에 대한 보상규정이 없는 경우에는 보상규정 없는 권리침해의 문제가 된다.

## Ⅸ. 경찰비용의 부담

경찰상 위해나 장애를 제거하는 비용은 원칙상 경찰책임자가 부담하여야 한다. 다만, 경찰책임자의 비용부담이 수인한도를 넘는 경우에는 그러하지 않다고 보아야 한다.

경찰상 위해나 장애를 행정기관이 제거한 경우 경찰책임자에게 구상할 수 있는지가 문제된다. 명문의 규정이 있는 경우(예, 견인비용, 폐기물 처리, 정화비용 구상 등)에는 가능하다고 할 수 있다. 그러나, 명문의 규정이 없는 경우에는 행정기관이 행한

---

32) 김병기, 경찰상 권리구제 확대방안으로서의 손실보상제도의 법제화, 한국경찰법학회 학술회의 발표문, 2008. 10. 10, 17~18면.

경찰상 위해나 장애의 제거는 공법상 부당이득이나 행정상 사무관리에 해당하지 않으므로 경찰책임자에 대한 구상이 가능하지 않다고 보아야 한다.33)

---

33) 김형훈, 경찰비용법, 좋은 땅, 2013 참조.

# 제 3 장  사회보장행정법

## Ⅰ. 사회보장의 의의

"**사회보장**"이란 출산, 양육, 실업, 노령, 장애, 질병, 빈곤 및 사망 등의 사회적 위험으로부터 모든 국민을 보호하고 국민 삶의 질을 향상시키는 데 필요한 소득·서비스를 보장하는 사회보험, 공공부조, 사회서비스를 말한다(사회보장기본법제2조 제1호).

**공공부조**라 함은 국가와 지방자치단체의 책임 하에 생활 유지 능력이 없거나 생활이 어려운 국민의 최저생활을 보장하고 자립을 지원하는 제도를 말한다(사회보장기본법 제2조 제3호). 국민기초생활보장법상 국민기초생활보장, 의료급여법상 의료급여가 공공부조에 해당한다.

**사회보험**이라 함은 국민에게 발생하는 사회적 위험을 보험의 방식으로 대처함으로써 국민의 건강과 소득을 보장하는 제도를 말한다(사회보장기본법 제2조 제2호). 사회보험에는 국민건강보험, 국민연금보험, 산업재해보상보험, 고용보험이 있다.

**사회서비스**라 함은 국가·지방자치단체 및 민간부문의 도움이 필요한 모든 국민에게 복지, 보건의료, 교육, 고용, 주거, 문화, 환경 등의 분야에서 인간다운 생활을 보장하고 상담, 재활, 돌봄, 정보의 제공, 관련 시설의 이용, 역량 개발, 사회참여 지원 등을 통하여 국민의 삶의 질이 향상되도록 지원하는 제도를 말한다(사회보장기본법 제2조 제4호).

## Ⅱ. 사회보장급여의 기본원칙

### 1. 사회보장을 받을 권리(사회보장수급권)

모든 국민은 사회보장 관계 법령에서 정하는 바에 따라 사회보장급여를 받을 권리(이하 "사회보장수급권"이라 한다)를 가진다(사회보장기본법 제9조). 국내에 거주하는 외국인에게 사회보장제도를 적용할 때에는 상호주의의 원칙에 따르되, 관계 법령에서 정하는 바에 따른다(사회보장기본법 제8조).

국가가 국민에게 인간다운 생활을 할 권리를 보장하기 위하여 사회보장수급권에 관한 입법을 할 경우, 이에 관한 기준을 설정하는 데에 입법부 또는 입법에 의하여 다시 위임을 받은 행정부 등 해당 기관에 광범위한 재량이 인정된다(대판 2017. 07. 11, 2015두2864).

국가와 지방자치단체는 관계 법령에서 정하는 바에 따라 매년 공표하는 최저보장수준과 최저임금 등을 고려하여 사회보장급여의 수준을 결정하여야 한다(사회보장기본법 제10조).

사회보장수급권은 관계 법령에서 정하는 바에 따라 다른 사람에게 양도하거나 담보로 제공할 수 없으며, 이를 압류할 수 없다(사회보장기본법 제12조).

사회보장수급권은 정당한 권한이 있는 기관에 서면으로 통지하여 포기할 수 있다(사회보장기본법 제14조 제1항). 사회보장수급권의 포기는 취소할 수 있다(동조 제2항). 제1항에도 불구하고 사회보장수급권을 포기하는 것이 다른 사람에게 피해를 주거나 사회보장에 관한 관계 법령에 위반되는 경우에는 사회보장수급권을 포기할 수 없다(동조 제3항).

## 2. 사회보장의 운영원칙

사회보험은 국가의 책임으로 시행하고, 공공부조와 사회서비스는 국가와 지방자치단체의 책임으로 시행하는 것을 원칙으로 한다. 다만, 국가와 지방자치단체의 재정형편 등을 고려하여 이를 협의·조정할 수 있다(사회보장기본법 제25조 제5항).

## 3. 비용의 부담

**사회보장 비용**의 부담은 각각의 사회보장제도의 목적에 따라 국가, 지방자치단체 및 민간부문 간에 합리적으로 조정되어야 한다(사회보장기본법 제28조 제1항).

**사회보험**에 드는 비용은 사용자, 피용자(피용자) 및 자영업자가 부담하는 것을 원칙으로 하되, 관계 법령에서 정하는 바에 따라 국가가 그 비용의 일부를 부담할 수 있다(동조 제2항).

[**판례**] (1) 사회보험에서의 보험료는 피보험자의 경제적 능력, 즉 소득에 비례하여 정해진다. 즉 사회보험의 목적은 사회연대의 원칙을 기반으로 하여 경제적인 약자에게도 기본적인 사회보험의 급여를 주고자 하는 것이므로, 보험료의 산정에 있어서 개인별 등가의 원칙이 철저히 적용되지 아니한다. (2) 사회보험료란, 피보험자 또는 그 사용자가 보험자의 보험급여를 위한 재정을 충당할 목적으로 법률에 근거하여 납부하는 공과금이다. 사회보험의 주된 재원은 보험료이며, 세금에 의한 국가의 지원은 단지 보충적으로 사회보험재정의 보조적인 역할을 수행한다(헌재 2000. 06. 29, 99헌마289).

공공부조 및 관계 법령에서 정하는 일정 소득 수준 이하의 국민에 대한 **사회서비스**에 드는 비용의 전부 또는 일부는 국가와 지방자치단체가 부담한다(동조 제3항). 부담 능력이 있는 국민에 대한 사회서비스에 드는 비용은 그 수익자가 부담함을 원칙으로 하되, 관계 법령에서 정하는 바에 따라 국가와 지방자치단체가 그 비용의 일부를 부담할 수 있다(동조 제4항).

## 4. 사회보장급여 제공의 결정

보장기관의 장이 제6조 및 제7조에 따른 조사를 실시한 경우에는 사회보장급여의 제공 여부 및 제공 유형을 결정하되, 제공하고자 하는 사회보장급여는 지원대상자가 현재 제공받고 있는 사회보장급여와 보장내용이 중복되도록 하여서는 아니 된다(「사회보장급여의 이용·제공 및 수급권자 발굴에 관한 법률」 제9조 제1항).

보장기관의 장은 사회보장급여의 제공 결정에 필요한 경우 지원대상자와 그 친족, 그 밖에 관계인의 의견을 들을 수 있다(동조 제2항).

보장기관의 장은 제1항에 따라 결정된 사회보장급여의 제공 여부와 그 유형 및 변경사항 신고의무 등을 서면(신청인의 동의에 의한 전자문서를 포함한다)으로 신청인에게 통지하여야 하며, 필요한 경우 구두 등의 방법을 병행할 수 있다. 이 경우 통지에 필요한 사항은 대통령령으로 정한다(동조 제3항).

## Ⅲ. 국민기초생활보장

### 1. 목적

국민기초생활보장법은 생활이 어려운 사람에게 필요한 급여를 실시하여 이들의 최저생활을 보장하고 자활을 돕는 것을 목적으로 한다.

### 2. 급여의 기본원칙: 보충성의 원칙

이 법에 따른 급여는 수급자가 자신의 생활의 유지·향상을 위하여 그의 소득, 재산, 근로능력 등을 활용하여 최대한 노력하는 것을 전제로 이를 보충·발전시키는 것을 기본원칙으로 한다(제3조 제1항).

부양의무자의 부양과 다른 법령에 따른 보호는 이 법에 따른 급여에 우선하여 행하여지는 것으로 한다. 다만, 다른 법령에 따른 보호의 수준이 이 법에서 정하는 수준에 이르지 아니하는 경우에는 나머지 부분에 관하여 이 법에 따른 급여를 받을 권리를 잃지 아니한다(동조 제2항).

### 3. 급여의 기준 등

이 법에 따른 급여는 건강하고 문화적인 최저생활을 유지할 수 있는 것이어야
한다(제4조 제1항). 이 법에 따른 급여의 기준은 수급자의 연령, 가구 규모, 거주지역,
그 밖의 생활여건 등을 고려하여 급여의 종류별로 보건복지부장관이 정하거나 급여
를 지급하는 중앙행정기관의 장(이하 "소관 중앙행정기관의 장"이라 한다)이 보건복지부장
관과 협의하여 정한다(동조 제2항).

보장기관은 이 법에 따른 급여를 개별가구 단위로 실시하되, 특히 필요하다고
인정하는 경우에는 개인 단위로 실시할 수 있다(동조 제3항).

지방자치단체인 보장기관은 해당 지방자치단체의 조례로 정하는 바에 따라 이
법에 따른 급여의 범위 및 수준을 초과하여 급여를 실시할 수 있다. 이 경우 해당 보
장기관은 보건복지부장관 및 소관 중앙행정기관의 장에게 알려야 한다(동조 제4항).

### 4. 외국인에 대한 특례

국내에 체류하고 있는 외국인 중 대한민국 국민과 혼인하여 본인 또는 배우자가
임신 중이거나 대한민국 국적의 미성년 자녀를 양육하고 있거나 배우자의 대한민국
국적인 직계존속(直系尊屬)과 생계나 주거를 같이하고 있는 사람으로서 대통령령으로
정하는 사람이 이 법에 따른 급여를 받을 수 있는 자격을 가진 경우에는 수급권자가
된다(제5조의2).

### 5. 최저보장수준의 결정 등

보건복지부장관 또는 소관 중앙행정기관의 장은 급여의 종류별 수급자 선정기
준 및 최저보장수준을 결정하여야 한다(제6조 제1항).

보건복지부장관 또는 소관 중앙행정기관의 장은 매년 8월 1일까지 제20조제2항
에 따른 중앙생활보장위원회의 심의·의결을 거쳐 다음 연도의 급여의 종류별 수급
자 선정기준 및 최저보장수준을 공표하여야 한다(동조 제2항).

### 6. 급여의 종류 및 내용

이 법에 따른 급여의 종류는 다음과 같다. ① 생계급여, ② 주거급여, ③ 의료급
여, ④ 교육급여, ⑤ 해산급여(解産給與), ⑥ 장제급여(葬祭給與), ⑦ 자활급여.

생계급여는 수급자에게 의복, 음식물 및 연료비와 그 밖에 일상생활에 기본적으
로 필요한 금품을 지급하여 그 생계를 유지하게 하는 것으로 한다(제8조 제1항). **생계**

급여 수급권자는 부양의무자가 없거나, 부양의무자가 있어도 부양능력이 없거나 부양을 받을 수 없는 사람으로서 그 소득인정액이 제20조 제2항에 따른 중앙생활보장위원회의 심의·의결을 거쳐 결정하는 금액(이하 이 조에서 "생계급여 선정기준"이라 한다) 이하인 사람으로 한다. 이 경우 생계급여 선정기준은 기준 중위소득의 100분의 30 이상으로 한다(동조 제2항). **생계급여 최저보장수준**은 생계급여와 소득인정액을 포함하여 생계급여 선정기준 이상이 되도록 하여야 한다(동조 제3항). 제2항 및 제3항에도 불구하고 제10조제1항 단서에 따라 제32조에 따른 보장시설에 위탁하여 생계급여를 실시하는 경우에는 보건복지부장관이 정하는 고시에 따라 그 선정기준 등을 달리 정할 수 있다(동조 제4항).

### 7. 보장기관

이 법에 따른 급여는 수급권자 또는 수급자의 거주지를 관할하는 시·도지사와 시장·군수·구청장[제7조 제1항 제4호의 교육급여인 경우에는 특별시·광역시·특별자치시·도·특별자치도의 교육감(이하 "시·도교육감"이라 한다)을 말한다. 이하 같다]이 실시한다. 다만, 주거가 일정하지 아니한 경우에는 수급권자 또는 수급자가 실제 거주하는 지역을 관할하는 시장·군수·구청장이 실시한다(제19조).

### 8. 수급권의 압류·양도 금지

수급자에게 지급된 수급품과 이를 받을 권리는 압류할 수 없다(제35조 제1항). 제27조의2 제1항에 따라 지정된 급여수급계좌의 예금에 관한 채권은 압류할 수 없다(동조 제2항).

수급자는 급여를 받을 권리를 타인에게 양도할 수 없다(제36조).

## Ⅳ. 국민건강보험

### 1. 의의

국민건강보험제도는 보험가입자가 납부하는 보험료와 국고부담을 재원으로 하여 국민에게 발생하는 질병·부상 등 사회적 위험을 보험방식으로 대처하는 사회보험제도이다(사회보장기본법 제3조 제2호). 따라서 국민건강보험수급권의 구체적 내용인 수급요건, 수급권자의 범위, 급여금액 등은 법률에 따라 구체적으로 형성·확정된다(대판 2018. 11. 15, 2016다258209).

국가가 의료보장을 시행하는 방법은 재원을 확보하는 방법에 따라 보험방식과 조세방식으로 구분된다. 의료보험의 형태는 사회보험과 사보험으로 구분되는데, 우리나라는 사회보험방식의 의료보장을 택하고 있다(헌재 2000. 06. 29, 99헌마289).

**[판례]** 건강보험제도의 목적과 기능: 건강보험제도는 사회보험제도로서(사회보장기본법 제3조 제1호, 제2호), 국가가 헌법상 국민의 보건에 관한 보호의무를 실현하기 위하여 마련한 사회보장의 일환이다. 이는 국가공동체가 구성원인 국민에게 제공하는 가장 기본적인 사회안전망에 해당한다(대법원 2021. 2. 4. 선고 2020두41429 판결 참조). 건강보험제도는 사회보험으로서 소득재분배 기능도 수행한다. 국민건강보험법은 보험 가입을 강제하고, 보험사고 발생률이나 보험급여의 다과 등에 따라 개인별로 보험료에 차등을 두지 않고 보험가입자의 경제적 능력에 비례하여 보험료를 정하며, 보험가입자가 납부한 보험료에 비례하여 보험급여를 지급하지 않는다(대법원 2021. 3. 18. 선고 2018다287935 전원합의체 판결, 헌법재판소 2000. 6. 29. 선고 99헌마289 전원재판부 결정, 헌법재판소 2003. 10. 30. 선고 2000헌마801 전원재판부 결정등 참조)(대판 전원합의체 2024. 7. 18, 2023두36800[보험료부과처분취소]).

## 2. 국민건강보험법령의 체계

국민건강보험법령으로는 국민건강보험법, 국민건강보험법 시행령, 국민건강보험법 시행규칙, 보건복지부령인 국민건강보험 요양급여의 기준에 관한 규칙(약칭: 건강보험요양급여규칙)(이하 '요양급여규칙'이라 한다)이 있다.

보건복지부고시인 「건강보험 행위 급여·비급여 목록표 및 급여 상대가치점수」, 「행위·치료재료 등의 결정 및 조정기준」, 약제 급여 목록 및 급여 상한금액표(약칭 '약제급여표'라 한다), 「요양급여의 적용기준 및 방법에 관한 세부사항」, 선별급여 지정 및 실시 등에 관한 기준 등이 있다.

약제급여표는 「국민건강보험법 시행령」 제22조 제1항 및 「국민건강보험 요양급여의 기준에 관한 규칙」 제8조 제2항의 규정에 근거한 법령보충적 고시이고[34], "세부사항고시"의 근거규정은 요양급여기준규칙 제5조 제2항이다.

이에 반하여 선별급여 지정 및 실시 등에 관한 기준은 수권없이 제정된 것이므로 법령보충적 고시가 아니라 행정규칙인 고시라고 보아야 한다. 보건복지부령인 요양급여기준규칙에서는 선별급여실시조건, 선별급여의 적합성 평가, 선별급여의 실시제한에 대해서만 규정하고, 그에 관한 구체적인 사항은 보건복지부장관이 고시로 정하는 것으로 위임하였지만, 보다 중요한 선별급여의 구체적인 지정기준[35], 본인부담률의 결정, 선별급여의 결정절차에 관한 사항을 위임하는 규정은 두고 있지 않다.

---

34) 요양급여대상이 되는 약제 및 그 요양급여비용 상한금액에 관한 '약제급여표'는 법 제41조 제2항 제2호, 제41조의3 제2항 내지 제5항, 제46조, 법 시행령 제22조, 요양급여규칙 제10조의2, 제11조의2, 제12조 내지 제14조에 근거하여 고시되는 것이다.

35) 선별급여기준고시는 '결정기준'을 "평가기준"이라는 용어로 표현하고 있다.

### 3. 관장(주관기관)

이 법에 따른 건강보험사업은 보건복지부장관이 맡아 주관한다(국민건강보험법 제2조).

건강보험정책에 관한 다음 각 호의 사항을 **심의 · 의결**하기 위하여 보건복지부장관 소속으로 **건강보험정책심의위원회**(이하 "심의위원회"라 한다)를 둔다(제4조 제1항).

1. 제3조의2제1항 및 제3항에 따른 종합계획 및 시행계획에 관한 사항(심의에 한정한다)
2. 제41조제3항에 따른 요양급여의 기준
3. 제45조제3항 및 제46조에 따른 요양급여비용에 관한 사항
4. 제73조제1항에 따른 직장가입자의 보험료율
5. 제73조제3항에 따른 지역가입자의 보험료부과점수당 금액
6. 그 밖에 건강보험에 관한 주요 사항으로서 대통령령으로 정하는 사항

건강보험정책심의위원회는 의결기관이 아니고, 심의기관의 성질을 갖는다.

### 4. 보험자

건강보험의 보험자는 국민건강보험공단으로 한다(제13조). 건강보험공단(구 의료보험공단)은 공법인이고(헌재 2000. 06. 29, 99헌마289), 공공단체이다.

국민건강보험공단은 다음 각 호의 업무를 관장한다(제14조 제1항).

1. 가입자 및 피부양자의 자격 관리
2. **보험료와 그 밖에 이 법에 따른 징수금의 부과 · 징수**
3. 보험급여의 관리
4. 가입자 및 피부양자의 질병의 조기발견 · 예방 및 건강관리를 위하여 요양급여 실시 현황과 건강검진 결과 등을 활용하여 실시하는 예방사업으로서 대통령령으로 정하는 사업
5. **보험급여 비용의 지급**
6. 자산의 관리 · 운영 및 증식사업
7. 의료시설의 운영
8. 건강보험에 관한 교육훈련 및 홍보
9. 건강보험에 관한 조사연구 및 국제협력
10. 이 법에서 공단의 업무로 정하고 있는 사항
11. 「국민연금법」, 「고용보험 및 산업재해보상보험의 보험료징수 등에 관한 법

률」, 「임금채권보장법」 및 「석면피해구제법」(이하 "징수위탁근거법"이라 한다)에 따라 위탁받은 업무

12. 그 밖에 이 법 또는 다른 법령에 따라 위탁받은 업무

13. 그 밖에 건강보험과 관련하여 보건복지부장관이 필요하다고 인정한 업무

## 5. 적용 대상 등

국내에 거주하는 국민은 건강보험의 가입자(이하 "가입자"라 한다) 또는 피부양자가 된다. 다만, 다음의 어느 하나에 해당하는 사람은 제외한다(제5조 제1항). ① 「의료급여법」에 따라 의료급여를 받는 사람(이하 "수급권자"라 한다), ② 「독립유공자예우에 관한 법률」 및 「국가유공자 등 예우 및 지원에 관한 법률」에 따라 의료보호를 받는 사람(이하 "유공자등 의료보호대상자"라 한다). 다만, 다음의 어느 하나에 해당하는 사람은 가입자 또는 피부양자가 된다. ⓐ 유공자등 의료보호대상자 중 건강보험의 적용을 보험자에게 신청한 사람, ⓑ 건강보험을 적용받고 있던 사람이 유공자등 의료보호대상자로 되었으나 건강보험의 적용배제신청을 보험자에게 하지 아니한 사람.

[판례] (1) 피부양자제도의 변천 과정: 피부양자제도는 국가·지방자치단체의 재정 규모, 지출 항목과 범위의 변화, 국가 경제의 성장, 급격한 산업화·도시화 과정에서 이루어진 가족 구성의 변화, 가족 간 부양제도의 변천 등을 거치면서 여러 차례 바뀌어 왔다. 이러한 변화 과정에서 피부양자의 범위는 법률이 정한 '가족'과 '부양을 받을 사람'에 한정되지 않고 시대상황의 변화에 따라 탄력적으로 조정되어 왔다. 피부양자제도의 구체적인 변천 과정은 아래와 같다. 가) 1963. 12. 16. 법률 제1623호로 제정된 최초의 의료보험법은 제1조에서 적용대상에 근로자 외에 그 부양가족을 포함하는 것으로 명시하였고, 제2조에서 '부양가족'이란 '남자 60세, 여자 55세 이상인 직계존속, 배우자(사실상 혼인관계에 있는 자를 포함) 및 미성년 자녀로서 주로 그 피보험자에 의하여 생계를 유지하는 자'라고 규정하였다. 나) 이후 1976. 12. 22. 법률 제2942호로 전부 개정되어 1977. 1. 1. 부터 시행된 의료보험법에 따라 500인 이상 고용 사업장을 대상으로 직장의료보험제도가 시행되었다. 1977년 시행된 의료보험법은 '부양가족'이라는 표현 대신 '피부양자'라고 규정하면서 그 범위를 '피보험자의 배우자, 직계존속 및 직계비속으로서 주로 그 피보험자에 의하여 생계를 유지하는 자'라고 규정하였다(제3조). 다만 피부양자의 구체적인 인정기준에 관하여 규정하지 않은 상태에서 피부양자 범위에 관하여 분쟁이 발생하면 보험자의 판단 또는 정부의 유권해석에 따라 인정 여부를 조정하도록 한다는 지침만 있었고, 실제 인정기준은 보험자인 의료보험조합별로 만들어서 적용하였다. 다) 1981. 4. 4. 법률 제3415호로 개정된 의료보험법은 여성 근로자의 시부모를 피부양자로 추가하고, 1984. 12. 31. 법률 제3768호로 개정된 의료보험법은 남성 근로자의 장인, 장모를 피부양자로 추가하였다(제3조 제5호). 라) 1987. 12. 4. 법률 제3986호로 개정된 의료보험법에 따라 모든 국민을 대상으로 의료보험 혜택이 확대되었다. 1987년 개정된 의료보험법은 형제·자매와 직계비속의 배우자를 피부양자로 추가하고(제3조 제5호), 그 위임을 받은 보건복지부 예규(1990. 1. 5. 개정 제89-568호)에 따라 동거하는 형제·자매는 소득요건만 확인되면 피부양자로 인정하고, 동거하지 않는 사람에 대한 부양요건 확인 기준을 완화하여 대상자가 독립적으로 생계를

유지할 수 없고 피보험자에 의하여 부양받고 있음이 확인되면 피부양자로 인정함으로써 피부양자 범위를 확대하였다. 마)1994. 1. 7. 법률 제4728호로 전부 개정된 의료보험법 제4조 제3항은 피부양자는 피보험자(지역조합의 피보험자를 제외한다)의 배우자·직계존속(배우자의 직계존속을 포함한다)·직계비속·직계비속의 배우자 또는 형제·자매 중 주로 그 피보험자에 의하여 생계를 유지하는 자로서 보건사회부장관이 정하는 기준에 해당되는 자를 말한다고 정하였다. 그런데 행정청은 '의료보험 피부양자 인정 범위 확대지침(보정 65710－1018)'을 마련하여 1995. 12.경부터 위 법률 규정에 열거되지 않는 계부모, 계자녀, 친생부모, 친생자녀, 3촌 이내 방계혈족도 피부양자의 범위에 포함시켰다. 이후 1998년 공무원 등 의료보험조합, 직장의료보험조합과 지역의료보험조합을 통합하는 과정에서 보험재정의 압박으로 3촌 이내 방계혈족은 피부양자에서 제외하였다(보건복지부 고시 제2000－27호. 다만 앞서 본 바와 같이 현행 국민건강보험법 시행규칙 제2조 제1항 제1호[별표 1]은 일정한 요건을 갖춘 계부모, 계자녀, 친생부모·자녀를 피부양자로 인정하고 있다). 바)1999. 2. 8. 법률 제5854호로 제정된 국민건강보험법 제5조 제2항은 피부양자를 직장가입자의 배우자, 직계존속(배우자의 직계존속을 포함한다), 직계비속(배우자의 직계비속을 포함한다)과 그 배우자, 형제·자매 중 직장가입자에 의하여 주로 생계를 유지하는 자로서 보수 또는 소득이 없는 자라고 규정하였다. 2017. 4. 18. 법률 제14776호로 개정된 국민건강보험법 제5조 제2항은 '보수 또는 소득이 없는 자'를 '소득 및 재산이 보건복지부령으로 정하는 기준 이하에 해당하는 사람'으로 변경하였고, 현행 국민건강보험법도 그 내용을 유지하고 있다. (2) 피부양자인 배우자에 관한 행정해석과 그 인정 범위의 확대: 1) 1963년 제정된 의료보험법 제2조는 부양가족인 '배우자'에 '사실상 혼인관계에 있는 자'를 포함한다는 규정을 두었다. 그러나 1976년 개정된 의료보험법 제3조에서 위와 같은 규정이 삭제된 이래 현행 국민건강보험법의 이 사건 쟁점 규정에 이르기까지 국민연금법 등 다른 사회보장 관계 법령들과 달리 피부양자인 '배우자'에 '사실상 혼인관계에 있는 자'를 포함한다는 규정을 두고 있지 않다. 2) 건강보험의 보험자인 피고는 '자격관리 업무지침'(이하 '이 사건 지침'이라 한다)을 마련하여 사실상 혼인관계에 있는 사람도 이 사건 쟁점 규정의 배우자에 준하여 피부양자로 인정하되 국민건강보험법 제5조 제2항 제2호의 '배우자의 직계존속', 제3호의 '배우자의 직계비속' 내지 '직계비속의 배우자'에는 포함시키지 아니하고 있다. 또한 사실상 혼인관계를 소명하기 위해 '사실혼 존재 확인의 소 판결문' 제출을 요구하는 다른 사회보장제도와 달리, 이 사건 지침에서는 직장가입자와 그 배우자가 혼인의 의사로 부부공동생활을 유지하고 있음을 확인하는 내용의 인우보증서 제출만으로 사실상 혼인관계가 소명된 것으로 보고 있다. 이와 같이 사실상 혼인관계에 있는 사람도 배우자에 준하여 피부양자로 인정하는 이 사건 지침의 행정해석은 최선순위의 사람에게만 유족연금 등을 지급하는 다른 사회보장제도와 달리 피부양자 자격이 있으면 인원수에 관계없이 피부양자로 인정되는 건강보험의 제도적 특성을 고려하여 피부양자의 인정 범위와 요건을 완화한 것이다. (3) 건강보험과 관련하여 피부양자제도를 둔 목적과 취지는 직장가입자에게 주로 생계를 의존하여 본인의 근로나 재산에 의해 독립적으로 생활할 수 없고 경제적인 능력이 없어 보험료를 부담할 수 없는 사람이라도 건강보험을 적용하여 이들을 보호하기 위한 것이다. 이러한 건강보험의 사회보장 기능을 고려하면, 피부양자에 해당하는지 여부는 직장가입자에 대한 경제적인 의존도와 실질적 생활관계, 즉 대상자가 직장가입자와 경제적 생활공동체를 이루고 있는지 여부에 따라 정해진다. 통상적으로 그러한 공동체를 구성할 수 있는 범위로 국민건강보험법 제5조 제2항 각호의 피부양자를 규정한 것으로 볼 수 있다. (4) 갑이 동성인 을과 교제하다가 서로를 동반자로 삼아 함께 생활하기로 합의하고 동거하던 중 결혼식을 올린 뒤 국민건강보험공단에 건강보험 직장가입자인 을의 사실혼 배우자로 피부양자 자격취득 신고를 하여 피부양자 자격을 취득한 것으로 등록되었는데, 이 사실이 언론에 보도되자 국민건강보험공단이 갑을 피부양자로 등록한 것이 '착오 처리'였다며 갑의 피부양자 자격을 소급하여 상실시키고 지역가입자로 갑의 자격을 변경한 후 그동안의 지역가입자로서의 건강보험료 등을 납입할 것을 고지한 사안에서, 위 처분이 행정절차법 제21조 제1항과 헌법상 평등원칙을 위반하여 위법하다고 한 사례(대판 전원합의체 2024. 7. 18, 2023두36800[보험료부과처분취소]).

## 6. 가입자의 종류

가입자는 직장가입자와 지역가입자로 구분한다(제6조 제1항).

## 7. 보험급여수급권

보험급여수급권은 재산권의 보장을 받는 공법상의 권리이다(헌재 2000. 06. 29, 99헌마289).

## 8. 요양급여

### (1) 요양급여의 개념

요양급여라 함은 국민건강보험 가입자와 피부양자의 요양기관에서의 요양에 대해 국민건강보험공단이 요양기관에 지급하는 보험급여를 말한다.

① '요양'이라 함은 가입자와 피부양자의 질병, 부상, 출산 등에 대한 1. 진찰·검사, 2. 약제(藥劑)·치료재료의 지급, 3. 처치·수술 및 그 밖의 치료, 4. 예방·재활, 5. 입원, 6. 간호, 7. 이송(移送)을 말한다(법 제41조 제1항 참조).

② '요양기관'이라 함은 1. 「의료법」에 따라 개설된 의료기관, 2. 「약사법」에 따라 등록된 약국, 3. 「약사법」 제91조에 따라 설립된 한국희귀·필수의약품센터, 4. 「지역보건법」에 따른 보건소·보건의료원 및 보건지소, 5. 「농어촌 등 보건의료를 위한 특별조치법」에 따라 설치된 보건진료소를 말한다. 다만, 보건복지부장관은 공익이나 국가정책에 비추어 요양기관으로 적합하지 아니한 대통령령으로 정하는 의료기관 등은 요양기관에서 제외할 수 있다(제42조 제1항).

법은 요양급여에 대한 정의를 내리지 않고 있고, 요양급여에 선별급여가 포함되는지 여부에 대해 명확하게 규정하지 않고 있어 모순되는 규정을 두고 있어 적용법규정의 특정과 해당 법규정의 적용범위를 확정하기 위해 법상 요양급여의 개념을 명확히 하는 것이 필요하고 요양급여와 선별급여와의 관계를 명확하게 할 필요가 있다.

법은 요양급여에 선별급여를 포함하는 광의의 요양급여 개념으로 사용하는 경우도 있지만[36], 통상은 선별급여를 제외한 통상의 요양급여만을 요양급여로 규정하

---

36) 법 제41조의4 제2항은 선별급여의 급여에 대해서도 "요양급여"라는 용어를 사용하고 있지만, 국민건강보험법상 선별급여에서의 급여를 이와 같이 "요양급여"로 표현하는 경우는 예외적인 경우이다.

고 있다. 그리고, 행위·치료재료의 경우에는 요양급여에 선별급여를 포함시키지만
(요양급여규칙 제11조), 약제의 경우에는 요양급여와 선별급여를 구별하고 있다. 이렇게
법상 규정 및 개념 사용이 혼란스럽게 된 것은 종래의 협의의 요양급여 이외에 선별
급여를 도입하면서 종래의 협의의 요양급여와 선별급여 개념을 정의하지 않고, 양자
의 관계를 명확하지 않고, 종래의 협의의 요양급여를 규율하는 법령규정을 거의 그
대로 둔 채 선별급여규정을 추가적으로 규정하는 방식으로 선별급여를 도입하였기
때문이다.37)

　　학문상으로는 선별급여도 보험급여이므로 광의의 요양급여의 개념을 사용하는
것이 타당하다. 그렇지만, 협의의 요양급여(법상 요양급여)와 선별급여는 적용법규정,
인정요건 및 절차 그리고 효과 등에서 상이하므로 양 개념을 구별하여야 한다. 또한,
선별급여는 현재로서는 예외적으로 지급되는 것이므로 이하에서는 협의의 요양급여
(법상 요양급여)를 통상의 요양급여로 부르기로 한다.

　　입법론으로는 법에 "요양급여"(통상의 요양급여)와 "선별급여"의 개념정의 규정을
두고, 요양급여와 선별급여를 통칭하는 용어(예, '보험급여')를 명시하고, "요양급여"와
"선별급여"를 요건, 절차 및 효과 등에서 다르게 규정하면서도 양자를 공통으로 규정
할 것은 함께 규정하거나 준용하는 것으로 규정하고, 다르게 규정할 것은 명확하게
다르게 규정하면 용어의 사용이나 법령의 적용상의 혼란을 없앨 수 있을 것이다. 이
러한 입법에 있어 환경영향평가법 등이 참고가 될 수 있을 것이다.

### (2) 통상의 요양급여 결정

　　통상의 요양급여 결정은 단계적으로 행해진다. 제1단계에서 요양급여대상 여부
및 상한금액이 결정되고, 제2단계로 요양급여의 기준에 관한 세부사항이 결정된다.
그리고, 요양급여의 일반기준은 법정되어 법령규정에 따라 정해진다.

#### 1) 요양급여대상 여부 및 상한금액의 결정(1단계 결정·고시)

　　요양급여대상 여부 및 상한금액의 결정에는 신청에 따른 결정과 보건복지부장
관의 직권에 의한 결정이 있다(법 제41조의3).

　　**요양급여 결정신청**에는 행위·치료재료에 대한 요양급여 결정신청(제10조) 약제
에 대한 요양급여 결정신청(제10조의2)이 있는데, 그 **결정절차**는 제11조와 제11조의2
에서 각각 규정되어 있다.

---

37) 국민건강보험법에 선별급여제도를 도입한 2016.03.22. 국민건강보험법 개정의 제출 개정안에서
　　는 제41조 제1항에 "예비급여"(현행 선별급여에 해당)를 "급여"(현행 통상의 요양급여)외에 "요양
　　급여(광의의 요양급여)"의 한 종류로 열거하였으나 최종 개정안(위원회 대안)에서는 이 제출 개정
　　안 조항이 삭제되었다. 그리고 제출 개정안의 예비급여가 선별급여로 명칭이 바뀌어 별도의 조문
　　인 제41조의4로 규정되었다.

요양급여대상 여부 및 상한금액 결정은 보건복지부장관이 건강보험정책심의위원회의 심의를 거쳐 결정한다(요양급여규칙 제11조 제1항, 제11조의2 제9항).

요양급여대상으로 결정한 행위·치료재료에 대해서는 상대가치점수 또는 영 제22조 제1항에 따른 상한금액(이하 "상한금액"이라 한다)과 법 제41조의4 제1항에 따른 선별급여(이하 "선별급여"라 한다) 본인부담률(선별급여의 요양급여비용 중 선별급여를 받는 사람이 부담하는 비율을 말한다. 이하 같다)을 함께 정하여 고시해야 한다(요양급여규칙 제11조 제1항).

결정된 요양급여대상 및 상한금액은 급여목록표로 정하여 고시하되, 법 제41조 제1항 각 호에 규정된 요양급여행위(이하 "행위"라 한다), 약제 및 치료재료(법 제41조 제1항 제2호에 따라 지급되는 약제 및 치료재료를 말한다. 이하 같다)로 구분하여 고시한다. 다만, 보건복지부장관이 정하여 고시하는 요양기관의 진료에 대하여는 행위·약제 및 치료재료를 묶어 1회 방문에 따른 행위로 정하여 고시할 수 있다(요양급여규칙 제8조 제2항). 원칙상 행위는 건강보험 행위 급여·비급여 목록표 및 급여 상대가치점수(이하 '행위급여표'라 한다)에, 약제는 「약제 급여 목록 및 급여 상한금액표」(이하 '약제급여표'라 한다)에 고시된다.

비급여대상으로 결정된 것은 별도로 고시되지 않는다. 그런데, 국민건강보험법령상 "비급여대상"에는 서로 다른 두 가지가 있다. 법 제41조의3에 따라 급여대상 여부 결정에서 비급여대상으로 결정된 것[38]과 법 제41조 제4항에 따라 요양급여의 기준을 정할 때 비급여대상으로 결정된 것[39]이 그것이다.

국민건강보험법상 "요양급여대상"은 요양급여의 범위를 말한다(법 제41조 제2항). 그리고, 약제의 경우에는 의료행위나 치료재료와 달리 법 "제41조의3에 따라 요양급여대상으로 보건복지부장관이 결정하여 고시한 것"만을 법상 "요양급여대상"으로 본다(법 제41조 제2항 제2호).

'요양급여대상 여부'를 결정한다는 것은 '요양급여목록에의 등재 여부'를 결정하여 약제급여목록고시로 등재하는 것만을 말하는 것은 아니다. '요양급여대상 여부'를 결정한다는 것은 해당 약제를 통상의 요양급여의 대상으로 한다는 것을 결정하는 것이고, 그 효과로서 법령에 따라 요양급여의 대상과 본인부담률등 요양급여에 관한 일반적 기준이 결정되는 효과를 가져오는 것이다. 달리 말하면 '요양급여대상 여부'를 결정할 때에는 해당 약제의 효능에 대해 법령에서 정해진 바에 따라 원칙상 30%의 본인부담률이 정해진다는 것과 법정되어 있는 요양급여에 관한 일반적 기준이 적

---

38) 급여목록표에 기재되지 않은 것.
39) 요양급여규칙 제9조 제1항 <별표 2>에 규정된 것.

용된다는 것을 전제로 하는 것이다. 만일 약제 중 일부 효능은 통상의 요양급여의 대상에서 제외하거나 원칙적인 급여기준과 달리 정하고자 한다면 요양등급대상으로 결정할 때 이를 조건부로 결정하여 요양급여목록에 해당 약제를 등재할 때 그 조건을 기재하도록 하거나 법 제41조 제4항에 따라 비급여대상으로 결정하도록 하여야 할 것이다.

**[판례]** 요양급여대상으로 결정된 당해 의약품은 원칙적으로 보험가입자에게 비급여대상으로 공급할 수 없도록 되어 있다(대결 2003. 10. 09, 2003무23).

### 2) 본인부담률 등 요양급여 기준의 결정

통상의 요양급여의 본인부담률은 원칙상 법 시행령 <별표 2>에서 30%로 법정되어 있어40) 별도의 결정절차를 거치지 않는다. 따라서, 통상의 요양급여대상 여부의 결정은 통상의 요양급여대상의 경우 본인부담률이 원칙상 30%로 법정되어 있다는 것을 전제로 행해진다. 업무나 일상생활에 지장이 없는 질환에 대한 치료 등 보건복지부령으로 정하는 사항은 요양급여대상에서 제외되는 사항(이하 "비급여대상"이라 한다)으로 요양급여기준기준규칙 제9조 제1항 별표2에서 법정하고 있다(법 제41조 제4항). 약제급여기준에서는 품목허가의 효능·효과 범위 내에서 ① 법령(시행령 본인부담률에 관한 규정은 국민건강보험법 시행령 제19조 제1항 [별표 2])에서 정한 요양급여 본인부담률 30%를 적용하는 부분, ② 요양급여기준규칙 제9조 제1항 별표 2에서 정한 비급여 부분, ③ 국민건강보험법 시행령 제19조 제1항 [별표 2]에서 본인부담률을 100%(전액본인부담)로 하는 부분을 법정한다.

통상의 요양급여 기준에 관한 일반적 사항(이하 '요양급여일반기준'이라 한다)은 요양급여기준규칙 제5조 제1항 [별표 1] '요양급여의 적용기준 및 방법'에 규정(법정)되어 있다.

통상의 요양급여일반기준에 관한 세부사항은 요양급여기준규칙 제14조에 따라 보건복지부장관의 고시인「요양급여의 적용기준 및 방법에 관한 세부사항」(이하 '세부사항고시'라 한다)에 규정되어 있다. 요양급여기준에 관한 세부사항에는 일반적인 세부사항과 약제별 개별적인 세부사항이 있다. 요양급여기준에 관한 세부사항은 보건복지부장관이 요양급여기준규칙 제5조 2항에 따라 의약계·공단 및 건강보험심사평가

---

40) 다. 약국 또는 한국희귀·필수의약품센터의 경우

　1) 진료를 담당한 의사 또는 치과의사가 발행한 처방전에 따라 의약품을 조제받은 경우에는 요양급여비용 총액의 100분의 30(요양급여를 받는 사람이 65세 이상인 경우 요양급여비용 총액이 보건복지부령으로 정하는 금액을 넘지 않으면 보건복지부령으로 정하는 금액). 다만, 제1호 가목 중 보건복지부장관이 정하는 요양급여를 받은 경우(약국 또는 한국희귀·필수의약품센터인 요양기관에서 처방전에 따라 의약품을 조제받는 경우를 포함한다)는 제외한다.

원의 의견을 들어 고시한다.

이와 같이 요양급여의 기준에 관한 일반적 사항은 법 시행령 별표 2, 요양급여 기준규칙 제5조 제1항 [별표 1] 및 세부사항고시에 법정되어 있고, 개별 약제에 고유한 개별적 세부사항은 개별 약제별로 보건복지부장관이 의약계·공단 및 건강보험심사평가원의 의견을 들어 고시한다.

### 3) 요양급여의 기준에 관한 세부사항의 결정·고시(2단계 결정·고시)

통상의 요양급여의 기준에 관한 세부사항은 보건복지부고시인 '세부사항고시'에 고시된다.

세부사항고시는 행위에 관한 고시와 약제에 관한 고시로 나누어지는데, 약제에 관한 세부사항고시에는 어떤 기준을 충족할 경우 요양급여로 인정하는지(대상환자, 투여연령, 투여시기, 적응증, 투여방법 등), 어떤 경우에 약값 전액을 환자가 부담하는지 등을 규정한다. 요양급여기준에 관한 세부사항에는 일반적인 세부사항과 약제별 개별적인 세부사항이 있다.

약제의 효능은 세부사항에 해당하지 않고, 부령인 요양급여규칙에서 정하여야 하는 사항이다. 따라서, 약제의 효능 중 일부에 대해 통상의 요양급여의 대상에서 제외하는 것은 세부사항고시에서 결정할 수 있는 것은 아니다. 세부사항결정에서는 세부사항으로 결정할 수 있는 사항(요양급여의 기준에 관한 세부사항)만 결정할 수 있다.

통상의 요양급여의 대상이 되는 약제별 개별적인 세부사항은 의약계·공단 및 건강보험심사평가원의 의견을 들어 약제별로 개별적으로 결정되어 세부사항고시에 고시된다.

세부사항고시는 본래 통상의 요양급여의 기준에 관한 세부사항을 정하는 고시이다. 그런데, 선별급여로 지정되어 본인부담률 80%로 하는 항목이 실무상 세부사항고시'에 정해지는 경우도 있다. 즉, 선별급여기준에 관한 사항은 선별급여기준 [별표 2] 선별급여 목록(제9조 제3항 관련) 및 [별표 3] 실시조건(제5조 제2항 관련)에서 규정하는 것이 원칙이지만(선별급여기준 제3조 제2항), 통상의 요양급여 이외에 선별급여를 지급하는 경우 '편의상' 세부사항고시'에 고시되는 경우도 있다(선별급여기준 제3조 제2항 단서 참조).

### 4) 통상의 요양급여 결정의 내용 및 효력

통상의 요양급여결정은 요양급여대상 및 상한금액의 결정과 요양급여의 기준에 관한 세부사항의 결정에 의해 이루어진다. 이러한 통상의 요양급여결정의 효력은 이러한 단계적 결정과 법령상 규정이 합쳐져서 결정된다. 즉, 요양급여결정처분의 내용과 효과는 그 일부(예, 요양급여의 일반적 기준 및 본인부담률 30%)는 법령에서 일반적으

로 결정되고, 일부(요양급여대상 및 상한금액 및 요양급여의 기준에 관한 약제별 세부사항)는
약제별로 개별적 결정에 의해 행해진다. 그리고, 그 결정의 결과는 보건복지부장관의
고시를 통해 공표되고 통지된다는 것도 요양급여결정의 독특한 점이다. 달리 말하면
요양급여결정처분이 모두 법령으로 규정된다는 것이다. 이를 '요양급여법정주의'라고
할 수 있다. 이렇게 요양급여의 내용을 법령으로 정하는 것은 요양급여가 국민의 권
리의무와 관련이 있고, 국민건강보험이라는 중요한 사항에 해당하기 때문에 법률유
보의 원칙상 그렇게 한 것으로 볼 수 있다.

### (3) 이미 고시된 약제에 대한 요양급여대상 여부 및 상한금액의 직권 조정

보건복지부장관은 제41조 제2항 제2호에 따라 요양급여대상으로 결정하여 고시
한 약제에 대하여 보건복지부령으로 정하는 바에 따라 요양급여대상 여부, 범위, 요양
급여비용 상한금액 등을 직권으로 조정할 수 있다(국민건강보험법 제41조의3 제5항).[41]
제1항 및 제2항에 따른 요양급여대상 여부의 결정 신청의 시기, 절차, 방법 및 업무
의 위탁 등에 필요한 사항, 제3항과 제4항에 따른 요양급여대상 여부의 결정 절차 및
방법, 제5항에 따른 직권 조정 사유·절차 및 방법 등에 관한 사항은 보건복지부령으
로 정한다(제6항). 이에 따라 제정된 보건복지부령은 국민건강보험 요양급여의 기준
에 관한 규칙(약칭: 건강보험요양급여규칙)이다.

보건복지부장관은 법 제41조의3 제5항에 따라 다음 각 호의 어느 하나에 해당
하면 이미 고시된 약제의 요양급여대상 여부, 범위 및 요양급여비용 상한금액을 직
권으로 조정하여 고시할 수 있다(건강보험요양급여기준규칙 제13조 제4항).

1. 협상 결과 합의된 요양급여비용 예상 청구금액을 초과하여 사용된 경우
2. 직전년도 요양급여비용 청구금액과 비교하여 보건복지부장관이 정하는 비율
이나 금액 이상 증가된 경우
3. 제5조제2항 및 제4항에 따른 요양급여의 적용기준 및 방법에 관한 세부사항
의 개정 등으로 약제의 사용범위의 확대가 예상되는 경우
4. 제14조에 따라 보건복지부장관이 정하여 고시하는 약제 상한금액의 결정·조
정 기준이 변경됨에 따라 보건복지부장관이 상한금액을 재평가할 필요가 있다고 인
정하는 경우
5. 제11조의2에 따라 요양급여대상으로 결정된 약제와 투여경로·성분·제형이
동일한 약제가 제10조의2에 따라 결정신청된 경우
5의2. 제11조의2에 따라 요양급여대상으로 결정된 복합제(해당 복합제와 조성이 유

---

41) 2023. 5. 19. 신설규정.

사한 복합제로서 보건복지부장관이 고시하는 약제도 포함한다)의 가격산정의 기준이 되었던 품목(기준이 되었던 품목이 복합제인 경우에는 해당 복합제를 구성하는 개별 약제를 포함한다)과 투여경로·성분·제형이 동일한 약제가 제10조의2에 따라 결정신청된 경우

6. 제11조의2에 따라 요양급여대상으로 결정된 약제에 대한 개발목표제품(해당 약제의 품목허가를 위한 시험에서 비교대상으로 선택된 제품 중 주 약리작용을 나타내는 성분이 해당 약제와 같은 제품으로서 그 제품과 투여경로·성분·제형이 동일한 제제 중 가격산정의 기준이 되었던 품목을 말한다)과 투여경로·성분·제형이 동일한 약제가 제10조의2에 따라 결정신청된 경우

7. 환자의 진료에 반드시 필요하나 경제성이 없어 약제의 제조업자·위탁제조판매업자·수입자가 생산 또는 수입을 기피하는 약제로서 생산 또는 수입 원가의 보전이 필요한 경우

8. 최근 2년간 보험급여 청구실적이 없는 약제

8의2. 최근 3년간 생산실적 또는 수입실적이 없는 약제로서 그 유효기한 또는 사용기한이 도과된 경우

9. 건강보험심사평가원장이 경제성 또는 요양급여 적정성이 없거나 현저히 낮은 것으로 평가한 약제에 대하여 보건복지부장관에게 요청하는 경우

10. 약제의 제조업자·위탁제조판매업자·수입자 또는 한국희귀·필수의약품센터의 장이 급여목록표에서 삭제되기를 희망하는 약제. 다만, 보건복지부장관이 환자의 진료상 반드시 필요하다고 판단하는 약제는 예외로 한다.

11. 보건복지부장관이 정하여 고시한 바에 따른 약제 실거래가 조사결과 약제 상한금액 조정 대상이 된 약제

12. 「약사법」제31조 또는 제41조에 따라 의약품의 품목허가 또는 품목신고를 받은 자가 보건복지부장관이 정하여 고시하는 행정처분(「약사법」제76조에 따른 행정처분을 말한다)을 받은 경우

12의2. 「약사법」제31조 또는 제41조에 따라 의약품의 품목허가 또는 품목신고를 받은 자가 스스로 그 허가증 또는 신고증을 반납한 경우

13. 약사법령에 따른 일반의약품으로서 건강증진, 건강유지 및 치료를 목적으로 하며, 의사 또는 치과의사의 처방에 의하지 아니하더라도 인체에 미치는 부작용이 적어 안전성 및 유효성을 기대할 수 있는 약제

14. 제11조의2제8항에 따라 약제의 제조업자·위탁제조판매업자·수입자가 공단 이사장과 협상한 조건을 이행하지 아니하는 경우나 협상한 조건에서 정한 조정사유에 해당하는 경우

15. 약제의 주성분 등 「약사법」 제31조에 따라 품목허가를 받은 사항이 변경되어 보건복지부장관이 요양급여대상 여부 또는 상한금액을 조정할 필요가 있다고 인정하는 경우

16. 「약사법」 제31조제9항 및 제42조제1항에 따른 변경허가 또는 변경신고, 같은 법 제50조의6 및 제50조의9에 따른 의약품 판매금지와 관련하여 보건복지부장관이 요양급여대상 여부 및 상한금액을 조정할 필요가 있다고 인정하는 경우

17. 그 밖에 외국의 의약품 허가사항, 가격 및 보험등재 현황, 임상연구 관련 자료 등을 고려하여 보건복지부장관이 요양급여대상 여부 및 상한금액을 조정할 필요가 있다고 인정하는 경우

요양급여규칙 제13조 제4항의 이미 고시된 약제에 대한 직권조정절차는 2006년 건강보험 약제비 적정화 방안(선별등재제도 도입)에 따라 요양급여기준규칙 제10조의2, 제11조의2, 제13조 제2항과 함께 신설되었다.[42]

이 직권조정은 요양급여대상결정처분에 대한 전부 또는 일부 철회 또는 변경처분의 성질을 갖는다.

요양급여기준규칙 제4항에 따른 직권 조정에는 다음 각 호의 구분에 따른 통상의 요양급여결정 절차(요양급여기준규칙 제11조의2)를 준용한다(국민건강요양급여규칙 제13조 제5항).

1. 제4항제1호 및 제2호의 경우: 제11조의2제7항부터 제9항까지의 절차

2. 제4항제3호 및 제4호의 경우: 제11조의2제1항부터 제3항까지, 제6항부터 제9항까지의 절차. 다만, 이 조 제4항제3호의 경우로서 다음 각 목의 어느 하나에 해당하는 경우에는 제11조의2제1항부터 제9항까지의 절차를 준용한다.

가. 제11조의2제8항에 따라 약제의 제조업자·위탁제조판매업자·수입자가 이행할 조건을 고려하여 상한 금액이 정해진 약제로서 해당 약제의 사용범위가 확대될 것으로 충분히 예상되는 경우

나. 제4항제3호에 따른 약제의 사용범위 확대 예상에 따른 요양급여비용 예상 청구금액이 그 사용범위 확대 예상 이전의 요양급여비용 예상 청구금액보다 100억원 이상 증가할 것으로 예상되는 경우

2의2. 제4항제5호, 제5호의2 및 제6호의 경우: 제11조의2제1항부터 제3항까지, 제6항부터 제9항까지의 절차. 이 경우 제11조의2제7항 각 호 외의 부분 전단 및 후단 중 "60일"은 각각 "20일"로 본다.

---

42) 2006. 12.29. 보건복지부령 제377호로 개정된 것.

3. 제4항제7호의 경우: 제11조의2제1항부터 제9항까지의 절차

4. 제4항제8호, 제8호의2, 제10호부터 제12호까지 및 제12호의2의 경우: 제11조의2제1항부터 제3항까지, 제6항 및 같은 조 제9항제1호의 절차

5. 제4항제9호 및 제13호의 경우: 제11조의2제1항부터 제6항까지 및 같은 조 제9항제1호의 절차

6. 제4항제14호의 경우: 다음 각 목의 구분에 따른 절차

가. 제11조의2제8항에 따라 약제의 제조업자·위탁제조판매업자·수입자가 공단 이사장과 협상한 조건을 이행하지 않은 경우: 제11조의2제1항부터 제3항까지, 제6항 및 같은 조 제9항제1호의 절차

나. 제11조의2제8항에 따라 약제의 제조업자·위탁제조판매업자·수입자가 공단 이사장과 협상한 조건에서 정한 조정사유에 해당하는 경우: 제11조의2제1항부터 제3항까지 및 제6항부터 제9항까지의 절차

7. 제4항제15호부터 제17호까지의 경우: 제11조의2제1항부터 제3항까지 및 제6항부터제9항까지의 절차. 다만, 보건복지부장관이 직권 조정을 하기 위하여 필요하다고 인정하는 경우에는 제11조의2제1항부터 제3항까지, 제6항 및 같은 조 제9항제1호의 절차를 준용한다.

일반적으로 처분의 철회나 변경처분은 처분절차에 준하는 절차에 따라 행해져야 한다는 것이 대법원 판례의 입장이다. 그리고 직권조정은 통상의 요양급여의 대상을 전부 또는 일부 비급여대상으로 하거나 선별급여대상으로 하는 것이므로 침해적 처분의 성질을 갖는다. 따라서, 직권조정의 요건이나 절차는 요양급여대상결정 처분절차보다 엄격해야 한다[43]. 그런데, 요양급여기준규칙 제13조 제5항 제7호 단서에서 "보건복지부장관이 직권 조정을 하기 위하여 필요하다고 인정하는 경우에는 제11조의2 제1항부터 제3항까지, 제6항 및 같은 조 제9항 제1호의 절차를 준용한다."고 요양급여대상결정처분절차보다 너무 간략하게 정하는 것은 헌법상 원칙인 적법절차의 원칙 위반이 될 소지가 크다.

### (4) 기 결정된 상대가치점수등의 조정 등

요양기관, 의약관련 단체, 약제·치료재료의 제조업자·위탁제조판매업자(약제의 경우만 해당한다)·수입자(치료재료가 인체조직인 경우에는 「인체조직 안전 및 관리 등에 관한 법률」 제13조에 따른 조직은행의 장을 말한다) 또는 가입자등은 이미 고시된 요양급여대상

---

43) 예를 들면, 행정절차법상 신청에 따른 인용 여부 처분의 경우에는 의견청취절차를 거치지 않아도 되지만, 수익적 처분을 취소하거나 변경하는 경우에는 의견청취절차를 거쳐야 한다.

의 상대가치점수·상한금액, 요양급여대상·비급여대상의 조정을 보건복지부장관이
정하여 고시하는 바에 따라 보건복지부장관에게 신청할 수 있다(요양급여기준규칙 제12
조 제1항).

제1항에 따라 조정신청을 받은 보건복지부장관은 행위 및 치료재료의 경우에는
제11조(행위 및 인체조직의 경우에는 제11조 제3항부터 제6항까지의 규정은 제외한다)의 절차
를 준용하고, 약제의 경우에는 제11조의2의 절차를 준용하여 상대가치점수·상한금액,
요양급여대상·비급여대상을 조정하여 고시할 수 있다(요양급여기준규칙 제12조 제2항).

상대가치점수·상한금액, 요양급여대상·비급여대상의 결정·조정, 요양급여대상
·비급여대상 여부 확인 등에 필요한 세부사항[44])에 관하여는 보건복지부장관이 정하
여 고시한다(요양급여기준규칙 제14조).

### (5) 선별급여의 결정

#### 1) 선별급여의 의의

선별급여는 2016. 3. 22. 국민건강보험법 개정에서 도입되었다. 선별급여는 "요
양급여를 결정함에 있어 경제성 또는 치료효과성 등이 불확실하여 그 검증을 위하여
추가적인 근거가 필요하거나, 경제성이 낮아도 가입자와 피부양자의 건강회복에 잠
재적 이득이 있는 등 대통령령(동법 시행령 제18조의4 제1항)으로 정하는 경우"에 지정
하는 "예비적인 요양급여"이다(국민건강보험법 제41조의4 제1항).

선별급여제도는 본래 비급여의 급여화를 위한 정책으로서, 요양급여대상으로 인
정하기에는 경제성이나 치료효과성 등이 부족한 신의료기술 등의 경우에 예비적인
요양급여인 선별급여로 건강보험제도권 내에 편입시켜 가입자와 피부양자의 의료비
부담을 완화하기 위해 도입된 제도이다.[45]) 선별급여제도의 도입취지 등에 비추어볼
때"예비적인 요양급여"는 종래 인정되던 정식의 요양급여로 결정하기에는 미흡한 약
제를 기간을 정하여 사전에 예비적으로 결정하는 정식의 요양급여 전단계의 급여를
말한다.

요양급여규칙 제11조는 행위·치료재료에 대한 선별급여의 결정절차에 관한 규
정을 두고 있지만, 약제에 대한 선별급여의 결정절차에 관한 규정은 두고 있지 않다.
그리고, 보건복지부장관 고시인 「선별급여 지정 및 실시 등에 관한 기준」(이하 '선별급
여기준'이라 한다)도 주로 치료행위와 치료재료에 대한 선별급여를 규정하고 있고, 약

---

44) 이 세부사항은 요양급여기준규칙 제5조 제2항의 세부사항(인정기준 세부사항)과는 구별하여야
   한다.
45) 국회 법률쟁점서비스 국민건강보험법 [법률 제14084호, 2016.03.22, 제33차 개정(일부)][시행
   2016.09.23.] 28면 보건복지부의견과 국민건강보험공단 의견 등 참조.

제에 대한 선별급여에 대해서는 명시적인 규정을 두고 있지 않다. 그동안 선별급여는 주로 검사 등 치료행위와 관련하여 인정하였고, 약제에 대한 선별급여는 그 사례가 많지 않고, 최근(2019년 5월 20일 이후)에 주로 지정되고 있다.

### 2) 선별급여의 지정요건

선별급여를 실시할 수 있는 경우는 다음 각 호와 같다(법 시행령 제18조의4 제1항).

1. 경제성 또는 치료효과성 등이 불확실하여 그 검증을 위하여 추가적인 근거가 필요한 경우

2. 경제성이 낮아도 가입자와 피부양자의 건강회복에 잠재적 이득이 있는 경우

3. 제1호 또는 제2호에 준하는 경우로서 요양급여에 대한 사회적 요구가 있거나 국민건강 증진의 강화를 위하여 보건복지부장관이 특히 필요하다고 인정하는 경우

### 3) 선별급여 항목 및 본인부담률의 결정

선별급여의 항목 및 본인부담률은 「국민건강보험법」(이하 "법"이라 한다) 제41조의4, 선별급여기준 제3조에 따라 정해진다. 선별급여 항목 및 본인부담률은 의학적 타당성, 치료효과성, 비용효과성, 대체가능성, 사회적요구도를 평가하여 결정하며, 평가 기준은 별표 1과 같다(선별급여기준 제3조 제1항).

선별급여에 대해서는 다른 요양급여(통상의 요양급여)에 비하여 본인일부부담금을 상향 조정할 수 있다(국민건강보험법 제44조 제1항 후문).

선별급여로 지정된 항목 및 본인부담률은 별표 2와 같다. 다만, 「요양급여의 적용기준 및 방법에 관한 세부사항」에 급여대상 이외 선별급여를 별도로 정하여 실시하는 경우는 해당 항목의 세부인정사항을 따르며 「건강보험 행위 급여·비급여 목록표 및 급여 상대가치점수」제5편에 분류된 경우는 해당 항목의 인정기준에 따른다(선별급여기준 제3조 제2항).

### 4) 선별급여 결정 절차

요양급여규칙 제11조는 행위·치료재료에 대한 선별급여의 결정절차에 관한 규정을 두고 있지만, 약제에 대한 선별급여의 결정절차에 관한 규정은 두고 있지 않다.

행위·치료재료에 대한 선별급여는 선별급여기준규칙 제11조 제8항에 따른 행위 및 치료재료별 전문평가위원회(이하 "전문평가위원회"라 한다)의 평가를 거쳐 보건복지부장관(이하 "장관"이라 한다)이 정한다(요양급여규칙 제11조, 선별급여기준 제4조 제1항). 제1항에서 제3항까지의 규정에도 불구하고 「요양급여의 적용기준 및 방법에 관한 세부사항」에 급여대상 이외 선별급여를 별도로 정하여 실시하는 경우에는 행위 및 치료재료별 전문평가위원회의 평가,[46] 적합성평가[47]를 생략한다(선별급여기준 제4조 제5

---

46) 비급여의 선별급여 적합성을 말한다,

항). 여기에서 '급여대상 이외 선별급여를 별도로 정하여 실시하는 경우'라 함은 통상의 요양급여대상과 별도로 선별급여를 정하는 경우에 달리 말하면 비급여를 선별급여로 정하는 경우를 의미하는 것으로 해석하여야 한다.

약제에 대한 선별급여의 결정절차에 대한 명시적 규정은 존재하지 않는 것은 입법의 불비이다.

### 5) 선별급여의 고시

선별급여의 항목(분류)과 본인부담률은 원칙상 「선별급여 지정 및 실시 등에 관한 기준」 별표 2에서 고시한다. 다만, 예외적으로 「요양급여의 적용기준 및 방법에 관한 세부사항」에 급여대상 이외 선별급여를 별도로 정하여 실시하는 경우는 「요양급여의 적용기준 및 방법에 관한 세부사항」에 선별급여를 고시할 수 있다.

### 6) 선별급여 실시에 대한 관리

선별급여의 약제, 항목과 본인부담률이 결정된 경우에도 선별급여의 실시에 관한 조건, 선별급여를 실시하는 요양기관에 대한 적합성 평가, 선별급여 실시 제한조치 등 선별급여 실시에 대한 관리를 하고 있다(법 제42조의2, 요양급여규칙 제14조의3부터 제14조의5).

### 7) 선별급여의 적합성 평가

보건복지부장관은 대통령령으로 정하는 절차와 방법에 따라 제1항에 따른 선별급여(이하 "선별급여"라 한다)에 대하여 주기적으로 요양급여의 적합성을 평가하여 요양급여 여부를 다시 결정하고, 제41조 제3항에 따른 요양급여의 기준을 조정하여야 한다(법 제41조의4 제2항).

### (6) 통상의 요양급여와 선별급여의 비교 및 구별

요양급여와 선별급여의 구별과 관계에 관한 문제는 2016. 3. 22. 선별급여라는 새로운 유형의 급여가 국민건강보험법 제41조의4로 신설되면서 제기되었다.

선별급여와 통상의 요양급여는 요양기관에게 일정한 급여를 지급한다는 점에서는 동일하고, 비급여와 구별되지만, **선별급여와 통상의 요양급여는 그 인정요건 및 절차 그리고 효과 등에서 다음과 같이 상이하다.**

① 요양급여는 선별급여가 도입되기 이전부터 사용되어온 개념이고, 선별급여가 도입되면서 요양급여가 폐지되거나 대체되지 않았고, 요양급여를 규율하는 기존의 법령규정은 그 내용에 있어 커다란 변경없이 선별급여에 관한 규정인 국민건강보험법 제41조의4, 동법 시행령, 요양급여규칙 제14조의3(선별급여의 실시조건), 제14조

---

47) 기 선별급여의 적합성 평가를 말한다.

의4(선별급여의 적합성평가를 위한 자료 제출) 등이 추가되는 방식으로 입법되었다.

② 통상의 요양급여대상 여부의 인정기준은 의학적 타당성, 의료적 중대성, 치료효과성 등 임상적 유용성, 비용효과성, 환자의 비용부담 정도, 사회적 편익 및 건강보험 재정상황 등을 고려하여 보건복지부장관이 결정하는 것이다. 즉, 약제의 통상의 요양급여 인정 여부는 약제의 효능, 건강보험 재정상황, 치료에 대한 사회적 필요 등을 종합적으로 고려하여 결정한다.

이에 반하여 선별급여의 인정기준은 다음과 같이 특별하게 규정되어 있다: "경제성 또는 치료효과성 등이 불확실하여 그 검증을 위하여 추가적인 근거가 필요하거나, 경제성이 낮아도 가입자와 피부양자의 건강회복에 잠재적 이득이 있는 등 대통령령(동법 시행령 제18조의4 제1항)으로 정하는 경우"(국민건강보험법 제41조의4 제1항). 즉, 1. 경제성 또는 치료효과성 등이 불확실하여 그 검증을 위하여 추가적인 근거가 필요한 경우, 2. 경제성이 낮아도 가입자와 피부양자의 건강회복에 잠재적 이득이 있는 경우, 3. 제1호 또는 제2호에 준하는 경우로서 요양급여에 대한 사회적 요구가 있거나 국민건강 증진의 강화를 위하여 보건복지부장관이 특히 필요하다고 인정하는 경우(동법 시행령 제18조의4 제1항)이다.

③ 인정절차는 통상의 요양급여의 경우에는 앞에서 본 바와 같이 법령에서 정한 엄격한 절차에 따른다. 이에 반하여 선별급여의 결정절차에 대해서는 법령에서 상대적으로 완화된 절차를 규정하고 있다. 그리고, 약제에 대한 선별급여의 결정절차에 대해서는 명시적인 규정이 존재하지 않고, 전술한 바와 같이 약제에 대한 선별급여의 결정을 위한 조직 등의 여건도 마련되어 있지 못하다. 통상의 요양급여대상은 약제급여목록표에 고시하여야 하지만, 선별급여의 대상은 약제급여목록표에 고시하여야 하는 것이 아니다.

④ 지정효과에 있어서 통상의 요양급여의 경우 그 범위 즉 요양급여약제의 효능 및 급여항목은 품목허가의 범위내로 하는 경우가 보통이고, 요양급여의 본인부담률은 원칙상 30%이고 동법 시행령 제19조 제1항 별표2에서 법정되어 있는데, 선별급여의 경우 보건복지부장관이 개별적으로 급여항목을 정하고, 본인부담률도 통상의 요양급여의 본인부담률 보다는 높은 부담률(이 사건의 경우 80%)로 개별적으로 정한다.[48] 즉, 통상의 요양급여의 경우 대상으로 결정되면 본인부담률이 법령(법 시행령, 요양급여기준규칙 및 세부사항고시)에 따라 자동적으로 결정되지만, 선별급여의 경우 대

---

48) 선별급여제도가 도입되기 이전에는 통상의 요양급여대상(종래의 요양급여대상)결정과 비급여대상결정만이 존재하였다. 그리고, 종래의 급여대상결정에 따른 통상의 요양급여에서는 항목의 지정이라는 제도가 없었다. 그런데, 선별급여에서는 급여대상의 결정이라는 전단계의 절차가 없고 대신 항목의 지정이 있다.

상여부 결정절차에 따라 대상(항목)을 결정하고, 본인부담률은 별도의 절차에 따라 별도로 결정한다.

통상의 요양급여의 경우에는 지정기간의 제한이 없지만, 선별급여의 경우에는 지정기간이 5년 이내로 정해져 있다.

### (7) 기 급여대상 약제에 대한 선별급여결정

현재 기 통상의 요양급여대상 약제의 전부 또는 일부 항목을 선별급여로 변경하는 명시적인 법적 근거는 없다. 즉, 통상의 요양급여의 전부 또는 일부 항목을 선별급여로 지정하는 것은 단순한 선별급여처분이 아니라 동시에 통상의 요양급여의 일부 항목을 통상의 요양급여의 대상에서 제외하는 처분의 성질을 갖고, 통상의 요양급여처분(급여대상결정처분)을 일부 선별급여처분으로 변경하는 처분의 성질을 갖는데, 현행 법령은 이에 관하여 명문의 규정을 두고 있지 않다. 국민건강보험법 제41조의4의 선별급여는 비급여를 선별급여로 지정하는 것만을 규정한 것이다.

그런데, 현행 법령상 기 통상의 요양급여대상 약제 전부 또는 일부 항목을 선별급여로 변경하는 것이 가능한데, 그 방법은 요양급여기준규칙 제13조 제4항에 따른 직권조정절차에 따라 통상의 요양급여대상을 통상의 요양급여대상에서 전부 또는 일부(일부 항목)를 급여대상에서 제외(철회) 또는 변경처분하면서 해당 부분을 선별급여절차에 따라 선별급여로 지정하는 방법이다. 즉, 요양급여기준규칙 제13조 제4항은 각 호에서 고시된 약제의 요양급여대상 여부 및 상한금액을 직권으로 조정하여 고시할 수 있는 경우를 열거하여 규정하고 있다.

또한, 통상의 요양급여처분(요양급여대상결정처분)의 변경절차에 따른 변경처분과 선별급여절차에 따른 선별급여처분의 방법도 가능할 수 있다. 그러나, 선별급여처분 절차에 따른 선별급여처분과 세부사항고시 개정절차에 따른 세부사항고시의 개정만으로는 통상의 요양급여의 대상이 되는 약제의 일부 효능에 대해 선별급여처분을 하는 것은 가능하지 않다.

통상의 요양급여의 대상이 되던 약제의 일부 효능을 선별급여로 변경하는 것은 통상의 요양급여대상결정처분의 일부 취소 또는 변경을 수반하므로 요양급여기준규칙 제13조의 직권조정 절차 또는 통상의 요양급여대상결정처분의 절차에 준하는 절차에 따라 통상의 요양급여대상결정처분의 일부 취소 또는 변경을 한 후 선별급여처분을 해야 한다.

### (8) 요양급여의 지급

#### 1) 요양급여비용의 청구와 지급 등

요양기관은 공단에 요양급여비용의 지급을 청구할 수 있다. 이 경우 제2항에 따른 요양급여비용에 대한 심사청구는 공단에 대한 요양급여비용의 청구로 본다(제47조 제1항). 제1항에 따라 요양급여비용을 청구하려는 요양기관은 **심사평가원에 요양급여비용의 심사청구**를 하여야 하며, 심사청구를 받은 심사평가원은 이를 심사한 후 지체 없이 그 내용을 공단과 요양기관에 알려야 한다(제2항).

제2항에 따라 심사 내용을 통보받은 공단은 지체 없이 그 내용에 따라 요양급여비용을 요양기관에 지급한다. 이 경우 이미 낸 본인일부부담금이 제2항에 따라 통보된 금액보다 더 많으면 요양기관에 지급할 금액에서 더 많이 낸 금액을 공제하여 해당 가입자에게 지급하여야 한다(제3항).

**[판례]** 의료인인 甲 등과 乙이 의료기관을 공동으로 개설하여 운영하던 중 乙에 대하여 거짓으로 진료비를 청구하였다는 사유로 의료법 제66조 제1항 제7호에 따른 자격정지 처분이 이루어졌음에도 여전히 乙을 공동개설자로 한 상태에서 나머지 공동개설자인 甲 등이 의료행위를 하고 요양급여비용 및 의료급여비용 심사를 청구하였으나 건강보험심사평가원이 乙의 자격정지 기간 동안 위 의료기관은 요양급여비용, 의료급여비용을 청구할 자격이 없다는 이유로 심사청구를 반송처리한 사안에서, 乙의 자격정지 기간 동안 위 의료기관은 의료법 제66조 제3항에 따라 의료업을 할 수 없기 때문에 국민건강보험법 및 의료급여법상 요양급여비용 및 의료급여비용을 청구할 수 있는 요양기관 및 의료급여기관에 해당하지 않는다고 한 사례(대판 2024. 05. 30, 2021두58202[요양급여및급여비용불인정처분취소청구]).

#### 2) 요양비의 지급

공단은 가입자나 피부양자가 보건복지부령으로 정하는 긴급하거나 그 밖의 부득이한 사유로 요양기관과 비슷한 기능을 하는 기관으로서 보건복지부령으로 정하는 기관(제98조 제1항에 따라 업무정지기간 중인 요양기관을 포함한다. 이하 "준요양기관"이라 한다)에서 질병·부상·출산 등에 대하여 요양을 받거나 요양기관이 아닌 장소에서 출산한 경우에는 그 요양급여에 상당하는 금액을 보건복지부령으로 정하는 바에 따라 가입자나 피부양자에게 요양비로 지급한다(제49조 제1항).

제1항 및 제2항에도 불구하고 준요양기관은 요양을 받은 가입자나 피부양자의 위임이 있는 경우 공단에 요양비의 지급을 직접 청구할 수 있다. 이 경우 공단은 지급이 청구된 내용의 적정성을 심사하여 준요양기관에 요양비를 지급할 수 있다(제3항).

**[판례]** ① (1) 국민건강보험법상 요양급여는 현물급여가 원칙이므로, 피보험자가 요양기관에서 치료를 받았을 때 현실적으로 보험급여가 이루어진다. 다만 위와 같은 현물급여 원칙에 대한 예외가

있다. 가입자 등이 보건복지부령으로 정하는 긴급하거나 그 밖의 부득이한 사유로 요양기관과 비슷한 기능을 하는 기관으로서 보건복지부령으로 정하는 기관에서 질병·부상·출산 등에 대하여 요양을 받거나 요양기관이 아닌 장소에서 출산한 경우에는 국민건강보험공단이 요양급여에 상당하는 금액을 보건복지부령으로 정하는 바에 따라 가입자 등에게 요양비로 지급한다(국민건강보험법 제49조 제1항). 이와 같이 국민건강보험의 가입자 등이 요양급여를 받기 위해서는, 국민건강보험법 제49조 제1항에 따라 예외적으로 요양비 청구요건이 갖추어진 경우가 아닌 한, 요양기관에 요양급여를 신청해야 한다. 가입자 등의 요양급여 신청에 따라 **요양기관을 통한 현물급여 형태의 요양급여가 이루어지면, 국민건강보험공단은 가입자 등이 아닌 요양기관에 대해 요양급여비용을 부담할 뿐이다.** (2) 국민건강보험공단은 제3자의 행위로 보험급여사유가 생겨 가입자 등에게 보험급여를 한 경우 급여에 들어간 비용 한도에서 제3자에게 손해배상을 청구할 권리, 즉 **구상권을 얻는다**(국민건강보험법 제58조 제1항). 학교안전사고와 관련하여 법원의 판결 등으로 국민건강보험법 제58조에 따라 국민건강보험공단의 구상권 행사에 따른 손해배상액이 확정된 경우 학교의 장이 부담할 부분은 학교안전공제회가 부담한다(학교안전사고 예방 및 보상에 관한 법률 제36조 제2항 단서). 근로복지공단이 산업재해보상보험법상 수급권자에게 요양급여를 지급한 후 지급결정이 취소된 경우로서 지급한 요양급여가 국민건강보험법에 따라 지급할 수 있는 건강보험 요양급여 등에 상당한 것으로 인정되면, 근로복지공단은 건강보험 요양급여 등에 해당하는 금액을 국민건강보험공단에 청구할 수 있다(국민건강보험법 제61조, 산업재해보상보험법 제90조 제2항). (3) 그러나 **가입자 등이 건강보험으로 치료를 받지 않고 자동차보험으로 치료를 받거나 일반진료로 치료를 받은 경우**에 보험회사나 가입자 등이 사후적으로 국민건강보험공단을 상대로 요양급여비용 상당액의 지급을 청구할 수 있다는 규정은 없다. 위와 같이 요양급여 절차, 구상 등 관계에 관하여 다른 사회보장제도 규정들과 달리 규정하고 있는 국민건강보험법 등의 규정 체계와 내용에 비추어 보면, 국민건강보험으로 요양급여를 받고자 하는 가입자 등은 요양기관에 건강보험증을 제출하는 등으로 요양급여를 신청해야 하고, 가입자 등이 자동차보험에 의하여 치료를 받는 등 국민건강보험법 등에 따른 요양급여 신청을 하지 않고 치료를 받은 경우에는 **국민건강보험공단이 가입자 등에게 어떠한 요양급여를 해주어야 할 의무가 없다고 보아야 한다.** 그러한 경우에는 설령 가입자 등이 처음부터 국민건강보험법에 따른 요양급여를 신청하여 치료를 받았더라면 요양기관이 국민건강보험공단으로부터 요양급여비용을 지급받을 수 있었다고 하더라도, 그러한 사정만으로 국민건강보험공단이 요양급여비용을 부당이득으로 반환하여야 한다고 볼 수도 없다(대판 2018. 11. 15, 2016다258209). ② 국민건강보험공단이 업무상 부상 또는 질병 발생 후 산재요양승인결정 전까지 피재근로자에 대하여 건강보험 요양급여를 한 경우에는 산재보험법 제90조 제1항에 의하여 근로복지공단에 정산금을 청구할 수 있고, 이러한 정산금청구권은 근로복지공단이 산재요양승인결정을 한 때에 비로소 행사할 수 있으므로 산재요양승인결정을 한 때부터 3년간 행사하지 아니하면 소멸시효가 완성한다(대판 2014. 11. 27, 2014다44376[부당이득금]).

### (9) 요양급여비용 지급결정의 취소

요양급여비용 지급결정에 의하여 요양급여비용을 수령한 자는 특별한 사정이 없는 한 요양기관의 개설명의자이므로, 공단이 의료기관 개설자격이 없는 자가 개설한 의료기관이 수령한 요양급여비용이라는 이유로 요양급여비용 지급결정을 직권취소하는 경우, 그 상대방은 요양기관의 실질적 개설자가 아닌 개설명의자이다. 공단은 요양급여비용 지급결정 직권 취소 여부, 취소 범위에 관하여 재량을 가지고 그 재량을 개별 사안에 적합하게 행사하여야 하며, 개설명의자는 그 처분을 항고소송 등으로 다툴 수 있다(대판 2023. 10. 12, 2022다276697).

## V. 의료급여

### 1. 수급권자

의료급여법에 따른 수급권자는 다음과 같다(제3조 제1항). ① 「국민기초생활 보장법」에 따른 의료급여 수급자, ② 「재해구호법」에 따른 이재민으로서 보건복지부장관이 의료급여가 필요하다고 인정한 사람, ③ 「의사상자 등 예우 및 지원에 관한 법률」에 따라 의료급여를 받는 사람, ④ 「입양특례법」에 따라 국내에 입양된 18세 미만의 아동, ⑤ 「독립유공자예우에 관한 법률」, 「국가유공자 등 예우 및 지원에 관한 법률」 및 「보훈보상대상자 지원에 관한 법률」의 적용을 받고 있는 사람과 그 가족으로서 국가보훈처장이 의료급여가 필요하다고 추천한 사람 중에서 보건복지부장관이 의료급여가 필요하다고 인정한 사람, ⑥ 「무형문화재 보전 및 진흥에 관한 법률」에 따라 지정된 국가무형문화재의 보유자(명예보유자를 포함한다)와 그 가족으로서 문화재청장이 의료급여가 필요하다고 추천한 사람 중에서 보건복지부장관이 의료급여가 필요하다고 인정한 사람, ⑦ 「북한이탈주민의 보호 및 정착지원에 관한 법률」의 적용을 받고 있는 사람과 그 가족으로서 보건복지부장관이 의료급여가 필요하다고 인정한 사람, ⑧ 「5·18민주화운동 관련자 보상 등에 관한 법률」 제8조에 따라 보상금등을 받은 사람과 그 가족으로서 보건복지부장관이 의료급여가 필요하다고 인정한 사람, ⑨ 「노숙인 등의 복지 및 자립지원에 관한 법률」에 따른 노숙인 등으로서 보건복지부장관이 의료급여가 필요하다고 인정한 사람, ⑩ 그 밖에 생활유지 능력이 없거나 생활이 어려운 사람으로서 대통령령으로 정하는 사람.

### 2. 보장기관

이 법에 따른 의료급여에 관한 업무는 수급권자의 거주지를 관할하는 특별시장·광역시장·도지사와 시장·군수·구청장이 한다(제5조 제1항). 제1항에도 불구하고 주거가 일정하지 아니한 수급권자에 대한 의료급여 업무는 그가 실제 거주하는 지역을 관할하는 시장·군수·구청장이 한다(동조 제2항).

### 3. 행정불복

수급권자의 자격, 의료급여 및 급여비용에 대한 시장·군수·구청장의 처분에 이의가 있는 자는 시장·군수·구청장에게 **이의신청**을 할 수 있다(제30조 제1항). 급여비용의 심사·조정, 의료급여의 적정성 평가 및 급여 대상 여부의 확인에 관한 급여비용심사기관의 처분에 이의가 있는 제5조에 따른 보장기관, 의료급여기관 또는 수급권자는 급여비용심사기관에 이의신청을 할 수 있다(동조 제2항).

제30조제2항에 따른 급여비용심사기관의 이의신청에 대한 결정에 불복이 있는 자는 「국민건강보험법」 제89조에 따른 건강보험분쟁조정위원회에 **심판청구**를 할 수 있다. 이 경우 심판청구의 제기기간 및 제기방법에 관하여는 제30조 제3항을 준용한다(제30조의2 제1항).

# 제 4 장   교육행정법

## Ⅰ. 교육행정의 헌법적 기초

### 1. 교육을 받을 권리

헌법 제31조 제1항은 "모든 국민은 능력에 따라 균등하게 교육을 받을 권리를 가진다."라고 교육을 받을 권리를 기본권으로 보장하고 있다.

헌법 제31조 제1항의 교육을 받을 권리는, 국민이 능력에 따라 균등하게 교육받을 것을 공권력에 의하여 부당하게 침해받지 않을 권리와, 국민이 능력에 따라 균등하게 교육받을 수 있도록 국가가 적극적으로 배려하여 줄 것을 요구할 수 있는 권리로 구성되는바, 전자는 자유권적 기본권의 성격이, 후자는 사회권적 기본권의 성격이 강하다고 할 수 있다(헌재 2008. 04. 24, 2007헌마1456). 달리 말하면 '교육을 받을 권리'란, 모든 국민에게 저마다의 능력에 따른 교육이 가능하도록 그에 필요한 설비와 제도를 마련해야 할 국가의 과제와 아울러 이를 넘어 사회적·경제적 약자도 능력에 따른 실질적 평등교육을 받을 수 있도록 적극적인 정책을 실현해야 할 국가의 의무를 뜻한다(헌재 2000. 4. 27, 98헌가16등).

### 2. 교육을 할 권리

교육을 할 권리는 헌법에 명시되어 있지는 않지만, 헌법 제31조, 헌법 제10조 등에 근거하여 인정될 수 있다.

교육실시의 주체는 국가, 학부모, 학교, 교사이다.

'부모의 자녀에 대한 교육권'은 비록 헌법에 명문으로 규정되어 있지는 아니하지만, 이는 모든 인간이 누리는 불가침의 인권으로서 혼인과 가족생활을 보장하는 헌법 제36조 제1항, 행복추구권을 보장하는 헌법 제10조 및 "국민의 자유와 권리는 헌법에 열거되지 아니한 이유로 경시되지 아니한다"고 규정하는 헌법 제37조 제1항에서 나오는 중요한 기본권이다. 부모는 자녀의 교육에 관하여 전반적인 계획을 세우고 자신의 인생관·사회관·교육관에 따라 자녀의 교육을 자유롭게 형성할 권리를 가지며, 부모의 교육권은 다른 교육의 주체와의 관계에서 원칙적인 우위를 가진다(헌재 2000. 04. 27, 98헌가16등). 부모는 아직 성숙하지 못하고 인격을 닦고 있는 초·중·고등학생인 자녀를 교육시킬 교육권을 가지고 있으며, 이 교육권에는 학교선택권이 포함된다(헌재 1995. 02. 23, 91헌마204; 1999. 03. 25, 97헌마130). 자녀의 양육과 교육은 일차적으로 부모의 천부적인 권리인 동시에 부모에게 부과된 의무이기도 하다(헌재 2000. 04. 27, 98헌가16등).

학교교육에 관한 한, 국가는 헌법 제31조에 의하여 부모의 교육권으로부터 원칙적으로 독립된 독자적인 교육권한을 부여받음으로써 부모의 교육권과 함께 자녀의 교육을 담당하지만, 학교 밖의 교육영역에서는 원칙적으로 부모의 교육권이 우위를 차지한다(헌재 2000. 04. 27, 98헌가16등).

헌법재판소는 교사의 교육할 권리를 헌법상 보장되는 기본권으로 보지는 않지만(헌재 2009. 03. 26, 2007헌마359), 교사의 수업권(가르치는 권리)을 학부모의 자녀에 대한 교육권을 신탁받은 것이고, 실정법상으로는 국가의 위임을 받은 것으로 본다. 그리고 국민의 수학권(교육을 받을 권리)과 교사의 수업의 자유는 다같이 보호되어야 하겠지만 그중에서도 국민의 수학권이 더 우선적으로 보호되어야 한다. 그리고, 대학에서는 교수의 자유가 더욱 보장되어야 하는 반면, 초·중·고교에서의 수업의 자유는 일정한 제약이 있을 수 있다(헌재 1992. 11. 12, 89헌마88).

사립학교가 공공의 이익을 위한 재산출연을 통하여 정부의 공교육 실시를 위한 재정적 투자능력의 한계를 자발적으로 보완해 주는 역할을 담당하면서도 그 설립자의 특별한 설립이념을 구현하거나 독자적인 교육방침에 따라 개성 있는 교육을 실시한다는 면에서 사립학교는 헌법 제10조, 제31조 제1항, 제31조 제3항에서 도출되는 사립학교 운영의 자유라는 기본권을 가지고 있다(헌재 2001. 01. 18, 99헌바63; 2009. 04. 30, 2005헌바101). 나아가, 다양한 교육기회의 제공을 위해서는 사학 설립의 자유와 사학의 교육방향의 자유가 일반적으로 인정되어야 한다. 공교육 제도가 지배적인 현대사회에서도 사학을 인정하는 이유는 공립학교에서 제공하지 못하는 다양성을 사립학교가 제공할 수 있기 때문이다. 그러나 한편으로 오늘날 교육은 공공재(公共財)적 성격이 강조되는 점에서 사학 역시 국·공립학교와 유사한 공공성이 요구된다. 따라서 사립학교의 설립·운영의 자유를 침해하지 않는 한 국가가 일정한 범위 안에서 사립학교의 운영을 감독·통제할 권한과 책임을 진다고 할 수 있다(헌재 2010. 07. 29, 2009헌바40).

### 3. 의무교육

헌법 제31조 제2항은 "모든 국민은 그 보호하는 자녀에게 적어도 초등교육과 법률이 정하는 교육을 받게 할 의무를 진다."라고 규정하고, 제2항은 "의무교육은 무상으로 한다."고 규정하고 있다.

교육기본법 제8조 제1항에 따르면 의무교육은 6년의 초등교육과 3년의 중등교육이다.

헌법 제31조 제3항이 "의무교육은 무상으로 한다."라고 규정한 것은 교육을 받을 권리를 보다 실효성 있게 보장하기 위하여 의무교육 비용을 학령아동의 보호자 개개인의 직접적 부담에서 공동체 전체의 부담으로 이전하라는 명령일 뿐, 의무교육의 비용을 오로지 국가 또는 지방자치단체의 예산, 즉 조세로 해결해야 함을 의미하는 것은 아니다(헌재 전원재판부 2008. 09. 25, 2007헌가1; 대판 2015. 01. 29, 2012두7387[지원금교부청구]).

### 4. 교육의 자주성·전문성·정치적 중립성 및 대학의 자율성

교육의 자주성·전문성·정치적 중립성 및 대학의 자율성은 법률이 정하는 바에 의하여 보장된다(헌법 제31조 제4항).

[판례] 대학의 자율은 대학시설의 관리·운영만이 아니라 연구와 교육을 포함하여 대학의 업무 전반에 걸쳐 보장되어야 한다. 따라서 연구와 교육의 내용, 방법과 대상, 교과과정의 편성, 학생의 선발과 전형, 교원의 임면에 관한 사항도 자율의 범위에 속하고, 교원의 보수에 관한 사항도 마찬가지이다(대판 2022. 06. 09, 2018다262653).

교육의 자주성이라 함은 교육의 내용 및 방법이 교육주체에 의해 자율적으로 결정되는 것을 말한다. 교육의 주체가 누구인가에 대해 논란이 있는데, 교육의 주체로는 교사, 교육기관, 학생단체 등을 들 수 있다. 교육의 자주성은 교육의 자치를 포함한다.

대학의 자율성은 대학의 자치를 의미한다. 대학의 자율성은 대학의 연구 및 교육의 운영이 대학주체에 의해 자율적으로 행해지는 것을 말한다. 대학의 자율은 대학시설의 관리·운영만이 아니라 학사관리 등 전반적인 것이라야 하므로 연구와 교육의 내용, 그 방법과 그 대상, 교과과정의 편성, 학생의 선발, 학생의 전형도 자율의 범위에 속해야 하고 따라서 입학시험제도도 자주적으로 마련될 수 있어야 한다(헌재 1992. 10. 01, 92헌마68). 헌법재판소는 대학의 자율성을 학문의 자유의 보장수단으로서 대학에게 부여된 헌법상 기본권으로 본다(헌재 1992. 10. 01, 92헌마68).

대학의 주체로는 교수, 학생, 직원, 이사회 등으로 이루어지는데, 각 구성원의 주체적 지위에는 차이가 있다. 대학의 자치의 주체를 기본적으로 대학으로 본다고 하더라도 교수나 교수회의 주체성이 부정된다고 볼 수는 없고, 가령 학문의 자유를 침해하는 대학의 장에 대한 관계에서는 교수나 교수회가 주체가 될 수 있고, 또한 국가에 의한 침해에 있어서는 대학 자체 외에도 대학 전구성원이 자율성을 갖는 경우도 있을 것이므로 문제되는 경우에 따라서 대학, 교수, 교수회 모두가 단독, 혹은 중첩적으로 주체가 될 수 있다고 보아야 할 것이다(헌재 2006. 04. 27, 2005헌마1047등).

국가와 지방자치단체는 학교운영의 자율성을 존중하여야 하며, 교직원·학생·학부모 및 지역주민 등이 법령으로 정하는 바에 따라 학교운영에 참여할 수 있도록 보장하여야 한다(교육기본법 제5조 제3항).

설립자(보다 정확히 말하면 학교법인)가 사립학교를 자유롭게 운영할 자유는 비록 헌법에 독일기본법 제7조 제4항과 같은 명문규정은 없으나 헌법 제10조에서 보장되는 행복추구권의 한 내용을 이루는 일반적인 행동의 자유권과 모든 국민의 능력에 따라 균등하게 교육을 받을 권리를 규정하고 있는 헌법 제31조 제1항 그리고 교육의 자주성·전문성·정치적 중립성 및 대학의 자율성을 규정하고 있는 헌법 제31조 제3항에 의하여 인정되는 기본권의 하나이다. 그러나 튼튼한 재정적 기초위에서 체계적인 교육을 구현하기 위한 국가적 지도통제는 오히려 필요하고 교육을 완전히 개인의 책임으로 맡겨 놓을 수는 없다(헌재 2001. 01. 18, 99헌바63), 학교운영위원회는 사립학교의 자율성을 제한한 것이라 보기 어렵고(헌재 2001. 11. 29, 2000헌마278), 개방이사제는 학교법인의 사학의 자유를 침해한다고 볼 수 없고(헌재 2013. 11. 28, 2007헌마1189), 임시이사가 선임된 학교법인의 정상화를 위한 정식이사 선임에 관하여 사학분쟁조정위원회의 심의를 거치도록 한 것은, 학교법인과 종전이사 등의 사학의 자유를 침해한다고 볼 수 없다(헌재 2013. 11. 28, 2009헌바206등).

## 5. 국가의 평생교육 진흥의무

국가는 평생교육을 진흥하여야 한다(헌법 제31조 제5항).

## 6. 교육제도 등의 법정주의

헌법 제31조 제6항은 "학교교육 및 평생교육을 포함한 교육제도와 그 운영, 교육재정 및 교원의 지위에 관한 기본적인 사항은 법률로 정한다."라고 규정하여 교육제도 등의 법정주의를 선언하고 있다.

교육제도 등에 관한 기본적인 사항은 법률로 정해야 하지만, 구체적인 사항은 명령에 위임할 수 있다.

### 7. 지방교육자치

현행 지방교육자치제도의 헌법적 근거는 헌법상 보장되고 있는 지방자치제도의 이념과 함께 헌법 제31조 제4항의 "교육의 자주성·전문성·정치적 중립성 및 대학의 자율성은 법률이 정하는 바에 의하여 보장된다."라는 규정에서 찾을 수 있다(헌재 2002. 08. 29, 2002헌마4). 즉 지방교육자치는 교육자치와 지방자치가 결합한 이중의 자치의 형태이므로 지방교육자치는 '민주주의·지방자치·교육자주'라고 하는 세 가지의 헌법적 가치를 골고루 만족시킬 수 있어야만 하는 것이다(헌재 2000. 03. 30, 99헌바113; 2002. 03. 28, 2000헌마283등).

## II. 학교의 설립과 운영

### 1. 국립·공립·사립 학교의 구분

학교에는 국가, 지방자치단체, 공공단체가 설립한 국·공립학교와 사인이 세운 사립학교가 있다.

대학교는 국가가 설립·경영하거나 국가가 국립대학 법인으로 설립하는 국립대학교, 지방자치단체가 설립·경영하는 공립대학교(설립주체에 따라 시립학교·도립학교로 구분할 수 있다), 학교법인이 설립·경영하는 사립대학교로 구분한다(고등교육법 제3조).

초·중등학교는 국가가 설립·경영하거나 국립대학법인이 부설하여 경영하는 국립학교, 지방자치단체가 설립·경영하는 공립학교(설립주체에 따라 시립학교·도립학교로 구분할 수 있다), 법인이나 개인이 설립·경영하는 사립학교(국립대학법인이 부설하여 경영하는 학교는 제외한다)로 구분한다(초·중등교육법 제3조).

### 2. 학교의 설립 등 인가

국가 외의 자가 설립하는 대학교는 교육부장관의 인가, 사립초·중등학교는 교육감의 인가를 받아야 한다(고등교육법 제4조 제2항, 초·중등교육법 제4조 제2항). 공립대학교나 사립대학교의 설립자·경영자가 학교를 폐지하거나 대통령령으로 정하는 중요 사항을 변경하려는 경우에는 교육부장관의 인가를 받아야 하고(고등교육법 제4조 제3항), 사립초·중등학교를 설립·경영하는 자가 학교를 폐교하거나 대통령령으로 정하는 중요 사항을 변경하려면 교육감의 인가를 받아야 한다(초·중등교육법 제4조 제3항).

## 3. 사립학교의 법률관계

대법원 판례에 따르면 사립학교에 대한 중학교 의무교육의 위탁관계는 초·중등교육법 제12조 제3항, 제4항등 관련 법령에 의하여 정해지는 공법적 관계이다(대판 2015. 01. 29, 2012두7387). 나아가 사립학교의 공교육은 국가 등의 위탁을 받아 행정사무인 교육사무를 수행하는 것이므로 사립학교의 교육에 관한 권한 행사는 공법상의 공권력행사로 보아야 한다.

그러나 사립학교의 조직은 사법상 조직이고 사립학교의 구성 및 운영에 관한 사항을 사법관계이고 사법의 규율대상이 된다. 사립학교 이사회의 구성 및 운영, 학교장, 교직원의 임면, 징계 등 인사상 행위는 사법행위로서 민사소송의 대상이 된다. 사립학교 입학취소처분에 대한 소송은 실무상 민사소송으로 하고 있다.

**[판례]** ① 사립초등학교의 교장은 학교를 대표하고, 학생을 교육하는 최종적인 책임과 권한을 가지는데, 학교법인이 사립초등학교의 교장을 임용하는 계약의 법적 성질은 사법상의 고용계약에 해당한다(대법원 2000. 12. 22. 선고 99다55571 판결 참조). 사립학교에 관한 권리의무는 이를 설치·경영하는 학교법인에 귀속하므로, 사립초등학교의 교장은 당해 학교를 설치·경영하는 학교법인 등과의 관계에서 신의성실의 원칙에 따라 그 사무를 처리해야 할 지위에 있다(대판 2008. 07. 24, 2006도3546).
② 사립학교교원 임면은 사법상 고용계약에 의하며, **학교법인 등과 사립학교교원의 관계는 원칙적으로 사법상 법률관계에 해당한다.** …… 학교법인 등의 사립학교교원에 대한 인사권의 행사로서 징계 등 불리한 처분은 사법적 법률행위의 성격을 가진다(대판 2014. 07. 24, 2014도6377; 2022. 06. 09, 2018다262653).
③ 사립대학교에 입학이 허가된 학생과 학교법인과의 법률관계: 학생이 사립대학교에 입학이 허가됨으로써 그 학교법인과의 사이에 발생하는 법률관계는 학생이 학교법인의 학칙과 규정 등을 승인하는 것을 내용으로 한 **사법상의 재학계약관계**라 할 것이다(서울고판 1989. 10. 20, 89나19110 제3민사부).
④ 대구경북과학기술원법에 따라 설립된 **공공단체의 성격을 가지는** 대구경북과학기술원에 소속된 교원은 교육공무원이 아니므로 **대구경북과학기술원과 소속교원의 관계는 원칙적으로 사법상 계약에 의해 규율되는 관계로 보아야** 한다(대판 2023. 10. 26, 2018두55272).

학교법인의 정관을 변경하려면 이사 정수의 3분의 2 이상의 찬성으로 이사회의 의결을 거쳐야 한다(사립학교법 제45조 제1항). 학교법인이 제1항에 따라 정관을 변경한 경우에는 교육부장관이 정하여 고시하는 서류를 갖추어 14일 이내에 교육부장관에게 보고하여야 한다(제2항).

## 4. 학교교칙(학칙)

학교의 장(학교를 설립하는 경우에는 해당 학교를 설립하려는 자를 말한다)은 법령의 범위에서 학교규칙(이하 "학칙"이라 한다)을 제정하거나 개정할 수 있다(고등교육법 제6조 제1항, 초·중등교육법 제8조 제1항).

학칙은 자치법의 성질을 갖는다.

**[판례]** 학교법인은 인적, 물적 수단을 포함한 교육시설로써 학생들에 대하여 교육을 실시하는 것을 본질로 하는 것이므로 그 교육시설의 질서를 유지하고, 그 이용관계를 명확히 하기 위하여 일방적으로 학칙과 규정 등을 제정하여 학생들에게 지시·명령을 발할 수 있다 할 것이며 입학허가를 받은 학생은 재학중 입학당시에 그 학교법인이 일방적으로 정한 학칙과 규정 등에 기속된다(서울고판 1989. 10. 20, 89나19110 제3민사부).

## 5. 국가 등의 학교에 대한 지도·감독

대학교(사립대학교 포함)와 국립초·중등학교는 교육부장관의, 공립·사립 초·중등학교는 교육감의 지도(指導)·감독을 받는다(고등교육법 제5조 제1항, 초·중등교육법 제6조). 다음 각 호의 어느 하나에 해당하는 자는 그 주소지를 관할하는 특별시·광역시·특별자치시·도 및 특별자치도(이하 "시·도"라 한다) 교육감의 지도·감독을 받는다. 1. 사립의 초등학교·중학교·고등학교·고등기술학교·고등공민학교·특수학교·유치원 및 이들에 준하는 각종학교, 2. 제1호에 따른 사립학교를 설치·경영하는 학교법인 또는 사립학교경영자(사립학교법 제4조 제1항). 다음 각 호의 어느 하나에 해당하는 자는 교육부장관의 지도·감독을 받는다. 1. 사립의 대학·산업대학·사이버대학·전문대학·기술대학 및 이들에 준하는 각종학교(이하 "대학교육기관"이라 한다), 2. 제1호에 따른 사립학교를 설치·경영하는 학교법인, 3. 제1호에 따른 사립학교와 그 밖의 사립학교를 아울러 설치·경영하는 학교법인(제3항).

사립학교법에 따른 교육부장관의 권한은 그 일부를 대통령령으로 정하는 바에 따라 시·도 교육감에게 위임할 수 있다(사립학교법 제71조). 국가행정사무 중 시·도에 위임하여 시행하는 사무로서 교육·학예에 관한 사무는 교육감에게 위임하여 행한다. 다만, 법령에 다른 규정이 있는 경우에는 그러하지 아니하다(교육자치법 제19조).

교육감은 조례 또는 교육규칙으로 정하는 바에 따라 그 권한에 속하는 사무의 일부를 보조기관, 소속교육기관 또는 하급교육행정기관에 위임할 수 있다(교육자치법 제26조 제1항). 교육감은 교육규칙으로 정하는 바에 따라 그 권한에 속하는 사무의 일부를 해당지방자치단체의 장과 협의하여 구·출장소 또는 읍·면·동(특별시·광역시 및 시의 동을 말한다. 이하 이 조에서 같다)의 장에게 위임할 수 있다. 이 경우 교육감은 해당

사무의 집행에 관하여 구·출장소 또는 읍·면·동의 장을 지휘·감독할 수 있다(제2
항). 교육감은 조례 또는 교육규칙으로 정하는 바에 따라 그 권한에 속하는 사무 중
조사·검사·검정·관리 등 주민의 권리·의무와 직접 관계되지 아니하는 사무를 법인
·단체 또는 그 기관이나 개인에게 위탁할 수 있다(제3항). 교육감이 위임 또는 위탁
받은 사무의 일부를 제1항부터 제3항까지의 규정에 따라 다시 위임 또는 위탁하고자
하는 경우에는 미리 해당사무를 위임 또는 위탁한 기관의 장의 승인을 얻어야 한다
(제4항).

　　교육지원청의 교육장은 시·도의 교육·학예에 관한 사무 중 다음 각 호의 사무
를 위임받아 분장한다. 1. 공·사립의 유치원·초등학교·중학교·고등공민학교 및 이
에 준하는 각종학교의 운영·관리에 관한 지도·감독, 2. 그 밖에 조례로 정하는 사무
(교육자치법 제35조 제1항).

　　초중등교육법에 따른 교육부장관의 권한은 그 일부를 대통령령으로 정하는 바
에 따라 교육감에게 위임하거나 국립대학법인 서울대학교 및 국립대학법인 인천대학
교에 위탁할 수 있다(제62조 제1항). 이 법에 따른 교육부장관의 권한 중 국립학교의
설립·운영에 관한 권한은 대통령령으로 정하는 바에 따라 관계 중앙행정기관의 장
에게 위임할 수 있다(제2항). 이 법에 따른 교육부장관 및 교육감의 업무 중 제60조의
5부터 제60조의7까지에 따른 교육지원 업무는 대통령령으로 정하는 바에 따라 그 일
부를 보건복지부장관 또는 지방자치단체의 장에게 위임할 수 있다(제3항).

## 6. 사립학교 이사회의 구성과 교육부장관 또는 교육감의 지도(指導)·감독

### (1) 이사회의 구성

　　학교법인에 이사회를 두는데, 이사회는 정관으로 그 수를 정하는 7명 이상(유치
원만을 설치·경영하는 학교법인에는 5명 이상)의 이사로 구성한다. 이사 정수(定數)의 4분
의 1(소수점 이하는 올림한다)에 해당하는 이사(이하 "개방이사"라 한다)를 개방이사추천위
원회에서 2배수 추천한 인사 중에서 선임하여야 한다. 이사장은 이사 중 정관으로
정하는 바에 따라 이사회에서 선임하는데, 이사회를 소집하고 그 의장이 된다(사립학
교법 제14조, 제15조).

### (2) 이사의 선임과 해임 등

　　임원(이사 및 감사)은 정관으로 정하는 바에 따라 이사회에서 선임한다(제20조 제1
항). 임원은 관할청의 승인을 받아야 한다(제2항). 이 관할청의 승인은 학문상 인가에
해당한다.

관할청(대학은 교육부장관, 초중등학교는 교육감)은 사립학교법 제20조의2 제1항 각 호에 해당하는 경우 임원의 취임 승인을 취소할 수 있다(제20조의2 제1항).

관할청은 다음 각 호의 어느 하나에 해당하는 경우에는 이해관계인의 청구에 의하여 또는 직권으로 사학분쟁조정위원회(이하 "조정위원회"라 한다)의 심의를 거쳐 임시이사를 선임하여야 한다. 1. 학교법인이 이사의 결원을 보충하지 아니하여 학교법인의 정상적 운영이 어렵다고 판단되는 경우, 2. 제20조의2에 따라 학교법인의 임원 취임 승인을 취소한 경우. 다만, 임원 취임 승인이 취소되어 제18조 제1항에 따른 이사회 의결정족수를 충족하지 못하는 경우로 한정한다. 3. 제25조의2에 따라 임시이사를 해임한 경우(제25조 제1항).

**[판례]** ① 퇴임한 종전 이사의 긴급처리권 유무에 따라 바로 임시이사 선임사유의 존부가 결정되는 것이라 할 수 없고, 종전 이사의 긴급처리권 유무는 임시이사 선임사유가 존재하는지 판단하는 데에 고려하여야 하는 하나의 요소라고 보아야 한다(대판 2022. 08. 25, 2022두35671).
② 지방자치법, 지방교육자치에 관한 법률 및 사립학교법의 관련 규정들의 형식과 취지, 임시이사 선임제도의 내용과 성질 등을 앞에서 본 법리에 비추어 살펴보면, 사립 초등학교·중학교·고등학교 및 이에 준하는 각종 학교를 설치·경영하는 학교법인의 임시이사선임에 관한 교육감의 권한은 자치사무라고 보는 것이 타당하다(대판 2020. 09. 03, 2019두58650).

관할청은 제20조에도 불구하고 제25조에 따라 선임된 임시이사의 선임 사유가 해소되었다고 인정할 때에는 임시이사가 선임된 학교법인의 정상화를 위해 조정위원회의 심의를 거쳐 지체 없이 임시이사를 해임하고 이사(일칭 정식이사)를 선임하여야 한다(제25조의3 제1항). 조정위원회는 법 제25조의3 제1항에 따른 심의를 하려는 경우 다음 각 호에 해당하는 자로부터 이사 후보자 추천 의견을 청취하여야 한다. 1. 다음 각 목의 사람을 다음 각 목의 순서에 따라 포함하여 구성하고, 조정위원회의 인정을 받은 협의체. 이 경우 나목의 사람은 그 퇴직일이 가장 최근인 사람부터 순차적으로 포함하고, 협의체의 총인원수는 해당 학교법인 이사정수의 과반수로 하되, 가목의 사람만으로 인원수가 초과되거나 나목의 사람 중 마지막으로 구성원으로 포함될 사람들의 퇴직일이 동일하여 인원수가 초과되는 경우에는 그 초과된 인원을 포함한 인원수를 협의체의 총인원수로 본다. 가. 해당 학교법인의 이사(임시이사는 제외한다), 나. 가목 외의 사람 중 해당 학교법인의 이사(임시이사는 제외한다)였던 사람. 2. 다음 각 목의 어느 하나에 해당하는 기구로서 조정위원회가 인정하는 기구. 가. 해당 학교법인이 설치·경영하는 학교의 교직원 대표기구, 나. 해당 학교법인이 설치·경영하는 학교의 학생·학부모 대표기구, 3. 추천위원회, 4. 해당 학교법인(법 제14조 제4항 단서에 해당하는 학교법인으로 한정한다)을 설립한 종교단체, 5. 관할청, 6. 그 밖에 조정위원회가 인정하는 이해관계인(사립학교법 시행령 제9조의7 제4항).

사학분쟁조정위원회는 임시이사의 선임과 임시이사의 해임 및 임시이사가 선임된 학교법인의 정상화 등에 관한 중요 사항을 심의하는 교육부장관 소속 합의제행정기관이다. 조정위원회는 제25조의3 제2항 각 호의 사항에 대한 심의 결과를 지체 없이 관할청에 통보하여야 하고(제3항), 관할청은 제3항에 따른 심의 결과에 따라야 한다. 다만, 심의 결과에 이의가 있는 경우에는 조정위원회에 재심을 요청할 수 있고, 그 재심 결과를 수용하여야 한다(제4항). 이러한 점에 비추어 볼 때 사학분쟁조정위원회는 의결기관의 지위를 갖고, 관할청은 조정위원회의 심의의결에 따라야 한다.

임시이사의 선임 사유가 해소되었다고 인정할 때에는 임시이사가 선임된 학교법인의 정상화를 위해 임시이사를 해임하고 이사(정식이사)를 선임하는 행위는 법률에서 학교법인의 정상화 이외에 어떠한 기준도 제시하고 있지 않고, 학교법인의 정상화가 갖는 고도의 공익성, 전문성, 정책성을 고려하고 그 결정이 고도의 전문성과 정책성을 갖는 사학분쟁조정위원회에 의해 결정된다는 점을 고려할 때 재량행위라고 보는 것이 타당하다.

[판례] 사립학교 운영의 자유가 헌법 제10조, 제31조 제1항, 제4항에서 도출되는 기본권이기는 하나, 사립학교도 공교육의 일익을 담당한다는 점에서 국·공립학교와 본질적인 차이가 있을 수 없다. 따라서 공적인 학교 제도를 보장하여야 할 책무를 진 국가가 일정한 범위 안에서 사립학교의 운영을 감독·통제할 권한과 책임을 지는 것은 당연한바, 그 규율의 정도는 시대적 상황과 각급 학교의 형편에 따라 다를 수밖에 없는 것이므로, 교육의 본질을 침해하지 않는 한 궁극적으로는 입법자의 형성의 자유에 속한다. 그런 점에서, 임시이사가 선임된 학교법인의 정상화를 위한 이사 선임에 관하여 사학분쟁조정위원회에 주도권을 부여한 사립학교법 제24조의2 제2항 제3호, 제4항 본문, 제25조의3 제1항은, 사학분쟁조정위원회가 인적 구성과 기능에서 공정성 및 전문성을 갖추고 있고, 학교법인의 정체성은 설립목적 및 그것이 화체된 정관을 통하여 기능적으로 유지·계승되며, 사학분쟁조정위원회는 정상화 심의과정에서 종전이사 등 이해관계인의 의견을 청취할 수 있는 점 등을 고려할 때 학교법인과 종전이사 등의 사학의 자유를 침해한다고 볼 수 없다. 한편 사립학교를 위하여 출연된 재산에 대한 소유권은 학교법인에 있고, 설립자는 학교법인이 설립됨으로써, 그리고 종전이사는 퇴임함으로써 각각 학교운영의 주체인 학교법인과 더 이상 구체적인 법률관계가 지속되지 않게 되므로, 설립자나 종전이사가 사립학교 운영에 대하여 가지는 재산적 이해관계는 법률적인 것이 아니라 사실상의 것에 불과하다(대판 2014. 01. 23, 2012두6629).

정식이사 선임의 유일한 법령상 기준이 되는 '학교법인의 정상화'가 무엇을 의미하는지에 대해서는 사립학교의 공공성을 강조하는 입장과 사립학교의 자율성을 강조하는 입장 사이에 적지 않은 논란이 있다.

학교의 정상화라 함은 학교의 설립목적이 이어지도록 하는 것을 의미하고, 학교의 설립목적은 학교의 설립 취지, 정관과 전현직 정식이사에 의해 구현되므로 학교

788  제 9 편  개별행정법

의 설립 취지와 정관 그리고 전현직 정식이사의 의견을 고려하여야 한다. 다른 한편으로 학교의 정상화는 학교의 자율적 운영이 정상적으로 이루어져 공교육이 보장되어야 하는 것이므로 학교의 공공성과 학교 구성원의 의견을 고려하여야 한다.

조정위원회는 학교의 정상화를 위한 정식이사의 선임에 관한 내부기준(구「정상화 심의원칙」)을 정할 수 있는데, 그 기준은 재량준칙의 성질을 갖는다.

[판례] (1) 행정기관 내부의 업무처리지침이나 법령의 해석·적용 기준을 정한 행정규칙은 특별한 사정이 없는 한 대외적으로 국민이나 법원을 구속하는 효력이 없다. 처분이 행정규칙을 위반하였다고 해서 그러한 사정만으로 곧바로 위법하게 되는 것은 아니고, 처분이 행정규칙을 따른 것이라고 해서 적법성이 보장되는 것도 아니다. 처분이 적법한지는 행정규칙에 적합한지 여부가 아니라 상위법령의 규정과 입법 목적 등에 적합한지 여부에 따라 판단해야 한다(대법원 2019. 7. 11. 선고 2017두38874 판결등 참조). (2) **「정상화 심의원칙」의 성질과 이 사건 처분의 적법 여부에 관한 판단 방법**: 참가행정청은 학교법인에 대한 정식이사선임 재량권 행사 기준으로서 「정상화 심의원칙」을 제정·시행하다가 2018. 6. 26. 대통령령 제28997호로 개정된 사립학교법 시행령 제9조의6 제4항이 정식이사후보자 추천 의견 청취 기준을 규정함에 따라 「정상화 심의원칙」을 폐지하였다. 폐지 전 「정상화 심의원칙」은 이해관계인들 사이의 합의가 이루어지거나 그에 준하는 경우가 아닌 한 학교법인 지배구조의 큰 틀을 변경시키지 않도록 종전이사 측에 최소한 과반수에 이르는 정식이사추천권을 부여하는 것을 원칙으로 하고 있었다. 원고들은 피고보조참가인(이하 '영광학원'이라 한다)의 종전정식이사로서 임시이사 체제로 운영되던 당시의 「정상화 심의원칙」에 따라 정식이사과반수 추천권을 행사할 수 있었는데, 피고가 정당한 이유 없이 정식이사선임을 미루는 사이에 「정상화 심의원칙」이 폐지되었으므로 이 사건 처분에는 폐지 전 「정상화 심의원칙」이 그대로 적용되어 원고들에게 과반수 이사 추천권이 인정되어야 함에도 이 사건 처분은 이를 부인한 것이어서 위법하다고 주장한다. 그러나 「정상화 심의원칙」은 행정기관 내부의 업무처리지침을 정한 행정규칙에 불과하므로 **특별한 사정이 없는 한 이 사건 처분의 적법 여부는** 「정상화 심의원칙」이 적용되는지, 나아가 이를 준수하였는지 여부로 가를 것이 아니라 **사립학교법이 관할청에게 부여한 정식이사선임 재량권을 일탈·남용하였는지 여부에 따라 판단하여야 한다**(대판 2021. 10. 14, 2021두 39362).

이에 관한 대법원의 판례를 보면 다음과 같다.

1) 학교법인의 이사(정식이사) 임기가 만료되었다고 하더라도, 적법한 후임이사의 선임이 없어 임기가 만료되지 아니한 다른 이사만으로는 정상적인 학교법인의 활동을 할 수 없는 경우, 임기가 만료된 구 이사로 하여금 학교법인의 업무를 수행케 함이 부적당하다고 인정할 만한 특별한 사정이 없는 한, 민법 제691조를 유추하여 구 이사에게 후임이사가 선임될 때까지 종전의 직무를 계속하여 수행할 긴급처리권이 인정되고, 긴급처리권은 후임정식이사선임에 관여할 권한도 포함한다. 관할청이 구 사립학교법(2020. 12. 22. 법률 제17659호로 개정되기 전의 것) 제25조의3에 따라 정식이사를 선임할 때에는 퇴임한 정식이사들의 긴급처리권에 구애받지 않고 공석이 있

는 이사 정수 전원에 대하여 정식이사선임권을 행사할 수 있다(대판 2021. 10. 14, 2021
두39362; 대판 전원합의체 2007. 07. 19, 2006두19297[임원취임승인취소처분][경기학원임시이사사
건]).

2) 민법상 재단법인의 성격을 가지는 학교법인은 스스로 구성한 이사회의 의사
결정에 따라 설립자의 설립목적을 구현한다. 관할청의 정식이사선임권은 학교법인의
자율적 수단만으로 이사회의 기능을 유지·회복하기 어려운 때 학교법인의 의사결정
을 보충·후견하기 위하여 인정되는 권한이다. 따라서 관할청의 정식이사선임권은 가
능한 한 설립자의 설립목적을 충실히 구현할 수 있는 방향으로 행사되어야 하고, 그
권한행사 과정에서 설립자로부터 순차적으로 학교법인의 설립목적을 승계하였다고
볼 수 있는 종전정식이사의 의견을 존중함이 바람직하다. 그러나 관할청의 정식이사
선임권 역시 법령상 인정된 제도로서, 이는 학교법인의 자율성을 다소 후퇴시키더라
도, 국가의 일정한 개입을 통하여 학교법인 기능을 정상화하기 위하여 인정되는 권
한이므로 그 목적 달성에 필요한 범위에서 종전정식이사의 의견을 존중하는 데에는
일정한 한계가 있을 수밖에 없다(대판 2021. 10. 14, 2021두39362).

3) 이 사건에서 영광학원 이사회의 의사결정 기능이 작동하지 않게 된 것은 이
사들 사이의 의견이 대립된 상황에서 이사 7인 중 일부가 직무를 수행할 수 없게 된
사정이 더해지는 바람에 어느 한쪽도 의결권 과반수를 확보할 수 없어 달리 의견 대
립을 해소할 방법이 없었던 때문이라고 볼 수 있다. 이는 설립자 혹은 그로부터 설립
목적을 이어받은 종전정식이사들이 자율적으로 형성한 의사결정의 구조가 그 이후의
사정변경으로 더 이상 정상 작동할 수 없게 되었음을 의미하므로 정상화의 목표는
그 이전의 의사결정 구조를 회복, 답습하는 것이 될 수 없다(대판 2021. 10. 14, 2021두
39362).

4) 이 사건 처분 직전 영광학원의 설립목적을 승계하였다고 볼 수 있는 마지막
종전정식이사는 원고들과 소외 1, 소외 2 4인으로 정상화 방법에 관한 양측의 의견
이 서로 달랐다. 종전정식이사들은 학교의 설립목적을 승계하였다는 점에서 모두 그
지위가 동일하고, 이 사건에서 이사회의 기능에 장애가 발생한 데에 어느 한쪽의 책
임이 더 무겁다고 볼만한 뚜렷한 자료가 없다. 이러한 상황에서 중립적인 지위에서
학교법인의 자율성을 존중하여야 하는 피고와 참가행정청으로서는 분쟁의 당사자인
어느 한쪽이 과반수 이사를 선임할 수 있도록 하여서는 안 될 것이고, 양측의 의견을
골고루 반영한 토대 위에 그 설립목적을 충실히 구현할 수 있는 자질과 품성을 갖춘
인사를 정식이사로 임명하여야 할 것이다(대판 2021. 10. 14, 2021두39362).

5) 학교법인의 기본권과 구 사립학교법의 입법 목적, 그리고 같은 법 제25조가

민법 제63조에 대한 특칙으로서 임시이사의 선임사유, 임무, 재임기간 그리고 정식이
사로의 선임 제한 등에 관한 별도의 규정을 두고 있는 점 등에 비추어 보면, 구 사립
학교법 제25조에 의하여 교육부장관이 선임한 임시이사는 이사의 결원으로 인하여
학교법인의 목적을 달성할 수 없거나 손해가 생길 염려가 있는 경우에 임시적으로
그 운영을 담당하는 위기관리자로서, 민법상의 임시이사와는 달리 일반적인 학교법
인의 운영에 관한 행위에 한하여 정식이사와 동일한 권한을 가지는 것으로 제한적으
로 해석하여야 하고, 따라서 정식이사를 선임할 권한은 없다고 봄이 상당하다. 위와
같이 구 사립학교법상 임시이사는 정식이사를 선임할 권한이 없고, 임시이사가 선임
되기 전에 적법하게 선임되었다가 퇴임한 정식이사등 또한 후임정식이사를 선임할
권한이 없으므로, 임시이사가 위 퇴임정식이사등과 협의하여 후임정식이사를 선임하
였다고 하여 권한 없는 임시이사의 정식이사선임행위가 유효하게 될 수는 없다(대판
2010. 10. 28, 2010다30676, 30683; 2011. 9. 8, 2009다67115; 2016. 8. 29, 2013다204287).

6) 관할청이 구 사립학교법 제25조의3에 따라 하는 정식이사선임 처분에 관하
여 '상당한 재산을 출연한 자'와 '학교 발전에 기여한 자'가 법률상 보호되는 이익을
가지는지 여부(적극) 및 '상당한 재산을 출연한 자'와 '학교 발전에 기여한 자'의 의미:
구 사립학교법(2007. 7. 27. 법률 제8545호로 개정되기 전의 것) 제25조의3은 정식이사선임
에 관하여 상당한 재산을 출연한 자 및 학교 발전에 기여한 자(이하 '상당한 재산출연자
등'이라 한다)의 개별적·구체적인 이익을 보호하려는 취지가 포함되어 있는 것으로 보
이고, 상당한 재산출연자 등은 관할청이 정식이사를 선임하는 처분에 관하여 법률상
보호되는 이익을 가진다고 보는 것이 타당하다. 그리고 여기서 상당한 재산출연자
등은 학교법인의 자주성과 설립목적을 대표할 수 있어야 하므로, 그중에서 상당한
재산을 출연한 자는 사립학교법령의 규정들에 비추어 볼 때에 학교법인의 기본재산
액의 3분의 1 이상에 해당하는 재산을 출연하거나 기부한 자로 보아야 하고, 그 밖에
재산의 출연 내지 증식을 통하여 학교 발전에 기여한 자는 학교법인의 수익용 기본
재산의 10% 이상에 상당하는 금액의 재산을 출연한 자로서 위와 같은 상당한 재산
출연에 견줄 수 있을 정도로 학교법인의 기본재산 형성 내지 운영 재원 마련에 기여
하였음이 뚜렷한 자로 해석되어야 한다(대판 2013. 09. 12, 2011두33044).

7) [1] 학교법인의 정식이사후보자 추천을 위해 전·현직정식이사로 구성된 협
의체의 구성원 중 해당 학교법인이 설치·경영하는 학교의 운영에 중대한 장애를 야
기한 것으로 사학분쟁조정위원회가 인정한 사람 등이 있는 경우, 위 전·현직이사협
의체에 추천하도록 하는 후보자 수가 전체 후보자 수의 과반수 미만이 되도록 하여
야 한다. [2] 사학분쟁조정위원회가 학교법인의 정식이사 선임을 심의하려는 경우 전

·현직이사협의체로부터 후보자 추천의견을 청취하도록 한 구 사립학교법 시행령 제 9조의6 제4항 제1호의 규정 취지는 종전정식이사들이 위 단체를 통하여 수렴된 의견을 사학분쟁조정위원회에 제출할 수 있도록 함으로써 학교법인의 설립목적을 승계하였다고 볼 수 있는 종전정식이사들의 의견 제출권을 보장하려는 데 취지가 있다. 다만 사학분쟁조정위원회는 학교법인의 정상화를 위한 심의 주체로서 이사 후보자에 대한 구체적인 의견 제출·청취의 절차 및 방법을 정할 수 있으므로(위 시행령 제9조의6 제4항, 제5항), 합리적인 범위에서 그 절차와 방법을 정할 수 있는 재량을 가지고 있다(대판 2023. 01. 12, 2022두55958).

## Ⅲ. 학교폭력에 대한 해결

학교폭력예방법은 학교폭력 피해학생의 보호, 가해학생의 선도·교육 및 피해학생과 가해학생 간의 분쟁조정 등에 대하여 규정하고 있다.

### 1. 교육감의 책무

교육감은 시·도교육청에 학교폭력의 예방·대책 및 법률지원을 포함한 통합지원을 담당하는 전담부서를 설치·운영하여야 한다(제11조 제1항). 교육감은 관할 구역 안에서 학교폭력이 발생한 때에는 해당 학교의 장 및 관련 학교의 장에게 그 경과 및 결과의 보고를 요구할 수 있다(제2항). 교육감은 제17조 제1항 제8호에 따른 전학의 경우 그 실현을 위하여 필요한 조치를 취하여야 하며, 제17조 제1항 제9호에 따른 퇴학처분의 경우 해당 학생의 건전한 성장을 위하여 다른 학교 재입학 등의 적절한 대책을 강구하여야 한다(제6항). 교육감은 학교폭력 등에 관한 조사, 상담, 치유프로그램 운영, 학생 치유·회복을 위한 보호시설 운영, 법률지원을 포함한 통합지원 등을 위한 전문기관을 설치·운영하여야 한다(제9항). 교육감은 관할 구역에서 학교폭력이 발생한 때에 해당 학교의 장 또는 소속 교원이 그 경과 및 결과를 보고하면서 축소 및 은폐를 시도한 경우에는 「교육공무원법」 제50조 및 「사립학교법」 제62조에 따른 징계위원회에 징계의결을 요구하여야 한다(제11항).

교육감은 학교폭력 예방과 사후조치 등을 위하여 다음 각 호의 조사·상담 등을 수행할 수 있다. 1. 학교폭력 피해학생 상담 및 가해학생 조사, 2. 필요한 경우 가해학생 학부모 조사, 3. 학교폭력 예방 및 대책에 관한 계획의 이행 지도, 4. 관할 구역 학교폭력서클 단속, 5. 학교폭력 예방을 위하여 민간 기관 및 업소 출입·검사, 6. 그 밖에 학교폭력 등과 관련하여 필요한 사항(제11조의2 제1항). 교육감은 제1항의 조사·

상담 등의 업무를 대통령령으로 정하는 기관 또는 단체에 위탁할 수 있다(제2항). 제 1항제1호 및 제4호의 조사 등의 결과는 학교의 장 및 보호자에게 통보하여야 한다 (제5항).

교육장은 「지방교육자치에 관한 법률」 제35조에도 불구하고 이 법에 따른 고등 학교에서의 학교폭력 피해학생 보호, 가해학생 선도·교육 및 피해학생과 가해학생 간의 분쟁조정 등에 관한 사무를 위임받아 수행할 수 있다(제21조의2).

## 2. 학교폭력과 관련한 개인정보 등의 요청

교육부장관, 교육감, 지역 교육장, 학교의 장은 학교폭력과 관련한 개인정보 등 을 경찰청장, 시·도경찰청장, 관할 경찰서장 및 관계 기관의 장에게 요청할 수 있다 (제11조의3 제1항).

## 3. 학교의 장의 책무

학교의 장은 학교폭력 사태를 인지한 경우 지체 없이 전담기구(교감, 전문상담교 사, 보건교사 및 책임교사(학교폭력문제를 담당하는 교사를 말한다), 3분의 1 이상의 학부모 등으 로 구성) 또는 소속 교원으로 하여금 가해 및 피해 사실 여부를 확인하도록 하고, 전 담기구로 하여금 제13조의2에 따른 학교의 장의 자체해결 부의 여부를 심의하도록 한다(제14조 제3항, 제4항). 학교의 장은 제14조 제3항에 따른 책임교사의 활동을 지원 하기 위하여 수업시간을 조정하는 등 필요한 조치를 하여야 한다(제11조의4 제1항). 교 육부장관 및 교육감은 학교폭력 예방 및 대응 업무를 수행하는 교원의 활동을 지원 하기 위하여 「교원의 지위 향상 및 교육활동 보호를 위한 특별법」 제14조의2에 따른 법률지원단을 통하여 학교폭력과 관련된 상담 및 민사소송이나 형사 고소·고발 등 을 당한 경우 이에 대한 상담 등 필요한 법률서비스를 제공할 수 있다(제11조의4 제2 항). 학교의 장 및 교원이 학교폭력 예방 및 대응을 위하여 「초·중등교육법」 등 관계 법령에 따라 학생생활지도를 실시하는 경우 해당 학생생활지도가 관계 법령 및 학칙 을 준수하여 이루어진 정당한 학교폭력사건 처리 또는 학생생활지도에 해당하는 때 에는 학교의 장 및 교원은 그로 인한 민사상·형사상 책임을 지지 아니한다(제3항).

학교의 장은 제13조 제2항 제4호 및 제5호에도 불구하고 다음 각 호에 모두 해 당하는 경미한 학교폭력에 대하여 피해학생 및 그 보호자가 심의위원회의 개최를 원 하지 아니하는 경우 학교의 장은 학교폭력사건을 자체적으로 해결할 수 있다. 이 경 우 학교의 장은 지체 없이 이를 심의위원회에 보고하여야 한다. 1. 2주 이상의 신체 적·정신적 치료가 필요한 진단서를 발급받지 않은 경우, 2. 재산상 피해가 없는 경우 또는 재산상 피해가 즉각 복구되거나 복구 약속이 있는 경우, 3. 학교폭력이 지속적이지 않은 경우, 4. 학교폭력에 대한 신고, 진술, 자료제공 등에 대한 보복행위(정보통신망을 이용한 행위를 포함한다)가 아닌 경우(제13조의2 제1항). 학교의 장은 제1항에 따라 사건을 해결하려는 경우 다음 각 호에 해당하는 절차를 모두 거쳐야 한다. 1. 피해학생과 그 보호자의 심의위원회 개최 요구 의사의 서면 확인, 2. 학교폭력의 경중에 대한 제14조 제3항에 따른 전담기구의 서면 확인 및 심의(제2항). 학교의 장은 제1항에 따른 경미한 학교폭력에 대하여 피해학생 및 그 보호자가 심의위원회의 개최를 원하는 경우 피해학생과 가해학생 사이의 관계회복을 위한 프로그램(이하 "관계회복 프로그램"이라 한다)을 권유할 수 있다(제3항).

### 4. 학교폭력대책심의위원회

학교폭력의 예방 및 대책에 관련된 사항을 심의하기 위하여 「지방교육자치에 관한 법률」 제34조 및 「제주특별자치도 설치 및 국제자유도시 조성을 위한 특별법」 제80조에 따른 교육지원청(교육지원청이 없는 경우 해당 시·도조례로 정하는 기관으로 한다. 이하 같다)에 **학교폭력대책심의위원회**(이하 "심의위원회"라 한다)를 둔다. 다만, 심의위원회 구성에 있어 대통령령으로 정하는 사유가 있는 경우에는 교육감 보고를 거쳐 둘 이상의 교육지원청이 공동으로 심의위원회를 구성할 수 있다(제12조 제1항). 심의위원회는 학교폭력의 예방 및 대책 등을 위하여 다음 각 호의 사항을 심의한다. 1. 학교폭력의 예방 및 대책, 2. 피해학생의 보호, 3. 가해학생에 대한 교육, 선도 및 징계, 4. 피해학생과 가해학생 간의 분쟁조정, 5. 그 밖에 대통령령으로 정하는 사항(제2항). **심의위원회의 위원장**은 다음 각 호의 어느 하나에 해당하는 경우에 **회의를 소집하여야 한다. 1. 심의위원회 재적위원 4분의 1 이상이 요청하는 경우, 2. 학교의 장이 요청하는 경우, 3. 피해학생 또는 그 보호자가 요청하는 경우, 4. 학교폭력이 발생한 사실을 신고받거나 보고받은 경우, 5. 가해학생이 협박 또는 보복한 사실을 신고받거나 보고받은 경우, 6. 그 밖에 위원장이 필요하다고 인정하는 경우(제13조 제2항).

### 5. 피해학생의 보호

**심의위원회**는 피해학생의 보호를 위하여 필요하다고 인정하는 때에는 피해학생에 대하여 다음 각 호의 어느 하나에 해당하는 **조치**(수 개의 조치를 동시에 부과하는 경우를 포함한다)를 할 것을 **교육장**(교육장이 없는 경우 제12조 제1항에 따라 조례로 정한 기관의 장으로 한다. 이하 같다)에게 **요청**할 수 있다. 다만, **학교의 장**은 학교폭력사건을 인지한 경우 피해학생의 반대의사 등 대통령령으로 정하는 특별한 사정이 없으면 지체 없이 가해자(교사를 포함한다)와 피해학생을 분리하여야 하며, 피해학생이 긴급보호를 요청하는 경우에는 제1호부터 제3호까지 및 제6호의 조치를 할 수 있다. 이 경우 학교의 장은 심의위원회에 즉시 보고하여야 한다. 1. 학내외 전문가에 의한 심리상담 및 조언, 2. 일시보호, 3. 치료 및 치료를 위한 요양, 4. 학급교체, 5. 삭제<2012. 3. 21.>, 6. 그 밖에 피해학생의 보호를 위하여 필요한 조치(제16조 제1항). 심의위원회는 제1항에 따른 조치를 요청하기 전에 피해학생 및 그 보호자에게 의견진술의 기회를 부여하는 등 적정한 절차를 거쳐야 한다(제2항). 제1항에 따른 요청이 있는 때에는 교육장은 피해학생의 보호자의 동의를 받아 7일 이내에 해당 조치를 하여야 한다(제3항). 제1항의 조치 등 보호가 필요한 학생에 대하여 학교의 장이 인정하는 경우 그 조치에 필요한 결석을 출석일수에 포함하여 계산할 수 있다(제4항). 학교의 장은 성적 등을 평가하는 경우 제3항에 따른 조치로 인하여 학생에게 불이익을 주지 아니하도록 노력하여야 한다(제5항). 피해학생이 전문단체나 전문가로부터 제1항 제1호부터 제3호까지의 규정에 따른 상담 등을 받는 데에 사용되는 비용은 가해학생의 보호자가 부담하여야 한다. 다만, 피해학생의 신속한 치료를 위하여 학교의 장 또는 피해학생의 보호자가 원하는 경우에는 「학교안전사고 예방 및 보상에 관한 법률」 제15조에 따른 학교안전공제회 또는 시·도교육청이 부담하고 이에 대한 상환청구권을 행사할 수 있다. 학교의 장 또는 피해학생의 보호자는 필요한 경우 「학교안전사고 예방 및 보상에 관한 법률」 제34조의 공제급여를 학교안전공제회에 직접 청구할 수 있다(제7항). 교육감 또는 교육장은 피해학생 지원을 위하여 피해학생이 필요로 하는 법률, 상담, 보호 등을 위한 서비스 및 지원기관을 연계하는 조력인(이하 "피해학생 지원 조력인"이라 한다)을 지정할 수 있다(제16조의3 제1항). 사이버폭력에 해당하는 촬영물, 음성물, 복제물, 편집물, 개인정보, 허위사실 등(이하 이 조에서 "촬영물등"이라 한다)이 정보통신망에 유포에 따른 피해(촬영물등의 대상자가 되어 입은 피해를 말한다)학생, 그 보호자 또는 피해학생이나 보호자가 지정하는 대리인은 국가에 촬영물등의 삭제를 위한 지원을 요청할 수 있다. 이 경우 피해학생이나 그 보호자가 지정하는 대리인은 대통령령으로 정하는 요건을 갖추어 삭제지원을 요청하여야 한다(제16조의4 제1항, 제2항). 제1항에 따른 촬영물등 삭제지원에 소요되는 비용은 사이버폭력의 가해학생 또는 그 보호자가 부담한다(제3항). 국가가 제1항에 따라 촬영물등 삭제지원에 소요되는 비용을 지출한 경우 사이버폭력의 가해학생 또는 그 보호자에게 상환청구권을 행사할 수 있다(제4항).

## 6. 가해학생에 대한 조치

심의위원회는 피해학생의 보호와 가해학생의 선도·교육을 위하여 가해학생에 대하여 다음 각 호의 어느 하나에 해당하는 조치(수 개의 조치를 동시에 부과하는 경우를 포함한다)를 할 것을 교육장에게 요청하여야 하며, 각 조치별 적용 기준은 대통령령으로 정한다. 다만, 퇴학처분은 의무교육과정에 있는 가해학생에 대하여는 적용하지 아니한다. 1. 피해학생에 대한 서면사과, 2. 피해학생 및 신고·고발 학생에 대한 접촉, 협박 및 보복행위(정보통신망을 이용한 행위를 포함한다)의 금지, 3. 학교에서의 봉사, 4. 사회봉사, 5. 학내외 전문가, 교육감이 정한 기관에 의한 특별 교육이수 또는 심리치료, 6. 출석정지, 7. 학급교체, 8. 전학, 9. 퇴학처분(제17조 제1항). 제1항에 따른 요청이 있는 때에는 **교육장**은 14일 이내에 해당 조치를 하여야 한다(제9항). 제1항에 따라 심의위원회가 교육장에게 가해학생에 대한 조치를 요청할 때 그 이유가 피해학생이나 신고·고발 학생에 대한 협박 또는 보복행위(정보통신망을 이용한 행위를 포함한다)일 경우에는 같은 항 제6호부터 제9호까지의 조치를 동시에 부과하거나 조치 내용을 가중할 수 있다(제2항). 제1항 제2호부터 제4호까지 및 제6호부터 제8호까지의 처분을 받은 가해학생은 교육감이 정한 기관(대안교육기관을 포함한다)에서 특별교육을 이수하거나 심리치료를 받아야 하며, 그 기간은 심의위원회에서 정한다(제3항). 심의위원회는 제1항 또는 제2항에 따른 조치를 요청하기 전에 가해학생 및 보호자에게 의견진술의 기회를 부여하는 등 적정한 절차를 거쳐야 한다(제8항). 심의위원회는 가해학생이 특별교육을 이수할 경우 해당 학생의 보호자도 함께 교육을 받게 하여야 하며, 피해학생이 장애학생일 경우 장애인식개선 교육내용을 포함하여야 한다(제13항). 제1항 제2호부터 제9호까지의 처분을 받은 학생이 해당 조치를 거부하거나 기피하는 경우 **심의위원회**는 제7항에도 불구하고 대통령령으로 정하는 바에 따라 추가로 다른 조치를 할 것을 교육장에게 요청할 수 있다(제15항).

**학교의 장**은 학교폭력을 인지한 경우 지체 없이 제1항 제2호의 조치를 하여야 한다(제17조 제4항). 학교의 장은 피해학생의 보호와 가해학생의 선도·교육이 긴급하다고 인정할 경우 우선 제1항 제1호, 제3호, 제5호부터 제7호까지의 조치를 각각 또는 동시에 부과할 수 있다. 이 경우 심의위원회에 즉시 보고하여 추인을 받아야 한다(제5항). 학교의 장은 피해학생 및 그 보호자가 요청할 경우 전담기구 심의를 거쳐 제1항 제6호 또는 제7호의 조치를 할 수 있다. 이 경우 심의위원회에 즉시 보고하여 추인을 받아야 한다(제6항). 제5항 및 제6항에 따라 학교의 장이 부과하는 제1항 제6호 조치의 기간은 심의위원회 조치결정시까지로 정할 수 있다(제7항). 학교의 장이 제4

항부터 제6항까지에 따른 조치를 한 때에는 가해학생과 그 보호자에게 이를 통지하여야 하며, 가해학생이 이를 거부하거나 회피하는 때에는 학교의 장은 「초·중등교육법」 제18조에 따라 징계하여야 한다(제10항). 가해학생이 제1항 제3호부터 제5호까지의 규정에 따른 조치를 받은 경우 이와 관련된 결석은 **학교의 장**이 인정하는 때에는 이를 출석일수에 포함하여 계산할 수 있다(제12항).

제1항 제2호의 처분을 받은 **가해학생의 보호자**는 가해학생이 해당 조치를 적절히 이행할 수 있도록 노력하여야 한다(제17조 제11항).

가해학생이 다른 학교로 전학을 간 이후에는 전학 전의 피해학생 소속 학교로 다시 전학올 수 없도록 하여야 한다(제17조 제14항).

**피해학생 및 그 보호자**는 제9항, 제10항 및 제15항에 따른 조치 또는 징계가 지연되거나 이행되지 아니할 경우 교육감에게 신고할 수 있으며, 신고하는 경우 교육감은 지체 없이 사실 여부를 확인하기 위하여 대통령령으로 정하는 바에 따라 교육장 또는 학교의 장을 조사하여야 한다(제17조 제16항).

### 7. 피해학생 보호조치 및 가해학생에 대한 조치에 대한 불복

#### (1) 행정심판

교육장이 제16조 제1항 및 제17조 제1항에 따라 내린 조치에 대하여 이의가 있는 **피해학생 또는 그 보호자**는 「행정심판법」에 따른 행정심판을 청구할 수 있다(제17조의2 제1항).

교육장이 제17조 제1항에 따라 내린 조치에 대하여 이의가 있는 **가해학생 또는 그 보호자**는 「행정심판법」에 따른 행정심판을 청구할 수 있다(제17조의2 제2항).

**행정심판위원회**는 피해학생 또는 그 보호자 및 피·가해학생의 소속 학교에 제2항에 따른 행정심판의 청구 사실을 통지하고 「행정심판법」 제20조에 따른 심판참가에 관한 사항을 문서로 안내하여야 한다(제17조의2 제3항).

#### (2) 행정소송

교육장이 제16조 제1항 및 제17조 제1항에 따라 내린 조치에 대하여 이의가 있는 **피해학생 또는 그 보호자**는 「행정소송법」에 따른 행정소송을 제기할 수 있다(제17조의3 제1항).

교육장이 제17조 제1항에 따라 내린 조치에 대하여 이의가 있는 **가해학생 또는 그 보호자**는 「행정소송법」에 따른 행정소송을 제기할 수 있다(제17조의3 제2항).

**교육장**은 피·가해학생 또는 그 보호자 및 피·가해학생의 소속 학교에 제1항 및 제2항에 따른 행정소송의 제기 사실을 통지하고 「행정소송법」 제16조에 따른 소송

참가에 관한 사항을 문서로 안내하여야 한다(제17조의3 제3항).

교육장이 제17조 제1항에 따라 내린 조치에 대하여 이의가 있는 가해학생 또는 그 보호자가「행정소송법」에 따른 행정소송을 제기한 경우 그 행정소송 사건의 재판은 다른 재판에 우선하여 신속히 하여야 하며, 그 판결의 선고는 제1심에서는 소가 제기된 날부터 90일 이내에, 제2심 및 제3심에서는 전심의 판결의 선고가 있은 날부터 각각 60일 이내에 하여야 한다(제17조의4 제5항).

### (3) 집행정지

행정심판위원회 및 법원이 제17조 제1항에 따른 조치에 대하여「행정심판법」제30조 또는「행정소송법」제23조에 따른 집행정지 결정을 하려는 경우에는 **피해학생 또는 그 보호자의 의견을 청취**하여야 한다. 다만, 피해학생 또는 그 보호자가 의견진술의 기회를 포기한다는 뜻을 명백히 표시한 경우 등에는 의견청취를 아니할 수 있다(제17조의4 제1항).

교육감 또는 교육장은 행정심판위원회 또는 법원으로부터 집행정지 신청 사실 및 그 결과를 통보받은 경우 피해학생 또는 그 보호자 및 피·가해학생의 소속 학교에 그 사실 및 결과를 통지하여야 한다(제17조의4 제2항).

제17조 제1항에 따른 조치에 대한 집행정지 신청이 인용된 경우, 피해학생 및 그 보호자는 학교의 장에게 가해학생과의 분리를 요청할 수 있고, 학교의 장은 전담기구 심의를 거쳐 가해학생과 피해학생을 분리하여야 한다(제17조의4 제3항).

제1항에 따른 의견청취의 절차, 방법, 예외 등에 필요한 사항은「행정심판법」제30조에 따른 집행정지의 경우에는 대통령령으로 정하고,「행정소송법」제23조에 따른 집행정지의 경우에는 대법원규칙으로 정한다(제17조의4 제4항).

### (4) 분쟁조정

**심의위원회**는 학교폭력과 관련하여 분쟁이 있는 경우에는 그 분쟁을 조정할 수 있다(제18조 제1항). 심의위원회가 분쟁조정을 하고자 할 때에는 이를 피해학생·가해학생 및 그 보호자에게 통보하여야 한다(제5항).

시·도교육청 관할 구역 안의 소속 교육지원청이 다른 학생 간에 분쟁이 있는 경우에는 **교육감**이 직접 분쟁을 조정한다. 이 경우 제2항부터 제5항까지의 규정을 준용한다(제18조 제6항). 관할 구역을 달리하는 시·도교육청 소속 학교의 학생 간에 분쟁이 있는 경우에는 피해학생을 감독하는 교육감이 가해학생을 감독하는 교육감과의 협의를 거쳐 직접 분쟁을 조정한다. 이 경우 제2항부터 제5항까지의 규정을 준용한다(제7항).

[판례] 갑 학교법인이 운영하는 을 초등학교에 재학하던 병이 학교 폭력을 행사하였다는 이유로 을 초등학교의 학교폭력대책자치위원회가 학교폭력예방 및 대책에 관한 법률 제17조 제1항 소정의 '학내외 전문가에 의한 특별 교육이수 또는 심리치료' 6시간(제5호), '학급교체'(제7호)의 조치를 의결하여 갑 학교법인의 을 초등학교장이 병에게 통지하였는데, 병이 위와 같은 징계가 행정처분이 아니라 사법상의 행위라고 주장하며 무효확인을 구하는 민사소송을 제기한 사안에서, 관계 법령에 의하여 인정되는 초등학교 의무교육의 위탁관계, 학교폭력예방법상의 조치를 받은 학생과 학부모가 부담하는 의무, 위 조치에 대한 학생과 학부모의 불복절차, 학부모가 위 조치를 불이행할 경우 받는 행정벌 등을 종합적으로 고려하면, 갑 법인은 지방자치단체로부터 의무교육인 초등교육(교육에는 징계가 포함된다) 사무를 위탁받아 갑 법인이 임명한 을 초등학교의 교장에게 교육사무를 위임하여 교육사무를 수행하였으며, 위 징계는 갑 법인의 위임을 받은 을 초등학교의 교장이 교육사무를 수행하는 과정에서 우월적 지위에서 병에 대하여 구체적 사실에 관한 법집행으로 공권력을 행사한 것이어서 위 징계가 행정소송법 제2조 제2항 소정의 공무수탁사인인 갑 법인이 행한 같은 조 제1항 제1호 소정의 행정처분에 해당하므로, 징계의 무효확인을 구하는 소송은 행정소송이고, 따라서 제1심 전속관할법원으로 이송하여야 한다고 한 사례(대구고판 2017. 11. 10, 2017나22439[사립학교처분무효확인]).

## Ⅳ. 학생의 징계와 불복

학교의 장은 교육을 위하여 필요하면 법령과 학칙으로 정하는 바에 따라 학생을 징계할 수 있다. 다만, 의무교육을 받고 있는 학생은 퇴학시킬 수 없다(고등교육법 제13조 제1항, 초·중등교육법 제18조 제1항).

[판례] ['학교 내 봉사' 징계의 범위와 한계에 대한 사건] 의무교육대상자인 초등학교·중학교 학생의 신분적 특성과 학교교육의 목적에 비추어 교육의 담당자인 교원의 학교교육에 관한 폭넓은 재량권을 존중하더라도, 법령상 명문의 규정이 없는 초등학교·중학교 학생에 대한 징계처분의 효력을 긍정함에 있어서는 그 처분 내용의 자발적 수용성, 교육적·인격적 측면의 유익성, 헌법적 가치와의 정합성 등을 종합하여 엄격히 해석하여야 할 필요가 있다(대판 2022. 12. 01, 2022두39185).

초·중등교육법 제18조 제1항에 따른 징계처분 중 퇴학 조치에 대하여 이의가 있는 학생 또는 그 보호자는 퇴학 조치를 받은 날부터 15일 이내 또는 그 조치가 있음을 알게 된 날부터 10일 이내에 제18조의3에 따른 시·도학생징계조정위원회(교육감 소속)에 재심을 청구할 수 있다(학교폭력예방 및 대책에 관한 법률(약칭: 학교폭력예방법) 제18조의2 제1항). 시·도학생징계조정위원회의 심사결정에 이의가 있는 청구인은 통보를 받은 날부터 60일 이내에 행정심판을 제기할 수 있다(제3항). 시·도학생징계조정위원회의 심사결정은 처분이므로 행정소송(항고소송)을 제기할 수도 있다.

국·공립학교의 장의 징계는 처분이므로 그에 대해 일반 행정심판 또는 행정소송을 제기할 수 있다.

사립학교의 장의 징계에 대해 민사소송을 제기하여야 하는지 아니면 행정소송을 제기하여야 하는지에 대하여 견해의 대립이 있다.

사립학교의 장의 징계에 대해 민사소송을 제기하여야 한다는 견해는 사립학교와 학생의 관계는 민사관계이고, 사립학교는 민법상 법인으로서 사립학교의 행위는 사법상 행위라는 것을 근거로 한다.

이에 대하여 사립학교의 장의 징계에 대해 행정소송을 제기하여야 한다는 견해는 사립학교는 사법상 조직이지만, 교육사무는 국가나 지방자치단체로부터 위임받은 행정사무로서 사립학교의 장의 징계는 처분이라는 것을 근거로 한다. 이러한 견해를 취한 판결로 대구고법 2017. 11. 10. 선고 2017나22439 판결이 있다. 이 판결은 갑 학교법인이 운영하는 을 초등학교에 재학하던 병이 학교 폭력을 행사하였다는 이유로 을 초등학교의 학교폭력대책자치위원회가 학교폭력예방 및 대책에 관한 법률 제 17조 제1항 소정의 '학내외 전문가에 의한 특별 교육이수 또는 심리치료' 6시간(제5호), '학급교체'(제7호)의 조치를 의결하여 을 초등학교장이 병에게 통지하였는데, 병이 위와 같은 징계가 행정처분이 아니라 사법상의 행위라고 주장하며 무효확인을 구하는 민사소송을 제기한 사안에서, 징계가 행정처분에 해당하므로 징계의 무효확인을 구하는 소송은 행정소송이고, 따라서 제1심 전속관할법원으로 이송하여야 한다고 한 사례이다(대구고판 2017. 11. 10, 2017나22439). 즉, "아래와 같이 관계 법령에 의하여 인정되는 초등학교 의무교육의 위탁관계, 학교폭력예방법상의 조치를 받은 학생과 학부모가 부담하는 의무, 위 조치에 대한 학생과 학부모의 불복절차, 학부모가 위 조치를 불이행할 경우 받는 행정벌 등을 종합적으로 고려하면, ① 피고는 지방자치단체인 전라남도로부터 의무교육인 초등교육(교육에는 징계가 포함된다) 사무를 위탁받아 자신이 임명한 피고학교의 교장에게 교육사무를 위임하여 교육사무를 수행하였으며, ② 이 사건 징계는, 피고의 위임을 받은 피고학교의 교장이 교육사무를 수행하는 과정에서 우월적 지위에서 원고에 대하여 구체적 사실에 관한 법집행으로 공권력을 행사한 것이라고 할 것이고, 따라서 이 사건 징계는 행정소송법 제2조 제2항소정의 공무수탁사인인 피고가 행한 행정소송법 제2조 제1항 제1호소정의 행정처분에 해당한다고 할 것이다."라고 판시하였다. 이 판결에서 법원은 교육사무의 수탁주체를 학교로 보고 피고를 학교의 장이 아닌 학교로 보았다.

## Ⅴ. 교원의 징계와 불복

교원은 형(刑)의 선고, 징계처분 또는 법률로 정하는 사유에 의하지 아니하고는 그 의사에 반하여 휴직·강임(降任) 또는 면직을 당하지 아니한다(교원의 지위 향상 및 교육활동 보호를 위한 특별법(약칭: 교원지위법) 제6조 제1항). 교원은 해당 학교의 운영과 관련하여 발생한 부패행위나 이에 준하는 행위 및 비리 사실 등을 관계 행정기관 또는 수사기관 등에 신고하거나 고발하는 행위로 인하여 정당한 사유 없이 징계조치 등 어떠한 신분상의 불이익이나 근무조건상의 차별을 받지 아니한다(제2항). 교원이 「아동학대범죄의 처벌 등에 관한 특례법」 제2조 제4호에 따른 아동학대범죄로 신고된 경우 임용권자는 정당한 사유 없이 직위해제 처분을 하여서는 아니 된다(제3항).

교원이 징계처분과 그 밖에 그 의사에 반하는 불리한 처분에 대하여 불복할 때에는 그 처분이 있었던 것을 안 날부터 30일 이내에 **교원소청심사위원회**(이하 "심사위원회"라 한다)에 소청심사를 **청구**할 수 있다. 이 경우에 심사청구인은 변호사를 대리인으로 선임(選任)할 수 있다(제9조 제1항). 본인의 의사에 반하여 파면·해임·면직처분을 하였을 때에는 그 처분에 대한 심사위원회의 최종 결정이 있을 때까지 후임자를 보충 발령하지 못한다. 다만, 제1항의 기간 내에 소청심사청구를 하지 아니한 경우에는 그 기간이 지난 후에 후임자를 보충 발령할 수 있다(제2항). 심사위원회의 결정에 대하여 교원, 「사립학교법」 제2조에 따른 학교법인 또는 사립학교 경영자 등 당사자(공공단체는 제외한다)는 그 결정서를 송달받은 날부터 30일 이내에 「행정소송법」으로 정하는 바에 따라 **행정소송**을 제기할 수 있다(제10조 제4항). 제4항에 따른 기간 이내에 행정소송을 제기하지 아니하면 그 결정은 확정된다(제5항).

[판례] ① 교원지위법에 따른 **교원소청심사제도**는 사립학교 교원과 국공립학교 교원의 징계 등 불리한 처분에 대한 불복절차를 통일적으로 규정함으로써 학교법인에 대한 국가의 실효적인 감독권 행사를 보장하고, 사립학교 교원에게도 행정소송을 제기할 수 있게 하여 적어도 국공립학교 교원에 대한 구제절차에 상응하는 정도의 수준으로 사립학교 교원의 신분을 보장하고 지위향상을 도모하려는 데 그 목적이나 취지가 있다. 교원지위법은 민사소송을 통한 통상적인 권리구제방법에 따른 소송절차의 번잡성, 절차의 지연, 과다한 비용부담 등의 폐해를 지양하고 신속·간이하며 경제적인 권리구제를 도모하기 위하여 교원소청심사제도를 마련한 것으로 보인다(대판 2024. 02. 08, 2022두50571).
② [1] 교원소청심사위원회가 한 결정의 취소를 구하는 소송에서 결정의 적부를 판단하는 기준 시점 및 판단대상: 교원소청심사위원회가 한 결정의 취소를 구하는 소송에서 그 결정의 적부는 결정이 이루어진 시점을 기준으로 판단하여야 하지만, 그렇다고 하여 소청심사 단계에서 이미 주장된 사유만을 행정소송의 판단대상으로 삼을 것은 아니다. 따라서 소청심사 결정 후에 생긴 사유가 아닌 이상 소청심사 단계에서 주장하지 아니한 사유도 행정소송에서 주장할 수 있고, 법원도 이에 대하여 심리·판단할 수 있다. [2] 교원소청심사위원회의 결정은 학교법인 등에 대하여 기속력을 가지고 이는 그 결정의 주문에 포함된 사항뿐 아니라 그 전제가 된 요건사실의 인정과 판단, 즉 불리한 처분 등의 구체적 위법사유에 관한 판단에까지 미친다. 따라서 교원소청심사위원회가 사립학교교원의 소청심사청구를 인용하여 불리한 처분 등을 취소한 데 대하여 행정소송이 제기되지 아

니하거나 그에 대하여 학교법인 등이 제기한 행정소송에서 법원이 교원소청심사위원회 결정의 취소를 구하는 청구를 기각하여 그 결정이 그대로 확정되면, 결정의 주문과 그 전제가 되는 이유에 관한 판단만이 학교법인 등을 기속하게 되고, 설령 판결 이유에서 교원소청심사위원회의 결정과 달리 판단된 부분이 있더라도 이는 기속력을 가질 수 없다. 그러므로 사립학교교원이 어떠한 불리한 처분을 받아 교원소청심사위원회에 소청심사청구를 하였고, 이에 대하여 교원소청심사위원회가 그 사유 자체가 인정되지 않는다는 이유로 양정의 당부에 대해서는 나아가 판단하지 않은 채 처분을 취소하는 결정을 한 경우, 그에 대하여 학교법인 등이 제기한 행정소송 절차에서 심리한 결과 처분사유 중 일부 사유는 인정된다고 판단되면 법원으로서는 교원소청심사위원회의 결정을 취소하여야 한다. 법원이 교원소청심사위원회 결정의 결론이 타당하다고 하여 학교법인 등의 청구를 기각하게 되면 결국 행정소송의 대상이 된 교원소청심사위원회의 결정이 유효한 것으로 확정되어 학교법인 등이 이에 기속되므로, 그 결정의 잘못을 바로잡을 길이 없게 되고 학교법인 등도 해당 교원에 대하여 적절한 재처분을 할 수 없게 되기 때문이다. [3] 교원소청심사위원회가 학교법인 등이 교원에 대하여 불리한 처분을 한 근거인 내부규칙이 위법하여 효력이 없다는 이유로 학교법인 등의 처분을 취소하는 결정을 하였고 그에 대하여 학교법인 등이 제기한 행정소송 절차에서 심리한 결과 내부규칙은 적법하지만 교원이 그 내부규칙을 위반하였다고 볼 증거가 없다고 판단한 경우에는, 비록 교원소청심사위원회가 내린 결정의 전제가 되는 이유와 판결 이유가 다르다고 하더라도 법원은 교원소청심사위원회의 결정을 취소할 필요 없이 학교법인 등의 청구를 기각할 수 있다고 보아야 한다. 왜냐하면 교원의 내부규칙 위반사실이 인정되지 않는 이상 학교법인 등이 해당 교원에 대하여 다시 불리한 처분을 하지 못하게 되더라도 이것이 교원소청심사위원회 결정의 기속력으로 인한 부당한 결과라고 볼 수 없기 때문이다. 그리고 행정소송의 대상이 된 교원소청심사위원회의 결정이 유효한 것으로 확정되어 학교법인 등이 이에 기속되더라도 그 기속력은 당해 사건에 관하여 미칠 뿐 다른 사건에 미치지 않으므로, 학교법인 등은 다른 사건에서 문제가 된 내부규칙을 적용할 수 있기 때문에 법원으로서는 이를 이유로 취소할 필요도 없다(대판 2018. 07. 12, 2017두65821).

③ 교원소청심사위원회의 소청심사 기각결정에 불복하려는 교원은 같은 조 제3항에 따라 행정소송을 제기할 수 있다. 국공립학교의 교원은 소청심사 결정의 고유한 위법을 주장하는 경우가 아닌 한 불리한 처분을 한 인사권자를 피고로 하여 행정소송을 제기해야 하므로 그 인사권자는 피고로서 소송에 참여한다. 사립학교의 교원은 교원소청심사위원회를 피고로 하여 행정소송을 제기해야 하는데, **사립학교의 장은** 학교법인의 위임 등을 받아 교원에 대한 인사 관련업무에 대해 독자적 기능을 수행하고 있고, 소청심사의 피청구인이었다면 **피고보조참가인으로서** 소송에 참여할 수 있다(대판 2023. 10. 26, 2018두55272).

④ (1) 기간을 정하여 임용된 사립대학 교원은 재임용 여부에 관하여 합리적인 기준에 의한 공정한 심사를 요구할 권리가 있다(대법원 2023. 10. 26. 선고 2018두55272 판결 등 참조). (2) 재임용 심사를 거친 사립대학 교원과 학교법인 사이의 의사의 불일치로 인한 재임용계약 체결의 무산은 실질적으로 학교법인의 재임용거부처분에 해당한다고 보아야 한다. (3) 학교법인의 교원 재임용행위는 원칙적으로 재량행위에 속하지만, 그 재임용거부처분에 재량권을 일탈·남용한 위법이 있는 경우에는 사법통제의 대상이 된다(대법원 2009. 10. 29. 선고 2008두12092 판결 등 참조). (4) 학교법인이 기존 취업규칙이 적용되는 교원에게 변경된 취업규칙의 적용에 동의하여야만 재임용계약을 체결할 수 있다는 조건을 제시한 경우, 해당 교원이 조건에 동의하지 않음을 이유로 한 재임용거부가 재량권 일탈·남용에 해당한다고 한 사례(대판 2024. 06. 17, 2021두49772[교원소청심사위원회 결정 취소 청구]).

심사위원회의 결정은 **처분권자를 기속한다**. 이 경우 제10조 제4항에 따른 행정소송 제기에 의하여 그 효력이 정지되지 아니한다(제10조의2). 교육부장관, 교육감 또는 관계 중앙행정기관의 장은 처분권자가 상당한 기일이 경과한 후에도 구제조치를 하지 아니하면, 그 이행기간을 정하여 서면으로 **구제조치**를 하도록 명하여야 한다(제10조의3). 교육부장관, 교육감 또는 관계 중앙행정기관의 장은 처분권자가 제10조의3에 따른 구제명령(이하 이 조에서 "구제명령"이라 한다)을 이행하지 아니한 경우에는 처분권자에게 2천만원 이하의 **이행강제금**을 부과한다(제10조의4 제1항). 교육부장관, 교육감 또는 관계 중앙행정기관의 장은 최초의 구제명령을 한 날을 기준으로 매년 2회의 범위에서 구제명령이 이행될 때까지 반복하여 제1항에 따른 이행강제금을 부과·징수할 수 있다. 이 경우 이행강제금은 2년을 초과하여 부과·징수하지 못한다(제4항). 교육부장관, 교육감 또는 관계 중앙행정기관의 장은 구제명령을 받은 처분권자가 구제명령을 이행하면 새로운 이행강제금을 부과하지 아니하되, 구제명령을 이행하기 전에 이미 부과된 이행강제금은 징수하여야 한다(제5항).

## Ⅵ. 교육환경의 보호

### 1. 교육환경 보호의 의의

교육환경의 보호라 함은 학생이 건강하고 쾌적한 환경에서 교육받을 수 있게 하는 것을 말한다. 교육환경은 학교내 환경과 학교 주변의 환경을 포함한다.

국가와 지방자치단체는 교육환경을 보호하기 위하여 필요한 시책을 마련하여야 한다(교육환경 보호에 관한 법률(약칭: 교육환경법) 제3조 제1항). 국가, 지방자치단체, 학교의 장 및 사업시행자는 교육환경 보호의 중요성을 인식하고 교육환경법에서 정하고 있는 절차가 적절하고 원활하게 추진될 수 있도록 노력하여야 한다(제2항).

### 2. 교육환경보호기관

교육환경보호의 책임기관은 **교육감**이다.

**시·도교육환경보호위원회**(이하 "교육환경보호위원회"라 한다)는 교육감 소속기관으로서 다음 각 호의 사항을 심의의결하는 심의기관이다: 1. 교육감의 교육환경 보호에 관한 시책, 2. 시행계획, 3. 제6조 제1항에 따른 교육환경평가서, 4. 그 밖에 관할 구역의 교육환경 보호와 관련하여 위원장이 회의에 부치는 사항(제5조 제1항).

**지역교육환경보호위원회**는 교육환경법 제9조에 따른 교육환경보호구역 내 금지행위 및 시설이 교육환경에 미치는 영향에 대하여 심의하는 심의기관이다. 지역교육환경보호위원회는 「지방교육자치에 관한 법률」 제34조에 따른 교육지원청에 설치하는 데, 교육지원청이 없는 경우 시·도교육환경보호위원회의 심의를 받는다(제5조 제8항).

### 3. 교육환경평가

다음 각 호의 자는 교육환경에 미치는 영향에 관한 평가서(이하 "교육환경평가서"라 한다)를 대통령령으로 정하는 바에 따라 관할 교육감에게 제출하고 그 승인을 받아야 한다. 1. 학교를 설립하려는 자, 2. 「국토의 계획 및 이용에 관한 법률」 제24조에 따른 도시·군관리계획의 입안자, 3. 「학교용지 확보 등에 관한 특례법」 제3조 제1항에 따른 개발사업시행자, 4. 학교(「고등교육법」 제2조각 호에 따른 학교는 제외한다) 또는 제8조 제1항에 따라 설정·고시된 교육환경보호구역이 「도시 및 주거환경정비법」 제2조 제1호에 따른 정비구역으로 지정·고시되어 해당 구역에서 정비사업을 시행하려는 자, 5. 제8조 제1항에 따라 설정·고시된 교육환경보호구역에서 「건축법」 제11조 제1항 단서에 따른 규모의 건축을 하려는 자(제6조 제1항). 제1항에 따른 학교의 교육환경 평가 대상은 학교용지 예정지 또는 정비사업 예정지 등의 위치, 크기·외형, 지형·토양환경, 대기환경, 주변 유해환경, 공공시설을 포함한다(제2항). 제1항에 따른 교육감의 권한은 대통령령으로 정하는 바에 따라 그 일부를 교육장에게 위임할 수 있다(제6항).

교육감은 교육환경평가서를 승인하기 위하여는 **시·도위원회의 심의를 거쳐야** 하며, 이를 위하여 제13조에 따른 교육환경 보호를 위한 전문기관 또는 대통령령으로 지정하는 기관의 검토의견과 해당 학교의 장의 의견(제1항 제4호 및 제5호에 해당하는 자가 제출한 교육환경평가서와 관련된 의견을 말한다)을 함께 제공하여야 한다(제3항). 제3항에도 불구하고 다음 각 호의 어느 하나에 해당하는 경우에는 **지역위원회의 심의**를 거쳐 교육환경평가서를 승인할 수 있다. 이 경우 제13조에 따른 교육환경 보호를 위한 전문기관 또는 대통령령으로 지정하는 기관의 검토의견을 생략할 수 있다. 1. 「유아교육법」 제2조 제2호에 따른 유치원만을 설립하거나 그 위치를 변경하기 위한 용지를 선정하는 경우, 2. 「초·중등교육법」 제60조의3에 따른 대안학교만을 설립하거나 그 위치를 변경하기 위한 용지를 선정하는 경우, 3. 「고등교육법」 제2조 제1호부터 제4호까지에 따른 학교(이에 준하는 학교를 포함하며, 대학원은 제외한다)로서 대통령령으로 정하는 바에 따라 해당 학교의 일부를 주된 위치에서 변경하여 산업단지 안에서 운영하기 위한 용지를 선정하는 경우(제6조 제4항).

교육감은 교육환경평가서를 검토한 결과 교육환경 보호를 위하여 필요한 사항을 제7조 제1항에 따른 사업시행자에게 권고하여야 한다. 이 경우 사업시행자는 특

별한 사유가 없으면 그 권고에 따라야 하며, 그 조치결과를 교육감에게 통보하여야
한다(제6조 제5항).

교육환경평가서의 작성 항목·절차·기준과 각 항목별 작성방법 및 학교의 장의
의견 수렴 절차 등 그 밖에 필요한 사항은 대통령령으로 정한다(제6조 제8항).

교육환경평가서를 제출하고 승인을 받은 자(이하 "사업시행자"라 한다)는 그 승인
받은 교육환경평가서에 반영된 내용과 제6조 제5항에 따른 조치결과를 이행하여야
한다(제7조 제1항).

교육감은 교육환경의 피해를 방지하기 위하여 교육환경평가서 승인 내용의 이
행사항을 확인하여야 한다. 이 경우 사업시행자에게 교육환경평가서의 승인 내용의
이행에 관련된 자료를 제출하게 하거나 소속 공무원으로 하여금 사업장에 출입하여
조사하게 할 수 있다(제7조 제2항). 제2항에 따른 조사를 하는 경우에는 조사 7일 전
까지 조사 이유 및 조사 내용 등이 포함된 조사계획을 사업시행자에게 알려야 하며,
출입 조사를 하는 공무원은 관계인에게 그 소속과 신분을 밝히고 이를 확인할 수 있
는 증표를 내보여야 한다(제3항).

교육감은 제2항에 따라 교육환경평가서의 승인내용의 이행사항 등을 조사한 결
과 대통령령으로 정하는 바에 따라 교육환경에 나쁜 영향을 줄 수 있다고 판단되는
경우에는 교육환경에 미치는 영향에 관한 재평가서(이하 "사후교육환경평가서"라 한다)를
작성하여 제출하도록 명하여야 한다(제7조 제4항). 사후교육환경평가서의 작성 항목·
절차·기준과 각 항목별 작성방법 등 그 밖에 필요한 사항은 대통령령으로 정한다(제
5항).

## 4. 교육환경보호구역의 설정과 금지행위의 해제

### (1) 교육환경보호구역의 설정

교육환경보호구역에는 절대보호구역과 상대보호구역이 있다.

**절대보호구역**은 "학교출입문으로부터 직선거리로 50미터까지인 지역(학교설립예
정지의 경우 학교경계로부터 직선거리 50미터까지인 지역)"을 말한다.

**상대보호구역**은 '학교경계 또는 학교설립예정지 경계(이하 "학교경계등"이라 한다)
로부터 직선거리로 200미터까지인 지역 중 절대보호구역을 제외한 지역'을 말한다(제
8조 제1항). 제1항에 따른 교육감의 권한은 대통령령으로 정하는 바에 따라 교육장에
게 위임할 수 있다(제5항).

교육환경보호구역은 다음 각 호의 어느 하나에 해당하게 된 때에는 그 효력을
상실한다. 1. 학교가 폐교되거나 이전(移轉)하게 된 때(대통령령으로 정하는 바에 따른 학

교설립계획 등이 있는 경우는 제외한다), 2. 학교설립예정지에 대한 도시·군관리계획결정의 효력이 상실된 때, 3. 유치원이나 특수학교 또는 대안학교의 설립계획이 취소되었거나 설립인가가 취소된 때(제4항).

### (2) 교육환경보호구역에서의 금지행위 등

누구든지 학생의 보건·위생, 안전, 학습과 교육환경 보호를 위하여 교육환경보호구역에서는 교육환경법 제9조 제1항 각 호의 어느 하나에 해당하는 행위 및 시설을 하여서는 아니 된다. 다만, 상대보호구역에서는 제14호부터 제27호까지 및 제29호부터 제31호까지에 규정된 행위 및 시설 중 교육감이나 교육감이 위임한 자가 지역위원회의 심의를 거쳐 학습과 교육환경에 나쁜 영향을 주지 아니한다고 인정하는 행위 및 시설은 제외한다(제9조 제1항).

시·도지사 및 시장·군수·구청장(자치구의 구청장을 말한다. 이하 같다) 또는 관계행정기관의 장(이하 "관계행정기관등의 장"이라 한다)은 제9조 각 호의 행위 및 시설(제9조단서에 따라 심의를 받은 행위 및 시설은 제외한다. 이하 같다)을 방지하기 위하여 공사의 중지·제한, 영업의 정지 및 허가·인가·등록·신고의 거부·취소 등의 조치(이하 "처분"이라 한다)를 하여야 하며, 교육환경을 위해하여 철거가 불가피하다고 판단하면 사업시행자에게 해당 시설물의 철거를 명할 수 있다(제10조 제1항). 관계행정기관등의 장은 사업시행자가 제1항에 따른 철거명령을 이행하지 아니하는 경우 「행정대집행법」에서 정하는 바에 따라 대집행을 할 수 있다(제2항). 교육감은 교육환경 보호를 위하여 관계행정기관등의 장에게 교육환경보호구역 내 제9조각 호의 행위 및 시설에 대한 처분 및 시설물의 철거 명령을 요청할 수 있다(제3항). 제3항에 따른 요청을 받은 관계행정기관등의 장은 특별한 사정이 없으면 요청에 따른 조치를 취하고, 그 결과를 교육감에게 요청받은 날부터 1개월 이내에 알려야 한다(제4항). 제3항과 제4항에 따른 교육감의 권한은 대통령령으로 정하는 바에 따라 그 일부를 교육장에게 위임할 수 있다(제5항).

## VII. 학원의 규제

### 1. 학원의 의의

"학원"이란 사인(私人)이 대통령령으로 정하는 수 이상의 학습자 또는 불특정다수의 학습자에게 30일 이상의 교습과정(교습과정의 반복으로 교습일수가 30일 이상이 되는 경우를 포함한다. 이하 같다)에 따라 지식·기술(기능을 포함한다. 이하 같다)·예능을 교습(상급학교 진학에 필요한 컨설팅 등 지도를 하는 경우와 정보통신기술 등을 활용하여 원격으로 교

습하는 경우를 포함한다. 이하 같다)하거나 30일 이상 학습장소로 제공되는 시설을 말한
다. 다만, 학원법 제2조 제1호 각 목의 어느 하나에 해당하는 시설은 제외한다(학원의
설립·운영 및 과외교습에 관한 법률(약칭: 학원법 제2조 제1호)).

## 2. 학원 등의 종류

**학원**은 학교교과교습학원과 평생직업교육학원으로 구분한다(학원법 제2조의2 제1
항). 제1항에 따른 학원의 종류별 교습과정의 분류는 대통령령으로 정한다(제2항).

**학교교과교습학원**은 「초·중등교육법」 제23조에 따른 학교교육과정을 교습하거
나 다음 각 목의 사람을 대상으로 교습하는 학원을 말한다. 가.「유아교육법」 제2조
제1호에 따른 유아, 나.「장애인 등에 대한 특수교육법」 제15조 제1항 각 호의 어느
하나에 해당하는 장애가 있는 사람, 다.「초·중등교육법」 제2조에 따른 학교의 학생.
다만, 직업교육을 목적으로 하는 직업기술분야의 학원에서 취업을 위하여 학습하는
경우는 제외한다.

**평생직업교육학원**은 학교교과교습학원 외에 평생교육이나 직업교육을 목적으로
하는 학원을 말한다.

**"교습소"**란 과외교습을 하는 시설로서 학원 및 학원법 제2조 제1호 각 목의 시
설이 아닌 시설을 말한다(제2조 제2호).

## 3. 학원과 교습소 설립·운영의 등록·신고

**학원**을 설립·운영하려는 자는 제8조에 따른 시설과 설비를 갖추어 대통령령으
로 정하는 바에 따라 설립자의 인적사항, 교습과정, 강사명단, 교습비등, 시설·설비
등을 학원설립·운영등록신청서에 기재하여 교육감에게 **등록**하여야 한다. 등록한 사
항 중 교습과정, 강사명단, 교습비등, 그 밖에 대통령령으로 정하는 사항을 변경하려
는 경우에도 또한 같다(제6조 제1항).

교육감은 제6조에 따른 학원 설립·운영의 등록을 수리(受理)할 때에 대통령령으
로 정하는 기간에 제8조에 따른 시설과 설비를 갖출 것을 조건으로 하여 학원 설립
·운영의 등록을 수리할 수 있다(제7조 제1항). 교육감은 제1항에 따라 등록을 한 자가
정당한 사유 없이 그 기간에 시설과 설비를 갖추지 아니하면 등록을 말소하여야 한
다(제2항). 제7조 제1항의 조건이 학문상 부담이면 철회 후 등록 말소를 하여야 하고,
해제조건이면 등록을 한 자가 정당한 사유 없이 그 기간에 시설과 설비를 갖추지 아
니하면 등록의 수리는 실효되고 교육감은 등록의 말소조치를 취해야 한다.

**교습소**를 설립·운영하려는 자는 대통령령으로 정하는 바에 따라 신고자 및 교

습자의 인적사항, 교습소의 명칭 및 위치, 교습과목, 교습비등을 교습소설립·운영신고서에 기재하여 교육감에게 신고하여야 한다. 신고한 사항 중 교습자의 인적사항, 교습소의 명칭 및 위치, 교습과목, 교습비등, 그 밖에 대통령령으로 정하는 사항을 변경하려는 경우에도 또한 같다(제14조 제1항). 교습소 신고는 수리를 요하는 신고이다.

# 제 5 장  경제행정법

## 제1절 개  설

### 제 1 항  경제행정법의 성립배경

근대 자유방임주의하에서 경제는 원칙적으로 자율적인 시장메커니즘에 맡겨졌다. 이 시대에도 경제에 대한 국가의 개입이 전혀 없었던 것은 아니나, 그 개입은 극히 제한적인 것이었다. 그러나, 1920년대의 경제공황으로 시장의 실패가 노정된 것을 계기로 국가가 경제에 적극적으로 개입하게 되었다. 반면에 최근에는 그 동안의 국가의 과도한 개입을 비판하며 경제에 대한 국가의 개입을 축소하려는 경향에 있다. 그러나, 시장경제질서를 기본으로 하는 한계내에서 국가가 공공목적을 추구하기 위하여 경제에 대한 개입 및 규제를 할 수 있다는데에 이론은 없다. 문제는 무엇이 개입을 정당화하는 공공목적인가, 개입은 어떠한 한도 내에서 인정될 것인가에 있다.

우리나라는 급속한 경제발전을 위하여 정부주도의 경제발전을 이루었다. 그리하여 정부가 경제에 깊숙이 개입하여 왔다. 그리고 경제성장우선정책의 그늘에 가려 경제에 대한 법적 통제의 문제는 거의 논의되지 않았었다. 경제는 법으로부터 자유로운 영역인 것 같이 여겨져 왔던 것이다. 그러나, 경제규모가 커지고 우리나라가 선진국에 들어서면서 정부관리경제의 비효율화가 나타나게 되자, 자유주의 시장경제질서의 회복과 정부개입의 축소가 요청되고 있다. 또한, 6.29 선언 이후의 민주화는 정부의 경제개입에 대한 민주적 내지 법적 통제를 요청하고 있다. 국가의 경제규제도 법치주의원칙의 예외를 이룰 수는 없다. 경제에 대한 규제는 원칙상 법률에 근거를 두어야 하고, 정부의 경제에 대한 개입은 헌법 및 법령을 위반하여서는 안 되고, 법령의 범위 내에서도 자의적으로 행하여져서는 안 된다. 그리고, 자의적인 경제규제에 대하여는 법적 통제가 가하여져야 하며, 국가의 경제규제로 인하여 침해된 국민의 권익은 구제되어야 한다.

# 제 2 항  경제행정법의 의의

경제행정법(經濟行政法)이란 사경제활동에 대한 행정권의 규제와 행정주체가 경제활동을 수행하는 것에 관한 법규정 및 행정권의 행사에 의해 침해된 국민의 권익에 대한 구제제도에 관한 법체계를 의미한다.

## Ⅰ. 경제공법과의 관계

경제공법(經濟公法)이란 경제에 대한 공권력의 개입에 관한 특별법규정으로 이루어지는 법체계라고 정의내릴 수 있다. 이 특별법규정 중 헌법은 행정권을 규율할 뿐만 아니라 입법권도 규율한다. 따라서 엄밀히 말하면 경제공법은 경제행정법과 구별되어야 한다.

경제공법은 경제헌법과 경제행정법을 포함하는 개념이다. 경제헌법이란 경제질서의 기본을 정하는 헌법체계 및 위헌적인 국가권력의 행사에 대한 헌법적 통제를 다루는 법분야를 의미하고, 경제행정법이란 경제에 대한 행정의 개입, 즉 사경제활동에 대한 행정권의 규제와 행정자체가 경제활동을 수행하는 것에 관한 법규정 및 행정권의 행사에 의해 침해된 국민의 권익의 구제제도에 관한 법분야를 의미한다.

경제에 대한 국가의 개입에 관한 법을 연구할 때 경제공법으로 연구하는 경우와 경제행정법으로 연구하는 경우가 있는데, 양자는 그 나름대로 의미가 있고, 문제에 따라서 그 중요성이 다르다. 경제헌법과 경제행정법을 포함하여 경제공법으로 다루어 볼 필요성은 경제분야에서는 경제에 관한 헌법규정의 중요성이 크기 때문이다. 경제에 관한 헌법조항이 적지 않고, 통상 규율법령이 추상적이고 유연한 경제규제분야에 있어서는 궁극적 법원으로서의 헌법이 특히 중요성을 갖기 때문이다. 반면에 오늘날 경제에 대한 규제는 행정권에 의한 경우가 대부분을 차지하고, 따라서 행정권에 의해 침해된 국민의 권리구제가 중요한 문제가 된다는 점을 고려하면 경제행정법의 독자적 연구의 필요성은 크다고 하지 않을 수 없다. 그리고, 헌법의 구체화법으로서의 행정법이 강조되는 상황하에서 행정법에서도 헌법이 중요한 법원이 되기 때문에 헌법상의 경제조항에 관한 연구는 경제행정법에 당연히 포함되어야 할 것이다.

## Ⅱ. 경제행정법의 대상

경제행정법은 경제에 대한 국가의 개입, 개입의 한계 및 그에 대한 법적 통제를 주된 연구대상으로 하는 법분야이다. 경제행정법은 넓은 의미에서는 경제에 관한 규제 전체를 포함하겠지만 엄격히 말하면 그 중에서 국민경제의 균형있는 발전을 도모할 목적으로 사경제를 규제하는 법과 공기업에 관한 법만이 경제공법 내지 경제행정법에 포함된다. 따라서 소비자보호, 부녀자보호, 아동의 보호를 위한 경제규제, 근로자보호를 위한 경제규제, 공공의 질서유지를 위한 영업의 허가제도, 국민복지를 위한 규제(예를 들면, 일정한 비율의 장애인 고용의무규정)는 그것이 공권력에 의한 경제의 규제라는 점에서는 넓은 의미의 경제공법에 포함되겠지만 엄격한 의미의 경제행정법에는 포함되지 않는다.

## Ⅲ. 경제법과의 관계

경제법으로부터 독립하여 경제공법 내지는 경제행정법이 성립될 수 있는가에 대하여 의문이 제기되는 경우가 있으므로 경제공법과 경제법의 구별을 논할 필요가 있다.

경제법(經濟法)의 개념에 관하여는 여러 견해가 대립하고 있다. 경제법은 국가가 영리활동을 제한하고 규제하기 위한 법체계이며, 곧 국가의 경제정책을 수행하기 위한 경제간섭의 법이라고 정의내리는 견해,[49] 정부가 국민경제상의 공공이익을 직접 실현하기 위하여 정책적으로 국민경제를 규제, 조정하는데 관한 법이라고 정의 내리는 견해가 있다.[50] 또는 국가의 개인과 기업의 경제활동에 대한 규제를 위한 법규범의 총체라고 정의하기도 한다.

아직도 학설은 경제법에 독자적인 법원리가 존재하는가에 대하여 견해의 일치를 보고 있지 못하다. 경제법에 독자적인 법원리를 인정하는 견해는 대체로 경제법령에는 공법과 사법이 융합되어 있어서 양자의 구별이 어렵다고 보고 있다. 공법과 사법의 구별은 개인과 국가를 대립관계로 보던 자유주의시대의 산물이며, 복지국가하에서 국가와 사회의 접근과 융합을 배경으로 하여 성립한 사회법의 일종으로서의 경제법은 공법과 사법과는 다른 독자적인 법분야라는 것이다. 이러한 견해에 의하면 경제법은 공법과 사법의 특별법, 공법과 사법이 융합된 독자적인 법으로 구성되어 있다고 본다.

그동안 우리나라에서 경제에 관한 법의 연구는 주로 경제법분야에서 행해졌고,

---

49) 황적인·권오승, 『경제법』, 1984, 24면. 경제법의 개념에 관하여 기능설에 입각하고 있다.
50) 김영추, 『경제법원리』, 형설출판사, 1982, 136면. 경제법의 개념에 관하여 대상설과 기능설을 혼합한 견해로 보인다.

경제법은 사법의 특별법으로 보았으며, 공법적 접근은 많지 않았다. 경제에 관한 법의 연구는 거의 사법학자에 의해 행하여졌다. 그러나, 오늘날의 국가가 복지국가라 하지만 국가에 대하여 개인의 자유와 권리의 보장이 요청되는 자유국가이기도 한 것이므로 경제분야에서도 자의적인 국가권력의 행사로부터 자유주의경제질서와 개인의 권리 특히 영업권과 재산권을 보호할 것이 요청되고 있다. 경제분야에서도 법치주의를 확립하고 경제의 민주화를 가져오기 위하여 경제공법 내지는 경제행정법이 독립된 법분야로서 연구될 필요성이 있다. 또한, 경제관련 법규 중에는 공법과 사법이 융합된 독자적인 성격의 것도 있지만 대부분은 공법적 성격의 것과 사법적 성격의 것으로 구분할 수 있다. 그렇다면 경제에 관한 공법적 규정을 연구대상으로 하는 경제공법을 하나의 독립된 법분야로 연구할 필요가 있다.[51)

경제법과 경제행정법은 사경제활동에 대한 국가의 규제에 관한 법을 연구의 대상으로 하는 점 및 그 성립배경은 같다. 그러나, 엄밀히 말하면 경제법과 경제공법의 연구대상과 연구목적은 다르다. 경제법은 경제에 대한 국가의 규제법을 사인 상호간의 사경제활동을 규율하는 법으로서 연구하는 반면에, 경제공법은 경제규제의 방식과 그 한계 및 통제를 주된 연구대상으로 하는 국가와 국민과의 관계를 다루는 법분야이다.[52) 즉, 경제법과 경제공법은 다 같이 경제규제법령을 연구대상으로 하지만, 경제법은 경제규제법하에서의 사인 상호간의 관계를 연구함에 대하여 경제공법은 경제규제주체인 국가와 그 객체인 국민간의 관계를 연구하는 법분야이다. 따라서, 경제법은 경제공법과 경제사법을 포함하지만 사인 상호간의 관계를 규율하는 점에서 사법에 보다 가깝다고 할 수 있다. 이에 반하여 경제공법은 국가와 국민의 관계를 규율하는 공법이다. 그리고, 경제공법은 기업의 경제활동을 규제하는 법뿐만 아니라 공기업법도 그 대상으로 한다.

---

51) 경제법을 경제공법과 경제사법으로 나누는 것이 반드시 경제법의 독자성을 부정하는 것은 아니다. 공법과 사법을 구별하는 대륙법체계에 있어서 경제관련 법규 중 공법적인 것과 사법적인 것을 구별할 수 있다는 것과 그러한 연구의 유용성을 의미하는 것이고, 사법적 성격의 규정과 공법적 성격의 규정이 아주 긴밀하고 복잡하게 혼합되어 있는 경우가 많다는 것과 경제법상의 독자적인 법원리가 존재할 수 있다는 것을 전적으로 부정하는 것은 아니다. 분명히 경제법의 분야에서는 다른 분야에서 보다도 공법과 사법의 구별이 뚜렷하지 못한 경우가 보다 많다. 그 이유는 행정권의 경제에의 개입방법에 있어서 사법상의 법기술을 사용하는 경우가 많다는 데 있다. 또한, 경제사법과 경제공법의 중요한 기본원칙이 대체로 동일하다는 점이 그 이유가 된다. 즉, 재산권의 보장, 영업활동의 자유, 평등의 원칙은 경제공법뿐만 아니라 경제사법의 기본원칙이 되고 있다. 또한, 우리나라의 경제법학자가 경제법을 정의내림에 있어 기초로 하고 있는 기능설에 의해 경제법을 정의내리는 경우에는 경제법과 경제행정법은 상호 밀접한 관계가 있다.
52) 경제법을 행정법의 한 분야인 경제행정법과 동일하게 보는 견해와 경제법과 행정법을 전적으로 구별하여 사법의 특별법으로서의 사회법으로 보면서 경제공법의 성립가능성을 부정하는 견해는 타당하지 않다.

## 제 3 항  경제행정법의 특수성

경제공법의 특수성은 조직법상의 특수성과 실체법상의 특수성으로 나누어 볼 수 있다. 경제관련 정부조직상의 특수성에 대하여는 생략하고 이하 경제공법의 실체법상의 특수성을 살펴보면 다음과 같다. 그리고, 경제공법의 특수성중 특히 경제 행정법의 특수성이 문제된다.

경제행정법은 일반행정법과 비교하여 어떠한 특수성을 갖고 있는가 그리고 그 특수성의 정도는 그 분야를 독자적인 행정법학분야로 할 만큼의 본질적인 것인가 하는 것이 문제된다.

경제행정법은 일반행정법과 비교하여 어떠한 특수성을 갖고 있는가. 개괄적으로 말하면 경제행정법은 다른 법분야에 비하여 보다 큰 유연성을 갖는다. 다른 법분야에 비하여 법적 규율이 신축적이다. 즉, 법령에 불확정개념이 많이 사용되고 있고, 행정권에 상당히 넓은 재량권이 주어진다. 그리고, 법률에서는 일반적인 원칙만을 정하고 구체적인 사항은 넓게 행정입법에 위임하는 경우가 많다. 따라서 경제분야에서는 행정입법이 상대적으로 중요성을 갖는다.

이와 같은 경제행정법의 특수성은 다음과 같은 사유에 기인한다. ① 경제행정법은 역사가 짧아 법적 개념의 정립 및 법적 구성에 어려움이 있고, 통제기술이 아직 충분히 발달되어 있지 못하다. ② 경제에 대한 예측이 어렵고 변화가 많다. 따라서, 관련 법규가 상대적으로 불명확하게 규정되어 행정권에 인정되는 판단의 자유의 범위가 상대적으로 넓다. 즉, 행정의 재량권이 확대된다. 그리고, 행정권의 개입은 보다 유동성이 큰 방법을 택한다. 예를 들면 법률보다는 개정이 쉬운 행정입법의 형식을 취한다든지, 철회권의 유보, 수정조항, 가격변경을 예정하는 경우가 적지 않다. ③ 자본주의하에서는 기본적으로 자유로운 경제활동이 보장되어야 하므로 정부의 개입이 최소화될 것이 요구된다. 그리하여 행정개입의 방법이 비권력적인 경우(예, 행정지도, 공법상계약)와 사법적 성격을 띠는 경우가 많다. 그리하여 경제행정법에서는 통상 다른 분야보다 행위형식이 다양하다.

이러한 경제행정의 특수성으로 인하여 법규 및 법이론의 적용에 있어서도 다음과 같은 특수성이 도출된다. 즉, 경제의 예측의 어려움으로 인하여 국가배상책임의 인정에 어려움이 있다. 평등의 원칙의 적용에 있어 사안의 특수성을 고려할 여지가 많다. 사인에게 특별한 이익을 주는 사기업에 대한 지원이 경제정책적인 성격을 갖는 경우에 공익으로 판단되는 등 공익의 개념이 넓게 인정될 수 있다.

그러면, 이러한 경제행정의 특수성은 이 분야를 독자적인 학문분야로 할 만큼의 본질적인 것인가. 위에서 살펴본 경제행정법의 특수성은 일반행정법의 체계 내에서의 특수성이고, 경제행정법을 독자적인 법분야로 하는 정도의 특수성은 아니라고 할 수 있다.

## 제 4 항  경제행정법의 법원

경제행정법의 법원(法源)은 일반행정법의 법원과 다르지 않다. 그러나, 각 법원이 차지하는 중요성은 다른 분야에 비하여 상당히 다르다고 할 수 있다.

## Ⅰ. 헌    법

헌법의 경제에 관한 규정은 경제행정법의 가장 기본적인 법원을 이룬다. 이들 경제에 관한 헌법규정의 체계를 경제헌법이라고 할 수 있다.

우리 헌법은 경제에 관하여 비교적 상세한 규정을 두고 있다. 1948년 제헌헌법 이래 경제에 관련된 조항을 함께 묶어서 규정하고 있다. 현행 헌법 제9장, 즉 제119조에서 제127조까지가 경제에 관한 규정이다. 이들 규정 중 헌법 제119조의 규정이 우리나라의 경제질서를 정하는 일반적 경제조항이라 할 수 있고, 제120조 이하 규정은 제119조에 대하여 특별경제조항이라 할 수 있다. 그리고 이들 규정 외에도 여러 헌법규정이 경제행정법의 법원이 될 수 있는데, 특히 제11조의 평등조항, 제15조의 직업선택자유조항, 제23조의 재산권보장조항, 제37조의 기본권제한에 관한 규정이 중요한 경제행정법의 법원이 된다.

경제활동의 특수성으로 인하여 법률 또는 명령에 의한 규율이 느슨한 경우가 많고, 헌법재판소에 의한 위헌통제기능이 강화됨에 따라 헌법은 경제행정법의 중요한 법원이 되고 있다.

## Ⅱ. 국제법규

경제의 국제화는 경제행정법에서 국제법규가 차지하는 비중을 증대시키고 있다. WTO체제하에서는 자유무역에 배치되는 국가의 활동이 금지되고 있고, 기업에 대한 원조와 자유경쟁을 제한하는 일정한 관행이 국제법상 제한되고 있다.

GATT(관세 및 무역에 관한 일반협정)나 WTO 협정은 국내법관계를 직접 규율하지는 않지만, 법률과 같은 효력을 가지며 국내법질서를 구성하므로 GATT나 WTO 협정에 반하는 명령이나 조례는 위법·무효이다(행정법론(상) 행정법상의 법원 참조).

## Ⅲ. 법  률

국회입법의 원칙상 법률은 행정법의 가장 중요한 법원이 되고 있다. 특히, 국민의 자유로운 경제활동에 대한 제한은 법률로 하여야 하고(헌법 제37조 제2항), 국가활동 중 중요한 사항은 법률에 근거가 있어야 한다.

경제에 관한 주요한 법률로는 독점규제 및 공정거래에 관한 법률, 행정규제기본법, 부정경쟁방지 및 영업비밀보호에 관한 법률, 기업활동 규제완화에 관한 특별조치법, 산업발전법, 물가안정에 관한 법률, 보조금의 예산 및 관리에 관한 법률, 대외무역법, 공공기관의 운영에 관한 법률, 금융위원회의 설치 등에 관한 법률 등이 있다.

## Ⅳ. 명  령

다른 분야에서와 같이 경제행정분야에서도 법률이 가장 중요하고 기본적인 법원이기는 하지만 경제행정법의 분야에서는 명령이 다른 분야에서 보다도 특별한 중요성을 갖는다. 경제생활의 특수성으로부터 경제법규정의 유연성이 요구되므로 명령에 위임되는 경우가 상대적으로 많다.

## Ⅴ. 판  례

경제에 관한 법규정이 유연하고 추상적인 경우가 많기 때문에 이들 법규정을 해석하는 판례의 중요성은 다른 어느 분야보다도 크다. 그러나, 그동안 경제행정분야에서의 행정권 행사에 소송을 통해 불복하는 경우가 적었기 때문에 경제행정법에 관한 판례는 많지 않다.

# 제 2 절  경제행정법의 기본원칙

헌법 제119조는 경제질서에 관한 기본조항이다. 대한민국의 경제질서는 개인과 기업의 경제상의 자유와 창의를 존중함을 기본으로 한다(제119조 제1항). 그러나, 국가는 균형 있는 국민경제의 성장 및 안정과 적정한 소득의 분배를 유지하고, 시장의 지

배와 경제력의 남용을 방지하며, 경제주체간의 조화를 통한 경제의 민주화를 위하여
경제에 관한 규제와 조정을 할 수 있다(제119조 제2항). 이와 같이 제1항은 자유시장경
제질서가 대한민국의 경제질서의 기본이 된다고 하고 있고, 제2항은 공공목적을 위
한 국가의 개입의 원칙을 규정하고 있다. 이 양 규정의 관계는 해석상 원칙(제1항)과
예외(제2항)의 관계라고 볼 수 있다. 역사적으로 볼 때 국가의 경제에 대한 개입은 자
유주의 경제체제 즉 시장경제의 폐해를 시정하기 위하여 나온 것이며, 사경제의 자
율성은 경제질서의 기본을 이루는 것으로 보아야 하기 때문이다.

    그리하여 국가의 개입은 자유경쟁의 원리를 보장하고 사경제주체의 국민경제
담당능력의 부족을 보충하는 견지에서 그리고 사회정의의 실현을 위하여서만 달리
말하면 사경제를 수정·보충하기 위하여 예외적으로만 개입할 수 있다. 국가의 개입
의 정도는 기본적으로 시장경제의 상황에 따라 좌우된다. 오늘날 우리나라에서 민간
경제규모의 증대 및 국민경제의 발전에 따라 경제에 대한 정부의 규제를 완화하여야
한다는 주장이 지배하는 것은 이러한 맥락에서 이해할 수 있다. 다만, 민간경제가 독
과점위주로 형성되어 있는 현재의 상황하에서 이러한 주장은 부분적으로 설득력을
잃는다. 따라서, 정부가 추진하고 있는 중소기업의 보호정책은 균형 있는 국민경제의
발전과 경제적 약자인 중소기업을 보호하여 대기업과의 자유로운 경쟁을 보장하기
위하여 필요한 것이며 합헌적인 정책이라고 할 수 있다.

    또한, 경제에 대한 정부의 개입이 필요한 경우에도 가능한 한 시장경제질서를
적게 제한하는 개입수단을 사용하여야 한다. 따라서 권력적이고 직접적인 개입보다
는 비권력적이고 간접적인 개입이 우선적으로 검토되어야 하고, 공법적 개입보다는
시장경제질서와 조화될 수 있는 사법적 개입이 우선적으로 검토되어야 한다.

# 제 1 항  경제활동자유의 원칙

    경제활동(經濟活動)의 자유(自由)는 헌법의 기본질서를 이룬다. 그런데, 경제활동
의 자유는 두 차원의 성질이 다른 것을 포함한다. 하나는 전체적으로 본 자유로운 시
장경제질서인데, 헌법 제119조 제1항은 우리나라의 경제질서가 자유시장경제질서를
원칙으로 한다고 선언하고 있다. 그리고 현행헌법은 사유재산제를 원칙으로 하고 있
다. 다른 하나는 각 개인의 경제활동의 자유로서 헌법 제15조에서 직업의 자유를 제
23조에서 재산권을 국민의 기본권으로 보장하고 있다.

    물론 이 양자는 상호 밀접한 관련을 가지고 있다. 영업의 자유와 재산권은 자유
경제질서의 본질적 요소이고, 자유경제질서의 보장 없이는 직업의 자유와 재산권의

보장이 있을 수 없는 것이다.

## Ⅰ. 자유시장경제질서의 원칙

헌법 제119조 제1항은 "대한민국의 경제질서는 개인과 기업의 경제상의 자유와 창의를 존중함을 기본으로 한다"라고 규정함으로써 우리나라의 경제질서가 자유로운 시장경제질서(市場經濟秩序)를 원칙으로 한다는 것을 선언하고 있다. 따라서 국민의 자유로운 경제활동은 보장되어야 한다.

따라서, 전면적인 국유화는 현행 헌법하에서는 절대로 인정되지 않는다. 산업별 국유화 또는 공유화는 헌법상 제한적으로 허용된다고 볼 수 있다. 현행헌법 제126조 는 "국방상 또는 국민경제상 긴절한 필요가 있는 경우를 제외하고는 사영기업을 국 유 또는 공유로 하거나 그 경영을 통제 또는 관리할 수 없다"고 규정하고 있다.

## Ⅱ. 직업의 자유

통설은 헌법 제15조의 직업선택의 자유는 자신이 종사할 직업을 결정할 자유와 결정(선택)한 직업을 수행(또는 영위)할 자유를 그 내용으로 하는 것이라고 보면서 영 업의 자유는 직업선택의 자유에 포함된다고 본다. 이에 반하여 일본의 통설은 영업 의 자유는 일본헌법 제29조의 재산권의 자유로부터 도출되는 재산권행사의 자유를 의미한다고 본다.53)

생각건대, 영업의 자유는 기본적으로는 직업의 자유의 한 내용을 이루면서도 재 산권행사의 자유로서의 측면도 갖는다고 보는 것이 타당하다.

### 1. 직업의 자유의 내용

직업의 자유는 자신이 종사하고자 하는 직업을 자유로이 선택할 수 있는 직업선 택의 자유, 선택한 직업을 영위할 수 있는 직업수행의 자유와 이미 영위하고 있는 직 업을 자유로이 포기 또는 이탈할 직업이탈의 자유를 포함한다. 그런데, 경제에 대한 국가의 개입과 관련하여 주로 문제로 되는 것은 영업의 자유이다. 직업의 자유의 하 나로서의 영업의 자유란 개업의 자유, 영업의 유지, 폐업의 자유를 말한다. 이외에 영업활동은 자본 내지 상품의 생산, 거래, 처분을 수반하는데, 이러한 활동도 영업의

---

53) 丹宗昭信, 經濟活動の自由と獨占禁止法, 今村成和敎授退官記念論文集(公法と經濟法の諸問題) 下, 160~161면.

자유에 포함된다고 본다.

직업선택의 자유에 자유로운 경쟁하에 직업을 수행할 자유가 포함되는지에 대하여 논란의 여지가 있으나 이를 긍정하는 것이 다수설이다. 이것이 부정되는 경우에도 헌법 제119조 제1항에 의하여 자유로운 경쟁은 헌법질서의 내용을 이룬다. 따라서 직업의 자유에 독점의 보장은 포함되지 않으며 오히려 직업의 자유가 독점의 제한 내지 배제의 근거가 된다고 보아야 한다.

자유로운 경쟁의 제한은 공권력에 의하여 행하여지는 경우와 독과점기업에 의하여 행하여지는 경우가 있다.

### (1) 공권력에 대한 자유로운 경쟁의 원칙

#### 1) 의의 및 내용

국가, 공공단체 등 국가권력은 자유로운 경쟁을 제한하는 행위를 할 수 없다.

이와 관련하여 공권력이 사적 영업활동을 행하는 것이 동일한 영업을 행하는 국민의 직업의 자유를 침해하는 것이 아닌가하는 것이 문제된다. 국가는 원칙적으로 순수하게 영리만을 목적으로 하는 경제활동을 수행할 수는 없다고 보아야 한다. 헌법 제119조도 개인과 기업의 자유와 창의를 존중함을 기본으로 한다고 규정하고 있다. 그러나, 후술하는 바와 같이 공공의 목적을 위하여 영업활동을 수행하는 것까지 금지되고 있는 것은 아니다. 다만, 이 경우에도 그 영업을 행하는 국가 또는 공공단체에게 특별한 이유 없이 평등한 경쟁을 침해하는 정도의 우월적 지위를 주거나 국가 또는 공공단체가 불합리하게 낮은 가격으로 매매하는 등 당해 국가나 공공단체가 평등한 경쟁을 침해하는 조치를 취하여서는 안 된다.

그리고, 국가나 공공단체는 특정한 사기업을 다른 사기업보다 우대하여서도 안된다.

결론적으로 말하면 영업의 자유의 내용을 이룬다고 보여지는 자유로운 경쟁의 원칙은 국가나 공공단체의 사적 경제활동에의 불개입의 원칙과 평등한 경쟁의 원칙을 포함한다고 할 수 있다.

#### 2) 한 계

이러한 자유로운 경쟁의 원칙에도 한계가 있다.

① 국가 또는 공공단체는 공공의 필요가 있는 경우에는 법률의 근거하에 사기업을 경영 또는 원조할 수 있다. 공공의 필요란 행정주체의 필요일 수도 있고, 공중의 필요일 수도 있다.

② 행정의 수행에 필요한 물건 및 서비스는 시장을 통하여 조달할 수도 있지만 이를 시장을 통하지 않고 행정주체 자신이 스스로 생산할 수 있다고 보아야 한다. 그

러나, 이러한 행정주체의 활동은 당해 생산단체를 위하여서만, 당해 생산단체의 내부에서만 가능한 것이지 독립된 법인격을 갖는 다른 단체에까지 재화를 공급하는 것은 허용되지 않는다고 보아야 한다.

③ 공중의 일상생활에 필요한 재화, 서비스, 시설을 공급하기 위하여 공권력에 의한 경제활동이 용인되는 경우가 있다. 그런데 이에는 두 가지 다른 유형이 있다. 하나는 공공필요의 성격상 재화, 서비스, 시설의 공급이 본래 행정의 일부를 이루는 경우로 어느 경우에든지 행정이 개입할 수 있는 경제활동이고, 다른 하나는 본래는 행정의 영역에 속하지 않으나, 일정한 상황하에서 즉, 사기업에 의한 공급이 불충분한 경우 등에만 행정이 개입할 수 있는 경우이다. 어느 재화, 서비스, 시설의 공급이 행정의 본래의 임무가 되고, 어느 것이 그렇지 않은지는 시대에 따라 정치, 경제사상이 변하고 행정의 관념이 변함에 따라서 변화하고 있다.

행정의 본래의 임무라고 볼 수 있는 예로는 교통분야에서의 자동차 파킹장의 설치 및 운영, 국가 또는 공공단체에 의한 주택공급, 극빈자를 위한 식당의 운영 등이 있다.

원칙적으로는 사기업에 속하는 영역이라도 공중의 중요한 재화, 서비스, 시설의 사기업에 의한 제공이 불충분한 경우에는 공공단체의 개입이 허용된다고 보는 것이 타당하다. 예를 들면, 시영공중목욕탕, 시영풀장, 시립병원 등을 들 수 있다. 공중의 중요한 재화, 서비스, 시설이란 국민의 생존에 필요한 것에 한하는 것은 아니고 그 시대의 관념에 따라 확대될 수 있다. 예를 들면, 문화시설, 휴식과 오락시설 등이 그 것이다.

④ 행정에 의한 공급이 이미 행하여지고 있는 경우에는 그 자체로서는 허용되지 않는 행정에 의한 어떤 재화, 서비스, 시설의 공급이 허용되는 경우가 있을 수 있다. 지금은 이미 사라진 과거의 어떤 상황하에서 행정에 의해 창설된 활동은 투자자본의 회수까지는 그 활동을 인정하여야 할 것이다. 또한, 적법하게 재화, 서비스, 시설을 공급하고 있던 행정은 그 본래의 업무와 관련된 경제활동을 부수적으로 할 수 있다고 보는 것이 타당하다. 예를 들면, 철도사업자는 여객을 위한 호텔을 건설, 운영할 수 있다고 보아야 한다. 그러나 이러한 행정에 의한 경제활동은 동종의 경제활동을 하는 사기업의 영업을 침해하는 것이어서는 안 된다.

사경제적 성격을 갖는 직업은 사경제주체에 맡겨져야 하고 국가는 이를 어떤 경우에도 경영할 수 없다는 견해가 있을 수도 있으나, 국가의 영업이 공공의 필요에 의한 것이고 사기업과 대등한 경영조건하에서 행하여지는 한 국민의 직업의 자유, 보다 엄격히 말하면 자유로운 경쟁의 원칙을 침해하는 것은 아니라고 보아야한다. 왜냐하면, 자유로운 경쟁의 원칙은 평등한 경쟁의 원칙을 의미한다고 보는 것이 타당하기 때문이다.

### (2) 독과점기업에 대한 자유로운 경쟁의 원칙

독점시장에 있어서는 독점기업 이외의 다른 기업의 영업의 자유는 실질적으로는 보장되지 못한다. 영업의 자유에 경쟁의 자유가 포함되는지에 관하여 견해가 대립하고 있고, 인정하는 경우에도 경쟁의 자유는 국가의 개입으로부터의 자유만인지 독점기업으로부터의 자유도 포함하는지에 대하여 논란의 여지가 있다.

영업의 자유를 근대국가에서의 국가에 대한 저항권으로서의 자유권으로 본다면 영업의 자유는 독점사기업으로부터의 자유를 포함하지 않을 것이다. 이에 반하여 영업의 자유를 독점자본주의 단계로 이양된 현대의 자본주의하에서의 실질적 개념으로 본다면 영업의 자유는 당연히 실질적 경쟁의 자유를 전제로 한다고 보는 것이 타당하다. 근대에 있어서의 자유로운 시장질서의 확보는 국가권력의 개입을 최소화함으로써 달성되었지만 현대에 있어서는 이것뿐만 아니라 독점기업이 자유로운 시장경제 질서를 제약하는 주된 요인이 되고 있다. 독점시장에 있어서는 독점기업 이외의 다른 기업의 영업의 자유는 실질적으로는 보장될 수가 없다. 따라서, 오늘날 직업의 자유의 한 내용을 이루는 경쟁의 자유는 독과점으로부터의 자유도 포함하는 것으로 해석하는 것이 타당하고, 따라서 독과점의 규제는 직업의 자유에 포함된다고 보아야 한다.

### 2. 직업의 자유의 제한과 그 한계

직업의 자유는 국가안전보장, 질서유지, 공공복리를 위하여 필요한 경우에 법률로써 제한할 수 있다(헌법 제37조). 이러한 영업의 자유에 대한 제한은 사회 공공의 안전과 질서유지의 견지에서 행하여지는 소극적 제한과 국가의 재정정책, 경제정책, 또는 공공복리의 증진의 관점에서 행하는 적극적, 정책적 제한이 가능함은 후술하는 바와 같다.

직업의 자유를 제한하는 방법에는 여러 가지가 있다. 그런데, 이러한 방법은 직업의 자유를 가장 적게 제한하는 방법으로부터 가장 엄격하게 제한하는 방법까지 여러 방법이 있다. 즉, 신고제도, 등록제도, 사전허가제도, 금지제도, 독점제도 등이 그것이다.

국가안전보장, 질서유지, 공공복리를 위하여 법률로써 직업의 자유를 제한하는 경우에도 그에는 일정한 한계가 있다. 즉, 직업의 자유의 본질적 내용을 침해하는 것이어서는 안 되며 헌법상의 원칙인 비례의 원칙, 평등원칙에 위반하여서는 안 된다.

헌법재판소는 구 변호사법의 개업지제한규정은 직업선택의 자유 및 비례의 원칙에 위반되는 것으로 보았고(헌재 1989. 11. 20, 89헌가102), 당구장영업자로 하여금 당구장 출입문에 18세 미만자에 대한 출입금지 표시를 하게 하는 규정은 당구장 경영자의 직업종사(직업수행)의 자유(自由)가 제한되어 헌법상 보장되고 있는 직업선택의 자유가 침해된다고 보았으나(헌재 1993. 05. 13, 92헌마80), 청소년보호를 위한 담배자판기설치의 제한(헌재 1995. 04. 20, 92헌마264), 영화법 제26조의 국산영화의무상영제(헌재 1995. 07. 21, 94헌마125), 직업안정 및 고용촉진에 관한 법률 제10조 제1항에서 노동부장관의 허가를 받아야만 유료직업소개사업을 할 수 있도록 제한하는 것(헌재 1996. 10. 31, 93헌바14), 학교보건법 소정의 학교환경위생정화구역 안에서 노래연습장의 시설·영업을 금지하는 것(헌재 1999. 07. 22, 98헌마480)은 직업의 자유를 제한하기는 하나 직업선택의 자유를 침해하는 정도의 것은 아니라고 보았다.

## Ⅲ. 재산권의 보장

재산은 영업활동의 결과이면서 영업의 물적 기초가 되는 것이므로 재산권의 보장은 영업의 자유와 밀접한 관련을 가지고 있다. 그리하여 자유주의, 자본주의 국가에서는 개인의 재산권과 사유재산제도가 보장되고 있다. 반면에 자본주의의 발달에 따른 부의 편재, 계급간의 갈등은 자본주의 자체를 위협하게 되어 자본주의체제를 수호하기 위하여서도 공공복리의 견지에서 재산권에 대한 제약을 용인하지 않으면 안 되게 되었다. 그리하여 오늘날의 자유주의국가는 재산권과 사유재산제도를 보장하면서도 공공의 이익을 위한 재산권의 제약을 인정하고 있다. 우리나라 헌법도 제23조 제1항에서 재산권과 사유재산제도를 보장함과 아울러 제2항에서 재산권에 내재하는 사회적 제약으로서 재산권행사의 공공복리성을 규정하고 있고, 제3항은 공공의 필요에 의한 재산권의 수용, 사용, 제한을 규정하고 있다. 오늘날에는 근대국가에서와 같은 재산권의 절대성은 인정될 수 없으며, 오늘날에 있어서의 재산권은 이와 같이 사회적·상대적 성격을 갖는다.

### 1. 재산권보장의 내용

헌법 제23조에 의해 보장되는 재산권은 구체적인 재산권의 보장과 아울러 법제도로서의 사유재산제도를 포함한다고 보는 것이 다수설이다.

개인의 자유권으로서의 재산권은 개개인이 재산을 소유하고 상속하게 할 뿐만 아니라 그것을 사용, 수익, 처분할 수 있는 자유를 의미한다. 그런데, 이러한 재산권의 사용, 수익, 처분의 보장은 오늘날 재산권이 부동산인 경우에는 특히 강한 제약을 받는다. 재산권의 사용의 경우에 있어서 건축 또는 개발이 제한되고, 오늘날에는 개발하지 않는 자유까지도 제약을 받고 있다. 재산권의 한 요소인 수익권에 있어서는 재산수입에 각종 세금이 부과되고, 임대료의 인상이 제한되고, 상품가격이 제한되는 경우가 있다. 그리고, 소유권자의 처분권은 헌법 제23조 제3항의 수용뿐만 아니라, 국유화, 거래허가제 및 각종의 선매제도에 의해 제약을 받는다.

그리고, 현행 헌법에 있어서 사유재산제가 보장하는 것은 생존에 필요한 물적 수단의 보장에 그치지 않고 생산수단의 사유를 포함한다고 보는 것이 타당하다. 이는 생산수단의 사유는 자본주의 경제체제의 본질을 이루는 것이기 때문이다. 또한, 직업의 자유를 보장하는 헌법 제15조, 경제활동의 자유의 원칙을 선언한 제119조 제1항, 사영기업의 국·공유화를 원칙적으로 제한하는 헌법 제126조에서 그 실정법적 근거를 찾을 수 있다. 사유재산제도의 구체적 내용은 법률에 의해 구성되겠지만. 사유재산제를 전면적으로 부인하는 등 사유재산제의 기본만은 부인할 수 없다. 헌법 제126조는 사영기업의 국공유화와 그 경영의 통제 또는 관리를 예외적으로만 인정하고 있다. 헌법 제126조에 의해 사영기업을 국공유화하는 경우에는 헌법 제23조 제3항의 정당한 보상을 하여야 한다.

## 2. 재산권의 제한

재산권은 다른 기본권과 마찬가지로, 헌법 제37조 제2항에 의해 국가안전보장, 질서유지, 공공복리를 위하여 제한될 수 있다. 또한, 헌법 제23조 제3항에 의해 공공필요가 있는 경우에는 재산권에 대한 수용, 사용, 제한이 가능하다.

헌법 제23조 제3항은 공공필요에 의한 재산권의 수용, 사용, 제한의 경우에 정당한 보상을 지급하여야 함을 규정하고 있다. 그러나, 이 경우 이외에도 일반적으로 공익목적을 달성하기 위하여 적법하게 국민에게 손실(재산상 손실을 포함)을 끼친 경우에는 손실보상을 하여 주는 것이 헌법상의 재산권보장, 기본권보장, 평등의 원칙에 비추어 타당하다. 또한, 헌법 제23조 제3항의 공공필요에 의한 수용·사용·제한 중에서 사용·제한의 경우에 그로 인하여 재산권자가 받은 손해가 특별한 손해가 아니고, 사회적으로 내재하는 사회적 제약에 불과한 경우에는 헌법 제23조 제2항에 의해 손실보상은 필요하지 않다.

# 제2항 공공목적을 위한 정부의 개입(규제와 조정)의 원칙

## I. 경제개입에 관한 헌법조항

### 1. 헌법상 경제조항의 상호관계

헌법 제119조 제2항은 경제에 대한 정부의 개입(介入), 즉 규제와 조정을 규정하고 있는 일반조항이다. 동조항은 정부개입의 정당화사유를 균형있는 국민경제의 성장 및 안정, 적정한 소득의 분배유지, 시장의 지배와 경제력의 남용의 방지, 경제주체간의 조화를 통한 경제의 민주화로 열거하고 있는데, 이는 예시적인 것으로 보는 것이 타당하다. 즉, 국가는 일반적으로 공공목적(공익)을 위하여 경제에 개입할 수 있다고 보아야 한다. 그리고 헌법 제120조 이하의 경제조항은 헌법 제119조를 구체화하는 의미에서의 제119조에 대한 특별조항의 성격을 갖는다고 보는 것이 타당하다.54)

그러면, 헌법 제119조 이하의 경제조항과 헌법상의 기본권조항 특히 경제적 기본권조항과 기본권의 제한과 한계를 규정하는 헌법 제37조와는 어떠한 관계에 있다고 보아야 할 것인가.

결론적으로 말하면 양자는 서로 다른 목적을 갖는 것으로 전혀 모순되는 바가 없다고 할 수 있다. 이렇게 보는 것이 헌법의 통일적 해석의 측면에서도 타당하다. 헌법 제119조 이하는 우리나라의 경제질서를 규정하고 있고, 헌법상의 경제적 기본권에 관한 규정은 이러한 경제질서하에서의 국민의 기본권을 규정하고 있는 것이다. 즉, 양자는 동일한 내용을 다른 측면에서 규정하고 있는 것이라고 보아 조화롭게 해석하여야 한다. 헌법 제37조 제2항은 기본권 제한에 대한 일반적 법률유보조항으로 보아 모든 기본권의 제한은 헌법 제37조 제2항의 구속을 받는 것으로 보아야 할 것이다.

이에 반하여 헌법 제119조 제2항 이하의 경제규제에 관한 조항은 균형 있는 국민경제의 발전 등을 위하여 국가가 사경제에 개입할 수 있는 일반적이고 개별적인 한계를 정하는 헌법적 결단을 표현하는 것에 불과하다. 이 경제조항은 국가권력의 경제개입을 허용하면서 다른 한편으로는 입법권을 포함하여 국가권력의 경제에의 개입의 한계를 규정하는 한에서는 법적 구속력을 갖는다. 그러나, 이 경제조항이 헌법 제37조 제2항의 적용을 배제했다거나, 이 경제조항이 행정권의 경제개입의 직접적 근거조항이 된다고 보는 것은 타당하지 않다. 경제분야도 법치주의의 원칙의 적용이

---

54) 김영추, 전게서, 43면.

보장되어야 하는 것은 당연하다. 행정권의 경제개입의 일반적 권한 및 개입의 일반적 한계는 이들 경제조항에 의해 정하여 지는 것이고, 구체적인 행정권의 개입은 법률유보의 원칙의 적용을 별도로 받는다고 보아야 한다.

이에 대하여 헌법 제120조의 천연자원의 사회화나 헌법 제126조의 사기업의 국·공유화는 기본권의 본질적 내용을 침해하는 규정이라고 보고 따라서 헌법 제37조 제2항의 적용범위에 들어가지 않는다고 보는 견해가 있다.55) 이러한 견해는 자유주의에 근거한 영업의 자유와 재산권의 보장은 오늘날에는 절대적 권리가 아니라 공공복리를 위하여 제한되는 상대적 권리라는 것을 간과하고 있다. 바로 헌법 제120조에 근거한 천연자원에 관한 특허제는 공공의 필요에 의한 영업의 자유의 제한이고, 헌법 제126조의 사기업의 국·공유화는 공공의 필요에 의한 재산권의 수용을 수반하고, 따라서 그에 대한 보상이 행하여져야 하는 것이므로(헌법 제23조 제3항) 재산권의 본질적 내용을 침해하는 것이 아니다. 또한 상기의 견해는 자유주의 국가에서도 공공필요를 위하여 예외적으로 국가적 독점이 인정될 수 있다는 것을 간과한 견해이다.

헌법 제119조 제2항의 국가권력의 경제개입의 목적 내지 근거, 특히 그 중의 '균형 있는 국민경제의 성장과 안정'이라는 개념과 헌법 제37조의 제2항의 공공복리 개념과의 관계가 문제된다. 공공복리의 개념에는 견해의 대립이 있지만, 헌법 제37조 제2항의 공공복리의 개념은 개인을 초월한 국가적 이익을 의미하는 것이 아니고, 공동체의 다른 구성원의 권리의 존중과 복지국가의 실현을 위하여 요청되는 국민공동의 행복과 이익이라고 보는 것이 타당하다. 문제는 균형 있는 국민경제의 성장과 안정이 공공복리의 개념에 포함되느냐 하는 것이다. 오늘날 일반적으로 경제문제는 국민의 복지와 밀접한 관련이 있다. 따라서 국민경제의 성장과 안정이 국민의 복리와 무관하지 않다고 할 수 있다. 그러나, 역으로 국민경제의 성장과 안정이 모든 경우에 헌법 제37조 제2항의 공공복리의 개념에 포함된다고 보는 것은 타당하지 않다. 국민경제의 발전 그 자체가 국민의 공공복리가 되는 것은 아니며, 국민 공동의 행복과 이익에 직접 영향을 미칠 때에만 공공복리가 되는 것이다. 예를 들면, 경제 공황과 같이 경제질서의 안정이 심히 파괴된 경우에는 경제의 안정은 국민의 공공복리의 증진이 될 수 있다. 그러나, 평상시에 있어서 어려운 특정 기업의 원조는 국가경제상의 이익은 될 수 있어도 이 경우에 자동적으로 국민의 공공복리의 증진이 되는 것은 아니므로 기본권 제한사유가 될 수 없다. 이러한 해석은 다음과 같은 점에 비추어도 타당하다. 헌법 제37조 제2항과 헌법상 경제조항은 규정목적이 다르다. 헌법 제37조 제2항은 기본적으로 국가공동체 구성원 상호간의 권리의 조정

---

55) 김형성, "헌법상의 경제질서와 경제간섭의 한계," 한국공법학회 제28회 학술발표회, 10면.

을 위하여 두어진 반면에 헌법상 경제조항은 국민경제의 발전을 위한 바람직한 경제질서의 형성을 목적으로 하고 있다. 헌법 제37조 제2항의 공공복리는 기본권제한의 근거가 되는 것이므로 엄격히 해석되어야 할 것인 반면에, 경제분야에서의 국가의 규제 내지 개입은 기본권의 제한을 수반하는 경우도 있지만, 국민의 기본권과는 직접적 관계가 없는 경우와 국민에게 이익을 부여하는 경우도 있다.

헌법 제119조 이하의 경제조항을 행정부에게 규제·조정의 권한을 부여하는 헌법적 수권규정으로 보고 따라서 국회입법에 의한 기본권침해가 이루어지는 경우와는 달리 법률적 근거없이 행정부의 경제에 대한 직접적 통제가 가능하다고 볼 수도 있다는 견해가 있다.56) 그러나, 헌법상의 경제조항은 대부분 극히 일반적이고 추상적인 규정이므로 행정부의 경제개입의 직접적인 근거조항이라고 보는 것은 무리이고, 행정권의 경제개입에는 행정법의 일반이론에 따라야 법률유보의 원칙의 적용을 받는다고 보아야 한다. 그리고, 국민의 기본권을 제한하는 경우에는 헌법 제37조 제2항에도 기속된다. 일반적으로 국민의 권리를 침해하거나 권력적인 행정은 법률의 근거가 있어야 한다. 다만, 국민의 권리를 직접적으로 침해하지 않는 비권력적인 행정지도나 보호 또는 육성조치의 경우에는 행정법의 일반이론인 법률유보의 원칙에 의해 그 법적 근거 여부를 결정하여야 할 것이다. 그리고, 공공목적을 위한 국가의 개입은 경제조항이외의 다른 헌법(기본권 관련 조항 등), 법의 일반원칙(비례원칙, 평등원칙 등) 등의 법질서를 위반해서는 안 된다.

## 2. 헌법상 경제조항의 법적 성격

헌법상 경제조항이 어떠한 법적 성격을 갖는가 하는 것이 문제되는데, 헌법도 원칙적으로 법규범이므로 경제조항은 원칙적으로 법원칙이기는 하지만 규정내용이 일반적이고 추상적이므로 이것이 국가의 규제·조정이나 국민의 개입청구의 직접적인 근거규정은 될 수 없는 추상적 법규범이라고 보는 것이 타당할 것이다. 다만 이 헌법의 경제조항에 위반하는 법률이나 행정적 조치는 헌법 위반이 된다.

## Ⅱ. 개입의 목적

국가의 경제개입에 있어서 중요한 법적 문제는 국가가 경제에 관한 규제와 조정을 할 수 있는 사유는 무엇인가하는 것이다. 헌법 제119조 및 그 이하 경제조항에서 그 사유가 규정되고 있다. 즉, 균형 있는 국민경제의 성장과 안정, 적정한 소득

---

56) 김형성, 전게논문, 11면.

의 분배, 시장의 지배와 경제력의 남용을 방지, 경제주체간의 조화를 통한 경제의 민주화(이상 제119조 제2항), 국토와 자원의 균형 있는 개발과 이용(제120조), 경자유전의 원칙의 달성, 농업 및 어업의 보호 육성, 중소기업의 보호 육성, 소비자보호, 대외무역의 육성, 과학기술의 발전 등이다. 이는 예시적 열거라고 보아야 할 것이고 일반적으로 공공의 목적(공익)을 위한 국가의 규제와 조정이 가능하다고 할 수 있다. 어떠한 사유가 공공의 목적에 해당하는가는 우리나라의 헌법상의 경제질서가 어떠한 경제질서를 의미하는가 및 우리나라의 정치적 경제적 상황, 다른 헌법규정과의 조화적 해석에 따라 결정될 것이다.

## 1. 우리나라의 경제질서

우리나라의 경제질서가 무엇인가에 대하여는 사회적 시장경제질서라고 보는 것이 다수의 견해이며 헌법재판소의 입장[57]인데, 사회적 시장경제질서라는 개념 자체가 불명확한 개념이다. 최소한 완전한 자유방임주의나 시장경제를 전적으로 부인하는 사회주의경제질서는 아니라는 점, 시장경제질서를 기본원칙으로 하면서 공공의 목적을 위하여 국가가 경제에 개입할 수 있다는 것만은 분명하다. 그러나, 그 이상의 경제질서의 특정은 헌법규정상 그렇게 명확한 것은 아니다.

생각건대, 현행 헌법은 어떠한 특정의 경제질서를 배타적으로 규정하고 있는 것은 아니며 헌법상 규정된 경제질서는 개방적인 성격을 갖는다고 보는 것이 타당하다. 국가 개입의 정도는 헌법의 테두리 안에서 입법권자와 정부의 정책적 판단에 맡겨져 있다고 보아야 할 것이다. 효율성이 중시되고 변화하는 경제상황에 신속하고 적절하게 대응하여야 하는 경제문제의 특수성에 비추어도 이러한 견해가 타당하다고 할 수 있다. 종래에는 정치질서와 경제질서를 일치시켜 자유주의국가는 시장경제질서이고, 사회주의경제는 계획경제라는 도식을 수립하는 주장도 있었다. 물론, 양자가 전혀 관련이 없는 것은 아니지만 동전의 앞뒷면과 같은 일치는 없는 것이다. 자유주의국가에서도 정부가 경제계획을 세우고 공공목적상 필요한 경우에는 경제에 개입하는 것이 보편화되고 있으며, 사회주의국가에서도 시장경제를 부분적으로 도입하고 있는 것이다. 이러한 점들에 비추어 볼 때 경제질서에 관한 헌법상의 규정들은 일정한 한계를 정하면서도 국가의 경제에 대한 개입의 정도 내지는 경제질서에 대하여서는 어느 정도 개방적 입장을 취하고 있다고 보아야 할 것이다.[58] 헌법 제126조에서

---

57) 우리 헌법의 경제질서는 사유재산제를 바탕으로 하고 자유경쟁을 존중하는 자유시장 경제질서를 기본으로 하면서도 이에 수반되는 갖가지 모순을 제거하고 사회복지·사회정의를 실현하기 위하여 국가적 규제와 조정을 용인하는 사회적 시장경제질서로서의 성격을 띠고 있다(헌재 2001. 06. 28, 2001헌마132).

예외적으로 국민경제상 긴절한 필요가 있는 경우 국유화를 규정하고 있는 것은 이를
반증한다. 그러나, 이 규정이 사회주의경제체제로의 이행의 가능성을 규정하고 있다
라고 해석하는 것은 잘못이다. 헌법 제126조에 의한 산업의 국유화는 전산업의 국유
화는 아니며 그에 대한 보상을 행하여야 하는 한계가 있는 것이다. 따라서 경제질서
를 논할 때에는 헌법의 규정만이 아닌 국회의 정책적 법률과 정부의 경제계획 등을
또한 고려하여야 할 것이다.

## 2. 개입의 사유와 범위

경제에 대한 정부의 개입은 크게 보아 국민의 생명과 안전 등 국민의 기본권을
보호하기 위한 것과 시장의 실패를 보완하여 시장의 기능을 회복·유지하기 위한 것,
산업구조의 조정 등 경제의 발전을 위한 지도적 적극적 개입으로 구분할 수 있다. 앞
의 두 개입을 소극적 개입, 후자를 적극적 개입이라 할 수 있다.

시장의 기능을 회복·유지하기 위한 개입은 자유주의경제원칙에 합치하는 것으
로서 현행 헌법상 허용된다는 데 이론의 여지가 없다. 이 개입은 구체적으로는 독점
규제와 증권규제의 발전, 지적소유권과 같은 새로운 재산권의 창설로 나타난다. 국민
의 기본권을 보호하기 위한 개입도 기본권 상호간의 조절의 차원에서 통상 시장의
원칙을 침해하지 않는 한도 내에서 이루어지므로 이 또한 현행 헌법상 허용된다고
보아야 한다. 예를 들면, 장애자를 일정한 비율로 채용하도록 의무지우는 법규정을
두는 것이 이에 해당한다.

그런데, 문제는 현행 헌법상의 경제질서하에서 산업구조의 조정 등 경제질서를
적극적으로 형성해 가는 정부의 적극적 개입이 허용될 수 있는가하는 것이다. 왜냐하
면 국가의 경제에 대한 지도적·적극적 개입은 자유주의경제질서에는 배치되는 것이
기 때문이다. 학설 중에는 신자유주의이론을 지지하면서 국가의 개입은 시장의 실패
를 수정하는 소극적 개입만 허용된다는 견해가 있다.[59] 그러나, 이는 경제학상의 이론
으로는 그 나름대로 타당성이 있지만, 실정헌법상의 국가개입의 한계이론이 될 수는
없는 것이다. 앞에서 보았듯이 헌법은 특정한 경제질서를 규정하고 있는 것은 아니며
경제질서에 관하여 일정한 한계 내에서 개방적 입장을 취하고 있다. 따라서 정치적 결

---

58) 김성수, "남북한 통일헌법의 경제질서문제," 한국공법학회 제29회 학술발표회, 56면. 이에 반하
여 특정 경제질서를 도출하려는 견해로서, 김형성, 전게논문, 5~9면. 헌법상 경제질서를 사회적 시
장경제질서에서 계획적 경제로 보다 나아간 혼합경제체제로 보고 있다. 이와 반대로 정순훈 교수
는 헌법상 경제질서를 사회적 시장경제질서에서 자유주의경제질서로 보다 나아간 신자유주의경제
질서로 보고 있다("신자유주의와 경제헌법," 한국공법학회 제28회 월례발표회, 12면).
59) 정순훈, 상게논문.

단에 의해 자유주의시장경제질서의 원칙을 근본적으로 부정하지 않는 한도 내에서 어느 정도의 지도적·적극적 개입은 허용된다고 보아야 한다. 국가의 지도적·적극적 개입은 구체적으로는 경제계획, 국영기업의 경영, 산업구조의 조정, 국가에 의한 수입물량의 결정 등으로 나타난다. 현행 헌법 제119조 이하의 규정도 국가의 지도적·적극적 개입을 제한적으로 허용하고 있다. 다만, 국가의 지도적·적극적 개입은 오늘날 국내외적으로 비판을 받고 있다. 후진경제를 국가주도하에 발전시킨다는 필요성에 의해 등장된 국가의 경제에 대한 적극적 개입은 우리 나라의 경제가 발전되고 사기업이 성장함에 따라 그 설 땅을 잃어가고 있다. 또한, 공산주의 계획경제의 실패 등에서 보았듯이 국가 개입의 비효율성과 시장경제의 우월성이 입증되고 있다. 정부에서 경제에 대한 규제를 완화하려는 것도 근본적으로는 이러한 상황 변화에 기인한다. 국제적으로 보더라도 세계의 자유무역화의 진전에 따라 자유주의 시장경제질서에 반하는 국가의 경제에 대한 지도적·적극적 개입은 불가능하게 되어가고 있다.

## Ⅲ. 국가권력의 개입의 한계

공공의 목적을 위한 규제와 조정에 한계가 없는 것은 아니다. 기본권 규정, 경제질서규정을 위시한 헌법규정을 위반하여서는 안 되고, 비례원칙, 평등원칙 등 법의 일반원칙을 위반하지도 않아야 한다. 다만, 비례원칙, 평등원칙의 적용에 있어서는 경제의 특수성에 비추어 헌법재판소 또는 법원에 의한 통제가 어려운 경우가 많을 것이다. 전문적·정책적 판단을 수반하는 문제에 대하여 헌법재판소와 법원은 입법재량 또는 행정부의 판단여지를 인정하는 등 소극적 태도를 취하는 경향이 있다. 즉, 예를 들면, 비례의 원칙의 적용에 있어서의 규제의 필요성, 목적달성에의 적합성의 판단이나 특정산업 또는 기업에 대한 자금지원이 평등원칙에 위배되는 것이 아닌가의 판단의 경우에 있어서 이러한 경향을 볼 수 있다. 그렇지만, 국회 또는 정부의 판단이 명백히 잘못된 경우에는 국회 또는 행정권의 개입의 위헌 또는 위법을 인정하도록 하여야 한다.

자유경제질서의 원칙에 비추어 경제에의 법과 공권력의 개입은 다른 분야보다도 최소화 되어야 한다. 모든 분야에 있어서 사인의 자율성은 존중되고 법의 개입은 최소화되어야 한다는 것이 법의 일반이론이다. 그런데, 경제분야에서는 경제는 원칙적으로 시장경제질서에 맡겨야 하고 경제에 대한 국가의 개입은 필요한 최소한도에 그쳐야 한다는 요청이 특히 강하다. 경제는 본래 사인간의 자유로운 거래에 의해 움직여 온 것으로서 사경제의 자율성은 다른 어느 분야보다도 강하게 보장되어야 한다.

# 제 3 절  경제행정분야에서의 법적 행위형식

## 제 1 항  개입의 유형

### Ⅰ. 소극적 개입과 적극적 개입

소극적 개입(消極的 介入)이란 독점규제와 중소기업의 보호를 통하여 자유로운 경쟁질서를 확보하고자 하는 개입이고, 적극적 개입(積極的 介入)은 균형있고 건전한 경제발전을 위하여 국가가 적극적으로 개입하여 경제질서를 조성·육성하는 것을 말한다.

현행헌법상 국가의 경제에 대한 적극적 개입이 가능한가하는 것이 문제된다. 전술한 바와 같이 우리의 헌법질서하에서는 국가의 경제에 대한 적극적 개입도 가능하다고 해석된다. 그러나, 이에는 시장질서를 기본으로 하여야 한다는 한계가 있다(제119조 제1항). 법적인 가능성의 문제와는 별도로 국가의 경제에 대한 적극적 개입의 효율성과 관련하여 경제학자들간에 논쟁이 있다. 일반적으로 사경제가 크게 성장하지 못한 후진국에서는 정부주도의 경제발전이 어느 정도 불가피하다는 견해가 주장될 수 있으나, 오늘날 선진국에서는 국가의 경제에 대한 적극적 개입을 비판적으로 보는 견해가 강하다.

### Ⅱ. 법적 근거를 요하는 행정권의 개입과 행정권의 자유로운 개입

행정권의 경제에 대한 개입이 어떠한 경우에 법률의 근거가 있어야 하는가는 법률유보에 관한 행정법의 일반이론에 의해 결정될 것이다. 일반적으로 권력적 개입은 반드시 법적 근거가 있어야 하고, 법적 규율도 엄격하여야 한다. 비권력적 개입의 경우에는 상황에 즉응한 행정권의 효율적인 개입의 요청에 비추어 볼 때 비권력적인 개입의 모든 경우에 반드시 법적 근거를 요한다고 볼 수는 없다. 행정지도의 형식으로 행하여지는 행정권의 개입에는 법률에 근거가 없어도 가능하다고 보는 것이 일반적인 학설의 태도이다. 그러나, 민주주의 및 법치행정의 원칙에 비추어 볼 때 가능한 한 비권력적 행정의 경우에도 법적 규율을 가할 것이 요구된다.

## Ⅲ. 권력적 개입과 비권력적 개입

우리의 헌법상 경제질서는 자유로운 시장경제질서를 기본으로 하므로 국가의 권력적인 일방적 개입보다는 사경제주체와의 협의하에 행하여지는 비권력적인 개입이 보다 바람직하다. 그리고, 행정의 실제에 있어서는 개입이 권력적으로 행하여지는 경우에도 사전에 행정지도 또는 협의를 통하여 도출된 결론을 옮겨 놓는 경우도 있다. 그러나, 비권력적인 개입에는 법적 규율이 미비하므로 자의적인 행정이 행하여질 수 있는 문제가 있다.

## Ⅳ. 공법적 개입과 사법적 개입

공익목적을 위한 행정권의 개입은 공법적 개입에 의하는 것이 원칙이다. 그러나, 이 경우에도 사법상계약 등 사법상의 행위형식을 사용하는 것이 공익목적의 달성에 지장이 되지 않는 경우에는 사법상의 행위형식이 선호될 경우도 있다. 최근에는 공법적 규율의 부담을 벗어나 효율적인 행정을 위하여 사법적 행위형식을 사용하는 경향에 있다. 이는 사경제를 규율하는 사법질서를 존중함으로써 이를 통하여 사경제의 자율성을 보장한다는 의미도 갖는다. 그러나, 공익목적을 실현하기 위하여 사법적 행위형식을 사용하는 경우에는 그 목적은 공공이익의 실현이라는 공법적 목적을 갖기 때문에 그 한도 내에서 일정한 공법적 규율을 받는다고 보아야 한다. 이것이 이른바 행정사법이론이다.

## Ⅴ. 직접적 개입과 간접적 개입

직접적 개입이란 국가가 경제주체가 되어 직접 공기업을 경영하는 것을 말하고, 간접적 개입이란 국가가 경제주체로서 개입하는 것이 아니라 사경제의 활동에 대하여 규제와 조정을 하는 것을 지칭한다. 그런데, 사회공공의 이익을 위하여 국가 또는 지방자치단체가 경영하는 공기업의 범위는 국가마다 상이하다.

# 제 2 항 개입의 행위형식

정부가 경제에 개입하는 법적 수단은 일반행정분야에서의 그것과 법적 성격이 다르지 않고 경제행정분야에서만 특별히 사용되는 행위형식도 없다. 다만, 이들 행위

형식 중에서 아래의 행위형식들은 다른 분야에서 보다도 경제행정분야에서 많이 사용되고 그의 기능과 성격상 일정한 특수성을 보이고 있다.

## Ⅰ. 정책 또는 계획

경제정책 및 경제계획이 직접적으로 법적 구속력을 갖는 경우는 거의 없다. 이들은 장래 경제가 나아가야 할 방향을 제시하는 것을 주된 기능으로 한다. 그런데, 경제정책 및 경제계획은 실질적으로는 사경제주체에게 중대한 영향을 미친다. 행정권은 사경제가 이들 경제정책 및 경제계획에 합치하는 방향으로 행정지도를 할 것이다. 그리고, 법상 경제정책 및 경제계획에의 합치성을 행정행위(특히 허가 또는 특허)의 요건으로 하는 경우에는 행정행위를 통하여 구속력을 갖게 된다.

## Ⅱ. 행정행위

경제행정분야에서의 행정행위의 개념은 일반행정분야에서의 그것과 본질적으로 다른 것은 아니다. 다만, 행정행위의 요건 중 경제상황에 대한 전문적·기술적 판단이나 그에 대한 장래의 예측을 포함하는 경우가 많고 이 경우에는 행정권에게 재량권이 부여되는 경우가 많다는 것이 특색을 이룬다고 할 수 있다. 이는 폐해의 소극적 제거를 목적으로 하는 경찰규제적 행정행위보다는 일정한 경제질서의 적극적 형성을 행하는 형성적 행정행위에 있어서 더욱 그러하다.

### 1. 특허기업의 특허(공기업특허)

#### (1) 공기업특허의 의의
특허기업(特許企業)의 특허(공기업의 특허)라 함은 국민의 공공복리를 위하여 필요한 사업에 대한 경영권을 사인에게 설정해주는 행위를 말한다. 공익사업의 특허라고도 한다.

특허기업의 특허의 개념요소로 독점적 경영권의 설정을 포함시킬 것인지에 관하여 견해가 대립되고 있다. 특허기업의 특허 중에는 독점적 경영권을 설정하는 주는 경우도 있지만 항상 그러한 것은 아니므로 이를 부정하는 것이 타당하다. 특히 오늘날 자유로운 경쟁의 장점이 강조되면서 법률상 특허기업의 독점이 억제되고 특허기업간의 경쟁이 강화되는 경향이 있다.

## (2) 특허기업

특허기업의 특허를 받은 기업을 특허기업이라 한다.

특허기업과 공기업은 대상이 되는 사업의 성질(공익사업인 점)에 있어서는 차이가 없고, 그 경영주체에 차이가 있다. 공기업의 경영주체는 국가나 지방자치단체 또는 국가나 지방자치단체가 설립한 특수법인인 반면에 특허기업의 경영주체는 私人(私企業)인다. 공기업이 민영화되면 특허기업이 된다.

특허기업과 허가기업은 다 같이 사기업인 점에는 동일하지만 특허기업의 대상이 되는 사업은 공익성이 강한 사업인 반면에 허가기업의 대상이 되는 사업은 인간이 본래 자유롭게 경영하는 사업이다. 이러한 차이에 따라 특허기업과 허가기업 및 특허기업의 특허와 영업허가에 대하여는 후술하는 바와 같이 상이한 법적 규율이 행해진다.

## (3) 대상사업

특허기업의 특허의 대상이 되는 사업은 국민의 일상생활에 필수적인 재화나 서비스를 제공하는 공익사업으로서 국가나 지방자치단체 또는 국가나 지방자치단체가 설립한 특수법인이 공기업으로 직접 경영할 수도 있는 사업이다. 전기사업, 가스사업, 자동차운송사업, 해상운송사업, 폐기물처리업 등이 그 예이다.

## (4) 특허기업의 특허와 영업허가의 구별

### 1) 구별여부

**가. 구별긍정설**　　　특허기업은 허가기업과 달리 공익성(국민생활에 미치는 영향의 중요성)이 강하므로 특허기업에 대하여는 경영상 특별한 권리를 부여하는 동시에 특별한 의무를 부과하고 있는 점 등에서 특허기업의 특허와 영업허가를 구별하는 것이 타당하다는 견해이다. 종래의 통설이다.

**나. 구별부정설(허가설)**　　　헌법상 자유로운 시장경제질서가 보장되고 영업의 자유가 기본권으로 인정되고 있으므로 특허기업의 활동도 허가영업활동과 같이 자유로운 영업활동의 하나이며 특허기업의 특허나 영업허가나 적법하게 영업활동을 할 수 있도록 하는 행위로 보는 견해이다. 특허도 허가의 일종으로 보는 견해로서 최근 새롭게 주장되는 견해이다.

**다. 절충설(상대적 구별설)**　　　특허기업과 허가영업이 다 같이 사기업으로 영업의 자유에 속하는 것으로 보면서도 특허기업의 공익성을 고려하여 특허기업의 특허와 영업허가를 구별하는 견해이다. 이 견해는 양자를 구별하지만, 그 구별은 상대적인 것으로 본다. 이 견해가 오늘날의 다수견해이다.

**라. 결      어**      특허기업활동이나 허가영업활동이나 모두 사기업활동으로서
영업의 자유에 속하지만, 특허기업의 공익성을 보장하기 위해 특별한 규율을 할 필
요가 있으므로 상대적 구별설이 타당하다.

### 2) 특허기업의 특허와 영업허가의 구체적 비교

특허기업의 특허와 영업허가는 아래와 같이 여러 법적 문제에서 구별되지만, 양
자의 구별은 상대화되고 있고, 상호 접근하는 경향도 있다는 것을 부인할 수 없다.

**가. 의      의**      영업허가는 본래 자유로운 영업을 공익목적상 일반적으로 금
지하고 일정한 요건을 갖춘 경우에 이 금지를 해제하여 본래의 영업의 자유를 회복
시켜 주는 것이다.

이에 비하여 공기업특허는 사회공공의 이익을 위하여 국가 또는 공공단체가 직
접 경영하여야 할 기업을 특정사인이 경영할 수 있도록 공기업경영에 관한 포괄적
법률관계를 설정하여 주는 행정행위이다.

이와 같이 특허기업의 특허와 영업허가를 개념상 구별하는 것이 일반적 견해이
다. 그러나, 영업의 자유가 헌법상 보장되고 있는 점에 비추어 특허기업의 특허도 사
인의 영업활동의 자유를 회복해 주는 성질도 갖는다는 것을 인정하여야 할 것이다.

**나. 대상사업**      허가의 대상이 되는 사업은 본래 국민의 자유에 속하는 사업
으로서 공공의 안녕과 질서유지를 위하여 규제되는 사업인 반면에 특허기업의 대상
이 되는 사업은 국민의 일상생활에 필수적인 재화와 서비스를 제공하는 사업으로서
공익을 보호하기 위하여 특별한 법적 규율이 행해지는 사업이다.

**다. 법적 규율(목적, 요건 및 내용)**

**(가) 목      적**      영업허가는 사회공공의 안녕과 질서유지를 위하여 법에 의해
규율된다. 영업허가는 경찰행정에 속하며 소극적인 질서유지의 목적을 위하여 규제
된다. 특허기업의 특허에 대하여는 특허기업의 공익성을 보장하기 위하여 특별한 법
적 규율이 행해진다. 특허기업의 특허는 급부행정(공급행정)에 속하며 소극적인 질서
유지의 목적뿐만 아니라 적극적인 공익목적을 위하여도 규제된다.

**(나) 요      건**      허가요건도 공공의 안녕과 질서유지를 보장하는 것을 내용으로
한다.

특허의 요건에는 재화와 서비스 수급의 균형, 사업경영능력 등 특허사업의 공익
성을 보장하기 위한 요건도 포함된다.

**(다) 내      용**      특허기업에 대하여는 공익성의 보장을 위하여 특별한 보호·
특권의 부여와 감독·부담이 주어진다. 이에 반하여 허가기업에 대하여는 원칙상 공
공의 안녕과 질서유지를 위하여 소극적이고 최소한의 규제가 행해진다.

## 라. 성 질

**(가) 명령적 행위와 형성적 행위** 영업허가는 상대방이 본래 가지고 있던 자연적 자유를 회복시켜 주는 명령적 행위라고 보고, 특허기업의 특허는 공익사업의 경영권을 새롭게 창설해 주는 형성적 행위로 보는 것이 통설이다.

그런데, 최근 영업허가도 일정한 행위를 적법하게 할 수 있는 법적 지위를 부여하는 점에서 형성적 행위라고 보는 견해가 유력하다. 다만, 영업허가는 본래 가지고 있던 자연적 자유를 회복시켜 주는 것이며 새로운 권리를 창설해 주는 것은 아니라는 것이 일반적 견해이다.

**(나) 재량행위성** 통설 및 판례는 위와 같은 영업허가와 특허기업의 특허의 성질에 비추어 영업허가는 원칙상 기속행위이고, 특허기업의 특허는 원칙상 재량행위라고 본다.

그러나, 재량행위인가 기속행위인가는 기본적으로 입법권에 의해 결정되는 것이다. 법령상 허가가 재량행위로 규정되어 있는 경우도 있고, 특허가 기속행위로 규정되어 있는 경우도 있다.

**(다) 이익의 성질** 허가로 인하여 상대방이 받는 영업상의 이익은 원칙상 반사적 이익이지만 특허기업의 특허는 상대방에게 권리(배타적 경영권)를 설정하여 준다는 것이 통설이며 판례의 입장이다. 따라서, 경쟁관계에 있는 기존의 특허기업은 신규 특허기업에 대한 특허를 취소소송으로 다툴 원고적격이 있지만, 기존의 허가기업은 경쟁관계에 있는 신규 허가기업에 대한 허가를 다툴 원고적격을 갖지 못한다고 본다 (행정구제 참조).

그러나, 허가로 인하여 허가기업이 받는 이익도 법적 이익으로 규율되는 경우가 있고, 허가기업에게 영업의 자유권이라는 기본권이 인정되므로 허가기업도 신규 영업허가를 다툴 원고적격을 갖는 경우가 늘고 있다.

## (5) 특허기업의 법률관계

### 1) 법률관계의 성질

특허기업의 법률관계는 특허기업자의 행정주체와의 법률관계와 특허기업이용자와의 법률관계로 나눌 수 있다.

특허기업자와 행정주체의 법률관계는 기본적으로 공법관계이다. 행정청은 특허기업자에게 특허를 부여한 행정청이며 감독청의 지위를 갖는다. 특허기업은 사업의 원활한 수행을 위하여 보호와 특권을 부여받으며 동시에 사업의 공익성을 보장하기 위하여 필요한 의무와 부담을 진다.

특허기업과 특허기업이용자 사이의 이용관계는 사법관계이다. 그에 관한 분쟁에 대하여는 민사소송을 제기하여야 한다. 다만, 특허기업이 제공하는 재화나 서비스가 이용자의 생활에 필수적인 것이므로 특허기업이용자의 이용을 보장하기 위하여 특별한 법적 규율이 행해진다.

### 2) 특허기업자의 권리와 특권

**가. 경영권**　　　특허기업은 특허의 내용에 따라 대상이 되는 사업을 어느 정도 배타적으로 경영할 수 있는 경영권을 갖는다.

경영권은 독점권을 포함하는 경우도 있고, 독점권이 인정되지 않는 경우도 있다. 독점권을 부여받지 못한 경우에도 특허기업은 특허받은 한도 내에서는 배타적 경영권을 갖는다.

**나. 특허기업자의 특권**　　　특허기업은 사업의 원활한 수행을 위하여 공용부담 특권, 공물사용권을 부여받는 경우가 있고, 세금의 감면, 보조금의 교부 등 경제상 보호와 행정벌에 의한 기업경영의 보호를 받는 경우가 있다.

### 3) 특허기업자의 의무와 부담

특허기업은 국민의 생활에 필요한 재화와 서비스를 제공하는 것을 사업으로 하므로 이용자의 보호를 위하여 특별한 의무와 부담을 진다.

**가. 기업경영의무**　　　특허기업자는 ① 일정한 기간 내에 사업을 개시할 의무(사업개시의무)를 지는 경우가 많고, ② 법령상 사업의 양도, 폐지, 휴지가 제한되는 등 사업을 계속적으로 시행할 의무(사업시행의무)를 지며, ③ 이용자의 이용에 계속 제공하고 정당한 사유없이 그 이용을 거절하지 못하는 의무(이용제공의무)를 진다.

**나. 지휘·감독을 받을 의무**　　　특허기업의 공익성을 보장하기 위하여 법령상 특별한 지휘 및 감독을 받는 것으로 규정되는 경우가 많다.

**다. 특허기업자의 부담**　　　특허사업의 공익성을 보장하기 위하여 관할 구역외의 지역에 재화나 서비스를 제공할 의무, 동종의 기업자에게 시설을 대여할 의무, 국가 등의 매수에 응할 의무 등 특별한 부담을 지는 경우가 있다.

### 4) 특허기업이용자의 권리

특허기업이용자는 공급규정에 따라 특허기업을 이용할 권리를 갖는다. 특허기업자는 정당한 사유 없이 이용자의 이용을 거절하지 못한다.

이용자는 특허기업의 이용에 있어 정당한 사유 없이 차별취급을 받지 않을 권리를 갖는다.

이용자는 행정청에 의해 인가된 공급규정의 내용이 이용자의 이용조건에 직접 구체적으로 불리한 영향을 미치는 경우에는 공급규정의 인가처분에 대하여 취소소송을 제기할 원고적격을 갖는다고 보아야 할 것이다.

## 2. 인　　가

인가는 경제규제분야에서 독특한 의미를 갖는다. 경제활동은 본래 사인의 자유와 창의에 맡기는 것이 타당하다. 인가란 사인간의 법률행위를 보충하여 그 행위의 효력을 완성시켜 주는 행위이므로 경제분야에서의 규제수단으로서 적합하다고 할 수 있다. 즉 인가는 국민의 자유로운 경제활동을 전제로 하면서 국가의 경제정책 및 경제계획에의 합치성 등 공익을 위하여 이를 규제하는 수단이 될 수 있는 것이다. 경제규제수단으로서의 인가는 협동조합 및 그 연합회의 인가, 사업의 양도, 양수, 합병의 인가, 공급·운송 등의 약관의 인가, 운임, 요금의 인가 등이 있다.

## 3. 신고, 등록, 허가 및 특허

영업활동의 개시에 대한 규제수단으로 신고제, 등록제, 허가제 및 특허제가 있다. 이 중 어떠한 수단을 택할 것인가는 대상 영업의 성격 및 규제의 필요를 고려하여 관련 법률에 의해 정하여질 것이다.

### (1) 신　　고
### 1) 의　　의

신고제는 영업활동개시규제수단 중 가장 규제의 강도가 낮고 반면에 경제주체의 영업개시의 자유가 가장 넓게 인정되는 규제수단이다. 신고(申告)는 본래 행정청이 사경제주체의 영업상황을 파악하는 것을 가능하게 해 주는 제도이다. 그러나, 신고에 의해 파악된 상황을 기초로 영업의 내용에 대한 후속 규제조치가 예정되는 경우가 있다.

진입규제 및 사전규제를 폐지하고 사후규제로 전환하기 위하여 사전에 허가를 받도록 하는 대신 신고를 하는 것으로 하면서 신고 후 신고요건 위반 등 법령 위반이 있다고 판단되는 경우에는 권력적 규제를 가할 수 있는 것으로 하는 경우도 있다.

### 2) 전형적 신고(자기완결적 신고)

전형적 신고는 자기완결적 신고이다. 자기완결적 신고의 경우 법상 요구되는 신고의 형식적 요건을 갖추어 신고한 경우에는 행정청은 이를 수리하지 않아도 신고의무를 이행한 것이 된다. 자기완결적 신고에는 정보제공적 신고와 금지해제적 신고가 있다. 정보제공적 신고는 원칙상 영업의 적법요건은 아닌 것으로 신고를 하지 않고 영업을 하는 경우 과태료의 제재를 받지만, 그 영업 자체가 불법한 것은 아니다. 금지해제적 신고는 법상 금지된 행위를 적법한 신고가 있으면 해제해 주는 신고이다. 금지해제적 신고의 대상이 되는 영업을 신고없이 하게 되면 불법 영업이 되고, 이론

상 행정형벌의 대상이 되지만, 행정형벌의 행절질서벌화정책에 의해 과태료만 부과
하는 것으로 규정하는 경우도 있다.

### 3) 수리를 요하는 신고

신고 중에는 신고요건에 실질적 요건이 포함되는 경우가 있고, 이 경우에는 행
정청의 수리행위를 요하는 경우(수리를 요하는 신고)도 있다.

규제완화 차원에서 허가제를 신고제로 바꾸는 과정에서 허가제를 곧 바로 자기
완결적 신고제로 완화하는 것은 과도하다고 보아 변형된 신고제인 수리를 요하는 신
고제가 채택되는 경우가 많다.

## (2) 등　　록

### 1) 의　　의

본래의 등록(登錄)은 일정의 사실 또는 법률관계의 인식의 표시인 공증행위이다.
본래의 등록은 국민생활에 중요한 정보 등 등록사항을 등록대장에 기록하여 공개할
필요가 있는 경우에 요구된다.

변형된 등록은 실질은 완화된 허가이나 실정법령상 명칭이 등록인 것(예, 석유판
매업의 등록)을 말한다. 통상 등록요건은 허가요건보다는 완화된 요건이다.

### 2) 기속행위

등록의 경우에 법정의 등록요건을 갖춘 등록신청에 대하여 행정기관은 등록을
해 주어야 하는 기속행위이며 행정기관에게는 등록을 수리할 것인가 거부할 것인가
에 대하여 재량의 여지가 없다.

[판례] 자동차운송알선사업등록처분의 법적 성질(기속행위): 자동차운수사업법 제49조 제1항은 자
동차운송중개·대리업 또는 자동차운송주선업 등 자동차운송알선사업을 경영하고자 하는 자는 교
통부장관이 행하는 등록을 받아야 한다고 규정하고 있는바, 그 등록기준과 절차 등에 관하여 규정
하고 있는 같은 조 제2항, 제3항, 같은 법 제5조, 같은 법 시행규칙 제31조, 제32조 등의 규정을
종합하면 행정청으로서는 등록결격사유가 없고 그 시설 등이 소정의 등록기준에 적합할 때에는
당연히 등록을 받아 주어야 할 의무가 있다 할 것이므로 이는 기속행위에 속한다(대판 1993. 07. 27,
92누13998).

행정지도의 명목하에 법정요건을 갖춘 등록이 거부되는 경우가 있는데, 이는 위
법한 것으로 동거부행위는 행정소송의 대상이 된다.

### 3) 허가와 구별

변형된 등록은 재량 없는 허가와 유사한 성격을 갖는다. 실무상 영업규제에 있
어서 공공의 안녕과 질서를 유지하기 위해 중요한 안전요건이 요구되는 경우는 허가
제로 하고, 규제완화차원에서 안전요건이 완화될 필요가 있는 경우에는 등록제로 하

고 있다. 변형된 등록은 허가보다 완화된 규제수단이다.

### 4) 신고와의 구별

본래의 등록제는 신고제와 같이 행정청에게 영업상황을 파악하게 하는 기능을 갖지만, 신고제와 다른 것은 등록신청된 사항이 공적 장부에 등재되어 일반 공중의 열람에 제공된다는 점이다.

변형된 등록은 실체적 요건을 등록요건으로 하는 점에서 수리를 요하는 신고와 유사하지만, 그 실체적 요건이 수리를 요하는 신고보다 중요하고 엄격하다는 점에서 수리를 요하는 신고와 구별된다.

### (3) 허 가

영업의 허가(許可)는 전술한 바와 같이 영업의 일반적 금지를 해제하여 적법하게 영업을 할 수 있게 하는 행위이다.

허가를 받지 않은 영업은 불법한 것으로서 허가 받지 않고 영업을 한 자는 통상 행정형벌에 의해 처벌된다.

### (4) 특 허

특허(特許)는 대상사업이 공익사업으로서 강한 공적 규제가 필요한 경우에 사용되는 규제수단이다. 특허에 있어서는 통상 특허사업자의 사업능력이나 규모가 고려된다.

특허와 허가의 구별에 관하여는 전술한 바와 같다.

## 4. 행정법상 확약 및 사전결정

기업의 창설에 있어서는 대규모 투자가 이루어지고 장기간을 요하는 경우가 많은데, 이러한 경우에 행정법상의 확약(確約)이나 사전결정(事前決定)이 특히 그 효용성을 갖는다.


## Ⅲ. 행정지도

행정지도(行政指導)는 법적 근거를 요하지 않고 필요에 따라 즉시 행하여질 수 있고, 그에 의한 행정조치의 내용도 정형화되어 있지 않기 때문에 다른 행정분야보다도 강한 유연성을 요하는 경제행정법 분야에 유용한 행위형식이라고 할 수 있다. 또한 실제로도 많이 사용되고 있다.

경제행정의 법적 수단으로서의 행정지도는 주로 정책·계획의 실현에 사경제 주체의 협력을 유도하기 위하여, 일방적 조치인 행정처분을 하기 전에 의견조정을 위하여, 사경제주체의 경제활동간의 조정(예, 대기업과 중소기업간의 경제 활동의 조정, 불황산업 등의 조정)을 위하여 주로 사용된다.

행정지도는 본래는 상대방의 임의적 협력을 구하는 비권력적 행위이나 행정지도에 따르지 않는 경우에 불이익한 조치 내지 제재적 조치를 하거나 보조금의 지급 등 이익을 부여하지 않는 조치 등이 행하여지는 경우가 많아 이러한 경우에 행정지도는 실제적으로는 강제적 성격을 갖는다.

따라서, 국민의 권리구제를 위하여 행정지도, 특히 강제적 성격을 갖는 행정지도에 대한 법적·재판적 통제가 요청된다. 행정절차법은 행정지도를 규율하는 규정을 두고 있다.

## Ⅳ. 자금지원

### 1. 의의와 종류

자금지원(資金支援)이란 국가 또는 공공단체 등 행정주체가 공익을 위하여 보조금을 지급하는 등 일정한 금전상 이익을 주는 것을 말한다. 자금지원은 경제행정분야에서만 행하여지는 것은 아니지만 경제행정분야에서 가장 많이 행하여지고 있다.

자금지원에는 보조금, 특별융자, 일반자금지원 등이 있다.

보조금이라 함은 국가가 공익 목적을 위하여 사인에게 반대급부 없이 부여하는 금전급부를 말한다. 일반적으로 보조금은 행정기관 또는 행정기관으로부터 위탁을 받은 기관에 의해 지급된다.

특별융자는 통상 금융기관을 통하여 행하여진다. 산업발전법 시행령 제17조는 공업발전기금의 융자를 금융기관에 대여하여 운용하도록 하고 있다. 이 경우에 당해 금융기관은 공무를 수탁받아 특별융자를 행하는 것이며 이 경우에는 행정주체의 지위에 선다.

행정실무상 행정지도에 의해 일반은행을 통하여 일반 시중금리에 의해 자금이 지원되는 경우가 있는데 이는 행정법상의 자금지원은 아니며, 이는 전적으로 사법에 의해 규율된다. 이와 같은 행정지도는 아무런 법적 근거도 없는 위법한 행정관행이다.

### 2. 법률유보의 원칙과 자금지원

자금지원에 법률에 근거가 있어야 하느냐, 즉 법률유보(法律留保)의 원칙이 적용되느냐에 관하여 견해가 대립된다.

### (1) 법률근거필요설

급부의 거부는 자유와 재산의 침해보다 관련 대상자에게 보다 심각한 영향을 줄 수 있으므로 보조금의 지급에도 원칙상 법률의 근거가 있어야 한다고 본다. 다만, 침해행정처럼 구체적이고 세부적인 규율은 필요하지 않다. 그리고, 갑자기 발생하는 재해나 국가전반에 걸친 경제적 위기에 대하여는 행정부의 긴급권을 인정하여 법률의 근거없이 보조금 지급이 가능하다.[60]

### (2) 예산근거설

자금지원에 있어서는 예산상 그 관계항목이 규정되어 있는 한도 내에서는 반드시 개별법의 명시적 근거가 없어도 그에 기한 보조금 기타 자금지원행정은 가능하다고 보는 견해이다.[61]

### (3) 개별적 결정설(제한적 법률근거필요설)

적어도 수급자 또는 경쟁자에게 침해적 효과를 가져온다거나 사회형성적 조치에 해당하는 내용의 자금조성에는 법률의 수권이 필요하다고 보는 견해이다.[62]

### (4) 결   어

오늘날 급부행정의 중요성에 비추어 법률근거필요설이 타당하다. 다만, 다소 포괄적인 근거도 가능하다고 본다.

보조금 관리에 관한 법률(이하 '보조금법'이라 한다)은 지방자치단체에 대한 보조금과 기타 법인 또는 개인의 시설자금이나 운영자금에 대한 보조금을 일반적으로 규율하고 있다.

**[판례]** 개정보조금법의 적용시기: (1) 2011. 7. 25. 법률 제10898호로 개정, 제명 변경되기 전의 보조금의 예산 및 관리에 관한 법률(이하 '구 보조금법'이라 한다) 제35조는 간접보조사업자·간접보조금에는 적용되지 않는다(대법원 2018. 11. 15. 선고 2015다247257 판결 참조). 따라서 간접보조사업자가 간접보조금으로 취득한 재산을 담보로 제공하더라도 그 효력에 영향을 받지 않는다. (2) 2011. 7. 25. 법률 제10898호로 개정되어 2016. 1. 28. 법률 제13931호로 개정되기 전의 보조금 관리에 관한 법률(이하 '개정 보조금법'이라 한다) 제35조 제3항 본문은 "보조사업자 또는 간접보조사업자는 해당 보조사업을 완료한 후에도 중앙관서의 장의 승인 없이 중요재산에 대하여 다음 각 호의 행위를 하여서는 아니 된다."라고 규정하고 제3호에서 '담보의 제공'을 규정하여, 입법적으로 위 금지내용에 간접보조사업자도 포함하고 있다. 따라서 구 보조금법과 달리 개정 보조금법이 적용되는 경우에는 간접보조사업자가 간접보조금으로 취득한 중요재산을 중앙관서의 장의 승인 없이 담보에 제공하는 것은 무효이다. 개정 보조금법은 부칙 제1조에서 이 법은 공포 후 3개월이 경과한 날부터 시행한다고 규정하고 있고, 제35조에 대한 특별한 적용례 또는 경과규정은 존재하지 아니하

---

60) 정하중, 1257면.
61) 김동희, 617면.
62) 김남진·김연태, 458면.

므로, 간접보조사업자의 담보제공제한 규정은 공포일로부터 3개월이 경과한 날인 2011. 10. 26.부터 적용된다. (3) 이 사건에서 소외 조합은 개정 보조금법에 정해진 간접보조사업자로서 원고로부터 간접보조금을 지급받고 그 목적에 따라 이 사건 건물을 신축하였으며, 이 사건 건물에 관한 근저당권설정계약은 2011. 10. 26. 이후인 2013. 7. 1.에 체결되었으므로 개정 보조금법이 적용된다고 보아, 소외 조합이 이 사건 보조금으로 취득한 중요재산인 이 사건 건물에 관하여 개정 보조금법 제35조 제3항을 위반하여 중앙관서의 장의 승인 없이 근저당권설정계약을 체결한 것은 무효이고, 그에 따라 마친 근저당권설정등기도 원인무효라고 판단한 원심을 수긍한 사안이다(대판 2019. 04. 25, 2018다212993).

## 3. 자금지원의 법적 형식

자금지원은 행정행위, 공법상계약, 사법상계약 등 다양한 형식을 통하여 행하여진다. 특정한 경우에 있어서의 자금지원의 법적 형식은 당해 자금지원의 근거법령의 해석에 의하여 판단하여야 할 것이다(개별적 결정설).

자금지원의 법적 성질을 논함에 있어서는 보조금과 융자·보증을 구분하여 고찰하는 것이 타당하다.

### (1) 보조금 지원의 법적 성질

「보조금 관리에 관한 법률」의 적용을 받는 보조금은 국가가 교부하는 보조금에 한정된다(제2조 제1호). 따라서 지방자치단체가 교부하는 보조금에 관하여는 위 법의 적용이 없고, 지방재정법 및 지방재정법 시행령 그리고 당해 지방자치단체의 보조금 관리조례가 적용될 뿐이다(대판 2011. 06. 09, 2011다2951).

[판례] [1] 지방자치단체의 보조금관리조례 규정과 위 보조금 지급결정이 행정청 재량이 인정되는 수익적 행정행위의 성격을 지니고 있다. [2] 지방자치단체가 보조금 지급결정을 하면서 일정 기한 내에 보조금을 반환하도록 하는 교부조건을 부가한 사안에서, 보조사업자의 지방자치단체에 대한 보조금 반환의무는 행정처분인 위 보조금 지급결정에 부가된 부관상 의무이고, 이러한 부관상 의무는 보조사업자가 지방자치단체에 부담하는 공법상 의무이므로, 보조사업자에 대한 지방자치단체의 보조금반환청구는 공법상 권리관계의 일방 당사자를 상대로 하여 공법상 의무이행을 구하는 청구로서 행정소송법 제3조 제2호에 규정한 당사자소송의 대상이라고 한 사례(대판 2011. 06. 09, 2011다2951).

보조금법상의 자금지원의 법적 성질에 관하여 견해가 대립하고 있다. 공법상 증여계약이라고 보는 견해,[63] 협력을 요하는 쌍방적 행정행위라고 보는 견해,[64] 공법상 계약이라고 보는 견해[65] 및 교부결정은 행정행위이고 보조금의 교부에 관한 구체적 내용은 공법상 계약 또는 사법상 계약에 의해 결정된다는 견해(2단계설) 등이 있다.

---

63) 이상규, 460면.
64) 홍정선, 744면.
65) 강구철, 512면.

생각건대, 보조금법상의 보조금의 교부행위는 공법행위로 보아야 한다. 보조금법에 의하면 보조금의 교부는 보조금의 신청을 받아 행정청이 결정하는 방식으로 규정하고 있다(제16, 17조). 또한, 보조금의 교부 후 사정의 변경으로 특히 필요하다고 인정할 때에는 보조금의 교부결정의 내용을 변경하거나 그 교부결정의 전부 또는 일부를 일방적으로 취소할 수 있는 것으로 규정하고 있다(제21조 제1항). 이러한 규정에 비추어 보조금법상 보조금의 지급결정은 행정행위라고 보는 것이 타당하다.

그리고, 보조금의 지급에 관한 구체적인 사항은 공법상 계약이나 행정행위에 대한 부관으로 정해질 수 있다고 본다. 다만, 보조금법상 보조금의 지급을 행정행위 대신 공법상 계약의 방식에 의해 행하는 것도 법적으로 가능하다고 보아야 한다.

### (2) 융자와 보증

#### 1) 사법상 계약설

융자(融資)와 보증(保證)은 사법상 계약에 의해 처리하는 것이 우리의 실무이다.

#### 2) 공법행위설

공익목적상 주어지는 국가 및 금융기관의 특별융자 및 보증을 행정행위 또는 공법상 계약으로 보는 것이 타당하다는 견해가 있다.[66) 이 견해의 논거는 다음과 같다. 융자나 보증의 법률관계를 사법적으로 구성할 경우에는 자금조성에 대한 공법적 통제가 결여되며 특히 신청자는 위법한 거부에 대하여 거의 방어할 수단이 없게 되어 신청자의 권리구제가 어렵게 되므로 융자나 보증의 법률관계를 공법관계로 구성하여 행정주체의 자의를 방지하고 신청자의 권리보호를 도모할 필요가 있다는 것이다.

#### 3) 결어(개별적 결정설)

특별융자나 보증을 일률적으로 공법관계로 구성하는 것은 타당하지 않다. 특별융자나 보증행위의 법적 성질은 공법행위와 사법행위의 구별이론에 따라 구체적인 경우마다 개별적으로 결정되어야 한다.

일반적으로 말하면 국가가 직접 행하는 특별융자나 보증은 공법행위(행정행위 또는 공법상 계약)로 볼 수 있는 여지가 크고, 금융기관 등 사인이 수탁하여 행하는 특별융자와 보증은 사법상 계약으로 볼 수 있는 여지가 있다.

다만, 특별융자나 보증을 사법상 계약으로 보는 경우에도 당해 사법상 계약은 행정사법행위로 보아야 하고, 따라서 평등원칙 등 일정한 공법원리의 제한을 받는다고 보아야 한다. 이렇게 봄으로써 자의적인 융자나 보증의 거부에 대하여 신청자의 권리가 어느 정도 보호될 수 있다.

---

66) 정하중, "자금조성행정의 법적 성격과 행위형식,"『공법연구』, 제28집 제1호, 147면.

## 4. 자금지원의 재량행위성

자금지원이 행정행위의 형식으로 행하여지는 경우 정책적 자금지원 등과 같이 재량행위인 경우도 있으나, 법령상 보조금의 지급조건이 일의적으로 규정된 경우에는 기속행위가 된다. 보조금의 지급이 재량행위인 경우에 재량권의 한계에 관한 일반이론이 적용되는 것은 물론이다.

**[판례]** ① 보조금 교부는 수익적 행정행위로서 교부대상의 선정과 취소, 그 기준과 범위 등에 관하여 교부기관에 상당히 폭넓은 재량이 부여되어 있다(대판 2018. 08. 30, 2017두56193).

② 보조금 교부조건의 설정을 위한 전제로서 시공업체를 선정한 행위에 법령의 근거가 있어야 하는지 여부(소극): 재량행위에는 법령상 근거가 없더라도 부관을 붙일 수 있다(대법원 2002. 1. 25. 선고 2001두3600 판결 등 참조). 피고가 이 사건 사업을 시행하는 과정에서 위와 같은 보조금 교부조건을 설정하고 일정한 심사기준에 따라 시공업체를 선정하는 것은 보조금 교부와 관련하여 행정청에게 주어진 재량을 정당하게 행사하는 행정활동이라고 보아야 한다. 이때 피고가 적용한 심사기준이 객관적으로 불합리하다는 등의 특별한 사정이 없는 이상 그에 따른 선정결정 또는 선정제외결정이 위법하다고 보기는 어렵다. 그런데도 원심은, 피고의 위와 같은 행정활동이 법률의 근거 없이 원고들을 포함한 업체들의 자유로운 계약체결권을 제한하는 조치이어서 위법하다고 판단하였다. 이러한 원심 판단에는 보조금 교부행정에 관한 법리를 오해한 잘못이 있다. 원심은, 행정청이 보조금 교부조건의 설정을 위하여 에너지절감시설(다겹 보온커튼)설치 시공업체를 미리 선정한 행위에 대하여 선정제외된 원고들이 자신들에 대한 선정제외 처분뿐만 아니라 다른 업체들에 대한 선정 및 선정제외들을 포함한 시공업체 선정행위 전체의 취소를 구할 수 있고, 위와 같은 선정행위는 법률의 근거 없이 원고들의 자유로운 계약체결권을 제한하는 것이어서 위법하다고 판단하였다. 대법원은 원고들에 대한 선정제외 처분 외에 다른 업체들에 대한 선정 처분 및 선정제외 처분에 대하여는 원고들에게 이를 다툴 법률상 이익이 인정되지 않고, 보조금 교부조건의 설정을 위하여 시공업체를 미리 선정하는 행위는 행정청의 재량 범위 내에 있는 것이어서 별도로 법률의 근거를 요하지 않는다고 판시하였다(대판 2021. 02. 04, 2020두48772[시공업체선정처분취소]).

③ [시내버스 준공영제(수입금 공동관리형)를 시행하면서 버스운송사업자의 운송수입금 부족액의 보전을 위하여 보조금을 지급하고 있는 대구광역시가 버스운송사업자인 원고의 대표이사 등이 업무상 횡령죄 등으로 형사판결을 선고받았다는 이유로, 「대구광역시 시내버스 준공영제 운영지침」 제34조 제2항 제7호의 '경영활동과 관련하여 위법, 부정, 탈루 등의 행위를 한 경우'에 해당한다고 보아 성과이윤 1년분의 지급제한을 통보한 사건] (1) 지방보조금의 교부관청이 보조금의 지급기준과 범위 등에 관한 재량을 행사하기 위해 행정입법 형식으로 세부기준을 정할 수 있는지 여부(적극) 및 그 세부기준에 대한 심사방식: 보조금의 지급기준과 범위 등을 정함에 관하여는 교부관청인 시장에게 폭넓은 재량이 부여되어 있다고 할 것이다. 피고는 그 재량을 행사하기 위한 준칙으로 조례 시행규칙이나 내부 지침 등 행정입법 형식으로 보조금 교부에 관한 세부기준을 정할 수 있고, 그와 같은 기준은 (재량준칙으로서) 상위법령이나 조례에 반한다거나 객관적으로 합리적이지 않다고 볼 만한 특별한 사정이 없는 한 가급적 존중되어야 한다. (2) 성과이윤은 수혜적 성격이 보다 강한 보조금 항목에 해당할 뿐 아니라 정책목표를 효율적으로 달성하기 위하여 탄력적인 규율을 할 필요도 있다고 할 것이어서, 이에 관한 규정을 해석함에 있어서는 운송비용이나 기본이윤 등에 관한 규정에 비하여 구체성 내지 명확성의 요구가 상대적으로 완화된다고 할 것이다. (3) 성

과이윤 지급제한 사유를 정하고 있는 이 사건 운영지침 제34조 제2항 제7호(이하 '이 사건 쟁점조항'이라고 한다)는 성과이윤의 지급기준으로서 지방보조금 교부에 관한 **재량행사의 준칙**에 해당하므로, 피고는 법령이나 조례의 개별, 구체적인 위임이 없더라도 이를 정할 수 있다고 보아야 한다. (4) 이 사건 쟁점조항은 이 사건 조례 제27조가 피고에게 부여한 권한의 범위 내에서 마련된 것으로서 유효하다(대판 2021. 11. 25, 2020두43449[성과이윤제한처분취소]).

## 5. 자금지원에 대한 권리

법령에 근거가 있는 자금지원의 경우에는 지급요건을 갖춘 국민은 자금지원을 청구할 권리를 갖는다.

법령에 근거가 없는 자금지원에 있어서는 행정객체인 국민은 자금지원을 청구할 권리는 없지만, 국가의 자의적인 차별취급에 대하여는 불법행위책임을 묻는 등의 법적 구제를 받을 수 있다.

## 6. 자금지원에 대한 법적 통제

재량권이 인정되는 자금지원에 있어서 재량통제의 문제가 중요한 과제이다.

자금지원도 법의 일반원칙에 종속된다. 그 중에서도 가장 문제가 되는 것은 평등원칙의 위반 여부 및 경쟁의 자유 침해 여부이다. 경쟁관계에 있는 둘 이상의 기업에 대하여 특정 기업에 대하여 다른 기업과 합리적 이유 없이 차별하여 자금지원을 하지 않는 것은 평등원칙에 반한다. 그리고 이는 자유로운 경쟁원칙에도 반한다. 다만, 경제행정분야에서는 특정 기업의 경제상의 이익이 공익이 되는 경우가 있으므로 합리적 차별인지의 여부의 판단은 다른 분야보다도 어려울 것이다.

## 7. 자금지원에 대한 재판적 통제

자금지원에 대한 재판적 통제는 자금지원의 거부에 대한 항고소송의 제기와 자금지원에 대하여 경쟁관계에 있는 자가 제기하는 경쟁자소송이 있다.

### (1) 자금지원거부의 처분성

자금지원신청권이 있는 자는 자금지원의 거부에 대하여 항고소송을 제기할 수 있다. 그러나, 신청에 대한 거부가 처분이 되기 위하여는 신청자에게 신청권이 있어야 한다는 것이 판례의 입장이므로 판례에 의하면 자금지원신청권이 있는 경우에 한하여 자금지원의 거부에 대하여 항고소송을 제기할 수 있다.

### (2) 경쟁자의 원고적격

자금지원에 대하여 경쟁관계에 있는 자가 항고소송을 제기할 수 있는가. 판례에 의하면 자금지원의 근거 내지 관계법률이 경쟁관계에 있는 제3자의 개인적인 이익도 보호하는 것을 목적으로 하는 경우에 당해 경쟁관계에 있는 자는 타인에 대한 자금 지원에 대하여 항고소송을 제기할 수 있다.

그러나, 처분에 의해 기본권이 침해된 자에게도 당해 처분을 다툴 원고적격이 있다고 보아야 하므로 자금지원이 경쟁의 원칙에 반하고 경쟁관계에 있는 자의 영업 에 침해를 가할 개연성이 있는 경우에는 보조금교부에 관한 법률의 보호목적과 관계 없이 당해 경쟁관계에 있는 자에게는 당해 자금지원을 다툴 원고적격이 있다고 보아 야 한다.

### (3) 보조금 교부결정의 취소와 보조금의 반환

법령의 위임에 따라 교부기관이 보조금의 교부 및 사후 감독 등에 관한 업무를 수행할 수 있는 이상, 그 교부결정을 취소하고 보조금을 반환받는 업무도 교부기관 의 업무에 포함된다고 볼 수 있다(대판 2018. 08. 30, 2017두56193).

보조금의 예산 및 관리에 관한 법률 제40조에 규정된 '허위의 신청 기타 부정한 방법'이라 함은 정상적인 절차에 의하여는 같은 법에 의한 보조금을 지급받을 수 없 음에도 위계 기타 사회통념상 부정이라고 인정되는 행위로서 보조금 교부에 관한 의 사결정에 영향을 미칠 수 있는 적극적 및 소극적 행위를 뜻한다. 그리고, 같은 조 소 정의 '부정한 방법으로 보조금의 교부를 받은' 경우라 함은 보조금의 교부 대상이 되 지 아니하는 사무 또는 사업에 대하여 보조금을 받거나 당해 사업 등에 교부되어야 할 금액을 초과하여 보조금을 교부받는 것을 가리키며, 보조금을 교부받음에 있어 다소 정당성이 결여된 것이라고 볼 여지가 있는 수단이 사용되었더라도 보조금을 교 부받아야 할 자격이 있는 사업 등에 대하여 정당한 금액의 교부를 받은 경우는 여기 에 해당하지 아니한다(대판 2001. 01. 05, 99도4101; 대판 2007. 12. 27, 2006도8870).

시·도지사나 시장·군수는 여객자동차 운수사업자가 '거짓이나 부정한 방법으 로 지급받은 보조금'에 한하여 이를 반환할 것을 명하여야 하고, '정상적으로 지급받 은 보조금'까지 반환할 것을 명할 수 있는 것은 아니지만, 보조금이 가분적 평가에 의하여 산정·결정된 것이 아니어서 보조금 중 '거짓이나 부정한 방법으로 지급받은 부분'과 '정상적으로 지급받은 부분'을 구분할 수 없고, 보조금이 거짓이나 부정한 방 법에 의하여 일체로서 지급된 것이라고 판단할 수 있는 경우에는 보조금 전부를 거 짓이나 부정한 방법으로 지급받은 것으로 보아야 한다(대판 2019. 01. 17, 2017두47137 [보조금반환처분취소]).

[판례] ① 구 '보조금의 예산 및 관리에 관한 법률' 제33조에서 '반환하여야 할 보조금에 대하여는 국세징수의 예에 따라 이를 징수할 수 있다'고 규정한 것이 민사집행법에 의한 강제집행과 국세체 납처분에 의한 강제징수 중에서 선택할 수 있도록 허용한 규정인지 여부(소극): '보조금의 예산 및

관리에 관한 법률'(이하 '보조금관리법'이라 한다) 제30조 제1항, 제31조 제1항에 의한 **보조금 교부
결정취소 및 보조금 반환명령은 행정처분**이고 그 처분이 있어야 반환의무가 발생하므로, **반환받을
보조금에 대한 징수권은 공법상 권리로서 사법상 채권과는 성질을 달리한다.** 따라서 보조금관리법
제33조에서 '반환하여야 할 보조금에 대하여는 국세징수의 예에 따라 이를 징수할 수 있다'고 규
정한 것은 보조금의 반환에 대하여는 국세체납처분의 예에 따라 강제징수할 수 있도록 한 것뿐이
고, 이를 민사집행법에 의한 강제집행과 국세체납처분에 의한 강제징수 중에서 선택할 수 있도록
허용한 규정이라고 볼 것은 아니다(대판 2012. 04. 26, 2010도5693).

② 〈부당하게 받은 보조금에 대한 환수처분의 범위가 문제 된 사건〉 운수사업자가 운영개선지
원금을 신청하면서 전년도 사업실적을 일부 누락하여 **적자액을 부풀리고**, 행정청이 위와 같은 잘
못된 자료를 기초로 해당 업체에 대해 재정지원심사를 하여 운영개선지원금을 산정·결정하고 이
를 지급하였다면, 운수사업자가 지급받은 운영개선지원금 일체는 특별한 사정이 없는 한 정상적
으로 지급받은 보조금으로는 볼 수 없고, 거짓이나 부정한 방법으로 수령한 금원으로 봄이 타당하
다. 따라서, **이 사건 보조금(운영개선지원금) 전부에 대한 반환처분은 적법하다**고 한 사례(대판
2019. 01. 17, 2017두47137[보조금반환처분취소]). 〈해설〉 원심(서울고등법원 2017. 5. 18. 선고 2016누
70651 판결)은 이 사건 보조금에서 원고가 부정한 방법으로 늘린 적자금액에 상응하는 부분을 산
정하여 그 부분에 대하여만 환수를 명할 수 있고, 이 사건 처분의 환수 대상이 원고의 부정행위로
과다하게 지급된 보조금을 초과하여 정상적으로 지급받을 수 있는 보조금까지 포함하고 있다면
그 부분에 대한 환수처분은 법령의 근거가 없는 것이어서 위법하다고 판단하였다. 나아가 원심은,
원고가 부정한 방법으로 늘린 적자금액에 상응하는 보조금액이 얼마인지를 산정할 수 없다는 등
의 이유를 들어, 이 사건 보조금 전부가 환수대상임을 전제로 한 이 사건 처분을 전부 취소하여야
한다고 판단하였다.

③ (1) 구 쌀소득 등의 보전에 관한 법률 제13조의2 제1항 후문에 따른 2배의 추가징수 기준인
'지급한 금액'이 '거짓이나 그 밖의 부정한 방법으로 수령한 직불금'에 한정되는지 여부(적극): [다
수의견] 구 쌀소득 등의 보전에 관한 법률(2013. 3. 23. 법률 제11690호로 개정되기 전의 것, 이하 '구
쌀소득보전법'이라 한다) 제13조 제1항 각호에 따라 지급이 제한되는 쌀소득 등 보전 직접 지불금
(이하 '직불금'이라 한다)을 이미 지급한 경우에는 같은 법 제13조의2 제1항 전문에 따라 이를 반환
하도록 하여야 한다. 구 쌀소득보전법 제13조 제1항 제1호 사유가 있는 경우에 지급이 제한되는
직불금은 '등록된 모든 농지에 대한 직불금 전액'이므로, 이 경우 이미 지급된 직불금이 있다면 그
전액이 반환 대상이 된다. (2) 이와 달리 같은 법 제13조의2 제1항 후문에 따른 2배의 추가징수
기준인 '지급한 금액'은 '거짓이나 그 밖의 부정한 방법으로 수령한 직불금'에 한정된다고 새겨야
한다(대판 전원합의체 2019. 02. 21, 2014두12697[부당이득금부과처분취소등]).

④ 〈부당하게 받은 보조금에 대한 환수처분의 범위가 문제 된 사건〉 여객자동차 운수사업자가
운영개선지원금을 신청하면서 전년도 사업실적을 일부 누락하여 적자액을 부풀리고, 행정청이 위
와 같은 잘못된 자료를 기초로 해당 업체에 대해 재정지원심사를 하여 운영개선지원금을 산정·결
정하고 이를 지급하였다면, 운수사업자가 지급받은 운영개선지원금 일체는 특별한 사정이 없는
한 정상적으로 지급받은 보조금으로는 볼 수 없고, 거짓이나 부정한 방법으로 수령한 금원으로 봄
이 타당하다. 또한 행정청이 내부적으로 정한 운영개선지원금의 구체적인 산출방식에서 운수사업
자의 적자액을 반영하도록 정하고 있다고 하더라도, 운영개선지원금 중 운수사업자의 실제 적자
금액에 비례하는 부분만을 '정상적으로 지급받은 보조금'에 해당한다고 볼 수도 없다(대판 2019.
01. 17, 2017두47137).

⑤ 사회복지사업법 제42조 제3항 단서의 의미 및 이에 따른 보조금 환수처분은 이미 지급받은 보

조금 전액을 환수 대상으로 하되, 그 환수 범위는 개별적으로 결정해야 하는 재량행위의 성격을 가진다(대판 2024. 06. 13, 2023두54112).

## V. 가격·요금규제제도

시장을 통한 재화와 서비스의 판매에 있어서는 원칙상 가격에 대한 규제는 없는 것이 원칙이지만 가격에 대한 규제가 공공의 이익이나 소비자의 보호를 위하여 요청되는 경우에는 가격에 대한 규제가 행해질 수 있다.

국가의 가격·요금규제제도는 크게 통제가격제도, 안정가격제도, 최저가격보증제도, 신고제도, 상한가격제도로 나눌 수 있다.

### 1. 통제가격제도

#### (1) 법정통제제도

이 제도는 법률에 의해 가격을 결정하는 제도를 말한다.

#### (2) 국가결정통제가격제도

이 제도는 법률이 정하는 기준에 따라 명령으로 가격을 결정하는 제도를 말한다.

#### (3) 인가제도

이 제도는 사업자가 결정한 요금에 대하여 법령에서 정해진 기준에 따라 국가의 승인을 받도록 하는 제도를 말한다. 국가의 승인을 받지 못한 경우 당해 요금은 효력을 갖지 못한다. 종래 공공요금의 규제는 주로 인가제이었다.

인가요건의 판단에 있어서 승인기관에게 재량이 인정될 것인가에 관하

여는 견해가 대립하고 있다. 정책적 고려사항에 관하여는 어느 정도 재량이 인정될 수 있지만 객관적 사실인정에 관하여는 재량이 인정될 수 없다고 보아야 한다.

### 2. 안정가격제도

이 제도는 일정한 가격대로 가격을 안정시키기 위하여 고안된 제도이다. 이 제도에는 안정하한가격제도와 안정상한가격제도가 있다. 이 제도는 가격이 안정가격대를 넘으면 정부가 보유하는 물건을 방출하고 반대로 가격이 안정가격대 이하로 하락하면 매입하여 안정가격대를 유지하는 제도이다.

### 3. 최저가격보증제도

이 제도는 가격의 최저한도를 정하여 사업자 또는 생산자의 경영의 안정 또는

생산의 확보를 도모하는 제도이다.

## 4. 신고제도

이 제도는 가격을 사업자가 결정하지만 국가기관이 가격에 관한 정보를 확보하기 위하여 신고하도록 하는 제도를 말한다.

신고제하에서 가격은 사업자가 결정하여 신고의 요건에 따라 행정청에 신고하는 것으로 최종 확정되는 것이 원칙이다. 이 경우에 신고의 요건은 신고서의 양식, 제출서류 등 형식적인 사항을 내용으로 한다.

그런데, 현실에 있어서는 신고의 요건으로 가격결정의 실질적 기준이 정해지는 경우가 있는데, 이 경우에는 신고가격이 당해 기준에 합치하는 경우에 한하여 신고가격이 유효하게 된다. 이 경우에도 행정청이 신고가격을 수리하여야 가격이 효력을 갖는 제도와 신고로 가격은 일단 효력을 갖는 것으로 보고 행정청이 일정기간 내에 변경명령 또는 재신고명령을 내리지 않으면 신고가격이 확정되도록 하는 방식이 있다.

신고의 요건으로 가격결정의 실질적 기준이 정해지고 행정기관이 가격결정에 개입하는 경우에는 명칭은 신고제라 하여도 실질은 인가제에 준하는 제도라고 보아야 한다.

## 5. 가격상한제

가격상한제(價格上限制)라 함은 요금의 상한을 정하고 그 한도 내에서 사업자가 요금을 자유롭게 결정하도록 하는 제도를 말한다.

상한가격은 규제기관의 고시로 결정되며 법적 구속력을 갖는다. 개별요금은 상한가격을 넘지 않는 한도 내에서 결정되어야 한다. 다만, 사업자가 통제할 수 없는 불가항력적인 비용으로서 소비자에게 전가되는 비용이 있는 경우에는 그 한도 내에서 개별요금의 평균이 상한가격을 초과할 수 있다.

## 6. 공공요금의 규제

### (1) 공공요금의 의의

공공요금(公共料金)은 경제학에서 물가정책을 수행함에 있어서 편의상 사용하는 개념이다. 법학에서는 통상 공공요금을 공익적 사업의 요금으로서 당해 사업이 제공하는 재화나 서비스가 국민생활에 필요하기 때문에 국가가 직접 규제하는 요금을 말한다고 본다.

공공요금에 포함되는 사업은 많은 경우에 독과점사업이기 때문에 소비자의 권리를 보호하기 위하여 가격에 대한 규제가 행해진다. 또한, 사업의 공익적 성격을 고려하여 적정한 가격을 보장하고 국민에게 차별 없는 가격이 되도록 하여야 한다.

### (2) 공공요금의 결정제도

공공요금의 결정제도에는 공공요금을 법령에서 정해진 기준에 따라 행정기관이 결정하는 제도, 행정기관의 인가에 의해 결정하는 제도, 행정기관에 신고하도록 하는 제도, 가격상한을 결정하고 그 한도내에서 자유로운 결정을 보장하는 제도 등이 있다. 이들 요금결정제도에 관하여는 전술한 바와 같다.

## Ⅵ. 공기업

공기업(公企業)은 하나의 행정분야이면서 하나의 행위 형식이라고 볼 수도 있다. 이렇게 볼 수 있다면 공기업은 경제행정분야에 특유한 유일한 행위형식이라고 할 수 있다.

작은 정부를 구현하고 공기업의 효율성을 제고하기 위하여 공기업의 민영화가 추진되고 있다. 공기업을 민영화한다는 것은 공기업이 공익사업특허로 전환되는 것을 의미한다. 공기업이용관계는 공익의 보호를 위하여 제한적이기는 하지만 공법적 규율이 행해지지만, 공익사업특허에서의 서비스의 이용은 전적으로 사인 상호간의 사법상의 관계가 된다. 다만, 국가는 민영화된 공익사업활동의 공공성이 보장되도록 적절한 규제를 마련하여야 한다. 어떠한 사업이 공기업에 속할 것인가, 어떠한 사업을 민영화의 대상으로 할 것인가는 국가에 따라 상이하다. 예를 들면, 공중버스의 운행은 프랑스에서는 공기업으로 보지만, 우리나라에서는 특허의 대상이 되는 사적 영업활동으로 보고 있다.

# 제4절  국가의 경제개입에 대한 재판적 통제

경제분야에서의 국가작용은 원칙상 다른 분야에서의 국가작용과는 달리 특별한 재판적 통제의 대상이 되는 것은 아니다. 경제분야에서의 재판적 통제는 다른 분야에서의 그것과 동일한 조건하에서 행하여진다. 그렇지만 경제개입분야에 있어서는 일정한 요인에 의해 다른 분야보다는 이 재판적 통제가 사실상 더 어렵고 효과적이지 못한 경우가 많다. 그 주된 원인은 경제상황의 기술성과 복잡성으로 법관에 의한 심리가 어렵다는 점과 그때 그때의 경제상황에 적합한 조치를 요구하는 경제분야의 특수성에 비추어 국가기관에 재량권이 부여되는 경우가 많다는 점 등에 있다.

　　또한 다른 분야보다도 법규정이 미비된 경우가 많고, 경제규제의 유연성의 요청에 따라 법에 의한 규율이 느슨한 경우가 많으며 정책, 계획, 행정지도, 행정사법, 고시 등과 같은 아직까지 재판적 통제장치가 충분히 마련되어 있지 않은 행위형식이 사용되는 경우가 많은 점도 재판적 통제를 어렵게 하고 있다.

# 제 6 장   개발행정법

개발행정법(開發行政法)이라 함은 국토공간, 도시공간과 토지의 효율적인 이용을 위하여 행해지는 국토계획, 도시계획 등 토지이용계획 및 토지규제에 관한 법을 말한다.

## 제 1 절   국토계획과 법

「국토기본법」은 국토의 종합관리에 관한 기본법으로서의 성격을 갖는다. 국토기본법은 舊 국토건설종합계획법을 폐지하고 이를 보완·발전시킨 법이다.

### Ⅰ. 국토계획의 체계

국토의 관리에 관한 계획(이하 '국토계획'이라 한다)은 국토종합계획·초광역권계획·도종합계획·시·군종합계획·지역계획 및 부문별계획으로 구분된다(국토기본법 제6조 제2항).

국토종합계획은 "국토전역을 대상으로 하여 국토의 장기적인 발전방향을 제시하는 종합계획"을 말하며 최상위의 국토계획이다(국토기본법 제6조 제2항 제1호).

초광역권계획은 "지역의 경제 및 생활권역의 발전에 필요한 연계·협력사업 추진을 위하여 2개 이상의 지방자치단체가 상호 협의하여 설정하거나「지방자치법」제199조의 특별지방자치단체가 설정한 권역으로, 특별시·광역시·특별자치시 및 도·특별자치도의 행정구역을 넘어서는 권역(이하 "초광역권"이라 한다)을 대상으로 하여 해당 지역의 장기적인 발전 방향을 제시하는 계획"을 말한다(국토기본법 제6조 제2항 1의 2). 초광역권을 구성하고자 하는 시·도지사 또는「지방자치법」제199조의 특별지방자치단체의 장(이하 "초광역권계획 수립주체"라 한다)은 초광역권의 발전을 위하여 필요한 경우에는 구성 지방자치단체의 장과 협의하여 초광역권계획을 수립(확정된 계획을 변경하는 경우를 포함)할 수 있다(제12조의2 제1항).

도종합계획은 "도 또는 특별자치도의 관할구역을 대상으로 하여 해당 지역의 장기적인 발전방향을 제시하는 종합계획"을 말한다(국토기본법 제6조 제2항 제2호). 도종합계획은 도지사가 수립하며 국토교통부장관의 승인을 받아야 한다(제13조 제1항, 제15조 제1항).

시·군종합계획은 "특별시·광역시·특별자치시·시 또는 군(광역시의 군은 제외한다)의 관할구역을 대상으로 하여 해당 지역의 기본적인 공간구조와 장기발전방향을 제시하고, 토지이용, 교통, 환경, 안전, 산업, 정보통신, 보건, 후생, 문화 등에 관하여 수립하는 계획으로서 「국토의 계획 및 이용에 관한 법률」(이하 '국토계획법'이라 한다)에 의하여 수립되는 도시·군계획"을 말한다(국토기본법 제6조 제2항 제3호).

지역계획은 "특정 지역을 대상으로 특별한 정책목적을 달성하기 위하여 수립하는 계획"을 말한다. 지역계획의 예로는 수도권발전계획·광역권개발계획·특정지역개발계획·개발촉진지구개발계획 등이 있다. 지역계획은 중앙행정기관의 장 또는 지방자치단체의 장이 수립한다(제16조).

부문별계획은 "국토 전역을 대상으로 하여 특정 부문에 대한 장기적인 발전방향을 제시하는 계획"을 말한다. 주택법에 의한 주택건설종합계획 등이 여기에 해당한다. 부문별계획은 중앙행정기관의 장이 수립한다(제17조 제1항).

이들 국토계획은 상호간에 다음과 같은 관계를 갖는다.

① 국토종합계획은 초광역권계획·도종합계획 및 시·군종합계획의 기본이 되며, 도종합계획은 해당 도의 관할구역에서 수립되는 시·군종합계획의 기본이 된다(제7조 제2항). 즉, 도에 있어서 국토종합계획 – 도종합계획 – 시·군종합계획은 수직적으로 상하관계에 있고, 특별시 및 광역시에 있어서는 국토종합계획 – 시군종합계획으로 수직적 상하관계를 이룬다. 국토종합계획은 국토교통부장관이 수립하여 대통령의 승인을 얻어야 한다(제9조 제1항, 제12조 제1항).

② 부문별계획과 지역계획은 국토종합계획과 조화를 이루어야 한다(제7조 제1항). 즉, 개별적으로 수립되는 지역계획과 부문별계획을 국토종합계획체계안에서 수립토록 하여 국토종합계획과의 연계성을 강화하였다. 그리고 이를 보장하기 위하여 중앙행정기관의 장이 부문별계획을 수립한 때에는 이를 지체없이 국토교통부장관에게 알리도록 하였다(제17조 제3항).

③ 국토종합계획은 20년을 단위로 하여 수립하며, 초광역권계획·도종합계획·시·군종합계획·지역계획 및 부문별계획의 수립권자는 국토종합계획의 수립주기를 고려하여 그 수립주기를 정하여야 한다(제7조 제3항). 국토계획의 계획기간이 만료되었음에도 불구하고 차기 계획이 수립되지 아니한 경우에는 해당 계획의 기본이 되는

계획과 저촉되지 아니하는 범위에서 종전의 계획을 따를 수 있다(제4항).

국토종합계획은 다른 법령에 따라 수립되는 국토에 관한 계획에 우선하며 그 기본이 된다. 다만, 군사에 관한 계획에 대하여는 그러하지 아니하다(제8조).

## Ⅱ. 계획간의 조정

국토교통부장관은 초광역권계획·도종합계획, 시·군종합계획, 지역계획 및 부문별계획이 서로 상충되거나 국토종합계획에 부합하지 아니하다고 판단되는 경우 또는 국토계획평가 실시 결과 해당 국토계획을 보완·조정할 필요가 있다고 인정되는 경우 또는 「환경정책기본법」에 따른 환경계획과의 연계성이 부족하여 상호 보완·조정할 필요가 있다고 인정되는 경우에는 중앙행정기관의 장 또는 지방자치단체의 장에게 해당 계획을 조정할 것을 요청할 수 있다(제20조 제1항).

제1항에 따라 계획을 조정할 것을 요청받은 중앙행정기관의 장 또는 지방자치단체의 장이 특별한 사유없이 이를 반영하지 아니하는 경우에는 국토교통부장관은 국토정책위원회의 심의를 거쳐 이를 조정할 수 있다(제20조 제2항).

국토교통부장관은 제2항에 따른 조정을 하려면 미리 관계중앙행정기관의 장 또는 해당 지방자치단체의 장의 의견을 들어야 한다(제20조 제3항).

## Ⅲ. 국토의 용도구분과 용도지역별 관리의무

국토기본법은 국토종합계획을 중심으로 국토에 관한 계획 및 정책을 수립·시행함에 있어서 지향하여야 할 이념 내지는 기본방향(지침)을 제시하는 최상위의 법률이며, 이 법률에 기초하여 도시계획 등과 같이 여러 가지 국토의 이용·개발 및 보전을 위한 계획의 수립 및 집행 등에 관하여 필요한 사항을 정하고 있는 것이 「국토의 계획 및 이용에 관한 법률」이다. 동법은 종래에 국토를 도시지역과 비도시지역으로 나누어 도시지역에는 도시계획법, 비도시지역에서는 국토이용관리법이 적용된다고 하는 국토의 이원적 관리체제가 난개발을 확산시킬 우려가 있고, 도시지역이 아닌 지역에서도 도시적 토지이용이 있는 경우에는 도시계획기법을 적용하는 것이 합리적이라는 인식에서 양법을 통합한 것이다.

이른바 통합법인 「국토의 계획 및 이용에 관한 법률」(이하 '국토계획법'이라고 한다)은 각종 국토이용계획에 의하여 전국토를 구분하여 용도를 부여하고, 이를 통해 국토를 효율적으로 관리하는 데 그 핵심이 있다고 할 것이다.

## 1. 국토의 용도구분

국토는 토지의 이용실태 및 특성, 장래의 토지이용방향 등을 고려하여 도시지역, 관리지역, 농림지역, 자연환경보전지역의 용도지역(用途地域)으로 구분한다(국토계획법 제6조 제1항).

도시지역은 "인구와 산업이 밀집되어 있거나 밀집이 예상되어 당해 지역에 대하여 체계적인 개발·정비·관리·보전 등이 필요한 지역"을 말한다.

관리지역은 "도시지역의 인구와 산업을 수용하기 위하여 도시지역에 준하여 체계적으로 관리하거나 농림업의 진흥, 자연환경 또는 산림의 보전을 위하여 농림지역 또는 자연환경보전지역에 준하여 관리가 필요한 지역"을 말한다.

농림지역은 "도시지역에 속하지 아니하는 농지법에 따른 농업진흥지역 또는 산지관리법에 따른 보전산지 등으로서 농림업을 진흥시키고 산림을 보전하기 위하여 필요한 지역"을 말한다.

자연환경보전지역은 "자연환경·수자원·해안·생태계·상수원 및 문화재의 보전과 수산자원의 보호·육성 등을 위하여 필요한 지역"을 말한다.

## 2. 용도지역별 관리의무

국가 또는 지방자치단체는 국토계획법 제6조에 따라 정하여진 용도지역의 효율적인 이용 및 관리를 위하여 다음 각 호에서 정하는 바에 따라 당해 용도지역에 관한 개발·정비 및 보전에 필요한 조치를 강구하여야 한다(제7조).

① 도시지역: 이 법 또는 관계 법률이 정하는 바에 따라 당해 지역이 체계적이고 효율적으로 개발·정비·보전될 수 있도록 미리 계획을 수립하고 이를 시행하여야 한다.

② 관리지역: 이 법 또는 관계 법률이 정하는 바에 따라 필요한 보전조치를 취하고 개발이 필요한 지역에 대하여는 계획적인 이용과 개발을 도모하여야 한다.

③ 농림지역: 이 법 또는 관계 법률이 정하는 바에 따라 농림업의 진흥과 산림의 보전·육성에 필요한 조사와 대책을 마련하여야 한다.

④ 자연환경보전지역: 이 법 또는 관계 법률이 정하는 바에 따라 환경오염방지, 자연환경·수질·수자원·해안·생태계 및 문화재의 보전과 수산자원의 보호·육성을 위하여 필요한 조사와 대책을 마련하여야 한다.

## 3. 용도지역지정 등의 의제

다음의 어느 하나의 구역 등으로 지정·고시된 지역은 이 법에 따른 도시지역으로 결정·고시된 것으로 본다(제42조 제1항). ① 항만법 제2조 제4호의 규정에 따른 항만구역으로서 도시지역에 연접한 공유수면, ② 어촌·어항법 제17조 제1항에 따른 어항구역으로서 도시지역에 연접한 공유수면, ③ 산업입지 및 개발에 관한 법률 제2조 제8호 가목부터 다목까지의 규정에 따른 국가산업단지, 일반산업단지 및 도시첨단산업단지, ④ 택지개발촉진법 제3조에 따른 택지개발지구, ⑤ 전원개발촉진법 제5조 및 같은 법 제11조에 따른 전원개발사업구역 및 예정구역(수력발전소 또는 송·변전설비만을 설치하기 위한 전원개발사업구역 및 예정구역은 제외한다).

관리지역에서 「농지법」에 따른 농업진흥지역으로 지정·고시된 지역은 이 법에 따른 농림지역으로, 관리지역의 산림 중 「산지관리법」에 의하여 보전산지로 지정·고시된 지역은 그 고시에서 구분하는 바에 따라 이 법에 따른 농림지역 또는 자연환경보전지역으로 결정·고시된 것으로 본다(제42조 제2항).

관계 행정기관의 장은 제1항과 제2항에 해당하는 항만구역, 어항구역, 산업단지, 택지개발지구, 전원개발사업구역 및 예정구역, 농업진흥지역 또는 보전산지를 지정한 경우에는 국토교통부령으로 정하는 바에 따라 제32조에 따라 고시된 지형도면 또는 지형도에 그 지정 사실을 표시하여 그 지역을 관할하는 특별시장·광역시장·특별자치시장·특별자치도지사·시장 또는 군수에게 통보하여야 한다(제42조 제3항).

제1항에 해당하는 구역·단지·지구 등(이하 이 항에서 '구역등'이라 한다)이 해제되는 경우(개발사업의 완료로 해제되는 경우는 제외한다) 이 법 또는 다른 법률에서 그 구역 등이 어떤 용도지역에 해당되는지를 따로 정하고 있지 아니한 경우에는 이를 지정하기 이전의 용도지역으로 환원된 것으로 본다. 이 경우 지정권자는 용도지역이 환원된 사실을 대통령령으로 정하는 바에 따라 고시하고, 그 지역을 관할하는 특별시장·광역시장·특별자치시장·특별자치도지사·시장 또는 군수에게 통보하여야 한다(제42조 제4항).

제4항에 따라 용도지역이 환원되는 당시 이미 사업이나 공사에 착수한 자(이 법 또는 다른 법률에 따라 허가·인가·승인 등을 받아야 하는 경우에는 그 허가·인가·승인 등을 받아 사업이나 공사에 착수한 자를 말한다)는 그 용도지역의 환원에 관계없이 그 사업이나 공사를 계속할 수 있다(제42조 제5항).

# 제 2 절  도시계획과 법

## 제 1 항  도시계획의 의의

도시계획(都市計劃)은 도시에서의 공간의 정비에 관한 계획을 말한다. 군계획은 군(郡)에서의 공간의 정비에 관한 계획을 말한다. 「국토의 계획 및 이용에 관한 법률」 (이하 '국토계획법'이라 한다)은 도시계획과 군계획을 본질상 구분하지 않고 함께 규율하면서 '도시·군계획'을 "특별시·광역시·특별자치시·특별자치도·시 또는 군(광역시의 관할구역 안에 있는 군은 제외한다)의 관할구역에 대하여 수립하는 공간구조와 발전방향에 대한 계획"이라고 정의하고 있다(제2조 제2호).

도시계획은 도시기본계획과 도시관리계획으로 구분하고, 군계획은 군기본계획과 군관리계획으로 구분한다(제2조 제2호). 이와 같이 국토계획법은 도시계획과 군계획을 구분하고 도시계획과 군계획을 도시·군계획이라 하고 있는데, 법이론상 도시계획과 군계획 사이에 본질적인 차이는 있는 것은 아니다. 따라서, 이하에서는 도시계획을 중심으로 논하기로 한다.

도시계획이 등장한 것은 도시에 인구가 집중되면서 무질서한 개발, 토지의 부족, 교통문제, 안전 및 건강에 대한 위협 등 많은 문제들이 생겼기 때문이다. 이러한 도시문제에 대응하여 도시의 발전방향을 제시하고 이를 달성하기 위하여 도시의 공간을 계획적으로 정비하는 수단을 제시한 것이 도시계획인 것이다.

도시계획은 과거에는 종교적 또는 정치적 요구에 맞추어 행해졌지만 근대의 도시계획은 시민의 필요에 응하는 도시공간을 제공하는 것을 목적으로 하고 있다. 도시계획은 전통적으로 도시생활의 필요에 응하기 위하여 다양한 여러 목표를 가지고 있다. 우선 시민에게 안전하고 위생적인 주거를 제공하는 것을 목적으로 한다. 위험으로부터 시민을 보호하고 정신적·육체적 건강과 삶의 쾌적함을 보장하여야 한다. 다음으로 시민이 공동생활을 유지할 수 있는 여건을 조성하여야 한다. 이를 위하여 적절한 공공시설이 갖추어져야 하고 사무실 등 직업활동공간이 마련되어야 한다. 마지막으로 도시민의 미적 욕구를 충족하여야 한다. 이를 위하여 경관이 보호되어야 한다.[67] 이와 같은 전통적인 도시계획의 목표는 적극적으로 도시생활에 필요한 토지 및 공간을 제공하고 소극적으로 도시민의 안전과 건강에 대한 위해를 제거한다는 것을 그 내용으로 하고 있었다.

---

67) Henri Jacquot, droit de l'urbanisme Deuxième Edition, 1991, DALLOZ, p. 4 et s.

그런데, 오늘날 도시계획에서 위와 같은 전통적인 목표 이외에 환경의 보호를 도시계획의 또 하나의 목표로 하여야 한다는 주장이 일반화되고 있다.

국토교통부장관은 도시의 지속가능하고 균형 있는 발전을 위하여 도시의 지속가능성을 평가할 수 있다(제3조의2 제1항). 국가 및 지방자치단체는 제1항의 규정에 따른 평가결과를 도시계획의 수립 및 집행에 반영하여야 한다(제3항).

## 제 2 항　도시계획에 관한 법원

합리적인 도시공간의 정비를 목적으로 하는 도시계획은 이에 관한 특정한 단행법만으로 달성되는 것이 아니라, 수많은 관련 법률을 통하여 이루어진다. 이러한 도시공간의 형성에 관한 법체계를 전통적인 방법에 따라서 분류하면, 대체로 다음과 같다.

### Ⅰ. 일반법

도시계획의 수립 및 시행에 관한 사항, 토지이용규제에 관한 사항, 그리고 도시계획시설사업의 시행에 관한 사항 등과 같이 도시계획에 있어 일반적이면서도 기본적인 내용에 대해 규율하고 있는 「국토계획법」 중의 도시계획에 관한 규정이 도시계획의 일반법이라고 할 수 있다. 종래 도시적 토지이용과 비도시적 토지이용을 구분하고, 전자에 대해서만 도시계획법이란 단행법이 일반법으로서 기능하게 하던 이원적 체계에서 현재에는 토지의 효율적 이용 · 관리를 위해 비도시지역에서도 도시계획기법을 적용하여야 한다는 이념하에 국토계획법이 제정되었던 것이다. 또한 이러한 통합법인 「국토의 계획 및 이용에 관한 법률」을 집행 · 시행하기 위한 「국토의 계획 및 이용에 관한 법률 시행령」, 「국토의 계획 및 이용에 관한 법률 시행규칙」이 마련되어 있다.

「토지이용규제기본법」은 새로운 토지이용규제를 수반하는 지역 · 지구 등의 신설을 엄격히 제한하고, 기존의 지역 · 지구 등을 정기적으로 재평가하여 지속적으로 정비해 나가는 한편, 지역 · 지구 등의 지정시 주민이 알 수 있도록 의견청취 절차와 지형도면 고시절차의 의무화 등을 규정하고 있다.

지역 · 지구등의 지정(따로 지정 절차 없이 법령 또는 자치법규에 따라 지역 · 지구등의 범위가 직접 지정되는 경우를 포함한다)과 운영 등에 관하여 다른 법률에 제8조와 다른 규정이 있는 경우에는 이 법에 따른다(토지이용규제 기본법 제3조).

[판례] (1) 토지이용규제법 제5조 제3호에 따라 국토교통부장관은 '토지이용규제를 하는 지역·지구 등'이라는 제목으로 지역·지구 등의 명칭과 근거 법령을 열거한 목록을 관보에 고시하는데, 위 고시는 토지이용규제법의 위임에 따라 법령을 보충하는 행정규칙으로서 법규명령에 해당한다. (2) '다른 법령의 위임에 따라 총리령, 부령 및 자치법규에 규정된 지역·지구 등'은 국토교통부장관이 그 지역·지구 등의 명칭과 근거 법령을 관보에 고시하여야만 지역·지구 등으로서 효력이 있고, 중앙행정기관의 장 또는 지방자치단체의 장은 이에 근거하여 특정한 지역·지구 등의 지정행위를 할 수 있다. (3) 국토이용정보체계에 지역·지구 등 지정에 관한 내용을 등재하는 것은 해당 지역·지구 등 지정행위가 유효한 것을 전제로 그 효력 발생일부터 국민들이 그에 관한 내용을 알 수 있도록 하기 위한 것이므로, 시장·군수·구청장은 '다른 법령의 위임에 따라 총리령, 부령 및 자치법규에 규정된 지역·지구 등'의 경우 그 명칭과 근거 법령이 국토교통부장관 고시에 포함되어 있어 해당 지역·지구 등의 지정행위가 유효한 경우에만 중앙행정기관의 장 또는 지방자치단체의 장의 통보에 따라 이를 국토이용정보체계에 등재할 의무가 있다고 보아야 한다(대판 2019. 10. 18, 2017다202968).

## Ⅱ. 특별법

도시계획에 관한 일반법인 국토계획법 이외에 건전한 도시공간의 형성에 영향을 미치는 각종의 특수목적에 의한 특별법이 다수에 이르는데, 도시개발법, 주택법, 택지개발촉진법, 도시 및 주거환경정비법, 산업입지 및 개발에 관한 법률, 장사 등에 관한 법률, 개발제한구역의 지정 및 관리에 관한 특별조치법, 공익사업을 위한 토지 등의 취득 및 보상에 관한 법률, 농지법, 산림법, 산지관리법, 자연공원법, 도로법, 하천법 등이 있다.

## Ⅲ. 기    타

그 밖에 간접적으로 도시계획과 밀접한 관련성을 지니는 법률로는 국토기본법과 수도권정비계획법, 그리고 건축법을 들 수 있다.

국토기본법은 국토의 이용·개발·보전에 관한 최상위의 국토기본계획을 규율하고 있다.

수도권정비계획법은 수도권정비계획권역 내에서는 동법에서 규정한 권역별 행위제한에 저촉되는 행위를 하여서는 안 되도록 규정되어 있어(제3조, 제7조, 제8조, 제9조), 이 범위에서 국토계획법상의 도시·군계획에 우선하는 계획법이다.

그리고 건축법은 기본적으로 건축물의 안전성을 보장하는 것을 목적으로 하지만, 동법에 규정된 건축물의 용도분류는 국토계획법상의 지역·지구제의 전제가 된다. 그리고 국토계획법상의 도시계획사항은 건축에 의하여 구체화되므로 건축법은 도시계획과 매우 밀접한 관련성을 지니고 있다. 건축은 건축법뿐만 아니라 국토계획법에 합치하여야 한다.

# 제3항 도시계획의 종류 및 지위

## Ⅰ. 도시계획의 종류 및 상호관계

### 1. 도시계획의 종류

도시·군계획은 도시·군기본계획과 도시·군관리계획으로 구분된다(제2조 제2호).

도시·군기본계획이라 함은 특별시·광역시·특별자치시·특별자치도·시 또는 군(광역시의 관할 구역에 있는 군은 제외한다. 이하 같다)의 관할구역 및 생활권에 대하여 기본적인 공간구조와 장기발전방향을 제시하는 종합계획으로서 도시·군관리계획수립의 지침이 되는 계획을 말한다(제2조 제3호).

도시·군관리계획이라 함은 특별시·광역시·특별자치시·특별자치도·시 또는 군의 개발·정비 및 보전을 위하여 수립하는 토지 이용, 교통, 환경, 경관, 안전, 산업, 정보통신, 보건, 복지, 안보, 문화 등에 관한 다음 각 목의 계획을 말한다(제2조 제4호). 도시·군관리계획은 구 도시계획법상의 도시계획에 해당한다. 도시·군관리계획에는 다음과 같은 계획이 포함된다. ① 용도지역·용도지구의 지정 또는 변경에 관한 계획, ② 개발제한구역, 도시자연공원구역, 시가화조정구역(市街化調整區域), 수산자원보호구역의 지정 또는 변경에 관한 계획, ③ 기반시설의 설치·정비 또는 개량에 관한 계획, ④ 도시개발사업이나 정비사업에 관한 계획, ⑤ 지구단위계획구역의 지정 또는 변경에 관한 계획과 지구단위계획, ⑥ 도시혁신구역의 지정 또는 변경에 관한 계획과 도시혁신계획, ⑦ 복합용도구역의 지정 또는 변경에 관한 계획과 복합용도계획, ⑧ 도시·군계획시설입체복합구역의 지정 또는 변경에 관한 계획. 이들 도시·군관리계획 중 ①이 가장 기본적인 것이 되며 다른 도시·군관리계획은 ①에 대한 특별계획의 지위를 갖는다.

행정구역의 명칭이 특별시·광역시·특별자치시·특별자치도·시인 경우 도시·군계획, 도시·군기본계획, 도시·군관리계획, 도시·군계획시설, 도시·군계획시설사업, 도시·군계획사업 및 도시·군계획상임기획단의 명칭은 각각 "도시계획", "도시기본계획", "도시관리계획", "도시계획시설", "도시계획시설사업", "도시계획사업" 및 "도시계획상임기획단"으로 한다(제5조 제1항). 행정구역의 명칭이 군인 경우 도시·군계획, 도시·군기본계획, 도시·군관리계획, 도시·군계획시설, 도시·군계획시설사업, 도시·군

계획사업 및 도시·군계획상임기획단의 **명칭**은 각각 "군계획", "군기본계획", "군관리
계획", "군계획시설", "군계획시설사업", "군계획사업" 및 "군계획상임기획단"으로 한다
(제2항). 이와 같이 도시계획, 도시기본계획, 도시관리계획 등은 명칭에 있어서 군계획,
군기본계획, 군관리계획 등과 구분된다.

광역도시계획도 도시계획의 일종이라 할 수 있다. 광역도시계획이라 함은 광역
계획권의 장기발전방향을 제시하는 계획을 말한다(제2조 제1호).

## 2. 도시계획의 상호관계

도시기본계획은 도시관리계획수립의 지침이 된다(제2조 제3호). 도시관리계획은
도시기본계획에 부합되어야 한다(제25조 제1항). 즉, 도시계획은 도시기본계획에 구속
된다. 도시기본계획에 위반되는 도시계획은 위법하게 되는가. 도시기본계획의 도시
계획에 대한 구속력은 내부적 구속력에 불과하다는 이유로 이를 부정하는 견해가 있
으나 국토계획법은 명문으로 도시관리계획은 도시기본계획에 부합하여야 한다고 규
정하고 있는 점에 비추어 이를 긍정하여야 할 것이다. 따라서, 도시기본계획에 위반
한 도시계획에 근거한 처분은 위법한 처분이 된다. 그러나, 판례는 구 도시계획법하
에서 다음과 같이 부정적 견해를 취하였다.

**[판례]** 구 도시계획법 제11조 제1항에는, 시장 또는 군수는 그 관할 도시계획구역 안에서 시행할
도시계획을 도시기본계획의 내용에 적합하도록 입안하여야 한다고 규정하고 있으나, 도시기본계획
이라는 것은 도시의 장기적 개발방향과 미래상을 제시하는 도시계획 입안의 지침이 되는 장기적·
종합적인 개발계획으로서 직접적인 구속력은 없는 것이므로, 도시계획시설결정 대상면적이 도시기
본계획에서 예정했던 것보다 증가하였다 하여 그것이 도시기본계획의 범위를 벗어나 위법한 것은
아니다(대판 1998. 11. 27, 96누13927). 〈해설〉 그러나, 이 대법원 판결에서 적용되었던 구 도시계획
법에서는 '도시계획을 입안할 때 도시기본계획의 내용에 적합하도록 입안하여야 한다'는 취지의
규정만 두었었고, 현행법에서와 같이 '도시관리계획은 도시기본계획에 부합하여야 한다'는 규정(제
25조 제1항)은 없었으므로 이 판례가 현행법하에서도 타당할지는 의문이다.

도시·군기본계획(도시기본계획과 군기본계획)은 해당 광역도시계획에 부합되어야
하며, 도시·군기본계획의 내용이 광역도시계획의 내용과 다른 때에는 광역도시계획
의 내용이 우선한다(제4조 제3항). 도시관리계획은 광역도시계획과 도시·군기본계획
(제19조의2에 따른 생활권계획을 포함한다)에 부합되어야 한다(제25조 제1항).

광역도시계획 및 도시·군계획은 국가계획에 부합되어야 하며, 광역도시계획 또
는 도시·군계획의 내용이 국가계획의 내용과 다를 때에는 국가계획의 내용이 우선
한다(제4조 제2항).

Ⅱ. 도시계획과 다른 법률에 의한 계획과의 관계

### 1. 도시계획과 다른 법률에 의한 토지의 이용 · 개발 및 보전에 관한 계획

도시 · 군계획은 특별시 · 광역시 · 특별자치시 · 특별자치도 · 시 또는 군의 관할 구역에서 수립되는 다른 법률에 따른 토지의 이용 · 개발 및 보전에 관한 계획의 기본이 된다(제4조 제1항). 이는 도시계획이 다른 법률에 의한 계획에 대하여 일반적인 지위를 갖고 다른 법률에 의한 계획이 특별계획의 지위를 갖는다는 의미이다.

"다른 법률에 따른 토지의 이용 · 개발 및 보전에 관한 계획"이라 함은 수도권정비계획법 · 도시개발법 · 택지개발촉진법 · 주택법 · 환경정책기본법 · 도시공원법 · 문화재보호법 · 농지법 등과 같이 특정한 목적을 위한 각종 개별법률에서 정한 계획을 의미한다.

### 2. 도시기본계획과 다른 법률에 의한 부문별계획

특별시장 · 광역시장 · 특별자치시장 · 특별자치도지사 · 시장 또는 군수(광역시의 관할 구역에 있는 군의 군수는 제외한다. 이하 같다. 다만, 제113조, 제117조부터 제124조까지, 제124조의2, 제125조, 제126조, 제133조, 제136조, 제138조 제1항, 제139조 제1항 · 제2항에서는 광역시의 관할 구역에 있는 군의 군수를 포함한다)가 관할 구역에 대하여 다른 법률에 따른 환경 · 교통 · 수도 · 하수도 · 주택 등에 관한 부문별 계획을 수립할 때에는 도시 · 군기본계획의 내용에 부합되게 하여야 한다(제4조 제4항).

'다른 법률에 의한 부문별계획'이라 함은 주택법에 의한 주택건설종합계획 등과 같이 특정 부문을 대상으로 한 계획을 말한다.

### 3. 지역지구계획과 다른 법률에 의한 토지의 구역 등의 지정제한 등

중앙행정기관의 장 또는 지방자치단체의 장은 다른 법률에 의하여 토지이용에 관한 지역 · 지구 · 구역 또는 구획 등(이하 '구역 등'이라 한다)을 지정하고자 하는 경우에는 당해 구역 등의 지정목적이 이 법에 의한 용도지역 · 용도지구 및 용도구역의 지정목적에 부합되도록 하여야 한다(제8조 제1항).

## 제 4 항   광역도시계획

Ⅰ. 의    의

광역도시계획(廣域都市計劃)이라 함은 광역계획권의 장기발전방향을 제시하는 계획을 말한다. 광역도시계획은 인접한 지방자치단체 상호간의 연계된 공간정비를 가능하게 하기 위하여 인정되었다(제2조 제1호, 제10조).

이 계획은 1개 도시의 차원에서는 해결하기 곤란한 광역교통·환경 등의 광역도시문제를 해결하는 데 그 의의가 있다.

## Ⅱ. 광역계획권의 지정

국토교통부장관(광역계획권이 둘 이상의 특별시·광역시·특별자치시·도 또는 특별자치도(이하 '시·도'라 한다)의 관할 구역에 걸쳐 있는 경우) 또는 도지사(광역계획권이 도의 관할 구역에 속하여 있는 경우)는 둘 이상의 특별시·광역시·특별자치시·특별자치도·시 또는 군의 공간구조 및 기능을 상호 연계시키고 환경을 보전하며 광역시설을 체계적으로 정비하기 위하여 필요한 경우에는 다음 각 호의 구분에 따라 인접한 둘 이상의 특별시·광역시·특별자치시·특별자치도·시 또는 군의 관할 구역 전부 또는 일부를 대통령령으로 정하는 바에 따라 광역계획권으로 지정할 수 있다(제10조 제1항).

중앙행정기관의 장, 시·도지사, 시장 또는 군수는 국토교통부장관이나 도지사에게 광역계획권의 지정 또는 변경을 요청할 수 있다(제10조 제2항).

국토교통부장관은 광역계획권을 지정하거나 변경하려면 관계 시·도지사, 시장 또는 군수의 의견을 들은 후 중앙도시계획위원회의 심의를 거쳐야 한다(제10조 제3항).

도지사가 광역계획권을 지정하거나 변경하려면 국토교통부장관과의 협의와 관계 시·도지사, 시장 또는 군수의 의견을 들은 후 지방도시계획위원회의 심의를 거쳐야 한다(제4항).

국토교통부장관 또는 도지사는 광역계획권을 지정하거나 변경하면 지체 없이 관계 시·도지사, 시장 또는 군수에게 그 사실을 통보하여야 한다(제10조 제5항).

## Ⅲ. 광역도시계획의 수립권자

국토교통부장관, 시·도지사, 시장 또는 군수는 다음의 구분에 따라 광역도시계획을 수립하여야 한다(제11조 제1항). ① 광역계획권이 같은 도의 관할구역에 속하여 있는 경우에는 관할 시장 또는 군수가 공동으로 수립, ② 광역계획권이 2 이상의 시·도의 관할구역에 걸쳐 있는 경우에는 관할 시·도지사가 공동으로 수립, ③ 광역계획권을 지정한 날부터 3년이 지날 때까지 관할 시장 또는 군수로부터 제16조 제1항에 따른 광역도시계획의 승인 신청이 없는 경우에는 관할 도지사가 수립, ④ 국가계획과 관련된 광역도시계획의 수립이 필요한 경우나 광역계획권을 지정한 날부터 3년이 지말 때까지 관할 시·도지사로부터 제16조 제1항에 따른 광역도시계획의 승인 신청이 없는 경우에는 국토교통부장관이 수립.

국토교통부장관은 시·도지사의 요청이 있는 경우와 그 밖에 필요하다고 인정되는 경우에는 제1항의 규정에 불구하고 관할 시·도지사와 공동으로 광역도시계획을 수립할 수 있다(제11조 제2항).

생각건대, 광역도시계획은 이론상 일차적으로 도시계획의 수립권자인 특별시장·광역시장·시장 또는 군수 상호간의 합의에 의해 공동으로 수립하도록 하는 것이 지방자치의 정신에 비추어 타당하다.

## Ⅳ. 광역도시계획의 내용

광역도시계획에는 다음의 사항 중 당해 광역계획권의 지정목적을 달성하는 데 필요한 사항에 대한 정책방향이 포함되어야 한다(제12조 제1항): ① 광역계획권의 공간 구조와 기능 분담에 관한 사항, ② 광역계획권의 녹지관리체계와 환경 보전에 관한 사항, ③ 광역시설의 배치·규모·설치에 관한 사항, ④ 경관계획에 관한 사항, ⑤ 그 밖에 광역계획권에 속하는 특별시·광역시·특별자치시·특별자치도·시 또는 군 상호간의 기능연계에 관한 사항으로서 대통령령이 정하는 사항.

## Ⅴ. 광역도시계획의 수립절차

### 1. 광역도시계획의 수립을 위한 기초조사

국토교통부장관, 시·도지사, 시장 또는 군수는 광역도시계획을 수립하거나 변경하려면 미리 인구, 경제, 사회, 문화, 토지 이용, 환경, 교통, 주택, 그 밖에 대통령령으로 정하는 사항 중 그 광역도시계획의 수립 또는 변경에 필요한 사항을 대통령령으로 정하는 바에 따라 조사하거나 측량하여야 한다(제13조 제 1 항).

### 2. 공청회의 개최

국토교통부장관, 시·도지사, 시장 또는 군수는 광역도시계획을 수립하거나 변경하려면 미리 공청회를 열어 주민과 관계 전문가 등으로부터 의견을 들어야 하며, 공청회에서 제시된 의견이 타당하다고 인정하면 광역도시계획에 반영하여야 한다(제14조 제1항).

### 3. 지방자치단체의 의견청취

시·도지사, 시장 또는 군수는 광역도시계획을 수립하거나 변경하려면 미리 관계 시·도, 시 또는 군의 의회와 관계 시장 또는 군수의 의견을 들어야 한다(제15조 제1항).

### 4. 광역도시계획의 승인

시·도지사는 광역도시계획을 수립하거나 변경하려면 국토교통부장관의 승인을 받아야 한다. 다만, 제11조 제3항에 따라 도지사가 수립하는 광역도시계획은 그러하지 아니하다(제16조 제1항).

국토교통부장관은 제1항에 따라 광역도시계획을 승인하거나 직접 광역도시계획을 수립 또는 변경(시·도지사와 공동으로 수립하거나 변경하는 경우를 포함한다)하려면 관계 중앙행정기관과 협의한 후 중앙도시계획위원회의 심의를 거쳐야 한다(제16조 제2항).

국토교통부장관은 직접 광역도시계획을 수립 또는 변경하거나 승인하였을 때에는 관계 중앙행정기관의 장과 시·도지사에게 관계 서류를 송부하여야 하며, 관계 서류를 받은 시·도지사는 대통령령으로 정하는 바에 따라 그 내용을 공고하고 일반이 열람할 수 있도록 하여야 한다(제16조 제4항).

### 5. 광역도시계획의 조정

제11조 제1항 제2호에 따라 광역도시계획을 공동으로 수립하는 시·도지사는 그 내용에 관하여 서로 협의가 되지 아니하면 공동이나 단독으로 국토해양부장관에게 조정(調停)을 신청할 수 있다(제17조 제1항).

국토교통부장관은 제1항에 따라 단독으로 조정신청을 받은 경우에는 기한을 정하여 당사자 간에 다시 협의를 하도록 권고할 수 있으며, 기한 내에 협의가 이루어지지 아니하는 경우에는 직접 조정할 수 있다(제17조 제2항).

국토교통부장관은 제1항에 따른 조정의 신청을 받거나 제2항에 따라 직접 조정하려는 경우에는 중앙도시계획위원회의 심의를 거쳐 광역도시계획의 내용을 조정하여야 한다. 이 경우 이해관계를 가진 지방자치단체의 장은 중앙도시계획위원회의 회의에 출석하여 의견을 진술할 수 있다(제17조 제3항).

광역도시계획을 수립하는 자는 조정결과를 광역도시계획에 반영하여야 한다(제17조 제4항).

## 제5항  도시기본계획

### I. 도시기본계획의 의의 및 법적 성질

도시·군기본계획이라 함은 특별시·광역시·특별자치시·특별자치도·시 또는 군의 관할 구역에 대하여 기본적인 공간구조와 장기발전방향을 제시하는 종합계획으로서 도시·군관리계획 수립의 지침이 되는 계획을 말한다(제2조 제3호).

도시기본계획(군기본계획)은 도시관리계획(군관리계획)을 입안하는 기관을 구속한다. 그러나, 도시기본계획(都市基本計劃)은 일반 국민에 대하여는 직접적인 구속력을 갖지 않는다. 따라서, 도시기본계획은 항고소송의 대상이 되지 않는다.

**[판례]** ① 도시기본계획은 도시계획(현행 도시관리계획)입안의 지침이 되는 것에 불과하여 일반 국민에 대한 직접적인 구속력은 없는 것이다(대판 2002. 10. 11, 2000두8226).
② 구 도시계획법 제19조 제1항 및 도시계획시설결정 당시의 지방자치단체의 도시계획조례에서는, 도시계획(현행 도시관리계획)이 도시기본계획에 부합되어야 한다고 규정하고 있으나, 도시기본계획은 도시의 장기적 개발방향과 미래상을 제시하는 도시계획 입안의 지침이 되는 장기적·종합적인 개발계획으로서 행정청에 대한 직접적인 구속력은 없다(대판 2007. 04. 12, 2005두1893[도시계획시설결정취소][원지동 추모공원사건]). 〈해설〉 도시기본계획은 처분을 하는 행정청을 구속하지 않는다는 취지의 판결이다. 달리 말하면 도시기본계획에 위반하였다는 것만으로 처분(처분성 있는 도시관리계획 포함)이 위법하지 않다는 것이다. 그러나, 도시기본계획에 명백히 배치되는 도시관리계획은 위법한 것으로 보는 것이 타당하다. 다만, 도시기본계획은 국민에 대하여는 직접적인 구속력은 갖지 않는다. 예를 들면, 행정청은 도시기본계획에 반한다는 이유로 건축허가를 거부할 수는 없다고 보아야 한다.

광역도시계획이 수립되어 있는 지역에 대하여 수립하는 도시·군기본계획은 그 광역도시계획에 부합되어야 하며, 도시·군기본계획의 내용이 광역도시계획의 내용과 다를 때에는 광역도시계획의 내용이 우선한다(제4조 제3항).

국가계획의 내용이 도시기본계획의 내용과 다른 경우에는 국가계획의 내용이 우선한다(제4조 제2항).

생활권계획이 수립 또는 승인된 때에는 해당 계획이 수립된 생활권에 대해서는 도시·군기본계획이 수립 또는 변경된 것으로 본다. 이 경우 제19조 제1항 각 호의 사항 중에서 생활권의 설정 및 인구의 배분에 관한 사항 등은 대통령령으로 정하는 범위에서 수립·변경하는 경우로 한정한다(제19조의2 제3항).

## Ⅱ. 도시기본계획의 수립권자 및 정비주기

도시·군기본계획의 수립권자는 특별시장·광역시장·특별자치시장·특별자치도 지사·시장 또는 군수이다(제18조 제1항).

특별시장·광역시장·특별자치시장·특별자치도지사·시장 또는 군수는 5년마다 관할 구역의 도시·군기본계획에 대하여 그 타당성 여부를 전반적으로 재검토하여 정비하여야 한다(제23조 제1항).

## Ⅲ. 대상지역

특별시장·광역시장·시장 또는 군수는 관할구역에 대하여 도시·군기본계획을 수립하여야 한다. 다만, 시 또는 군의 위치, 인구의 규모, 인구감소율 등을 고려하여 대통령령으로 정하는 시 또는 군은 도시·군기본계획을 수립하지 아니할 수 있다(제 18조 제1항).

특별시장·광역시장·특별자치시장·특별자치도지사·시장 또는 군수는 지역여건 상 필요하다고 인정되면 인접한 특별시·광역시·특별자치시·특별자치도·시 또는 군 의 관할 구역 전부 또는 일부를 포함하여 도시·군기본계획을 수립할 수 있다(제18조 제2항). 특별시장·광역시장·특별자치시장·특별자치도지사·시장 또는 군수는 제2항에 따라 인접한 특별시·광역시·특별자치시·특별자치도·시 또는 군의 관할 구역을 포 함하여 도시·군기본계획을 수립하려면 미리 그 특별시장·광역시장·특별자치시장· 특별자치도지사·시장 또는 군수와 협의하여야 한다(제18조 제3항).

## Ⅳ. 도시기본계획의 내용

도시기본계획(군기본계획)에는 다음의 사항에 대한 정책방향이 포함되어야 한다 (제19조 제1항): ① 지역적 특성 및 계획의 방향·목표에 관한 사항, ② 공간구조, 생활 권의 설정 및 인구의 배분에 관한 사항, ③ 토지의 이용 및 개발에 관한 사항, ④ 토 지의 용도별 수요 및 공급에 관한 사항, ⑤ 환경의 보전 및 관리에 관한 사항, ⑥ 기 반시설에 관한 사항, ⑦ 공원·녹지에 관한 사항, ⑧ 경관에 관한 사항, ⑨ 기후변화 대응 및 에너지절약에 관한 사항, ⑩ 방재 및 안전에 관한 사항, ⑪ 제2호부터 제8호 까지, 제8호의2 및 제8호의3에 규정된 사항의 단계별 추진에 관한 사항, ⑫ 그 밖에 대통령령으로 정하는 사항.

## V. 도시기본계획의 수립절차

도시기본계획을 수립함에 있어 기초조사를 하여야 하고 공청회를 개최하여야 하며(제20조), 지방의회의 의견을 들어야 한다(제21조).

특별시장·광역시장·특별자치시장 또는 특별자치도지사는 도시·군기본계획을 수립하거나 변경하려면 관계 행정기관의 장(국토교통부장관을 포함한다)과 협의한 후 지방도시계획위원회의 심의를 거쳐야 한다(제22조 제1항). 제1항에 따라 협의 요청을 받은 관계 행정기관의 장은 특별한 사유가 없으면 그 요청을 받은 날부터 30일 이내에 특별시장·광역시장·특별자치시장 또는 특별자치도지사에게 의견을 제시하여야 한다(제2항). 특별시장·광역시장·특별자치시장 또는 특별자치도지사는 도시·군기본계획을 수립하거나 변경한 경우에는 관계 행정기관의 장에게 관계 서류를 송부하여야 하며, 대통령령으로 정하는 바에 따라 그 계획을 공고하고 일반인이 열람할 수 있도록 하여야 한다(제3항).

시장 또는 군수는 도시·군기본계획을 수립하거나 변경하려면 대통령령으로 정하는 바에 따라 도지사의 승인을 받아야 한다(제22조의2 제1항). 도지사는 제1항에 따라 도시·군기본계획을 승인하려면 관계 행정기관의 장과 협의한 후 지방도시계획위원회의 심의를 거쳐야 한다(제2항). 제2항에 따른 협의에 관하여는 제22조 제2항을 준용한다. 이 경우 "특별시장·광역시장·특별자치시장 또는 특별자치도지사"은 "도지사"로 본다(제3항). 도지사는 도시·군기본계획을 승인하면 관계 행정기관의 장과 시장 또는 군수에게 관계 서류를 송부하여야 하며, 관계 서류를 받은 시장 또는 군수는 대통령령으로 정하는 바에 따라 그 계획을 공고하고 일반인이 열람할 수 있도록 하여야 한다(제4항).

# 제 6 항  도시관리계획

## I. 의의 및 성질

도시·군관리계획이란 특별시·광역시·시 또는 군의 개발·정비 및 보전을 위하여 수립하는 토지 이용, 교통, 환경, 경관, 안전, 산업, 정보통신, 보건, 후생, 안보, 문화 등에 관한 다음 각 목의 계획을 말한다(제2조 제4호). 도시관리계획(군관리계획)에는 용도지역·용도지구의 지정 또는 변경에 관한 계획, 개발제한구역, 도시자연공원구역, 시가화조정구역(市街化調整區域), 수산자원보호구역의 지정 또는 변경에 관한 계획, 기반시설의 설치·정비 또는 개량에 관한 계획, 도시개발사업이나 정비사업에 관한 계획, 지구단위계획구역의 지정 또는 변경에 관한 계획과 지구단위계획, 복합용도구역의 지정 또는 변경에 관한 계획과 복합용도계획, 도시·군계획시설입체복합구역의 지정 또는 변경에 관한 계획이 있다. "지구단위계획"이란 도시계획 수립 대상지역의 일부에 대하여 토지 이용을 합리화하고 그 기능을 증진시키며 미관을 개선하고 양호한 환경을 확보하며, 그 지역을 체계적·계획적으로 관리하기 위하여 수립하는 도시관리계획을 말한다.

도시관리계획은 종전의 도시계획법상 도시계획에 해당하는 것으로 국민에 대하여 직접 구속력을 갖는 행정계획이다. 도시관리계획은 구속적 행정계획이므로 특별한 규정이 없는 한 건축 등 개발행위허가는 도시관리계획에 합치해야 허용된다. 따라서, 도시관리계획(군관리계획)은 항고소송의 대상이 되는 처분이다(행정법론(상) 참조).

도시관리계획은 행정계획으로서 재량행위이다.

[판례] 용도지역지정행위나 용도지역변경행위는 전문적·기술적 판단에 기초하여 행하여지는 일종의 행정계획으로서 재량행위라 할 것이다(대판 2005. 03. 10, 2002두5474).

도시관리계획구역 안에서의 토지의 개발 및 이용행위는 도시관리계획에 적합하여야 한다. 즉, 건축 등 토지의 개발 및 이용행위가 허가를 받아야 하는 경우 도시관리계획에 합치할 것이 요건이 된다.

## Ⅱ. 도시관리계획의 입안권자 및 결정권자

### 1. 입안권자

도시·군관리계획의 입안권자는 특별시장·광역시장·특별자치시장·특별자치도지사·시장 또는 군수이다(제24조 제1항).

제2항에 따른 인접한 특별시·광역시·특별자치시·특별자치도·시 또는 군의 관할 구역에 대한 도시·군관리계획은 관계 특별시장·광역시장·특별자치시장·특별자치도지사·시장 또는 군수가 협의하여 공동으로 입안하거나 입안할 자를 정한다(제24조 제3항). 제3항에 따른 협의가 성립되지 아니하는 경우 도시·군관리계획을 입안하려는 구역이 같은 도의 관할 구역에 속할 때에는 관할 도지사가, 둘 이상의 시·도의 관할 구역에 걸쳐 있을 때에는 국토교통부장관(제40조에 따른 수산자원보호구역의 경우 해양수산부장관을 말한다. 이하 이 조에서 같다)이 입안할 자를 지정하고 그 사실을 고시하여야 한다(제24조 제4항).

이와 같이 현행 국토계획법에서는 도시계획분야에서의 자치단체의 자치권을 보장하기 위하여 원칙적으로 자치단체의 장(시장·군수)에게 도시관리계획입안권을 부여하고 있다. 다만, 다음과 같이 예외적으로 국토교통부장관 또는 도지사에게 도시관리계획입안권을 부여하고 있다.

즉, 국토교통부장관은 다음의 1에 해당하는 경우에는 직접 또는 관계 중앙행정기관의 장의 요청에 의하여 도시·군관리계획을 입안할 수 있다. ① 국가계획과 관련된 경우, ② 둘 이상의 시·도에 걸쳐 지정되는 용도지역·용도지구 또는 용도구역과 둘 이상의 시·도에 걸쳐 이루어지는 사업의 계획 중 도시·군관리계획으로 결정하여야 할 사항이 있는 경우, ③ 특별시장·광역시장·특별자치시장·특별자치도지사·시장 또는 군수가 제138조에 따른 기한까지 국토교통부장관의 도시·군관리계획 조정 요구에 따라 도시·군관리계획을 정비하지 아니하는 경우. 이 경우 국토교통부장관은 관할 시·도지사 및 시장·군수의 의견을 들어야 한다(제24조 제5항).
도지사는 다음의 1의 경우에는 직접 또는 시장이나 군수의 요청에 의하여 도시·군관리계획을 입안할 수 있다. ① 둘 이상의 시·군에 걸쳐 지정되는 용도지역·용도지구 또는 용도구역과 둘 이상의 시·군에 걸쳐 이루어지는 사업의 계획 중 도시·군관리계획으로 결정하여야 할 사항이 포함되어 있는 경우, ② 도지사가 직접 수립하는 사업의 계획으로서 도시·군관리계획으로 결정하여야 할 사항이 포함되어 있는 경우. 이 경우 도지사는 관계 시장 또는 군수의 의견을 들어야 한다(제24조 제6항).

## 2. 결정권자

도시·군관리계획은 시·도지사가 직접 또는 시장·군수의 신청에 따라 결정한다. 다만, 「지방자치법」 제175조에 따른 서울특별시와 광역시 및 특별자치시를 제외한 인구 50만 이상의 대도시(이하 "대도시"라 한다)의 경우에는 해당 시장(이하 '대도시 시장'이라 한다)이 직접 결정하고, 시장 또는 군수가 입안한 지구단위계획구역의 지정·변경과 지구단위계획의 수립·변경에 관한 도시·군관리계획 및 제52조 제1항 제1호의2에 따라 지구단위계획으로 대체하는 용도지구 폐지에 관한 도시·군관리계획(해당 시장(대도시 시장은 제외한다) 또는 군수가 도지사와 미리 협의한 경우에 한정한다)은 해당 시장 또는 군수가 직접 결정한다(제29조 제1항).

다만, 국가계획과 관련되어 국토교통부장관이 입안한 도시·군관리계획, 개발제한구역, 시가화조정구역의 지정 및 변경에 관한 도시·군관리계획은 국토교통부장관이 결정한다. 수산자원보호구역의 지정 및 변경에 관한 도시·군관리계획은 해양수산부장관이 결정한다(제29조 제2항).

[판례] 후행 도시계획의 결정을 하는 행정청이 선행 도시계획의 결정·변경 등에 관한 권한을 가지고 있지 아니한 경우, 선행 도시계획과 양립할 수 없는 내용이 포함된 후행 도시계획결정의 효력(=무효): 도시계획의 결정·변경 등에 관한 권한을 가진 행정청은 이미 도시계획이 결정·고시된 지역에 대하여도 다른 내용의 도시계획을 결정·고시할 수 있고, 이 때에 **후행 도시계획에 선**

행 도시계획과 서로 양립할 수 없는 내용이 포함되어 있다면, 특별한 사정이 없는 한 선행 도시계획은 후행 도시계획과 같은 내용으로 변경되는 것이나, 후행 도시계획의 결정을 하는 행정청이 선행 도시계획의 결정·변경 등에 관한 권한을 가지고 있지 아니한 경우에 선행 도시계획과 서로 양립할 수 없는 내용이 포함된 후행 도시계획결정을 하는 것은 아무런 권한 없이 선행 도시계획결정을 폐지하고, 양립할 수 없는 새로운 내용이 포함된 후행 도시계획결정을 하는 것으로서, 선행 도시계획결정의 폐지 부분은 권한 없는 자에 의하여 행해진 것으로서 무효이고, 같은 대상지역에 대하여 선행 도시계획결정이 적법하게 폐지되지 아니한 상태에서 그 위에 다시 한 후행 도시계획결정 역시 위법하고, 그 하자는 중대하고도 명백하여 다른 특별한 사정이 없는 한 **무효**라고 보아야 한다(대판 2000. 09. 08, 99두11257).

## Ⅲ. 대상지역

원칙상 특별시·광역시·특별자치시·특별자치도·시 또는 군의 관할구역이 도시·군관리계획의 대상지역이 된다(제24조 제1항). 다만, 특별시장·광역시장·특별자치시장·특별자치도지사·시장 또는 군수는 다음 각 호의 어느 하나에 해당하면 인접한 특별시·광역시·특별자치시·특별자치도·시 또는 군의 관할 구역 전부 또는 일부를 포함하여 도시·군관리계획을 입안할 수 있다(제24조 제2항). ① 지역여건상 필요하다고 인정하여 미리 인접한 특별시장·광역시장·특별자치시장·특별자치도지사·시장 또는 군수와 협의한 경우, ② 제18조 제2항에 따라 인접한 특별시·광역시·특별자치시·특별자치도·시 또는 군의 관할 구역을 포함하여 도시·군기본계획을 수립한 경우.

## Ⅳ. 도시관리계획의 입안기준

도시관리계획은 광역도시계획 및 도시기본계획에 부합되어야 한다(제25조 제1항).
국토교통부장관(수산자원보호구역의 경우 해양수산부장관을 말한다), 시·도지사, 시장 또는 군수는 도시·군관리계획을 입안할 때에는 대통령령으로 정하는 바에 따라 도시·군관리계획도서(계획도와 계획조서를 말한다)와 이를 보조하는 계획설명서(기초조사 결과·재원조달방안 및 경관계획 등을 포함한다)를 작성하여야 한다(제25조 제2항).
도시·군관리계획은 계획의 상세 정도, 도시·군관리계획으로 결정하여야 하는 기반시설의 종류 등에 대하여 도시 및 농·산·어촌 지역의 인구밀도, 토지 이용의 특성 및 주변 환경 등을 종합적으로 고려하여 차등을 두어 입안하여야 한다(제25조 제3항).
도시·군관리계획의 수립기준, 도시·군관리계획도서 및 계획설명서의 작성기준·작성방법 등은 대통령령으로 정하는 바에 따라 국토교통부장관이 정한다(제25조 제4항).

## V. 도시관리계획의 수립절차

### 1. 도시관리계획의 입안

#### (1) 주민의 입안제안

도시계획의 입안(立案)과 결정은 고도의 전문적 지식이 요구되어 기본적으로 행정청에 일정한 재량이 인정된다. 따라서 도시계획입안에 있어 이해관계를 갖는 주민에게 일반적이고 확정적인 계획입안권을 인정할 수는 없다. 다만, 현행 국토계획법에서는 예외적으로 주민(이해관계자를 포함한다)에게 직접적으로 이해관계를 갖는 일정한 사항(기반시설의 설치·정비 또는 개량에 관한 사항, 지구단위계획구역의 지정 및 변경과 지구단위계획의 수립 및 변경에 관한 사항) 및 개발진흥지구 중 공업기능 또는 유통물류기능 등을 집중적으로 개발·정비하기 위한 개발진흥지구로서 대통령령으로 정하는 개발진흥지구의 지정 및 변경에 관한 사항에 관해 도시계획입안권자에게 계획안을 제안할 수 있는 제한된 도시계획수립청구권의 근거규정을 마련하고 있다(제26조 제1항).

이러한 주민의 도시계획입안의 제안을 받아들일 것인지 여부는 입안권자의 재량에 속한다고 보아야 할 것이다.

#### (2) 기초조사

광역도시계획의 수립을 위한 기초조사에 관한 제13조의 규정은 도시관리계획(군관리계획)을 입안하는 경우에 이를 준용한다. 다만, 대통령령이 정하는 경미한 사항을 입안하는 경우에는 그러하지 아니하다(제27조 제1항).

#### (3) 환경성검토

국토교통부장관(수산자원보호구역의 경우 해양수산부장관), 시·도지사, 시장 또는 군수는 제1항에 따른 기초조사의 내용에 도시·군관리계획이 환경에 미치는 영향 등에 대한 환경성 검토를 포함하여야 한다(제27조 제2항). 환경성검토의 결여 또는 환경성검토의 결여에 준하는 명백한 불충분은 도시관리계획의 무효사유가 되며 환경성검토의 불충분은 경미하지 않는 한 도시관리계획의 취소사유가 된다고 보아야 한다.

#### (4) 토지적성평가 및 재해취약성분석

국토교통부장관, 시·도지사, 시장 또는 군수는 제1항에 따른 기초조사의 내용에 토지적성평가와 재해취약성분석을 포함하여야 한다(제27조 제3항).

#### (5) 예    외

도시·군 관리계획으로 입안하려는 지역이 도심지에 위치하거나 개발이 끝나 나대지가 없는 등 대통령령으로 정하는 요건에 해당하면 제1항부터 제3항까지의 규정에 따른 기초조사, 환경성 검토, 토지적성평가 또는 재해취약성분석을 하지 아니할 수 있다(제27조 제4항).

### (6) 주민 및 지방의회의 의견청취

국토교통부장관(수산자원보호구역의 경우 해양수산부장관), 시·도지사, 시장 또는 군수는 도시·군관리계획을 입안할 때에는 주민의 의견을 들어야 하며, 그 의견이 타당하다고 인정되면 도시·군관리계획안에 반영하여야 한다. 다만, 국방상 또는 국가안전보장상 기밀을 지켜야 할 필요가 있는 사항(관계 중앙행정기관의 장이 요청하는 것만 해당한다)이거나 대통령령으로 정하는 경미한 사항인 경우에는 그러하지 아니하다(제28조 제1항). 제1항의 규정에 의한 주민의 의견청취에 관하여 필요한 사항은 대통령령이 정하는 기준에 따라 해당 지방자치단체의 조례로 정한다(제28조 제4항).

국토교통부장관이나 도지사는 도시·군관리계획을 입안하려면 주민의 의견 청취 기한을 밝혀 도시·군관리계획안을 관계 특별시장·광역시장·특별자치시장·특별자치도지사·시장 또는 군수에게 송부하여야 하며(제28조 제2항) 제2항에 따라 도시·군관리계획안을 받은 특별시장·광역시장·특별자치시장·특별자치도지사·시장 또는 군수는 명시된 기한까지 그 도시·군관리계획안에 대한 주민의 의견을 들어 그 결과를 국토교통부장관이나 도지사에게 제출하여야 한다(제28조 제3항).

국토교통부장관, 시·도지사, 시장 또는 군수는 도시·군관리계획을 입안하려면 대통령령으로 정하는 사항에 대하여 해당 지방의회의 의견을 들어야 한다(제28조 제5항). 국토교통부장관이나 도지사가 제5항에 따라 지방의회의 의견을 듣는 경우에는 제2항과 제3항을 준용한다. 이 경우 "주민"은 "지방의회"로 본다(제6항). 특별시장·광역시장·특별자치시장·특별자치도지사·시장 또는 군수가 제5항에 따라 지방의회의 의견을 들으려면 의견 제시 기한을 밝혀 도시·군관리계획안을 송부하여야 한다. 이 경우 해당 지방의회는 명시된 기한까지 특별시장·광역시장·특별자치시장·특별자치도지사·시장 또는 군수에게 의견을 제시하여야 한다(제7항).

## 2. 도시관리계획의 결정절차

중앙행정기관의 장이나 지방자치단체의 장이 지역·지구등을 지정(변경 및 해제를 포함한다. 이하 같다)하려면 대통령령으로 정하는 바에 따라 미리 주민의 의견을 들어야 한다. 다만, 다음 각 호의 어느 하나에 해당하거나 대통령령으로 정하는 경미한 사항을 변경하는 경우에는 그러하지 아니하다. 1. 따로 지정 절차 없이 법령이나 자치법규에 따라 지역·지구등의 범위가 직접 지정되는 경우. 2. 다른 법령 또는 자치법규에 주민의 의견을 듣는 절차가 규정되어 있는 경우. 3. 국방상 기밀유지가 필요한 경우. 4. 그 밖에 대통령령으로 정하는 경우(토지이용규제기본법 제8조 제1항).

시·도지사는 도시·군관리계획을 결정하려면 관계 행정기관의 장과 미리 협의하여야 하며, 국토교통부장관(수산자원보호구역의 경우 해양수산부장관)이 도시·군관리계획을 결정하려면 관계 중앙행정기관의 장과 미리 협의하여야 한다. 이 경우 협의 요청을 받은 기관의 장은 특별한 사유가 없으면 그 요청을 받은 날부터 30일 이내에 의견을 제시하여야 한다(국토계획법 제30조 제1항).

시·도지사는 국토교통부장관이 입안하여 결정한 도시·군관리계획을 변경하거나 그 밖에 대통령령으로 정하는 중요한 사항에 관한 도시·군관리계획을 결정하려면 미리 국토교통부장관과 협의하여야 한다(제30조 제2항).

도시관리계획의 결정권자가 계획을 결정하고자 하는 때에는 국토계획법에 근거하여 조직된 중앙도시계획위원회나 시·도 도시계획위원회의 심의를 거쳐야 한다. 다만, 시·도지사가 지구단위계획(지구단위계획과 지구단위계획구역을 동시에 결정할 때에는 지구단위계획구역의 지정 또는 변경에 관한 사항을 포함할 수 있다)이나 제52조 제1항 제1호의2에 따라 지구단위계획으로 대체하는 용도지구 폐지에 관한 사항을 결정하려면 대통령령이 정하는 바에 따라 건축위원회와 시·도도시계획위원회가 공동으로 하는 심의를 거쳐야 한다(제30조 제3항).

국토교통부장관이나 시·도지사는 국방상 또는 국가안전보장상 기밀을 지켜야 할 필요가 있다고 인정되면(관계 중앙행정기관의 장이 요청할 때만 해당된다) 그 도시·군관리계획의 전부 또는 일부에 대하여 제1항부터 제3항까지의 규정에 따른 절차를 생략할 수 있다(제30조 제4항).

국토교통부장관이나 시·도지사는 도시·군관리계획을 결정하면 대통령령으로 정하는 바에 따라 그 결정을 고시하고, 국토교통부장관이나 도지사는 관계 서류를 관계 특별시장·광역시장·특별자치시장·특별자치도지사·시장 또는 군수에게 송부하여 일반이 열람할 수 있도록 하여야 하며, 특별시장·광역시장·특별자치시장·특별자치도지사는 관계 서류를 일반이 열람할 수 있도록 하여야 한다(제30조 제6항).

### 3. 도시관리계획결정의 의제

다른 법률에서 일정한 인·허가가 있는 경우에는 도시관리계획의 결정이 있는 것으로 보는 것으로 규정하고 있는 경우가 있다. ① 주택건설사업 또는 대지조성사업의 사업계획승인을 얻은 경우(주택법 제17조 제1항), ② 택지개발사업실시계획승인을 얻은 경우(택지개발촉진법 제11조 제1항) 등.

이와 같이 의제되는 도시관리계획의 결정에는 새로운 도시관리계획의 결정뿐만 아니라 기존의 도시관리계획을 변경하는 결정도 포함된다. 따라서, 그 인·허가의 내용이 기존의 도시관리계획의 내용과 다른 경우에는 기존의 도시관리계획은 그 인·허가의 내용대로 적법하게 변경된 것으로 보아야 한다(대판 1995. 05. 12, 93누19047).

## Ⅵ. 도시관리계획결정의 효력

도시관리계획결정권자는 도시관리계획을 결정하면 그 결정을 고시하여야 하며 (제30조 제6항, 동법시행령 제25조 제5항), 고시된 도시관리계획(군관리계획)은 도시관리계획결정을 고시한 날부터 5일 후에 지적이 표시된 지형도면을 고시한 날부터 효력이 발생한다(제31조 제1항). 여기서 고시는 도시관리계획(군관리계획)결정의 효력발생요건으로 보아야 할 것이다.

토지이용규제 기본법 제8조 제2항에 따라 지형도면 또는 지적도 등에 지역·지구 등을 명시한 도면(이하 "지형도면등"이라 한다)을 고시하여야 하는 지역·지구등의 지정의 효력은 지형도면등의 고시를 함으로써 발생한다. 다만, 지역·지구등을 지정할 때에 지형도면등의 고시가 곤란한 경우로서 대통령령으로 정하는 경우에는 그러하지 아니하다(토지이용규제 기본법 제8조 제3항). 토지이용규제 기본법 제8조 제3항 단서에 해당되는 경우에는 지역·지구등의 지정일부터 2년이 되는 날까지 지형도면등을 고시하여야 하며, 지형도면등의 고시가 없는 경우에는 그 2년이 되는 날의 다음 날부터 그 지정의 효력을 잃는다(토지이용규제 기본법 제8조 제4항).

[판례] ① (1)「토지이용규제 기본법」제3조, 제8조는 개별 법령에 따른 '지역·지구 등' 지정과 관련하여 개별 법령에 지형도면 작성·고시절차가 규정되어 있지 않은 경우에도 관계 행정청으로 하여금 기본법인 토지이용규제법 제8조에 따라 지형도면을 작성하여 고시할 의무를 부과하기 위함이지, 이미 개별 법령에서 '지역·지구 등'의 지정과 관련하여 지형도면을 작성하여 고시하는 절차를 완비해 놓은 경우에 대해서까지 토지이용규제법 제8조에서 정한 '지역·지구 등' 지정의 효력발생시기나 지형도면 작성·고시방법을 따르도록 하려는 것은 아니라고 보아야 한다. 따라서 이미 개별 법령에서 '지역·지구 등'의 지정과 관련하여 지형도면을 작성하여 고시하는 절차를 완비해 놓은 경우에는 '지역·지구 등' 지정의 효력발생시기나 지형도면 작성·고시방법은 개별 법령의 규정에 따라 판단하여야 한다(대법원 2017. 06. 08. 선고 2015두38573 판결 참조). (2)「산업입지 및 개발에 관한 법률」(이하 '산업입지법'이라 한다)상 산업단지 지정의 효력은 산업입지법 제7조의4에 따라 산업단지 지정고시를 한 때에 발생한다고 보아야 하며, 토지이용규제법 제8조 제3항에 따라 실시계획 승인고시를 하면서 지형도면을 고시한 때에 비로소 발생한다고 볼 것은 아니다(대판 2019. 12. 12, 2019두47629).
② [토지이용규제 기본법 제8조 제9항에 따른 국토이용정보체계 등재의무 위반을 이유로 손해배상을 구하는 사건] (1) 토지이용규제 기본법 제5조 제3호에 따라 '다른 법령의 위임에 따라 총리

령, 부령 및 자치법규에 규정된 지역·지구 등'은 국토교통부장관이 그 지역·지구 등의 명칭과 근거 법령을 관보에 고시하여야만 지역·지구 등으로서 효력이 있다. (2) 시장·군수·구청장은 해당 지역·지구 등의 지정행위가 유효한 경우에만 이를 국토이용정보체계에 등재할 의무가 있다(대판 2019.10.18, 2017다202968).
③ 가축분뇨법에 따라 가축의 사육을 제한하기 위해서는 원칙적으로 시장·군수·구청장이 조례가 정하는 바에 따라 일정한 구역을 가축사육 제한구역으로 지정하여 토지이용규제 기본법에서 정한 바에 따라 지형도면을 작성·고시하여야 하고, 이러한 지형도면 작성·고시 전에는 가축사육 제한 구역 지정의 효력이 발생하지 아니한다(대판 2020. 12. 24, 2020두46769).

## 1. 토지이용의 제한

도시관리계획(군관리계획)이 결정되면 그에 따라 토지이용에 대하여 여러 제한이 가해진다.

개발행위를 행함에 있어 개발행위허가를 받아야 하는 경우에 당해 개발행위가 도시관리계획의 내용에 어긋나지 아니할 것이 개발행위허가의 하나의 요건이 되고 있다(제58조 제1항 제2호). 그 이외에도 도시관리계획은 개발행위허가의 고려사항이 된다. 도시관리계획 중 지역·지구·구역의 지정목적에 따라 지역·지구·구역 안에서의 건축 등의 토지이용행위에 대하여 후술하는 바와 같이 제한이 가해진다(제76조). 특별시장·광역시장·특별자치시장·특별자치도지사·시장 또는 군수는 도시·군계획시설의 설치 장소로 결정된 지상·수상·공중·수중 또는 지하는 그 도시·군계획시설이 아닌 건축물의 건축이나 공작물의 설치를 허가하여서는 아니 된다. 다만, 대통령령으로 정하는 경우에는 그러하지 아니하다(제64조 제1항).

이와 같이 도시관리계획이 수립되면 국민의 권리가 직접 제한되므로 도시관리계획은 항고소송의 대상이 되는 처분이라고 보아야 한다. 판례도 도시관리계획을 처분으로 보고 있다(대판 1982. 03. 09, 80누105)(행정법론(상) 참조).

## 2. 진행중인 사업 또는 공사에 대한 특례

도시·군관리계획 결정 당시 이미 사업이나 공사에 착수한 자(이 법 또는 다른 법률에 따라 허가·인가·승인 등을 받아야 하는 경우에는 그 허가·인가·승인 등을 받아 사업이나 공사에 착수한 자를 말한다)는 그 도시·군관리계획 결정에 관계없이 그 사업이나 공사를 계속할 수 있다. 다만, 시가화조정구역이나 수산자원보호구역의 지정에 관한 도시·군관리계획 결정이 있는 경우에는 대통령령으로 정하는 바에 따라 특별시장·광역시장·특별자치시장·특별자치도지사·시장 또는 군수에게 신고하고 그 사업이나 공사를 계속할 수 있다(제31조 제2항).

## Ⅶ. 지형도면의 고시 등

지형도면(地形圖面)은 개별토지에 대하여 도시관리계획상 어떠한 제한이 가해지는 것인지를 명확히 하기 위하여 작성된다.

도시·군관리계획에 관한 지형도면의 작성기준 및 방법과 지형도면의 고시방법 및 절차 등에 관하여는 국토의 계획 및 이용에 관한 법률 제32조에서 정한 것 이외에는 「토지이용규제 기본법」 제8조 제2항 및 제6항부터 제9항까지의 규정에 따른다(제32조 제5항).

### 1. 지형도면의 개념

지형도면이라 함은 지형도에 도시관리계획사항을 명시한 도면을 말한다. 원칙상 지형도면은 대통령령이 정하는 바에 따라 지적이 표시된 지형도에 도시관리계획사항을 명시한 도면을 말하는데, 도시지역 외의 지역으로서 당해 토지에 도시계획시설이 결정되지 아니한 경우 등 대통령령이 정하는 경우에는 지적이 표시되지 아니한 지형도에 도시관리계획사항을 명시한 도면을 말한다(제32조 제1항, 제2항).

### 2. 지형도면의 작성

#### (1) 특별시장·광역시장·시장 또는 군수가 작성하는 경우

특별시장·광역시장·특별자치시장·특별자치도지사·시장 또는 군수는 제30조에 따른 도시·군관리계획 결정(이하 '도시·군관리계획결정'이라 한다)이 고시되면 지적(地籍)이 표시된 지형도에 도시·군관리계획에 관한 사항을 자세히 밝힌 도면을 작성하여야 한다(제32조 제1항).

시장(대도시 시장은 제외한다)이나 군수는 제1항에 따른 지형도에 도시·군관리계획(지구단위계획구역의 지정·변경과 지구단위계획의 수립·변경에 관한 도시·군관리계획은 제외한다)에 관한 사항을 자세히 밝힌 도면(이하 '지형도면'이라 한다)을 작성하면 도지사의 승인을 받아야 한다. 이 경우 지형도면의 승인 신청을 받은 도지사는 그 지형도면과 결정·고시된 도시·군관리계획을 대조하여 착오가 없다고 인정되면 대통령령으로 정하는 기간에 그 지형도면을 승인하여야 한다(제32조 제2항).

#### (2) 국토교통부장관 또는 도지사가 작성하는 경우

국토교통부장관(수산자원보호구역의 경우 해양수산부장관)이나 도지사는 도시·군관리계획을 직접 입안한 경우에는 제1항과 제2항에도 불구하고 관계 특별시장·광역시장·특별자치시장·특별자치도지사·시장 또는 군수의 의견을 들어 직접 지형도면을 작성할 수 있다(제32조 제3항).

## 3. 지형도면의 고시

국토교통부장관, 시·도지사 또는 대도시 시장은 직접 지형도면을 작성하거나 지형도면을 승인한 경우에는 이를 고시(告示)하여야 한다(제32조 제4항).

지형도면은 「토지이용규제 기본법」 제8조 제2항에 따라 고시된다(제32조 제5항).

중앙행정기관의 장이 지역·지구등을 지정하는 경우에는 지적(地籍)이 표시된 지형도에 지역·지구등을 명시한 도면(이하 '지형도면'이라 한다)을 작성하여 관보에 고시하고, 지방자치단체의 장이 지역·지구등을 지정하는 경우에는 지형도면을 작성하여 그 지방자치단체의 공보에 고시하여야 한다. 다만, 대통령령으로 정하는 경우에는 지형도면을 작성·고시하지 아니하거나 지적도 등에 지역·지구등을 명시한 도면을 작성하여 고시할 수 있다(토지이용규제기본법 제8조 제2항).

행정청이 도시관리계획결정에 따른 지형도면을 작성하여 일정한 장소에 비치한 사실을 관보·공보에 고시하고 그와 동시에 지형도면을 그 장소에 비치하여 일반인이 직접 열람할 수 있는 상태에 놓아두었다면 이로써 지형도면 고시가 적법하게 이루어진 것이고, 행정청이 도시관리계획(지구단위계획)결정에 따른 지형도면을 작성하여 이를 고시할 때 지형도면 자체를 관보·공보에 수록하여야 하는 것은 아니다(대판 2018. 03. 29, 2017다218246).

**[판례]** 피고가 가축사육 제한구역 지정에 따른 지형도면을 작성하여 가축사육 제한구역 지형도면 변경 고시를 하면서 그 고시문에 지형도면 자체를 수록하지는 않았으나 '지형도면을 홍천군청 환경위생과 사무실에 비치하였고 부동산종합공부시스템에 등재하였으며 토지이용규제정보시스템에서 열람할 수 있다'는 취지를 기재한 사건에서, 실제 위 고시와 동시에 지형도면을 홍천군청 환경위생과 사무실에 비치하여 일반인이 직접 열람할 수 있는 상태에 놓아두었는지에 관하여 나아가 심리하지 않은 채 가축사육 제한구역 지정의 효력이 발생하지 않았다고 판단한 원심을 파기한 사안(대판 2020. 12. 24, 2020두46769).

지형도면의 고시는 지형도면이 도시계획사항과 일치하는지 여부를 확인하여 아무런 착오가 없으면 이를 그대로 확정·선언하는 확인행위이다(정태용, 124면). 지형도면의 고시는 처분이며 항고소송의 대상이 된다.

**[판례]** ① 토지이용규제 기본법(이하 '토지이용규제법'이라 한다)의 목적과 입법 취지 및 토지이용규제법 제1조, 제2조 제1호, 제3조, 제5조, 제8조 제2항, 제3항, 토지이용규제 기본법 시행령 제7조 제3항 제1호의 내용 등에 비추어 보면, 토지이용규제법이 '지역·지구 등'을 지정할 때 원칙적으로 지적이 표시된 지형도에 '지역·지구 등'을 명시한 도면(이하 '지형도면'이라 한다)을 작성·고시하도록 한 것은, 국민의 토지이용 제한 등 규제의 대상이 되는 토지는 내용을 명확히 공시하여 토지

이용의 편의를 도모하고 행정의 예측가능성과 투명성을 확보하려는 데 있다. 따라서 지형도면의
작성·고시 절차를 거치지 않아도 되는 예외사유는 엄격하게 해석하여 해당 여부를 판단하여야 한
다(대판 2017. 04. 07, 2014두37122[건축허가복합민원신청불허재처분취소]).

② 구 가축분뇨의 관리 및 이용에 관한 법률(2014. 3. 24. 법률 제12516호로 개정되기 전의 것, 이하
'가축분뇨법'이라 한다) 제8조 제1항 제1호, 토지이용규제 기본법 제2조 제1호, 제3조, 제5조 제1호
[별표], 제8조 제2항 본문, 제3항을 종합하여 보면, 가축분뇨법에 따라 가축의 사육을 제한하기 위
해서는 원칙적으로 시장·군수·구청장이 조례가 정하는 바에 따라 일정한 구역을 가축사육 제한
구역으로 지정하여 토지이용규제 기본법에서 정한 바에 따라 지형도면을 작성·고시하여야 하고,
이러한 지형도면 작성·고시 전에는 가축사육 제한구역 지정의 효력이 발생하지 아니한다(대판
2017. 05. 11, 2013두10489).

③ 지형도면을 고시함에 있어서 도면을 누락한 위법은 절차상의 하자로서 그 고시의 취소사유가
되는 것은 별론으로 하고, 그와 같은 하자가 그 고시를 당연 무효라고 보아야 할 만큼 중대하고
명백한 하자라고 볼 수는 없다(대판 1990. 01. 25, 89누2936).

### 4. 지형도면의 경정과 변경

도시계획결정의 효력을 변경하는 내용으로 지형도면을 경정하거나 변경하기 위
하여는 이에 선행하여 도시계획결정을 변경한 다음 그 변경된 도시계획결정에 맞게
지형도면을 경정하거나 변경하여야 한다. 이와 같은 절차를 밟지 아니한 채 실질적
으로 도시계획결정의 변경을 가져오는 내용으로 지형도면을 경정 또는 변경하는 조
치는 위법하고, 그 효력이 없다. 다만, 지형도면에 의한 고시에 잘못이 있어 이를 경
정하거나 변경한다고 하더라도 그 경정 또는 변경은 도시계획결정의 범위를 벗어나
지 아니하고 지형도면상의 명백한 오류, 착오기재 등을 바로잡는 한도 내에서만 가
능하고, 도시계획결정의 효력을 변경하는 내용의 지형도면의 경정 또는 변경은 국민
의 재산권보장과 공공의 이익을 규제하는 도시계획법의 입법취지 및 적법절차의 원
칙에 비추어 그 한계를 넘는 것이어서 허용되지 않는다(대판 1996. 03. 22, 95누13920).

### 5. 지형도면고시의 효과

토지이용규제기본법 제8조 제2항의 규정에 따라 지형도면 또는 지적도 등에 지
역·지구 등을 명시한 도면(이하 '지형도면 등'이라 한다)을 고시하여야 하는 지역·지구
등의 지정의 효력은 지형도면 등의 고시를 함으로써 발생한다. 다만, 지역·지구 등
을 지정하는 때에 지형도면 등의 고시가 곤란한 경우로서 대통령령이 정하는 경우에
는 그러하지 아니하다(제8조 제3항). 제3항 단서의 규정에 해당되는 경우에는 지역·
지구 등의 지정일부터 2년이 되는 날까지 지형도면 등을 고시하여야 하며, 지형도면
등의 고시가 없는 경우에는 그 2년이 되는 날의 다음 날부터 그 지정의 효력을 잃는
다(제4항).

도시계획결정고시의 도면만으로는 구체적인 범위나 개별토지의 도시계획선을 특정할 수 없으므로 결국 지형도면고시는 도시계획결정의 구체적, 개별적인 범위를 실질적으로 확정하는 효과를 갖는다(대판 1999. 02. 09, 98두13195).

### 6. 도시계획결정과 지형도면고시의 관계

① 도시계획결정고시의 도면만으로는 그 대상지역의 구체적인 범위나 개별토지에 대한 도시계획경계를 특정하기 어려운 경우가 많으므로 결국 도시관리계획결정의 효력이 미치는 구체적·개별적 범위는 지형도면고시에 의해 확정된다(대판 2000. 03. 23, 99두11851).

**[판례]** 판례는 건설부장관의 도시계획결정에 따라 서울특별시장이 도시계획사항을 명시한 지형도면을 승인하는 처분은 그 자체 새로운 법률적 효과가 형성되는 것은 아니라 할 것이므로 도시계획확정처분에 대하여 소원이나 행정소송을 제기할 법정기간을 도과하여 그 위법성을 주장할 수 없게 된 경우에는 후행행위인 서울특별시장의 지형도면승인 처분의 위법을 주장할 수 없다고 보았다(대판 1978. 12. 26, 78누281).

② 지형도면고시에 포함되지 아니한 토지에 대하여는 도시계획결정의 효력이 미치지 아니하며 이러한 토지에 대하여는 도시계획결정을 이유로 행위를 제한하거나 도시계획사업을 시행할 수 없다(정태용, 123면; 대판 1979. 10. 10, 78누476).

③ 그러나, 지형도면고시는 도시관리계획결정을 기초로 하여 도시계획사항을 확정하는 것이므로 도시관리계획으로 결정되지 아니한 사항은 지형도면고시가 되더라도 아무런 효력이 없다.

④ 도시·군관리계획결정의 고시일부터 2년이 되는 날까지 제32조 제4항에 따른 지형도면의 고시가 없는 경우(같은 조 제5항에 따라 지형도면의 고시를 갈음하는 경우는 제외한다)에는 그 2년이 되는 날의 다음날에 그 도시·군관리계획결정은 효력을 잃는다(제33조 제1항).

### Ⅷ. 도시계획사항의 확인

시장, 군수 또는 구청장은 ① 지역·지구 등의 지정내용, ② 지역·지구 등에서의 행위제한내용, ③ 그 밖에 대통령령으로 정하는 사항을 확인하는 서류(토지이용계획확인서)의 발급신청이 있는 경우에는 대통령령이 정하는 바에 따라 토지이용계획확인서를 발급하여야 한다(토지이용규제기본법 제10조 제1항).

이러한 도시관리계획이 포함된 토지이용계획확인서 발급행위의 법적 성질은 공증행위로서 항고소송의 대상이 되는 것으로 보아야 할 것이다.

**[판례]** 도시관리계획의 결정이 없음에도 불구하고 도시관리계획결정이 있다는 내용으로 토지이용계획확인서가 발급되고 있다면 그 결정의 부존재를 확인하기 위한 행정쟁송을 제기할 수 있다(대판 1985. 06. 11, 85누157).

또한 토지이용계획확인서를 잘못 발급함으로 인하여 손해를 입은 자는 당해 공무원이나 소속 지방자치단체에 대해 손해배상청구를 할 수 있다.

## IX. 도시관리계획결정의 실효

도시·군관리계획결정의 고시일부터 2년이 되는 날까지 제32조 제4항의 규정에 의한 지형도면의 고시가 없는 경우(지형도면의 고시에 갈음하는 경우를 제외한다)에는 그 2년이 되는 날의 다음날에 그 도시·군관리계획결정은 효력을 상실한다(제33조 제1항).

국토교통부장관(수산자원보호구역의 경우 해양수산부장관), 시·도지사 또는 대도시 시장은 제1항에 따라 도시·군관리계획결정이 효력을 잃게 된 때에는 대통령령으로 정하는 바에 따라 지체 없이 그 사실을 고시하여야 한다(제33조 제2항).

## X. 도시관리계획의 정비

특별시장·광역시장·특별자치시장·특별자치도지사·시장 또는 군수는 5년마다 관할 구역의 도시·군관리계획에 대하여 대통령령으로 정하는 바에 따라 그 타당성 여부를 전반적으로 재검토하여 정비하여야 한다(제34조).

## XI. 도시관리계획입안의 특례

국토교통부장관, 시·도지사, 시장 또는 군수는 도시·군관리계획을 조속히 입안하여야 할 필요가 있다고 인정되면 광역도시계획이나 도시·군기본계획을 수립할 때에 도시·군관리계획을 함께 입안할 수 있다(제35조 제1항).

② 국토교통부장관(제40조에 따른 수산자원보호구역의 경우 해양수산부장관을 말한다), 시·도지사, 시장 또는 군수는 필요하다고 인정되면 도시·군관리계획을 입안할 때에 제30조 제1항에 따라 협의하여야 할 사항에 관하여 관계 중앙행정기관의 장이나 관계 행정기관의 장과 협의할 수 있다. 이 경우 시장이나 군수는 도지사에게 그 도시·군관

리계획의 결정을 신청할 때에 관계 행정기관의 장과의 협의 결과를 첨부하여야 한다.

③ 제2항에 따라 미리 협의한 사항에 대하여는 제30조 제1항에 따른 협의를 생략할 수 있다.

국토교통부장관(수산자원보호구역의 경우 해양수산부장관), 시·도지사, 시장 또는 군수는 필요하다고 인정되면 도시·군관리계획을 입안할 때에 제30조 제1항에 따라 협의하여야 할 사항에 관하여 관계 중앙행정기관의 장이나 관계 행정기관의 장과 협의할 수 있다. 이 경우 시장이나 군수는 도지사에게 그 도시·군관리계획의 결정을 신청할 때에 관계 행정기관의 장과의 협의 결과를 첨부하여야 한다(제35조 제2항).

## 제7항 지역·지구·구역제

### Ⅰ. 지역·지구·구역제의 의의

지역·지구·구역제(이하 '지역지구제'라 한다)라 함은 도시지역을 공간적으로 구분하여 토지의 용도와 형태를 규제하는 제도를 말한다. 토지의 용도 중에는 상호 양립이 어려운 것도 있고, 도시의 공간을 조화롭고 균형 있게 개발할 필요가 있기 때문에 지역지구제가 도입되고 있다.

지역지구제(Zoning)에는 용도지역, 용도지구, 용도구역이 있다.

용도지역, 용도지구, 용도구역은 원칙상 국토계획법에 따라 도시관리계획으로 결정된다.

다른 법률에 의하여 토지이용에 관한 지역·지구·구역 또는 구획 등이 지정되는 경우가 있는데, 이 경우에는 당해 구역 등의 지정목적이 국토계획법에 의한 용도지역·용도지구 및 용도구역의 지정목적에 부합되도록 하여야 한다(제8조 제1항).

### Ⅱ. 국토계획법에 의한 용도지역

#### 1. 용도지역의 의의

'용도지역'이라 함은 토지의 이용 및 건축물의 용도·건폐율(건축법 제55조의 건폐율)·용적률(건축법 제56조의 용적률)·높이 등을 제한함으로써 토지를 경제적·효율적으로 이용하고 공공복리의 증진을 도모하기 위하여 서로 중복되지 아니하게 도시·군관리계획으로 결정하는 지역을 말한다(제2조 제15호).

용도지역은 도시계획구역 전체를 대상으로 하며 도시계획구역의 한 지역은 반드시 하나의 용도지역에 속하여야 하며 용도지역은 중복되어 지정될 수 없다.

## 2. 용도지역의 종류

도시관리계획에 의해 획정되는 용도지역으로는 도시지역, 관리지역, 농림지역, 자연환경보전지역이 있다. 이들 용도지역은 토지의 이용실태 및 특성, 장래의 토지이용방향 등을 고려하여 구분된다(제6조).

### (1) 도시지역

도시지역(都市地域)은 인구와 산업이 밀집되어 있거나 밀집이 예상되어 당해 지역에 대하여 체계적인 개발·정비·관리·보전 등이 필요한 지역을 말한다(제6조 제1호). 도시지역은 주거지역, 상업지역, 공업지역, 녹지지역으로 구분된다(제36조 제1항 제1호).

#### 1) 주거지역

주거지역(住居地域)이라 함은 '거주의 안녕과 건전한 생활환경의 보호를 위하여 필요한 지역'을 말한다. 주거지역은 도시관리계획의 결정으로 다음과 같이 세분하여 지정될 수 있다(국토계획법 시행령 제30조).

① 전용주거지역: 양호한 주거환경을 보호하기 위하여 필요한 지역.

ⅰ) 제1종 전용주거지역: 단독주택 중심의 양호한 주거환경을 보호하기 위하여 필요한 지역
ⅱ) 제2종 전용주거지역: 공동주택 중심의 양호한 주거환경을 보호하기 위하여 필요한 지역.

② 일반주거지역: 편리한 주거환경을 조성하기 위하여 필요한 지역.

ⅰ) 제1종 일반주거지역: 저층주택을 중심으로 편리한 주거환경을 조성하기 위하여 필요한 지역
ⅱ) 제2종 일반주거지역: 중층주택을 중심으로 편리한 주거환경을 조성하기 위하여 필요한 지역
ⅲ) 제3종 일반주거지역: 중고층주택을 중심으로 편리한 주거환경을 조성하기 위하여 필요한 지역.

③ 준주거지역: 주거기능을 위주로 이를 지원하는 일부 상업·업무기능을 보완하기 위하여 필요한 지역

#### 2) 상업지역

상업지역(商業地域)이라 함은 "상업 그 밖에 업무의 편익증진을 위하여 필요한 지역"을 말한다. 상업지역은 도시관리계획의 결정으로 다음과 같이 세분하여 지정될 수 있다(국토계획법 시행령 제30조).

① 중심상업지역: 도심·부도심의 상업기능 및 업무기능의 확충을 위하여 필요한 지역

② 일반상업지역: 일반적인 상업기능 및 업무기능을 담당하게 하기 위하여 필요한 지역

③ 근린상업지역: 근린지역에서의 일용품 및 서비스의 공급을 위하여 필요한 지역

④ 유통상업지역: 도시 내 및 지역간 유통기능의 증진을 위하여 필요한 지역.

### 3) 공업지역

공업지역(工業地域)이라 함은 "공업의 편익증진을 위하여 필요한 지역"을 말한다. 공업지역은 도시관리계획의 결정으로 다음과 같이 세분하여 지정될 수 있다(국토계획법 시행령 제30조).

① 전용공업지역: 주로 중화학공업·공해성 공업 등을 수용하기 위하여 필요한 지역

② 일반공업지역: 환경을 저해하지 아니하는 공업의 배치를 위하여 필요한 지역

③ 준공업지역: 경공업 그 밖의 공업을 수용하되, 주거·상업·업무기능의 보완이 필요한 지역

### 4) 녹지지역

녹지지역(綠地地域)이라 함은 "자연환경·농지 및 산림의 보호, 보건위생, 보안과 도시의 무질서한 확산을 방지하기 위하여 녹지의 보전이 필요한 지역"을 말한다. 녹지지역은 도시관리계획의 결정으로 다음과 같이 세분하여 지정될 수 있다(국토계획법 시행령 제30조).

① 보전녹지지역: 도시의 자연환경·경관·산림 및 녹지공간을 보전할 필요가 있는 지역

② 생산녹지지역: 주로 농업적 생산을 위하여 개발을 유보할 필요가 있는 지역

③ 자연녹지지역: 도시의 녹지공간의 확보, 도시확산의 방지, 장래 도시용지의 공급 등을 위하여 보전할 필요가 있는 지역으로서 불가피한 경우에 한하여 제한적인 개발이 허용되는 지역

**[판례]** 도시계획구역 안에서의 녹지지역은 보건위생·공해방지, 보안과 도시의 무질서한 확산을 방지하기 위하여 녹지의 보전이 필요한 때에 지정되고, 그 중 보전녹지지역은 도시의 자연환경·경관·수림 및 녹지를 보전할 필요가 있을 때에, 자연녹지지역은 녹지공간의 보전을 해하지 아니하는 범위 안에서 제한적 개발이 불가피할 때 각 지정되는 것이다(대판 2005. 03. 10, 2002두5474).

### (2) 관리지역

관리지역(管理地域)이라 함은 도시지역의 인구와 산업을 수용하기 위하여 도시지

역에 준하여 체계적으로 관리하거나 농림업의 진흥, 자연환경 또는 산림의 보전을 위하여 농림지역 또는 자연환경보전지역에 준하여 관리가 필요한 지역을 말한다(제6조 제2호). 관리지역은 보전관리지역, 생산관리지역, 계획관리지역으로 구분된다(제36조 제1항 제2호).

### 1) 보전관리지역

보전관리지역이라 함은 "자연환경보호, 산림보호, 수질오염방지, 녹지공간 확보 및 생태계 보전 등을 위하여 보전이 필요하나, 주변의 용도지역과의 관계 등을 고려할 때 자연환경보전지역으로 지정하여 관리하기가 곤란한 지역"을 말한다.

### 2) 생산관리지역

생산관리지역이라 함은 "농업·임업·어업생산 등을 위하여 관리가 필요하나, 주변의 용도지역과의 관계 등을 고려할 때 농림지역으로 지정하여 관리하기가 곤란한 지역"을 말한다.

### 3) 계획관리지역

계획관리지역이라 함은 "도시지역으로의 편입이 예상되는 지역 또는 자연환경을 고려하여 제한적인 이용·개발을 하려는 지역으로서 계획적·체계적인 관리가 필요한 지역"을 말한다.

### (3) 농림지역

농림지역(農林地域)이라 함은 도시지역에 속하지 아니하는 농지법에 의한 농업진흥지역 또는 산지관리법에 의한 보전산지 등으로서 농림업을 진흥시키고 산림을 보전하기 위하여 필요한 지역을 말한다(제6조 제3호).

### (4) 자연환경보전지역

자연환경보전지역(自然環境保全地域)이라 함은 자연환경·수자원·해안·생태계·상수원 및 문화재의 보전과 수산자원의 보호·육성 등을 위하여 필요한 지역을 말한다(제6조 제6호).

### (5) 의제규정

다음의 1의 구역 등으로 지정·고시된 지역은 이 법에 따른 도시지역으로 결정·고시된 것으로 본다(제42조 제1항).

① 항만법 제2조 제4호의 규정에 의한 항만구역으로서 도시지역에 연접한 공유수면, ② 어촌·어항법 제17조 제1항의 규정에 따른 어항구역으로서 도시지역에 연접한 공유수면, ③ 산업입지 및 개발에 관한 법률 제2조 제8호 가목부터 다목까지의 규정에 따른 국가산업단지, 일반산업단지 및 도시첨단산업단지, ④ 택지개발촉진법 제3조에 따른 택지개발지구, ⑤ 전원개발촉진법 제5조 및 같은 법 제11조에 따른 전원개발사업구역 및 예정구역(수력발전소 또는 송·변전설비만을 설치하기

위한 전원개발사업구역 및 예정구역은 제외한다).

관리지역에서 「농지법」에 따른 농업진흥지역으로 지정·고시된 지역은 이 법에 따른 농림지역으로, 관리지역의 산림 중 「산지관리법」에 따라 보전산지로 지정·고시된 지역은 그 고시에서 구분하는 바에 따라 이 법에 따른 농림지역 또는 자연환경보전지역으로 결정·고시된 것으로 본다(제42조 제2항).

제1항에 해당하는 구역·단지·지구 등(이하 이 항에서 '구역등'이라 한다)이 해제되는 경우(개발사업의 완료로 해제되는 경우는 제외한다) 이 법 또는 다른 법률에서 그 구역 등이 어떤 용도지역에 해당되는지를 따로 정하고 있지 아니한 경우에는 이를 지정하기 이전의 용도지역으로 환원된 것으로 본다(제42조 제4항).

### 3. 용도지역 안에서의 건축 등 행위제한

각 용도지역에서는 용도지역의 지정목적에 합치하는 개발행위만이 허용되며 그 지정목적에 반하는 건축 등 행위는 제한된다. 용도지역 안에서의 행위제한에의 해당 여부의 판단에는 원칙상 행정청에게 재량이나 판단여지가 인정되지 않는다.

용도지역 안에서의 행위제한에는 용도제한과 형태제한이 있다. 용도지역에서의 행위제한 규정은 용도지역의 지정목적에 적합하여야 한다(제76조 제3항, 제4항).

우리나라의 용도지역에서의 용도제한은 복수의 용도가 혼재하는 것을 다소 널리 허용하고 있다.

예를 들면, 제1종 전용주거지역에 점포가 딸린 주택이나 아파트가 건축될 수 있다. 이러한 용도제한방식은 용도규제를 완화하여 토지의 이용을 용이하게 하고 관련용도의 토지이용시설이 공존함으로써 이용의 편리함을 증진시키는 장점은 있지만 상호 충돌되는 용도(예, 주거시설과 상업시설)가 혼재하여 쾌적한 토지이용이 저해되는 문제가 있다.

형태제한에는 건폐율, 용적률, 높이제한 등이 있다. 이와 같이 형태규제 항목이 선진 외국에 비하여 작은데, 이는 토지이용을 용이하게 하는 장점은 있지만 이러한 제한된 형태제한만으로는 용도지역의 지정목적이 충분하게 달성되지 못하는 문제가 있다.

그리고, 현행법상 용도제한이나 형태제한은 원칙상 국가법령에 의해 법정되어 있어 지역에 따른 탄력적인 규제가 불가능하다는 문제가 있다. 다만, 조례로 일정한 범위 내에서 지역의 특성에 따라 용도제한 및 형태제한을 자율적으로 정하도록 위임하고 있다.

현행법상 용도지역 안에서의 건축물 그 밖의 시설의 용도·종류 및 규모 등의 제한에 관한 사항은 대통령령으로 정해지고 있다(제76조 제1항).

다음 각 호의 어느 하나에 해당하는 경우의 건축물이나 그 밖의 시설의 용도·종류 및 규모 등의 제한에 관하여는 제1항부터 제4항까지의 규정에도 불구하고 각 호에서 정하는 바에 따른다. 1. 제37조 제1항 제6호에 따른 취락지구에서는 취락지구의 지정목적 범위에서 대통령령으로 따로 정한다. 1의2. 제37조 제1항 제7호에 따른 개발진흥지구에서는 개발진흥지구의 지정목적 범위에서 대통령령으로 따로 정한다. 1의3. 제37조 제1항 제9호에 따른 복합용도지구에서는 복합용도지구의 지정목적 범위에서 대통령령으로 따로 정한다.(68) 2. 「산업입지 및 개발에 관한 법률」 제2조 제8호 라목에 따른 농공단지에서는 같은 법에서 정하는 바에 따른다. 3. 농림지역 중 농업진흥지역, 보전산지 또는 초지인 경우에는 각각 「농지법」, 「산지관리법」 또는 「초지법」에서 정하는 바에 따른다. 4. 자연환경보전지역 중 「자연공원법」에 따른 공원구역, 「수도법」에 따른 상수원보호구역, 「문화재보호법」에 따라 지정된 지정문화재 또는 천연기념물과 그 보호구역, 「해양생태계의 보전 및 관리에 관한 법률」에 따른 해양보호구역인 경우에는 각각 「자연공원법」, 「수도법」 또는 「문화재보호법」 또는 「해양생태계의 보전 및 관리에 관한 법률」에서 정하는 바에 따른다. 5. 자연환경보전지역 중 수산자원보호구역인 경우에는 「수산자원관리법」에서 정하는 바에 따른다(제76조 제5항).

국토교통부장관과 지방자치단체의 장은 국토이용정보체계를 이용하여 필지별로 지역·지구등의 지정 여부 및 행위제한 내용을 일반 국민에게 제공하여야 한다(토지이용규제 기본법 제9조 제1항).

시장·군수 또는 구청장은 다음 각 호의 사항을 확인하는 서류(이하 "토지이용계획확인서"라 한다)의 발급 신청이 있는 경우에는 대통령령으로 정하는 바에 따라 토지이용계획확인서를 발급하여야 한다. 1. 지역·지구등의 지정 내용, 2. 지역·지구등에서의 행위제한 내용, 3. 그 밖에 대통령령으로 정하는 사항(토지이용규제 기본법 제10조).

### (1) 용도지역 안에서의 건폐율제한

용도지역에서 건폐율(建蔽率)의 최대한도는 관할구역의 면적 및 인구규모, 용도지역의 특성 등을 감안하여 국토계획법이 정하는 범위 내에서 대통령령으로 정하는 기준에 따라 특별시·광역시·특별자치시·특별자치도·시 또는 군의 조례로 정하도

---

68) 복합용도지구가 일반주거지역에 지정되는 경우에는 해당 용도지역에 허용되는 건축물 외에도 준주거지역에서 허용되는 일부 건축물을 설치할 수 있도록 하는 등 복합용도지구를 지정할 수 있는 용도지역별로 허용할 수 있는 건축물을 정하여 복합용도지구 제도 운영을 통해 다양한 토지 이용 수요에 대응할 수 있도록 하기 위한 것이다.

록 하고 있다(제77조 제1항).

현행 국토계획법상으로는 도시지역 가운데 i) 주거지역·공업지역의 경우 70% 이하, ii) 상업지역 90% 이하, iii) 녹지지역 20% 이하로, 관리지역에서는 i) 보전관리지역·생산관리지역의 경우 20% 이하, ii) 계획관리지역 40% 이하(다만, 성장관리방안을 수립한 지역의 경우 해당 지방자치단체의 조례로 125퍼센트 이내에서 완화하여 적용할 수 있다)로 하고, 농림지역과 자연환경보전지역의 경우에는 20% 이하로 건폐율을 한정하고 있다. 그리고 도시관리계획결정에 의해 용도지역이 세분되는 경우에는 국토계획법상의 건폐율에 관한 기준 내에서 대통령령으로 정하게 하고 있다(제77조 제2항).

그러나 특별한 지구(취락지구·수자원보호구역 등)나 특별한 사정에 의해 건폐율을 강화 혹은 완화할 필요가 있는 경우에는 대통령이 정하는 기준에 따라 특별시·광역시·특별자치시·특별자치도·시 또는 군의 조례로 건폐율을 정할 수 있다(제77조 제3항, 제4항).

### (2) 용도지역 안에서의 용적률 제한

지정된 용도지역 안에서 용적률(容積率)의 최대한도는 관할구역의 면적 및 인구규모, 용도지역의 특성 등을 감안하여 각 지역에 따라 국토계획법에서 정하는 범위 안에서 대통령령으로 정하는 기준에 따라 특별시·광역시·특별자치시·특별자치도·시 또는 군의 조례로 정한다(제78조 제1항).

국토계획법은 용적률에 대해 원칙적으로 도시지역 가운데 i) 주거지역 500% 이하, ii) 상업지역 1,500% 이하, iii) 공업지역 400% 이하, iv) 녹지지역 100% 이하로, 관리지역의 경우에는 i) 보전관리지역·생산관리지역 80% 이하, ii) 계획관리지역 100% 이하(다만, 성장관리방안을 수립한 지역의 경우 해당 지방자치단체의 조례로 125퍼센트 이내에서 완화하여 적용할 수 있다)로 하도록 하고, 그 밖에 농림지역과 자연환경보전지역에서는 80% 이하로 용적률을 제한하고 있다. 또한 도시관리계획결정에 의해 용도지역이 세분되는 경우에는 이와 같은 용적률에 관한 기준 내에서 대통령령으로 정하게 하고 있다(제78조 제2항).

그리고 건폐율에 대한 예외와 마찬가지로 특별한 지구나 특별한 사정이 있는 경우에는 용적률의 탄력적 운용을 위해 대통령이 정하는 기준에 따라 특별시·광역시·특별자치시·특별자치도·시 또는 군의 조례로 용적률을 정할 수 있다(제78조 제3항, 제4항).

제1항과 제4항에도 불구하고 제36조에 따른 도시지역(녹지지역만 해당한다), 관리지역에서는 창고 등 대통령령으로 정하는 용도의 건축물 또는 시설물은 특별시·광역시·특별자치시·특별자치도·시 또는 군의 조례로 정하는 높이로 규모 등을 제한

할 수 있다(제78조 제5항).

이 법 및 「건축법」 등 다른 법률에 따른 **용적률의 완화에 관한 규정**은 이 법 및 다른 법률에도 불구하고 법령으로 정하는 바에 따라 **중첩하여 적용**할 수 있다(제7항).

## Ⅲ. 국토계획법에 의한 용도지구

### 1. 의    의

'용도지구(用途地區)'라 함은 토지의 이용 및 건축물의 용도·건폐율·용적률·높이 등에 대한 용도지역의 제한을 강화하거나 완화하여 적용함으로써 용도지역의 기능을 증진시키고 미관·경관·안전 등을 도모하기 위하여 도시·군관리계획으로 결정하는 지역을 말한다(제2조 제16호).

용도지구는 용도지역과 달리 도시계획구역 전체에 대하여 지정되어야 하는 것은 아니며 지정이 필요한 지역에 한하여 지정되며 동일지역에 서로 양립할 수 없는 지구가 아닌 한 둘 이상의 용도지구가 지정될 수 있다.

### 2. 종    류

용도지구의 지정·변경도 도시관리계획의 한 종류로서 그 결정권자인 국토해양부장관 또는 시·도지사, 대도시 시장이 결정한다.

현행 국토계획법에서 정하고 있는 용도지구로는 경관지구, 고도지구, 방화지구, 방재지구, 보호지구, 취락지구, 개발진흥지구, 특정용도제한지구, 복합용도지구, 그 밖에 대통령령으로 정하는 지구가 있다(제37조 제1항).

이러한 용도지구에 있어서도 용도지역의 경우와 마찬가지로 도시관리계획결정으로 이를 다음과 같이 세분하여 지정·변경할 수 있다(국토계획법 시행령 제31조).

또한 국토교통부장관, 시·도지사 또는 대도시 시장은 필요하다고 인정되면 대통령령으로 정하는 바에 따라 제1항 각 호의 용도지구를 도시·군관리계획결정으로 다시 세분하여 지정하거나 변경할 수 있다(제37조 제2항). 시·도지사 또는 대도시 시장은 지역여건상 필요하면 대통령령으로 정하는 기준에 따라 그 시·도 또는 대도시의 조례로 용도지구의 명칭 및 지정목적, 건축이나 그 밖의 행위의 금지 및 제한에 관한 사항 등을 정하여 제1항 각 호의 용도지구 외의 용도지구의 지정 또는 변경을 도시·군관리계획으로 결정할 수 있다(제37조 제3항).

시·도지사 또는 대도시 시장은 대통령령으로 정하는 주거지역·공업지역·관리지역에 **복합용도지구**를 지정할 수 있으며, 그 지정기준 및 방법 등에 필요한 사항은 대통령령으로 정한다(제37조 제5항).

## 3. 용도지구에서의 건축제한

용도지구에서는 건축물의 용도, 용적률, 건폐율, 높이에 대한 제한뿐만 아니라 용도지구의 종류에 따라 건축물의 형태, 색채, 대지의 최소너비, 대지 안의 공지, 대지 안의 조경 등에 대하여도 제한이 가해진다. 용도지구 내에서의 행위제한의 내용은 용도지구의 지정목적에 적합하여야 한다(제76조 제3항, 제4항).

지정된 용도지구에서의 건축물이나 그 밖의 시설의 용도·종류 및 규모 등의 제한에 관한 사항은 이 법 또는 다른 법률에 특별한 규정이 있는 경우 외에는 대통령령으로 정하는 기준에 따라 특별시·광역시·특별자치시·특별자치도·시 또는 군의 조례로 정할 수 있다(제76조 제2항).

## Ⅳ. 국토계획법에 의한 용도구역

'용도구역'이라 함은 토지의 이용 및 건축물의 용도·건폐율·용적률·높이 등에 대한 용도지역 및 용도지구의 제한을 강화하거나 완화하여 따로 정함으로써 시가지의 무질서한 확산방지, 계획적이고 단계적인 토지이용의 도모, 혁신적이고 복합적인 토지활용의 촉진, 토지이용의 종합적 조정·관리 등을 위하여 도시·군관리계획으로 결정하는 지역을 말한다(제2조 제17호).

용도구역은 용도지구와 같이 지정이 필요한 지역에 한하여 지정되지만, 각 구역의 지정목적이 전혀 다르므로 용도지구와 달리 동일한 지역에 구역이 중복지정될 수는 없다.

현행법상 용도구역에는 개발제한구역, 도시자연공원구역, 시가화조정구역, 수산자원보호구역, 도시혁신구역, 복합용도구역, 입체복합구역이 있다.

## 1. 개발제한구역

### (1) 개발제한구역의 의의

개발제한구역(開發制限區域)이라 함은 도시의 무질서한 확산을 막고, 도시민의 건전한 생활환경을 확보하기 위하여 도시주변에 지정되는 개발이 제한되는 지역을 말한다. 개발제한구역은 영국의 그린벨트(greenbelt)에서 유래하는 도시관리계획의 하나이다.

「개발제한구역의 지정 및 관리에 관한 특별조치법」(이하 '개발제한구역법'이라 한다)

도 개발제한구역제도의 목적을 "도시의 무질서한 확산을 방지하고 도시주변의 자연
환경을 보전하여 도시민의 건전한 생활환경을 확보함"으로 규정하고 있다(제1조).

그런데, 개발제한구역이 지정되면 개발제한구역 내에서의 개발행위가 제한된다.
따라서, 개발제한구역 내에서 개발행위 또는 재산권행사가 어느 정도 제한되도록 할
것인가, 개발제한구역의 지정으로 재산권 행사에 제한을 받는 지역주민에게 어떠한
권리구제를 해 줄 것인가 하는 문제, 달리 말하면 개발제한구역지정의 공익목적과
지역주민의 권익 사이의 적절한 이익조절의 문제가 제기된다.

### (2) 개발제한구역의 법적 근거

개발제한구역의 근거는 국토계획법에 있지만(제2조 제4호, 제38조), 국토계획법은
개발제한구역에 관한 규율을 별도의 법률로 정하도록 하고 있고(제38조 제2항), 이에
따라 제정된 『개발제한구역의 지정 및 관리에 관한 특별조치법』이 개발제한구역의
지정 및 해제와 개발제한구역에서의 행위제한, 주민에 대한 지원, 토지의 매수 기타
개발제한구역의 관리를 위하여 필요한 사항을 규정하고 있다.

개발제한구역에 관하여는 우선 개발제한구역법이 적용되며 개발제한구역은 도
시관리계획의 하나이므로 개발제한구역법이 적용되지 않는 사항에 관하여는 국토계
획법이 적용된다.

[판례] 개발제한구역에 설치되는 폐기물처리시설과 관련하여 '개발제한구역의 지정 및 관리에 관한
특별조치법'이 '국토의 이용 및 계획에 관한 법률'에 대하여 특별법의 관계에 있는지 여부: (1) 이
러한 국토계획법과 개발제한구역법 규정의 체계와 내용, 위 법률들의 입법취지와 목적 등을 종합
하여 보면, 개발제한구역에서의 행위 제한에 관하여는 개발제한구역법이 국토계획법에 대하여 특
별법의 관계에 있다고 할 것이므로, 개발제한구역에 설치하려는 이 사건 폐기물처리시설은 특별법
인 개발제한구역법령의 규정에 따라 이를 도시계획시설로 설치할 필요가 없고 시장·군수·구청
장의 허가를 받으면 설치가 가능하다고 볼 것이다. (2) 개발제한구역에 설치되는 이 사건 폐기물처
리시설과 관련하여 '개발제한구역의 지정 및 관리에 관한 특별조치법'이 '국토의 이용 및 계획에
관한 법률'에 대하여 특별법의 관계에 있다고 보아 '개발제한구역의 지정 및 관리에 관한 특별조
치법'에 따라 이 사건 폐기물처리시설물을 도시계획시설로 설치할 필요가 없다고 본 원심판결을
수긍한 사안(대판 2014. 05. 16, 2013두4590[건축허가취소처분취소]).

### (3) 개발제한구역의 법적 성질

개발제한구역은 도시관리계획의 하나이다(국토계획법 제2조 제4호, 개발제한구역법
제3조 제1항). 개발제한구역지정행위는 행정계획이므로 행정계획의 법리에 의해 규율
된다.

개발제한구역이 지정되면 개발제한구역법에 의해 개발제한구역에서는 일정한
예외가 있지만 원칙상 그 지정목적에 위배되는 건축물의 건축 및 용도변경, 공작물의

설치, 토지의 형질변경, 죽목의 벌채, 토지의 분할, 물건을 쌓아놓는 행위 또는 국토
계획법 제2조 제11호의 규정에 의한 도시계획사업의 시행을 할 수 없는 구속이 가해
지므로(제12조) 개발제한구역은 구속적 행정계획이며 처분이다.

### (4) 개발제한구역의 지정

#### 1) 입안권자

개발제한구역의 지정 및 해제에 관한 도시·군관리계획(이하 '도시·군관리계획'이라
한다)은 해당 도시지역을 관할하는 특별시장·광역시장·특별자치시장·특별자치도지
사·시장 또는 군수(이하 '입안권자'라 한다)가 입안(立案)한다. 다만, 국가계획과 관련된
경우에는 국토교통부장관이 직접 도시·군관리계획을 입안하거나 관계 중앙행정기관
의 장의 요청에 따라 관할 특별시장·광역시장·특별자치시장·도지사·특별자치도지
사(이하 '시·도지사'라 한다), 시장 및 군수의 의견을 들은 후 도시·군관리계획을 입안
할 수 있으며, 「국토의 계획 및 이용에 관한 법률」 제2조 제1호에 따른 광역도시계획
과 관련된 경우에는 도지사가 직접 도시·군관리계획을 입안하거나 관계 시장 또는
군수의 요청에 따라 관할 시장이나 군수의 의견을 들은 후 도시·군관리계획을 입안
할 수 있다(제4조 제1항).

#### 2) 지정권자

개발제한구역계획은 국토교통부장관이 결정한다(제8조 제1항).

국토교통부장관은 도시·군관리계획을 결정하려는 때에는 관계 중앙행정기관의
장과 미리 협의하여야 한다. 이 경우 협의를 요청받은 기관의 장은 그 요청을 받은
날부터 30일 이내에 의견을 제시하여야 한다(제8조 제2항).

국토교통부장관은 개발제한구역계획을 결정하고자 하는 때에는 국토계획법 제
106조에 따른 중앙도시계획위원회의 심의를 거쳐야 한다(제8조 제3항).

다만, 국토교통부장관은 국방상 기밀을 요한다고 인정되는 경우(국방부장관의 요
청이 있는 때에만 해당한다)에는 그 도시·군관리계획의 전부 또는 일부에 대하여 제2항
과 제3항에 따른 절차를 생략할 수 있다(제8조 제4항).

#### 3) 지정기준

개발제한구역은 도시의 무질서한 확산을 방지하고 도시주변의 자연환경을 보전
하여 도시민의 건전한 생활환경을 확보하기 위하여 도시의 개발을 제한할 필요가 있
거나 국방부장관의 요청이 있어 보안상 도시의 개발을 제한하기 위하여 지정된다(국
토계획법 제38조 제1항). 개발제한구역의 구체적 지정기준은 대상도시의 인구·산업·교
통 및 토지이용 등 경제·사회적 여건과 도시 확산 추세, 그 밖의 지형 등 자연환경
여건을 종합적으로 고려하여 대통령령으로 정한다(개발제한구역법 제3조 제2항).

개발제한구역계획은 국토계획법 제2조 제1호의 규정에 의한 광역도시계획 또는 동조 제3호의 규정에 의한 도시기본계획에 부합되도록 입안하여야 한다(제4조 제2항).

개발제한구역은 위와 같은 지정요건을 충족하여야 할 뿐만 아니라 비례의 원칙에 반하지 않아야 한다. 지역주민의 권익에 대한 침해가 최소한이 되도록 하여야 하고 지정으로 달성되는 공익과 그로 인하여 침해되는 지역주민의 사익간에 균형이 유지되어야 한다.

### (5) 개발제한구역에서의 행위제한 및 개발행위

#### 1) 행위제한

개발제한구역에서는 개발이 원칙적으로 금지되며 예외적으로 엄격한 요건하에 허가를 받아 개발이 인정되고 있다. 즉, 개발제한구역에서는 그 지정목적에 위배되는 건축물의 건축 및 용도변경, 공작물의 설치, 토지의 형질변경, 죽목의 벌채, 토지의 분할, 물건을 쌓아놓는 행위 또는 국토계획법 제2조 제11호의 규정에 따른 도시계획사업(이하 '도시계획사업'이라 한다)의 시행을 할 수 없다. 다만, 다음의 1에 해당하는 행위를 하려는 자는 특별자치시장·특별자치도지사·시장·군수 또는 구청장(이하 '시장·군수·구청장'이라 한다)의 허가를 받아 이를 행할 수 있다(제12조 제1항).

① 다음의 어느 하나에 해당하는 건축물 또는 공작물로서 대통령령으로 정하는 건축물의 건축 또는 공작물의 설치와 이에 따르는 토지의 형질변경
　가. 공원, 녹지, 실외체육시설, 시장·군수·구청장이 설치하는 노인의 여가활용을 위한 소규모 실내 생활체육시설 등 개발제한구역의 존치 및 보전관리에 도움이 될 수 있는 시설
　나. 도로, 철도 등 개발제한구역을 통과하는 선형시설과 이에 필수적으로 수반되는 시설
　다. 개발제한구역이 아닌 지역에 입지가 곤란하여 개발제한구역 내에 입지하여야만 그 기능과 목적이 달성되는 시설
　라. 국방·군사에 관한 시설 및 교정시설
　마. 개발제한구역 주민의 주거·생활편익·생업을 위한 시설
② 개발제한구역의 건축물로서 제15조에 따라 지정된 취락지구으로의 이축
③ 공익사업을위한토지등의취득및보상에관한법률 제4조에 따른 공익사업(개발제한구역 에서 시행하는 공익사업에 한한다)의 시행에 따라 철거된 건축물을 이축하기 위한 이주단지의 조성
④ 토지보상법 제4조에 따른 공익사업의 시행에 따라 철거되는 건축물 중 취락지구로 이축이 곤란한 건축물로서 개발제한구역 지정 당시부터 있던 주택, 공장 또는 종교시설을 취락지구가 아닌 지역으로 이축하는 행위
⑤ 건축물의 건축을 수반하지 아니하는 토지의 형질변경으로서 영농을 위한 경우 등 대통령령으로 정하는 토지의 형질변경
⑥ 벌채면적 및 수량 그 밖에 대통령령으로 정하는 규모 이상의 죽목의 벌채
⑦ 대통령령으로 정하는 범위의 토지의 분할
⑧ 모래·자갈·토석 등 대통령령으로 정하는 물건을 대통령령으로 정하는 기간까지 쌓아놓는 행위
⑨ 제1호 또는 제13조에 따른 건축물 중 대통령령으로 정하는 건축물을 근린생활시설 등 대통령

령으로 정하는 용도로 용도변경하는 행위

⑩ 개발제한구역 지정 당시 지목(地目)이 대(垈)인 토지가 개발제한구역 지정 이후 지목이 변경된 경우로서 제1호 마목의 시설 중 대통령령으로 정하는 건축물의 건축과 이에 따르는 토지의 형질변경

**[판례]** ① 구 개발제한구역의 지정 및 관리에 관한 특별조치법 시행령 제13조 제1항 [별표 1] 제5호 (다)목 가)의 '개발제한구역 지정 당시부터 지목이 대(垈)인 토지'에 현황이 대(垈)인 토지가 해당되는지 여부(소극) 및 '개발제한구역 지정 당시부터 있던 기존의 주택이 있는 토지'의 의미: 구 개발제한구역의 지정 및 관리에 관한 특별조치법 시행령(2012. 11. 12. 대통령령 제24178호로 개정되기 전의 것) 제13조 제1항 [별표 1] 제5호 (다)목 가)의 '개발제한구역 지정 당시부터 지목이 대(垈)인 토지'에는 개발제한구역 지정 당시부터 있던 기존의 주택이 있는 토지에도 주택을 신축할 수 있도록 규정을 둔 점을 고려할 때 공부상 지목이 대(垈)인 토지만이 해당되며 현황이 대(垈)인 토지는 해당되지 않는다. 그리고 위 규정에서의 '개발제한구역 지정 당시부터 있던 기존의 주택이 있는 토지'는, ① 문언상 기존의 주택이 있는 토지라고 규정하고 있을 뿐인 점, ② 개발제한구역 지정 당시 공부상 지목이 대지가 아니라 하더라도 지정 당시에 기존의 주택이 있는 토지에 다시 주택을 신축하는 경우 개발제한구역 지정 당시의 생활환경 등을 해치는 것은 아니라는 점에서 기존의 주택이 있던 토지 부분에 신축을 허용하였다고 볼 수 있는 점, ③ 기존의 주택 전부가 개발제한구역으로 지정된 토지에 위치하는 경우에만 주택을 신축할 수 있다고 본다면 기존의 주택 일부만이 개발제한구역으로 지정된 토지에 위치한 경우에는 개발제한구역으로 지정된 토지 부분에는 다시 주택을 신축할 수 없게 됨으로써 개발제한구역 지정을 통해 달성하고자 하는 목적을 넘어 토지 소유자에게 불이익을 주게 되는 점 등을 고려할 때, 개발제한구역 지정 당시부터 있던 기존의 주택이 위치한 토지 부분을 의미한다고 할 것이고, 기존의 주택이 위치한 토지 부분을 포함한 한 필지의 토지 전부를 의미한다거나 기존의 주택 전부가 개발제한구역으로 지정된 토지에 위치한 경우만을 의미한다고 할 수는 없다(대판 2014. 03. 27, 2013두35105[개발제한구역내행위불허가처분취소]).

② [1] 비닐하우스는 그 구조상 건축법의 규제대상인 건축물에 해당하지 않는 경우에도 개발제한구역의 지정 및 관리에 관한 특별조치법 제11조 제1항 본문이 원칙적으로 개발제한구역 내에 그 설치를 할 수 없도록 정한 공작물에는 당연히 해당한다. [2] 개발제한구역의 지정 및 관리에 관한 특별조치법 제11조 제3항 및 같은 법 시행규칙 관련 조항의 신설로 허가나 신고 없이 개발제한구역 내 공작물 설치행위를 할 수 있도록 법령이 개정된 경우, 그 법령의 시행 전에 이미 범하여진 위법한 설치행위에 대한 가벌성이 소멸되는 것은 아니다. [3] 개발제한구역의 지정 및 관리에 관한 특별조치법이 개발제한구역 내의 건축물 용도변경행위에 관하여 건축법과는 전혀 다른 체계와 내용의 규제방법을 규정하여 시행하고 있는 이상, 개발제한구역 내에서 행하여지는 건축물의 용도변경행위에 관하여는 건축법과 건축법 시행령이 정한 건축물 용도의 분류나 용도변경 규제방법이 적용될 여지가 없다. 따라서 건축법상으로는 양잠·양봉·양어시설이 축사와 동일한 용도의 건축물로 분류되어 있더라도 개발제한구역에서 건축물을 축사로 사용하는 것과 양어시설로 사용하는 것은 개발제한구역의 지정 및 관리에 관한 특별조치법상으로는 그 용도를 달리하는 것이라고 보아야 한다. [4] 건축법령에서와 달리 개발제한구역의 지정 및 관리에 관한 특별조치법령에서는 축사와 양어시설을 그 용도를 구분하여 규정하고 있으므로, 개발제한구역에서 축사 내부의 퇴비사와 사료저장고를 관상어 배양장 및 작업장으로 허가 없이 용도변경하여 사용한 것은 축사를 양어시설로 무단 용도변경한 행위로서 개발제한구역의 지정 및 관리에 관한 특별조치법 위반죄에 해당한다고 한 사례(대판 2007. 09. 06, 2007도4197).

시장·군수·구청장은 제1항 단서에 따라 허가를 하는 경우 허가 대상 행위가 제11조에 따라 관리계획을 수립하여야만 할 수 있는 행위인 경우에는 미리 관리계획이 수립되어 있는 경우에만 그 행위를 허가할 수 있다(제2항). 또한 주택 및 근린생활시설의 대수선 등 대통령령으로 정하는 경미한 행위는 시장·군수 또는 구청장에게 신고하고 할 수 있다(제12조 제3항). 제1항 단서와 제2항에도 불구하고 국토교통부령으로 정하는 경미한 행위는 허가를 받지 아니하거나 신고를 하지 아니하고 할 수 있다(제4항).

시·도지사는 개발제한구역의 보전 및 관리를 위하여 특히 필요하다고 인정되는 경우에는 제12조 제1항 단서 및 같은 항 각 호에 따른 시장·군수·구청장의 행위허가를 제한할 수 있다(제12조의2).

### 2) 개발행위의 허가 또는 신고

개발제한구역 내에서의 개발행위에는 건축(신축, 개축, 증축, 재축 등), 용도변경 등이 있다. 또한, 개발제한구역에서 독특한 건축행위인 이축이 있다. 이축은 기존의 건축물이 공익사업 등으로 더 이상 사용할 수 없게 된 경우에 기존의 건축물에 대한 존속보장의 차원에서 이에 대응하는 새로운 건축물을 다른 지역에 건축하는 것을 말한다. 이축은 기존의 건축물을 전제로 이에 대응하는 건축을 한다는 점에서 신축과 다르고, 장소를 옮겨 건축한다는 점에서 개축과 구별된다. 이축을 허용하는 이유는 기존의 건축물 소유자에게 종전과 같은 생활근거를 보장해 주기 위한 것이다. 이러한 점에서 이축허가는 일종의 생활보상이라고 할 수 있다. 그러나, 이축도 이축하는 지역의 개발제한구역이 훼손되기 때문에 개발제한구역에서의 이축은 허용하되 엄격히 규율되어야 할 것이다.

개발제한구역에서의 개발행위(건축, 용도변경 등)는 원칙적으로 금지되고 예외적으로 구체적인 경우에 당해 개발행위가 개발제한구역의 지정목적에 위배되지 않는 경우에 예외적으로 허가될 수 있는 것이다. 이와 같이 개발제한구역에서의 개발행위의 허가는 학문상의 예외적 허가에 해당하고 따라서, 재량행위로 보는 것이 타당하다.

판례도 개발제한구역에서의 개발행위는 원칙적으로 금지되고 예외적으로 허용되는 것으로 보며 재량행위로 보고 있다(대판 1998. 09. 08, 98두8759; 2001. 02. 09, 98두17593).

### (6) 개발제한구역의 해제

개발제한구역이 개발제한구역 지정기준에 부합되지 아니하게 된 경우에는 이를 조정 또는 해제할 수 있다(동법 시행령 제2조 제3항).

개발제한구역에 관한 법은 이와 같이 행정청에게 개발제한구역의 조정 또는 해제의 권한만을 규정하고 있고, 지역주민에게 개발제한구역의 조정이나 해제에 대한 신청권을 명문으로 인정하고 있지 않다. 그럼에도 불구하고 지역주민에게 조리상 개발제한구역의 해제에 대한 신청권이 있다고 볼 수 있는가 달리 말하면 개발제한구역의 해제신청에 대하여 거부한 경우 거부가 처분이 되며 항고소송의 대상이 될 것으로 볼 수 있는가하는 것이 문제된다.

개발제한구역계획은 국민의 재산권의 행사를 제한하는 것이므로 개발제한구역의 지정필요성이 없는 경우 개발제한구역 내의 토지소유자에게는 조리상 그 재산권의 회복을 위한 개발제한구역해제신청권이 인정된다고 보아야 할 것이다. 다만, 개발제한구역의 해제는 재량행위이므로 해제거부의 위법성 인정이 쉽지 않을 것이다.

### (7) 개발제한구역 관리지침

개발제한구역에서의 개발행위허가는 재량행위이므로 개발제한구역의 개발행위 허가의 기준이 되는 규칙은 재량준칙으로 보아야 하며 평등원칙을 매개로 하여 대외적 구속력이 있다고 보아야 한다.

판례 중에는 개발제한구역에서의 개발행위의 허가를 재량행위라고 보면서 그 허가기준이 되는 구 도시계획법상의 개발제한구역관리규정(1995. 11. 11, 건설교통부 훈령 제126호로 개정된 것) 제7조 제2항 및 안산시의 "개발제한구역 내 음식점허가관련처리지침"에 관하여 그 설정된 기준이 객관적으로 합리적이 아니라거나 타당하지 않다고 볼 만한 특별한 사정이 없는 이상 행정청의 의사는 가능한 한 존중되어야 한다고 본 판례가 있다(대판 1998. 09. 08, 98두8759).

### (8) 개발제한구역훼손부담금

국토교통부장관은 개발제한구역의 보전과 관리를 위한 재원을 확보하기 위하여 ① 해제대상지역 개발사업자 중 제4조 제6항에 따라 복구계획을 제시하지 아니하거나 복구를 하지 아니하기로 한 자와 ② 제12조 제1항 단서 또는 제13조에 따른 허가(토지의 형질변경 허가나 건축물의 건축 허가에 해당하며, 다른 법령에 따라 제12조 제1항 단서 또는 제13조에 따른 허가가 의제되는 협의를 거친 경우를 포함한다)를 받은 자에 대하여는 개발제한구역 보전부담금을 부과 · 징수한다(제21조 제1항).

통보받은 매수 여부에 관한 결정 또는 매수가격에 이의가 있는 자 또는 부담금의 부과 · 징수에 대하여 이의가 있는 자는 중앙토지수용위원회에 이의신청을 할 수 있다(제27조 제1항). 이 이의신청은 행정심판의 성질을 갖는다.

### (9) 개발제한구역과 권리구제

#### 1) 개발제한구역의 지정, 지정해제 또는 지정해제거부에 대한 항고소송

① 개발제한구역의 지정이나 지정해제행위는 직접 국민의 재산권 행사를 제한

하거나 제한을 해제하는 효과를 가져오므로 항고소송의 대상이 되는 처분이다.

② 개발제한구역의 지정으로 인하여 개발제한구역 내에 있는 토지소유자 등 재산권 행사에 제한을 받는 자는 개발제한구역의 지정을 다툴 원고적격이 있다.

③ 개발제한구역해제에 있어서는 개발제한구역제도는 공익의 보호만을 목적으로 하며 개발제한구역 내에 있는 자나 개발제한구역의 주변에 있는 자의 개인적인 이익을 보호하는 것을 목적으로 하지 않는다고 해석되므로 개발제한구역으로 인하여 개발제한구역 내에 있는 자나 개발제한구역의 주변에 있는 자가 받는 이익은 반사적 이익에 불과하므로 개발제한구역 내에 있는 자나 개발제한구역의 주변에 있는 자는 개발제한구역의 해제를 다툴 원고적격이 없다고 보는 것이 일반적인 견해이다.

[판례] 개발제한구역 중 일부 취락을 개발제한구역에서 해제하는 내용의 도시관리계획변경결정에 대하여, 개발제한구역 해제대상에서 누락된 토지의 소유자는 위 결정의 취소를 구할 법률상 이익이 없다고 한 사례(대판 2008. 07. 10, 2007두10242). 〈해설〉 그 이유는 다음과 같다. 원고 소유의 토지가 속한 취락 부분이 개발제한구역으로 지정되어 있다가 원고 소유 토지를 제외한 나머지 취락 지역을 개발제한구역에서 해제하기로 하는 도시관리계획변경결정이 이루어지자, 원고가 그 도시관리계획변경결정이 위법하다며 취소를 구하는 사안에서, 원고 소유 토지는 도시관리계획변경결정 전후를 통하여 개발제한구역으로 지정된 상태에 있으므로 이 사건 도시관리계획변경결정(개발제한구역해제결정)으로 인하여 그 소유자인 원고가 위 토지를 사용·수익·처분하는 데 새로운 공법상의 제한을 받거나 종전과 비교하여 더 불이익한 지위에 있게 되는 것은 아니고, 원고의 청구취지와 같이 이 사건 도시관리계획변경결정이 취소된다 하더라도 그 결과 이 사건 도시관리계획변경결정으로 개발제한구역에서 해제된 제3자 소유의 토지들이 종전과 같이 개발제한구역으로 남게 되는 결과가 될 뿐, 원고 소유의 이 사건 토지가 개발제한구역에서 해제되는 것도 아니므로, 원고에게는 제3자 소유의 토지에 관한 이 사건 도시관리계획변경결정의 취소를 구할 직접적이고 구체적인 이익이 있다고 할 수 없다.

④ 개발제한구역 내의 토지소유자는 개발제한구역의 해제를 신청할 권리가 있고, 따라서 그 해제의 거부는 처분이며 그 처분을 다툴 원고적격이 있다고 보아야 한다.

### 2) 개발제한구역과 손실보상

개발제한구역의 지정으로 인하여 특별한 희생을 받은 자에 대하여는 경계이론에 따르는 경우 손실보상이 주어져야 한다.

헌법재판소는 분리이론에 입각하여 토지매수청구권의 인정으로 개발제한구역의 지정으로 인한 특별한 희생에 대한 구제가 행해진 것으로 본다.

그러나, 경계이론에 의하면 토지매수청구권과 별도로 손실보상이 선택적으로 인정되어야 한다. 토지매수를 실질적 손실보상으로 보는 견해도 있지만, 이는 타당하지 않다. 또한, 토지매수를 실질적인 손실보상이라고 보더라도 공용제한(개발제한구역의 지정)으로 이미 발생한 손해에 대한 보상이 행해지지 않는 것은 문제이다.

어느 경우에 특별한 희생을 받은 것으로 볼 것인가 및 손실보상에 관한 규정이 없는 현행법하에서 손실보상이 가능한지 및 기타 어떠한 구제방법이 있는지 등의 문제가 제기된다(이에 관하여는 손실보상 참조).

### 3) 토지매수청구권

개발제한구역법은 "개발제한구역의 지정에 따라 개발제한구역의 토지를 종래의 용도로 사용할 수 없어 그 효용이 현저히 감소된 토지나 그 토지의 사용 및 수익이 사실상 불가능하게 된 토지(이하 '매수대상토지'라 한다)의 소유자" 즉, 개발제한구역의 지정으로 인하여 특별한 희생을 받는 자에 대하여 손실보상 대신 토지매수청구권(土地買受請求權)을 보장하고 있다(제17조).

즉, 매수대상 토지의 소유자 중 다음의 하나에 해당하는 자는 국토교통부장관에게 토지매수를 청구할 수 있다. ① 개발제한구역의 지정 당시부터 해당 토지를 계속 소유한 자, ② 토지의 사용·수익이 사실상 불가능하게 되기 전에 해당 토지를 취득하여 계속 소유한 자, ③ 제1호 또는 제2호의 자로부터 해당 토지를 상속받아 계속 소유한 자(제17조 제1항). 국토교통부장관은 제1항의 규정에 의하여 매수청구를 받은 토지가 제3항에 따른 기준에 해당되는 때에는 이를 매수하여야 한다(제17조 제2항).

국토교통부장관은 토지의 매수를 청구받은 날부터 2개월 이내에 매수대상 여부와 매수예상가격 등을 매수청구인에게 알려주어야 한다(제18조 제1항). 국토교통부장관은 제1항에 따라 매수대상토지임을 알린 경우에는 5년의 범위에서 대통령령이 정하는 기간에 매수계획을 수립하여 그 매수대상 토지를 매수하여야 한다(제18조 제2항). 매수한 토지는 국가균형발전특별법에 의한 국가균형발전특별회계의 재산으로 귀속된다(제18조 제4항). 개발제한구역법은 이 이외에 매수절차 및 매수가격 등에 관하여 규정하고 있다.

통보받은 매수 여부의 결정 또는 매수가격에 이의가 있는 자는 중앙토지수용위원회에 이의신청을 할 수 있다(제27조 제1항). 이 이의신청은 행정심판의 성질을 갖는다.

매수신청에 대한 거부는 처분이므로 그 거부에 대하여는 항고소송을 제기하여야 한다.

**[참조 판례]** 상수원 수질보전을 위하여 필요한 지역 내 토지의 매수신청에 대한 거부를 처분으로 본 사례(대판 2009. 09. 10, 2007두20638[토지매수신청거부처분취소]).

### 4) 주민지원사업

시장·군수 또는 구청장은 관리계획에 따라 개발제한구역주민의 생활편익과 복지증진 등을 위한 지원사업을 시행할 수 있다(제16조 제1항).

주민지원사업은 엄밀한 의미에서의 권리구제제도는 아니다.

## 2. 도시자연공원구역

시·도지사 또는 대도시 시장은 도시의 자연환경 및 경관을 보호하고 도시민에게 건전한 여가·휴식공간을 제공하기 위하여 도시지역 안에서 식생(植生)이 양호한 산지(山地)의 개발을 제한할 필요가 있다고 인정하면 도시자연공원구역(都市自然公園區域)의 지정 또는 변경을 도시·군관리계획으로 결정할 수 있다(제38조의2 제1항).

## 3. 시가화조정구역

국토교통부장관은 직접 또는 관계 행정기관의 장의 요청을 받아 도시지역과 그 주변지역의 무질서한 시가화를 방지하고 계획적·단계적인 개발을 도모하기 위하여 대통령령으로 정하는 기간 동안 시가화를 유보할 필요가 있다고 인정되면 시가화조정구역(市街化調整區域)의 지정 또는 변경을 도시·군관리계획으로 결정할 수 있다(제39조 제1항).

시가화조정구역의 지정에 관한 도시·군관리계획의 결정은 제1항에 따른 시가화 유보기간이 끝난 날의 다음날부터 그 효력을 잃는다. 이 경우 국토교통부장관은 대통령령으로 정하는 바에 따라 그 사실을 고시하여야 한다(제39조 제2항).

## 4. 수산자원보호구역

해양수산부장관은 직접 또는 관계 행정기관의 장의 요청을 받아 수산자원을 보호·육성하기 위하여 필요한 공유수면이나 그에 인접한 토지에 대한 수산자원보호구역의 지정 또는 변경을 도시·군관리계획으로 결정할 수 있다(제40조).

## 5. 도시혁신구역

제35조의6 제1항에 따른 공간재구조화계획 결정권자(이하 이 조 및 제40조의4에서 "공간재구조화계획 결정권자"라 한다)는 다음 각 호의 어느 하나에 해당하는 지역을 도시혁신구역으로 지정할 수 있다. 1. 도시·군기본계획에 따른 도심·부도심 또는 생활권의 중심지역, 2. 주요 기반시설과 연계하여 지역의 거점 역할을 수행할 수 있는 지역, 3. 그 밖에 도시공간의 창의적이고 혁신적인 개발이 필요하다고 인정되는 경우로서 대통령령으로 정하는 지역(제40조의3 제1항).

## 6. 복합용도구역

공간재구조화계획 결정권자는 다음 각 호의 어느 하나에 해당하는 지역을 복합용도구역으로 지정할 수 있다. 1. 산업구조 또는 경제활동의 변화로 복합적 토지이용이 필요한 지역, 2. 노후 건축물 등이 밀집하여 단계적 정비가 필요한 지역, 3. 그 밖에 복합된 공간이용을 촉진하고 다양한 도시공간을 조성하기 위하여 계획적 관리가 필요하다고 인정되는 경우로서 대통령령으로 정하는 지역(제40조의4 제1항).

## 7. 입체복합구역

제29조에 따른 도시·군관리계획의 결정권자(이하 "도시·군관리계획 결정권자"라 한다)는 도시·군계획시설의 입체복합적 활용을 위하여 다음 각 호의 어느 하나에 해당하는 경우에 도시·군계획시설이 결정된 토지의 전부 또는 일부를 도시·군계획시설 입체복합구역(이하 "입체복합구역"이라 한다)으로 지정할 수 있다. 1. 도시·군계획시설 준공 후 10년이 경과한 경우로서 해당 시설의 개량 또는 정비가 필요한 경우, 2. 주변지역 정비 또는 지역경제 활성화를 위하여 기반시설의 복합적 이용이 필요한 경우, 3. 첨단기술을 적용한 새로운 형태의 기반시설 구축 등이 필요한 경우, 4. 그 밖에 효율적이고 복합적인 도시·군계획시설의 조성을 위하여 필요한 경우로서 대통령령으로 정하는 경우(제40조의5).

## Ⅴ. 국토계획법의 지역지구제하에서의 건축제한과 건축법상의 건축제한

용도지역·지구·구역에서 건축하기 위하여는 건축법에 합치하여야 할 뿐만 아니라 국토계획법이 용도지역·지구·구역의 지정목적을 실현하기 위하여 제76조 내지 83조에서 규정하는 건축제한을 받는다. 지역·지구제에서의 건축제한을 적용할 때에 사용하는 건축물의 용도는 건축법 시행령에 규정된 용도구분에 의한다.[69]

개발제한구역 안에서의 행위제한 그 밖에 개발제한구역의 관리에 관하여 필요한 사항은 개발제한구역에 관한 법에서 정하여지고 있다(제80조).

2 이상의 용도지역·용도지구·용도구역에 걸치는 토지에 대하여는 다음의 기준에 의해 적용한다.

---

69) 정태용, 308면.

① 하나의 대지가 둘 이상의 용도지역·용도지구 또는 용도구역에 걸치는 경우 그 대지 중 용도
지역·용도지구 또는 용도구역에 있는 부분의 규모가 대통령령으로 정하는 규모 이하인 토지
부분에 대하여는 그 대지 중 가장 넓은 면적이 속하는 용도지역·용도지구 또는 용도구역에
관한 규정을 적용한다. 다만, 건축물이 미관지구나 고도지구에 걸쳐 있는 경우에는 그 건축물
및 대지의 전부에 대하여 미관지구나 고도지구의 건축물 및 대지에 관한 규정을 적용한다(제
84조 제1항).

**[판례]** 구 건축법 제54조 제1항 단서, 구 국토의 계획 및 이용에 관한 법률 제84조 제1항 단서가
토지분할을 제한하는 규정에 해당하는지 여부(소극): 구 건축법 제54조 제1항 단서, 구 국토의 계
획 및 이용에 관한 법률(이하 '국토계획법'이라 한다) 제84조 제1항 단서는 건축물이 미관지구에 걸
쳐 있는 경우 그 건축물과 대지의 전부에 대하여 미관지구에 관한 규정을 적용한다고 규정하였다.
그러나 이는 그 대지 중 일부만 미관지구에 걸쳐 있는 경우에까지 대지 전부에 대하여 미관지구
에 관한 규정을 적용하도록 하는 취지는 아니다. 따라서 이러한 규정의 취지를 고려해 보면, 위
규정은 하나의 대지가 둘 이상의 용도지역·용도지구·용도구역에 걸쳐 있는 경우 건폐율, 용적률
등 건축제한을 적용하는 방법에 관하여 기준을 정한 것일 뿐, 하나의 대지에서 미관지구에 해당하
지 않는 부분의 토지분할까지 제한하는 취지로는 볼 수 없다(대판 2018. 06. 28, 2015두47737).

② 하나의 건축물이 방화지구와 그 밖의 용도지역·용도지구 또는 용도구역에 걸쳐 있는 경우에는 제
1항에도 불구하고 그 전부에 대하여 방화지구의 건축물에 관한 규정을 적용한다. 다만, 그 건축물
이 있는 방화지구와 그 밖의 용도지역·용도지구 또는 용도구역의 경계가 「건축법」 제50조 제2항
에 따른 방화벽으로 구획되는 경우 그 밖의 용도지역·용도지구 또는 용도구역에 있는 부분에 대
하여는 그러하지 아니하다(제84조 제2항).
③ 하나의 대지가 녹지지역과 그 밖의 용도지역·용도지구 또는 용도구역에 걸쳐 있는 경우에는
제1항에도 불구하고 각각의 용도지역·용도지구 또는 용도구역의 건축물 및 토지에 관한 규정
을 적용한다. 다만, 녹지지역의 건축물이 미관지구·고도지구 또는 방화지구에 걸쳐 있는 경우
에는 제1항 단서나 제2항에 따른다(제84조 제3항).

**[판례]** [1] 하나의 대지가 녹지지역과 그 밖의 용도지역 등에 걸쳐 있는 경우 행위제한에 관한 구
국토의 계획 및 이용에 관한 법률 제84조 제3항의 해석 및 대지가 녹지지역과 그 밖의 용도지역
등에 걸치는 경우 용도지역별 건축물의 용도제한에 관하여 건축법 제54조 제3항 본문이 적용되는
지 여부(소극): 구 국토의 계획 및 이용에 관한 법률(2012. 2. 1. 법률 제11292호로 개정되기 전의 것,
이하 '국토계획법'이라고 한다) 제84조 제3항 본문은 하나의 대지가 녹지지역과 그 밖의 용도지역
등에 걸쳐 있는 경우 그 대지 중 용도지역 등에 있는 부분의 규모 및 용도지역별 면적과 관계없이
녹지지역에 대해서만 녹지지역에 관한 행위 제한 규정을 적용하도록 함으로써 녹지지역의 훼손을
최소화하기 위한 것으로 보인다. 이러한 규정의 입법 취지 및 문언에 의할 때 위 조항은 하나의
대지가 녹지지역과 그 밖의 용도지역 등에 걸쳐 있는 경우 용도지역 등 경계선을 기준으로 녹지지
역에 대하여는 녹지지역에 관한 행위 제한 규정이 적용되고, 다른 용도지역 등에 대하여는 해당 용
도지역 등에 관한 행위 제한 규정이 적용된다는 의미로 해석하는 것이 타당하다. 한편 건축법 제
54조 제3항 본문에서는 "대지가 녹지지역과 그 밖의 지역·지구 또는 구역에 걸치는 경우에는 각
지역·지구 또는 구역 안의 건축물과 대지에 관한 이 법의 규정을 적용한다"라고 규정하고 있으
나, 용도지역별 건축물의 용도 제한에 대하여는 건축법이 아니라 국토계획법이 규율하고 있으므로,

대지가 녹지지역과 그 밖의 용도지역 등에 걸치는 경우 용도지역별 건축물의 용도 제한에 관하여
는 건축법 제54조 제3항 본문이 적용되지 아니한다. [2] 건축허가가 용도지역별 건축물의 용도 제
한에 적합한지 판단하는 기준 및 건축주가 적법한 용도변경 절차를 거치지 않고 허가받은 용도 이
외의 다른 용도로 사용하는 경우 건축허가가 소급해서 위법해지는지 여부(소극): 건축허가가 용도
지역별 건축물의 용도 제한에 적합한지는 허가된 건축물의 용도가 국토의 계획 및 이용에 관한
법률과 그 시행령, 건축법 시행령, 도시계획조례 등의 관련 규정에 의하여 허용되는 용도인지 여
부에 의하여 정해지는 것이지, 건축주가 나중에 신축한 건축물을 허가받은 용도 이외의 다른 용도
로 사용할 의도나 가능성이 있는지 여부에 의하여 좌우되는 것이 아니고, **건축주가 적법한 용도변
경 절차를 거치지 않고 허가받은 용도 이외의 다른 용도로 사용하더라도 무단 용도변경이 문제 될
뿐, 건축허가가 소급해서 위법해지는 것은 아니다**(대판 2014. 11. 27, 2013두16111[건축허가취소처분
취소등]).

입지규제최소구역에서의 행위 제한은 용도지역 및 용도지구에서의 토지의 이용
및 건축물의 용도·건폐율·용적률·높이 등에 대한 제한을 강화하거나 완화하여 따
로 입지규제최소구역계획으로 정한다(제80조의3).

입지규제최소구역에서는 「주택법」, 「주차장법」 등 다른 법률 규정의 일부를 완
화 또는 배제할 수 있고(제83조의2 제1항), 입지규제최소구역으로 지정된 지역은 특별
건축구역으로 지정된 것으로 간주된다(제3항). 시·도지사 또는 시장·군수·구청장은
입지규제최소구역에서 건축하는 건축물을 건축기준 등의 특례사항을 적용하여 건축
할 수 있는 건축물에 포함시킬 수 있다(제4항).

## Ⅵ. 지역·지구등의 지정에서의 주민의견 수렴

중앙행정기관의 장이나 지방자치단체의 장이 지역·지구등을 지정(변경 및 해제를
포함한다)하려면 대통령령으로 정하는 바에 따라 미리 주민의 의견을 들어야 한다. 다
만, 다음 각 호의 어느 하나에 해당하거나 **대통령령**으로 정하는 경미한 사항을 변경
하는 경우에는 그러하지 아니하다. 1. 따로 지정 절차 없이 법령이나 자치법규에 따
라 지역·지구등의 범위가 직접 지정되는 경우, 2. 다른 법령 또는 자치법규에 주민
의 의견을 듣는 절차가 규정되어 있는 경우, 3. 국방상 기밀유지가 필요한 경우, 4.
그 밖에 대통령령으로 정하는 경우(토지이용규제 기본법 제8조 제1항).

# 제 8 항 도시계획시설설치에 관한 도시관리계획

## Ⅰ. 도시계획시설과 도시관리계획

도시가 도시의 기본적 수요를 충족시키기 위해서는 도로, 공원, 학교, 수도, 하수도 등 여러 **기반시설**(제2조 제6호)이 필요하다. 원칙적으로 도시기반시설의 설치는 도시관리계획결정에 의한다.

**[판례]** (1) 국토의 계획 및 이용에 관한 법률(이하 '국토계획법'이라 한다)상 **기반시설**은 도시 공동 생활을 위해 기본적으로 공급되어야 하지만 공공성이나 외부경제성이 크기 때문에 시설의 입지 결정, 설치 및 관리 등에 공공의 개입이 필요한 시설을 의미한다. (2) 기반시설을 조성하는 행정계획 영역에서 행정주체가 가지는 광범위한 재량, 현대 도시생활의 복잡·다양성과 질적 수준 향상의 정도 등을 고려하면, 어떤 시설이 국토계획법령이 정하고 있는 기반시설에 형식적으로 해당할 뿐 아니라, 그 시설이 다수 일반 시민들이 행복한 삶을 추구하는 데 보탬이 되는 기반시설로서의 가치가 있고 그 시설에 대한 일반 시민의 자유로운 접근 및 이용이 보장되는 등 공공필요성의 요청이 충족되는 이상, 그 시설이 영리 목적으로 운영된다는 이유만으로 기반시설에 해당되지 않는다고 볼 것은 아니다(대판 2018. 07. 24, 2016두48416).

'**도시계획시설**(都市計劃施設)'이라 함은 국토계획법상 제2조 제6호의 기반시설(교통시설, 공간시설, 유통·공급시설, 공공·문화시설, 방재시설, 보건위생시설, 환경기초시설) 가운데 도시관리계획으로 결정된 시설을 말한다(제2조 제7호).

지상·수상·공중·수중 또는 지하에 기반시설을 설치하려면 그 시설의 종류·명칭·위치·규모 등을 미리 도시·군관리계획으로 결정하여야 한다. 다만, 용도지역·기반시설의 특성 등을 고려하여 대통령령으로 정하는 경우에는 그러하지 아니하다(제43조 제1항).

제1항에 따라 설치한 도시·군계획시설의 관리에 관하여 이 법 또는 다른 법률에 특별한 규정이 있는 경우 외에는 국가가 관리하는 경우에는 대통령령으로, 지방자치단체가 관리하는 경우에는 그 지방자치단체의 조례로 도시·군계획시설의 관리에 관한 사항을 정한다(제43조 제3항).

**도시·군계획시설사업**은 도시 형성이나 주민 생활에 필수적인 기반시설 중 도시관리계획으로 체계적인 배치가 결정된 시설을 설치하는 사업이다(대판 2017. 07. 11, 2016두35120).

도시·군계획시설사업은 행정청이나 공공단체가 시행하는 때도 있고, 사인이 시행하는 때도 있다(제86조). 국토계획법상 도시계획시설사업에서 사업시행자 지정은 특정인에게 도시계획시설사업을 시행할 수 있는 권한을 부여하는 처분이고, 사업시행자 지정 내용의 고시는 사업시행자 지정처분을 전제로 하여 그 내용을 불특정 다수인에게 알리는 행위이다. 위 사업시행자 지정과 그 고시는 명확하게 구분되는 것으로(대판 2022. 03. 17, 2021다283520), 사업시행자 지정 처분이 '고시'의 방법으로 행하여질 수 있음은 별론으로 하고 그 처분이 반드시 '고시'의 방법으로만 성립하거나 효력이 생긴다고 볼 수 없다(대판 2017. 07. 11, 2016두35120). 국토계획법령이 사인을 도시·군계획시설사업의 시행자로 지정하기 위한 요건으로 토지소유·동의 요건을 규정한 취지는 사인이 시행하는 도시·군계획시설사업의 공공성을 보완하고 사인에 의한 일방적인 수용을 제어하기 위한 것인데, 이미 국토계획법령 자체에서 지방공사가 도시·군계획시설사업을 시행하는 경우는 사인이 아니라 국가, 지방자치단체가 시행하는 경우와 동등하게 취급하도록 특별 규정을 두고 있다(대판 2019. 08. 30, 2016다252478).

**[판례]** [1] 사업시행자 지정에 관한 토지소유자의 동의가 유효하기 위해서는 동의를 받기 전에, 그 동의가 사업시행자 지정을 위한 것이라는 동의 목적, 그 동의에 따라 지정될 사업시행자, 그 동의에 따라 시행될 동의 대상 사업 등이 특정되고 그 정보가 토지소유자에게 제공되어야 한다. [2] 도시·군계획시설(이하 '도시계획시설'이라 한다)사업 사업시행자 지정을 위한 동의를 받기 위하여 토지소유자에게 제공되어야 할 동의 대상 사업에 관한 정보는, 해당 도시계획시설의 종류·명칭·위치·규모 등이고, 이러한 정보는 일반적으로 도시계획시설결정 및 그 고시를 통해 제공되므로 토지소유자의 동의는 도시계획시설결정 이후에 받는 것이 원칙이라고 할 수 있다. 도시계획시설결정 이전에 받은 동의라고 하더라도, 동의를 받을 당시 앞으로 설치될 도시계획시설의 종류·명칭·위치·규모 등에 관한 정보가 토지소유자에게 제공되었고, 이후의 도시계획시설결정 내용이 사전에 제공된 정보와 중요한 부분에서 동일성을 상실하였다고 볼 정도로 달라진 경우가 아닌 이상, 도시계획시설결정 이전에 받은 사업시행자 지정에 관한 동의라고 하여 무효라고 볼 수는 없다(대판 2018. 07. 24, 2016두48416).

도시·군계획시설사업의 시행자는 대통령령으로 정하는 바에 따라 그 도시·군계획시설사업에 관한 **실시계획**(이하 "실시계획"이라 한다)을 **작성**하여야 한다(제88조 제1항). 도시·군계획시설사업의 시행자(국토교통부장관, 시·도지사와 대도시 시장은 제외한다. 이하 제3항에서 같다)는 제1항에 따라 실시계획을 작성하면 대통령령으로 정하는 바에 따라 국토교통부장관, 시·도지사 또는 대도시 시장의 **인가**를 받아야 한다. 다만, 제98조에 따른 준공검사를 받은 후에 해당 도시·군계획시설사업에 대하여 국토교통부령으로 정하는 경미한 사항을 변경하기 위하여 실시계획을 작성하는 경우에는 국토교통부장관, 시·도지사 또는 대도시 시장의 인가를 받지 아니한다(제2항).

도시계획시설사업에 관한 실시계획인가처분은 해당 사업을 구체화하여 현실적으로 실현하기 위한 형성행위로서 이에 따라 토지수용권 등이 구체적으로 발생하게 된다. 따라서 행정청이 실시계획인가처분을 하기 위해서는 그 실시계획이 법령이 정한 도시계획시설의 결정·구조 및 설치기준에 적합하여야 함은 물론이고 사업의 내용과 방법에 대하여 인가처분에 관련된 자들의 이익을 공익과 사익 간에서는 물론, 공익 상호 간 및 사익 상호 간에도 정당하게 비교·교량하여야 하며, 그 비교·교량은 비례의 원칙에 적합하도록 하여야 한다(대판 2018. 07. 24, 2016두48416).

**[판례]** ① [도시·군계획시설인 청소년수련시설 설치사업의 실시계획인가처분 취소사건] (1) 도시·군계획시설은 도시·군관리계획결정에 따라 설치되는데, 도시·군계획시설결정은 국토계획법령에 따라 도시·군관리계획결정에 일반적으로 요구되는 기초조사, 주민과 지방의회의 의견 청취, 관계 행정기관장과의 협의나 도시계획위원회 심의 등의 절차를 밟아야 한다. 이러한 절차를 거쳐 도시·군계획시설결정이 이루어지면 도시·군계획시설의 종류에 따른 사업대상지의 위치와 면적이 확정되고, 그 사업대상지에서는 원칙적으로 도시·군계획시설이 아닌 건축물 등의 허가가 금지된다(제64조). 반면 실시계획인가는 도시·군계획시설결정에 따른 특정 사업을 구체화하여 이를 실현하는 것으로서, 시·도지사는 도시·군계획시설사업의 시행자가 작성한 실시계획이 도시·군계획시설의 결정·구조 및 설치의 기준 등에 적합하다고 인정하는 경우에는 이를 인가하여야 한다(제88조 제3항, 제43조 제2항). 이러한 실시계획인가를 통해 사업시행자에게 도시·군계획시설사업을 실시할 수 있는 권한과 사업에 필요한 토지 등을 수용할 수 있는 권한이 부여된다. (2) 도시·군계획시설결정과 실시계획인가는 도시·군계획시설사업을 위하여 이루어지는 단계적 행정절차에서 별도의 요건과 절차에 따라 별개의 법률효과를 발생시키는 독립적인 행정처분이라고 할 수 있다. 그러므로 선행처분인 도시·군계획시설결정에 하자가 있더라도 그것이 당연무효가 아닌 한 원칙적으로 후행처분인 실시계획인가에 승계되지 않는다. (3) 청소년수련관을 신설하는 이 사건 군계획시설결정에 원고 주장과 같은 하자가 인정된다고 보기 어렵고, 설령 그러한 하자가 인정된다고 하더라도 당연무효에 해당한다고 볼 수 없으므로, 선행처분인 이 사건 군계획시설결정에 존재하는 하자가 후행처분인 이 사건 처분에 승계되지 않는다고 판단한 원심을 수긍한 사안(대판 2017. 07. 18, 2016두49938).
② 도시계획시설사업의 시행자 지정을 위한 동의요건 충족 여부 판단 기준 시기(=사업시행자 지정처분 시) 및 공유자들 각각을 토지 소유자로 보고 동의율을 산정하여야 하는지 여부(원칙적 적극): 구 국토의 계획 및 이용에 관한 법률(2011. 4. 14. 법률 제10599호로 개정되기 전의 것, 이하 '구 국토계획법'이라 한다) 제86조 제7항 및 그 시행령 제96조 제2항은 도시계획시설사업의 시행자로 지정을 받기 위한 동의요건으로서 토지 소유자 총수의 2분의 1 이상에 해당하는 자의 동의를 얻어야 함을 규정하면서 동의요건 판단의 기준 시기나 동의율의 산정 방법에 관하여는 아무런 규정을 두고 있지 않다. 그런데 사인의 공법상 행위는 명문으로 금지되거나 성질상 불가능한 경우가 아닌 한 그에 따른 행정행위가 행하여질 때까지 자유로이 철회하거나 보정할 수 있으므로 사업시행자 지정 처분이 행하여질 때까지 토지 소유자는 새로이 동의를 하거나 동의를 철회할 수 있다고 보아야 하는 점, 사업시행자로 지정받은 민간기업이 실시계획 인가를 받으면 도시계획시설사업의 대상인 토지를 수용할 수 있게 되는데, 동의요건은 이러한 민간기업에 대한 수용권 부여를 정당화하는 근거로서 의미가 있으므로 도시계획시설결정 내지 사업시행자 지정 신청이 있은 후라도 사업시행자 지정 처분이 행하여질 때까지 권리변동이나 사정변경이 있는 경우에는 그 의사에 반하여 소유권을 상실하게 되는 해당 권리자의 의사를 존중하는 것이 구 국토계획법의 취지에 부합하는 점 등을 종합해 보면, 동의요건의 충족 여부를 판단하는 기준 시기는 사업시행자 지정 처분 시로 보아야 한다. 그리고 관련 법령에서 공유자들을 1인의 토지 소유자로 산정하여야 한다는 특별한 규정을

두고 있지 않은 데다가 수용절차의 토대가 되는 사업시행자 지정에 대한 동의권한 행사에 관하여 공유자들 각자가 독자적인 이익을 가지므로, **원칙적으로 공유자들 각각을 토지 소유자로 산정하여야 한다**(대판 2014. 07. 10, 2013두7025[도시계획시설사업시행자지정및실시계획인가취소처분취소]).

③ 구 도시계획법(1991. 12. 14. 법률 제4427호로 개정되기 전의 것, 2002. 2. 4. 법률 제6655호 국토의 계획 및 이용에 관한 법률 부칙 제2조로 폐지) 제83조 제1항은 **행정청인 시행자가 도시계획사업의 시행으로 새로이 설치한 공공시설은** 그 시설을 관리할 국가 또는 지방자치단체에 무상으로 귀속된다고 규정하고 있다. 위 규정은 행정청인 사업시행자가 도시계획사업의 시행으로 새로이 설치할 공공시설에 필요한 토지를 사법상의 계약이나 공법상의 절차에 따른 방법 등으로 취득하여 여기에 공공시설을 설치하고 사업을 완료한 경우에 한하여 적용되는 것이지, 사업시행자가 공공시설에 필요한 토지를 적법하게 취득하지 않은 채 여기에 공공시설을 설치하여 국가 또는 지방자치단체가 이를 점유·사용하고 있는 경우에까지 적용되는 것은 아니다. 이와 같은 해석은 공공시설의 설치에 필요한 토지가 국유지라고 하여 달리할 것이 아니다(대판 2014. 07. 10, 2012두23358[변상금부과처분취소]).

④ [1] 구 국토의 계획 및 이용에 관한 법률상 도시계획시설사업 시행자 지정 처분이 '고시'의 방법으로만 성립하거나 효력이 생기는지 여부(소극): 사업시행자 지정에 관한 구 국토의 계획 및 이용에 관한 법률(2013. 3. 23. 법률 제11690호로 개정되기 전의 것, 이하 '국토계획법'이라 한다) 제86조 제5항, 제6항, 구 국토의 계획 및 이용에 관한 법률 시행규칙(2013. 3. 23. 국토교통부령 제1호로 개정되기 전의 것) 제14조의 체계와 내용 등에 비추어 보면, 국토계획법상 도시계획시설사업에서 사업시행자 지정은 특정인에게 도시계획시설사업을 시행할 수 있는 권한을 부여하는 처분이고, 사업시행자 지정 내용의 고시는 사업시행자 지정처분을 전제로 하여 그 내용을 불특정 다수인에게 알리는 행위이다. 위 사업시행자 지정과 그 고시는 명확하게 구분되는 것으로, 사업시행자 지정 처분이 '고시'의 방법으로 행하여질 수 있음은 별론으로 하고 그 처분이 반드시 '고시'의 방법으로만 성립하거나 효력이 생긴다고 볼 수 없다. [2] 국토계획법이 사인을 도시·군계획시설사업의 시행자로 지정하기 위한 요건으로 소유 요건과 동의 요건을 둔 취지는 사인이 시행하는 도시·군계획시설사업의 공공성을 보완하고 사인에 의한 일방적인 수용을 제어하기 위한 것이다. 그러므로 만일 국토계획법령이 정한 도시계획시설사업의 대상 토지의 소유와 동의 요건을 갖추지 못하였는데도 사업시행자로 지정하였다면, 이는 국토계획법령이 정한 법규의 중요한 부분을 위반한 것으로서 특별한 사정이 없는 한 그 하자가 중대하다고 보아야 한다. [3] 사인(私人)인 사업시행자가 도시·군계획시설사업의 대상인 토지를 사업시행기간 중에 제3자에게 매각하고 제3자로 하여금 해당 시설을 설치하도록 하는 내용이 포함된 실시계획이 허용되는지 여부(소극) 및 그와 같은 실시계획을 인가하는 처분은 하자가 중대한지 여부(원칙적 적극): 구 국토의 계획 및 이용에 관한 법률(2013. 3. 23. 법률 제11690호로 개정되기 전의 것, 이하 '국토계획법'이라 한다) 제86조 제5항, 제98조 제1항, 제101조, 제133조 제1항 제14호의 규정 내용에 따르면, 사업시행자인 사인(私人)은 그 책임으로 도시·군계획시설사업의 공사를 마쳐야 하고, 사업시행자 지정을 받지 않은 사인은 도시·군계획시설사업을 시행할 수 없다. 사업시행기간 중에 사업 대상인 토지를 제3자에게 매각하고 제3자에게 도시·군계획시설을 설치하도록 한다면 그와 같은 내용의 도시·군계획시설사업은 사실상 토지를 개발·분양하는 사업으로 변질될 수 있는 데다가 개발이익이 배제된 가격으로 수용한 토지를 처분상대방이나 처분조건 등에 관한 아무런 제한도 받지 않고 매각하여 차익을 얻을 수 있게 됨으로써 도시·군계획시설사업의 공공성을 현저히 훼손한다. 또한 산업입지 및 개발에 관한 법률 등에서 일정한 요건과 절차에 따라 공익사업의 대행을 허용하고 있는 것과 달리, 국토계획법은 도시·군계획시설사업의 대행을 허용하는 명시적 규정을 두고 있지 않다. 따라서 **사인인 사업시행자가 도시·군계획시설사업의 대상인 토지를 사업시행기간 중에 제3자에게 매각하고 제3자로 하여금**

해당 시설을 설치하도록 하는 내용이 포함된 실시계획은 국토계획법상 도시·군계획시설사업의 기본원칙에 반하여 허용되지 않고, 특별한 사정이 없는 한 그와 같은 실시계획을 인가하는 처분은 그 하자가 중대하다고 보아야 한다(대판 2017. 07. 11, 2016두35120[사업시행계획인가처분취소]).

⑤ [1] 구 국토의 계획 및 이용에 관한 법률이 사인(私人)을 도시·군계획시설사업의 시행자로 지정하기 위한 요건으로 소유 요건과 동의 요건을 둔 취지 및 국토의 계획 및 이용에 관한 법령이 정한 도시계획시설사업의 대상 토지의 소유와 동의 요건을 갖추지 못하였는데도 사업시행자로 지정한 경우, 하자가 중대한지 여부(적극): 사인(私人)이 도시·군계획시설사업을 시행하는 때에는 그 도시·군계획시설이 국토계획법이 정한 '공공시설'에 해당하는 등 특별한 사정이 없는 한, 설치된 도시·군계획시설의 소유·관리·처분권은 사업시행자인 사인에게 귀속되고, 국토계획법은 그 권리의 행사에 관하여 별다른 규율을 하고 있지 않다. 따라서 도시·군계획시설사업을 사인이 시행하는 때에는 행정청이나 공공단체가 시행하는 때와 비교하여 시설의 공공적 기능 유지라는 측면이나 시설의 운영·처분 과정에서 발생하는 이익의 공적 귀속이라는 측면에서 상대적으로 공공성이 약하다고 볼 수 있다. 나아가 해당 시설이 민간의 이윤 동기에 맡겨도 공급에 문제가 없을 정도로 영리성이 강한 시설이라면 도시·군계획시설사업이 공익사업을 가장한 사인을 위한 영리사업으로 변질될 우려도 있다. 결국 국토계획법이 사인을 도시·군계획시설사업의 시행자로 지정하기 위한 요건으로 소유 요건과 동의 요건을 둔 취지는 사인이 시행하는 도시·군계획시설사업의 공공성을 보완하고 사인에 의한 일방적인 수용을 제어하기 위한 것이다. 그러므로 만일 국토계획법령이 정한 도시계획시설사업의 대상 토지의 소유와 동의 요건을 갖추지 못하였는데도 사업시행자로 지정하였다면, 이는 국토계획법령이 정한 법규의 중요한 부분을 위반한 것으로서 특별한 사정이 없는 한 그 하자가 중대하다고 보아야 한다. [2] 선행처분인 도시계획시설사업 시행자 지정 처분이 처분요건을 충족하지 못하여 당연무효인 경우, 후행처분인 도시계획시설사업의 시행자가 작성한 실시계획을 인가하는 처분도 무효이다. [3] 사인(私人)인 사업시행자가 도시·군계획시설사업의 대상인 토지를 사업시행기간 중에 제3자에게 매각하고 제3자로 하여금 해당 시설을 설치하도록 하는 내용이 포함된 실시계획이 허용되는지 여부(소극) 및 그와 같은 실시계획을 인가하는 처분은 하자가 중대한지 여부(원칙적 적극): 구 국토의 계획 및 이용에 관한 법률(2013. 3. 23. 법률 제11690호로 개정되기 전의 것, 이하 '국토계획법'이라 한다) 제86조 제5항, 제98조 제1항, 제101조, 제133조 제1항 제14호의 규정 내용에 따르면, 사업시행자인 사인(私人)은 그 책임으로 도시·군계획시설사업의 공사를 마쳐야 하고, 사업시행자 지정을 받지 않은 사인은 도시·군계획시설사업을 시행할 수 없다. 사업시행기간 중에 사업 대상인 토지를 제3자에게 매각하고 제3자에게 도시·군계획시설을 설치하도록 한다면 그와 같은 내용의 도시·군계획시설사업은 사실상 토지를 개발·분양하는 사업으로 변질될 수 있는 데다가 개발이익이 배제된 가격으로 수용한 토지를 처분상대방이나 처분조건 등에 관한 아무런 제한도 받지 않고 매각하여 차익을 얻을 수 있게 됨으로써 도시·군계획시설사업의 공공성을 현저히 훼손한다. 또한 산업입지 및 개발에 관한 법률 등에서 일정한 요건과 절차에 따라 공익사업의 대행을 허용하고 있는 것과 달리, 국토계획법은 도시·군계획시설사업의 대행을 허용하는 명시적 규정을 두고 있지 않다. 따라서 사인인 사업시행자가 도시·군계획시설사업의 대상인 토지를 사업시행기간 중에 제3자에게 매각하고 제3자로 하여금 해당 시설을 설치하도록 하는 내용이 포함된 실시계획은 국토계획법상 도시·군계획시설사업의 기본원칙에 반하여 허용되지 않고, 특별한 사정이 없는 한 그와 같은 실시계획을 인가하는 처분은 그 하자가 중대하다고 보아야 한다(대판 2017. 07. 11, 2016두35120).

⑥ [지방자치단체장이 도시계획시설사업으로 토지수용을 통해 대규모점포(복합쇼핑몰) 건립을 진행하기로 하고, 민간사업자를 사업시행자로 지정한 뒤 그에 기초하여 실시계획인가처분 등을 한 것에

대하여 토지소유자가 위 각 처분의 취소를 구하는 사건] (1) 사업시행자 지정에 관한 토지소유자의 동의가 유효하기 위해서는 동의를 받기 전에, 그 동의가 사업시행자 지정을 위한 것이라는 동의 목적, 그 동의에 따라 지정될 사업시행자, 그 동의에 따라 시행될 동의 대상 사업 등이 특정되고 그 정보가 토지소유자에게 제공되어야 한다. (2) 도시계획시설결정 이전에 받은 토지소유자 동의가 무효인지 여부(한정 소극): 토지소유자의 동의는 도시계획시설결정 이후에 받는 것이 원칙이라고 할 수 있다. 다만, 도시계획시설결정 이전에 받은 동의라고 하더라도, 동의를 받을 당시 앞으로 설치될 도시계획시설의 종류·명칭·위치·규모 등에 관한 정보가 토지소유자에게 제공되었고, 이후의 도시계획시설결정 내용이 사전에 제공된 정보와 중요한 부분에서 동일성을 상실하였다고 볼 정도로 달라진 경우가 아닌 이상, 도시계획시설결정 이전에 받은 사업시행자 지정에 관한 동의라고 하여 무효라고 볼 수는 없다. (3) 국토의 계획 및 이용에 관한 법률에서 정하는 '기반시설'의 의미: 국토계획법상 기반시설은 도시 공동생활을 위해 기본적으로 공급되어야 하지만 공공성이나 외부경제성이 크기 때문에 시설의 입지 결정, 설치 및 관리 등에 공공의 개입이 필요한 시설을 의미한다. 시설이 영리 목적으로 운영된다는 이유만으로 기반시설에 해당되지 않는다고 볼 것은 아니다. 다만, 행정주체가 기반시설을 조성하기 위하여 도시계획시설결정을 하거나 실시계획인가처분을 할 때 행사하는 재량권에는 그 한계가 있음이 분명하므로, 이는 재량통제의 대상이 된다. (4) 영리 목적이 있는 '대규모점포'도 위 '기반시설'에 포함될 수 있다(대판 2018. 07. 24, 2016두48416).

　　도시계획시설사업에 관한 실시계획인가처분은 해당 사업을 구체화하여 현실적으로 실현하기 위한 형성행위로서 이에 따라 토지수용권 등이 구체적으로 발생하게 된다. 따라서 행정청이 실시계획인가처분을 하기 위해서는 그 실시계획이 법령이 정한 도시계획시설의 결정·구조 및 설치기준에 적합하여야 함은 물론이고 사업의 내용과 방법에 대하여 인가처분에 관련된 자들의 이익을 공익과 사익 간에서는 물론, 공익 상호간 및 사익 상호간에도 정당하게 비교·교량하여야 하며, 그 비교·교량은 비례의 원칙에 적합하도록 하여야 한다(대판 2018. 07. 24, 2016두48416).

**[판례]** [피고 행정청이 다가구·다세대주택이 밀집해 있는 지역에서 주택 25개동을 수용·철거하고 그 자리에 독립건물 형태의 공영주차장을 설치하겠다는 내용의 도시·군계획시설결정 및 실시계획인가처분을 하자, 자신들이 거주하는 주택이 수용·철거될 위기에 처한 주민들이 취소소송을 제기한 사건] 도시기반시설인 노외주차장의 설치를 위한 도시·군관리계획 입안·결정에 관하여 행정청이 가지는 재량의 범위: 행정주체가 노외주차장의 필요성과 그 구체적인 내용을 결정하는 것에 관한 형성의 재량은 무제한적인 것이 아니라, 관련되는 제반 공익과 사익을 비교·형량하여 노외주차장을 설치하여 달성하려는 공익이 그로써 제한받는 다른 공익이나 침해받는 사익보다 우월한 경우에 한하여 그 주차장 설치계획이 정당하다고 볼 수 있다. 특히 노후·불량주택 자체를 효율적으로 개량하기 위한 목적이 아닌 공익사업을 시행하는 과정에서 다수의 기존 주택을 철거하여야 하는 경우에는 단순히 재산권 제한에 그치는 것이 아니라 매우 중요한 기본권인 '주거권'이 집단적으로 제한될 수 있으므로, 이를 정당화하려면 그 공익사업에 중대한 공익상 필요가 분명하게 인정되어야 한다. 이러한 중대한 공익상 필요는 신뢰할 수 있는 자료를 기초로 앞서 본 제반 사정을 종합하여 신중하게 판단하여야 한다. 나아가 설치하려는 주차장 자체의 경제성·효율성과 주차장을 설치한 후 운영하는 과정에서 발생하게 될 인근 주민의 불편이나 해당 지역의 교통에 미칠

영향 등을 함께 비교·형량하여야 한다. 행정주체가 주차장 설치계획을 입안·결정할 때 이러한 이익형량을 전혀 하지 아니하거나 이익형량의 고려 대상에 마땅히 포함시켜야 할 사항을 누락한 경우, 또는 이익형량을 하였으나 정당성·객관성이 결여된 경우에는 그 주차장 설치계획 결정은 재량권을 일탈·남용한 것으로 위법하다고 보아야 한다(대판 2018. 06. 28, 2018두35490, 35506(병합)[도시계획시설결정처분 취소 청구, 사업실시계획인가처분 취소 청구(병합)]). 〈해설〉 주거권을 매우 중요한 기본권으로 인정한 점에 이 판결의 의의가 있다.

## Ⅱ. 도시계획시설의 공중 또는 지하 등에의 설치기준 및 손실보상

도시·군계획시설을 공중·수중·수상 또는 지하에 설치하는 경우 그 높이나 깊이의 기준과 그 설치로 인하여 토지나 건물의 소유권 행사에 제한을 받는 자에 대한 보상 등에 관하여는 따로 법률로 정한다(제46조). 그러나, 현재 이 조문의 취지에 따른 법률이 제정되어 있지 않고 있으며 단지 전기사업법 및 도시철도법 등 개별법에서 공간사용 및 지하사용에 관한 단편적인 규정만을 두고 있다.

## Ⅲ. 미집행 도시계획시설부지의 매수청구

도시·군계획시설에 대한 도시·군관리계획의 결정(이하 "도시·군계획시설결정"이라 한다)의 고시일부터 10년 이내에 그 도시·군계획시설의 설치에 관한 도시·군계획시설사업이 시행되지 아니하는 경우(제88조에 따른 실시계획의 인가나 그에 상당하는 절차가 진행된 경우는 제외한다. 이하 같다) 그 도시·군계획시설의 부지로 되어 있는 토지 중 지목(地目)이 대(垈)인 토지(그 토지에 있는 건축물 및 정착물을 포함한다. 이하 이 조에서 같다)의 소유자는 대통령령으로 정하는 바에 따라 특별시장·광역시장·특별자치시장·특별자치도지사·시장 또는 군수에게 그 토지의 매수를 청구할 수 있다. 다만, 다음의 어느 하나에 해당하는 경우에는 그에 해당하는 자(특별시장·광역시장·특별자치시장·특별자치도지사·시장 또는 군수를 포함한다. 이하 이 조에서 '매수의무자'라 한다)에게 그 토지의 매수를 청구할 수 있다. ① 이 법에 따라 해당 도시·군계획시설사업의 시행자가 정하여진 경우에는 그 시행자. ② 이 법 또는 다른 법률에 따라 도시·군계획시설을 설치하거나 관리하여야 할 의무가 있는 자가 있으면 그 의무가 있는 자. 이 경우 도시·군계획시설을 설치하거나 관리하여야 할 의무가 있는 자가 서로 다른 경우에는 설치하여야 할 의무가 있는 자에게 매수 청구하여야 한다(제47조 제1항).

매수의무자는 제1항에 따른 매수 청구를 받은 날부터 6개월 이내에 매수 여부를 결정하여 토지 소유자와 특별시장·광역시장·특별자치시장·특별자치도지사·시장 또는 군수(매수의무자가 특별시장·광역시장·특별자치시장·특별자치도지사·시장 또는 군수인 경우는 제외한다)에게 알려야 하며, 매수하기로 결정한 토지는 매수 결정을 알린 날부터 2년 이내에 매수하여야 한다(제47조 제6항).

제1항에 따라 매수청구를 한 토지의 소유자는 다음의 어느 하나에 해당하는 경우 제56조에 따른 허가를 받아 대통령령으로 정하는 건축물 또는 공작물을 설치할 수 있다. 이 경우 제58조와 제64조는 적용하지 아니한다. ① 제6항에 따라 매수하지 아니하기로 결정한 경우, ② 제6항에 따라 매수 결정을 알린 날부터 2년이 지날 때까지 해당 토지를 매수하지 아니하는 경우(제47조 제7항).

국토계획법 제47조 제7항에서 매수청구를 거부할 수 있는 여지를 인정하고 있는 점에 비추어 매수청구권은 형성권이 아니라 청구권으로 보아야 하고, 법상 매수청구권이 인정되고 있고 법상 매수거부의 여지가 인정되고 있으므로 매수거부를 처분으로 보아야 한다. 매수거부사유를 공백규정으로 둔 것은 문제이며 거부사유를 명시하여야 할 것이다.

## IV. 도시계획시설결정의 실효

도시·군계획시설결정이 고시된 도시·군계획시설에 대하여 그 고시일부터 20년이 지날 때까지 그 시설의 설치에 관한 도시·군계획시설사업이 시행되지 아니하는 경우 그 도시·군계획시설결정은 그 고시일부터 20년이 되는 날의 다음날에 그 효력을 잃는다(제48조 제1항).

그러나 지방자치단체가 도시·군계획시설결정의 실효 시기가 도래한 사업에 대하여 해당 사업 시행에 관한 실시계획을 인가함으로써 해당 사업이 실제로는 시행되지 않으면서도 도시·군계획시설결정이 실효되지 않는 경우가 발생할 수 있는바, 장기미집행 도시·군계획시설사업에 대한 실시계획이 인가된 후 실제 사업이 시행되지 않는 경우에 해당 실시계획 인가의 효력이 상실되도록 하여 토지소유자에 대한 재산권 침해를 최소화할 필요가 있다. 이를 위하여 2019. 8. 20. 다음과 같이 국토계획법 제88조 제7항이 신설되었다. 즉, 도시·군계획시설결정의 고시일부터 10년 이후에 제1항 또는 제2항에 따라 실시계획을 작성하거나 인가(다른 법률에 따라 의제된 경우는 제외한다) 받은 도시·군계획시설사업의 시행자(이하 이 조에서 "장기미집행 도시·군계획시설사업의 시행자"라 한다)가 제91조에 따른 실시계획 고시일부터 5년 이내에 「공익사업을 위한 토지 등의 취득 및 보상에 관한 법률」 제28조 제1항에 따른 재결신청(이하 이 조에서 "재결신청"이라 한다)을 하지 아니한 경우에는 실시계획 고시일부터 5년이 지

난 다음 날에 그 실시계획은 효력을 잃는다. 다만, 장기미집행 도시·군계획시설사업
의 시행자가 재결신청을 하지 아니하고 실시계획 고시일부터 5년이 지나기 전에 해
당 도시·군계획시설사업에 필요한 토지 면적의 3분의 2 이상을 소유하거나 사용할
수 있는 권원을 확보하고 실시계획 고시일부터 7년 이내에 재결신청을 하지 아니한
경우 실시계획 고시일부터 7년이 지난 다음 날에 그 실시계획은 효력을 잃는다. 제7
항에도 불구하고 장기미집행 도시·군계획시설사업의 시행자가 재결신청 없이 도시
·군계획시설사업에 필요한 모든 토지·건축물 또는 그 토지에 정착된 물건을 소유하
거나 사용할 수 있는 권원을 확보한 경우 그 실시계획은 효력을 유지한다(제8항). 실
시계획이 폐지되거나 효력을 잃은 경우 해당 도시·군계획시설결정은 제48조 제1항
에도 불구하고 다음 각 호에서 정한 날 효력을 잃는다. 이 경우 시·도지사 또는 대
도시 시장은 대통령령으로 정하는 바에 따라 지체 없이 그 사실을 고시하여야 한다.
1. 제48조 제1항에 따른 도시·군계획시설결정의 고시일부터 20년이 되기 전에 실시
계획이 폐지되거나 효력을 잃고 다른 도시·군계획시설사업이 시행되지 아니하는 경
우: 도시·군계획시설결정의 고시일부터 20년이 되는 날의 다음 날, 2. 제48조 제1항
에 따른 도시·군계획시설결정의 고시일부터 20년이 되는 날의 다음 날 이후 실시계
획이 폐지되거나 효력을 잃은 경우: 실시계획이 폐지되거나 효력을 잃은 날(제9항).

## V. 장기미집행 도시·군계획시설에 대한 해제 신청

도시·군계획시설결정의 고시일부터 10년 이내에 그 도시·군계획시설의 설치에
관한 도시·군계획시설사업이 시행되지 아니한 경우로서 제85조 제1항에 따른 단계
별 집행계획상 해당 도시·군계획시설의 실효 시까지 집행계획이 없는 경우에는 그
도시·군계획시설 부지로 되어 있는 토지의 소유자는 대통령령으로 정하는 바에 따
라 해당 도시·군계획시설에 대한 도시·군관리계획 입안권자에게 그 토지의 도시·
군계획시설결정 해제를 위한 도시·군관리계획 입안을 신청할 수 있다(제48조의2 제1
항). 제1항에 따라 신청을 한 토지 소유자는 해당 도시·군계획시설결정의 해제를 위
한 도시·군관리계획이 입안되지 아니하는 등 대통령령으로 정하는 사항에 해당하는
경우에는 해당 도시·군계획시설에 대한 도시·군관리계획 결정권자에게 그 도시·군
계획시설결정의 해제를 신청할 수 있다(제3항). 제3항에 따라 해제 신청을 한 토지 소
유자는 해당 도시·군계획시설결정이 해제되지 아니하는 등 대통령령으로 정하는 사
항에 해당하는 경우에는 국토교통부장관에게 그 도시·군계획시설결정의 해제 심사
를 신청할 수 있다(제5항).

# 제 9 항 지구단위계획에 관한 도시관리계획

지구단위계획구역 및 지구단위계획은 도시·군관리계획으로 결정한다(제50조).

## Ⅰ. 지구단위계획의 의의

'지구단위계획(地區單位計劃)'이라 함은 도시·군계획 수립 대상지역의 일부에 대하여 토지 이용을 합리화하고 그 기능을 증진시키며 미관을 개선하고 양호한 환경을 확보하며, 그 지역을 체계적·계획적으로 관리하기 위하여 수립하는 도시·군관리계획을 말한다(제2조 제5호).

지구단위계획은 지역지구의 지정에 관한 도시계획만으로는 토지의 합리적 이용, 도시기반시설의 확보 및 양호한 환경의 보호 등을 달성할 수 없기 때문에 지역지구 안의 일정한 소규모 지역에 대하여 보다 구체적인 토지이용계획을 수립하여 보다 체계적이고 구체적인 개발을 도모하기 위하여 수립된다. 지구단위계획은 종전의 도시계획법에 의한 상세계획과 건축법에 의한 도시설계를 통합한 것이다(정태용, 257면).

## Ⅱ. 지구단위계획구역의 지정

국토교통부장관, 시·도지사, 시장 또는 군수는 국토계획법 제51조에서 정한 지역의 전부 또는 일부에 대하여 지구단위계획구역을 지정할 수 있다(제51조).

## Ⅲ. 지구단위계획의 내용

지구단위계획구역의 지정목적을 이루기 위하여 지구단위계획에는 다음 각 호의 사항 중 제2호와 제4호의 사항을 포함한 둘 이상의 사항이 포함되어야 한다. 다만, 제1호의2를 내용으로 하는 지구단위계획의 경우에는 그러하지 아니하다(제52조).

1. 용도지역이나 용도지구를 대통령령으로 정하는 범위에서 세분하거나 변경하는 사항
1의2. 기존의 용도지구를 폐지하고 그 용도지구에서의 건축물이나 그 밖의 시설의 용도·종류 및 규모 등의 제한을 대체하는 사항
2. 대통령령으로 정하는 기반시설의 배치와 규모
3. 도로로 둘러싸인 일단의 지역 또는 계획적인 개발·정비를 위하여 구획된 일단의 토지의 규모와 조성계획

4. 건축물의 용도제한, 건축물의 건폐율 또는 용적률, 건축물 높이의 최고한도 또는 최저한도
5. 건축물의 배치·형태·색채 또는 건축선에 관한 계획
6. 환경관리계획 또는 경관계획
7. 교통처리계획
8. 그 밖에 토지 이용의 합리화, 도시나 농·산·어촌의 기능 증진 등에 필요한 사항으로서 대통령령으로 정하는 사항

## Ⅳ. 지구단위계획구역지정의 실효

지구단위계획구역의 지정에 관한 도시·군관리계획결정의 고시일부터 3년 이내에 그 지구단위계획구역에 관한 지구단위계획이 결정·고시되지 아니하면 그 3년이 되는 날의 다음날에 그 지구단위계획구역의 지정에 관한 도시·군관리계획결정은 효력을 잃는다. 다만, 다른 법률에서 지구단위계획의 결정(결정된 것으로 보는 경우를 포함한다)에 관하여 따로 정한 경우에는 그 법률에 따라 지구단위계획을 결정할 때까지 지구단위계획구역의 지정은 그 효력을 유지한다(제53조 제1항).

## Ⅴ. 지구단위계획구역 안에서의 건축 등

지구단위계획구역에서 건축물(일정 기간 내 철거가 예상되는 경우 등 대통령령으로 정하는 가설건축물은 제외한다)을 건축 또는 용도변경하거나 공작물을 설치하려면 그 지구단위계획에 맞게 하여야 한다. 다만, 지구단위계획이 수립되어 있지 아니한 경우에는 그러하지 아니하다(제54조).

# 제10항  공간재구조화계획

## Ⅰ. 공간재구조화계획의 의의

공간재구조화계획이란 토지의 이용 및 건축물이나 그 밖의 시설의 용도·건폐율·용적률·높이 등을 완화하는 용도구역의 효율적이고 계획적인 관리를 위하여 수립하는 계획을 말한다(제2조 5의4호). 공간재구조화계획은 용도지역제에 따른 규제를 완화하는 도시혁신구역, 복합용도구역 및 도시·군계획시설입체복합구역(이하 "공간혁신구역"이라 한다) 중 도시혁신구역, 복합용도구역을 도시계획적으로 관리하되 계획 수립의 유연성을 부여하기 위하여 수립하는 도시·군계획이다.

　　**도시혁신계획**이란 창의적이고 혁신적인 도시공간의 개발을 목적으로 도시혁신
구역에서의 토지의 이용 및 건축물의 용도·건폐율·용적률·높이 등의 제한에 관한
사항을 따로 정하기 위하여 공간재구조화계획으로 결정하는 도시·군관리계획을 말
한다(제2조 5의5호).

　　**복합용도계획**이란 주거·상업·산업·교육·문화·의료 등 다양한 도시기능이 융
복합된 공간의 조성을 목적으로 복합용도구역에서의 건축물의 용도별 구성비율 및
건폐율·용적률·높이 등의 제한에 관한 사항을 따로 정하기 위하여 공간재구조화계
획으로 결정하는 도시·군관리계획을 말한다(제2조 5의6호).

## Ⅱ. 공간재구조화계획의 입안

　　특별시장·광역시장·특별자치시장·특별자치도지사·시장 또는 군수는 다음 각
호의 용도구역을 지정하고 해당 용도구역에 대한 계획을 수립하기 위하여 공간재구
조화계획을 입안하여야 한다. 1. 제40조의3에 따른 도시혁신구역 및 도시혁신계획,
2. 제40조의4에 따른 복합용도구역 및 복합용도계획, 3. 제40조의5에 따른 도시·군
계획시설입체복합구역(제1호 또는 제2호와 함께 구역을 지정하거나 계획을 입안하는 경우로
한정한다)(제35조의2 제1항).

　　국토교통부장관은 제1항 및 제2항에도 불구하고 도시의 경쟁력 향상, 특화발전
및 지역 균형발전 등을 위하여 필요한 때에는 관할 특별시장·광역시장·특별자치시
장·특별자치도지사·시장 또는 군수의 요청에 따라 공간재구조화계획을 입안할 수
있다(제3항).

## Ⅲ. 결　　정

　　공간재구조화계획은 시·도지사가 직접 또는 시장·군수의 신청에 따라 결정한
다. 다만, 제35조의2에 따라 국토교통부장관이 입안한 공간재구조화계획은 국토교통
부장관이 결정한다(제35조의 6 제1항).

## Ⅳ. 효　　력

　　공간재구조화계획 결정의 효력은 지형도면을 고시한 날부터 발생한다. 다만, 지
형도면이 필요 없는 경우에는 제35조의6 제3항에 따라 고시한 날부터 효력이 발생한

다(제35조의7 제1항).

제1항에 따라 고시를 한 경우에 해당 구역 지정 및 계획 수립에 필요한 내용에 대해서는 고시한 내용에 따라 도시·군기본계획의 수립·변경(제19조제1항 각 호 중에서 인구의 배분 등은 대통령령으로 정하는 범위에서 변경하는 경우로 한정한다)과 도시·군관리계획의 결정(변경결정을 포함한다) 고시를 한 것으로 본다(제2항). 제1항에 따라 고시된 공간재구조화계획의 내용은 도시·군계획으로 관리하여야 한다(제5항).

# 제11항 개발행위허가제

## I. 개발행위허가제의 의의

개발행위허가제(開發行爲許可制)는 난개발을 방지하기 위하여 일정한 개발행위에 대하여 사전에 허가를 받도록 하는 제도를 말한다. 이 제도는 난개발의 소지가 있는 개발행위를 제한하기 위하여 종전의 토지형질변경 등에 관한 행위허가제를 개편한 것이다.[70]

## II. 개발행위허가의 대상인 개발행위

대통령령이 정하는 다음 개발행위는 사전에 허가를 받아야 한다.

① 건축물의 건축 또는 공작물의 설치, ② 토지의 형질변경(경작을 위한 경우로서 대통령령으로 정하는 토지의 형질변경을 제외한다). 토지형질변경이라 함은 통상 절토, 성토, 정지, 포장 등의 방법으로 토지의 형상을 변경하는 행위 및 공유수면의 매립행위를 말한다(영 제51조 제3항). ③ 토석의 채취, ④ 토지 분할(건축물이 있는 대지의 분할은 제외한다), ⑤ 녹지지역·관리지역 또는 자연환경보전지역에 물건을 1개월 이상 쌓아놓는 행위.

[판례] ① 토지의 형질변경이란 절토, 성토, 정지 또는 포장 등으로 토지의 형상을 변경하는 행위와 공유수면의 매립을 뜻하는 것으로서, 토지의 형질을 외형상으로 사실상 변경시킬 것과 그 변경으로 인하여 원상회복이 어려운 상태에 있을 것을 요하지만, 형질변경허가에 관한 준공검사를 받거나 토지의 지목까지 변경시킬 필요는 없다(대판 2013. 06. 13, 2012두300).
② (1) 국토계획법이 토지분할을 개발행위로서 규제하는 취지는 국토가 무분별하게 개발되는 것을 방지하고 토지이용을 합리적·효율적으로 관리하여 공공복리를 증진하려는 목적을 달성하고자 하는 데 있으므로, 개발행위허가권자는 분할허가 신청의 대상인 당해 토지의 합리적 이용 및 공공복리의 증진에 지장이 될 우려가 있는지 등을 고려하여 재량으로 그 허가 여부를 결정할 수 있다.

---

70) 정태용, 266면.

(2) 구 국토의 계획 및 이용에 관한 법률(2011. 4. 14. 법률 제10599호로 개정되기 전의 것, 이하 '국토계획법'이라 한다)상 토지분할 허가제도의 취지·목적, 개발행위허가권자의 재량권의 범위, 지적에 관한 법률 규정의 취지 등에 비추어 볼 때, 개발행위허가권자는 신청인이 토지분할 허가신청을 하면서 공유물분할 판결 등의 확정판결을 제출하더라도 국토계획법에서 정한 개발행위 허가 기준 등을 고려하여 거부처분을 할 수 있으며, 이러한 처분이 공유물분할 판결의 효력에 반하는 것은 아니다(대판 2013. 07. 11, 2013두1621[토지분할신청불허가처분취소]).
③ 지적소관청은 공간정보관리법령사 토지분할신청 또는 지적측량성과도 검사신청이 건축법령에서 규정하는 분할제한 사유에 해당하는지를 심사하여야 하고, 건축법령상 분할제한 규정에 저촉되는 경우에는 그 토지분할신청 또는 지적측량성과도 검사신청을 반려하여야 한다(대법원 1994. 1. 11. 선고 93누18228 판결, 대법원 2018. 6. 28. 선고 2015두47737 판결 등 참조). 이와 같은 법리는 토지분할신청 또는 지적측량성과도 검사신청이 확정판결에 기초한 것이라고 하더라도 마찬가지이다(대판 2024. 03. 12, 2023두50349).

다만, 도시·군계획사업(다른 법률에 따라 도시·군계획사업을 의제한 사업을 포함한다)에 의한 행위는 개발행위허가를 받지 아니한다(제56조 제1항). 국토계획법에 따르면 "도시·군계획사업"이란 도시·군관리계획을 시행하기 위한 도시·군계획시설사업, 「도시개발법」에 따른 도시개발사업, 「도시 및 주거환경정비법」에 따른 정비사업을 말한다(제2조 제11호). 개발행위 허가대상에서 도시·군계획사업을 제외하고 있는 취지는 동 사업이 지역적 특성과 토지의 이용방향을 고려하여 지자체장이 결정한 계획적 개발사업이므로 허용 여부를 중복 심의하는 것이 실익이 없기 때문이다.

제1항에도 불구하고 제1항 제2호 및 제3호의 개발행위 중 도시지역과 계획관리지역의 산림에서의 임도(林道) 설치와 사방사업에 관하여는 「산림자원의 조성 및 관리에 관한 법률」과 「사방사업법」에 따르고, 보전관리지역·생산관리지역·농림지역 및 자연환경보전지역의 산림에서의 제1항 제2호(농업·임업·어업을 목적으로 하는 토지의 형질변경만 해당한다) 및 제3호의 개발행위에 관하여는 「산지관리법」에 따른다(제56조 제3항).

다음의 1에 해당하는 행위는 제1항에도 불구하고 개발행위허가를 받지 아니하고 이를 할 수 있다. 다만, ①의 행위를 한 경우에는 1개월 이내에 특별시장·광역시장·특별자치시장·특별자치도지사·시장 또는 군수에게 신고하여야 한다(제56조 제4항).

① 재해복구나 재난수습을 위한 응급조치, ② 건축법에 따라 신고하고 설치할 수 있는 건축물의 개축·증축 또는 재축과 이에 필요한 범위에서의 토지의 형질변경(도시·군계획시설사업이 시행되지 아니하고 있는 도시·군계획시설의 부지인 경우만 가능하다). ③ 그 밖에 대통령령으로 정하는 경미한 행위.

[판례] [1] 국토의 계획 및 이용에 관한 법률 제56조 제1항 제2호, 제4항 제3호, 국토의 계획 및 이용에 관한 법률 시행령 제53조 제3호 (다)목에 따라 개발행위허가가 면제되는 토지형질변경이란, 토지의 형질을 외형상으로 사실상 변경시킴이 없이 건축 부분에 대한 허가만을 받아 그 설치

를 위한 토지의 굴착만으로 건설이 가능한 경우를 가리키고, 그 외형을 유지하면서는 원하는 건축물을 건축할 수 없고 그 밖에 건축을 위하여 별도의 절토, 성토, 정지작업 등이 필요한 경우는 포함되지 않는다. [2] 국토계획법 제56조 제4항 제3호, 국토계획법 시행령 제53조 제3호 (다)목에 따라 개발행위허가를 받지 않아도 되는 경미한 토지형질변경[조성이 완료된 기존 대지에 건축물이나 그 밖의 공작물을 설치하기 위한 토지의 형질변경(절토 및 성토는 제외한다)]의 범위: 「국토의 계획 및 이용에 관한 법률」(이하 '국토계획법'이라 한다) 및 같은 법 시행령의 관련 규정을 종합하여 볼 때, 조성이 완료된 기존 대지에 건축물을 설치하기 위한 경우라 하더라도 절토나 성토를 한 결과 최종적으로 지반의 높이가 50㎝를 초과하여 변경되는 경우에는 비탈면 또는 절개면이 발생하는 등 그 토지의 외형이 실질적으로 변경되므로, 토지형질변경에 대한 별도의 개발행위허가를 받아야 할 것이고, 그 절토 및 성토가 단순히 건축물을 설치하기 위한 토지의 형질변경이라는 이유만으로 국토계획법 시행령 제53조 제3호 (다)목에 따라 개발행위허가(토지형질변경허가)를 받지 않아도 되는 경미한 행위라고 볼 수 없다(대판 2023. 09. 21, 2022두31143[건축신고수리처분취소]).

개발행위허가의 대상이 되는 개발행위는 도시지역에서의 개발행위만에 한정되지 않으며 전국의 모든 지역의 개발행위이다.

## Ⅲ. 허가권자

개발행위허가권자는  특별시장·광역시장·특별자치시장·특별자치도지사·시장 또는 군수이다(제56조 제1항).

## Ⅳ. 개발행위(변경)허가의 기준

특별시장·광역시장·특별자치시장·특별자치도지사·시장 또는 군수는 개발행위허가의 신청 내용이 다음 각 호의 기준에 맞는 경우에만 개발행위허가 또는 변경허가를 하여야 한다.

① 용도지역별 특성을 고려하여 대통령령으로 정하는 개발행위의 규모에 적합할 것, ② 도시·군관리계획 및 성장관리방안의 내용에 어긋나지 아니할 것, ③ 도시·군계획사업의 시행에 지장이 없을 것, ④ 주변지역의 토지이용실태 또는 토지이용계획, 건축물의 높이, 토지의 경사도, 수목의 상태, 물의 배수, 하천·호소·습지의 배수 등 주변환경이나 경관과 조화를 이룰 것, ⑤ 해당 개발행위에 따른 기반시설의 설치나 그에 필요한 용지의 확보계획이 적절할 것(제58조 제1항).

[판례] ① 개발행위를 신청한 부지가 1필지의 일부인 경우, 개발행위의 허가 여부를 결정하기 위한 토지의 경사도를 측정 및 판단하는 기준: 국토계획법 및 그 시행령, 그리고 그 위임을 받은 도시계획조례가 개발행위 허가 기준으로 위와 같이 경사도에 일정한 제한을 둔 것은 개발행위로 인한 과도한 지형변경의 결과 발생할 수 있는 재해나 자연환경 내지 경관의 훼손 등을 방지하는 데 그 입법 취지가 있다. 이러한 입법 취지와 위와 같은 관련 규정의 내용 및 개발행위를 신청한 1필

지의 일부만을 기준으로 토지의 경사도를 측정하는 경우 분리 경계의 설정이 자의적이거나 경계가 불분명할 수 있는 점 등 여러 사정을 종합하여 보면, 그 신청한 일부만을 대상으로 토지분할 절차가 진행 중이고 그와 같이 토지분할이 이루어질 것이 확실하다는 등의 특별한 사정이 없는 한 개발행위를 신청한 부지가 1필지의 일부인 경우에는 처분 당시의 1필지 전체를 기준으로 토지의 경사도를 측정 및 판단해야 하는 것으로 보아야 할 것이다(대판 2012. 11. 15, 2011두24521[액화석유가스신청불허가처분등취소]).

② 국토계획법령의 규정을 종합하면, 건축물을 건축하기 위한 개발행위허가(토지형질변경)를 받은 자가 건축물에 대한 소유권이나 그 밖의 권리를 양도하면 양수인은 개발행위허가(토지형질변경)의 수허가자 지위를 승계하기 위하여 허가 명의를 변경하는 개발행위 변경허가를 받을 수 있다(대판 2019. 11. 14, 2017다292985).

③ [도시개발사업이 예정된 부지에 관한 건축신고불수리처분의 취소를 구하는 사건]「국토의 계획 및 이용에 관한 법률」 제58조 제1항 제3호의 "도시 · 군계획사업의 시행에 지장이 없을 것"에서 말하는 도시 · 군계획사업의 범위: (1) 국토계획법령 각 규정의 내용, 체계 및 도시 · 군계획사업에 관한 제반 절차 등에 비추어 보면, 「국토의 계획 및 이용에 관한 법률」(이하 '국토계획법'이라고 한다) 제58조 제1항 제3호에서 개발행위허가 기준의 하나로 정하고 있는 "도시 · 군계획사업의 시행에 지장이 없을 것"에서 말하는 도시 · 군계획사업은 반드시 개발행위허가신청에 대한 처분 당시 이미 도시 · 군계획사업이 결정 · 고시되어 그 시행이 확정되어 있는 것만을 의미하는 것이 아니고, 도시 · 군계획사업에 관한 구역 지정 절차 내지 도시 · 군관리계획 수립 등의 절차가 구체적으로 진행되고 있는 등의 경우에는 행정청으로서는 그와 같이 구체적으로 시행이 예정되어 있는 도시 · 군계획사업의 시행에 지장을 초래하는 개발행위에 대해서 이를 허가하지 아니할 수 있다(대법원 1995. 3. 10. 선고 94누5298 판결, 대법원 2011. 8.25. 선고 2011두2569 판결의 취지 참조). (2) 이 사건 신청지가 포함된 이 사건 사업예정지 일대에 자족형 복합행정타운 조성사업을 추진하는 계획안이 발표된 이후 후속 절차로 2009. 8.경 개발계획안이 첨부된 이 사건 도시관리계획이 결정 · 고시되었고, 2010. 2.경 이 사건 사업 예정지의 위치, 면적 등이 주민열람 공고되었으며, 종전 사업시행자인 경상남도개발공사가 이 사건 사업 참여 취소 통보를 한 이후에도 창원시가 이 사건 도시관리계획의 변경안을 수립 · 보완하여 사업을 계속 추진하여 2018. 12.경 위 변경안에 대한 중앙도시계획위원회의 조건부 의결이 있었던 이상, 이 사건 건축신고 및 거부처분이 있었던 2019. 4.경에는 이미 이 사건 사업의 시행이 구체적으로 예정되어 있었다고 볼 수 있으므로, 피고로서는 국토계획법 제58조 제1항 제3호에 따라 이 사건 사업 시행에 지장을 초래하는 개발행위를 허가하지 아니할 수 있다. 그런데 이 사건 신청지에 대해 단독주택 신축을 위한 건축신고를 수리할 경우 이 사건 사업의 시행에 지장이 있을 것으로 예상할 수 있으므로, 피고가 이 사건 건축신고를 수리할 경우 이 사건 사업의 시행에 지장이 있을 것으로 판단한 데에 재량권의 일탈 · 남용이 있었다고 보기도 어렵다(대판 2021. 04. 29, 2020두55695[건축신고불수리처분취소]).

국토계획법 시행령 제56조 제1항 [별표 1의2] '개발행위허가기준'은 국토계획법 제58조 제3항의 위임에 따라 제정된 대외적으로 구속력 있는 **법규명령**에 해당한다. 그러나 국토계획법 시행령 제56조 제4항은 국토교통부장관이 제1항의 개발행위허가 기준에 대한 '세부적인 검토기준'을 정할 수 있다고 규정하였을 뿐이므로, 그에 따라 **국토교통부장관이 국토교통부 훈령으로 정한 '개발행위허가운영지침'**은 행정규칙에 불과하여 대외적 구속력이 없다(판례).

**[판례]** [개발행위허가운영지침에서 정한 진입도로 요건을 갖추지 못하였다는 등의 이유로 건축허 가신청을 불허가한 처분의 위법 여부가 문제된 사건] 개발행위허가운영지침의 법적 성격 및 개발 행위허가기준 충족 여부에 관한 법원의 심사방식: (1) 국토계획법 시행령 제56조 제1항 [별표 1의 2] '개발행위허가기준'은 국토계획법 제58조 제3항의 위임에 따라 제정된 대외적으로 구속력 있는 법규명령에 해당한다. 그러나 국토계획법 시행령 제56조 제4항은 국토교통부장관이 제1항의 개발 행위허가기준에 대한 '세부적인 검토기준'을 정할 수 있다고 규정하였을 뿐이므로, 그에 따라 국토 교통부장관이 국토교통부 훈령으로 정한 '개발행위허가운영지침'은 국토계획법 시행령 제56조 제4 항에 따라 정한 개발행위허가기준에 대한 세부적인 검토기준으로, 상급행정기관인 국토교통부장 관이 소속 공무원이나 하급행정기관에 대하여 개발행위허가업무와 관련하여 국토계획법령에 규정 된 개발행위허가기준의 해석·적용에 관한 세부 기준을 정하여 둔 **행정규칙에 불과하여 대외적 구 속력이 없다.** 따라서 행정처분이 위 지침에 따라 이루어졌다고 하더라도, 해당 처분이 적법한지는 국토계획법령에서 정한 개발행위허가기준과 비례·평등원칙과 같은 법의 일반원칙에 적합한지 여 부에 따라 판단해야 한다(대법원 2019. 7. 11. 선고 2017두38874 판결, 대법원 2020. 8. 27. 선고 2019 두60776 판결 등 참조). (2) 원심이 위 지침의 법적 성격을 법규명령으로 전제한 다음, 그 내용을 처분사유가 적법한지에 대한 판단기준으로 설시한 것은 적절하지 않다고 한 사례. (3) 국토계획법 제56조 제1항에 따른 개발행위허가요건에 해당하는지 여부는 행정청의 재량판단의 영역에 속하므 로, 그에 대한 사법심사는 행정청의 공익판단에 관한 재량의 여지를 감안하여 원칙적으로 재량권 의 일탈이나 남용이 있는지 여부만을 대상으로 하고, 사실오인과 비례·평등의 원칙 위반 여부 등 이 그 판단 기준이 된다(대법원 2017. 3. 15. 선고 2016두55490 판결 등 참조). 또한, 행정규칙이 이 를 정한 행정기관의 재량에 속하는 사항에 관한 것인 때(재량준칙인 경우)에는 그 규정 내용이 객관 적 합리성을 결여하였다는 등의 특별한 사정이 없는 한 법원은 이를 존중하는 것이 바람직하다(대 법원 2019. 1. 10. 선고 2017두43319 판결 및 앞서 본 대법원 2020. 8. 27. 선고 2019두60776 판결 참 조). (4) 개발행위허가운영지침은 행정규칙에 불과하므로, 원심의 설시에 적절치 않은 점이 있지 만, 원심의 판단은 결국 이 사건 건축허가신청이 법규명령인 국토계획법 시행령 제56조 제1항 [별 표1의2] 개발행위허가기준에 부합하지 않는다는 취지로 볼 수 있어 이 사건 처분이 위법하지 않다 는 원심의 결론을 수긍할 수 있다고 한 사례(대판 2023. 02. 02, 2020두43722).

## V. 개발행위허가의 제한

국토교통부장관, 시·도지사, 시장 또는 군수는 다음의 어느 하나에 해당되는 지 역으로서 도시·군관리계획상 특히 필요하다고 인정되는 지역에 대해서는 대통령령으 로 정하는 바에 따라 중앙도시계획위원회나 지방도시계획위원회의 심의를 거쳐 한 차 례만 3년 이내의 기간 동안 개발행위허가를 제한할 수 있다:

① 녹지지역이나 계획관리지역으로서 수목이 집단적으로 자라고 있거나 조수류 등이 집단적으로 서식하고 있는 지역 또는 우량 농지 등으로 보전할 필요가 있는 지역
② 개발행위로 인하여 주변의 환경·경관·미관·문화재 등이 크게 오염되거나 손상될 우려가 있 는 지역
③ 도시·군기본계획이나 도시·군관리계획을 수립하고 있는 지역으로서 그 도시·군기본계획이나

도시·군관리계획이 결정될 경우 용도지역·용도지구 또는 용도구역의 변경이 예상되고 그에 따라 개발행위허가의 기준이 크게 달라질 것으로 예상되는 지역
④ 지구단위계획구역으로 지정된 지역
⑤ 기반시설부담구역으로 지정된 지역

다만, ③ 내지 ⑤에 해당하는 지역에 대하여는 1회에 따라 2년 이내의 기간 동안 개발행위허가의 제한을 연장할 수 있다(제63조 제1항).

**[판례]** [1] 구 도시 및 주거환경정비법(2009. 2. 6. 법률 제9444호로 개정되기 전의 것)에 의하여 정비구역에서 시행되는 **주택재개발사업, 주택재건축사업에 관한 계획** 및 구 도시재정비 촉진을 위한 특별법(2009. 12. 29. 법률 제9876호로 개정되기 전의 것)에 의하여 재정비촉진구역에서 시행되는 **주택재개발사업, 주택재건축사업에 관한 재정비촉진계획**은 구 국토의 계획 및 이용에 관한 법률(2008. 2. 29. 법률 제8852호로 개정되기 전의 것) 제63조 제1항 제3호가 적용되는 **도시관리계획**에 해당하며, 서울특별시의 구청장은 위 계획들이 수립되고 있는 지역에서 위 구 국토의 계획 및 이용에 관한 법률 규정에 따라 **개발행위허가를 제한할 수 있다.** [2] 서울특별시의 구청장이 토지 소유자 甲의 건축신고에 대하여 뉴타운식 광역개발이 예정된 지역이어서 건물이 신축될 경우 개발요건인 노후도 산정에 영향을 줄 수 있다는 구 도시계획위원회의 심의결과에 따라 건축신고를 반려하는 처분을 한 사안에서, 甲의 토지가 위치한 지역은 구청장이 구 국토의 계획 및 이용에 관한 법률(2008. 2. 29. 법률 제8852호로 개정되기 전의 것, 이하 '국토계획법'이라 한다) 제63조 제1항 제3호가 정하는 도시관리계획을 수립하고 있는 지역으로서 도시관리계획이 결정될 경우 용도지역·용도지구 또는 용도구역의 변경이 예상되고 그에 따라 개발행위허가의 기준이 크게 달라질 것으로 예상되는 지역이라고 보는 것이 타당하므로, 그 지역에 구 도시계획위원회의 심의를 거쳐 건축신고 허용 여부를 결정하도록 한 구청장의 개발행위허가 제한 고시는 **국토계획법 제63조 제1항 제3호**에 근거한 것으로서 다른 특별한 흠이 없다면 유효하고, 고시에 근거한 위 처분 역시 심의과정에서 재량권을 일탈·남용하지 않았다면 적법하다고 한 사례(대판 2012. 07. 12, 2010두4957[건축허가신청반려처분취소]).

국토교통부장관, 시·도지사, 시장 또는 군수는 제1항에 따라 개발행위허가를 제한하려면 대통령령으로 정하는 바에 따라 제한지역·제한사유·제한대상행위 및 제한기간을 미리 고시하여야 한다(제63조 제2항). 국토교통부장관, 시·도지사, 시장 또는 군수가 개발행위허가를 제한하거나 개발행위허가 제한을 연장 또는 해제하는 경우 그 지역의 지형도면 고시, 지정의 효력, 주민 의견 청취 등에 관하여는 「토지이용규제 기본법」 제8조에 따른다(제63조 제4항).

특별시장·광역시장·특별자치시장·특별자치도지사·시장 또는 군수는 도시·군계획시설의 설치 장소로 결정된 지상·수상·공중·수중 또는 지하는 그 도시·군계획시설이 아닌 건축물의 건축이나 공작물의 설치를 허가하여서는 아니 된다. 다만, 대통령령으로 정하는 경우에는 그러하지 아니하다(제64조 제1항).

특별시장·광역시장·특별자치시장·특별자치도지사·시장 또는 군수는 도시·

군계획시설결정의 고시일부터 2년이 지날 때까지 그 시설의 설치에 관한 사업이 시행되지 아니한 도시·군계획시설 중 제85조에 따라 단계별 집행계획이 수립되지 아니하거나 단계별 집행계획에서 제1단계 집행계획(단계별 집행계획을 변경한 경우에는 최초의 단계별 집행계획을 말한다)에 포함되지 아니한 도시·군계획시설의 부지에 대하여는 제1항에도 불구하고 다음의 개발행위를 허가할 수 있다. ① 가설건축물의 건축과 이에 필요한 범위에서의 토지의 형질변경, ② 도시·군계획시설의 설치에 지장이 없는 공작물의 설치와 이에 필요한 범위에서의 토지의 형질 변경, ③ 건축물의 개축 또는 재축과 이에 필요한 범위에서의 토지의 형질변경(제56조 제4항 제2호에 해당하는 경우는 제외한다)(제64조 제2항).

특별시장·광역시장·특별자치시장·특별자치도지사·시장 또는 군수는 제2항 제1호 또는 제2호에 따라 가설건축물의 건축이나 공작물의 설치를 허가한 토지에서 도시·군계획시설사업이 시행되는 경우에는 그 시행예정일 3개월 전까지 가설건축물이나 공작물 소유자의 부담으로 그 가설건축물이나 공작물의 철거 등 원상회복에 필요한 조치를 명하여야 한다. 다만, 원상회복이 필요하지 아니하다고 인정되는 경우에는 그러하지 아니하다(제64조 제3항). 특별시장·광역시장·특별자치시장·특별자치도지사·시장 또는 군수는 제3항에 따른 원상회복의 명령을 받은 자가 원상회복을 하지 아니하면 「행정대집행법」에 따른 행정대집행에 따라 원상회복을 할 수 있다(제64조 제4항).

## Ⅵ. 개발행위허가의 절차

개발행위를 하려는 자는 그 개발행위에 따른 기반시설의 설치나 그에 필요한 용지의 확보, 위해(危害) 방지, 환경오염 방지, 경관, 조경 등에 관한 계획서를 첨부한 신청서를 개발행위허가권자에게 제출하여야 한다. 이 경우 개발밀도관리구역 안에서는 기반시설의 설치나 그에 필요한 용지의 확보에 관한 계획서를 제출하지 아니한다. 다만, 제56조 제1항 제1호의 행위 중 「건축법」의 적용을 받는 건축물의 건축 또는 공작물의 설치를 하려는 자는 「건축법」에서 정하는 절차에 따라 신청서류를 제출하여야 한다(제57조 제1항).

특별시장·광역시장·특별자치시장·특별자치도지사·시장 또는 군수는 제1항에 따른 개발행위허가의 신청에 대하여 특별한 사유가 없으면 대통령령으로 정하는 기간 이내에 허가 또는 불허가의 처분을 하여야 한다(제57조 제2항). 특별시장·광역시장·특별자치시장·특별자치도지사·시장 또는 군수는 제2항에 따라 허가 또는 불허가의 처분을 할 때에는 지체 없이 그 신청인에게 허가내용이나 불허가처분의 사유를 서면 또는 제128조에 따른 국토이용정보체계를 통하여 알려야 한다(제57조 제3항).

특별시장·광역시장·특별자치시장·특별자치도지사·시장 또는 군수는 개발행위허가를 하려면 그 개발행위가 도시·군계획사업의 시행에 지장을 주는지에 관하여 해당 지역에서 시행되는 도시·군계획사업의 시행자의 의견을 들어야 한다(제58조 제2항).

## Ⅶ. 개발행위허가의 결정

### 1. 재량행위 여부

개발행위허가를 원칙상 기속행위로 보는 견해, 기속재량행위로 보는 견해, 재량행위로 보는 견해, 원칙적으로 기속행위로 보면서 예외적으로 판단여지가 인정될 수 있다고 보는 견해 등이 있다.

#### (1) 기속행위설

기속행위로 보는 견해는 개발행위허가를 자연적 자유에 속하는 개발행위를 공공의 안녕과 질서의 유지를 위하여 제한하고 일정한 요건이 갖추어진 경우에 해제하는 경찰상 허가로 보아야 하므로 개발행위허가는 기속행위로 보아야 한다고 본다(서울고법 1990. 06. 27, 89구14009).

#### (2) 기속재량행위설

기속재량행위로 보는 견해는 구 도시계획법 제46조, 제49조 및 제50조의 법문의 규정방식에 비추어 볼 때 법문에의 기속이 요망되지만 일정한 사유를 들어 허가하지 아니할 수 있는 예외의 가능성을 인정하고 있으므로 기속재량행위로 보아야 한다고 본다.[71]

#### (3) 재량행위설

재량행위로 보는 견해는 개발행위허가에는 고전적 허가와는 달리 토지이용의 합리화라는 도시계획의 목적을 달성하기 위하여 본래 법이 금지하는 바를 예외적으로 허용하는 억제적 금지의 해제라는 측면이 있는바, 허가기준에 해당되는지 여부를 판단함에 있어서 행정청의 재량이 개입할 여지가 많다고 본다.[72]

---

71) 김용섭, "개발허가의 법적 성질," 한국토지공법학회 학술발표회, 2001. 9. 22, 39면.
72) 정태용, 273면.

### (4) 판  례

판례에 따르면 국토계획법상의 개발행위허가는 **재량행위**이다.

**[판례]** 국토의 계획 및 이용에 관한 법률이 정한 용도지역 안에서의 건축허가 요건에 해당하는지 여부는 행정청의 재량판단의 영역에 속한다고 한 사례: 건축법 제11조 제1항, 제5항 제3호, 국토의 계획 및 이용에 관한 법률(이하 '국토계획법'이라 한다) 제56조 제1항 제1호, 제2호, 제58조 제1항 제4호, 제3항, 국토의 계획 및 이용에 관한 법률 시행령 제56조 제1항 [별표 1의2] '개발행위허가기준' 제1호 (라)목 (2)를 종합하면, **국토계획법이 정한 용도지역 안에서의 건축허가는 건축법 제11조 제1항에 의한 건축허가와 국토계획법 제56조 제1항의 개발행위허가의 성질을 아울러 갖는데, 개발행위허가는 허가기준 및 금지요건이 불확정개념으로 규정된 부분이 많아 그 요건에 해당하는지 여부는 행정청의 재량판단의 영역에 속한다**(대판 2017. 03. 15, 2016두55490; 대판 2017. 06. 19, 2016두30866). 〈해설〉 개발행위허가의 허가기준 및 금지요건이 불확정개념으로 규정되었다는 것만으로 그 요건 판단을 행정청의 재량판단의 영역에 속한다고 한 것은 문제가 있다.

### (5) 결론(개별적 결정설, 기속·재량병존설)

기속행위와 재량행위의 구분은 개발행위허가의 근거가 되는 실정법령(국토계획법 제56조, 제58조 및 제63조 등)의 규정방식을 일차적 기준으로 하여야 한다. 그리고 부차적으로 개발행위허가의 법적 성질을 고려하여야 한다.

① 개발행위허가를 일률적으로 기속행위 또는 재량행위로 볼 수는 없다.

② 실정법령상 개발행위허가기준으로 불확정개념을 사용하고 있는 경우가 적지 않은데, 불확정개념으로 규정된 허가기준에의 판단 여부는 원칙상 기속판단으로 보아야 한다. 그리고 국토계획법상의 개발행위허가는 원칙적으로 기속행위로 보아야 한다. 왜냐하면 국토계획법상 충돌되는 이익의 조정은 법령규정에 의해 완결된 것으로 보는 것이 토지이용에 대한 예측가능성을 확보할 수 있고, 재산권의 행사를 보장해 줄 수 있기 때문이다.

③ 다만, 국토계획법령상 충돌되는 이익(특히 환경의 이익과 개발이익)이 충분히 조정되지 못하고 구체적인 개발행위마다 조정될 여지를 남겨 두고 있는 경우에 있어서의 개발행위허가는 이익형량을 하여야 하는 한도 내에서는 재량행위로 보아야 한다. 예를 들면, 토석의 채취에 관한 허가에 있어 주변의 상황, 교통 및 자연경관을 고려하도록 하여 이익형량을 내용으로 하고 있으므로 이 한도 내에서는 재량행위로 보아야 한다.

④ 그리고, 허가기준으로 되어 있는 불확정 개념 중에는 행정청의 판단여지를 인정하는 것이 필요한 고도로 기술적, 전문적이고 정책적인 판단을 요하는 개념(예, 미관, 토지형질변경 허가기준 중 일부 등)이 있다. 이러한 불확정개념의 판단에 있어서는 판단여지가 인정된다고 보아야 한다. 판단여지가 인정되는 경우에도 그 판단에 명백

한 잘못이 있는 것으로 보이는 경우에는 개발행위허가 또는 거부는 위법한 것으로 보아야 한다.

⑤ 개발제한구역 내에서의 개발행위의 허가는 예외적 승인에 해당하므로 재량행위로 보아야 한다.

## 2. 부　　관

개발행위허가에는 다음과 같이 부관을 붙일 수 있는 것으로 명문으로 규정하고 있다. 특별시장·광역시장·특별자치시장·특별자치도지사·시장 또는 군수는 개발행위허가를 하는 경우에는 대통령령으로 정하는 바에 따라 그 개발행위에 따른 기반시설의 설치 또는 그에 필요한 용지의 확보, 위해 방지, 환경오염 방지, 경관, 조경 등에 관한 조치를 할 것을 조건으로 개발행위허가를 할 수 있다(제57조 제4항).

이 법령상의 조건(학문상으로는 부관)은 원칙상 부담으로 해석하여야 한다.

## 3. 개발행위허가의 이행담보 등

특별시장·광역시장·특별자치시장·특별자치도지사·시장 또는 군수는 기반시설의 설치나 그에 필요한 용지의 확보, 위해 방지, 환경오염 방지, 경관, 조경 등을 위하여 필요하다고 인정되는 경우로서 대통령령으로 정하는 경우에는 이의 이행을 보증하기 위하여 개발행위허가(다른 법률에 따라 개발행위허가가 의제되는 협의를 거친 인가·허가·승인 등을 포함한다)를 받는 자로 하여금 이행보증금을 예치하게 할 수 있다. 다만, 다음의 어느 하나에 해당하는 경우에는 그러하지 아니하다. ① 국가 또는 지방자치단체가 시행하는 개발행위, ② 공공기관의 운영에 관한 법률에 따른 공공기관(이하 '공공기관'이라 한다) 중 대통령령으로 정하는 기관이 시행하는 개발행위, ③ 그 밖에 해당 지방자치단체의 조례로 정하는 공공단체가 시행하는 개발행위(제60조 제1항).

특별시장·광역시장·특별자치시장·특별자치도지사·시장 또는 군수는 개발행위허가를 받지 아니하고 개발행위를 하거나 허가내용과 다르게 개발행위를 하는 자에게는 그 토지의 원상회복을 명할 수 있다(제60조 제3항). 특별시장·광역시장·특별자치시장·특별자치도지사·시장 또는 군수는 제3항에 따른 원상회복의 명령을 받은 자가 원상회복을 하지 아니하면 「행정대집행법」에 따른 행정대집행에 따라 원상회복을 할 수 있다. 이 경우 행정대집행에 필요한 비용은 제1항에 따라 개발행위허가를 받은 자가 예치한 이행보증금을 사용할 수 있다(제60조 제4항).

[판례] [무단 형질변경이 이루어진 토지의 양수인에 대한 원상회복 조치명령 사건] 건축법 등 다른 법률과 달리 국토계획법에는 직접 개발행위를 한 자 외에 위반행위에 이용된 토지의 소유자 등에

대한 조치명령을 할 수 있는 조항이 없으므로, 개발행위허가를 받지 않은 토지형질변경(성토)이 이루어진 이후 그 토지를 양수한 자에게 명문의 규정이 없는 한 「국토의 계획 및 이용에 관한 법률」 제60조 제3항, 제133조 제1항에 따라 원상회복을 명하는 조치를 할 수 없다(대판 2021. 11. 25, 2021두41686[원상회복 시정명령처분 취소]).

### 4. 개발행위허가의 의제

다른 법률에서 일정한 인·허가를 받으면 개발행위허가를 받은 것으로 의제하는 규정을 두고 있는 경우가 있다(정태용, 288면 참조). 예를 들면, 건축허가를 받으면 개발행위허가가 의제된다(건축법 제11조 제3항).

건축법상 건축허가와 국토계획법상 개발행위허가중 건축물의 건축허가는 반드시 함께 신청되고 허가 또는 의제되어야 하지만, 건축법상 건축허가와 국토계획법상 개발행위허가중 토지형질변경허가는 반드시 함께 신청되어야 하는 것이 아니고, 따로 신청할 수도 있다(김종보, 건설법의 이해, 도서출판 피데스, 2018, 129면).

다만, 건축신고를 하면서 의제되는 토지형질변경허가에 대한 일괄신청(인허가의 제신청)을 하지 않은 경우에 그것만으로 건축신고가 위법하다고 할 수는 없지만(인허가의제 참조), 건축주가 '부지 확보' 요건을 완비하지 못한 상태에서 건축신고 수리처분이 이루어졌음에도 그 처분 당시 건축주가 장래에도 토지형질변경허가를 받지 않거나 받지 못할 것이 명백하였다면, 그 건축신고 수리처분은 '부지 확보'라는 수리요건이 갖추어지지 않았음이 확정된 상태에서 이루어진 처분으로서 위법하다고 보아야 한다는 것이 대법원의 판례이다(대판 2023. 09. 21, 2022두31143[건축신고수리처분취소]).

## Ⅷ. 관련 인·허가 등의 의제

개발행위허가 또는 변경허가를 받은 경우 다른 법률의 일정한 인·허가가 의제된다(제61조 제1항). 다만, 이 경우 미리 관계 행정기관의 장과 협의하여야 한다(제61조 제3항). 미리 협의를 거치지 않은 경우 협의를 거치지 않은 관련 인·허가는 의제되지 않는다고 보아야 한다.

제1항에 따른 인·허가등의 의제를 받으려는 자는 개발행위허가를 신청할 때에 해당 법률에서 정하는 관련 서류를 함께 제출하여야 한다(제61조 제2항).

특별시장·광역시장·특별자치시장·특별자치도지사·시장 또는 군수는 개발행위허가 또는 변경허가를 할 때에 그 내용에 제1항 각 호의 어느 하나에 해당하는 사항이 있으면 미리 관계 행정기관의 장과 협의하여야 한다(제61조 제3항).

제3항에 따라 협의 요청을 받은 관계 행정기관의 장은 요청을 받은 날부터 20일

이내에 의견을 제출하여야 하며, 그 기간 내에 의견을 제출하지 아니하면 협의가 이루어진 것으로 본다(제61조 제4항). 국토교통부장관은 제1항에 따라 의제되는 인·허가 등의 처리기준을 관계 중앙행정기관으로부터 제출받아 통합하여 고시하여야 한다(제5항).

특별시장·광역시장·특별자치시장·특별자치도지사·시장 또는 군수는 제61조 제3항에 따라 관계 행정기관의 장과 협의하기 위하여 대통령령으로 정하는 바에 따라 개발행위복합민원 일괄협의회를 개최하여야 한다(제61조의2 제1항).

## IX. 개발행위의 준공검사

개발행위허가는 최종적으로 준공검사(竣工檢査)에 의해 그 절차가 완성되는데, 국토계획법은 개발행위허가의 대상 가운데 건설공사가 수반되는 개발행위인 건축물의 건축 또는 공작물의 설치, 토지의 형질변경, 토석의 채취에 대해 특별시장·광역시장·시장 또는 군수의 준공검사를 받도록 하고 있으나, 토지의 분할과 물건을 쌓아놓는 행위 등은 특별한 건설공사가 수반되지 않기에 준공검사대상에서 제외하고 있다. 그리고 건축법상 건축허가를 받은 건축물이 사용승인을 얻은 경우에도 개발행위의 준공검사가 불필요하다(제62조).

## X. 개발행위에 따른 공공시설 등의 귀속

개발행위허가(다른 법률에 따라 개발행위허가가 의제되는 협의를 거친 인가·허가·승인 등을 포함한다)를 받은 자가 행정청인 경우 개발행위허가를 받은 자가 새로이 공공시설을 설치하거나 기존의 공공시설에 대체되는 공공시설을 설치한 경우에는 「국유재산법」과 「공유재산 및 물품관리법」에도 불구하고 새로 설치된 공공시설은 그 시설을 관리할 관리청에 무상으로 귀속되고, 종래의 공공시설은 개발행위허가를 받은 자에게 무상으로 귀속된다(제65조 제1항).

'신 공공시설 무상귀속 제도'는 개발사업의 시행으로 사업구역에 새로운 공공시설의 수요가 유발되는 점을 고려하여 개발사업의 시행자에게 직접 새로운 공공시설의 설치의무를 부과함과 동시에 이를 국가 또는 지방자치단체의 관리청에 무상으로 귀속시킴으로써, 관리청이 새로 설치되는 공공시설의 소유권을 확보한 후 이를 공공의 이용에 적합하도록 효율적으로 유지·관리하게 하여 '공공시설의 원활한 확보와 효율적인 유지·관리'라는 과제를 실현하려는 데 그 **입법 취지**가 있다(대판 2019. 08.

30, 2016다252478).

'개발행위에 따른 공공시설 등의 귀속'에 관한 구 국토계획법 제65조는 새로 설치된 공공시설의 소유권 변동의 효과가 개별적인 법률행위를 통해서가 아니라 개발사업의 준공시점에 법률 규정에 의해서 직접 발생하도록 하는 강행규정으로서, 관리청이 공공시설의 소유권을 원활히 확보하여 이를 효율적으로 유지·관리하도록 함과 동시에 공공시설의 소유관계를 획일적으로 확정하고, 관련 행정사무 처리의 간소화·효율화를 도모하는 데에 입법 취지가 있다. 이러한 구 주택법 및 구 국토계획법의 문언, 새로 설치되는 공공시설의 무상귀속 제도의 취지와 법적 성격 등을 종합하여 보면, 사업주체가 사업지구 안에 실제로 공공시설을 설치하고 당해 사업이 준공검사를 받아 완료된 경우에 비로소 사업완료(준공검사)와 동시에 해당 공공시설을 구성하는 토지와 시설의 소유권이 그 시설을 관리할 관리청에 직접 원시적으로 귀속된다고 봄이 상당하고, 사업주체가 사업지구 내 공공시설을 설치하지 않은 채로 사업이 중단되었다면 그러한 이유로 공공시설의 설치가 예정된 부지만이 관리청에 무상귀속된다고 볼 수는 없다(대판 2023. 07. 27, 2019다210307: 피고 회사가 이 사건 공공시설 중 일부를 설치하지 않은 채 아파트 건축 사업을 중단한 이상, 그 공공시설이 설치될 예정이었던 이 사건 각 토지가 동별 사용검사일에 원고에게 무상귀속되었다고 볼 수 없다고 판단한 사례).

[판례] ① (1) 택지개발촉진법 제25조, 구 국토의 계획 및 이용에 관한 법률(2013. 7. 16. 법률 제11922호로 개정되기 전의 것) 제65조에 의하면, 택지개발사업의 시행으로 기존의 공공시설에 대체되는 시설을 설치한 경우에 종래의 공공시설은 사업시행자에게 무상으로 귀속된다. 여기에서 무상귀속의 대상이 되는 종래의 공공시설에는 국유재산법상 행정재산도 포함되고, 무상귀속의 대상이 되는 종래의 공공시설인지는 **택지개발사업실시계획의 승인 시점을 기준으로 판단하여야** 하므로, 택지개발사업지구 내의 어느 토지가 무상귀속의 대상이 되는 종래의 공공시설에 해당하기 위해서는 택지개발사업실시계획 승인 이전에 이미 적법하게 행정재산으로 된 경우라야 한다. (2) 택지개발사업 시행지구 내에 있는 토지가 지목이 도로이고 국유재산대장에 행정재산으로 등재되었다가 용도폐지되었다는 사정만으로는 당연히 무상귀속 대상인 종래의 공공시설에 해당한다고 할 수 없고, 대상 시설에 해당한다는 점은 사업시행자가 증명하여야 한다(대판 2016. 05. 12, 2015다255524[부당이득금]).
② 행정청인 사업시행자가 도시·군계획시설사업으로 새로 설치할 공공시설에 필요한 토지를 적법하게 취득하지 않은 채 공공시설을 설치하여 국가 또는 지방자치단체가 이를 점유·사용하고 있는 경우, 개발행위에 따른 공공시설의 무상귀속에 관한 국토의 계획 및 이용에 관한 법률 제65조 제1항, 제99조가 적용되지 않는다. 이러한 해석은 공공시설의 설치에 필요한 토지가 국유지인 경우에도 마찬가지이다(대판 2018. 10. 25, 2017두56476).
③ (1) 국토계획법 제65조 제1항, 제2항은 '개발행위허가를 받은 자가 행정청인 경우'와 '개발행위허가를 받은 자가 행정청이 아닌 경우'를 명확하게 구분하여 규정하고 있다. 따라서 개발행위허가를 받기 전에 이미 행정청이거나 행정청이 아니라는 점이 확정되어 있어야 한다. 마찬가지로 국토계획법 제99조에 의하여 제65조를 준용하는 경우에도 도시·군계획시설사업의 시행자로 지정되기

전에 이미 행정청이거나 행정청이 아니라는 점이 확정되어 있어야 한다. 따라서 '도시·군계획시설사업의 시행자로 지정됨으로써 비로소 행정권한을 위탁받은 행정청의 지위를 취득하는 경우'에는 그 시행자가 국토계획법 제99조, 제65조 제1항에서 정한 '행정청'에 해당하지 않는다고 보아야한다. (2) 국토의 계획 및 이용에 관한 법률(이하 '국토계획법'이라 한다) 제65조 제1항, 제2항, 제3항 본문, 제99조의 문언 및 내용, 체계에 비추어 다음과 같은 사정을 아울러 살펴보면, 서울주택도시공사가 새로 공공시설을 설치하거나 기존의 공공시설에 대체되는 공공시설을 설치하기 위하여 개발행위허가를 받거나 도시·군계획시설사업의 실시계획인가를 받아 개발사업의 시행자가 된 경우에는 국토계획법 제65조 제1항에서 정한 '개발사업의 시행자가 행정청인 경우'로 볼 수 있다(대판 2019. 08. 30, 2016다252478).

　　개발행위허가를 받은 자가 행정청이 아닌 경우 개발행위허가를 받은 자가 새로 설치한 공공시설은 그 시설을 관리할 관리청에 무상으로 귀속되고, 개발행위로 인하여 용도가 폐지되는 공공시설은 「국유재산법」과 「공유재산 및 물품관리법」에도 불구하고 새로 설치한 공공시설의 설치비용에 상당하는 범위에서 개발행위허가를 받은 자에게 무상으로 양도할 수 있다(제65조 제2항).

**[판례]** 현황도로도 공공용재산으로서 구 국토계획법상 공공시설에 해당한다는 이유로 무상양도의 대상이 된다고 판단한 사례(대판 2019. 02. 14, 2018다262059).

　　국토계획법 제65조 제1항, 제2항이 개발사업의 시행자가 행정청인 경우에는 종래의 공공시설이 무상으로 귀속된다고 규정한 반면, 개발사업의 시행자가 행정청이 아닌 경우에는 종래의 공공시설을 무상으로 양도할 수 있다고 규정하여 차이를 둔 것은 사업시행자의 법적 지위, 사업의 공공성 정도, 전통적인 감독행정청의 관여 정도 등을 고려한 것이다. '구 공공시설 무상귀속·양도 제도'는 새로 설치되는 공공시설이 관리청에 무상으로 귀속됨으로 인해 야기되는 개발사업 시행자의 재산상 손실·비용을 합리적 범위 안에서 일부라도 보전해 주고자 하는 데 그 입법 취지가 있다(대판 2019. 08. 30, 2016다252478).

　　국토계획법 제65조 제1항, 제2항은 개발행위허가를 받는(의제되는 경우를 포함한다) 모든 개발사업에 대하여 적용되는 것이 아니라, 넓은 면적의 사업구역을 대상으로 하는 이른바 '단지형 개발사업'에 한하여 적용되는 것이며, 종래의 공공시설이 해당 개발사업의 시행으로 용도가 폐지되는 경우에 해당할 때 사업시행자에게 무상으로 귀속되거나 양도될 수 있는 대상이 된다고 보아야 한다(대판 2022. 02. 11, 2017두63245: ○○역복합환승시설사업으로 설치된 환승시설 및 정차장 등에 대하여 국토계획법 제65조 제2항의 공공시설 무상귀속 조항이 적용되지 아니하고, 원고가 이 사건 협약의 내용과는 달리 이 사건 환승시설 부지 등에 대한 점용료 납부의무의 면제를 주장할 수 없다고 한 사례). 단지형 개발사업이 아닌 경우에는, 개발사업의 시행에 필요한 토지는 설령 공공시설을 설치하려는 경우라고 하더라도 사업시행자가 사법상 계약이나 공법상 절차에 따라 그 대금(보상금)을 지급하고 유상취득하여야 한다(대판 2019. 08. 30, 2016다252478).

**[판례]** 원심은, ① 원고 서울주택도시공사가 국토계획법 제65조 제1항에서 정한 '행정청'에 해당하고, ② 피고 대한민국 소유의 이 사건 토지의 지상에 설치되어 있는 기존의 도로(위례중앙로)와 이 사건 토지의 지하에 새로 설치하는 입체교차로가 국토계획법상 공공시설에 해당한다는 이유만으로 원고가 시행하는 입체교차로 설치 사업이 국토계획법 제99조, 제65조 제1항이 적용되는 개발사업에 해당하고, 이 사건 토지가 개발사업의 시행자인 원고에게 무상으로 귀속된다고 판단하였으나, 대법원은, 원심의 ①판단은 결론은 정당하나 이유제시에 부적절한 부분이 있음을 지적하였고, 이 사건 사업은 넓은 면적의 사업구역을 대상으로 하는 '단지형 개발사업'이 아닐 뿐만 아니라, 기존의 공공시설(위례중앙로)을 용도폐지하지 않은 채 단순히 그 지하에 입체교차로를 추가로 설치하는 사업에 불과하므로, 국토계획법 제99조, 제65조 제1항이 적용되는 개발사업에 해당하지 않아 원심의 ②판단은 잘못이라고 판단하여 파기환송한 사례(대판 2019. 08. 30, 2016다252478).

국토계획법 제65조 제3항은 제1항과 제2항에 따른 공공시설의 귀속에 관한 사항이 포함된 개발행위허가를 하려면 미리 해당 공공시설이 속한 '관리청의 의견을 들어야 한다'고 규정하고 있다. 이는 종래의 공공시설이 속한 관리청의 '동의 또는 협의'를 규정한 것이 아니라 '의견청취절차'를 규정한 것에 불과하므로, 그러한 의견청취절차를 거치지 아니하였다고 하여 종래의 공공시설 무상귀속·양도의 대상에서 제외되는 것은 아니다(대판 2019. 08. 30, 2016다252478).

## XI. 개발행위에 따른 기반시설의 설치

기반시설이 부족한 상태에서 개발이 이루어지는 경우가 있었던 과거의 문제점을 해결하기 위하여 국토계획법은 개발행위에 따른 기반시설(基盤施設)의 설치에 관한 규정을 두고 있다.

### 1. 개발밀도관리구역

특별시장·광역시장·특별자치시장·특별자치도지사·시장 또는 군수는 주거·상업 또는 공업지역에서의 개발행위로 기반시설(도시·군계획시설을 포함한다)의 처리·공급 또는 수용능력이 부족할 것으로 예상되는 지역 중 기반시설의 설치가 곤란한 지역을 개발밀도관리구역(開發密度管理區域)으로 지정할 수 있다(제66조 제1항).

특별시장·광역시장·특별자치시장·특별자치도지사·시장 또는 군수는 개발밀도관리구역에서는 대통령령으로 정하는 범위에서 제77조나 제78조에 따른 건폐율 또는 용적률을 강화하여 적용한다(제66조 제2항).

## 2. 개발밀도관리구역 외에서의 기반시설부담구역의 지정과 기반시설부담

### (1) 기반시설부담구역의 지정

특별시장 · 광역시장 · 특별자치시장 · 특별자치도지사 · 시장 또는 군수는 다음 각 호의 어느 하나에 해당하는 지역에 대하여는 기반시설부담구역으로 지정하여야 한다. 다만, 개발행위가 집중되어 특별시장 · 광역시장 · 특별자치시장 · 특별자치도지사 · 시장 또는 군수가 해당 지역의 계획적 관리를 위하여 필요하다고 인정하면 다음 각 호에 해당하지 아니하는 경우라도 기반시설부담구역으로 지정할 수 있다. 1. 이 법 또는 다른 법령의 제정 · 개정으로 인하여 행위 제한이 완화되거나 해제되는 지역, 2. 이 법 또는 다른 법령에 따라 지정된 용도지역 등이 변경되거나 해제되어 행위 제한이 완화되는 지역, 3. 개발행위허가 현황 및 인구증가율 등을 고려하여 대통령령으로 정하는 지역(제67조 제1항).

특별시장 · 광역시장 · 특별자치시장 · 특별자치도지사 · 시장 또는 군수는 제2항에 따라 기반시설부담구역이 지정되면 대통령령으로 정하는 바에 따라 기반시설설치계획을 수립하여야 하며, 이를 도시 · 군관리계획에 반영하여야 한다(제67조 제4항).

### (2) 기반시설설치비용의 부과대상 및 산정기준

기반시설부담구역에서 기반시설설치비용의 부과대상인 건축행위는 제2조 제20호에 따른 시설로서 200제곱미터(기존 건축물의 연면적을 포함한다)를 초과하는 건축물의 신 · 증축 행위로 한다. 다만, 기존 건축물을 철거하고 신축하는 경우에는 기존 건축물의 건축연면적을 초과하는 건축행위에 대하여만 부과대상으로 한다(제68조 제1항).

기반시설설치비용은 기반시설을 설치하는 데 필요한 기반시설 표준시설비용과 용지비용을 합산한 금액에 제1항에 따른 부과대상 건축연면적과 기반시설 설치를 위하여 사용되는 총 비용 중 국가 · 지방자치단체의 부담분을 제외하고 민간 개발사업자가 부담하는 부담률을 곱한 금액으로 한다. 다만, 특별시장 · 광역시장 · 특별자치시장 · 특별자치도지사 · 시장 또는 군수가 해당 지역의 기반시설 소요량 등을 고려하여 대통령령으로 정하는 바에 따라 기반시설부담계획을 수립한 경우에는 그 부담계획에 따른다(제68조 제2항).

**[판례]** [1] 기반시설부담개발행위를 하는 자가 설치하거나 용지를 확보하여야 할 대상인 '간선도로로부터 기반시설부담구역까지의 진입도로'의 의미: 구 국토의 계획 및 이용에 관한 법률(2006. 1. 11. 법률 제7848호로 개정되기 전의 것) 제2조 제6호, 제68조 제1항, 제2항 제1호, 구 국토의 계획 및 이용에 관한 법률 시행령(2006. 8. 17. 대통령령 제19647호로 개정되기 전의 것) 제2조, 도시 · 군

계획시설의 결정·구조 및 설치기준에 관한 규칙 제9조 제3호의 내용에 의하면, 기반시설부담구역의 진입도로는 기반시설부담구역 내외의 도로를 연결함으로써 기반시설부담구역 안에 있는 도로의 교통 기능을 원활하게 달성하는 데 필요한 시설이므로, 기반시설부담개발행위를 하는 자가 설치하거나 용지를 확보하여야 할 대상인 '간선도로로부터 기반시설부담구역까지의 진입도로'는 '기반시설부담구역 밖의 주간선도로 또는 보조간선도로로부터 기반시설부담구역까지의 진입도로'를 의미한다. [2] 하천이 구 국토의 계획 및 이용에 관한 법률 제68조 제2항 제8호에 따라 개발행위자가 부담할 기반시설에 포함될 수 있는지 여부(적극): 하천은 구 국토계획법 제68조 제2항 제1호 내지 제7호에서 열거된 기반시설은 아니므로 기반시설부담계획 수립권자와 기반시설부담개발행위자가 서로 협의하여 기반시설부담계획에서 정한 경우에는 위 제8호에 따라 개발행위자가 부담할 기반시설에 포함될 수 있다. [3] 기반시설부담계획은 기반시설부담구역 전체의 개발행위를 기초로 하여 수립되는 것으로, 계획 수립 후에 실제 이루어진 기반시설부담개발행위의 내용이 달라진 경우에는 사후정산 또는 기반시설부담계획 자체의 변경이 가능하다. 이러한 점과 함께 부담금 산정방법에 관한 구 국토의 계획 및 이용에 관한 법률(2006. 1. 11. 법률 제7848호로 개정되기 전의 것) 제70조 제2항 등을 종합해 보면, 기반시설부담계획에서 개발행위를 하려는 자의 부담분은 반드시 기반시설부담계획 수립 시점까지 각 사업자가 사업계획승인을 받은 면적만을 기준으로 산정해야 한다고 볼 것은 아니다. 개발행위를 하려는 자가 계획 수립 시점까지는 사업계획승인을 받지 못하였지만 장래 사업예정구역에 대하여 명시적으로 사업추진의사를 밝혔다면 그 부분까지 포함한 사업구역면적을 기초로 부담분을 산정했다고 하여 위법하다고 볼 수 없다(대판 2016. 07. 14, 2015두4167[기반시설부담금부과처분취소]).

제2항에 따른 기반시설 표준시설비용은 기반시설 조성을 위하여 사용되는 단위당 시설비로서 당해 연도의 생산자물가상승률 등을 고려하여 대통령령으로 정하는 바에 따라 국토교통부장관이 고시한다(제68조 제3항).

제69조 제1항에 따른 납부의무자가 제2조 제19호에 따른 기반시설을 설치하거나 그에 필요한 용지를 확보한 경우 또는 도로법 제76조에 따른 원인자 부담금 등 대통령령으로 정하는 비용을 납부한 경우에는 이 법에 따른 기반시설설치비용에서 감면한다(제68조 제6항).

### (3) 기반시설설치비용의 납부

제68조 제1항에 따른 건축행위를 하는 자(건축행위의 위탁자 또는 지위의 승계자 등 대통령령으로 정하는 자를 포함한다)는 기반시설설치비용을 내야 한다(제69조 제1항).

## 제12항 기　타

[판례] 국토의 계획 및 이용에 관한 법률상 도시·군계획시설사업의 사업시행자가 사업구역에 인접한 특정 토지를 재료적치장 또는 임시통로 용도로 한시적으로 이용할 필요가 있어 같은 법 제130조 제1항, 제3항에 따라 토지 소유자 등에게 해당 토지의 '일시 사용'에 관한 동의를 구하는 경우, 토지 소유자 등이 이를 수인하고 동의할 의무가 있다. 이때 국토계획법 제130조에 따른 일시

사용의 경우에는 사전보상 원칙이 적용되지 않는다고 보아야 하므로 일시 사용에 따른 손실보상금에 관하여 다툼이 있다는 사정이 동의를 거부할 정당한 사유가 되지 않는다(대판 2019. 09. 09, 2016다262550).

# 제 3 절   건축허가와 건축신고

## 제 1 항   건축허가

### Ⅰ. 건축허가의 의의

건축허가(建築許可)라 함은 건축이나 건축물의 대수선에 있어 사전에 주어지는 허가를 말한다. 본래 건축은 인간의 자연적 자유에 속하는 것이지만 건축물의 안전성의 확보, 인근주민의 권리와의 조정, 기타 개발제한구역의 보호, 도시토지의 합리적 이용 등 공익의 보호를 위하여 일정한 제한을 가할 필요가 있다. 그리하여 건축을 함에 있어서 건축법 등 관련법에의 합치 여부를 심사하고, 필요한 경우 환경 등 공익을 보호하기 위하여 허가를 받도록 하고 있는 것이다.

건축법상 **"건축물"**이란 토지에 정착(定着)하는 공작물 중 지붕과 기둥 또는 벽이 있는 것과 이에 딸린 시설물, 지하나 고가(高架)의 공작물에 설치하는 사무소·공연장·점포·차고·창고, 그 밖에 대통령령으로 정하는 것을 말한다(제2조 제1항 제2호). **가설건축물**(건축법 제20조)은 건축법상 '건축물'이 아니다(대판 2018. 01. 25, 2015두35116).

건축법상 '건축'이라 함은 건축물을 신축·증축·개축·재축하거나 건축물을 이전하는 것을 말한다(건축법 제2조 제1항 제8호).

'신축'이라 함은 건축물이 없는 대지(기존 건축물이 철거되거나 멸실된 대지를 포함한다)에 새로 건축물을 축조(築造)하는 것(부속건축물만 있는 대지에 새로 주된 건축물을 축조하는 것을 포함하되, 개축(改築) 또는 재축(再築)하는 것은 제외한다)을 말한다(동법 시행령 제2조 제1호).

'증축'이라 함은 기존 건축물이 있는 대지에서 건축물의 건축면적, 연면적, 층수 또는 높이를 늘리는 것을 말한다(동법 시행령 제2조 제2호).

**[판례]** 옥외계단은 기존 건축물에 딸린 시설물로서 건축법이 정한 건축물에 해당하고, 옥외계단에 지붕이나 기둥, 벽 등을 두고 있지 않더라도 옥외계단을 설치한 것은 건축법 시행령이 정한 증축행위이다(대판 2021. 06. 10, 2021도2436).

'개축'이라 함은 기존 건축물의 전부 또는 일부(내력벽·기둥·보·지붕틀(제16호에 따른 한옥의 경우에는 지붕틀의 범위에서 서까래는 제외한다) 중 셋 이상이 포함되는 경우를 말한다)를 철거하고 그 대지에 종전과 같은 규모의 범위에서 건축물을 다시 축조하는 것을 말한다(동법 시행령 제2조 제3호).

'재축'이라 함은 건축물이 천재지변이나 그 밖의 재해(災害)로 멸실된 경우 그 대지에 종전과 같은 규모의 범위에서 다시 축조하는 것을 말한다(동법 시행령 제2조 제4호).

'이전'이라 함은 건축물의 주요구조부를 해체하지 아니하고 같은 대지의 다른 위치로 옮기는 것을 말한다(동법 시행령 제2조 제5호).

"대수선"이란 건축물의 기둥, 보, 내력벽, 주계단 등의 구조나 외부 형태를 수선·변경하거나 증설하는 것으로서 대통령령으로 정하는 것을 말한다(건축법 제2조 제1항 제9호).

## Ⅱ. 건축허가의 법적 성질

### 1. 기속행위설

건축법상 건축허가는 기속행위라고 보는 것이 종래의 통설이다. 건축허가를 기속행위로 본 이유는 건축행위는 본래 인간의 자연적 자유에 속하지만 경찰상 목적을 위하여 건축을 일반적으로 금지하고 일정한 요건에 해당하는 경우 그 금지를 해제하여 자연적인 건축의 자유를 회복시켜 주는 것이 건축허가이므로 요건에 해당하는 한 건축을 허가하여야 한다는 것이다.

### 2. 예외적 재량행위설

오늘날 건축허가는 원칙상 기속행위이지만 공익상 필요한 경우 일정한 한도 내에서 재량행위라고 보는 견해가 유력하다.

### 3. 기속재량행위설

건축허가를 기속재량행위로 보는 견해이다. 즉, 건축허가는 원칙상 기속행위이고, 공익상 필요한 경우 예외적으로 재량행위라고 본다.

### 4. 판  례

판례는 건축허가를 원칙상 기속행위이지만 예외적으로 중대한 공익상 필요가 있는 경우에는 거부할 수 있는 거부재량행위(기속재량행위)로 본다.

**[판례]** 건축법 소정의 건축허가권자는 건축허가신청이 건축법, 도시계획법 등 관계 법규에서 정하는 어떠한 제한에 배치되지 않는 이상 당연히 같은 법조 소정의 건축허가를 하여야 하므로, 법률상의 근거 없이 그 신청이 관계 법규에서 정한 제한에 배치되는지의 여부에 대한 심사를 거부할 수 없고, 심사 결과 그 신청이 법정요건에 합치하는 경우에는 특별한 사정이 없는 한 이를 허가하여야 하며, 공익상 필요가 없음에도 불구하고 요건을 갖춘 자에 대한 허가를 관계 법령에서 정하는 제한사유 이외의 사유를 들어 거부할 수 없다(대판 1995. 06. 13, 94다56883; 2003. 04. 25, 2002두3201; 2006. 11. 09, 2006두1227). 〈해설〉 판례는 건축허가를 원칙상 기속행위로 보면서도 예외적으로 중대한 공익상의 필요가 있는 경우에는 재량행위로 보는 견해이지만, 명문의 규정이 없음에도 중대한 공익상의 필요만으로 건축법령에 합치하는 건축허가신청에 대해 거부할 수 있다고 하는 것은 법률유보의 원칙에 반하며 건축허가의 예측가능성이 침해된다는 점에서 타당하지 않다. 건축허가시 공익상 필요를 고려할 필요가 있어 건축허가를 재량행위로 할 필요가 있는 경우에는 그러한 경우를 법령에 명확히 규정하여야 할 것이다.

## 5. 결어(개별적 결정설, 병존설)

① 건축허가의 요건 중 건축물의 안전성, 일조권 등 인근 주민과의 이익조정에 관한 요건에의 합치 여부의 판단은 기속판단이라고 본다.

② 건축허가에 있어서는 도시계획에 합치하여야 하는데, 이 중 특히 지역지구제 하에서의 건축제한은 기속판단이라고 보아야 한다.

③ 그러나, 건축법 제11조 제1항의 건축허가를 받으면 국토계획법상의 개발행위허가가 의제되므로 건축허가시 개발행위허가의 요건을 판단하여야 하므로 개발행위허가요건의 판단에 판단여지가 인정되거나 개발행위허가에 재량권이 인정되는 한도 내에서는 건축허가에 판단여지 또는 재량이 인정된다고 보아야 한다.

**[판례]** 국토의 계획 및 이용에 관한 법률에 의하여 지정된 도시지역 안에서 토지의 형질변경행위를 수반하는 건축허가의 법적 성질(=재량행위): 국토의 계획 및 이용에 관한 법률에서 정한 도시지역 안에서 토지의 형질변경행위를 수반하는 건축허가는 건축법 제8조 제1항의 규정에 의한 건축허가와 국토의 계획 및 이용에 관한 법률 제56조 제1항 제2호의 규정에 의한 토지의 형질변경허가의 성질을 아울러 갖는 것으로 보아야 할 것이고, 같은 법 제58조 제1항 제4호, 제3항, 같은 법 시행령 제56조 제1항 [별표 1] 제1호 (가)목 (3), (라)목 (1), (마)목 (1)의 각 규정을 종합하면, 같은 법 제56조 제1항 제2호의 규정에 의한 토지의 형질변경허가는 그 금지요건이 불확정개념으로 규정되어 있어 그 금지요건에 해당하는지 여부를 판단함에 있어서 행정청에게 재량권이 부여되어 있다고 할 것이므로, 같은 법에 의하여 지정된 도시지역 안에서 토지의 형질변경행위를 수반하는 건축허가는 결국 재량행위에 속한다(대판 2005. 07. 14, 2004두6181).

④ 그리고, 개발제한구역 내에서의 건축허가는 재량행위로 보아야 한다.

⑤ 또한, 건축법 제11조 제4항[73]의 위락시설 또는 숙박시설의 건축허가의 경우

---

73) 건축법 제11조 제4항은 "허가권자는 위락시설이나 숙박시설에 해당하는 건축물의 건축을 허가하는 경우 해당 대지에 건축하려는 건축물의 용도·규모 또는 형태가 주거환경이나 교육환경 등

교육환경과 주거환경과의 이익형량을 하여야 하므로 이 한도 내에서도 재량행위로 보아야 한다.

## Ⅲ. 건축허가의 대상 및 허가권자

건축물을 건축하거나 대수선하려는 자는 특별자치도지사 또는 시장·군수·구청장의 허가를 받아야 한다. 다만, 21층 이상의 건축물 등 대통령령으로 정하는 용도 및 규모의 건축물을 특별시나 광역시에 건축하려면 특별시장이나 광역시장의 허가를 받아야 한다(동법 제11조 제1항).

## Ⅳ. 사전결정

건축허가 대상 건축물을 건축하려는 자는 건축허가를 신청하기 전에 허가권자에게 그 건축물을 해당 대지에 건축하는 것이 이 법이나 관계 법령에서 허용되는지 여부, 이 법 또는 관계 법령에 따른 건축기준 및 건축제한, 그 완화에 관한 사항 등을 고려하여 해당 대지에 건축 가능한 건축물의 규모, 건축허가를 받기 위하여 신청자가 고려하여야 할 사항에 대한 사전결정을 신청할 수 있다(제10조 제1항). 이 사전결정은 강학상 사전결정에 해당한다.

다만, 제4항에 따른 사전결정을 통지받은 경우에는 다음의 허가를 받거나 신고 또는 협의를 한 것으로 본다(제10조 제6항): ① 「국토의 계획 및 이용에 관한 법률」 제56조에 따른 개발행위허가, ② 「산지관리법」 제14조 및 제15조에 따른 산지전용허가, 산지전용신고, 같은 법 제15조의2에 따른 산지일시사용허가·신고. 다만, 보전산지인 경우에는 도시지역에 한한다, ③ 「농지법」 제34조·제35조 및 제43조에 따른 농지전용허가·신고 및 협의, ④ 「하천법」 제33조에 따른 하천점용허가.

## Ⅴ. 허가결정

시장·군수는 다음의 어느 하나에 해당하는 건축물의 건축을 허가하려면 미리 건축계획서와 국토교통부령으로 정하는 건축물의 용도, 규모 및 형태가 표시된 기본설계도서를 첨부하여 도지사의 승인을 받아야 한다. ① 제1항 단서에 해당하는 건축

주변 환경을 고려할 때 부적합하다고 인정하면 이 법이나 다른 법률에도 불구하고 건축위원회의 심의를 거쳐 건축허가를 하지 아니할 수 있다"라고 규정하고 있다.

물, ② 자연환경이나 수질을 보호하기 위하여 도지사가 지정·공고한 구역에 건축하는 3층 이상 또는 연면적의 합계가 1천제곱미터 이상인 건축물로서 위락시설과 숙박시설 등 대통령령으로 정하는 용도에 해당하는 건축물, ③ 주거환경이나 교육환경 등 주변 환경을 보호하기 위하여 필요하다고 인정하여 도지사가 지정·공고한 구역에 건축하는 위락시설 및 숙박시설에 해당하는 건축물(제11조 제2항).

허가권자는 위락시설이나 숙박시설에 해당하는 건축물의 건축을 허가하는 경우 해당 대지에 건축하려는 건축물의 용도·규모 또는 형태가 주거환경이나 교육환경 등 주변 환경을 고려할 때 부적합하다고 인정되는 경우와 「국토의 계획 및 이용에 관한 법률」 제37조 제1항 제5호에 따른 방재지구 및 「자연재해대책법」 제12조 제1항에 따른 자연재해위험개선지구 등 상습적으로 침수되거나 침수가 우려되는 지역에 건축하려는 건축물에 대하여 지하층 등 일부 공간을 주거용으로 사용하거나 거실을 설치하는 것이 부적합하다고 인정되는 경우 이 법이나 다른 법률에도 불구하고 건축위원회의 심의를 거쳐 건축허가를 하지 아니할 수 있다(제11조 제4항). 이 경우에 건축허가는 재량행위이다.

**[판례]** ① 교통영향평가 및 심의의 대상이 되는 사업 또는 시설에 대하여 교통영향평가심의결과의 내용대로 이행되지 아니하였거나 실현될 가능성이 희박하다는 이유로 건축허가를 반려할 수 있다. 여기에서의 교통영향평가심의결과의 이행 또는 실현가능 여부는 당해 시설의 건축허가 여부를 결정할 당시를 기준으로 판단하여야 한다(대판 2005. 01. 14, 2002두7234). ② 건축불허가처분을 하면서 건축불허가 사유뿐만 아니라 구 소방법 제8조 제1항에 따른 소방서장의 건축부동의 사유를 들고 있다고 하여 **그 건축불허가처분 외에 별개로 건축부동의처분이 존재하는 것이 아니므로,** 그 건축불허가처분을 받은 사람은 그 건축불허가처분에 관한 쟁송에서 건축법상의 건축불허가 사유뿐만 아니라 소방서장의 부동의 사유에 관하여도 다툴 수 있다(대판 2004. 10. 15, 2003두6573). 〈해설〉 소방법령상 적합함에도 소방서장이 동의하지 않은 경우 동 부동의는 위법하고 건축허가거부처분도 위법한 처분이 된다.

특별건축구역(조화롭고 창의적인 건축물의 건축을 통하여 도시경관의 창출, 건설기술 수준향상 및 건축 관련 제도개선을 도모하기 위하여 건축법 또는 관계 법령에 따른 일부 규정을 적용하지 아니하거나 완화 또는 통합하여 적용할 수 있도록 특별히 지정하는 구역)에 건축하는 건축물에 대하여는 건축관계법 중 일부 규정을 적용하지 아니하거나 완화 또는 통합하여 적용할 수 있다(제73조, 제74조).

명문의 규정은 없지만, 건축주가 건축할 대지에 대해 소유권 또는 지상권 등 사용권 등 건축할 수 있는 권원을 갖고 있는 것을 실질적인 건축허가요건의 하나라고 보아야 한다. 건축법 시행규칙 제6조 제1항은 건축허가 신청시 건축할 수 있는 권원을 증명할 수 있는 서류를 제출하도록 규정하고 있다.

건축허가 등을 받아 건축물 등을 건축할 때 허가된 대지, 부지가 아닌 곳에 건축물 등을 건축하는 것까지 건축허가의 내용에 포함된다고 볼 수는 없다(대판 2024. 07. 11, 2023두62465: 원고가 피고로부터 받은 개발제한구역 내 행위허가와 건축허가에 건축부지에 포함되지 않는 ②번 조명탑의 설치에 대한 부분까지 포함되어 있다고 볼 수 없다고 판단한 사례).

## Ⅵ. 다른 인·허가 의제

현행 건축법에서는 건축허가를 받으면 다른 법률에서 정하는 허가 등을 받거나 신고를 한 것으로 보며, 건축허가대상이 공장건축물의 경우에는 산업집적활성화 및 공장설립에 관한 법률상 인·허가 등의 의제, 공장의 건축허가에 관한 규정에 의하여 관련법률의 인·허가 등을 받은 것으로 보는 의제조항을 두고 있다(제11조 제5항). 이 조항에 의해 건축법상 건축허가를 받으면 국토계획법상의 개발행위허가, 산림산지관리법상의 산지전용허가, 농지법상의 농지전용허가, 도로법상의 도로점용허가 등이 광범위하게 의제된다.

이러한 건축법상의 인·허가의제조항은 각종 개별법이 추구하는 독립된 목적을 인정하면서도, 가능한 범위에서 절차간소화를 도모하기 위해 건축법상의 건축허가절차 속에 개별법률들이 통제해야 할 각종의 처분을 통합하려는 노력의 결과이다.

그러나 건축허가권자는 의제조항에 해당하는 사항이 다른 행정기관의 권한에 속하는 경우에는 미리 당해 행정기관의 장과 협의하여야 하며, 협의를 요청받은 관계행정기관의 장은 요청받은 날부터 15일 이내에 의견을 제출하여야 하며, 이 경우 관계행정기관의 장은 제8항에 따른 처리기준이 아닌 사유를 이유로 협의를 거부할 수 없다(제11조 제6항).

[판례] [건축법상 건축허가와 국토계획법상 개발행위(토지형질변경) 허가의 관계, 건축법상 건축허가와 국토계획법상 개발행위(건축물의 건축) 허가의 관계 및 환경영향평가법령상 사업계획 면적의 개념이 쟁점이 된 사건] [1] 건축물의 건축은 건축주가 그 부지를 적법하게 확보한 경우에만 허용될 수 있다. 여기에서 '부지 확보'란 건축주가 건축물을 건축할 토지의 소유권이나 그 밖의 사용권원을 확보하여야 한다는 점 외에도 해당 토지가 관계 법령상 건축물의 건축이 허용되는 법적 성질을 지니고 있어야 한다는 점을 포함한다. [2] 토지는 그 토지의 용도(지목)에 적합하게 이용되어야 한다. 어떤 토지를 그 지목과 달리 이용하기 위해서는 해당 토지의 용도를 적법하게 변경하기 위하여 국토의 계획 및 이용에 관한 법률 제56조 제1항에 따른 개발행위(토지형질변경) 허가를 받아야 한다. 그 토지의 실제 현황이 어느 시점에 공부상의 지목과 달라졌거나 또는 토지의 물리적인 형상을 변경하기 위한 공사가 필요하지 않더라도 마찬가지이다. 개발행위(토지형질변경) 허가를 통해 먼저 해당 토지의 용도(법적으로 허용된 이용가능성)를 적법하게 변경한 다음, 공간정보의 구축 및 관리 등에 관한 법률 제81조에 따라 지적소관청에 지목변경을 신청하여야 한다. [3] 행정청

은 건축주의 건축계획이 마땅히 갖추어야 할 '부지 확보' 요건을 충족하지 못하였음을 이유로 이미 발급한 건축허가를 직권으로 취소할 수 있는지(적극): 만약 건축주가 '부지 확보' 요건을 완비하지는 못한 상태이더라도 가까운 장래에 '부지 확보' 요건을 갖출 가능성이 높다면, 건축행정청이 추후 별도로 국토의 계획 및 이용에 관한 법률(이하 '국토계획법'이라 한다)상 개발행위(토지형질변경) 허가를 받을 것을 명시적 조건으로 하거나 또는 당연히 요청되는 사항이므로 묵시적인 전제로 하여 건축주에 대하여 건축법상 건축허가를 발급하는 것이 위법하다고 볼 수는 없다. 그러나 건축주가 건축법상 건축허가를 발급받은 후에 국토계획법상 개발행위(토지형질변경) 허가절차를 이행하기를 거부하거나, 그 밖의 사정변경으로 해당 건축부지에 대하여 국토계획법상 개발행위(토지형질변경) 허가를 발급할 가능성이 사라졌다면, 건축행정청은 건축주의 건축계획이 마땅히 갖추어야 할 '부지 확보' 요건을 충족하지 못하였음을 이유로 이미 발급한 건축허가를 직권으로 취소·철회하는 방법으로 회수하는 것이 필요하다. [4] 건축주가 건축물을 건축하기 위해서는 건축법상 건축허가와 국토계획법상 개발행위(건축물의 건축) 허가를 각각 별도로 신청하여야 하는 것이 아니라, 건축법상 건축허가절차에서 관련 인·허가 의제 제도를 통해 두 허가의 발급 여부가 동시에 심사·결정되도록 하여야 하는지(적극): 건축법 제11조 제1항, 제5항 제3호, 국토의 계획 및 이용에 관한 법률(이하 '국토계획법'이라 한다) 제56조 제1항 제1호, 제57조 제1항의 내용과 체계, 입법 취지를 종합하면, 건축주가 건축물을 건축하기 위해서는 건축법상 건축허가와 국토계획법상 개발행위(건축물의 건축) 허가를 각각 별도로 신청하여야 하는 것이 아니라, 건축법상 건축허가절차에서 관련 인허가 의제 제도를 통해 두 허가의 발급 여부가 동시에 심사·결정되도록 하여야 한다. 즉, 건축주는 건축행정청에 건축법상 건축허가를 신청하면서 국토계획법상 개발행위(건축물의 건축) 허가 심사에도 필요한 자료를 첨부하여 제출하여야 하고, 건축행정청은 개발행위허가권자와 사전 협의절차를 거침으로써 건축법상 건축허가를 발급할 때 국토계획법상 개발행위(건축물의 건축) 허가가 의제되도록 하여야 한다. 이를 통해 건축법상 건축허가절차에서 건축주의 건축계획이 국토계획법상 개발행위 허가기준을 충족하였는지가 함께 심사되어야 한다. 건축주의 건축계획이 건축법상 건축허가기준을 충족하더라도 국토계획법상 개발행위 허가기준을 충족하지 못한 경우에는 해당 건축물의 건축은 법질서상 허용되지 않는 것이므로, 건축행정청은 건축법상 건축허가를 발급하면서 국토계획법상 개발행위(건축물의 건축) 허가가 의제되지 않은 것으로 처리하여서는 안 되고, 건축법상 건축허가의 발급을 거부하여야 한다. 건축법상 건축허가절차에서 국토계획법상 개발행위 허가기준 충족 여부에 관한 심사가 누락된 채 건축법상 건축허가가 발급된 경우에는 그 건축법상 건축허가는 위법하므로 취소할 수 있다. 이때 건축허가를 취소한 경우 건축행정청은 개발행위허가권자와의 사전 협의를 통해 국토계획법상 개발행위 허가기준 충족 여부를 심사한 후 건축법상 건축허가 발급 여부를 다시 결정하여야 한다. [5] 甲이 국토의 계획 및 이용에 관한 법률(이하 '국토계획법'이라 한다)에 따라 농림지역 및 농업진흥구역으로 지정된 지목이 '답'인 토지 중 7,457㎡ 부분에서 돼지 축사 10개 동을 건축하기 위하여 건축허가를 신청하였고, 관할 건축행정청이 甲의 의뢰에 따라 축사를 설계한 건축사 乙이 제출한 '건축허가조사 및 검사조서'의 기재를 그대로 믿고 건축허가를 발급하였는데, 이후 건축허가에 대한 민원이 제기되자 건축허가를 직권으로 취소한 사안에서, 지목이 '답'인 토지에서 축사를 건축하기 위해서는 건축법상 건축허가 외에도 국토계획법상 개발행위(토지형질변경) 허가를 받아야 하는데, 甲이 위 허가를 받지 않음으로써 축사의 '부지 확보' 요건을 충족하지 못하였을 뿐만 아니라, 건축허가 절차에서 국토계획법상 개발행위(건축물의 건축) 허가기준 충족 여부에 관한 심사가 누락되었으므로, 이는 건축행정청이 건축허가를 직권으로 취소할 수 있는 사유에 해당하고, 위 토지 중 '부지 제외지'(345㎡)와 '목적 외 사용승인허가 예정지'(135㎡)도 축사 자체의 부지는 아니지만 축사의 부속시설이나 진입도로의 부지에 해당하므로, 축사를 건축하는 개발사업은 그 '사업계획 면적'이 적어도 7,937㎡(=7,457㎡＋345㎡＋135㎡)가 되므로 환경영향평가법 시행령 제59조 [별표 4] 제1호 (다)목에서 정한 소규모 환경영향평가의 대상인 '농림지역에서 사업계획 면적이 7,500㎡ 이상인 개발사업'에 해당하는 것으로 보아야 함에도 이를 간과한 채 이루어진 건축허가는 환경영향평가법을 위반한 것이어서 위법하므로 이는 건축행정청이 건축허가를 직권으로 취소할 수 있는 사유에 해당하며, 위 건축허가는 건축행정청의 착오로 발급된 것이지만 건축사 乙은 甲의 이익을 위하여 부정확한 내용으로 조서를 작성·제출하였고, 甲에게도 위 개발사업이 소규모 환경영향평가 대상이 아닌 것처럼 보이게 하려는 의도가 있었다고 인정할 수 있어, 건축행정청의 착오는 甲이 유발한 것이거나 甲에게도 책임이 있으므로, 건축허가의 존속에 대한 甲의 신뢰는 보호가치가 없는 점, 건축허가가 취소될 경우에 甲에게 발생하는 불이익 또는 회수할 수 없는 금전적 손해가 크다고 보기도 어려운 점 등에 비추어, 위 직권취소 처분이 수익적 행정처분 직권취소 제한 법리에 위배되지 않았다고 한 사례(대판 2020. 07. 23, 2019두31839).

## Ⅶ. 건축허가의 취소

허가권자는 제1항에 따른 허가를 받은 자가 다음 각 호의 어느 하나에 해당하면 허가를 취소하여야 한다. 다만, 제1호에 해당하는 경우로서 정당한 사유가 있다고 인정되면 1년의 범위에서 공사의 착수기간을 연장할 수 있다. 1. 허가를 받은 날부터 2년(「산업집적활성화 및 공장설립에 관한 법률」 제13조에 따라 공장의 신설·증설 또는 업종변경의 승인을 받은 공장은 3년) 이내에 공사에 착수하지 아니한 경우. 2. 제1호의 기간 이내에 공사에 착수하였으나 공사의 완료가 불가능하다고 인정되는 경우. 3. 제21조에 따른 착공신고 전에 경매 또는 공매 등으로 건축주가 대지의 소유권을 상실한 때부터 6개월이 경과한 이후 공사의 착수가 불가능하다고 판단되는 경우(건축법 제11조 제7항).

**[판례]** [1] 건축법 제11조 제7항은 건축허가를 받은 자가 착수기간이 지난 후 공사에 착수하는 것 자체를 금지하고 있지 아니하다. [2] 건축허가를 받은 자가 건축허가가 취소되기 전에 공사에 착수하였다면 허가권자는 그 착수기간이 지났다고 하더라도 건축허가를 취소하여야 할 특별한 공익상 필요가 인정되지 않는 한 건축허가를 취소할 수 없다. 이는 건축허가를 받은 자가 건축허가가 취소되기 전에 공사에 착수하려 하였으나 허가권자의 위법한 공사중단명령으로 공사에 착수하지 못한 경우에도 마찬가지이다. [3] 건물의 신축 공사에 착수하였다고 보려면 특별한 사정이 없는 한 신축하려는 건물 부지의 굴착이나 건물의 축조와 같은 공사를 개시하여야 하므로, 기존 건물이나 시설 등의 철거, 벌목이나 수목 식재, 신축 건물의 부지 조성, 울타리 가설이나 진입로 개설 등 건물 신축을 위한 준비행위에 해당하는 작업이나 공사를 개시한 것만으로는 공사 착수가 있었다고 할 수 없다(대판 2017. 07. 11, 2012두22973).

# 제2항   건축신고

## I. 건축신고의 의의

건축신고라 함은 상대적으로 규모가 작은 건축을 함에 있어 사전에 신고를 하도록 하는 것을 말한다.

## II. 건축신고의 성질

### 1. 수리를 요하는 신고

종전 판례에 따르면 건축신고는 자기완결적 신고이므로 적법한 신고가 있으면 신고의무를 이행한 것이 되며 행정청의 수리를 요하지 않는다(대판 1995. 03. 14, 94누9962; 1999. 04. 27, 97누6780). 현재 판례는 건축신고를 수리를 요하는 신고로 본다(행정법론(상) 신고 참조).

### 2. 신고유보부금지의 해제(규제적 신고)

건축신고는 '신고유보부금지(申告留保附禁止)의 해제(解除)'라고 할 수 있다. 즉, 건축행위를 법에 의해 일반적으로 금지하고 신고로 그 금지가 해제된다.

건축신고는 규제적 신고이다. 즉, 건축신고는 신고의 본래의 기능인 정보의 수집뿐만 아니라 사적 활동인 건축활동을 규제하는 기능을 갖는다.

건축신고를 하지 않고 건축행위를 하면 당해 건축행위는 법질서에 반하는 위법행위가 된다. 따라서 건축신고를 하지 않고 건축행위를 행한 경우 과태료가 아니라 형벌을 과하는 것으로 규정하고 있다. 즉, 건축법 제14조의 규정에 의한 신고를 하지 아니하거나 허위의 신고를 한 자에 대하여는 200만 원 이하의 벌금에 처한다(건축법 제111조).

그리고, 신고 없이 건축된 건축물에 대하여 시정명령이 내려질 수 있다. 건축법 제79조 제1항은 "허가권자는 대지나 건축물이 이 법 또는 이 법에 따른 명령이나 처분에 위반되면 이 법에 따른 허가 또는 승인을 취소하거나 그 건축물의 건축주·공사시공자·현장관리인·소유자·관리자 또는 점유자(이하 "건축주등"이라 한다)에게 공사의 중지를 명하거나 상당한 기간을 정하여 그 건축물의 철거·개축·증축·수선·용도변경·사용금지·사용제한, 그 밖에 필요한 조치를 명할 수 있다"고 규정하고 있다.

건축신고의 거부는 항고소송의 대상이 되는 처분이라고 보는 것이 판례의 입장이다(행정법론(상) 신고 참조).

## Ⅲ. 신고대상 및 신고접수기관

당해 건축물이 허가대상 건축물이라 하더라도 소규모 건축물이거나 경미한 건축행위 등 통제의 필요성이 그다지 크지 않은 다음의 경우에는 특별자치시장·특별자치도지사 또는 시장·군수·구청장에게 신고하여야 한다(제14조 제1항). ① 바닥면적의 합계가 85제곱미터 이내의 증축·개축 또는 재축. 다만, 3층 이상 건축물인 경우에는 증축·개축 또는 재축하려는 부분의 바닥면적의 합계가 건축물 연면적의 10분의 1 이내인 경우로 한정한다. ② 「국토의 계획 및 이용에 관한 법률」에 따른 관리지역, 농림지역 또는 자연환경보전지역에서 연면적이 200제곱미터 미만이고 3층 미만인 건축물의 건축(다만, 지구단위계획구역, 방재지구 등 재해취약지역으로서 대통령령으로 정하는 구역에서의 건축은 제외), ③ 연면적이 200제곱미터 미만이고 3층 미만인 건축물의 대수선, ④ 주요구조부의 해체가 없는 등 대통령령으로 정하는 대수선, ⑤ 그 밖에 소규모 건축물로서 대통령령으로 정하는 건축물의 건축.

## Ⅳ. 신고수리 여부 등의 통지

특별자치시장·특별자치도지사 또는 시장·군수·구청장은 제1항에 따른 신고를 받은 날부터 5일 이내에 신고수리 여부 또는 민원 처리 관련 법령에 따른 처리기간의 연장 여부를 신고인에게 통지하여야 한다. 다만, 이 법 또는 다른 법령에 따라 심의, 동의, 협의, 확인 등이 필요한 경우에는 20일 이내에 통지하여야 한다(제14조 제3항).

## Ⅴ. 신고의 효과

적법한 건축신고를 하면 건축허가를 받은 것으로 본다(제14조 제1항). 이 규정에 의해 건축신고 자체가 건축허가로 되는 것은 아니다. 원고적격이 있는 인근주민은 의제된 건축허가에 대해 취소소송을 제기할 수 있다.

건축허가의 다른 인·허가의제를 규정하는 건축법 제11조 제5항의 규정이 건축신고에 관하여 준용되므로(제14조 제2항) 적법한 신고로 해당 인·허가가 의제되는 경우가 있다.

## 제3항 건축 중인 건물의 양도

건축 중인 건물을 양도하면 건축허가는 대물적 허가이므로 건축허가도 이전된다. 이 경우 건축주 명의변경 신고를 하여야 한다(건축법 시행령 제12조). 건축주는 건축허가의 양도에 의해 당연히 변경되고, 건축주 명의는 권리관계에 관한 사항이 아니므로 건축주 명의변경 신고는 자기완결적 신고로 보는 것이 타당하다. 판례도 이러한 입장이다(대판 2015. 10. 29, 2013두11475[건축관계자변경신고서반려처분취소]).

**[판례]** ① (1) 건축 중인 건물을 양도한 사람이 건축주 명의변경에 동의하지 아니한 경우, 양수인이 의사표시에 갈음하는 판결을 받을 필요가 있다. (2) 건축허가 또는 신고에 관한 건축주 명의가 수인으로 되어 있을 경우, 공동건축주 명의변경에 대하여 변경 전 건축주 전원에게서 동의를 얻어야 한다. (3) 명의변경에 관한 동의의 표시는 변경 전 건축주 전원이 참여한 단일한 절차나 서면에 의하여 표시될 필요는 없고 변경 전 건축주별로 동의의 의사를 표시하는 방식도 허용되므로, 동의의 의사표시에 갈음하는 판결도 반드시 변경 전 건축주 전원을 공동피고로 하여 받을 필요는 없으며 부동의하는 건축주별로 피고로 삼아 판결을 받을 수 있다(대판 2015. 09. 10, 2012다23863[건축주명의변경절차이행]).
② 건축에 관한 허가·신고 및 변경에 관한 구 건축법(2011. 5. 30. 법률 제10755호로 개정되기 전의 것) 제16조 제1항, 구 건축법 시행령(2012. 12. 12. 대통령령 제24229호로 개정되기 전의 것) 제12조 제1항 제3호, 제4항, 구 건축법 시행규칙(2012. 12. 12. 국토해양부령 제552호로 개정되기 전의 것, 이하 같다) 제11조 제1항 제1호, 제3항의 문언 내용 및 체계 등과 아울러 관련 법리들을 종합하면, 건축허가를 받은 건축물의 양수인이 건축주 명의변경을 위하여 **건축관계자 변경신고서에 첨부하여야 하는 구 건축법 시행규칙 제11조 제1항에서 정한 '권리관계의 변경사실을 증명할 수 있는 서류'란** 건축할 대지가 아니라 허가대상 건축물에 관한 권리관계의 변경사실을 증명할 수 있는 서류를 의미하고, 그 서류를 첨부하였다면 이로써 구 건축법 시행규칙에 규정된 **건축주 명의변경신고의 형식적 요건을 갖추었으며,** 허가권자는 양수인에 대하여 구 건축법 시행규칙 제11조 제1항에서 정한 서류에 포함되지 아니하는 '건축할 대지의 소유 또는 사용에 관한 권리를 증명하는 서류'의 제출을 요구하거나, 양수인에게 이러한 권리가 없다는 실체적인 이유를 들어 신고의 수리를 거부하여서는 아니 된다(대판 2015. 10. 29, 2013두11475[건축관계자변경신고서반려처분취소]).

## 제4항 건축물의 사용승인

### I. 의 의

건축물의 사용승인(使用承認)이라 함은 건축허가를 받았거나 건축신고를 한 후 건축된 건축물이 건축허가사항 또는 건축신고사항대로 건축행정목적에 적합한지의 여부를 확인하고 사용승인서를 교부하여 줌으로써 허가받은 자로 하여금 건축한 건물을 사용·수익할 수 있게 하는 행위를 말한다.

## Ⅱ. 사용승인의 신청

건축주가 허가를 받았거나 신고를 한 건축물의 건축공사를 완료[하나의 대지에 둘 이상의 건축물을 건축하는 경우 동(棟)별 공사를 완료한 경우를 포함한다]한 후 그 건축물을 사용하려면 제25조 제6항에 따라 공사감리자가 작성한 감리완료보고서(같은 조 제1항 에 따른 공사감리자를 지정한 경우만 해당된다)와 국토교통부령으로 정하는 공사완료도서 를 첨부하여 허가권자에게 사용승인을 신청하여야 한다(제22조 제1항).

## Ⅲ. 사용승인의 결정

허가권자는 사용승인신청을 받은 경우에는 국토교통부령으로 정하는 기간에 사 용승인을 위한 검사를 실시하고, 검사에 합격된 건축물에 대하여는 사용승인서를 내 주어야 한다. 다만, 해당 지방자치단체의 조례로 정하는 건축물은 사용승인을 위한 검사를 실시하지 아니하고 사용승인서를 교부할 수 있다(제22조 제2항).

사용승인서를 교부받기 전에 공사가 완료된 부분이 건폐율, 용적률, 설비, 피난ㆍ 방화 등 국토교통부령이 정하는 기준에 적합한 경우로서 기간을 정하여 대통령령이 정하는 바에 따라 임시로 사용의 승인을 할 수 있다(제22조 제3항 단서 제2호).

건축관련 법규를 위반하는 내용이 포함된 건물의 용도변경신고를 수리한 행정 관청이 신고내용대로 용도변경된 건물의 사용승인을 거부하는 경우, 건축허가의 취 소에 있어서와 같은 조리상의 제약을 준수하여야 하는 것은 아니다(대판 2006. 01. 26, 2005두12565).

[판례] 건축법상 용도변경신고에 대하여 행정청은 그 신고가 소정의 형식적 요건을 갖추어 적법하 게 제출되었는지 여부만 심사하여 수리할 뿐 실질적인 심사를 하는 것이 아니므로 용도변경신고 내용대로 용도변경을 하였다고 하더라도 그 신고내용에 건축 관련 법규를 위반하는 내용이 포함 되어 있었다면, 그 신고를 수리한 행정관청으로서는 사용승인을 거부할 수 있고, 그 사용승인을 거부함에 있어 건축허가의 취소에 있어서와 같은 조리상의 제약이 따른다고 할 수 없다(대판 2006. 01. 26, 2005두12565).

## Ⅳ. 사용승인의 효력

사용승인을 받음으로써 건축주는 건축물을 사용할 수 있다. 건축주는 제2항에 따라 사용승인을 받은 후가 아니면 그 건축물을 사용하거나 사용하게 할 수 없다. 다만, 허가권자가 제2항에 따른 기간 내에 사용승인서를 교부하지 아니하거나 사용승인서를 교부받기 전에 공사가 완료된 부분이 건폐율, 용적률, 설비, 피난·방화 등 국토교통부령이 정하는 기준에 적합한 경우로서 기간을 정하여 대통령령이 정하는 바에 따라 임시로 사용의 승인을 한 경우에는 그러하지 아니하다(제22조 제3항).

　　사용승인으로 일정한 사용승인·준공검사 또는 등록신청 등을 받거나 한 것으로 의제된다(제22조 제4항).

**[판례]** 주택법상 사용검사처분에 관하여 입주예정자들이 그 취소를 구할 법률상 이익이 있는지 여부(소극): 건물의 사용검사처분은 건축허가를 받아 건축된 건물이 건축허가 사항대로 건축행정 목적에 적합한지 여부를 확인하고 사용검사필증을 교부하여 줌으로써 허가받은 자로 하여금 건축한 건물을 사용·수익할 수 있게 하는 법률효과를 발생시키는 것이다. 구 주택법(2011. 9. 16. 법률 제11061호로 개정되기 전의 것, 이하 같다) 제29조 제3항은 "사업주체가 파산 등으로 제1항에 따른 사용검사를 받을 수 없는 경우에는 해당 주택의 시공을 보증한 자 또는 입주예정자 등이 대통령령으로 정하는 바에 따라 사용검사를 받을 수 있다"고 규정하고 있다. 위 규정은 사업주체의 파산 등으로 사업승인을 받을 수 없는 경우에는 입주예정자가 입주를 하지 못하여 피해를 입을 것이 예상되므로, 입주예정자도 관련 법령에 따라 사용검사를 받아 건축한 주택을 사용·수익할 수 있도록 한 것이다. 그렇지만 사용검사처분은 건축물을 사용·수익할 수 있게 하는 데에 그치므로 건축물에 대하여 사용검사처분이 이루어졌다고 하더라도 그 사정만으로는 건축물에 있는 하자나 건축법 등 관계법령에 위반되는 사실이 정당화되지는 아니하며, 또한 그 건축물에 대한 **사용검사처분**이 취소된다고 하더라도 사용검사 이전의 상태로 돌아가 그 건축물을 사용할 수 없게 되는 것에 그칠 뿐 곧바로 건축물의 하자 상태 등이 제거되거나 보완되는 것도 아니다(대법원 1994. 01. 14. 선고 93누20481 판결, 대법원 2007. 04. 26. 선고 2006두18409 판결 등 참조). 그리고 **입주자나 입주예정자들**은 사용검사처분을 취소하지 않고서도 민사소송 등을 통하여 분양계약에 따른 법률관계 및 하자 등을 주장·증명함으로써 사업주체 등으로부터 하자의 제거·보완 등에 관한 권리구제를 받을 수 있으므로, 사용검사처분의 취소 여부에 의하여 그 법률적인 지위가 달라진다고 할 수 없으며, 구 주택공급에 관한 규칙(2010. 10. 8. 국토해양부령 제292호로 개정되기 전의 것)에서 입주금의 납부 및 주택공급계약에 관하여 사용검사와 관련된 규정을 두고 있다고 하더라도 달리 볼 것은 아니다. 오히려 주택에 대한 사용검사처분이 있으면, 그에 따라 입주예정자들이 주택에 입주하여 이를 사용할 수 있게 되므로 일반적으로 입주예정자들에게 이익이 되고, 다수의 입주자들이 사용검사권자의 사용검사처분을 신뢰하여 입주를 마치고 제3자에게 주택을 매매하거나 임대하고 담보로 제공하는 등 사용검사처분을 기초로 다수의 법률관계가 형성되는데, 일부 입주자나 입주예정자가 사업주체와 사이에 생긴 개별적 분쟁 등을 이유로 사용검사처분의 취소를 구하게 되면, 그 처분을 신뢰한 다수의 이익에 반하게 되는 상황이 발생할 수 있다. 구 주택법에서 사용검사처분 신청의 경우와는 달리, 사업주체 또는 입주예정자 등의 신청에 따라 이루어진 사용검사처분에 대하여 입주자나 입주예정자 등에게 그 취소를 구할 수 있는 규정을 별도로 두고 있지 아니한 것도 이와 같은 취지에서라고 보인다. 따라서 이러한 사정들을 종합하여 보면, 구 **주택법상 입주자나 입주예정자는 사용검사처분의 취소를 구할 법률상 이익이 없다고** 할 것이다(대판 2014. 07. 24, 2011두30465[사용승인처분취소]).

# 제5항 위법건축물에 대한 조치

## Ⅰ. 철거 등 시정명령

허가권자는 대지나 건축물이 이 법 또는 이 법에 따른 명령이나 처분에 위반되면 이 법에 따른 허가 또는 승인을 취소하거나 그 건축물의 건축주·공사시공자·현장관리인·소유자·관리자 또는 점유자(이하 '건축주등'이라 한다)에게 공사의 중지를 명하거나 상당한 기간을 정하여 그 건축물의 철거·개축·증축·수선·용도변경·사용금지·사용제한, 그 밖에 필요한 조치를 명할 수 있다(제79조 제1항).

**[판례]** ① 명의만 빌려준 명목상 건축주가 구 건축법 제69조 제1항에 정한 위반건축물에 대한 시정명령의 상대방이 되는 '건축주'에 해당한다고 한 사례(대판 2008. 07. 24, 2007두5639[위반건축물원상복구시정명령처분]).
② [1] 구 건축법상 용도변경신고의 대상은 아니지만 건축물대장 기재사항의 변경을 신청해야 하는 건축물의 용도를 변경하고 그에 관한 건축물대장 기재사항 변경신청을 하지 않은 경우, 그 용도의 변경은 위법하다. [2] 용도변경된 건축물을 사용하는 행위도 건축법상의 용도변경행위에 포함되는지 여부(적극) 및 용도변경으로 인한 위법상태의 법적 성격을 판단하는 기준이 되는 법령: 건축법상의 용도변경행위에는 유형적인 용도변경행위뿐만 아니라 용도변경된 건축물을 사용하는 행위도 포함된다. 따라서 적법한 용도변경절차를 마치지 아니한 건축물은 원상회복되거나 적법한 용도변경절차를 마치기 전까지는 그 위법상태가 계속되고, 그 위법상태의 법적 성격은 특별한 사정이 없는 한 그 법적 성격 여하가 문제되는 시점 당시에 시행되는 건축법령에 의하여 판단되어야 한다. [3] 구 건축법상 용도변경신고의 대상은 아니지만 건축물대장 기재사항의 변경을 신청해야 하는 근린생활시설에서 원룸으로 용도변경된 건물을 취득한 갑이 그 용도변경에 대하여 위 변경신청을 하지 않고 있던 중, 구 건축법이 개정되어 위 건물의 용도변경이 용도변경신고의 대상으로 됨에 따라 행정청이 갑에게 위 건물이 용도변경신고의무 위반의 위법건축물에 해당한다는 이유로 시정명령을 하고, 시정명령불이행에 따른 이행강제금을 부과한 사안에서, 갑이 구 건축법 시행 당시 용도기재변경신청을 실제로 하지 않은 이상 위 건물은 적법한 건축물이라고 할 수 없고, 그 위법상태는 위 건물을 원상복구하거나 적법한 용도변경절차를 마치기 전까지 유지되므로 그 처분(시정명령 및 이행강제금부과처분)이 적법함에도 이와 달리 본 원심판단에 법리오해의 위법이 있다고 한 사례(대판 2010. 08. 19, 2010두8072[이행강제금부과처분취소]).
③ [1] 건축법 제2조 제2항, 제19조 제2항 제1호, 같은 법 시행령 제3조의5 및 [별표 1] 제4호 자.목, 제14조 제5항에 따르면, 일반음식점은 건축물의 용도가 제2종 근린생활시설이어야 하고, 단독주택(주거업무시설군)에 속하는 건축물의 용도를 제2종 근린생활시설(근린생활시설군)로 변경하려면 시장 등의 허가를 받아야 한다. 따라서 일반음식점영업을 하려는 자는 용도가 제2종 근린생활시설인 건축물에 영업장을 마련하거나, 제2종 근린생활시설이 아닌 건축물의 경우 그 건축물의 용도를 제2종 근린생활시설로 변경하는 절차를 거쳐야 한다. 미리 이러한 건축물 용도변경절차를 거치지 않은 채 단독주택에서 일반음식점영업을 하는 것은 현행 식품위생법과 건축법 하에서는 허용될 수 없다. [2] 제3건물이 위치하고 있는 이 사건 토지는 상수원보호구역 및 환경정비구역으로 지정되어 있는 상태이므로, 일반음식점 용도로 사용하고자 하는 건축물의 연면적 100㎡ 이하인

경우에 한하여 건축물 용도변경이 허용될 수 있다. 제3건물은 연면적이 140.75㎡이므로 건축물 용도를 주택에서 일반음식점으로 변경하기 위한 허가를 받을 수 있는 경우에 해당하지 아니한다. 따라서 설령 원고가 제3건물 전부에서 일반음심점영업을 하겠다는 취지로 영업장 면적 변경신고를 하더라도 피고는 이를 수리할 수 없다. 결국 원고가 **영업장 면적 변경신고 의무를 위반하였음을** 이유로 한 이 사건 시정명령은 적법하다(대판 2020. 03. 26, 2019두38830).

허가권자는 제1항에 따른 시정명령을 하는 경우 국토교통부령으로 정하는 바에 따라 건축물대장에 위반내용을 적어야 한다(제4항).

## II. 관허사업의 제한

허가권자는 제1항에 따라 허가나 승인이 취소된 건축물 또는 제1항에 따른 시정명령을 받고 이행하지 아니한 건축물에 대하여는 다른 법령에 따른 영업이나 그 밖의 행위를 허가하지 아니하도록 요청할 수 있다. 다만, 허가권자가 기간을 정하여 그 사용 또는 영업, 그 밖의 행위를 허용한 주택과 대통령령으로 정하는 경우에는 그러하지 아니하다(제79조 제2항).

제2항에 따른 요청을 받은 자는 특별한 이유가 없으면 요청에 따라야 한다(제3항).

## III. 대집행

건축법 제79조 제1항의 철거명령을 이행하지 않는 경우에 철거의무는 공법상의 대체적 작위의무이므로 행정대집행법상의 대집행을 할 수 있다.

## IV. 이행강제금

허가권자는 제79조 제1항에 따라 시정명령을 받은 후 시정기간 내에 시정명령을 이행하지 아니한 건축주등에 대하여는 그 시정명령의 이행에 필요한 상당한 이행기한을 정하여 그 기한까지 시정명령을 이행하지 아니하면 다음 각 호의 이행강제금을 부과한다. 다만, 연면적(공동주택의 경우에는 세대 면적을 기준으로 한다)이 60제곱미터 이하인 주거용 건축물과 제2호 중 주거용 건축물로서 대통령령으로 정하는 경우에는 다음 각 호의 어느 하나에 해당하는 금액의 2분의 1의 범위에서 해당 지방자치단체의 조례로 정하는 금액을 부과한다. 1. 건축물이 제55조와 제56조에 따른 건폐율이나 용적률을 초과하여 건축된 경우 또는 허가를 받지 아니하거나 신고를 하지 아니하고 건축된 경우에는 「지방세법」에 따라 해당 건축물에 적용되는 1제곱미터의 시가표준액의 100분의 50에 해당하는 금액에 위반면적을 곱한 금액 이하의 범위에서 위반 내용에 따라 대통령령으로 정하는 비율을 곱한 금액, 2. 건축물이 제1호 외의 위반 건축물에 해당하는 경우에는 「지방세법」에 따라 그 건축물에 적용되는 시가표준액에 해당하는 금액의 100분의 10의 범위에서 위반내용에 따라 대통령령으로 정하는 금액(제80조 제1항).

# 제 4 절  토지 · 주택규제

## 제 1 항  토지거래의 규제

### Ⅰ. 토지거래허가제

#### 1. 토지거래허거제의 의의

토지거래는 본래 사적자치의 원칙에 따라 토지소유자의 자유에 속한다. 그러나, 「부동산 거래신고 등에 관한 법률」은 법정의 부동산 거래를 신고하도록 규정하고 있고, 토지의 지가가 급격히 상승하는 지역에 토지투기가 행해짐으로써 당해 지역뿐만 아니라 그 이외의 지역에서도 토지거래질서가 왜곡되는 문제가 발생하므로 예외적으로 토지거래허가제를 도입하고 있다.

#### 2. 토지거래허가제가 실시되는 지역(허가구역)

토지거래에 있어 허가를 받도록 하는 것은 다음과 같이 허가구역으로 지정된 지역에 한한다. 국토교통부장관 또는 시 · 도지사는 국토의 이용 및 관리에 관한 계획의 원활한 수립 및 집행, 합리적 토지이용 등을 위하여 토지의 투기적인 거래가 성행하거나 지가가 급격히 상승하는 지역과 그러한 우려가 있는 지역으로서 대통령령으로 정하는 지역에 대해서는 5년 이내의 기간을 정하여 토지거래계약에 관한 허가구역(이하 '허가구역'이라 한다)으로 지정할 수 있다(부동산 거래신고에 관한 법률 제10조 제1항).

허가구역의 지정은 허가구역의 지정을 공고한 날부터 5일 후에 그 효력이 발생한다(제10조 제5항). 국토교통부장관 또는 시 · 도지사는 허가구역의 지정사유가 없어졌다고 인정되거나 관계 시 · 도지사, 시장 · 군수 또는 구청장으로부터 받은 허가구역의 지정해제 또는 축소 요청이 이유 있다고 인정되면 지체 없이 허가구역의 지정을 해제하거나 지정된 허가구역의 일부를 축소하여야 한다(제10조 제6항).

부동산 거래신고에 관한 법률 소정의 토지거래허가구역의 지정은 행정처분에 해당한다.

**[판례]** 구 국토의 계획 및 이용에 관한 법률(현 부동산 거래신고에 관한 법률)의 규정에 의하면, 법에 따라 토지거래계약에 관한 허가구역으로 지정되는 경우, 허가구역 안에 있는 토지에 대하여 소유권이전 등을 목적으로 하는 거래계약을 체결하고자 하는 당사자는 공동으로 행정관청으로부터 허가를 받아야 하는 등 일정한 제한을 받게 되고, 허가를 받지 아니하고 체결한 토지거래계약은 그 효력이 발생하지 아니하며, 토지거래계약허가를 받은 자는 5년의 범위 이내에서 대통령령이 정하는 기간 동안 그 토지를 허가받은 목적대로 이용하여야 하는 의무도 부담하며, 법에 따른 토지이용의무를 이행하지 아니하는 경우 이행강제금을 부과당하게 되는 등 토지거래계약에 관한 허가구역의 지정은 개인의 권리 내지 법률상의 이익을 구체적으로 규제하는 효과를 가져오게 하는 행정청의 처분에 해당한다고 할 것이고, 따라서 이에 대하여는 원칙적으로 항고소송을 제기할 수 있다고 할 것이다(대판 2006. 12. 26, 2006두12883).

### 3. 토지거래허가제의 내용

허가구역 안에 있는 토지에 관한 소유권·지상권(소유권·지상권의 취득을 목적으로 하는 권리를 포함한다)을 이전 또는 설정(대가를 받고 이전 또는 설정하는 경우에 한한다)하는 계약(예약을 포함한다. 이하 '토지거래계약'이라 한다)을 체결하려는 당사자는 공동으로 대통령령이 정하는 바에 따라 시장·군수 또는 구청장의 허가를 받아야 한다. 허가받은 사항을 변경하고자 하는 때에도 또한 같다(제11조 제1항).

경제 및 지가의 동향과 거래단위면적 등을 종합적으로 고려하여 대통령령이 정하는 용도별 면적 이하의 토지에 대한 토지거래계약에 관하여는 제1항에 따른 허가가 필요하지 아니하다(제11조 제2항).

제1항에 따른 허가를 받으려는 자는 그 허가신청서에 계약내용과 그 토지의 이용계획·취득자금 조달계획 등을 적어 시장·군수 또는 구청장에게 제출하여야 한다. 이 경우 토지이용계획·취득자금 조달계획 등에 포함되어야 할 사항은 국토교통부령으로 정한다. 다만, 시장·군수 또는 구청장에게 제출한 취득자금 조달계획이 변경된 경우에는 취득토지에 대한 등기일까지 시장·군수 또는 구청장에게 그 변경사항을 제출할 수 있다(제11조 제3항).

시장·군수 또는 구청장은 제3항에 따른 허가신청서를 받으면 「민원 처리에 관한 법률」에 따른 처리기간에 허가 또는 불허가의 처분을 하고, 그 신청인에게 허가증을 발급하거나 불허가처분사유를 서면으로 알려야 한다. 다만, 제15조에 따라 선매협의절차가 진행중인 경우에는 위의 기간 이내에 그 사실을 신청인에게 알려야 한다(제11조 제4항).

기간 내에 허가증의 발급 또는 불허가처분사유의 통지가 없거나 선매협의사실의 통지가 없는 경우에는 그 기간이 끝난 날의 다음날에 제1항에 따른 허가가 있는 것으로 본다. 이 경우 시장·군수 또는 구청장은 지체없이 신청인에게 허가증을 발급하여야 한다(제11조 제5항).

## 4. 토지거래허가의 법적 성질

### (1) 인가인지 허가인지 여부

#### 1) 인가설

토지거래허가를 사법상 행위인 토지거래계약의 효력을 완성시켜 주는 인가로 보는 견해이다.[74]

#### 2) 허가·인가 양면설

토지거래계약허가제는 토지투기 억제를 위한 것으로 무허가거래계약에 처벌이 따른다는 점에서 허가의 성질을 갖고, 국가가 사인의 거래를 지도·조정하는 면을 갖고서 무허가거래계약의 효력을 부인한다(무효)는 점에서 인가의 성질도 갖는다고 보는 견해이다.[75]

#### 3) 판  례

판례는 다음과 같이 토지거래허가를 인가로 보고 있다.

[판례] 토지거래허가가 규제지역 내의 모든 국민에게 전반적으로 토지거래의 자유를 금지하고 일정한 요건을 갖춘 경우에만 금지를 해제하여 계약체결의 자유를 회복시켜 주는 성질의 것이라고 보는 것은 위 법의 입법취지를 넘어선 지나친 해석이라고 할 것이고, 규제지역 내에서도 토지거래의 자유가 인정되나 다만 위 허가를 허가 전의 유동적 무효상태에 있는 법률행위의 효력을 완성시켜 주는 인가적 성질을 띤 것이라고 보는 것이 타당하다(대판 전원합의체 1991. 12. 24, 90다12243).

#### 4) 결어(허가설)

토지거래허가는 강학상 허가로 보는 것이 타당하다. 그 이유는 다음과 같다. ① 본래 토지거래는 인간의 자연적 자유에 속하는 것이다. 그런데, 허가구역에서의 토지거래는 토지거래질서를 위태롭게 할 우려가 있으므로 이를 일반적으로 금지하고 허가기준(제119조)에 합치하는 경우에 한하여 그 금지를 해제하여 토지거래에 관한 자연적 자유를 회복하여 주는 것이다. ② 토지거래허가를 받지 않고 토지거래계약을 체결한 자에 대해 처벌(형벌)이 가해진다. ③ 본래 허가에 있어서 허가를 받지 않고 행한 사법상 행위의 효력에는 영향이 없는 것이 원칙이지만 허가를 받지 않고 행한

---

74) 김성수, 672면.
75) 홍정선, 679면.

사법상 행위인 토지거래계약을 부인하지 않아서는 무허가행위를 막을 수 없으므로 무허가토지거래계약의 효력을 부인하는 것으로 한 것이다.

### (2) 기속행위

토지거래는 자유가 원칙이고, 토지거래허가의 거부는 토지거래의 자유라는 중대한 기본권을 제한하는 것이므로 토지거래허가는 기속행위로 보아야 한다.

**[판례]** 토지거래계약 허가권자는 그 허가신청이 국토이용관리법 제21조의4 제1항 각 호 소정의 불허가 사유에 해당하지 아니하는 한 허가를 하여야 하는 것인데, 인근 주민들이 당해 폐기물 처리장 설치를 반대한다는 사유는 국토이용관리법 제21조의 4규정에 의한 불허가 사유로 규정되어 있지 아니하므로 그와 같은 사유만으로는 토지거래허가를 거부할 사유가 될 수 없다(대판 1997. 06. 27, 96누9362).

### 5. 무허가토지거래에 대한 제재

### (1) 무허가토지거래계약의 효력

허가구역에서 허가를 받지 아니하고 체결한 토지거래계약은 그 효력이 발생하지 아니한다(제11조 제6항).

판례는 허가를 받지 아니하고 체결된 토지거래계약이 처음부터 허가를 배제하거나 잠탈하는 내용의 계약이면 확정적 무효이고, 허가를 받을 것을 전제로 한 거래계약(허가를 배제하거나 잠탈하는 내용의 계약이 아닌 계약)이면 유동적 무효라고 보고 있다.

**[판례]** ① 국토계획법상 허가를 받지 아니하고 체결된 토지거래계약은 물권적 효력은 물론 채권적 효력도 발생하지 아니하여 무효라고 보아야 할 것이다. 다만, **허가를 받기 전의 거래계약이 처음부터 허가를 배제하거나 잠탈하는 내용의 계약일 경우에는** 확정적으로 무효로서 유효화될 여지가 없으나 이와 달리 **허가받을 것을 전제로 한 거래계약**(허가를 배제하거나 잠탈하는 내용의 계약이 아닌 계약은 여기에 해당하는 것으로 본다)일 경우에는 허가를 받으면 그 계약은 소급하여 유효한 계약이 되고 이와 달리 불허가가 된 때에는 무효로 확정되므로 허가를 받기까지는 유동적 무효의 상태에 있다고 보는 것이 타당하므로 일단 허가를 받으면 그 계약은 소급해서 유효화된다(대판 1991. 12. 24, 90다12243).
② [1] 국토이용관리법상 토지거래계약 허가구역으로 지정된 구역 내의 토지에 관하여 허가받을 것을 전제로 체결한 거래계약의 효력(유동적 무효). [2] 국토이용관리법상 토지거래허가구역으로 지정된 토지에 대한 거래계약이 유동적 무효인 상태에서 그 토지에 대한 토지거래허가구역 지정이 해제되거나 허가구역 지정기간이 만료되었음에도 허가구역 재지정을 하지 아니한 경우, 그 토지거래계약은 확정적으로 유효로 되는지 여부(적극)(대판 전원합의체 1999. 06. 17, 98다40459[소유권이전등기]).
③ 구 국토의 계획 및 이용에 관한 법률에 의한 토지거래허가구역 내의 토지에 관한 거래계약은 관할 행정청으로부터 허가받기 전까지는 **채권적 효력도 발생하지 않아 무효이어서 권리의 이전 또는 설정에 관한 어떠한 내용의 이행청구도 할 수 없다.** 그러므로 토지거래허가구역 내에 있는 토지를 매수한 사람이 토지거래허가를 받지 않은 이상 부동산 실권리자명의 등기에 관한 법률 제10

조 제1항이 정하는 기간 내에 소유권이전등기를 신청하지 않았다고 하더라도 과징금을 부과할 수
는 없다(대판 2017. 05. 17, 2016두53050).

④ 계약체결 후 허가구역 지정이 해제되거나 허가구역 지정기간 만료 이후 재지정을 하지 아니한
경우라 하더라도 이미 확정적으로 무효로 된 계약이 유효로 되는 것이 아니다(대판 2019. 01. 31,
2017다228618).

### (2) 형사처벌

제11조 제1항에 따른 허가 또는 변경허가를 받지 아니하고 토지거래계약을 체
결하거나 속임수나 그 밖의 부정한 방법으로 토지거래계약 허가를 받은 자는 2년 이
하의 징역 또는 계약체결 당시의 개별공시지가에 따른 해당 토지가격의 100분의 30
에 상당하는 금액 이하의 벌금에 처한다(제26조 제2항).

여기에서 벌칙적용대상인 "허가 없이 '토지 등의 거래계약'을 체결하는 행위"라
함은 처음부터 허가를 배제하거나 잠탈하는 내용의 계약을 체결하는 행위를 가리키
고 허가받을 것을 전제로 한 거래계약을 체결하는 것은 이에 해당하지 않는다(대판
1991. 12. 24, 90다12243).

### 6. 선    매

시장·군수 또는 구청장은 제11조 제1항에 따른 토지거래계약에 관한 허가신청
이 있는 경우 ① 공익사업용 토지 또는 ② 제11조 제1항에 따른 토지거래계약 허가를
받아 취득한 토지를 그 이용목적대로 이용하고 있지 아니한 토지에 대하여 국가·지
방자치단체·한국토지주택공사 그 밖에 대통령령이 정하는 공공기관 또는 공공단체
가 그 매수를 원하는 때에는 이들 중에서 해당 토지를 매수할 자(선매자)를 지정하여
그 토지를 협의매수하게 할 수 있다(제15조 제1항).

### 7. 토지거래허가거부에 대한 권익구제

토지거래허가신청에 대한 시장 등의 처분에 대하여 이의가 있는 자는 그 처분을
받은 날부터 1개월 이내에 시장·군수 또는 구청장에게 이의를 신청하거나(제13조 제1
항) 행정소송을 제기할 수 있다.

토지거래허가신청을 한 경우에 있어서 불허가의 처분을 받은 자는 불허가처분
의 통지를 받은 날부터 1개월 이내에 시장·군수 또는 구청장에게 해당 토지에 관한
권리의 매수를 청구할 수 있다(제16조 제1항).

### 8. 토지이용의무

제11조에 따라 토지거래계약 허가를 받은 자는 대통령령이 정하는 사유가 있는 경우 외에는 5년의 범위에서 대통령령으로 정하는 기간에 그 토지를 허가받은 목적대로 이용하여야 한다(제17조 제1항).

**[판례]** 국토의 계획 및 이용에 관한 법률 시행령 제124조의3 제3항에서 정한 토지이용의무 위반 유형 중 토지거래계약 허가를 받아 토지를 취득한 자가 '당초의 목적대로 이용하지 아니하고 방치한 경우'에 허가 목적대로 이용하다가 중단하고 방치한 경우가 포함된다(대판 2014. 11. 27, 2013두8653[이행강제금부과처분취소청구]).

## Ⅱ. 부동산거래 신고제

「부동산 거래신고에 관한 법률」은 부동산거래의 투명성을 확보하기 위하여 토지·주택의 분양계약, 상가 및 토지의 분양권 매매 등을 포함한 부동산 거래 일반에 대하여 신고하도록 하고 있다(제3조 이하).

# 제 2 항   개발이익환수제

## Ⅰ. 의    의

개발로 인한 이익은 개발사업으로 인하여 발생한 이익인 경우에는 당해 개발사업자에게 귀속시키는 것이 타당하지만 당해 개발로 인한 이익이 공공사업으로 인하여 발생한 경우에 그 개발이익을 자신의 노력과 관계없이 받은 사인에게 귀속시키는 것은 정의에 반하며 당해 개발이익은 공공사업으로 인한 것이므로 사회로 환원하는 것이 타당하다.

「개발이익환수에 관한 법률」(이하 '개발이익환수법'이라 한다)은 이러한 취지에서 개발이익의 사회환원에 관하여 규정하고 있다.

## Ⅱ. 환수되는 개발이익

'개발이익'이라 함은 개발사업(국가나 지방자치단체로부터 인가·허가·면허 등(신고를 포함하며, 이하 '인가 등'이라 한다)을 받아 시행하는 택지개발사업이나 산업단지개발사업 등 제5

조에 따른 사업)의 시행이나 토지이용계획의 변경, 그 밖에 사회·경제적 요인에 따라 정상지가상승분을 초과하여 개발사업을 시행하는 자(이하 '사업시행자'라 한다)나 토지 소유자에게 귀속되는 토지가액의 증가분을 말한다(제2조).

납부의무자가 납부하여야 할 개발부담금은 개발이익에 다음의 구분에 따른 부담률을 곱하여 산정한다. ① 제5조 제1항 제1호부터 제6호까지의 개발사업: 100분의 20, ② 제5조 제1항 제7호 및 제8호의 개발사업: 100분의 25. 다만, 「국토의 계획 및 이용에 관한 법률」 제38조에 따른 개발제한구역에서 제5조 제1항 제7호 및 제8호의 개발사업을 시행하는 경우로서 납부 의무자가 개발제한구역으로 지정될 당시부터 토지 소유자인 경우에는 100분의 20으로 한다(제13조).

[판례] ① 개발부담금 제도의 취지 및 개발부담금 산정의 전제가 되는 개발이익을 산출하는 방법: 개발부담금 제도는 사업시행자가 개발사업을 시행한 결과 개발대상 토지의 지가가 상승하여 정상지가상승분을 초과하는 개발이익이 생긴 경우에 이를 일부 환수함으로써 경제정의를 실현하고 토지에 대한 투기를 방지하여 토지의 효율적인 이용의 촉진을 도모하기 위한 제도이므로, 개발사업 시행자에게 부과할 개발부담금 산정의 전제가 되는 개발이익을 산출할 때는 가능한 한 부과대상자가 현실적으로 얻게 되는 개발이익을 실제에 가깝도록 산정하여야 한다(대판 2016. 01. 28, 2013두2938[개발부담금환급거부취소]).
② 개발부담금 납부의무자인 원고가 이 사건 기부채납시설 가액이 개발부담금 산정의 공제항목인 '개발비용'에 포함되어야 함에도 피고가 이를 제외시키고 산정·부과한 개발부담금부과처분의 취소를 구한 사안에서, 원고가 책정한 분양가격에는 이 사건 기부채납시설가액이 모두 포함되어 있다고 보아야 하고, 개시시점지가 및 종료시점지가가 개별공시지가를 기준으로 산정되어 이 사건 괄호 규정의 개발비용 인정 요건을 갖추지 못하였으므로, 이 사건 기부채납시설 가액은 '개발비용'에 해당하지 않는다고 보아야 함에도 이와 달리 판단한 원심판결을 파기한 사례(대판 2021. 02. 04, 2016두40863).
③ 「개발이익 환수에 관한 법률」(이하 '개발이익환수법'이라 한다) 제6조 제1항 제3호는 승계 시까지 발생한 개발이익과 승계 후에 발생한 개발이익을 가려내는 것이 쉽지 않다는 사정을 고려하여 마련된 것으로, 승계 당사자 사이에 개발이익과 개발부담금의 승계에 관한 약정이 불가능하다는 등의 특별한 사정이 없는 한 사업시행자의 지위를 승계한 사람으로 하여금 개발부담금의 납부의무를 부담하도록 한 것이다(대판 2009. 03. 12, 2008두19321 등 참조).

## Ⅲ. 개발부담금의 납부의무자

개발부담금을 납부할 의무가 있는 자는 원칙적으로 ① 택지개발사업(주택단지조성사업을 포함), ② 산업단지개발사업, ③ 관광단지조성사업(온천 개발사업을 포함), ④ 도시개발사업, 지역개발사업 및 도시환경정비사업, ⑤ 교통시설 및 물류시설 용지조성사업, ⑥ 체육시설 부지조성사업(골프장 건설사업 및 경륜장·경정장 설치사업을 포함), ⑦ 지목 변경이 수반되는 사업으로서 대통령령으로 정하는 사업, ⑧ 그 밖에 제1호부터 제6호까지의 사업과 유사한 사업으로서 대통령령으로 정하는 사업(제5조 제1항) 등의 시행자이다. 다만, ① 개발사업을 위탁하거나 도급한 경우에는 그 위탁이나 도급을 한 자, ② 타인이 소유하는 토지를 임차하여 개발사업을 시행한 경우에는 그 토지의 소유자, ③ 개발사업을 완료하기 전에 사업시행자의 지위나 ① 또는 ②에 해당하는 자의 지위를 승계하는 경우에는 그 지위를 승계한 자가 있는 경우에는 그에 해당하는 자가 개발부담금을 납부할 의무를 진다(제6조 제1항).

**[판례]** ① 구 공공기관 지방이전에 따른 혁신도시 건설 및 지원에 관한 특별법에 근거하여 시행되는 혁신도시개발사업은 구 개발이익 환수에 관한 법률에서 정한 개발부담금의 부과대상사업에 해당한다(대판 2020. 09. 03, 2019두47728).
② 최초 개발행위허가를 받은 토지가 분할 양도되었고, 그 일부를 취득한 양수인이 개발행위변경허가를 거쳐 개발행위를 완료한 경우, 양수인이 개발부담금 납부 의무를 부담한다고 한 사례(대판 2021. 12. 30, 2021두45534).

## Ⅳ. 개발부담금부과처분에 대한 불복

개발부담금 등의 부과·징수에 이의가 있는 자는 중앙토지수용위원회에 행정심판을 청구하거나(제26조 제1항), 행정소송을 제기할 수 있다. 행정심판청구에 대하여는 행정심판에 대한 특례가 인정되어 중앙토지수용위원회가 심리·의결하여 재결한다(제26조 제2항).

# 제 3 항   부동산가격공시제

부동산가격공시제도라 함은 공시지가제도와 주택가격공시제도를 말한다. 「부동산 가격공시에 관한 법률」(이하 '부공법'이라 한다)이 이를 규정하고 있다.

## Ⅰ. 공시지가제

공시지가제(公示地價制)라 함은 토지의 적정가격을 국가가 공시하고, 토지의 가격을 기초로 하여 행하는 행정에서 공시된 지가를 지가산정의 기준이 되도록 하는 제도를 말한다.

공시지가라 함은 국가에 의해 공시된 토지의 가격을 말한다. 공시지가를 넓은 의미로 사용할 때에는 표준지공시지가와 개별공시지가를 포함하지만, 좁은 의미로 사용할 때에는 표준지공시지가를 의미한다. 통상 공시지가라 하면 표준지공시지가를 말한다.

공시지가는 시가를 반영하는 것을 그 내용으로 하고 있지만 공시지가는 담당 행정기관에 의해 적정하다고 인정되는 가공의 토지의 가격이므로 실제로 거래되는 토지의 가격과는 다를 수밖에 없다. 공시지가가 토지의 실제거래가격과 차이가 나는 다른 이유는 공시지가에는 개발이익이 반영되지 않고, 공시지가는 매년 공시기준일의 토지의 적정가격이기 때문이다. 또한, 일시에 공시지가를 크게 올릴 경우에는 개발부담금, 조세부담 등이 과도하게 증가하게 되기 때문이다.

## 1. 표준지공시지가

### (1) 의    의

표준지공시지가(標準地公示地價)라 함은 부공법의 규정에 의한 절차에 따라 국토교통부장관이 조사·평가하여 공시한 표준지의 단위면적당 가격을 말한다(제3조). 즉, 표준지공시지가는 표준지의 매년 공시기준일(원칙상 1월 1일) 현재의 적정가격을 말하는데(제3조 제1항), '적정가격'이라 함은 해당 토지에 대하여 통상적인 시장에서 정상적인 거래가 이루어지는 경우 성립될 가능성이 가장 높다고 인정되는 가격을 말한다(제2조 제6호).

표준지는 국토교통부장관이 토지이용상황이나 주변환경 그 밖의 자연적·사회적 조건이 일반적으로 유사하다고 인정되는 일단의 토지 중에서 선정하는 해당 일단의 토지를 대표할 수 있는 필지의 토지를 말한다(제3조 제1항).

### (2) 산정기준 및 방법

표준지의 적정가격을 조사·평가하는 경우에는 인근유사토지의 거래가격·임대료 및 해당 토지와 유사한 이용가치를 지닌다고 인정되는 토지의 조성에 필요한 비용추정액 등을 종합적으로 참작하여야 한다(제3조 제4항).

국토교통부장관은 표준지의 적정가격을 평가하는 경우에 다음 기준을 참작하여야 한다. ① 인근 유사토지의 거래가격 또는 임대료는 당해 거래 또는 임대차가 당사자의 특수한 사정에 의하여 이루어지거나 토지거래 또는 임대차에 대한 지식의 부족으로 인하여 이루어진 때에는 그러한 사정이 없었을 경우에 이루어졌을 거래가격 또는 임대료를 기준으로 할 것, ② 당해 토지와 유사한 이용가치를 지닌다고 인정되는 토지의 조성에 필요한 비용추정액은 공시기준일 현재 당해 토지를 조성하기 위한 표준적인 조성비와 일반적인 부대비용으로 할 것(동법 시행령 제6조 제1항). 이 경우에 표준지에 건물 그 밖의 정착물이 있거나 지상권 그 밖의 토지의 사용·수익을 제한하는 권리가 설정되어 있는 때에는 당해 정착물 또는 권리가 존재하지 아니하는 것으로 보고 적정가격을 평가하여야 한다(동법 시행령 제6조 제2항).

국토교통부장관은 표준지의 적정가격을 조사·평가하고자 할 때에는 둘 이상의 감정평가업자에게 이를 의뢰하여야 한다. 다만, 지가 변동이 작은 경우 등 대통령령으로 정하는 기준에 해당하는 표준지에 대해서는 하나의 감정평가업자에게 의뢰할 수 있다(제3조 제5항).

### (3) 산정절차 및 공시

표준지공시지가는 국토교통부장관이 산정·공시한다. 표준지의 적정가격을 조사, 평가함에 있어 둘 이상의 감정평가업자에게 의뢰하여야 하는데, 국토교통부장관이 감정평가업자의 평가에 구속되는 것은 아니다.

표준지공시지가는 중앙부동산가격공시위원회의 심의를 거쳐 이를 공시하여야 한다(제3조 제1항).

국토교통부장관은 표준지공시지가를 공시하기 위하여 표준지의 가격을 조사·평가할 때에는 대통령령으로 정하는 바에 따라 해당 토지 소유자의 의견을 들어야 한다(제3조 제2항).

지가의 공시에는 ① 표준지의 지번, ② 표준지의 단위면적당 가격, ③ 표준지의 면적 및 형상, ④ 표준지 및 주변토지의 이용상황, ⑤ 그 밖에 대통령령(영 제10조 제2항)으로 정하는 사항이 포함되어야 한다(제5조).

[판례] [1] 감정평가업자의 토지 평가액 산정의 적정성을 인정하기 위한 감정평가서의 기재 내용과 정도: 감정평가서에는 평가원인을 구체적으로 특정하여 명시함과 아울러 각 요인별 참작내용과 정도가 객관적으로 납득이 갈 수 있을 정도로 설명됨으로써, 그 평가액이 당해 토지의 적정가격을 평가한 것임을 인정할 수 있어야 한다. [2] 건설교통부장관이 표준지 공시지가를 결정·공시하는 절차에서 감정평가서에 토지의 전년도 공시지가와 세평가격 및 인근 표준지의 감정가격만을 참고가격으로 삼고 평가의견을 추상적으로만 기재한 사안에서, 평가요인별 참작내용과 정도가 평가액 산정의 적정성을 알아볼 수 있을 만큼 객관적으로 설명되어 있다고 보기 어려워, 이를 근거로 한 표준지 공시지가 결정은 토지의 적정가격을 반영한 것이라고 인정하기 어려워 위법하다고 한 사례(대판 2009. 12. 10, 2007두20140[공시지가확정처분취소]).

국토교통부장관은 표준지공시지가를 공시한 때에는 그 내용을 특별시장·광역시장 또는 도지사를 거쳐 시장·군수 또는 구청장(지방자치단체인 구의 구청장에 한한다)에게 송부하여 일반인이 열람할 수 있게 하고, 이를 도서·도표 등으로 작성하여 관계 행정기관 등에 공급하여야 한다(제6조).

## (4) 표준지공시지가의 법적 성질

표준지공시지가의 성질에 관하여 다음과 같이 견해가 대립되고 있다. 이러한 표준지공시지가의 법적 성질에 관한 논의는 개별공시지가 산정의 기준이 되는 표준지공시지가에 대한 것이다. 예외적으로 표준지공시지가가 개별공시지가로 인정되는 경우(즉, 표준지의 토지소유자에 있어서 당해 표준지공시지가)에는 개별공시지가의 법적 성질의 문제가 된다.

### 1) 행정계획설

행정계획설은 표준지공시지가를 내부적 효력만을 갖는 구속력 없는 행정계획으로 보는 견해이다. 이 견해의 논거는 다음과 같다. ① 표준지공시지가는 개별공시지가결정에 있어서 그대로 적용되는 것이 아니라 그 목적에 따라 가감하여 적용가능한 것이므로 그 구속력을 인정할 수 없다. ② 표준지공시지가결정에 의해 바로 당사자의 권리, 의무에 영향을 미치지 않는다(류지태, 898면).

### 2) 행정규칙설

표준지공시지가를 행정규칙의 성질을 가지는 것으로 보는 견해의 논거는 다음과 같다. 공시지가는 개별공시지가의 산정기준이 되는데, 기준이라는 것은 일반성과 추상성(여러 경우에 되풀이 적용됨)을 가지는 것을 의미하므로 개별적·구체적 규율로서의 성질을 가지는 처분이라고 할 수 없다(김남진, 479~480면).

### 3) 행정행위설

표준지공시지가를 행정행위의 성질을 가진 것으로 보는 견해의 논거는 다음과 같다. ① 표준지공시지가는 개발부담금 등의 산정기준이 되므로 국민의 구체적인 권익·의무에 직접 영향을 미친다. ② 부공법이 표준지공시지가에 대하여 이의신청(행정심판의 제기)을 할 수 있다고 규정하고 있다.[76]

### 4) 판 례

판례는 표준지공시지가가 항고소송의 대상이 되는 것으로 보고 있다.

**[판례]** ① 개별토지가격결정의 효력을 다투는 소송에서 표준지의 공시지가를 다툴 수 있는지 여부가 문제된 경우 "표준지로 선정된 토지의 공시지가에 불복하기 위하여는 …… 그 표준지공시지가결정의 취소를 구하는 행정소송을 제기하여야 하는 것이고, 그러한 절차를 밟지 아니한 채 개별토지가격결정의 효력을 다투는 소송에서 그 개별토지가격산정의 기초가 된 표준지공시지가의 위법성을 다툴 수 없다"(대판 1998. 03. 24, 96누6851).
② **표준지인 토지의 공시지가에 대한 불복방법**: 표준지로 선정되어 공시지가가 공시된 토지의 공시지가에 대하여 불복을 하기 위하여는 … 처분청인 건설부장관을 피고로 하여 위 공시지가 결정의 취소를 구하는 행정소송을 제기하여야 한다(대판 1994. 03. 08, 93누10828: 표준지의 소유자가 당

---

76) 조용호, "개별토지가격결정의 행정처분성과 이에 관한 쟁송,"『인권과 정의』, 1993. 11, 84면.

956  제 9 편  개별행정법

해 표준지의 공시지가를 다툰 사건).

### 5) 사  견

다음과 같은 이유에서 표준지공시지가의 처분성을 인정하지 않는 것이 타당하다.

① 표준지공시지가만으로는 표준지 이외의 다른 토지의 소유자 등의 권익에 직접 영향을 미치지 않는다고 보아야 한다. 그 이유는 다음과 같다. 표준지공시지가는 표준지 이외의 다른 토지에 대한 관계에서는 다른 토지의 지가의 산정에 있어서 하나의 기준이 되는 것에 불과하다. 표준지를 기준으로 개별공시지가 등 주변 토지의 가격을 정함에 있어서는 다른 요소들을 고려하여야 하므로 표준지공시지가가 직접 다른 토지의 소유자 등의 권익에 직접 영향을 미치지 않는다고 보아야 한다. ② 표준지 주변의 토지소유자의 권익구제를 위하여도 표준지공시지가의 처분성을 인정하는 것이 처분성을 부인하는 것보다 유리하지 않다. 즉, 표준지 주변의 토지소유자의 권익을 보호하기 위하여 표준지공시지가의 처분성을 인정할 필요성은 그다지 크지 못하다. 잘못 산정된 표준지공시지가를 기준으로 개별공시지가를 결정하였을 때 당해 개별공시지가를 다투도록 하여도 표준지 주변의 토지소유자의 권익구제에 불이익은 거의 없다. 오히려 판례와 같이 표준지공시지가의 처분성을 인정하고 당해 표준지공시지가를 기준으로 산정된 개별공시지가를 다투는 경우에 표준지공시지가의 위법을 다투지 못하게 하는 것(하지의 승계를 부정하는 것)이 국민의 권익구제의 관점에서는 불리하다.

그러면 표준지공시지가의 법적 성질은 무엇인가. 생각건대, 표준지공시지가는 법률의 수권에 의해 정해지며 개별공시지가결정 등 행정처분의 구속력 있는 기준이 되고 표준지공시지가가 위법한 경우 당해 표준지공시지가를 기준으로 행해진 처분도 위법하다고 보아야 하므로 법규명령의 성질을 가지는 고시에 준하는 것으로 보아야 한다. 다만, 그 자체가 개별공시자가인 성질을 가지는 표준지공시지가(표준지에 대한 관계에서의 표준지공시지가)는 동시에 개별공시지가이므로 처분으로 보아야 한다.

### (5) 표준지공시지가의 효력

표준지공시지가는 토지시장에 지가정보를 제공하고 일반적인 토지거래의 지표가 되며, 국가·지방자치단체 등이 그 업무와 관련하여 지가를 산정하거나 감정평가업자가 개별적으로 토지를 감정평가하는 경우에 기준이 된다(제9조).

표준지공시지가는 특히 다음의 목적을 위한 토지가격산정의 기준이 된다. ① 공공용지의 매수 및 토지의 수용·사용에 대한 보상, ② 국·공유토지의 취득 또는 처분, ③ 그 밖에 대통령령으로 정하는 지가의 산정(국토계획법 그 밖의 법령에 따라 조성된 용지 등의 공급 또는 분양, 도시개발법에 따른 도시개발사업·도시 및 주거환경정비법에 따른 정비사업 또는 농어촌정비법에 따른 농업생산기반정비사업을 위한 환지·체비지의 매각 또는 환지 신청, 토지의 관리·매입·매각·경매 또는 재평가)(제8조).

국가·지방자치단체, 공공기관의 운영에 관한 법률에 따른 공공기관 그 밖에 대통령령으로 정하는 공공단체가 위의 목적을 위하여 토지의 가격을 산정할 때에는 그 토지와 이용가치가 비슷하다고 인정되는 하나 또는 둘 이상의 표준지의 공시지가를 기준으로 토지가격비준표를 사용하여 지가를 직접 산정하거나 감정평가업자에게 감정평가를 의뢰하여 산정할 수 있다. 다만, 필요하다고 인정할 때에는 산정된 지가를 위의 목적에 따라 가감 조정하여 적용할 수 있다(제8조 제1항).

**[판례]** 국토해양부장관이 2개의 감정평가법인에 토지의 적정가격에 대한 평가를 의뢰하여 그 평가액을 산술평균한 금액을 그 토지의 적정가격으로 결정·공시하였으나, 감정평가서에 거래선례나 평가선례, 거래사례비교법, 원가법 및 수익환원법 등을 모두 공란으로 둔 채, 그 토지의 전년도 공시지가와 세평가격 및 인근 표준지의 감정가격만을 참고가격으로 삼으면서 그러한 참고가격이 평가액 산정에 어떻게 참작되었는지에 관한 별다른 설명 없이 평가의견을 추상적으로만 기재한 사안에서, 평가요인별 참작내용과 정도가 평가액 산정의 적정성을 알아볼 수 있을 만큼 객관적으로 설명되어 있다고 보기 어려워, 이러한 감정평가액을 근거로 한 표준지 공시지가 결정은 그 토지의 적정가격을 반영한 것이라고 인정하기 어려워 위법하다고 한 사례(대판 2009. 12. 10, 2007두20140 [공시지가확정처분취소]).

### 2. 개별공시지가

#### (1) 의 의

개별공시지가(個別公示地價)라 함은 시장·군수 또는 구청장이 「개발이익환수에 관한 법률」에 의한 개발부담금의 부과 그밖에 다른 법령이 정하는 목적을 위한 지가산정에 사용하도록 하기 위하여 매년 공시지가의 공시기준일 현재를 기준으로 결정·공시한 관할구역 안의 개별토지의 단위면적당 가격을 말한다(제10조 제1항).

시장·군수 또는 구청장은 공시기준일 이후에 분할·합병 등이 발생한 토지에 대하여는 대통령령(영 제16조 제2항)으로 정하는 날을 기준으로 하여 개별공시지가를 결정·공시하여야 한다(제10조 제3항).

#### (2) 산정기준

시장·군수 또는 구청장이 개별공시지가를 결정·공시하는 경우에는 해당 토지와 유사한 이용가치를 지닌다고 인정되는 하나 또는 둘 이상의 표준지의 공시지가를 기준으로 토지가격비준표를 사용하여 지가를 산정하되, 해당 토지의 가격과 표준지의 공시지가가 균형을 유지하도록 하여야 한다(제10조 제4항).

**[판례]** ① 구 지가공시 및 토지 등의 평가에 관한 법률 제10조 제2항에 근거하여 건설부장관이 표준지와 지가산정대상 토지의 지가형성요인에 관한 표준적인 비교표로서 매년 관계 행정기관에 제공하는 토지가격비준표는 같은 법 제10조의 시행을 위한 집행명령인 개별토지가격합동조사지침과 더불어 법률보충적인 구실을 하는 법규적 성질을 가지고 있는 것으로 보아야 할 것이다(대판 1998. 05. 26, 96누17103[개발부담금부과처분취소]).

② 표준지의 공시지가에 토지가격비준표에 의한 가격조정률을 적용하는 방식에 따르지 아니한 개별토지가격 산정의 적법 여부(소극): 구 지가공시 및 토지 등의 평가에 관한 법률(1995. 12. 29. 법률 제5108호로 개정되기 전의 것) 제10조, 개별토지가격 합동조사지침 제7조에 의하면 개별토지가격은 토지가격비준표를 사용하여 표준지와 당해 토지의 특성의 차이로 인한 조정률을 결정한 후 이를 표준지의 공시지가에 곱하는 방법으로 산정함이 원칙이고(산정지가), 다만 같은 지침 제8조 등에 의하여 필요하다고 인정될 경우에는 위와 같은 방법으로 산출한 지가를 가감조정할 수 있을 뿐이며 이와 다른 방식에 의한 개별토지가격결정을 허용하는 규정은 두고 있지 아니하므로, 표준지 공시지가에 토지가격비준표에 의한 가격조정률을 적용하는 방식에 따르지 아니한 개별토지가격결정은 같은 법 및 같은 지침에서 정하는 개별토지가격 산정방식에 어긋나는 것으로서 위법하다(대판 1998. 12. 22, 97누3125[개별공시지가결정취소]; 대판 1994. 04. 12, 93누19245, 19252).

③ 시장 등이 어떠한 토지에 대하여 표준지공시지가와 균형을 유지하도록 결정한 개별공시지가가 토지가격비준표를 사용하여 산정한 지가와 달리 결정되었거나 감정평가사의 검증의견에 따라 결정되었다는 이유만으로 위법한 것인지 여부(원칙적 소극): 부동산 가격공시 및 감정평가에 관한 법률 제11조, 부동산 가격공시 및 감정평가에 관한 법률 시행령 제17조 제2항의 취지와 문언에 비추어 보면, 시장 등은 표준지공시지가에 토지가격비준표를 사용하여 산정된 지가와 감정평가업자의 검증의견 및 토지소유자 등의 의견을 종합하여 당해 토지에 대하여 표준지공시지가와 균형을 유지한 개별공시지가를 결정할 수 있고, 그와 같이 결정된 개별공시지가가 표준지공시지가와 균형을 유지하지 못할 정도로 현저히 불합리하다는 등의 특별한 사정이 없는 한, 결과적으로 토지가격비준표를 사용하여 산정한 지가와 달리 결정되었거나 감정평가사의 검증의견에 따라 결정되었다는 이유만으로 그 개별공시지가 결정이 위법하다고 볼 수는 없다(대판 2013. 11. 14, 2012두15364[개별공시지가결정처분취소]).

④ 개별공시지가 산정 대상 토지와 '유사한 이용가치'를 지닌다고 인정되는 표준지란 해당 토지와 자연적·사회적 조건이 일반적으로 유사하다고 인정되는 표준지를 의미하고, '토지가격비준표를 사용'한다는 것은 대상 토지의 지가형성요인에 대한 조사·평가를 전제로, 비교표준지와 대상 토지의 지가형성요인을 비교할 수 있도록 고안된 토지가격비준표를 통해 그 차이를 반영한다는 것을 의미한다. 또한, 당해 토지의 가격과 표준지공시지가가 '균형을 유지'하도록 하여야 한다는 것은 대상 토지의 가격이 비교표준지의 공시지가에 비하여 과다하거나 과소하지 않도록 하여야 한다는 의미이다(헌재 2021. 12. 23, 2018헌바435, 2018헌바436(병합)).

시장·군수 또는 구청장은 국토교통부장관이 정한 개별공시지가의 조사·산정의 기준에 따라 개별공시지가를 조사·산정하여야 한다(동법 시행령 제17조 제1항).

[판례] 여러 필지의 토지가 일단을 이루어 용도상 불가분의 관계에 있는 경우, 개별토지가격의 산정방식: 구 지가공시 및 토지 등의 평가에 관한 법률(1995. 12. 29. 법률 제5108호로 개정되기 전의 것) 제9조, 제10조, 개별토지가격 합동조사지침 제7조 등의 규정에 의하면, 개별토지가격은 기본적으로 표준지의 공시지가를 기준으로 하여 대상 토지의 이용상황 등 토지 특성에 따른 객관적인 이용가치를 비교·평가하는 것이므로, 여러 필지의 토지가 일단을 이루어 하나의 주유소 부지로 사용되고 있는 것과 같이 용도상 불가분의 관계에 있는 경우에는 특별한 사정이 없는 한 그 일단의 토지 전체를 1필지로 보고 토지특성을 조사하여 그 전체에 대하여 단일한 가격으로 평가함이 상당하고, 위와 같이 수필지 전체에 대하여 단일한 가격으로 평가하더라도 그 단일한 가격을 개개의 필지에 적용하여 필지마다 개별토지가격을 결정하는 것이므로, 위와 같은 가격산정방법이 필지마

다 개별로 개별토지가격을 결정하여야 한다는 취지의 같은 법 제10조의 규정에 위배된다고 할 수 도 없다(대판 1998. 12. 22, 97누3125[개별공시지가결정취소]).

표준지로 선정된 토지에 개별공시지가를 결정·공시하지 아니할 수 있는데, 이 경우 표준지로 선정된 토지에 대하여는 해당 토지의 공시지가를 개별공시지가로 본 다(제10조 제2항).

### (3) 산정절차

시장·군수 또는 구청장은 개별공시지가를 결정·공시하기 위하여 개별토지의 가격을 산정할 때에는 그 타당성에 대하여 감정평가업자의 검증을 받고 토지소유자 그 밖의 이해관계인의 의견을 들어야 한다. 다만, 시장·군수 또는 구청장은 감정평 가업자의 검증이 필요 없다고 인정되는 때에는 지가의 변동상황 등 대통령령(영 제18 조)으로 정하는 사항을 고려하여 감정평가업자의 검증을 생략할 수 있다(제10조 제5 항). 토지 소유자 그 밖의 이해관계인의 의견청취에 관한 절차를 재조사결정절차라고 도 한다. 이 재조사결정절차는 개별공시지가결정의 사전절차로서 개별공시지가결정 공고 후에 실무상 행하는 재조사신청과 구별하여야 한다. 개별공시지가결정공고 후 에 실무상 행하는 재조사신청은 실정법상으로는 이의신청에 해당한다.

시장·군수 또는 구청장이 제5항에 따른 검증을 받으려는 때에는 해당 지역의 표준지의 공시지가를 조사·평가한 감정평가업자 또는 대통령령으로 정하는 감정평 가실적 등이 우수한 감정평가업자에게 의뢰하여야 한다(제10조 제6항).

시장·군수 또는 구청장이 개별공시지가를 결정·공시하고자 할 때에는 시· 군·구부동산가격공시위원회의 심의를 거쳐야 한다(제10조 제1항).

### (4) 개별공시지가의 결정 및 공시

시장·군수 또는 구청장은 매년 5월 31일까지 개별공시지가를 결정·공시하여야 한다. 다만, 제16조 제2항 제1호의 경우에는 그 해 10월 31일까지, 같은 항 제2호의 경우에는 다음 해 5월 31일까지 결정·공시하여야 한다(시행령 제21조 제1항). 제1항의 규정에 의하여 개별공시지가를 공시하는 시장·군수 또는 구청장은 해당 시·군 또는 구의 게시판 또는 인터넷 홈페이지에 개별공시지가의 결정에 관한 사항과 이의신청 에 관한 사항을 게시하여야 한다(제2항).

시장·군수 또는 구청장은 개별공시지가를 관계행정기관 등에 제공하여야 한다 (법 제10조 제1항).

### (5) 개별공시지가의 정정

시장·군수 또는 구청장은 개별공시지가에 틀린 계산, 오기, 표준지 선정의 착오 그 밖에 명백한 오류가 있음을 발견한 때에는 지체없이 이를 정정하여야 한다(제12조). 이 규정은 직권정정을 규정한 것이며 토지소유자 등 이해관계인에게 정정신청권을 인정한 것은 아니다(대판 2002. 02. 05, 2000두5043 참조).

### (6) 개별공시지가의 법적 성질

개별공시지가의 법적 성질을 논하는 실익은 특히 개별공시지가가 항고소송의 대상이 되는 행정소송법상의 처분인가에 있다. 개별공시지가의 행정행위성(처분성)을 인정하는 견해가 다수견해이나, 행정규칙이라고 보는 견해도 있다.

#### 1) 처분설

개별공시지가를 처분으로 보는 견해의 논거는 다음과 같다. ① 개별토지가격을 기초로 과세처분 등 행정행위가 행해지는 경우에 당해 처분청은 개별공시지가에 구속을 받으므로 개별공시지가만으로 국민의 권리의무에 직접 영향을 미치는 것으로 보아야 한다. ② 개별공시지가를 다툴 수 있도록 하여 법률관계를 조기에 확정하고 조기에 권익구제를 가능하게 해 준다.

#### 2) 행정행위설

개별공시지가는 과세처분 등 행정행위의 구속력있는 기준이 되는 등 구체적인 법적 효과를 가지므로 행정행위로 보는 것이 타당하다.

행정행위설 중에는 개별공시지가를 물적 행정행위로서 일반처분이라고 보는 견해도 있다(류지태).

#### 3) 사실행위설

개별공시지가는 직접 법적 효과를 가져오지 않고 정보의 제공에 불과하므로 사실행위로 보는 것이 타당하다. 이 견해에 따르면 개별공시지가의 처분성은 부정된다.

#### 4) 행정계획설

개별공시지가는 행정의 지침이 되고, 구속력이 있는 것이므로 구속적 행정계획으로 보는 것이 타당하다.

#### 5) 행정규칙설

행정규칙설의 논거는 다음과 같다. ① 개별공시지가가 표준지공시지가와 같이 세금 등의 산정기준으로서의 성질을 가진다. ② 개별공시지가에 대해 처분으로서의 성질을 인정하는 경우 후행처분(과세처분 등)과의 관계 등에 있어 여러 가지 어려운 문제를 일으킨다.[77]

---

77) 김남진, 503면.

### 6) 판   례

판례는 다음과 같이 개별공시지가의 처분성을 인정하고 있다.

**[판례]** 시장, 군수 또는 구청장의 개별토지가격결정은 관계법령에 의한 토지초과이득세, 택지초과소유부담금 또는 개발부담금 산정의 기준이 되어 국민의 권리나 의무 또는 법률상 이익에 직접적으로 관계되는 것으로서 행정소송법 제2조 제1항 제1호 소정의 행정청이 행하는 구체적 사실에 관한 법집행으로서 공권력행사이므로 항고소송의 대상이 되는 행정처분에 해당한다(대판 1993. 06. 11, 92누16706).

### 7) 사   견

개별공시지가는 법령에 근거하여 결정되며 여러 행정처분의 기준이 되는 것이므로 법규명령의 성질을 갖는 고시에 준하는 성질을 갖는 것으로 보아야 한다. 그런데, 개별공시지가는 국민의 권익에 직접 영향을 미치므로 조기의 권리구제를 위하여 개별공시지가를 항고소송의 대상이 되는 처분으로 보는 것이 타당하다. 그러나, 개별공시지가의 법적 성질을 행정행위로 보는 것은 타당하지 않다. 왜냐하면 개별공시지가의 결정으로 국민의 권리의무에 직접 영향이 미치지만 어떠한 구체적인 법적 효과(권리의무관계의 변동)가 발생하지 않기 때문이다.

### (7) 개별공시지가의 효력

개별공시지가는 「개발이익환수에 관한 법률」에 의한 개발부담금의 부과(제11조 제1항), 농지법에 의한 농지보전부담금의 부과(동법 제41조), 재산세, 양도소득세부과처분 등 과세처분(소득세법 제99조)시 사용된다.

## 3. 공시지가결정에 대한 권리구제

### (1) 표준지공시지가의 경우

표준지공시지가가 잘못 산정된 경우에 표준지공시지가를 항고소송에 의해 직접 다툴 수 있는가. 이는 표준지공시지가의 처분성을 인정하는 견해에 의하면 가능하며 처분성을 부정하는 견해에 의하면 부정된다. 표준지공시지가를 다툴 원고적격이 있는 자는 표준지공시지가로 법률상 이익을 침해받을 개연성이 있는 자이다.

현행 부공법은 표준지공시지가에 대한 이의신청제도를 두고 있다(제7조).

즉, 표준지공시지가에 대하여 이의가 있는 자는 공시지가의 공시일부터 30일 이내에 서면(전자문서 포함)으로 국토교통부장관에게 이의를 신청할 수 있다(제7조 제1항). 국토교통부장관은 이의신청기간이 만료된 날부터 30일 이내에 이의신청을 심사하여 그 결과를 신청인에게 서면으로 통지하여야 한다. 이 경우 국토교통부장관은 이의신청의 내용이 타당하다고 인정될 때에는 해당 표준지공시지가를 조정하여 다시 공시하여야 한다(제7조 제2항).

종전의 판례는 표준지공시지가와 개별공시지가 사이(대판 1998. 03. 24, 96누6851), 표준지공시지가와 그에 기초한 처분 사이(대판 1995. 03. 28, 94누12920)에 하자의 승계를 인정하지 않고 있었다.

이러한 종전 판례의 태도는 타당하지 않다. 개별공시지가와 후행처분 사이에서 하자의 승계를 인정하면서 개별공시지가 보다 더 예측가능성이나 수인가능성이 없는 표준지공시지가와 후행처분 사이에서 하자의 승계를 인정하지 않는 것은 타당하지 않다.

판례에 따르면 표준지로 선정된 토지의 표준지공시지가를 다투기 위해서는 처분청인 국토교통부장관에게 이의를 신청하거나 국토교통부장관을 상대로 공시지가결정의 취소를 구하는 행정심판이나 행정소송을 제기해야 하고, 그러한 절차를 밟지 않은 채 토지 등에 관한 재산세 등 부과처분의 취소를 구하는 소송에서 표준지공시지가결정의 위법성을 다투는 것은 원칙적으로 허용되지 않는다. 다만, 표준지 인근 토지의 소유자가 토지 등의 수용 경과 등에 비추어 표준지공시지가의 확정 전에 이를 다투는 것이 불가능하였던 사정 등이 있는 경우에는 사업시행자를 상대로 수용보상금의 증액을 구하는 소송에서 비교표준지공시지가결정의 위법을 독립된 사유로 주장할 수 있다(대판 2008. 08. 21, 2007두13845; 2022. 5. 13, 2018두50147).

표준지공시지가의 처분성을 인정하지 않는 견해에 의하면 표준지공시지가의 하자를 후행처분에서 다툴 수 있다.

### (2) 개별공시지가의 경우

개별공시지가의 처분성을 인정하는 견해에 의하면 개별공시지가가 잘못 산정된 경우에 개별공시지가를 항고소송에 의해 직접 다툴 수 있다. 그러나, 개별공시지가의 처분성을 부정하는 견해에 의하면 개별공시지가의 위법은 직접 다투어질 수 없고, 잘못 산정된 개별공시지가가 기초가 되어 내려진 처분을 다투면서 개별공시지가의 위법을 간접적으로 다툴 수 있다. 이 경우 개별공시지가의 위법은 이를 기초로 한 처분의 위법사유가 된다.

현행 부공법은 개별공시지가에 대한 이의신청제도를 두고 있다(제11조). 따라서, 이의신청은 개별공시지가의 처분성과 무관하게 가능하다. 즉, 개별공시지가에 대하여 이의가 있는 자는 개별공시지가의 결정·공시일부터 30일 이내에 서면으로 시장·군수 또는 구청장에게 이의를 신청할 수 있다(제11조 제1항). 이 이의신청은 준사법적 절차라고 보기 어려우므로 행정심판의 성질을 갖지 않는다(대판 2010. 01. 28. 선고 2008두19987).

판례는 개별공시지가결정의 처분성을 인정하면서도 원칙상 개별공시지가결정의 위법을 이를 기초로 한 후행처분을 다투는 소송에서 주장할 수 있다고 보고 있다(행정법론(상), '하자의 승계' 참조).

위법하고 과실있는 개별공시지가의 결정으로 국민 개인에게 손해를 발생시킨 경우에는 지방자치단체의 국가배상책임이 인정된다(대판 2010. 07. 22, 2010다13527[손해배상(기)]).

## Ⅱ. 주택가격공시제

### 1. 표준주택가격의 공시

#### (1) 의    의

표준주택가격(標準住宅價格)이라 함은 국토교통부장관이 부공법의 규정에 의한 절차에 따라 조사·평가하여 공시한 표준주택의 매년 공시기준일(원칙상 1월 1일) 현재의 적정가격을 말한다(제16조 제1항).

표준주택이라 함은 국토교통부장관이 용도지역, 건물구조 등이 일반적으로 유사하다고 인정되는 일단의 단독주택 중에서 선정하는 그 일단의 단독주택을 대표할 수 있는 주택을 말한다(동법 시행령 제26조 제1항).

#### (2) 산정기준 및 방법

국토교통부장관이 표준주택의 적정가격을 조사·산정하는 경우에는 인근 유사 단독주택의 거래가격·임대료 및 당해 단독주택과 유사한 이용가치를 지닌다고 인정되는 단독주택의 건축에 필요한 비용추정액 등을 종합적으로 참작하여야 한다(제16조 제5항).

국토교통부장관이 표준주택의 적정가격을 조사·산정하고자 할 때에는「한국감정원법」에 따른 한국감정원에 의뢰한다(제16조 제4항).

#### (3) 산정절차 및 공시

표준주택가격은 국토교통부장관이 중앙부동산가격공시위원회의 심의를 거쳐 산정하고, 이를 공시하여야 한다(제16조 제1항).

표준주택가격의 공시에는 다음의 사항이 포함되어야 한다. ① 표준주택의 지번, ② 표준주택가격, ③ 표준주택의 대지면적 및 형상, ④ 표준주택의 용도, 연면적, 구조 및 사용승인일(임시사용승인일을 포함한다), ⑤ 그 밖에 대통령령(영 제28조)으로 정하는 사항(제16조 제2항).

#### (4) 표준주택가격의 법적 성질

표준주택가격은 표준지공시지가와 유사한 성질을 갖는다.

#### (5) 표준주택가격의 효력

표준주택가격은 국가·지방자치단체 등의 기관이 그 업무와 관련하여 개별주택 가격을 산정하는 경우에 그 기준이 된다(제17조 제5항).

#### (6) 표준주택가격의 결정에 대한 권리구제

표준주택가격에 대하여 이의가 있는 자는 표준주택가격의 공시일부터 30일 이내에 서면으로 국토교통부장관에게 이의를 신청할 수 있다(제16조 제7항, 제7조). 국토교통부장관은 이의신청기간이 만료된 날부터 30일 이내에 이의신청을 심사하여 그 결과를 신청인에게 서면으로 통지하여야 한다. 이 경우 국토교통부장관은 이의신청의 내용이 타당하다고 인정될 때에는 해당 표준주택가격을 조정하여 다시 공시하여야 한다(제16조 제7항, 제7조 제2항).

표준주택가격의 결정에 대한 항고소송은 표준지공시지가에 대한 것과 동일하다.

### 2. 개별주택가격

#### (1) 의    의

개별주택가격(個別住宅價格)이라 함은 시장·군수 또는 구청장이 매년 표준주택가격의 공시기준일 현재를 기준으로 결정·공시한 관할구역 안의 개별주택의 가격을 말한다(제17조 제1항).

시장·군수 또는 구청장은 공시기준일 이후에 토지의 분할·합병이나 건물의 신축 등이 발생한 경우에는 대통령령(영 제34조 제2항)으로 정하는 날을 기준으로 하여 개별주택가격을 결정·공시하여야 한다(제17조 제4항).

#### (2) 산정기준

시장·군수 또는 구청장이 개별주택가격을 결정·공시하는 경우에는 해당 주택과 유사한 이용가치를 지닌다고 인정되는 표준주택가격을 기준으로 주택가격비준표를 사용하여 가격을 산정하되, 해당 주택의 가격과 표준주택가격이 균형을 유지하도록 하여야 한다(제17조 제5항).

표준주택으로 선정된 단독주택 그 밖에 대통령령으로 정하는 단독주택에 대하여는 개별주택가격을 결정·공시하지 아니할 수 있는데, 이 경우 표준주택으로 선정된 주택에 대하여는 해당 표준주택가격을 개별주택가격으로 본다(제17조 제2항).

### (3) 산정절차 및 공시

시장·군수 또는 구청장은 개별주택가격을 결정·공시하기 위하여 개별주택의 가격을 산정할 때에는 표준주택가격과의 균형 등 그 타당성에 대하여 대통령령으로 정하는 바에 따라 감정원의 검증을 받고 토지소유자, 그 밖의 이해관계인의 의견을 들어야 한다. 다만, 시장·군수 또는 구청장은 감정원의 검증이 필요 없다고 인정되는 때에는 주택가격의 변동상황 등 대통령령으로 정하는 사항을 고려하여 감정원의 검증을 생략할 수 있다(제17조 제6항).

시장·군수 또는 구청장은 개별주택가격을 결정·공시하고자 할 때에는 시·군·구부동산가격공시위원회의 심의를 거쳐야 한다(제16조 제2항)

개별주택가격의 공시에는 다음의 사항이 포함되어야 한다. ① 개별주택의 지번, ② 개별주택가격, ③ 그 밖에 대통령령으로 정하는 사항(제17조 제3항).

### (4) 개별주택가격의 정정

시장·군수 또는 구청장은 개별주택가격에 틀린 계산, 오기, 표준주택 선정의 착오 기타 명백한 오류가 있음을 발견한 때에는 지체없이 이를 정정하여야 한다(제17조 제8항, 제12조).

### (5) 개별주택가격의 법적 성질

개별주택가격은 개별공시지가와 유사한 법적 성질을 갖는다.

### (6) 개별주택가격의 효력

개별주택의 가격은 주택시장의 가격정보를 제공하고, 국가·지방자치단체 등이 과세 등의 업무와 관련하여 주택의 가격을 산정하는 경우에 그 기준으로 활용될 수 있다(제19조 제2항).

### (7) 개별주택가격의 결정에 대한 권리구제

개별주택가격에 대하여 이의가 있는 자는 개별주택가격의 결정·공시일부터 30일 이내에 서면으로 시장·군수 또는 구청장에게 이의를 신청할 수 있다(제17조 제8항, 제11조).

시장·군수 또는 구청장은 이의신청기간이 만료된 날부터 30일 이내에 이의신청을 심사하여 그 결과를 신청인에게 서면으로 통지하여야 한다.

이 경우 시장·군수 또는 구청장은 이의신청의 내용이 타당하다고 인정될 때에는 당해 개별주택가격을 조정하여 다시 결정·공시하여야 한다(제17조 제8항, 제11조 제2항).

### 3. 공동주택가격의 공시

#### (1) 의    의

국토교통부장관은 공동주택에 대하여 매년 공시기준일(원칙상 1월 1일) 현재의 적정가격(이하 '공동주택가격'이라 한다)을 조사·산정하고, 중앙부동산가격공시위원회의 심의를 거쳐 이를 공시하여야 한다. 다만, 국세청장이 국토교통부장관과 협의하여 공동주택가격을 별도로 결정·고시하는 경우를 제외한다(제18조 제1항).

국토교통부장관은 공시기준일 이후에 토지의 분할·합병이나 건물의 신축 등이 발생한 경우에는 대통령령으로 정하는 날을 기준으로 하여 공동주택가격을 결정·공시하여야 한다(제18조 제4항).

#### (2) 산정기준 및 방법

국토교통부장관이 공동주택의 적정가격을 조사·산정하는 경우에는 인근 유사 공동주택의 거래가격·임대료 및 해당 공동주택과 유사한 이용가치를 지닌다고 인정되는 공동주택의 건설에 필요한 비용추정액 등을 종합적으로 참작하여야 한다(제18조 제5항).

#### (3) 산정절차 및 공시

국토교통부장관은 공동주택가격을 공시하기 위하여 공동주택의 가격을 산정할 때에는 공동주택소유자와 그 밖의 이해관계인의 의견을 들어야 한다(제18조 제2항).

국토교통부장관은 공동주택가격을 조사·산정하고자 할 때에는 한국감정원에 의뢰한다(제18조 제6항).

#### (4) 공동주택가격의 정정

국토교통부장관은 공시한 가격에 틀린 계산, 오기 그 밖에 대통령령으로 정하는 명백한 오류가 있음을 발견한 때에는 지체없이 이를 정정하여야 한다(제18조 제7항).

#### (5) 공동주택가격의 법적 성질

공동주택가격은 개별주택가격과 그 법적 성질이 동일하다.

#### (6) 공동주택가격의 효력

공동주택가격은 주택시장의 가격정보를 제공하고, 국가·지방자치단체 등이 과세 등의 업무와 관련하여 주택의 가격을 산정하는 경우에 그 기준으로 활용될 수 있다(제19조 제2항).

### (7) 공동주택가격의 결정에 대한 권리구제

공동주택가격에 대하여 이의가 있는 자는 공동주택가격의 공시일부터 30일 이내에 서면으로 국토교통부장관에게 이의를 신청할 수 있다(제18조 제8항, 제7조).

국토교통부장관은 이의신청기간이 만료된 날부터 30일 이내에 이의신청을 심사하여 그 결과를 신청인에게 서면으로 통지하여야 한다.

이 경우 국토교통부장관은 이의신청의 내용이 타당하다고 인정될 때에는 당해 표준지공시지가를 조정하여 다시 공시하여야 한다(제18조 제8항, 제7조 제2항).

공동주택가격의 결정에 대한 항고소송은 개별주택가격의 결정에 대한 항고소송과 동일하다.

## Ⅲ. 비주거용부동산가격의 공시

### 1. 비주거용 표준부동산가격의 조사·산정 및 공시

국토교통부장관은 용도지역, 이용상황, 건물구조 등이 일반적으로 유사하다고 인정되는 일단의 비주거용 일반부동산 중에서 선정한 비주거용 표준부동산에 대하여 매년 공시기준일 현재의 적정가격(이하 "비주거용 표준부동산가격"이라 한다)을 조사·산정하고, 제24조에 따른 중앙부동산가격공시위원회의 심의를 거쳐 이를 공시할 수 있다(제20조 제1항).

### 2. 비주거용 개별부동산가격의 결정·공시

시장·군수 또는 구청장은 제25조에 따른 시·군·구부동산가격공시위원회의 심의를 거쳐 매년 비주거용 표준부동산가격의 공시기준일 현재 관할 구역 안의 비주거용 개별부동산의 가격(이하 "비주거용 개별부동산가격"이라 한다)을 결정·공시할 수 있다. 다만, 대통령령으로 정하는 바에 따라 행정안전부장관 또는 국세청장이 국토교통부장관과 협의하여 비주거용 개별부동산의 가격을 별도로 결정·고시하는 경우는 제외한다(제21조 제1항). 제1항에도 불구하고 비주거용 표준부동산으로 선정된 비주거용 일반부동산 등 대통령령으로 정하는 비주거용 일반부동산에 대하여는 비주거용 개별부동산가격을 결정·공시하지 아니할 수 있다. 이 경우 비주거용 표준부동산으로 선정된 비주거용 일반부동산에 대하여는 해당 비주거용 표준부동산가격을 비주거용 개별부동산가격으로 본다(제2항).

## 3. 비주거용 집합부동산가격의 조사·산정 및 공시

국토교통부장관은 비주거용 집합부동산에 대하여 매년 공시기준일 현재의 적정 가격(이하 "비주거용 집합부동산가격"이라 한다)을 조사·산정하여 제24조에 따른 중앙부동산가격공시위원회의 심의를 거쳐 공시할 수 있다. 이 경우 시장·군수 또는 구청장은 비주거용 집합부동산가격을 결정·공시한 경우에는 이를 관계 행정기관 등에 제공하여야 한다(제22조 제1항). 제1항에도 불구하고 대통령령으로 정하는 바에 따라 행정안전부장관 또는 국세청장이 국토교통부장관과 협의하여 비주거용 집합부동산의 가격을 별도로 결정·고시하는 경우에는 해당 비주거용 집합부동산의 비주거용 개별부동산가격을 결정·공시하지 아니한다(제2항).

# 제 7 장  환경행정법

## 제 1 절 개    설

### Ⅰ. 환경행정법의 의의

환경행정법(環境行政法)은 환경침해를 예방하고 환경의 질을 증진하기 위한 규제를 그 내용으로 하는 법을 말한다. 오늘날 국가가 환경보호를 위하여 적극 개입하는 경우가 많아짐에 따라 환경행정법은 환경법의 가장 중요한 부분을 차지하고 있다.

#### 1. 환경행정법의 규제대상으로서의 환경

일반적인 용어로서의 환경은 인간을 둘러싸고 있는 인간의 삶의 여건을 말한다. 이에는 자연환경, 사회환경으로서의 교육환경, 교통환경, 범죄환경 등을 포함하는 매우 넓은 개념이다. 그러나, 환경행정법의 규율대상이 되는 환경은 이 보다 좁은 개념이다.

환경행정법상 환경의 개념은 환경을 규제하는 법률의 규제대상에 따라 결정된다. 그리하여 환경의 개념은 국가에 따라 그리고 개별 규제법에 따라 그 정의가 상이할 수밖에 없다.

환경정책기본법 제3조 제1호는 환경을 '자연환경과 생활환경'을 의미하는 것으로 정의하고 있고, 동조 제2호는 자연환경(natural environment)을 "지하·지표(해양을 포함한다) 및 지상의 모든 생물과 이들을 둘러싸고 있는 비생물적인 것을 포함한 자연의 상태(생태계 및 자연경관을 포함한다)"라고 정의하고 있고, 동조 제3호는 생활환경을 "대기, 물, 폐기물, 소음·진동, 악취, 일조 등 사람의 일상생활과 관계되는 환경"라고 정의하고 있다. 이와 같이 현행 환경정책기본법은 환경 자체를 직접 정의내리지 않고 환경을 '자연환경과 생활환경'을 의미하는 것으로 정의하면서 자연환경과 생활환경을 정의하고 있다.

그런데 이러한 정의에는 다음과 같은 문제가 있다. ① 자연환경을 생활환경과 대비시킨 것은 문제가 있다. 우선 자연환경에 대비되는 것은 인공환경이다. 자연환경과 생활환경은 적지 않은 부분이 중복된다. 즉, 자연환경은 구체적으로 대기, 물, 토양, 산림, 경관, 야생동식물, 생태계, 자연경관을 포함한다. 천연자원도 환경법의 규제대상이 된다고 보는 경향이 나타나고 있다. 생활환경이라 함은 대기, 물, 폐기물, 유해물질, 소음·진동, 악취, 일조 등을 포함한다. 이렇게 볼 때 자연환경과 생활환경이 부분적으로 중복되고 있다. ② 생활환경을 정의함에 있어 적극적으로 정의되지 않은 환경이라는 개념을 사용하여 개념정의에 있어 순환의 모순을 보이고 있고, 생활환경의 개념이 명확하지 않게 정의되고 있다.

역사적·문화적 유산을 환경법상의 환경에 포함시키는 국가도 있지만,[78] 우리나라는 역사적·문화적 유산의 보전은 환경법이 아니라 문화재보호법에 의해 규율되는 것으로 하고 있다. 쾌적한 도시공간 등 도시의 여건도 실질적으로는 환경의 개념에 포함될 수 있지만 환경법의 규율대상이 되지 않고 도시관계법에 의해 규제되는 것으로 되어 있다.

## 2. 환경법의 규제대상으로서의 환경오염과 환경보전

환경정책기본법 제3조 제4호는 환경오염(Pollution)을 "사업활동 기타 사람의 활동에 따라 발생되는 대기오염, 수질오염, 토양오염, 해양오염, 방사능오염, 소음·진동, 악취, 일조방해 등으로서 사람의 건강이나 환경에 피해를 주는 상태"라고 정의하고 있다.

일반적으로 환경오염은 인간의 행위에 의해 야기되는 사람의 건강이나 환경에 대한 피해에 한정된다. 이러한 입장에서 일반적으로 수용되는 환경오염의 정의는 다음과 같다. 환경에 대한 물질(substance)이나 에너지(energy)의 인간에 의한 직접 또는 간접의 투입으로서 인간의 건강에 위해를 미치고, 삶의 자원과 생태계를 해하고 환경의 쾌적함(amenities)과 기타 환경의 정당한 이용을 해하거나 영향을 미치는 것과 같은 성질의 해로운 효과를 가져오는 것.[79] 이러한 환경오염은 인간의 건강 또는 생활상의 피해를 발생시키지 않는 자연환경의 파괴 또는 질적 저하 자체를 포함한다. 천연자원의 고갈도 환경오염으로 보게 된다. 환경의 쾌적성에 대한 침해도 환경오염이 된다. 여기에서 '물질 및 에너지'는 고체, 유체 및 기체물질뿐만 아니라 소음, 진동, 열과 방사선을 포함한다. 기타 환경의 이용의 예로는 미적 감상을 들 수 있다.

환경오염은 공해(public nuisance)와 어떠한 관계에 있는가. 공해라 함은 인간의

78) 미국 환경정책기본법(NEPA) 제101조 (b) (4)는 역사적·문화적 유산을 환경법의 규율을 받는 대상으로 포함시키고 있다. 미국환경정책기본법은 "인간환경이란 자연적·물리적 환경 및 인간과 환경과의 상호 관계를 포함하도록 포괄적으로 해석되는 것으로 한다"라고 규정하고 있다.
79) OECD Council Recommendation C(74) 224 of 14 November 1974.

활동에 수반하여 생기는 자연환경에 대한 오염으로 인하여 인간의 건강 또는 생활환경에 피해를 미치는 것을 말한다. 공해는 인간의 활동에 의해서 야기된 것에 한하며 인간의 건강 또는 생활환경에 대한 피해에 한정된다는 점에서 일반적으로 통용되는 환경오염보다는 좁은 개념이다. 환경오염은 생태계를 해하는 것도 포함한다.

환경정책기본법 제3조 제6호는 환경보전을 "환경오염 및 환경훼손으로부터 환경을 보호하고 오염되거나 훼손된 환경을 개선함과 동시에 쾌적한 환경의 상태를 유지·조성하기 위한 행위"라고 정의하고 있다.

## 3. 환경규제의 성격

환경규제에는 경찰규제적 성격을 가지는 것과 적극적·형성적 성격을 갖는 것이 있다. 공해에 대한 규제는 국민의 생명, 신체 및 건강에 대한 위해를 예방 또는 제거하기 위하여 행하여지는 점에서 경찰규제의 성격을 갖는다. 그러나, 환경규제는 이러한 소극적 규제에 그치지 않고 적극적으로 환경을 보전하기 위하여도 행하여진다.

## Ⅱ. 환경행정법의 법원

1980년 제5공화국 헌법에서 환경권을 신설한 이래 현행 헌법에서도 제35조에서 환경권을 명문화하고 있다. 현행 헌법 제35조 제1항은 환경권의 보장과 더불어 국가와 국민의 환경보전의무를 규정하고 있고, 제2항은 환경권에 관한 법률유보, 제3항은 쾌적한 주거생활권까지 보장하고 있다. 헌법상의 환경권은 환경행정법의 해석과 법리형성에 있어서 방향설정 및 기준을 제공한다.

환경규제에 관한 법률 중 환경정책기본법은 환경정책의 목적 및 기본이념, 환경분야에 따른 공통적인 사항을 규정하고 있는 법으로 환경행정법의 기본법으로서의 성격을 갖는다. 그 이외에 환경규제법은 기본적으로 오염매체별로 제정되어 있다. 중요한 환경규제법률로는 환경영향평가법, 대기환경보전법, 수질 및 수생태계 보전에 관한 법률, 폐기물관리법, 토양환경보전법, 소음·진동규제법, 자연환경보전법, 유해화학물질관리법 등이 있다.

지방자치단체에서 제정하는 조례도 오늘날 중요한 법원이 되고 있다.

환경보전을 위한 정책수단들이 점차 지자체의 조례를 통하여서도 시행되고 있는 관계로 환경보전이나 관리가 지역주민의 이익과 밀접하게 관련을 갖게 되었다.

조약은 적법하게 체결되어 공포된 경우에는 국내법과 같은 효력을 지니게 되므로 법률과 같이 중요한 법원이 된다. 한편 환경문제의 국제적 성격으로 인하여 환경

문제가 국제적으로 해결되는 경우가 많기 때문에 국내환경법은 국제환경법의 영향을 많이 받는다. 국내환경법 중에는 환경에 관한 국제조약을 국내에서 시행하기 위하여 제정된 법률이 적지 않다. 「폐기물의 국가간 이동 및 그처리에 관한 법률」은 바젤협약을 시행하기 위한 법률이고, 「습지보전법」은 람사협약의 영향을 받은 법률이다.

## Ⅲ. 환경권

헌법은 환경권(環境權)을 기본권으로 선언하고 국가와 국민에게 환경보전을 위하여 노력할 의무를 부과하고 있다. 즉, 헌법 제35조 제1항은 "모든 국민은 건강하고 쾌적한 환경에서 생활할 권리를 가지며, 국가와 국민은 환경보전을 위하여 노력하여야 한다"라고 규정하고 있고, 동조 제2항은 "환경권의 내용과 행사에 관하여는 법률로 정한다"라고 규정하고 있으며 동조 제3항은 "국가는 주택개발정책 등을 통하여 모든 국민이 쾌적한 주거생활을 할 수 있도록 노력하여야 한다"라고 규정하고 있다.

환경권은 '건강하고 쾌적한 환경에서 생활할 권리'를 말한다. 환경권의 대상이 되는 환경이란 자연환경뿐만 아니라 물리적 인공환경도 포함하는 것으로 보아야 한다.[80]

환경권의 구체적 내용으로는 청정한 대기·물·토양을 구하는 권리, 일조권, 통풍권, 전망권, 평온권 등이 있다. 그러나 이러한 구체적 환경권은 원칙상 법률에 근거가 있는 경우에 한하여 인정된다. 환경권을 자유권적 성격과 생존권적 성격을 아울러 가지는 권리로 보면서 환경권에 대한 침해배제청구권은 자유권으로서 구체적 권리이고, 환경개선·보호조치권은 입법에 의해서만 적극적으로 보장되는 추상적 권리라는 견해도 있으나[81] 헌법상의 기본권으로서의 환경권은 법률에 의해 구체화되어야 직접적 구속력을 갖는 추상적 권리에 불과하다고 보아야 한다. 헌법 제35조 제2항도 "환경권의 내용과 행사에 관하여는 법률로 정한다"라고 규정하고 있다. 환경권은 침해에 대한 배제청구권이라는 소극적 권리와 침해의 예방과 환경의 보전을 청구하는 적극적 권리를 포함한다.

기본적 인권으로서의 환경권은 사법상의 권리로서의 환경권과 구별되어야 한다.

사법상의 권리로서의 환경권은 기본권과 달리 구체적 권리로서의 성격을 가지며 침해에 대하여 방해배제의 청구권이 인정되는 권리이다. 대법원은 헌법상의 환경권에 대하여 직접적인 권리성을 인정하지 않고, 사법상 환경권을 민법상의 규정들을 근거로 하여 인정하고 있다. 수인한도 초과를 조건으로 삼아 민법 제217조 등과 같은 상린관

---

80) 구연창, 『환경법론』, 법문사, 1993, 96면.
81) 김철수, 『헌법학개론』, 박영사, 1999, 739면.

계 규정이나 소유권을 근거로 공사의 중지 판결을 내리고 있다. 다만, 최근 소유권과 함께 환경권을 공사중지 및 금지의 법적 근거로 들고 있는 판례가 나타나고 있다.

**[판례]** ① 인접대지에 건물이 건축됨으로 인하여 환경 등 생활이익이 침해되는 경우에 공사금지의 가처분을 청구한 사건에서 대법원은 명문의 법률규정이나 관계 법령의 규정 취지 및 조리에 비추어 사법상 권리로서의 환경권이 인정되지 않는 경우에는 환경권에 기하여 직접 방해배제청구권을 인정할 수 없다고 하면서 "어느 토지나 건물의 소유자가 종전부터 향유하고 있던 경관이나 조망, 조용하고 쾌적한 종교적 환경 등이 그에게 하나의 생활이익으로서의 가치를 가지고 있다고 객관적으로 인정된다면 법적인 보호의 대상이 될 수 있는 것이라 할 것이므로 인접 대지에 건물을 신축함으로써 그와 같은 생활이익이 침해되고 그 침해가 사회통념상 일반적으로 수인할 정도를 넘어선다고 인정되는 경우에는 토지 등의 소유자는 **소유권에 기하여** 방해의 제거나 예방을 위하여 필요한 청구를 할 수 있다"고 판시하였다.[82]
② 광산에서 금광의 탐광 및 채광을 위한 굴진공사를 계속 진행할 경우 인근 주민들에게 수인한 도를 넘는 환경침해가 발생할 개연성이 있고, 그 침해이익이 생명, 건강 기타 금전으로 배상하기 어려운 생활상 이익에 관한 것이므로, 위 주민들은 **토지 소유권 및 환경권에 기초하여 굴진공사의 중지와 금지를 청구할 권리가 있다**고 한 사례(대판 2008. 09. 25, 2006다49284[손해배상(기)]).

# 제 2 절  환경법의 기본원칙

환경법의 기본원칙은 환경행정법의 기본원칙이 된다. 국가의 환경보전을 위한 행정작용은 환경관련법 및 환경정책적 기본원칙에 기초하고 있는데 이 원칙들은 헌법의 환경권에 관한 규정 및 기본권존중주의와 환경보호에 관한 기본법인 환경정책기본법, 기타 개별 환경법의 규정들로부터 도출될 수 있다. 환경법의 기본원칙들은 법률에 의해 명시적으로 규정됨으로써 직접 구속력 있는 법원칙으로 강화되지 않는 한, 환경정책상의 행위원칙으로써의 의미를 지니는데 불과하다고 하겠다.

---

82) 대판 1997. 07. 22, 96다56153; 대법원은 환경권을 직접적인 근거로 하여 방해배제청구 등을 할 수 있는 구체적인 사법상의 권리를 인정하고 있지는 않다. 대판 1995. 09. 15, 95다23378(공사중지가처분 — 부산대사건)에서 헌법상의 환경권에 대하여 직접적인 권리성을 인정하고 있지 않고, 민법상의 규정들을 근거로 하여 판단하고 있다. 그리고 대판 1997. 07. 22, 96다56153(공사금지가처분 — 봉은사 사건)에서도 위의 판결과 같은 취지의 판결을 내리고 있고, 그 후 대판 1999. 07. 27, 98다47528에서도 환경권에 대하여 구체적인 권리성을 인정하지 않는 소극적인 견해를 유지하고 있다. 이처럼 대법원은 지금도 법률에 의하여 내용이 구체화되지 않는 한 헌법 제35조 제1항에 의한 환경권을 직접 소구할 수 없다는 태도를 분명히 하고 있고, 수인한도 초과를 조건으로 삼아 민법 제217조 등과 같은 상린관계규정이나 민법 제214조 등의 물권적 청구권을 근거로 공사의 중지 판결을 내리고 있다고 볼 수 있다. 그러나 하급심 판례 중에는 환경권이 일정한 범위 안에서 구체적 권리로서의 성격을 가진다는 점을 인정하는 판례들이 있고(대구지법 김천지원 1995. 07. 14, 94가합2353; 서울지법 남부지원 1994. 02. 23, 91가합23326 등), 직접 헌법 제35조의 환경권을 근거로 삼지는 않았지만 헌법 제10조로부터 도출되는 인격권을 환경이익의 피보전권리의 근거로 삼은 판례도 있다(부산고법 1995. 04. 17, 95라4; 서울지법 1995. 09. 07, 94카합6253).

## I. 예방의 원칙(preventive principle)

예방(豫防)의 원칙이라 함은 환경에 대한 오염이 발생한 후 그 오염을 제거하기 보다는 환경오염이 발생하지 않도록 예방하여야 한다는 원칙을 말한다. 환경은 한번 파괴되면 회복시키기 어렵고, 환경의 회복에는 많은 비용이 들기 때문이다.

환경정책기본법 제8조 제1항은 "국가 및 지방자치단체는 환경오염물질 및 환경 오염원의 원천적인 감소를 통한 사전예방적 오염관리에 우선적인 노력을 기울여야 하며, 사업자로 하여금 환경오염의 예방을 위하여 스스로 노력하도록 촉진하기 위한 시책을 마련하여야 한다"고 규정하여 예방의 원칙을 선언하고 있다. 예방의 원칙을 실현하는 제도로는 환경계획, 환경영향평가제도 등이 있다.

## II. 오염자부담의 원칙(The polluter pays principle)과 수익자부담의 원칙

오염자부담(汚染者負擔)의 원칙이라 함은 환경에 대한 오염을 방지하는 비용과 발생한 오염에 대한 책임과 제거비용을 오염자가 부담하여야 한다는 원칙을 말한다. 오염자부담의 원칙은 정의의 원칙에 합치할 뿐만 아니라 환경비용을 내부화하여 환 경에 대한 오염을 저감시키려는 노력을 유도하는 기능을 갖는다.

이 원칙은 주로 환경비용을 누가 부담할 것인가에 대한 것이지만, 환경침해의 방지·제거 및 손실보전에 관한 단순한 비용부담에 관한 원칙이 아니라 실질적 책 임에 관한 원칙이라고 설명되기도 한다. 예컨대 환경정책기본법 제5조는 "사업자는 그 사업활동으로부터 야기되는 환경오염 및 환경훼손을 스스로 방지함에 필요한 조 치를 하여야 하며, 국가 또는 지방자치단체의 환경보호시책에 참여하고 협력하여야 할 책무를 진다"고 규정하고 있는데 이것은 바로 실질적 책임 또는 귀책의 원칙에 입각한 것이라고 할 수 있다.

환경정책기본법 제7조는 오염원인자 책임원칙을 선언하고 있다. 오염자부담의 원 칙은 국제적으로도 인정되고 있다. 리우환경선언 원칙 16은 "국가당국은 오염자가 원 칙적으로 오염의 비용을 부담하여야 한다는 원칙을 고려하여 환경비용의 내부화와 경 제적 수단의 이용을 증진시키도록 노력한다"라고 선언하고 있다.

오염자부담의 원칙은 환경법의 확고한 원칙으로 확립되어 있지만 오염원인자를 확정하는 것은 쉬운 것은 아니다. 즉, 원료가 제조자에 의해 제품으로 만들어지고 이 어 그 제품이 판매자를 거쳐 소비자에게 배분되고 이어 소비자가 이용한 제품이 폐 기물이 된 경우에 오염자를 누구로 보아야 할 것인가를 쉽게 결정하기 어렵다. 폐기물을 발생시킨 소비자가 오염자라고 볼 수 있지만 제품은 최종적으로는 폐기물이 되는 것이 보통이므로 제조자나 판매자를 오염의 원인자라고 볼 수도 있다.[83]

오염자는 오염을 발생시키는 행위를 한 자인 경우도 있고, 환경에 대한 위해를 야기하는 물건을 점유하거나 소유한 자인 경우도 있다.

오염자부담의 원칙은 오염자를 제재하는 기능보다는 환경비용을 적정하게 배분하는 원리로 작용한다.

현행법상 오염자부담의 원칙이 적용된 제도로는 다음과 같은 것이 있다. 배출부과금, 환경개선비용부담금 또는 환경오염방지사업비용부담금, 예치금 또는 부담금, 사후관리이행보증금 또는 사전적립금 등.

최근에는 수익자부담의 원칙 및 이용자부담의 원칙이 환경법의 기본원칙의 하나로 형성되고 있다. 수익자부담의 원칙이란 환경개선으로 인하여 이익을 보는 자는 그 개선비용을 분담하여야 한다는 원칙을 말한다. 이용자부담의 원칙이라 함은 보전된 환경을 이용하는 자는 그 환경의 이용료를 지급하여야 한다는 원칙을 말한다.

수익자부담의 예로는 상수원의 보호를 위한 비용의 일부를 수익자에게 분담시키는 물이용부담금제도를 들 수 있고, 이용자부담의 예로는 수질개선부담금을 들 수 있다.

## III. 협동의 원칙

협동(協同)의 원칙이란 환경보전의 과제를 달성하기 위하여 국가, 지방자치단체 및 사회가 협동하여야 한다는 원칙을 말한다. 국가와 지방자치단체가 상호 협력하여

[83] 오염원인자의 개념과 그 범위설정과 관련하여 4가지 입장이 대립하고 있다. 첫째는 형식적 생활관계설로 원인자는 외형적인 생활관계의 장소적 범위 내에서 오염물질을 방출하게 된 모든 자를 말한다고 하는 견해이다. 이에 의하면 소비관련 오염의 경우 항상 소비자는 원인자이고, 생산자는 아니게 된다. 둘째는 사실상의 지배영역설로 원인자는 사실상의 생활지배범위에서 오염이 발생하게 되는 모든 자라는 견해이다. 소비와 관련되어 생기는 오염의 경우에는 물론 소비자가 원인자가 되나 상품의 소비과정에서 일어나는 오염을 줄이기 위해 생산자에게 가하는 조치들은 실제적인 이유로 원인자부담의 원칙의 간접적 적용으로 본다. 셋째는 정책대상으로서의 적합지위설로 원인자는 오염의 원인을 야기하고 국가적 목표구상에 따라 오염을 방지, 제거, 보전할 수 있는 모든 자라고 하는 견해이다. 이 견해에 의하면 실제 원인자는 환경정책의 적정한 규율대상의 위치에 있는 자이다. 원인자는 환경친화적인 제품생산, 행태유도, 오염제거의 실제가능성, 비용부담에 의한 사후영향 등을 고려하여 정해지는 것이지 개념적으로 사전에 특정될 수 없다고 한다. 넷째는 인과연쇄에의 참여설로 원인자는 연속적인 인과관계의 연쇄 속에서 오염과정에 참여하거나 그 요인을 부담한 모든 자가 된다. 이 견해에 의하면 소비관련 오염의 경우 생산자뿐만 아니라 소비자도 원인자가 된다. 환경법의 영역에서는 환경오염으로 인한 1회적인 침해의 제거가 문제가 아니라 사회구성원들의 총체적인 사회경제 행태개선이 전면에 등장하게 되므로, 결국 어떠한 내용 및 범위로 원인자책임의 원칙을 구체화할 것인지는 환경정책적인 문제로서 입법자의 형성의 자유에 속하는 것이라 하겠다(윤서성, "오염자부담원칙의 적용에 대한 고찰,"『환경법 연구』, 10(89. 5), 25~26면).

야 하며 지방자치단체 상호간에도 협력하여야 하고 또한 국가, 지방자치단체와 국민, 사업자가 협력하여야 한다. 환경보전은 국가의 힘만으로는 달성될 수 없으며 국가와 국민, 사업자 등의 협력을 통해서만 달성될 수 있다. 환경정책기본법 제5조 및 제6조 는 사업자와 국민이 국가·지방자치단체의 환경보전시책에 협력하여야 한다고 규정 함으로써 이 원칙을 명시적으로 표명하고 있다.

오늘날 각종 국가행정작용분야 중에서 법의 집행결함이 가장 심각한 분야가 환 경법분야라고 할 수 있는데, 환경법규들은 그것이 제정되어도 제대로 집행되거나 준 수되지 않아서 그 실효성이 낮은 것이 특징이다. 그러므로 환경행정분야는 사회구성 원 모두의 협력이 절실하게 필요한 분야이고 국민의 적극적이고 실천적인 협력이 없 이는 환경보전이라는 목적은 달성하기 어렵기 때문에 협동의 원칙은 중요한 의미를 지닌다.

협동의 원칙은 행정절차나 입법과정 등 환경정책의 형성과정에 이해관계인의 참가를 보장하고 정보에의 자유로운 접근 기회를 보장할 것을 요청한다. 국가의 환 경보전정책의 목적이 제대로 달성되기 위해서는 환경정책의 형성과정에 이해관계인 등이 참여할 수 있어야 하고, 환경관련정보 등이 폭넓게 국민에게 제공되어야 한다. 행정절차법과 정보공개법 등이 제정된 것은 이러한 협동의 원칙의 요청에 부응하는 것이라고 하겠다.

리우 선언도 제11원칙에서 "환경문제는 적절한 수준의 모든 관계 시민들의 참 여가 있을 때 가장 효과적으로 다루어진다. 국가차원에서 각 개인은 지역사회에서의 유해물질과 처리에 관여할 수 있는 기회를 부여받아야 한다. 각 국가는 정보를 광범 위하게 제공함으로써 공공의 인식과 참여를 촉진하고 증진시켜야 한다"는 것을 규정 하고 있다.

폐기물관리분야에서 특히 협동의 원칙이 중요한 의미를 지닌다. 폐기물의 처리 에 있어서는 폐기물의 적정한 분리수거가 중요한데 분리수거는 국민의 협조(폐기물관 리법 제15조)가 절대적으로 중요하며 폐기물처리시설의 설치 및 운영에 있어 주민의 협조가 필요하다. 오늘날 폐기물처리에 있어서 제조자의 역할이 강조되고 있다. 폐기 물을 발생시키는 제품을 만드는 제조자가 폐기물의 발생을 줄이고 재활용이 용이하 도록 제품을 만드는 것이 중요하며 재활용에 있어서도 제품에 관하여 전문지식이 있 는 제조자의 역할이 중요하다. 또한 국민의 환경의식이 제고되어 소비자가 제품을 구입할 때 환경적 요소를 고려하면 환경친화적인 제품의 생산이 촉진될 것이다. 이 를 위하여 제품에 대한 정보가 소비자에게 공개되어야 한다.

## Ⅳ. 기    타

### 1. 사전배려의 원칙(precautionary principle)

#### (1) 사전배려원칙의 의의
사전배려원칙은 규제를 하지 않으면 회복할 수 없는 심각한 환경파괴의 결과를 가져올 가능성이 있는 경우에는 그 결과의 발생에 대한 과학적 입증이 존재하지 않는 경우에도 사전배려(事前配慮)의 차원에서 조치가 취해지거나 금지가 내려져야 한다는 원칙을 말한다. 사전예방의 원칙이라고도 한다.

사전배려의 원칙은 예방의 원칙과 동일한 것 또는 예방의 원칙에 포함되는 것으로 사용되기도 하지만 엄격히 말하면 예방의 원칙과 구별하여야 한다. 사전배려의 원칙은 예방의 원칙에 의해 요구되는 것에서 한 걸음 더 나아간 환경규제입법의 접근방식을 말한다. 사전배려의 원칙은 추상적 환경위험에 대한 규제의 법이론적 근거가 된다.

리우선언 원칙 15는 "심각한 또는 회복 불가능한 손상의 위협이 있는 경우에는 완전한 과학적 확실성이 결여한다는 사실이 환경파괴를 방지하는 비용절약적인 조치의 실시를 지연시키기 위한 이유로 이용되어서는 안 된다"라고 선언하고 있다.

생물다양성협약, 기후변화협약, 몬트리올의정서 등 많은 국제환경협약이 이 원칙에 근거하고 있다. 유전자재조합식품에 대한 규제도 사전배려의 원칙에 입각하고 있다.

오늘날 사전배려원칙은 보건 및 식품안전분야로 확대되고 있다. 유전자재조합식품에 대한 규제는 환경의 보호를 위한 것이기도 하지만 건강의 보호가 특히 고려되고 있는 대표적인 예이다. 광우병에 대한 규제, 휴대전화의 전자기파에 대한 규제, 살충제에 대한 규제도 사전배려원칙이 적용될 수 있는 분야로 들어지고 있다.

#### (2) 사전배려원칙의 적용요건
##### 1) 과학적 불확실성이 존재할 것
사전배려조치가 요구되던 당시의 과학기술의 지식에 비추어 위험의 존재 여부 또는 위험과 피해발생 간의 인과관계에 대한 상당한 정도의 과학적 불확실성이 존재하여야 한다.
##### 2) 최소한의 과학적인 근거
사전배려원칙을 적용하기 위하여는 위험 및 위험의 실현과정에 대한 최소한의 과학적인 분석이 행해져야 한다.
##### 3) 수긍할 수 있는 위험의 존재
위험의 확실성(개연성)은 요구되지 않지만, 그 위험은 수긍할 수 있는(과학적으로 옹호될 수 있는) 것이어야 한다.

### 4) 수인가능성이 없을 것

사전배려원칙이 적용되기 위하여는 그 위험이 도덕적으로 인간의 보호 및 환경의 보호의 관점에서 수인할 수 없는 것이어야 한다.

### 5) 손해가 중대하고, 회복할 수 없는 것일 것

일반적으로 사전배려원칙이 적용되기 위하여는 발생가능한 손해가 중대하여야 하고, 회복할 수 없는 것이어야 한다고 본다. 달리 말하면 손해가 발생한 후에 개입하는 것은 너무 늦은 것으로 인정되어야 한다.

### 6) 비례의 원칙

사전배려조치가 비례의 원칙에 합치하여야 한다.

### (3) 사전배려조치의 내용

사전배려원칙은 불확실한 위험에 대처하는 원칙이므로 우선 위험에 대한 분석을 행하여야 한다. 다음으로 그 위험을 감소할 수 있는 해결책을 도출하여야 한다. 그리고 위험발생의 시나리오를 비교하여야 하고, 적절한 사전배려조치를 결정하여야 한다. 그리고, 불확실성을 제거하기 위한 연구를 계속하여야 하고, 상황을 주시하고, 필요한 경우 조치를 적응시키고 수정하여야 한다.

사전배려원칙은 불확실한 위험을 규제하는 것이므로 통상 절차적 규제가 실체적 규제보다 선호된다.

## 2. 지속가능한 개발의 원칙(sustainable development principle)

지속가능한 개발의 원칙은 개발을 함에 있어서 환경을 고려하여 환경적으로 건전한 개발을 하여야 한다는 원칙을 말한다. 지속가능한 개발은 세계환경개발위원회(WCED)가 1987년 4월 발표한 '우리의 공동의 미래(Our Common Future)'라는 보고서(Brundtland Report)에서 등장한 이래 환경정책의 새로운 이념으로 정립되었고, 그 후 1992년 6월 브라질의 리우에서 개최된 UN환경개발회의(UNCED)의 '환경과 개발에 관한 리우선언'에서 중심 테마가 되어 새로운 국제질서로는 물론 각국의 환경정책 이념으로 정립되었다. 이 후 2002년 8월 말 남아프리카공화국의 요하네스버그에서는 '지속가능한 개발을 위한 지구 정상회의(WSSD)'가 개최되었는데 요하네스버그회의에서는 리우회의에 따른 각종 실행성과를 점검하고, '지속가능한 개발'을 위한 실천적 내용들이 보다 심도 있게 논의되었다.

지속가능한 개발의 원칙은 환경의 향유 또는 자원이용에 있어서 세대간의 형평성의 보장, 현 세대에 있어서 개발과 환경의 조화를 내용으로 한다. 오늘날 지속가능한 개발의 원칙은 환경정책 및 환경법의 기본원리로 인식되며 개별 환경법분야와 거기서 추구되는 다양한 환경정책수단을 통하여 구체화되고 있다.

우선 「환경정책기본법」은 제1조, 제2조 등을 통하여 모든 국민이 건강하고 쾌적한 환경에서 생활할 수 있는 터전을 마련하고 환경의 이용에 있어 환경보전을 우선적으로 고려하도록 하며, 환경의 혜택이 현재 세대에 의해 널리 향유되도록 하고 미래의 세대에 계승될 것을 요구함으로써 지속가능한 개발의 원칙의 요구를 대부분 반영하고 있다.

지속가능한 개발의 원칙을 실현하기 위하여 「지속가능발전법」과 「저탄소 녹색성장 기본법」이 제정되어 있다.

이러한 「환경정책기본법」, 「지속가능발전법」 및 「저탄소 녹색성장 기본법」의 이념과 정신을 받아 지속가능한 개발의 원칙을 실현시키기 위하여 정부는 환경영향평가제도, 개발규제에 대한 환경규제의 통합 등 다양한 환경정책수단들 안에 동 원칙을 반영하고 있다. 현행 환경영향평가법은 제1조에서 "이 법은 환경에 영향을 미치는 계획 또는 사업을 수립·시행할 때에 해당 계획과 사업이 환경에 미치는 영향을 미리 예측·평가하고 환경보전방안 등을 마련하도록 하여 친환경적이고 지속가능한 발전과 건강하고 쾌적한 국민생활을 도모함을 목적으로 한다"고 규정하여 환경법의 기본원리로서의 지속가능한 개발의 원칙을 분명히 하고 있다.

## 3. 정보공개 및 참여의 원칙

오늘날 환경행정정책의 목적달성을 위한 수단의 하나로 특히 요청되고 있는 것이 환경정보의 공개와 환경행정에 대한 주민의 참여이다. 이는 기본적으로 환경정책에 대한 국민 내지 지역주민의 수용을 제고시키고 폐기물처리에 대한 국민 내지 주민의 협력을 증대시키기 위하여 요청되고 있다.

이외에도 국민의 권리의 보호와 민주주의의 요청으로부터도 요청된다. 환경상 조치는 인근주민의 건강이나 재산에 중대한 영향을 미칠 수 있으므로 인근주민의 권익의 보호를 위해서도 환경행정에 대한 주민의 참여 및 환경정보에 대한 국민의 접근이 필요하다.

환경정보공개 및 주민참여의 원칙은 환경상 조치에 관한 정보의 공개, 환경오염시설의 설치에 대한 의견진술이나 협의, 환경오염시설의 감시, 환경계획의 수립에 대한 주민의 참여를 내용으로 한다. 폐기물정보의 공개 및 주민참여의 원칙은 공공기관의 정보의 공개 및 행정에 대한 참여뿐만 아니라 사업자나 제조자가 가지는 정보의 공개 및 사업자의 환경관련 활동에 대한 참여를 포함한다.

현행법상 환경행정에 대한 주민의 참여는 아직 제한적으로만 인정되고 있을 뿐이다. 선진국과 달리 환경단체의 참여가 거의 인정되고 있지 않은 점도 문제이다. 환경정보의 공개에 관하여 일반 정보공개와 달리 특별한 규율을 하고 있지 않다. 그러나, 독일에서는 환경정보공개법이 제정되어 있다.

### 4. 존속보장의 원칙(악화금지의 원칙)

존속보장의 원칙이라 함은 환경을 현재 상태 그대로 보전하여야 한다는 원칙이다. 환경은 상호간의 조화를 이루고 있고, 환경은 침해되면 회복하기 어렵기 때문에 현재 상태를 보전하는 것이 중요하다.

존속보장의 원칙은 현재 상태를 악화시키지 않을 것을 요구하는 악화금지의 원칙으로도 이해된다.

# 제 3 절  환경규제수단

## Ⅰ. 정책수단

환경정책수단으로는 법령(예, 환경정책기본법), 환경계획 등이 있다. 환경정책기본법은 제14조 이하에서 환경계획을 수립하도록 하고 있다. 중요한 점은 이와 같이 수립된 환경정책 및 환경계획이 환경부 이외의 다른 부처의 사업에 반영되어야 한다는 점이다. 이를 보장하는 수단이 환경영향평가법상의 전략환경영향평가이다.

## Ⅱ. 정책집행수단

### 1. 직접적 규제수단

행정기관이 환경규제목적을 직접적으로 달성하기 위하여 상대방에 대하여 직접 행하는 규제수단이다. 직접적 규제에 있어서는 규제목적을 달성하기 위한 실행조치를 행정기관이 결정한다. 그 중 전형적인 것은 상대방에 대하여 명령하고 강제하는(command and control) 권력적 수단이다.

직접적 규제수단은 제대로 집행되는 경우에는 규제목적을 효과적으로 달성하는 유효한 수단이 되지만, 감독과 단속이 철저하지 못한 경우에는 실효성 있는 제도가 되지 못한다. 그런데, 감시와 단속에는 많은 비용이 들어가고, 인간의 능력에도 한계가 있으므로 직접적 규제수단에는 일정한 한계가 있게 된다.

그리하여 오늘날 오염자를 유인하는 경제적 수단의 확대가 모색되고 있다. 그러나, 후술하는 바와 같이 경제적 수단에도 일정한 한계가 있다. 따라서 직접적 규제수단과 경제적 수단이 적절히 조화를 이루어야 한다. 또한 직접적 규제수단이면서 아울러 유인적 성격을 갖는 수단도 있다.

직접적 규제수단으로는 환경기준의 설정, 지역지구제, 법규위반에 대한 제재수단으로서의 허가취소, 조업정지, 시설개선명령, 위법시설에 대한 폐쇄조치, 배출부과금, 공급거부(전기 또는 수도의 공급거부), 행정벌, 형사벌 등이 있다. 이 중 환경기준, 배출허용기준과 배출부과금만을 논하기로 한다.

### (1) 환경기준
### 1) 의    의
환경기준(ambient standard)이라 함은 국민의 건강을 보호하고 쾌적한 환경을 조성하기 위하여 설정하는 환경의 질적 수준을 말한다.

환경정책기본법 제12조 제1항은 "국가는 환경기준을 설정하여야 하며 환경여건의 변화에 따라 그 적정성이 유지되도록 하여야 한다"고 규정하고 있고, 제13조는 국가 및 지방자치단체의 환경기준의 유지의무에 관하여 규정하고 있다.

환경기준은 행정의 노력목표를 나타내는 지표에 불과하고 직접 국민의 구체적인 권리의무를 규정하는 법규로서의 성격을 갖는 것은 아니다. 국민에 대한 직접적인 규제는 규제기준으로서의 배출기준에 따라 행하여진다. 따라서 환경기준은 배출허용기준과 구별되어야 한다. 배출허용기준은 오염물질배출시설에서 배출되는 오염물질의 허용한도를 말한다. 이러한 배출허용기준은 배출오염물질의 최대허용농도로서 ① 법적 구속력이 있는 규제기준이고, ② 사업장의 경영자 또는 관리자를 수범자로 하며, ③ 그 위반시에는 제재가 가하여지는 특성을 지닌다. 이에 대하여 환경기준은 ① 행정목표 내지 지향점에 불과한 것으로서 법적 구속력을 갖지 않으며, ② 국가 또는 지방자치단체를 수범자로 하여 ③ 기준이 준수되지 않는 경우에도 처벌의 대상이 되지 않는다고 할 수 있다.[84]

현행 환경정책기본법 제12조 제2항은 환경기준을 대통령령으로 정하도록 하고 있는데, 동법 시행령 제2조 [별표]는 기본적으로 오염매체별로 전국적인 환경기준을 정하고 있다. 특별시·광역시·도·특별자치도는 지역의 환경적 특수성을 고려하여 필요하다고 인정할 때에는 해당 시·도의 조례로 제1항에 따른 환경기준보다 확대·강화된 별도의 환경기준(지역환경기준)을 설정 또는 변경할 수 있다(환경정책기본법 제10조 제3항).

---

84) 전병성, "우리나라 환경법의 발전과 환경정책기본법의 제정," 『환경법연구』, 제14집(1992), 98면.

환경기준은 생활환경 및 국민의 건강에 대한 영향과 현재의 여건(또는 실현가능성)(현재의 기술수준, 경제적 여건)을 고려하여 결정된다.

### 2) 법적 성격

환경기준은 행정기관이 달성하고 유지하도록 노력하여야 하는 목표로서의 성질을 갖는다. 환경기준은 행정상 달성되어야 할 목표이며 원칙상 사업자에게 직접 법적 의무를 부과하는 것은 아니다.

그러나, 다음과 같은 경우에는 사업자에 대하여 간접적으로 법적 구속력을 미친다. ① 환경영향평가에 있어서 평가기준이 된다(환경영향평가법 제5조 제1호), ② 배출시설설치제한사유의 하나가 된다(물환경보전법 제33조 제5항), ③ 총량규제의 실시근거의 하나로 규정되어 있는 경우가 있다(물환경보전법 제4조 제1항, 대기환경보전법 제22조).

### (2) 배출허용기준(emission standards)

#### 1) 의    의

배출허용기준(排出許容基準)이라 함은 오염물질배출시설에서 배출되는 오염물질의 배출농도 또는 배출량의 한계기준(최대허용기준)을 말한다. 오염물질배출허용기준은 환경기준, 자연의 자정능력, 과학기술수준, 경제적 요소를 고려하여 결정된다.

배출시설에서 배출되는 오염물질의 배출허용에 관한 전국적인 기준은 환경부장관이 부령으로 정한다(대기환경보전법 제16조 제1항, 물환경보전법 제32조 제1항). 수질오염물질의 배출허용기준은 환경부령 제8조 별표 5에 규정되어 있다. 생물화학적산소요구량(BOD), 화학적산소요구량(COD), 부유물질량(SS) 및 수질오염물질별로 배출허용기준이 설정되어 있는데, 수역이용상황, 오염원분포 등을 감안하여 지역별(청정지역, 가지역, 나지역, 특례지역)로 차등을 두어 설정되어 있다.

시·도는 환경부장관의 권한이 시·도지사에게 위임된 경우에 지역적인 상황을 고려하여 보다 엄격한 배출허용기준을 정할 수 있고(대기환경보전법 제16조 제3항, 물환경보전법 제32조 제3항), 특별대책지역에 있어서도 보다 엄격한 배출허용기준이 정해질 수 있다(대기환경보전법 제16조 제5항, 물환경보전법 제32조 제5항).

### 2) 배출허용기준의 법적 성격과 기준 위반에 대한 제재

배출허용기준은 그 준수가 요구되는 법적 구속력 있는 기준이다. 이 기준을 위반하면 법상 각종 제재(초과배출부과금의 부과, 배출시설가동중지명령, 배출시설의 개선명령(대기환경보전법 제33조), 배출시설이전명령, 배출시설설치허가취소, 배출시설폐쇄명령 등)가 가해진다.

### (3) 배출부과금

배출부과금(排出賦課金)이란 일반적으로 일정한 배출허용기준을 초과하는 공해배출량이나 잔류량에 대하여 일정단위당 부과금을 곱하여 산정되는 금전적 급부의무를 부과함으로써 환경오염을 방지하기 위한 수단을 말한다. 배출부과금은 대기환경보전법(제35조), 수질 및 수생태계 보전에 관한 법률 제41조 등에서 규정하고 있다.

배출부과금은 경제적 이득을 가져오는 행정법상의 의무 위반에 대하여 가해지는 금전상의 제재수단으로서의 과징금의 성격, 의무이행확보수단으로서의 성격과 시장유인적 규제수단으로서의 의미를 아울러 가지고 있다. 또한, 배출부과금은 배출허용기준을 초과하여 오염물질을 배출한 경우에 배출자가 그로 인하여 오염된 환경의 처리비용을 부담하도록 하는 원인자부담금의 성격을 갖기도 한다.

배출부과금은 조세와 비슷하여 공해배출세로도 불리고 있으나 일정한 환경기준을 초과하는 오염물질의 배출사실에 대한 제재로서 부과되는 점에서는 조세와 다르다.

배출부과금에는 기본배출부과금과 초과배출부과금이 있다.

기본(배출)부과금은 배출허용기준을 초과하지 않은 오염물질의 배출에 대하여도 원인자부담의 원칙에 입각하여 환경비용부담을 원인자에게 부과함으로써 외부비용을 내부화하는 원인자부담금의 일종이다.

초과(배출)부과금은 배출허용기준을 초과한 경우에 사업장의 규모, 배출허용기준을 초과한 오염물질배출량과 배출농도 등에 따라 부과하는 금액을 말한다.

기본부과금 부과대상은 수질에 2종(유기물질, 부유물질)이고 대기에 2종(황산화물, 먼지)이며, 초과부과금 부과대상은 수질에 유기물질, 부유물질, 카드뮴 및 그 화합물 등 19종, 대기에 황산화물, 암모니아, 황화수소 등 9종이다.

## 2. 간접적 규제수단

간접적 규제수단이라 함은 수범자가 행하여야 할 행위를 국가가 엄격하게 정하는 것이 아니라 수범자의 결정에 영향을 미쳐 수범자의 행위를 규제목적을 달성할 수 있도록 유도하는 수단이다. 정보제공·권유·경고 등 행정지도, 환경협상, 환경심사제, 경제적 수단 등이 있는데 그 중 주된 것은 경제적 규제수단이다.

경제적 규제수단은 가격 메커니즘을 통하여 오염물질 배출자의 오염물질을 줄이려는 자주적 노력을 유도하여 환경의 보전과 개선을 도모하는 규제수단이다. 즉 환경을 악화시키는 행위에 대하여는 그에 대응한 경제적인 부담을 부과하고 역으로 환경을 보전하는 행위에 대하여는 이익을 주는 것과 같은 경제적 유인(economic incentive)을 두어 이익을 추구하는 개인의 자유로운 활동을 통하여 환경의 보전을 도모하고자 하는 것이다.

경제적 규제수단은 다음과 같은 장점을 가진다. 생산자원을 환경비친화적 생산

방식으로부터 환경친화적 생산방식으로 재분배하는 효과가 있고, 환경기술개발을 촉
진할 수 있다. 또한, 경제적 규제수단은 시행상의 신축성이 높다. 예를 들면, 기업이
환경규제기준을 충족시키지 못하는 경우에도 부과금만 내면 조업단축 또는 중단 등
의 과도한 조치를 당할 우려가 없고 추후 점진적으로 환경시설투자를 할 수 있다.

　　그러나, 경제적 수단에도 일정한 한계가 있다. 즉, 경제적 동기에 의해 기업이나
소비자가 환경오염을 저감하도록 유도할 수는 있지만 환경침해행위를 금지하는 것은
아니다. 따라서, 국민의 생명과 건강을 보호하기 위하여 필요한 최소한도의 환경의
유지를 위하여 직접적 규제가 행해질 수밖에 없다.

### (1) 보조금 등 재정상 지원

　　환경개선을 위한 투자에 보조금 등 재정상 지원을 하는 경우가 있다. 이는 환경
보전을 위한 유력한 행위유인적 수단으로서 다수의 개별법에 이에 관한 규정이 있
다. 환경정책기본법 제3장의 재정적 조치에 관한 조항들이 대표적인 예이다. 동법 제
54조에서는 환경보전을 위한 시책의 실시에 필요한 법제상·재정상의 조치에 관하
여, 제55조에서는 지방자치단체에 대한 재정지원에 관하여, 제56조에서는 사업자의
환경관리 지원에 관하여 규정하고 있다. 그리고 폐기물관리법에서도 폐기물처리시설
설치비용의 지원에 관한 규정을 두어 국가나 지방자치단체의 장은 필요하다고 인정
하면 폐기물처리시설을 설치하려는 자에게 그 설치에 대한 재정적인 지원을 할 수
있다고 정하고 있다(동법 제57조).

　　그러나, 공해기업에 대한 공해대책비 보조는 오염자부담의 원칙에 반하며 공정
한 경쟁을 저해할 수 있다. 또한 오늘날 국제간의 공정한 경쟁을 저해하는 환경보조
금에 대하여는 국제적으로 규제가 가해지고 있다.

### (2) 예치금제도

　　예치금제도(預置金制度)란 재활용이 가능한 폐기물에 대하여 제품 생산자 또는
유통업자에게 제품의 회수의무를 부과하고 그 회수의무의 담보로서 폐기물 처리비용
의 일정율을 국가에 예치하도록 하고 폐기물을 회수한 경우에 회수된 폐기물에 상응
하여 예치한 금액을 반환하여 주는 제도를 말한다. 예치금제도는 주로 폐기물의 수
집이 가능하고 재활용이 가능한 경우에 활용되는 제도로 구 자원의 절약과 재활용촉
진에 관한 법률 제18조에 의해 규정되었는데, 현재는 생산자책임재활용제도에 의해
대체되었다.

　　예치금이 부담금과 다른 것은 부담금에서와 달리 예치금대상품목은 제조자 등에
게 회수의무가 부과되고 회수량에 비례하여 예치금을 반환하여 주는 점이다.

예치금제도가 환경정책의 수단으로 등장한 이유는 이 수단을 통하여 쓰레기의 양을 상당히 줄일 수 있고 자연환경에 독성물질의 유입을 차단하는 데 효과가 있기 때문이다.

예치금제도의 장점은 오염물질배출자에게 배출된 오염물질을 재활용하고, 재생하여 다시 사용하게 할 동기를 부여하고, 폐기물의 발생량을 줄임으로써 환경오염방지라는 목표를 달성할 수 있게 한다는 것이다. 그리고 부담금과는 달리 제품의 가격체계의 변동을 가져오지 않으므로 시장기구의 가격기능을 왜곡시키지 않는다. 그러나 예치금제도는 폐기물 가격을 고려하여 적정한 예치금의 수준을 책정하기가 곤란하다는 단점이 있다.

예치금제도는 제품에 대하여 적용되기 때문에 국내제품이나 수입품에 모두 적용될 수 있고, 외국기업보다 국내기업에 더 유리하게 작용한다. 따라서, 예치금은 외국기업의 회수망 구축의 어려움으로 인하여 높은 시장진입장벽으로 이용될 수 있다.

### (3) 생산자책임재활용제도

생산자책임재활용제도(EPR: Extended Producer Responsibility)는 제품생산자나 포장재를 이용한 제품의 생산자에게 그 제품이나 포장재의 폐기물에 대하여 일정량의 재활용의무를 부여하여 재활용하게 하고, 이를 이행하지 않을 경우 재활용에 소요되는 비용 이상의 재활용부과금을 생산자에게 부과하는 제도를 말한다. 종전의 생산자들은 재활용이 쉬운 재질, 구조의 제품을 생산하여 이를 판매하는 시점까지만 책임을 지고, 사용 후 발생된 폐기물은 소비자의 책임이었으나, 생산자책임재활용제도의 시행으로 이제는 사용 후 발생되는 폐기물의 재활용까지 생산자가 책임을 지게 되었다.

생산자책임재활용제도를 도입하게 된 배경은 오늘날 대량생산·대량소비체계하에서 폐기물 감량 및 재활용을 확대 강화해 나감으로써 매립·소각을 단계적으로 줄이고 자원순환형 사회를 형성해 나가기 위해서는 정부와 소비자의 책임 외에 생산자에게 제조·판매한 제품에 대한 회수·재활용 책임을 부여할 필요가 있기 때문이다.

이 제도는 독일, 프랑스, 영국 등 대부분의 서부유럽국가들과 헝가리, 체코 등 동부유럽, 일본, 호주, 뉴질랜드, 멕시코, 브라질, 페루 등 세계 여러 나라에서 실시하고 있는 제도이다. 우리나라의 경우에는 지난 1992년부터 금속캔, 유리병, 전자제품 등에 대해서 생산자가 출고량 전체에 대해 재활용 비용을 예치하도록 한 후 재활용 실적에 따라 이를 환급하는 '폐기물예치금제도'를 운영하여 왔었는데, 이를 보완·개선하여 생산자책임재활용제도를 도입하게 된 것이다.

자원의 절약과 재활용촉진에 관한 법률 제16조 제1항은 '생산·유통단계에서 재질·구조 또는 회수체계의 개선 등을 통하여 회수·재활용을 촉진할 수 있거나 사용

후 발생되는 폐기물의 양이 많은 제품·포장재 중 대통령령이 정하는 제품·포장재의 제조업자나 수입업자(포장재는 포장재를 이용한 제품의 판매업자를 포함하되, 대통령령으로 정하는 업종 및 규모의 사업장을 운영하는 자로 한정한다. 이하 '재활용의무생산자'라 한다)는 제조·수입하거나 판매한 제품·포장재로 인하여 발생한 폐기물을 회수하여 재활용하여야 한다'라고 규정하고 있다. 재활용의무생산자(빈용기재사용생산자는 제외한다)는 제1항에 따른 재활용의무를 공동으로 이행하기 위한 분담금을 제27조에 따른 재활용사업공제조합에 내야 한다. 다만, 폐기물을 직접 회수하여 재활용하는 경우 또는 위탁하여 회수·재활용하는 경우에는 회수·재활용량에 비례한 금액을 그 분담금에서 공제한다(제16조 제2항). 환경부장관은 재활용의무생산자가 제16조에 따른 의무를 이행하지 아니하거나 제27조에 따른 재활용사업공제조합이 조합원의 재활용의무를 대행하지 아니하는 경우에는 재활용의무량 중 재활용되지 아니한 폐기물의 재활용에 드는 비용에 그 100분의 30 이하의 금액을 더한 금액(이하 "재활용부과금"이라 한다)을 재활용의무생산자나 재활용사업공제조합에 부과하여 징수한다(제19조).[85]

### (4) 부담금제도

부담금(負擔金)이란 국가 또는 공공단체가 특정한 공익사업에 충당하기 위하여 그 사업과 특별한 관계가 있는 자에 대하여 과하는 금전지급의무를 말한다. 공익사업과의 관계에 따라 수익자부담금, 원인자부담금 및 손궤자부담금이 있다.

폐기물처리부담금은 재활용 또는 회수가 곤란한 폐기물에 대하여 처리비용의 일부를 생산자 또는 유통업자가 부담하도록 하는 제도이다. 폐기물부담금은 오염자부담의 원칙에 근거하여 부과하는 것으로 환경부하가 높은 제품에 대하여 제품의 가격에 환경비용을 내재화시켜 환경비용의 합리적 배분을 도모하며 부담금으로 징수된 기금은 환경적으로 우선순위가 높은 곳에 환경개선비용으로 사용된다.

오늘날 폐기물의 처리비용은 수익자부담의 원칙에 근거하여 수익자가 부담하도록 하는 것이 타당하다. 이것이 정의의 원칙에 합치하며 폐기물의 감량에도 기여한다. 부담금을 부과함에 있어서 환경에 미치는 영향에 따라 부담금을 달리함으로써 생산자나 유통업자가 환경친화적인 제품이나 포장재를 생산·사용하도록 유도할 수

---

85) 환경부는 생산자책임재활용제도의 기반 마련을 위하여 2000년부터 전자제품, 금속캔 등 7개 품목에 대해 사업자단체와 자발적 협약을 체결, 생산자책임재활용제도 시범사업을 실시하여 왔고, 재활용 기반이 미약한 플라스틱에 대해서 2002년 3월 관련업계와 재활용기반구축 합의서를 체결하고 재활용사업기금 120억을 조성하여 유화(油化) 및 고형연료화(RDF: Refuse, Derived Fuel)에 대한 시범사업을 실시하여 왔다. 2002년 2월 자원의절약과재활용촉진에관한법률이 통과된 이후, 생산자재활용 대상품목, 품목별 재활용비용 등 세부 시행방안 확정 과정에서 관련업계, 재활용단체, 전문가, 민간단체 등의 의견수렴을 거쳐 시행령을 확정하였다.

도 있을 것이다.

수익자란 생산자, 유통업자, 소비자를 말한다. 이들 3자 사이에 폐기물 처리비용
이 적절히 분담되어야 한다. 현재 부담금요율이 실처리비용에 비하여 너무 낮은 문
제가 있다. 이는 결국 폐기물의 처리비용을 국민이나 소비자로 하여금 높게 분담하
게 하는 결과를 가져온다.

### (5) 과징금제도

과징금(課徵金)이란 원래 행정법상의 의무의 위반으로 경제적 이익을 얻을 것이
예정되어 있는 경우에 당해 의무위반으로 인하여 얻게 되는 불법적 이익을 박탈하기
위하여 그 이익액에 따라 과하여 의무위반에 따른 불법적 이익을 박탈함으로써 간접
적으로 의무이행을 강제하는 효과를 갖는 일종의 행정제재금이다.

과징금은 행정법상 의무위반에 대한 금전적 제재라는 점에서 벌금·과태료와 다
를 바 없으나, 행정청에 의해 부과되는 것이라는 점, 징수된 과징금은 당해 행정분야
의 목적을 위해서만 사용될 수 있도록 제한을 받는 경우가 많다는 점 등에서 행정벌
과 다르다.

그런데 오늘날 행정법규위반을 이유로 영업정지처분을 내려야 하는 경우에 그
사업의 공익성을 고려하여 영업정지를 내리지 않고 사업을 계속하게 하되 사업을 계
속함으로써 얻게 되는 이익을 박탈하는 제도로 과징금제도가 활용되고 있는데 이를
전형적인 과징금에 대하여 변형된 과징금이라 한다. 이러한 변형된 과징금은 점차
일반화되어 가고 있다.

예컨대, 대기환경보전법 제37조에서는 조업정지를 명하여야 하는 경우로서 그 조업정지가 주민의
생활, 대외적인 신용·고용·물가 등 국민경제, 그 밖에 공익에 현저한 지장을 줄 우려가 있다고
인정되는 경우 등 그 밖에 대통령령으로 정하는 경우에는 조업정지처분을 갈음하여 2억원 이하의
과징금을 부과할 수 있도록 하고 있고, 징수한 과징금은 환경개선특별회계법에 의한 환경개선특
별회계의 세입으로 한다고 규정하고 있다.

이러한 과징금제도는 다음과 같은 경우에도 활용될 수 있을 것이다. 즉, 환경오
염이 높은 폐기물을 발생하는 제품도 당장 사용을 금지할 수는 없다. 그리하여 이러
한 경우에는 그러한 제품의 사용을 허용하면서 그 제품에 일정한 과징금을 부과하여
그러한 제품의 생산과 소비를 억제하고 보다 환경친화적인 제품을 생산하고 소비하
도록 유도하는 것이 필요하다.

### (6) 환경세

환경의 보전을 위하여 부과되는 세금을 환경세라 한다. 환경세(環境稅)의 개념에

대해서는 아직 합의된 정의가 있는 것은 아니지만 환경과 조세가 결합된 개념으로서 내용적으로 조세의 징수를 환경에 결부시켜 조세의 정당성을 얻고자 하는 것이다.

환경세의 정당성은 환경친화적 행위를 유도하고, 환경보전을 위한 재정확보에 기여한다는 점에서 찾을 수 있으며 환경오염을 원인자에게 부과시켜야 한다는 사고에서 출발하고 있다.

일반적으로 광의의 환경세와 협의의 환경세로 나누어 설명할 수 있다. 광의의 환경세는 환경보전을 목적으로 도입되었는지 혹은 다른 목적으로 도입되었는지에 상관없이 결과적으로 환경보전에 일정한 역할을 하는 모든 조세, 즉 에너지세, 자동차세, 특별소비세, 환경관련 예치금, 부담금, 보조금 등을 포함하는 개념이다.

우리나라의 경우 오염자에 대한 세금이라는 용어보다는 부담금이나 부과금 같은 용어를 사용하고 있는데, 이러한 환경관련 부담금이나 부과금 또는 예치금 같은 경제적 유인제도는 오염행위 등에 강제적으로 부과된다는 점에서 광의의 환경세 개념으로 분류할 수 있다. 외국의 선행연구들을 보면 이와 같은 형태의 지출을 광범위한 형태의 환경세로 인식하고 있다. 협의의 환경세는 환경보전을 목적으로 부과되는 조세로 탄소세나 에너지세와 같이 일반조세의 형식으로 부과되는 조세 등이 여기에 해당한다. 이러한 환경세에 의하여 환경세 납세의무자의 일부는 환경세 납부를 줄이기 위해 환경오염을 적게하는 동기를 부여받는다.

환경세는 관련자에게 환경보호적 행위를 유도하는 기능을 갖고 아울러 환경재정수입의 증대에 기여한다.

환경세에는 환경재정세, 환경이용세, 환경조정세 및 환경유도세가 있다.

### 1) 환경재정세

환경재정세는 환경보호의 재정확보를 목적으로 부과하는 환경세를 말한다. 예를 들면, 과거부터 누적되어 온 환경오염을 정화하는 데 필요한 재정확보를 목적으로 소득세나 법인세에 부가하여 징수하는 조세를 그 예로 들 수 있다.

### 2) 환경이용세

환경이용세는 환경재나 환경요소의 이용에 대한 대가로서 징수하는 금전급부이다. 아울러 환경부담을 원인자에게 부과한다는 기능도 갖는다. 탄소세를 그 예로 들 수 있다. 이러한 조세는 원인자부담금과의 구별이 애매한 경우가 많다.

### 3) 환경조정세

환경조정세라 함은 환경보호를 위하여 환경비용을 지출한 자와 지출하지 않은 자 사이의 경제적인 조정을 위하여 환경비용의 차액에 상응하여 부과하는 세금을 말한다.

#### 4) 환경유도세

환경유도세라 함은 경제적 부담을 과하여 오염적 행위방식의 회피와 환경친화적 행위방식의 촉진을 도모하는 조세를 말한다. 예를 들면 질산비료의 사용을 줄이고 이와 경쟁관계에 있는 보다 적게 오염을 유발하는 다른 종류의 비료의 사용을 유도하기 위하여 질산비료에 과하여지는 세금을 들 수 있다.

환경세의 부과가 국가간의 경쟁을 왜곡할 우려가 있다. 예를 들면 특정국가에서 석유 및 석탄에 대하여 고율의 탄소세를 부과한 경우에 환경세를 부과하지 않는 국가의 산업이 경쟁력을 갖게 되고 따라서 지구 전체로 보아 이산화탄소의 배출량을 증가시키는 결과를 가져올 수도 있다. 그리하여 환경세에 대하여 국제적으로 협력을 도모하고 국경에서 조세를 조정하는 조치가 필요하다. 즉, 수출품에 대하여는 환경세를 환급해 주고 수입품에 대하여는 상계관세를 부과하는 것이다.

#### (7) 배출권거래제도

배출권거래제도(排出權去來制度)란 대기 및 수질을 오염시키는 물질의 배출에 대하여 각 기업에게 허용배출량을 설정하고 그 배출허용량의 범위 내에서만 오염물질을 배출하게 하면서 허용배출량을 초과하여 오염물질을 배출하고자 하는 기업은 타기업으로부터 배출권을 구입하고, 오염물질의 배출량이 허용량보다 적은 기업은 타기업에 여분을 매각할 수 있도록 하는 제도이다.

배출권거래제도하에서는 최적배출량이 정해지면 오염저감비용이 상이한 각 오염원들이 각기 생산비용구조를 고려하여 배출량을 정하고 이에 따라 자발적으로 시장의 원리를 이용하여 배출권을 거래하게 된다. 한 단위의 배출권은 일정량의 오염물질을 배출할 수 있는 권리를 의미하며 오염업체는 배출권의 보유량 이하로 배출량을 줄이거나 다른 업체로부터 부족한 양에 해당하는 배출권을 구입하여야 한다.

배출권거래제도는 오염물질의 총배출량을 통제할 수 있고 환경친화적 산업의 발전을 도모할 수 있는 효과적인 방법의 하나이다. 그리고 이러한 배출권거래제도는 시장 및 시장기구를 통하여 환경오염문제의 효율적인 해결을 가능케하는 제도로서 기준설정이 갖는 단점을 어느 정도 극복하면서도 배출부과금제도가 갖는 장점을 살릴 수 있는 환경규제수단으로 평가되고 있다. 그러나 배출권거래제도의 시행에는 많은 문제점이 있다. ① 현실적인 문제점으로 배출권의 지속적이고 정상적인 거래를 보장하는 배출권 거래시장의 형성이 어렵다는 점을 들 수 있다. ② 이론적 문제점으로 제도의 시행시에 배출권이 모두 할당되는 경우 새로운 기업의 신규참여를 어렵게 하는 진입장벽이 될 수 있다는 점이 있다. 또한 기존의 기업간에는 이미 할당된 배출권의 양이 기업의 시장점유율을 결정하는 불합리한 결과를 가져올 수 있다.

2012년 5월 14일 온실가스 배출권의 할당 및 거래를 규율하는 「온실가스 배출권의 할당 및 거래에 관한 법률」이 제정되었다. 이 법률의 제정이유는 「저탄소 녹색성장 기본법」에 따라 설정된 국가 온실가스 감축목표를 효율적으로 달성하고 전 세계적인 기후변화 대응 노력에 적극 동참하기 위하여 온실가스를 다량으로 배출하는 업체에 온실가스 배출권을 할당하고 시장을 통해 거래할 수 있도록 하는 제도를 도입하려는 것이다.

### (8) 이용혜택의 보장

환경친화적 제품에 대하여 사용제한을 일반적으로 완화하거나 폐지하는 방법을 그 예로 들 수 있다. 예를 들면 독일에서 금지되어야 할 자동차에 촉매장치를 부착한 경우에 운행을 계속 허용하는 것이 그 예이다.

### (9) 환경마크(Labelling)제도

환경마크제도라 함은 생산, 사용, 폐기과정에서의 환경친화적 제품에 대하여 공인된 환경마크를 부여하는 제도이다. 환경마크제도는 제품의 환경성에 대한 정보를 제품에 표시함으로써 기업체로 하여금 환경친화적 제품의 개발 및 생산을 촉진하고, 소비자가 이러한 친환경상품을 선택·사용하게 하여 환경보전에 스스로 참여하도록 유도하는 기능을 한다.

환경라벨링제도는 ISO 14000시리즈 규격의 구성요소를 이루고 있고, ISO의 운영규정을 토대로 개별 국가들이 각기 독자적인 환경라벨링제도를 시행하고 있다.

환경라벨링제도는 3가지의 유형이 있는데, ① 첫번째 유형이 잘 알려진 환경마크(환경표지)제도이다. 환경표지제도는 제품의 제조·유통·사용 또는 폐기 과정에서 동일 용도의 다른 제품에 비하여 환경오염을 적게 일으키거나 자원을 절약할 수 있는 제품임을 인증하는 제도로서 1992년 4월에 「환경마크제도 운영에 관한 규정」의 제정을 통하여 시행하게 되었고 이후 1994년 12월에는 「환경기술 개발 및 지원에 관한 법률」의 제정을 통하여 환경표지제도의 법적 근거를 마련하여 시행하고 있다. 환경표지제도는 2011년 10월 29일부터는 「환경기술 및 환경산업 지원법」에 의해 규율되고 있다. ② 두 번째 유형은 생산자 자신이 제품의 환경성을 주장할 수 있는 방법·조건 등을 규정하는 제도(제품의 환경성 자기주장제도)이다. ③ 세 번째 유형은 제품의 환경성정보를 계량화하여 도표·그래프 등으로 표시하여 환경성 수준에 따라 소비자의 차별구매를 유도하는 제도(환경성적표지제도)가 있다.

환경마크를 취득한 제품에 대하여는 세제상의 혜택이나, 금융지원 등 직접적인 이익이 부여되기도 하나 현재로서는 이러한 직접적 이익은 크지 못하며 환경친화적 제품이라는 것이 소비자에게 알려짐으로써 소비자(외국의 소비자 포함)가 환경마크를 취득한 제품을 선호하도록 하는 간접적인 이익을 가져다 줄 뿐이다.

### (10) 환경심사제

환경심사제(環境審査制)라 함은 환경관리와 환경경영을 심사하는 대신 환경규제를 완화하는 제도를 말한다. 이 제도는 기업체의 자발적인 환경보전을 유도하는 자율환경관리제도의 하나로서 기업과 정부 간에 협력관계 형성을 바탕으로 기업의 자율과 창의, 다양성을 최대한 활용하고 최소비용으로 오염을 관리하고자 하는 것이다.

기존의 명령통제적 규제(Command and control)를 통한 환경관리는 급변하는 기술의 발달과 경제여건의 변화, 국제적 환경규제, 다양하고 복잡한 환경문제에의 효율적인 대처가 미흡하며, 오염물질의 근원적 저감에도 일정한 한계가 나타나고 있기 때문에 오늘날에는 이러한 자율적 환경관리 체제가 요구되고 있다.

환경심사제는 환경보호의 목적을 위하여 종전의 방식과는 달리 기업의 경영조직형태를 국가가 간접적으로 규율하려는 데에 그 특색이 있다고 하겠다. 행정법 체계에서 본다면 이를 통하여 기업의 경영조직체계가 단순한 경영내부적인 문제로서가 아니라 환경행정법의 규율대상으로 전화되고 있다고 평가할 수 있다.

## 제 4 절  환경행정법의 주요문제

### I. 환경영향평가제도

#### 1. 환경영향평가의 의의와 기능

환경영향평가제도(環境影響評價制度)는 환경에 대하여 중대한 영향을 미칠 가능성이 있는 사업 또는 계획을 실시하기 전에 환경에 대한 영향을 조사하여 환경에 대한 영향을 최소화하는 방안으로 사업 또는 계획을 실시하도록 하고, 환경에 대한 영향이 심히 중대한 경우에는 환경의 보호를 위하여 사업 또는 계획을 실시하지 않도록 하는 것을 취지로 하는 제도이다.

광의의 "환경영향평가"에는 전략환경영향평가, 협의의 환경영향평가 및 소규모 환경영향평가가 있다(환경영향평가법 제2조 제4호). 환경영향평가법은 전략환경영향평가, 협의의 환경영향평가 및 소규모 환경영향평가를 "환경영향평가등"이라 한다. "전략환경영향평가"란 환경에 영향을 미치는 상위계획을 수립할 때에 환경보전계획과의 부합 여부 확인 및 대안의 설정·분석 등을 통하여 환경적 측면에서 해당 계획의 적정성 및 입지의 타당성 등을 검토하여 국토의 지속가능한 발전을 도모하는 것을 말한다(제2조 제1호). 협의의 "환경영향평가"란 환경에 영향을 미치는 실시계획·시행계획 등의 허가·인가·승인·면허 또는 결정 등(이하 "승인등"이라 한다)을 할 때에 해당 사업이 환경에 미치는 영향을 미리 조사·예측·평가하여 해로운 환경영향을 피하거나 제거 또는 감소시킬 수 있는 방안을 마련하는 것을 말한다(제2조 제2호). "소규모 환경영향평가"란 환경보전이 필요한 지역이나 난개발(亂開發)이 우려되어 계획적 개발이 필요한 지역에서 개발사업을 시행할 때에 입지의 타당성과 환경에 미치는 영향을 미리 조사·예측·평가하여 환경보전방안을 마련하는 것을 말한다(제2조 제3호).

환경영향평가제도를 어떠한 기능과 내용을 갖는 것으로 할 것인가는 입법정책의 문제이다. 우리나라의 환경영향평가는 다음과 같은 의의와 기능을 갖는다고 볼 수 있다. ① 환경영향평가는 환경에 영향을 미치는 결정을 내리기 전에 행정기관이나 시민에게 정보를 제공하여 의사결정을 지원하는 기능을 갖는다. ② 환경영향평가는 환경친화적인 개발을 유도하는 기능을 갖는다. ③ 환경영향평가는 행정기관의 환경보호수단이 된다. 달리 말하면 환경영향평가는 환경보호를 위하여 개발사업을 규제하는 기능을 갖는다. 이러한 기능은 환경영향평가의 본래의 기능은 아니지만 우리나라의 환경영향평가는 환경보호를 위한 규제수단으로서의 성격을 강하게 갖고 있다.[86]

이하에서는 협의의 환경영향평가를 중심으로 고찰한다.

## 2. 환경영향평가의 기본원칙

환경영향평가는 다음의 기본원칙에 따라 실시되어야 한다(제4조). ① 환경영향평가 등은 보전과 개발이 조화와 균형을 이루는 지속가능한 발전이 되도록 하여야 한다. ② 환경보전방안 및 그 대안은 과학적으로 조사·예측된 결과를 근거로 하여 경제적·기술적으로 실행할 수 있는 범위에서 마련되어야 한다. ③ 환경영향평가등의 대상이 되는 계획 또는 사업에 대하여 충분한 정보 제공 등을 함으로써 환경영향평가등의 과정에 주민 등이 원활하게 참여할 수 있도록 노력하여야 한다. ④ 환경영향평가등의 결과는 지역주민 및 의사결정권자가 이해할 수 있도록 간결하고 평이하게 작성되어야 한다. ⑤ 환경영향평가등은 계획 또는 사업이 특정 지역 또는 시기에 집중될 경우에는 이에 대한 누적적 영향을 고려하여 실시되어야 한다.

---

86) 함태성, "환경영향평가제도에 관한 공법적 연구,"『경희대학교 박사논문』, 2002. 2. 18면 이하 참조. 미국에서는 환경영향평가의 목적을 행정결정이 내려지기 전에 행정기관이나 시민에게 정보를 제공하는 데 있다고 보고 있다(40 CFR 1500.1(b)).

## 3. 환경영향평가서의 제출

### (1) 평가서의 작성주체

평가서의 작성주체는 환경영향평가 대상사업을 하고자 하는 사업자이다(제24조). 사업자는 스스로 작성할 수도 있고, 환경영향평가서, 환경영향평가서초안의 작성을 영향평가대행자로 하여금 대행하게 할 수도 있다(제53조).

### (2) 환경영향평가의 대상

환경영향평가법 제22조 제1항에서는 환경영향평가 대상사업으로 도시의 개발, 산업입지 및 산업단지의 조성, 에너지개발, 항만의 건설, 도로의 건설, 수자원의 개발, 철도(도시철도를 포함)의 건설, 공항의 건설, 하천의 이용 및 개발, 개간 및 공유수면의 매립, 관광단지의 개발, 산지의 개발, 특정지역의 개발, 체육시설·폐기물처리시설·국방·군사시설의 설치, 토석·모래·자갈·광물 등의 채취, 기타 환경에 영향을 미치는 시설로서 대통령령이 정하는 시설의 설치 사업을 들고 있다. 즉 17개 분야에서의 일정 규모 이상의 대규모개발사업에 한하여 환경영향평가의 대상이 되고 있다. 그리고 제22조 제2항에서 평가분야별 대상사업의 범위를 대통령령으로 정하도록 위임하고 있다. 따라서 환경영향평가를 실시하여야 할 사업의 범위 역시 대통령령으로 설정되며, 이에 따라 시행령 제31조 제2항은 법 제22조 제2항의 규정에 의한 영향평가를 실시하여야 하는 대상사업의 범위를 [별표 3]에서 구체화하고 있는데 17개 분야 63개 세부사업으로 구성되어 있다.

환경영향평가대상사업에 관한 행정계획은 전략환경영향평가의 대상이 되고, 보전이 필요한 지역과 난개발이 우려되어 환경보전을 고려한 계획적 개발이 필요한 지역으로서 대통령령으로 정하는 지역(이하 "보전용도지역"이라 한다)에서 시행되는 개발사업과 환경영향평가 대상사업의 종류 및 범위에 해당하지 아니하는 개발사업으로서 대통령령으로 정하는 개발사업은 소규모 환경영향평가의 대상이 된다.

특별시·광역시·도·특별자치도 또는 인구 50만 이상의 시(이하 "시·도"라 한다)는 환경영향평가 대상사업의 종류 및 범위에 해당하지 아니하는 사업으로서 대통령령으로 정하는 범위에 해당하는 사업에 대하여 지역 특성 등을 고려하여 환경영향평가를 실시할 필요가 있다고 인정하면 해당 시·도의 조례로 정하는 바에 따라 그 사업을 시행하는 자로 하여금 환경영향평가를 실시하게 할 수 있다. 다만, 제43조에 따른 소규모 환경영향평가 대상사업에 해당하는 경우에는 그러하지 아니하다(제42조 제1항). 인구 50만 이상의 시의 경우에는 그 지역을 관할하는 도가 환경영향평가의 실시에 관한 조례를 정하지 아니한 경우에만 해당 시의 조례로 정하는 바에 따라 환경영향평가를 실시할 수 있다(제2항).

### (3) 의견수렴절차

사업자는 환경영향평가서 초안을 작성하여 주민 등의 의견을 수렴하여야 한다(제25조 제1항). 이 경우 대통령령이 정하는 범위의 주민의 요구가 있는 때에는 공청회를 개최하여야 한다(환경영향평가법 시행령 제40조).

제52조의2 제1항에 따라 **심층평가 대상으로 결정된 사업**에 대하여 환경영향평가를 실시하려는 사업자는 대통령령으로 정하는 바에 따라 **공청회를 개최하여** 사업시행에 따른 환경영향 및 저감대책 등에 대한 주민 등의 의견을 들어야 한다. 다만, 사업자가 책임질 수 없는 사유로 공청회가 정상적으로 진행되지 못하는 등 대통령령으로 정하는 사유가 있는 경우에는 공청회를 개최하지 아니할 수 있고, 공청회를 개최하지 아니하는 경우에는 정보통신망을 이용한 온라인 공청회 개최 등 대통령령으로 정하는 바에 따라 공청회에 준하는 방법으로 주민 등의 의견을 들어야 한다(제52조의2 제3항).

이에 반하여 **산속평가 대상이 된 경우** 환경영향평가서 초안의 작성 및 주민 등의 의견수렴절차를 생략할 수 있다(제52조의3 제3항).

### (4) 평가서의 제출

승인 등을 받아야 하는 사업자는 사업계획 등에 대한 승인 등을 받기 전에 승인기관의 장에게 평가서를 제출하여야 한다(제27조 제1항).

## 4. 환경영향평가의 내용

### (1) 환경영향평가 분야 및 평가항목 등

환경영향평가등은 계획의 수립이나 사업의 시행으로 영향을 받게 될 자연환경, 생활환경, 사회·경제 환경 등의 분야(이하 "환경영향평가분야"라 한다)에 대하여 실시하여야 한다(제7조 제1항). 환경영향평가분야의 세부 평가항목(이하 "환경영향평가항목"이라 한다) 및 평가방법 등은 대통령령으로 정한다(제2항).

**승인등을 받지 아니하여도 되는 사업자**는 환경영향평가를 실시하기 전에 평가준비서를 작성하여 대통령령으로 정하는 기간 내에 환경영향평가협의회의 심의를 거쳐 환경영향평가 대상지역, 환경보전방안의 대안 및 평가 항목·범위·방법 등(이하 이 장에서 "환경영향평가항목등"이라 한다)을 결정하여야 한다(제24조 제1항). **승인등을 받아야 하는 사업자**는 환경영향평가를 실시하기 전에 평가준비서를 작성하여 승인기관의 장에게 환경영향평가항목등을 정하여 줄 것을 요청하여야 한다(제2항).

환경부장관은 승인등을 받지 아니하여도 되는 사업자가 필요하다고 인정하여

환경영향평가항목등을 정하여 줄 것을 요청한 경우와 승인등을 받아야 하는 사업자
가 승인기관의 장과 협의한 후 승인기관을 거쳐 환경영향평가항목등을 정하여 줄 것
을 요청한 경우에는 환경영향평가항목등을 결정할 수 있다(제3항). 사업자는 제11조
에 따라 전략환경영향평가항목등이 결정된 경우로서 환경부장관과 협의한 때에는 제
1항 및 제2항에 따른 환경영향평가항목등의 결정 절차를 거치지 아니할 수 있다. 이
경우 제11조에 따라 결정된 전략환경영향평가항목등은 제1항부터 제5항까지의 규정
에 따라 결정된 환경영향평가항목등으로 본다(제6항). 승인기관장등이나 환경부장관
은 제1항과 제4항에 따라 결정된 환경영향평가항목등을 대통령령으로 정하는 방법에
따라 공개하고 주민 등의 의견을 들어야 한다(제7항).

### (2) 환경영향평가서의 내용

환경영향평가서에는 다음의 사항이 포함되어야 한다. ① 법 제24조 제1항 또는
제2항에 따른 환경영향평가항목등의 결정 및 조치 내용, ② 제33조 제2항에 따른 주
민 등의 의견 검토 내용, ③ 제34조 제1항 각 호의 사항 i) 요약문, ii) 사업의 개요, iii)
환경영향평가 대상사업의 시행으로 인해 평가항목별 영향을 받게 되는 지역의 범위 및 그 주변 지
역에 대한 환경 현황, iv) 법 제18조에 따라 전략환경영향평가에 대한 협의를 거친 경우 그 협의
내용의 반영 여부, v) 법 제24조 제1항 및 제4항에 따른 환경영향평가항목등의 결정 내용 및 조치
내용, vi) 다음 각 목에 대한 환경영향평가의 결과(가. 환경영향평가항목별 조사, 예측 및 평가의
결과, 나. 환경보전을 위한 조치, 다. 불가피한 환경영향 및 이에 대한 대책, 라. 대안 설정 및 평가,
마. 종합평가 및 결론, 바. 사후환경영향조사 계획)), ④ 환경영향평가서 초안에 대한 주민,
전문가, 관계 행정기관의 의견 및 이에 대한 사업자의 검토의견, ⑤ 부록(가. 환경영향
평가시 인용한 문헌 및 참고한 자료, 나. 환경영향평가에 참여한 사람의 인적사항, 다. 용어 해설
등)(환경영향평가법 시행령 제46조 제1항). 제1항 각 호의 사항에 관한 작성방법과 그 밖에
환경영향평가서의 작성 등에 필요한 사항은 환경부장관이 정하여 고시한다(제2항).

### (3) 환경영향평가 등의 대상지역

환경영향평가등은 계획의 수립이나 사업의 시행으로 영향을 받게 되는 지역으
로서 환경영향을 과학적으로 예측·분석한 자료에 따라 그 범위가 설정된 지역에 대
하여 실시하여야 한다(제6조).

## 5. 환경부장관의 협의

### (1) 환경부장관에 대한 협의 요청

승인기관장등은 환경영향평가 대상사업에 대한 승인등을 하거나 환경영향평가

대상사업을 확정하기 전에 환경부장관에게 협의를 요청하여야 한다. 이 경우 승인기관의 장은 환경영향평가서에 대한 의견을 첨부할 수 있다(제27조 제1항). 승인등을 받지 아니하여도 되는 사업자는 제1항에 따라 환경부장관에게 협의를 요청할 경우 환경영향평가서를 작성하여야 하며, 승인등을 받아야 하는 사업자는 환경영향평가서를 작성하여 승인기관의 장에게 제출하여야 한다(제2항).

### (2) 환경부장관의 검토 및 조정 요청

환경부장관은 제27조 제1항에 따라 협의를 요청받은 경우에는 주민의견 수렴 절차 등의 이행 여부 및 환경영향평가서의 내용 등을 검토하여야 한다(제28조 제1항). 환경부장관은 제1항에 따라 환경영향평가서를 검토할 때에 필요하면 환경영향평가에 필요한 전문성을 갖춘 기관으로서 대통령령으로 정하는 기관 또는 관계 전문가의 의견을 듣거나 현지조사를 의뢰할 수 있고, 사업자 또는 승인기관의 장에게 관련 자료의 제출을 요청할 수 있다. 다만, 한국환경정책·평가연구원과 국토교통부장관(해양환경에 영향을 미치는 사업으로서 대통령령으로 정하는 사업만 해당한다)으로부터 그 의견을 들어야 한다(제2항). 환경부장관은 제1항에 따라 환경영향평가서를 검토한 결과 환경영향평가서 또는 사업계획 등을 보완·조정할 필요가 있는 등 대통령령으로 정하는 사유가 있는 경우에는 승인기관장등에게 환경영향평가서 또는 사업계획 등의 보완·조정을 요청하거나 보완·조정을 사업자 등에게 요구할 것을 요청할 수 있다. 이 경우 승인기관장등은 특별한 사유가 없으면 이에 따라야 한다(제3항).

사업자나 승인기관의 장은 다음 각 호의 어느 하나에 해당하는 경우에는 환경부장관에게 관련 사항을 조정하여 줄 것을 요청할 수 있다. 이 경우 조정 요청의 절차 및 조정 여부의 결정 등에 관하여는 제31조를 준용한다. 1. 제3항에 따라 요청을 받은 보완·조정 사항에 대하여 이의가 있는 경우. 2. 제5항에 따라 통보받은 재검토 내용에 대하여 이의가 있는 경우(제28조 제6항). 사업자의 조정 요청은 일종의 이의신청이라고 할 수 있다.

### (3) 환경부장관의 협의의견 통보 및 조정 요청 등

환경부장관은 제27조 제1항에 따라 협의를 요청받은 날부터 대통령령으로 정하는 기간 이내에 승인기관장등에게 협의 내용을 통보하여야 한다. 다만, 부득이한 사정이 있을 때에는 그 기간을 연장할 수 있다(제29조 제1항). 환경부장관은 제1항에 따라 협의 내용 통보기간을 연장할 때에는 협의기간이 끝나기 전까지 승인기관장등에게 그 사유와 연장한 기간을 통보하여야 한다(제2항). 제1항 및 제2항에 따라 협의 내용을 통보받은 승인기관의 장은 이를 지체 없이 사업자에게 통보하여야 한다(제3항).

환경부장관은 보완·조정하여야 할 사항이 경미한 경우 또는 해당 사업계획 등에 대한 승인등을 하거나 해당 사업을 시행하기 전에 보완·조정이 가능한 경우에는 해당 사업계획 등에 관련 내용을 반영할 것을 조건으로 승인기관장등에게 협의 내용을 통보할 수 있다(제4항).

사업자나 승인기관의 장은 제29조에 따라 통보받은 협의 내용에 대하여 이의가 있으면 환경부장관에게 협의 내용을 조정하여 줄 것을 요청할 수 있다. 이 경우 승인등을 받아야 하는 사업자는 승인기관의 장을 거쳐 조정을 요청하여야 한다(제31조 제1항). 환경부장관은 제1항에 따른 조정 요청을 받았을 때에는 대통령령으로 정하는 기간 이내에 환경영향평가협의회의 심의를 거쳐 조정 여부를 결정하고 그 결과를 사업자나 승인기관의 장에게 통보하여야 한다(제2항). 승인기관장등은 협의 내용의 조정을 요청하였을 때에는 제2항에 따른 통보를 받기 전에 그 사업계획 등에 대하여 승인등을 하거나 확정을 하여서는 아니 된다. 다만, 조정 요청과 관련된 내용을 사업계획 등에서 제외시키는 경우에는 그러하지 아니하다(제3항). 사업자의 조정 요청은 일종의 이의신청이라고 할 수 있다.

## 6. 사업계획의 승인과 환경부장관의 협의내용의 반영

사업자나 승인기관의 장은 제29조에 따라 협의 내용을 통보받았을 때에는 그 내용을 해당 사업계획 등에 반영하기 위하여 필요한 조치를 하여야 한다(제30조 제1항). 승인기관의 장은 사업계획 등에 대하여 승인등을 하려면 협의 내용이 사업계획 등에 반영되었는지를 확인하여야 한다. 이 경우 협의 내용이 사업계획 등에 반영되지 아니한 경우에는 이를 반영하게 하여야 한다(제2항). 협의내용이 사업계획 등에 반영되지 않은 경우에 승인기관의 장이 이를 반영하도록 하는 방법으로는 사업계획을 변경하도록 하거나 사업계획을 승인함에 있어 조건(부관)을 붙이는 것 등이 있다.

승인기관장 등은 사업계획 등에 대하여 승인 등을 하거나 확정을 하였을 때에는 협의 내용의 반영 결과를 환경부장관에게 통보하여야 한다(제30조 제3항).

문제는 환경부장관의 협의의견이 승인기관의 장을 구속하는가 하는 점이다. 대법원은 승인기관의 장이 환경부장관과의 협의를 거친 이상 승인기관의 장이 환경부장관의 환경영향평가에 대한 의견에 반하는 처분을 하였다고 하여 그 처분이 위법하다고 할 수는 없다고 보고 있다(대판 2001. 07. 27, 99두2970). 즉, 환경부장관의 협의의견은 승인기관장에 대하여 구속력이 없다고 보고 있다. 이와 같은 대법원의 입장은 환경부장관의 협의가 동의는 아니며 협의이므로 일응 타당하다고 할 수 있다.

다만, 현행 환경영향평가법의 관련규정을 고려한다면 사업승인기관의 장은 환경부장관의 협의의견이 부정적인 경우에 있어서 환경부장관의 의견과 다른 입장을 취하여 사업계획승인처분을 함에 있어서는 환경부장관과 다시 협의를 거친 후 신중하게 사업계획승인처분을 내려야 하며 그렇지 않은 경우에는 사업승인기관의 장은 환경부장관과 환경영향평가에 관하여 충분한 협의를 거친 것이라고 할 수 없고 협의절차상 중대한 하자가 있는 것으로 보아야 한다. 왜냐하면 협의라는 용어를 사용하고 있지만 영향평가법은 환경영향평가상의 협의에 관하여 통상의 협의와는 다른 특별한 규율을 하고 있기 때문이다.

즉, 환경영향평가법은 다음과 같이 규정하고 있다. 사업자나 승인기관의 장은 제29조에 따라 협의 내용을 통보받았을 때에는 그 내용을 해당 사업계획 등에 반영하기 위하여 필요한 조치를 하여야 한다(제30조 제1항). 승인기관의 장은 사업계획 등에 대하여 승인등을 하려면 협의 내용이 사업계획 등에 반영되었는지를 확인하여야 한다. 이 경우 협의 내용이 사업계획 등에 반영되지 아니한 경우에는 이를 반영하게 하여야 한다(제2항). 승인기관장등은 사업계획 등에 대하여 승인등을 하거나 확정을 하였을 때에는 협의 내용의 반영 결과를 환경부장관에게 통보하여야 한다(제3항). 환경부장관은 제3항에 따라 통보받은 결과에 협의 내용이 반영되지 아니한 경우 승인기관장등에게 협의 내용을 반영하도록 요청할 수 있다. 이 경우 승인기관장등은 특별한 사유가 없으면 이에 따라야 한다(제4항). 사업자나 승인기관의 장은 제29조에 따라 통보받은 협의 내용에 대하여 이의가 있으면 환경부장관에게 협의 내용을 조정하여 줄 것을 요청할 수 있다. 이 경우 승인등을 받아야 하는 사업자는 승인기관의 장을 거쳐 조정을 요청하여야 한다(제31조 제 1항). 환경부장관은 제1항에 따른 조정 요청을 받았을 때에는 대통령령으로 정하는 기간 이내에 환경영향평가협의회의 심의를 거쳐 조정 여부를 결정하고 그 결과를 사업자나 승인기관의 장에게 통보하여야 한다(제2항). 승인기관장등은 협의 내용의 조정을 요청하였을 때에는 제2항에 따른 통보를 받기 전에 그 사업계획 등에 대하여 승인등을 하거나 확정을 하여서는 아니 된다. 다만, 조정 요청과 관련된 내용을 사업계획 등에서 제외시키는 경우에는 그러하지 아니하다(제3항).

이러한 규정들에 비추어 볼 때 영향평가법상의 환경부장관의 협의가 동의는 아니며 환경부장관의 협의의견이 승인기관의 장을 구속하는 것은 아니지만 승인기관의 장은 환경부장관의 협의내용을 최대한 반영하도록 노력하여야 할 의무를 지우고 있는 것이다. 따라서, 승인기관의 장이 이러한 노력을 충실히 하지 않은 경우에는 그 불충실의 정도에 따라서는 승인처분의 취소사유가 된다고 보아야 할 것이다.

### 7. 사후관리

승인기관의 장은 승인등을 받아야 하는 사업자가 협의 내용을 이행하였는지를 확인하여야 한다(제39조 제1항). 환경부장관 또는 승인기관의 장은 사업자에게 협의 내용의 이행에 관련된 자료를 제출하게 하거나 소속 공무원으로 하여금 사업장에 출입하여 조사하게 할 수 있다. 이 경우 조사에 관하여는 제60조 제2항 및 제3항을 준

용한다(제2항). 승인기관장등은 해당 사업의 준공검사를 하려는 경우에는 협의 내용
의 이행 여부를 확인하고 그 결과를 환경부장관에게 통보하여야 한다. 이 경우 승인
기관장등은 필요하면 환경부장관에게 공동으로 협의 내용의 이행 여부를 확인하여
줄 것을 요청할 수 있다(제3항).

승인기관의 장은 승인 등을 받아야 하는 사업자가 협의 내용을 이행하지 아니하
였을 때에는 그 이행에 필요한 조치를 명하여야 한다(제40조 제1항). 승인기관의 장은
승인등을 받아야 하는 사업자가 제1항에 따른 조치명령을 이행하지 아니하여 해당
사업이 환경에 중대한 영향을 미친다고 판단하는 경우에는 그 사업의 전부 또는 일
부에 대한 공사중지명령을 하여야 한다(제2항). 환경부장관은 협의 내용에 협의기준
에 대한 내용이 포함되어 있으면 협의기준의 준수 여부를 확인하여야 하며, 협의 내
용의 이행을 관리하기 위하여 필요하다고 인정하는 경우에는 승인등을 받지 아니하
여도 되는 사업자에게 공사중지나 그 밖에 필요한 조치를 할 것을 명령하거나, 승인
기관의 장에게 공사중지명령이나 그 밖에 필요한 조치명령을 할 것을 요청할 수 있
다. 이 경우 승인기관장등은 특별한 사유가 없으면 이에 따라야 한다(제3항). 승인기
관의 장이 제1항부터 제3항까지의 규정에 따른 조치명령 또는 공사중지명령을 하거
나 사업자가 제3항에 따른 조치를 하였을 때에는 지체 없이 그 내용을 환경부장관에
게 통보하여야 한다(제4항).

## 8. 전략환경영향평가와의 관계

개발기본계획과 환경영향평가 대상사업에 대한 계획을 통합하여 수립하는 경우
에는 제2조 제1호 및 제2호에도 불구하고 전략환경영향평가와 환경영향평가를 통합
하여 검토하되, 전략환경영향평가 또는 환경영향평가 중 하나만을 실시할 수 있다(제
50조 제1항). 제16조 제1항 및 제2항에 따른 전략환경영향평가 대상계획에 대한 협의
시기와 제27조 제1항에 따른 환경영향평가 대상사업에 대한 협의시기가 같은 경우에
는 환경영향평가만을 실시할 수 있다(제2항).

## 9. 약식평가, 심층평가 및 신속평가

대상사업의 환경에 대한 영향의 정도에 따라 환경영향평가절차를 강화하거나
완화하여 실시할 수 있도록 약식평가, 심층평가, 신속평가 제도를 도입하고 있다.

### (1) 약식평가

사업자는 환경영향평가 대상사업 중 환경에 미치는 영향이 적은 사업으로서 대
통령령으로 정하는 사업에 대하여는 대통령령으로 정하는 환경영향평가서(이하 "약식평

가서"라 한다)를 작성하여 제25조에 따른 의견 수렴과 제27조에 따른 협의 요청을 함께
할 수 있다(제51조 제1항). 사업자는 승인기관의 장 또는 환경부장관에게 제24조 제2항
또는 제3항에 따라 환경영향평가항목등을 결정하여 줄 것을 요청할 때에 약식절차에
따라 환경영향평가를 실시할 수 있는지 여부를 결정하여 줄 것을 함께 요청할 수 있
다(제3항).

### (2) 심층평가

승인기관장등 또는 제24조 제3항에 따른 환경부장관은 대통령령으로 정하는 환
경영향평가 대상사업이 **다음 각 호의 어느 하나에 해당하는 경우** 제24조 제1항 및
제4항에 따른 환경영향평가항목등을 결정할 때에 환경영향평가협의회 심의를 거쳐
환경에 미치는 영향에 대한 심층적인 조사·예측·평가 등이 필요한 사업(이하 이 조에
서 "심층평가 대상"이라 한다)에 해당하는지 여부를 포함하여 결정하여야 한다. 1. 환경
영향평가 대상지역에 생태계의 보전가치가 큰 지역이 포함되는 등 자연환경에 미치
는 영향이 중대할 것으로 예상되는 사업으로서 대통령령으로 정하는 기준에 해당하
는 경우. 2. 환경영향평가 대상지역에 어린이, 노인, 임산부, 저소득층 등 환경유해인
자 노출에 민감한 집단이 일정규모 이상 거주하는 등 생활환경에 미치는 영향이 중
대할 것으로 예상되는 사업으로서 대통령령으로 정하는 기준에 해당하는 경우(제52조
의2 제1항). 승인기관장등은 제1항에 따라 심층평가 대상을 결정하려는 경우 환경부장
관의 의견을 들을 수 있다(제2항).

### (3) 신속평가

대통령령으로 정하는 환경영향평가 대상사업을 실시하려는 사업자 또는 소규모
환경영향평가 대상사업을 실시하려는 사업자는 **대상사업이 다음 각 호의 모두에 해
당하는 경우** 평가준비서를 작성하여 환경부장관에게 환경에 미치는 영향에 대한 신
속한 조사·예측·평가 등이 필요한 사업(이하 이 조에서 "신속평가 대상"이라 한다)으로
결정하여 줄 것을 요청할 수 있다. 다만, 승인등을 받아야 하는 사업자는 승인기관의
장을 거쳐 요청하여야 한다. 1. 대상지역에 생태계의 보전가치가 큰 지역이 포함되지
아니하는 등 자연환경에 미치는 영향이 경미할 것으로 예상되는 사업으로서 대통령
령으로 정하는 기준에 해당하는 경우. 2. 대상지역에 어린이, 노인, 임산부, 저소득층
등 환경유해인자 노출에 민감한 집단이 거주하지 아니하는 등 생활환경에 미치는 영
향이 경미할 것으로 예상되는 사업으로서 대통령령으로 정하는 기준에 해당하는 경
우(제52조의3 제1항). 환경부장관은 제1항에 따른 요청을 받으면 대통령령으로 정하는
방법에 따라 주민 등의 의견수렴 및 환경영향평가협의회 심의를 거쳐 신속평가 대상

여부를 결정하고 대통령령으로 정하는 기간 내에 사업자(승인등을 받아야 하는 사업자의 경우에는 승인기관의 장을 포함한다)에게 그 결과를 통보하여야 한다. 이 경우 환경부장관은 주민 등의 의견수렴 결과와 반영 여부를 대통령령으로 정하는 바에 따라 공개하여야 한다(제2항).

제2항에 따라 신속평가 대상으로 결정된 사업에 대한 환경영향평가 또는 소규모 환경영향평가를 실시하려는 사업자는 다음 각 호의 구분에 따른 사항을 생략할 수 있다. 다만, 사업자는 사업계획 시행 등에 따른 환경보전방안을 마련하여야 한다. 1. 환경영향평가의 경우: 제24조부터 제27조까지에 따른 평가 항목·범위 등의 결정, 환경영향평가서 초안의 작성, 주민 등의 의견수렴, 환경영향평가서의 작성 및 협의 요청 등 절차. 2. 소규모 환경영향평가의 경우: 제44조에 따른 소규모 환경영향평가서의 작성 및 협의 요청 등 절차(제3항).

### 10. 개선방안

환경영향평가에 관한 현행 법령에는 적지 않은 미비점이 있는데, 현행 법령의 해석만으로 환경영향평가가 실효성 있게 되도록 하는 데에는 한계가 있다. 환경영향평가서의 내용에 관한 환경영향평가법의 규정이 다음과 같이 강화되어야 할 것이다.

① 환경영향평가에서 의견수렴절차가 강화되어야 한다. 공청회 개최를 의무화하고, 이해관계 있는 환경단체도 의견수렴절차에 참여할 수 있도록 하여야 한다.

② 환경영향평가서의 내용이 충실한 것이 되기 위한 일반적 기준을 규정하여야 하고, 대안의 평가를 하도록 규정하고 있지만 대안의 평가에 사업을 하지 않는 대안의 평가, 사업부지의 대안의 평가도 포함하도록 명시하여야 할 것이다.

③ 정보지원시스템을 통하여 환경영향평가서등을 공개할 수 있는 것으로 규정하고 있지만(제66조 제1항), 평가서 초안부터 최종안까지 환경영향평서의 작성 및 협의과정을 모두 인터넷에 일정 기간 공개하도록 하여야 한다.

### 11. 환경영향평가의 하자와 사업계획승인처분의 효력

#### (1) 환경영향평가의 하자의 종류

환경영향평가의 하자에는 ① 법령상 환경영향평가가 행해져야 함에도 환경영향평가가 행해지지 않고 대상사업계획승인처분이 내려진 경우, ② 환경영향평가가 내용상 부실한 실체상의 하자, ③ 환경영향평가절차상 위법이 있는 절차상 하자가 있다.

환경영향평가의 실체상 하자라 함은 환경영향평가서가 부실하게 작성되어 제출되고 그 부실이 환경부장관의 협의과정에서 보완되지 않은 것을 말한다.

환경영향평가의 절차상 하자라 함은 환경영향평가에 있어 의견수렴절차가 행해지지 않은 것, 의견수렴이 부실한 것, 의견수렴절차상 하자, 환경부장관과의 협의가 없었던 것, 환경부장관과의 협의상 하자 등을 말한다.

### (2) 환경영향평가의 하자의 성질

환경영향평가는 환경영향평가의 대상이 되는 사업의 실시를 위한 사업계획승인처분의 절차로서의 성질을 갖는다. 따라서, 환경영향평가의 하자는 실체상 하자이든 절차상 하자이든 사업계획승인처분의 절차상 하자로서의 성질을 갖는다.

### (3) 환경영향평가 결여의 하자와 사업계획승인처분의 효력

법상 요구되는 환경영향평가절차를 거치지 않았음에도 사업계획승인처분을 한 하자는 환경영향평가의 중요성에 비추어 중대한 하자이고, 환경영향평가가 요구되는 사업이 명확히 열거되고 있는 점에서 객관적으로도 명백한 것이므로 이와 같은 행정처분은 당연무효이다(대판 2006. 06. 30, 2005두14363).

### (4) 환경영향평가의 실체상 하자와 사업계획승인처분의 효력

환경영향평가의 하자, 특히 그 중에서 실체상의 하자가 환경영향평가대상사업의 실시계획에 대한 승인처분의 효력에 어떠한 영향을 미치는가 하는 것이 특히 다투어지고 있다.

환경영향평가가 내용상 부실하다는 것은 환경에 대한 영향을 조사·평가하여야 할 사항을 누락하였거나 조사·평가하기는 하였으나 그 내용이 부실한 것을 말한다. 문제는 환경영향평가의 부실이 어느 정도인 경우에 사업계획승인처분의 위법사유가 되는가 하는 것이다.

### 1) 일반적 기준

**가. 판 례**　　대법원은 환경영향평가의 부실을 ① "그 부실의 정도가 환경영향평가제도를 둔 입법 취지를 달성할 수 없을 정도이어서 환경영향평가를 하지 아니한 것과 다를 바 없는 정도의 것인 경우"에는 그것만으로 사업계획승인처분의 위법사유가 된다고 보고, ② "그 부실의 정도가 환경영향평가제도를 둔 입법취지를 달성할 수 없을 정도이어서 환경영향평가를 하지 아니한 것과 다를 바 없는 정도의 부실이 아닌 경우"에는 그 부실은 당해 승인 등 처분에 재량권 일탈·남용의 위법이 있는지 여부를 판단하는 하나의 요소로 됨에 그칠 뿐, 그 부실로 인하여 당연히 당해 승인 등 처분이 위법하게 되는 것이 아니라고 보고 있다(대판 2001. 06. 29, 99두9902).

[판례] ① 환경영향평가법령에서 정한 환경영향평가를 거쳐야 할 대상사업에 대하여 그러한 환경영향평가절차를 거쳤다면, 비록 그 환경영향평가의 내용이 다소 부실하다 하더라도, 그 부실의 정

도가 환경영향평가제도를 둔 입법 취지를 달성할 수 없을 정도이어서 환경영향평가를 하지 아니
한 것과 다를 바 없는 정도의 것이 아닌 이상, 그 부실은 당해 승인 등 처분에 재량권 일탈·남용
의 위법이 있는지 여부를 판단하는 하나의 요소로 됨에 그칠 뿐, 그 부실로 인하여 당연히 당해
승인 등 처분이 위법하게 되는 것이 아니다(대판 전원합의체 2006. 03. 16, 2006두330[새만금사건]).
② (1) 제주도지사의 절대보전지역의 지정 및 변경행위의 법적 성격(=재량행위)과 제주해군기지
국방·군사시설사업의 부지 일부에 관한 절대보전지역변경(축소)결정이 위법한지 여부(소극). (2)
위 사업에 관한 환경영향평가의 부실 정도가 환경영향평가제도를 둔 입법 취지를 달성할 수 없을
만큼 심하여 환경영향평가를 하지 아니한 것과 다를 바 없는 정도에 해당하는지 여부(소극): 비록
사전환경성검토 단계에서 사업입지 관련 대안을 자세히 검토하지 않았고, 계획 적정성에 관한 내
용이 누락되었으며, 환경영향평가단계에서 멸종위기종의 존재를 누락하는 등 환경영향평가에 다소
미흡한 부분이 있었다고 하더라도, 그 부실의 정도가 환경영향평가제도를 둔 입법 취지를 달성할
수 없을 만큼 심하여 환경영향평가를 하지 아니한 것과 다를 바 없는 정도라고 볼 수는 없다. (3)
국방·군사시설 사업에 관하여 환경영향평가서 제출시기 및 협의요청시기를 정한 이 사건 시행령
규정인 구 환경영향평가법 시행령(2010. 2. 4. 대통령령 제22107호로 개정되기 전의 것, 이하 같다)
제23조 [별표 1] 제16호 (가)목의 '기본설계의 승인 전'의 의미: 이 사건 시행령규정의 '기본설계의
승인 전'은 구 건설기술관리법령상 '기본설계'의 승인 전을 의미하는 것으로 해석하여야지 이를 구
국방사업법상 '실시계획'의 승인 전을 의미하는 것으로 해석할 것은 아니다. 그럼에도 원심은 이
사건 시행령규정의 '기본설계의 승인 전'은 이 사건 국방·군사시설사업에 대한 '실시계획의 승인
전'을 의미한다는 전제하에, 사업시행자인 해군참모총장이 이 사건 실시계획 승인처분 전에 피고
에게 사전환경성검토서만 제출하였을 뿐 환경영향평가서를 제출하지 않았다는 이유로 이 사건 실
시계획 승인처분이 무효라고 판단한 것은 이 사건 실시계획 승인처분의 본질과 특수성, 국방·군
사시설사업에 관한 환경영향평가서 제출시기 등에 관한 법리를 오해하여 판단을 그르친 것이다
(대판 전원합의체 2012. 07. 05, 2011두19239[국방·군사시설사업실시계획승인처분등무효확인등]).

**나. 판례의 비판 및 사견**　　① 판례의 입장은 환경영향평가의 실체상 하자로
인한 사업계획승인처분의 하자의 인정에 있어서 너무 엄격한 입장이다.

　환경영향평가의 부실이 경미하지 않고, 그 부실의 정도가 중대한 경우 환경영
평가의 하자가 있다고 보아야 한다. 그런데, 환경영향평가의 하자는 사업계획승인처
분의 절차의 하자이고, 판례는 절차의 하자를 독자적 위법사유로 보므로 환경영향평
가의 부실이 경미하지 않고 중대한 한 이는 사업계획승인처분의 하자가 된다고 보아
야 논리적이다.

　만일 절차의 하자의 독립취소가능성에 관하여 절충설을 취하면 환경영향평가의
내용이 환경영향평가제도의 취지에 비추어 충실하게 작성되었는지 여부를 기준으로
환경영향평가의 실체상 하자가 사업계획승인처분의 위법사유가 되는지 여부를 판단
하여야 한다.

　환경영향평가는 승인기관이 환경영향평가의 대상이 되는 사업계획의 승인 여부
를 판단함에 있어서 필요한 정보를 제공하여 의사결정을 지원하는 기능을 갖는다.

따라서, 환경영향평가의 내용상 부실이 중대하여 승인처분 여부의 결정에 중대한 영향을 미치는 정도의 것인 경우에는 승인처분의 위법사유가 된다고 보는 것이 타당하다. 달리 말하면 환경영향평가가 부실하게 됨으로써 승인기관이 사업계획승인 여부의 판단에 있어 중요한 고려사항을 고려하지 못하게 된 경우에는 당해 환경영향평가의 부실은 사업계획승인처분의 위법사유가 되는 환경영향평가의 실체상 하자가 된다고 보아야 한다.

② 판례 중 "그 부실의 정도가 환경영향평가제도를 둔 입법취지를 달성할 수 없을 정도이어서 환경영향평가를 하지 아니한 것과 다를 바 없는 정도의 것이 아닌 이상, 그 부실은 당해 승인 등 처분에 재량권 일탈·남용의 위법이 있는지 여부를 판단하는 하나의 요소로 됨에 그칠 뿐"의 의미가 모호하다.

### 2) 실체상 하자의 유형별 고찰

실체상의 하자를 논함에 있어서는 실체상 하자의 유형별로 구체적인 검토를 하여야 할 것이다. 환경영향평가서에 포함될 중요한 사항으로는 환경현황에 대한 조사, 환경에 대한 영향의 예측 및 평가, 대안의 제시와 평가, 환경영향저감방안, 사후환경영향조사계획 등이 있다. 환경영향평가를 함에 있어서는 원칙상 개발사업으로 인하여 야기될 수 있는 환경에 대한 중대한 영향이 모두 고려되어야 하는 것은 아니지만 합리적으로 예견될 수 있는 악영향은 모두 검토되어야 한다. 현장조사를 하여야 할 것인지, 어느 정도로 현장조사를 하여야 할 것인지 여부는 현장조사의 필요성, 기존의 과학적인 연구자료의 존재 여부, 현장조사의 여려움 및 비용 등을 고려하여 결정하여야 한다.

현행 영향평가법은 누적영향평가에 관한 규정을 두고 있지 않은데, 이는 입법의 불비로 조속히 보완되어야 한다. 누적영향평가에 관한 명문의 규정이 없더라도 누적적 개발의 개연성이 있는 경우에는 그 누적영향을 평가하여야 하는 것으로 해석하여야 할 것이다.

그리고, 환경영향평가에서 가장 중요한 것이 대안(alternatives) 평가이다. 문제는 대안을 어느 정도까지 검토하여야 하는가이다. 대안이 합리적인(reasonable) 것인 경우에는 실행가능한 한도 내에서는 모두 검토되어야 하고, 그 대안에 대한 검토는 적정하게(adequately) 행해져야 한다. 그리고, 대안의 검토에서는 개발이익과 환경에 대한 침해를 적절하게 이익형량하여야 할 것이다. 환경적 가치를 금전으로 환산하는 것은 어려운 것이므로 사업으로 인한 이익과 환경상 불이익을 반드시 정량적으로 이익형량하여야 하는 것은 아니며 정성적인 이익형량을 하여도 무방하다고 보아야 할 것이다.

문제는 사업부지의 타당성 검토에 있어 사업입지의 대안검토가 환경영향평가의 범위에 들어가는가 하는 것이다. 사업입지 대안평가는 환경영향평가의 핵심적 내용으로서 환경영향평가의 내용에 포함되는 것으로 보아야 한다. 현행 환경영향평가서 작성에 관한 환경부의 고시도 사업입지 대안평가를 환경영향평가의 내용으로 보고 있다. 다만, 환경영향평가서가 구체적인 사업계획이 수립된 후 제출된다는 점에서 사업입지의 타당성 검토 및 사업입지 대안평가가 부실하게 행해질 가능성이 크다. 따라서, 사업입지의 타당성 검토는 사업부지 선정단계에서 미리 별도로 행하여지도록 영향평가법을 개정하여야 할 것이다.

그리고 환경저감방안이 충분히 검토되어야 한다. 환경저감방안을 전혀 행하지 않은 환경영향평가는 부적절한 것으로 취소사유가 된다고 보아야 한다. 환경오염저감방안을 나열할 뿐이며 환경오염저감방안을 전혀 설명하고 있지 않은 경우, 환경오염저감방안이 심히 모호한 경우, 오염저감방안이 기초한 정보가 부적절하거나 부실한 경우에도 오염저감방안은 부적절한 것으로 보아야 한다. 그리고, 환경저감방안에는 현실가능성이 있어야 하므로 현실가능성이 없는 환경오염저감방안으로 인하여 환경에 대한 오염이 완화된다는 사업자의 주장은 사업계획승인처분 시 고려하여서는 안 될 것이다.

### (5) 환경영향평가의 절차상 하자와 사업계획승인처분의 효력

아직 이에 관한 판례가 없지만, 의견수렴절차나 환경부장관의 협의절차 등 환경영향평가절차의 일정절차가 행해지지 않은 경우 환경영향평가에 절차상 하자가 있고, 사업계획승인처분도 절차상 위법한 처분이 된다고 보는데, 큰 어려움이 없을 것이다.

의견수렴절차 등 환경영향평가절차가 행해졌지만 그 절차에 하자가 있거나 의견수렴이 부실하였던 경우에 그 절차상 하자가 경미한 경우에는 당해 하자는 환경영향평가절차가 절차상 위법하게 되지 않고, 따라서 사업계획승인처분의 취소사유가 되지 않고, 그 절차상 하자가 중요한 경우에 한하여 환경영향평가의 절차상 위법이 인정되고, 사업계획승인처분의 독립된 취소사유가 된다고 보아야 할 것이다.

다만, 환경영향평가의 실체상 하자로 인한 사업계획승인처분의 위법의 인정에서 제한적이었던 판례의 태도에 비추어 판례가 환경영향평가의 절차상 하자로 인한 사업계획승인처분의 위법의 인정을 제한적으로 할 것이라고 예상된다.

### (6) 환경영향평가의 하자로 인한 사업계획승인처분의 무효확인판결 또는 취소판결의 효력

환경영향평가의 하자는 사업계획승인처분의 절차의 하자이다. 따라서, 환경영향평가의 하자(환경영향평가의 결여, 실체상 하자, 절차상 하자)로 사업계획승인처분에 대해

무효확인판결이 나거나 취소판결이 나면 처분청은 이제 환경영향평가의 하자를 보완하여 환경영향평가절차를 적법하게 다시 거쳐 사업계획승인처분을 다시 하여야 한다.

## Ⅱ. 폐기물의 불법처리 또는 방치와 처리책임

### 1. 불법처리된 폐기물의 처리

#### (1) 불법처리된 폐기물에 대한 처리책임자

환경부장관, 시·도지사 또는 시장·군수·구청장은 부적정처리폐기물(폐기물관리법 제13조에 따른 폐기물의 처리 기준과 방법 또는 제13조의2에 따른 폐기물의 재활용 원칙 및 준수사항에 맞지 아니하게 처리되거나 제8조 제1항 또는 제2항을 위반하여 버려지거나 매립되는 폐기물을 말한다. 이하 같다)이 발생하면 다음 각 호의 어느 하나에 해당하는 자(이하 "조치명령대상자"라 한다)에게 기간을 정하여 폐기물의 처리방법 변경, 폐기물의 처리 또는 반입 정지 등 필요한 조치를 명할 수 있다. 1. 부적정처리폐기물을 발생시킨 자, 2. 부적정처리폐기물이 처리된 폐기물처리시설의 설치 또는 운영을 제5조 제2항에 따른 수탁자에게 위탁한 자, 3. 부적정처리폐기물의 처리를 제15조의2 제3항 또는 제18조 제1항에 따라 위탁한 음식물류 폐기물 배출자 또는 사업장폐기물배출자. 다만, 폐기물의 처리를 위탁한 자가 제15조의2 제3항·제5항, 제17조 제1항 제3호 또는 제18조의2 제3항에 따른 의무를 위반하거나 그 밖의 귀책사유가 있다고 인정되는 경우로 한정한다. 4. 부적정처리폐기물의 발생부터 최종처분에 이르기까지 배출, 수집·운반, 보관, 재활용 및 처분과정에 관여한 자, 5. 부적정처리폐기물과 관련하여 제18조 제3항을 위반하여 폐기물 인계·인수에 관한 사항과 폐기물처리현장정보를 전자정보처리프로그램에 입력하지 아니하거나 거짓으로 입력한 자, 6. 제1호부터 제5호까지의 규정 중 어느 하나에 해당하는 자에 대하여 부적정처리폐기물의 발생 원인이 된 행위를 할 것을 요구·의뢰·교사한 자 또는 그 행위에 협력한 자, 7. 제1호부터 제6호까지의 사업장폐기물배출자에 대하여 제17조 제8항 또는 제9항에 따라 권리·의무를 승계한 자, 8. 제1호부터 제6호까지의 폐기물처리업자, 폐기물처리시설의 설치자 또는 폐기물처리 신고자에 대하여 제33조 제1항부터 제3항까지에 따라 권리·의무를 승계한 자, 9. 부적정처리폐기물을 직접 처리하거나 다른 사람에게 자기 소유의 토지 사용을 허용한 경우 부적정처리폐기물이 버려지거나 매립된 토지의 소유자(폐기물관리법 제48조 제1항).

토지소유자로부터 당해 토지의 사용을 허락받아 폐기물이 투기 또는 매립 처리된 후 그 토지를 양수한 토지소유자도 연대책임을 지는가 아닌가가 불분명하다. 부정적으로 보는 것이 타당하다. 그 이유는 다음과 같다. 이 경우에 종전의 토지소유자가 지는 책임은 토지소유자로서 지는 책임이 아니라 자신의 토지 위에 폐기물의 처리를 허용한 것이라는 개인적인 사유에 근거하여 인정되는 책임이다. 또한, 사후에 토지를 양수한 자에게 종전 토지소유자가 지는 책임을 인수하는 것으로 하는 것은 선의의 토지취득자에게 불측의 손해를 주며 토지거래에서 토지조사를 하여야 하는 부담을 가져올 것이므로 타당하지 않다고 보여진다. 그러나, 토지의 매수인이 폐기물이 매립되어 있는 것을 알았고 토지의 구입가격이 그것을 고려하여 낮게 책정된 경우에는 토지의 매수인이 양도인의 폐기물처리책임도 인수한 것으로 볼 수 있을 것이다.

### (2) 처리책임의 내용

폐기물관리법은 불법처리된 폐기물에 대한 조치에 관하여 구체적으로 규정하지 않고 "폐기물의 처리방법 변경, 폐기물의 처리 또는 반입 정지 등 필요한 조치"라고 포괄적으로 규정하고 있다. 이 조치에는 제거명령도 포함된다고 해석된다. 입법론으로는 행정기관이 불법처리된 폐기물에 대한 책임자에게 과할 수 있는 조치를 구체적으로 규정하여야 할 것이다.

## 2. 사업장 내 방치폐기물의 처리

최근 IMF로 인하여 사업장에 폐기물이 방치된 상태에서 사업자가 파산하거나 사업장이 양도되고 폐기물을 방치한 사업자가 방치된 폐기물을 처리할 자력이 없는 경우가 많게 됨에 따라 이에 대한 대책이 필요하게 되었다. 이에 대처하기 위하여 폐기물관리법은 다음과 같은 규정을 두었다.

### (1) 사업장 내 폐기물의 처리책임

사업장폐기물은 당해 폐기물을 배출하는 사업자가 스스로 또는 위탁하여 처리하여야 할 책임을 진다(제17조 제1항). 그런데, 폐기물관리법은 사업장에 방치된 폐기물의 처리문제를 해결하기 위하여 사업이나 사업장의 양수인 등에게 사업장폐기물의 처리의무를 승계시키는 규정을 두고 있다. 즉, "사업장폐기물배출자가 그 사업을 양도하거나 사망한 경우 또는 법인이 합병·분할한 경우에는 그 양수인·상속인 또는 합병·분할 후 존속하는 법인이나 합병·분할에 의하여 설립되는 법인은 당해 사업장폐기물과 관련한 권리·의무를 승계한다(제17조 제8항). 「민사집행법」에 따른 경매, 「채무자 회생 및 파산에 관한 법률」에 따른 환가(換價)나 「국세징수법」·「관세법」 또는 「지방세기본법」에 따른 압류재산의 매각, 그 밖에 이에 준하는 절차에 따라 사업장폐기물배출자의 사업장 전부 또는 일부를 인수한 자는 그 사업장폐기물과 관련한 권리와 의무를 승계한다"(제9항).

이 승계규정은 방치되는 폐기물의 발생을 예방하기 위하여 오염원인자 책임원칙을 확장한 것으로서 위와 같은 인수자가 사업장폐기물배출자의 공법상 권리·의무를 승계한다는 취지일 뿐이고, 이로써 사업장폐기물배출자의 사법상 권리·의무까지 당연히 승계되는 것은 아니라고 보아야 한다(대판 2002. 10. 22, 2002다46331).

사업이나 사업장의 양수인 등에게도 폐기물처리책임을 지도록 할 필요성은 이렇게 함으로써 방치된 폐기물의 처리책임자를 확보할 수 있다는 데 있다. 다만, 문제는 양수인 등이 불측의 손해를 볼 수 있다는 점이다. 따라서, 현행법하에서는 사업이나 사업장을 인수하려는 자는 사업장 내의 폐기물의 상태와 폐기물에 의한 토양의 오염상태를 조사하여야 한다.

그런데, 현행법은 다음과 같은 문제점을 가지고 있다. 즉, 사업의 양수인이 '그 사업장폐기물과 관련한 권리·의무를 승계한다'라고 규정하고 있어 양도인은 폐기물 처리책임을 면제받는 것으로 해석될 여지가 있다. 그러나, 양도인은 폐기물배출자로서 폐기물관리법상의 폐기물관리책임을 여전히 부담하는 것으로 보는 것이 타당하다. 사업장 내에 불법으로 폐기물을 매립한 사람이 사업을 양도하면 이와 같이 불법처리된 폐기물에 대한 처리의무를 면한다고 보는 것은 부당하다. 또한, 명문의 규정이 없음에도 사인 상호간의 계약에 의해 공법상 책임을 면하도록 하는 것은 타당하지 않다.

### (2) 사업장내 방치폐기물의 처리

환경부장관 또는 시·도지사는 사업장폐기물배출자가 제13조에 따른 폐기물의 처리 기준과 방법으로 정한 보관기간을 초과하여 폐기물을 보관하는 경우에는 사업장폐기물배출자에게 기간을 정하여 폐기물의 처리를 명할 수 있다(제39조의2 제1항). 환경부장관 또는 시·도지사는 제1항에 따라 사업장폐기물배출자에게 처리명령을 하였음에도 불구하고 처리되지 아니한 폐기물이 있으면 제17조 제6항 또는 제7항에 따라 권리와 의무를 승계한 자에게 기간을 정하여 폐기물의 처리를 명할 수 있다(제2항).

### (3) 폐기물처리사업장 내 방치폐기물의 처리

#### 1) 방치폐기물처리의 보증

폐기물처리업자가 자력이 부족하여 사업장 내에 방치된 폐기물이 처리되지 못하는 것에 대비하기 위하여 다음과 같이 방치폐기물처리보증제도가 도입되었다.

즉, 사업장폐기물을 대상으로 하는 폐기물처리업자와 폐기물처리 신고자는 폐기물의 방치를 방지하기 위하여 제25조 제3항에 따른 허가를 받거나 제46조 제1항에 따른 신고를 한 후 영업 시작 전까지 다음의 어느 하나에 해당하는 조치를 취하여야 한다. ① 제43조에 따른 폐기물 처리 공제조합에의 분담금 납부, ② 폐기물의 처리를 보증하는 보험 가입(제40조 제1항).

### 2) 양수인등의 책임

폐기물처리업자, 제29조에 따른 폐기물처리시설의 설치승인을 받거나 신고를 한 자 또는 폐기물처리 신고자 또는 전용용기 제조업자(이하 이 조에서 "폐기물처리업자 등"이라 한다)로부터 폐기물처리업, 폐기물처리시설 또는 제46조 제1항에 따른 시설 또는 전용용기 제조업(이하 이 조에서 "폐기물처리업등"이라 한다)을 양수하거나 「민사집행법」에 따른 경매, 「채무자 회생 및 파산에 관한 법률」에 따른 환가(換價)나 「국세징수법」・「관세법」 또는 「지방세징수법」에 따른 압류재산의 매각, 그 밖에 이에 준하는 절차에 따라 인수하는 경우에 해당 양수인 또는 인수인은 환경부령으로 정하는 바에 따라 환경부장관 또는 시・도지사의 허가를 받아야 한다. 이 경우 허가를 받은 양수인 또는 인수인은 폐기물처리업등의 허가・승인・등록 또는 신고에 따른 권리・의무를 승계한다(제33조 제1항).

법인인 폐기물처리업자등이 다른 법인에 흡수합병되거나 다른 법인과 합병하여 새로운 법인을 설립하거나 폐기물처리업등을 분할하여 새로운 법인을 설립하거나 다른 법인에 합병하는 경우, 합병 후 존속하는 법인이나 합병 또는 분할로 설립되는 법인은 환경부령으로 정하는 바에 따라 환경부장관 또는 시・도지사의 허가를 받아야 한다. 이 경우 허가를 받은 합병 후 존속하는 법인이나 합병 또는 분할로 설립되는 법인은 폐기물처리업등의 허가・승인・등록 또는 신고에 따른 권리・의무를 승계한다(동조 ②).

폐기물처리업자등이 사망한 경우, 그 상속인은 폐기물처리업등의 허가・승인・등록 또는 신고에 따른 권리・의무를 승계한다. 이 경우 상속인은 환경부령으로 정하는 바에 따라 환경부장관 또는 시・도지사에게 권리・의무 승계신고를 하여야 한다(동조 ③).

제1항 또는 제2항에 따라 권리・의무 승계가 이루어질 경우 종전의 폐기물처리업자등에 대한 허가・승인・등록 또는 신고는 그 효력을 잃는다. 다만, 종전 폐기물처리업자등의 이 법에 따른 의무 위반으로 인한 법적 책임은 권리・의무 승계에도 불구하고 소멸하지 아니한다(동조 ⑧).

### 3) 방치폐기물에 대한 처리명령

환경부장관 또는 시・도지사는 제1항에 따른 폐기물처리업자나 폐기물처리 신고자가 대통령령으로 정하는 기간을 초과하여 휴업을 하거나 폐업 등으로 조업을 중단(제27조에 따른 허가취소・영업정지 또는 제46조 제7항에 따른 폐쇄명령・처리금지명령에 따른 조업 중단은 제외한다)하면 기간을 정하여 그 폐기물처리업자나 폐기물처리 신고자에게 그가 보관하고 있는 폐기물의 처리를 명할 수 있다(제40조 제2항). 환경부장관 또는 시·도지사는 제2항 또는 제39조의3에 따라 폐기물처리업자나 폐기물처리 신고자에게 처리명령을 하였음에도 불구하고 처리되지 아니한 폐기물이 있으면 제33조 제1항부터 제3항까지에 따라 권리·의무를 승계한 자에게 기간을 정하여 폐기물의 처리를 명할 수 있다(제3항).

### 4) 처리명령 불이행시의 조치

환경부장관 또는 시·도지사는 제2항 또는 제3항에 따른 명령을 받은 자가 그 명령을 이행하지 아니하면 그가 보관하고 있는 폐기물(이하 "방치폐기물"이라 한다)의 처리에 관하여 다음의 조치를 할 수 있다.

① 제1항 제1호에 따른 분담금을 낸 경우: 제41조에 따른 폐기물 처리 공제조합에 대한 방치폐기물의 처리 명령,

② 제1항 제2호에 따른 보험에 가입한 경우: 방치폐기물의 처리와 보험사업자에게서 보험금 수령(제40조 제4항).

## 3. 대집행

환경부장관, 시·도지사 또는 시장·군수·구청장(이하 "대집행기관"이라 한다)은 제39조의2, 제39조의3, 제40조 제2항·제3항 또는 제48조에 따른 명령을 받은 자가 그 명령을 이행하지 아니하면 「행정대집행법」에 따라 대집행(代執行)을 하고 그 비용을 징수할 수 있다(제49조 제1항). 제1항에도 불구하고 대집행기관은 다음 각 호의 어느 하나에 해당하는 경우에 제39조의2, 제39조의3, 제40조 제2항·제3항 또는 제48조에 따른 **명령을 내리지 아니하고 대집행을 할 수 있다.** 이 경우 대집행기관은 제39조의2, 제39조의3, 제40조 제2항·제3항 또는 제48조에 따른 명령대상자(제1호의 경우에는 대집행절차 도중 또는 완료 이후에 확인된 명령대상자를 말한다)로부터 「행정대집행법」에 따라 비용을 징수할 수 있다. 1. 제39조의2, 제39조의3, 제40조 제2항·제3항 또는 제48조에 따른 명령대상자를 대집행기관이 확인할 수 없는 경우, 2. 제39조의2, 제39조의3, 제40조 제2항·제3항 또는 제48조에 따른 명령대상자를 대집행기관이 확인하였으나 명령을 이행할 능력이 없다고 인정되는 경우, 3. 대집행기관이 침출수 누출, 화재 발생 등으로 주민의 건강 또는 주변 환경에 심각한 위해를 끼칠 우려가 있는 등 명령의 내용이 되는 조치의 전부 또는 일부를 긴급하게 실시하여야 할 필요가 있는 경우(동조 제2항).

제1항 또는 제2항에 따라 대집행을 실시한 대집행기관은 **제48조 제1항 제1호에 해당하는 자가 폐기물처리업자 또는 폐기물처리 신고자로 확인된 경우** 그 폐기물처리업자 또는 폐기물처리 신고자를 관할하는 행정기관에 대집행에 소요된 비용을 청구할 수 있다. 이 경우 비용을 청구받은 행정기관은 조치명령대상자에게 비용을 징수

할 수 있다(동조 제4항).

제1항부터 제4항까지에서 규정한 사항 외에 대집행에 필요한 사항은 「행정대집행법」에서 정하는 바에 따른다(동조 제5항).

## Ⅲ. 오염된 토양의 정화책임

### 1. 오염원인자 및 정화책임자

토양오염으로 인하여 피해가 발생한 경우 그 오염을 발생시킨 자는 그 피해를 배상하고 오염된 토양을 정화하는 등의 조치를 하여야 한다. 다만, 토양오염이 천재지변이나 전쟁, 그 밖의 불가항력으로 인하여 발생하였을 때에는 그러하지 아니하다(토양환경보전법 제10조의3 제1항). 오염을 발생시킨 자가 둘 이상인 경우에 어느 자에 의하여 제1항의 피해가 발생한 것인지를 알 수 없을 때에는 각 자가 연대하여 배상하고 오염된 토양을 정화하는 등의 조치를 하여야 한다(제10조의3 제2항).

다음의 어느 하나에 해당하는 자는 정화책임자로서 제11조 제3항, 제14조 제1항, 제15조 제1항·제3항 또는 제19조 제1항에 따라 토양정밀조사, 오염토양의 정화 또는 오염토양 개선사업의 실시(이하 "토양정화등"이라 한다)를 하여야 한다. ① 토양오염물질의 누출·유출·투기(投棄)·방치 또는 그 밖의 행위로 토양오염을 발생시킨 자, ② 토양오염의 발생 당시 토양오염의 원인이 된 토양오염관리대상시설의 소유자·점유자 또는 운영자, ③ 합병·상속이나 그 밖의 사유로 제1호 및 제2호에 해당되는 자의 권리·의무를 포괄적으로 승계한 자, ④ 토양오염이 발생한 토지를 소유하고 있었거나 현재 소유 또는 점유하고 있는 자(제10조의4 제1항). 다만, 다음의 어느 하나에 해당하는 경우에는 ④의 정화책임자로 보지 아니한다. 다만, 1996년 1월 6일 이후에 제1항 제1호 또는 제2호에 해당하는 자에게 자신이 소유 또는 점유 중인 토지의 사용을 허용한 경우에는 그러하지 아니하다. ⅰ) 1996년 1월 5일 이전에 양도 또는 그 밖의 사유로 해당 토지를 소유하지 아니하게 된 경우, ⅱ) 해당 토지를 1996년 1월 5일 이전에 양수한 경우, ⅲ) 토양오염이 발생한 토지를 양수할 당시 토양오염 사실에 대하여 선의이며 과실이 없는 경우, ⅳ) 해당 토지를 소유 또는 점유하고 있는 중에 토양오염이 발생한 경우로서 자신이 해당 토양오염 발생에 대하여 귀책 사유가 없는 경우.

### 2. 특정토양오염관리대상시설의 설치자에 대한 명령

특별자치도지사·시장·군수·구청장은 특정토양오염관리대상시설의 설치자가 다음의 어느 하나에 해당하면 대통령령으로 정하는 바에 따라 기간을 정하여 토양오염방지시설의 설치 또는 개선이나 그 시설의 부지 및 주변지역에 대하여 토양관련전문기관에 의한 토양정밀조사 또는 오염토양의 정화 조치를 할 것을 명할 수 있다: ① 토양오염방지시설을 설치하지 아니하거나 그 기준에 적합하지 아니한 경우, ② 토양오염검사 결과 우려기준을 넘는 경우, ③ 누출검사 결과 오염물질이 누출된 경우(토양환경보전법 제14조 제1항).

특별자치도지사·시장·군수·구청장은 특정토양오염관리대상시설의 설치자가 제1항에 따른 명령을 이행하지 아니하거나 그 명령을 이행하였더라도 그 시설의 부지 및 그 주변지역의 토양오염의 정도가 제15조의3 제1항에 따른 정화기준 이내로 내려가지 아니한 경우에는 그 특정토양오염관리대상시설의 사용중지를 명할 수 있다(제3항).

## 3. 토양오염방지 조치명령 등

시·도지사 또는 시장·군수·구청장은 제5조 제4항 제2호에 해당하는 지역(토양오염실태조사의 결과 우려기준을 넘는 지역)의 오염원인자에 대하여 대통령령으로 정하는 바에 따라 기간을 정하여 토양관련전문기관으로부터 토양정밀조사를 받도록 명할 수 있다(토양환경보전법 제15조 제1항). 토양관련전문기관은 제1항에 따라 토양정밀조사를 하였을 때에는 오염원인자 및 관할 시·도지사 또는 시장·군수·구청장에게 조사결과를 지체 없이 통보하여야 한다(제2항).

시·도지사 또는 시장·군수·구청장은 상시측정, 토양오염실태조사 또는 토양정밀조사의 결과 우려기준을 넘는 경우에는 대통령령으로 정하는 바에 따라 기간을 정하여 다음의 어느 하나에 해당하는 조치를 하도록 정화책임자에게 명할 수 있다: ① 토양오염관리대상시설의 개선 또는 이전, ② 해당 토양오염물질의 사용제한 또는 사용중지, ③ 오염토양의 정화. 다만, 정화책임자를 알 수 없거나 정화책임자에 의한 토양정화가 곤란하다고 인정하는 경우에는 시·도지사 또는 시장·군수·구청장이 오염토양의 정화를 실시할 수 있다(제15조 제3항). 환경부장관은 제5조에 따른 토양오염도 측정 결과 우려기준을 넘는 경우에는 관할 시·도지사 또는 시장·군수·구청장에게 제3항에 따른 조치명령을 할 것을 요청할 수 있다(제15조 제6항). 시·도지사 또는 시장·군수·구청장은 제6항에 따른 환경부장관의 요청을 받았을 때에는 제3항에 따른 조치명령을 하여야 하며, 그 조치명령의 내용 및 결과를 환경부령으로 정하는 바에 따라 환경부장관에게 보고하여야 한다(제7항).

## 4. 대집행

특별자치도지사·시장·군수·구청장은 제13조 제1항에 따라 토양오염검사를 받아야 하는 자나 다음의 어느 하나에 해당하는 명령을 받은 자가 토양오염검사를 받지 아니하거나 그 명령을 이행하지 아니하는 경우에는 「행정대집행법」에서 정하는 바에 따라 대집행(代執行)을 하고 그 비용을 명령위반자로부터 징수할 수 있다. ① 제11조 제3항 및 제14조 제1항에 따른 명령, ② 제15조 제1항에 따른 토양정밀조사명령, ③ 제15조 제3항에 따른 명령, ④ 제19조 제1항에 따른 오염토양 개선사업 실시명령, ⑤ 제21조 제3항에 따른 토양오염물질의 제거 또는 시설 철거 등의 명령(제24조).

# 제 5 절 환경피해의 공법적 구제

환경피해에 대한 공법적 구제는 환경에 대한 침해를 가져오는 행정조치를 다투어 침해상태를 제거하는 것을 내용으로 하는 환경취소소송과 행정권의 행사 또는 불행사로 인하여 야기된 손해의 전보, 즉 손해배상 또는 손실보상을 주된 내용으로 하고 있다.

환경취소소송에서는 소송요건으로서 처분성 및 원고적격이 문제되고, 본안문제로서 재량처분 시의 환경이라는 공익의 고려, 토지수용법상의 사업인정시 환경이익의 고려 및 환경영향평가상 하자의 사업계획승인의 적법성에 대한 영향 등이 문제되고, 국가배상청구소송에서는 행정권이 환경보호의무를 게을리 한 경우의 배상책임 및 영조물의 관리상 야기된 환경오염에 대한 국가의 배상책임이 문제된다.

## I. 환경취소소송

### 1. 처분성

환경에 대해 중대한 영향을 미치는 사업을 취소소송을 통하여 저지할 수 있기 위하여는 우선 개발사업시행조치의 '처분성'이 인정되어야 한다.

폐기물처리시설(폐기물매립시설 등)의 설치에 있어 지방자치단체의 장이나 수도권매립지관리공사의 장이 폐기물처리시설을 설치하고자 하는 경우에는 폐기물처리시설설치계획을 수립하여 환경부장관의 승인을 받아야 한다(폐기물처리시설 설치촉진 및 주변지역지원 등에 관한 법률(이하 '폐촉법'이라 한다) 제11조의3 제1항, 제2항). 이 경우 폐기물처리시설설치계획승인은 처분이므로 취소소송의 대상이 된다.

그러나, 개발사업이 국가나 지방자치단체에 의해 행정내부의 결정만으로 실시되는 경우(예를 들면, 환경부장관이 폐기물처리시설을 설치하는 경우)에는 처분성이 인정되지 않을 수도 있고, 그렇게 된다면 민법상의 방해배제청구나 가처분은 별론으로 하고 취소소송이나 집행정지제도를 통한 구제가 불가능하다. 생각건대, 신청 없이 행정기관의 일방적인 결정에 의해 행해지는 사업이라 하더라도 당해 행정기관의 일방적 결정이 국민의 권리의무에 직접 영향을 미치는 경우에는 처분성을 갖는 것으로 보아야 한다. 예를 들면, 폐촉법 제10조의 폐기물처리시설의 입지선정의 결정고시는 입지안에 있는 주민의 재산권 행사를 제한하는 효과를 가져오므로 처분으로 보아야 한다.

## 2. 원고적격

공권력행사에 의해 환경상 이익이 침해되는 경우에 침해되는 환경상 이익이 개인의 구체적인 이익이며 그것이 근거법규에 의해 보호되고 있는 이익인 경우에는 당해 이익은 행정소송법상의 법률상 이익이 되고 그러한 이익을 침해받은 자는 당해 공권력 행사에 대하여 항고소송을 제기할 원고적격을 가진다.

### (1) 인근주민의 원고적격

행정소송법 제12조는 "취소소송은 처분 등의 취소를 구할 법률상 이익이 있는 자가 제기할 수 있다"고 규정하고 있다. 취소소송을 제기할 수 있는 자격을 원고적격이라 하는데 현행 행정소송법은 취소소송을 제기할 수 있는 자를 '법률상 이익이 있는 자'에 한정하고 있다.

판례는 행정소송법 제12조의 법률상 이익은 처분 또는 부작위의 근거법규에 의해 보호되는 직접적이고 구체적인 개인적인 이익을 말한다고 보고 있다.

처분을 규제하는 법규에서 환경을 배려하는 규정이 있는 경우에 당해 '환경배려 조항'이 공익으로서의 일반 환경이익의 보호만을 목적으로 하고 있고 이로 인하여 인근주민이 반사적으로 이익을 얻고 있을 때에는 인근주민의 원고적격이 인정되지 않고 환경배려조항이 공익으로서의 환경이익뿐만 아니라 인근주민의 개인적인 환경상 이익도 직접 보호하고 있다고 판단되는 경우에는 인근주민에게 처분을 다툴 원고적격이 인정된다.

판례는 원칙상 처분의 근거가 되는 법규 달리 말하면 처분요건을 정하는 법규의 보호목적을 기준으로 하여 처분의 근거법규가 공익뿐만 아니라 개인의 이익도 보호하고 있다라고 판단되는 경우에 원고적격이 있는 것으로 보고 있다. 이와 같이 처분의 근거법규의 보호목적을 기준으로 하여 원고적격을 인정하는 것은 미국이나 프랑

스의 입법례와 비교하여 원고적격을 좁게 인정하는 것이며 이것이 환경보호를 위한
개발사업허가의 취소를 구하는 소송에 대한 제약요건이 되고 있다.[87]

　다만, 판례는 점차 취소소송의 원고적격을 확대하고 있다. 이러한 현상은 환경
보호를 목적으로 하는 취소소송에서 두드러지고 있다. 즉, 판례는 처분의 직접 근거
가 되는 법규에서 나아가 처분의 근거가 되는 법규가 원용하고 있는 법규, 그리고 환
경영향평가에 관한 법률까지도 처분의 근거법규로 보고 있다.

즉, 최근에 대법원은 환경영향평가의 대상이 되는 개발사업의 인근주민이 개발사업의 허가를 취
소청구하는 소송에서 환경영향평가법을 개발사업허가처분의 근거법으로 보면서 환경영향평가법은
평가의 대상이 되는 개발사업이 환경을 해치지 아니하는 방법으로 시행되도록 함으로써 개발사업
과 관련된 환경공익을 보호하려는 데에 그치는 것이 아니라 환경영향평가 대상지역안의 주민들의
환경침해를 받지 아니하고 쾌적한 환경에서 생활할 수 있는 개별적인 이익까지도 이를 보호하고
있다고 보면서 개발사업으로 인하여 직접적이고 중대한 환경피해를 입으리라고 예상되는 환경영
향평가 대상지역 안의 주민에게 환경영향평가 대상사업을 허가하는 처분의 취소를 구할 원고적격
을 인정하고 있다(대판 1998. 04. 24, 97누3286[88]; 1998. 09. 22, 97누19571[89]).

　이와 같이 판례는 환경영향평가법을 환경영향평가 대상사업에 대한 허가처분의
근거법률 내지 관계법률로 보고, 허가의 대상인 사업으로 인하여 직접적이고 중대한
환경침해를 받게 되리라고 예상되는 환경영향평가 대상지역 안의 주민에게 당해 허
가 또는 승인처분의 취소를 구할 원고적격을 인정함으로써 취소소송의 원고적격을
획기적으로 넓히고 있다. 다만, 환경영향평가 대상지역 안의 주민 모두에게 자동적으
로 원고적격이 인정되는 것으로 보는 것은 타당하지 않으며 허가의 대상인 사업으로
인하여 직접적이고 중대한 환경침해를 받게 되리라고 예상되는 환경영향평가 대상지
역 안의 주민에 한하여 원고적격을 인정하여야 한다.

　판례는 환경영향평가 대상지역 안의 주민들에 대하여는 특단의 사정이 없는 한
환경상의 이익에 대한 침해 또는 침해우려가 있는 것으로 사실상 추정되어 공유수면
매립면허처분 등의 취소 또는 무효확인을 구할 원고적격을 인정한다(대판 전원합의체
2006. 03. 16, 2006두330[새만금사건]). 환경상 이익에 대한 침해 또는 침해 우려가 있는
것으로 사실상 추정되어 원고적격이 인정되는 자는 환경상 침해를 받으리라고 예상

---

87) 미국과 프랑스에서는 근거법규에 의해 보호되는 개인적 이익을 침해받거나 받을 우려가 있는자
에 한정하지 않고 처분 또는 부작위에 의하여 개인의 이익이 직접 구체적으로 침해되기만 하면 취
소소송의 원고적격을 인정한다.
88) 환경영향평가대상지역주민에게 국립공원 용화집단시설지구개발사업계획의 변경승인 및 허가처
분을 다툴 원고적격을 인정한 사례.
89) 환경영향평가대상지역주민에게 전원(電源)개발사업실시계획승인처분을 다툴 원고적격을 인정한
사례.

되는 환경영향평가 대상지역 또는 영향권 내의 주민들을 비롯하여 그 영향권 내에서
농작물을 경작하는 등 현실적으로 환경상 이익을 향유하는 자도 포함된다고 할 것이
나, 단지 그 영향권 내의 건물·토지를 소유하거나 환경상 이익을 일시적으로 향유하
는 데 그치는 자는 포함되지 않는다고 할 것이다.[90] 환경영향평가 대상지역 안에 있
는 주민에게 당연히 원고적격이 인정되는 것은 아니며 환경영향평가의 대상이 되는
개발사업의 승인으로 환경상의 개인적 이익이 직접 구체적으로 침해될 것이 추정되어
원고적격이 있는 것으로 추정될 뿐이다. 따라서 환경영향평가 대상지역 안에 있는
주민에게 환경상의 개인적 이익이 직접 구체적으로 침해될 것이 예상되지 않는 경우
에는 환경영향평가 대상지역 안에 있는 주민일지라도 원고적격이 인정되지 않는다.

또한, 판례는 환경영향평가 대상지역 밖의 주민에게도 환경영향평가 대상사업에
대한 허가처분으로 그 처분 전과 비교하여 수인한도를 넘는 환경피해를 받거나 받을
우려가 있는 경우에 사업허가처분으로 인하여 환경상 이익에 대한 침해 또는 침해
우려가 있다는 것을 **입증한 경우**에 원고적격을 인정하고 있다(대판 전원합의체 2006.
03. 16, 2006두330[새만금사건]).

### (2) 환경단체의 원고적격

단체소송이라 함은 환경단체가 당해 단체가 목적으로 하는 일반적 이익(공익) 또
는 집단적 이익의 보호를 위하여 제기하는 소송을 말한다.

환경이익은 일반적 이익이거나 집단적 이익인 경우가 많다. 이 경우에는 그러한
이익을 침해당한 개인에게 항고소송을 제기할 원고적격을 인정할 수 없다. 이러한 환경
문제의 특수성에 비추어 환경분야에서는 단체소송을 인정하여야 한다는 요구가 강하다.

단체소송을 인정하는 명문의 규정은 없지만 환경단체가 설립목적으로 하는 환경이
익이 직접 침해되었거나 될 개연성이 있는 경우에는 환경단체의 이익이 침해된 것으로
보고 해석상 항고소송을 제기할 원고적격을 가지는 것으로 해석하는 것이 타당하다.

환경단체의 원고적격이 인정되지 않고 있는 현재 환경단체가 지역주민으로 하
여금 소송을 제기하도록 하고 실제에 있어서는 환경단체가 소송을 수행하고 소송비
용을 부담하는 경우가 있다.

### 3. 위법성

### (1) 환경영향평가절차의 하자와 사업계획승인처분의 위법성

이에 관하여는 전술한 바와 같다.

---

90) 대판 2009. 09. 24, 2009두2825[개발사업시행승인처분취소].

### (2) 비례의 원칙과 환경이익의 고려

일반적으로 대규모개발사업의 허가나 행정계획은 재량행위인 경우가 보통이다. 이 경우에 재량행위의 통제원칙 중에서 환경보호와 관련하여 비례의 원칙이 중요하다.

비례의 원칙이란 행정조치를 취함에 있어서 달성되는 공익 및 사익과 그로 인하여 침해되는 공익과 사익 사이에 균형을 유지하여야 한다는 원칙을 말한다. 그리하여 만일 전자와 후자 사이에 이익형량을 하여 후자가 전자보다 월등히 큰 경우에는 당해 행정조치는 위법하게 된다. 그런데, 행정조치에 의하여 침해되는 공익은 많은 경우에 환경상 이익이 된다.

행정조치를 규제하는 법령이 환경을 배려할 것을 규정하고 있는 경우에 환경상 공익을 이익형량에서 고려하여야 하는 것은 분명하다. 문제는 환경배려규정이 존재하지 않는 경우이다. 생각건대, 이 경우에도 행정기관은 비례의 원칙을 적용함에 있어서 환경이익을 이익형량에 포함시켜야 한다. 왜냐하면 헌법상 환경권이 보장되고 있고 국가에게는 환경보전을 위하여 노력할 의무가 부과되고 있기 때문이다(헌법 제35조).

판례도 다음과 같이 일정한 경우에 환경배려조항이 없는 경우에도 환경이익을 고려할 것을 요구하고 있다.

① 법규에 명문의 근거가 없더라도 환경보전을 이유로 산림훼손허가를 거부할 수 있다고 본 사례(대판 1997. 09. 12, 97누1228), ② 택시운송사업자가 차고지와 운송부대시설을 증설하는 내용의 자동차운송사업계획변경인가를 신청한 것에 대하여 교통행정 및 주거환경 등의 공익을 이유로 한 거부처분이 비례의 원칙에 반하지 않는다고 한 사례(대판 2000. 05. 26, 98두6500), ③ 환경보전의 측면에서 중대한 공익상 필요가 있는 경우 채광계획의 변경인가 신청을 거부한 것이 적법하다고 한 사례(대판 2000. 04. 25, 98두6555), ④ 환경보전 등을 위한 중대한 공익상의 필요가 있는 경우 채광의 시행을 위하여 제출한 산림형질변경허가신청을 거부한 것이 적법하다고 한 사례(대판 2000. 07. 07, 99두66).

### (3) 재량권의 영으로의 수축

공익목적을 위하여 행정권에게 규제권(예, 공해배출업소에 대한 조업정지명령권 등)이 부여된 경우에 행정권의 발동 여부는 통상 행정청의 재량에 속한다고 보고 있다. 그 이유는 행정권의 발동의 대상이 되는 행정 현실이 매우 다양하고 행정의 인적, 물적 수단이 제약되어 있기 때문에 행정권의 개입 여부의 판단을 일차적으로 행정권에게 맡길 필요가 있기 때문이다. 그러나, 국민의 생명·신체 등에 대한 중대한 위험이 존재하는 경우에는 일정한 조건하에 행정청의 재량권은 없어지며 행정권은 발동되어야 한다고 보아야 한다. 이러한 이론을 '재량권의 영으로의 수축이론'이라 한다.

일반적으로 다음과 같은 경우에 재량권이 영으로 수축된다고 본다. ① 사람의 생명, 신체 및 재산 등에 중대하고 급박한 위험이 존재하고, ② 그러한 위험이 행정권의 발동에 의해 제거될 수 있는 것으로 판단되며, ③ 피해자의 개인적인 노력으로는 권익침해의 방지가 충분하게 이루어질 수 없다고 인정되는 경우가 그러하다. 재량권수축이론은 취소소송보다는 행정청의 규제권한의 불행사로 인한 국가배상청구소송에서 더욱 큰 힘을 발휘한다.

### (4) 토지보상법상의 사업인정과 환경이익고려

수용을 정당화하는 공공필요의 판단은 공익사업을 위한 사업인정 시 비례의 원칙에 의해 행해진다. 즉, 비례의 원칙(이익·불이익형량이론)이 공공필요의 판단기준이된다. 수용으로 인하여 달성하는 공익과 수용으로 인하여 침해되는 이익(공익 및 사익)을 비교형량하여 침해되는 이익이 지나치게 크지 않는 한 수용은 정당한 것이 된다. 수용으로 인하여 침해되는 공익의 예로는 환경상 이익 등을 들 수 있다.

## II. 국가배상청구소송

국가배상법 제2조는 행정권의 행사 또는 불행사로 인하여 국민에게 손해가 발생한 경우의 국가배상책임을 규정하고 있고, 동법 제5조는 영조물의 설치 또는 관리의 하자로 인한 국가배상책임을 규정하고 있다. 환경피해로 인한 국가배상책임의 문제는 주로 환경보호를 위해 행정권에 주어진 권한의 불행사로 인한 손해의 경우와 도로 등 영조물로 인한 공해의 경우에 제기된다.

### 1. 환경보호의무 위반과 국가배상: 행정권의 불행사와 국가배상

국가배상법 제2조에 의한 국가배상책임이 성립하기 위하여는 ① 공무원이 직무를 집행하면서 타인에게 손해를 가하였을 것, ② 공무원의 가해행위는 고의 또는 과실로 법령에 위반하여 행하여 졌을 것, ③ 손해가 발생하였고, 공무원의 불법한 가해행위와 손해 사이에 인과관계(상당인과관계)가 있을 것이 요구된다.

행정권의 불행사로 인한 국가배상책임에서 문제가 되는 것은 행정권의 불행사가 위법한 것인지 그리고 행정권의 환경보호의무의 사익보호성이다. 행정권의 불행사가 위법이 되기 위하여는 작위의무(환경보호의무)가 이어야 하고, 그 권한의 불행사가 현저하게 합리성을 잃어 사회적 타당성을 잃은 것이어야 한다. 판례는 공무원에게 부과된 작위의무의 내용이 단순히 공공 일반의 이익을 위한 것이거나 행정기관 내부의 질서를 규율하기 위한 것이 아니고 전적으로 또는 부수적으로 사회구성원 개인의 안전과 이익을 보호하기 위하여 설정된 것이어야 국가배상책임이 인정된다고 한다(행정법론(상) 국가배상 참조).

환경보호를 위하여 행정권에게 규제권이 부여된 경우에도 당해 행정권의 발동은 통상 행정청의 재량에 속한다는 것은 전술한 바와 같다. 이 경우에는 행정권에게 국민에 대한 관계에서 구체적인 환경보호의무가 인정된다고 보기 어렵다. 그러나, 전술한 바와 같이 재량권이 영으로 수축하는 경우에는 환경보호를 위한 행정권의 개입의무가 인정되고 이 경우에 행정권이 개입하지 않아 국민의 생명·건강 또는 재산에 피해가 발생한 경우에는 국가배상책임이 인정될 수 있다.

우리나라에서도 행정권의 불행사로 인한 국가배상책임이 인정된 사례는 있지만 아직까지 환경보호를 위한 행정권의 불행사로 인한 국가배상책임은 인정된 예가 없다.

일본에서는 환경행정권의 불행사로 인한 국가배상책임이 인정된 예가 많지는 않지만 몇 건이 있다.

高知古비닐공해소송에서는 농가의 원예용 비닐하우스의 古비닐이 하천을 경유하여 연해로 유출되어 어업에 피해를 준 경우에 있어서 시, 현, 국가에게 폐기물의 처리 및 청소에 관한 법률에 의한 수집, 운반, 처분의무를 인정하고 국가배상법에 근거하여 손해배상의무를 인정하였다(高知地判 1974. 5. 23, 下民 25권 5~8호, 459면).
水俣病국가배상사건에서는 생명·건강에 대한 구체적인 위험의 절박, 행정의 인식의 용이성, 규제권한 불행사에 의한 결과발생의 불가피성, 국민의 규제권한 행사에의 기대, 결과발생방지의 용이성이 모두 충족되면 규제권의 행사에 있어서의 재량권이 수축되고 그 불행사가 위법하게 된다고 보면서 이 사건에서 행정으로서는 가능한 수단을 다하여 위험발생을 방지·배제할 의무가 있었지만 국가 또는 현지사가 이를 게을리 하여 규제권한을 행사하지 않은 것은 위법하다라고 재량권수축론에 근거하여 국가배상책임을 인정한 판결이 있다(熊本地判 1987. 03. 30, 판례시보 1235호 3면: 熊本水病 제3차소송 제1진 제1심판결).

## 2. 공해와 영조물의 설치·관리상의 하자

판례는 국가배상법 제5조 제1항에 정하여진 '영조물의 설치 또는 관리의 하자'라 함은 공공의 목적에 공여된 영조물이 그 용도에 따라 갖추어야 할 안전성을 갖추지 못한 상태에 있음을 말하고, 여기서 안전성을 갖추지 못한 상태, 즉 타인에게 위해를 끼칠 위험성이 있는 상태라 함은 당해 영조물을 구성하는 물적 시설 그 자체에 있는 물리적·외형적 흠결이나 불비로 인하여 그 이용자에게 위해를 끼칠 위험성이 있는 경우(물적 하자)뿐만 아니라 그 영조물이 공공의 목적에 이용됨에 있어 그 이용상태 및 정도가 일정한 한도를 초과하여 제3자에게 사회통념상 참을 수 없는 피해를 입히는 경우(이용상 하자)까지 포함된다고 보아야 할 것이고, 사회통념상 참을 수 있는 피해인지의 여부는 그 영조물의 공공성, 피해의 내용과 정도, 이를 방지하기 위하여 노력한 정도 등을 종합적으로 고려하여 판단하여야 한다(대판 2004. 03. 12, 2002다

14242[매향리사격장사건]; 대판 2010. 11. 25, 2007다74560). 이와 같이 판례는 영조물(공물)로부터 발생하는 공해로 인한 손해가 수인한도를 넘는 경우 국가배상법 제5조의 배상책임을 인정하고 있다(행정법론(상) 국가배상 참조).

　　그런데, 도로 등 공공시설로부터 어쩔 수 없이 발생하는 공해로 인한 손해에 대하여 수인한도론에 의해 손해배상책임을 인정하는 것이 타당할지는 신중한 검토를 요한다. 사법분야에서 수인한도론은 손해배상의 문제가 될 수 있지만 공공성을 전제로 하여 논의되는 수인한도론은 행정법에서는 오히려 손실보상의 문제로 논하는 것이 타당하다. 공공시설로부터 어쩔 수 없이 발생되는 공해로 인한 손해는 적법행위로 인한 손해로 보고 당해 손해가 수인한도를 넘는 특별한 손해일 때 손실보상(간접보상)을 해 주는 것으로 보는 것이 타당하다고 할 수 있다.

# 제8장 조세행정법

## 제1절 조세의 개념

현행 세법에는 조세의 개념에 관한 규정을 두고 있지 않다. 조세(租稅)란 국가 또는 지방자치단체가 특별급부에 대한 반대급부로서가 아니라 그 경비에 충당할 재정조달 목적으로 법률에 규정된 과세요건을 충족한 모든 자에 대하여 부과하는 금전급부라고 정의할 수 있다.

첫째, 과세주체는 국가 또는 지방자치단체이다. 공공조합이 조합원으로부터 일정 경비를 부과 · 징수하는 것은 조세가 아니다.

둘째, 조세는 재정수요의 충족을 목적으로 한다. 위법행위 등에 대한 제재에 주목적을 두고 있는 벌금 · 과료 · 과태료 등은 이 점에서 조세와 구별된다. 조세는 본래 일반적 수입을 목적으로 징수되나, 예외적으로 특정의 사용목적을 정하여 과하는 것도 인정되는데, 이를 목적세라고 한다.

셋째, 조세는 특별급부에 대한 반대급부로서 지급되는 것이 아니다. 이를 조세의 비보상성이라고 한다. 이 점에서 조세는 특정한 급부에 대한 반대급부로서 징수하는 수수료 · 사용료 등과 구별된다.

넷째, 조세는 법률에 규정된 과세요건을 충족하는 모든 자에게 부과된다. 이와 같이 조세의 대상은 일반적이라는 점에서 특정한 사업과 특별한 관계에 있는 자에게만 과하는 부담금과 다르다.

다섯째, 조세는 일방적 · 강제적으로 부과된다. 이 점에서 조세는 국유재산의 재산수입 · 사업수입 등과 구별된다.

여섯째, 조세는 원칙적으로 금전급부이다. 예외적으로 물납(物納)이 인정되고 있지만(상속세및증여세법 제73조 등), 이는 납세의무자의 편의를 고려한 것이며, 이 경우에도 그 재산의 금전적 가치에 주안점이 있는 것으로서 재산의 사용가치에 주안점을 두어 강제취득하는 공용수용과 구별된다.

# 제 2 절   조세의 종류

## Ⅰ. 국세와 지방세

조세는 과세권의 주체에 따라 국세와 지방세로 분류된다. 국세(國稅)는 국가가 부과징수하는 조세이다. 국세에 대하여는 원칙적으로 각세마다 단행법이 제정되어 있으며(상속세 및 증여세법은 예외임), 모든 국세(관세는 제외)에 일반적 사항을 규정한 일반법으로서 국세기본법·국세징수법·조세범처벌법 및 조세범처벌절차법이 있다.

지방세(地方稅)는 지방자치단체가 부과징수하는 조세이다. 지방세에 대하여는 지방세기본법과 지방세법이 있으며, 세부적인 사항은 지방자치단체가 지방세기본법 또는 지방세관계법에서 정하는 범위에서 조례로 정한다(지방세기본법 제5조).

## Ⅱ. 내국세와 관세

국세는 다시 내국세와 관세로 분류된다. 내국세(內國稅)는 관세를 제외한 국세를 말하고, 관세(關稅)는 외국으로부터 수입되는 물건에 대하여 부과되는 조세를 말한다. 우리나라에는 수입세제도만 있으며 수출세제도는 없다. 관세에 대하여는 별도로 관세법이 제정되어 있다.

## Ⅲ. 직접세와 간접세

직접세(直接稅)와 간접세(間接稅)의 구별기준에 대하여는 납세의무자와 실질상의 부담자가 일치하는지 여부에 따라 양자를 구별하려는 입장과 소득·재산과 같은 담세력의 직접 표상을 과세대상으로 하는지 아니면 소비·거래 등 담세력을 간접적으로 추정시키는 표상을 대상으로 하는지에 따라 양자를 구별하려는 입장으로 나누어지지만, 전자의 입장이 통설의 입장이다.

통설의 입장에서 볼 때, 법률상의 납세의무자와 실질상의 부담자가 일치될 것을 법률이 예정하고 있는 조세를 직접세(소득세·법인세·상속세 등)라고 하고, 법률상의 납세의무자와 실질상의 부담자가 일치하지 않을 것을 법률이 예정하고 있는 조세를 간접세(주세·부가가치세 등)라고 한다. 즉 간접세의 경우에는 조세부담의 전가가 나타난다.

## Ⅳ. 인세 · 물세 · 행위세

납세의무자의 인적 사정이 고려되는 조세인가의 여부를 기준으로 한 분류이다. 인세(人稅)는 소득 · 재산 등이 귀속하는 사람을 중심으로 하여 인적 측면에 주안점을 두어(인적 공제제도가 있음) 과세하는 조세이다(소득세 · 상속세 등). 물세(物稅)는 재산 등이 귀속하는 사람을 고려함이 없이 물건의 소유 · 취득 · 제조 · 판매 · 수입 또는 그 물건으로부터 생기는 수익 등에 대하여 과세하는 조세이다(재산세 등). 행위세(行爲稅)는 직접 물건을 목적으로 하지 않고 법률적 또는 경제적 행위에 대하여 과세하는 조세이다(부가가치세 · 등록면허세 등).

인세는 주소 · 거소에 의하여, 물세는 물건의 소재지에 의하여, 행위세는 행위지에 의하여 과세하는 것이 원칙이다.

## Ⅴ. 보통세와 목적세

조세수입의 용도가 특정되어 있는지 여부를 기준으로 한 분류이다. 보통세(普通稅)는 국가 또는 지방자치단체의 일반경비에 충당하기 위하여 과하여지는 조세를 말하고, 목적세(目的稅)는 조세수입의 용도를 특정하여 특정한 경비에 충당하기 위하여 과하여지는 조세를 말한다. 현행 세법상 목적세로는 국세인 교육세 · 교통세 · 농어촌특별세와 지방세인 지역자원시설세 등이 있다.

## Ⅵ. 수익세 · 재산세 · 소비세 · 거래세(유통세)

과세물건을 기준으로 한 분류이다. 수익세(收益稅)는 사람이 수입을 얻고 있다는 사실에 기하여 과세하는 조세이며(소득세 · 법인세 등), 재산세(財産稅)는 재산을 소유한다는 사실에 기하여 과세하는 조세이며(재산세 등), 소비세(消費稅)는 사람이 재화 또는 용역을 구입 · 소비하는 사실에 기하여 과세하는 조세이고(개별소비세 등), 거래세(去來稅)는 재화의 이전 내지 유통이라는 사실에 기하여 과세하는 조세(등록면허세 · 인지세 등)를 말한다.

## Ⅶ. 기  타

조세는 이 이외에도 다음과 같은 기준에 따라 여러 가지로 분류된다. 과세표준이 금액으로 표시되느냐 물량으로 표시되느냐에 따라 종가세와 종량세로, 세율의 성질에 따라 비례세와 누진세로, 과세권의 발동방식에 따라 신고납부하는 조세·부과납부하는 조세·인지납부하는 조세로 분류된다.

# 제 3 절  조세법의 기본원칙

조세법의 기본원칙은 형식상의 기본원칙, 실질상의 기본원칙, 과세기술상의 기본원칙으로 나누어 검토할 수 있다.

## Ⅰ. 형식상의 기본원칙

### 1. 조세법률주의

#### (1) 의    의

조세법률주의(租稅法律主義)는 법률의 근거 없이 국가는 조세를 부과·징수할 수 없고, 국민은 조세의 납부를 요구받지 않는다는 원칙을 의미한다. 이는 보통 "대표 없으면 과세 없다(no taxation without representation)" 또는 "법률 없으면 조세 없다"라는 말로 표현되어 오고 있다.

헌법은 제38조에서 "모든 국민은 법률이 정하는 바에 의하여 납세의 의무를 진다"고 규정하고, 제59조에서 "조세의 종목과 세율은 법률로 정한다"고 규정하여 조세법률주의를 선언하고 있다.

조세법률주의의 이념은 과세요건을 국민의 대표기관인 국회가 제정한 법률로 규정하도록 하여 국민의 재산권을 보장하고, 과세요건을 명확하게 규정하여 국민생활의 법적 안정성과 예측가능성을 보장하기 위한 것이다.

헌법재판소는 헌법이 선언하고 있는 조세법률주의를 실질적 조세법률주의로 이해하고 있다.

[판례] 오늘날의 법치주의는 국민의 권리·의무에 관한 사항을 법률로써 정해야 한다는 형식적 법치주의에 그치는 것이 아니라, 그 법률의 목적과 내용 또한 기본권보장의 헌법이념에 부합되어야 한다는 실질적 법치주의를 의미하며, 헌법 제38조, 제59조가 선언하는 조세법률주의도 이러한 실질적 법치주의를 뜻하는 것이므로, 비록 과세요건이 법률로 정해진 것일지라도 그것만으로 충분한 것이 아니고, 조세법의 목적이나 내용이 기본권보장의 헌법이념과 이를 뒷받침하는 헌법상의 제 원칙에 합치되지 아니하면 아니 된다(헌재 1992. 02. 25, 90헌가69·91헌가5·90헌바3).

조세에 관한 법률이 아닌 사법상 계약에 의하여 납세의무 없는 자에게 조세채무를 부담하게 하거나 이를 보증하게 하여 이들로부터 조세채권의 종국적 만족을 실현하는 것은 조세의 본질적 성격에 반할 뿐 아니라 과세관청이 과세징수상의 편의만을 위해 법률의 규정 없이 조세채권의 성립 및 행사 범위를 임의로 확대하는 것으로서 허용될 수 없다(대판 2017. 08. 31, 2016다224961).

### (2) 내 용

조세법률주의는 입법상의 원칙으로서 과세요건법률주의, 과세요건명확주의, 소급과세금지를, 집행상의 원칙으로서 합법성의 원칙을 그 내용으로 한다.

#### 1) 과세요건법률주의

과세요건법률주의(課稅要件法律主義)는 조세법률주의의 가장 핵심적인 내용이다. 조세에 관하여 법률로 정하여야 할 사항은 조세의 종목과 세율 이외에도 조세법률주의의 내용과 취지에 비추어 과세요건과 조세의 부과·징수절차가 모두 포함된다고 할 것이다. 이 때 조세의 부과·징수절차라 함은 신고·납부·환급·징수·불복심사·벌칙 등 세법상 국민의 권리의무에 직접 영향을 주는 일체의 사항을 뜻하는 것이다.

[판례] 헌법재판소는 감면대상, 감면비율 등 조세의 감면에 관한 사항에도 조세법률주의가 적용되는 것으로 보고 있다(헌재 1996. 06. 26, 93헌바2).

이상의 과세요건법률주의하에서 과세요건을 하위법령에 위임할 수 있는지가 문제된다. 조세부과는 국민의 재산권을 침해하는 권력적 처분에 해당하기는 하나, 조세부과의 대상인 경제현상은 매우 다양할 뿐만 아니라 그 생성·변화가 무쌍하기 때문에, 조세법률주의의 원칙을 고수한다고 하더라도 법률로써 조세에 관한 모든 사항을 빠짐없이 완결적으로 규정하기는 곤란하다는 점을 고려할 때 위임입법의 필요성 자체를 부인하기는 어렵다고 본다.

그리하여 헌법 제59조에서 법률로 정하도록 규정하고 있는 조세의 종목과 세율을 제외한 조세에 관하여 법률로 정하여야 할 사항은 조세법률주의와 헌법 제75조의 일반적 위임의 한계원리에 따라 구체적 위임이 되는 한 하위법령에 위임하는 것이 가능하다는 데 대하여는 별다른 이견이 없는 것으로 보인다.

다만 조세법규는 처벌법규와 마찬가지로 국민의 기본권을 직접적으로 제한하거나 침해할 소지가 있는 법규에 해당하므로, 구체성·명확성의 요구가 강화되어 그 위임의 요건과 범위가 일반적인 경우보다 더 엄격하게 제한적으로 규정되어야 할 것이다.

문제는 헌법에서 명문의 규정에 의해 법률로 정하도록 하고 있는 조세의 종목과 세율에 대하여도 명령에 위임하는 것이 가능한가 하는 것이다. 이에 대하여는 헌법에서 명시적으로 법률에서 정하도록 규정하고 있으므로 하위법령에 대한 위임을 부정하는 견해91)와 헌법 제59조 및 조세법률주의 그리고 헌법 제75조의 일반적 위임의 한계에 비추어 구체적 위임이라고 보여지는 한 하위명령에 대한 위임이 가능하다는 견해가 있다.

생각건대, 결론은 헌법 제59조의 취지, 조세의 종목과 세율이 본질적인 사항으로서 법률전속적 사항인지 여부에 달려 있다고 할 것이다.

과세요건법정주의에 대하여는 두 가지 예외가 인정되고 있는데, 하나는 지방세에 관한 세부적 사항을 조례로 정하는 것이고, 다른 하나는 관세율을 조약에 의하여 정하는 것이다.

### 2) 과세요건명확주의

과세요건명확주의(課稅要件明確主義)란 과세요건은 법률로 정하되 그 규정은 일의적이고 명확하게 하여야 한다는 원칙을 말한다. 이는 과세관청의 자의적 법해석과 집행을 방지하여 국민의 경제생활에 법적 안정성과 예측가능성을 보장하기 위한 것이다.

과세요건명확주의와 관련하여 과세요건에 불확정개념을 사용할 수 있는지가 문제된다. 법을 집행함에 있어서 구체적인 사정을 고려하여 조세부담의 공평을 도모하기 위하여 불확정개념을 사용하는 것이 불가피한 경우도 있을 수 있다. 과세요건명확주의의 원칙상 불확정개념의 사용은 자제되어야 할 것이지만, 불확정개념을 일체 부정하는 것은 어렵다고 보인다.

따라서 불확정개념이라고 하더라도 그 필요성이 인정되고 법의 취지나 목적에 비추어 논리적 해석을 하면 그 규정의 의미 내지 내용이 명확하게 인식할 수 있는 불확정개념의 사용은 인정하지 않을 수 없다고 본다.

다만 이와 같이 과세요건에서의 불확정개념을 불가피하게 인정한다고 하더라도 이는 과세관청에게 자유재량을 인정하는 것은 아니라는 점을 유의하여야 할 것이다.

### 3) 소급과세금지의 원칙

조세법규는 시행 이전에까지 소급하여 적용할 수 없다는 원칙을 말한다. 헌법 제13조 제2항은 소급입법에 의한 재산권 박탈을 금지하고 있으며, 국세기본법은 "국세를 납부할 의무(세법에 징수의무자가 따로 규정되어 있는 국세의 경우에는 이를 징수하여 납부할 의무. 이하 같다)가 성립한 소득, 수익, 재산, 행위 또는 거래에 대해서는 그 성립 후의 새로운 세법에 따라 소급하여 과세하지 아니한다"(제18조 제2항)고 규정하여 이 원칙을 확인하고 있다.

법률의 소급적용은 진정소급과 부진정소급으로 나누는 것이 보통이다. 진정소급

---

91) 홍준형, 『행정법총론』, 264면.

(眞正遡及)은 법률 시행 전에 완결된 사실에 대하여 새로 제정된 법률을 적용하는 경우를 말하고, 부진정소급(不眞正遡及)은 신법의 시행 전부터 계속되고 있는 사실 내지 법률관계에 대하여 신법을 적용하는 경우를 말한다. 법률의 소급적용이 금지되는 것은 진정소급의 경우이고, 부진정소급은 허용된다고 보는 것이 일반적인 견해이다.

**[판례]** 소급과세금지의 원칙은 조세법령의 제정 또는 개정이나 과세관청의 법령에 대한 해석 또는 처리지침 등의 변경이 있은 경우 그 효력 발생 전에 종결한 과세요건사실에 대하여 당해 법령 등을 적용할 수 없다는 것이지, 이전부터 계속되어 오던 사실이나 그 이후에 발생한 과세요건사실에 대하여 새로운 법령 등을 적용하는 것을 제한하는 것은 아니다(대판 1997. 09. 05, 97누7493).

소급과세금지의 원칙과 관련하여 특히 문제가 되는 것은 일정 기간을 과세단위로 하는 소득세나 법인세와 같은 기간과세세목의 경우 1과세년도 또는 사업년도의 도중에 제정 또는 개정된 법령에 의하여 동 년도 초에 소급하여 적용할 수 있는지 여부이다. 기간과세되는 세목의 조세채무는 세법이 정하는 과세요건이 충족되는 사업년도 말에 성립되기 때문에, 당해 과세년도 초에 소급하여 과세하는 것은 소급과세금지의 원칙에 위배되지 아니한다는 것이 판례의 입장이다(대판 1964. 07. 14, 63누202; 1992. 09. 08, 91누13670).

### 4) 합법성의 원칙

조세법은 강행규정이므로 과세요건이 충족되는 경우에 과세관청은 법에 따라 조세를 징수하여야 하며 임의로 조세를 감면하거나 징수하지 아니할 재량은 없다는 원칙을 합법성(合法性)의 원칙이라고 한다. 조세법의 집행에 있어서 과세관청의 자의적 판단을 배제하고 조세부담의 공평을 확보하기 위한 것이다.

따라서 과세관청은 법률의 근거 없이 조세를 감면하거나 징수를 유예할 수 없으며, 납세의무의 내용이나 징수의 시기나 방법 등에 대하여 납세의무자와 화해나 협정을 체결할 수 없다.[92]

### 5) 엄격해석의 원칙

조세법규의 해석은 엄격히 하여야 하며 법규의 유추나 확장해석에 의하여 납세의무를 확대하는 것은 허용되지 않는다는 원칙이다(대판 1983. 12. 27, 83누213 등).

**[판례]** (1) 조세법률주의 원칙의 의미: 조세법률주의 원칙은 과세요건 등 국민의 납세의무에 관한 사항을 국민의 대표기관인 국회가 제정한 법률로써 규정하여야 하고, 법률을 집행하는 경우에도 이를 엄격하게 해석·적용하여야 하며, 행정편의적인 확장해석이나 유추적용을 허용하지 아니함을 뜻한다. (2) 법률의 위임 없이 명령 또는 규칙 등의 행정입법으로 과세요건 등에 관한 사항을 규정하거나 법률에 규정된 내용을 함부로 유추·확장하는 내용의 해석규정을 마련하는 것은 조세법률

---

92) 박윤흔, 796면.

주의 원칙에 위배된다(대판 전원합의체 2017. 04. 20, 2015두45700).

## 2. 영구세주의

조세법률주의를 취하는 경우에도 세율 기타 필요한 사항을 매년 법률로 정하는 1년세주의와 법률로 일단 정한 조세는 그 법률이 개정 또는 폐지되지 않는 한 계속하여 효력을 가지는 영구세주의(永久稅主義)가 있다. 우리나라는 영구세주의를 취하고 있다.

## Ⅱ. 실질상의 기본원칙

### 1. 공평부담의 원칙

공평부담(公平負擔)의 원칙이란 조세의 부담은 국민의 담세력에 따라 공평하게 배분되도록 세법을 제정하여야 하고(입법상의 조세공평), 국민은 세법의 적용에 있어서 평등하게 취급되어야 한다(세법의 해석·적용상의 공평)는 원칙을 말한다. 조세평등주의 또는 동일조건·동일부담의 원칙이라고도 한다.

### 2. 신의성실의 원칙 및 신뢰보호의 원칙

#### (1) 신의성실의 원칙

신의성실(信義誠實)의 원칙이란 사회공동생활의 일원으로서 상대방의 신뢰를 헛되이 하지 않도록 성의를 가지고 행동하는 것을 말한다. 국세기본법은 "납세자가 그 의무를 이행할 때에는 신의에 따라 성실하게 하여야 한다. 세무공무원이 직무를 수행할 때에도 또한 같다"고 규정하여 이 원칙을 명문화하고 있다(제15조).

신뢰보호의 원칙이란 행정기관의 언동에 대해 국민이 신뢰를 갖고 행위를 한 경우 그 국민의 신뢰가 보호가치 있는 경우에 그 신뢰를 보호하여 주어야 한다는 원칙을 말한다.

조세법 교과서에서는 이 신뢰보호의 원칙도 위의 신의성실의 원칙으로 설명하는 것이 일반적이다.93) 그러나 신뢰보호의 법적 근거로는 법적 안정설이 다수설의 입장이라는 것을 고려할 때, 신뢰보호의 원칙을 신의성실의 원칙으로 설명하는 것은 신뢰보호의 법적 근거를 신의성실의 원칙으로 보는 것과 같은 인상을 줄 수 있다는 점에서 조세법 영역에서도 신의성실의 원칙과는 별도로 신뢰보호의 원칙이라고 부르는 것이 적절하다고 본다.

---

93) 이태로, 『조세법강의』, 박영사, 1998, 30면 이하.

## (2) 신뢰보호의 원칙

### 1) 의    의

신뢰보호(信賴保護)의 원칙에 관한 판례는 특히 세법분야에서 많이 축적되어 왔는데, 이는 세법이 매우 방대하고 전문적·기술적이어서 세무행정기관의 언동이 중요한 의미를 가지기 때문이라고 볼 수 있다. 판례는 조세소송에서는 신뢰보호의 원칙이라는 용어 대신에 신의성실의 원칙이라는 용어를 사용하는 경우가 많다.

### 2) 적용요건

판례는 조세법률관계에서 신뢰보호의 원칙이 적용되기 위한 요건으로 4가지를 들고 있다. 즉, "신의성실의 원칙은 자기의 언동을 신뢰하여 행동한 상대방의 이익을 침해하여서는 안 된다는 것을 의미하는 것으로서 일반적으로 조세법률관계에 있어서 과세관청의 행위에 대하여 신의성실의 원칙이 적용되기 위한 요건으로는, 첫째 과세관청이 납세자에게 신뢰의 대상이 되는 공적인 견해표명을 하여야 하고, 둘째 과세관청의 견해표명이 정당하다고 신뢰한 데 대하여 납세자에게 귀책사유가 없어야 하며, 셋째 납세자가 그 견해표명을 신뢰하고 이에 따라 무엇인가 행위를 하여야 하고, 넷째 과세관청이 위 견해표명에 반하는 처분을 함으로써 납세자의 이익이 침해되는 결과가 초래되어야 한다는 점을 들 수 있으며, 이러한 요건을 모두 충족할 때 한하여 과세관청의 처분을 신뢰보호의 원칙에 위반되는 행위로서 위법하다고 보게 된다"고 판시하고 있다(대판 1988. 03. 08, 87누156).

### 3) 관행의 존중

세법의 해석이나 국세행정의 관행이 일반적으로 납세자에게 받아들여진 후에는 그 해석이나 관행에 의한 행위 또는 계산은 정당한 것으로 보며, 새로운 해석이나 관행에 의하여 소급하여 과세되지 아니한다(국세기본법 제18조 제3항).

**[판례]** 비과세관행이 성립되었다고 하려면 상당한 기간에 걸쳐 그 사항에 대하여 과세하지 아니하였다는 객관적 사실이 존재하여야 할 뿐만 아니라 과세관청이 그 사항에 대하여 과세할 수 있음을 알면서도 어떤 특별한 사정에 의하여 과세하지 않는다는 의사가 있고, 이와 같은 의사가 명시적 또는 묵시적으로 표시되어야 한다(대판 1991. 10. 22, 90누9360).

### 4) 합법성원칙과의 충돌

신뢰보호의 원칙과 위에서 살펴본 합법성의 원칙이 충돌하는 경우에 어떤 원칙을 우선할 것인가가 문제되는데, 합법성의 원칙에 따른 처분을 통하여 달성하는 공익과 상대방의 신뢰가 침해됨으로써 발생되는 불이익을 이익형량하여 결정하여야 할 것이다.

### 5) 신뢰보호원칙 위반의 효력

한편 신뢰보호의 원칙에 반하는 과세처분이 행하여진 경우 그 처분에 대하여는 무효라는 설, 취소사유에 불과하다는 설 등의 대립이 있을 수 있으나, 판례는 취소원인이 됨에 불과하다고 본다(대판 1991. 01. 29, 90누7449).

## 3. 수입확보의 원칙

조세는 국가 또는 지방자치단체의 존립과 활동에 필요한 재력을 확보하는데 주 목적이 있으므로, 조세법은 조세수입을 확실하게 실현할 것을 도모하고 있다. 이를 위하여 조세법은 국가 또는 지방자치단체에게 조세부과권, 강제징수권, 통고처분권, 조세범처벌권 등의 권한을 부여하고 있다.

## 4. 능률의 원칙

조세수입의 확보는 최소의 경비로 능률적으로 행하여져야 한다. 신고납부방식, 원천징수 등은 능률적 조세수입을 확보하기 위한 것이다.

## Ⅲ. 과세기술상의 기본원칙

### 1. 실질과세의 원칙

실질과세(實質課稅)의 원칙이란 명목과세의 원칙에 대응하는 것으로서, 과세를 함에 있어서 형식(명목)과 실질이 다른 경우에는 실질에 따라 과세하여야 한다는 원칙을 말한다. 공평부담의 실현을 도모하기 위한 것이다. 국세기본법은 과세의 대상이 되는 소득, 수익, 재산, 행위 또는 거래의 귀속이 명의(名義)일 뿐이고 사실상 귀속되는 자가 따로 있을 때에는 사실상 귀속되는 자를 납세의무자로 하여 세법을 적용하도록 하고, 과세표준의 계산에 관한 규정은 소득, 수익, 재산, 행위 또는 거래의 명칭이나 형식에 관계없이 그 실질 내용에 따라 적용하도록 하고 있다(국세기본법 제14조).

[판례] ① 국세기본법 제14조 제2항 실질과세원칙의 판단기준: 실질과세의 원칙은 헌법상의 기본이념인 평등의 원칙을 조세법률관계에 구현하기 위한 실천적 원리로서, 조세의 부담을 회피할 목적으로 과세요건사실에 관하여 실질과 괴리되는 비합리적인 형식이나 외관을 취하는 경우에 그 형식이나 외관에 불구하고 실질에 따라 담세력이 있는 곳에 과세함으로써 부당한 조세회피행위를 규제하고 과세의 형평을 제고하여 조세정의를 실현하고자 하는 데 주된 목적이 있다(대법원 2012. 1. 19. 선고 2008두8499 전원합의체 판결 등 참조). 다만 납세의무자는 경제활동을 할 때 동일한 경제적 목적을 달성하기 위하여 여러 가지의 법률관계 중 하나를 선택할 수 있고, 과세관청으로서는 특별한 사정이 없는 한 당사자들이 선택한 법률관계를 존중하여야 한다(대법원 2001. 8. 21. 선고

2000두963 판결 등 참조)(대판 2023. 11. 30, 2020두37857).

❷ [1] 국세기본법 제14조 제1항에서 정한 실질과세 원칙의 의미: 국세기본법 제14조 제1항은 실질과세 원칙을 정하고 있는데, 소득이나 수익, 재산, 거래 등 과세대상에 관하여 그 귀속명의와 달리 실질적으로 귀속되는 사람이 따로 있는 경우에는 형식이나 외관에 따라 귀속명의자를 납세의무자로 삼지 않고 실질적으로 귀속되는 사람을 납세의무자로 삼겠다는 것이다. 따라서 재산 귀속명의자는 이를 지배·관리할 능력이 없고 명의자에 대한 지배권 등을 통하여 실질적으로 이를 지배·관리하는 사람이 따로 있으며 그와 같은 명의와 실질의 괴리가 조세 회피 목적에서 비롯된 경우에는, 그 재산에 관한 소득은 재산을 실질적으로 지배·관리하는 사람에게 귀속된 것으로 보아 그를 납세의무자로 보아야 한다. (2) 실질과세 원칙은 비거주자나 외국법인이 원천지국인 우리나라의 조세를 회피하기 위하여 조세조약상 혜택을 받는 나라에 명목회사를 설립하여 법인 형식만을 이용하는 국제거래뿐만 아니라, 거주자나 내국법인이 거주지국인 우리나라의 조세를 회피하기 위하여 소득세를 비과세하거나 낮은 세율로 과세하는 조세피난처에 사업활동을 수행할 능력이 없는 외형뿐인 이른바 '기지회사(base company)'를 설립하고 법인 형식만을 이용함으로써 실질적 지배·관리자에게 귀속되어야 할 소득을 부당하게 유보해 두는 국제거래에도 마찬가지로 적용된다(대판 2018. 12. 13, 2018두128).

## 2. 근거과세의 원칙

근거과세(根據課稅)의 원칙이란 추계과세 내지 인정과세에 대응하는 것으로서, 과세표준의 조사·결정은 객관성이 유지되도록 원칙적으로 납세의무자가 세법에 의하여 갖추어 기록하고 있는 장부와 이에 관계되는 증거자료에 의하여야 한다는 것을 말한다(국세기본법 제16조 제1항). 과세의 공정을 기하기 위한 것이다.

다만 장부기장의 기록 내용이 사실과 다르거나 장부의 기록에 누락된 것이 있을 때에는 그 부분에 대해서만 과세권자는 정부가 조사한 사실에 따라 결정할 수 있으며, 이 경우 조사한 사실과 결정의 근거를 결정서에 적도록 하고 있다(동법 제16조 제2, 3항).

# 제 4 절 조세의 부과

## I. 과세요건

과세요건(課稅要件)이란 조세를 부과할 수 있는 요건을 말한다. 과세요건은 조세실체법에서 구체적으로 정하여지며, 법률이 정한 과세요건에 해당하는 구체적인 사실이 존재하면 그에 의하여 과세권이 발생하고 납세의무가 성립한다.

과세요건에 포함되는 요소의 범위에 대하여는 7분설(과세권자, 납세의무자, 과세물건, 과세표준, 세율, 귀속관계, 조세소속관계), 5분설(납세의무자, 과세물건, 과세물건의 귀속, 과세표준, 세율), 4분설(납세의무자, 과세물건, 과세포준, 세율)의 대립이 있다.[94] 여기에서는 과세 요건을 과세권자, 납세의무자, 과세물건, 과세표준, 세율의 5가지 요소로 보기로 한다.

## 1. 과세권자

과세권자(課稅權者)란 조세를 부과·징수할 수 있는 권한을 가진 자를 말한다. 국 세에 있어서는 국가가, 지방세에 있어서는 지방자치단체가 과세권자이다. 과세권자 를 위하여 과세권을 현실적으로 실현하는 것은 과세권자의 기관이다. 국세의 과세 및 징수기관은 세무서장이다. 지방세의 경우 과세권자의 기관은 지방자치단체의 장 이 되는 것이 원칙이나 권한의 위임을 받은 공무원도 될 수 있다(지방세기본법 제6조, 제2조 제10호).

## 2. 납세의무자

납세의무자(納稅義務者)란 조세법상 조세를 납부할 의무가 있는 자를 말한다. 자 연인·법인, 내국인·외국인을 불문하나, 국제법상의 치외법권을 가진 국내주재 외국 인은 제외된다. 간접세의 경우와 같이 납세의무자는 경제상의 조세부담자와 반드시 일치하는 것은 아니다.

본래의 납세의무자는 아니나 조세징수의 편의 내지 조세징수의 확보라는 견지 에서 조세법률관계의 일방당사자로서 세법의 규정에 의하여 강제적으로 참가시켜진 경우가 있다. 원천징수의무자, 납세의무의 승계자, 연대납세의무자, 제2차 납세의무 자, 납세보증인 등이 여기에 해당한다. 넓은 의미의 납세의무자에는 본래의 납세의무 자 이외에 이들이 포함되며, 이 넓은 의미의 납세의무자를 납세자라고 한다(국세기본 법 제2조 제10호).

## 3. 과세물건

과세물건(課稅物件)이란 과세의 대상이 되는 물건·행위 또는 사실을 말하며, 과 세대상 또는 과세객체라고도 한다. 조세는 개인의 담세력에 따라 과세되어야 하므로 담세력을 정확하게 나타낼 수 있는 것을 과세물건으로 정하여야 한다.

과세물건의 종류로는 소득, 재산, 경제적 거래, 소비행위를 들 수 있다. 소득세 등과 같은 수익세에 있어서는 소득을, 재산세·상속세 등과 같은 재산세에 있어서는 재산을, 등록면허세·인지세와 같은 거래세에 있어서는 경제적 거래를, 주세 등과 같 은 소비세에 있어서는 소비행위를 과세물건으로 한다.

---

94) 최명근, 『세법학총론』, 세경사, 1997, 201~203면 참조.

한편 조세법률관계가 구체적으로 성립하기 위하여는 일정한 과세물건이 특정한 납세의무자와 관련·결합되어야 하는데, 과세물건과 납세의무자가 결합되는 것을 과세물건의 귀속(歸屬)이라고 한다. 과세물건의 귀속관계의 판정에 대하여는 명목과세주의와 실질과세주의가 대립하고 있는데, 위에서 본 바와 같이 국세기본법은 공평부담의 실현을 위하여 실질과세주의를 채택하고 있다(국세기본법 제14조).

## 4. 과세표준

과세표준(課稅標準)이란 세법에 따라 직접적으로 세액산출의 기초가 되는 과세대상의 수량 또는 가액(價額)을 말한다(국세기본법 제2조 제14호). 가액이 과세표준이 되는 조세를 종가세라고 하고, 수량이 과세표준이 되는 조세를 종량세라고 한다.

과세표준은 인지세와 같이 법률에 의하여 명백하게 결정되어 있는 경우를 제외하고는, 일반적으로 법률에 의하여 확정되어 있지 않기 때문에 세무관청에 의한 결정행위를 필요로 하는 경우가 보통이다. 이러한 과세표준의 결정행위의 성질에 관하여 판례는 행정의 내부적 행위에 그치고 행정소송의 대상이 되는 처분이 아니라는 입장이다(대판 1967. 03. 07, 66누163; 1986. 01. 21, 82누236 등). 그러나 이에 대하여는 확인행위로 보는 견해도 있다.[95]

## 5. 세   율

세율(稅率)이란 세액을 산정하기 위하여 과세표준에 곱하여야 할 비율을 말한다. 종가세의 경우에 세율은 백분비 또는 천분비 등의 비율로 표시되고, 종량세의 경우에 세율은 금액으로 표시된다.

세율의 종류로는 비례세율과 누진세율이 있다. 비례세율은 과세표준의 수량 또는 가액의 다과에 관계없이 동일한 세율이 적용되는 경우이고(주세, 부가가치세 등), 누진세율은 과세표준의 수량 또는 가액이 커짐에 따라 세율도 높아지는 것을 말한다. 누진세율은 다시 단순누진세율과 초과누진세율로 나누어진다. 단순누진세율은 과세표준의 수량 또는 가액이 증가함에 따라 단순히 높은 세율을 적용하여 세액을 정하는 것이고, 초과누진세율은 과세표준을 몇 단계로 나누어 단계가 상승함에 따라 점차로 체증된 세율을 적용하여 산출된 금액을 합산하여 세액을 정하는 것이다. 현행법상 전자의 예는 없고, 후자의 예로는 소득세, 법인세, 상속세 등이 있다.

---

95) 이상규, 747면; 김남진, 642면.

## Ⅱ. 납세의무의 성립

납세의무(納稅義務)는 법률이 정한 과세요건이 충족되면 과세관청의 특별한 행위를 기다리지 아니하고 당연히 성립한다. 납세의무는 이와 같이 과세요건을 충족하는 사실이 존재할 때 당연히 발생되나, 그 내용이 곧 현실적으로 확정되어 있는 것은 아니고 추상적으로 형성되어 있을 뿐이다. 그리하여 납세의무의 성립에 의하여 납세의무자가 지게 되는 의무는 구체적으로 확정된 상태의 납세의무와 대비하여 추상적 납세의무(조세채무)라고 한다.

납세의무의 성립시기는 각 세법에서 정한 과세요건이 충족된 때이다(국세기본법 제21조 제1항). 따라서 그 발생시기는 당해 조세의 근거법령을 해석함으로써 결정될 문제이나, 종래 해석상 의문이 있는 경우도 있어서 국세기본법은 국세의 성립시기에 관하여 국세의 종류별로 규정을 두고 있다. 국세별 납세의무의 성립시기는 ① 소득세·법인세에 있어서는 원칙적으로 과세기간이 끝나는 때, ② 상속세에 있어서는 상속이 개시되는 때, ③ 증여세에 있어서는 증여에 의하여 재산을 취득하는 때 등이다(제2항).

## Ⅲ. 납세의무의 확정

### 1. 의    의

납세의무의 확정이란 과세요건을 이루는 사실을 인정하고 관계법령을 해석·적용하여 구체적으로 세액을 확정하는 것을 말한다. 위에서 본 바와 같이 과세요건이 충족되면 납세의무는 당연히 성립되지만 실제로 납세의무자로부터 조세를 징수하기 위하여는 납세의무의 확정이 필요한 것이다.

납세의무의 확정으로 추상적 납세의무는 구체적 납세의무가 된다. 납세의무의 확정은 이미 발생되어 있는 조세채권을 확정하는 것이므로 그 성질은 확인행위이다.

### 2. 확정의 방식

납세의무의 확정방식에는 자동확정방식, 신고납세방식 및 부과과세방식의 세 가지가 있다.

### (1) 자동확정방식

과세요건을 이루는 사실이나 납부하여야 할 세액이 객관적으로 명확한 경우에는 특별한 확정절차를 거치지 아니하고 납세의무의 성립과 동시에 자동으로 법률에 의하여 납세의무가 확정되는 경우가 있다. 이러한 방식의 조세로는 인지세, 원천징수하는 소득세 또는 법인세, 납세조합이 징수하는 소득세, 중간예납하는 법인세(세법에 따라 정부가 조사·결정하는 경우는 제외), 제47조의4에 따른 납부지연가산세 및 제47조의5에 따른 원천징수 등 납부지연가산세(납부고지서에 따른 납부기한 후의 가산세로 한정한다)가 있다(국세기본법 제22조 제4항).

### (2) 신고납세방식

신고납세방식(申告納稅方式)이란 원칙적으로 납세의무자가 과세표준과 세액을 과세관청에 신고함으로써 납세의무를 확정하는 방식을 말한다. 신고납세방식을 채택하고 있는 조세로는 양도소득세 이외의 소득세, 법인세, 부가가치세, 개별소비세, 주세 등이 있다. 다만, 납세의무자가 과세표준과 세액의 신고를 하지 아니하거나 신고한 과세표준과 세액이 세법이 정하는 바와 맞지 아니한 경우에는 정부가 과세표준과 세액을 결정하거나 경정하는 때에 그 결정 또는 경정에 따라 확정된다(국세기본법 제22조 제2항).

납세신고는 자기완결적 공법행위이다. 신고행위에 의해 납세의무자의 납세의무가 구체적으로 확정된다. 신고를 수리하는 행위가 조세부과처분이 되는 것이 아니다. 과세관청이 납세의무자의 신고에 따라 세액을 수령하는 것은 사실행위이며 부과처분이 아니다(대판 1997. 07. 22, 96누8321[관세부과처분취소]).

제22조 제2항 각 호에 따른 국세의 **수정신고**(과세표준신고서를 법정신고기한까지 제출한 자의 수정신고로 한정한다)는 당초의 신고에 따라 확정된 과세표준과 세액을 **증액**하여 확정하는 효력을 가진다(국세기본법 제22조의2 제1항). 제1항에 따른 국세의 수정신고는 당초 신고에 따라 확정된 세액에 관한 이 법 또는 세법에서 규정하는 권리·의무관계에 영향을 미치지 아니한다(제2항).

과세관청은 납세의무자로부터 신고가 없는 경우에 부과처분에 의하여 납세의무를 확정한다(국세기본법 제22조 제2항).

납세신고행위의 하자가 중대하고 명백한 경우 당해 신고행위는 무효로 된다(판례).

[판례] ① 취득세와 등록세는 신고납세방식의 조세로서 이러한 유형의 조세에 있어서는 원칙적으로 납세의무자가 스스로 과세표준과 세액을 정하여 신고하는 행위에 의하여 납세의무가 구체적으로 확정되고(과세관청은 납세의무자로부터 신고가 없는 경우에 한하여 비로소 부과처분에 의하여 이를 확정하게 되는 것이다), 그 납부행위는 신고에 의하여 확정된 구체적 납세의무의 이행으로 하는 것이며 국가나 지방자치단체는 그와 같이 확정된 조세채권에 기하여 납부된 세액을 보유하는 것이므로, 납세의무자의 신고행위가 중대하고 명백한 하자로 인하여 당연무효로 되지 아니하는 한 그것이 바로 부당이득에 해당한다고 할 수 없고, 여기에서 신고행위의 하자가 중대하고 명백하여 당연무효에 해당하는지의 여부에 대하여는 신고행위의 근거가 되는 법규의 목적, 의미, 기능 및 하자 있는 신고행

위에 대한 법적 구제수단 등을 목적론적으로 고찰함과 동시에 신고행위에 이르게 된 구체적 사정을 개별적으로 파악하여 합리적으로 판단하여야 한다(대판 2006. 01. 13, 2004다64340[부당이득금반환]).

② 납세의무자가 취득세 면제대상인 토지에 관하여 자진신고납부에 앞서 과세관청에 취득세 면제신청을 하였다가 면제대상이 아니라는 회신을 받게 되자, 자진신고납부 해태에 따른 부가세의 부담 회피와 체납처분에 따른 문제점 등의 이유로 부득이 자진신고납부한 다음 바로 이의신청 및 심사청구와 행정소송을 거쳐 민사소송에 이른 경우, 그 신고행위가 당연무효에 해당한다고 본 사례(대판 2001. 04. 27, 99다11618).

③ 신고납세방식의 조세에 있어서 납세의무자의 신고행위가 당연 무효에 해당하는지 여부의 판단기준: 신고납세 방식의 조세에 있어서는 원칙적으로 납세의무자가 스스로 과세표준과 세액을 정하여 신고하는 행위에 의하여 납세의무가 구체적으로 확정되고(과세관청은 납세의무자로부터 신고가 없는 경우에 한하여 비로소 부과처분에 의하여 이를 확정하게 되는 것이다.), 그 납부행위는 신고에 의하여 확정된 구체적 납세의무의 이행으로 하는 것이며 국가나 지방자치단체는 그와 같이 확정된 조세채권에 기하여 납부된 세액을 보유하는 것이므로, 납세의무자의 신고행위가 중대하고 명백한 하자로 인하여 당연무효로 되지 아니하는 한 그것이 바로 부당이득에 해당한다고 할 수 없고, 여기에서 신고행위의 하자가 중대하고 명백하여 당연무효에 해당하는지의 여부에 대하여는 신고행위의 근거가 되는 법규의 목적, 의미, 기능 및 하자 있는 신고행위에 대한 법적 구제수단 등을 목적론적으로 고찰함과 동시에 신고행위에 이르게 된 구체적 사정을 개별적으로 파악하여 합리적으로 판단하여야 한다(대판 2002. 11. 22, 2002다46102).

④ 신고납세방식 조세에서 신고내용에 의하더라도 과세대상이 되는 법률관계나 사실관계가 전혀 없어서 납세의무 자체가 성립하지 아니하는 경우와 같이 과세표준 등의 신고행위나 이에 기초한 과세처분이 객관적으로 타당한 법적 근거와 합리성이 없는 때에는 그 하자는 중대할 뿐 아니라 명백하여 무효이다(대판 2017. 11. 14, 2014두47099: 신탁설정으로 인한 위탁자로부터 수익자로의 재화공급을 전제로 한 신고가 무효라고 한 사례).

⑤ [1] 신고납세방식의 조세에서 납세사유가 없음에도 세관장의 형사고발 및 과세 전 통지를 받고 불이익을 피하기 위해 불가피하게 관세납부 신고행위(수정신고)를 하고 세금납부를 한 사안에서, 그 후 각종 구제절차에서 수정신고의 하자를 적극적으로 주장하였고 수정신고의 하자에 관하여 다른 구제수단이 없는 경우, 위 수정신고는 당연무효라고 한 사례 [2] 신고납세방식에 의한 관세납부 신고행위가 당연무효인 경우, 관세와 함께 납부한 부가가치세를 매입세액으로 공제받았다고 하더라도 과세관청이 위 부가가치세 상당액에 관하여 이득이 없다고 볼 수 없다고 한 사례(대판 2009. 09. 10, 2009다11808).

⑥ (1) 납세자가 양도소득과세표준 예정신고를 한 후 그와 다른 내용으로 확정신고를 한 경우, 그 예정신고 및 이를 기초로 이루어진 증액경정처분의 효력: 납세자가 예정신고를 한 후 그와 다른 내용으로 확정신고를 한 경우에는 그 예정신고에 의하여 잠정적으로 확정된 과세표준과 세액은 확정신고에 의하여 확정된 과세표준과 세액에 흡수되어 소멸하고, 이에 따라 예정신고에 기초하여 그 과세표준과 세액을 경정한 과세관청의 증액경정처분 역시 효력을 상실한다. (2) 그러므로, 증액경정처분에 대한 원고의 경정청구는 그 대상이 없고, 경정청구기간도 도과한 것으로 부적법하다(대판 2021. 12. 30, 2017두73297).

신고납세방식이 채택되고 있는 조세를 확정하기 위하여는 납세의무자의 납세신고가 필요하다. 납세신고는 사인의 공법행위로서 납세의무자가 납세의무의 내용을 구체적으로 확정하여 과세관청에 통지하는 행위이다. 납세신고는 요식행위이며, 납세신고서가 제출·수리된 때에는 신고의 내용에 의하여 납세의무가 확정된다.

　　그러나 신고납세방식의 경우 그 신고내용에 잘못이 있는 경우에는 과세관청은 조세부과권의 제척기간 내에서는 언제든지 경정을 하여 납세의무를 확정할 수 있다(국세기본법 제22조 제2항). 한편 납세의무자도 일정한 사유가 있는 경우 경정의 청구를 할 수 있다.

**[판례]** 과세관청의 소득처분에 따른 소득금액변동통지가 항고소송의 대상이 되는 조세행정처분인지 여부(적극): 과세관청의 소득처분과 그에 따른 소득금액변동통지가 있는 경우 원천징수의무자인 법인은 소득금액변동통지서를 받은 날에 그 통지서에 기재된 소득의 귀속자에게 당해 소득금액을 지급한 것으로 의제되어 그 때 원천징수하는 소득세의 납세의무가 성립함과 동시에 확정되고, 원천징수의무자인 법인으로서는 소득금액변동통지서에 기재된 소득처분의 내용에 따라 원천징수세액을 그 다음달 10일까지 관할 세무서장 등에게 납부하여야 할 의무를 부담하며, 만일 이를 이행하지 아니하는 경우에는 가산세의 제재를 받게 됨은 물론이고 형사처벌까지 받도록 규정되어 있는 점에 비추어 보면, 소득금액변동통지는 원천징수의무자인 법인의 납세의무에 직접 영향을 미치는 과세관청의 행위로서, 항고소송의 대상이 되는 조세행정처분이라고 봄이 상당하다(대판 전원합의체 2006. 04. 20, 2002두1878[경정결정신청거부처분취소]).

### (3) 부과과세방식

　　부과과세방식이란 과세관청이 처분(결정)의 형식으로 납세의무를 확정하는 방식을 말한다(국세기본법 제22조 제3항).

부과과세방식을 채택하고 있는 조세로는 양도소득세, 상속세, 증여세, 부당이득세, 재평가세 등이 있다.

　　부과과세방식을 채택하고 있는 조세의 경우에도 양도소득세와 같이 납세의무자가 과세표준을 일정한 기한 내에 신고하도록 하고 있는 것이 보통이다. 그러나 이 경우의 신고는 과세관청이 납세의무를 결정하기 위한 자료를 제공하는 것이며 그것에 의하여 납세의무가 확정되는 것은 아니므로, 신고납세방식을 채택하는 조세에 있어서의 신고와는 그 법적 성질을 달리한다.

**[판례]** 과세처분이 당연무효라고 하기 위하여는 그 처분에 위법사유가 있다는 것만으로는 부족하고 그 하자가 법규의 중요한 부분을 위반한 중대한 것으로서 객관적으로 명백한 것이어야 하며, 하자가 중대하고 명백한지를 판별할 때에는 과세처분의 근거가 되는 법규의 목적·의미·기능 등을 목적론적으로 고찰함과 동시에 구체적 사안 자체의 특수성에 관하여도 합리적으로 고찰하여야 한다. 그리고 어느 법률관계나 사실관계에 대하여 어느 법령의 규정을 적용하여 과세처분을 한 경우에 그 법률관계나 사실관계에 대하여는 그 법령의 규정을 적용할 수 없다는 법리가 명백히 밝혀져서 해석에 다툼의 여지가 없음에도 과세관청이 그 법령의 규정을 적용하여 과세처분을 하였다면 그 하자는 중대하고도 명백하다고 할 것이나, 그 **법률관계나 사실관계에 대하여 그 법령의**

규정을 적용할 수 없다는 법리가 명백히 밝혀지지 아니하여 해석에 다툼의 여지가 있는 때에는 과세관청이 이를 잘못 해석하여 과세처분을 하였더라도 이는 과세요건사실을 오인한 것에 불과하여 그 하자가 명백하다고 할 수 없다(대판 전원합의체 2018. 07. 19, 2017다242409).

# 제5절  조세의 징수

## Ⅰ. 조세의 징수방법

조세의 징수(徵收)란 조세의 부과에 의하여 확정된 납세의무자로부터 그 납세의무의 이행을 받는 것을 말한다. 징수의 방법에는 보통징수, 특별징수, 예외징수, 강제징수의 네 가지가 있다.

### 1. 보통징수

보통징수(普通徵收)는 조세징수기관이 확정된 조세금액을 소정의 납기에 이르러 징수하는 것을 말한다. 보통징수의 기관과 방법은 조세의 종목에 따라 다르나, 원칙적으로 국세는 세무서장 또는 세관장이 징수하고 지방세는 지방자치단체의 장이 징수한다.

### 2. 특별징수

특별징수(特別徵收)란 수입원천에서 직접 징수하는 방법을 말하는데, 원천징수가 이에 해당한다. 이는 조세징수의 편의를 도모하기 위하여 급여·이자·이익배당 등의 금액을 지급하는 자가 그 지급을 할 때 일정한 세율에 따르는 세액을 납부하게 하는 제도이다(소득세법 제127조 내지 제159조). 이는 원천징수의무자인 사인에게 조세징수권을 위임한 경우이다.

### 3. 예외징수(변태징수)

예외징수(例外徵收)란 조세는 납기에 징수함을 원칙으로 하는 데 대한 예외적인 징수방법이다. 예외징수에는 납기 전 징수와 징수유예가 있다.

#### (1) 납기 전 징수

납기 전 징수란 특별한 사유가 있는 경우에 납부기한의 이익을 박탈하여 그 납기 전에 징수하는 것을 말한다.

납기 전 징수를 할 수 있는 사유로는 ① 국세, 지방세 또는 공과금의 체납으로 강제징수 또는 체
납처분이 시작된 경우, ②「민사집행법」에 따른 강제집행 및 담보권 실행 등을 위한 경매가 시작
되거나「채무자 회생 및 파산에 관한 법률」에 따른 파산선고를 받은 경우, ③「어음법」,「수표법」
에 따른 어음교환소에서 거래정지처분을 받은 경우, ④ 법인이 해산한 경우, ⑤ 국세를 포탈(逋脫)
하려는 행위가 있다고 인정되는 경우, ⑥ 납세관리인을 정하지 아니하고 국내에 주소 또는 거소를
두지 아니하게 된 경우이다(국세징수법 제9조, 지방세기본법 제73조).

### (2) 징수유예

징수유예(徵收猶豫)란 일정한 사유가 있는 경우에 납기가 도래한 납세의무의 이
행을 주로 납세의무자의 편의를 위하여 직권 또는 신청에 의하여 일정기간 동안 유
예하여 주는 것을 말한다.

징수유예를 할 수 있는 일반적인 경우는 ① 납세자가 재해 또는 도난으로 재산에 심한 손실을 입
은 경우, ② 납세자가 경영하는 사업에 현저한 손실이 발생하거나 부도 또는 도산의 우려가 있는
경우, ③ 납세자 또는 그 동거가족이 질병이나 중상해로 6개월 이상의 치료가 필요한 경우 또는
사망하여 상중(喪中)인 경우, ④ 그 밖에 납세자가 국세를 납부기한등까지 납부하기 어렵다고 인
정되는 경우로서 대통령령으로 정하는 경우이다(국세징수법 제13조, 지방세기본법 제80조).

## 4. 강제징수

### (1) 의의 및 법적 근거

강제징수(强制徵收)란 조세가 체납된 경우에 행정권의 강제력에 의하여 납세의무
자의 재산에 실력을 가하여 강제로 징수하는 것을 말한다. 조세의 강제징수절차를
조세의 체납처분이라고 하는데, 이에 관한 일반법으로 국세징수법이 있다.

### (2) 강제징수의 절차

국세징수법에 의한 강제징수의 절차는 다음과 같다: ① 독촉, ② 재산의 압류,
③ 압류재산의 매각(환가처분), ④ 청산(충당)이 그것이다. 이 중 재산의 압류, 압류재
산의 매각 및 청산을 체납처분이라 한다.

#### 1) 독    촉

관할 세무서장은 납세자가 국세를 지정납부기한까지 완납하지 아니한 경우 지
정납부기한이 지난 후 10일 이내에 체납된 국세에 대한 독촉장을 발급하여야 한다.
다만, 제9조에 따라 국세를 납부기한 전에 징수하거나 체납된 국세가 일정한 금액
미만인 경우 등 대통령령으로 정하는 경우에는 독촉장을 발급하지 아니할 수 있다(국
세징수법 제10조 제1항).

독촉은 납세의무자에게 납세의무의 이행을 최고하고 최고기한까지 납부하지 않
을 때에는 체납처분을 하겠다는 것을 예고하는 통지행위로서 준법률행위적 행정행위

에 해당한다. 독촉은 이후에 행해지는 압류의 적법요건이 되며 최고기간 동안 조세채권의 소멸시효를 중단시키는 법적 효과를 갖는다.

### 2) 재산의 압류

압류는 권력적 사실행위로서의 성질을 갖는다.

**가. 압류요건**   관할 세무서장은 다음 각 호의 어느 하나에 해당하는 경우 납세자의 재산을 압류한다. ① 납세자가 제10조에 따른 독촉을 받고 독촉장에서 정한 기한까지 국세를 완납하지 아니한 경우, ② 납세자가 제9조 제2항에 따라 납부고지를 받고 단축된 기한까지 국세를 완납하지 아니한 경우(제31조 제1항).

관할 세무서장은 납세자에게 제9조 제1항 각 호의 어느 하나에 해당하는 사유가 있어 국세가 확정된 후 그 국세를 징수할 수 없다고 인정할 때(납부기한 전 징수)에는 국세로 확정되리라고 추정되는 금액의 한도에서 납세자의 재산을 압류할 수 있다(제2항). 관할 세무서장은 제2항에 따라 재산을 압류하려는 경우 미리 지방국세청장의 승인을 받아야 하고, 압류 후에는 납세자에게 문서로 그 압류 사실을 통지하여야 한다(제3항).

**나. 압류대상 재산**   체납자의 소유의 재산은 원칙상 압류의 대상이 된다. 그런데 국세징수법 제41조 및 제42조는 체납자의 최저생활의 보장, 생업의 유지 등을 위하여 필요한 일정한 재산에 대하여는 압류를 금지 또는 제한하고 있다.

압류가 허용된 재산 중에서 어느 재산을 압류할 것인가는 세무공무원의 재량에 속한다. 그러나, 비례의 원칙에 따라 가능한 한 체납자 또는 제3자의 권리를 적게 침해하는 재산을 압류하여야 할 것이다. 체납액에 비하여 비례관계를 잃은 정도의 고가의 재산을 압류하는 것도 금지된다.

**다. 압류방법 및 절차**   국세징수법은 압류의 대상이 되는 재산의 종류(동산 및 유가증권, 채권, 부동산, 무체재산권)에 따라 압류방법 및 절차를 정하고 있다(제45조 이하).

관할 세무서장은 압류하려는 재산이 이미 다른 기관에 압류되어 있는 경우 참가압류 통지서를 그 재산을 이미 압류한 기관(이하 "선행압류기관"이라 한다)에 송달함으로써 제59조에 따른 교부청구를 갈음하고 그 압류에 참가할 수 있다(제61조 제1항). 이를 참가압류(參加押留)라 한다. 참가압류를 한 후에 선행압류기관이 그 재산에 대한 압류를 해제하였을 때에는 그 참가압류는 법정의 참가압류시에 소급하여 압류의 효력이 생긴다(제62조 제1항).

세무공무원이 체납처분을 하기 위하여 질문·검사 또는 수색을 하거나 재산을 압류할 때에는 그 신분을 나타내는 증표 및 압류·수색등 통지서를 지니고 이를 관계자에게 보여 주어야 한다(제38조).

세무공무원은 재산을 압류하기 위하여 필요한 때에는 수색권(제35조)과 질문검사권(제36조)을 갖는다. 세무공무원은 수색 또는 검사를 할 때에는 그 수색 또는 검사를 받는 사람과 그 가족·동거인이나 사무원, 그 밖의 종업원을 참여시켜야 한다. 참여시켜야 할 자가 없을 때 또는 참여 요청에 따르지 아니할 때에는 성인 2명 이상 또는 특별시·광역시·특별자치시·특별자치도·시·군·자치구의 공무원이나 경찰공무원 1인 이상을 증인으로 참여시켜야 한다(제37조).

세무공무원은 체납자의 재산을 압류할 때에는 압류조서를 작성하여야 한다. 이 경우에 압류재산이 동산 또는 유가증권, 채권, 채권과 소유권을 제외한 그 밖의 재산권인 때에는 그 등본을 체납자에게 내주어야 한다(제34조).

**라. 압류의 효력**　　세무공무원이 재산을 압류한 경우 체납자는 압류한 재산에 관하여 양도, 제한물권의 설정, 채권의 영수, 그 밖의 처분을 할 수 없다(제43조 제1항). 세무공무원이 채권 또는 그 밖의 재산권을 압류한 경우 해당 채권의 채무자 및 그 밖의 재산권의 채무자 또는 이에 준하는 자(이하 "제3채무자"라 한다)는 체납자에 대한 지급을 할 수 없다(제2항). 압류의 효력은 압류재산으로부터 생기는 천연과실(天然果實) 또는 법정과실(法定果實)에도 미친다. 다만, 체납자 또는 제3자가 압류재산의 사용 또는 수익을 하는 경우에는 그 재산의 매각으로 인하여 권리를 이전하기 전까지 이미 거두어들인 천연과실에 대하여는 압류의 효력이 미치지 아니한다(제44조).

압류의 효력은 재판상의 가압류, 가처분 또는 체납자의 사망이나 법인합병으로 영향을 받지 아니한다(제26, 27조).

**마. 압류해제**　　조세납부, 공매의 중지, 부과의 전부 취소 등의 사유가 있는 때에는 압류를 해제하여야 하며, 압류 후 압류재산의 가격이 변동하여 체납액 전액을 현저히 초과한 경우 등에는 압류재산의 전부 또는 일부에 대하여 압류를 해제할 수 있다(제57조).

**3) 압류재산의 매각**

압류한 재산은 공매(公賣) 또는 수의계약(隨意契約)으로 매각한다(제65조).

공매는 경쟁입찰 또는 경매의 방법에 의한다(제65조 제2항). 세무서장은 공매를 하고자 할 때에는 공고(공매공고)하여야 하고(제72조 제1항), 즉시 그 내용을 체납자, 납세담보물 소유자, 공매재산이 공유물의 지분인 경우 공유자, 공매재산에 대하여 전세권·질권·저당권 또는 그 밖의 권리를 가진 자에게 통지(공매통지)하여야 한다(제75조).

세무서장은 낙찰자를 결정한 때에는 낙찰자를 매수인으로 정하여 법정의 사유가 없으면 매각결정 기일에 **매각결정**을 하여야 한다(제84조 제1항). 매각결정의 효력은 매각결정 기일에 매각결정을 한 때에 발생한다(제2항). 세무서장은 매각결정을 하

였을 때에는 매수인에게 매수대금의 납부기한을 정하여 매각결정 통지서를 발급하여
야 한다. 다만, 권리 이전에 등기 또는 등록이 필요없는 재산의 매수대금을 즉시 납
부시킬 경우에는 구술로 통지할 수 있다(제3항). 매수인은 매수대금을 완납한 때에 공
매재산을 취득한다(제91조 제1항).

　공매결정은 체납자에 대한 관계에서는 공법상 대리행위로서의 성질을 갖는다.
그러나, 공매결정에 따라 낙찰자 또는 경락자가 체납자의 재산을 취득하는 법률관계
는 사법상 매매계약관계이다. 법 제62조의 수의계약은 사법상 매매계약이다.[96]

### 4) 청    산

　세무서장은 압류재산의 매각대금 등 체납처분에 의해 취득한 금전을 법정의
체납액과 채권 등에 배분한다(제96조 제1·2항). 금전을 배분하고 남은 금액이 있을
때에는 체납자에게 지급하여야 한다(제3항). 세무서장은 매각대금이 제1항 각 호의
체납액 및 채권의 총액보다 적은 경우에는 「민법」이나 그 밖의 법령에 따라 배분
할 순위와 금액을 정하여 배분하여야 한다(제4항).

## 5. 교부청구

　관할 세무서장은 다음 각 호의 어느 하나에 해당하는 경우 해당 관할 세무서장,
지방자치단체의 장, 「공공기관의 운영에 관한 법률」 제4조에 따른 공공기관의 장,
「지방공기업법」 제49조 또는 제76조에 따른 지방공사 또는 지방공단의 장, 집행법
원, 집행공무원, 강제관리인, 파산관재인 또는 청산인에 대하여 다음 각 호에 따른
절차의 배당·배분 요구의 종기(終期)까지 체납액(제13조에 따라 지정납부기한이 연장된
국세를 포함한다)의 교부를 청구하여야 한다. 1. 국세, 지방세 또는 공과금의 체납으로
체납자에 대한 강제징수 또는 체납처분이 시작된 경우, 2. 체납자에 대하여 「민사집
행법」에 따른 강제집행 및 담보권 실행 등을 위한 경매가 시작되거나 체납자가 「채
무자 회생 및 파산에 관한 법률」에 따른 파산선고를 받은 경우, 3. 체납자인 법인이
해산한 경우(제59조).

　국세징수법 제56조에 규정된 교부청구는 과세관청이 이미 진행 중인 강제환가
절차에 가입하여 체납된 조세의 배당을 구하는 것으로서 강제집행에 있어서의 배당
요구와 같은 성질의 것이므로, 해당 조세는 교부청구 당시 체납되어 있음을 요한다
(대판 1992. 04. 28, 91다44834 참조).

**[판례]** 납세자에게 국세징수법 제14조 제1항 제1호 내지 제6호의 사유가 발생하였고 납부고지가

---

96) 박윤흔, 560~561면.

된 국세의 납부기한도 도과하여 체납 상태에 있는 경우라면, 과세관청은 독촉장을 발급하거나 이미 발급한 독촉장에 기재된 납부기한의 도과를 기다릴 필요 없이 해당 국세에 대하여 교부청구를 할 수 있다고 보아야 한다(대판 2019. 07. 25, 2019다206933).

### 6. 한국자산관리공사에 의한 공매 등의 대행

관할 세무서장은 공매, 수의계약, 매각재산의 권리이전, 금전의 배분업무(이하 "공매등"이라 한다)를 대통령령으로 정하는 바에 따라 한국자산관리공사에 대행하게 할 수 있다. 이 경우 공매등은 관할 세무서장이 한 것으로 본다(제103조 제1항).

## Ⅱ. 조세의 감면

조세의 감면(減免)이란 납세의무가 발생한 자에 대하여 법률이 정하는 특별한 사유가 있는 경우에 납세의무자의 신청에 따라 납세의무의 전부 또는 일부를 해제하여 주는 것을 말한다. 조세의 감면은 행정행위로서 면제의 성질을 가진다. 조세의무의 전부를 면제하여 주는 것을 조세의 면제 또는 면세라고 하고, 일부를 면제하여 주는 것을 조세의 감경 또는 감세라고 한다.

조세감면에 관한 행위는 기속행위이다. 따라서 조세감면의 신청이 있는 경우에 과세관청은 법정의 감면사유에 해당하는지의 여부만을 판단하며, 그에 해당할 때에는 감면을 하여야 한다.

조세감면의 사유는 주로 담세력의 감퇴나 상실 또는 공익사업을 보호하려는 데 있다. 조세감면의 구체적 사유에 관하여는 일반법인 조세특례제한법이 있는 외에 각 조세법에서 개별적으로 정하고 있다.

## Ⅲ. 조세채권의 확보

조세는 국가 또는 지방자치단체의 재정적 기초이자 활동의 기초로서 절대적으로 확보되어야 한다. 조세징수의 확보수단으로서 조세법은 일반채권과 다른 특수한 제도를 마련해 두고 있다. 조세의 강제징수, 조세우선권, 조세채무자의 확충(상속·합병의 경우의 조세채무의 승계, 연대납세의무, 제2차 납세의무), 조세채권의 대외적 효력(채권자취소권 및 채권자대위권), 조세의 담보, 조세보전조치 등이 여기에 해당한다(박윤흔, 814~817면). 여기에서는 조세우선권과 조세의 담보를 간단히 살펴보기로 한다.

## 1. 조세우선권

조세우선권(租稅優先權)이란 조세가 강제실행절차에 있어서 다른 채권과 경합한 경우에, 조세가 우선적으로 만족을 얻는 권리를 말한다. 국세 및 강제징수비는 다른 공과금이나 그 밖의 채권에 우선하여 징수되며(국세기본법 제35조 제1항 본문), 지방자치단체의 징수금은 국세 다음으로 공과금과 채권에 우선하여 징수된다(지방세기본법 제71조 제1항).

## 2. 조세의 담보

조세의 담보(擔保)란 조세징수를 확보하기 위하여 납세자 또는 제3자로부터 제공받은 인적·물적 담보를 말한다. 담보를 제공하여야 할 경우는 각 조세법에 규정되어 있는데, 조세채무의 이행이 유예된 경우, 이행기한이 연장된 경우 등에 대하여 인정된다.

납세담보는 다음 각 호의 어느 하나에 해당하는 것이어야 한다. 1. 금전, 2. 「자본시장과 금융투자업에 관한 법률」 제4조 제3항에 따른 국채증권 등 대통령령으로 정하는 유가증권(이하 이 절에서 "유가증권"이라 한다), 3. 납세보증보험증권, 4. 「은행법」 제2조 제1항 제2호에 따른 은행 등 대통령령으로 정하는 자의 납세보증서(이하 "납세보증서"라 한다), 5. 토지, 6. 보험에 든 등기·등록된 건물, 공장재단(工場財團), 광업재단(鑛業財團), 선박, 항공기 또는 건설기계(국세징수법 제18조).

납세담보로서 금전을 제공한 자는 그 금전으로 담보한 국세 및 강제징수비를 납부할 수 있고(국세징수법 제22조 제1항), 관할 세무서장은 납세담보를 제공받은 국세 및 강제징수비가 담보의 기간에 납부되지 아니하면 대통령령으로 정하는 바에 따라 그 담보로써 그 국세 및 강제징수비를 징수한다(제2항).

# 제 6 절  조세의 부과 및 징수에 대한 권리구제

## Ⅰ. 과세전적부심사제

과세전적부심사제도는 일종의 사전구제제도로서 세무조사결과에 따른 과세처분 등을 하기 전에 앞으로 과세할 내용을 미리 납세자에게 통지하여 그 내용에 대하여 이의가 있는 경우에 과세의 적법여부심사를 청구할 수 있도록 하는 것이다.

과세전적부심사제도는 국세청 훈령인 과세적부심사사무처리규정에 의하여 실시되고 있었는데, 1999년 국세기본법의 개정시 직접 법률에 규정을 두어 실시되고 있다(국세기본법 제81조의15). 이 제도는 지방세 및 관세의 경우에도 채택되고 있다(지방세기본법 제116조, 관세법 제118조).

다음의 어느 하나에 해당하는 통지를 받은 자는 통지를 받은 날부터 30일 이내에 통지를 한 세무서장이나 지방국세청장에게 통지 내용의 적법성에 관한 심사[이하 이 조에서 '과세전적부심사'라 한다]를 청구할 수 있다. 다만, 법령과 관련하여 국세청장의 유권해석을 변경하여야 하거나 새로운 해석이 필요한 경우 등 대통령령으로 정하는 사항에 대해서는 국세청장에게 청구할 수 있다. ① 제81조의12에 따른 세무조사결과에 대한 서면통지, ② 제1항 각호에 따른 과세예고통지(국세기본법 제81조의15 제2항). 다만, 다음의 1에 해당하는 경우에는 제2항의 규정을 적용하지 아니한다. ①「국세징수법」제9조에 규정된 납부기한 전 징수의 사유가 있거나 세법에서 규정하는 수시부과의 사유가 있는 경우, ②「조세범처벌법」위반으로 고발 또는 통고처분하는 경우, ③ 세무조사 결과 통지 및 과세예고 통지를 하는 날부터 국세부과 제척기간의 만료일까지의 기간이 3개월 이하인 경우, ④ 그 밖에 대통령령으로 정하는 경우(제3항).

**[판례]** ① (1) 특별한 사정이 없는 한, 세무조사결과통지 후 과세전적부심사 청구나 그에 대한 결정이 있기도 전에 한 과세처분은 그 절차상 하자가 중대하고도 명백하여 무효이다. (2) 세무조사 결과통지의 내용 중 고발 또는 통고처분의 대상이 된 조세범칙행위와 동일성이 인정되지 않는 부분에 대해서는 이 사건 예외조항에 따른 과세전적부심사의 예외사유가 존재하지 않는다고 봄이 타당하다(대판 2023. 12. 07, 2022두45968).
② 구 국세기본법 제81조의15 제2항 제1호 및 구 국세징수법 제14조 제1항 제7호에 따른 과세전적부심사의 예외사유인 '국세를 포탈하려는 행위가 있다고 인정될 때'란 '조세의 부과징수를 불가능 또는 현저히 곤란하게 할 만한 객관적인 상황이 드러나는 납세자의 적극적인 행위가 있고, 그로 인하여 납세의무를 조기에 확정시키지 않으면 해당 조세를 징수할 수 없다고 인정되는 등 긴급한 과세처분의 필요가 있는 경우'를 의미한다고 봄이 타당하다(대판 2023. 11. 02, 2021두37748).

이 제도는 세무조사의 결과에 대한 청문의 권리를 직접 보장하기 위한 것은 아니지만, 의견을 진술할 기회가 부여되고 있다는 점에서 불충분하기는 하지만 청문의 기회를 보장하는 제도로 기능할 수 있다고 평가된다.

**[판례]** [과세예고 통지 누락 사건] [1] 과세관청이 과세예고 통지를 하지 아니함으로써 납세자에게 과세전적부심사의 기회를 부여하지 아니한 채 과세처분을 한 경우, 과세처분에 중대한 절차적 하자가 존재하므로 그 과세처분은 원칙상 위법하다. [2] 과세관청이 감사원의 감사결과 처분지시 또는 시정요구에 따라 과세처분을 하는 경우, 과세예고 통지를 생략하거나 납세자에게 과세전적부심사의 기회를 부여하지 아니한 채 과세처분을 할 수 있는 예외사유에 해당하지 않는다(대판 2016. 04. 15, 2015두52326).

과세전적부심사 청구를 받은 세무서장, 지방국세청장 또는 국세청장은 각각 국세심사위원회의 심사를 거쳐 결정을 하고 그 결과를 청구를 받은 날부터 30일 이내에 청구인에게 통지하여야 한다(동조 제4항).

결정의 종류에는 다음의 3가지가 있다. ① 청구가 이유 없다고 인정되는 경우에 이를 채택하지 아니한다는 결정, ② 청구가 이유 있다고 인정되는 경우에 이를 채택하거나 일부 채택하는 결정. 다만, 구체적인 채택의 범위를 정하기 위하여 사실관계 확인 등 추가적으로 조사가 필요한 경우에는 제2항 각 호의 통지를 한 세무서장이나 지방국세청장으로 하여금 이를 재조사하여 그 결과에 따라 당초 통지 내용을 수정하여 통지하도록 하는 재조사 결정, ③ 청구기간이 지났거나 보정기간에 보정하지 아니한 경우에 심사하지 아니한다는 결정(동조 제5항).


## Ⅱ. 행정쟁송

위법한 조세의 부과·징수에 대한 불복수단으로서의 행정쟁송은 행정쟁송 일반과 마찬가지로 행정심판과 행정소송으로 나눌 수 있으며, 이 외에도 감사원에 심사청구가 인정되고 있다.

### 1. 행정심판

#### (1) 국세에 대한 행정심판

국세기본법은 조세사건의 특수성을 고려하여 원칙적으로 행정심판법의 적용을 배제하고 있으며(동법 제56조), 국세의 부과·징수에 대한 행정심판(심사청구 또는 심판청구)에 대하여는 국세기본법이 정하는 바에 의하도록 하고 있다(동법 제55조 제1항, 제2항).

##### 1) 대    상

국세에 대한 행정심판의 대상은 국세기본법 또는 각 세법에 따른 처분으로서 위법 또는 부당한 처분과 필요한 처분을 받지 못함으로써 권리 또는 이익을 침해당한 경우, 즉 부작위이다(국세기본법 제55조 제1항). 다만, ① 심사청구 또는 심판청구에 대한 처분(다만, 제65조 제1항 제3호 단서(제81조에서 준용하는 경우를 포함한다)의 재조사 결정에 따른 처분청의 처분에 대해서는 해당 재조사 결정을 한 재결청에 대하여 심사청구 또는 심판청구를 제기할 수 있다), ② 조세범처벌절차법에 따른 통고처분, ③ 감사원법에 따라 심사청구를 한 처분이나 그 심사청구에 대한 처분, ④ 국세기본법 및 세법에 따른 과태료 부과처분은 제외된다(국세기본법 제55조 제1항, 제5항).

##### 2) 형    태

종래 국세기본법은 국세에 대한 행정심판을 국세청장에 대한 심사청구와 국세심판소에 대한 심판청구의 2심제로 하고 있었다. 그러나 이것은 3심제의 행정소송제도와 관련하여 볼 때 납세자의 권리구제를 지나치게 지연시키는 문제점이 있었다. 이에 따라 1999년 개정된 국세기본법은 국세청장에 대한 심사청구 또는 조세심판원에 대한 심판청구를 택일하여 청구하도록 함으로써 1심제로 하였다. 동일한 처분에 대하여는 심사청구와 심판청구를 중복하여 제기할 수 없다(제55조 제9항). 다만 심사청구 또는 심판청구에 앞서 청구인이 당사자가 원하는 경우에는 이의신청을 할 수 있으나(국세청장이 조사·결정 또는 처리하거나 하였어야 할 것인 처분 제외)(제55조 제3항), 이 이의신청은 행정심판이 아니며 청구인의 임의적·선택적 전심절차이다.

　　가. 이의신청　　　국세의 부과와 징수에 관하여 이의가 있는 자는 해당 처분을 하였거나 하였어야 할 세무서장에게 또는 세무서장을 거쳐 관할 지방국세청장에게 이의신청을 할 수 있다. 다만, 지방국세청장의 조사에 따라 과세처분을 한 경우 및 세무서장에게 제81조의15에 따른 과세전적부심사를 청구한 경우에는 관할 지방국세청장에게 하여야 하며, 세무서장에게 한 이의신청은 관할 지방국세청장에게 한 것으로 본다(동법 제55조 제3항 및 제66조 제1항). 위에서 본 바와 같이 이의신청은 행정심판이 아니며 임의적·선택적 절차이다.

　　이의신청에 대한 처분과 제65조 제1항 제3호 단서(제66조 제6항에서 준용하는 경우를 말한다)의 재조사 결정에 따른 처분청의 처분에 대해서는 이의신청을 할 수 없다(국세기본법 제55조 제6항).

　　이 이의신청은 행정심판의 성질을 갖지 않는다.

**[판례]** 과세처분에 관한 이의신청절차에서 과세관청이 이의신청 사유가 옳다고 인정하여 과세처분을 직권으로 취소한 이상 그 후 이를 번복하고 종전 처분을 되풀이하는 것이 허용되는지 여부(원칙적 소극); 같은 법 제66조 제1항, 제4항은 이의신청은 대통령령이 정하는 바에 의하여 불복의 사유를 갖추어 당해 처분을 하거나 하였어야 할 세무서장에게 하거나 당해 세무서장을 거쳐 소관 지방국세청장에게 하여야 하고, 이의신청을 받은 세무서장과 지방국세청장은 이의신청심의위원회의 심의를 거쳐 이를 결정하여야 한다고 규정하고 있으며, 같은 조 제6항은 위와 같은 결정을 함에 있어 심사청구에 대한 결정절차(제64조 제1항 단서, 제2항) 및 결정(제65조)의 규정을 준용하도록 규정하고 있다. 과세처분에 관한 불복절차과정에서 과세관청이 그 불복사유가 옳다고 인정하고 이에 따라 필요한 처분을 하였을 경우에는, 불복제도와 이에 따른 시정방법을 인정하고 있는 위와 같은 법 규정들의 취지에 비추어 동일 사항에 관하여 특별한 사유 없이 이를 번복하고 다시 종전의 처분을 되풀이 할 수는 없는 것이므로, 과세처분에 관한 이의신청절차에서 과세관청이 이의신청 사유가 옳다고 인정하여 과세처분을 직권으로 취소한 이상 그 후 **특별한 사유 없이** 이를 번복하고 종전 처분을 되풀이하는 것은 허용되지 아니한다(대판 2010. 09. 30, 2009두1020[양도소득세부과처분취소]).

　　이의신청을 받은 세무서장과 지방국세청장은 국세심사위원회를 거쳐 결정을 하여야 한다(제66조 제4항). 이의신청의 신청기간, 결정절차 등은 뒤에서 보는 심사청구와 거의 유사하나, 다만 결정은 이의신청을 받은 날로부터 30일 이내에 하여야 한다. 다만, 이의신청인이 제8항에 따라 송부받은 의견서에 대하여 이 항 본문에 따른 결정기간 내에 항변하는 경우에는 이의신청을 받은 날부터 60일 이내에 하여야 한다 (제66조 제6항, 제7항).

　　나. 심사청구　　　위법·부당한 처분 또는 필요한 처분을 받지 못함으로써 권리 또는 이익을 침해당한 자는 해당 처분이 있은 것을 안 날(처분의 통지를 받은 때에는 그 받은 날)로부터 90일 이내에 해당 처분을 하거나 하였어야 할 세무서장을 거쳐 국세청장에게 심사청구를 할 수 있다(동법 제61조 및 제62조). 이의신청을 거친 경우에는 그 결정통지를 받은 날로부터 90일 내에 제기하여야 한다. 다만, 제66조 제7항에 따른 결정기간(이의신청 결정기간) 내에 결정의 통지를 받지 못한 경우에는 결정의 통지를 받기 전이라도 그 결정기간이 지난 날 이의신청에 대한 재조사 결정이 있은 후 제66조 제6항에 따라 준용되는 제65조 제5항 전단에 따른 처분기간(60일) 내에 처분 결과의 통지를 받지 못한 경우에는 그 처분기간이 지난 날부터 심사청구를 할 수 있다(제61조 제2항).

　　심사청구를 받으면 국세청장은 국세심사위원회의 의결에 따라 결정하여야 한다. 다만, 심사청구기간이 지난 후에 제기된 심사청구 등 대통령령으로 정하는 사유에 해당하는 경우에는 그러하지 아니하다(제64조 제1항). 결정은 심사청구를 받은 날로부터 90일 이내에 하여야 하며, 이유를 기재한 결정서에 의하여 심사청구인에게 통지하여야 한다(제65조 제2항 및 제3항). 재결청은 결정서에 90일 이내에 행정소송을 제기할 수 있다는 뜻을 기재하여야 한다(제60조 제1항).

　　다. 심판청구　　　심판청구는 당해 처분이 있은 것을 안 날(처분의 통지를 받은 때에는 그 받은 날)로부터 90일 이내에 심판청구서를 그 처분을 하거나 하였어야 할 세무서장이나 조세심판원장에게 제출하여야 한다(동법 제68조 제1항 및 제69조 제1항). 이의신청을 거친 경우에는 그 결정통지를 받은 날로부터 90일 이내에 제기하여야 한다. 다만, 이의신청 결정기간 내에 결정의 통지를 받지 못한 경우에는 그 결정기간이 지난 날, 이의신청에 대한 재조사 결정에 따른 처분기간(60일) 내에 처분 결과의 통지를 받지 못한 경우에는 그 처분기간이 지난 날부터 90일 이내에 심판청구를 할 수 있다(제68조 제2항 및 제61조 제2항).

　　심판청구에 대한 결정을 관장하는 조세심판원은 국무총리 소속의 합의제 행정관청이다. 조세심판원은 원장과 조세심판관으로 구성된다.

　　조세심판원장이 심판청구를 받은 때에는 원칙상 조세심판관회의가 심리를 거쳐 이를 결정한다. 다만, 심판청구의 대상이 대통령령으로 정하는 금액에 미치지 못하는 소액이거나 경미한 것인 경우나 청구기간이 지난 후에 심판청구를 받은 경우에는 조세심판관회의의 심리를 거치지 아니하고 주심조세심판관이 심리하여 결정할 수 있다(제78조 제1항). 심판청구에 대한 결정에 있어서는 불고불리 및 불이익변경금지의 원칙이 적용된다(제79조). 재결청은 결정서에 90일 이내에 행정소송을 제기할 수 있다는 뜻을 기재하여야 한다(제60조 제1항).

### (2) 관세에 대한 행정심판

관세에 대한 행정심판도 일반국세와 마찬가지로 심사청구와 심판청구가 있으며, 행정소송의 전심절차로서는 이 중 어느 하나를 거치면 되고, 동일한 처분에 대하여는 양자를 중복하여 제기할 수 없다(관세법 제119조 제8항). 또한 관세의 경우에도 일반국세와 같이 심사청구 또는 심판청구에 앞서 임의적·선택적 절차로서 이의신청을 할 수 있다(동법 제119조 제1항).

### (3) 지방세에 대한 행정심판

지방세에 대한 행정심판은 국세에 대한 행정심판에 준하여 규율되고 있다(지방세기본법 제117조 내지 제127조).

## 2. 감사원에 대한 심사청구

감사원법은 감사원의 감사를 받는 자의 직무에 관한 처분, 그 밖에 행위에 관하여 이해관계가 있는 자는 감사원에 심사청구를 할 수 있도록 하고 있으므로(제43조 제1항), 조세에 관한 처분에 대하여도 감사원에 심사청구를 할 수 있다.

감사원은 심리결과 심사청구의 이유가 있다고 인정할 때에는 관계기관의 장에게 시정이나 그 밖에 필요한 조치를 요구할 수 있을 뿐(감사원법 제46조 제2항), 처분을 직접 취소·변경할 수 없기 때문에 심사청구의 법적 성질은 행정심판과는 달리 진정에 불과한 것이다. 그러나 감사원법은 이러한 심사청구 및 결정을 거친 처분에 대하여는 청구인은 당해 처분청을 당사자로 하여 당해 결정의 통지를 받은 날부터 90일 이내에 행정소송을 제기할 수 있도록 규정하고 있다(제46조의2).

그리고 국세기본법은 감사원법에 의하여 심사청구를 한 처분이나 그 심사청구에 대한 처분을 국세기본법에 의한 불복청구의 대상에서 제외하고 있다(국세기본법 제55조 제5항).

또한 감사원의 심사청구를 거친 처분에 대하여는 조세심판전치주의에 대한 예외를 인정하여 심사청구에 대한 감사원의 결정통지를 받은 날로부터 90일 이내에 처분청을 피고로 하여 행정소송을 제기할 수 있도록 하고 있다(감사원법 제46조의2, 국세기본법 제55조 제7항).

## 3. 행정소송

### (1) 행정소송법에 대한 특칙규정

조세의 부과·징수에 관한 위법한 처분에 대하여는 행정소송을 제기할 수 있음
은 물론이다. 조세의 부과·징수와 관련된 행정소송의 경우에도 특별한 규정이 없으
면 일반 행정소송의 경우와 마찬가지로 일반법인 행정소송법이 적용된다. 다만 조세
법은 행정심판전치주의와 제소기간에 대하여는 행정소송법과 다른 특별한 규정을 두
고 있는데, 이를 살펴보면 다음과 같다.

첫째, 조세법은 행정심판전치주의를 채택하고 있다. 즉 조세행정사건에 관하여
행정소송을 제기하기 위하여는 원칙적으로 국세기본법 또는 관세법에 의한 심사청구
또는 심판청구와 그에 대한 결정을 거쳐야 한다(국세기본법 제56조 제2항, 지방세기본법
제127조, 관세법 제120조 제2항). 동일한 처분에 대해서는 심사청구와 심판청구를 중복
하여 제기할 수 없다(국세기본법 제55조 제9항).

**[판례]** 조세행정소송에서 납세의무자가 전심절차를 거치지 않고 과세처분 취소청구소송을 제기하
기 위한 요건 및 정당한 사유 없이 전심절차를 거치지 아니하고 과세처분 취소청구소송을 제기할
수 있는지 여부(소극): 조세행정에 있어서 2개 이상의 같은 목적의 행정처분이 단계적·발전적 과
정에서 이루어진 것으로서 서로 내용상 관련이 있다든지, 조세행정소송 계속 중에 그 대상인 과세
처분을 과세관청이 변경하였는데 위법사유가 공통된다든지, 동일한 행정처분에 의하여 수인이 동
일한 의무를 부담하게 되는 경우에 선행처분에 대하여 또는 그 납세의무자들 중 1인이 적법한 전
심절차를 거친 때와 같이, 국세청장과 조세심판원으로 하여금 기본적 사실관계와 법률문제에 대
하여 다시 판단할 수 있는 기회를 부여하였을 뿐더러 납세의무자로 하여금 굳이 또 전심절차를
거치게 하는 것이 가혹하다고 보이는 등 정당한 사유가 있는 때에는 납세의무자가 전심절차를 거
치지 아니하고도 과세처분의 취소를 청구하는 행정소송을 제기할 수 있다고 할 것이나, 그와 같은
**정당한 사유가 없는 경우에는 전심절차를 거치지 아니한 채 과세처분의 취소를 청구하는 행정소송
을 제기하는 것은 부적법하다**(대판 2014. 12. 11, 2012두20618[부가가치세등부과처분및제2차납세의무
자지정처분취소]).

둘째, 조세법은 제소기간에 대하여도 특칙을 두고 있다. 즉, 행정소송의 제소기
간은 심사청구 또는 심판청구에 대한 결정의 통지를 받은 날로부터 90일 이내로 하
되, 법정의 결정기간(90일) 내에 결정의 통지를 받지 못한 경우에는 결정의 통지를 받
기 전이라도 그 결정기간이 경과한 날로부터 행정소송을 제기할 수 있도록 하고 있
다(국세기본법 제56조 제3항). 관세법의 경우에도 동일한 규정을 두고 있다(관세법 제120
조 제3항).

### (2) 조세행정소송의 소송물

조세행정소송에 있어서 소송물, 즉 법원의 심판의 대상·범위에 관하여는 총액주의와 쟁점주의의 대립이 있다.[97]

#### 1) 총액주의

총액주의(總額主義)는 과세처분에 의하여 확정된 세액이 조세실체법에 의하여 객관적으로 존재하는 세액을 초과하는지 여부가 심판의 대상 및 범위가 된다는 것이다. 이 설에 의하면, 과세처분 중 일부분의 불복청구가 있는 경우에도 과세처분의 대상이 된 세액 전부에 대하여 실체법상 정당한 세액을 기준으로 심판하게 되고, 과세관청은 처분 당시의 처분사유와 다른 사유를 내세워 과세처분을 유지할 수 있게 된다.

#### 2) 쟁점주의

쟁점주의(爭點主義)는 심판의 대상 및 범위를 과세관청의 처분사유와 관계되는 세액의 적부로 한정하는 것으로, 과세처분취소소송은 과세관청이 처분시에 인정한 처분사유의 당부만을 심판의 대상으로 하고, 과세관청이 처분시에 인정한 처분사유가 다르면 별개의 처분으로서 소송물도 동일하지 않게 되는 것으로 본다. 이 설에 의하면, 과세처분에 대한 불복청구가 있는 경우 실체적 세액 전부가 아니라 불복청구 부분의 사유에 한정하여 심판의 대상이 되고, 처분사유의 추가·변경도 원칙적으로 허용되지 않는다.

#### 3) 판  례

판례는 총액주의의 입장을 취하고 있다(대판 1989. 03. 28, 88누6504; 1992. 07. 28, 91누10695 등).

**[판례]** 경정거부처분 취소소송의 소송물은 정당한 세액의 객관적 존부이다. 과세관청으로서는 소송 도중이라도 사실심 변론종결 시까지는 해당 처분에서 인정한 과세표준 또는 세액의 정당성을 뒷받침할 수 있는 새로운 자료를 제출하거나 처분의 동일성이 유지되는 범위에서 그 사유를 교환·변경할 수 있고, 반드시 처분 당시의 자료만으로 처분의 적법 여부를 판단하여야 하거나 당초의 처분사유만을 주장할 수 있는 것은 아니다(대판 2022. 02. 10, 2019두50946).

### (3) 경정처분과 소의 대상

과세관청은 과세처분에 잘못이 있는 경우에 당초처분을 시정하기 위한 경정처분(更正處分)을 할 수 있다. 경정처분은 부과과세방식과 신고납세방식 양자 모두에 인정된다. 이와 같이 과세관청이 당초처분을 시정하기 위하여 경정처분을 한 경우 소송의 대상은 무엇인가가 문제된다.

---

97) 김동희, 『행정법 Ⅱ』, 669면; 조인호, "조세행정소송사건의 현황과 쟁점," 2001년도 특별실무 법관 연수 자료, 1~2면 참조.

이 문제는 당초처분과 경정처분의 관계를 어떻게 볼 것인가 여부에 달려 있다. 당초처분과 경정처분과의 관계에 대하여 종래 세법에는 아무런 규정을 두고 있지 않았기 때문에 이 문제는 학설과 판례에 맡겨져 있었다. 학설상으로는 병존설, 흡수설, 흡수병존설, 역흡수설, 역흡수병존설 등이 주장되어 왔다.

이에 대하여 판례는 증액경정처분과 감액경정처분을 구별하여 증액경정처분의 경우에는 흡수설, 감액경정처분의 경우에는 역흡수설을 취하였다.

즉, 증액경정처분의 경우에는 당초처분은 증액경정처분에 흡수되어 당연히 소멸하는 것으로 보았다(대판 1987. 12. 22, 85누599). 따라서 납세의무자는 증액경정처분만을 소송의 대상으로 삼을 수 있고, 소송절차에서 증액부분만이 아니고 당초처분에 존재하는 하자도 다툴 수 있으며, 전심절차도 원칙적으로 경정처분을 기준으로 판단하여야 한다고 보았다(대판 2000. 09. 22, 98두18510).
다음으로 감액경정처분의 경우에는 감액경정처분은 당초 처분과 별개 독립된 처분이 아니라 당초처분의 일부를 취소하는 데 불과한 당초처분의 변경으로 보았다(대판 1991. 09. 13, 91누391). 따라서 취소소송의 대상이 되는 것은 당초처분 중 경정처분에 의해 취소되지 아니하고 남아있는 부분, 즉 감액된 당초처분이며, 전심절차나 제소기간 준수 여부도 당초처분을 기준으로 판단하여야 한다고 보았다.

2002년 개정 국세기본법은 당초처분과 경정처분과의 관계에 대한 명문의 규정을 두고 있다. 즉 "세법의 규정에 의하여 당초 확정된 세액을 증가시키는 경정은 당초 확정된 세액에 관한 이 법 또는 세법에서 규정하는 권리·의무관계에 영향을 미치지 아니하며, 세법에 따라 당초 확정된 세액을 감소시키는 경정은 그 경정으로 감소되는 세액 외의 세액에 관한 이 법 또는 세법에서 규정하는 권리·의무관계에 영향을 미치지 아니한다"(동법 제22조의3).

국세기본법 제22조의3 제1항의 주된 입법취지는 증액경정처분이 있더라도 불복기간의 경과 등으로 확정된 당초 신고 또는 결정에서의 세액만큼은 그 불복을 제한하려는 데 있다(대판 2009. 05. 14, 2006두17390).

### 1) 감액경정처분의 경우

감액경정처분(減額更正處分)의 경우에는 종전의 판례(대판 1991. 09. 13, 91누391)와 같이 감액된 당초처분(당초처분중 경정처분에 의해 취소되지 아니하고 남은 부분)이 취소소송의 대상이 되며 제소기간 준수 여부도 당초처분을 기준으로 판단하여야 한다(逆吸收說). 그 이유는 감액경정처분은 당초처분과 별개의 독립된 처분이 아니라 당초처분의 일부를 취소하는 데 불과한 처분이기 때문이다.

[판례] 과세관청이 조세부과처분을 한 뒤에 그 불복절차과정에서 국세청장이나 국세심판소장으로부터 그 일부를 취소하도록 하는 결정을 받고 이에 따라 당초 부과처분의 일부를 취소, 감액하는 내용의 경정결정을 한 경우 위 경정처분은 당초 부과처분과 별개 독립의 과세처분이 아니라 그 실

질은 당초 부과처분의 변경이고, 그에 의하여 세액의 일부 취소라는 납세자에게 유리한 효과를 가져오는 처분이라 할 것이므로 그 경정결정으로도 아직 취소되지 않고 남아 있는 부분이 위법하다고 하여 다투는 경우에는 항고소송의 대상이 되는 것은 당초의 부과처분 중 경정결정에 의하여 취소되지 않고 남은 부분이 된다 할 것이고, 경정결정이 항고소송의 대상이 되는 것은 아니라 할 것이므로, 이 경우 제소기간을 준수하였는지 여부도 당초처분을 기준으로 하여 판단하여야 할 것이다(대판 1991. 09. 13, 91누391[양도소득세등부과처분취소]).

### 2) 증액경정처분의 경우

국세기본법 제22조의2의 시행 이후에도 증액경정처분(增額更正處分)이 있는 경우, 당초 신고나 결정은 증액경정처분에 흡수됨으로써 독립한 존재가치를 잃게 된다고 보아야 하므로, 원칙적으로는 당초 신고나 결정에 대한 불복기간의 경과 여부 등에 관계없이 증액경정처분만이 항고소송의 심판대상이 되고(흡수설), 납세의무자는 그 항고소송에서 당초 신고나 결정에 대한 위법사유도 함께 주장할 수 있다(대판 2009. 05. 14, 2006두17390[종합소득세등부과처분취소]). 그러나, **확정된 당초 신고나 결정에서의 세액에 관하여는 취소를 구할 수 없고** 증액경정처분에 의하여 증액된 세액을 한도로 취소를 구할 수 있다(대판 2011. 04. 14, 2008두22280).

**[판례]** ① 당초처분의 절차적 하자가, 존속하는 증액경정처분에 승계되는지 여부(소극): 증액경정처분이 있는 경우 당초처분은 증액경정처분에 흡수되어 소멸하고, 소멸한 당초처분의 절차적 하자는 존속하는 증액경정처분에 승계되지 아니한다(대판 2010. 06. 24, 2007두16493).
② 증액경정처분의 취소를 구하는 항고소송에서 다툴 수 있는 불복사유의 범위: 과세표준과 세액을 증액하는 증액경정처분은 당초 납세의무자가 신고하거나 과세관청이 결정한 과세표준과 세액을 그대로 둔 채 탈루된 부분만을 추가로 확정하는 처분이 아니라 당초신고나 결정에서 확정된 과세표준과 세액을 포함하여 전체로서 하나의 과세표준과 세액을 다시 결정하는 것이므로, 당초 신고나 결정에 대한 불복기간의 경과 여부 등에 관계없이 오직 증액경정처분만이 항고소송의 심판대상이 되는 점(대법원 2009. 05. 14. 선고 2006두17390 판결, 대법원 2012. 03. 29. 선고 2011두4855 판결 등 참조), 증액경정처분의 취소를 구하는 항고소송에서 증액경정처분의 위법 여부는 그 세액이 정당한 세액을 초과하는지 여부에 의하여 판단하여야 하고 당초신고에 관한 과다신고사유나 과세관청의 증액경정사유는 증액경정처분의 위법성을 뒷받침하는 개개의 위법사유에 불과한 점(대법원 2004. 08. 16. 선고 2002두9261 판결 등 참조), 경정청구나 부과처분에 대한 항고소송은 모두 정당한 과세표준과 세액의 존부를 정하고자 하는 동일한 목적을 가진 불복수단으로서 납세의무자로 하여금 과다신고사유에 대하여는 경정청구로써, 과세관청의 증액경정사유에 대하여는 항고소송으로써 각각 다투게 하는 것은 납세의무자의 권익보호나 소송경제에도 부합하지 않는 점 등에 비추어 보면, 납세의무자는 증액경정처분의 취소를 구하는 항고소송에서 **과세관청의 증액경정사유뿐만 아니라 당초신고에 관한 과다신고사유도 함께 주장**하여 다툴 수 있다고 할 것이다(대판 전원합의체 2013. 04. 18, 2010두11733). 〈해설〉 이 대법원 전원합의체 판결에 의해 신고납세방식의 조세인 부가가치세에 관하여 매출액 등이 과다신고된 경우라도 납세의무자가 이를 다투기 위해서는 그 부분에 관하여 감액경정청구절차를 밟아야 하고 과세관청의 부과처분에 대한 취소소송에서는 과다신고사유를 주장할 수 없다는 취지로 판시한 대법원 2005. 11. 10. 선고 2004두9197

판결의 견해는 이와 저촉되는 범위에서 변경되었다.

③ 당초의 과세처분에 존재하고 있다고 주장되는 위법사유가 증액경정처분에도 존재하고 있어 당초의 과세처분이 위법하다고 판단되면 증액경정처분도 위법하다고 하지 않을 수 없는 경우, 당초의 과세처분에 대한 전심절차에서 청구의 취지나 이유를 변경하지 아니하였다고 하더라도 증액경정처분에 대한 별도의 전심절차 없이 증액경정처분의 취소를 구할 수 있는지 여부(적극) 및 증액경정처분의 취소를 구하는 소송의 제소기간 준수 여부의 판단 기준: 당초의 과세처분에 존재하고 있다고 주장되는 위법사유가 증액경정처분에도 마찬가지로 존재하고 있어 당초의 과세처분이 위법하다고 판단되면 증액경정처분도 위법하다고 하지 않을 수 없는 경우라면, 당초의 과세처분에 대한 전심절차의 진행 중에 증액경정처분이 이루어졌음에도 불구하고 그대로 전심절차를 진행한 납세자의 행위 속에는 달리 특별한 사정이 없는 한 당초의 과세처분에 대한 심사청구 또는 심판청구를 통하여 당초의 과세처분을 흡수하고 있는 증액경정처분의 취소를 구하는 의사가 묵시적으로 포함되어 있다고 봄이 타당하다. 따라서 이러한 경우에는 설령 납세자가 당초의 과세처분에 대한 전심절차에서 청구의 취지나 이유를 변경하지 아니하였다고 하더라도 증액경정처분에 대한 별도의 전심절차를 거칠 필요 없이 당초 제기한 심사청구 또는 심판청구에 대한 결정의 통지를 받은 날부터 90일 이내에 증액경정처분의 취소를 구하는 행정소송을 제기할 수 있다고 할 것이다. 그리고 납세자가 이와 같은 과정을 거쳐 행정소송을 제기하면서 당초의 과세처분의 취소를 구하는 것으로 청구취지를 기재하였다 하더라도, 이는 잘못된 판단에 따라 소송의 대상에 관한 청구취지를 잘못 기재한 것이라 할 것이고, 그 제소에 이른 경위나 증액경정처분의 성질 등에 비추어 납세자의 진정한 의사는 증액경정처분에 흡수됨으로써 이미 독립된 존재가치를 상실한 당초의 과세처분이 아니라 증액경정처분 자체의 취소를 구하는 데에 있다고 보아야 할 것이다. 따라서 납세자는 그 소송계속 중에 청구취지를 변경하는 형식으로 증액경정처분의 취소를 구하는 것으로 청구취지를 바로잡을 수 있는 것이고, 이때 제소기간의 준수 여부는 형식적인 청구취지의 변경 시가 아니라 증액경정처분에 대한 불복의 의사가 담긴 당초의 소 제기 시를 기준으로 판단하여야 한다(대판 2013. 02. 14, 2011두25005[소득세부과처분취소]).

④ [1] 당초의 조세부과처분 취소소송 계속 중 당초의 부과처분을 증액 변경하는 증액경정결정 또는 재경정결정이 있는 경우에 경정결정 또는 재경정결정에 대한 전심절차를 거칠 필요 없이 청구취지변경으로 취소를 구할 수 있는 경우 및 이때 당초의 소송이 제소기간 내에 제기된 경우 청구취지변경의 제소기간 준수를 따질 필요가 있는지 여부(소극): 당초의 조세부과처분에 대하여 적법한 취소소송이 계속 중에 동일한 과세목적물에 대하여 당초의 부과처분을 증액 변경하는 경정결정 또는 재경정결정이 있는 경우에 당초 부과처분에 존재하고 있다고 주장되는 취소사유(실체상의 위법성)가 경정결정 또는 재경정결정에도 마찬가지로 존재하고 있어 당초 부과처분이 위법하다고 판단되면 경정결정 또는 재경정결정도 위법하다고 하지 않을 수 없는 경우 원고는 경정결정 또는 재경정결정에 대하여 따로 전심절차를 거칠 필요 없이 청구취지를 변경하여 경정결정 또는 재경정결정의 취소를 구할 수 있고, 이러한 경우 당초의 소송이 적법한 제소기간 내에 제기된 것이라면 경정결정 또는 재경정결정에 대한 청구취지변경의 제소기간 준수 여부는 따로 따질 필요가 없다(대판 2012. 11. 29, 2010두7796[법인세부과처분취소]).

⑤ (1) 구 국세기본법 제22조의2 제1항의 문언 내용 및 그 주된 입법 취지가 증액경정처분이 있더라도 불복기간의 경과 등으로 확정된 당초 신고나 결정에서의 세액에 대한 불복은 제한하려는 데 있는 점을 종합하면, 증액경정처분이 있는 경우 당초 신고나 결정은 증액경정처분에 흡수됨으로써 독립한 존재가치를 잃게 되어 원칙적으로는 당초 신고나 결정에 대한 불복기간의 경과 여부 등에 관계없이 증액경정처분만이 항고소송의 심판대상이 되고, 납세자는 그 항고소송에서 당초 신고나

결정에 대한 위법사유도 함께 주장할 수 있으나(대법원 2009. 05. 14. 선고 2006두17390 판결 참조), 확정된 당초 신고나 결정에서의 세액에 관하여는 취소를 구할 수 없고 증액경정처분에 의하여 증액된 세액을 한도로 취소를 구할 수 있다 할 것이다. (2) 원고가 당초처분일인 2004. 7. 31.부터 90일 이내에 소송을 제기하거나 또는 지방세법상 이의신청, 심사청구 등의 절차를 거치지 않음으로써 당초처분에 불가쟁력이 발생하였고, 그 이후인 2005. 6. 10. 피고의 증액경정처분이 있었음은 기록상 명백하므로, 증액경정처분의 취소를 구하는 이 사건 소 중 당초처분세액의 취소를 구하는 부분은 부적법하다(대판 2011. 04. 14, 2008두22280).

⑥ 당초의 과세처분에 대한 취소소송에서 청구기각판결이 확정된 경우에는 당초 처분은 그 적법성이 확정되어 효력을 유지하게 되므로, 그 후 과세관청이 납세자의 탈루소득이나 재산누락을 발견하였음을 이유로 당초 처분에서 인정된 과세표준과 세액을 포함하여 전체의 과세표준과 세액을 새로이 결정한 다음 당초 처분의 세액을 공제한 나머지를 추가로 고지하는 내용의 재처분을 하였을 경우, 추가된 재처분 외에 다시 당초 처분 부분의 취소를 구하는 것은 확정판결의 기판력에 저촉되어 허용될 수 없고, 당초 처분이 재처분에 흡수되어 소멸된다고 할 수도 없다(대판 2004. 12. 09. 2003두4034).

⑦ (1) 구 국세기본법(2019. 12. 31. 법률 제16841호로 개정되기 전의 것) 제45조의2 제1항의 문언, 체계 및 경정청구제도의 취지 등을 종합하여 보면, 과세표준신고서를 법정신고기한 내에 제출한 납세자가 그 후 이루어진 과세관청의 결정이나 경정으로 인한 처분에 대하여 소정의 불복기간 내에 다투지 아니하였더라도 5년의 경정청구기간 내에서는 경정청구권을 행사하는 데에는 아무런 영향이 없다. (2) 그리고 통상의 과세처분 취소소송에서와 마찬가지로 감액경정청구에 대한 거부처분 취소소송 역시 그 거부처분의 실체적·절차적 위법사유를 취소 원인으로 하는 것으로서 그 심판의 대상은 과세표준 및 세액의 객관적인 존부이므로, 그 과세표준 및 세액의 인정이 위법하다고 내세우는 개개의 위법사유는 자기의 청구가 정당하다고 주장하는 공격방어방법에 불과한 점, 과세처분에 대한 취소소송과 경정청구는 모두 정당한 과세표준 및 세액의 존부를 정하고자 하는 동일한 목적을 가진 불복수단이므로, 납세자로 하여금 과세관청의 증액경정사유에 대하여는 취소소송으로써, 과다신고사유에 대하여는 경정청구로써 각각 다투게 하는 것은 납세자의 권익보호나 소송경제에 부합하지 않는 점 등에 비추어 보면, 납세자는 감액경정청구에 대한 거부처분 취소소송에서 당초 신고에 대한 과다신고사유뿐만 아니라 과세관청의 증액경정사유도 함께 주장하여 다툴 수 있다. 다만 증액경정처분에 대한 불복기간이 경과한 경우에는 구 국세기본법 제45조의2 제1항 단서에 따라 '경정으로 인하여 증가된 과세표준 및 세액'에 관하여는 취소를 구할 수 없고, 당초 신고한 과세표준 및 세액을 한도로 하여서만 취소를 구할 수 있을 따름이다(대판 2024. 06. 27, 2021두39997[법인세경정청구거부처분취소소송]).

## Ⅲ. 조세과오납금환급소송

### 1. 과오납금환급청구의 의의

납세자는 과오납(過誤納)으로 법률상 원인 없이 납부한 세액에 대하여 조세주체에게 그 세액의 반환을 청구할 수 있는 권리를 가지는데, 이를 과오납금환급청구권이라 한다. 이러한 과오납금환급청구권은 부당이득반환청구권의 성질을 가진다.

**[판례]** [1] 조세환급금은 조세채무가 처음부터 존재하지 않거나 그 후 소멸하였음에도 불구하고 국가가 법률상 원인 없이 수령하거나 보유하고 있는 부당이득에 해당하고, 환급가산금은 그 부당이득에 대한 법정이자로서의 성질을 가진다. 이 때 환급가산금의 내용에 대한 세법상의 규정은 부당이득의 반환범위에 관한 민법 제748조에 대하여 그 특칙으로서의 성질을 가진다고 할 것이므로, 환급가산금은 수익자인 국가의 선의·악의를 불문하고 그 가산금에 관한 각 규정에서 정한 기산일과 비율에 의하여 확정된다. 부당이득반환의무는 일반적으로 기한의 정함이 없는 채무로서, 수익자는 이행청구를 받은 다음날부터 이행지체로 인한 지연손해금을 배상할 책임이 있다. 그러므로 납세자가 조세환급금에 대하여 이행청구를 한 이후에는 법정이자의 성질을 가지는 환급가산금청구권 및 이행지체로 인한 지연손해금청구권이 경합적으로 발생하고, 납세자는 자신의 선택에 좇아 그 중 하나의 청구권을 행사할 수 있다. [2] 납세자가 환급대상인 국세 및 관세를 납부한 후 그 국세 등에 대하여 환급신청을 한 사안에서, 국가는 납세자에게 국세 등 납부일의 다음날부터 환급신청일까지는 국세기본법 등 관계 법령에 정한 각 가산금율을 적용한 환급가산금을, 환급신청일의 다음날부터는 납세자의 선택에 따라 환급가산금 또는 지연손해금을 각 지급할 의무가 있다고 한 사례(대판 2009. 09. 10, 2009다11808).

광의의 과오납금에는 협의의 과오납금과 세법이 규정하는 바에 의하여 환급하여야 할 환급세액을 포함한다. 국세기본법은 광의의 과오납금을 국세환급금이라고 하여, 과오납부한 금액 또는 세법에 따라 환급할 환급세액(세법에 따라 환급세액에서 공제하여야 할 세액이 있을 때에는 공제한 후에 남은 금액을 말한다)이 있는 때에는 이를 국세환급금으로 결정하고 반환하도록 규정하고 있다(동법 제51조 제1항). 관세법과 지방세기본법도 이와 유사한 규정을 두고 있다(관세법 제46조, 지방세기본법 제76조).

협의의 과오납금은 ① 착오로 세금을 초과납부하거나 이중납부한 경우, ② 과세처분에 따라 납부하였으나 그 후 과세처분이 취소·변경된 경우, ③ 무효인 과세처분에 의하여 납부한 경우, ④ 납세의무가 없음에도 착오로 세금을 납부한 경우에 발생한다.

세법이 규정하는 바에 의하여 환급하여야 할 환급세액은 종합소득세액에서 세액공제를 한 금액을 초과하는 근로소득원천징수액(소득세법 제85조 이하) 등과 같이 징세기술상의 이유로 세금을 납부한 후에 최종적으로 세액이 확정되는 경우에 확정된 세액을 초과하게 된 경우이다.

**[판례]** ① 조세의 과오납이 부당이득이 되기 위하여는 납세 또는 조세의 징수가 실체법적으로나 절차법적으로 전혀 법률상의 근거가 없거나 과세처분의 하자가 중대하고 명백하여 당연무효이어야 하고, 과세처분의 하자가 단지 취소할 수 있는 정도에 불과할 때에는 과세관청이 이를 스스로 취소하거나 항고소송절차에 의하여 취소되지 않는 한 그로 인한 조세의 납부가 부당이득이 된다고 할 수 없다(대판 1994. 11. 11, 94다28000).
② **국세의 오납 · 초과 납부 · 환급 등으로 인한 국세환급금채권의 확정시기:** 부당이득의 반환을 구하는 납세의무자의 국세환급금채권은 오납액의 경우에는 처음부터 법률상 원인이 없으므로 납부 또는 징수시에 이미 확정되어 있고, **초과납부액의 경우**에는 신고 또는 부과처분의 취소 또는 경정에 의하여 조세채무의 전부 또는 일부가 소멸한 때에 확정되며, **환급세액의 경우**에는 각 개별 세

법에서 규정한 환급 요건에 따라 확정되는 것이다(대판 2009. 03. 26, 2008다31768[양수금]).

③ [1] 취득세와 같은 신고납부방식의 조세에서 납세의무자가 신고·납부한 세액이 지방자치단체의 부당이득에 해당하는 경우 및 판단 방법: 취득세와 같은 신고납부방식의 조세의 경우에는 원칙적으로 납세의무자가 스스로 과세표준과 세액을 정하여 신고하는 행위에 의하여 납세의무가 구체적으로 확정되고, 납부행위는 신고에 의하여 확정된 구체적 납세의무의 이행으로 하는 것이며, 지방자치단체는 그와 같이 확정된 조세채권에 기하여 납부된 세액을 보유한다. 따라서 납세의무자의 신고행위가 중대하고 명백한 하자로 인하여 당연무효로 되지 아니하는 한 그것이 바로 부당이득에 해당한다고 할 수 없고, 여기에서 신고행위의 하자가 중대하고 명백하여 당연무효에 해당하는지에 대하여는 신고행위의 근거가 되는 법규의 목적, 의미, 기능 및 하자 있는 신고행위에 대한 법적 구제수단 등을 목적론적으로 고찰함과 동시에 신고행위에 이르게 된 구체적 사정을 개별적으로 파악하여 합리적으로 판단하여야 한다. [2] 甲이 乙 등에게 금전을 대여하면서 체결한 대물변제약정에 따라 乙 등 소유 부동산에 관하여 매매예약을 원인으로 가등기를 마쳤다가 그 후 매매를 원인으로 소유권이전등기를 하여 관할 지방자치단체에 취득세를 신고·납부하였는데, 乙 등이 제기한 소송에서 가등기담보 등에 관한 법률상 청산절차를 거치지 않았다는 이유로 소유권이전등기의 말소를 명하는 판결이 선고되어 확정되자, 甲이 지방자치단체를 상대로 취득세 상당액의 부당이득 반환을 구한 사안에서, 소유권이전등기가 위와 같은 사유로 효력이 없어 취득세 신고행위에 과세요건을 갖추지 못한 중대한 하자가 있다는 사정과 신고행위를 무효로 보지 않을 경우 甲에게 발생될 수 있는 불이익 등을 고려하더라도, 하자가 객관적으로 명백하다고 볼 수 없는 등 위 취득세 신고행위를 당연무효라고 할 수 없다고 한 사례(대판 2014. 04. 10, 2011다15476[부당이득금반환]).

④ 제3자가 국세 체납자가 납부하여야 할 체납액을 체납자의 명의로 납부한 경우, 국가에 대하여 부당이득반환을 청구할 수 있는지 여부(원칙적 소극) 및 이는 세무서장 등이 체납액을 징수하기 위하여 실시한 체납처분압류가 무효인 경우에도 마찬가지인지 여부(적극): 국세징수법 시행령 제74조 제1항은 제3자가 국세징수법 제71조 제1항에 따라 체납자의 체납액을 납부할 때에는 체납자의 명의로만 하도록 규정하고 있고, 국세징수법 시행령 제74조 제2항은 제3자가 체납자의 명의로 납부를 한 경우에 국가에 대하여 그 반환을 청구할 수 없도록 규정하고 있다. 이와 같이 제3자가 체납자가 납부하여야 할 체납액을 체납자의 명의로 납부한 경우에는 원칙적으로 체납자의 조세채무에 대한 유효한 이행이 되고, 이로 인하여 국가의 조세채권은 만족을 얻어 소멸하므로, 국가가 체납액을 납부받은 것에 법률상 원인이 없다고 할 수 없고, 제3자는 국가에 대하여 부당이득반환을 청구할 수 없다. 이는 세무서장 등이 체납액을 징수하기 위하여 실시한 체납처분압류가 무효인 경우에도 다르지 아니하다(대판 2015. 11. 12, 2013다215263[부당이득금반환]).

## 2. 과오납금의 결정·처리 등

세무서장은 납세자가 국세·가산금 또는 체납처분비로서 납부한 금액 중 과오납한 금액이 있거나 세법에 따라 환급하여야 할 환급세액이 있는 때에는 즉시 그 잘못 납부한 금액, 초과하여 납부한 금액 또는 환급세액을 국세환급금으로 결정하여야 한다(국세기본법 제51조 제1항).

국세환급금으로 결정한 금액은 ① 납세고지에 의하여 납부하는 국세, ② 체납된 국세, 가산금과 체납처분비(다른 세무서에 체납된 국세·가산금과 체납처분비를 포함한다), ③ 세법에 따라 자진납부하는 국세에 충당하여야 한다. 다만, 제1호(「국세징수

법」제14조에 따른 납기전 징수 사유에 해당하는 경우는 제외한다) 및 제3호의 국세에의 충
당은 납세자가 그 충당에 동의하는 경우에만 한다(제51조 제2항), 충당을 하고 남은
잔여금은 국세환급금의 결정을 한 날로부터 30일 이내에 납세자에게 지급하여야
한다(제51조 제6항).

환급금에 대한 권리는 타인에게 양도할 수 있으며(제53조), 일반국세의 환급금에
대한 권리의 소멸시효기간은 5년이다(국세기본법 제54조).

### 3. 과오납금환급청구소송

세무서장이 과오납금을 환급하지 아니할 경우 납세자는 소송을 제기하여 그 환
급을 청구할 수 있다. 이 소송의 성질에 대하여는 민사소송설과 공법상 당사자소송
설로 견해가 나누어진다. 양자의 차이는 과오납금환급청구권의 법적 성질을 사권으
로 볼 것인가 공권으로 볼 것인가 하는 데에서 비롯된다.

#### (1) 민사소송설

민사소송설은 과오납금환급청구권의 법적 성질이 사권이라는 데 그 근거를 둔
다. 즉 과오납금반환청구권은 공법상의 원인에 의하여 발생되었다고 하더라도 부당
이득의 문제는 그 원인이 당연무효이거나 취소됨으로써 이미 아무런 법률상 원인이
없는 경우에 성립하기 때문에 그 성질은 사권으로 보아야 하고, 그에 관한 소송은 민
사소송에 의하여야 한다고 한다.[98]

#### (2) 공법상 당사자소송설

공법상 당사자소송설은 과오납금환급청구권의 법적 성질이 공권이라는 데 그
근거를 둔다. 과오납금반환청구권은 공법상의 원인에 의하여 발생된 것이고 그 반환
범위도 오로지 사인 상호간의 경제적 이해조정을 위한 사법상의 부당이득과는 다른
특질을 가지고 있기 때문에 공권으로 보아야 하며, 그에 관한 소송도 공법상의 당사
자소송에 의하여야 한다고 한다.

공법상 당사자소송설이 다수설의 입장이다.

#### (3) 판    례

판례는 일관되게 민사소송설의 입장을 취하고 있다.

**[판례]** ① 조세부과처분의 당연무효를 전제로 하여 이미 납부한 세금의 반환을 청구하는 것은 민
사상의 부당이득반환청구로서 민사소송절차에 따라야 한다(대판 1995. 04. 28, 94다55019).
② [1] 이미 존재와 범위가 확정되어 있는 과오납부액은 납세자가 부당이득의 반환을 구하는 민사

---

98) 이상규, 760면.

소송으로 환급을 청구할 수 있다. [2] 사업명의자에게 과세처분이 이루어져 사업명의자 명의로 세액이 납부되었으나 과세처분이 무효이거나 취소되어 과오납부액이 발생한 경우에, 사업명의자 명의로 납부된 세액의 환급청구권자는 사업명의자와 과세관청 사이의 법률관계에 관한 직접 당사자로서 세액 납부의 법률효과가 귀속되는 사업명의자로 보아야 한다(대판 2015. 08. 27, 2013다212639).

## 4. 환급거부 또는 부작위에 대한 권리구제

납세자가 세무서장에게 국세환급금지급청구를 한 경우에 세무서장이 이를 거부하거나 아무런 조치를 취하지 아니할 때, 납세자가 거부처분취소소송이나 부작위위법확인소송을 제기할 수 있는지 여부가 문제된다. 이에 대하여 판례는 환급거부결정을 항고소송의 대상이 되는 처분이 아니라고 본다.

**[판례]** 국세기본법 제51조 및 제52조의 국세환급금 및 국세환급가산금결정에 관한 규정은 이미 납세의무자의 환급청구권이 확정된 국세환급금 및 가산금에 대하여 내부적 사무처리절차로서 과세관청의 환급절차를 규정한 것에 지나지 않고 그 규정에 의한 국세환급금(가산금 포함)결정에 의하여 비로소 환급청구권이 확정되는 것은 아니므로, 국세환급금결정이나 이 결정을 구하는 신청에 대한 환급거부결정 등은 납세의무자가 갖는 환급청구권의 존부나 범위에 구체적이고 직접적인 영향을 미치는 처분이 아니어서 항고소송의 대상이 되는 처분이라고 볼 수 없다(대판 전원합의체 1989. 06. 15, 88누6436). 〈해설〉 그러나, 이에 대하여는 다음과 같은 반대의견이 제시되었다. "납세자의 신청에 대한 세무서장의 환급거부결정이 직접 환급청구권을 발생하게 하는 형성적 효과가 있는 것이 아니고 확인적 의미밖에 없다고 하더라도 국세기본법 제51조의 규정을 위반하여 납세자에게 환급할 돈을 환급하지 아니하므로 손해를 끼치고 있는 것이라면 납세자가 행정소송으로 그 결정이 부당하다는 것을 다툴 수 있다."

이에 대하여 위 판례의 반대의견과 같이 국민의 권리구제를 위하여 환급거부결정에 대한 항고소송을 인정하여야 한다는 견해가 있다.

**[판례]** 상기 전원합의체판결에서의 소수의견: 납세자의 신청에 대한 세무서장의 환급거부결정이 직접 환급청구권을 발생하게 하는 형성적 효과가 있는 것이 아니고 확인적 의미밖에 없다고 하더라도 국세기본법 제51조의 규정을 위반하여 납세자에게 환급할 돈을 환급하지 아니하므로 손해를 끼치고 있는 것이라면 납세자가 행정소송으로 그 결정이 부당하다는 것을 다툴 수 있다(대판 전원합의체 1989. 06. 15, 88누6436).

판례는 원천징수의 경우 국가 등에 대한 환급청구권자는 원천납세의무자가 아니라 원천징수의무자라고 보고 있다(대판 2002. 11. 08, 2001두8780). 이와 같이 보는 경우 원천납세의무자는 과세관청이 아니라 원천징수의무자에게 과오납된 세액의 환급을 청구하여야 하는 것으로 보게 된다.

## Ⅳ. 국가배상청구소송

위법한 조세부과처분에 근거하여 조세를 납부한 후 국가배상청구소송을 제기할 수 있는가 하는 문제가 제기된다. 또는 위법한 조세부과처분에 근거하여 조세를 납부한 후 국가배상청구소송을 제기한 경우 인용판결을 하는 것이 공정력(또는 구성요건적 효력)에 반하는가 하는 것이 문제된다.

이는 조세부과처분이 무효인 경우에는 문제가 되지 않고, 조세부과처분에 취소할 수 있는 위법이 있는 경우에 한하여 문제가 된다. 그 이유는 무효인 행정행위에는 공정력(또는 구성요건적 효력)이 미치지 않고, 따라서 무효인 조세부과처분에 따라 세금을 납부한 자는 부당이득반환청구를 통하여 세금을 반환받을 수 있기 때문이다. 다만, 조세부과처분에 취소할 수 있는 위법이 있는 경우에 국가배상청구를 인정하는 견해를 취하면 무효인 위법과 취소사유인 위법의 구별이 분명한 것만은 아니므로 조세부과처분이 무효인 경우에도 국가배상청구를 부정할 이유는 없다고 본다.

### 1. 부정설

국가배상청구소송에서 인용판결을 하는 것은 과세처분을 취소하는 것과 같은 결과를 가져오므로 국가배상청구가 인정되지 않는다는 견해가 있다(구성요건적 효력과 선결문제에서의 절충설, 부정설).

### 2. 제한적 긍정설

국가배상청구소송에서 인용판결을 하면 과세처분을 취소한 것과 같은 결과가 되어 과세처분의 목적이 방해를 받게 되고 실질적으로는 취소소송의 배타적 관할의 존재의의를 상실하게 되므로 단순과실의 경우에는 인용판결을 할 수 없고, 고의 또는 중과실이 있을 때에만 인용판결을 할 수 있다는 견해도 있다.99)

### 3. 긍정설

국가배상청구를 인정하는 긍정설의 논거는 다음과 같다. i) 국가배상청구를 인정하는 것이 과세처분의 효력을 직접 부인하는 것이 아니므로 공정력(또는 구성요건적 효력)에 반하지 않는다(구성요건적 효력과 선결문제에서의 긍정설). ii) 또한, 국가배상청구를 제한하는 법령의 규정이 없다.100)

---

99) 김철용, 684면.

100) 이전오, "납세자를 위한 사법적 구제에 관한 연구", 『경희대 박사논문』, 1999. 8.

## 4. 판  례

판례는 긍정설을 취하고 있다. 다만, 과실을 통상의 경우보다 엄격히 인정하는 것으로 보인다.

**[판례]** ① 물품세 과세대상이 아닌 것을 세무공무원이 직무상 과실로 과세대상으로 오인하여 과세처분을 행함으로 인하여 손해가 발생된 경우에는, 동 과세처분이 취소되지 아니하였다 하더라도, 국가는 이로 인한 손해를 배상할 책임이 있다(대판 1979. 04. 10, 79다262).
② 세무서장이 한국감정원의 상속재산 가액감정결과가 잘못된 것임을 알았거나 알 수 있었다면 세무서장 등 담당공무원들이 그 직무를 집행함에 당하여 고의 또는 과실로 부실 감정에 기초한 상속재산 평가액에 따라 상속세납세고지처분을 함으로써 손해를 가한 것이 되므로 정당한 감정결과를 기초로 계산되는 세금을 초과하는 차액 상당의 금액을 배상하여야 한다(대판 1991. 01. 25, 87다카2569).

## 5. 결  어

다음과 같은 이유에서 긍정설이 타당하다. 취소소송과 국가배상청구소송은 다른 목적과 요건을 가지므로 과세처분의 경우에도 취소소송과 별도로 국가배상청구소송을 제기할 수 있다. 국가배상에서는 위법뿐만 아니라 과실도 요구되므로 조세부과처분이 위법하다고 자동적으로 국가배상청구가 인정되는 것이 아니다.

# 참고문헌

[국내문헌]

김남진, 『행정법 Ⅱ』, 법문사, 2001.

김남진·김연태, 『행정법 Ⅱ』, 법문사, 2012.

김남철, 『행정법강론』, 박영사, 2024.

김도창, 『일반행정법론(상)』, 청운사, 1992.

김동희, 『행정법 Ⅱ』, 박영사, 2020.

김민호, 『국유재산법』, 박영사, 2022.

김성수, 『개별행정법』, 법문사, 2001.

김유환, 『현대 행정법』, 박영사, 2024.

김재광, 『경찰법각론』, 한국법제연구원, 2007.

김재광, 『경찰관직무집행법』, 학림, 2012.

김종보, 『건축행정법』, 도서출판 학우, 2002.

김종보, 『건설법의 이해』, fides, 2018.

김종보, 『새로운 재건축·재개발 이야기』, 한국도시개발연구포럼, 2003.

김철수, 『헌법학개론』, 박영사, 1999.

김철용, 『행정법 Ⅱ』, 박영사, 2009.

김철용 편, 『특별행정법』, 박영사, 2022.

김형규, 『경찰관직무집행법의 이론과 실제』, 박영사, 2022.

류지태·박종수, 『행정법신론』, 박영사, 2011.

류해웅, 『부동산공법론』, 탑북스, 2011.

류해웅, 『토지법제론』, 부연사, 2012.

류해웅·허강무, 『신수용보상법론』, 부연사, 2016.

박균성, 『행정법강의』, 박영사, 2025.

박균성·함태성, 『환경법』, 박영사, 2023.

박상희·서정범, 『경찰작용법제의 개선방안』, 한국법제연구원, 1996.

박윤흔, 『최신행정법강의(하)』, 박영사, 2004.

박윤흔·정형근, 『최신행정법강의(하)』, 박영사, 2009.

배병호, 『일반행정법강의』, 동방문화사, 2019.

법무법인(유한) 태평양 건설부동산팀, 『국토계획법의 제문제』, 박영사, 2020.

석종현, 『일반행정법(하)』, 삼영사, 2004.

이기우 · 하승수, 『지방자치법』, 대영문화사, 2007.

오석홍, 『인사행정론』, 박영사, 2000.

유진식, 『행정조직법의 이론과 실제』, 전북대학교 출판문화원, 2020.

윤세창 · 이호승, 『행정법(하)』, 박영사, 1994.

이상규, 『신행정법론(하)』, 법문사, 1995.

이종영, 『에너지법학』, 박영사, 2021.

임승순, 『조세법』, 박영사, 2003.

전재우, 『도시 및 주거환경정비법』, 박영사, 2020.

정태용, 『건축법해설』, 한국법제연구원, 2006.

정태용, 『국토계획법』, 한국법제연구원, 2003.

정태용, 『도시계획법』, 한국법제연구원, 2001.

정하중, 『행정법각론』, 법문사, 2012.

정하중 · 김광수, 『행정법개론』, 법문사, 2024.

최명근, 『세법학총론』, 세경사, 2003.

최봉석, 『지방자치법론』, 삼원사, 2018.

최송화 · 이원우 공역(롤프 슈토버 저), 『독일경제행정법』, 법문사, 1996.

최우용, 『지방자치법 강의』, 동아대학교 출판부, 2008.

최정일, 『행정법의 정석 Ⅱ』, 박영사, 2009.

한견우, 『행정법 Ⅱ』, 홍문사, 1994.

함인선, 『주민소송』, 전남대학교출판부, 2008.

허  영, 『한국헌법론』, 박영사, 2011.

홍정선, 『행정법원론(하)』, 박영사, 2024.

홍정선, 『행정법특강』, 박영사, 2024.

홍정선, 『신지방자치법』, 박영사, 2009.

황적인 · 권오승, 『경제법』, 1984.

[국외문헌]

塩野 宏, 『行政法 Ⅲ』, 有斐閣, 1999.

佐藤 功, 『行政組織法』, 有斐閣, 1979.

室井 力 · 原野 翹, 『現代地方自治法入門』, 法律文化社, 1992.

原 龍之助, 『公物營造物法』, 有斐閣, 1982.

佐藤英善, 『經濟行政法』, 成文堂, 1990.

Henri Jacquot, droit de l'urbanisme, DALLOZ, 1991.

# 판례색인

## 2. 헌법재판소 결정례

## 3. 기    타

# 사항색인

**저자약력**

서울대학교 법과대학 졸업, 서울대학교 법과대학 법학석사
프랑스 액스-마르세이유대학 법학박사
프랑스 액스-마르세이유대학 초청교수(Professeur invité)
단국대학교 법학대학 교수, 서울대학교·사법연수원 강사
한국공법학회 학술장려상 수상(1996. 6), 법의 날 황조근정훈장 수훈(2018. 4. 25)
세계인명사전 마르퀴즈 후즈후 등재(2007. 11), 한국법학교수회 회장
국무총리 행정심판위원회 위원, 중앙행정심판위원회 위원
법원행정처 행정소송법개정위원회 위원, 헌법재판소법 개정위원회 자문위원
한국법제연구원 자문위원, 법제처 행정심판법개정심의위원회 위원
국민권익위원회 자체평가위원, 사법행정자문회의 위원, 법제처 자체평가위원장
법제처 법령해석심의위원회 위원, 감사원 정책자문위원, 법무부 정책위원회 위원
민주화운동관련자 명예회복 및 보상심의위원회 위원(대법원장 추천)
사학분쟁조정위원회 위원(대법원장 추천), 경제인문사회연구회 기획평가위원
한국공법학회 회장, 한국인터넷법학회 회장, 입법이론실무학회 회장
한국토지보상법연구회 회장, 한국토지공법학회 부회장, 중앙토지수용위원회 위원
사법시험, 행정고시, 입법고시, 변호사시험, 승진시험, 외무고시, 변리사, 기술고시,
    감정평가사, 관세사, 세무사, 서울시·경기도 등 공무원시험 등 시험위원
현, 경희대학교 법학전문대학원 고황명예교수
    한국행정법학회 법정이사, 한국공법학회 고문

## 저    서

『프랑스행정의 이해』(공역), 박영사, 1997.
『주민참여를 통한 혐오시설 관리운영방안』(공저), 집문당, 1999.
『박균성 교수의 경세치국론』, 박영북스, 2012.
『행정법총론』, 박영사, 2002; 『행정구제법』, 박영사, 2002.
『프랑스 사회와 문화』(공역), 서울대출판부, 2004.
『행정법연습』(제5판), 삼조사, 2015.
『행정법입문』(제11판), 박영사, 2024.
『환경법』(제11판, 공저), 박영사, 2023.
『경찰행정법』(제7판, 공저), 박영사, 2024.
『경찰행정법입문』(제8판, 공저), 박영사, 2024.
『정책, 규제와 입법』, 박영사, 2022.
『행정법강의』(제22판), 박영사, 2025.
『행정법 기본강의』(제17판), 박영사, 2025.
『행정법론(상)』(제24판), 박영사, 2025.

제23판
행정법론(하)

초판발행     2002년 2월 28일
제23판발행   2025년 1월 20일

지은이       박균성
펴낸이       안종만·안상준

편 집        장유나
기획/마케팅   박세기
표지디자인    이수빈
제 작        고철민·김원표

펴낸곳       (주) **박영사**
            서울특별시 금천구 가산디지털2로 53, 210호(가산동, 한라시그마밸리)
            등록  1959. 3. 11. 제300-1959-1호(倫)

전 화       02)733-6771
f a x       02)736-4818
e-mail      pys@pybook.co.kr
homepage    www.pybook.co.kr
ISBN        979-11-303-4861-2  94360
            979-11-303-4859-9  (세트)

정 가       62,000원